Großkommentare der Praxis

Staub
Handelsgesetzbuch

Großkommentar

Begründet von Hermann Staub

5., neu bearbeitete Auflage

herausgegeben von

Claus-Wilhelm Canaris
Mathias Habersack
Carsten Schäfer

Elfter Band
Bankvertragsrecht
Erster Teilband
Investment Banking I

Bearbeiter:
Stefan Grundmann

DE GRUYTER

Stand der Bearbeitung: 1. August 2016

Zitiervorschlag: *Grundmann* in Großkomm. HGB, 5A, Bankvertragsrecht Zweiter Teil Rn. 3

Bandherausgeber: Professor Dr. Dr. *Stefan Grundmann*, LL.M. (Berkeley), Humboldt-Universität Berlin und European University Institute, Florence

ISBN 978-3-89949-417-4
e-ISBN (PDF) 978-3-11-028604-5
e-ISBN (EPUB) 978-3-11-038864-0

Bibliografische Information der Deutschen Nationalbibliothek
Die Deutsche Nationalbibliothek verzeichnet diese Publikation in der Deutschen Nationalbibliografie; detaillierte bibliografische Daten sind im Internet über http://dnb.d-nb.de abrufbar.

Datenkonvertierung und Satz: Dörlemann Satz, Lemförde
Druck und Bindung: Hubert & Co. GmbH und Co. KG, Göttingen
♾ Gedruckt auf säurefreiem Papier
Printed in Germany

www.degruyter.com

Verzeichnis der Bearbeiter der 5. Auflage

Professor Dr. **Jochen Axer**, Rechtsanwalt, Wirtschaftsprüfer, Steuerberater, axis Rechtsanwälte, Köln
Dr. **Peter Balzer**, Rechtsanwalt, Sernetz Schäfer Rechtsanwälte, Düsseldorf
Professor Dr. **Jens-Hinrich Binder**, LL.M. (London), Universität Tübingen
Dr. **Benjamin B. von Bodungen**, LL.M. (Auckland), GGS, Heilbronn
Professor Dr. **Ulrich Burgard**, Otto-von-Guericke-Universität Magdeburg
Professor Dr. Dr. h.c. mult. **Claus-Wilhelm Canaris**, Ludwig-Maximilians-Universität München
Professor Dr. **Matthias Casper**, Westfälische Wilhelms-Universität Münster
Dipl.-Kfm. **Andrej Cepuran**, axis Rechtsanwälte, Köln
Professor Dr. **Gerhard Dannecker**, Ruprecht-Karls-Universität Heidelberg
Professor Dr. **Klaus-Dieter Drüen**, Heinrich Heine Universität Düsseldorf
Dr. **Raimond Emde**, Rechtsanwalt, Graf von Westphalen, Hamburg
Professor Dr. **Stefan Grundmann**, LL.M. (Berkeley), Humboldt-Universität Berlin und Europäisches Hochschulinstitut Florenz
Professor Dr. **Mathias Habersack**, Ludwig-Maximilians-Universität München
Dr. **Stephan Harbarth**, LL.M. (Yale), Rechtsanwalt, SZA Schilling, Zutt & Anschütz, Mannheim
Professor Dr. h.c. mult. **Peter Hommelhoff**, Ruprecht-Karls-Universität Heidelberg
Professor Dr. **Rainer Hüttemann**, Dipl.-Volksw., Rheinische Friedrich-Wilhelms-Universität Bonn
Professor Dr. **Henning Jessen**, LL.M. (Tulane), Universität Hamburg
Professor Dr. **Detlev Joost**, Universität Hamburg
Professor Dr. **Christian Kersting**, LL.M. (Yale), Heinrich-Heine-Universität Düsseldorf
Professor Dr. **Peter Kindler**, Ludwig-Maximilians-Universität München
Professor Dr. **Detlef Kleindiek**, Universität Bielefeld
Professor Dr. **Jens Koch**, Rheinische Friedrich-Wilhelms-Universität Bonn
Professor Dr. **Ingo Koller**, Universität Regensburg
Dr. **Ernst-Thomas Kraft**, Rechtsanwalt, Hengeler Mueller, Frankfurt am Main
Dr. **Stefan Kröll**, LL.M. (London), Rechtsanwalt, Köln
Daniela Mattheus, Ernst & Young Wirtschaftsprüfungsgesellschaft, Berlin
Professor Dr. **Andreas Maurer**, LL.M. (Osgoode), Universität Mannheim
Professor Dr. **Florian Möslein**, LL.M. (London), Universität Marburg
Professor Dr. **Hartmut Oetker**, Christian-Albrechts-Universität, Kiel
Professor Dr. **Karsten Otte**, M.J.C. (Austin), Direktor bei der Bundesnetzagentur, Bonn
Dr. **Moritz Pöschke**, LL.M. (Harvard), Rechtsanwalt, München
Professor Dr. **Moritz Renner**, Universität Bremen
Dr. **Fabian Reuschle**, Richter am Landgericht Stuttgart
Professor Dr. **Carsten Schäfer**, Universität Mannheim
Professor Dr. **Patrick Schmidt**, Universität Mannheim
Professor Dr. **Jan Schürnbrand**, Eberhard-Karls-Universität Tübingen
Professor Dr. **Martin Schwab**, Freie Universität Berlin
Professor Dr. **Jan Thiessen**, Eberhard-Karls-Universität Tübingen
Professor Dr. **Christoph Weber**, Julius-Maximilians-Universität Würzburg
Professor Dr. **Jens Wüstemann**, Universität Mannheim

Vorwort zur 5. Auflage

Als *Claus-Wilhelm Canaris* das Vorgängerwerk zu dieser Kommentierung schrieb, war die Aufgabe eine gänzlich andere. Mit seiner Kommentierung schuf er das Bankrecht in Deutschland erst wirklich. Im Kontext relativ weniger Publikationen, zu einer Zeit, als ein Bankrechtssenat am BGH erst noch zu schaffen war und dann geschaffen wurde, systematisierte er Judikate, Aufsätze, einige Monographien und vor allem allgemeine deutsche privatrechtliche Theorie und Dogmatik und bildete daraus das Bankrecht in Deutschland – und damit zugleich eine der berühmtesten deutschen Kommentierungen der zweiten Hälfte des 20. Jahrhunderts.

Heute ist die Situation eine gänzlich andere. Zum Bankrecht gibt es eine Vielzahl von Publikationen, alle größeren verantwortet von einem personenreichen Autorenteam, zum Bankrecht judiziert ein eigener BGH-Senat – neben vielen Obergerichten – und nicht selten auch der EuGH. Das Bankrecht ist jedoch keineswegs nur erheblich materialreicher geworden. Es ist längst auch nicht mehr allein Ausfluss einer privatrechtlichen Theorie und Dogmatik, sondern auch, für manche sogar vorrangig aufsichtsrechtlich verfasst und dies auch in den Beziehungen zwischen Marktteilnehmern, besonders deutlich im Effekten-, aber auch im Kredit- und Zahlungsgeschäft. Der Wertpapierhandel bei *Canaris* ist Vertragsrecht, der Wertpapierhandel heute ist vor allem Marktrecht – mit auch privatrechtlichen Durchsetzungsmechanismen. Und nicht zuletzt ist das Bankrecht auch längst nicht mehr primär deutsches Recht, überwiegend ist es Europäisch verfasst. Eine Neukommentierung muss also nicht nur wegen der Lücke von mehr als einem Vierteljahrhundert, sondern wegen der völligen Neustrukturierung des Gebiets einen gänzlich anderen Charakter haben. Wo das Bankrecht am stärksten Europäisch verfasst ist und wo sich aufsichtsrechtliche und vertragsrechtliche Dimension am stärksten mischen, im Effektengeschäft („Investment Banking“), da ist die zeitliche Lücke auch besonders groß und inhaltlich besonders naheliegend: Diesen Bereich hat *Canaris* zuletzt 1981 überarbeitet. Dieses Gebiet ist aber schon seit den 80er Jahren des letzten Jahrhunderts stärker Europäisch und markt- und aufsichtsrechtlich verfasst als jeder andere bankrechtliche Bereich. Dieses ist Gegenstand des Bandes 11 zum Investment Banking. Im Kernbereich des Marktverhaltensrechts (6. Teil), welches das Hauptstück des nunmehr vorgelegten Bandes 11/1 bildet, ist der wichtigste Rechtsakt heute sogar eine EU-Verordnung, unmittelbar anwendbar im deutschen Recht und mit Vorrang vor diesem, die EU-Marktmissbrauchsverordnung (MAR). Sie nimmt mehr als die Hälfte des Raumes in diesem Band ein, gut die Hälfte des Restes außerdem die inter- und supranationale Kapitalmarkttheorie und -infrastruktur (5. Teil). Gegenstand und Materie dieses Teilbandes sind also deutlich mehr genuin supra- und international als zum deutschen Recht.

Die Neukommentierung kann in Detailtiefe und -reichtum nicht mit vielbändigen Handbüchern aus der Feder von zwei- bis dreistelligen Autorenzahlen konkurrieren, nicht mit Kommentierungen von Einzelgesetzen, etwa dem WpHG, von teils weit über 1.000 Seiten. Ziel kann aber dreierlei sein: Ziel ist es, die Gesamtmaterie wieder in einer durchgängigen Struktur zu sehen, mit einem roten Faden, insbesondere auch die Querbezüge zwischen den Einzelstücken betonend, den Blick hierfür schärfend, aus „einer Feder“ oder jedenfalls aus „einem Guss“. Ziel ist es sodann, das Bankrecht nicht allein als deutsches zu verstehen, sondern durchgängig – geradezu mit gleichem Gewicht – in seiner meist internationalen (überwiegend europarechtlichen) Herkunft, aber auch in seiner Einbettung in internationale Kontexte, d.h. grenzüberschreitende Sachverhalte. Das Bankgeschäft ist heute vielfach international. Und Ziel ist es zuletzt, den großen Bogen zwischen privater Gestaltung und Gestaltungsfreiheit, „Vertragsrecht“, einerseits und (aufsichtsrechtlicher) Ordnung, vor allem Marktordnung, andererseits durchgängig zu spannen und zu problematisieren. Das Bankgeschäft hat – wie nicht zuletzt die globale Finanzkrise wieder gezeigt hat – auch eine systematische Dimension, und erschöpft sich nicht in Individualbeziehungen. Zugleich ist es in besonderem Maße Kautelarrecht, mit AGBs von branchenweiter Bedeutung. Schon in *Canaris* Feder wurde das Bankvertragsrecht ein Paradigma des Privatrechts allgemein, beispielsweise, indem er es (erstmals) unternahm, jeweils den Vertrag von seiner „Geburt“ bis hin zu seinem „Tod“, bis hinein in die Insolvenz, durchzuformen und nachzuzeichnen, oder auch, indem er es aus dem Bankrecht heraus unternahm, ein neues Bereicherungsrecht – insbesondere in der Dreiecksbeziehung – zu schreiben. Ähnlich paradigmatisch ist Bankrecht heute, freilich in anderen Punkten: in der Internationalität (mit fast schon kodifikatorischer Durchbildung auf EU-Ebene, etwa im Zahlungsdiensterecht und ganz besonders im Bereich des Investment Banking), in der Verbindung von Einzelbeziehung und allgemeiner Marktordnung, und aus beiden Gründen auch in seinem Methodenreichtum, als Kernmaterie für disziplinenübergreifende Denkansätze. All dies auch für praktische Ansprüche handhabbar zu machen und darzustellen, ist Reiz und Herausforderung der Aufgabe, der vorliegenden Neukommentierung.

Der *nunmehr vorgelegte Band 11/1* bildet den ersten von zwei Teilbänden zum *Investment Banking*. Alles Gesagte gilt hier in besonderem Maße: Das Maß der Überformung von Privatrecht durch Regulierung, die gegenseitige Wechselbezüglichkeit sind hier noch größer als im sonstigen Bankvertragsrecht. Die Europäisierung geht hier noch weiter als im sonstigen Bankvertragsrecht, zuletzt wird das Gebiet sogar vor allem mit EU-Verordnungen weitergebaut, deren Wichtigste hier erstmals – als Europäische – kommentiert wird. Und auch das Zusammenspiel zwischen Ökonomik und Rechtswissenschaft ist hier am stärksten ausgeprägt. Der Band stellt die Funktionen und die Architektur (mit Infrastruktur) von Investment Banking und diesbezüglichem Kapitalmarktrecht vor (5. Teil), außerdem den ersten materiellen Teil, das Marktverhaltensrecht (6. Teil). Anders als in den sonst bekannten Darstellungen des Investment Banking wird der vorliegende Kommentar – stark funktional ausgerichtet – nach den drei Hauptzielrichtungen der Regulierung und der privatrechtlichen Regeln gegliedert. Nacheinander werden drei Gruppen von Vorgaben erörtert: zuerst (i) diejenigen Vorgaben, die sich allein aus der Marktteilnahme bzw. Inanspruchnahme von Märkten ergeben, noch ohne konkrete Kundenbeziehung (Marktverhaltensrecht, 6. Teil); sodann (i) diejenigen Vorgaben, welche die Banken als die zentralen Kapitalmarktintermediäre in ihrer Organisation zu beachten haben, um Compliance mit dem komplexen Regelwerk möglichst weitgehend zu verbürgen, oder die sie als Gestalter von Kapitalmärkten zu befolgen haben (Organisationsrecht des Investment Banking, 7. Teil); und schließlich (iii) die Vorgaben für das individuelle Kundenverhältnis, also für die einzelnen Transaktionen auf den solchermaßen verfassten Märkten (8. Teil). Schon der Umstand, dass Bankvertragsrecht im herkömmlichen Sinne schwerpunktmäßig erst den 8. Teil bildet, zeigt das Maß an Überformung – ohne die freilich das heutige Bankvertragsrecht schlicht nicht denkbar ist.

Auch Band 11 musste leider wieder geteilt werden – was freilich auch Vorteile hat. In der Tat meinen es der Europäische und der deutsche Gesetzgeber einerseits gut mit diesem Kommentar, andererseits konditionieren sie diesen nicht unerheblich: Schon der Bd. 10/1 konnte erscheinen wenige Monate, nachdem sein Kernstück – die Europäische Bankenunion – operational geworden war (November 2014, SSM), zugleich zeitgleich mit erstmaliger Anwendung des SRM. Gleiches widerfährt nun Bd. 11/1, weil das Herzstück des Marktverhaltensrechts, die Europäische Marktmissbrauchsverordnung (MAR) ab Juni 2016 unmittelbare Anwendungswirkung entfaltet. Ein drittes Mal wird ein gerade frisch verabschiedetes Kernstück des Kapitalmarktrechts auch das Hauptstück dieses Kommentars bilden, wenn mit Bd. 11/2 dann die Umsetzung der MiFID II in 2017 kommentiert sein wird. Damit freilich ist zugleich die Konditionierung angesprochen: Die mehrfache Aufteilung der Bände war unverzichtbar, sollten nicht Großteile der Kommentierung schon bei Veröffentlichung oder kurz danach überholt sein. Deswegen musste nicht nur Bd. 10/1 von Bd. 10/2 zum Commercial Banking abgetrennt (und zeitversetzt und sogar in umgekehrter Reihenfolge vorgelegt) werden, sondern gleichermaßen Bd. 11/2 von Bd. 11/1. Dabei stellt sich die Frage, wo genau der Schnitt zu setzen sei. Während bisher jeder Band zwei Teile umfasste, entschieden wir uns für Bd. 11/1 und Bd. 11/2 dafür, den Schnitt innerhalb des Teiles 6 – nach Abschnitt 3 und vor Abschnitt 4 – zu setzen. Grund hierfür war, dass die in Abschnitt 4 zu kommentierenden Europäischen „Neben-Verordnungen" sowohl marktverhaltensrechtliche Regelungen (Teil 6) als auch organisationsrechtliche Regelungen (Teil 7) umfassen und beides nicht auseinandergerissen werden sollte, und dass außerdem eine von ihnen auch erst im Juni 2016 verabschiedet wurde (also auch erst 2018 anwendbar sein wird). Auch der weitere größere Abschnitt 6 (zum Wertpapierübernahmerecht) zeichnet sich durch marktverhaltens- und organisationsrechtliche Teile aus. So erscheint jetzt all dieses zusammen mit den Teilen zum Organisationsrecht und zur individuellen Kundenbeziehung (namentlich §§ 33 ff. bzw. 31 ff. WpHG), die beide freilich erst mit Umsetzung der MiFID II im WpHG im Frühjahr 2017 abschließend kommentiert werden können.

Mein herzlicher Dank gilt meinen beiden wissenschaftlichen Mitarbeiterinnen, *Anna Hübner* und *Julia Redler*, die sich mit bemerkenswertem Engagement um den vorliegenden Band verdient gemacht haben. Literatur und Rechtsprechung sind bis zum 1. August berücksichtigt.

September 2016 Bandherausgeber und Verlag

Inhaltsübersicht

BANKVERTRAGSRECHT

BAND 11/1

Investment Banking I

Fünfter Teil. Gesamtsystem Investment Banking – Funktionen, Strukturen, Regelungsregime

Erster Abschnitt. Funktionen 1
Zweiter Abschnitt. Infrastruktur 35
Dritter Abschnitt. Regelungsrahmen 73

Sechster Teil. Marktregeln

Erster Abschnitt. Emissionsgeschäft 101
Zweiter Abschnitt. Prospektrecht (WpPG und EU-Prosp-VO) 145
Dritter Abschnitt. Marktmissbrauchsregime (Insiderhandels- und -weitergabe- sowie Marktmanipulationsverbote), Ad-hoc-Publizität und Directors, Dealing (EU-VO 596/2014, „MAR“) 272

Abkürzungsverzeichnis

ABl.	Amtsblatt
Abs.	Absatz
AEUV	Vertrag über die Arbeitsweise der Europäischen Union
AIF	alternativer Investmentfonds
AIFM	Alternative Investment Fund Manager
AIFMD	Alternative Investment Fund Managers Directive, Richtlinie 2011/61/EU über die Verwalter alternativer Investmentfonds
AktG	Aktiengesetz
amtl.	amtlich(e)
Anm.	Anmerkung
AnzV	Anzeigenverordnung: Verordnung über die Anzeigen und die Vorlage von Unterlagen nach dem Kreditwesengesetz
AO	Abgabeordnung
BaFin	Bundesanstalt für Finanzdienstleistungsaufsicht
BAnz.	Bundesanzeiger
Basel I	Ausschuss für Bankenbestimmmungen und -überwachung: Internationale Konvergenz der Eigenkapitalmessung und Eigenkapitalanforderungen (1988)
Basel II	: Internationale Konvergenz der Kapitalmessung und Eigenkapitalanforderungen, überarbeitete Rahmenvereinbarung (2004)
Basel III	Baseler Ausschuss für Bankenaufsicht: Basel III: Ein globaler Regulierungsrahmen für widerstandsfähige Banken und Bankensysteme (2010)
BBG; BBAnkG	Gesetz über die deutsche Bundesbank
BdB	Bundesverband deutscher Banken e. V.
BDSG	Bundesdatenschutzgesetz
BFuP	Betriebswirtschaftliche Forschung und Praxis (Zeitschrift)
BIZ	Bank für Internationalen Zahlungsausgleich, Basel
BKR	Zeitschrift für Bank- und Kapitalmarktrecht
BörsG	Börsengesetz
BörsO	Börsenordung
BörsZulV	Börsenzulassungs-Verordnung; Verordnung über die Zulassung von Wertpapieren zur amtlichen Notierung an einer Wertpapierbörse
BRRD	Bank Recovery and Resolution Directive
BRRD-Richtlinie	Richtlinie 2ß14/59/EU des Europäischen Parlaments und des Rates vom 15.05.2014 zur Festlegung eines Rahmens für die Sanierung und Abwicklung von Kreditinstituten und Wertpapieren; ABl. EU L 173 v. 12.06.2014
BSpKG	Gesetz über Bausparkassen
BT-Drucks., BT-Drs.	Bundestags-Drucksache
BuB	Bankrecht und Bankpraxis, hrsg. v. Hellner/Steuer/Piekenbrock/Siegmann/Höche, Loseblatt-Sammlung, Köln
CaR	Credit at Risk
CD	Certificate of Deposit

CDS	Credit Default Swap(s)
CRD IV	Capital Requirements Directive IV; Richtlinie 2013/36/EU des Europäischen Parlaments und des Rates vom 26. Juni 2013 über den Zugang zur Tätigkeit von Kreditinstituten und die Beaufsichtigung von Kreditinstituten und Wertpapierfirmen, zur Änderung der Richtlinie 2002/87/EG und zur Aufhebung der Richtlinien 2006/48/EG und 2006/49/EG; ABl. EU L 176 v. 27.06.2013
CRDIVAnpV	Verordnung zur Anpassung von aufsichtsrechtlichen Verordnungen an das CRD IV-Umsetzungsgesetz
CrimMAD	Vgl. MAD II
CRR	Capital Requirements Regulation; Berichtigung der Verordnung (EU) Nr. 575/2013 des Europäischen Parlaments und des Rates vom 6. Juni 2013 über Aufsichtsanforderungen an Kreditinstitute und Wertpapierfirmen und zur Änderung der Verordnung (EU) 6486/2012; ABl. EU L 321 v. 30.11.2013
CRR-Kreditinstitute	Kreditinstitute, die (ggf. auch allein) das Einlagen- und das Kreditgeschäft betreiben (früher Einlagenkreditinstitute)
DepG	Depotgesetz; Gesetz über die Verwahrung und Anschaffung von Wertpapieren
DGS	Depot Guarantee Scheme (Einlagensicherungssystem)
DSGV	Deutscher Sparkassen- und Giroverband
DStR	Deutsches Steuerrecht (Zeitschrift)
DVBl	Deutsches Verwaltungsblatt (Zeitschrift)
DVO	Durchführungsverordnung
EABG	Einlagensicherungs- und Anlegerentschädigungsgesetz
EBA	European Banking Authority (Europäische Bankenaufsichtsbehörde)
EDV	Elektronische Datenverarbeitung
EPSF	European Financial Stability Facility (Europäische Finanzstabilisierungsfazilität)
EGBGB	Einführungsgesetz zum Bürgerlichen Gesetzbuch
EIOPA	European Insurance and Occupational Pensions Authority (Europäische Aufsichtsbehörde für das Versicherungswesen und die betriebliche Altersvorsorge)
EMIR	European Market Infrastructure Regulation
ESA	European Supervisory Authorities
ESFS	European System of Financial Supervision (Europäisches Finanzaufsichtssystem)
ESM	European Stability Mechanism (Europäischer Stabilitätsmechanismus)
ESMA	European Securities and Markets Authority
ESRB	European System Risk Board (Europäischer Ausschuss für Systemrisiken)
ESZB	Europäisches System der Zentralbanken
et al.	Et alii (und andere)
etc.	Et cetera
EU	Europäische Union
EUFAAnpG	Gesetz zur Umsetzung der Richtlinie 2010/78/EU vom 24. November 2010 im Hinblick auf die Einrichtung des Europäischen Finanzaufsichtssystems
EuGH	Europäischer Gerichtshof
EuZW	Europäische Zeitschrift für Wirtschaftsrecht (Zeitschrift)
EWiR	Entscheidungen zum Wirtschaftsrecht
EZB	Europäische Zentralbank

FMFG	Finanzmarktförderungsgesetz; Gesetz zur weiteren Fortentwicklung des Finanzplatzes Deutschland
FMSA	Bundesanstalt für Finanzmarktstabilisierung
FMStFG	Finanzmarktstablisierungsfondsgesetz v. 17.10.2008 (BGBl. I S. 1982)
FRUG	Gesetz zur Umsetzung der Richtlinie über Märkte für Finanzinstrumente und der Durchführungsrichtlinie der Kommission (Finanzmarktrichtlinie-Umsetzungsgesetz) v. 16.07.2007
FS	Festschrift
FSB	Financial Stability Board (Rat für Finanzstabilität)
GroMiKV	Großkredit- und Millionenkreditverordnung; Verordnung über die Erfassung, Bemessung, Gewichtung und Anzeige von Krediten im Bereich der Großkredit- und Millionenkreditvorschriften des Kreditwesengesetzes
Großkreditrichtlinie	EG-Richtlinie für die Überwachung und Kontrolle der Großkredite von Kreditinstituten
GWB	Gesetz gegen Wettbewerbsbeschränkungen
Hrsg., hrsg.	Herausgeber, herausgegeben
idF	in der Fassung
idR	in der Regel
idS	in diesem Sinne
ie	id est
iE	im Einzelnen
ieS	in engerem Sinne
iHv	in Höhe von
iRd	im Rahmen des
iS	im Sinne
iSd	im Sinne des/der
iSV	im Sinne von
IAS	IASC Framework for the Preparation and Presentation of Financial Statements, International Accounting Standards
IASB	International Accounting Standards Board
IFRIC	International Financial Reportings Committee
IFRS	International Financial Reporting Standards
insb.	insbesondere
InsO	Insolvenzordnung
InvG	Investmentgesetz
IOSCO	International Organization of Securities Commissions
ISDA	International Swaps and Derivatives Association, Inc.
JZ	Juristenzeitung
KAG	Kapitalanlagegesellschaft
KAGB	Kapitalanlagegesetzbuch
Kapitaladäquanzrichtlinie	Richtlinie 2006/49/EG v. 14.06.2006 über die angemessene Eigenkapitalausstattung von Wertpapierfirmen und Kreditinstituten (Neufassung), Abl. Der EU 177/201 v. 30.06.2006
KfW	Kreditanstalt für Wiederaufbau
KMU	kleines oder mittelständisches Unternehmen
KWG	Kreditwesengesetz; Gesetz über das Kreditwesen
MAD I	(EG) Marktmissbrauchs-Richtlinie
MAD II/CrimMAD	(EU) Market Abuse Directive (EU-Marktmissbrauchs-Richtlinie II)
m.w.N.	mit weiteren Nachweisen; mit weiteren Nennungen
MAR	(EU) Market Abuse Regulation (EU-Marktmissbrauchs-Verordnung)

MaRisk	Mindestanforderungen an das Risikomanagement, Rundschreiben der BaFin 10/2012 (BA) v. 14.12.2012
MaSan	Mindestanforderung an die Ausgestaltung von Sanierungsplänen, Rundschreiben der BaFin 3/2014 (BA) v. 25.04.2014
m.E.	meines Erachtens
MiFID	Markets in Financial Instruments Directive; Richtlinie 2004/39/EG v. 21.04.2004 über Märkte für Finanzinstrumente, zur Änderung der Richtlinien 85/611/EWG und 93/6/EWG des Rates und der Richtlinie 2000/12/EG des Europäischen Parlaments und des Rates und zur Aufhebung der Richtlinie 93/22/EWG des Rates ABl. L 145/1 v. 30.4.2004
MiFID II	Richtlinie 2014/65/EU v. 15.05.2014 über Märkte für Finanzinstrumente sowie zur Änderung der Richtlinien 2002/92/EG und 2011/61/EU (Neufassung) L 173/349 v. 12.06.2014
MiFIR	Markets in Financial Instruments Regulation; Verordnung (EU) Nr. 600/2014 v. 15.05.2014 über Märkte für Finanzinstrumente und zur Änderung der Verordnung (EU) Nr. 648/2012, L 173/84 v. 12.06.2014
Mio.	Millionen
Mrd.	Milliarde
MünchKomm	Münchener Kommentar
n.F.	neue Fassung
Nr.	Nummer
NVwZ	Neue Zeitschrift für Verwaltungsrecht
ÖBA	Österreichisches Bankarchiv (Zeitschrift)
OGA	Organismus für Gemeinsame Anlagen
OGAW	Organismus für Gemeinsame Anlagen in Wertpapieren
OLG	Oberlandesgericht
OTC	Over The Counter
OWiG	Gesetz über Ordnungswidrigkeiten
PfandBG; PfandbriefG	Pfandbriefgesetz v. 22.05.2005
PublG	Publizitätsgesetz; Gesetz über die Rechnungslegung von bestimmten Unternehmen und Konzernen
RefE	Referentenentwurf
RegBegr.	Regierungsbegründung
RegE	Regierungsentwurf
RIW	Recht der internationalen Wirtschaft (Zeitschrift)
RUF	Revolving Unterwriting Facility
RVO	Rechtsverordnung
S.	Seite
SIC	Securities Interpretations Committee
SIFI	Systemically Important Financial Institutions
sog.	Sogenannt
SolvRl.	Solvabilitätsrichtlinie
SolvV	Solvabilitätsverordnung, Verordnung über die angemessene Eigenmittelausstattung von Instituten, Institutsgruppen und Finanzholding Gruppen
SRM	Single Resolution Mechanism, Einheitlicher Abwicklungsmechanismus
SSM	Single Supervisory Mechanism, Einheitlicher Aufsichtsmechanismus
SSM-Verordnung	Verordnung (EU) Nr. 1024/2013 des Rates vom 15.10.2013 zur

	Übertragung besonderer Aufgaben im Zusammenhang mit der Aufsicht über Kreditinstitute auf die Europäische Zentralbank, ABl. EU L 287 v. 29.10.2013
StGB	Strafgesetzbuch
StPO	Strafprozessordnung
str.	streitig
TransPuG	Transparenz- und Publizitätsgesetz; Gesetz zur weiteren Reform des Aktien- und Bilanzrechts, zu Transparenz und Publizität
TUG	Transparenzrichtlinie-Umsetzungsgesetz vom 5.01.2007
Tz.	Textziffer
u.a.	unter anderem; und andere
Verf.	Verfasser
VO	Verordnung
Vol.	Volume
Wistra	Zeitschrift für Wirtschafts- und Steuerstrafrecht
WM	Wertpapier-Mitteilungen (Zeitschrift)
WPg	Die Wirtschaftsprüfung (Zeitschrift)
WpHG	Wertpapierhandelsgesetz
WuB	Entscheidungssammlung zum Wirtschafts- und Bankrecht
ZBB	Zeitschrift für Bankrecht und Bankwirtschaft
ZfgK	Zeitschrift für das gesamte Kreditwesen
ZfhF	Zeitschrift für handelswissenschaftliche Forschung
ZGR	Zeitschrift für Unternehmens- und Gesellschaftsrecht
ZHR	Zeitschrift für das gesamte Handelsrecht
ZinsO	Zeitschrift für das gesamte Insolvenzrecht
ZIP	Zeitschrift für Wirtschaftsrecht und Insolvenzpraxis
ZPO	Zivilprozessordnung
ZRP	Zeitschrift für Rechtspolitik

Verzeichnis der abgekürzt zitierten Literatur

zu

Staub, Handelsgesetzbuch
Großkommentar

Abkürzungen der 5. Aufl.

Soweit andere als im nachfolgenden Verzeichnis angegebene Auflagen zitiert werden, sind diese mit einer hochgestellten Ziffer gekennzeichnet.

Adler	Das Handelsregister, seine Öffentlichkeit und sein öffentlicher Glaube, 1908
ADS	Adler/Düring/Schmaltz (Hrsg.),Rechnungslegung und Prüfung der Unternehmen, Stuttgart, 6. Aufl. 1995–2000
ADS International	Adler/Düring/Schmaltz (Hrsg.), Rechnungslegung nach Internationalen Standards, Stuttgart, 7. Ergänzungslieferung August 2011 (Loseblatt)
AnwKommBGB	Dauner-Lieb/Heidel/Ring (Hrsg.), Anwaltkommentar BGB, 5 Bd., Bonn, 2005 ff
Assmann/Schütze/*Bearbeiter*	Assmann/Schütze (Hrsg.), Handbuch des Kapitalanlagerechts, München, 3. Aufl. 2007
Baetge et al./*Bearbeiter*	Baetge/Wollmert/Kirsch/Oser/Bischof (Hrsg.), Rechnungslegung nach IFRS, Stuttgart, 2. Aufl. 2011 (Loseblatt)
Baetge/Kirsch/Thiele/*Bearbeiter*	Baetge/Kirsch/Thiele (Hrsg.) Bilanzrecht, Bonn/Berlin, 49. Ergänzungslieferung Mai 2013 (Loseblatt)
Ballwieser et al./*Bearbeiter*	Ballwieser/Beine/Hayn/Peemöller/Schruff/Weber (Hrsg.), Wiley IFRS-Handbuch 2010, Weinheim, 7. Aufl. 2011
Bamberger/Roth	Kommentar zum Bürgerlichen Gesetzbuch, 3 Bd., München, 3. Aufl. 2012
Bassenge/Roth FamFG/RPflG	Bassenge/Roth, Gesetz über die Angelegenheiten der freiwilligen Gerichtsbarkeit. Rechtspflegergesetz, Kommentar, Heidelberg, 12. Aufl. 2009
Bauer/Diller Wettbewerbsverbote	Bauer/Diller, Wettbewerbsverbote, München, 6. Aufl. 2012
Baumbach/Hefermehl/Casper	Baumbach/Hefermehl/Casper, Wechselgesetz, Scheckgesetz, Recht der kartengestützten Zahlungen: WG,
WechselG u. ScheckG	ScheckG, Kartengestützte Zahlungen, München, 23. Aufl. 2008
Baumbach/Hueck/*Bearbeiter* GmbHG	Baumbach/Hueck, GmbH-Gesetz, München, 19. Aufl. 2010
Baumbach/Hopt/*Bearbeiter*	Baumbach/Hopt, Handelsgesetzbuch, München, 35. Aufl. 2012
Baumbach/Lauterbach/Albers/ *Bearbeiter*	Baumbach/Lauterbach/Albers/Hartmann, Zivilprozessordnung: ZPO, München, 70. Aufl. 2012
Baums	Eintragung und Löschung von Gesellschafterbeschlüssen, 1981
Beck-HdR-*Bearbeiter*	Beck'sches Handbuch der Rechnungslegung, Castan/Böcking/Heymann/Pfitzer/Scheffler (Hrsg.), München 40. Aufl. 2013(Loseblatt)

Beck IFRS-Hdb-*Bearbeiter*	Beck'sches IFRS-Handbuch, Bohl/Riese/Schlüter (Hrsg.), München, 4. Aufl. 2013
BeckRS	Beck Rechtsprechung
Beck BilKomm-*Bearbeiter*	Ellrott/Förschle/Hoyos/Winkeljohann (Hrsg.), Beck'scher Bilanz-Kommentar, München, 8. Aufl. 2012
BoHdR-*Bearbeiter*	Hofbauer/Kupsch, Bonner Handbuch der Rechnungslegung, Loseblatt, Stand 2012
Bohl/Riese/Schlüter/*Bearbeiter*	Bohl/Riese/Schlüter (Hrsg.), Beck'sches IFRS-Handbuch, München, 4. Aufl. 2013
Bohnert OWiG	Bohnert, OWiG, Kommentar zum Ordnungswidrigkeitenrecht, München, 3. Aufl. 2010
Bokelmann Firmenrecht	Das Recht der Firmen- und Geschäftsbezeichnungen, Freiburg, 5. Aufl. 2000
Boos/Fischer/Schulte-Mattler/ *Bearbeiter* KWG	Boos/Fischer/Schulte-Mattler (Hrsg.), Kreditwesengesetz: KWG, München, 4. Aufl. 2012
Bork	Bork, Der Vergleich, Berlin 1988
Braun, InsO	Braun (Hrsg.), Insolvenzordnung: InsO, München, 5. Aufl. 2012 zitiert: *Bearbeiter* in: Braun, InsO
Brox/Henssler	Brox/Henssler, Handelsrecht mit Grundzügen des Wertpapierrechts, München, 21. Aufl. 2011
Brox/Walker	Brox/Walker, Allgemeiner Teil des BGB, Berlin, 36. Aufl. 2011
Bruck/Möller	Baumann, Horst/Beckmann, Roland Michael/Johannsen, Katharina/Johannsen, Ralf (Hrsg.), Großkommentar zum Versicherungsvertragsgesetz, Berlin, 9. Aufl. 2008 ff
Bürgers/Körber/*Bearbeiter* AktG	Bürgers/Körber (Hrsg.), Heidelberger Kommentar zum Aktiengesetz, Heidelberg, 2. Aufl. 2011
Bumiller/Harders FamFG	Kommentar zum Gesetz über das Verfahren in Familiensachen und in den Angelegenheiten der freiwilligen Gerichtsbarkeit, München, 10. Aufl. 2011
Busse von Colbe/Ordelheide Konzernabschlüsse	Busse von Colbe, Walther/Ordelheide, Dieter, Konzernabschlüsse, 9. Aufl. 2009
Canaris Handelsrecht	Canaris, Claus-Wilhelm, Handelsrecht, München, 24. Aufl. 2006
Canaris Vertrauenshaftung	Canaris, Claus-Wilhelm, Die Vertrauenshaftung im deutschen Privatrecht, München 1971
Christ/Müller-Helle	Veröffentlichungspflichten nach dem neuen EHUG, Freiburg 2007
Deloitte iGAAP 2011	Deloitte (Hrsg.), iGAAP 2011, London, 4. Aufl. 2010
Düringer/Hachenburg	Düringer, Adelbert/Hachenburg, Max, Das Handelsgesetzbuch vom 10. Mai 1897 (unter Ausschluß d. Seerechts) auf d. Grundlage d. Bürgerl. Gesetzbuchs, Mannheim 1935
Ebenroth/Boujong/Joost/Strohn/ *Bearbeiter*; EBJS	Ebenroth/Boujong/Joost/Strohn (Hrsg.), Handelsgesetzbuch: HGB, Band 1 §§ 1–342e, München, 2. Aufl. 2008, Band 2 §§ 343–475h, München, 2. Aufl. 2009
Ehrenbergs Hdb	Ehrenbergs Handbuch des gesamten Handelsrechts, 5. Band, I. Abteilung, 1. Hälfte, 1. Lieferung, 1926
Eidenmüller	Ausländische Kapitalgesellschaften im deutschen Recht, München 2004
Emmerich/Habersack KonzernR	Konzernrecht, München, 9. Aufl. 2008
Ensthaler	Ensthaler (Hrsg.), Gemeinschaftskommentar zum Handelsgesetzbuch: HGB, Neuwied, 7. Aufl. 2007, zitiert: *Bearbeiter* in: Ensthaler

Erman/*Bearbeiter*	Erman, Bürgerliches Gesetzbuch, Kommentar, Köln, 13. Aufl. 2011
Ernst & Young International GAAP 2011	Ernst & Young (Hrsg.), International GAAP 2011, Chichester 2011
Fezer MarkenG	Markenrecht, Kommentar, München, 4. Aufl. 2009
FK-InsO/*Bearbeiter*	Wimmer (Hrsg.), Frankfurter Kommentar zur Insolvenzordnung, München, 7. Aufl. 2013
Fleischhauer/Preuß	Handelsregisterrecht – Verfahren – Anmeldemuster – Erläuterungen, Berlin, 2. Aufl. 2010
Frankfurter Kommentar zum Kartellrecht/*Bearbeiter*	Jaeger, u.a. (Hrsg.), Frankfurter Kommentar zum Kartellrecht, 77. Lieferung Dezember 2012 (Loseblatt)
Fülbier/Aepfelbach/Langweg	*Fülbier/Aepfelbach/Langweg*, GWG – Kommentar zum Geldwäschegesetz, 5. Aufl. 2006
Gesetzgebungsmaterialien zum ADHGB	Lutz, Protokolle der Kommission zur Berathung eines allgemeinen deutschen Handelsgesetzbuches 1858 ff
Geßler/Hefermehl	Geßler/Hefermehl/Eckardt/Kropff, Aktiengesetz, 1973 ff
v. Gierke/Sandrock Handels- und Wirtschaftsrecht	v. Gierke/Sandrock, Handels- und Wirtschaftsrecht, Berlin, 9. Aufl. 1975
Goldmann	Der Schutz des Unternehmenskennzeichens, Berlin, 2. Aufl. 2005
Gortsos Single Supervisory Mechanism	*Gortsos*, The Single Supervisory Mechanism (SSM) – Legal aspects of the first pillar of the European Banking Union, 2015
Großkommentar AktG/*Bearbeiter*	Hopt/Wiedemann (Hrsg.), Aktiengesetz Großkommentar, Berlin, 4. Aufl. 1992 ff
Großkomm/*Bearbeiter*	Staub, Hermann, Handelsgesetzbuch: Großkommentar, Berlin, 5. Aufl. 2008 ff
GroßkommUWG/*Bearbeiter*	Jacobs/Lindacher/Teplitzky (Hrsg.), Großkommentar zum UWG, Berlin, 1991 ff
Grüll/Janert Die Konkurrenzklausel	Grüll/Janert, Die Konkurrenzklausel, Heidelberg, 5. Aufl. 1993
Grundmann EG-Schuldvertragsrecht	*Grundmann*, Europäisches Schuldvertragsrecht – das Europäische Recht der Unternehmensgeschäfte (nebst Texten und Materialien zur Rechtsangleichung), 1999
Grundmann Europäisches Gesellschaftsrecht	*Grundmann* Europäisches Gesellschaftsrecht, 2. Aufl. 2011
Grundmann Treuhandvertrag	*Grundmann*, Der Treuhandvertrag – insbesondere die werbende Treuhand, 1997
Habersack	Habersack, Europäisches Gesellschaftsrecht, München, 4. Aufl. 2011
Hachenburg/*Bearbeiter* GmbHG	Ulmer (Hrsg.), Hachenburg, GmbHG – Gesetz betreffend die Gesellschaften mit beschränkter Haftung, Kommentar, 3 Bd., Berlin, 8. Aufl. 1992/1997
Hahn ADHGB	von Hahn, Friedrich, Das Handelsgesetzbuch vom 10. Mai 1897 (mit Ausschluss des Seerechts) auf der Grundlage des Bürgerlichen Gesetzbuchs, Braunschweig, 4. Aufl. 1894
Handbuch des Außendienstrechts I	Küstner/Thume, Handbuch des gesamten Außendienstrechts, Band I: Das Recht des Handelsvertreters. Ohne Ausgleichsrecht, Heidelberg, 4. Aufl. 2012
Hartmann-Wendels/Pfingsten/Weber Bankbetriebslehre	*Hartmann-Wendels/Pfingsten/Weber*, Bankbetriebslehre, 6. Aufl. 2015
HdJ-*Bearbeiter*	von Wysocki/Schulze-Osterloh/Hennrichs/Kuhner (Hrsg.),

	Handbuch des Jahresabschlusses (HdJ) Rechnungslegung nach HGB und internationalen Standards, Köln, 56. Ergänzungslieferung Mai 2013 (Loseblatt)
Heidel/*Bearbeiter* AktienR	Heidel (Hrsg.), Aktienrecht und Kapitalmarktrecht, Kommentar, Baden-Baden, 4. Aufl. 2013
Herrmann/Heuer/Raupach/*Bearbeiter*	Einkommensteuer- und Körperschaftsteuergesetz mit Nebengesetzen, Köln (256. Ergänzungslieferung) 2013 (Loseblatt)
Hess/Binz/Wienberg Gesamtvollstreckungsordnung	Hess/Binz/Wienberg, Gesamtvollstreckungsordnung, Neuwied, 4. Aufl. 1998
Hess/Weis/Wienberg InsO	Hess/Weis/Wienberg (Hrsg.), Insolvenzordnung, Heidelberg, 2. Aufl. 2001zitiert: *Bearbeiter* in: Hess/Weis/Wienberg InsO
Heuser/Theile/*Bearbeiter*	Heuser/Theile (Hrsg.), IFRS-Handbuch, Köln,5. Aufl. 2012
Heymann/*Bearbeiter* HGB	Horn (Hrsg.), Heymann, Handelsgesetzbuch (ohne Seerecht), Kommentar, 4 Bd., Berlin, 2. Aufl. 1995 ff
HuRB	Leffson/Rückle/Großfeld (Hrsg.), Handwörterbuch unbestimmter Rechtsbegriffe im Bilanzrecht des HGB, Köln 1986
Hirte/Bücker	Grenzüberschreitende Gesellschaften, Berlin, 2. Aufl. 2006
HK-HGB	Glanegger/Kirnberger/Kusterer u.a., Heidelberger Kommentar zum Handelsgesetzbuch, Heidelberg, 7. Aufl. 2007, zitiert: *Bearbeiter* HK-HGB
Hoeren/Sieber/*Bearbeiter*	Handbuch Multimediarecht – Rechtsfragen des elektronischen Geschäftsverkehrs, Loseblatt, München 2009 ff 33. Aufl. 2013, 34. Erg.Lief. April 2013
Hopt/Mössle/*Bearbeiter* Handelsrecht	Hopt/Mössle, Handels- und Gesellschaftsrecht, Band I: Handelsrecht, München, 2. Aufl. 1999
Hueck/Canaris Recht der Wertpapiere	Hueck/Canaris, Recht der Wertpapiere, München, 12. Aufl. 1986
Hueck/Nipperdey Arbeitsrecht	Hueck, Alfred, Lehrbuch des Arbeitsrechts, Band 2: Kollektives Arbeitsrecht, Berlin, 7. Aufl. 1967/1970
A. Hueck OHG	Alfred Hueck, Das Recht der offenen Handelsgesellschaft, Berlin, 4. Aufl. 1971
Hüffer AktG	Hüffer, Aktiengesetz, München,10. Auflage 2012
Ingerl/Rohnke	Markengesetz, Kommentar, München, 3. Aufl. 2010
Jansen/*Bearbeiter*	von Schuckmann/Sonnenfeld (Hrsg.), Großkommentar zum FGG, 3. Aufl., 3 Bd., Berlin 2005/2006
Kallmeyer/*Bearbeiter*	Kallmeyer u.a., Umwandlungsgesetz, Köln, 5. Aufl. 2013
Keidel/Krafka/*Bearbeiter* RegisterR	Keidel/Krafka (Hrsg.), Registerrecht, München, 9. Aufl. 2013
Keidel/*Bearbeiter* FamFG	FamFG, Kommentar, München, 17. Aufl. 2011
Köhler BGB, Allgemeiner Teil	Köhler, Helmut, BGB Allgemeiner Teil, München, 37. Aufl. 2012
Köhler/Bornkamm/*Bearbeiter*	Gesetz gegen den unlauteren Wettbewerb: UWG – PAngV – UKlaG, München, 31. Aufl. 2013
Koller/Roth/Morck/*Bearbeiter*	Koller/Roth/Morck, Handelsgesetzbuch: HGB, München, 7. Aufl. 2011
KölnKomm-AktG/*Bearbeiter*	Claussen/Zöllner (Hrsg.), Kölner Kommentar zum Aktiengesetz, Köln, 2. Aufl. 1988 ff; 3. Aufl. 2004 ff
KK-OWiG/*Bearbeiter*	Senge (Hrsg.), Karlsruher Kommentar zum Gesetz über Ordnungswidrigkeiten: OWiG, München, 3. Aufl. 2006
KPMG Insights into IFRS	KPMG (Hrsg.), Insights into IFRS, London, 9. Aufl. 2012/ 2013
Küstner/Thume	Küstner/Thume, Handelsvertreterverträge, Frankfurt am Main, 2. Aufl. 2011

Küstner/Thume I	Küstner, Thume (Hrsg.), Handbuch des gesamten Außendienstrechts, Band 1: Das Recht des Handelsvertreters. Ohne Ausgleichsrecht, Heidelberg, 3. Aufl. 2000
Küstner/Thume II	Küstner, Thume (Hrsg.), Handbuch des gesamten Außendienstrechts, Band 2: Der Ausgleichsanspruch des Handelsvertreters. Warenvertreter, Versicherungs- und Bausparkassenvertreter, Heidelberg, 8. Aufl. 2008
Küstner/Thume III	Küstner/Thume, Handbuch des gesamten Außendienstrechts, Band 3: Vertriebsrecht. Reisende, Vertragshändler, Kommissionsagenten, Versicherungsmakler, Franchising und Direktvertrieb, Heidelberg, 3. Aufl. 2009
HdR-EA/*Bearbeiter*	Küting/Weber (Hrsg.), Handbuch der Rechnungslegung – Einzelabschluss, Stuttgart, 5. Aufl. 2011 (Loseblatt)
Küting/Weber/*Bearbeiter*	Küting/Weber (Hrsg.), Handbuch der Konzernrechnungslegung, Stuttgart, 2. Aufl. 1998
Langenbucher/Bliesener/Spindler/*Bearbeiter*	Langenbucher/Bliesener/Spindler (Hrsg.), Bankrechts-Kommentar, 2. Aufl. 2016
Lettl	Handelsrecht, München, 2. Aufl. 2011
Loewenheim/Meessen/Riesenkampff/*Bearbeiter*	Loewenheim/Meessen/Riesenkampff (Hrsg.), Kartellrecht, München, 2. Aufl. 2009
Lohmüller/Beustien/Josten	Lohmüller u.a., Handels- und Versicherungsvertreterrecht, 2. Aufl. 1970/71, Loseblatt
Lüdenbach/Hoffmann/*Bearbeiter*	Lüdenbach/Hoffmann (Hrsg.), Haufe IFRS-Kommentar, Freiburg, 9. Aufl. 2011
Lutter/*Bearbeiter* UmwG	Lutter/Winter (Hrsg.), Umwandlungsgesetz, 2 Bd., Köln, 4. Aufl. 2009
Lutter/Hommelhoff/*Bearbeiter* GmbHG	Lutter/Hommelhoff u.a., GmbH-Gesetz, Köln, 17. Aufl. 2009
Luz/Neus/Schaber/Schneider/Wagner/Weber KWG und CRR	*Luz/Neus/Schaber/Schneider/Wagner/Weber* (Hrsg.), KWG und CRR: Kommentar zu KWG, CRR, SolvV, WuSolvV, GroMiKV, LiqV und weiteren aufsichtsrechtlichen Vorschriften, 3. Aufl. 2015
Manigk	Manigk, Alfred, Willenserklärung und Willensgeschäft, Berlin 1907
Martinek Franchising	Martinek, Michael, Franchising, Heidelberg 1987
Martinek/*Bearbeiter*	Martinek, Michael (Hrsg.), Handbuch des Vertriebsrechts, München, 3. Aufl. 2010
Medicus AT	Allgemeiner Teil des BGB, Heidelberg, 10. Aufl. 2010
Meilicke/von Westphalen PartGG	Meilicke/Graf von Westphalen/Hoffmann/Lenz/Wolff, Kommentar, Partnerschaftsgesellschaftsgesetz: PartGG, Gesetz über Partnerschaftsgesellschaften Angehöriger Freier Berufe, München, 2. Aufl. 2006
Michalski/*Bearbeiter* GmbHG	Michalski (Hrsg.), Kommentar zum Gesetz betreffend die Gesellschaften mit beschränkter Haftung (GmbH-Gesetz), 2 Bd., München, 2. Aufl. 2010
MünchHdbGesR/*Bearbeiter*	Münchener Handbuch des Gesellschaftsrechts, 6 Bd., München, 3. Aufl. 2007 ff
MünchKommAktG/*Bearbeiter*	Goette/Habersack (Hrsg.), Münchener Kommentar zum Aktiengesetz, 3. Aufl., München 2008 ff
MünchKommBGB/*Bearbeiter*	Rebmann/Säcker/Rixecker (Hrsg.), Münchener Kommentar zum Bürgerlichen Gesetzbuch, München, 5. Aufl. 2006 ff
MünchKommBilR/*Bearbeiter*	Hennrichs/Kleindiek/Watrin (Hrsg.), Münchener Kommentar zum Bilanzrecht, Band 1 IFRS, München 2009
MünchKommHGB/*Bearbeiter*	Schmidt, Karsten (Hrsg.), Münchener Kommentar zum Handelsgesetzbuch: HGB, München, 2. Aufl. 2005 ff

MünchKommInsO/*Bearbeiter*	Kirchhof/Lwowski/Stürner (Hrsg.), Münchener Kommentar zur Insolvenzordnung, 3 Bd., München, 2. Aufl. 2007 f
MünchKommZPO/*Bearbeiter*	Rauscher/Wax/Wenzel (Hrsg.), Münchener Kommentar zur Zivilprozessordnung, 4 Bd., München, 3. Aufl. 2007 ff
Musielak/*Bearbeiter* ZPO	Musielak (Hrsg.), Kommentar zur Zivilprozessordnung: ZPO, München, 8. Aufl. 2011
Noack/*Bearbeiter*	Noack (Hrsg.), Das neue Gesetz über elektronische Handels- und Unternehmensregister – EHUG, 2007
Oetker Handelsrecht	Handelsrecht, Heidelberg, 6. Aufl. 2010
Oetker/*Bearbeiter*	HGB, Kommentar, München, 2. Aufl. 2011
Oppenländer/*Bearbeiter*	Praxishandbuch der GmbH-Geschäftsführung, München, 2. Aufl. 2011
Palandt/*Bearbeiter*	Palandt, Bürgerliches Gesetzbuch: BGB, München, 70. Aufl. 2011
Prölss/Martin/*Bearbeiter* VVG	Prölss/Martin, Versicherungsvertragsgesetz: VVG, München, 28. Aufl. 2010
PwC IFRS Manual of Accounting 2011	PricewaterhouseCoopers (Hrsg.), IFRS Manual of Accounting 2011, London 2010
PWW/*Bearbeiter*	Prütting/Wegen/Weinrich (Hrsg.), BGB Kommentar, Köln, 6. Aufl. 2011
Raiser/Veil	Recht der Kapitalgesellschaften, München, 5. Aufl. 2010
Reithmann/Martiny/*Bearbeiter*	Reithmann/Martiny (Hrsg.), Internationales Vertragsrecht Internationales Vertragsrecht, Köln, 7. Aufl. 2010
RGRK/*Bearbeiter* BGB	Das Bürgerliche Gesetzbuch mit besonderer Berücksichtigung der Rechtsprechung des Reichsgerichts und des Bundesgerichtshofes, Berlin, 12. Aufl. 1975–1999
RGRK-HGB/*Bearbeiter*	Kommentar zum Handelsgesetzbuch, Berlin, 1. Aufl. 1939 ff
Richardi Wertpapierrecht	Richardi, Reinhard, Wertpapierrecht, Heidelberg 1987
Ritter HGB	Ritter, Kommentar zum HGB, 2. Aufl. 1932
Röhricht/v. Westphalen/*Bearbeiter*	Röhricht/Westphalen (Hrsg.), Handelsgesetzbuch: HGB, Kommentar zu Handelsstand, Handelsgesellschaften, Handelsgeschäften und besonderen Handelsverträgen (ohne Bilanz-, Transport- und Seerecht), Köln, 3. Aufl. 2008
Roth/Altmeppen	GmbHG-Gesetz betreffend die Gesellschaften mit beschränkter Haftung, Kommentar, München, 6. Aufl. 2009
Rowedder/Schmidt-Leithoff/*Bearbeiter* GmbHG	Rowedder/Schmidt-Leithoff (Hrsg.), Gesetz betreffend die Gesellschaften mit beschränkter Haftung: GmbHG, München, 4. Aufl. 2002
Schlegelberger/*Bearbeiter*	Schlegelberger/Geßler, Handelsgesetzbuch Kommentar, München, 5. Aufl. 1973
K. Schmidt Gesellschaftsrecht	Schmidt, Karsten, Gesellschaftsrecht, Köln, 4. Aufl. 2002
K. Schmidt Handelsrecht	Schmidt, Karsten, Handelsrecht, Köln, 5. Aufl. 1999
K. Schmidt/Lutter AktG	Schmidt, Karsten/Lutter, Marcus, Kommentar zum Aktiengesetz, Köln, 2. Aufl. 2010
Scholz/*Bearbeiter* GmbHG	Scholz (Hrsg.), Kommentar zum GmbHG, 3 Bd., Köln, 10. Aufl. 2006 ff
Schönke/Schröder/*Bearbeiter* StGB	Schönke/Schröder (Hrsg.), Strafgesetzbuch: StGB, Kommentar, München, 28. Aufl. 2010
Schubert/Schmiedel/Krampe	Schubert, Werner/Schmiedel, Burkhard/Krampe, Christoph (Hrsg.), Quellen zum Handelsgesetzbuch von 1897, Frank-

	furt am Main 1988, zitiert: *Schubert/Schmiedel/Krampe* Bd. / Seitenzahl
Schultze/Wauschkuhn/Spenner/Dau	Schultze/Wauschkuhn/Spenner/Dau, Der Vertragshändlervertrag, Frankfurt am Main, 4. Aufl. 2008, zitiert: *Bearbeiter* in: Schultze/Wauschkuhn/Spenner/Dau
Schwark/Zimmer/*Bearbeiter*	Schwark/Zimmer (Hrsg.), Kapitalmarktrechts-Kommentar, München, 4. Aufl. 2010
Soergel/*Bearbeiter*	Soergel/Siebert (Hrsg.), Bürgerliches Gesetzbuch mit Einführungsgesetz und Nebengesetzen, Stuttgart, 13. Aufl. 2001 ff
Spindler/Stilz/*Bearbeiter* AktG	Spindler/Stilz (Hrsg.), Aktiengesetz, Kommentar, 2 Bd., München, 2. Aufl. 2010
Staub ADHGB	Staub, Hermann: Kommentar zum Allgemeinen Deutschen Handelsgesetzbuch, Berlin, 5. Aufl. 1897
Staub/*Bearbeiter*	Staub, Großkommentar zum Handelsgesetzbuch, HGB, Berlin, 1.–15. Aufl.; 5. Aufl. neuer Zählung Canaris/Habersack/Schäfer (Hrsg.), Berlin 2008 ff
Staudinger/*Bearbeiter*	J. von Staudingers Kommentar zum Bürgerlichen Gesetzbuch mit Einführungsgesetz und Nebengesetzen, 13. Bearbeitung, Berlin 1993 ff
Stolterfoht	Stolterfoht, Joachim N., Handelsrecht, Berlin 1973
Straatmann/Ulmer	Straatmann/Ulmer, Handelsrechtliche Schiedsgerichts-Praxis (HSG), 1975 ff
Straube/*Bearbeiter*	Straube (Hrsg.), Kommentar zum Handelsgesetzbuch, Wien, 3. Aufl. 2003 ff
Ströbele/Hacker	Markengesetz, Kommentar, Köln, 8. Aufl. 2006; 10. Aufl. 2011
Stumpf/Jaletzke/*Bearbeiter*	Stumpf/Jaletzke, Der Vertragshändlervertrag, Heidelberg, 3. Aufl. 1997
Stüsser	Stüsser, Rolf, Die Anfechtung der Vollmacht nach Bürgerlichem Recht und Handelsrecht, Berlin 1986
Thiele/von Keitz/Brücks/*Bearbeiter*	Thiele/von Keitz/Brücks (Hrsg.), Internationales Bilanzrecht, Bonn/Berlin 2008 (Loseblatt)
Thomas/Putzo/*Bearbeiter*	Thomas/Putzo, Zivilprozessordnung: ZPO, München, 32. Aufl. 2011
Uhlenbruck/*Bearbeiter*	Uhlenbruck/Hirte/Vallender (Hrsg.), Insolvenzordnung: InsO, Kommentar, München, 13. Aufl. 2010
Ulmer/Brandner/Hensen/ *Bearbeiter* AGB-Recht	Ulmer/Brandner/Hensen, AGB-Recht Kommentar, Köln, 11. Aufl. 2011
Ulmer/Habersack	Ulmer/Habersack, Verbraucherkreditgesetz, München, 2. Aufl. 1995
Ulmer/Habersack/Winter/ *Bearbeiter* GmbHG	Ulmer/Habersack/Winter (Hrsg.), GmbH-Gesetz, Kommentar, 3 Bd., Tübingen, 2005 ff
Ulmer/Schäfer	Ulmer/Schäfer, Gesellschaft bürgerlichen Rechts und Partnerschaftsgesellschaft, München, 5. Aufl. 2009
Vater et al./*Bearbeiter* IFRS Änderungskommentar 2009	Vater/Ernst/Hayn/Knorr/Mißler (Hrsg.), IFRS Änderungskommentar 2009, Weinheim 2009
Veil/*Bearbeiter* EuKapmR	Veil (Hrsg.), Europäisches Kapitalmarktrecht, 2. Aufl. 2014
von Godin/Wilhelmi	Aktiengesetz, Kommentar, Berlin, 4. Aufl. 1971
von Wysocki et al./*Bearbeiter*	von Wysocki/Schulze-Osterloh/Hennrichs/Kuhner (Hrsg.), Handbuch des Jahresabschlusses, Köln 1984 (Loseblatt)
Vortmann Aufklärungspflichten	*Vortmann*, Aufklärungs- und Beratungspflichten der Banken, 10. Aufl. 2013

Wessel/Zwernemann/Kögel Firmengründung	Wessel/Zwernemann/Kögel, Firmengründung, Heidelberg, 7. Aufl. 2001
Zöller/*Bearbeiter* ZPO	Zöller, Richard, Zivilprozessordnung: ZPO, Kommentar, Köln, 29. Aufl. 2012
Zöllner Wertpapierrecht	Zöllner, Wolfgang, Wertpapierrecht, München, 14. Aufl. 1987

FÜNFTER TEIL

Gesamtsystem Investment Banking
Funktionen, Strukturen, Regelungsregime

Übersicht

	Rn
1. Abschnitt: Funktionen	
I. Investment Banking, Kapitalmarktrecht, Privatrecht – Heranführung	1
II. Funktionen von Kapitalmärkten	7
III. Funktionen von Investment Banking	18
IV. Funktionen des Regelungsrahmens – Regelungsziele	29
2. Abschnitt: Infrastruktur	
I. Kapitalmarktakteure: Intermediäre und Marktbetreiber	41
II. Kapitalmärkte, Primär- und Sekundärmärkte, Kapitalmarktsegmente	55
III. Anlageinstrumente	79
IV. Regelungsinstrumente – Verweis	92
V. Regulierungs- und Aufsichtsagenturen	93
3. Abschnitt: Regelungsrahmen	
I. Regelungsrahmen und -entwicklung – Europäisches und Deutsches Recht	97
II. Auslegungs- und Anwendungsfragen mit spezifischem Bezug zum Investment Banking	135

1. Abschnitt: Funktionen

Schrifttum (vgl. auch Schrifttum zu Teil 1)

1. Zu den Funktionen von Kapitalmärkten und Investment Banking (Auswahl)

a) **Monographien, Sammelbände, Kommentare:** *Achleitner* Handbuch Investment Banking, 3. Aufl. 2002; *Admati/Hellwig* The Bankers' New Clothes – What's Wrong with Banking and What to Do about it, 2013; *Adrian/Heidron* Der Bankbetrieb, 15. Aufl. 2012; *Avgouleas* Governance of Global Financial Markets. The Law, The Economics, The Politics, 2012; *Becker/Peppmeier* Bankbetriebslehre, 10. Aufl. 2015; *Berger/Molyneux/Wilson* (Hrsg.) The Oxford Handbook of Banking, 2012; *Cox/Hillman/Langevoort* Securities Regulation – Cases and Materials, 2013; *Crane/Froot/Mason/Perold/Merton/Bodie/Sirri/Tufano* The global financial system: a functional perspective, 1995; *Eilenberger* Bankbetriebswirtschaftslehre: Grundlagen – Internationale Bankleistungen – Bank-Management, 8. Aufl. 2012; *Fabozzi/Peterson Drake* Finance: Capital Markets, Financial Management, and Investment Management, 2009; *Fleuriet* Investment banking explained – an insider's guide to the industry, 2008; *Forschner* Wechselwirkungen von Aufsichtsrecht und Zivilrecht, 2013; *Greenbaum/Thakor* Contemporary Financial Intermediation, 2007; *Grill/Perczynski* Wirtschaftslehre des Kreditwesens, 49. Aufl. 2015; *Hagenmüller/Diepen* Der Bankbetrieb, 11. Aufl. 2013; *Hartmann-Wendels/Pfingsten/Weber* Bankbetriebslehre, 6. Aufl. 2015; *Ianotta* Investment Banking – a Guide to underwriting and advisory services, 2010; *Klöhn* Kapitalmarkt, Spekulation und Behavioral Finance – eine interdisziplinäre und vergleichende Analyse zum Fluch und Segen der Spekulation und ihrer Regulierung durch Recht und Markt, 2006; *Lastra* International Financial and Monetary Law, 2. Aufl. 2015; *Liaw* The Business of Investment Banking – a comprehensive overview, 3. Aufl. 2012; *Loss/Seligman* Fundamentals of Securities Regulation, 6. Aufl. 2011; *Mishkin/Matthews/Giuliodori* Economics of Money, Banking and Financial Markets: European Edition, 2013; *Morrison/Wilhelm Jr.* Investment Banking. Institutions, Politics, and Law, 2007; *Posner/Scott* (Hrsg.) Economics of Corporation Law and Securities Regulation, 1980; *Rechtschaffen* Capital Markets, Derivatives, and the Law: Evolution after Crisis, 2. Aufl. 2014; *Roe* Strong managers, weak owners – the Political Roots of American Corporate Finance, 1994; *Saunders/Cornett* Financial Markets and Institutions, 6. Aufl. 2015; *Schoenmaker* Governance of International Banking –

the Financial Trilemma, 2013; *Steinberg* Securities Regulation, 6. Aufl. 2013; *Stowell* An introduction to investment banks, hedge funds, and private equity, 2010.

b) Aufsätze und Beiträge: *Adrian/Ashcraft* Shadow Banking – a review of the literature, in: Durlauf/Blume (Hrsg.), The New Palgrave Dictionary of Economics – Online Edition, 2012; *Akerlof* The ‚Market for Lemons' – Quality Uncertainty and the Market Mechanism, 84 The Quarterly Journal of Economics 488 (1970); *Allen* Stock markets and resource allocation, in: Mayer/Vives (Hrsg.), Capital Markets and Financial Intermediation, 1993, S. 81; *Allen/Carletti* The roles of banks in financial systems, in: Berger/Molyneux/Wilson (Hrsg.) The Oxford Handbook of Banking, 2012, S. 37; *Allen/Carletti/Qian/Valenzuela* Financial Intermediation, Markets, and Alternative Financial Sectors, in: *Constantinides*/Harris/Stulz (Hrsg.) Handbook of the Economics of Finance, vol. 2A, 2013, S. 759; *Allen/Gale* Financial fragility, liquidity, and asset prices, 2 Journal of the European Economic Association 1015 (2004); *Allen/Santomero* The Theory of Financial Intermediation, 21 Journal of Banking and Finance 1461 (1998); *Barberis/Thaler* A Survey of Behavioral Finance, in: Constantinides/Harris/Stulz (Hrsg.) Handbook of the Economics of Finance, 2003, S. 1053; *Berger/Molyneux/Wilson* Banking – an Overview, in: Berger/Molyneux/Wilson (Hrsg.) The Oxford Handbook of Banking, 2012, S. 1; *Bhattacharya/Thakor* Contemporary Banking Theory, 3 Journal of Financial Intermediation 2 (1993); *Bloomfield* Behavioral finance, in: Durlauf/Blume (Hrsg.) The New Palgrave Dictionary of Economics, Bd. 1, 2. Aufl, 2008, S. 438; *Boyd* Financial intermediation, in: Durlauf/Blume (Hrsg.) The New Palgrave Dictionary of Economics, Bd. 3, 2. Aufl. 2008, S. 358; *Calomiris* Bank crises, in: Durlauf/Blume (Hrsg.) The New Palgrave Dictionary of Economics, Bd. 1, 2. Aufl. 2008, S. 348; *Christensen/Hail/Leuz* Capital-Market Effects of Securities Regulation: Prior Conditions, Implementation, and Enforcement, 2011, http://www.nber.org/papers/w16737; *Coen/Eisner* (Online-Überarbeitung *Rondina/Durlauf*) Investment (neoclassical), in: Durlauf/Blume (Hrsg.) The New Palgrave Dictionary of Economics, Bd. 4, 2. Aufl. 2008, S. 558; *Coffee* Market failure and the economic case for a mandatory disclosure system, 70 Virginia Law Review 717 (1984); *Dewatripont/Tirole* Efficient governance structure: implications for banking regulation, in: Mayer/Vives (Hrsg.) Capital Markets and Financial Intermediation, 1993, S. 12; *Diamond* The Role of a Stock Market in a General Equilibrium Model with Technological Uncertainty, 57 American Economic Review 759 (1967); *ders.*, Financial Intermediation and Delegated Monitoring, 51 Review of Economic Studies 393 (1984); *Diamond/Verrecchia* Information Aggregation in a noisy rational expectations model, 9 Journal of Financial Economics 221 (1981); *Diamond/Verrecchia* Optimal Managerial Contracts and Equilibrium Security Prices, 37 Journal of Finance 275 (1982); *Easterbrook/Fischel* Mandatory disclosure and the protection of investors, 70 Virginia Law Review 669 (1984); *Fama* Banking in the theory of finance, Journal of Monetary Ecomonics 6 (1980), 39; *ders.* The Behavior of Stock-Market Prices, 38 The Journal of Business 34 (1965); *ders.* Efficient Capital Markets: A Review of Theory and Empirical Work, 25 Journal of Finance 383 (1970); *ders.* Market efficiency, long-term returns, and behavioral finance, 49 Journal of Financial Economics 283 (1998); *Fleischer* Gesellschafts- und Kapitalmarktrecht als wissenschaftliche Disziplin und das Proprium der Rechtswissenschaft, in: Engel/Schön (Hrsg.) Das Proprium der Rechtswissenschaft, 2007, S. 50; *Focarelli/Pozzolo* Banking industry, in: Durlauf/Blume (Hrsg.) The New Palgrave Dictionary of Economics, Bd. 1, 2. Aufl. 2008, S. 352; *Gilson/Kraakman* The Mechanisms of Market Efficiency, 70 Virginia Law Review 549 (1984); *Greenwood/Smith* Financial markets in development, and the development of financial markets, 21 Journal of Economic Dynamics and Control 145 (1997); *Grossman* On the Efficiency of Competitive Stock Markets Where Traders Have Diverse Information, 31 Journal of Finance 573 (1976); *ders.* Further Results on the Informational Efficiency of Competitive Stock Markets, 18 Journal of Economic Theory 81 (1978); *Grossman/Hart* The Costs and Benefits of Ownership – a Theory of Vertical and Lateral Integration, 94 Journal of Political Economy 691 (1986); *Grossman/Stiglitz* On the Impossibility of Informationally Efficient Markets, 70 The American Economic Review 393 (1980); *Grundfest* Securities regulation, in: Durlauf/Blume (Hrsg.) The New Palgrave Dictionary of Economics, Bd. 3, 2. Aufl. 2008, S. 410; *Grundmann* Information, Party Autonomy and Economic Agents in European Contract Law, (2002) 39 CMLR 269; *ders.* Bankenunion und Privatrecht – Spannungspunkte Einflusslinien, Beispiele, ZHR 179 (2015), 563, *Grundmann/Kerber* Information Intermediaries and Party Autonomy – the example of securities and insurance markets, in: Grundmann/Kerber/Weatherill (Hrsg.) Party Autonomy and the Role of Information in the Internal Market, 2001, S. 264; *Hegarty* Beitrag der Aufsicht zur Finanzmarktstabilität – Spannungsfeld zwischen Investorenschutz und Finanzmarktstabilität, WPg 2010, 766; *Holmstrom/Tirole* Corporate control and the monitoring role of the stock market, Yale School of Organization and Management Working Paper Series D No. 48; *Jensen/Meckling* Theory of the Firm: managerial behavior, agency costs and ownership structure, 3 Journal of Financial Economics 305 (1976); *Keim* Financial market anomalies, in: Durlauf/Blume (Hrsg.) The New Palgrave Dictionary of Economics, Bd. 3, 2. Aufl. 2008, S. 370; *King/Levine* Financial intermediation and economic development, in: Mayer/Vives (Hrsg.) Capital Markets and Financial Intermediation, 1993, S. 156; *Klöhn* Der Beitrag der Verhaltensökonomik zum Kapitalmarktrecht, in: *Fleischer/Zimmer* (Hrsg.) Beitrag der Verhaltensökonomie (Behavioral Economics) zum Handels- und Wirtschaftsrecht, ZHR-Beiheft 75 (2011), 83; *Levine/Zervos* Stock Markets, Banks, and Economic Growth, 88 American Economic Review 537 (1998); *Liaw* Investment Banking, in: Fabozzi (Hrsg.) Handbook of Finance, Bd. 1, 2008, S. 51; *Lo* Efficient market hypothesis, in: Durlauf/Blume (Hrsg.) The New Palgrave Dictionary of Economics, Bd. 2, 2. Aufl. 2008, S. 782; *Malkiel* The Efficient Market Hypothesis and its Critics, 17 Journal of Economic Perspectives 59 (2003); *Mayer* New Issues in Corporate Finance, 32 European Economic Review 1167 (1988); *Prum* European Union Crisis Responses and the Efficient Capital Markets Hypothesis, 20 Colum. J. Eur. L. 1 (2013); *Ross* Finance, in: Durlauf/Blume (Hrsg.) The New Palgrave Dictionary of Economics, Bd. 2, 2. Aufl. 2008, S. 314; *Stigler* Public regulation of the securities markets, 37 The Journal of Business 117 (1964); *ders.* Imperfections in the Capital Market; 75 Journal of Political Economy 287 (1967); *Swank* Theories of the Banking Firm – A Review of the Literature, 48 Bulletin of Economic Research 173 (1996); *Toye* Financial structure and economic development, in: Durlauf/Blume (Hrsg.) The New Palgrave Dictionary of Economics, Bd. 3, 2. Aufl. 2008, S. 381; *Wang* Finance (new developments), in: Durlauf/Blume (Hrsg.) The New Palgrave Dictionary of Economics, Bd. 3, 2. Aufl. 2008, S. 333; *Wurgler* Financial Markets and the Allocation of Capital, 58 Journal of Financial Economics 187 (2000).

2. Zu Kapitalmarktrecht und Investment Banking, vor allem Wertpapierhandelsrecht, allgemein (Auswahl)

a) **Monographien, Sammelbände, Kommentare:** *Assmann* Prospekthaftung – als Haftung für die Verletzung kapitalmarktbezogener Informationsverkehrspflichten nach deutschem und US-amerikanischem Recht, 1985; *Assmann/Schneider* (Hrsg.) Wertpapierhandelsgesetz – Kommentar, 6. Aufl. 2012; *Assmann/Schütze* Handbuch des Kapitalanlagerechts, 4. Aufl. 2015; *Becker* Das neue Wertpapierhandelsgesetz, 1995; *Brellochs* Publizität und Haftung von Aktiengesellschaften im System des EU-Kapitalmarktrechts, 2005; *Buck-Heeb* Kapitalmarktrecht, 8. Aufl. 2016; *Canaris* Bankvertragsrecht, 3. Aufl. 1988; *Claussen* Bank- und Börsenrecht, 6. Aufl., 2016; *Dauses* (Hrsg.), Handbuch des EU-Wirtschaftsrecht, 39. EL., 02/2016; *Derleder/Knops/Bamberger* (Hrsg.) Handbuch zum deutschen und europäischen Bankrecht, 2. Aufl., 2009; *Egan/Rushbrooke/Lockett* EC Financial Services Regulation, London u. a. 1994; *Einsele* Bank- und Kapitalmarktrecht, 3. Aufl. 2014; *Ekkenga* Anlegerschutz, Rechnungslegung und Kapitalmarkt – eine vergleichende Studie zum europäischen, deutschen und britischen Bilanz-, Gesellschafts- und Kapitalmarktrecht, 1998; *Elster* Europäisches Kapitalmarktrecht – Recht des Sekundärmarktes, 2002; *Ferran* Building an EU Securities Market, Cambridge u. a. 2004; *Fuller* The Law and Practice of International Capital Markets, 2009; *Fuchs* Wertpapierhandelsgesetz, 2. Aufl. 2016; *Groß* Kapitalmarktrecht, 6. Aufl. 2016; *Grundmann* Europäisches Schuldvertragsrecht – das Europäische Recht der Unternehmensgeschäfte (nebst Texten und Materialien zur Rechtsangleichung), 1999; *ders.* European Company Law – Organization, Finance and Capital Markets, 2. Aufl. Antwerpen/Oxford 2012; *ders.* Der Treuhandvertrag – insbesondere die werbende Treuhand, 1997; *Grunewald/Schlitt* Einführung in das Kapitalmarktrecht, 3. Aufl., 2014; *Habersack/Mülbert/Schlitt* (Hrsg.) Handbuch der Kapitalmarktinformation, 2. Aufl. 2013; *Habersack/Mülbert/Schlitt* (Hrsg.) Unternehmensfinanzierung am Kapitalmarkt, 3. Aufl., 2013; *Hadding/Hopt/Schimansky* (Hrsg.) Das Zweite Finanzmarktförderungsgesetz in der praktischen Umsetzung, Bankrechtstag 1995, 1996; *Haisch/Helios* Rechtshandbuch Finanzinstrumente, 2011; *Heidel* (Hrsg.) Aktienrecht und Kapitalmarktrecht, 4. Aufl., 2014; *Heinze* Europäisches Kapitalmarktrecht – Recht des Primärmarktes, 1999; *Hirte/Möllers* Kölner Kommentar zum WpHG, 2. Aufl. 2014; *Hopt* Der Kapitalanlegerschutz im Recht der Banken – gesellschafts-, bank- und börsenrechtliche Anforderungen an das Beratungs- und Verwaltungsverhalten der Kreditinstitute, 1975; *Hopt/Rudolph/Baum* (Hrsg) Börsenreform – eine ökonomische, rechtsvergleichende und rechtspolitische Untersuchung, 1997; *Hopt/Veil/Kämmerer* (Hrsg.) Kapitalmarktgesetzgebung im Europäischen Binnenmarkt, 2008; *Hopt/Voigt* (Hrsg.) Prospekt- und Kapitalmarktinformationshaftung – Recht und Reform in der Europäischen Union, der Schweiz und den USA, 2005; *Hopt/Wymeersch* (Hrsg.) European Company and Financial Law, 4. Aufl. 2007; *Jung/Bischof* Europäisches Finanzmarktrecht, 2015; *Kaiser* Die Harmonisierung des Europäischen Kapitalmarktrechts und das Recht des Wertpapierhandels in Italien und Deutschland, 1996; *Kalss* Anlegerinteressen – Der Anleger im Handlungsdreieck von Vertrag, Verband und Markt, 2001; *dies./Oppitz/Zollner* Kapitalmarktrecht, 2. Aufl. 2015; *Kiel* Internationales Kapitalanlegerschutzrecht – zum Anwendungsbereich kapitalanlegerschützender Normen im deutschen, europäischen und US-amerikanischem Recht, 1994; *Klöhn* Kapitalmarkt, Spekulation und Behavioral Finance, 2006, *Köstlin* Anlegerschutz und Auslandsbeziehungen, 1985; *Kümpel/Hammen/Ekkenga* (Hrsg.) Kapitalmarktrecht – ergänzbares Rechtshandbuch für die Praxis: Systematische Sammlung der Gesetze, Verordnungen, behördlichen Anordnungen und Verlautbarungen sowie freiwilliger Regelungen der Emittenten, mit Kurzerläuterungen, Loseblatt, Stand 09/2015; *Kümpel/Veil* Wertpapierhandelsgesetz – eine systematische Darstellung, 2. Aufl. 2005; *Kümpel/Wittig* Bank- und Kapitalmarktrecht, 4. Aufl. 2011, Rn. 16.1–18.143; *Kumpan* Die Regulierung außerbörslicher Wertpapierhandelssysteme im deutschen, europäischen und US-amerikanischen Recht, 2006; *Langenbucher/Bliesener/Spindler* (Hrsg.) Bankrechts-Kommentar, 2. Aufl. 2016 (3. Teil); *Lehmann* Finanzinstrumente, 2009; *Lenenbach* Kapitalmarkt- und kapitalmarktrelevantes Gesellschaftsrecht, 3. Aufl. 2016 (im Erscheinen); *Lutter/Bayer/J. Schmidt* Europäisches Unternehmens- und Kapitalmarktrecht, 5. Aufl. 2012, bes. S. 450–482, 594–600; *Marsch-Barner/Schäfer* (Hrsg.) Handbuch Börsennotierte AG – Aktien- und Kapitalmarktrecht, 3. Aufl. 2014; *Mehringer* Das allgemeine kapitalmarktrechtliche Gleichbehandlungsprinzip, 2007; *Meier-Schatz* Wirtschaftsrecht und Unternehmenspublizität – zur wirtschaftsrechtlichen Regulierung von Unternehmen mittels Publizitätsnormen, dargestellt anhand veröffentlichungsbedürftiger finanzieller und gesellschaftsbezogener Rechnungslegungen, 1989; *Merkt* Unternehmenspublizität, 2001; *Michie* The London Stock Exchange: A History, 1999; *Moloney* EU Securities and Financial Markets Regulation, 3. Aufl. Oxford 2014; *Morrison/Wilhelm* Investment Banking; Institutions, Politics and Law, 2007; *Oertel* Fungibilität von Anteilen an Publikums-Kommanditgesellschaften, 2010; *Reuschle* Viertes Finanzmarktförderungsgestz, 2002; *Schaber* Handbuch strukturierte Finanzinstrumente, 2. Aufl. 2009; *Schäfer* (Hrsg.) Wertpapierhandelsgesetz, Börsengesetz mit BörsZulV, Verkaufsprospektgesetz mit VerkProspV, 1999; *ders./Hamann* Kapitalmarktgesetze: Wertpapierhandelsgesetz, Börsengesetz mit BörsZulV, Wertpapierprospektgesetz, Verkaufsprospektgesetz, Wertpapiererwerbs- und Übernahmegesetz, Loseblatt, 7. Aktualisierung 2013; *Schäfer/Müller* Haftung für fehlerhafte Wertpapierdienstleistungen, Anlageberatung, Vermögensverwaltung, Börsentermingeschäfte, 3. Aufl. 2016 (im Erscheinen); *Schammo* EU Prospectus Law – New Perspectives on Regulatory Competition in Securities Markets, 2011; *Schanz* Börseneinführung – Handbuch für den Börsengang und die börsennotierte Gesellschaft, 4. Aufl., 2012; *Schimansky/Bunte/Lwowski* (Hrsg.) Bankrechts-Handbuch, (bes. 2. Bd.), 5. Aufl. 2016 (im Erscheinen); *Schneider J.* Kapitalmarktrechtlicher Anlegerschutz und internationales Privatrecht, 1998; *Schwark* Anlegerschutz durch Wirtschaftsrecht – Entwicklungslinien, Prinzipien und Fortbildung des Anlegerschutzes – zugleich ein Beitrag zur Überlagerung bürgerlich-rechtlicher Regelung und gewerbepolizeilicher Überwachung durch Wirtschaftsrecht, 1979; *Schwark/Zimmer* (Hrsg.) Kapitalmarktrechtskommentar, 4. Aufl. 2010; *Schwintek* Das Anlegerschutzverbesserungsgesetz, 2005; *Schwintowski* Bankrecht, 4. Aufl. 2014; *Stahl* Information Overload am Kapitalmarkt – eine verhaltensorientierte Untersuchung der Notwendigkeit und der Möglichkeiten zur Deregulierung der Informationspflichten des WpHG, 2013; *Stowell*, An introduction to the investment banks, hedge funds, and private equity, 2010; *Stünkel* EG-Grundfreiheiten und Kapitalmärkte, Die Auswirkungen der Grundfreiheiten auf die Integration der Sekundärmärkte, 2005; *Stürmer* Die extraterritoriale Anwendung amerikanischer Anlegerschutzbestimmungen, 1978; *Thieme* Wertpapierdienstleistungen im Binnenmarkt, 2008; *Uhl* Anlegerschutz durch Transparenz, 2008; *Veil* (Hrsg.) Europäisches Kapitalmarktrecht, 2. Aufl. 2014; *Warren* European Securities Regulation, Den Haag, 2003; *Weber S.* Kapitalmarktrecht – eine Untersuchung des österreichischen Rechts und des Europäischen Gemeinschaftsrechts, Wien/New York 1999; *Weißgerber/Jütten* Das Zweite Finanzmarktförderungsgesetz – Erläuterungen, Gesetzestexte, Materialien, Leitfaden zum Insiderrecht, 1995; *Werner/Machunsky* Rechte und Ansprüche geschädigter Kapitalanleger – eine Darstellung von Ansprüchen bei den wesentlichen Kapitalanlageformen in und außerhalb der Börse, 3. Aufl., 1991; *Wood* The Law and Practice of International Finance, 2008; *ders.* International Loans, Bonds, Guarantees Legal Opinions bzw. Comparative Law of Security Interests and Title Finance (und weitere 5 Bde.), 2. Aufl., 2007; *Zehnter* Umsetzung des Wertpapierhandelsgesetzes, 2. Aufl. 1998; *Zerey* Finanzderivate. Rechtshandbuch, 4. Aufl. 2016; *Zetzsche* (teils u.a.), § 7 Europäisches Kapitalmarktrecht, in: Hatje/Müller-Graff (Hrsg.) Enzyklopädie Europarecht, Bd. 6: Europäisches Privat- und Unternehmensrecht (Bd.-Hrsg. Gebauer/Teichmann), 2016, S. 631–928.

b) **Aufsätze und Beiträge:** *Assmann* Die rechtliche Ordnung des europäischen Kapitalmarkts – Defizite des EG-Konzepts einer Kapitalmarktintegration durch Rechtsvereinheitlichung, ORDO 1993, 87; *ders.* Die Regelung der Primärmärkte für Kapitalanlagen mittels Publizität im Recht der Europäischen Gemeinschaft, AG 1993, 549; *Assmann/Buck* Europäisches Kapitalmarktrecht, EWS 1990, 110, 190 und 220; *Bachmann* Der Grundsatz der Gleichbehandlung im Kapitalmarktrecht, ZHR 170 (2006), 144; *Beck* Die Reform des Börsenrechts im Vierten Finanzmarktförderungsgesetz – Teil 1: Änderungen des Börsenorganisationsrechts, BKR 2002, 662; *ders.* Die Reform des Börsenrechts – eine Bestandaufnahme aus Anlass des Weißbuchs zur Finanzdienstleistungspolitik für die Jahre 2005–2010, im Vierten Finanzmarktförderungsgesetz – Teil 2: Neuregelung der Handelsplattformen, des Maklerrechts und der Wertpapierzulassung, BKR 2002, 699; *Beck/Demirgüç-Kunt/Levine* Law and finance: Why does legal origin matter?, JCL 31 (2003), 653; *Becker-Melching* Vorschlag für eine Richtlinie über Wertpapierdienstleistungen und geregelte Märkte (COM (2002) 269), WM 2003, 456; *Binder/Broichhausen* Entwicklungslinien und Perspektiven des Europäischen Kapitalmarktrechts – eine Bestandsaufnahme aus Anlass des Weißbuchs zur Finanzdienstleistungspolitik für die Jahre 2005–2010, ZBB 2006, 85; *Bolkenstein* The Capital Markets Directives, (2005) 2 ECL 4; *Bürgers* Das Anlegerschutzverbesserungsgesetz, BKR 2004, 424; *Brenncke* Regulierung der Werbung von Wertpapierdienstleistungsunternehmen – eine Behavioral-Finance-Analyse –, WM 2014, 1017; *Bruchwitz/Voß* Der Regierungsentwurf zur Novellierung des Finanzanlagenvermittler- und Vermögensanlagenrechts, BB 2011, 1126; *Buck-Heeb* Informationsorganisation im Kapitalmarktrecht. Compliance zwischen Informationsmanagement und Wissensorganisationspflichten, CCZ 2009, 18; *dies.* Verhaltenspflichten beim Vertrieb – Zwischen Paternalismus und Schutzlosigkeit der Anleger –, ZHR 177 (2013), 310; *Buckley* Reconceptualizing the Regulation of Global Finance, (2016) 36 Oxford Journal of Legal Studies (im Erscheinen); *v. Buttlar* Kapitalmarktrechtliche Pflichten in der Insolvenz, BB 2010, 1355; *Cahn* Grenzen des Markt- und Anlegerschutzes durch das WpHG, ZHR 162 (1998), 1; *Caspari* Anlegerschutz in Deutschland im Lichte der Brüsseler Richtlinien, NZG 2005, 98; *Cherednychenko* Contract Governance in the EU: Conceptualising the Relationship between Investor Protection Regulation and Private Law, (2015) 21 ELJ 500; *Claussen* Das neue Börsenaufsichtsrecht, DB 1994, 969; *Clausen/Sorensen* Competition and Co-operation between Stock Exchanges in Europe, (2002) 3 EBOR 371; *dies.* Stock Exchange Mergers – The new Driver in the Harmonisation of Securities Market Regulation?, (2009) 1 ECFR 29; *Clouth* Anlegerschutz – Grundlagen aus Sicht der Praxis, ZHR 177 (2013) 212; *Cruccolini* Das Grünbuch „Schaffung einer Kapitalmarktunion" der Europäischen Kommission, BetrAG 2015, 230; *Deckert/v. Rüden* Anlegerschutz durch Europäisches Kapitalmarktrecht – Publizität statt Verbot, EWS 1998, 46; *Diekmann/Sustmann* Gesetz zur Verbesserung des Anlegerschutzes (Anlegerschutzverbesserungsgesetz – AnSVG), NZG 2004, 929; *Duhnkrack/Hasche* Das neue Anlegerschutzgesetz und seine Auswirkungen auf Emissionshäuser und geschlossene Fonds, DB 2004, 1351; *Ebenroth* Die internationalprivatrechtliche Anknüpfung von Finanzinnovationen aus deutscher und schweizerischer Sicht, Festschrift für Keller, 1989, S. 391; *Einsele* Verhaltenspflichten im Bank- und Kapitalmarktrecht – öffentliches Recht oder Privatrecht?, ZHR 180 (2016), 233; (Einsele) ; *dies.* Kapitalmarktrecht und Privatrecht, JZ 2014, 703; *Ekkenga* Effektengeschäft, in Münchener Kommentar zum HGB, Bd. 5, 2. Aufl. 2009, S. 1353; *Engle* Global Norm Convergence: Capital Markets in U.S. and E.U. Law, (2010) 11 EBOR 465; *Fenchel* Das Vierte Finanzmarktförderungsgesetz – ein Überblick, DStR 2002, 1355; *Ferran* Cross-border Offers of Securities in the EU: The *Standard Life Flotation*, ECFR 2007, 461; *Fleischer* Das Vierte Finanzmarktförderungsgesetz, NJW 2002, 2977; *ders.* Gutachten F zum 64. Deutschen Juristentag 2002; *ders.* Marktschutzvereinbarungen beim Börsengang – Eine Bestandsaufnahme nach dem Vierten Finanzmarktförderungsgesetz –, WM 2002, 2305; *Follak* F.III. Kapitalmarkt-, Börsen- und Investmentrecht, in: *Dauses* (Hrsg.) Handbuch des EU-Wirtschaftsrechts, Stand 2/2012; *Gebhardt* Prime und General Standard – die Neusegmentierung des Aktienmarkts an der Frankfurter Wertpapierbörse, WM Sonderbeilage 2/2003; *Graf-Schlicker* Der Aktionsplan zur Schaffung einer Kapitalmarktunion, Beilage zu ZIP 22/2016, 21; *Grigoleit* Anlegerschutz – Produktinformationen und Produktverbote – ZHR 177 (2013), 264; *Großmann/Nikolevczik* Praxisrelevante Änderungen des Wertpapierhandelsgesetzes – Die Auswirkungen des Vierten Finanzmarktförderungsgesetzes, DB 2002, 2031; *Grundmann* Deutsches Anlegerschutzrecht in internationalen Sachverhalten – vom internationalen Schuld- und Gesellschaftsrecht zum internationalen Marktrecht, RabelsZ 54 (1990), 283; *ders.* Die Auslegung angeglichenen Kapitalmarktrechts – insbesondere der Sanktionsregeln, in Schulze (Hrsg.) Die Auslegung europäischen Privatrechts und angeglichenen Rechts, 1999, S. 63; *ders.* Europäisches Kapitalmarktrecht, ZSR 115 nF (1996), 103; *Hackethal/Meyer* Grenzen des Informationsmodells im Anlegerschutz – Lösungsansätze aus empirisch ökonomischer Sicht, ZVglRWiss 113 (2014), 574; *Happ* Zum Regierungsentwurf eines Wertpapierhandelsgesetzes, JZ 1994, 240; *Harrison* A New European Capital Market, 8 Law and Financial Markets Review 318 (2014); *Heuer/Schütt* Auf dem Weg zu einer europäischen Kapitalmarktunion BKR 2016, 45 (50); *Hodgson* Observations on the legal theory of finance, JCL 41 (2013), 331; *Holzborn/Israel* Das Anlegerschutzverbesserungsgesetz, WM 2004, 1948; *Hopt* Inwieweit empfiehlt sich eine allgemeine gesetzliche Regelung des Anlegerschutzes? (dargestellt unter besonderer Berücksichtigung der Publikumspersonengesellschaften, namentlich der Abschreibungsgesellschaften und geschlossenen Immobilienfonds), Gutachten G, 51. DJT 1976, G1-G133; *ders.* Vom Aktien- und Börsenrecht zum Kapitalmarktrecht?, ZHR 140 (1976) 201 und 141 (1977) 389; *ders.* Grundsatz- und Praxisprobleme nach dem Wertpapierhandelsgesetz – insbesondere Insidergeschäfte und Ad-hoc-Publizität, ZHR 159 (1995), 135; *ders.* Zum neuen Wertpapierhandelsgesetz, WM-Festgabe Hellner 1994, S. 29; *ders.* Zum Begriff des geregelten Marktes nach der Wertpapierdienstleistungsrichtlinie – am Beispiel von Eurex, Festschrift Schimansky 1999, S. 631; *ders.* Kapitalmarktrecht (mit Prospekthaftung) in der Rechtsprechung des Bundesgerichtshofes, Festschrift 50 Jahre Bundesgerichtshof, 2000, S. 497; *ders.* 50 Jahre Anlegerschutz und Kapitalmarktrecht – Rückblick und Ausblick, WM 2009, 1873; *ders.* Die Haftung für Kapitalmarktinformationen – rechtsvergleichende, rechtsdogmatische und rechtspolitische Überlegungen, WM 2013, 101; *ders.* Die Schaffung einer Kapitalmarktunion in Europa – langwierig und schwierig, aber notwendig, EuZW 2015, 289; *Hopt/Baum* Börsenrechtsreform – Überlegungen aus vergleichender Perspektive, WM-Sonderbeilage 4/97; *Hutter/Leppert* Das 4. Finanzmarktförderungsgesetz aus Unternehmenssicht, NZG 2002, 649; *dies.* Reformbedarf im deutschen Kapitalmarkt- und Börsenrecht, NJW 2002, 2208; *Jäger/Maas/Renz* Compliance bei geschlossenen Fonds, CCZ 2014, 63; *Jahn* Die Finanzkrise und ihre rechtlichen Auswirkungen auf Rahmenverträge über OTC-Derivategeschäfte, BKR 2009, 25; *Kern/Wulfers* Stärkung des Anlegerschutzes – Neuer Rechtsrahmen für Sanierungen (Bericht über den Bankrechtstag am 1. Juli 2011 in München), WM 2011, 1489; *Klebeck/Zollinger* Compliance-Funktion nach der AIFM-Richtlinie, BB 2013, 459; *Klöhn* Der Beitrag der Verhaltensökonomik zum Kapitalmarktrecht, in: Fleischer/Zimmer (Hrsg.), Beitrag der Verhaltensökonomie (Behavioral Economics) zum Handels- und Wirtschaftsrecht, ZHR-Beiheft 75 (2011), 83; *ders.* Wertpapierhandelsrecht diesseits und jenseits des Informationsparadigmas – Am Beispiel des „verständigen Anlegers" im Sinne des deutschen und europäischen Insiderrechts –, ZHR 177 (2013), 349; *ders.* Wertpapierhandelsrecht diesseits und jenseits des Informationsparadigmas, ZHR 177 (2013) 349; *Koch* Grenzen des informationsbasierten Anlegerschutzes – die Gratwanderung zwischen angemessener Aufklärung und information overload, BKR 2012, 487; *Köndgen* Mutmaßungen über die Zukunft der europäischen Börsen, Festschrift Lutter 2000, S. 1401; *Kost de Sevres/Sasso* The New European Financial Markets Legal Framework: A Real Improvement? An Analysis of Financial Law and Governance in European Capital Markets from a Micro- and Macro-Economic Perspective, 7 Capital Markets Law Journal 30 (2012); *Krimphove* Das zweite Finanzmarktförderungsgesetz – ein Beitrag zur „Europäisierung" des Wertpapierrechts, JZ 1994, 23; *Kuhn/Skirk* Die Prüfung von Finanzinstrumenten und Derivaten, WPg 2012, 1299; *Kümpel* Das Effektengeschäft im Lichte des 2. Finanzmarktförderungsgesetzes, WM 1993, 2025: *ders.* Die künftige Kapitalmarktaufsicht und die europäische Rechtsangleichung, WM 1994, 229; *ders.* Zur Neugestaltung der staatlichen Börsenaufsicht – von der Rechtsaufsicht zur Marktaufsicht, WM 1994, 229; *Kuthe* Änderungen des Kapitalmarktrechts durch das Anlegerschutzverbesserungsgesetz, ZIP 2004, 883; *Langenbucher*, Anlegerschutz – ein Bericht zu theoretischen Prämissen und legislativen Instrumenten, ZHR 177 (2013) 679; *Lannoo* Which Union for Europe's Capital Markets? 2015, http://papers.ssrn.com/abstract=2565722; *Liebscher/Ott*, Die Regulierung der Finanzmärkte – Reformbedarf und Regelungsansätze des deutschen Gesetzgebers im Überblick, NZG 2010, 841; *Lösler* Das moderne Verständnis von Compliance im Finanzmarktrecht, NZG 2005, 104; *Maume* Staatliche Rechtsdurchsetzung im deutschen Kapitalmarktrecht – eine kritische Bestandsaufnahme, ZHR 180 (2016) 358; *Meixner* Das Dritte Finanzmarktförderungsgesetz – Kapitalmarktrecht in stetigem Wandel, NJW 1998, 1896; *Merkt* Empfiehlt es sich, im Interesse des Anlegerschutzes und zur Förderung des Finanzplatzes Deutschland das Kapitalmarkt- und Börsenrecht neu zu regeln?: Gutachten G zum 64. Deutschen Juristentag, 2002; *Merloe* Internationalization of Securities Markets: a Critical Survey of U. S. and EEC Disclosure Requirements, 8 J. Comp. Bus. & Cap. M. L. 249 (1986); *Möller* Das Vierte Finanzmarktförderungsgesetz – Der Regierungsentwurf, WM 2001, 2405; *Möllers* Das europäische Kapitalmarktrecht im Umbruch, ZBB 2003, 390; *ders.* Effizienz als Maßstab des Kapitalmarktrechts – Die Verwendung empirischer und ökonomischer Argumente zur Begründung zivil-, straf- und öffentlich-rechtlicher Sanktionen, AcP 208 (2008), 1; *ders.* Europäische Methoden- und Gesetzgebungslehre im Kapitalmarktrecht – Vollharmonisierung, Generalklauseln und soft law im Rahmen des Lamfalussy-Verfahrens als Mittel zur Etablierung von Standards, ZEuP 2008, 480; *ders.* Sources of Law in European Securities Regulation – Effective Regulation, Soft Law and Legal Taxonomy from Lamfalussy to de Larosière, (2010) 11 EBOR 379; *ders.* Anlegerschutz durch Aktien- und Kapitalmarktrecht – Harmonisierungsmöglichkeiten nach geltendem und künftigem Recht –, ZGR 1997, 334; *ders.* European Legal Theory and Legislation in Capital Market Law Complete Harmonization, Blanket Clauses and Soft Law as Means for Creating Standards in the Context of the Lamfalussy Process, 22 Journal of Interdisciplinary Economics 133 (2010); *ders.* Efficiency as a Standard in Capital Market Law-The Application of Empirical and Economic Arguments for the Justification of Civil Law, Criminal Law and Administrative Law Sanctions, (2009) 20 EBLR 243; *Möllers/Steinberger* Die BGH-Entscheidung zum Telekom-Prozess und das europäische Anlegerleitbild, NZG 2015, 329; *Möllers/Wenninger* Das Anlegerschutz- und Funktionsverbesserungsgesetz, NJW 2011, 1697; *Moloney* The Regulation of Investment Services in the Single Market: The Emergence of a New Regulatory Landscape, (2002) 3 *EBOR* 293; *dies.* Building a Retail Investment Culture through Law: The 2004 Markets in Financial Instruments Directive, (2005) 6 EBOR 341; *dies.* The Financial Crisis and EU Securities Law-Making: A Challenge Met?, Festschrift Hopt 2010, 2265; *dies.* Capital Markets Union: ‚Ever Closer Union' for the EU Financial System? (2016) 41 ELR 307; *Moosmeyer* Modethema oder Pflichtprogramm guter Unternehmensführung? – Zehn Thesen zu Compliance, NJW 2012, 3013; *Mülbert* Konzeption des europäischen Kapitalmarktrechts für Wertpapierdienstleistungen, WM 2001, 2085; *ders.* Empfiehlt es sich, im Interesse des Anlegerschutzes und zur Förderung des Finanzplatzes Deutschland das Kapitalmarkt- und Börsenrecht neu zu regeln?, JZ 2002, 826; *ders.* Die Aktie zwischen mitgliedschafts- und wertpapierrechtlichen Vorstellungen, Festschrift Nobbe 2009, S. 691; *ders.* Anlegerschutz und Finanzmarktregulierung – Grundlagen, ZHR 177 (2013) 160; *Parmentier* Die Entwicklung des europäischen Kapitalmarktrechts 2012-2013, EuZW 2014. 50; *Payne/Howell* The Creation of a European Capital Market, 2015, http://papers.ssrn.com/abstract=2575717; *Pistor/Raiser/Gelfer* Law and Finance in transition economies, Economics of Transition 8 (2) 2000, 325; *Pistor* A legal theory of finance, JCL 41 (2013), 315; *Pötzsch* Das Dritte Finanzmarktförderungsgesetz, WM 1998, 949; *Rehbinder* Publizität und Auslandsbeziehungen – eine rechtsvergleichende Skizze, Festschrift für Kronstein, 1967, S. 203; *Riesenhuber*, Primärrechtliche Grundlagen der Kapitalmarkttransparenz, in: Hopt/Veil/Kämmerer (Hrsg.), Kapitalmarktgesetzgebung im Europäischen Binnenmarkt, 2008, 24; *Röh* Compliance nach der MiFID – zwischen höherer Effizienz und mehr Bürokratie, BB 2008, 398; *Rudolph* Viertes Finanzmarktförderungsgesetz – ist der Name Programm?, BB 2002, 1036; *Schäfer/Lang* Zur Reform des Rechts der Börsentermingeschäfte, BKR 2002, 197; *Schäfer* Die MaComp und das Erfordernis der Unabhängigkeit, Wirksamkeit und Dauerhaftigkeit von Compliance, BKR 2011, 45; *Schlitt* Die neuen Marktsegmente der Frankfurter Wertpapierbörse – Struktur, Zulassungsvoraussetzungen und Folgepflichten –, AG 2003, 57; *J. Schmidt* Das Grünbuch zur Schaffung einer Kapitalmarktunion – EU-Kapitalmarkt 4.0? GPR 2015, 129; *Schmies* Behavioral Finance und Finanzmarktregulierung, in: Engel u.a. (Hrsg.), Recht und Verhalten, 2007, 165; *Schmolke* Der Lamfalussy-Prozess im Europäischen Kapitalmarktrecht – eine Zwischenbilanz, NZG 2005, 912; *U. Schneider* Internationales Kapitalmarktrecht – Regelungsprobleme, Methoden und Aufgabe, AG 2001, 269; *ders.* Auf dem Weg in die europäische Kapitalmarktunion – Die Vertreibung aus dem Paradies – oder auf dem Weg ins kapitalmarktrechtliche Arkadien? AG 2012, 823; *Schön*, Corporate Disclosure in a Competitive Environment – The Quest for a European Framework on Mandatory Disclosure, JCLS 2006, 259; *Schulz/Kuhnke* Insider-Compliance-Richtlinien als Baustein eines umfassenden Compliance-Konzepts, BB 2012, 143; *Schwark* Das neue Kapitalmarktrecht, NJW 1987, 2041; *ders.* Börsen und Wertpapierhandelsmärkte in der EG, WM 1997, 293; *Seitz* Die Integration der europäischen Wertpapiermärkte und die Finanzmarktgesetzgebung in Deutschland, BKR 2002, 340; *Sester* Zur Interpretation der Kapitalmarkteffizienz in Kapitalmarktgesetzen, Finanzmarktrichtlinien und -standards, ZGR 2009, 310; *ders.* Fallen Anteile an Geschlossenen Fonds unter den Wertpapierbegriff der MiFID bzw. des FRUG?, ZBB 2008, 369; *Spindler* Kapitalmarktreform in Permanenz – Das Anlegerschutzverbesserungsgesetz, NJW 2004, 3449; *ders.* Compliance in der multinationalen Bankengruppe, WM 2008, 905; *Veil* Concepts of Supervisory Legislation and Enforcement in European Capital Markets Law – Observations from a Civil Law Country, (2010) 11 EBOR 409; *Veil* Der Schutz des verständigen Anlegers durch Publizität und Haftung im europäischen Kapitalmarktrecht, ZBB 2006, 162; *ders.* Enforcement of Capital Markets Law in Europe – Observations from a Civil Law Country, (2010) 11 EBOR 409; *ders.* Europäische Kapitalmarktunion – Verordnungsgesetzgebung, Instrumente der europäischen Marktaufsicht und die Idee eines „Single Rulebook", ZGR 2014, 544; *Véron* Defining Europe's Capital Markets Union, Bruegel Policy Contribution 2014/12; *Voß* Geschlossene Fonds unter dem Rechtsregime der Finanzmarkt-Richtlinie (MiFID)?, BKR 2007, 45; *M. Weber* Die Entwicklung des Kapitalmarktrechts 1998–2000 – Publizität, Insiderrecht und Kapitalmarktaufsicht, NJW 2000, 3461; *ders.* Die Entwicklung des Kapitalmarktrechts 2001/2002, NJW 2003, 18; seitdem kontinuierlich, in den letzten Jahren *M. Weber* Die Entwicklung des Kapitalmarktrechts im Jahr 2010, NJW 2011, 273; sowie mit demselben Titel *ders.* NJW 2012, 274 (für 2011); *ders.* NJW 2013, 275 (für 2012); dann *Weber* Die Entwicklung des Kapitalmarktrechts im ersten Halbjahr 2013, NJW 2013, 2324; und weiter in diesem Rhythmus und mit gleichem Titel *Weber* NJW 2014, 272 (für 2013/II); *ders.* NJW 2014, 2327 (für 2014/I); *ders.* NJW 2015, 212 (für 2014/II); *ders.* NJW 2015, 2307 (für 2015/I); *ders.* NJW 2016, 992 (für 2015/II); *Wieneke* Emissionspublizität. Praktische Anforderungen und rechtliche Grenzen, NZG 2005, 109; *Wilhelmi/Büchler* Bankentrennung in der EU: Risiken und Nebenwirkungen – Der Vorschlag der Europäischen Kommission für eine Trennbanken-Verordnung, ZVglRWiss 113 (2014), 507; *Witte/Rafiqpoor* Die „Beerdigung" des Neuen Marktes – rechtliche Aspekte, BB 2002, 2615; *Wolf* Der Ausschluss vom Neuen Markt und die Aufnahme von Ausschlussgründen in das Regelwerk Neuer Markt, WM 2001, 1785; *Wymeersch* The EU Directives in Financial Disclosure, European Financial Services Law 3 (1996) 34; *Zeitler* Vergessene Ursachen der Banken- und Finanzkrise, WM 2012, 673; *Zimmer* Finanzmarktrecht – Quo Vadis?, BKR 2004, 421; sowie die **Rechtsprechungsüberblicke** bei *Bonin/Glos* Die neuere Rechtsprechung der europäischen Gerichte im Bereich des Bank- und Kapitalmarktrechts, WM 2013, 1201; *Hirte* Die Entwicklung des Unternehmens- und Gesellschaftsrechts in Deutschland im Jahre 2010, NJW 2011, 656; und Folgejahre *ders.* NJW 2012, 581 (für 2011); *ders.* NJW 2013, 1204 (für 2012); *ders.* NJW 2014, 1219 (für 2013); *ders.* NJW 2015, 1219 (für 2014); *Nobbe* Prospekthaftung bei geschlossenen Fonds – Ein Überblick über die Rechtsprechung insbesondere des Bundesgerichtshofs, WM 2013, 193; *Stackmann* Aktuelle Rechtsprechung zum Kapitalanlagerecht, NJW 2015, 998; *M. Weber* Aufsatzserie NJW seit 2012 bis 2016 (s.o.); sowie *Zoller* Die Haftung bei Kapitalanlagen. Die wichtigsten Entscheidungen zu Anlageberatung, Vermögensverwaltung und Prospekthaftung, 3. Aufl. 2016; weitere Nachw. zu **älterer Literatur** etwa in BankR-HdB/*Grundmann* 1.–3. Aufl., 1997/2001/2007, § 113.

Übersicht

	Rn
I. Investment Banking, Kapitalmarktrecht, Privatrecht – Heranführung	1
1. Investment *Banking* und Kapitalmarktrecht	1
2. Investment *Banking* als Europäisiertes Kernkapitalmarktrecht (mit privatem Handelsrecht) – die drei Hauptperspektiven	3
3. Eine funktionale Betrachtungsweise	6
II. Funktionen von Kapitalmärkten	7
1. Ausgangspunkt: Kredit- und Kapitalmarktfinanzierung	7
2. System der Funktionen von Kapitalmärkten	8
a) Allokation, Governanceanreiz und Risikodiversifikation	8
b) Liquiditätsschaffung (mit Primär- und Sekundärmärkten) und volkswirtschaftliche Entwicklung	9
c) Weitere Funktionen?	11
3. Informationsfunktion als Kernfunktion von Kapitalmärkten – und Kritik	14
a) Informationsmodell in den verschiedenen Funktionen?	14
b) Insbes. Efficient Capital Market Hypothesis	16
c) Anomalien und Behavioral Finance	17
III. Funktionen von Investment *Banking*	18
1. Banken als zentraler Kapitalmarktintermediär	18
2. System der Funktionen von Investment *Banking*	20
a) Transformationsleistung, Transaktionsabwicklung und Informationsverarbeitung und -umsetzung	20
b) Anreizgestaltung, Marktschaffung, ... und weitere Funktionen?	24
3. Informationsfunktion als Kernfunktion von Investment *Banking*	26
a) Zentralität von Kapitalmarktinformation und Zentralität der Banken hierbei	26

	Rn
b) Information in Primärmarkt und Emissionsgeschäft	27
c) Information in Sekundärmarkt und Wertpapierhandel	28
IV. Funktionen des Regelungsrahmens – Regelungsziele	29
1. Regelungsrahmen und Regelungsziele – ein vielschichtiges System	29
a) Regelungsrahmen für verschiedene Rechtsbeziehungen	29
b) Optimierung und/oder Korrektur von Marktversagen	30
2. Optimierung der Informationsfunktion – insbes. Allokationseffizienz	33
a) Leitfragen zu kapitalmarktrechtlichen Informationspflichten	33
b) Sekundärmarktpublizität im Besonderen	34
c) Allokationseffizienz und Reaktionen auf Anomalien	35
3. Standardisierung und Transaktionskostensenkung	36
4. Weitere Ziele: Marktintegrität und Stabilität	37
5. Funktionalität im internationalen Umfeld	39

I. Investment Banking, Kapitalmarktrecht, Privatrecht – Heranführung

1. Investment *Banking* und Kapitalmarktrecht. Dies ist ein **Kommentar zum Recht des Investment Banking, nicht allgemein zum Kapitalmarktrecht.** Die Rolle der Banken ist jedoch bei (i) Einführung der Finanzinstrumente, bei (ii) Vermittlung derselben an das allgemeine Publikum und beim (iii) Betreiben der Handelsplätze so zentral, ja exklusiv – das allgemeine Publikum erhält Zugang zu Kapitalmärkten ganz überwiegend nur über Kredit- und Finanzinstitute („Banken") –, dass der Kommentar trotz dieser Beschränkung auf das Investment *Banking* (mit *Banken*-Kapitalmarktrecht) doch sehr breit das Kapitalmarktrecht insgesamt umfasst: Bezogen auf das allgemeine Publikum ebenso wie selbstverständlich auf die Banken und auch Marktbetreiber umfasst er das relevante Kapitalmarktrecht weitestgehend. Nur angesprochen und nicht näher erörtert werden dann freilich diejenigen Teile des Kapitalmarktrechts, die (i) Anforderungen speziell für die kapitalmarktorientierten Unternehmen formulieren, soweit zu deren Erfüllung auch typischerweise Banken *nicht* mit eingeschaltet werden (reines *Gesellschafts*-Kapitalmarktrecht), und (ii) Anforderungen an andere professionelle Marktbeteiligte, die nicht in engem Zusammenhang mit Anforderungen an Banken stehen (etwa keine ausführliche Kommentierung des Rechtsrahmens für Ratings; zum Kreis und zur Funktion dieser „Gatekeeper" freilich unten Rn 47–54). Mit anderen Worten: Intensiver erörtert und kommentiert werden (nur) diejenigen Teile des Kapitalmarktrechts (und auch Privatrechts), die Pflichten direkt für die Banken statuieren (etwa §§ 31 ff. WpHG oder das gesamte Organisationsrecht, 8. bzw. 7. Teil) oder aber für Marktteilnehmer, die jedoch zur Erfüllung dieser Pflichten typischerweise Banken heranziehen (etwa bei der Erfüllung der Prospektpflichten) oder bei den maßgeblichen Handlungen idR Banken einbeziehen (etwa Handel, auch Insiderhandel, dort auch viele Sondersituationen wie Kurspflege). Es mag dann Grenzfälle geben – etwa bei der Ad-hoc-Publizität, die der Emittent idR ohne Intervention von Banken vollzieht, die jedoch zum einen der Prävention von Insiderhandel dient und zum anderen gerade in Transaktionen, die Banken begleiten, besondere Fragen aufwirft (etwa bei Übernahmen und Kurspflegemaßnahmen). Insgesamt ist jedoch diese Grenzziehung keineswegs ungewöhnlich: Im Dreieck Emittent, Kunde und Bank werden die Verhältnisse der Banken zu den Emittenten, diejenigen der Banken zu den Anlegern/Kunden, jedoch nicht diejenigen (allein) zwischen Emittenten und Anlegern/Kunden näher beleuchtet – vergleichbar dem, was etwa im Zahlungsverkehr für das (ebenfalls nicht näher erörterte) Valutaverhältnis gilt. Ebenfalls nur angesprochen, zwar in den Zusammenhängen geklärt, aber nicht ausführlich kommentiert werden diejenigen *Bereiche*, die zwar eben- 1 falls der Kapitalanlage dienen, aber nicht oder kaum von Banken organisiert werden und teils ungleich weniger reguliert (und damit abgesichert) sind, namentlich: (i) die Kapitalanlagen auf den sog. grauen Kapitalmärkten, (ii) die sog. Schattenbanken und – durchaus intensiv reguliert, aber von gesonderten Trägern gestaltet – (iii) das Recht der Investmentfonds.

2 Investment *Banking* kann also auch als das (schon) **länger und sorgfältiger regulierte „Premiumsegment" der Kapitalmärkte und des Kapitalmarktrechts** verstanden werden. Immer wieder ist es gegenüber den „sonstigen Bereichen" abzugrenzen – etwa die Banken als Intermediäre und Marktbetreiber gegenüber sonstigen professionellen Marktakteuren (einschließlich der Emittenten und sog. „Gatekeepers") (unten 2. Abschnitt unter I.), Kapitalmärkte ieS gegenüber den Kapitalmärkten iwS (unten 2. Abschnitt unter II.), die Finanzinstrumente gegenüber den sonstigen Anlageformen (unten 2. Abschnitt unter III.). Und in der Regulierung wird sich immer wieder zeigen, dass die Normen des Investment Banking älter sind, vorbildhaft für punktuelle Ausweitungen, dichter reguliert (mehr Sicherheit verbürgend), auch Europäischer (das Investment *Banking* ist praktisch umfassend europarechtlich verfasst, das sonstige Kapitalmarktrecht nur teilweise).

3 **2. Investment *Banking* als Europäisiertes Kernkapitalmarktrecht (mit privatem Handelsrecht) – die drei Hauptperspektiven.** Letzteres ist aus rechtlicher Perspektive zentral: Ist dieser Kommentar (Teile 5–8) dem Recht des Investment Banking gewidmet, so ist von ähnlich grundlegender struktureller Bedeutung wie die Aufteilung in die drei genannten Rechtsverhältnisse die Grundanlage des Rechtsrahmens: Gerade im **Investment Banking ist der Rechtsrahmen gemischt national-Europäisch** – besonders deutlich heute in seinem Kernbereich, wo (mit Wirkung vom Juni 2016 an) große Teile des Wertpapierhandelsgesetzes auf die (unmittelbar anwendbare) EU-Marktmissbrauchs-Verordnung ausgelagert wurden. So bildet die Europäische Ebene heute teils die Alleinige, auch ansonsten meist jedenfalls die für das Regelungsgerüst Determinierende. Daher handelt es sich recht eigentlich um einen **Kommentar zum Recht des Investment Banking in der Europäischen Union – im Gewand, das dieses in Deutschland annimmt.** Dem entsprechend sind Rechtsquellen und Rechtsfindungsmethoden zu bestimmen.

4 Dieses **„Premiumsegment" des Kapitalmarktrechts unterfällt in drei Perspektiven** (die auch den Aufbau des Kommentars prägen, unten Rn 6): gegenüber den Märkten allgemein – noch ohne jede Aufnahme von Einzelbeziehungen und auch laufend nach Markteinführung – sind **Marktverhaltenspflichten** zu erfüllen; **Organisationspflichten** treffen Kreditinstitute und Wertpapierfirmen (unten Rn 43–45) sehr umfangreich, wobei eine zentrale Stoßrichtung dahin geht, eine bessere Befolgung (Compliance) von Marktverhaltenspflichten, aber auch von Pflichten im individuellen Kundenverhältnis zu gewährleisten;[1] die kapitalmarktrechtlichen **Vorgaben für das individuelle Kundenverhältnis** bilden schließlich die dritte große Perspektive.

[1] Zu dieser (doppelten) Zielrichtung näher *Klebeck/Zollinger* BB 2013, 459; *Lösler* NZG 2005, 104 (104–106); *Moosmeyer* NJW 2012, 3013; *Röh* BB 2008, 398; *Schulz/Kuhnke* BB 2012, 143; *Spindler* WM 2008, 905 (906 f.); und unten 7. Teil. Daneben tritt vor allem auch das Ziel, mikro- und makroprudenziellen Risiken vorzubeugen bzw. sie tragen und verarbeiten zu können (Stabilitätsziele): vgl. etwa *Buck-Heeb* CCZ 2009, 18 (18), die die Bedeutung von Compliance-Regeln für die Haftungsvermeidung als unterschätzt ansieht; *Jäger/Maas/Renz* CCZ 2014, 63 (64); *Schäfer* BKR 2011, 45; *Spindler* WM 2008, 905 (907, 915); und wiederum unten 7. Teil.

Neben dieses „Premiumsegment" des Kapitalmarktrechts treten für die Banken im Investment Banking – vor allem hinsichtlich der zweiten und dritten Perspektive, also Organisation und Kundenverhältnis – selbstverständlich auch **klassisch privatrechtliche, namentlich gesellschafts- und vertragsrechtliche Regeln**. Hierher zählt sehr umfangreich das Privatrecht der Gestaltung der Rechtsverhältnisse, mit denen zwar auch die Beachtung der kapitalmarktrechtlichen Vorgaben organisiert werden soll, die von diesen ansonsten jedoch direkt allenfalls peripher überformt werden, etwa durch Konsortial- und Übernahmeverträge bei der Emission (vgl. etwa 6. Teil, 1. Abschnitt). Gleiches gilt für das private Wertpapierhandelsrecht, etwa die Sonderbedingungen für den Wertpapierhandel (8. Teil). Umgekehrt stellt sich auch für das gesamte Banken-Kapitalmarktrecht die Frage, ob es selbst nun wiederum privatrechtliche Wirkungen – etwa gegenüber Gesellschaftern, Vertragspartnern und Dritten – zeitigt (unten Rn 141–143). **5**

3. Eine funktionale Betrachtungsweise. Entwickelt wird dieser Kommentar zum Recht des Investment Banking **aus drei Funktionen heraus**: der Funktion von Kapitalmärkten, der Funktion, die Banken spezifisch bei Gestaltung und Nutzung von Kapitalmärkten erfüllen (also der Funktion von Investment Banking), sowie der Funktion, die dem Rechtsrahmen bei der sinnvollen Erfüllung dieser beiden Funktionen zukommt (unten Unterabschnitte II.-IV.). Auf diese Klärung des funktionalen Rahmens folgt zunächst ein Überblick über die Infrastruktur insgesamt – im Zusammenspiel von Banken, Märkten, Anlageinstrumenten und Regelungsrahmen (sowie Regulierungs- und Aufsichtsbehörden) – und spezifischer ein Überblick über den Regelungsrahmen (Abschnitte 2 und 3). **Funktional** ist sodann **auch die Gesamtanlage** des Kommentars. Denn im Rest des Kommentars wird dann die Gesamtmaterie nach den drei genannten Blickwinkeln – getreu der funktionalen Ausrichtung – gegliedert: aus dem Blickwinkel der Marktteilnehmer allgemein (Marktregeln, Teil 6); aus dem Blickwinkel der Banken und Marktbetreiber als denjenigen, die die notwendigen Intermediärsfunktionen übernehmen und deren Organisation entsprechend zugeschnitten sein muss (Organisationsregeln, Teil 7); und schließlich aus dem Blickwinkel der unmittelbaren Beziehung zwischen Kunden/Anlegern und Intermediären (Kundenbeziehung, Teil 8). Ausgegangen werden soll, wie gesagt, von den Funktionen von Kapitalmärkten, der Einschaltung von Banken in ihnen und des Regulierungszugriffes: **6**

II. Funktionen von Kapitalmärkten

1. Ausgangspunkt: Kredit- und Kapitalmarktfinanzierung. Die Frage nach den Funktionen der Bankgeschäfte – der Intermediation von Banken (Kreditinstituten, Wertpapierfirmen, Finanzinstitutionen) – ist im Ausgangspunkt für die gesamte Bandbreite der Bankgeschäfte zu stellen (daher bereits oben 1. Teil Rn 7–13), genauer: für die Bankgeschäfte ebenso wie für das diese regulierende Bankrecht (zu Letzterem dann oben 1. Teil Rn 14, 15). Vorliegend ist die Frage nach den Funktionen dann speziell für das Investment Banking aufzugreifen – nunmehr konkret für dieses Bankgeschäft (unten II.) und für dessen Regulierung (unten III.). Da das Investment *Banking* freilich ohne Bezug auf die Kapitalmärkte nicht denkbar ist, ist zuerst von deren Funktionen auszugehen (hier I.). Hierfür ist auf die allgemeineren Überlegungen zu der Frage zurückzukommen, **wie sich Kreditfinanzierung und Finanzierung über die Kapitalmärkte zueinander verhalten** (oben 1. Teil Rn 7–13), namentlich auf folgende Grundzüge: Während im Kreditgeschäft die massenweise Kreditvergabe faktisch und rechtlich allein durch Intermediation der Banken möglich ist, insbesondere die Fristen-, Losgrößen- und Risikotransformation ohne sie praktisch nicht möglich erscheint, erscheint eine Alternative für solche Transformationsleistungen **7**

auf Kapitalmärkten denkbar. Dass das (Banken-)Kreditgeschäft – trotz der notwendigen Kompensation der Banken – fortbesteht, wird im Anschluss vor allem an *Diamond* damit erklärt, dass es für Kreditgeber – da Kapitalmärkte weder perfekt noch transaktionskostenfrei funktionieren – einen Unterschied macht, ob sie die Transformationsleistungen – vor allem die Risikoübernahme – an Banken delegieren können oder nicht (Delegationsmodell). Banken agieren demnach im Kreditgeschäft als – vor allem *informationell* besser positionierte – Spezialisten der Fristen-, Losgrößen- und Risikotransformation. Diese ökonomische Funktion wird nochmals unterstützt durch das Bankaufsichtsrecht und das Einlagensicherungssystem, die diese Delegation durch ein System besonderer (staatlich gewährleisteter) Absicherungen des jeweiligen Garanten – der Banken – unterfüttern (vgl. Lit.verz. und näher oben 1. Teil Rn 9–11). Delegation, insbesondere Risikoabnahme, im Kreditgeschäft (in der ökonomischen Nomenklatur: der „direkten Finanzintermediation") und direkte Kreditvergabe an Kapitalmärkten, die von Kreditinstituten nur begleitet wird und die die Kreditinstitute mangels Risikoübernahme grds. mit geringeren Kosten belasten („indirekte Finanzintermediation"), stehen solchermaßen **im Wettbewerb** zueinander.[2] Um diesen und seine Belebung geht es jüngst auch zentral beim Projekt einer Europäischen Kapitalmarktunion.[3] Im Regelfall bedeutet dies freilich nicht, dass bei Finanzierung über Kapitalmärkte die Banken keine, sondern nur, dass sie ***andere* Intermediationsleistungen** erbringen.[4] Um diese geht es im Folgenden:

8 **2. System der Funktionen von Kapitalmärkten**

a) **Allokation, Governanceanreiz und Risikodiversifikation.** In der (vor allem finanzwirtschaftlichen) Diskussion zu den Funktionen von Kapitalmärkten über viele Jahrzehnte hinweg haben sich drei Funktionen als die primär Genannten herauskristallisiert: Auf Kapitalmärkten bilden sich (i) Preise (Kurse) für die gehandelten Finanzinstrumente aus, die als **Signale für ihren inneren Wert die zentralen Informationen** zum jeweiligen Instrument zusammengefasst widerspiegeln. Durch diese Information zum inneren Wert des jeweiligen Instruments wird die Allokation der Investments zu den werthaltigsten Investitionsobjekten gefördert (effiziente Mittelallokation).[5] Entsprechend wird auch im wirtschafts*recht*-

---

[2] *Allen/Gale* Financial Markets, Intermediaries and Intertemporal Smoothing, 105 Journal of Political Economy 523, 538 f. (1997); *Allen/Santomero* 21 Journal of Banking and Finance 1461, 1474 (1998); *Hartmann-Wendels/Pfingsten/Weber* Bankbetriebslehre S. 9, 16; *Hellwig* 154 Journal of Institutional and Theoretical Economics 328, 332 (1998).

[3] Grünbuch der Kommission vom 18.2.2015: Schaffung einer Kapitalmarktunion, KOM(2015) 63 endg.; zu diesen Plänen etwa *Hopt* EuZW 2015, 289; *Cruccolini* BetrAG 2015, 230; *J. Schmidt* GPR 2015, 129; *Veil* ZGR 2014, 544; *Véron* Bruegel Policy Contribution 2014/12; schon *U. Schneider* AG 2012, 823. Vgl. auch unten Rn 12, 25, 123.

[4] *Saunders/Cornett* Financial Markets and Institutions, S. 15 f.; *Hartmann-Wendels/Pfingsten/Weber* Bankbetriebslehre, S. 9.

[5] Vgl. hierzu namentlich *Grossman* 31 Journal of Finance 573 (1976); *Grossman* 18 Journal of Economic Theory 81 (1978); *Grossman/Stiglitz* 70 American Economic Review 393 (1980); *Diamond/Verrecchia* 9 Journal of Financial Economics 221 (1981); und heute *Allen* in: Mayer/Vives (Hrsg.), Capital Markets and Financial Intermediation, S. 81 (bes. 87 und ff.); *Avgouleas* Governance of Global Financial Markets, S. 6, 24 („renewal of a country's economy by pulling funding from underperforming or ageing sectors and pouring it into newer, more innovative and promising ones"); *Fabozzi/Peterson Drake* Finance, S. 113 sowie S. 129f.; *Mishkin/Matthews/Giuliodori* Banking and financial markets, S. 25; *Morrison/Wilhelm, Jr.* Investment Banking, S. 3; *Wurgler* 58 Journal of Financial Economics 187 (2000). Ausführlicher zur Wirksamkeit von Information für die effiziente(ste) Mittelallokation unten Rn 14–16.

lichen Schrifttum in der Marktinformierung weit überwiegend das zentrale Mittel zur Förderung schnellstmöglicher effizienter Mittelallokation gesehen.[6] Zugleich bilden (ii) die Preise (Kurse) der wichtigsten Finanzinstrumente – namentlich Wertpapiere und zugleich Basiswerte – einen zentralen **Governanceanreiz für das Management**, das von positiver Kursentwicklung vielfach profitiert (namentlich Sicherheit der eigenen Position, Gewinne über Bonusprogramme in Wertpapieren des Emittenten, Vorbeugung von Übernahmen und Auswechslung des Managements etc.).[7] Aus diesem Paar heraus, vor allem auch dem zweitgenannten Ziel, ist die besondere Bedeutung eines Diskussions- und auch Regulierungsstrangs zu verstehen, der über die letzten Jahrzehnte hinweg als eine der wichtigsten Fortentwicklungen über das neoklassische Modell hinaus zu sehen ist:[8] Seit dem bahnbrechenden Aufsatz von *Jensen* und *Meckling* zur „ownership structure“, in dem sie mit der Principal-Agent-Theorie der Finanzierungsökonomik eine gänzlich neue Richtung gaben, wird allgemein davon ausgegangen, dass **unterschiedliche Eignerstrukturen** unterschiedliche Anreizstrukturen beim Management zur Folge haben, zugleich unterschiedliche Gefährdungen für Investoren, und daher für diese rendite- und kursrelevant sind – mit daraus folgender entsprechender Regulierung bzw. Regulierungsnotwendigkeit (vgl. unten 6. Teil 5. Abschnitt).[9] Schließlich ist (iii) die **Möglichkeit zu Risikodiversifikation** seitens der Investoren, die Kapitalmärkte bieten, zentral.[10]

b) Liquiditätsschaffung (mit Primär- und Sekundärmärkten) und volkswirtschaftliche Entwicklung. Mit diesen drei Basisfunktionen, die vor allem die Handlungsoptionen in den Blick nehmen (werteoptimierende, zugleich risikoreduzierende Anlageentscheidung einerseits und Anreizwirkung für die Unternehmensführungen andererseits), ist bereits eine marktweit gedachte allgemeinere Funktion angesprochen: Das Bestehen von Kapitalmärkten dient auch dazu, allgemein die **Liquidität zu erhöhen**, indem es sonst nicht genutztes **9**

[6] In der Marktinformierung wird weit überwiegend das zentrale Mittel zur Förderung schnellstmöglicher effizienter Mittelallokation gesehen: etwa *Creaven* 60 Fordham Law Review 285 (299) (1992); *Grundmann* ZSR 115 nF (1996), 103 (114–120); *Hopt* ZHR 140 (1976), 201 und 141 (1977), 389 (411–416); *Moloney* EU Securities and Financial Markets Regulation, S. 54–59 und 185–192; *Page/Ferguson* Investor Protection, 1992, S. 46 f.; sowie *Wiegel* Die EU-Prospekt-Richtlinie – eine dogmatische, ökonomische und rechtsvergleichende Analyse, 2008, S. 36–41 (auch zu Problemen des sog. home bias), 44–46 (mit Kurzüberblick über empirische Studien).

[7] Vgl. hierzu namentlich *Diamond/Verrecchia* 37 Journal of Finance 275 (1982); *Holmstrom/Tirole* Yale School of Organization and Management Working Paper Series D No. 48, Yale School of Organization and Management; heute *Allen* in: Mayer/Vives (Hrsg.) Capital Markets and Financial Intermediation, S. 81 (bes. 87 und ff.); *Avgouleas* Governance of Global Financial Markets, S. 24 sowie 32 ff.

[8] Vgl. etwa *Ross* Finance in: New Palgrave Dictionary, 314 (329–331) (Diskussionsstrang zur Eignerstruktur und zu den Anomalien, unten Rn 17, als die beiden wichtigsten Fortentwicklungen über die Neoklassik hinaus).

[9] Vgl. *Jensen/Meckling* Theory of the Firm – Managerial Behavior, Agency Costs and Ownership Structure, 3 Journal of Financial Economics 305 (1976); hierzu Kurzdarstellung des Kontexts und der Fortentwicklung bei *Grundmann* in: Grundmann/Micklitz/Renner Privatrechtstheorie, 2015, S. 1507–1527; vgl. desweiteren zum Publizitätssystem hinsichtlich der Eignerstruktur (auch zur Funktion der sog. Beteiligungstransparenz als Schutz gegen „Anschleichen“ vor Abgabe eines Übernahmeangebots) unten 6. Teil 5. Abschnitt.

[10] Vgl. hierzu namentlich *Diamond* 57 American Economic Review 759 (1967); *Allen* in: Mayer/Vives (Hrsg.) Capital Markets and Financial Intermediation, S. 81 (bes. 87 und ff.); *Avgouleas* Governance of Global Financial Markets, S. 24 sowie 30 f.

Kapital einer (typischerweise unternehmerischen) Investition zuführt.[11] Spätestens seit *Berle/Means* wird diese Funktion dahingehend verstanden, dass hierfür nicht nur die Schaffung von Primärmärkten – die erstmalige Platzierung der Investitionsinstrumente (Emission, unten Teil 6 1. Abschnitt) – unverzichtbar ist, sondern die Ausbildung von Sekundärmärkten („Zirkulationsmärkten") von entsprechender Breite und Tiefe, auf denen die Investitionsinstrumente gehandelt werden, also auch eine Desinvestition und Reinvestition gewährleistet ist (näher unten Rn 34, 61–63). Liquidität wird also sowohl dadurch erhöht, dass überhaupt Investitionskapital in Unternehmungen gelenkt wird, als auch dadurch, dass für die Investoren Instrumente der Des- und Reinvestition bereitgestellt werden.

10 Mit der Funktion Liquiditätsschaffung hängt ein weiterer Diskussionsstrang eng zusammen, derjenige zum **Zusammenhang zwischen der Ausbildung von Kapitalmärkten und volkswirtschaftlicher Entwicklung.** Kapitalmarktrecht war eines der wichtigsten Rechtsgebiete, anhand derer die Legal-Origin(s)-Theorie die Rechtsvergleichung revolutionierte und unter Anlegung statistischer Methoden zu belegen suchte, wie manche Rechtsordnungen volkswirtschaftlichem Wachstum zuträglich sind (vor allem die angloamerikanischen), andere hingegen dieses tendenziell bremsen (vor allem die romanischen).[12] Parallel und teils unter dem Einfluss der Legal-Origin(s)-Theorie wurde prominent auch die These entwickelt (teils auch empirisch), dass die Breite und Tiefe der Ausbildung der jeweiligen Kapitalmärkte eine **positive Korrelation** mit der volkswirtschaftlichen Entwicklung aufwiesen.[13] Empirisch eindeutig belegt erscheint diese Korrelation jedoch nicht, jedenfalls nicht allgemein, und in der Tat wird verbreitet auch auf zentrale Gegenbeispiele verwiesen – etwa Volkswirtschaften (wie auch der deutschen) mit relativ geringer Kapitalisierung auf Kapitalmärkten bei gleichzeitig hoher Produktivität und hohem Bruttoinlandsprodukt (Gross Domestic Product, GDP) – und allenfalls eine lockere, situationsabhängige, also partiale positive Korrelation angenommen.[14] Auch in dieser Frage erscheint – wie regelmäßig in Markt- und Regulierungsfragen – die kontinuierliche Suche nach einer

---

[11] Vgl. etwa *Allen/Carletti/Qian/Valenzuela* in: Constantinides/Harris/Stulz (Hrsg.), Handbook Economics of Finance, Bd. 2A, S. 759 (768); *Avgouleas* Governance of Global Financial Markets, S. 23 f.; *Fabozzi/Peterson Drake* Finance, S. 113 f. sowie 129 f.; *Mishkin/Matthews/Giuliodori* Banking and financial markets, S. 23 f.

[12] Namentlich *La Porta/Shleifer/Silanes/Vishny* Legal Determinants of External Finance, 52 Journal of Finance 1131 (1997); *dies.* Law and Finance 106 Journal of Political Economy 1113 (1998); dazu etwa *Deakin/Pistor* (Hrsg.) Legal Origin Theory, 2012; *Milhaupt/Pistor* (Hrsg.) Law and Capitalism: What Corporate Crises Reveal about Legal Systems and Economic Development Around the World, 2008; *Musacchio/Turner* Does the Law and Finance Hypothesis Pass the Test of History?, 55 Business History 524 (2013); *Siems* Legal Origins: Reconciling Law & Finance and Comparative Law, 52 McGill Law Journal 55 (2007); sowie den Kontext der Rechtsvergleichung und ihrer Ansätze aufbereitend *Micklitz* in: Grundmann/Micklitz/Renner Privatrechtstheorie, 2015, S. 342–359.

[13] Vor allem *Greenwood/Smith* 21 Journal of Economic Dynamics and Control 145 (1997); *Levine/Zervos* 88 American Economic Review 537 (1998); heute etwa *Allen/Carletti/Qian/Valenzuela* in: Constantinides/Harris/Stulz (Hrsg.) Handbook Economics of Finance, Bd. 2A, S. 759 (768); wohl auch *Mishkin/Matthews/Giuliodori* Banking and financial markets, S. 23 f. („channeling funds from households, firms and governments that have saved surplus … to those that have a shortage … essential to promoting economic efficiency …").

[14] Vor allem *Goldsmith* The Financial Development of India, Japan and the United States – A Trilateral Institutional Statistical and Analytical Comparison, 1983, S. 49–54; *Toye* Financial Structure in: New Palgrave Dictionary, 381 (383).

optimierenden Mischung zwischen Kapitalmarkt- und Kreditfinanzierung angezeigt – einer Mischung, die sich zudem stetig ändert und angepasst werden muss.

c) **Weitere Funktionen?** Weitere Funktionen werden genannt. **Teils** sind sie einer der Genannten zuzuordnen und **nur als Vertiefung** zu sehen – etwa die Funktion von Kapitalmärkten, Informationen facettenreicher zutage zu fördern als das bei Kreditvergabe durch Banken möglich erscheint (zu dieser Informationsverbreiterungsfunktion noch nächste Rn). **11**

Eine Funktion freilich ist im Anschluss an die Finanzkrise stärker ins Bewusstsein getreten und auch für die Kapitalmarktregulierung bedeutender geworden: Eine Verbreiterung der Kapitalmarktfinanzierung kann auch die Funktion haben, **Systemstabilität zu erhöhen.**[15] Dabei ist zu unterscheiden: Die Erhöhung von Systemstabilität kann durch regulatorische Arrangements angestrebt werden, die Stabilitätsrisiken auszuräumen suchen – etwa indem für OTC-Transaktionen zentrale Gegenparteien vorgeschrieben werden, die zugleich auch hinsichtlich ihrer Eigenkapitalausstattung u.a. aufsichtsrechtlichen Anforderungen unterworfen werden (dazu unten 6. Teil 4. Abschnitt [EMIR]) oder indem Leerverkäufe und auch Hochfrequenzhandel einem Verbotsvorbehalt (in spezifischen Sondersituationen), jedenfalls jedoch einem verstärkten Transparenzregime unterworfen werden (dazu unten 6. Teil ebenfalls jeweils 4. Abschnitt). Diese Dimension betrifft jedoch bereits die Funktionalität des Regelungsrahmens (unten IV.). Wenn Kapitalmarktfinanzierung als solcher bereits die Funktion zugesprochen wird, Systemstabilität zu erhöhen, so hat man dies zentral darauf zu beziehen, dass, wenn Gegenparteien von Finanzierungsinstrumenten auf Kapitalmärkten ausfallen, die systemischen Risiken typischerweise ungleich geringer sind. Denn Verluste sind typischerweise weniger in einem Kapitalmarktteilnehmer oder -intermediär konzentriert, während umgekehrt die Verlusttragungsfähigkeit bei Banken angesichts niedriger Eigenkapitalausstattung typischerweise besonders problematisch ist und bei Banken angesichts der Anzahl, Art und Hebelung der gegenseitigen Transaktionsbeziehungen die Ansteckungsgefahr überdurchschnittlich groß ist.[16] In der Tat wird das Projekt einer Europäischen Kapitalmarktunion – der Steigerung einer Kapitalmarktfinanzierung im Verhältnis zur Bankkreditfinanzierung – zentral auch mit einer angestrebten Steigerung der Stabilität des Finanzsystems begründet.[17] **12**

---

[15] Vor allem *Rechtschaffen* Capital Markets, S. 243.

[16] Zu diesen Faktoren gesteigerter Stabilitätsrisiken im Interbanken(kredit)markt vgl. näher *Lütgerath* Die Auswirkungen der Bail-in-Instrumente des SAG auf das Aktienrecht sowie auf bank- und wertpapieraufsichtsrechtliche Kontrollverfahren BKR 2016, 279 (285); *Möslein* Grundsatz- und Anwendungsfragen zur Spartentrennung nach dem sog. Trennbankengesetz BKR 2013, 397 (398 f.); *Ruzik* Bankenkrisen und -insolvenzen – Ein besonderes Phänomen BKR 2009, 133 (135); *Schieber* Entwicklungslinien des internationalen Finanzaufsichtsrechts, WM 1999, 2286 (2287); *Schneider* Finanzmarktkrise und Risikomanagement: Die neuen Mindestanforderungen an das Risikomanagement der deutschen Bankenaufsicht, WPg 2010, 269 (272–275); *Wilhelmi/Büchler* ZVglRWiss 113 (2014), 507 (509–512); allgemein zu Eigenkapitalanforderungen *Rudolph* Eigenkapitalanforderungen in der Bankenregulierung, ZHR 175 (2011), 284; vgl. auch die Pressemitteilung des Bundesfinanzministeriums vom 12. Dezember 2014, WPg 2015, 4 (4).

[17] Vgl. etwa *Bergmann* in Handlexikon der Europäischen Union, 5. Aufl. 2015, Stichwort Bankenunion; *Heuer/Schütt* BKR 2016, 45 (50); *Hopt* EuZW 2015, 289 (289 f.); *Schmidt* GPR 2015, 129 (129 f.); *Veil* ZGR 2014, 544 (547); *Wilhelmi/Büchler* ZVglRWiss 113 (2014) 507 (513–517); allgemein zur Kapitalmarktunion *Hinojosa-Martínez/Beneyto* (Hrsg.) European Banking Union. The New Regime, 2015. Zum Verhältnis beider Finanzierungsarten im internationalen Vergleich (und dem weit überdurchschnittlich hohen Anteil der Bank-

13 Ähnlich janusköpfig wie die Funktion Systemstabilität ist diejenige Funktion, die vor allem im institutionenökonomisch-juristischen Schrifttum wohl am häufigsten neben den Hauptfunktionen angesprochen wird: Dort wird Kapitalmärkten auch die Funktion zugeschrieben, zu einer **Reduktion der Transaktionskosten** beizutragen.[18] Wenn hierbei daran gedacht wird, dass etwa durch Publizitätsgebote auch Transaktionskosten (hinsichtlich der Informationseruierung) gesenkt werden oder durch Marktintegritätsregeln (mit Strafsanktion) gewisse Überwachungskosten (agency costs, vgl. etwa unten 6. Teil Rn 258, 338, 436), so handelt es sich wiederum eher um eine Funktion des Regelungsrahmens (unten IV.) als der Kapitalmärkte als solcher. Wenn hingegen einer Kapitalmarktfinanzierung als solcher bereits die Funktion zugesprochen wird, Transaktionskosten zu senken, so sind Beispiele hierfür etwa, dass auf breiten und tiefen Kapitalmärkten die Transaktionszahl so hoch sein mag, dass Kosten und Gebühren sinken (Skalenerträge), oder dass angesichts der Breite des Anlegerkreises die Informationsgenerierung/Überwachung intensiver ist und ggf. gerade für kleinere Anleger weitgehend entsprechende Aufwendungen entfallen. Beide Beispiele belegen zugleich, dass auch eine bereits bestehende wichtige Funktionalität von Kapitalmärkten durch Regulierung nicht nur gegen Eingriffe geschützt werden kann, sondern durch Regulierung auch um zusätzliche Funktionalitäten ergänzt und weiter verbessert – optimiert – werden kann.

14 **3. Informationsfunktion als Kernfunktion von Kapitalmärkten – und Kritik**

a) Informationsmodell in den verschiedenen Funktionen? Zentral ist Information sicherlich für die erste oben genannte Funktion – Kapitalmärkte als Instrumente effizienter Mittelallokation. Diese Funktion wird nicht nur immer wieder als die Allerwichtigste unter den Kapitalmarktfunktionen eingestuft.[19] Vielmehr drehen sich die wohl wichtigsten Debatten – und Kritiken – gerade um diese Funktion (dazu näher unten Rn 17). Zudem werden seit *Allen* auch zunehmend speziell in der Informationsgenerierung die wichtigsten volkswirtschaftlichen Vorteile von Kapitalmärkten gegenüber einer (Bank-)Kreditfinanzierung gesehen. Denn auf Kapitalmärkten sei die Zahl derer, die die Informationen generieren und analysieren ungleich größer als im Rahmen eines Bankkredits, die Informationsgenerierung auch eine kontinuierliche, und entsprechend reicher die Basis für die Kursentwicklung als diejenige für eine zinsmäßige Bewertung des jeweiligen finanzierten Projekts (**Informationsverbeiterung, auch im Vergleich** mit anderen Institutionen und Arrangements) – und dieser Vorteil sei besonders wichtig, wo schon die Zielrichtung der Unternehmung innovativ und unerprobt sei, in Situationen dynamischer Neuentwicklung.[20]

---

kreditfinanzierung in der EU) vgl. *Goddard/Molyneux/Wilson* Banking in the European Union: Deregulation, Crisis, and Renewal, in: Berger/Molyneux/Wilson (Hrsg.) The Oxford Handbook of Banking, 2. Aufl. 2015, Teil 5, S. 849–872.

[18] Vor allem *Fabozzi/Peterson Drake* Finance, S. 114 sowie 114 f., 117 f.; wohl auch *Avgouleas* Governance of Global Financial Markets, S. 24 sowie 30 f.

[19] So etwa *Avgouleas* Governance of Global Financial Markets, S. 6.

[20] Vgl. *Allen* in: Mayer/Vives (Hrsg.) Capital Markets and Financial Intermediation, S. 81 (89 ff., 102–105) (mit sorgfältiger Analyse verschiedener Sektoren, in denen Kapitalmarkfinanzierung volkswirtschaftlich geeigneter erscheint, und solchen, wo sich der Bankkredit eher anbietet); ähnlich *Morrison/Wilhelm, Jr.* Investment Banking, S. 3; tendenziell auch *Rechtschaffen* Capital Markets, S. 243; unter Abgrenzung gegenüber vorangegangenen Erklärungsversuchen, namentlich von *Diamond* 51 Review of Economic Studies 393 (1984); *Mayer* 32 European Economic Review 1167 (1988); zum Vergleich von Kreditfinanzierung und Anleihefinanzierung vgl. *Willms* Die Rolle der Euro-Kapitalmärkte bei der Projektfinanzierung, WM 2001, 1485 (1494–1496).

Angesichts der zentralen Bedeutung von Publizitäts- und Informationspflichten im deutschen, Europäischen und auch US-amerikanischen Kapitalmarktrecht[21] liegt es jedoch nahe, **Elemente des Informationsmodells** nicht nur in dieser ersten Funktion zu verorten, sondern allgemeiner **in einer Reihe der genannten Kapitalmarktfunktionen:** Dies gilt schon für die Anreizfunktion. Zum einen setzen die wichtigsten installierten Anreize an den Kursen an, also am zentralen Signal für den inneren Wert der Finanzinstrumente. Zum anderen ist die **Anreizsetzung** als Strategie damit zu erklären, dass es kostengünstiger sein mag, solche Anreize zu setzen und damit die Interessen des Managements mit denen der Investoren in Übereinstimmung zu bringen oder ihnen zumindest anzunähern, als das Management direkt zu überwachen, also Kosten für direkte Informationen über seine Amtsführung aufzuwenden. Es werden also agency costs miteinander verglichen und unter die verglichenen Kosten fallen auch agency costs für Informationen. Schließlich hängt auch die Funktion der **Liquiditätsschaffung** zentral von der hinreichenden Informationsbereitstellung, -verarbeitung und -verlässlichkeit ab. Damit sind die Hauptpunkte einer rechtspolitisch-rechtsökonomischen Diskussion zum Informationsmodell im Kapitalmarktrecht angesprochen: **15**

b) Insbes. Efficient Capital Market Hypothesis (ECMH). Die moderne Informationsökonomik zur Wirkung von Kapitalmärkten nahm ihren Ausgang bei den Schriften von *Eugene Fama*, die vor allem von *Gilson* & *Kraakman* für das Kapitalmarkt*recht* fruchtbar gemacht wurden. In einer ersten Schrift brach *Fama* gänzlich die damals noch starke, evtl. gar herrschende Ansicht, aus vergangenen Kursentwicklungen könne ein Muster auch für die Zukunft abgeleitet werden und etablierte statt dessen die sog. „random walk"-Doktrin, nach der der weitere Kursverlauf von solchen Mustern der Vergangenheit gänzlich unabhängig („random") sei und allein von der Möglichkeit abhinge, neue Information in ihrer Auswirkung auf den intrinsischen Wert des betroffenen Finanzinstruments zu bewerten.[22] Wenig später – und bis heute – legte er sich darauf fest, dass Kapitalmarktkurse grds. alle öffentlich zugänglichen Informationen reflektieren (semi-strong efficiency), wenn auch nicht alle (auch die nichtöffentlichen) Informationen (strong efficiency), sie also den intrinsischen Wert des Finanzinstruments widerspiegeln, den dieses hätte, würde die tatsächliche Lage durch die öffentlich zugängliche Information erschöpft.[23] Mit *Stigler* und seinen grundlegenden Studien dazu, dass Märkte nie (sofort) vollständig informiert sein können,[24] ist dies dahingehend zu präzisieren, dass die öffent- **16**

---

[21] Vgl. nur knapper (auch rechtsvergleichender) Überblick bei *Grundmann* European Company Law, § 9 Rn 58 f.

[22] *Fama* 38 The Journal of Business 34, bes. 37 ff. (1965) (bes. S. 39: „one of the forces which helps to produce independence of successive price changes [from patterns of price changes in the past] may be ... that the trader has a special talent for predicting the appearance of *new information and evaluating its effects on intrinsic values* [of the stock] ..."

[23] *Fama* 25 Journal of Finance 383 (1970); und Verteidigung gegen Kritik, insbes. Stellungnahme zur (seiner Ansicht nach eher geringen) Bedeutung von behavioral finance und kognitiven Verzerrungen: *ders.* 49 Journal of Financial Economics 283–306 (1998); für das Kapitalmarktrecht fruchtbar gemacht durch *Gilson/Kraakman* 70 Virginia Law Review 549, 553 f. (1984); detaillierte Analyse zur Frage, ob die Erkenntnisse aus der Finanzkrise nicht die ECMH im Grundsatz in Frage stellen (verneinend): *Gilson/Kraakman* Market efficiency after the financial crisis – it's still a matter of information costs, 100 Va. L. Rev. 31 (2014); aus Sicht nach der Finanzkrise auch *Coffee* in: Ferran/Moloney/Hill/Coffee (Hrsg.) The Regulatory Aftermath of the Global Financial Crisis, 2. Aufl. 2013, S. 301.

[24] Vgl. *Stigler* The Economics of information, 69 Journal of Political Economy 213 (1961) – wo er aus dem Umstand, dass Arbitrage selbst bei Preisen existiert, überzeugend

lich verfügbare Information sich nach dieser These weitestgehend und auch sehr zeitnah in den Kursen widerspiegelt. Heute kann diese Form der sog. Efficient Capital Market Hypothesis (ECMH, auch EMH) als die (immer noch) herrschende Auffassung in der Finanzökonomik verstanden werden, wenn auch gewisse (weitere) Einschränkungen auf Grund von Irrationalitäten konzediert werden,[25] und ihre Bedeutung für die Funktionalität von Kapitalmärkten (namentlich die Allokationsfunktion, aber auch die genannten anderen Funktionen) ist ebenso offensichtlich wie ihre Bedeutung für Regulierungsstrategien und die Funktionalität des jeweiligen Regelungsrahmens (unten IV.). Das Modell stellt darauf ab, dass die öffentliche Information rational verarbeitet wird und, je weitergehend die für den intrinsischen Wert relevante Information auch öffentlich gemacht wird, dass der Kurs auf Kapitalmärkten den intrinsischen Wert des Finanzinstruments auch tatsächlich widerspiegelt.

17 c) **Anomalien und Behavioral Finance.** Obwohl heute – jedenfalls für Zwecke der juristischen Regulierung – grundsätzlich von der Efficient Capital Market Hypothesis ausgegangen wird, ist heute ähnlich unangezweifelt, dass es Anomalien gibt, die systematisch auftreten und nicht mit dem Ausgangspunkt in Übereinstimmung gebracht werden können, dass Kurse die öffentlich verfügbare Information auf rationale Weise reflektieren. Am anerkanntesten ist der sog. post-earnings-announcement-drift, der überstarke und nur recht kurzfristige Kursausschlag nach Gewinnmeldungen, in denen einerseits ja nur bereits sonst großteils öffentlich bekannte Informationen zusammengefasst sind und die andererseits nicht im Zeitpunkt unmittelbar nach Meldung stärker wirken als einige Zeit danach.[26] Theoretisch ist damit die Frage gestellt, wie mit solchen Anomalien bei der Anlage von Regulierung umzugehen ist. Die darauf reagierende Behavioral Finance Literatur fußt hierbei vor allem auf Zweierlei: einerseits auf der seit *Kahneman & Tversky* zunehmend

---

schließt, dass vollständige und sofortige Information nicht einmal bei so homogenen Parametern wie Preisen möglich sei. Hierzu, zum Kontext und zur Bedeutung für die Fortentwicklung der Informationsökonomik vgl. zusammenfassend *Grundmann* in: Grundmann/Micklitz/Renner Privatrechtstheorie, 2015, S. 968–984. Spezifisch für die Kapitalmärkte: zuerst *Stigler* Public Regulation of the Securities Market, 37 Journal of Business 117 (1964); und vor allem *ders.* Imperfections in the Capital Market, 75 Journal of Political Economy 287 (1967); und später auch *Grossmann/Stiglitz* On the Impossibility of informationally efficient markets, 70 American Economic Review 393 (1980); als Quintessenz aus seinen grundlegenden Beiträgen über die praktisch unvermeidbare Inhomogenität der (Kapitalmarkt-)Information: *Grossmann* On the efficiency of competitive stock markets where traders have diverse information, 31 Journal of Finance 573 (1976); *ders* Further results on the informational efficiency of competitive stock markets, 18 Journal of Economic Theory 81 (1978).

[25] Etwa *Fenn/McGuire/Prentice* Information Imbalances and the Securities Markets, in Hopt/Wymeersch (Hrsg.), European Insider Dealing, 1992, S. 3 (5); *Fishman/Hagerty* 44 J. Fin. 633 (1989); *Trigo Trinidade* ERPL/REDC 2000, 281 (284 und 287); *Malkiel* 17 Journal of Economic Perspectives 59 (2003); *Moloney* EU Securities and Financial Markets Regulation, S. 57 f.; zur ökonomischen Theorie auch prägnanter Überblick bei: *Wiegel* EU-Prospekt-Richtlinie (Rn. 6), S. 19–81.

[26] Ursprünglich *Ball/Brown* An empirical evaluation of accounting income numbers, 6 Journal of Accounting Research 159 (1968); heute etwa *Bloomfield* Behavioral Finance in: New Palgrave Dictionary, 438 (438–440, dort auch zu weiteren Anomalien, zu einem Gutteil weniger anerkannt); *Hellgardt* Fehlerhafte Ad-hoc-Publizität als strafbare Marktmanipulation, ZIP 2005, 2000 (2005); grundlegend für den Gesamtkomplex im deutschen Schrifttum: *Klöhn* Kapitalmarkt, Spekulation und behavioral finance.

stärker ausdifferenzierten Analyse der Situationen, in denen Akteure begrenzt rational reagieren, obwohl die Information öffentlich verfügbar ist, also in denen sie kognitiven Irrtümern unterliegen, namentlich mit der sog. Prospect Theory, vor allem Überoptimismus, zu starkem „blindem" Vertrauen auf einmal erkannte (Entwicklungs- und Deutungs-)Muster, zu starker Stützung der Entscheidungen auf die gerade verfügbaren „erstbesten" Informationen;[27] andererseits jedoch auf der Erkenntnis, dass diese Verzerrungen („biases") nicht bei allen Akteuren in gleicher Weise auftreten, bei manchen gar nicht,[28] Regulierung also von unterschiedlich reagierenden Akteuren ausgehen muss. Die daraus heute primär abgeleitete Strategie scheint dahin zu gehen, diese Anomalien und Verzerrungen weiter auf Regelhaftigkeit und Vorhersehbarkeit hin zu untersuchen, um überhaupt die Frage sinnvoll stellen zu können, in welchen Fällen und in welcher Form regulativ reagiert werden soll, andererseits jedoch den Ausgangspunkt nicht aufzugeben, dass öffentliche Information effiziente Mittelallokation auf Kapitalmärkten befördert.

III. Funktionen von Investment *Banking*

1. Banken als zentraler Kapitalmarktintermediär. Nicht nur zwischen der Alternative direkte Finanzintermediation (mit dem Bankkreditgeschäft, oben 4. Teil) und indirekte Finanzintermediation (mit der Finanzierung auf Kapitalmärkten) besteht Wettbewerb, hier Wettbewerb zwischen verschiedenen institutionellen Arrangements (oben 1. Teil Rn 12 und oben Rn 7). **Wettbewerb besteht auch zwischen den Leistungen verschiedener Kapitalmarktintermediäre**, hier nun zwischen verschiedenen professionellen Kapitalmarktteilnehmern und -anbietern. Bei den Banken handelt es sich jedoch um die mit Abstand **wichtigsten Kapitalmarktintermediäre** (zum Kreis derselben vgl. auch noch unten 2. Abschnitt unter I.).[29] Auch im Rahmen der *indirekten* Finanzintermediation handelt es sich um Un- 18

[27] *Kahneman/Tversky* Prospect Theory: An Analysis of Decision under Risk, 47 Econometrica 263 (1979); eingehend dazu auch *Hacker* Verhaltensökonomik und Normativität. Die Grenzen des Informationsmodells im Privatrecht und seine Alternativen, 2016 (im Erscheinen), Teil 1 §3c und §5; Aufzählungen und Kurzbeschreibungen der wichtigsten Verzerrungen bei *Jolls/Sunstein/Thaler* A Behavioral Approach to Law and Economics, 50 Stanford Law Review 1471 (1997/98), Liste im Annex 1548–1550; vgl. auch *Jolls* Behavioral Law and Economics, in: Diamond (Hrsg.) Behavioral economics and its application, 2007, S. 115; *Jolls* Behavioral Economics and the Law, 2011; *Korobkin/Ulen* Law and Behavioral Science: Removing the Rationality Assumption from Law and Economics, 88 California L. Rev. 1051 (2000); für eine Anwendung auf die Regulierung von Finanzdienstleistungen und Kapitalmärkten vgl. *Langevoort* Taming the Animal Spirits of the Stock Markets: A Behavioral Approach to Securities Regulation, 97 Northwestern University L. Rev. 135 (2002); vgl. auch *Grundmann* in: Grundmann/Micklitz/Renner Privatrechtstheorie, 2015, bes. S. 875–902 (mit Einordnung von *Kahnemann/Tversky* in den Kontext der breiteren Entwicklung).

[28] Etwa *Bloomfield* Behavioral Finance in: New Palgrave Dictionary, 438 (442); *DellaVigna* Psychology and Economics: Evidence from the Field, 2009 Journal of Economic Literature, 315 (361); *Hacker* Verhaltensökonomik und Normativität. Die Grenzen des Informationsmodells im Privatrecht und seine Alternativen, 2016 (im Erscheinen), Teil 1 § 5, m. w. Nachw.

[29] *Boyd* Financial intermediation, in: New Palgrave Dictionary, S. 358 (358 f.) (mit Zahlenmaterial); *Fabozzi/Drake* Finance, S. 116–118; *Fleuriet* Investment Banking, S. 34 f.; 292; *Morrison/Wilhelm Jr* Investment Banking, S. 3, 95; *Stowell* Introduction to Investment Banks, Hedge Funds, S. 8, 17, 21; zur (auch durch technische Innovation geförderten) gegenläufigen Tendenz von Dis-

ternehmen mit hoher Hebelung (namentlich aufgrund geringen Eigenkapitalanteils).[30] Den dadurch begründeten systemischen Gefahren versucht man strukturell mit verschiedenen Formen von Spartentrennung bzw. Trennbankensystemen zu begegnen (näher 5. Teil Rn 24 f. und unten Rn 43–45). Angesichts der Konkurrenz mit anderen Kapitalmarktintermediären und -anbietern ist bei der Funktionsbeschreibung die Frage nach Alternativen wiederum allgegenwärtig – obwohl sie weniger prominent und explizit gestellt wird als für die Alternative Bankkredit / Kapitalmarktfinanzierung. Das Geschäft anderer Kapitalmarktintermediäre ist zwar nicht (primärer) Gegenstand dieses Kommentars. Nicht nur die Frage nach der Alternative zu anderen Kapitalmarktintermediären ist freilich mitzudenken, sondern vor allem auch die Frage nach der Komplementarität.

19 Zentral für die Funktionalität des Investment *Banking* ist, dass Banken einerseits **Transaktionen nur vermitteln** und (gestaltend und informierend) begleiten, andererseits aber vielfach auch als **Transaktionspartner mit Eigenengagement** auftreten – am wichtigsten mit dem Eigenhandel und in ihrer Rolle als Gegenpartei von Derivaten.

2. System der Funktionen von Investment *Banking*

20 a) **Transformationsleistung, Transaktionsabwicklung und Informationsverarbeitung und -umsetzung.** Resümiert man die juristisch-ökonomische Literatur zu den Funktionen des Investment Banking, die sich naturgemäß durch starke Transdisziplinarität auszeichnet, und dies vor allem aus Deutschland und den Ländern mit weltweit zentralen Finanzzentren, so stehen **drei Funktionen des Investment Banking im Vordergrund.** Diese hängen zwar alle drei zusammen, sind konzeptionell jedoch zu trennen (und dann umgekehrt unter Bezug aufeinander jeweils zu denken und zu erklären): Mit Worten von *Achleitner* sind das (i) Transformationsleistungen, (ii) Transaktionsabwicklung und (iii) die Informationsverarbeitung und -umsetzung.[31] Führt man sich diese Funktionen vor Augen, so wird bereits deutlich, wie sie sämtlich im Grundsatz **darauf ausgerichtet sind, die oben unter II. genannten Funktionen von Kapitalmärkten zu befördern**: vor allem die Informationsverarbeitung und -umsetzung durch Kreditinstitute als Informationsintermediäre (oben [iii]) ist unverzichtbar, um eine effiziente Allokation durch Kapitalmärkte zu befördern ebenso wie – spiegelbildlich – die richtigen Governanceanreize für das Management zu verbürgen (oben Rn 8). Sodann sind vor allem die Transformationsleistungen (oben [i]) unabdingbar sowohl für eine Gestaltung risikodiversifizierender Anlage als auch – und in besonderem Maße – für die Liquiditätsschaffung (oben Rn 9 f.), und schließlich ist die sichere und kostensparende Transaktionsabwicklung (oben [ii]) wichtig als Infrastruktur der Kapitalmärkte und ihrer Funktionen, zugleich jedoch auf Transaktionskostenersparnis ausgerichtet (oben Rn 13). Diese Ersparnis ist als Ziel und Pflicht den Kreditinstituten und Wertpapierfirmen zudem auch mit dem Regelungsrahmen rechtsverbindlich vorgeschrie-

---

intermediation und der Auswirkung auf Regulierungsbemühungen zuletzt ausführlich *Möslein* (Hrsg.), Finanzinnovation und Rechtsordnung, 2014; *Baumann* BKR 2016, 355 (etwa RoboAdvice).

30 *Fabozzi/Drake* Finance, S. 145.

31 *Achleitner* Handbuch Investment Banking, S. 24 (Ausführungen S. 24 ff.); ähnlich, im Wesentlichen nur weiter ausdifferenzierend: *Merton/Bodie* A Conceptual Framework for Analyzing the Financial Environment, in: Crane [et al.] (Hrsg.), The Global financial system, S. 12–16 ([i] Transfer of Economic Ressources sowie Managing Risks, [ii] Clearing and Settling Payments sowie Economics of Pooling, vor allem bei der Ausführung, [iii] Providing Information; zusätzlich „Dealing with Incentive Problems“, dazu unten Rn 24).

ben.[32] Etwas mehr Tiefenschärfe ist den drei Hauptfunktionen am besten anhand von Beispielen zu geben:

Die (i) **Transformationsleistungen betreffen Losgrößen, Fristen, Liquidität und Risiken**, für alle ist es wichtig, dass sie „transformiert" und „adaptiert" werden können, etwa: Bei der Emission wird ein Investitionsvolumen (typischerweise im Millionenbereich) auf Größen heruntergebrochen, die auch für Privatanleger relevant sind (**Losgrößentransformation**), dabei die (angesichts der Zahl der Investoren idR wichtige) Platzierungskraft der emissionsbegleitenden Institute genutzt (Zugang zu Investoren, Reputation bei diesen), und, wenn die Emission auch die Einführung/Zulassung der Instrumente in/zu Sekundärmarkte(n) umfasst, auch eine langfristige Kapitalaufbringung (für den Emittenten) verbunden mit einer jederzeitigen Liquidierbarkeit auf Sekundärmärkten (beim Investor), also **Fristentransformation** betrieben (näher unten Rn 61–63 und 6. Teil 1. Abschnitt).[33] Dass Eigenemissionen des Emittenten (außer durch Kreditinstitute) jedenfalls auf organisierten Kapitalmärkten praktisch nicht stattfinden (vgl. auch § 32 Abs. 2 BörsG) und auch vor der Qualifikation des Emissionsgeschäfts als Bankgeschäft nicht stattfanden (vgl. unten 6. Teil Rn 17), legt nahe, dass diese Transformationsleistungen zwar theoretisch auch anders erbracht werden könnten, jedenfalls in der Praxis jedoch unverzichtbar sind und durch Kreditinstitute und Wertpapierfirmen erbracht werden müssen. Dabei ist nicht in Abrede zu stellen, dass gerade in diesem Stadium angesichts der vielfältigen Anforderungen an eine Markteinführung, etwa im Bereich des Emissionsprospekts, sicherlich auch die Informationsverarbeitungsfunktion (unten Rn 23) besonderes Gewicht hat. **Liquiditätstransformations-** und vor allem **Risikotransformationsleistungen** werden etwa erbracht, wenn – wiederum bei der Emission – eine erhebliche Losgröße fest übernommen und vorab finanziert wird (firm commitment underwriting, unten 6. Teil Rn 18) oder wenn Institute bereit sind, als Gegenparteien bei Derivaten zu fungieren (unten 6. Teil 4. Abschnitt).[34] **21**

Die Leistungen bei (ii) der **Transaktionsabwicklung** (clearing and settling of payments, einschließlich economics of pooling)[35] – namentlich die Auswahl der besten Ausführungsart (vgl. § 33a WpHG und unten 7. Teil) und das depotrechtliche Engagement bei der **22**

---

[32] Dies sowohl durch spezielle Normen, etwa § 33a WpHG, als auch durch die Interessenwahrungspflicht als Generalklausel: vgl. etwa Fuchs/*Fuchs* § 31 WpHG Rn 41; Fuchs/*Zimmermann* § 33a WpHG Rn 19–21; KölnKomm WpHG/*Möllers* § 31 Rn 119; KölnKomm WpHG/*Früh/Ebermann* § 33a Rn 80–82; Schwark/Zimmer/*Rothenhöfer* § 31 WpHG Rn 41; Schwark/Zimmer/*v. Hein* § 33a WpHG Rn 48.

[33] Zu Losgrößen- und Fristentransformation im Investment Banking näher *Achleitner* Handbuch Investment Banking, S. 24 ff.; *Möslein* BKR 2013, 397 (398); *Schröder* Untreue durch Investitionen in ABS-Anleihen NJW 2010, 1169 (1171–1174); *Hartmann-Wendels/Pfingsten/Weber* Bankbetriebslehre, S. 5–9; BankR-Hdb/*Fischer* § 129 Rn 80–82; Boss/Fischer/Schulte-Mattler/*Schäfer* § 1 KWG Rn 90 f.; zu den Zusammenhängen zwischen der Fristentransformation und Finanzkrise vgl. *Hellwig* Finanzkrise und Reformbedarf, NJW-Beil 2010, 94 (94–96); *Meyer* Finanzmarktkrise und Organhaftung, CCZ 2011, 41 (46 f.).

[34] Zur Liquiditätstransformation im Investment Banking näher *Achleitner* Handbuch Investment Banking, S. 31 ff. Und zur Risikotranstransformation *Achleitner* Handbuch Investment Banking, S. 24 ff.; *Cox/Hillman/Langevoort* Securities Regulation, S. 110–112 (mit starker Betonung vor allem auch der Informationsverarbeitungsfunktion); Hopt/Wohlmanstätter/*Löw* Handbuch Corporate Governance von Banken, 2011, Rn 141–143; *Möslein* BKR 2013, 397 (398).

[35] Vgl. *Merton/Bodie* in: Crane [et al.] (Hrsg.), The Global financial system (Rn. 31), S. 12–14; *Achleitner* Handbuch Investment Banking, S. 26 ff.; zur wichtigen Informationsverarbeitungskomponente auch bei der Transaktionsabwicklung etwa auch *Avgouleas* Governance of Global Financial Markets, S. 5.

Übereignung (Transfer der Inhaberschaft) und bei der Verwahrung – sind vor allem im Hinblick auf Schnelligkeit, Sicherheit, Kostengünstigkeit und Schutz der erworbenen Rechte zu beurteilen (Letzteres etwa durch Schutz vor Abhandenkommen oder Insolvenz des Verwahrers). Wiederum spielen auch Informationsverarbeitungselemente eine Rolle, etwa bei der Frage, welche Ausführungsplätze, aber auch welche Verwahrungsformen und -plätze zu wählen sind (dazu dann der Abschnitt zum Depotrecht im 8. Teil).

23 Als alles überwölbende Funktion des Investment Banking ist (iii) die **Informationsverarbeitung und -umsetzung** zu sehen.[36] Hier geht es gleichermaßen um die Expertise, die Kreditinstitute vermitteln (für Entscheidungen des Kunden, etwa bei der Anlageberatung) und die sie selbst einsetzen (bei eigenem Handeln, etwa beim Portfoliomanagement oder bei Ausführungsakten und Depotleistungen) oder aber auch in intensiverer Zusammenarbeit und Austausch mit dem Kunden fruchtbar machen (etwa bei der Prospekterstellung). Die **Informationsfunktion ist so wichtig**, dass sie für die wichtigsten einzelnen Phasen, aber auch allgemeiner für die Rolle von Kreditinstituten als Informationsintermediäre nochmals in den Blick genommen werden soll (unten Rn 25–27). Genereller wird die informationelle Position der Banken im jüngeren Schrifttum als so stark eingestuft, dass sie beim Handeln auf Kapitalmärkten häufig nicht nur als „Begleiter" gesehen werden, sondern vielmehr häufig als die eigentlich treibende Kraft, die proaktiv vielversprechende Lösungen entwickelt, gerade im Verhältnis zu Emittenten und Unternehmen. Banken sind dann als **Kapitalmarkt-Unternehmer** zu verstehen:

24 **b) Anreizgestaltung, Marktschaffung, ... und weitere Funktionen?** Bei solch einem Verständnis der Expertise und der Funktion von Banken beim Investment Banking wird vor allem auf Folgendes hingewiesen: Funktion der Intermediäre im Investment Banking sei nicht zuletzt auch das Hinwirken auf ein **effizientes System der Anreize.**[37] Hierbei handelt es sich, wenn man solch eine Funktion dem Investment Banking zuschreibt, um eine Querschnittsfunktion, die bei *allen* Leistungen der Transformation, Transaktionsabwicklung *und* Informationsverarbeitung und -weitergabe eingreift: Aufgabe des Investment Banking wäre es demnach auch, etwa solche Informationsaufdeckung anzuregen, die eine effiziente Mittelallokation befördert, oder auf Gestaltungen zu dringen, die dem Management die Governanceanreize für eine möglichst gute Wertentwicklung des Emittenten geben. Zu erklären ist solch eine Funktion vor allem, wenn man die Banken als wichtigste Kapitalmarktintermediäre **im Investment Banking als zentrale Gestalter** versteht und angesichts dieser Gestaltungsmacht auch eine Verantwortung für das Funktionieren von Kapitalmärkten und vor allem für Investoren annimmt, die rechtlich in der Interessenwahrungspflicht stricto sensu zu verorten wäre (etwa für die zentrale sekundärmarktrechtliche Informationspflicht Art. 24 Abs. 1 MiFID II, § 31 Abs. 1 Nr. 1 WpHG). Bei dieser Sicht wird betont, dass mit Investment Banking nicht nur auf Märkten agiert und gehandelt wird, sondern Märkte neu geschaffen werden ebenso wie die Produkte und die Strategien für die Emittenten als die zentralen Nutzer der Kapitalmärkte auf Angebotsseite.[38] *Morri-*

---

[36] Zur überragenden Bedeutung näher unten Rn 26. Zur näheren Beschreibung dieser Funktion etwa *Achleitner* Handbuch Investment Banking, S. 27 ff.; *Avgouleas* Governance of Global Financial Markets, S. 5; *Morrison/Wilhelm Jr* Investment Banking, S. 4 f., 8, 35.

[37] *Merton/Bodie* in: Crane [et al.] (Hrsg.) The Global financial system (Fn 31), S. 16; *Achleitner* Handbuch Investment Banking, S. 24; *Morrison/Wilhelm Jr* Investment Banking, S. 84–88. 95 f.

[38] *King/Levine* in: Mayer/Vives (Hrsg.) Capital Markets and Financial Intermediation, S. 156 (156 und 187); *Morrison/Wilhelm, Jr.* Investment Banking, S. 4–6.

son/Wilhelm sprechen vom Investment Banking als dem eigentlichen „information marketplace“ und von den Banken als den eigentlichen „financial engineers“.

Die **weiteren Funktionen**, die für Kapitalmärkte erörtert wurden, sind auch für das Investment Banking kurz in den Blick zu nehmen, obwohl sie hierfür weniger explizit diskutiert oder auch gar nicht angesprochen werden. Das ist einerseits die **Transaktionskostensenkung.** Diese ist als Funktion des Investment Banking nicht zu bezweifeln, für die Transaktionsabwicklung wird sie auch durchaus hervorgehoben (oben Rn 22), und nach dem Gesagten sind (Investment-)Banken sogar grds. zur Transaktionskostensenkung verpflichtet (Interessenwahrungspflicht, oben Rn 20). Weitergehend ist jedoch davon auszugehen, dass es sich um **eine zentrale und generelle Funktion des Investment Banking** handelt, etwa auch bei der Schlüsselfunktion Informationserhebung, -verarbeitung und -weitergabe (vgl. noch unten 8. Teil zu § 31 WpHG). Schon die Konkurrenz zwischen den Intermediären sollte, wenn die jeweiligen Transaktionskosten aufgedeckt werden (müssen), transaktionskostenoptimierende Maßnahmen befördern. Insbesondere die Bündelung von Auftragsausführung und die massenweise Nutzung derselben Information schaffen offensichtliche Kostenvorteile (Skalenerträge). Andererseits wird für die Kapitalmärkte auch die **Funktion einer Stabilisierung des Finanzsystems** genannt, vielleicht sogar als ganz zentral gesehen (Kapitalmarktunion, oben Rn 12). Banken freilich werden im Gefolge der Finanzkrise überwiegend vor allem als ein – oder gar als das zentrale – Risiko für die Stabilität des Finanzsystems gesehen. Dennoch sollte auch das Potential von Investment Banking für eine Stabilisierung des Finanzsystems gesehen werden – und dieses jedenfalls auf eine solche Funktion verpflichtet werden.[39] **25**

3. Informationsfunktion als Kernfunktion von Investment *Banking*

a) **Zentralität von Kapitalmarktinformation und Zentralität der Banken hierbei.** Vielfach wird einerseits die Informationsverarbeitungs- und -weitergabefunktion als die herausragende des Investment Banking gesehen,[40] zugleich für die Kapitalmarktinformation und ihr Funktionieren **kein Intermediär als so zentral wie die Banken** (Kreditinstitute und Wertpapierfirmen, schon oben Rn 18). In den Grundzügen kann das mit folgenden Elementen erklärt werden: Das Rohmaterial an Informationen beschaffen zwar zu einem Gutteil Emittenten, teils geben sie die Information (vor allem Folgepublizität) auch direkt und ohne bankseitige Prüfung an die Kapitalmärkte (wie bei der Jahres-, Finanz- und Zwischenberichtserstattung sowie Beteiligungstransparenz, auch Ad-hoc-Publizität, vgl. auch oben Rn 1 und unten Rn 34). Die allgemeine Prüfung, Aufbereitung und (haftungsmäßige) Verbürgung der zentralen Informationen liegt dennoch in der Hand der Kreditinstitute und Wertpapierfirmen, mit der Prospektbegleitung, der individuellen Beratung und Aufklärung der Kunden beim (individuellen) Wertpapierhandel, teils auch mit der Beratung der Emittenten bei den genannten Punkten der Folgepublizität. Außerdem haften die Kreditinstitute und Wertpapierfirmen für diese Information, ihre Prüfung und richtige Auswahl, nament- **26**

---

[39] Dies ist speziell im Hinblick auf das Investment Banking auch sicherlich der Fall, schon vom Bankaufsichtsrecht der Europäischen Bankenunion her. Zwei Beispiele hierfür sind, dass Investmentbanken und auch funktionale Äquivalente – wie die zentralen Gegenparteien im OTC-Handel – auf eine bankaufsichtsrechtlich (im Detail) vorgegebene Eigenkapitalausstattung verpflichtet werden (vgl. oben 1. Teil Rn 95–98 und unten 6. Teil 4. Abschnitt) und dass schon das Bankaufsichtsrecht eine Verpflichtung auf Marktintegrität enthält, um Stabilitätsrisiken zu minimieren, die aus Vertrauenskrisen beim Anlegerpublikum resultieren können (vgl. oben 1. Teil Rn 62 und unten 6. Teil Rn 339, 436)

[40] *Achleitner* Handbuch Investment Banking, S. 36; *Morrison/Wilhelm Jr* Investment Banking, S. 3 f., 8, 35.

lich mit der Prospekthaftung (§ 21 ff. WpPG) und Beratungshaftung (§§ 31 ff. WpHG), ggf. auch bei Fehlern in der Folgepublizität, wenn sie hier hinreichend Verantwortung übernommen haben (vgl. etwa § 37b, 37c WpHG) – und bei der Haftung sind sie aufgrund ihrer Solvenz häufig der einzige wirtschaftlich relevante Anspruchsgegner. Die Banken fungieren also **in Kapitalmärkten als die (einzigen) allgemeinen Informationssammelstellen, -zertifizierer und -garanten**. Natürlich treten weitere Informationsintermediäre und „Gatekeeper" daneben (zum Konzept noch unten Rn 47–54), doch stets geschieht dies deutlich punktueller. Das gilt etwa für Ratingagenturen, Abschlussprüfer und Finanzanalysten sowie Autoren öffentlicher Anlageberatung (vgl. unten 6. Teil Rn 539–541). Wird die Stellung der Banken als der zentralen Informationsintermediäre in Kapitalmärkten analysiert, so wird meist als die erste Unterscheidung diejenige zwischen Primärmärkten und Sekundärmärkten gewählt:[41]

27 **b) Information in Primärmarkt und Emissionsgeschäft.** Historisch bildet das Emissionsgeschäft – die erstmalige Platzierung (Emission) von Finanzinstrumenten beim Anlegerpublikum – den Ausgangspunkt des Investment Banking, und auch heute noch wird es als das Herzstück – und der wichtigste Bereich – des Investment Banking gesehen (ganz unabhängig von Profitabilitätsvergleichen zwischen den verschiedenen Geschäften).[42] Gerade die Emission von Finanzinstrumenten („Primärmarkt", vgl. unten Rn 61) ist zwar auch gekennzeichnet durch eine erhebliche Transformations- und Transaktionsabwicklungsleistung (schon oben Rn 20–23). Gerade die Informationsprobleme jedoch wären ohne die Inanspruchnahme von Finanzintermediären praktisch unüberwindbar,[43] namentlich von Kreditinstituten und Wertpapierfirmen (die auch rechtlich in Deutschland das Monopol insoweit haben, unten Rn 47 sowie unten 6. Teil Rn 2–7). Ohne die Kenntnis der Investoren und umgekehrt die Reputation der Kreditinstitute bei den Investoren, mit der die bei diesen hinsichtlich des Emittenten bestehenden Informationsasymmetrien deutlich abgemildert werden, wäre eine Emission idR praktisch nicht möglich. Selbst eine vollständige Darstellung der wertrelevanten Umstände im Emissionsprospekt wäre ohne die (Mit-)Haftung und Reputationsbürgschaft seitens der Kreditinstitute für viele, ggf. die meisten Investoren als Information nicht hinreichend „verlässlich". Schon bei der Auswahl geeigneter Emissionskandidaten handelt es sich um eine zentrale Informationsbereitstellungsleistung seitens der Kreditinstitute.

28 **c) Information in Sekundärmarkt und Wertpapierhandel.** Nicht weniger allbeherrschend scheint die Informationsfunktion des Investment Banking in den Sekundär- oder Zirkulationsmärkten. Zwar zählt hierher durchaus auch die Transaktionsabwicklungsleistung, die bei der Übertragung der Inhaberschaft und bei der Verwahrung erfolgt (Depotrecht, unten 8. Teil), und auch die Rolle der Banken als Gegenparteien (mit Risikotransformation, aber auch anderen Transformationsleistungen) wurde angesprochen. Dennoch erscheint keine Funktion als so zentral, so haftungsgeneigt und auch umstritten wie die In-

---

[41] Etwa *Fabozzi/Drake* Finance, S. 145; *Fleuriet* Investment Banking, S. 34 (zusätzlich als Drittes die Begleitung von Übernahmen und Fusionen, die freilich idR zu den sekundärmarktrechtlichen Transaktionen, wenn auch außergewöhnlich Gewichtigen, gezählt werden).

[42] Zur historischen Vorreiterstellung etwa *Ianotta* Investment Banking, S. vii. Zur Vorrangstellung auch im heutigen Geschäft und im Bild des Investment Banking etwa *Achleitner* Handbuch Investment Banking, S. 477; *Morrison/Wilhelm, Jr.* Investment Banking, S. 3.

[43] Deutlich etwa *Cox/Hillman/Langevoort* Securities Regulation, S. 110–112; auch *Achleitner* Handbuch Investment Banking, S. 28–30; *Morrison/Wilhelm Jr* Investment Banking, S. 4 f., 95 f.

formationsfunktion in den Einzeltransaktionen des Wertpapierhandels. Die Geschichte, Rechtsprechung und Diskussion im Schrifttum zu §§ 31 ff. WpHG und dem sog. Anlageberatungsvertrag legen hiervon deutlich Zeugnis ab.[44] Gerade bei der Erschließung breiter Anlegerkreise – und damit beispielsweise auch für die Liquiditätsschaffungsfunktion – ist wohl keine andere Dienstleistung des Investment Banking so zentral wie die **Zusammenfassung und richtige Proportionierung der relevanten Information für den individuellen Kunden** (einschließlich der know your customer rule).[45]

IV. Funktionen des Regelungsrahmens – Regelungsziele

1. Regelungsrahmen und Regelungsziele – ein vielschichtiges System 29

a) **Regelungsrahmen für verschiedene Rechtsbeziehungen.** Kapitalmarktrecht und **Investment Banking** sind aus den verschiedensten Gründen *außerordentlich* **vielschichtige (rechtliche) Untersuchungsgegenstände**: In wenigen Rechtsgebieten ist die Einbeziehung anderer Wissenschaftsdisziplinen so wichtig, in wenigen eine Verbindung von Regulierung und klassischem Privatrecht so allgegenwärtig und praxisrelevant und in wenigen eine Symbiose zwischen Europäischer Ebene und nationaler Ebene sowie die Verbindung von Rechtsrahmen und kautelarjuristischer Gestaltung so unverzichtbar. Dies allein begründet die herausragende Vielschichtigkeit des Rechtsgebiets. Und die herausragende volkswirtschaftliche Bedeutung wird bereits durch den Umstand angedeutet,[46] dass für die prominenteste (und kontroverseste) Forschungsrichtung zu komparativen Vorteilen verschiedener Rechtssysteme – die legal origins Forschung (oben Rn 10) – gerade das Finanz- und Kapitalmarktrecht den zentralen und ersten Analysegegenstand bildete. Dieses ist jedoch auch in besonderem Maße ein **Querschnittsgebiet**, mit dem Funktionsbezüge quer durch verschiedene klassische Rechtsgebiete hergestellt werden. Diese Dimension ist zentral für den **Aufbau des Bandes 11 zum Investment Banking**, was hier jedoch nur nochmals in Erinnerung zu rufen ist (ausführlicher schon oben Rn 1–5): Das Charakteristikum des Regelungsrahmens zum Bankrecht, vor allem zum Investment Banking, sind seine **drei Ausgestaltungsrichtungen**: Neben das Recht und die Pflichten, die **gegenüber Märkten** allgemein zu erfüllen sind (allein wegen Zulassung von Anlageinstrumenten zu bestimmten

[44] Diese absolut zentrale Rolle der §§ 31 ff. WpHG im Sekundärmarktrecht betonen ebenfalls *Einsele* ZHR 180 (2016), 233 (234 f.); *Grigoleit* ZHR 177 (2013), 264 (265–269); *Möllers* Europäische Gesetzgebungslehre 2.0: Die dynamische Rechtsharmonisierung im Kapitalmarktrecht am Beispiel von MiFID II und PRIIP, ZEuP 2016, 326 (332–338); Fuchs/*Fuchs* Vor §§ 31 ff. WpHG Rn 54–56; KölnKomm WpHG/*Möllers* § 31 Rn 1 f.; schon *Grundmann* Europäisches Gesellschaftsrecht, 1. Aufl. 2004, Rn 724.

[45] Zur Funktion, die relevante und öffentlich verfügbare Information zum Anlageinstrument, die freilich für den jeweiligen Anleger zu komplex ist, in eine für ihn verständliche Grundlage der Anlageentscheidung zu transformieren und dabei entsprechend zu komprimieren und zuzuspitzen, als der zentralen Funktion der Anlageberatung vgl. etwa: *Grundmann/Kerber* in: Grundmann/Kerber/Weatherill (Hrsg.), *Party Autonomy*, 264 (269–271, 291); *Moloney* (2002) 3 *EBOR* 293 (311 f. und 323); *Koller* in: Assmann/Schneider/Koller *WpHG*, § 31 Rn 1 (allerdings nur „Nebenzweck" – neben dem [freilich damit engst verbundenen] Ziel der Kapitalmarkteffizienz); *Heinze* Primärmarkt, S. 376–386; zum Informationssystem der §§ 31 ff. WpHG vgl. 8. Teil.

[46] Zum Streit darum, wie zentral Kapitalmärkte und Kapitalmarktrecht für die Entwicklung von Volkswirtschaften sind, vgl. bereits oben Rn 10.

Kapitalmarktsegmenten, 6. Teil), und neben die Pflichten, die Kreditinstitute und Wertpapierfirmen **gegenüber individuellen Kunden** übernehmen (8. Teil), tritt auch noch ein umfangreiches Regelungskonvolut, das die **innere Organisation** dieser Marktintermediäre betrifft, außerdem die Organisationsregeln für Betreiber von Kapitalmarktsegmenten (7. Teil). Die Anforderungen in diesem dritten Regelungskonvolut dienen vorrangig dem Ziel, durch spezifische organisatorische Vorkehrungen in besonderem Maße Vorsorge dafür zu treffen, dass die Marktverhaltenspflichten und die Pflichten einzelnen Kunden gegenüber erfüllt werden und dass insgesamt die Stabilität der Intermediäre abgesichert wird.

30 b) **Optimierung und/oder Korrektur von Marktversagen.** Analysiert man nun die Regeln, die die genannten drei Dimensionen ausgestalten, so ist im Ausgangspunkt unschwer als das allgemeine und gemeinsame Ziel des Regelungsrahmens – als seine Kernfunktion – festzustellen, dass mit dem Regelungsrahmen die bisher analysierten **Funktionen von Kapitalmärkten und Investment Banking bestmöglich unterstützt** werden sollen. Dies begründet den engen Bezug zu den beiden ersten Unterabschnitten zu Funktionsfragen. Daher liegt es auch nahe, dass die zentralen in diesen Unterabschnitten **erörterten Funktionen im Folgenden wieder aufgenommen** werden: namentlich die Informationsfunktion, die Allokationsfunktion, aber auch Fragen der Transaktionskostensenkung, der Governanceanreize, nunmehr vor allem in Form der Marktintegrität, und auch der Stabilität. Zwei allgemeinere Aspekte sind freilich schon im Ausgangspunkt hervorzuheben, der erste zum Maß des Eingriffs, der zweite zum maßgeblichen Anlegerhorizont:

31 Hinsichtlich des Maßes und der **Zielrichtung des jeweiligen gesetzgeberischen Eingriffs** ist darauf hinzuweisen, dass das gesamte Regelungskonvolut eine ganze Bandbreite von Eingriffs- und Regulierungsintensitäten ausschöpft. Idealtypisch können solche Regeln, bei denen ein **Optimieren von Kapitalmarktfunktionen** und/oder von Funktionen des Investment Banking im Vordergrund steht, von solchen unterschieden werden, die vor allem **Marktversagen korrigieren.** Das reicht von reiner Ermöglichung von Marktvorgängen (etwa die Eröffnung von Handel durch die Definition einer Handelsplattform) bis hin zum uneingeschränkten Verbot einer Markttransaktion (etwa eines Leerverkaufs) – wobei eine ganze Reihe von Mischformen und Zwischenstufen ausgebildet werden und werden können. In solch ein Spektrum können dann unschwer sowohl klassisches Privat- und Handelsrecht – etwa des Wertpapierhandels – als auch Regulierung eingeordnet werden. Dabei wird zwar Ersteres meist eher ermöglichend wirken, Zweiteres vielfach korrigierend, doch sind weder auf der Seite des Handelsrechts marktkorrigierende Elemente gänzlich ausgeschlossen[47] noch – und vor allem – wirkt die Regulierung nur marktkorrigierend: Zwei

[47] Bezeichnend ist etwa, wie einerseits aus § 31d WpHG auch für das private Kundenverhältnis die Pflicht hergeleitet wurde, Kick-back-Provisionszahlungen an den Kunden auszukehren, um den Intermediären marktweit den Anreiz zu nehmen, solche das Beratungsergebnis potentiell verzerrenden Zahlungen überhaupt auszubedingen und anzunehmen, und dass andererseits diese Pflicht eine alte kommissionsrechtliche Grundpflicht aus § 384 Abs. 2 2. HS HGB bildet. Zur Herleitung solch einer Pflicht aus § 31d WpHG und zu ihrer Motivierung mit Überlegungen zur Marktintegrität (hier bei den Intermediären) vgl. *Hadding* Sind Vertriebsvergütungen von Emittenten an Kreditinstitute geschäftsbesorgungsrechtlich an den Kunden herauszugeben? ZIP 2008, 529; *ders.* Zu einer „Behaltensklausel" betreffend Vertriebsvergütungen an Wertpapierdienstleistungsunternehmen, FS Nobbe 2009, S. 565; *Kotte* Keine Auskunfts- und Herausgabepflicht der Banken für Vertriebs- und Vertriebsfolgeprovisionen aus erfolgreicher Kapitalanlageberatung, BB 2015, 1283 (1283–1287); *Regenfus* Auskunft und Herausgabe von Rückvergütungen – zwei allenfalls selten begründete Klageanträge, WM 2015, 169–177

zentrale Regulierungsinstrumente – die beiden wohl Wichtigsten im Marktverhaltensrecht (6. Teil) – wären dann wohl folgendermaßen zu verorten: Die **Informationsgebote** – etwa die Prospektpflicht oder auch die Aufklärungspflichten im Rahmen der Kundenberatung (insbes. § 31 WpHG) – wirken zwar (überwiegend) zwingend, ihre eigentliche Funktion ist es jedoch, die Auswahl – also eine privatautonome Entscheidung über die beste Investition – zu unterstützen.[48] Daher handelt es sich auch bei den zwingenden Informationsgeboten um vor allem „ermöglichend" wirkende Normen – obwohl auch eine Ausgestaltung denkbar wäre, die noch ausschließlicher nur „ermöglichend" gewirkt hätte, etwa die Unterfütterung einer ins Ermessen der Emittenten gestellten Offenlegung („Signalling") durch entsprechende Wahrheitspflichten und Haftungsregeln.[49] Umgekehrt eignet zwar den

(Teil I) und 209–215 (Teil II); Fuchs/*Fuchs* § 31d WpHG Rn 53–55a. Umstritten ist die Schutzgesetzeigenschaft des § 31d WpHG: dafür *Balzer/Lang* Anmerkung zu BGH, Beschl. v. 20.1.2009 – XI ZR 510/07, ZIP 2009, 456 (459 f.); *Harnos* Die Reichweite und zivilrechtliche Bedeutung des § 31d WpHG – zugleich eine Besprechung des BGH-Urteils v. 17.9.2013 – XI ZR 332/12, BKR 2014, 1 (5); *Buck-Heeb* Kapitalmarktrecht Rn 757; Fuchs/*Fuchs* § 31d WpHG Rn 60; KölnKomm WpHG/*Möllers/Wenninger* § 31d Rn 65 und dagegen: BGH Urt. v. 17.9.2013 – XI ZR 332/12, BKR 2014, 32 (34); *Günther* Die Aufklärungspflicht der Banken über Zuwendungen gem. § 31d WpHG, MDR 2014, 61 (66); *Schäfer* Sind die §§ 31 ff. WpHG n.F. Schutzgesetze i.S.v. § 823 Abs. 2 BGB? WM 2007, 1872 (1878). Als allgemeines Prinzip versteht § 31d WpHG jetzt BGH Urt. v. 3.6.2014 – XI ZR 147/12, BGHZ 201, 310 = WM 2014, 1382; Anm. *Balzer* BKR 2014, 377; *Nassall* jurisPR-BGHZivilR 15/2014 Anm. 1; *Schnauder* jurisPR-BKR 9/2014 Anm. 1; *Weck* BKR 2014, 374; und weitere Vertiefungen bei *Buck-Heeb* Aufklärung über Innenprovisionen, unvermeidbarer Rechtsirrtum und die Überlagerung durch Aufsichtsrecht, WM 2014, 1601; *Heun-Rehn/Lang/Ruf* Neue (Un-)Klarheiten bezüglich Innenprovisionen und Rückvergütungen bei Kapitalanlagen, NJW 2014, 2909; *Jordans* Aktueller Überblick über die Aufklärungspflichten über Einnahmen aus dem Vertrieb von Finanzprodukten, BKR 2015, 309; und allgemeiner zu §§ 31 ff. WpHG *Klein* Dogmatische Stolpersteine bei der Bestimmung von Schutzgesetzen – aufgezeigt anhand des Musterbeispiels der wertpapierhandelsrechtlichen Wohlverhaltensregeln, WM 2016, 862. Näher unten Rn 141–143 und 8. Teil zu § 31d WpHG.

48 Grundlegend für diese „janusköpfige" Qualifikation der Informationspflichten, die sie in der Zivilrechts- und Regulierungstheorie eine ganz eigene Stellung einnehmen lässt: *Grundmann* Information, Party Automomy and Economic Agents in European Contract Law, CMLR 39 (2002) 269 (280–282, 288–291) = *ders.* Parteiautonomie im Binnenmarkt – Informationsregeln als Instrument, JZ 2000, 1133; *Schön* Zwingendes Recht oder informierte Entscheidung – zu einer (neuen) Grundlage unserer Zivilrechtordnung, FS Canaris 2007, S. 1191 (1193–1198).

49 Zu einer entsprechenden Gestaltung für die individuelle Aufklärung (bei freiwilliger Informationspreisgabe) vgl. oben 2. Teil Rn 53. Bei Mitteilungen an den Markt, die freiwillig ergehen – also nicht durch die Ad-hoc-Publizitätspflicht ohnehin gefordert werden –, wird demgegenüber eine Kapitalmarktinformationshaftung (außerhalb von § 826 BGB) in Deutschland überwiegend abgelehnt, ist jedoch umstritten: vgl. *Hannich* Quo vadis, Kapitalmarktinformationshaftung? Folgt aufgrund des IKB-Urteils nun doch die Implementierung des KapInHaG? WM 2013, 449 (451–454); *Hopt* WM 2013, 101 (105 f.); *Klöhn* Kapitalmarktinformationshaftung für Corporate-Governance-Mängel? ZIP 2015, 1145 (1149–1152, 1155); *Möllers* Der Weg zur Haftung für Kapitalmarktinformationen, JZ 2005, 75 (79–81); *Sauer* Kausalität und Schaden bei der Haftung für falsche Kapitalmarktinformation, ZBB 2005, 24; rechtsvergleichend zu diesem Thema *Hopt/Voigt* Prospekt- und Kapitalmarktinformationshaftung – Recht und Reform in der Europäischen Union, der Schweiz und den USA – WM 2004, 1801; und näher 8. Teil zu §§ 37b, 37c WpHG. Zur Kontroverse, ob kapitalmarktrechtliche In-

Marktmissbrauchsverboten, etwa dem **Verbot von Marktmanipulation** (Art. 12, 15 MAR) durchaus ein Informationselement (vgl. unten 6. Teil Rn 431 f., 435, 444 ff., 456 f.), im Vordergrund steht jedoch das Verbot – die Zurückdrängung – von im Markt tatsächlich zu findenden Praktiken einer (irreführenden) Informationsweitergabe und einem dadurch ausgelösten (teilweisen) Marktversagen. Dieser enge Konnex erklärt auch eine zweite zentrale Leitlinie, die für das Kapitalmarktrecht durchweg betont wird: ein Konnex zwischen Schutz des Systems (Kapitalmarkt als solcher und insbes. Allokationsfunktion) und Schutz der einzelnen Betroffenen (Anleger) wurde im Kapitalmarktrecht weitergehend postuliert als in jedem anderen Regulierungsbereich, dies unter dem **Begriffspaar Funktions- und Individualschutz**: Beide Schutzziele werden als konvergent gesehen, d.h. dass guter Anlegerschutz auch weitgehend Marktintegrität und -funktionieren befördere.[50]

32 Bei der zweiten Querschnittsfrage – derjenigen nach dem maßgeblichen Adressaten – handelt es sich um die derzeit im Bereich der Kapitalmarktregulierung wohl umstrittenste Grundlagenfrage: Soll Kapitalmarktrecht grds. (allein) an Bedürfnissen von **verständigen (grds. rational agierenden) Anlegern ausgerichtet sein oder breiter auch irrationales Handeln** in den Blick nehmen? Dabei handelt es sich freilich um eine Querschnittsfrage, die so vorrangig für die Informationsfunktion gestellt wird, dass sie besser dort (im Folgenden unter 2.) mitbehandelt wird. Für das Kapitalmarktrecht und das Recht des Investment Banking soll jedoch zweierlei allgemein bereits vorab festgehalten werden: einerseits, dass erst eine breit ausgebaute Theorie des Behavioral Finance (zu ihr oben Rn 17) die Grundlage für eine dahingehende Diskussion auch in *Regulierungsfragen* bildete und deswegen auch die zentrale Stellung dieses Diskussionsstranges erklärt, die Diskussionsstränge für die Funktion von *Kapitalmärkten* und für die Funktion des *Regelungsrahmens* demnach tatsächlich eng verbunden erscheinen; und andererseits, dass der Europäische Gesetzgeber und die Auslegungspraxis des EuGH seltsam unentschlossen in dieser Frage erscheinen, dass jedoch jedenfalls mit dem Abstellen auf den „Schutz des Anlegervertrauens" als zentraler Begründungserwägung in den wichtigen kapitalmarktrechtlichen Rechtsakten auch der Weg geebnet erscheint für eine Mitberücksichtigung von Irrationalitäten bei der Anwendung von Regulierungsakten (vgl. etwa unten Rn 124).[51]

33 **2. Optimierung der Informationsfunktion – insbes. Allokationseffizienz**

a) Leitfragen zu kapitalmarktrechtlichen Informationspflichten. Wie in der Diskussion um die Funktionen von Kapitalmärkten und von Investment Banking – vielleicht sogar noch ausschließlicher – steht das **Informationsmodell im Vordergrund jeglicher Diskussion um die Funktion des *Regelungsrahmens*** für Kapitalmärkte und von Investment Banking. Den Ausgangspunkt bilden die US-amerikanischen Securities und Securities Exchange Acts von 1933 und 1934 und der berühmte, von Justice Brandeis formulierte Leitsatz zu diesen:

---

formationsregeln grds. zwingend sein sollten oder ob nur eine Infrastruktur für das „Signalling" bereitgestellt werden sollte, noch unten Rn 33.

[50] Zum Begriffspaar und dieser Einschätzung grdl. im deutschen (Kapitalmarkt-)Recht: *Hopt*, Kapitalanlegerschutz im Recht der Banken, 1975, 51 f., 334-337; *ders.*, 51. DJT 1976, G1, G47-G51 und G54 f.; *Kübler* ZHR 145 (1981) 204, (205 f.); heute etwa Assmann/Schneider/*Koller* WpHG[6], 2012, § 31 Rn. 1; Kurzüberblick bei *Grundmann* Europäisches Gesellschaftsrecht, Rn. 622–624.

[51] Zu einer detaillierteren Analyse der Erwägungsgründe und sonstiger Gesetzgeberaussagen zu der hier angeschnittenen Kernfrage für einen der jüngsten Hauptrechtsakte, der MiFID II, vgl. *Grundmann/Hacker* Conflicts of Interest – Theory and the Regime of MiFID I and II, in: Busch/Ferrarini (Hrsg.) European Capital Market Regulation – MiFID II, 2016 (im Erscheinen).

„Sunlight is (said to be) the best of disinfectants."[52] Dies wird meist primär auf die Primärmarktpublizität, namentlich durch den Emissionsprospekt, bezogen (6. Teil 2. Abschnitt), kann aber gleichermaßen auch auf die Sekundärmarktpublizität bezogen werden (nächste Rn). **Zwei Diskussionswellen zum Informationsmodell im Kapitalmarktrecht** stechen hervor und sind schon in diesem einleitenden Überblick zu den Funktionen von Belang: In der Zeit nach der schrittweisen Etablierung der Efficient Capital Market Hypothesis (oben Rn 16), auf dieser Diskussion aufbauend, entfaltete sich vor allem in den 1970er bis 1990er Jahren eine intensive Auseinandersetzung mit der Frage, ob das Maß an öffentlicher Information den Kapitalmarktbeteiligten weitgehend überlassen werden könne. Das Hauptargument hierfür wurde darin gesehen, dass es dem Interesse der Emittenten selbst entspreche, positive Nachrichten zu veröffentlichen, dass sie so privatautonom auch die wichtigste Information herausstellen könnten (keine Überproduktion öffentlicher Information) und Schweigen entsprechend negativ bewertet werde (**„Signalling"**).[53] **Demgegenüber** wurde für eine **zwingende Ausgestaltung der Publizitätspflichten** vor allem ins Feld geführt, dass die Aufdeckung negativer Nachrichten offensichtlich nicht gewährleistet ist in einem System freiwilliger Aufdeckung und dass die Vielfalt denkbarer negativer Nachrichten wohl im Grundsatz das Argument verbietet, jedes Schweigen könne vom Anlegerpublikum richtig „eingeordnet" und entsprechend bepreist werden.[54] Dies spricht durchaus für die Gefahr eines Markets for Lemons im Falle fehlender zwingender Publizität.[55] Auch werden die Vorteile einer Standardisierung (unten Rn 36) in einem System freiwilliger Publizität gering ausfallen. Die empirischen Studien werden unterschiedlich interpretiert.[56] Heute

---

[52] *Brandeis* What Publicity Can Do, Harper's Weekly vom 20. Dez. 1913. Vielfach zitiert, etwa *Loss/Seligman* Fundamentals of Securities Regulation, S. 36 f; zur überragenden Bedeutung des Informationsparadigmas für den Regelungsrahmen vgl. nur *Grundmann* Europäisches Gesellschaftsrecht, Rn 231–235; *ders.* Information und ihre Grenzen im Europäischen und neuen englischen Gesellschaftsrecht, FS Lutter 2000, S. 61 (bes. 67 f.); *ders.* Ausbau des Informationsmodells im Europäischen Gesellschaftsrecht, DStR 2004, 232 (232–236).

[53] Dazu *Posner/Scott* Economics of Corporation Law and Securities Regulation, Boston/Toronto 1980, S. 316; *Georgakopoulos* 16 Int. Rev. L. Econ. 417 (1996); *Holland* 3 Europ. J. L. Econ. 221 (1996); grundlegend für die dahinter stehende sog. signaling-Theorie: *Spence* Market Signalling – Information Transfer in Hiring and Related Screening Processes, 1974; rechtspolitisch besonders prominent gegen zwingende Publizitätspflichten *Easterbrook/Fischel* 70 Virginia Law Review 669 (bes. 685 ff., 696 ff.) (1984); breite Kritik: *Shleifer* Inefficient Markets, 2000.

[54] Dazu *Mendelson* 1 J. Comp. Corp. L. & Sec. Reg. 49 (55) (1978); *Seligman* The SEC and the Future of Finance, New York u. a. 1985, S. 202 ff.; auch *Moloney* EC Securities Regulation, 2. Aufl. 2008, S. 91–103 (in der 3. Aufl. nur ganz kurz auf S. 55 f.); *Seligman* The Historical Need for a Mandatory Disclosure System, 9 J.Corp.L. 1 (1979); *Wiegel* EU-Prospekt-Richtlinie (Rn. 6), 57–78; aA vgl. *Georgakopoulos* und *Holland* (beide vorige Fn.).

[55] Vgl. nur *Akerlof* The Market for „Lemons": Quality Uncertainty and the Market Mechanism, 84 Q.J.Econ., 488 (1970); dann *Emons* Warranties, Moral Hazard, and the Lemons Problem, 46 Journal of Economic Theory 16 (1988); *Merkt* Unternehmenspublizität – Offenlegung von Unternehmensdaten als Korrelat der Marktteilnahme, 2001, S. 207–228.

[56] Vgl. bereits (insbes. auch zu den gegenläufigen Studien von *Benston* und *Stigler*): *Seligman* The SEC and the Future of Finance, New York u. a. 1985, S. 206–213; auch *Heinze* Primärmarkt S. 274 f.; heute etwa für italienische Unternehmen: *Ciaponi/Mandanici* Voluntary Disclosure and Capital Market Insights from Italian Industrial Listed Companies, 6 International Journal of Business and Social Science 111 (2015); eingehend zu den Hintergründen auch: *Knauer/Wöhrmann* Rahmenbedingungen, Charakteristika und Konsequenzen freiwilliger Unter-

jedenfalls wird zwar im Grundsatz das Argument anerkannt und auch gesetzgeberisch berücksichtigt, Veröffentlichung solle möglichst wenig zu Geheimnisverlust an die Konkurrenz führen,[57] hat sich ansonsten jedoch auch der deutsche und Europäische Gesetzgeber im Grundsatz die Argumente für eine zwingende Publizität zu eigen gemacht. Die zweite große Diskussionswelle zu Grundlagen des Informationsmodells im Kapitalmarktrecht dauert **heute** noch an, sie betrifft nach dem Gesagten die **Frage nach dem maßgeblichen Adressatenkreis.** Bevor diese Frage erörtert wird, sollen auch für den Sekundärmarkt die wichtigsten Ausprägungen zu Informationsmodell und -funktion resümiert werden:

34 b) **Sekundärmarktpublizität im Besonderen.** Da eine – und wohl *die* – **zentrale Sekundärmarktfunktion** dahin geht, eine **kontinuierliche** Des- und Reinvestitionsmöglichkeit bereitzustellen (Liquiditätsschaffung), muss auch die Informationsfunktion auf diese Zielrichtung zugeschnitten sein. Wenn grds. eine zwingende Offenlegung bei Erstplatzierung zu befürworten ist, sprechen parallele Gründe für eine kontinuierliche Offenlegung auch danach, solange die relevanten Sekundärmärkte in Anspruch genommen werden. Zwar mögen dabei verschiedene Wege der Offenlegung in ihrer Effizienz, in ihren Vor- und Nachteilen miteinander zu vergleichen und analysieren sein – etwa die Ad-hoc-Publizitäts-Pflicht verglichen werden mit einer besonders in den 1960er bis 1980er Jahren postulierten Freigabe des Insiderhandels (vgl. zu den informationellen Folgen beider Strategien näher unten 6. Teil Rn 488–490). Zwar mag auch teils die Belastung mit den Veröffentlichungs„kosten" (im Vergleich zu den Einbußen an Allokationseffizienz) so hoch sein, dass Ausnahmen vorzusehen sind (etwa der Aufschub bei der Ad-hoc-Publizität nach Art. 17 Abs. 4–7 MAR, unten Rn 508–516). Schließlich betreffen auch die beiden großen Diskussionswellen zum Informationsmodell allgemein (zwingend oder freiwillig bzw. umfassende Information oder information overkill) auch und gerade die Sekundärmarktinformation. Im Grundsatz jedoch erscheint es angesichts der genannten Zielsetzung kontinuierlicher Handelsmöglichkeit mit (weiterhin aufrechterhaltenem) Leitbild von Allokationseffizienz überzeugend, eine **kontinuierliche Folgepublizität** hinsichtlich der kursrelevanten Umstände – d.h. der für die Anlageentscheidung verständiger Anleger relevanten Umstände (vgl. unten 6. Teil Rn 338) – vorzusehen. Im Kern handelt es sich dabei um die **Ad-hoc-Publizität** bei Auftreten solchermaßen relevanter Einzel(groß)ereignisse im Verantwortungsbereich des Emittenten (6. Teil Rn 505 f.), sowie – freilich ausschließlich an den Emittenten gerichtet und auch praktisch ausschließlich von diesem verantwortet – um die **Jahres-, Finanz- und Zwischenberichtserstattung** (6. Teil 5. Abschnitt) sowie die **Beteiligungstransparenz** (als speziell ausgestaltete Ad-hoc-Tatsache, 6. Teil 5. Abschnitt).

35 c) **Allokationseffizienz und Reaktion auf Anomalien.** Mit diesen Überlegungen sind auch erste Eckpunkte in der Frage abgesteckt, wie im Regulierungsansatz im Grundsatz auf die Feststellung von Anomalien und von verbreitet – jedoch keineswegs durchgehend – zu konstatierenden kognitiven Fehlleistungen („Verzerrungen" „biases") zu reagieren ist: Der Ansatz kann nicht dahin gehen, dass diejenigen Instrumente, die rationale Anlageentscheidungen bei einem Teil der Kapitalmarktakteure unterstützen und folglich die **Allokationseffizienz** zumindest teilweise, ja überwiegend fördern, jedoch nicht umfassend und bei *allen* Kapitalmarktakteuren, etwa aufgegeben werden sollten; vielmehr kann es **allein**

---

nehmenspublizität – State of the Art und neue Perspektiven der empirischen Forschung, Zeitschrift Plan. Unternehmenssteuerung 21 (2011), 235.

[57] So sowohl Befürworter als auch Gegner zwingender Publizität: *Coffee* 70 Virginia Law Review 717 (721) (1984); *Easterbrook/Fischel* 70 Virginia Law Review 669 (bes. 685 ff., 696 ff.) (1984).

darum gehen, sie **zu ergänzen oder zu flankieren**, um Fällen kognitiver Fehlleistungen *ebenfalls* gerecht zu werden. Deswegen ist der Idee, einen Kurzprospekt als Ersatz für den Vollprospekt einzuführen, zurecht eine Absage erteilt worden, nicht jedoch der Idee einer Zusammenfassung *neben* dem Vollprospekt, und ggf. bei der Zusammenfassung sogar für eine besonders lokale (sprachliche) Ausgestaltung optiert worden.[58] In dieser eingeschränkten Form – nur „flankierend" – können Fälle von Regulierung kognitiver Fehlleistungen durchaus festgestellt werden, wobei als die zentralen Fragen ins Auge stechen: Ist das Risiko so erheblich, dass die **Folgen der kognitiven Fehlleistung den fraglichen Akteur in seiner Existenz bedrohen**, so spricht dies für eine weitgehend paternalistische Regulierung,[59] was m. E. im Kreditrecht den Übergang zu einer Pflicht zur verantwortungsbewussten Kreditvergabe rechtfertigte (oder erklärt), im Kapitalanlagerecht den stetigen Aufbau und die Ausdifferenzierung der Beratungsregeln und insbesondere der Know-your-customer-rule – bis hin zu Produktgovernance und -beschränkungen.[60] **Außerhalb des Bereiches „existentieller" Gefahren** ist in der Hauptfrage, inwieweit paternalistische Eingriffe oder eher nur Anreize (mit „Nudging") angezeigt sind, insbesondere relevant, auf welche Summen sich die Regulierungskosten für andere Kapitalmarktakteure – auf der Marktgegenseite, aber auch für andere Anleger – belaufen. Denn eine **Abwägung der Kosten/Interessen** ist nicht nur ohnehin für jeden regulierenden Eingriff unverzichtbar, vielmehr sind gerade kognitive Fehlleistungen zu einem Gutteil auch auf eine geringere Bereitschaft zurückzuführen, entsprechend in sorgsame Information zu investieren.[61] Mit anderen Worten: Wenn Regulierung zur Ausräumung von Verzerrungen oder gar zum Gegensteuern („debiasing" und „probiasing") anderen Kapitalmarktakteuren Chancen nimmt (etwa Kurzprospekt statt Vollprospekt), so ist mit dem Abstellen auf den Standard des „verständigen Anlegers" zugleich auch eine normative Bewertung der Interessen verschiedener Anlegergruppen verbunden – und liegt die Wertung, dass sorgfältige Informationsverarbeitung wegen ihrer gemeinwohlfördernden Wirkung positiv einzustufen (zu „belohnen") ist, durchaus nahe. Die Anwendung dieser Grundsätze sowie die jeweilige Abwägung ist dann Sache der Konstellationen im jeweiligen Einzelfall und dort wieder aufzugreifen.

3. Standardisierung und Transaktionskostensenkung. Bei Verfolgung der anderen vor- **36**
liegend diskutierten Ziele von Regulierung und Regelungsrahmen – namentlich Optimie-

[58] Näher *Heinze* Primärmarkt, S. 374 f.; zusammenfassende Darstellung (auch zur stattdessen durchaus sinnvollen Zusammenfassung und deren Regime) bei: *Grundmann* Europäisches Gesellschaftsrecht § 19 Rn 665.

[59] *Grundmann* Funktionaler Verbraucherschutz, FS W-H Roth 2015, 181 (189–195) = *ders.* Targeted Consumer Protection, in: Leczykiewicz/Weatherill (Hrsg.), The Images of the ‚Consumer' in EU Law – Legislation, Free Movement and Competition Law, 2016, S. 223; in Anlehnung an EuGH Urt. v. 13.1.2000 – Rs. C-220–98 *Estée Lauder*, Slg. 2000, I-117 (bes. 146); EuGH Urt. v. 24.10.2002 – Rs. C- 99/01 *Linhart und Biffl*, Slg. 2002, I-9375 (bes. 9404).

[60] *Grundmann* FS W-H Roth 2015, 181 (190 f.) = *ders.* in: Leczykiewicz/Weatherill (vorige Fn); *Atamer* Duty of Responsible Lending, in: Grundmann/Atamer (Hrsg.) Financial Services, Financial Crisis, and General European Contract Law – Failure and Challenges of Contracting, 2011, S. 179; *Grundmann/Hacker* in: Busch/Ferrarini (Fn 51) (im Erscheinen).

[61] Beispielsweise aufgrund von Informationskaskaden, grundlegend *Bikhchandani/Hirshleifer/Welch*, A Theory of Fads, Fashion, Custom, and Cultural Change as Information Cascades, 100 Journal of Political Economy 992 (1992), dazu eingehend *Hacker* Verhaltensökonomik und Normativität. Die Grenzen des Informationsmodells im Privatrecht und seine Alternativen, 2016 (im Erscheinen), Teil 1 § 4.B.II.2.; oder aufgrund einer subjektiven geringen Gewinngewichtung der Information: *ders.* Teil 1§ 5 D.II.

rung der Informationsverteilung, Verbürgung von Marktintegrität und Verbesserung der (Markt-)Stabilität – spielt sehr breit auch Standardisierung eine Rolle und ist folglich auch ggf. die **Funktion einer Transaktionskostensenkung – als Querschnittsfunktion** – berührt. Dies wird besonders deutlich **bei der Informationsfunktion**, namentlich bei den beiden Hauptinstrumenten der primär- und sekundärmarktrechtlichen Publizität: So hat die Standardisierung der Prospektinhalte und deren Präsentation nach vorgegebenen Gliederungsschemata auch eine erleichterte Vergleichbarkeit und entsprechende Vereinfachung der Informationsverarbeitung beim Vergleich der Anlageinstrumente zur Folge.[62] Und die Einschaltung von Informationsintermediären als Schlüsselakteuren im Wertpapierhandel (mit auch rechtlicher Konzentration dieses Geschäfts auf diese) hat auch zur Folge, dass vielfach benötigte Information von diesen gebündelt eruiert und aufbereitet wird und weitergegeben werden muss, gleichermaßen das Wissen um Risikokategorien und typische Anlegerbedürfnisse.[63] Doch auch Kernregeln des **Rechts zur Marktintegrität** sind (auch) damit zu rechtfertigen, dass sie Transaktionskosten senken (können): wenn etwa Emittenten weniger Überwachungskosten hinsichtlich Insiderinformationen aufwenden müssen, die sie nach Art. 16 Abs. 4–7 MAR vertraulich halten müssen, weil etwa die Regulierung des Directors' Dealing (Art. 18, 19 MAR) Verstößen durch Primärinsider vorbeugt; oder weil professionelle Marktteilnehmer weniger Vorbeugemaßnahmen ergreifen müssen, um nicht Opfer von marktmanipulierenden Handlungen zu werden. Schließlich wirkt auch Aufsichtsrecht, das den Ausfall von Gegenparteien weit unwahrscheinlicher macht, tendenziell transaktionskostensenkend.

37 **4. Weitere Ziele: Marktintegrität und Stabilität.** Marktverhaltensrecht – als die erste große unten behandelte Dimension des (Banken-)Kapitalmarktrechts (6. Teil) – unterfällt (seit den Anfängen des Europäischen Kapitalmarktrechts in den späten 1980er Jahren) in zwei große Bereiche: das Informationsregime (vgl. Informations- und Allokationsfunktion oben Rn 14–16) und das Regime zur Vermeidung von Marktmissbrauch, namentlich Insiderhandel und Marktmanipulation, allgemeiner: das Regime zum **Erhalt von Marktintegrität.**[64] Für das Organisationsregime (7. Teil) gilt dieser Zweiklang gleichermaßen[65] – naheliegend, da es ja zentral (auch) darauf ausgerichtet ist, die Einhaltung der Standards des

---

[62] So vor allem die „Transaktionskostentheorie" in der Funktion des Investment Banking als Intermediator, entwickelt in *Benston/Smith* A Transactions Cost Approach to the Theory of Financial Intermediation, 31 The Journal of Finance 215 (1976); dargestellt auch in *Achleitner* Handbuch Investment Banking, S. 48 f.; *Morrison/Wilhelm Jr* Investment Banking, S. 108, 110 f.; zu Standardisierung grundlegend jetzt *Kern* Typizität als Strukturprinzip des Privatrechts, 2013.

[63] Zur transaktionskostensenkenden Wirkung der Einschaltung von Informationsintermediären mit zwingenden Beratungspflichten zu den anlagerelevanten Hauptpunkten vgl. etwa *Allen/Carletti/Qian/Valenzuela* in: Constantinides/Harris/Stulz (Hrsg.), Handbook Economics of Finance, Bd. 2A, S. 759 (760); *Grundmann/Kerber* in: Grundmann/Kerber/Weatherill (Hrsg.), Party Autonomy, S. 264 (bes. 269–271); *Grohmann* Das Informationsmodell im Europäischen Gesellschaftsrecht, 2006, S. 194.

[64] So auch etwa die Aufteilung in den (halb-)jährlichen Übersichten zur Entwicklung des Kapitalmarktrechts bei *M. Weber*, etwa NJW 2014, 2327 (1. Halbjahr 2014); NJW 2015, 212 (2. Halbjahr 2014); NJW 2015, 2307 (1. Halbjahr 2015); NJW 2016, 992 (2. Halbjahr 2015).

[65] Für die organisationsrechtliche Bestärkung der Informationsfunktion vgl. etwa *Merkt/Rossbach* Zur Einführung: Kapitalmarktrecht, JuS 2003, 217 (220); *Merkt* Unternehmenspublizität, 2001, S. 316 f., 325 f. Und für die organisationsrechtliche Unterfütterung der Regeln zur Marktintegrität vgl. etwa Schwark/Zimmer/*v. Hein* § 9 WpHG Rn 1.

Marktverhaltensrechts und auch der Standards im individuellen Kundenverhältnis durch möglichst früh ansetzende und strukturell wirkende Kautelen möglichst gut zu verbürgen (oben Rn 4, 6). Zwischen Informationsregime und Marktintegritätsregime gibt es Querbeziehungen und Überschneidungen, wie aus der Spezifikation der Zielsetzungen von Marktintegritätsrecht deutlich wird. Denn Regulierung zur Marktintegrität kann vor allem auf zwei Weisen verstanden werden: Von der Perspektive rationaler Bewertung und Bepreisung von Marktvorgängen her können Marktmissbrauchsverbote damit zu rechtfertigen sein, dass Anleger die Wahrscheinlichkeit von Skandalen, etwa das Ausmaß vorhandenen Insiderhandels, objektiv nicht abschätzen können – entweder weil verlässliche empirische Studien hierzu allgemein nicht verfügbar sind, also das Wissen hierzu allgemein und objektiv fehlt, oder aber weil die Faktenlage so differenziert ist, dass eine Ermittlung dieses Wissens für den jeweiligen Anleger oder auch die Gesamtheit der Anleger nur zu Kosten möglich ist, die prohibitiv sind, also so hoch, dass der Mehraufwand nicht durch eine entsprechende Steigerung der aus besserem Investment resultierenden Gewinne aufgewogen wird. Alternativ (oder auch kumulativ) kann freilich Regulierung, die Marktmissbrauch zurückdrängt, auch dahingehend verstanden werden, dass sie kognitive Verzerrungen zum Anlass nimmt, diese möglichst wenig zum Tragen kommen zu lassen. Namentlich mögen Anleger systematisch bei Auftreten von Skandalen deren Wahrscheinlichkeit oder auch deren Relevanz für sich selbst überschätzen[66] und sich daher von diesen Märkten ganz abkehren, und dieser Gefahr soll dadurch vorgebeugt werden, dass solche Skandale – deren Kosten rational durchaus zu berechnen wären und die daher eingepreist werden könnten – schon aus diesem Grunde (Vorbeugung von Verzerrungen) möglichst unterbunden werden sollen.[67] Umschrieben wird (vor allem) dieser zweite Aspekt in der Europäischen Rechtssetzung zur Marktintegrität mit dem (in allen maßgeblichen Erwägungsgründen zu findenden) Konzept, dass das „Anlegervertrauen“ zu schützen und erhalten sei.

Zu diesem klassischen Zweiklang der materiellrechtlichen Funktionen und Zielsetzungen im Marktverhaltensrecht (und entsprechend im Organisationsregime) tritt seit wenigen Jahren, im Gefolge der Finanzkrise, prominent eine dritte Funktion: Das Ziel der (Erhaltung der) **Marktstabilität** tritt bisher namentlich in zwei Fällen in den Mittelpunkt. Dies sind einerseits Geschäfte wie Leerverkäufe, die einem Transparenzregime oder gar einem Verbotsvorbehalt unterworfen werden, weil sie (jedenfalls in bestimmten Krisensituationen) als destabilisierend für Märkte (Marktteilnehmer, Marktintermediäre oder -instru- **38**

---

[66] Zu dieser Form von Verzerrung („bias“) vgl. *Klöhn* Kapitalmarkt, Spekulation und Behavioral Finance, S. 116–123; *Brenncke* Regulierung der Werbung von Wertpapierdienstleistungsunternehmen – eine Behavioural-Finance-Analyse –, WM 2014, 1017 (1018); *Buck-Heeb* ZHR 177 (2013), 310 (327–329); *Hackethal/Meyer* ZVglRWiss 113 (2014), 574 (574–578); *Klöhn* ZHR 177 (2013), 349 (380–386); *ders.* in: Fleischer/Zimmer (Hrsg.), Beitrag der Verhaltensökonomie (Behavioral Economics) zum Handels- und Wirtschaftsrecht, S. 83 (93 ff.); Mülbert ZHR 177 (2013), 160 (188 f.); KölnKomm WpHG/*Hirte/Heinrich* Einl. Rn 32. Eingehend hierzu auch *Hacker* Verhaltensökonomik und Normativität. Die Grenzen des Informationsmodells im Privatrecht und seine Alternativen. 2016 (im Erscheinen), Teil 1 § 4 B. (insbesondere zu den „hindsight bias“ oder auch „confirmation bias“, unter die Skandale subsumiert werden können, B.I.1.c.cc. bzw. B.I.1.a.aa.).

[67] Zu solch einer Begründung des Marktintegritätsrechts (jedenfalls kumulativ neben den Überlegungen zum klassischen Verständnis einer Kapitalmarkteffizienz) vgl. näher *Hellgardt* Fehlerhafte Ad-hoc-Publizität als strafbare Marktmanipulation, ZIP 2005, 2000 (2005); vgl. auch *Hacker* Verhaltensökonomik und Normativität. Die Grenzen des Informationsmodells im Privatrecht und seine Alternativen. 2016 (im Erscheinen), Teil 4 § 13 B III.2.

mente) eingeschätzt werden (vgl. die EU-Leerverkaufs-VO, unten 6. Teil 4. Abschnitt). Dies sind andererseits auch Fälle, in denen bestimmte Geschäfte wie OTC-Derivate als so wenig transparent eingestuft werden und die möglichen Gegenparteien als so wenig aufsichtsrechtlich abgesichert (namentlich hinsichtlich ihrer Eigenkapitalausstattung), dass Ausfälle und Ansteckung anderer Systemteilnehmer befürchtet werden (so bei der Regulierung der OTC-Derivate in der entsprechenden EU-Verordnung, EMIR, unten 6. Teil 4. Abschnitt). Mit der CSDR (EU-Verordnung [EU] Nr. 909/2014) kommt im Bereich Effektenverwahrung ein weiteres Regelwerk mit Stabilitätsziel hinzu (8. Teil).

39 5. **Funktionalität im internationalen Umfeld.** Der Regelungsrahmen und seine Funktionalität sind immer in einem internationalen Umfeld zu denken – namentlich in dem Spannungsfeld, dass die **Kapitalmärkte global vernetzt** sind in einem Maße, dass sie sich wechselseitig beeinflussen, umgekehrt aber zwar ein gewisses Maß an globaler Standardsetzung denkbar ist,[68] die **Regelsetzung/Regulierung** jedoch auch im Kapitalmarktrecht und im Recht des Investment Banking durchweg **regional begrenzt** ist. Immerhin ist in diesen Gebieten der Regulierungsraum eindeutig nicht der nationale, sondern der Europäische, die regionale Ausdehnung der Regulierung also erheblich (jedoch nicht global). Zentral für die Betrachtung der Funktionalität von EU-Regulierung ist das quer durch das gesamte EU-Kapitalmarktrecht durchgeführte **Auswirkungsprinzip**, nach dem EU-Kapitalmarktrecht Anwendung findet, wenn eine Handlung oder Transaktion – gleichgültig von welchen Personen ausgehend, insbesondere gleichgültig von deren Sitz – dann vom EU-Recht erfasst und reguliert wird, wenn sie bei Zugrundelegung von dessen Regelungszielen Auswirkung auf die EU-Kapitalmärkte hat, etwa die Integrität eines Kapitalmarktsegments in der EU betrifft, etwa Insiderhandel in einem auf diesem Segment eingeführten/zugelassenen Finanzinstrument betrieben wird.[69]

---

[68] Als die zwei wichtigsten Formen globaler Standardsetzung erscheinen: einerseits die gerade im transanationalen Recht der Finanzmärkte und -intermediäre verbreitet zu findenden Fälle von institutionalisiertem „Private Ordering", etwa für das Prospektrecht die IOSCO-Grundsätze (dazu unten 6. Teil Rn 177 f.; zu „privater Ordnung" außerdem unten Rn 144); und andererseits wissenschaftliche Überzeugungen, die sich im globalen Diskurs durchsetzen, etwa solche Theorien wie die Efficient Capital Market Hypothesis (oben Rn 16), der Grundsatz, dass Funktions- und Individualschutz einander weitestgehend bedingen (oben Rn 31) etc. und die von solchen Entwicklungen ausgehenden Konvergenzwirkungen (bottom up), Konvergenzwirkungen sowohl für die Regulierung als auch in Anwendungsfragen. Zentrale Studien zur regulierenden Wirkung wissenschaftlicher Meinungen etwa bei *Tomlins* Framing the field of law's disciplinary encounters – a historical narrative, 34 Law & Society Review 911 (2000); *ders.* The presence and absence of legal mind – a comment on Duncan Kennedy's *Three Globalizations*, 78 Law and Contemporary Problems 1 (2015); *Valverde* Law's dream of a common knowledge, 2003, passim; *dies.* Specters of Foucault in Law and Society Scholarship, 6 Annual Review of Law and Social Sciences 45 (2010).

[69] Vgl. nur *Grundmann* RabelsZ 54 (1990) 283 (311–313); im Grundsatz schon *Jenckel* Das Insiderproblem im Schnittpunkt von Gesellschafts- und Kapitalmarktrecht in materiell- und kollisionsrechtlicher Sicht, 1980, S. 154–159; heute: *Kiel* Internationales Kapitalanlegerschutzrecht – zum Anwendungsbereich kapitalanlegerschützender Normen im deutschen, europäischen und US-amerikanischem Recht, 1994, S. 203 f., 264–268, 290 f., 310; *Hopt* Die Verantwortlichkeit der Banken bei Emissionen, 1991, S. 121, 123–125; GroßkommAktG/*Assmann* Einl. Rn 703, 705–711; für Markt der Transaktion (wenn zugleich Zulassung hier) auch etwa *Zimmer* Internationales Gesellschaftsrecht: Das Kollisionsrecht der Gesellschaften und sein Verhältnis zum internationalen Kapitalmarktrecht und zum internationalen Unternehmensrecht, 1996, S. 59–68, 234; näher unten 6. Teil Rn 296–301, 535 und auch 7. und 8. Teil passim.

Für die Funktionalität des Regelungs- und Regulierungsrahmens ist auf diesem Hintergrund globaler Vernetzung bei gleichzeitiger regionaler Regulierung, die auf der Grundlage des Auswirkungsprinzips durchgesetzt wird, wichtig, dass **je nach Regelungsgegenstand** eine **tatsächliche Durchsetzung der Regelungsziele unterschiedlich erfolgreich** sein kann: So mag unter Zugrundelegung des Auswirkungsprinzips und bei entsprechender Erfassung der Geschäfte und Sanktionierung auch von Kapitalmarktakteuren mit Sitz außerhalb der EU das EU-Regime zur Marktintegrität in seinen Zielen mit einem relativ hohen Wirkungsgrad durchgesetzt werden können. Anleger in Instrumenten, die auf EU-Marktsegmenten eingeführt bzw. zugelassen sind, mögen daher relativ verlässlich darauf vertrauen (können), dass Manipulationsversuche zu diesen Instrumenten in *jedem* Fall von den (als hinreichend abschreckend konzipierten, im EU-Recht fußenden) Verboten und Sanktionen erfasst sind (wenn auch praktisch natürlich nicht immer aufgedeckt werden). Trotz Globalität gelingt hier eine „Regionalisierung" der konkreten Transaktion und des konkreten Schutzinteresses relativ weitgehend, so weitgehend, dass Vertrauen in die Einhaltung von EU-Regulierungsstandards bei Anlageinstrumenten auf EU-Märkten trotz weltweitem Handel derselben gebildet werden kann. Umgekehrt mögen Stabilitätsziele weniger „regionalisiert" eingegrenzt und verwirklicht werden können, namentlich nicht, wenn das Stabilitätsrisiko von Kapitalmarktakteuren ausgeht, die weltweit miteinander vernetzt sind, und deren Beaufsichtigung nur zum Teil nach EU-Recht erfolgt. **40**

2. Abschnitt: Infrastruktur

Schrifttum vgl. Schrifttum zu Abschnitt 1.

Übersicht

Rn

I. Kapitalmarktakteure: Intermediäre und Marktbetreiber . . . 41
1. Überblick, Charakterisierung und Zusammenspiel . . . 41
2. Banken: Intermediäre und Marktbetreiber . . . 43
a) Arten von Banken und Investment Banking – in Deutschland, international und im Gefolge der Finanzkrise . . . 43
b) Liste der Hauptgeschäfte . . . 46
3. Sonstige professionelle Marktakteure und „Gatekeeper" . . . 47
a) Gatekeeper . . . 47
b) Finanzanalysten . . . 48
c) Ratingagenturen . . . 50
d) Abschlussprüfer . . . 51
e) Sonstige Berater und Signalgeber . . . 52

II. Kapitalmärkte, Primär- und Sekundärmärkte, Kapitalmarktsegmente . . . 55
1. Überblick, Charakterisierung und Zusammenspiel . . . 55
2. Primärmarkt und Sekundärmarkt . . . 60
a) Primärmarktrechtliche, gemischt primär- und sekundärmarktrechtliche sowie sekundärmarktrechtliche Rechtsakte . . . 61
b) Verbindungslinien und Funktionalität . . . 64
3. Kapitalmärkte, Handelsplätze und Kapitalmarktsegmente . . . 66
a) Kernkapitalmarkt: Geregelter Markt, multilaterale und organisierte Handelssysteme . . . 66
b) Geld- und Derivatemärkte – Zusammenspiel . . . 72
c) Sonstige Kapitalmärkte? . . . 74

III. Anlageinstrumente . . . 79
1. Überblick, Charakterisierung und Zusammenspiel . . . 79
2. Wertpapiere (Effekten) . . . 81
a) Kategoriale Bedeutung und Abgrenzung . . . 81
b) Definitionsmerkmale und Gruppen von Wertpapieren . . . 82
3. Finanzinstrumente . . . 86
4. Sonstige Anlageinstrumente – Zusammenhänge . . . 89

IV. Regelungsinstrumente – Verweis . . . 92

V. Regulierungs- und Aufsichtsagenturen . . . 93
1. Nationale Ebene . . . 93
2. Europäische Ebene . . . 95

I. Kapitalmarktakteure: Intermediäre und Marktbetreiber

41 **1. Überblick, Charakterisierung und Zusammenspiel.** Das Kapitalmarktrecht und Investment Banking bilden ein – besonders wichtiges – **Subsystem der Steuerung des Unternehmenshandelns und des Unternehmensrechts (Corporate Governance)**. Das ist einer der Gründe dafür, dass in diesem Kommentar auch die Organisationsanforderungen besonders kommentiert werden und hierzu ein eigener Teil ausgebildet wird (der 7. Teil). Zwar soll (daneben) nicht auch noch ein Überblick über die allgemeine (nicht bankspezifische) Corporate Governance gegeben werden,[70] wohl aber soll entsprechend der **akteursbezogenen Perspektive** und Analyseform, die die Corporate Governance Forschung auszeichnet,[71] von den Kapitalmarktakteuren ausgegangen werden.

42 Das **zentrale Dreieck des** Kapitalmarktrechts und zugleich des **Investment Banking** bilden Emittent, Anleger (Investoren) und Banken (im Investment Banking: Kreditinstitute und Wertpapierfirmen). Während die Emittenten und Anleger im Rahmen des Emissionsgeschäfts immer wieder in den Blick genommen werden (unten 6. Teil Rn 17–33 und 49–54), sind hier zunächst die **(professionellen) Intermediäre und Marktbetreiber** vorzustellen – als die eigentlichen Betreiber der „Infrastruktur" des Investment Banking und der Kapitalmärkte: Als Intermediäre und Marktbetreiber ragen die Kreditinstitute und Wertpapierfirmen („**Banken**") hervor, dies sowohl als Intermediäre bei Markteinführung (Emission, 6. Teil 1. und 2. Abschnitt) als auch bei der Organisation des Handels auf Sekundärmärkten (6. Teil 3. Abschnitt und 8. Teil).[72] Daneben sind sie auch zentral für den Betrieb der wichtigsten Handelsplätze (näher unten Rn 66–78 und 7. Teil). Diese Tätigkeiten werden unter 2. überblicksweise vorgestellt. Die Banken (und Marktbetreiber) sind so zentral, weil sich in ihren Händen die eigentliche Durchführung des Handels konzentriert, sie jedoch auch zu einem Gutteil zum Informationsfluss auf Kapitalmärkten und im Wertpapierhandel beitragen. Vor allem bezogen auf die Informationsflüsse treten neben die Banken jedoch **weitere professionelle Kapitalmarktakteure**, die Informationen bereitstellen (Informationsintermediäre) oder auch teils durch Handel für den Markt wichtige Signale geben, etwa institutionelle Anleger. Diese weiteren (professionellen) Kapitalmarktakteure werden unter 3. in den Blick genommen. Gerade die Corporate Governance hat sie – wie zu zeigen sein wird – ins Zentrum unternehmens- und kapitalmarktrechtlicher Be-

---

[70] *Fleischer*, Zukunftsfragen der Corporate Governance in Deutschland und Europa: Aufsichtsräte, institutionelle Investoren, Proxy Advisors and Whistleblowers, ZGR 2011, 155; *Leuschner/Wolfgarten* Corporate Governance, WPg 2015, 375; *Mülbert* Corporate Governance von Banken, ZHR 173 (2009), 1; *ders.* Corporate Governance in der Krise, ZHR 174 (2010), 375; *Teichmann* Corporate Governance in Europa, ZGR 2001, 645; *Drygala/Staake/Szalai* Kapitalgesellschaftsrecht, 2012, S. 404–410; sowie *Hopt* (Hrsg.), Handbuch Corporate Governance von Banken, 2011. Als breite, auch interdisziplinär und vergleichend abgesicherte Übersicht vgl. noch immer: *Hopt/Kanda/Roe/Wymeersch/Prigge* (Hrsg.) Comparative Corporate Governance – the State of the Art and Emerging Research, 1998; umgekehrt kompakte Zusammenfassung jüngeren Datums mit ebensolchen Bezügen in: *Grundmann* European Company Law, § 14.

[71] Hommelhoff/Hopt/*von Werder* Handbuch Corporate Governance: Leitung und Überwachung börsennotierter Unternehmen in der Rechts- und Wirtschaftspraxis, 2. Aufl. 2009, S. 4 (6); *Grundmann* European Company Law, § 14 Rn 1.

[72] *Boyd* Financial intermediation, in: New Palgrave Dictionary, S. 358 (358 f.) (mit Zahlenmaterial); Fuchs/*Fuchs* § 2 WpHG Rn 101; Langenbucher/Bliesener/Spindler/*Groß* 40. Kap Rn 6; *Thiele* Finanzmarktaufsicht: Der Staat und die Finanzmärkte, 2014, S. 110.

trachtungen gerückt. Während sie bis zur Finanzkrise nur teilweise reguliert waren, erstreckt sich die Regulierung im Nachgang zu dieser auf (fast) alle zentralen Informationsintermediäre. Diese treten freilich – vom Pflichtenkanon her – neben das Recht des Investment Banking, sind nicht Teil desselben und sind daher im vorliegenden Kommentar nur mitzudenken und nicht vertieft zu kommentieren.

2. Banken: Intermediäre und Marktbetreiber

a) **Arten von Banken und Investment Banking – in Deutschland, international und im Gefolge der Finanzkrise.** Die Einteilung nach Arten von Banken stellt sich – legt man die prominentesten Kriterien zugrunde – **in Deutschland und im Europäischen Kontext unterschiedlich** dar: In Deutschland werden vor allem die drei großen Institutstypen und -gruppen – Privatbanken, Sparkassen und Genossenschaftsbanken – unterschieden (näher 1. Teil Rn 17–21). Umgekehrt stellt die nach Europäischem Recht zu unterscheidenden Institutstypen am klarsten Art. 3 Abs. 1 Nr. 2–4 MAR vor (zugleich die jüngste komplette gesetzgeberische Aussage hierzu): Dort wird unterschieden zwischen (i) **Wertpapierfirmen** (Nr. 2) (ii) **Kreditinstituten** (Nr. 3) und (iii) **Finanzinstituten** (Nr. 4), zugleich wird hierbei für die Wertpapierfirmen auf die Definition in MiFID II (RL 2014/65/EU, dort Art. 4 Abs. 1 Nr. 1) verwiesen und für die anderen beiden Institutstypen auf die Definition in der CRR (VO [EU] 575/2013, dort Art. 4 Abs. 1 Nr. 1 bzw. 26). Während die in Deutschland gängige Einteilung bereits mit der Struktur des Kreditwesens ausführlicher erörtert wurde, freilich vor allem nur noch historisch bedingt ist und faktisch Bedeutung hat, praktisch nicht mehr regulatorisch (näher zu allem 1. Teil Rn 17–21), ist die im Europäischen Kontext prominente Einteilung eine Mitgliedstaaten Übergreifende, vor allem regulatorisch Wichtige, die freilich gerade auch in und im Gefolge der Finanzkrise 2008 erheblichen Verwerfungen im Faktischen unterlag. **43**

Reihenfolge und Referenzrechtsakte in Art. 3 Abs. 1 Nr. 2–4 MAR sind signifikant: Für das Investment Banking (das die MAR in einem zentralen Ausschnitt regelt, 6. Teil 3. Abschnitt) steht der Typus der **Wertpapierfirma** im Vordergrund, d.h. derjenigen Institute, die **(dauerhaft) geschäftsmäßig Wertpapierdienstleistungen iSv Art. 4 Abs. 1 Nr. 2 iVm Anh. I A MiFID II** (bzw. § 2 Abs. 3 WpHG) anbieten (näher dazu 8. Teil zu § 2 WpHG, teils auch bereits unten 6. Teil Rn 306). Dieser Typus steht ganz offensichtlich daher auch für den Europäischen Gesetzgeber im Vordergrund: Er stellt die Wertpapierfirma an die Spitze der Sequenz zu den erfassten oder definierten Instituten und er verweist auf den aufsichtsrechtlichen Akt, der speziell diese Institute zum Gegenstand hat (MiFID II). Das ist deswegen signifikant, weil die CRR Wertpapierfirmen durchaus ebenfalls regelt, wenn auch mit gewissen Abstrichen in der Strenge der Anforderungen,[73] um so zwischen den verschiedenen Anbietern von Wertpapierdienstleistungen Wettbewerbsneutralität zu schaffen („level playing field"), und weil die **umfassendste Kategorie diejenige der Kreditinstitute** bildet, **44**

---

[73] Vgl. namentlich Art. 92 ff., bes. 95–98 CRR (Letztere nur für Wertpapierfirmen) und zur Ausgestaltung der Eigenmittanforderungen etwa § 33 Abs. 1 Nr. 1 lit. a) bis c) sowie f) und g) KWG und *Luz* in Luz/Neus/Schaber/Schneider/Wagner/Weber, KWG und CRR – Kommentar zu KWG, CRR, FKAG, SolvV, WuSolvV, GroMiKV, LiqV und weiteren aufsichtsrechtlichen Vorschriften, 3. Aufl. 2015, Art. 92, 93 CRR Rn 11, 13. Zur Abgrenzung der Kreditinstitute und der (auf Wertpapierdienstleistungen beschränkten) Wertpapierfirmen oder -dienstleister sowie zur Kurzbeschreibung der beiden Aufsichtsregime vgl. namentlich Teil 1 Rn 31–38. Näher zu Organisation von und organisatorischen Anforderungen an Kreditinstitute – namentlich als Wertpapierdienstleister – und an Wertpapierfirmen auch unten Teil 7.

denen alle Geschäfte – auch die Wertpapierdienstleistungen – gestattet sind, während umgekehrt nicht alle Bankgeschäfte auch den Wertpapierfirmen gestattet sind, namentlich nicht das (selbständige) Einlagen- und Kreditgeschäft. Umgekehrt erfüllen die **Finanzinstitute** vor allem Holdingfunktion und dürfen selbst als solche auch keine Wertpapierdienstleistungen erbringen, also insbesondere kein Investment Banking für einen Kunden (selbstverständlich auch nicht das Einlagen- und Kreditgeschäft),[74] so dass als **„Banken" im Investment Banking allein Kreditinstitute und Wertpapierfirmen** iSv Art. 3 Abs. 1 Nr. 2 und 3 MAR fungieren.

45 Die wichtigste Kontroverse und Gesetzgebungsentwicklung zur Struktur des Kreditsektors und seiner Institute, aber auch die wichtigste Realentwicklung im Bankenmarkt betrifft das Verhältnis der (Universal-)Banken zu den (reinen) Investmentbanken als dem (vor allem US-amerikanischen) Äquivalent zu den (reinen) Wertpapierfirmen: Die wichtigste Kontroverse und Gesetzgebungsentwicklung zur Struktur des Kreditsektors in Deutschland, Europa und vor allem auch in den USA betraf die Frage, ob und in welcher Form Regeln (wieder) einzuführen seien, die ein System der Trennung von Kredit- und Einlagengeschäft und von Investment Banking (**„Trennbankensystem"**) zum Gegenstand haben, nachdem mit dem sog. Gramm-Leach-Bliley-Act von 1999 das US-Trennbankensystem, das schon vorher faktisch weitestgehend durchlöchert war, auch legislativ aufgehoben worden war. Die verschiedenen Lösungen und der Gesetzgebungsstand wurden bereits erörtert.[75] Für die **faktische Entwicklung** – und auch als Hintergrund der gefundenen gesetzgeberischen Lösungen, namentlich in den USA – ist wichtig, dass die Verabschiedung des Gramm-Leach-Bliley-Act keineswegs auch faktisch ein Ende der Trennung zwischen Geschäfts-/Kreditbanken (als Universalbanken) und Investment Banks nach sich zog – das nach dem Gesagten faktisch schon seit einigen Jahrzehnten möglich gewesen wäre. Vielmehr bestanden fünf große reine Investment Banks fort. Mit Lehman Brothers war die Insolvenz gerade einer reinen Investment Bank auch Auslöser der Finanzkrise, und erst diese selbst führte innerhalb weniger Tage zum Verschwinden des Segments der reinen Investment Banks: Von den „Big Five" ging Lehman Brothers in die Insolvenz (mit Verkauf der US-Aktivitäten an Barclays und Teilen der Europa- und Asien-Aktivitäten an Nomura), unterstellten sich mit Morgan Stanley und Goldman Sachs zwei weitere dem allgemeinen aufsichtsrechtlichen Regime der Geschäftsbanken und wurden die anderen zwei (Merril Lynch bzw. Bear Stearns) an zwei große Geschäftsbanken verkauft bzw. auf sie verschmol-

[74] Allerdings zählen auch die reinen Zahlungsinstitute zu den Finanzinstituten (näher 3. Teil Rn 13), und einzelne Rechtsakte des Kapitalmarktrechts – etwa die MAR – sind auf Finanzinstitute durchaus anwendbar, soweit sie (außerhalb des Bereichs der Wertpapierdienstleistungen) agieren, etwa bei ihrem Eigenhandel. Zum Kreis der den Finanzinstituten eröffneten Geschäfte und dem auf sie anwendbaren Aufsichtsrecht vgl. näher Art. 4 Abs. 1 Nr. 26 CRR (und die dort in Bezug genommenen Rechtsakte bzw. -normen); sowie *Günther* Systemrelevanz von Finanzinstituten, WM 2010, 825; BankR-Hdb/*Kolassa* § 136 Rn 6 f.; *Weber/Seifert* in: Luz u.a. (Hrsg.) KWG und CRR Kommentar, Bd. 2, Art. 4 CRR Rn 21 f.; *Thiele* in: von der Groeben/Schwarze/Hatje (Hrsg.), EnzEuR Europäisches Unionsrecht, VO (EG) 139/2004 Art. 5 Rn 40.

[75] Vgl. oben 1. Teil Rn 24 f. Für jüngste Entwicklungen auf Europäischer Ebene – ohne entscheidend neue Schritte – vgl. *Wilhelmi/Büchler* Bankentrennung in der EU: Risiken und Nebenwirkungen, ZVglRWiss 2014, 507; außerdem (vor allem strafrechtliche Folgen) *Ahlbrecht* Banken im strafrechtlichen Regulierungsfokus – Trennbankengesetz und Steuerhinterziehungsinstitute, BKR 2014, 98; *Goeckenjan* Die neuen Strafvorschriften nach dem sog. Trennbankengesetz (§ 54 KWG und § 142 VAG), wistra 2014, 201; auch Boos/*Fischer*/Schulte-Mattler KWG, Einführung Rn 152 f.

zen (Bank of America bzw. JPMorgan Chase).[76] Daher sind heute dominant Geschäfts- und Universalbanken – freilich mit einem Regime von Spartentrennung („Trennbanken", in den USA in Form der sog. Volcker Rule). **Universalbanken sind insbesondere heute die größten, global aufgestellten Banken**, die auch das Investment Banking, namentlich auch das Emissionskonsortialgeschäft international dominieren – nach einer Zählung folgende neun:[77] Bank of America, Barclays, Citigroup, Credit Suisse, Deutsche Bank, Goldman Sachs, JPMorgan Chase, Morgan Stanley, UBS.

b) **Liste der Hauptgeschäfte.** Beschränkt man sich hier auf eine Aufzählung der Hauptgeschäfte, die Banken **im Investment Banking** und nach den Regulierungsakten zu diesem übernehmen, so sind **vier Gruppen** zu unterscheiden: (i) Geschäfte, die Banken (idR mit treuhänderischen Pflichten) **für Kunden** durchführen, (ii) Geschäfte, in denen sie selbst auch **wirtschaftlich als Partei** auftreten, (iii) Geschäfte und Organisationsanstrengungen, die sie übernehmen, um **Handelsplätze zu betreiben** (lassen), und (iv) Geschäfte, die nicht reguliert, teils auch primär nur für andere Kapitalmarktakteure reguliert werden (keine Bankgeschäfte und Wertpapierdienstleistungen nach KWG und WpHG), Letztere auch teils mit bloß unterstützendem Charakter („Hilfsgeschäfte"), etwa die Etablierung eines Konsortiums zur Durchführung des (regulierten) Emissionsgeschäfts. Dabei sind Geschäfte überwiegend nach KWG (unter primär aufsichtsrechtlichen Stabilitätsaspekten) und zugleich nach WpHG (unter primär wertpapierdienstleistungsrechtlichen Fairnessaspekten) reguliert, teils aber auch nur unter dem einen oder unter dem anderen Aspekt. Als die wichtigsten Geschäfte in den vier Gruppen sind namentlich zu nennen[78] (freilich nur aus dem Bereich des Investment Banking):[79] **46**

[76] *Stowell* Introduction to the investment banks, S. 3 f.; vgl. auch *Liaw* Business of Investment Banking, S. 1–7.

[77] *Stowell* Introduction to the investment banks, S. 3–41, bes. S. 4. Neben diesen großen Neun stehen als weitere Kategorien großer Banken die großen regional – d.h. nicht global, etwa (nur) Europäisch – aufgestellten Banken und die Boutiquebanken (S. 7). Überblick über die jeweiligen Geschäftsfelder S. 8.

[78] Dabei sind die Bankgeschäfte nach § 1 Abs. 1 KWG wegen des eingegangenen Risikos mit Eigenmittel zu unterlegen, die bloßen Finanzdienstleistungen (§ 1 Abs. 1a KWG) hingegen grds. nicht, sondern unterliegen nur sonstigen bankaufsichtsrechtlichen Zuverlässigkeitsanforderungen. Vgl. § 2 Abs. 7, 7a KWG, Boss/Fischer/Schulte-Mattler/*Schäfer* KWG, § 1 Rn 131 und § 2 Rn 108. Wertpapier*neben*dienstleistungen (§ 2 Abs. 3a WpHG) unterliegen als solche den Anforderungen des WpHG nur, wenn der Anbieter schon aufgrund eines anderen Geschäfts (einer Wertpapierdienstleistung nach § 2 Abs. 3 WpHG) als Wertpapierfirma zu qualifizieren ist.

[79] Daher im Folgenden nicht aufgelistet
- aus *§ 1 Abs. 1 KWG*: Nr. 1, 1a (Einlagen- und Pfandbriefgeschäft, 4. Teil Rn 21 ff., 71 ff.), Nr. 2 (Kreditgeschäft, 4. Teil), Nr. 3 (Diskontgeschäft, 3. Teil Rn 557, 653), Nr. 7 (Eingehung von Rückkaufverpflichtungen bei Kreditverbriefung, 4. Teil Rn 507 ff.), Nr. 8 (Garantie- und Avalgeschäft, 4. Teil Rn 912, 915–919), Nr. 9 (Reisescheckgeschäft (mit Scheck- und Wechseleinzug, 3. Teil Rn 649 ff.);
- aus *§ 1 Abs. 1a KWG*: Nr. 5 (Einlagegeschäft mit Drittstaaten, vgl. 4. Teil Rn 21 ff.); 7 (Sortengeschäft/Devisenhandel), Nr. 9 und 10 (Factoring bzw. Finanzierungsleasing, vgl. 4. Teil Rn 436 ff. bzw. 390 ff.), sowie – aus dem Bankvertragsrecht ganz herausfallend die Tätigkeiten im Rahmen der Verwaltung von Investmentfonds und vergleichbaren kollektiven Anlageangeboten – die Nr. 11 und 12.

Das Zahlungsgeschäft (3. Teil) ist Gegenstand des *Zahlungsaufsichtsgesetzes* (ZAG).

In Kategorie (i), dem **Geschäft für den Kunden**:

- das Emissionsgeschäft, mit fester Übernahmeverpflichtung (§ 1 Abs. 1 Nr. 10 KWG, § 2 Abs. 3 Nr. 5 WpHG, Anh. I A Nr. 6 MiFID II) oder ohne feste Übernahmeverpflichtung „Best Effort" („nur" § 1 Abs. 1a Nr. 1c KWG, § 2 Abs. 3 Nr. 6 WpHG, Anh. I A Nr. 7 MiFID II) – 6. Teil Abschnitte 1 und 2.
- das Wertpapierhandelsgeschäft (kommissionsweise, als bloße Abschluss- oder Nachweisvermittlung oder auch als Festpreisgeschäft) (§ 1 Abs. 1 Nr. 4 bzw. „nur" § 1 Abs. 1a Nr. 1, 2, 4 bes. lit. c) KWG, § 2 Abs. 3 Nr. 1, 2 bes. lit. c)[80] und Nr. 3, 4 WpHG, Anh. I A Nr. 1 und 2 MiFID II) einschließlich der geschuldeten oder erbrachten (individualisierten) Beratungsdienstleistung (§ 1 Abs. 1a Nr. 1a KWG, § 2 Abs. 3 Nr. 9 WpHG, Anh. I A Nr. 5 MiFID II) – 6. Teil Abschnitte 3 und 4 und 8. Teil;
- die Vermögens- und Portfolioverwaltung (§ 1 Abs. 1a Nr. 3 KWG, § 2 Abs. 3 Nr. 8 WpHG, Anh. I A Nr. 4 MiFID II) – 8. Teil;
- das Depotgeschäft mit der Abwicklung des Erwerbs und der Verwahrung (§ 1 Abs. 1 Nr. 5 KWG, jedoch „nur" § 2 Abs. 3a Nr. 1 WpHG, Anh I B Nr, 1 MiFID II)[81] – 8. Teil.
- als Sondergeschäft die Begleitung von Unternehmenszusammenschlüssen, namentlich Übernahmen nach dem WpÜG („nur" § 2 Abs. 3a Nr. 3 WpHG, Anh I B Nr. 3 MiFID II) – 6. Teil 6. Abschnitt.

In Kategorie (ii), dem **Geschäft für eigene Rechnung**:

- der Eigenhandel („nur" § 1 Abs. 1a Nr. 4 KWG sowie § 2 Abs. 3 Nr. 2 WpHG, Anh. I A Nr. 3 MiFID II), namentlich auch das kontinuierliche (Kauf- oder Verkaufs-)Angebot oder das Fungieren als feste Gegenpartei in Handelssystemen oder aufgrund regulierender Vorgaben, wie in der EMIR (vgl. dort jeweils lit. a), b) und d), freilich mit einer Verpflichtung zur Eigenkapitalunterlegung in bestimmten Fällen nach § 1 Abs. 1 Nr. 12, Abs. 31 KWG) – 7. *und* 8. Teil.

In Kategorie (iii), dem **Engagement als Marktbetreiber**:

- das Betreiben eines multilateralen Handelssystems, das Fungieren als systematischer Internalisierer, in Zukunft auch das Betreiben eines sonstigen organisierten Handelssystems, also insgesamt das Betreiben eines Handelsplatzes iSv Art. 3 Abs. 1 Nr. 10 MAR iVm Art. 4 Abs. 1 Nr. 24 MiFID II (vgl. unten Rn 66–78)[82]

[80] Während § 1 Abs. 1a Nr. 4 KWG und § 2 Abs. 3 Nr. 2 WpHG Geschäfte zum Gegenstand haben, die Kreditinstitute/Wertpapierfirmen *als Akteure im Rahmen von Handelsplätzen* tätigen, die zugleich deren Funktionieren gewährleisten (namentlich auch indem sie sich systematisch und dauerhaft als Gegenparteien zur Verfügung stellen), erfassen § 1 Abs. 1a Nr. 1b KWG und § 2 Abs. 3 Nr. 8 WpHG Kreditinstitute bzw. Wertpapierfirmen, soweit sie selbst als *Betreiber solcher Handelsplätze* auftreten.

[81] Während die Best-Effort-Übernahme (1. Spiegelstrich) bankaufsichtsrechtlich nicht als Bankgeschäft, sondern nur als Finanzdienstleistung eingestuft wird, umgekehrt aber als Wertpapierdienstleistung (weil das Kreditinstitut nicht das Risiko für die Emission übernimmt, wohl aber die Wohlverhaltenspflichten bei jeder Absatzform [unabhängig von einer Festübernahme] eingreifen sollen), bildet umgekehrt das Depotgeschäft, vergleichbar dem Einlagengeschäft – wegen des vom Kreditinstitut ausgehenden Ausfallrisikos – ein Bankgeschäft, jedoch mangels Aufklärungs- und Beratungsleistung keine Wertpapierdienstleistung, weil ein Eingreifen der Wohlverhaltensregeln hier verzichtbar erscheint.

[82] Dabei betreiben Kreditinstitute bzw. Wertpapierfirmen multilaterale und organisierte Handelssysteme selbst und fungieren auch selbst als systematische Internalisierer, während geregelte Märkte, namentlich Börsen, als solche zulassungspflichtig sind (unten

(§ 1 Abs. 1a Nr. 1b KWG, § 2 Abs. 3 Nr. 8 und 2 lit. b) WpHG, Anh. I A Nr. 8, 9 MiFID II) – 7. Teil.

In Kategorie (iv), dem (nicht oder schwach regulierten) Restbereich:

- die **Finanzanalyse, d.h. nicht personalisierte Anlageempfehlung**, die bankaufsichtsrechtlich als solche nicht erfasst ist und auch nur eine Wertpapier*neben*dienstleistung darstellt § 2 Abs. 3a Nr. 5 WpHG, Anh. I B Nr. 5 Nr. MiFID II), für andere als Wertpapierfirmen und Kreditinstitute also nicht den Anforderungen des WpHG (oder KWG) unterworfen ist, ein Geschäft, das in der Tat von anderen Anbietern ebenso wie von Kreditinstituten und Wertpapierfirmen getätigt wird. Die Anlage(strategie)empfehlung ist im Marktintegritätsrecht (MAR) allgemein, d.h. für alle Anbieter reguliert (unten Rn 48, 49 und 6. Teil Rn 346, 352, 423, 467, 540 ff.), für Wertpapierfirmen und Kreditinstitute zudem auch im WpHG (vgl. 8. Teil zu §§ 34b, 34c WpHG).

Die sonstigen „Wertpapiernebendienstleistungen" haben – wie etwa die Kreditierung von Wertpapierdienstleistungen – rein dienenden Charakter für die Durchführung derselben (namentlich § 2 Abs. 3a Nr. 2, 4, 6,7 WpHG bzw. Anh I B Nr. 2, 4, 6, 7 MiFID II) und sind gleichsam annexweise „mit"genehmigt.

3. Sonstige professionelle Marktakteure und „Gatekeeper"

a) **Gatekeeper.** Eine Reihe weiterer professioneller Marktakteure – neben den Kredit- **47**
instituten und Wertpapierfirmen – erfüllen wichtige Funktionen für Anleger, Emittenten sowie Kapitalmärkte und die auf ihnen durchgeführten Transaktionen. Da freilich sowohl der Handel für Dritte als auch die Abschluss- und Nachweisvermittlung eine Wertpapierdienstleistung darstellen und das Depotgeschäft ein Bankgeschäft, sind die Transaktionen selbst sowie ihre Abwicklung auf den erfassten Märkten in den erfassten Finanzinstrumenten (unten II. und III.) ausschließlich in die Hände der Kreditinstitute und Wertpapierfirmen gelegt, Zweitere gar allein in die Hände der Kreditinstitute. Daher **konzentriert** sich die Mitwirkung weiterer professioneller Marktakteure auf den **Bedarf an Kapitalmarktinformation.** Im angloamerikanischen Sprachraum hat sich das **Konzept des „Gatekeeper"** („Türstehers") herausgebildet.[83] Tragend bei diesem sehr generischen Konzept, mit dem heterogene Akteure vereint werden, ist die Idee, dass es sich jeweils einerseits um (weitere) professionelle Informationsintermediäre mit nochmals vertiefter/spezialisierter Informationsaufbereitung handelt, andererseits jedoch ein Reputationstransfer hinzukommt: Die

---

Rn 68, 70), so dass sich Kreditinstitute bzw. Wertpapierfirmen an den Betreibergesellschaften nur beteiligen. Vgl. hierzu etwa implizit KölnKomm WpHG/*Seiffert* § 32 Rn 3. Vgl. insgesamt unten 7. Teil.

[83] Grundlegend *Kraakman* Gatekeepers – the Anatomy of a Third-Party Enforcement Strategy, 2 *J. L. Econ. Org.* 53 (1986); heute zu diesem Konzept ausf. *Gerner-Beuerle* Underwriters, Auditors, and other Usual Suspects: Elements of Third Party Enforcement in US and European Securities Law, (2009) 6 *ECFR* 476; *Coffee* Gatekeepers – the Professionals and Corporate Governance, 2006; Leyens Informationsintermediäre als Gatekeeper – rechtsökonomische Überlegungen zu einer modernen Intermediärshaftung, 2008; ders. FS Schäfer 2008, S. 159; *Partnoy* How and Why Credit Rating Agencies are not like other Gatekeepers, in: Fuchita/Litan (Hrsg.), Financial Gatekeepers – can they protect investors? 2006, S. 59; *Schaeken Willemaers* The EU Issuer-Disclosure Regime: Objectives and Proposals for Reform, 2011, S. 90 ff., 207; *Cunningham* Choosing Gatekeepers: Financial Statement Insurance Alternative to Auditor Liability, 52 UCLA L. Rev. 413 (2004). Eine systematische Regulierung mahnt an (zu einem Zeitpunkt, da sich diese schon andeutete): *Masouros* Is the EU Taking Shareholder Rights Seriously? – An Essay on the Impotence of

Information wird von den „Gatekeepers" zugleich zertifiziert, um der Informationsasymmetrie hinsichtlich der Verlässlichkeit des Emittenten und der von ihm herrührenden Information zu begegnen.[84] Besonders deutlich wird dies etwa an der Einschaltung von Abschlussprüfern – obwohl gerade diese „Gatekeeper" eher schon kapitalmarktfern angesiedelt zu sein scheinen (unten Rn 51). Dementsprechend muss Regulierung auf diese „Zertifizierungsfunktion" ausgerichtet sein und sie stärken (Umfang der Informationsaufbereitung, Neutralität). Zugleich können „Gatekeeper" jedoch eine Aufgabe der Informationsbündelung erfüllen, häufig gepaart mit einer „Zertifizierung", so etwa im Falle der Ratingagenturen und Finanzanalysten – jeweils für unterschiedliche Aspekte der Anlageentscheidung. Da dies auch die Aufgabe der individuellen Anlageberatung durch die Kreditinstitute und Wertpapierfirmen bildet, kommt es nicht nur zu einer Spezialisierung auf bestimmte Aspekte des Informationstransfers und eine Vertiefung etwa der Bonitätsfragen (durch Rating), sondern auch zu Überschneidungen. Damit wird die Idee, dass eine der Stärken kapitalmarktrechtlicher Finanzierung (im Vergleich zu einer Finanzierung durch Bankkredite) in der Vervielfältigung der Informationsgenerierung und -überprüfung liege (oben Rn 14 f.) auf die (facettenreiche) Funktion der „Gatekeeper" erstreckt. Auch Reputationstransfer und Informationsbündelung erfolgen mehrfach, um eine reichere, Einseitigkeiten (auch bei Interessenkonflikten) besser ausgleichende Informationsgrundlage bei der individuellen Anlageentscheidung zu verbürgen. In all dem sind „Gatekeeper" jedoch nicht Teil – sondern nur sehr wichtige funktionale Ergänzung – des Investment Banking und werden daher vorliegend in ihren Rechtsgrundlagen auch nicht näher kommentiert, sondern nur kurz vorgestellt.

48 **b) Finanzanalysten.** Finanzanalysen – nach MAR Anlage- und Anlagestrategieempfehlungen (dort Art. 3 Abs. 1 Nr. 34, 35) – haben das **Anlageinstrument insgesamt** im Blick, nicht nur einen bestimmten Aspekt des Emittenten, und haben verschiedene **Funktionen:** Sie bewerten öffentlich zugängliche Informationen, jedoch auch nichtöffentliche nicht kurserhebliche (Hintergrunds-)Informationen. Namentlich Gespräche mit dem Management des Emittenten sind von großer Bedeutung, um Verlässlichkeit und Konsistenz der veröffentlichten Informationen zu hinterfragen.[85] Solchermaßen befördern Finanzanalysen die Kapitalnachfrage von Emittenten (abhängig von der positiven Bewertung, jedenfalls jedoch auch ihre Bekanntheit) und die effiziente Mittelallokation als Funktion der Kapitalmärkte ebenso wie als individualschützende Zielsetzung für einzelne Anleger[86] und **unterstützen** schließlich **auch die individuelle Beratung** durch Wertpapierdienstleister, von der sie abzugrenzen sind: Anders als die Anlageberatung, die sachlich vergleichbar breit ist, sind sie nicht persönlich an einen einzelnen Anleger gerichtet oder an eine abgegrenzte bestimmte Zahl von individualisierten Anlegern (vgl. zur Abgrenzung unten 6. Teil, Rn 540 f.). Obwohl freilich auch die individuelle Beratung idR auf ein bestimmtes Beratungsportfolio, also auf eine bestimmte Zahl von Anlageinstrumenten beschränkt wird (Spezialisierung), geht die Vertiefung von Informationsaufbereitung und -hinterfragung

---

Shareholdership in Corporate Europe, (2010) 7 *ECL* 195 (bes. 203).

[84] *Cunningham* 52 UCLA L. Rev. 413 (2004), 1 (41); Veil/*Teigelack* EuKapMR § 26 Rn 5; KölnKomm WpHG/*Möllers* § 34b Rn 2–11.

[85] *Porak* Kapitalmarktkommunikation, 2002, S. 139 ff., 147 ff.; *Soltes* Private Interaction Between Firm Management and Sell-Side Analysts, 52 Journal of Accounting Research 245 (245–248) (2014); Veil/*Teigelack* EuKapmR § 26 Rn 1.

[86] Grundlegend *Fisch* Does Analyst Independence Sell Investors Short? 55 U.C.L.A.L. Rev. 39 (46 ff.) (2007); sowie Habersack/Mülbert/Schlitt/*Göres* Kapitalmarktinformation § 24 Rn 1 f.; KölnKomm WpHG/*Möllers* § 34b Rn 2–11; Veil/*Teigelack* EuKapmR § 26 Rn 1–3.

bei der Finanzanalyse idR noch deutlich weiter.[87] Aufgrund der inhaltlichen Nähe von Finanzanalyse (Anlage/Anlagestrategieempfehlung) und (individueller) Anlageberatung verwundert es nicht, dass sie nicht nur von reinen Finanzanalysten, sondern auch von Banken erbracht wird[88] (daher auch die Einstufung als Wertpapier*neben*dienstleistung, anders als etwa beim Rating, vgl. oben Rn 46).

Eine **Regulierung** der Finanzanalyse findet sich in Deutschland bereits seit Mitte der 1990er Jahre, auf Europäischer Ebene – mit nachfolgender Umsetzung in Deutschland – erst seit der zweiten Richtliniengeneration:[89] Es handelt sich im Wesentlichen um **drei Regulierungsgruppen**, die – weil das Geschäft auch von Banken betrieben wird (de facto Investment Banking) – im Folgenden auch im Einzelnen kommentiert werden: Dies ist (i) die spezifische Anwendung des *allgemeinen* Marktmissbrauchsrechts – also der Insider- und der Marktmanipulationsverbote in Art. 7–15 MAR – auf Sachverhalte der Finanzanalyse **49**

---

[87] Allgemein zu den Sorgfaltspflichten hierbei, vgl. Habersack/Mülbert/Schlitt/*Göres* Kapitalmarktinformation § 24 Rn 70–81; KölnKomm WpHG/*Möllers* § 34b Rn 123–154; Überblick über die Informationsgewinnung von Analysten (tendenziell noch intensiver als für § 31 WpHG) bei *Ramnath/Rock/Shane* The financial analyst forecasting literature: A taxonomy with suggestions for further research, 24 International Journal of Forecasting 34 (38-42) (2008); *Oberdörster*, Finanzberichterstattung und Prognosefehler von Finanzanalysten, 2009, S. 63-70; vgl. zur Regulierung im Lichte der Ökonomik: *Ch. Müller* Regulierung von Analysten: Eine rechtsökonomische Betrachtung, 2015.

[88] KölnKomm WpHG/*Möllers* § 34b Rn 112; in einem Datensatz, der die Jahre 1996–2003 abdeckt, waren 72 % der Firmen, die Finanzanalysen betrieben und darauf basierend Empfehlungen abgaben, Investment Banken (*Barber/Lehavy/Trueman* Comparing the stock recommendation performance of investment banks and independent research firms, 85 Journal of Financial Economics 490 (500–501) (2007)); siehe auch *Jacob/Rock/Weber* Do Non-Investment Bank Analysts Make Better Earnings Forecasts?, 23 Journal of Accounting, Auditing & Finance 23 (2008); *Oberdörster*, Finanzberichterstattung und Prognosefehler von Finanzanalysten, 2009, S. 59; *Knorr Cetina*, Epistemic Profile of Financial Analysis, in: Camic/Gross/Lamont (Hrsg.), Social Knowledge in the Making, 2011, 405 (424–425).

[89] In Deutschland Wertpapier*neben*dienstleistung bereits seit dem 4. Finanzmarktförderungsgesetz (unten Rn 119), mit FinAnV, BGBl. 2004 I S. 3522, geändert durch BGBl. 2007 I S. 1430; auf EU-Ebene seit MiFID I und speziell geregelt für Fragen der Marktintegrität in MAD I, heute MAR (unten Rn 346, 352 und 423, 467), vgl. im Folgenden. Zur Finanzanalyse neben den Standardkommentaren vor allem: *Brenncke* Die Abgrenzung von Finanzanalysen und anderen Empfehlungen zur Werbemitteilung – zur Europarechtswidrigkeit des deutschen Rechts, ZBB 2009, 361; *Göres* Die Interessenkonflikte von Wertpapierdienstleistern und –analysten bei der Wertpapieranalyse, 2004; *ders.* MiFID – Neue (Organisations-) Pflichten für die Ersteller von Finanzanalysen, BKR 2007, 85; *Hettermann/Althoff* Rechtliche Anforderungen an Finanzanalysen, WM 2006, 265; *Möllers* Selbstregulierung der Presse und fehlerhafte Finanzanalysen von Journalisten, AfP 2010, 107; *Möllers/Lebherz* Fehlerhafte Finanzanalysen – Die Konkretisierung inhaltlicher Standards, BKR 2007, 349; *Repke* Die Rolle von Finanzanalysten in Investmentbanken, 2007; *Schmidtke* Die kapitalmarktrechtliche Regulierung von Finanzanalyse und Rating-Urteil durch das Wertpapierhandelsgesetz, 2010; *Schwalm* Die Erstellung von Finanzanalysen nach § 34b WpHG, 2007; *Sturm* Die kapitalmarktrechtlichen Grenzen journalistischer Arbeit, ZBB 2010, 20; *Teigelack* Finanzanalysen und Behavioral Finance, 2009; *ders.* In: Veil (Hrsg.) EuKapmR § 26 (mit umfangreichem Lit.nachw.); *Weber* Die Haftung des Analysten für fehlerhafte Wertpapieranalysen, 2006; siehe auch *Assmann* ÖBA 2007, 40 (47 f.); *Göres* BKR 2007, 85; *Schlicht* BKR 2006, 469 (473).

(vgl. unten 6. Teil Rn 346, 352, 423, 467);[90] dies ist (ii) die Regulierung spezifischer Sorgfaltsstandards für die Erstellung von Anlageempfehlungen (Art. 20 MAR, vorher Art. 6 Abs. 5 MAD I, unten 6. Teil Rn 539–542), namentlich mit Anforderungen an die hinreichende Tiefe der Informationserhebung, an die Objektivität der Wiedergabe und an eine Ausräumung von Interessenkonflikten; dies ist (iii) – an der Organisation ansetzend – die Regulierung von Zuverlässigkeitsanforderungen, namentlich mit organisatorischen Vorgaben zur Minimierung von Interessenkonflikten, sowie eine (bloße) Anzeigepflicht für Anbieter von Finanzanalysen, die nicht Kreditinstitute oder Wertpapierfirmen sind und daher dem WpHG insgesamt unterliegen (vgl. §§ 34b, 34c WpHG nF, für Kreditinstitute und Wertpapierfirmen ergänzt um die auf sie umfassend anwendbaren Wohlverhaltensregeln von MiFID I und II, §§ 31 ff. WpHG). Dabei waren wichtige Gehalte von § 34b WpHG, die die Transaktion betrafen und der Umsetzung von Art. 6 Abs. 5 MAD I dienten, zu streichen (verdrängt vom unmittelbar anwendbaren Art. 20 MAR, namentlich § 34b Abs. 1–3 WpHG aF), während die organisatorischen Gehalte (§ 34b Abs. 5 WpHG aF, § 34b WpHG nF) neben der Anzeigepflicht nach § 34c WpHG erhalten blieben (unten 7. Teil zu § 34b, 34c WpHG).

50 c) **Ratingagenturen.** Ungleich später als Finanzanalysten – und erst im Gefolge der Finanzkrise – wurden Ratingagenturen einer Regulierung ihrer Sorgfalts-, Unabhängigkeits- und auch Haftungsstandards unterzogen. Dies ist systematisch schwer zu erklären, weil sie vergleichbare Funktionen erfüllen: Zwar bezieht sich das Rating grds. nur auf die Bonität von Emittenten – staatlichen bzw. Unternehmen –,[91] abgesehen von dieser gegenständlichen Einschränkung jedoch ist die **Funktion der Informations-, aber auch Reputationsvermittlung („Überprüfung" als Gatekeeper)** gänzlich vergleichbar derjenigen, die Finanzanalysten übernehmen. Dennoch führte erst die in großen Teilen fehlerhafte Bewertung der Finanzinstrumente (Credit Default Swaps und Options, CDS und CDO), mit denen Subprime Loans verbrieft und kapitalmarktgängig gemacht wurden,[92] zur Verabschiedung der

[90] Grundlegend noch immer: *Baetge* (Hrsg.), Insiderrecht und Ad-hoc-Publizität – was bedeuten die neuen Regelungen für Unternehmenspublizität und Finanzanalyse? 1995 – darin u.a. *Hopt* Wie sinnvoll sind rechtliche Regelungen über Insidergeschäfte? Ökonomische und rechtliche Überlegungen zum europäischen und deutschen Insiderrecht, dort S. 1; sowie *Claussen/Schwark* (Hrsg.), Insiderrecht für Finanzanalysten, 1997; sowie aus jüngerer Zeit *Spindler* Finanzanalyse vs. Finanzberichtserstattung: Journalisten und das AnSVG, NZG 2004, 1138 (1142–1144); *Trüg* Umfang und Grenzen des Scalping als strafbare Marktmanipulation, NStZ 2014, 558 (560).

[91] Vgl. *Blaurock* ZGR 2007, 603 (604–606 und 608); Veil/*Veil/Teigelack* EuKapMR § 27 Rn 1 f. (dort jeweils auch zur grundsätzlichen Beschränkung auf die Frage der Bonität). Zu den verschiedenen Formen von Ratings Habersack/Mülbert/Schlitt/*Göres* Kapitalmarktinformation § 25 Rn 48–60. Zu den Bewertungsschemata (AAA, AA+ [Standard & Poor's und Fitch) bzw. Aaa, Aa1 [Moody's]) vgl. Habersack/Mülbert/Schlitt/*Göres* Kapitalmarktinformation § 25 Rn 42. Die regulatorische Bezugnahme auf Ratings unter den Basel II Grundsätzen ist unter den Basel III Grundsätzen weitestgehend entfallen, es bleibt freilich der sehr weitgehende Rekurs der EZB auf Ratings (derzeit leider nur der genannten „großen Drei" + DBRS) im Rahmen ihrer Rückkaufprogramme: vgl. *Lammers* Die Politik der EZB an den Grenzen ihres Mandats? Zur Vereinabrkeit unkonventioneller Maßnahmen mit dem Europäischen Recht, EUZW 2015, 212 (214 f.).

[92] Zur Beschreibung der Instrumente vgl. näher unten 6. Teil Rn 284. Zur ihrer Bedeutung in der Entwicklung der Finanzkrise vgl. näher *Amort* Haftung und Regulierung von Ratingagenturen, EuR 2013, 272 (273); *Halfmeier* Die Haftung von Ratingagenturen gegenüber Kapitalanlegern: Von Sydney

EU-Rating-Verordnung (mit ausführender Zuständigkeitsregelung in § 17 WpHG).[93] Die Regulierung folgt den Modellen, die von den Abschlussprüfern (nächste Rn) als der ältesten Regulierung her bekannt sind und auch schon bei den Finanzanalysten vergleichbar übernommen wurden: Zentral ist einerseits die Verbürgung von Professionalität und Sorgfaltsstandards (vor allem durch Formalisierung und periodische Evaluation der Ratingmethoden und -modelle nach Prognoseverlässlichkeit, daneben auch Klarheit der Präsentation, Auswahl des Personals und Registrierungspflicht).[94] Zentral ist andererseits die Vermeidung oder Minimierung von Interessenkonflikten – mit den beiden Hauptanforderungen einer Unabhängigkeit der Ratingagentur selbst (vom Emittenten und wirtschaftlichen Interessen am zu ratenden Produkt) sowie einer periodischen „internen" Rotation des eingesetzten Ratingpersonals (freilich nicht auch der Ratingagentur, „externe" Rotation).[95] Die Haftungsregelung auf EU-Ebene (Art. 35a) setzt den Rahmen fest – grobfahrlässiger Rechtsverstoß nach Anh. III der Rating-VO, der das Rating bedingt hat, das wiederum ursächlich für die Transaktion / den Schaden wurde –, während die Frage nach dem anwendbaren Recht (wohl entsprechend der Rom-II-VO) und sonstige deliktsrechtliche

lernen? WuR 2014, 327 (327 f., 332); *Lerch* Ratingagenturen im Visier des europäischen Gesetzgebers, BKR 2010, 402 (404 f.); Habersack/Mülbert/Schlitt/*Göres* Kapitalmarktinformation § 25 Rn 9–11.

93 Verordnung (EG) Nr. 1060/2009 des Europäischen Parlaments und des Rates vom 16. September 2009, ABl.EU 2009 L 302/1. Anpassung an die neue Aufsichtsstruktur ABl.EU 2011 L 145/30 (nur noch ESMA zuständig) sowie Änderung ABl.EU 2013 L 145/1 (teilweise Einschränkung der Zeitpunkte für ein zulässiges Rating von Staats- und Unternehmensschulden). Zur Durchführungsgesetzgebung vgl. Veil/*Veil/Teigelack* EuKapMR § 27 Rn 13 f.; https://www.esma.europa.eu/regulation/credit-rating-agencies. Aus der umfangreichen Literatur vgl. namentlich *Becker* Die Regulierung von Ratingagenturen, DB 2010, 941; *Blaurock* Verantwortlichkeit von Ratingagenturen – Steuerung durch Privat- oder Aufsichtsrecht? ZGR 2007, 603; *ders.* Neuer Regulierungsrahmen für Ratingagenturen, EuZW 2013, 608; *Deipenbrock* Das europäische Modell einer Regulierung von Ratingagenturen – aktuelle praxisrelevante Rechtsfragen und Entwicklungen, RIW 2010, 612; *dies.* Die zweite Reform des europäischen Regulierungs- und Aufsichtsregimes für Ratingagenturen – Zwischenstation auf dem Weg zu einer dritten Reform?, WM 2013, 2289; *Habersack*, Rechtsfragen des Emittenten-Ratings, ZHR 169 (2005) 185; *Hermeling/Meeh-Bunse/Schomaker* Ein europäisches Netzwerk kleiner Ratingagenturen – Eine mögliche Alternative zur gescheiterten europäischen Ratingagentur?, WM 2014, 1464; *Möllers* Regulierung von Ratingagenturen, JZ 2009, 861; *Partnoy* How and Why Credit Rating Agencies are not like other Gatekeepers, in: Fuchita/Litan (Hrsg.), Financial Gatekeepers – can they protect investors? 2006, S. 59; *Schröter* Ratings – Bonitätsbeurteilung durch Dritte im System des Finanzmarkt- Gesellschafts- und Vertragsrechts, 2014; *Stemper* Rechtliche Rahmenbedingungen des Ratings, 2010; *Tonningsen* Die Regulierung von Ratingagenturen, ZBB 2011, 460; *Zimmer* Rating-Agenturen – Reformbedarf nach der Reform, FS Hopt 2010, S. 2689.

94 Zu Zuverlässigkeits- und Sorgfaltsstandards und insbes. den genannten Hauptelementen vgl. Habersack/Mülbert/Schlitt/*Göres* Kapitalmarktinformation § 25 Rn 61–68; Veil/*Veil/Teigelack* EuKapMR § 27 Rn 44–54.

95 Zum Regime zur Vermeidung von Interessenkonflikten und insbesondere zu den beiden genannten Kernelementen: *Amort* Haftung und Regulierung von Ratingagenturen, EuR 2013, 272 (273); Habersack/Mülbert/Schlitt/*Göres* Kapitalmarktinformation § 25 Rn 74–81; Veil/*Veil/Teigelack* EuKapMR § 27 Rn 30–43; *Berger/Ryborz* Die Haftung von Ratingagenturen zwischen Kompensation und Verhaltenssteuerung, WM 2014, 2241 (2242 f.); zur Unabhängigkeit auch rechtsvergleichend: *Leyens* Intermediary independence: auditors, financial analysts and rating agencies, 11 J. Corp. L. Stud. 33 (2011).

Fragen dem nationalen Recht überantwortet bleiben, namentlich die Frage nach der Bestimmung des Schadens und des Mitverschuldens („vernünftigerweise vertraut"), aber auch die Frage, ob daneben ein vertragsrechtlicher Anspruch eingreift.[96]

51 d) **Abschlussprüfer.** Im kapitalmarktrechtlichen Kontext eher nicht mehr behandelt werden die Abschlussprüfer, weil ihre Hauptaufgabe in der Prüfung der Rechnungslegung *aller* rechnungslegungspflichtigen Gesellschaften (mit Testat) besteht,[97] also weder kapitalmarktrechtlich noch (zumindest) börsengesellschaftsrechtlich zu qualifizieren zu sein scheint.[98] **Im Rahmen der Corporate Governance Diskussion** jedoch, die sich ja gerade durch die Verbindung gesellschafts- und kapitalmarktrechtlicher Diskussionsstränge auszeichnet, haben die **Abschlussprüfer als „Gatekeeper"** schon besonders früh geradezu paradigmatisch wichtige Bedeutung erlangt: namentlich in ihrer Stellung zwischen interner

[96] Zum Haftungsregime aus dem reichen Schrifttum namentlich: *Amort* Haftung und Regulierung von Ratingagenturen, EuR 2013, 272; *Arntz* Die Haftung von Ratingagenturen gegenüber fehlerhaft bewerteten Staaten und Unternehmen, BKR 2012, 89; *Berger/Ryborz* Die Haftung von Ratingagenturen zwischen Kompensation und Verhaltenssteuerung, WM 2014, 2241; *Blaurock* Verantwortlichkeit von Ratingagenturen – Steuerung durch Privat- oder Aufsichtsrecht? ZGR 2007, 603; *Dutta* Die neuen Haftungsregeln für Ratingagenturen in der Europäischen Union – zwischen Sachrechtsvereinheitlichung und europäischem Entscheidungseinklang, WM 2013, 1729; *Haar* Haftung für fehlerhafte Ratings von Lehman-Zertifikaten – ein neuer Baustein für ein verbessertes Regulierungsdesign im Ratingsektor? NZG 2010, 1281; *Halfmeier* Die Haftung von Ratingagenturen gegenüber Kapitalanlegern: Von Sydney lernen?, VuR 2014, 327; *v. Schweinitz* Die Haftung von Ratingagenturen, WM 2008, 953; *Vasella* Die Haftung von Ratingagenturen, 2011; *Wildmoser/Schiffer/Langoth* Haftung von Ratingagenturen gegenüber Anlegern? RIW 2009, 657; *Wojcik* Zivilrechtliche Haftung von Ratingagenturen nach europäischem Recht, NJW 2013, 2385.

[97] Rechtsgrundlagen sind die Vierte Richtlinie 78/660/EWG des Rates vom 25.7.1978 aufgrund von Art. 54 Absatz 3 Buchstabe g des Vertrages über den Jahresabschluß von Gesellschaften bestimmter Rechtsformen, ABl.EG 1978 L 222/11 (mit zahlreichen Änderungen bis hin ABl.EG 2009 L 164/42); Siebente Richtlinie 83/349/EWG des Rates vom 13.6.1983 auf Grund von Artikel 54 Absatz 3 Buchstabe g) des Vertrages über den konsolidierten Abschluß, ABl.EG 1983 L 193/1 (mit zahlreichen Änderungen bis hin ABl.EG 2009 L 164/42); Verordnung (EG) Nr. 1606/2002 des Europäischen Parlaments und des Rates vom 19.7.2002 betreffend die Anwendung internationaler Rechnungslegungsstandards, ABl.EG 2002 L 243/1 (Änderungen bis hin zu ABl.EG 2008 L 97/62); §§ 238 ff., bes. 264 ff. HGB; zur Abschlussprüfer-Richtlinie Nachw. unten Fn 101. Hierzu – und zum Anwendungsbereich – vgl. nur *Grundmann* Europäisches Gesellschaftsrecht §§ 14–17 sowie – speziell für die überragend wichtigen IFRS (nächste Fn) – *Achleitner/Behr* Internationale Rechnungslegung – Grundlagen, Einzelfragen und Praxisanwendungen, 4. Aufl. 2009 (dort auch jeweils umfangreiche Lit.nachw.). Nicht erörtert wird die Abschlussprüfung – um nur einige zu nennen – etwa in *Buck-Heeb* Kapitalmarktrecht; *Lenenbach* Kapitalmarktrecht; *Kümpel/Hammen/Ekkenga* (Hrsg.), Kapitalmarktrecht; *Veil* (Hrsg.) EuKapmR; (Erstere beide immerhin mit kurzer Erwähnung).

[98] Gerade die zuletzt genannte Überlegung stellt freilich bereits eine Verkürzung dar, weil die Frage, ob die Gesellschaft bzw. eine Gesellschaft in der Gruppe mit ihren Papieren auf Kapitalmärkten gehandelt bzw. zu ihnen zugelassen ist, für die Wahl des Regelwerkes (nach HGB oder nach IFRS) von Bedeutung ist. Vgl. im einzelnen *Grundmann* Europäisches Gesellschaftsrecht § 17 Rn 589 f., 594 f., 601 ff.; und § 291 HGB und dazu Baumbach/Hopt/*Merkt* § 291 Rn 1 ff.; MünchKomm/*Reiner* § 291 Rn 1 ff.; EBJS/*Schurbohm-Ebeneth* § 291 HGB Rn 1 ff.

und externer Corporate Governance,[99] also als intern beauftragte, für einen intern geschuldeten Informationstransfer mitverantwortliche Experten, deren Prüfung und Testatvermerke jedoch große Außenwirkung, namentlich auch auf Investoren haben.[100] In der Tat gehen die Ergebnisse ihrer Prüfung vielfach in kapitalmarktrechtlich zentrale Informationsinstrumente ein, nicht zuletzt in den **Prospekt** (unten 6. Teil Rn 131, 211). Und die wichtigsten Bilanz- und Abschlussprüferskandale – Enron und WorldCom 2001/02 –, die auch regulatorisch dies- und jenseits des Atlantiks grundlegende Reformen anstießen,[101]

---

[99] Schon in den Anfängen der Corporate Governance Debatte formulierte Cadbury-Committee – eines der drei Committees, mit denen die Corporate Governance Diskussion überhaupt breit anhob – unter 5.1.: „Audit is one of the cornerstones of corporate governance." (*Cadbury-Committee* The Financial Aspects of Corporate Governance, 1992). Sie zählen neben den (Konsortial-)Banken zu den zentralen „gatekeepers", zu den „usual suspects" etwa nach *Gerner-Beuerle* Underwriters, Auditors, and other Usual Suspects: Elements of Third Party Enforcement in US and European Securities Law, ECFR 2009, 476. Zur zentralen Rolle der Unternehmensüberwachung – gerade durch die Abschlussprüfung und nach den meisten Corporate-Governance-Codices durch zwingende Einrichtung eines speziellen Ausschusses (audit committee) etwa: *Hopt* Gemeinsame Grundsätze der Corporate Governance in Europa? Überlegungen zum Einfluß der Wertpapiermärkte auf Unternehmen und ihre Regulierung und zum Zusammenwachsen von common law und civil law im Gesellschafts- und Kapitalmarktrecht, ZGR 2000, 779 (782); *Trigo Trinidade* Corporate Governance – La responsabilité des conseils d'administration dans les sociétés, ERPL/REDC 2000, 281 (284); früh schon: *Conard* Die Überwachung des Unternehmensmanagements – ein Vergleich der Entwicklung im Recht der Europäischen Gemeinschaft und der Vereinigten Staaten, ZGR 1987, 180; aus jüngerer Zeit für diesen Vergleich etwa *Mouthaan* Corporate Governance Reform in the US and EU – Time for a Change, ECL 5 (2008), 123; und noch breiter *Chung/Farrar/Puri/Thome* Auditor liability to third parties after Sarbanes-Oxley: An international comparison of regulatory and legal reforms, Journal of International Accounting, Auditing and Taxation 19 (2010) 66; *Velte* Reform der Abschlussprüfung nach der Richtlinie 2014/56/EU und der Verordnung (EU) Nr. 537/2014 – Unabhängigkeit und Berichterstattung des Abschlussprüfers sowie Tätigkeit von Prüfungsausschüssen, DStR 2014, 1688; *Herkendell/Rieger* Auswirkungen der Deutschen Corporate Governance Kodex auf die Abschlussprüfuung – Aktualisierung von IDWPS 345, WPg 2013, 202; zu „auditing practices" in der EU: *Naciri* Corporate Governance around the world, 2008, S. 331 ff.

[100] Zum alten Streit zur Frage, ob Rechnungslegung und ihre Regulierung primär auf den Aktionärs- und Investorenschutz oder auf den Gläubigerschutz ausgelegt sind, ein Streit, der insbes. in der Diskussion um den Fair-value-Ansatz kulminiert, vgl. nur *Grundmann* Europäisches Gesellschaftsrecht, § 14 Rn 492–494, 498, 509–511; sowie etwa *Alsheimer* Das den tatsächlichen Verhältnissen entsprechende Bild der Vermögens-, Finanz- und Ertragslage – Angelsächsische Rechtstradition und deutsches Bilanzrecht, RIW 1992, 645; *Beisse* Zehn Jahre „True and Fair View", FS Clemm 1996, S. 27 (30–32); *Bird* What is „A True and Fair View"? The Journal of Business Law 1984, 480; *Moxter* Zum Verhältnis von handelsrechtlichen Grundsätzen ordnungsgemäßer Bilanzierung und True-and-fair-view-Gebot bei Kapitalgesellschaften, FS Budde 1995, S. 419; *Schön* Gesellschafter-, Gläubiger- und Anlegerschutz im Europäischen Bilanzrecht, ZGR 2000, 706; *ders.* Entwicklung und Perspektiven des Handelsbilanzrechts – vom ADHGB zum IASC, ZHR 161 (1997) 133 (152 f.); *Zahid* True and Fair View„ Versus "Fair Presentation„ Accountings: Are They Legally Similar or Different? EBLR 2008, 677.

[101] Sarbanes-Oxley. Corporate responsibility (2002, July 30), 116 Stat. 745 Pub. Law No. 107–204, 15 U.S.C. 7201, note; zu diesem Act etwa *Heldt/Ziemann* Sarbanes-Oxley in Deutschland? – Zur geplanten Einführung eines strafbewehrten "Bilanzeides„ nach dem Regierungsentwurf eines Transparenzrichtlinien-Umsetzungsgesetzes, NZG

entwickelten sich in ihrer Auswirkung fast noch spezifischer zu Kapitalmarktskandalen als die Fehlentwicklungen im Ratingsektor knapp ein Jahrzehnt später im Vorfeld der Finanzkrise 2008. Gesellschaftsrechtlich wird die Rechnungslegung als die zentrale Rechenschaftsform und Informationsquelle verstanden, und insoweit spielen die Abschlussprüfer eine ähnliche Rolle der Informationsaufbereitung und der Zertifizierung der Richtigkeit wie Finanzanalysten, wobei die Zertifizierung noch deutlicher – ja exklusiv – im Vordergrund steht, auch rechtlich vorgeschrieben ist (Pflichtprüfung), umgekehrt aber auch gegenstandsmäßig enger und präziser umrissen ist. Da die **kapitalmarktrechtlich geforderte und auch tatsächlich verfügbare Information** ungleich umfangreicher und dichter getaktet ist, bildet hier die Rechnungslegung und **Abschlussprüfung nur ein Element** von vielen, freilich ein durchaus zentrales. Hinzu kommen vor allem die gesamte Folgepublizität (Finanzberichtserstattung, Ad-hoc-Publizität und Beteiligungstransparenz, Directors' Dealing etc., 6. Teil Abschnitte 3 und 5) und eine individuelle Beratung bei den Einzeltransaktionen in Finanzinstrumenten (8. Teil zu §. 31 WpHG). Dennoch sollte darüber die Vergleichbarkeit der Rolle und die Wichtigkeit der Rechnungslegung auch aus kapitalmarktrechtlicher Sicht nicht vernachlässigt werden.

52 e) **Sonstige Berater und Signalgeber.** Neben die Finanzanalysten, Ratingagenturen und auch die Abschlussprüfer treten weitere (professionell tätige) Akteure, die im Vergleich zu diesen drei Formen von „Gatekeepers" weniger klar umrissene Funktionen in Kapitalmärkten und flankierend zum Investment Banking übernehmen und deswegen auch nochmals weniger oder gar nicht reguliert werden, freilich durchaus **partiell Funktionen eines „Gatekeeper"** ausfüllen (Informationsintermediär mit Überprüfungsfunktionen), teils jedoch treffender mit dem Begriff eines **Signalgebers** umschrieben wären: Manche von ihnen werden in Rechtsakten zum Investment Banking direkt angesprochen, freilich dort auch teils **eher privilegiert** (hinsichtlich *allgemeiner* Anforderungen, etwa bei Insider- oder Marktmanipulationsverboten, die im jeweiligen Kontext als zu streng gesehen werden) als reguliert. Dies gilt namentlich für **Journalisten,** die über Kapitalmarktentwicklungen oder einzelne Emittenten, namentlich auch in der Fachpresse, berichten (Art. 20 Abs. 3 UAbs. 4 und Art. 21 MAR, hierzu unten 6. Teil Rn 422–424). Andere Dienstleistungen haben praktisch nicht mehr die Funktion eines „Gatekeeper" (neutrale Überprüfung und Reputationsvermittlung), wohl jedoch des spezialisierten Informationsintermediärs, namentlich im Falle der **Beratung bei Unternehmensübernahmen und zur Kapitalstruktur.** Diese wird jedoch auch nur als Wertpapier*neben*dienstleistung erfasst (§ 2 Abs. 3a Nr. 3 WpHG, Anh I B Nr. 3 MiFID II), also für andere Anbieter als Wertpapierfirmen und Kreditinstitute gar nicht reguliert und für diese auch nur mit wenigen, vor allem den organisationsorientierten

---

2006, 652; *Hinz* Der Sarbanes-Oxley Act als Präventions- und Aufdeckungsmaßnahme doloser Handlungen – Eine Untersuchung vor dem Hintergrund des Enron-Zusammenbruchs und weiterer Bilanzskandale, 2010; *Volkwein* Die Umsetzung des Sarbanes Oxley Act in Deutschland, 2014; und Richtlinie 2006/43/EG des Europäischen Parlamentes und des Rates vom 17. Mai 2006 über Abschlussprüfungen von Jahresabschlüssen und konsolidierten Abschlüssen zur Änderung der Richtlinien 78/660/EWG und 83/349/EWG des Rates und zur Aufhebung der Richtlinie 84/253/EWG des Rates, ABl.EG 2006 L 157/87. Diese Richtlinie ersetzte aufgrund des fundamentalen Reformbedarfs die ungleich weniger stark auf tatsächliche Unabhängigkeit der Abschlussprüfer ausgelegte Achte Richtlinie 84/253/EWG des Rates vom 10.4.1984 aufgrund von Artikel 54 Absatz 3 Buchstabe g des Vertrages über die Zulassung der mit der Pflichtprüfung der Rechnungslegungsunterlagen beauftragten Personen, ABl.EG 1984 L 126/20; zur Abschlussprüfer-Richtlinie vgl. nur *Grundmann* Europäisches Gesellschaftsrecht, § 16.

Regeln (etwa Vermeidung von Interessenkonflikten), weil umgekehrt §§ 31 ff. WpHG ganz auf den Wertpapierhandel für Kunden zugeschnitten sind. Signalgeber sind vor allem diejenigen Anleger, deren Aufträge (wegen Größe oder mit ihnen einher gehendem Informationsgehalt) typischerweise Kursbewegungen auslösen können. Das sind einerseits die **institutionellen Anleger**, die aufgrund des getätigten Handelsvolumens solche Wirkungen zeitigen (können), daher auf Anonymität der Ausführung besonders bedacht sind, bisher jedoch eher in ihrem Stimmrechtsverhalten in der Corporate Governance Literatur intensiver diskutiert, aber nicht verschärft reguliert sind.[102] Das sind andererseits **Personen mit Führungsfunktionen beim Emittenten**, die in der Tat jeden Handel in Papieren dieses Emittenten (ab Erreichen einer Mindestschwelle) aufdecken müssen („Directors' Dealing", Art. 19 MAR, unten 6. Teil Rn 528–538) – dies jedoch nicht primär, um die Signal- und Informationsfunktion im Kapitalmarkt zu stärken, sondern als ein präventives Mittel gegen Insiderhandel, also zur Durchsetzung eines alle Akteure treffenden Verbotes, das gerade nicht auf spezielle Informationsintermediäre beschränkt und zugeschnitten ist.

Eine **Regulierung genuin ihrer Signale** kann bei den sonstigen Beratern und Signalgebern daher (nur) **in zwei Fällen** festgestellt werden: Besonders deutlich ist das bei den **Urhebern öffentlicher Statistiken**, die im Grundsatz zwar wohl weniger weitgehenden, aber vergleichbaren Sorgfaltsanforderungen unterworfen werden wie Finanzanalysten (Art. 20 Abs. 2 MAR, hierzu unten 6. Teil Rn 542). Anders gelagert ist bereits die unlängst erfolgte – intensive – Regulierung derjenigen **Akteure, die wirtschaftliche Referenzwerte definieren** (in der EU-Benchmark-Verordnung, unten 6. Teil 4. Abschnitt). Die Regulierung erfolgt in Reaktion auf den Libor-/Euribor-Skandal. Es geht nunmehr jedoch nicht mehr um „Gatekeeper" im klassischen Sinne, die Informationen über Emittenten überprüfen und mit ihrem Judiz Reputation verleihen, wohl aber um „Gatekeeper" („Türsteher") im Kapitalmarktgeschehen in einem anderen Sinne: Sie etablieren und verwalten Größen, auf die sich Kapitalmarktakteure bei der Festsetzung von Leistungsbeschreibungen beziehen können, eine Funktion, die sie mit den öffentlichen Statistiken (vorige Rn) gemeinsam haben. Es geht nur nicht mehr um die – verlässliche, mit Reputation versehene – Bewertung von Emittenten und Anlageinstrumenten, sondern um die Festlegung von Basisgrößen, auf die sich Akteure in Kapitalmärkten häufig beziehen. Der Vollständigkeit halber ist ein letzter – **dritter – Fall** anzusprechen: Hier geht es jedoch nicht mehr um eine Regulierung be- **53**

[102] Zu diesen Fragen etwa *Gerke/Bank/Steiger* Changing Role of Institutional Investors: A German perspective, und *Garrido/Rojo* Institutional Investors and Corporate Governance: Solution or Problem? in: Hopt/Wymeersch (Hrsg.) Capital Markets and Company Law, 2003, S. 357 bzw. 427; *Rudolph/Röhrl* Grundfragen, in Hopt/Rudolph/Baum (Hrsg.), Börsenreform, S. 143 (148 ff.); *Kumpan* Regulierung außerbörslicher Wertpapierhandelssysteme, S. 10 f., 17–25 et passim. Nun aber ist ein comply-or-explain-Ansatz in Art. 3f-h des Vorschlags zu Änderung der Aktionärsrechterichtlinie (Vorschlag für eine Richtlinie des Europäischen Parlaments und des Rates zur Änderung der Richtlinie 2007/36/EG im Hinblick auf die Förderung der langfristigen Einbeziehung der Aktionäre sowie der Richtlinie 2013/34/EU in Bezug auf bestimmte Elemente der Erklärung zur Unternehmensführung, COM/2014/0213 final) vorgesehen, wonach sich institutionelle Investoren bei börsennotierten Unternehmen auf eine „Einbeziehungspolitik" festlegen sollen, die auch ihr Stimmverhalten regelt; dazu *Leyens* Comply or Explain im Europäischen Privatrecht – Erfahrungen im Europäischen Gesellschaftsrecht und Entwicklungschancen des Regelungsansatzes, ZEuP 2016, 388 (421 f.); *Hopt* Corporate Governance in Europe: A Critical Review of the Commission's Initiatives on Corporate Law and Corporate Governance, 12 NYU J. Law & Business 139 (173–178) (2015); vgl. auch *Weigel* Perspektiven einer europäischen Regulierung der Stimmrechtsberater, 2016.

stimmter Funktionsträger im Markt, sondern die Erstreckung von Publizitätspflichten auf alle erheblich kursbeeinflussenden *Ereignisse*: Gemeint sind die Aufdeckungspflichten zum **Erwerb signifikanter Beteiligungen** (von der Beteiligungstransparenz nach §§ 21 ff. WpHG, unten 6. Teil 5. Abschnitt, bis hin zu den **Übernahmeangeboten**, unten 6. Teil Abschnitt 6). Wiederum gehen von solchen Ereignissen Signale aus, doch wird das Ereignis geregelt, nicht – wie in den anderen Fällen – ein bestimmter Kapitalmarktakteur mit Funktionen im Kapitalmarkt.

54 Insgesamt zeigt sich, dass eine **genuine Regulierung nur im Bereich der oben genannten „hauptamtlichen" Gatekeeper** zu finden ist, teils eine Regulierung, die proaktiv erfolgte (Finanzanalyse [besonders früh im deutschen Recht] ebenso wie Abschlussprüfung), teils eine, die (leider) erst skandalbedingt erging (Rating, und auch die präzisierend-verschärfende Ausgestaltung im Bereich Abschlussprüfung). Bei den sonstigen Beratern und Signalgebern hat Regulierung entweder zum Ziel, allgemeine Regulierungsvorgaben eher auf diese anzupassen (mit Privilegierungen) oder sie erfolgt primär aus einem anderen Zweck (etwa nicht um der Signalwirkung willen, sondern etwa um Insiderhandel vorzubeugen). Es bedarf schon eines Skandals vom Gewicht des Libor- und Euribor-Skandals, um Regulierung für sonstige Berater und Signalgeber auszulösen. Einzig die Regulierung von **Urhebern öffentlicher Statistiken** in Art. 20 Abs. 2 MAR kann als eine eigenständig proaktive Regulierung eines weiteren „Gatekeeper" verstanden werden.

II. Kapitalmärkte, Primär- und Sekundärmärkte, Kapitalmarktsegmente

55 **1. Überblick, Charakterisierung und Zusammenspiel.** Tatsächlich bestehende Marktstrukturen und der Regelungsrahmen sind nicht leicht in Gleichklang zu bringen. **Bestehende Marktstrukturen** sind in der EU **noch immer stark (auch) national** geprägt. Die Frankfurter Börse wird (vor allem) als eine deutsche Börse verstanden, die London Stock Exchange als eine britische – trotz ihrer primär internationalen Handelsaktivitäten –[103] und selbst Euronext, heute NYSE Euronext (Amsterdam, Brüssel, Lissabon, London [futures, LIFFE], Paris), wird als ein Zusammenschluss nationaler Börsen verstanden – etwa mit Euronext Paris als der Nachfolgerin der Bourse de Paris und führenden Börse im Zusammenschluss in Europa.[104] Tradition und ihre starke organisatorische Ausgestaltung und Verfestigung – insbesondere auch technisch-organisatorische Ausgestaltung –[105] lassen die Börsen als besonders stark einem Territorium zugehörig erscheinen – auch in einem

---

103 Volumenmäßig für den Aktienhandel – mit 5,5 % bzw. 4,1 % des weltweiten Handelsvolumens – die beiden größten Handelsplätze Europas, vgl. World Federation of Exchanges (WFE), Annual Report 2008 (auch zur Marktführerschaft NASDAQ und NYSE im Aktienhandel). Für Zahlen zu den anderen Handelsaktivitäten/Anlageinstrumenten, für die die weltweite Verteilung signifikant anders ist, nicht jedoch diejenige unter den Europäischen Börsen/Handelsplätzen: WFE, H1 Market Highlights 2016, S. 5–7.

104 Überblicksweise zur Frankfurter Börse http://www.boerse-frankfurt.de/inhalt/grundlagen-fwb-organisation. Überblicksweise zu Euronext und insbes. Euronext Paris (und der Bourse de Paris) *Fabozzi* Handbook of Finance, 2008, S. 143. Überblicksweise zur London Stock Exchange http://www.lseg.com/about-london-stock-exchange-group/history; ausführlicher *Michie* The London Stock Exchange: A History, 1999.

105 Zur Frage, inwieweit eine solch technisch-organisatorische Ausgestaltung Voraussetzung für die Qualifikation eines Marktsegments als geregelter Markt, multilaterales Handelssystem oder organisiertes Handelssystem ist, vgl. unten Rn 92.

Zeitalter, in dem die vollelektronische Abwicklung, an der Frankfurter Börse etwa über das Handelssystem Xetra, sehr deutlich überwiegt.[106] Und diese **Börsen dominieren volumenmäßig** – wiederum das tatsächliche Bild der Kapitalmärkte in Europa und den Eindruck in der Öffentlichkeit stark prägend – noch immer die Kapitalmarkttransaktionen, gefolgt von dem – lokal erfolgenden und damit ebenfalls einem Territorium zuzuordnenden – direkten Handel zwischen zwei oder mehr Investoren (einschließlich Banken im Eigenhandel und Interbankenhandel), dem sog. Over-the-Counter-Handel (OTC-Trade).[107] Zwar sind die letzten 15 Jahre geprägt durch eine Regulierung, die den **Wettbewerb zwischen Handelsplätzen,** Marktsegmenten und Handelsplattformen beleben sollte und die namentlich durch weitgehende regulatorische Angleichung dieser aneinander geprägt ist.[108] Die Börsendominanz blieb dennoch bestehen. Die Bedeutung des Wettbewerbs zwischen ihnen und den „neuen" Formen von Handelsplätzen (MTF, OTF) und die Frage, ob entsprechende Ausweitungen der Regulierung sinnvoll sind, wird dann auch sehr unterschiedlich beurteilt (näher 7. Teil).

Beides – die nationale Prägung und die Fokussierung auf den Börsenhandel – sind umgekehrt die beiden Elemente, die im **Regelungsrahmen** und im dort zu findenden Zuschnitt der maßgeblichen Marktsegmente zurückgedrängt erscheinen: Inzwischen ist der Regelungsrahmen praktisch ausschließlich ein Europäischer, erst recht seitdem auch die **Definitionen der maßgeblichen Marktsegmente in EU-Verordnungen** – mit unmittelbarer und europaeinheitlicher Anwendbarkeit in allen Mitgliedstaaten (Art. 288 Abs. 2 AEUV, unten Rn 136), – Eingang gefunden haben: Art. 3 Abs. 1 Nr. 6–8 der EU-Marktmissbrauchs-Verordnung von 2014 (MAR) spezifiziert diese als die „geregelten Märkte", die „multilateralen Handelssysteme" und die „organisierten Handelssysteme" – all dies unter Verweis auf Art. 4 Abs. 1 Nr. 21–23 MiFID II und alle drei zusammengefasst unter dem – wiederum Europäischen – **Begriff des „Handelsplatzes"** (Art. 3 Abs. 1 Nr. 10 MAR und Art. 4 Abs. 1 Nr. 24 MiFID II) (zu diesen drei Marktformen bzw. -segmenten unten 3. a)). Mit anderen Worten: Die jüngst grundlegend erneuerten Kernrechtsakte auf Europäischer Ebene – MAR und MiFID II – definieren die maßgeblichen Marktsegmente gänzlich **ohne Verweis auf die börslichen Marktsegmente,** ungleich allgemeiner. **56**

Signifikant ist schon die Geschichte der großen Konsolidierung der damaligen **EG-Börsen-Richtlinie** Anfang des Jahrhunderts: Als die Börsenrechts-Richtlinie 2001 verabschiedet **57**

106 Für Zahlen (weit über 90 % des Frankfurter Börsenhandels über Xetra) http;/www.boerse-frankfurt.de/inhalt/grundlagen-marktplaetze-xetra. Für die London Stock Exchange http:/www.lseg.com/areas-expertise/our-markets/london-stock-exchange/equities-markets/trading-services/domestic-trading-services/sets; hierzu auch *Eilenberger* Bankbetriebs-Wirtschaftslehre, S. 299 f.

107 Für Zahlen (52 % des EU-weiten Transaktionsvolumens über börslichen Handel, 34 % als OTC-Handel, nur 14 % in den sonstigen multilateralen Handelssystemen): Thomson Reuters Monthly Market Share Reports Updated – to Include August 2014 Data vom 16.9.2014; ähnlich (auf frühere Reports gestützt): EU-Kommission, Commission Working Staff Paper Impact Assessment, 20 October 2011, SEC(2011) 1217 final, S. 94; hierzu auch *Grill/Perczynski* Wirtschaftslehre des Kreditwesens, S. 240, 309; *Adrian/Heidorn* Bankbetrieb, S. 354 f.

108 Bahnbrechend in Deutschland hierzu *Hopt/Rudolph/Baum* (Hrsg.), Börsenreform – eine ökonomische, rechtsvergleichende und rechtspolitische Untersuchung, 1997 (das rechtspolitische Herzstück *Hopt/Baum*, S. 287–467); und auch *Hopt/Baum* Börsenrechtsreform – Überlegungen aus rechtsvergleichender Perspektive WM-Beil. 4/1997, 1. Näher zu Börsenorganisation und alternativen Handelsplätzen sowie zu Wettbewerb zwischen Handelsplätzen unten 7. Teil.

wurde,[109] wurden in ihr die zuvor bestehenden vier börslichen Richtlinien und damit praktisch der gesamte primärmarktrechtliche und gemischt primär- und sekundärmarktrechtliche Bestand (unten Rn 115) zusammengefasst. Doch schon 2003 wurde daraus wieder ein Torso: Sowohl bei den Zulassungsregeln als auch bei den fortdauernden Pflichten wurde sie bald ihres Herzstücks beraubt, der Prospekt- und der Ad-hoc-Publizitätsregeln (transferiert in die EG-Prospekt- bzw. die EG-Marktmissbrauchs-Richtlinie), bald folgten die Pflichten zur Zwischenberichtserstattung und Beteiligungstransparenz (transferiert in die EG-Transparenz-Richtlinie).[110] Die Börsen-Richtlinie 2001 kannte also (und verlor später) Regeln zur Börsenprospektpflicht (anfänglich), und (als Folgepflichten) zur periodischen (halbjährigen) Zwischenberichtspflicht sowie – jeweils anlassbezogen – zur Beteiligungstransparenz und zur Ad-hoc-Publizität. Das ist noch heute der Kernbestand des Primärmarktrechts und des primärmarktinduzierten Sekundärmarktrechts (unten Rn 104), nur heute nicht mehr nur auf die Börsen bezogen. Der Transfer erklärt sich als eine Ausweitung des Anwendungsbereichs der Pflichten – zuerst vom amtlichen Börsenhandel auf alle geregelten Märkte, dann auf alle öffentlichen organisierten Kapitalmärkte, wobei dieser zweite Erweiterungsschritt zuerst (nur) für die Prospektpflicht gegangen wurde. Umgekehrt steht dieser Transfer jedoch ebenfalls für den massiven Bedeutungsverlust der börslichen Märkte als *Regelungskonzept*, als Anknüpfungspunkt für hoheitliche Finanzmarktregulierung. Die Anknüpfung an die Zulassung zur amtlichen Notierung war historisch bedingt, ab 2003 wurde die Börsenrechts-Richtlinie stückweise zerschlagen und droht sogar völlig zu verschwinden. Börsenrecht erschien bis Ende des 20 Jahrhunderts als der Kern eines Kapitalmarktrechts, das durch behutsame Ausdehnung und Verallgemeinerung einiger Kernelemente des Börsenrechts zu wachsen schien. Seit 2001/03 erscheint das Kapitalmarktrecht – mit einer gänzlich eigenständigen Marktdefinition – vom Börsenrecht emanzipiert, dieses vielmehr **nur noch ein besonderer Ausschnitt innerhalb des Kapitalmarktrechts**, wenn auch praktisch mit Abstand der wichtigste Handelsplatz. Die wichtigsten Standards und Pflichten gelten heute für „Handelsplätze", nicht mehr nur für Börsen oder geregelte Märkte. Diese Verallgemeinerungstendenz wird im Kommentar an verschiedenen Stellen – für einzelne Rechtsakte – darzustellen sein. Sie überzeugt jedoch auch funktional: Wenn für Anlageinstrumente Sekundärmärkte ausgebildet werden, die sich durch massenhafte Zirkulation und Zirkulationsfähigkeit der fraglichen Instrumente auszeichnen, so greifen auch die maßgeblichen Gründe für eine Regulierung – so sie denn bestehen – in vergleichbarer Form auf all diesen Marktsegmenten ein. Eine grds. einheitliche Regelung der Sekundärmärkte für massenhaft zirkulierende und zirkulationsfähige Anlageinstrumente liegt in der Tat nahe.[111]

---

[109] Richtlinie 2001/34/EG des Europäischen Parlaments und des Rates vom 28.5.2001 über die Zulassung von Wertpapieren zur amtlichen Börsennotierung und über die hinsichtlich dieser Wertpapiere zu veröffentlichenden Informationen, ABl.EG 2001 L 184/1. Änderungen (vor allem die im Folgenden beschriebenen „Beschneidungen") ABl. 2003 *L 96/ 16;* 2003 *L 345/64;* 2004 *L 390/38; 2005 L 79/9*. Ausführliche Darstellungen zum System aus der Folgezeit (und bereits kurz zuvor) etwa bei *Bolkenstein* The Capital Markets Directives, (2005) 2 ECL 4; *Chiu* Three Challenges Ahead for the New EU Securities Regulation Directives, (2006) 17 EBLR 121 (vor allem Anwendungsdefizite); *Ferrarini* Securities Regulation and the Rise of Pan-European Securities Markets, in: Ferrarini/Hopt/Wymeersch (Hrsg.), Capital Markets in the Age of the Euro, 2002, 241; *Garrido García* Company Law and Capital Market Law, RabelsZ 69 (2005), 761; *Grundmann* ZSR 115 n.F. (1996) 103; *Mülbert* WM 2001, 2085; *Wymeersch* The Future of Financial Regulation and Supervision in Europe, (2005) 42 CMLR 987.

[110] Vgl. statt aller *Grundmann* Europäisches Gesellschaftsrecht, Rn 643–645, 701 ff., 710 f.

[111] Vgl. bereits ausführlicher oben Rn 13.

Dennoch **unterfallen die Kapitalmärkte** – und damit das Kapitalmarkt*recht* – auch heute noch in unterschiedlich tief regulierte Segmente und ist der Zusammenhang zwischen ihnen – auch im Hinblick auf die Begriffsbildung – umstritten. Einerseits bildet den homogenen Kern heute zwar eher der **„Handelsplatz"** mit „geregeltem Markt", „multilateralen Handelssystemen" und „organisierten Handelssystemen" (unten 3. a)) als – wie früher – die „Börse" (oder der amtliche Börsenhandel, später erweitert um den „geregelten Markt", der den amtlichen Börsenhandel umfasst). Andererseits treten zu diesem – als Konzept ungleich verbreiterten – **Kernkapitalmarkt** seinerseits weitere Finanzmärkte oder Segmente hinzu, deren Zusammenspiel mit dem Kernkapitalmarkt zu klären sein wird: Das sind – alle mit unterschiedlichen Problemen und Verbindungslinien zum Kernkapitalmarkt – (i) die **Geldmärkte und Derivatemärkte** (unten 3. b)), (ii) die **OTC-Transaktionen** und -Handelssysteme sowie – gänzlich anders – (iii) die sog. **„grauen" Kapitalmärkte** (beide behandelt unter 3. c)). In der Quintessenz wird hier dafür plädiert werden, die Geldmärkte und Derivatemärkte als Teil des Investment *Banking* und Kernkapitalmarktrechts zu verstehen, die „grauen" Kapitalmärkte hingegen nicht (sondern eher als einen Bereich mit fallweiser Übernahme kapitalmarktrechtlicher Modelle), jedenfalls nicht als Investment *Banking*. Die OTC-Transaktionen sind ebenfalls weiter entfernt vom Kernkapitalmarktrecht (näher zur Verortung unten Rn 75 f.). **58**

Bevor auf diese verschiedenen Handelsplätze und Kapitalmarktsegmente eingegangen wird, ist jedoch die zweite (und **andersartige) Unterscheidung**, die eben angesprochen wurde, näher in den Blick zu nehmen, diejenige zwischen **Primär- und Sekundärmarkt:** **59**

2. Primärmarkt und Sekundärmarkt. Eine erste Dimension, Kapitalmärkte – oder genauer: Arten der Nutzung von Kapitalmärkten – zu unterscheiden, geht dahin, Primär- und Sekundärmarkt einander gegenüberzustellen.[112] Damit werden nicht verschiedene Handelsplätze und Kapitalmarktsegmente voneinander getrennt (dazu dann vielmehr unten 3.), sondern **verschiedene Phasen der Nutzung ein und desselben Handelsplatzes** – oder aller Handelsplätze gleichermaßen, die erstmalige Platzierung und der spätere Handel (im und auf demselben Handelsplatz/Marktsegment): **60**

a) **Primärmarktrechtliche, gemischt primär- und sekundärmarktrechtliche, sowie sekundärmarktrechtliche Rechtsakte.** Mit **Primärmarkt und Primärmarktrecht** wird Bezug genommen auf die erstmalige Platzierung von Anlage-, vor allem von Finanzinstrumenten, durch **(erstmalige) Einführung** in den tatsächlichen Handel oder – soweit an diesem Handelsplatz nötig – durch **Zulassung**, beginnend mit dem Zulassungsantrag.[113] Manche Rechtsakte knüpfen allein an diese Einführungsmaßnahme an, namentlich die Prospektpflicht, sind also eindeutig und ausschließlich primärmarktrechtlich zu qualifizieren. **61**

Schon in ihrer bahnbrechenden Untersuchung von 1932, die (auch) für das Zusammenspiel zwischen Eigentumsrechten des jeweiligen Anlegers und Kapitalmärkten den Rahmen absteckte, führen *Berle/Means* freilich nicht nur aus, dass der Wert der Eigen- **62**

---

112 *Zetzsche/Wachter* Enzyklopädie Europarecht, Bd. 6, § 7 Rn 1–128; BankR-Hdb/*Seiler/Geiger* Vor § 104 Rn 15–19; Fuchs/*Fuchs* WpHG Einl. Rn 2; KölnKomm WpHG/*Hirte/Heinrich* Einl. Rn 3.

113 BankR-Hdb/*Seiler/Geiger* Vor § 104 Rn 16; KölnKomm/*Hirte/Heinrich* Einl. Rn 3; *Lenenbach* Kapitalmarktrecht, Rn 1.21. Obwohl der Handel nicht vor Zulassung einsetzen darf, wird in einer Reihe von Rechtsakten bereits auf die Stellung des Zulassungsantrags abgestellt, etwa in Art. 2 Abs. 1 lit. a) und b) MAR, weil Order bereits vorher platziert werden können, ggf. auch auf Termin, und solchermaßen auch bereits die Verwendung von Insiderinformationen im Raume steht.

tumsrechte maßgeblich durch die Effizienz der Kapitalmärkte bestimmt werde,[114] sondern auch, dass der wohl wichtigste Faktor sei, ob ein **Sekundärmarkt** etabliert wird.[115] Dies bezeichnet einen Handelsplatz, auf dem die **einmal platzierten Anlage-, vor allem Finanzinstrumente** (typischerweise zwischen Anlegern, dies wiederum typischerweise vermittelt durch Intermediäre) **gehandelt werden** können. Auch ein Investment, das ohne zeitliche Begrenzung zugesagt wird (Aktien und Gesellschaftsanteile) oder auf lange Zeit (Anleihen) und das solchermaßen für den Emittenten (im Hinblick auf die Planbarkeit seiner Investitionen) sinnvoll zugeschnitten ist, wird so tatsächlich liquide gehalten (wichtig für den Anleger).[116] Eine Reihe von Rechtsakten und Regelungsinstituten zeichnen sich hier nun durch einen **zwitterhaften Zuschnitt** aus: Sinnvoll sind sie – anders als die Prospektpflicht – nur, soweit solche Sekundärmärkte für die Art Anlageinstrument – namentlich Finanzinstrumente – tatsächlich etabliert wurden; umgekehrt werden jedoch die Pflichten als Folgepflichten der erstmaligen Markteinführung bzw. -zulassung ausgeformt wurden: Das gilt für Zwischenberichtspflichten (6. Teil Rn 218–222 und 4. Abschnitt), für die Beteiligungstransparenz (6. Teil 4. Abschnitt), recht eigentlich auch für die Ad-hoc-Publizität und das Directors' Dealing, obwohl der europäische Gesetzgeber sie vor allem als Präventionsmittel gegen (sekundärmarktrechtlichen) Insiderhandel versteht (6. Teil Rn 332, 336, 488 f., 531). All diese Pflichten greifen völlig unabhängig von jeglicher konkreter Transaktion auf dem Sekundärmarkt ein und haben standardisierte Inhalte (für den Markt allgemein). Unter ihnen dominieren (wiederum) die (standardisierten) Informations- oder Publizitätspflichten. Kategorisiert man die reinen primärmarktrechtlichen und die gemischt primär- und sekundärmarktrechtlichen Pflichten, so sind zu unterscheiden **einmalige (anfängliche), periodisch wiederkehrende und anlassbezogene (spätere)** Informationen.

63 Eine **dritte Kategorie** von Rechtsakten und Regelungsinstituten steht hingegen nicht in vergleichbarer Weise zwischen Primär- und Sekundärmarkt – in der primärmarktrechtlichen Einführung gründend, sich aber erst bei Etablierung auch von Sekundärmärkten auswirkend. Vielmehr knüpfen die jeweiligen Pflichtentatbestände hier ganz **an eine konkrete sekundärmarktrechtliche Transaktion** an, etwa die Verbote von Insiderhandel und Marktmanipulation, oder an eine konkrete Intervention des Intermediärs beim Wertpapierhandel. Im ersten Fall handelt es sich um eine Pflicht, die – trotz des Anknüpfens an konkrete Transaktionen – vor allem gegenüber den (Sekundär)Märkten allgemein besteht (sog. Marktverhaltensrecht, 6. Teil). Im zweiten Fall gilt die Pflicht hingegen gerade auch im individuellen Kundenverhältnis (8. Teil).

64 **b) Verbindungslinien und Funktionalität.** So sinnvoll es konzeptionell ist, Primärmarktrecht und Sekundärmarktrecht – und dazwischen, als dritte Kategorie, auch primärmarktinduziertes Sekundärmarktrecht – voneinander zu unterscheiden, so bestehen doch zwischen diesen Kategorien und den ihnen zugehörigen Regelwerken und Pflichtentatbeständen auch **enge Verbindunglinien**. Auf die wichtigste – schon von *Berle/Means* herausgestellte – **funktionale** Verbindungslinie wurde bereits hingewiesen: Die Etablierung von Sekundärmärkten verändert das Investment, das platziert werden soll („Primärmarkt"),

[114] *Berle/Means* The modern corporation and private property, 1932, bes. S. 276–296; zu Einordnung und Bedeutung, vor allem auch innerhalb der Theorienentwicklung, vgl. jüngst *Grundmann* in: Grundmann/Micklitz/Renner Privatrechtstheorie, 2015, bes. S. 1507–1527.

[115] Ebenda S. 279 ff.

[116] Ebenda S. 279 ff., bes. 283 f.; zu diesem Aspekt seitdem: *Grunewald/Schlitt* Kapitalmarktrecht, § 1 II 1 S. 5 f.; *Lenenbach* Kapitalmarktrecht, Rn 1.26; *Zetzsche/Wachter* Enzyklopädie Europarecht, Bd. 6, § 7 Rn 76.

macht es idR attraktiver weil später liquidierbar, auch wenn die Frist des Investments noch nicht abgelaufen ist oder wenn das Investment ohne zeitliche Beschränkung erfolgt. Die Existenz von Sekundärmärkten für ein Investment verändert also tatsächlich den Inhalt der Eigentumsrechte, die unter Beachtung der primärmarktrechtlichen Platzierungsvoraussetzungen, etwa der Veröffentlichung eines Wertpapierprospektes, in den Markt eingeführt werden. Nicht weniger wichtig sind **dogmatische Verbindungslinien**: Auch auf die erstmalige Platzierung, teils sogar schon zuvor (ab Stellung des Zulassungsantrags) können Rechtspflichten Anwendung finden, die sekundärmarktrechtlich qualifiziert werden und ihren Schwerpunkt tatsächlich im Handel von bereits zugelassenen oder in das Marktsegment eingeführten Anlageinstrumenten, namentlich Finanzinstrumenten haben. Das gilt etwa für die Nutzung von Insiderinformationen,[117] aber auch für die wertpapierhandelsrechtlichen (Wohlverhaltens-)Pflichten.[118]

Für den vorliegenden Kommentar wurde aus dieser funktionalen Betrachtungsweise **65**
der Schluss gezogen, nicht nach Primärmarktrechtsakten und Sekundärmarktrechtsakten zu unterscheiden –[119] was beispielsweise verunklärend wirken kann, wenn es um die Anwendbarkeit von „sekundärmarktrechtlichen Pflichten" auch bereits bei der erstmaligen Markteinführung geht, und womit auch die funktionalen Bezüge zwischen Primär- und Sekundärmärkten, der „Genius", den *Berle/Means* für Kapitalmärkte herausarbeiteten, unterrepräsentiert wären (vorige Rn). Als wichtigste **funktionale Unterscheidung** wurde demgegenüber diejenige gesehen **zwischen verschiedenen Pflichtenadressaten und Begünstigten**, gleichsam die klassischen rechtlichen Grundkategorien: Die Pflichten allgemein Märkten gegenüber, unabhängig vom Bestehen konkreter Transaktionsverhältnisse (Marktverhaltenspflichten, 6. Teil); die Pflichten, die Organisation so einzurichten, dass auf die Risiken- und Pflichtenlage nach außen mit einem hohen Maße an Professionalität und Prävention reagiert wird (Organisationspflichten, 7. Teil); und die Pflichten gegenüber konkreten Transaktionspartnern in der individuellen Kundenbeziehung (8. Teil).

3. Kapitalmärkte, Handelsplätze und Kapitalmarktsegmente

a) Kernkapitalmarkt: Geregelter Markt, multilaterale und organisierte Handelssys- 66
teme. Traditionell stand – vor allem im deutschen Schrifttum und bezogen auf die Konfigurierung des Kapitalmarktes in Deutschland – die Unterscheidung zwischen amtlichem börslichem Handel, sonstigen regulierten Marktsegmenten und unregulierten Marktsegmenten, namentlichem dem sog. Freiverkehr, im Mittelpunkt.[120] Das ist anders seit der

---

117 Zu Anwendung der Insiderhandelsverbote schon auf Platzierungsmaßnahmen im Rahmen der individuellen Wertpapierhandelsbeziehung zum Kunden: *Wieneke* Emissionspublizität. Praktische Anforderungen und rechtliche Grenzen, NZG 2005, 109 (113); Fuchs/*Fuchs* WpHG § 1 Rn 6–8; KölnKomm WpHG/*Versteegen/Baum* § 1 Rn 9 f. Entsprechend für die Marktmanipulationsverbote knapp *Poelzig* NZG 2016, 528 (535 ff.).

118 Zur Anwendung schon auf Platzierungsmaßnahmen im Rahmen der individuellen Wertpapierhandelsbeziehung zum Kunden: *Bachmann* Der Grundsatz der Gleichbehandlung im Kapitalmarktrecht, ZHR 170 (2006), 144 (148); Fuchs/*Fuchs* WpHG Vor §§ 31 ff. Rn 1; KölnKomm WpHG/*Möllers* § 31 Rn 88.

119 Eine Strukturierung der Materie (primär) nach diesem Kriterium etwa bei *Zetzsche/Wachter* Enzyklopädie Europarecht, Bd. 6, § 7 Rn 1–128 (Europäisches Kapitalmarktrecht); *Lenenbach* Kapitalmarktrecht, Rn 1.20 ff.; BankR-Hdb/*Seiler/Geier* Vor § 104 Rn 15–34; Kümpel/Wittig/*Oulds* Rn 14.62 ff.; ansatzweise durchaus auch *Grundmann* Europäisches Gesellschaftsrecht, §§ 18 ff.

120 Dazu Kümpel/Wittig/*Oulds* Rn 14.72 f.; *Grundmann* Europäisches Gesellschaftsrecht, § 18 Rn 611; klassisch *Schmidt* Wertpapierbörsen, 1988, bes. S. 37–40.

Neuordnung durch: (i) **MiFID I und heute MiFID II** – vor allem für die Marktbetreiberregeln und für das individuelle Kundenverhältnis (dort Art. 4 Abs. 1 Nr. 21–23 MiFID II) – **und** (ii) **durch die MAR**, den Kernrechtsakt für das Marktverhaltensrecht auf EU-Ebene, der die Begriffe und Zuschnitte identisch übernimmt (Verweis des Art. 3 Abs. 1 Nr. 6–8 MAR auf die genannten MiFID II-Regeln):[121] Im Anwendungsbereich der MAR werden also EU-Richtlinienregeln (aus der MiFID II) unmittelbar anwendbar, als EU-Verordnungsrecht.[122] In den Hauptstrukturen des Europäisierten Kapitalmarktrechts werden dadurch **folgende drei als die maßgeblichen Segmente** festgelegt: der „geregelte Markt" (unten aa)) – ein Konzept mit größerer Regelungstradition –, das „multilaterale Handelssystem" (unten bb)) und – erst in jüngsten Reformwelle ab 2014 als Auffangbegriff hinzugekommen – das „organisierte Handelssystem" (unten cc)).

67 aa) Der **geregelte Markt (Art. 3 Abs. 1 Nr. 6 MAR und Art. 4 Abs. 1 Nr. 21 MiFID II)** ist das **höchstregulierte Marktsegment** und umfasst schon traditionell auch den amtlichen Börsenhandel,[123] zuerst als eine behutsame Erweiterung desselben. In MAR und MiFID II sind der Begriff und Inhalt identisch (schlichter Verweis). Dies wird bei Umsetzung von MiFID II voraussichtlich dazu führen, dass der Parallelbegriff im deutschen Recht – soweit denn noch ein Umsetzungsakt nötig ist und keine EU-Verordnung unmittelbare Anwendung fordert – angepasst wird. Bisher **benennt § 2 Abs. 5 WpHG das gleiche Marktsegment als „organisierten Markt"**(vergleichbar § 3 Abs. 4 WpPG) – weil der „geregelte Markt" in Deutschland früher das zweite börsliche Segment nach dem amtlichen Handel bezeichnete und mit dem Begriff „organisierter Markt", um Verwechslungen auszuschließen, deutlich werden sollte, dass *alle* hochregulierten Segmente (einschließlich des amtlichen Handels) gemeint seien. Bei Beibehaltung des Begriffs „organisierter Markt" wären freilich in Zukunft nunmehr Verwechslungen mit dem neu hinzugekommenen Auffangkonzept eines „organisierten Handelssystems" (unten c)) zu befürchten.[124]

68 Die **Aufzählung der maßgeblichen Kriterien** freilich ist in allen drei Rechtsakten – MiFID II (in Anlehnung an MiFID I), in MAR (durch Verweis) und in § 3 Abs. 5 WpHG (in Umsetzung der MiFID I) – inhaltlich die gleiche. Gefordert werden jeweils fünf Elemente – Marktbetreiberverantwortung, multilateraler Zugang, hoheitlicher Rahmen, eigenes klares Regelsystem und Ausrichtung an Vertragsabschlüssen über Finanzinstrumente:[125] Bei dem Markt muss es sich (i) um ein System handeln, für das ein **Betreiber verantwortlich** ist, es betreibt oder jedenfalls verwaltet, also die maßgeblichen Entscheidungen trifft. Dieses System muss (ii) **multilateral ausgestaltet** – eine Vielzahl von Nutzern

[121] Für den – vergleichbaren – Zuschnitt der maßgeblichen Marktsegmente in der Prospekt-Richtlinie unten 6. Teil Rn 82–88; sowie *von Kopp-Colomb/Witte* in:Assmann/Schlitt/von Kopp-Colomb WpPG Einl Rn 3 f. und § 1 Rn 1; *Spindler*/Holzborn WpPG Einl Rn 24.

[122] Vgl. auch *Veil/Koch* WM 2011, 2297 (2299) und Rn 50.

[123] BankR-Hdb/*Seiler/Geier* Vor § 104 Rn 22–25; *Grundmann* Europäisches Gesellschaftsrecht, § 18 Rn 611; Grunewald/Schlitt Kapitalmarktrecht, § 1 II 1 S. 6–8; KölnKomm WpHG/*Hirte/Heinrich* Einl Rn 4.

[124] Im Rahmen des Ersten Finanzmarktnovellierungsgesetzes – 1. FiMaNoG vom 30. Juni 2016, BGBl. 2016 I, S. 1514 – fand man zu keiner endgültigen Klärung bei der Begriffsbildung. In § 1 Abs. 2 und § 38 Abs. 1b FiMaNoG wurde der Begriff organisierter Markt beibehalten, jedoch in § 50 Nr. 1 FiMaNoG wird vom geregelten Markt bzgl. des Handelsplatzes gesprochen. Eine klare Linie zeichnet sich bislang noch nicht ab.

[125] *Grunewald/Schlitt* Kapitalmarktrecht, § 1 II 1 S. 7; *Lenenbach* Kapitalmarktrecht, Rn 1.28; Fuchs/*Fuchs* WpHG § 2 Rn. 158–161; KölnKomm WpHG/*Baum* § 2 Rn 227–230.

(„Dritten") muss also zu ihm Zugang haben – und (iii) **hoheitlich zugelassen, geregelt und überwacht** sein, d.h. seine Funktionsweise muss den jeweiligen hoheitlichen Vorgaben entsprechen (Titel III der MiFID II) und dies muss auch hoheitlich verbürgt werden. Schließlich muss das System (iv) nach einem **vorher festgelegten Regelwerk** (v) für die **Zusammenführung und den Abschluss von Verträgen in Finanzinstrumenten** funktionieren. Abschlüsse dürfen insbesondere nicht vom Ermessen des Marktbetreibers abhängig sein. Das einheitliche Regelwerk ist gleichermaßen die DNA oder Software des geregelten Marktes,[126] umgekehrt sind eine sächlich-technische Ausstattung, insbesondere auch Büros nicht gefordert,[127] wenn auch zumindest eine computermäßige Ausstattung und Algorithmen für die ordnungsgemäße Abwicklung der Order – entsprechend dem Regelwerk – tatsächlich unverzichtbar sind. Einen Vertragsschluss in Finanzinstrumenten – also in den zirkulierungsfähigen Anlageformen, die Art. 4 Abs. 1 Nr. 15 iVm Anh I Abschnitt C MiFID II benennt (zu diesem Kreis näher unten Rn 111) – fordert MiFID II (und MAR), also nicht nur das Nachweisen und Vermitteln von Vertragsschlussmöglichkeiten und all dies auch nur in den Anlageformen, auf die sich das Kernkapitalmarktrecht bezieht.

Viele der genannten Kriterien zählen auch zu den unverzichtbaren Voraussetzungen für **69** das Vorliegen eines multilateralen oder auch eines organisierten Handelssystems – zumal eine sächlich-organisatorische Ausstattung nicht (mehr) vorausgesetzt wird. Die Zulassung dieses konkreten Marktes – nicht nur des Marktbetreibers als eines Wertpapierdienstleisters – und auch die Ausrichtung auf Vertragsschlüsse **hebt den geregelten Markt noch heute gegenüber den anderen ab.**[128]

bb) **Multilaterale Handelssysteme (Art. 3 Abs. 1 Nr. 7 MAR und Art. 4 Abs. 1 Nr. 22** **70** **MiFID II)** heben sich gegenüber geregelten Märkten vor allem im dort drittgenannten Kriterium ab, namentlich dadurch, dass **nur der Marktbetreiber der Zulassung bedarf, nicht jedoch das System selbst.**[129] Die dauerhafte Überwachung sieht MiFID II jedoch auch bei diesen Systemen vor (Wertpapierdienstleistung nach Anh. I Abschnitt A Nr. 8, näher 7. Teil). Vergleichbar sind auch die Verantwortung des Marktbetreibers, die multilaterale Ausgestaltung und auch das Funktionieren nach einem vorweg festgesetzten, nichtdiskretionären Regelwerk (oben **Kriterien (i), (ii) und (iv)) unverändert notwendig,** oben Rn 68). Der Hauptunterschied liegt also darin, dass der geregelte Markt – durch eigene Zulassung – institutionell in größerem Maße gegenüber dem Betreiber verselbständigt ist und unabhängig von seinen Trägern nach außen erscheint, etwa eine Börse, die ein Konsortium von Kreditinstituten betreibt. Im Hinblick auf das fünfte Kriterium ist ein Vertragsabschluss und nicht lediglich der Nachweis erforderlich.[130]

cc) Als **Auffangkonzept** verstanden wurde das des **„organisierten Handelssystems"** **71** **(Art. 3 Abs. 1 Nr. 8 MAR und Art. 4 Abs. 1 Nr. 23 MiFID II)**, im ursprünglichen Ratsvorschlag noch als Allgemeines, in der verabschiedeten Fassung als auf spezifische Anlagein-

---

126 Ansatzweise ebenso *Lenenbach* Kapitalmarktrecht, Rn 1.28.

127 Implizit Kümpel/Wittig/*Oulds* Rn 14.71.

128 Zum Ersten und zum Zweiten: Fuchs/*Fuchs* WpHG § 2 Rn 161; Langenbucher/Bliesener/Spindler/*Bergmann* 36. Kap Rn 125.

129 *Holzborn/Israel* Die Neustrukturierung des Finanzmarktrechts durch das Finanzmarktrichtlinienumsetzungsgesetz (FRUG), NJW 2008, 791 (795); Fuchs/*Fuchs* WpHG § 2 Rn 111; KölnKomm WpHG/*Baum* § 2 Rn 180 und KölnKomm WpHG/*Seifert* § 31f Rn 12.

130 Langenbucher/Bliesener/Spindler/*Bergmann* 36. Kap Rn 125; Fuchs/*Fuchs* WpHG § 2 Rn 161; KölnKomm WpHG/*Baum* § 2 Rn 182 f. und KölnKomm WpHG/*Seiffert* § 31f Rn 10, 16.

strumente Bezogenes.[131] Eingeführt wurde es erst mit der Reform 2014 und dem Erlass von MiFID II und MAR, um punktuell Schutzlücken zu schließen und die Anwendbarkeit dieser beiden Hauptrechtsakte auch in diesen „Nischen" zu gewährleisten. Wiederum wird Multilateralität ebenso gefordert wie die Zielsetzung, Angebote und Nachfrage zusammenzuführen (Kriterien (ii) und (v) oben). Sicherlich bedarf es bei diesem System – wie bei den multilateralen Handelssystemen – keiner Zulassung des Systems an sich, ausweislich Anh. I Abschnitt A Nr. 9 ist das Betreiben solcher Systeme freilich als Wertpapierdienstleistung zu verstehen, besteht also eine damit einhergehende Marktbetreiberverantwortung[132] und wird die hoheitliche Überwachung des laufenden Betriebs durchaus auch auf dieses Marktsegment erstreckt (näher 7. Teil) (Kriterien (i) und (iii) oben). Signifikante Unterschiede ergeben sich – außer bei der Zulassungsfrage – also vor allem in der Frage, wie das Regelwerk gestaltet sein muss, namentlich weil bei diesem Mechanismus ausdrücklich nicht vorausgesetzt wird, dass die Entscheidung über Vertragsschluss „nichtdiskretionär", also aus dem Regelwerk selbst verbindlich ableitbar sei. In diesen Märkten tritt eine ermessensgeleitete Entscheidung des Betreibers dazwischen, obwohl die Pflicht zur bestmöglichen Ausführung durchaus auch hier gilt.[133] Umgekehrt werden die Nischen und das genannte Abrundungsbedürfnis in der letztlich verabschiedeten Fassung nur im Hinblick auf einige Anlageinstrumente gesehen (und die Märkte für diese): für Märkte, auf denen Schuldverschreibungen und strukturierte Finanzprodukte, also Wertpapiere vor allem des Fremdkapitals gehandelt werden, sowie Derivate und Emissionszertifikate (zu diesen allen vgl. Rn 86 und unten 6. Teil Rn 274 f., 280–285), also namentlich nicht Aktien und Gesellschaftsanteile.[134]

72 b) **Geld- und Derivatemärkte – Zusammenspiel.** In den **Kreis der Finanzinstrumente einbezogen** wurden die Geldmarktinstrumente bereits durch Art. 1 Abs. 1 Nr. 5 WpDl-RL, weil der Europäische Gesetzgeber sie als kapitalmarktaufsichtsrechtlich für mit den klassischen Effekten (Aktien und Anleihen) vergleichbar einstufte.[135] Für die Derivate wurde dieser Schritt erst ein Jahrzehnt später mit der Verabschiedung der MiFID I getan.[136] Freilich werden diese Instrumente praktisch ausschließlich auf Märkten gehandelt, die auf diese Instrumente spezialisiert sind, auf den **Geld- und den Derivatemärkten,** wobei die Geldmärkte primär der Refinanzierung der Banken dienen, außerdem die Devisenmärkte, die alle eigene Träger bzw. Regelwerke haben.[137] Die Geld- und Derivatemärkte sind also

---

[131] Vgl. bereits Wortlaut („bei dem es sich nicht …") sowie 13. Erw.grund MiFID II und auch 8. Erw.grund MAR; sowie Langenbucher/Bliesener/Spindler/*Bergmann* 36. Kap Rn 131; KölnKomm WpHG/*Baum* § 2 Rn 184, 232, 251.

[132] KölnKomm WpHG/*Baum* § 2 Rn 184.

[133] Langenbucher/Bliesener/Spindler/*Bergmann* 36. Kap Rn 131.

[134] Langenbucher/Bliesener/Spindler/*Bergmann* 36. Kap Rn 131; KölnKomm WpHG/*Baum* § 2 Rn 184.

[135] Geldmarktinstrumente müssen – wie die klassischen Effekten („Wertpapiere") – zirkulationsfähig sein; näher zu ihnen *Assmann*/Schneider § 2 WpHG Rn 35–37; Fuchs/*Fuchs* WpHG § 2 Rn 33; KölnKomm WpHG/*Baum* § 2 Rn 70; und unten Rn 72 und 6. Teil Rn 278.

[136] Besonders deutlich 4., 25. und 70. Erw.grund der MiFID I; vgl. Fuchs/*Fuchs* WpHG § 2 Rn 41 und Vor §§ 37e, 37g Rn 18 ff.; KölnKomm WpHG/Baum § 2 Rn 74–76. Zu den Derivaten als Finanzinstrumenten näher unten Rn 86 und unten 6. Teil Rn 274 f., 280–285.

[137] Näher dazu *Buck-Heeb* Kapitalmarktrecht § 2 Rn 82–85; Kümpel/Wittig/*Oulds* Bankrecht, Rn 14.58 ff. Zum zunehmenden Erfolg bzw. der Förderung der Derivate- und Terminmärkte in der EU vgl. *Kommission* Staff Working Paper Impact Assessment, SEC(2011) 1217 final, S. 98.

institutionell getrennt von den Effektenmärkten (Aktien und Anleihen und vergleichbare Wertpapiere) und auch untereinander.

Daraus wird teils der Schluss gezogen, dass die **Geld- und Derivatemärkte** ***nicht*** **in den Kreis der Kapitalmärkte einzubeziehen** und die Anforderungen an Geldmarkt- und derivative Instrumente nicht mehr als Teil des Kapitalmarktrechts zu verstehen seien (sondern lediglich als Teil eines all diese Einzelmärkte umfassenden Finanzmarktes).[138] Angesichts des Facettenreichtums der Kapitalmärkte ergibt sich aus dem bloßen Faktum der institutionellen Trennung freilich m.E. noch kein überzeugendes Argument. Methodisch zwingender erscheint es, in dieser Frage die **funktionalen Zusammenhänge und die Regelungssystematik** des hauptverantwortlichen Gesetzgebers – hier des Europäischen – als die maßgeblichen Kriterien heranzuziehen – zumal in dem Kommentar, mit dem *Staub* das *Savigny'sche* Systemdenken durch ein Systemdenken anhand gesetzlich etablierter Ordnungen überformte:[139] Funktional entscheidend erscheint, dass Derivatemärkte und Wertpapiermärkte in enger Wechselwirkung stehen, weil Volumen, Richtung und Preis des Derivatehandels Kurse in Wertpapiermärkten erheblich beeinflussen. Besonders signifikantes Beispiel ist der sprunghafte Anstieg des Kurses der VW-Aktie im Herbst 2008 auf über 1.000,– € im Rahmen des Übernahmeversuches seitens der Porsche AG – ausgelöst durch Leerverkäufe, mit denen auf Kurseinbrüche spekuliert worden war.[140] Aufgrund des geringen Kapitaleinsatzes bei Derivaten und der darauf beruhenden Hebelwirkung für das Volumen der Aufträge (und folglich auch der Renditen) können Angebot und Nachfrage – selbst wenn nur virtuell – auf den Wertpapiermärkten erheblich beeinflusst werden und damit auch die Kurse.[141] **73**

[138] So etwa *Buck-Heeb* Kapitalmarktrecht Rn 79 (wenn auch Überlappungen); MünchKommBGB/*Lehmann* Bd. 11, Internationales Finanzmarktrecht Rn 28; Veil/*Veil* EuKapmR.§ 7 Rn 4.

[139] An die Stelle des „Systems des heutigen Römischen Rechts" (1840–48/49, 8 Bde.), das ein System des Gelehrtenrechts ist, tritt mit der Kommentartechnik, die Staub zuerst für das HGB (als die erste große privatrechtliche Kodifikation des Zweiten Kaiserreichs) entwickelte, als Betrachtungsgegenstand das System des Gesetzgebers: Norm für Norm, in der Ordnung, in der der Gesetzgeber die Materie abhandelt. Zum Ersten etwa *Kunkel/Schermaier* Römische Rechtsgeschichte, 14. Aufl. 2005, S. 232 ff.; *Wolff* (begründet von Wieacker) Römische Rechtsgeschichte, Band 2, 2006, S. 40 ff. Zu Staub und seinem Kommentar namentlich: *Hermann* Mehr Lotse als Entdecker. Ein zivilistischer Rückblick auf Hermann Staub nach 100 Jahren, FS Staub 2006, S. 25; *K. Schmidt* Staub in „Staub's Kommentar" – Exemplarisches zum Handelsrechtsbild eines Klassikers, FS Staub 2006, S. 109; *Thiessen* „Ein ungeahnter Erfolg" – zur (Rezeptions-)Geschichte von Hermann Staubs Kommentaren, FS Staub 2006, S. 55.

[140] Dazu etwa FAZ vom 27.10.2008 „Unfassbares Kursplus der VW-Aktie" und 28.10.2008 „Der Wahnsinn geht weiter"; http://www.boerse.de/boersenwissen/boersengeschichte/Kurskapriolen-der-VW-Aktie-2008–45. Porsche hatte mit Erwerb von Optionen auf 31 % des „free float" (Streubesitz) diesen – unter Berücksichtigung des bereits zuvor gehaltenen eigenen Anteils und des Anteils des Landes Niedersachsen – auf 6 % gedrückt.

[141] Dazu etwa *Melzer* Zum Begriff des Finanztermingeschäfts, BKR 2003 366 (368 f.); *Schäfer/Lang* Zur Reform des Rechts der Börsentermingeschäfte, BKR 2002, 197 (200); *Lenenbach* Kapitalmarktrecht, Rn 19.51; Kümpel/Wittig/*Rudolf* Rn 19.51; Langenbucher/Bliesener/Spindler/*Binder* 37. Kap Rn 13; *Eck* in: Zerey (Hrsg.), Rechtshandbuch Finanzderivate, § 5 Rn 2 und ausf. mit den ökonomischen, auch verhaltensökonomischen Bezügen: *Klöhn* Kapitalmarkt, Spekulation und Behavioral Finance – eine interdisziplinäre und vergleichende Analyse zum Fluch und Segen der Spekulation und ihrer Regulierung durch Recht und Markt, 2006, S. 132, 147 f. Beispiel in der vorigen Fn.

Der **Europäische Gesetzgeber** hat aus diesen funktionalen Bezügen nach dem Gesagten den Schluss gezogen, die **Derivate** ab 2004 in den Anwendungsbereich zentraler Rechtsakte zu Kapitalmarktanforderungen einzubeziehen – und zuletzt für die beiden Hauptrechtsakte, MiFID II und MAR bestätigt. Dass die Einwirkung auf Wertpapiermärkte dafür ausschlaggebend war, solchermaßen Derivate und Derivatemärkte nicht unabhängig, sondern in Abhängigkeit zu Wertpapiermärkten einbezogen wurden, ändert an der Zughörigkeit zur kapitalmarktrechtlichen Regulierung m.E. nichts. Auch etwa Präventivregeln – wie zum Directors' Dealing und ggf. auch der Ad-hoc-Publizität – haben solch „abhängig-dienenden" Charakter und werden dennoch allgemein als Teil des (Kern-)Kapitalmarktrechts gesehen. Die **Geldmarktpapiere** sind in das Europäische Kapitalmarktrecht ohnehin schon von Beginn an einbezogen und dies „selbständig", d.h. wegen ihrer vergleichbaren Charakteristiken, namentlich der Zirkulationsfähigkeit, nicht nur wegen der Wechselwirkungen mit den Kursen der Wertpapiere (Effekten) als der eigentlich regulierten Anlageinstrumente. Kürzere Fristigkeit wird spätestens seit diesem Zeitpunkt nicht mehr als tragfähiger Grund für einen Ausschluss bzw. eine Differenzierung angesehen. Dass nicht alle kapitalmarktrechtlichen Anforderungen an alle Instrumente und Märkte gleich angelegt werden – beispielsweise die Prospektpflicht nicht auf Geldmarkt- und derivative Papiere erstreckt wird (unten 6. Teil Rn 84) –, ändert ebenfalls nichts an der grundsätzlichen Einbeziehung.

74 c) **Sonstige Kapitalmärkte?** Neben den Effektenmärkten, den Geldmärkten und Derivatemärkten sind zwei (relativ heterogene) weitere Märkte – oder Formen von Massentransaktionen – von besonderer Bedeutung – im Zusammenspiel und auch in Abgrenzung zu diesen ersten drei Märkten.

75 aa) Das sind zunächst die **OTC-Transaktionen**. Dabei handelt es sich um Direktgeschäfte zwischen Marktteilnehmern („Over-the-Counter", „über den Tresen", in Deutsch auch „Telefonhandel") oder zwischen institutionellen Marktteilnehmern (Interbankenhandel), die außerhalb von Börsen und sonstigen Handelsplätzen stattfinden. Regelmäßig sind Handelspartner des Anlegers in diesen Transaktionen wiederum institutionelle (Marktteilnehmer wie Banken, Versicherungen, Fonds).[142] Gewählt wird diese Transaktionsform vor allem für nicht börsengängige (meist: mangels Standardisierung nicht zirkulationsfähige) Instrumente, vor allem Derivate (etwa für individuelle Absicherungsbedürfnisse), für nicht zu Börsen zugelassene Wertpapiere, aber auch für börsennotierte Wertpapiere, wenn die Transaktionen nicht aufgedeckt werden sollen.[143] Trotz der enormen Volumina – deutlich größer als diejenigen an den anderen Handelsplätze neben den Börsen –[144] handelt es sich nicht um Handelsplätze (Märkte), die sich wie die anderen durch Multilateralität auszeichnen, sondern um eine Aggregation von Direktgeschäften – mit (potentiellen) Vorteilen bei Gebühren, Schnelligkeit, individuellem Zuschnitt und Anonymität.[145]

76 Umgekehrt sind **OTC-Transaktionen ungleich weniger reguliert**. Insbesondere dem klassischen **Marktverhaltensrecht** (namentlich der MAR) unterfallen sie **nicht**, da sie nicht zu den in Art. 3 Abs. 1 Nr. 6–8 MAR aufgelisteten Handelsplätzen zählen.[146] Vielmehr

[142] Fuchs/*Jung* WpHG Vor §§ 37e, 37g Rn 89; *Diefenhardt* in: Zerey (Hrsg.), Finanzderivate § 6 Rn 134 f.

[143] Fuchs/*Jung* WpHG Vor §§ 37e, 37g Rn 90; KölnKomm WpHG/*Roth* §§ 37d, 37f a.F. Rn 52.

[144] Vgl. oben Rn 55. Für Zahlen ansonsten http://www.bis.org/statistics/derstats.htm?m=6/32/71-pdf, vgl. Fuchs/*Jung* WpHG Vor §§ 37e, 37g Rn 90; Langenbucher/Bliesener/Spindler/*Binder* 37. Kap Rn 1.

[145] *Achleitner* Handbuch Investment Banking, S. 62; KölnKomm WpHG/*Roth* §§ 37d, 37f a.F. Rn 52.

[146] Langenbucher/Bliesener/Spindler/*Binder* 37. Kap Rn 38. Dies ist allerdings anders, wenn

werden sie – ganz ihrem Charakter als Direktgeschäfte und (massenweise durchgeführten) Einzeltransaktionen entsprechend – allein dem Regime für das individuelle Kundenverhältnis unterworfen (namentlich MiFID I und II).[147] Die Anonymität und mangelnde Transparenz haben jedoch in der Folge der Finanzkrise zu einer wichtigen – an überindividuellen Schutzinteressen orientierten – Regulierung geführt: Mit der EU-Verordnung 648/2012 über OTC-Derivate, zentrale Gegenparteien und Transaktionsregister („EMIR") soll für OTC-Derivate die Transparenz und die Stabilität der Abwicklungspartner in hohem Maße verbürgt werden, weil gerade die Intransparenz (sog. „black holes"), aber auch das Ausfallrisiko von Gegenparteien in diesen Transaktionen als stark destabilisierend in der und teils mitursächlich für die Finanzkrise eingeschätzt wurden.[148] Das Gesamtbild ist – für die konzeptionelle **Einordnung der OTC-„Märkte" als Kapitalmarkt oder kapitalmarktähnliche Institution** – ein zwiespältiges: Noch immer werden OTC-Transaktionen und -Märkte in der sie betreffenden Regulierung nicht als Märkte verstanden, sondern als individuelle Direktgeschäfte, und nur deren Transparenz und die zugelassenen Transaktionspartner werden reguliert. Andererseits handelt es sich bei der Regulierung in der EMIR doch um – überindividuell zugreifendes, am Gemeinwohl orientiertes – Marktrecht. Anders als klassisches Marktrecht dient dieses Marktrecht freilich nicht primär der Information der Marktteilnehmer mit dem Ziel möglichst effizienter Mittelallokation und auch nicht der Förderung der Markintegrität, sondern der Systemstabilität (auch in den Transparenzregeln), also einem makroprudenziellen Ziel (näher unten 6. Teil im 4. Abschnitt). Man kann diese Regulierung also entweder als neues – drittes – Paradigma des (kapitalmarktrechtlichen) Marktverhaltensrechts verstehen oder eher doch als eine Abrundung der stabilitätsorientierten Institutsaufsicht, deren Kern die Europäische Bankenunion bildet (vgl. schon oben Rn 11 f., 37 f.). Wie auch immer die Antwort ausfällt, jedenfalls handelt es sich bei dieser Regulierung um einen **Teil des Investment *Banking*** – für die Banken sind die OTC-Transaktionen von zentraler Bedeutung und umgekehrt – und ist sie daher in diesem Kontext zu kommentieren (unten 6. Teil im 4. Abschnitt).

---

das fragliche Instrument an einem der Handelsplätze des Kernkapitalmarktrecht grds. eingeführt bzw. zugelassen ist und nur die konkrete Transaktion (etwa aus Anonymitätsinteressen) im konkreten Fall nicht auf solche Handelsplätzen getätigt wird. Vgl. Art. 2 Abs. 3 MAR und näher oben Rn 61 f.

147 Fuchs/*Teuber* WpHG § 18 Rn 9–11.

148 Zur Mitursächlichkeit vgl. etwa Punkt 8 der im Anschluss an die Finanzkrise eingesetzten US-Financial Crisis Inquiry Commission, *Conclusions of the Financial Crisis Inquiry Commission*, 2011, xxiv, „We conclude over the-counter derivatives contributed significantly to this crisis. The enactment of legislation in 2000 to ban the regulation by both the federal and state governments of over-the-counter (OTC) derivatives was a key turning point in the march toward the financial crisis."; *Jahn* BKR 2009, 25 (28); *Liaw* Business of Investment Banking, S. 5 f. (auch zum Wegfall der Regulierung von OTC-Geschäften im Jahre 2000 in den USA und zur Wiedereinführung durch den Dodd-Franck-Act); *Zeitler* Vergessene Ursachen der Banken- und Finanzkrise, WM 2012, S. 673 (676 f.); KölnKomm WpHG/*Mock* § 18 Rn 2, 8. Allerdings wurde die Regulierungsnotwendigkeit – anders als bei anderen Krisenursachen – weltweit doch nicht einheitlich beurteilt . Immerhin aber haben sich die G20 im Jahr 2009 auf eine stärkere Regulierung des OTC-Marktes durch Transparenzegeln und Clearinghouses geeinigt, die etwa in den USA im Dodd-Frank Act und den von der Commodity Futures Trading Commission erlassenen Regelungen auch schon erheblich fortgeschritten ist, siehe *Johnson* Regulatory Arbitrage, Extraterritorial Jurisdiction, and Dodd-Frank: The Implications of US Global OTC Derivative Regulation, 14 Nevada Law Journal 542 (556–562) (2014); *Coffee* Extraterritorial Financial Regulation: Why E.T. Can't Come Home, 99 Cornell Law Review (1275–1276) (2014).

77 bb) Ebenfalls im Bezug zum Kernkapitalmarktrecht zu sehen sind die sog. **grauen Kapitalmärkte.** Trotz gewisser Initiativen auch auf Europäischer Ebene – vor allem mit der Richtlinie zu den Alternativen Investmentfonds –[149] bildet die zunehmende regulierende Überformung der „grauen Kapitalmärkte“ noch diejenige Entwicklung im Recht der Vermögensanlagen, die am stärksten (allein) im deutschen Recht vorangetrieben wurde – mithin der einzige zu einem Gutteil autonom-national geregelte Finanzmarktabschnitt. Von den Anlageformen her handelt es sich insbesondere um den Vertrieb von Kommandit- oder Treuhand-Anteilen an einer Publikums-KG, allgemein: von **nicht als Effekten/Wertpapieren ausgestalteten Anteilen an Unternehmen** (Gesellschaften) oder an einem Pool von Anteilen an Unternehmungen oder einem sonstigen Wertepool, spätestens seit 2014 (mit dem Kleinanlegerschutzgesetz, vgl. unten) aber auch viel breiter von sonstigen (nicht effektenmäßig zirkulationsfähig ausgestalteten) Anlagen, die durch eine gewisse Partizipation am unternehmerischen Risiko gekennzeichnet sind (namentlich partiarische Darlehen).[150] Ursprünglich nicht durch den Gesetzgeber reguliert (daher „grau“)[151] und nur durch die Rechtsprechung zur bürgerlichen Prospekthaftung auf so zentrale Grundsätze wie die Prospektwahrheit und -vollständigkeit verpflichtet, sind diese Märkte heute längst nicht mehr wirklich „grau“, jedenfalls nicht mehr in dem gleichen Sinne wie zuvor:[152] Die Gesetzgebungsentwicklung der letzten 15 Jahre brachte sukzessive eine Annäherung in den Regulierungsanforderungen an das Kernkapitalmarktrecht, wenn auch nicht oder nur teils aufgrund von Europäischen Vorgaben: Ausgangspunkt war das Anlegerschutzverbesserungsgesetz,[153] das die spezialgesetzliche Prospektpflicht und -haftung aus dem Kernkapi-

---

[149] Richtlinie 2011/61/EU des Europäischen Parlaments und des Rates vom 8. Juni 2011 über die Verwalter alternativer Investmentfonds und zur Änderung der Richtlinien 2003/41/EG und 2009/65/EG und der Verordnungen (EG) Nr. 1060/2009 und (EU) Nr. 1095/2010, ABl.EG 2011 L 174/1; dazu Delegierte Verordnung (EU) Nr. 231/2013 der Kommission vom 19. Dezember 2012 zur Ergänzung der Richtlinie 2011/61/EU des Europäischen Parlaments und des Rates im Hinblick auf Ausnahmen, die Bedingungen für die Ausübung der Tätigkeit, Verwahrstellen, Hebelfinanzierung, Transparenz und Beaufsichtigung, ABl.EU 2013 L 83/1.

[150] Vgl. Kleinanlegerschutzgesetz vom 23.4.2015, BGBl. 2015-I, S. 1114 (die hier maßgeblichen Änderungen sind solche des VermAnlG, unten Fn 155, die Änderungen in Art. 2); zum Kleinanlegerschutzgesetz 2014 (mit der Neugestaltung des Anwendungsbereichs bei den alternativen Vermögensanlagen, Informationsverschärfungen, Produktregulierung und Ad hoc Publizität sowie Crowdfunding-Ausnahme/Sonderregelung) u.a. *Aurich* GWR 2014, 295; *Bergmann* Bankrechtstag 2015, 2016, S. 47; *Buck-Heeb* NJW 2015, 2535; *Bußalb/Vogel* WM 2015, 1733 und 1785; *Heisterhagen/Conreder* DStR 2015, 1929; *Möllers/Kastl* NZG 2015, 849; *Roth* GWR 2015, 243.

[151] Zur Begriffsbildung vgl. etwa *Kohl/Kübler/Walz/Wüstrich* Abschreibungsgesellschaften, Kapitalmarkteffizienz und Publizitätszwang – Plädoyer für ein Vermögensanlagengesetz, ZHR 138 (1974), 1 (3 f.); Assmann/Schneider/*Assmann* WpHG Einl. Rn 4–6; Assmann/Schütze/*Assmann* Hdb Kapitalanlagerecht, § 1 Rn 12–15; Fuchs/*Fuchs* WpHG Einl Rn 7 f.; Kümpel/Wittig/*Oulds* Rn 14.50–14.51.

[152] Der Gesetzgeber des Anlegerschutzverbesserungsgesetzes (nächste Fn) umschrieb den grauen Kapitalmarkt noch als den „nicht bzw. nicht spezialgesetzlich geregelten Teil des Kapitalmarktrechts für nicht in Wertpapieren verbriefte Anlageformen“, BT-Drucks 15/3174, S. 27. Zur (heute in ihrer Bedeutung stark verminderten und das Bankgeschäft ohnehin kaum betreffenden) bürgerlichen Prospekthaftung *Canaris,* Bankvertragsrecht, Rn. 2291–2303; *Hopt* Verantwortlichkeit, S. 46–48 et passim; *Kümpel/Wittig/Oulds* Rn. 15.244–15.250 und zusammenfassend unten 6. Teil Rn 76–78 und 179 f.

[153] Gesetz zur Verbesserung des Anlegerschutzes vom 28.10.2004 (BGBl. I S. 2630; Regierungsentwurf: BT-Drs. 15/3174 v. 24.5.

talmarktrecht auf weite Bereiche des „grauen“ Kapitalmarkts erstreckte.[154] Mit dem Gesetz zur Novellierung des Finanzanlagervermittler- und Vermögensanlagerechts vom 6.12.2011[155] wurden dann de facto die zentralen Wohlverhaltensregeln des WpHG auf „graue Kapitalmärkte“ erstreckt oder doch zumindest Marktverhaltenspflichten und Pflichten dem Kunden gegenüber geschaffen, die denjenigen aus dem WpHG vergleichbar sind.[156] Den Schlusspunkt bildet – mit dem Kleinanlegerschutzgesetz von 2014 – die Einführung einer weitreichenden Erlaubnis-, teils auch nur Registrierungspflicht für die Betreiber.[157] Diese Entwicklung führte dazu, dass heute **besser von einem alternativen Kapitalmarkt und alternativen Anlageformen** gesprochen wird als von einem „grauen“.[158]

Anders als bei den Geld- und Derivatemärkten und den OTC-Transkationen, handelt **78**
es sich freilich um einen **institutionell *und* funktional deutlich geschiedenen Markt:** Die **Hauptanbieter** hier – die Fondsanbieter – sind rein juristisch gegenüber Kredit- und Finanzinstituten insofern abgehoben, als die Zulassung zu dem einen Geschäft grds. die Zulassung zu dem anderen verbietet und allenfalls annexweise einige einzelne Bankgeschäfte mit betrieben werden dürfen (vgl. § 64q iVm § 2 Abs. 1 Nr. 3b, Abs. 6 Nr. 5a KWG).[159] Dabei regelt den Kernbereich – die Anlagen, die nach dem Prinzip der Risikostreuung oder als Beteiligung an einem Unternehmen konzipiert sind – heute umfassend das **KAGB.** Hingegen erfasst heute das **VermAnlG,** das bis zur Einführung des KAGB noch alle diese genannten Anlagen mit Ausnahme der offenen Investmentfonds (mit Anteilsrücknahmepflicht) erfasste, also insbesondere auch die Publikum-KGs, heute „nur noch“ diejenigen Anlagen, die keinen Anteil an einem Unternehmen (oder an einem Pool von Werten), sondern nur eine (sonstige) Partizipation an Gewinn und Verlust eines Unternehmens verkörpern, diese seit dem KSG 2014 jedoch sehr weitreichend (insbesondere unter Einschluss der partiarischen Darlehen).[160] Dieser Markt ist also **nicht** allein solchen Institutionen zugänglich oder gar vorbehalten, die einer umfassenden finanzrechtlichen Institutionsaufsicht unterliegen und insbesondere eine Zulassung zur Aufnahme und Durchführung ihrer (Bank-)Geschäfte benötigen (Kreditinstitute, Wertpapierdienstleister, auch Versicherun-

---

2004); vgl. zu diesem: *Bürgers* BKR 2004, 424; *Dreyling* Der Konzern 06, 1; *Fleischer* BKR 2004, 339; *Spindler* NJW 2004, 3449.

[154] Vgl. nur Übersicht in BankRHdb/*Grundmann* § 112 Rn 34 f. und 49 f.

[155] Gesetz zur Novellierung des Finanzanlagenvermittler- und Vermögensanlagenrechts vom 6.12.2011, BGBl. I, S. 2481; vgl. dazu weitere Materialien unten Rn. 147 (in BankR VI)

[156] Vgl. hierzu näher etwa Überblicke bei *Graf zu Solms-Laubach/Mihova* DStR 2015, 1872 (1874 f.); und Assmann/Schütze/*Assmann* Handbuch, § 1 Rn. 93 (zu den WpHG-Verhaltenspflichten).

[157] Vgl. hierzu näher § 20 KAGB und etwa Überblicke bei Assmann/Schütze/*Assmann*, Handbuch, § 1 Rn. 92; *Graf zu Solms-Laubach/Mihova* DStR 2015, 1872 (1874 f.); Weitnauer/Boxberger/Anders/*Winterhalder* bzw. /*Boxberger* KAGB § 20 bzw. 44. Bloße Registrierungspflicht heute nur noch bei den speziellen AIFs, die an professionelle oder semiprofessionelle Anleger vertrieben werden, vgl § 44 KAGB.

[158] Zur Gesetzesentwicklung im Bereich alternativer Anlagen näher BankRHdb/*Grundmann* § 112 Rn. 28. So in der Tat ja auch inzwischen die gesetzliche Bezeichnung der Produkte (Fonds) im Rahmen der Europäischen Gesetzgebung und des KAGB als Umsetzungsgesetz (bes. § 1 Abs. 3–6 und 9 KAGB sowie Titel von Kapitel 2, Abschnitt 3), sowie etwa *Graf zu Solms-Laubach/Mihova* DStR 2015, 1872 (1872).

[159] Näher *Graf zu Solms-Laubach/Mihova* DStR 2015, 1872 (1875); Weitnauer/Boxberger/Anders/*Winterhalder* KAGB § 17 Rn. 27.

[160] Vgl. hierzu näher etwa Überblicke bei *Aurich* GWR 2014, 295; *Buck-Heeb* NJW 2015, 2535 (2535 f.); *Heisterhagen/Conreder* DStR 2015, 1929 (1929 f.); *Möllers/Kastl* NZG 2015, 849 (850 f.); Weitnauer/Boxberger/Anders/*Winterhalder* KAGB § 20 Rn. 1–94.

gen; insoweit hier also Emission kein, **„de iure Bankgeschäft"**).[161] Diese Institute waren im „grauen" Kapitalmarkt vielmehr auch schon traditionell zurückhaltend, obwohl gerade die Schrottimmobilienfälle durch eine nicht unerhebliche Beteiligung von Kreditinstituten gekennzeichnet waren. In diesem Markt sahen sie dennoch vorrangig Gefahren für ihr Standing und in ihm erfolgen die Ausgestaltung der zu platzierenden Rechte, die Kreditinstitute auch sonst kaum leisten,[162] und ihr Vertrieb üblicherweise aus einer Hand.[163] Hier verläuft also eine auch wirtschaftlich erhebliche Wasserscheide. Der wirtschaftliche Befund – meist auch de facto kein Bankgeschäft – und der rechtliche Befund – vertrieben werden Anlagen, die sich grundsätzlich von den Finanzinstrumenten, vor allem Effekten, unterscheiden – legen es nahe, **diese Anlageform und diesen Anlagemarkt** gänzlich oder ganz überwiegend **jenseits des Bereichs des Investment *Banking*** zu verorten.

III. Anlageinstrumente

79 **1. Überblick, Charakterisierung und Zusammenspiel.** Kapitalmärkte und Anlageinstrumente hängen eng zusammen. Namentlich **entscheidet die Ausgestaltung der Anlageinstrumente** darüber, **ob und welche Sekundärmärkte** sich ausbilden bzw. ausgebildet werden können. Die Ausgestaltung als zirkulationsfähig – vor allem mit Standardisierung der verbrieften Inhalte (Rechte und Pflichten), fälschungssicherer Ausstattung und mit Einräumung der Möglichkeit eines gutgläubigen Erwerbs – ist hierbei zentral, um massenhaften Verkehr (auf Sekundärmärkten) zu ermöglichen. Die entsprechende Ausgestaltung ist also die rechtlich-technische Voraussetzung für die von *Berle/Means* erstmals beschriebene Funktion der Kapitalmärkte, das Emittenteninteresse an langfristigen oder zeitlich unbeschränkten Investments mit dem Interesse von Anlegern an jederzeitiger Liquidierbarkeit in Übereinstimmung zu bringen (vgl. oben Rn 9, 62–65). Dies erklärt die zentrale Bedeutung der Ausgestaltungsmerkmale der Effekten, der **Wertpapiere im kapitalmarktrechtlichen Sinne (unten 2.)**.

80 Ähnlich wie bei den Märkten, die den zentralen kapitalmarktrechtlichen Anforderungen unterworfen werden, konstatiert man jedoch auch bei den Instrumenten, die jeweils in den sachlichen Anwendungsbereich der maßgeblichen Rechtsakte einbezogen werden, über die letzten Jahrzehnte eine **kontinuierliche Ausweitung.** Diese erfolgte namentlich mit der Ausbildung der Kategorie der **Finanzinstrumente (unten 3.)** – über die Wertpapiere weit hinausreichend, freilich auf diese zurückbezogen (näher unten Rn 86–88). Durch diese Ausweitung erscheint heute auch das Kernkapitalmarktrecht zweigeteilt – wobei die

---

[161] Vgl. Rn. 3 f. Vgl. BT-Drucks. 15/3174, S. 27 f. (Gesetzesbegründung zu AnSVG); demgegenüber nicht auf die Regulierung abstellend, sondern das institutsbezogene Abgrenzungskriterium betonend: *BaFin* Grauer Kapitalmarkt: Rendite und Risiko – Marktabgrenzung, Regulierung und Verantwortung des Anlegers vom 4.3.2014, abrufbar unter www.bafin.de). Die Annäherung in den Schutzmechanismen ist keineswegs abgeschlossen.

[162] Dies gilt genereller, soweit es, wie bei Anlagen in einer Publikums-KG, um die Gründungsphase und die Gestaltung der Eigenkapitalinstrumente in dieser Phase geht: vgl. Rn. 6 f. Vgl. zu den Bedenken gegen eine „freie Emission": *Jäger* NZG 1999, 381 (385 f.); generell zu den Bedenken: *Buck-Heeb* Compliance bei vertriebsbezogener Product Governance – Neuerungen durch MiFID II bzw. das Kleinanlegerschutzgesetz, CCZ 2016, 2; *Jäger/Maas/Renz* CCZ 2014, 63 (63 f., 74); *Werner/Burghardt* Der graue Kapitalmarkt: Chancen und Risiken, 2006, S. 158 Rn 105 (da Banken zur Erbringung von Bankgeschäften und Finanzdienstleistungen der Erlaubnis der BaFin bedürfen).

[163] *Assmann*/Schütze Handbuch (2. Aufl. 1997), § 1 Rn. 54.

Wertpapiere von allen Rechtsakten erfasst werden, die anderen Finanzinstrumente nur von einem Teil. Auch jenseits der Finanzinstrumente ist die Zahl der Anlageinstrumente groß, sie sind jedoch vom Kernkapitalmarktrecht grds. nicht erfasst und unterfallen auch nur in einigen Teilen Vorgaben an das Investment *Banking* (dazu unten 4.).

2. Wertpapiere (Effekten)

a) **Kategoriale Bedeutung und Abgrenzung. Grundkategorie im Kreis der Anlageinstrumente** ist das **„Wertpapier" im kapitalmarktrechtlichen Sinne.** Dies liegt zum einen daran, dass die anderen Formen von Anlageinstrumenten, die den Anforderungen des Kernkapitalmarktrechts (Rn 66–71) unterworfen werden, in Anlehnung an die Ausstattungsmerkmale der Wertpapiere definiert werden (die Geldmarktpapiere) oder nach ihrem Bezug zu diesen (die Derivatkontrakte, jedenfalls ein Großteil derselben). Dass es sich beim Wertpapier im kapitalmarktrechtlichen Sinne um die Grundkategorie handelt, liegt aber zum anderen auch daran, dass es sich um die einzige Kategorie handelt, die den Anwendungsbereich aller zentralen Rechtsakte des Kernkapitalmarktrechts eröffnet. Bei der Definition des Wertpapiers im kapitalmarktrechtlichen Sinne handelt es sich solchermaßen um **eine Definition des „Allgemeinen Teils" des Kapitalmarktrechts** und des Investment Banking. 81

b) **Definitionsmerkmale und Gruppen von Wertpapieren.** Die wichtigste – weil jüngste und durch Verweis breit aufgenommene – Definition findet sich in **MiFID II, namentlich in Anh I Abschnitt C Nr. (1) iVm Art. 4 Abs. 1 Nr. 44 lit. a)** (wörtlich identisch Art. 4 Abs. 1 Nr. 18 MiFID I und WpHG a.F.). Auf diese Definition verweist **Art. 3 Nr. 1 MAR** direkt, so dass die identische Definition auch hier gilt und als solche im Rahmen der MAR sogar EU-Verordnungswirkungen entfaltet. MiFID II fasst die Kategorie zusammen als **„übertragbare Wertpapiere"** und bezeichnet damit auch bereits das wichtigste inhaltliche Kriterium, die Frage der Zirkulationsfähigkeit. Und auch im dritten, ungleich älteren Hauptrechtsakt – der EG-Prospekt-Richtlinie – ist der kapitalmarktrechtliche Wertpapierbegriff der gleiche.[164] 82

Von den Wertpapieren sind **die anderen Finanzinstrumente abzugrenzen** (ausführlicher unten 3.), an dieser Stelle ist nur festzuhalten: Sie alle zeichnen sich entweder durch **Vergleichbarkeit** mit den Wertpapieren im Kernkriterium (Zirkulationsfähigkeit oder funktionales Äquivalent) aus (Geldmarktpapiere, OGAW-Anteile) oder durch Bezug auf Wertpapiere (Derivate). In den genannten Hauptrechtsakten werden sie alle entweder neben den Wertpapieren als eigene Kategorie ausgebildet oder aus dem Begriff des Wertpapiers ausgenommen (vgl. etwa Art. 4 Abs. 1 Nr. 15 iVm Anh I Abschnitt C Nr. (2) bis (11) MiFID II, Art. 3 Abs. 1 Nr. 1 MAR (Verweis auf MiFID II) und Art. 1 Abs. 2 lit. a) und Art 2 Abs. 1 lit. a) EG-Prospekt-Richtlinie). 83

Übertragbare Wertpapiere umfassen Aktien, Schuldtitel und vergleichbare Wertpapiere (Anh I Abschnitt C Nr. (1) iVm Art. 4 Abs. 1 Nr. 44 lit. a) und b) MiFID II). Mit den Aktien und Schuldverschreibungen werden klassische **Effekten** namentlich genannt, dh. Papiere, die in Märkten massenweise gehandelt werden. Solch ein Handel ist nur möglich, wenn die Wertpapiere innerhalb einer Gattung gleich ausgestattet sind (gleiche Rechte verbürgen), also austauschbar (fungibel) sind,[165] und wenn der Übertragungsakt dem Erwer- 84

---

[164] Assmann/Schlitt/*von Kopp-Colomb/Knobloch* WpPG § 2 Rn 57; *Groß* Kapitalmarktrecht § 2 WpPG Rn 3; Holzborn/*Foelsch* WpPG § 2 Rn 3.

[165] BankR-Hdb/*Grundmann* § 112 Rn. 6; *Schmidt* Wertpapierbörsen, 1988, S. 2; KölnKomm WpHG/*Roth* § 2 Rn. 27–36.

ber mehr Sicherheit bietet als das bloße Zessionsrecht (sog. Zirkulationsfähigkeit mit Möglichkeit gutgläubigen Erwerbs und Abschneiden anderer als urkundlicher Einwendungen und Einreden).[166] Verbriefen Wertpapiere Anteilsrechte an Gesellschaften, schuldrechtliche Forderungen und dingliche Rechte,[167] so fanden sich früher unter den Effekten allein Beispiele der beiden erstgenannten Gruppen. Zunehmend sind auch Anteilsrechte an anderen Gesellschaftsformen potentiell fungibel ausgestattet, weshalb die in Nr. 44 lit. a) angelegte Öffnung notwendig wurde.[168] Umgekehrt geht der Effektenbegriff weiter als der des Wertpapiers im deutschen Wertpapierrecht: Insbesondere Verbriefung ist überflüssig, da im Massenverkehr Buchungsformen entstanden, die den Anforderungen des Publizitätsgrundsatzes gleich gut oder besser genügen.[169] Unterschiede zum **depotrechtlichen Effektenbegriff** sind auch unter der Geltung von MAR – trotz des Grundsatzes europaeinheitlicher Auslegung – derzeit nicht ersichtlich.

85 **Vergleichbare Wertpapiere,** vor allem Mischformen, sind ebenfalls erfasst. § 2 Abs. 1 WpHG nannte sie explizit, während Anh. I C Nr. 1 MiFID II (und schon MiFID I) allein „Übertragbarkeit" fordern: Zertifikate sind hierbei ausdrücklich genannt (Art. 4 Abs. 1 Nr. 44 lit. a) und b) MiFID II) und repräsentieren andere Rechte, deren Zirkulationsfähigkeit zu gering ist oder die (etwa drucktechnisch) nicht genügend Fälschungssicherheit verbürgen.[170] Genussscheine („Wertpapiere, die zum Kauf … berechtigen [bzw.] … zu einer Barzahlung … anhand von Messgrößen" iSv **Art. 4 Abs. 1 Nr. 44 lit. c) MiFID II**) haben verschiedenste Vermögensrechte zum Gegenstand, die denen von Anteilsinhabern gleichen können, geben meist jedoch keine Verwaltungsrechte.[171] Optionen geben ein Recht auf Zeichnung (Erwerb) von Effekten, vor allem Aktien,[172] potentiell aber ein Recht auf Kompensation in den unterschiedlichsten Formen (vgl. Art. 4 Abs. 1 Nr. 44 lit. c) – zweiter Halbsatz – MiFID II). Aus diesem Beispielskatalog und der Einleitungsformel ergibt sich vor allem, dass alle Rechte einbezogen sind, deren Zirkulationsfähigkeit, ggf. durch Zertifizierung, hergestellt ist, und dass jedes schuld- oder gesellschaftsrechtliche Recht Inhalt des Papiers sein kann, auch jede Mischform. Ersteres ist wichtig insbesondere für die (international dominierenden und auch in Deutschland zunehmend wichtigen) Namenspapiere, die

166 Etwa *Izquierdo* Die Liberalisierung und Harmonisierung des Börsenrechts als Problem des EG-Rechts, 1989, S. 48. Zu zusätzlichen Anforderungen an die Fälschungssicherheit: *Izquierdo* aaO; *Heinze* Primärmarkt, S. 42; KölnKomm WpHG/*Roth* § 2 Rn 33.

167 Assmann/Schütze/*Sethe* § 8 Rn 26–29.

168 Vgl. hierzu *Assmann*/Schneider § 2 Rn 15 ff.; KölnKomm WpHG/*Roth* § 2 Rn 67. Vergleichbar („andere") auch bei den Schuldtiteln lit. b).

169 Allgemein für das Effektenrecht (auch zum Trend zur Entmaterialisierung im Effektengeschäft): Assmann/Schütze/*Roth* § 10 Rn 19–25 (3. Auflage), in der 4. Auflage nicht mehr enthalten, vgl. Assmann/Schütze/*F. Schäfer* § 12 Rn 1; BankR-Hdb/*Seiler/Geier* § 104 Rn 24–33 ausführlicher und expliziter nochBankR-Hdb/*Seiler/Kniehase* § 104 Rn 64–93 (4. Auflage 2011). Art. 4 Abs. 1 Nr. 44 lit. b) MiFID II („verbrieft") steht nicht entgegen, weil der hiermit übersetzte Begriff „securitized debt" auf effektenmäßig ausgestaltete Schuldtitel, auch bloß elektronisch registrierte, verweist: etwa *Moloney* EU Securities and Financial Markets Regulation, S. 84 f., 89 ff.

170 Ausf. *Brechmann/Roeder/Schneider/Winkler* Erfolgsweg Zertifikate – Strukturierte Produkte in der Beratungspraxis, 3. Aufl. 2008; sowie BankR-Hdb/*Grundmann* § 112 Rn 11; allgemein Assmann/Schütze/*Sagasser/Schlösser* § 27 Rn 775–783.

171 BGH Urt. v. 5.10.1992 – II ZR 172/91, BGHZ 119, 305 (316 f.) = NJW 1993, 57 (nicht einmal vertraglich möglich); Assmann/Schütze/*Roth* § 10 Rn 38 (3. Auflage), in der 4. Auflage nicht mehr enthalten, vgl. Assmann/Schütze/*F. Schäfer* § 12 Rn 1; KölnKomm WpHG/*Roth* § 2 Rn 59.

172 Kümpel/Wittig/*Rudolf* Rn 19.88–19.97; Assmann/Schütze/*Roth* § 10 Rn 38 (3. Auflage), in der 4. Auflage nicht mehr enthalten, vgl. Assmann/Schütze/*F. Schäfer* § 12 Rn 1.

schon von Gesetz wegen so gestaltet sein können (jedoch nicht müssen), dass sie zirkulationsfähig sind.[173] Unerheblich ist die Besicherung des Forderungsrechts[174] oder Art der gewährten Rechte (auch etwa Wandelschuldverschreibung als Forderungsrecht, das mit einem Bezugsrecht auf Anteile kombiniert ist,[175] und das blanke Bezugsrecht).[176] Nur Zahlungsinstrumente – vor allem Wechsel und Schecks –[177] sind ausgenommen, wie die Einleitungsformel von Art. 4 Abs. 1 Nr. 44 MiFID II ausdrücklich klarstellt (vergleichbar schon bisher WpHG und die Einleitungsformel Art. 4 Abs. 1 Nr. 18 MiFID I). Seit 1997 war in Deutschland klargestellt, dass Handelbarkeit auf irgendeinem Markt reicht – jede Beschränkung auf ein bestimmtes Marktsegment fehlt. Dies wird mit MAR zum Europäischen Standard: Auch der außerbörsliche Telefonhandel ist erfasst, weil es sich um ein „organisiertes" Handelssystem handelt (näher oben Rn 71). Fungibilität und Zirkulierungsfähigkeit fehlt freilich regelmäßig im sog. grauen Kapitalmarkt, in dem Anteile an Personengesellschaften (regelmäßig KGs) zwar platziert, doch keine Sekundärmärkte organisiert werden.[178]

3. Finanzinstrumente. Für die **kontinuierliche Ausweitungstendenz** bei den Anlageinstrumenten, die den Anforderungen des Kernkapitalmarktrechts unterworfen werden, **86**
steht der **Sammelbegriff der Finanzinstrumente.**[179] Im deutschen Recht wurde er im Anlegerschutzverbesserungsgesetz 2004 eingeführt (§ 2 Abs. 2b WpHG), zuerst in Umsetzung der MAD I (dort Art. 1 Nr. 3), mit Umsetzung der MiFID I durch das FRUG dann umgestellt auf Verweis auf die MiFID I. Das Konzept umfasst **fünf Kategorien** – neben den „Wertpapieren" im kapitalmarktrechtlichen Sinne (oben 2.), die bis 2004 allein den Gegenstand des Kernkapitalmarktrechts bildeten, noch folgende vier:

- **Geldmarktpapiere** (vgl. Anh I Abschnitt C Nr. (2) MiFID II)
- **Anteile an OGAW** (vgl. Anh I Abschnitt C Nr. (3) MiFID II)
- **Derivate** (vgl. Anh I Abschnitt C Nr. (4) bis (10) MiFID II)
- **Emissionszertifikate** (und punktuell weitere spezifisch aufgeführte Instrumente) (vgl. Anh I Abschnitt C Nr. (11) MiFID II).

Schon 2004 entsprachen sich die Begrifflichkeiten, die nunmehr auch in **Art. 4 Abs. 1** **87**
Nr. 15 iVm Anh I Abschnitt C MiFID II und – durch Verweis auf deren Gehalte – in **Art. 3 Nr. 1 MAR** übernommen wurden. Namentlich die ersten drei Kategorien sind im WpHG

[173] *Assmann*/Schneider § 2 WpHG Rn 20 ff.; Assmann/Schütze/*Roth* § 10 Rn 16, 19 (3. Auflage), in der 4. Auflage nicht mehr enthalten, vgl. Assmann/Schütze/*F. Schäfer* § 12 Rn 1; KölnKomm WpHG/*Roth* § 2 Rn 65.

[174] *Assmann*/Schneider § 2 Rn 25 (etwa Pfandbriefe oder asset-backed securities).

[175] *Assmann*/Schneider § 2 WpHG Rn 25.

[176] Assmann/Schütze/*Roth* § 10 Rn 35 (3. Auflage), in der 4. Auflage nicht mehr enthalten, vgl. Assmann/Schütze/*F. Schäfer* § 12 Rn 1 und Assmann/Schütze/*Worms* § 11 Rn 26.

[177] BankR-Hdb/*Fischer* § 127 Rn 20; BankR-Hdb/*Seiler/Geier* § 104 Rn 13.

[178] BGH Urt. v. 18.1.2007 – III ZR 44/06, WM 2007, 542 (543); *Oertel* Fungibilität von Anteilen an Publikums-Kommanditgesellschaften, 2010; *Bruchwitz/Voß* Der Regierungsentwurf für ein Gesetz zur Novellierung des Finanzanlagenvermittler- und Vermögensanlagenrechts, BB 2011, 1126 (1128); *Voß* Geschlossene Fonds unter dem Rechtsregime der Finanzmarkt-Richtlinie (MiFID)?, BKR 2007, 45 (50–53); Assmann/Schütze/*Assmann* § 1 Rn 11; Kümpel/Wittig/*Oulds* Rn 14.51. Hierzu noch näher oben Rn 77.

[179] Ausführlich *Haisch/Helios* Rechtshandbuch Finanzinstrumente, 2011; *Köhler* Die Zulässigkeit derivativer Finanzinstrumente in Unternehmen, Banken und Kommunen, 2012; *Lehmann* Finanzinstrumente, 2009; *Schaber* Handbuch strukturierte Finanzinstrumente, 2. Aufl. 2009; *Zerey* Finanzderivate. Rechtshandbuch, 4. Aufl. 2016; *Brenncke* Der Zielmarkt eines Finanzinstruments nach der MiFID II, WM 2015, 1173; *Kuhn/Skirk* Die Prüfung von Finanzinstrumenten und Derivaten, WPg 2012, 1299; KölnKomm WpHG/*Roth* § 2 Rn 128–138.

(a.F.), in der MAD I (dann MiFID I) und in der MAR (mit MiFID II) weitestgehend wörtlich, jedenfalls jedoch inhaltlich identisch umschrieben. Erst bei den Derivaten und einigen spezifischen Instrumenten brachte MAR punktuell Neuerungen.

88 Insgesamt jedoch handelt es sich bei diesen zusätzlichen, 2004 hinzugekommenen Kategorien nicht nur um Erweiterungen, sondern auch um solche, die **nicht mehr den Anwendungsbereich aller Rechtsakte des Kernkapitalmarktrechts** eröffnen.[180] Namentlich die EG-Prospekt-Richtlinie und die EG- Transparenz-Richtlinie – also die Hauptrechtsakte der Emissionspublizität und der laufenden (Folge-)Publizität – finden allein auf Wertpapiere Anwendung. Geldmarktpapiere haben eine zu kurze Laufzeit, OGAW-Anteile ihr eigenes Publizitätsregime, Derivate bestimmen sich in Abhängigkeit von den (dieser Emissions- und Folgepublizität) unterliegenden Wertpapieren (oder anderen marktweit öffentlichen Referenzwerten). Das **gesamte sonstige Marktverhaltensrecht (MAR u.a.) und das Recht der individuellen Kundenbeziehung (MiFID II)** erstreckt sich demgegenüber auch auf die vier anderen Kategorien, also die Finanzinstrumente insgesamt. Zusammenfassend ist also zu sagen: Der engere Anwendungsbereich – nur Wertpapiere, oben 2. – gilt für die EG-Prospekt- und EG-Transparenz-Richtlinie, ein (seit 2004) erweiterter – die genannten Finanzinstrumente, d.h. freilich auch keineswegs alle Anlageformen – bei allen anderen Pflichten. Dieser zweitgenannte „weitere“ Anwendungsbereich gilt freilich nicht nur nicht im ganzen Kernkapitalmarktrecht, sondern er wird auch in den einzelnen Rechtsakten mit leichten Abweichungen gegeneinander definiert. Dies spricht dafür, (weitere) Ausführungen hierzu nicht „vor die Klammer“ zu ziehen. Vor allem **für MAR** (unten 6. Teil Rn 274 ff. und Einzelmaterien) **und MiFID** II (7. und 8. Teil) werden die Zuschnitte **intensiver zu erörtern** sein.

89 **4. Sonstige Anlageinstrumente – Zusammenhänge.** Die Kategorie der Finanzinstrumente bildet bereits eine Erweiterung des Kernbereichs „Wertpapiere“ (im kapitalmarktrechtlichen Sinne). Neben den Finanzinstrumenten gibt es jedoch wiederum **weitere Anlageformen.** Hier ist zu unterscheiden, ob die auf das Instrument bezogenen Anforderungen fehlen (oben 2. und 3.) oder nur die marktlichen Anforderungen (oben II.).

90 Zu den weiteren Anlageformen, die nicht die Voraussetzungen eines Finanzinstruments erfüllen, zählen vor allem die **nicht standardisierten Instrumente** (etwa Derivate mit individualisiertem Zuschnitt, oben Rn 86–88) oder aus anderem Grunde **nicht zirkulationsfähigen** (namentlich die Anteile an Publikums-KGs und andere Beteiligungsformen am Unternehmensgewinn, vgl. oben Rn 77, 85). Sie sind nicht Gegenstand des Kernkapitalmarktrechts (vgl. oben Rn 74–78).[181] Dennoch findet sich für bestimmte Konstellationen jedenfalls eine Teilregulierung, namentlich für die Over-the-Counter Transaktionen („EMIR“, vgl. oben Rn 75 f. und ausführlicher unten Teil 6 4. Abschnitt). Diese Transaktionen, die grds. bereits nicht die Anforderungen an ein kapitalmarktrechtlich relevantes Marktsegment erfüllen (und daher nicht erfasst sind, oben Rn 75 f.), können einerseits Anlageinstrumente zum Gegenstand haben, die außerdem auch nicht die Merkmale eines Finanzinstruments aufweisen (die eben genannten Fälle). In diesem Fall bleibt es in der Tat bei der sehr punktuellen Regelung durch EMIR.

---

180 Diese Wasserscheide betonend auch etwa: *Moloney* EU Securities and Financial Markets Law, S. 84–86, 133–135; Veil/*Veil* EuKapmR in V § 8 Rn 1–3.

181 Ausf. zu den verschiedenen Formen: *Bruchwitz/Voß* BB 2011, 1126 (1128); *Bußalb/Vogel* Das Gesetz über Vermögensanlagen – neue Regeln für geschlossen Fonds, WM 2012, 1416 (1417); *Voß* BKR 2007, 45 (50–53); KölnKomm WpHG/*Roth* § 2 Rn 138; Langenbucher/Bliesener/Spindler/*Bergmann* 36. Kap Rn 7.

Diese **OTC-Transaktionen** können aber andererseits **auch durchaus Finanzinstrumente und sogar Wertpapiere zum Gegenstand** haben – etwa wenn Transaktionen in Aktien aus Anonymitätsgründen außerhalb der Handelsplätze vollzogen werden sollen. In diesem Falle bleiben die Marktverhaltensregeln und auch die Regeln zum individuellen Kundenverhältnis (mit sehr wenigen Ausnahmen) durchaus anwendbar. Denn auch bei der Anwendung der Marktverhaltensregeln kommt es nicht auf die konkrete Transaktionsform an – auf einem Handelsplatz oder außerhalb – sondern darauf, ob das fragliche Finanzinstrument überhaupt auf einem erfassten Handelsplatz gehandelt wird bzw. zu diesem zugelassen wurde (vgl. etwa Art. 2 Abs. 3 MAR, unten 6. Teil Rn 297). Die Regulierung knüpft also am Instrument und seinem Status an, nicht an der konkreten Handelsform. Bei den Regeln zum individuellen Kundenverhältnis wird ohnehin allein das Zusammenspiel zwischen Wertpapierdienstleister und Kunden vorausgesetzt. **91**

IV. Regelungsinstrumente – Verweis

Zur Infrastruktur gehören – zentral – auch die Regelungsinstrumente und Regelwerke: **92**
So wird nach dem Gesagten der Kreis der Kernkapitalmärkte heute nicht mehr über eine technisch-organisatorische Einrichtung definiert – sie ist für die Einordung als multilaterales oder organisiertes Handelssystem überflüssig –,[182] sondern durch die Gemeinsamkeit und Verlässlichkeit des Regelwerkes, das die Zusammenführung von Angebot und Nachfrage strukturiert und regelt (vgl. oben Rn 68–71). Aber auch allgemeiner werden Regeln und Regelwerke – wegen ihrer Dauerhaftigkeit als Organisationseinrichtung – heute zum **klassischen Kreis der Institutionen** gezählt, namentlich in den Gesellschaftswissenschaften[183] – vergleichbar Märkten[184] oder Behörden, etwa Regulierungs- und Aufsichtsagenturen. Man kann sagen, dass die Entwicklung des Kapitalmarktbegriffes mit dem Übergang von einem technisch-organisatorischen zu einem regelwerkorientierten Konzept allgemeiner der Entwicklung des Institutionenbegriffs gefolgt ist, für den ebenfalls die technisch-organisatorische Ausstattung nur noch für den innersten Kreis (der Institutionen) vorausgesetzt wird.[185] Letzteres meint dann bezogen auf das Kapitalmarktrecht vor allem die Regulierungs- und Aufsichtsbehörden (unten V.). Teils wird sogar soweit gegangen zu betonen, dass neben die ökonomische Theorie der Finanzmärkte eine rechtliche treten müsse, um Finanzmärkte und ihre Dynamiken sinnvoll zu erfassen, eine „legal theory of finance“.[186] Die – heute also auch im wörtlichen Sinne **kapitalmarktbildende – Institution Recht** ist freilich für einen Kommentar zum (Recht des) Investment Banking so zentral, dass sie nicht einmal „nur“ gleichberechtigt im Kreis der sonstigen Institutionen

---

182 Implizit: Kümpel/Wittig/*Oulds* Rn 14.71.

183 *Geyer/Venn* Ökonomische Prozesse – Globalisierung und Transformation: Eine institutionenökonomische Analyse aus der Perspektive des institutionellen Wandels und der Transaktionskostenökonomik, 2001, S. 89.

184 *Morrison/Wilhelm Jr* Investment Banking, S. 37 ff.; KölnKomm WpHG/*Hirte/Heinrich* Einl Rn 14 f.

185 *Morrison/Wilhelm Jr* Investment Banking, S. 88–92.

186 *Pistor* A legal theory of finance, 41 JCL 315 (2013); *Pistor/Raiser/Gelfer* Law and Finance in transition economies, 8 (2) Economics of Transition 325 (2000); *Hodgson* Observations on the legal theory of finance, 41 JCL 331 (2013); *Beck/Demirgüç-Kunt/Levine* Law and finance: Why does legal origin matter?; 31 JCL 653 (2003); in nuce schon *Fama* Banking in the theory of finance, 6 Journal of Monetary Economics 39 (1980).

und Infrastruktur der Kapitalmärkte und des Investment Banking abzuhandeln ist, sondern in einem eigenen Abschnitt (vgl. daher näher unten 3. Abschnitt).

V. Regulierungs- und Aufsichtsagenturen

93 **1. Nationale Ebene.** Zwar ist Kapitalmarktrecht als die Regulierungsvorgabe für Investment Banking auch als **Aufsichtsrecht** zu sehen, teils wird es vor allem als solches gesehen.[187] Vorliegend stehen jedoch die Wirkungen in den Privatrechtsverhältnissen im Vordergrund.[188] Die maßgeblichen Europäischen Rechtsakte unterscheiden nicht so, dass das Verhältnis beider zueinander zweifelsfrei wäre – insbesondere bei der Frage nach dem Bestehen von Haftungsansprüchen (näher unten Rn 141–143 und 8. Teil). Die **EG/EU-Rechtsakten geben heute vor:**

- dass eine **einzige Verwaltungsbehörde** auf nationaler Ebene einzusetzen ist (Art. 21 Abs. 1 EG-Prospekt-Richtlinie [2003/71/EG], Art. 22 MAR und Art. 24 Abs. 1 EG-Transparenz-Richtlinie [2004/109/EG]), wenn diese auch Aufgaben delegieren darf;[189]
- welche **Mindestbefugnisse** der nationalen Behörde eingeräumt werden müssen (einschließlich der Verwaltungssanktionen);
- einige Mindestgarantien innerhalb des Verwaltungsverfahrens, etwa hinsichtlich Vertraulichkeit und Geheimhaltung;
- die Pflicht und Einzelheiten zur **Zusammenarbeit** mit Aufsichtsbehörden anderer Mitgliedstaaten, auch von Drittstaaten und mit der ESMA (unten Rn 95 f.).

94 Umgekehrt sind **nicht Europäisch vorgegeben** die weiterreichenden Befugnisse und der umfangreiche weitere verbleibende Bereich des Allgemeinen (und auch Besonderen) Verwaltungsrechts, vor allem jedoch die **Einsetzung der konkreten Aufsichtsbehörde.** In Deutschland ist seit 2002 die Bundesanstalt für Finanzdienstleistungsaufsicht (BaFin) in Bonn[190] zuständig, sie löste das 1995 mit Verabschiedung des WpHG errichtete Bundesaufsichtsamt für den Wertpapierhandel (BAWe) in Frankfurt am Main ab.[191] Mithin folgte auf eine Stelle, die auf einen Bereich des Finanzrechts spezialisiert war (sektorale Aufsicht), eine für das Finanzwesen allgemein zuständige Aufsicht (Allfinanzaufsicht).[192]

---

[187] *U. Schneider* AG 2001, 269 (271).

[188] Für breitere Überblicke zur kapitalmarktrechtlichen Aufsicht vgl. etwa Veil/*Walla* EuKapmR § 11; *Auerbach* Banken- und Wertpapieraufsicht, Teil A Rn 1 ff..

[189] In der ersten Richtliniengeneration (unten Rn 101–108) wurde noch nur eine „zuständige Stelle" gefordert, was auch private Akteure mit Hoheitsrechten umfasste. Wichtig war das namentlich beim Panel on Takeovers, das den insoweit in Europa führenden City Code on Takeovers, implementierte. Heute muss bei der Delegation die Verantwortung durch die Verwaltungsbehörde übernommen werden, ist eine solche aber weiterhin an Beliehene möglich. Zu allem etwa Veil/*Walla* EuKapmR § 11 Rn 2 f.

[190] Zu dieser allgemein etwa: *Auerbach* Banken- und Wertpapieraufsicht, Teil A Rn 1–20; *Hagemeister* Die neue Bundesanstalt für Finanzdienstleistungsaufsicht, WM 2002, 1773; *Fuchs* WpHG Einl Rn 9–10; *Weber-Rey, Horak* Allfinanzaufsicht der BaFin überlebt Finanzmarktreform, VersR 2011, 452; vgl. auch *Langner/Schmieszek* Voraussetzungslose Auskunft von der Bundesanstalt für Finanzdienstleistungsaufsicht (BaFin) – Schrecken ohne Ende oder ein Ende mit Schrecken? WM 2016, 1723; *Schäfer* BaFin vs. BGH, BKR 2016, 321.

[191] Vgl. zu dieser etwa: *Becker* Die Reform der Finanzmarktaufsicht, DÖV, 2010, 909; *Maune* Staatliche Rechtsdurchsetzung im deutschen Kapitalmarktrecht: eine kritische Bestandsaufnahme, ZHR, 2016, 358.

[192] Hierzu, teils auch rechtsvergleichend zu den verschiedenen Modellen in der EU: Veil/*Walla* EuKapmR § 11 Rn 8–17; *Manzei* Rechtsver-

2. Europäische Ebene. Auch auf Europäischer Ebene folgten zwei Aufsichtsbehörden aufeinander (die erste eher bloße Konsulationsstelle), beide freilich mit – gegenüber der nationalen Ebene – deutlich anderer Schwerpunktsetzung bei den Aufgaben und Befugnissen: Ursprünglich wurde 2001 das Committee of European Securities Regulators (CESR) in Paris eingesetzt,[193] schon vom Namen her vor allem auf die Zusammenarbeit zwischen nationalen Aufsichtsbehörden ausgerichtet. CESR wurde 2010 durch die **European Securities and Markets Authority (ESMA)**[194] – ebenfalls in Paris – abgelöst, nunmehr eingesetzt qua Rechtsakt auf der Grundlage von Art. 114 AEUV,[195] nicht nur Beschluss, und schon vom Namen her stärker Europäisch ausgerichtet, freilich letztlich in der Schwerpunktsetzung CESR nicht unähnlich – freilich unter Verstärkung der Integrationselemente und mit ungleich weiter reichenden Befugnissen. Anders als in Deutschland wurde hiermit auf Europäischer Ebene (derzeit) wieder für eine **sektorale Aufteilung** optiert. **95**

Noch immer bzw. heute sind die **Aufgaben vor allem drei:** (i) ESMA ist ein „Regulator" im angloamerikanischen Sinne, deswegen hat die Mitwirkung an der Durchführungsgesetzgebung besonderes Gewicht. Anders als im Falle von CESR ist diese **Mitwirkung an der Durchführungsgesetzgebung** nunmehr eine Zweigeteilte: Weiterhin ist ESMA im Rahmen der Durchführungsgesetzgebung der Kommission im Lamfalussy-Verfahren (unten Rn 138) zu konsultieren.[196] Damit soll nach Erw.grund 5 des maßgeblichen Ratsbeschlusses größere Kohärenz verbürgt werden (Mitverantwortung einer spezialisierten Behörde für das entstehende „Single Rulebook"), außerdem nach Erw.gründen 9–11 größere **96**

---

gleichende Betrachtung von Verhaltensregeln für Wertpapierdienstleistungsunternehmen unter deutschem wie US-amerikanischem Aufsichtsrecht, WM 2009, 393; (mit kurzem Abschnitt zum Trennbankensystem in den USA) *Baumann* Einführung eines Trennbankensystems?, GWR 2013, 307; (zur Finanzaufsicht in Luxemburg) *Brauckmann/Juncker* Länderreport Luxemburg: Finanzaufsicht und Compliance, CB 2013, 53.

193 Beschluss 2001/528/EG der Kommission vom 6.6.2001 zur Einsetzung des Europäischen Wertpapierausschusses, ABl.EG 2001 L 191/45; Änderung durch Beschluss 2004/8/EG, ABl.EG 2004 L 3/33. Zu CESR allgemein etwa *Hupka* Kapitalmarktaufsicht im Wandel – Rechtswirkungen der Empfehlungen des Committee of European Securities Regulators (CESR) im deutschen Kapitalmarktrecht, WM 2009, 1351..

194 Eingesetzt durch Verordnung (EU) Nr. 1095/2010 des Europäischen Parlaments und des Rates vom 24. November 2010 zur Errichtung einer Europäischen Aufsichtsbehörde (Europäische Wertpapier- und Marktaufsichtsbehörde), zur Änderung des Beschlusses Nr. 716/2009/EG und zur Aufhebung des Beschlusses 2009/77/EG der Kommission, ABl.EU 2010 L 331/84). Zu ESMA allgemein etwa: *Weber-Rey*, Errichtung des Europäischen Finanzaufsichtssystems – Einbindung der nationalen Aufseher in die neuen EU-Aufsichtsstrukturen, AG 2011, 259–260; *Hitzer/Hauser* ESMA – Ein Statusbericht, BKR 2015, 52; *Walla* Die Europäische Wertpapier- und Marktaufsichtsbehörde (ESMA) als Akteur bei der Regulierung der Kapitalmärkte Europas – Grundlagen, erste Erfahrungen und Ausblick, BKR 2012, 265; *Auerbach* Banken- und Wertpapieraufsicht, Teil A Rn 22–36, Teil D Rn 234–236.

195 Zur Wirksamkeit der Errichtung auf dieser (Kompetenz-)Grundlage EuGH Urt. v. 22.1.2014 – Rs. C-270/12 *Vereinigtes Königreich ./. Parlament und Rat*, ECLI:EU:C 2018:18 = EuZW 2014, 349.

196 Grundlage hierfür ist: Beschluss 1999/468/EG des Rates vom 28.6.1999 zur Festlegung der Modalitäten für die Ausübung der der Kommission übertragenen Durchführungsbefugnisse, ABl.EG 1999 L 184/23; mehrfach geändert, konsolidierte Fassung durch Integration des Beschlusses 1999/468/EG des Rates und der Änderungen durch den Beschluss 2006/512/EG des Rates vom 17. Juli 2006 zur Änderung des Beschlusses 1999/468/EG zur Festlegung der Modalitäten für die Ausübung der der Kommission übertragenen Durchführungsbefugnisse, ABl.EG 2006 L 200/11. Das Regelungsverfahren vor allem in Art. 5 und 5a.

Transparenz, vor allem gegenüber Europäischem Parlament und Öffentlichkeit – obwohl die Konsultation keineswegs zwingend ist. Daneben tritt – 2010 als für Europa revolutionär empfunden – als zweite Form der Durchführungsrechtssetzung diejenige **durch ESMA selbst** und zwar in Form von Technischen Regulierungsstandards und Technischen Durchführungsstandards (jeweils mit Notwendigkeit eines Endorsement durch die EU-Kommission, jedoch mit unterschiedlich weitgehenden Änderungsmöglichkeiten),[197] außerdem in Form von eigenständigen Interpretationsleitlinien und -empfehlungen. Insgesamt soll durch diese Regeln und Leitlinien im Wege der vorweggenommenen Verwaltungspraxis Einheitlichkeit in der administrativen Anwendung im Einzelfall gefördert werden. Die (ii) zweite zentrale Aufgabe der ESMA bildet die **Mitwirkung** und Überwachung der **Zusammenarbeit zwischen den nationalen Aufsichtsbehörden**, die in den einzelnen kapitalmarktrechtlichen Rechtsakten jeweils vorgesehen ist und vor allem einen intensiven Informationsaustausch zwischen diesen zum Gegenstand hat.[198] Hierbei dient die ESMA auch als Plattform für eine Sammlung, etwa die Zusammenführung der Meldungen im Rahmen der Zulassung von Finanzinstrumenten, aber auch durch Registrierung nach Feststellung der nationalen Aufsicht zulässiger Marktpraktiken (Art. 4 Abs. 2 MAR bzw. Art. 7 Abs. 5 und 13 Abs. 11 MAR, vgl. unten 6. Teil Rn 316 f. bzw. 357 und 473) und Bereitstellung dieser Übersichten auf der eigenen Homepage. Die Aufgabe einer Koordinierung der Zusammenarbeit überschneidet sich mit der Dritten, (iii) der der **punktuellen eigenen Aufsichtsentscheidungen**: Im Grundsatz besteht die Rolle der ESMA zwar allein darin, die Aufsichtstätigkeit der nationalen Aufsichtsbehörden zu beobachten und mit diesen zu diskutieren („Watch the Watchers").[199] **Gegenüber den nationalen Aufsichtsbehörden** hat ESMA freilich echte Entscheidungsbefugnisse in drei Fällen: in einem komplizierten Konsultationsverfahren, wenn eine nationale Aufsichtsbehörde auf einem Verstoß gegen EG/EU-Recht besteht; wenn in grenzüberschreitenden Fällen ein Streit zwischen nationalen Aufsichtsbehörden von diesen nicht ausgeräumt werden kann; und im Krisenfall. **Gegenüber Marktteilnehmern direkt** hat die ESMA Aufsichtsbefugnisse ebenfalls nur im Ausnahmefall, genauer: in eng umrissenen Sonderbereichen: namentlich gegenüber Ratingagenturen nach der EU-Rating-Verordnung, und zur Überwachung der Transaktionsregister nach der EMIR, jüngst auch im Rahmen der EU-Benchmark-Verordnung.[200] Allgemein hat sie ein Recht zu warnen.

---

[197] Näher hierzu *Moloney* EU Securities and Financial Markets Regulation, S. 882–898. Hinzu kommt die Kritik einerseits an einer zu weitgehenden Delegation von Rechtssetzungsmacht an die Aufsichtsbehörde, andererseits aber auch an der sektoralen Zersplitterung.

[198] Hierzu näher *Auerbach* Banken- und Wertpapieraufsicht, Teil A Rn 29–38; *v. Danwitz* Europäisches Verwaltungsrecht, 2008, S. 637–639; *Moreiro González* Änderungen des normativen Rahmens der Komitologie, ZEuS 2003, 561 (564–574); *Szapiro* Comitologie – rétrospective et prospective après la reforme de 2006, RDUE 2006, 545 (550 f.).

[199] Zu diesem Konzept und dem System direkter Entscheidungsbefugnisse gegenüber nationalen Aufsichtsbehörden im Ausnahmefall vgl. näher *Moloney* EU Securities and Financial Markets Regulation, S. 982–983; Veil/*Walla* EuKapmR § 11 Rn 46; *Auerbach* Banken- und Wertpapieraufsicht, Teil A Rn 34.

[200] Zur ESMA-(Direkt-)Aufsicht in diesen Sonderbereichen vgl. allgemein *Moloney* EU Securities and Financial Markets Regulation, S. 983–985; *Walla* Die Europäische Wertpapier- und Marktaufsichtsbehörde (ESMA) als Akteur bei der Regulierung der Kapitalmärkte Europas, BKR 2012, 265 (269 f.); *Hitzer/Hauser* BKR 2015, 52 (53); und unten 6. Teil 4. Abschnitt.

3. Abschnitt: Regelungsrahmen

Schrifttum vgl. Schrifttum zu Abschnitt 1.

Übersicht

	Rn
I. Regelungsregime und -entwicklung – Europäisches und Deutsches Recht	97
1. Europäisches und Deutsches Recht – ein Zusammenspiel	97
a) Keine Kodifikation, aber Europäisch-Deutscher Kernbestand	97
b) Orientierung primär an der Europäischen Entwicklung	98
c) Überblick zu den Materien in der Europäischen und deutschen Rechtssetzungsentwicklung	100
2. *Erste* Regelungsgeneration bis zur Jahrtausendwende: vom Börsen- zum Kapitalmarktrecht	101
a) Drei Phasen (Europäisches) Kapitalmarktrecht	101
b) Allgemeine Charakterisierung der *ersten* Richtliniengeneration (1989 bis ca. Jahrtausendwende)	104
c) Die wichtigsten Einzelakte (Europäisch und deutsch)	105
3. Erste Reformwelle (*zweite* Richtliniengeneration): Verbreiterung und Konsolidierung, Entwicklung eines flächendeckenden Kapitalmarktrechts	109
a) Allgemeine Charakterisierung der *zweiten* Richtliniengeneration (Erstes Jahrzehnt)	109
b) Die wichtigsten Einzelakte (Europäisch und deutsch)	113
c) Etablierung der Gesamtarchitektur	121
4. Zweite Reformwelle: Kapitalmarktrecht seit der Finanzkrise, Neujustierungen und Entwicklung eines Stabilitätsstranges	122
a) Allgemeine Charakterisierung der *dritten* Richtlinien- und Verordnungsgeneration (seit der Finanzkrise)	122
b) Die wichtigsten Einzelakte (Europäisch und deutsch)	127
II. Auslegungs- und Anwendungsfragen mit spezifischem Bezug zum Investment Banking	135
1. Europäische Auslegung und Ausgestaltung	136
a) Europäisches Einheitsrecht (Grundfreiheiten und Verordnungen)	136
b) (Vollharmonisiertes) Richtlinienrecht	137
c) Lamfalussy-Ausführungsregeln und Rule Book	138
d) Gespaltene Auslegung (Sonderauslegungsregeln für Strafrecht)	139
2. Effet utile – Effizienz und ökonomisches Kalkül als Auslegungsleitlinie?	140
3. Regulierung und Privatrecht	141
a) Hauptfrage: Privatrechtliche Wirkung von Markt- und Institutsregulierung	141
b) Annex: Private Ordnung	144
4. Räumlicher und sachlicher Anwendungsbereich – Verweis	145

I. Regelungsregime und -entwicklung – Europäisches und Deutsches Recht

1. Europäisches und Deutsches Recht – ein Zusammenspiel

a) Keine Kodifikation, aber Europäisch-Deutscher Kernbestand. Kapitalmarktrecht **97** und – damit verbunden – die Rechtsgrundlage des Investment Banking sind unübersichtlich. Sie haben freilich nicht nur eine Grundstruktur, die sich aus den im 1. Abschnitt erörterten Funktionen ergibt – und aus denen sich die Untergliederung in drei (spezielle) Teile ergibt (Teile 6–8). Vielmehr haben sie auch ein „Grundgesetz“, das doch eine gewisse Struktur gibt: Das war auf nationaler Ebene das **WpHG**. Seit dem 3. Juli 2016 hat es sich diese Aufgabe mit einem Europäischen Rechtsakt zu teilen, der große Regelungsbereiche aus dem WpHG herausgenommen hat – die EU-Marktmissbrauchs-Verordnung („**MAR**“) –, so dass das **„Grundgesetz“ des Investment Banking heute** – die Verfasstheit Europas widerspiegelnd – **ein gemischt national-Europäisches** ist. Ein Testo Unico della Finanza – wie etwa in Italien – fehlt hingegen weiterhin. Die Herausnahme der MAR hat insofern **strukturell die Klarheit erhöht,** als jetzt jedenfalls ein Bereich, der sich funktional klar abhebt, einem (einzigen) Rechtsakt zugeordnet ist: das Recht der Marktintegrität – während es im WpHG doch tendenziell bei einem (um den genannten Bestand reduzierten, jedoch nicht straff geordneten) Sammelbecken des Sekundärmarktrechts bleibt (individuelle Kundenbeziehung, Organisation der Wertpapierdienstleiter, Marktbetreiber und Marktsegmente, Sanktionen sowie natürlich Aufsichtsrecht und Zuständigkeitsbestimmungen für MAR und andere EU-Verordnungen), noch ergänzt um das Börsenrecht als einem (zwar klassisch klar getrennten, aber zunehmend angenäherten) Unterbereich des Primär- und heute vor allem Sekundärmarktrechts.

98 b) **Orientierung primär an der Europäischen Entwicklung.** Da aus heutiger Sicht das Kapitalmarktrecht und der regulatorische Teil des Investment *Banking*, jedenfalls jedoch die im Folgenden kommentierten **Rechtsakte weit überwiegend, heute ausschließlich Europäischen Ursprungs** sind,[201] und da zudem die Europäische Entwicklung zweifelsohne treibend war für die Ausbildung eines breiten und ausdifferenzierten Kapitalmarktrechts in Deutschland, drängt es sich auf, primär eine Geschichte der Europäischen Entwicklung zu skizzieren. Die deutsche Entwicklung ist dann dreierlei: im Bezug auf die Europäischen Rechtsakte (i) Umsetzungs- oder Ausführungsgeschichte, teils (ii) Vorreiter (wie etwa bim Directors' Dealing, und 6. Teil Rn 100, 119) oder auch Variante, in geringem Teil auch (iii) gänzlich autonome Regulierung eines Europäisch nicht oder kaum geregelten Bereiches. Letzteres ist jedoch vor allem außerhalb des Investment Banking zu konstatieren, namentlich im grauen Kapitalmarkt, der zudem ein in Deutschland besonders ausgebildetes und gewichtiges Phänomen darstellt. Und selbst hier lehnt sich der deutsche Gesetzeber bei der Regulierung der insoweit bedeutendsten Investitionsform, der Publikums-KG, im KAGB heute an Europäische Strukturen an, die sog. Alternativen Investmentfonds (vgl. oben Rn 77 f.).

99 Diese Fokussierung auf die Europäischen Rechtsakte – und Darstellung der Deutschen erst in diesem Rahmen – hat einen zweiten Vorteil oder Nebeneffekt. Die **Entwicklung wirkt ungleich geordneter,** mit weitgehend gleichbleibenden Namen, **vier (allenfalls fünf) großen „Richtlinien-Strängen"**, deren Einteilung zudem sofort „einleuchtet", weil sie überwiegend überzeugend ***funktional*** **voneinander abgegrenzt** erscheinen, die teils zuletzt in EU-Verordnungen überführt wurden und im Wesentlichen alle inzwischen in **drei „Generationen"** vorliegen. Die Generaltendenz ist die einer Novellierung im 10–15-Jahres-Rhythmus und einer **stetigen Verbreiterung und Vertiefung**: einer Verbreiterung vor allem von den erfassten Märkten und Instrumenten her (vom Börsenmarkt bis hin zum organisierten Handelssystem und der systematischen Internalisierung bzw. vom Wertpapier bis hin zum Finanzinstrument, vgl. oben Rn 66–78 bzw. 79–91), jedoch durchaus auch hinsichtlich der regulierten und/oder inkriminierten Handlungen (etwa Marktmanipulation, Leerverkäufe, Benchmark-Schaffung, die alle im Laufe der Zeit hinzu traten); einer Vertiefung durch die zunehmende Wahl der Vollharmonisierung, inzwischen auch der EU-Verordnung als Regelungsansatz, in beiden Fällen schon seit der Jahrhundertwende stark gefördert durch die Einführung von Durchführungsverordnungen (Lamfalussy-Reglungsarchitektur, oben Rn 96 und unten Rn 138). In diesem Einleitungsteil werden dabei **(nur) die großen Linien** vorgestellt, zu den einzelnen Rechtsakten folgen Vertiefungen.[202]

---

[201] Diese Aussage gilt für die Überschneidungsmenge zwischen Investment Banking und Kapitalmarktrecht, aber auch für das gesellschaftsbezogene Kapitalmarktrecht (6. Teil Abschnitt 5), und ganz besonders für das bankbezogene Kapitalmarktrecht (Rest der Teile 6–8), aber auch Aufsichtsrecht.

[202] Einzelne Kurzabrisse zur Rechtsetzungsentwicklung des Prospektrechts unten 6. Teil Rn 70–78, des Insiderrechts bzw. der Adhoc-Publizität unten 6. Teil Rn 330–332 bzw. 487 und des Rechts der Marktmanipulation bzw. des Directors' Dealing unten 6. Teil Rn 431–433 bzw. 530 sowie zur MAR

c) **Überblick zu den Materien in der Europäischen und deutschen Rechtssetzungsentwicklung.** In der Übersicht ergibt sich das **Zusammenspiel** folgender – hervorstechender – **Rechtsakte auf Europäischer und deutscher Ebene** (die im Folgenden nicht kommentierten Rechtsakte zu Investmentfonds werden nur erwähnt, nicht nummeriert): **100**

Zeitraum	EG/EU-Recht	Materie (überwiegend autonome Setzungen im deutschen Recht kursiv)	Deutsches Recht (überwiegend autonome Setzungen kursiv)
1. Phase 1989–1993	1. EG-Verkaufsprospekt-Richtlinie 89/298/EWG (unten Rn 105) 2. EG- Insiderhandels-Richtlinie 89/592/EWG (unten Rn 106) 3. Wertpapierdienstleistungs-Richtlinie 93/22/EG (unten Rn 107)	Ausdehnung der Prospektpflicht und gegenseitigen Anerkennung auf alle öffentlichen Wertpapierangebote Einführung der Insiderverbote, mit Einschränkungen für Sekundärinsider, und einer Ad-hoc-Publizitätspflicht für den geregelten Markt Einführung umfangreicher Aufklärungs- und Beratungsgebote sowie Organisationspflichten für Wertpapierdienstleister (im Wertpapierhandel)	Umsetzung durch Wertpapier-Verkaufsprospektgesetz vom 13.12.1990 (unten Rn 108)
1994–2000		Umsetzung der Insiderhandels- und der Wertpapierdienstleistungs-Richtlinie mit Wertpapierhandelsgesetz (WpHG) vom 26.7.1994 (unten Rn 108) – mit *Erstreckung der Insiderverbote auf Freiverkehr.*	
2. Phase 2001–2002	1. Konsolidierte EG-Börsenrechts-Richtlinie 2001/34/EG (unten Rn 113)	Zusammenfassung (Kodifizierung) und Modernisierung der börsenrechtlichen EG-Richtlinien – *Vorwegnahme* eines Marktmanipulationsverbots, einer Registrierungspflicht von Directors' Dealing, zu *weiteren – autonom verantworteten – Gehalten* unten Rn 119	1. Viertes Finanzmarktförderungsgesetz vom 21.6.2002 (unten Rn 119) *(zu autonomen Gehalten bei Haftung, Finanzanalyse und Finanztermingeschäften* vgl. unten Rn 119)
2003–2004	2. Marktmissbrauchs-Richtlinie 2003/6/EG (MAD I) (unten Rn 114) 3. Allgemeine EG-Prospekt-Richtlinie 2003/71/EG (unten Rn 115)	Erstreckung aller Insiderverbote auch auf Sekundärinsider, Registrierung aller Geschäfte von Primärinsidern (Directors' Dealing) und Erweiterung um das Marktmanipulationsverbot als zweitem Strang eines breiten Marktintegritätsrechts Zusammenlegung der allgemeinen und der Börsen-Prospektpflicht und -haftung (mit nunmehr ausnahmsloser EU-weiter gegenseitiger Anerkennung)	

insgesamt unten 6. Teil Rn 262–266. Weitere Kurzabrisse zur Rechtsetzungsentwicklung des Börsenrechts unten Rn 102 f. und des WpHG insgesamt bzw. seiner Wohlverhaltensregeln unten 8. Teil bzw. seiner Organisations- und Marktregeln in §§ 33 ff. WpHG im 7. Teil.

Zeitraum	EG/EU-Recht	Materie (überwiegend autonome Setzungen im deutschen Recht kursiv)	Deutsches Recht (überwiegend autonome Setzungen kursiv)
	4. EG-Finanzinstrumente-Richtlinie 2004/39/EG (MiFID I) (unten Rn 116) 5. EG-Transparenz-Richtlinie 2004/109/EG (unten Rn 117) 6. EG-Übernahme-Richtlinie 2004/25/EG (unten Rn 118)	Weitere Ausdifferenzierung von Wohlverhaltens- und Organisationsregeln sowie Execution Only, Regulierung konkurrierender Handelsplattformen Einführung der Folgepublizität in Form von Beteiligungstransparenz und Finanz- und Zwischenberichtserstattung sowie allgemeine Regeln Einführung Übernahmeregime mit Pflichtangebot und (teils optionaler) Neutralitätspflicht und Durchbruchregel	2. Anlegerschutzverbesserungsgesetz vom 28.10.2004 (unten Rn 120): Umsetzung der Vorgaben der MAD I (mit Anpassung der vorab im Vierten Finanzmarktförderungsgesetz eingeführten Instrumente und Anknüpfung der Ad-hoc-Publizitätspflicht direkt an das Konzept der Insiderinformation)
2005–2008		– Nachvollzug der Zusammenlegung aller Prospektpflichten und -haftungstatbestände für Finanzinstrumente iSv MiFID – Umsetzung der Transparenz-Richtlinie durch Einfügung von §§ 21 ff., 37v ff. WpHG – Umsetzung von MiFID I durch Überarbeitung und Ergänzung der §§ 31 ff., 33 ff. und Einfügung von §§ 31d, 31f–32 WpHG; außerdem Neufassung des BörsG – Anpassung des Wertpapiererwerbs- und Übernahmegesetzes vom 20.12.2001 an die viel weitergehenden Anforderungen der EG-Übernahme-Richtlinie (doch nur eingeschränkte Neutralitätspflicht und fakultative Übernahme der Durchbruchregel)	3. Wertpapierprospektgesetz (WpPG) vom 22.6.2005 (unten Rn 120) *(fast) zeitgleich Einführung einer Prospektpflicht auch im grauen Kapitalmarkt, zu dessen weiterer Regulierung 6. Teil Rn 180, 185* 4. Transparenzrichtlinien-Umsetzungsgesetz vom 20.1.2007 (unten Rn 120) 5. Finanzmarkt-Richtlinie-Umsetzungsgesetz vom 16.7.2007 (unten Rn 120) 6. Wertpapierübernahmegesetz idF des Übernahmerichtlinie-Umsetzungsgesetzes vom 8.7.2006 (unten Rn 120)
3. Phase 2008–2012	[OGAW-IV-Richtlinie 2009/65/EG] 1. (Novelle) EU-Wertpapierprospekt-Richtlinie 2010/73/EU (unten Rn 128) 2. EU-Leerverkaufs-Verordnung (EU) 236/2012 (unten Rn 131)	[Neufassung der] Koordinierung der Rechts- und Verwaltungsvorschriften für hochregulierte, sog. „offene" Investmentfonds Erweiterung der Ausnahmen von der Prospektpflicht und Wirksamkeit von Prospekten sowie Förderung einheitlicher Anwendung Registrierungspflicht und teils inhaltliche Beschränkung (oder Verbotsvorbehalt) für Leerverkäufe, Letzteres vor allem für die ungedeckte Form	OGAW-IV-Umsetzungsgesetz vom 22.6.2011 Umsetzungsgesetz vom 26.6.2012 (unten Rn 133) 2. und 3.: Aufgrund Wahl von EU-Verordnung als Rechtsform jeweils keine Umsetzung außer Zuständigkeitsbestimmungen (dazu unten Rn 134)

Zeitraum	EG/EU-Recht	Materie (überwiegend autonome Setzungen im deutschen Recht kursiv)	Deutsches Recht (überwiegend autonome Setzungen kursiv)
	[AIFM-Richtlinie 2011/61/EU]	Harmonisierung der Anforderungen an natürliche und juristische Personen, die mit Verwaltung und Administration alternativer Investmentfonds betraut sind	AIFM-Umsetzungsgesetz vom 4.7.2013, AIFM-Steuer-Anpassungsgesetz vom 18.12.2013 und Derivateverordnung vom 16.7.2013
	3. EU-OTC-Derivate-Verordnung (EMIR) (EU) 648/**2012** (unten Rn 131)	Pflicht, OTC-Derivate zu registrieren, in vielen Fällen nur über zentrale Gegenparteien einzugehen, die selbst Aufsichtsanforderungen unterliegen; flankierend Wohlverhaltensregeln.	
	4. (Novelle) EU-Transparenz-Richtlinie **2013**/50/EU (unten Rn 128)	Abschaffung der Verpflichtung zur Quartalsberichtserstattung, die auch Mitgliedstaaten nicht beibehalten dürfen, außer reine Finanzinformationen, weil SMEs übermäßig belastet würden, und Verlängerung der Frist für Abgabe des Halbjahresberichts auf 3 Monate (zur Qualitätssteigerung). Bessere Erfassung von mittelbaren Erwerbsrechten an Aktien. Sonderregeln für Rohstoffsektor (Holz etc.).	Transparenzrichtlinie-Änderungsrichtlinie-Umsetzungsgesetz vom 20.11.**2015** (unten Rn 137)
2013–2016	5./6. EU-Marktmissbrauchs-Verordnung (MAR) (EU) 596/**2014** und EU-Marktmissbrauchs-Richtlinie II (MAD II/ CrimMAD) **2014**/57/EU (unten Rn 129)	Überführung der Gehalte von MAD I (Insiderverbote, Markmanipulationsverbote, Ad-hoc-Publizität, Directors' Dealing) in Verordnungsform und harmonisierende Vorgaben für Strafen/ Ordnungswidrigkeiten (unten Rn 129)	Aufgrund Wahl von EU-Verordnung als Rechtsform keine Umsetzung außer Zuständigkeitsbestimmungen (§§ 4, 12 ff. WpHG) Zu CrimMAD: Finanzmarktnovellierungsgesetz vom 14.4.2016 (u.a. §§ 38 ff. WpHG) (gespaltene WpHG-Umsetzungsnovelle)
	7./8. EU-Finanzmarkt-Richtlinie II (MiFID II) **2014**/65/EU (unten Rn 130) und Verordnung über Märkte für Finanzinstrumente (MiFIR) 600/**2015**	Modernisierung der Gehalte von MiFID I (Wohlverhaltensregeln, Ausführungs- und Organisationsregeln, Marktbetreiberregeln); ergänzt um stärker technische VO-Regeln	Noch keine Umsetzung (gespaltene WpHG-Umsetzungsnovelle) (unten Rn 133) bzw. keine Umsetzungsnotwendigkeit
	9. CSD-Verordnung 909/**2014**	Vereinheitlichung von Wertpapierlieferungen und -abrechnungen und der Vorschriften über Zentralverwahrer	9.–11.: Aufgrund Wahl von EU-Verordnung als Rechtsform keine Umsetzung (außer Zuständigkeitsbestimmungen)
	10. PRIIP-Verordnung 1286/**2014**	Vereinheitlichung der Basisinformationsblätter für verpackte Anlageprodukte für Kleinanleger und Versicherungsanlageprodukte	
	11. EU-Benchmark-Verordnung (EU) **2016**/1011 (unten Rn 132)	Organisatorische Vorkehrungen und Transparenzanforderungen an die Bestimmungen öffentlicher Benchmarks	

101 2. *Erste* Regelungsgeneration bis zur Jahrtausendwende: vom Börsen- zum Kapitalmarktrecht

a) **Drei Phasen (Europäisches) Kapitalmarktrecht.** Jede Phaseneinteilung ist zugleich Interpretation der Entwicklung. Für die **vorliegende Einteilung sind entscheidend die (vier, ggf. fünf) (EG/EU-)Hauptrechtsakte und deren Entwicklung**, namentlich ihre Fortentwicklung in (drei) Richtliniengenerationen – eine jede durchaus auch mit klaren inhaltlichen Entwicklungsschritten.[203] Sie scheinen mir die legislative Phaseneinteilung zu präjudizieren. Dass dann Durchführungsrechtsakte zu jedem der Hauptrechtsakte hinzutreten, ist für die großen Linien – die Phasen – offensichtlich nicht wirklich von Belang (und sie werden auch erst im jeweiligen konkreten Kontext eingeführt). Doch auch einzelne Rechtsakte, die neben die Hauptrechtsakte treten, um erkannte Lücken zu füllen – dies ist namentlich in der dritten, der Nachkrisenphase der Fall – ist nicht von solchem Gewicht, dass das den Hauptbefund ändern sollte. Vielmehr wäre über eine funktional stimmige Zuordnung zu den Hauptrechtsakten – oder gar Integration in diese – nachzudenken. Bei der Benchmark-Verordnung ist beispielsweise die Nähe zum Recht der Marktmanipulation – historisch und inhaltlich – nur allzu deutlich.[204] Zudem fallen diese Ergänzungen ohnehin zeitlich in die Verhandlungs- bzw. Umsetzungsphase der dritten Generation der Hauptrechtsakte. Zuzugeben ist freilich, dass mit EMIR und EU-Leerverkaufs-Verordnung zwei Rechtsakte durchaus auch neue Funktionen erschließen, namentlich eine Dimension der Markt- und Systemstabilität prominent ausgebildet wird (näher unten 6. Teil 4. Abschnitt).

102 Wenn man den **Beginn der ersten Phase** des modernen (Europäischen und deutschen) Kapitalmarktrechts in den **späten 1980er Jahren** verortet, so werden damit folgende Aussagen getroffen: Vorher gab es zwar bereits als voll entwickeltes (freilich eher enges) Rechtsgebiet ein differenziert ausgebildetes **Börsenrecht**, im deutschen Recht bereits seit 1896 mit der Verabschiedung des Börsengesetzes, auf EG/EU-Ebene seit den späten 1970er Jahren: Mit der Börsenzulassungs- und der Börsenprospekt-Richtlinie von 1979[205] mit ihren harmonisierenden Vorgaben, jedoch vor allem auch mit ihren ersten Anerkennungsvorgaben (etwa für in einem Mitgliedstaat geprüfte und zugelassene Prospekte) war der erste Schritt zu einer Europäisierung durchaus bereits getan, hier nun des Börsenrechts.

---

203 Fünf Phasen bildet Veil/*Veil* EuKapmR § 1 Rn 1 ff. aus (mit weiteren Zwischenschritten), allerdings eher nur Andeutung eines Leitkriteriums. Weitere Einteilungen etwa bei *Zetzsche* Enzyklopädie Europarecht, Bd. 6, § 7 Rn 79 ff.; *Lutter/Bayer/Schmidt* Europäisches Unternehmensrecht, § 17 Rn 18 ff; schöner geschichtlicher Abriss der Kapitelmarktrechtsentwicklung auch bei *Binder/Broichhausen* ZBB 2006, 85.

204 Historisch der LIBOR/EURIBOR-Skandal, ein Marktmanipulationsskandal, der Auslöser für die Erarbeitung der EU-Benchmark-Verordnung (EU) 2016/1011 war: vgl. 1. Erw.grund der VO sowie *Spindler* Der Vorschlag einer EU-Verordnung zu Indizes bei Finanzinstrumenten (Benchmark-VO), ZBB 2015, 165. Doch auch inhaltlich zielt die akribische prozedurale Absicherung der Benchmarks auf eine bessere Durchsetzung des Marktmanipulationsverbots (sowie eine Zurückdrängung von Interessenkonflikten) ab: *Spindler* aaO.

205 Richtlinie 79/279/EWG des Rates vom 5. März 1979 zur Koordinierung der Bedingungen für die Zulassung von Wertpapieren zur amtlichen Notierung an einer Wertpapierbörse, ABl. 1979 L 66/21; Richtlinie 80/390/EWG des Rates vom 17. März 1980 zur Koordinierung der Bedingungen für die Erstellung, die Kontrolle und die Verbreitung des Prospekts, der für die Zulassung von Wertpapieren zur amtlichen Notierung an einer Wertpapierbörse zu veröffentlichen ist ABl. 1980 L100/1; zu diesem ersten Schritt der börsenrechtlichen Harmonisierung: *Lutter* Europäisches Unternehmensrecht, 3. Aufl. 1991, S. 77 f.; *Grundmann* Europäisches Gesellschaftsrecht, 1. Aufl. 2004, Rn 119 ff.

Schon zu dieser Zeit war freilich anerkannt, dass dieser Zuschnitt viel zu punktuell war – trotz der (herausragenden) relativen Bedeutung der Börsen in der Praxis und hinsichtlich der Transaktionsvolumina (zu Zahlen oben Rn 55).

In der wissenschaftlichen Diskussion war längst geklärt, dass das Börsenrecht nur Teil sein konnte – in Vielem vorbildhafter Teil – für ein **allgemeines Kapitalmarktrecht.**[206] Erst ein solches ist wirklich Grundlage für ein Recht des Investment Banking, das über ein Börsenrecht hinausgeht und das Unternehmensrecht und das Recht der Finanzmärkte funktional miteinander verklammert. Dieser Schritt – hin zu einem allgemeinen Kapitalmarktrecht – wurde gesetzgeberisch– zuerst auf Europäischer Ebene, bald danach umgesetzt und nachvollzogen auf nationaler Ebene – **ab 1989** getan (kurz bevor noch wichtigere „Zäune" fielen). Für Deutschland bedeutete dieser Schritt nicht nur den Einstieg in ein breites Kapitalmarktrecht – das es ohne die EG/EU so wohl nicht gegeben hätte –, sondern auch den Beginn einer seitdem äußert dynamischen, ja hektischen und teils auch unübersichtlichen Gesetzgebungstätigkeit. Das 1994 prominent in die Debatte geworfene Schlagwort von der „Aktienrechts**reform in Permanenz**" – im Gegensatz zur Rechtsentwicklung in den Jahrzehnten zuvor – könnte ebenso gut auf das Kapitalmarktrecht bezogen werden.[207] 103

b) Allgemeine Charakterisierung der *ersten* Richtliniengeneration (1989 bis ca. Jahrtausendwende). Dieser Schritt zu einem allgemeinen Kapitalmarkrecht bedeutet vor allem dreierlei: (i) eine Ausweitung im Anwendungsbereich – Erfassung weiterer Marktsegmente und bald auch Anlageinstrumente –; (ii) eine Verbreiterung der Regulierungsinstrumente – von den standardisierten (primärmarktrechtlichen) Publizitätspflichten, also einem Teil der Informationsfunktion, hin zu einem ganzen Strauß von Instrumenten (standardisierte Publizitätspflichten auch im Sekundärmarkt, individualisierte Aufklärungs- und Beratungspflichten, Marktintegritätspflichten) –; und schließlich, mit dem Zweiten zusammenhängend, (iii) eine Ausweitung von einer vor allem primärmarktrechtlichen Regulierung hin zu einer primär- *und* sekundärmarktrechtlichen Regulierung. Selbst die Formen der standardisierten Publizität (bisher Börsenprospekt) werden nicht nur auf weitere Märkte erstreckt, sondern ausdifferenziert. Insbesondere die Ad-hoc-Publizität tritt als sog. Folgepflicht auf dauerhafter Basis (nach Zulassung bzw. Markteinführung) hinzu, später ergänzt um die Finanz- und Zwischenberichtspflicht und die Beteiligungstransparenz. Für all dies stehen die EG-Rechtsakte von 1989, bald gefolgt von einem dritten wichtigen in 1993: 104

c) Die wichtigsten Einzelakte (Europäisch und deutsch). aa) Für diese Neubegründung des Kapitalmarktrechts – Erweiterung, Auffächerung, Ausbildung von Phasen – stehen vor allem die beiden **EG-Rechtsakte** von 1989, die neben den bereits genannten Strang von 105

[206] Bahnbrechend in Deutschland *Hopt* Kapitalanlegerschutz im Recht der Banken; *ders.* Inwieweit empfiehlt sich eine allgemeine gesetzliche Regelung des Anlegerschutzes? (dargestellt unter besonderer Berücksichtigung der Publikumspersonengesellschaften, namentlich der Abschreibungsgesellschaften und geschlossenen Immobilienfonds), Gutachten G, 51. DJT 1976, G1-G133; *ders.* Vom Aktien- und Börsenrecht zum Kapitalmarktrecht?, ZHR 140 (1976) 201 und 141 (1977) 389; *Schwark* Anlegerschutz durch Wirtschaftsrecht – Entwicklungslinien, Prinzipien und Fortbildung des Anlegerschutzes, zugleich ein Beitrag zur Überlagerung bürgerlich-rechtlicher Regelung und gewerbepolizeilicher Überwachung durch Wirtschaftsrecht, 1979; auch schon *Kohl/Kübler/Walz/Wüstrich* Abschreibungsgesellschaften, Kapitalmarkteffizienz und Publizitätszwang – Plädoyer für ein Vermögensanlagegesetz, ZHR 138 (1974), 1.

[207] *Zöllner* Aktienrechtsreform in Permanenz – Was wird aus den Rechten des Aktionärs? AG 1994, 336; 2004 aufgenommen für das Kapitalmarktrecht von *Spindler* NJW 2004, 3449 (zum Anlegerschutzverbesserungsgesetz).

EWG-Börsenrechts-Richtlinien (oben Rn 102) treten, dies als zweiter und dritter Strang (wobei die neuen Stränge in der Folge den Kern des börsenrechtlichen Stranges in sich aufnehmen und diesen solchermaßen auszehren werden): Dies ist zum einen die Erweiterung und Ergänzung der Börsenprospektpflicht um eine **allgemeine Prospektpflicht** bei jedem „öffentlichen Angebot" von Wertpapieren mit der EG-Wertpapierprospekt-Richtlinie.[208] Während damit der Emissionsprospekt zur allgemeinen Informationsgrundlage – zum Kerninstrument der Informationsfunktion – wird und dies von Anfang an mit einem sehr breiten Anwendungsbereich – nicht nur im amtlichen Börsenhandel, gefolgt von sonstigen hoheitlich geregelten und überwachten Märkten, sondern ganz allgemein bei jedem öffentlichen Angebot von Wertpapieren –, war dieser erste Schritt doch in einem Punkt noch „in alten Strukturen verhaftet": Es wurde noch nicht für ein Regime in einem einzigen Rechtsakt oder gar für ein weitgehend auch inhaltlich vereinheitlichtes Regime des Prospektrechts – für alle Prospekte – optiert, sondern der neue Rechtsakt trat neben die EWG-Börsen-Richtlinien, das Prospektregime war also bis Anfang des nächsten Jahrtausends (auch) auf EG-Ebene ein zweispuriges.

106 Ähnlich wichtig wie die Ausweitung des Prospektregimes, inhaltlich sogar noch ungleich umstrittener, war die Verabschiedung der **EG-Insiderhandels-Richtlinie.**[209] Das Verbot an sich war konzeptionell umstritten, vor allem jedoch fürchtete man bei einem gesetzlichen Verbot und bei einer parallelen gesetzlichen Festschreibung einer Pflicht zur Ad-hoc-Publizität eine Überregulierung (vgl. unten 6. Teil Rn 487–489). Als der Widerstand – namentlich in Deutschland – im April 1989 gebrochen war, war damit der Weg frei für die nächsten beiden Stränge – neben der prospektrechtlichen Primärmarktpublizität: Mit dem Insiderrecht war das erste Kernstück, bis heute das wohl prägendste, für ein Recht der **Marktintegrität** geschaffen, mit dem vor allem Fairness in Märkten gefördert und so das (relativ diffus bleibende) Anlegervertrauen gefestigt werden sollte – so das Kernziel nach dem 4. und 5. Erw.grund der Ins-RL. Zugleich wurde mit Art. 6 der Richtlinie ein erstes Instrument der **Folgepublizität** als ein Allgemeines etabliert, die Pflicht zur Ad-hoc-Publizität, die nunmehr wiederum über das Börsenrecht hinaus Anwendung finden sollte (dazu dass in diesem Instrument ein Präventivinstrument gegen Insiderhandel *und* ein Teil der Folgepublizität zu sehen ist und welcher Aspekt prägend ist, unten 6. Teil Rn 488–490).

107 Der dritte große Rechtsakt der Gründungsphase des (Europäischen) Kapitalmarktrechts folgte 1993 und bildet am stärksten das **„Herz" des Investment Banking, die EG-Wertpapierdienstleistungs-Richtlinie.**[210] Mit ihr wurde die individuelle Kundenbeziehung im Wertpapierhandel nicht nur umfangreichen neuen Regeln unterworfen, namentlich der umfassenden Aufklärung über die Werthaltigkeit, aber auch über die individuelle Geeignetheit des Anlageinstruments (kundengerechte Aufklärung mit der know-your customer-rule, „Angemessenheit"), sondern wurde die Einhaltung dieses Regimes auch einer aufsichtsrechtlichen strengen Überprüfung unterworfen. Gleiches gilt für umfangreich neu eingeführte Anforderungen an die innere Organisation des Wertpapierdienstleisters, die Interessenkonflikte zurückdrängen und eine regelgerechte Ausführung der Kundenorder sowie die Absicherung seiner Eigentumsrechte befördern sollten.

---

[208] Richtlinie 89/298/EWG des Rates vom 17. April 1989 zur Koordinierung der Bedingungen für die Erstellung, Kontrolle und Verbreitung des Prospekts, der im Falle öffentlicher Angebote von Wertpapieren zu veröffentlichen ist, ABl.EG 1989 L 124/8.

[209] Richtlinie 89/592/EWG des Rates vom 13.11.1989 zur Koordinierung der Vorschriften betreffend Insidergeschäfte, ABl.EG 1989 L 334/30.

[210] Richtlinie 93/22/EWG des Rates vom 10.5.1993 über Wertpapierdienstleistungen, ABl.EG 1993 L 141/27.

bb) Die **Umsetzung in deutsches Recht** erfolgte im Prospektrecht, wo vom Börsenrecht her die Strukturen bekannt waren, sehr zügig, im **Wertpapier-Verkaufsprospektgesetz** vom 13.12.1990,[211] so dass im deutschen Recht die Zweispurigkeit aus dem EG-Recht beibehalten wurde. Eine zentrale Neuerung brachte insoweit das Dritte Finanzmarkförderungsgesetz mit der Einführung einer aufsichtlichen Prüfung der Prospekte (damals durch das BaWe, heute die BaFin).[212] Umgekehrt wurden die Insiderverbote und die Pflicht zur Ad-hoc-Publizität (EG-Insiderhandels-Richtlinie) erst gemeinsam mit den neuen Aufklärungs-, Beratungs-, und Organisationsregeln zum Wertpapierhandel (EG-Wertpapierdienstleistungs-Richtlinie) umgesetzt, dieses unter Anlage eines neuen „Basisrechtsakts" oder „Grundgesetzes", des **Wertpapierhandelsgesetzes** von 1994.[213] **108**

3. Erste Reformwelle (*zweite* Richtliniengeneration): Verbreiterung und Konsolidierung, Entwicklung eines flächendeckenden Kapitalmarktrechts

a) **Allgemeine Charakterisierung der *zweiten* Richtliniengeneration (Erstes Jahrzehnt).** **109**
Die zweite Phase – zugleich eine erste „Reformwelle", die 2003–2004 in nicht einmal zwei Jahren das bestehende Europäische Kapitalmarktrecht rundum erneuerte – ist gekennzeichnet, durch eine **erhebliche Ausweitung – hin zu einem flächendeckenden Europäischen Kapitalmarktrecht –**, aber auch durch vielfache inhaltliche Überarbeitung und **Neujustierung bestehender Instrumente** („zweite Auflage").

Die erhebliche Ausweitung bedeutet zunächst eine **Erschließung neuer Felder**: Zu den **110**
Insiderverboten treten jetzt Präventivregeln, namentlich die Registrierungspflicht aller Geschäfte von Primärinsidern („Directors' Dealing"), die die Insiderinformation meist als erste erhalten und bei denen Insiderhandel daher besonders wahrscheinlich ist. Und neben die Insiderverbote tritt mit den Marktmanipulationsverboten eine zweite Kategorie von Verstößen gegen die Marktintegrität („Marktmissbrauch"), von eklatanten Eingriffen in das Anlegervertrauen (alles **MAD I**). Die Folgepublizität wird jetzt mit der EG-Transparenz-Richtlinie voll ausdifferenziert: Neben die anlassbezogene Ad-hoc-Publizität tritt eine spezielle Form derselben, die Melde- und Veröffentlichungspflicht erheblicher Änderungen in der Beteiligungsstruktur (Beteiligungstransparenz), und die periodische Finanz- und Zwischenberichtspflicht (**EG-Transparenz-Richtlinie**). Gänzlich neu ist auch die Idee, verschiedene Marktsegmente (Handelsplätze) Mindeststandards zu unterwerfen, zugleich jedoch zwischen ihnen solchermaßen Konkurrenz zu eröffnen (**MiFID I**). Schließlich ist die **EG-Übernahme-Richtlinie** mit ihrem Pflichtangebot und der Neutralitätspflicht und Durchbruchregel in diesem Zusammenhang zu nennen, die zwar für das Kapitalmarktrecht eher nur einen Sonderfall, nicht breit das allgemeine kapitalmarktrechtliche Geschäft betrifft, die jedoch umgekehrt überragend wichtig und in mehrfacher Hinsicht paradigmatisch ist (dazu sogleich noch Rn 118).

---

211 Gesetz über Wertpapier-Prospekte und zur Änderung von Vorschriften über Wertpapiere – Artikel 1 Wertpapier-Verkaufsprospektgesetz (VerkaufsprospektG) – vom 13.12.1990, BGBl. 1990 I, S. 2749; konsolidierte Fassung vom 9.9.1998 BGBl. 1998 I, S. 2701.

212 Gesetz zur weiteren Fortentwicklung des Finanzplatzes Deutschland (Drittes Finanzmarktförderungsgesetz) vom 24.3.1998, BGBl. 1998 I, S. 529.

213 Gesetz über den Wertpapierhandel (Wertpapierhandelsgesetz – WpHG), Art. 1 des Gesetzes über den Wertpapierhandel und zur Änderung börsenrechtlicher und wertpapierrechtlicher Vorschriften (Zweites Finanzmarktförderungsgesetz) vom 26.7.1994, BGBl. I S. 1749 idF des Gesetzes vom 9.9.1998, BGBl. I S. 2708, zuletzt geändert durch Gesetz vom 30.6.2016, BGBl. I, S. 1514). Zu diesem Akt als effektenrechtliches „Grundgesetz" unten 6. Teil Rn 251 und 8. Teil.

111 Das Europäische Kapitalmarktrecht wird flächendeckend in dieser zweiten Phase nicht nur vom Fächer der Instrumente her (vorige Rn), sondern auch in den Eckpunkten **des (sachlichen) Anwendungsbereichs.** In dieser Phase wird der Grund dafür gelegt, dass alle **organisierten öffentlichen Märkte** einbezogen sind (vgl. Art. 4 Abs. 1 Nr. 14 MiFID I und weitere Ausweitung der erfassten Märkte in den anderen Rechtsakten), für die sogar bewusst eine Wettbewerbsordnung etabliert wird (mit auch grds. gleichwertigen Basisanforderungen), und dass zugleich auch alle **zirkulierungsfähigen Anlageinstrumente** und Instrumente einbezogen werden, deren Entwicklung die Kurse solcher zirkulierungsfähiger Instrumente beeinflusst (all dies unter dem neuen Begriff des „Finanzinstruments“, Art. 4 Abs. 1 Nr. 17 iVm Anh. I Abschnitt C MiFID I).

112 Auch die **Modelle bereits eingeführter Instrumente** änderten sich nicht unerheblich. Neben die Ausweitung in Instrumenten und Anwendungsbereich tritt also der **Reformaspekt.** Zentrale Beispiele bilden die Klärung, dass neben das Beratungsmodell – für hinreichend informierte Anleger – auch ein Modell des Execution Only tritt, oder ein ausgefeiltes Regime des Best Execution (der bestmöglichen Ausführung), in dem Anbieter ihre Modelle transparent machen und periodisch evaluieren und die Ergebnisse aufdecken müssen (alles MiFID I). Auch wird jetzt der Sekundärinsider allen Insiderverboten, auch dem Weitergabe- und Empfehlungsverbot, unterworfen und überhaupt die Struktur der Insiderverbote (personell) geklärt (MAD I). Weitere Beispiele finden sich in den einzelnen Teilen.

113 b) **Die wichtigsten Einzelakte (Europäisch und deutsch).** aa) Den Auftakt **auf Europäischer Ebene** macht dasjenige Richtlinienpaar, das in der Gründungsphase des europäischen Kapitalmarktrechts in den 1980er und 1990er Jahren unverändert und unberührt geblieben war: Mit der **Konsolidierung in der EG-Börsen-Richtlinie,**[214] in der alle bisherigen EWG-Richtlinien zum Börsenrecht aufgingen, schien die erste kleine Kodifikation erreicht: mit einer systematischen Auffächerung aller Pflichten (Zulassungspflicht, Prospektpflicht und -haftung, Folgepublizität in den verschiedenen Formen, auch manche Einzelregeln zu Geschäften, also dem individuellen Kundenverhältnis, etwa bei Finanztermingeschäften). Diese Minikodifikation war freilich nur von kurzer Dauer, der Weg führte in eine andere Richtung: Nur zwei Jahre nach der Verabschiedung der EG-Börsen-Richtlinie wurde im Zeitraum von **nicht einmal zwei Jahren (2003–04) die Phalanx von fünf Richtlinien** verabschiedet – teils erstmalig, teils in umfassend novellierter Form – und dabei zugleich die EG-Börsen-Richtlinie geradezu „entkernt“, ihrer zentralen Stücke sowohl im Primär- wie im Sekundärmarktrecht beraubt:

114 Den Anfang der Reformagenda für alle kapitalmarktrechtlichen Richtlinien machte die **(Erste) EG-Marktmissbrauchs-Richtlinie – Market Abuse Directive (MAD I)**[215] – mit den genannten Hauptpunkten: Ausdehnung aller Insiderverbote auf den Sekundärinsider, Einführung eines Marktmanipulationsverbotes und einer Regelung zum Directors' Dealing als wichtiger (weiterer) Präventivmaßnahme gegen Insiderhandel. Nicht weniger wichtig war langfristig, dass mit Art. 64 MAD I auch der Grund gelegt wurde für detaillierte Regelset-

---

[214] Richtlinie 2001/34/EG des Europäischen Parlaments und des Rates vom 28.5.2001 über die Zulassung von Wertpapieren zur amtlichen Börsennotierung und über die hinsichtlich dieser Wertpapiere zu veröffentlichenden Informationen, ABl.EG 2001 L 184/1; näher unten 7. Teil und *Grundmann* Europäisches Gesellschaftsrecht, 1. Aufl. 2004, Rn 119–124; *Lutter/Bayer/Schmidt* Europäisches Unternehmensrecht, § 36 Rn 1.

[215] Richtlinie 2003/6/EG des Europäischen Parlaments und des Rates vom 28.1.2003 über Insider-Geschäfte und Marktmanipulation (Marktmissbrauch), ABl.EG 2003 L 96/16. Näher unten 6. Teil 3. Abschnitt (jetzt in Form der MAR).

zung seitens der EG-Kommission (unter Konsultation von CESR) im Rahmen der sog. Lamfalussy-Regelungsarchitektur, die auch eine detaillierte Überprüfung der Umsetzungspraxis vorsieht (insoweit noch wenig weitgehend Art. 70 MAD I). Bei Verabschiedung der MAR diente diese Ausführungsgesetzgebung dann vielfach als Grundlage für ungleich detailliertere Rechtssetzung bereits auf Ebene 1.

Mit der **EG-Wertpapierprospekt-Richtlinie**[216] folgte die Zusammenlegung und auch **115**
(weitere) inhaltliche Angleichung der Börsenprospektpflicht und -haftung einerseits und der allgemeinen Prospektpflicht und -haftung bei jedem „öffentlichen Angebot" andererseits. Dies war umgekehrt jedoch auch gleichbedeutend mit der ersten umfangreichen Aushöhlung der (konsolidierten) EG-Börsen-Richtlinie von 2001, weil mit der Prospektpublizität die Primärmarktpublizität ganz aus der EG-Börsen-Richtlinie herausgebrochen wurde. Das Anerkennungsregime wurde jetzt auf alle Prospekte erstreckt („Europäischer Pass"), die Ausnahmen, deretwegen das Gastland Ausnahmen machen darf, wurden weitestgehend gestrichen. Insbesondere wurde auch ein Übersetzungserfordernis nicht mehr für zulässig erachtet (außer für die kurze Zusammenfassung), wenn der Prospekt in einer anerkannten Finanzsprache abgefasst ist (jedenfalls Englisch).

Im April 2004 folgten zwei überragend wichtige Richtlinien, ungleich zentraler im Ka- **116**
pitalmarktrecht selbst: die **EG-Finanzinstrumente-Richtlinie**, bekannter als Market for Financial Instruments Directive (MiFID I)[217] Auf ihre mehrfach systembildende Bedeutung wurde bereits hingewiesen – namentlich weil sie mit den Konzepten „organisierter Markt" und „Finanzinstrument" den fortan maßgeblichen Anwendungsbereich absteckte und die Basisanforderungen an Handelsplätze formulierte und damit zugleich den Wettbewerb zwischen ihnen installierte. Auch auf inhaltlich neue Konzepte (execution only und best execution) wurde hingewiesen.

Mit der ebenfalls noch in 2004 verabschiedeten **EG-Transparenz-Richtlinie**[218] – der **117**
vierten großen Reformrichtlinie zum allgemeinen (Europäischen) Kapitalmarktrecht aus 2003–04 – wurden nach dem Gesagten die Beteiligungstransparenz und die Finanz- und Zwischenberichtspflicht als Institute des allgemeinen Kapitalmarktrechts eingeführt. Dies bedeutete zugleich jedoch, dass nunmehr auch im Kernbereich des Sekundärmarktrechts die EG-Börsen-Richtlinie von 2001 (weiter) ausgehöhlt wurde, die diese Materien bis zu diesem Zeitpunkt rein börsenrechtlich geregelt hatte. Als Querschnittsrichtlinie zu Transparenzanforderungen erwarb die EG-Transparenz-Richtlinie auch dadurch besondere Bedeutung, dass sie allgemeine Anforderungen an die Form und Klarheit, auch das adäquate Medium von kapitalmarktrechtlich geforderten Veröffentlichungen formulierte (Art. 19–21a der Richtlinie).

---

[216] Richtlinie 2003/71/EG des Europäischen Parlaments und des Rates vom 4.11.2003 betreffend den Prospekt, der beim öffentlichen Angebot von Wertpapieren oder bei deren Zulassung zum Handel zu veröffentlichen ist, und zur Änderung der Richtlinie 2001/34/EG, ABl.EG 2003 L *345/89*. Näher unten 6. Teil 2. Abschnitt.

[217] Richtlinie 2004/39/EG des Europäischen Parlaments und des Rates vom 21.4.2004 über Märkte für Finanzinstrumente, zur Änderung der Richtlinien 85/611/EWG und 93/6/EWG des Rates und der Richtlinie 2000/12/EG des Europäischen Parlaments und des Rates und zur Aufhebung der Richtlinie 93/22/EWG des Rates, ABl.EG 2004 L 145/1 und 2005 L 45/18. Näher unten 8. Teil.

[218] Richtlinie 2004/109/EG des Europäischen Parlaments und des Rates vom 15.12.2004 zur Harmonisierung der Transparenzanforderungen in Bezug auf Informationen über Emittenten, deren Wertpapiere zum Handel auf einem geregelten Markt zugelassen sind, und zur Änderung der Richtlinie 2001/34/EG, ABl.EG 2004 L 390/38. Änderungsakte ABl.EG 2008 L76/50 2010 L 327/1; 2010 L 331/120 und 2013 L 294/13. Näher unten 6. Teil 5. Abschnitt.

118 Taggleich mit der MiFID I verabschiedet, also zeitlich nicht die letzte unter den fünf Richtlinien, freilich inhaltlich einen Sonderfall bildend, trat auch noch die **EG-Übernahme-Richtlinie** 2004 in Kraft.[219] Einen Sonderfall bildet sie nicht nur, weil sie eine (große) Einzeltransaktion – nicht allgemein Kapitalmärkte – zum Gegenstand hat, sondern weil das Projekt ungleich älteren Ursprungs ist und ursprünglich als 13. gesellschaftsrechtliche Richtlinie geplant war, also (auch) im Gesellschaftsrecht verankert ist. In der Tat werden Übernahmen zwar operationalisiert über massenweisen Verkauf von kapitalmarktgängigen Wertpapieren (Anteilen) – bilden also insoweit ein kapitalmarktrechtliches Phänomen mit erheblicher Bedeutung im Investment Banking –, zeitigen jedoch ihre Wirkung in der Struktur der Kontrolle über die Gesellschaft, also innergesellschaftlich, nach Europäischem Regime mit der (optionalen) Durchbruchregel auch in einer Sondermöglichkeit, die Satzung als Grundlagenakt der Gesellschaft nach erfolgter Übernahme radikal umzugestalten. Die Richtlinie ist so wichtig auch, weil sie mit zwingendem Angebot an alle Aktionäre (Gleichbehandlung) und der (wenn auch teil-optionalen) Neutralitätspflicht des Vorstandes und der Durchbruchregel ein sehr grundsätzliches Gegenmodell zum mainstream in den USA bildet und zwar zu einem der wichtigsten Instrumente, die Gesellschaftsrecht und Kapitalmarktrecht eng miteinander verknüpfen, im – nach *Manne* – so benannten „Market for Corporate Control".[220]

119 bb) Der **deutsche Gesetzgeber** hatte auch in der zweiten Phase vor allem Umsetzungsarbeit zu leisten. Den Auftakt bezeichnet jedoch schon **2002 das Vierte Finanzmarktförderungsgesetz,**[221] mit dem der deutsche Gesetzgeber selbst die neue Phase einläutete, insbesondere auch bereits ein Marktmanipulationsverbot und ein Regime zum Directors' Dealing einführte – die er dann nach Verabschiedung der MAD I anzupassen hatte. Im Vierten Finanzmarkförderungsgesetz wurde jedoch auch – **autonom** – für einen Teilbereich der Folgepublizität – die Ad-hoc-Publizität – ein klar umrissenes Sanktionsregime eingeführt (**§§ 37b, 37c WpHG**), das freilich für alle anderen Bereiche der Kapitalmarktinformation (nach der Prospektveröffentlichung) die sog. Kapitalmarktinformationshaftung weiterhin ungeregelt ließ.[222] Außerdem wurden – der Generaltendenz einer Verlagerung vom Börsenrecht ins Kapitalmarktrecht folgend – wichtige **zentrale Geschäfte bzw. Akti-**

---

[219] Richtlinie 2004/25/EG des Europäischen Parlaments und des Rates vom 21.4.2004 betreffend Übernahmeangebote, ABl.EG 2004 L 142/12. Näher unten 6. Teil 6. Abschnitt.

[220] *Manne* Mergers and the Market for Corporate Control, 73 Journal of Political Economy 110–120 (1965); dazu Kurzdarstellung des Kontexts und der Fortentwicklung bei *Grundmann* in: Grundmann/Micklitz/Renner Privatrechtstheorie, 2015, S. 1585–1608. Meine eigene Sicht zum Richtlinienregime in *Grundmann* The Market for Corporate Control, in: Hopt/Wymeersch/Kanda/Baum (Hrsg.), Corporate Governance in Context: Corporations, States, and Markets in Europe, Japan, and the US, 2005, S. 421; *ders* Europäisches Gesellschaftsrecht, § 27.

[221] Gesetz zur weiteren Fortentwicklung des Finanzplatzes Deutschland (Viertes Finanzmarktförderungsgesetz) vom 21.6.2002, BGBl. I S. 2010 (neben Änderungen bei der Ad-hoc-Publizität [u. a. Kennzahlen] vor allem Einführung der Pflicht von (Primär-) Insidern, ihre Geschäfte aufzudecken (§ 15a WpHG), und eines Marktmanipulationsverbotes [§§ 20a, 20b WpHG]).

[222] Näher auch hierzu 8. Teil zu Anh. §§ 37b, 37c WpHG; sowie etwa *Hopt/Voigt* (Hrsg) Prospekt- und Kapitalmarktinformationshaftung; *Hopt* WM 2013, 101; *Habersack/Mülbert/Schlitt* (Hrsg.) Handbuch der Kapitalmarktinformation, §§ 29–33 (versch. Autoren); *Hellgardt* Europarechtliche Vorgaben für die Kapitalmarktinformationshaftung, AG 2012, 154; zuvor schon *Zimmer* Verschärfung der Haftung für fehlerhafte Kapitalmarktinformation, WM 2004, 9.

vitäten von zentralen Kapitalmarktakteuren ins WpHG überführt bzw. dort eingegliedert: das Recht der Finanztermingeschäfte in §§ 37d bis 37g WpHG sowie die Erstreckung der Wohlverhaltenspflichten auf Finanzanalysten in §§ 34b, 34c WpHG.

Die späteren Rechtsakte sind demgegenüber primär **Umsetzungsakte**, für alle vier EG-Basisrechtsakte und für die EG-Übernahme-Richtlinie, namentlich: (i) das **Anlegerschutzverbesserungsgesetz (AnSVG) 2004**,[223] in dem vor allem MAD I umgesetzt wurde (und hierfür die Systematisierung des Insiderrechts und die Regeln für Marktmanipulation und Directors' Dealing angepasst wurden, außerdem auch die Ad-hoc-Publizität jetzt direkt an das Konzept der Insiderinformation angeknüpft wurde; daneben autonom auch § 34b WpHG grundlegend neugefasst wurde); (ii) das **Wertpapierprospektgesetz (WpPG) 2005**,[224] mit dem – wie mit der EG-Wertpapierprospekt-Richtlinie – die Prospektpflicht und -haftung aus dem Börsengesetz und aus dem Verkaufsprospektgesetz in diesem neuen Gesetz zusammengeführt wurden (wobei zugleich das damit obsolete Verkaufsprospektgesetz genutzt wurde, um der Prospektpflicht für nicht wertpapiermäßig verbriefte Anlagen des grauen Kapitalmarkts, die Art. 2 AnSVG 2004 eingeführt hatte, einen neuen Standort zu geben; heute im KAGB, näher unten 6. Teil Rn 180); sowie **2007 das Finanzmarktrichtlinie-**[225] und das **Transparenzrichtlinie-Umsetzungsgesetz.**[226] die die beiden anderen Basisrichtlinien umsetzten. Im **Börsenrecht** brachte die Umsetzung der Finanzmarktrichtlinie eine Neufassung des Börsengesetzes.[227] Der regulierte Markt ersetzte danach den Amtlichen Markt und den Geregelten Markt, außerdem wurden Vor- und Nachhandelstransparenz eingeführt und die Vorschriften über Skontroführer vereinfacht.[228]. Die **EG-Übernahme-Richtlinie** wurde durch Neufassung des WpÜG vom 8.7.2006 umgesetzt,[229] wobei die Neutralitätspflicht nicht umfassend eingeführt wurde (insbesondere Verteidigungsmaßnahmen mit Zustimmung des Aufsichtsrats weiterhin zulässig) und auch die Durchbruchregel nur fakultativ in § 33b WpÜG ausgestaltet wurde. Ebenso wie auf Europäischer Ebene zeichnet sich diese zweite Regelungsgeneration auch auf deutscher Ebene dadurch aus, dass die (Umsetzungs-)Gesetzakte noch umfangreich durch **Ausführungsverordnungen** ausdifferenziert wurden,[230] deren Verhältnis zu den Europäischen Ausführungsakten 120

223 Gesetz zur Verbesserung des Anlegerschutzes (AnSVG) vom 28.10.2004, BGBl. I S. 2630.

224 Gesetz über die Erstellung, Billigung und Veröffentlichung des Prospekts, der beim öffentlichen Angebot von Wertpapieren oder bei der Zulassung von Wertpapieren zum Handel an einem organisierten Markt zu veröffentlichen ist (Wertpapierprospektgesetz – WpPG) = Art. 1 des Gesetzes zur Umsetzung der Richtlinie 2003/71/EG des Europäischen Parlaments und des Rates vom 4.11.2003 betreffend den Prospekt, der beim öffentlichen Angebot von Wertpapieren oder bei deren Zulassung zum Handel zu veröffentlichen ist, und zur Änderung der Richtlinie 2001/34/EG (Prospektrichtlinie-Umsetzungsgesetz) vom 22.6.2005, BGBl. 2005 I, S. 1698.

225 Gesetz zur Umsetzung der Richtlinie über Märkte für Finanzinstrumente (RiL 2004/39/EG) und der Durchführungsrichtlinie (RiL 2006/73/EG) der Kommission (Finanzmarkt-Richtlinie-Umsetzungsgesetz) vom 16.7.2007, BGBl. I, S. 1330 (vor allem Erweiterung des Anwendungsbereichs [Anlageberatung und -vermittlung, Warenderivate, multilaterale Handelssysteme]; Erfassung von Handelsplattformen und umfassende Neuformulierung der Wohlverhaltensregeln).

226 Umsetzung durch das Transparenzrichtlinien-Umsetzungsgesetz (TUG) vom 5.1.2007, BGBl. 2007 I, S. 10.

227 Finanzmarktrichtlinie-Umsetzungsgesetz vom 16.7.2007, BGBl. 2007 I, 1330.

228 *Weber* Die Entwicklung des Kapitalmarktrechts im Jahre 2007, NJW 2007, 3688; *Groß* Kapitalmarktrecht, Vorb. BörsG Rn 20b-c.

229 Übernahmerichtlinie-Umsetzungsgesetz vom 8.7.2006, BGBl. 2006 I, 1426.

230 Verordnung zur Konkretisierung des Verbotes der Marktmanipulation vom 1.3.2005, BGBl. I 2005, S. 515, zuletzt geändert durch

(trotz grds. bestehender Umsetzungskompetenz des deutschen Gesetzgebers) teils problematisch war und ist und die jeweils im konkreten Kontext mit zu berücksichtigen sind.

121 c) **Etablierung der Gesamtarchitektur.** Am Ende dieser Phase kann man zusammenfassend – und nur wenig überspitzt – konstatieren, dass **vier Richtlinienstränge** nebeneinander stehen – ergänzt um zwei wichtige Einzelbereiche oder -themen:

- das allgemeine prospektrechtliche Regime,
- das allgemeine Regime der Folgepublizität (Beteiligungstransparenz und Finanz- und Zwischenberichtspublizität) (EG-Transparenz-Richtlinie),
- das allgemeine Regime der Marktintegrität (mit Insider- und Marktmanipulationsrecht, ergänzt um die Ad-hoc-Publizität, die m.E. noch stärkere Bezüge zur Folgepublizität gehabt hätte) (MAD I), und
- das Regime der Regeln zur individuellen Kundenbeziehung, zu den Organisationsvorgaben und zu den Märkten und Marktbetreibern jenseits der Börsen (MiFID I).

Daneben treten die EG-Börsen-Richtlinie zum Börsenhandel, in der man (wegen der praktischen und institutionenbildenden Bedeutung dieses Einzelbereichs) auch einen fünften Strang sehen mag, sowie die EG-Übernahme-Richtlinie. Dies ist nicht nur funktional durchaus ansprechend geordnet und gegliedert. Dies ist vielmehr **im Kern** auch bis auf den heutigen Tag **die Architektur des Europäischen (bzw. europäisierten) Kapitalmarktrechts** – nur noch punktuell ergänzt und durchaus intensiv überarbeitet in der 3. Phase (der zweiten Reformwelle).

4. Zweite Reformwelle: Kapitalmarktrecht seit der Finanzkrise, Neujustierungen und die Entwicklung eines Stabilitätsstranges

122 a) **Allgemeine Charakterisierung der *dritten* Richtlinien- und Verordnungsgeneration (seit der Finanzkrise).** Wenn die dritte Richtliniengeneration jedenfalls zeitlich mit dem Zusatz **„seit der Finanzkrise"** umschrieben wird, so fällt zweierlei auf: Für die Neugestaltung der Basisrechtsakte hat sich diese Finanzkrise – obwohl immer wieder auf sie verwiesen wird – wenig, jedenfalls ungleich weniger ausgewirkt als namentlich die Erkenntnisse und Entwicklungen von **Behavioral Finance** (was teils durch den Umstand kaschiert wird, dass ein eher diffus bleibendes Schutzobjekt **„Anlegervertrauen"** wichtig ist sowohl für Behavioral Finance als auch in der Aufbereitung der Finanzkrise). Umgekehrt können dann jedoch die punktuell konzipierten (neuen) Einzelrechtsakte sehr unmittelbar auf die Finanzkrise und die **krisenbegründenden oder -beschleunigenden Defizite** im vorherigen Regime bezogen werden.

123 Die ***Reform* der Basisrechtsakte** war zwar teils durchaus ambitioniert. Auch wurden die Rechtsakte vielfach durch „Aufwertung" der bisher in der Ausführungsgesetzgebung zu findenden Gehalte (Level 2 Rechtssetzung) zu Gehalten in den Basisrechtsakten selbst erheblich umfangreicher und detaillierter. Insgesamt jedoch herrscht für alle Basisrechtsakte der Charakter einer bloßen Reform vor, ungleich weniger „revolutionär" und Neuland erschließend als noch in der zweiten Richtliniengeneration. Das soll nicht bedeuten, dass nicht teils durchaus grundlegende neue Lösungen gefunden worden wären – etwa die Marktstrukturlösung für Kick-Back-Zahlungen („Inducements" in MiFID II, dazu sogleich noch) –, und mit einer intensivierten Verwendung der EU-Verordnung als Regelungsform auch eine größere Vereinheitlichungswirkung angestrebt wurde. Dennoch sind

---

das Gesetz vom 7.5.2013, BGBl. I S. 1162. Verordnung zur Konkretisierung des Verbotes der Kurs- und Marktpreismanipulation (KuMaKV) vom 18.11.2003, BGBl. I 2003, S. 2300, aufgehoben mit Wirkung vom 1.3.2005.

die Gehalte überwiegend unverändert und nur „fortgeschrieben“. Immerhin kann freilich gesagt werden, dass gerade die Wahl einer (zusätzlichen) Marktstrukturlösung für das Problem der „Inducements“ zeigt, dass die **Kapitalmarktstrukturen als Regelungsproblem und -option**, die schon für den Gesetzgeber von MiFID I an Wichtigkeit gewonnen hatten (Wettbewerb der Marktsegmente), noch zentraler in den Blickpunkt rücken. Das Projekt einer Europäischen Kapitalmarktunion zielt ebenfalls zum Teil in diese Richtung.

Wenn generellere **Fortentwicklungen in den Beständen aus der dritten Richtliniengeneration** zu konstatieren sind, dann vielleicht folgende zwei im besonderen Maße: Tendenziell werden mehr Regeln im kapitalmarktrechtlichen Kernbestand mit der Überlegung erklärt – und entsprechende Auslegungen desselben bevorzugt –, dass dieser Kernbestand – in Maßen – auch dem Ziel dienen soll, **Irrationalitäten** bei Kapitalmarktakteuren und deren Ausnutzung durch Anbieter entgegenzuwirken (schon oben Rn 16 und 32). Und der Bestand des Europäischen Kapitalmarktrechts wird auf die Frage überprüft, inwieweit Modelle nicht auch über ihren bisherigen sachlichen Anwendungsbereich hinaus Modellwirkung entfalten können oder sollten. Im autonomen deutschen Recht wird das zunehmend für den sog. grauen Kapitalmarkt befürwortet (vgl. oben Rn 77 und unten 6. Teil Rn 180), auch die Diskussion um die Zurückdrängung des **Schattenbankensektors** wird unter diesem Gesichtspunkt geführt.[231] **124**

Neben diese – nur verhalten novellierenden – Reformschritte treten freilich einige sehr wichtige – wenn auch punktuell zugreifende – **gänzlich neu verabschiedete Rechtsakte**, allesamt in Form von EU-Verordnungen und mit durchaus neuem Regelungsparadigma. Sie sind überwiegend **stabilitätsorientiert** und beziehen sich zentral auf technologische Fortentwicklungen und Fortentwicklungen im Bereich Finanzinnovationen (Hochfrequenzhandel, Derivatehandel mit Benchmarks). Die wichtigsten im Bereich des Investment Banking sind die EU-Leerverkaufs-, die EU-OTC-Handels-Verordnung (EMIR) und in jüngster Zeit die EU-Benchmark-Verordnung. Letztere ist der einzige dieser Rechtsakte, der nicht primär durch Defizite motiviert war, die in der Finanzkrise offenbar wurden (sondern durch den LIBOR-/EURIBOR-Skandal als eigene „krisenhafte“ Entwicklung), und der auch nicht primär stabilitätsorientiert ist, sondern als vorbeugende Regulierung gegenüber bestimmten Möglichkeiten einer Marktpreismanipulierung zu verstehen ist. **125**

Die Entwicklung führt insgesamt dahin, dass **2017/18 die gesamte neue Architektur des (Europäischen) Kapitalmarktrechts** – häufig mit EU-Verordnungscharakter und mit der neuen Ausführungsarchitektur – vorliegen wird und dies praktisch durchweg als Regelwerk von allenfalls wenigen Jahren Alter. Zudem handelt es sich hierbei um ein Regelwerk, das aufgrund seiner Regelungsdichte und vielfach auch unmittelbarer Anwendbarkeit an Integrationstiefe allenfalls (ein wenig) hinter den wenigen Gebieten zurückstehen wird, die vollvereinheitlicht sind und auch durch eine Europäische Aufsichtsbehörde oder -institution im Einzelfall angewandt werden („Vollintegration“): namentlich das Wettbewerbsrecht (Kartell- und Fusionskontrollrecht), das Geld- und Währungsrecht sowie das Bankaufsichtsrecht (im Rahmen der Europäischen Bankenunion für die Eurozone).[232] **126**

---

[231] *Europäische Kommission* Grünbuch Schattenbankwesen, COM 2012/0102; *Schaffelhuber* Regulierung des Schattenbankensystems, GWR 2011, 488; *Fischer* Regulierung von Schattenbanken – Europäische Kommission auf dem falschen Weg, Kreditwesen 2012, 485; *Manger-Nestler/Gramlich* „Flucht ins Dunkel“ – Bedarf an und Stand der transnationalen Regulierung des Schattenbanksektors. Auch ein Modell für islamic finance?, ZBB 2015, 337; *Adrian/Ashcraft* Shadow Banking, in: Palgrave Dictionary – Online Edition, 2012.

[232] Zur Gesamtheit dieser Gebiete in vergleichender Sicht *Grundmann* Europäisches Wirtschaftsrecht im Wandel – von der Wettbewerbsunion zur Finanzunion, Festschrift Heymanns-Verlag 2015, S. 193.

127 b) **Die wichtigsten Einzelakte (Europäisch und deutsch).** aa) Die Entwicklung der wichtigsten Einzelakte **auf EU-Ebene** ist eine **zweispurige**: einer Reform – teils durchaus tiefgreifend – aller vier Basisrechtsakte, teils durch Neuerlass, teils nur durch Änderungsrichtlinie stehen einige neu erlassene, praktisch zwar sehr wichtige, jedoch eher nur punktuell konzipierte Einzelrechtsakte gegenüber.

128 Die **Novellierung der EG-Wertpapierprospekt-Richtlinie** 2010[233] steht noch erheblich unter dem Einfluss der Deregulierungsagenda von vor der Finanzkrise. Ihr Hauptinhalt sind Ausweitungen der Ausnahmen (etwa Erhöhung der Schwellenwerte) bzw. Verlängerung der Wirksamkeit des Prospekts, umgekehrt jedoch eine Verstärkung der einheitlichen Anwendung im Sinne der Lamfalussy-Regelungsarchitektur – hier schon bestätigt vom Larosière-Bericht zu den Gründen der und dem Reformbedarf aus der Finanzkrise). Und ebenfalls eine von der Finanzkrise grds. unabhängige Reformagenda wurde mit den beiden Investmentfonds-Richtlinien verfolgt, die ohnehin jenseits der Kapitalmarktrechts und Investmentbankings stehen (2011–13).[234] Doch schon wenig später, 2013, folgte die **Novellierung der EG-Transparenz-Richtlinie**[235] – einschließlich Regeln, die auch den Prospekt betreffen –, die teils aber auch andere Schwerpunkte setzt: Sie verfeinert insbesondere die Offenlegungspflichten für mittelbare Erwerbsrechte an Aktien. Umgekehrt – und fast noch zentraler – spielt jedoch bei dieser Novelle der Verwaltungsabbau durchaus eine Rolle: mit der Abschaffung der Verpflichtung zur Quartalsberichtserstattung, die auch Mitgliedstaaten nicht beibehalten dürfen (außer reine Finanzinformationen), weil SMEs übermäßig belastet würden, und mit der Verlängerung der Frist für Abgabe des Halbjahresberichts auf 3 Monate (auch zur Qualitätssteigerung).

129 Bei der **Reform der Basisrechtsakte** stechen dann die MAR und die MiFID II – beide aus dem **Jahr 2014** – als breite und absolut zentrale Rechtsakte hervor, jeder Rechtsakt ein eigenes umfangreiches Regelungsregime: Der Bestand des Marktintegritätsrechts in MAD I

---

[233] Richtlinie 2010/73/EU des Europäischen Parlaments und des Rates vom 24.11.2010 zur Änderung der Richtlinie 2003/71/EG betreffend den Prospekt, der beim öffentlichen Angebot von Wertpapieren oder bei deren Zulassung zum Handel zu veröffentlichen ist, und der Richtlinie 2004/109/EG zur Harmonisierung der Transparenzanforderungen in Bezug auf Informationen über Emittenten, deren Wertpapiere zum Handel auf einem geregelten Markt zugelassen sind, ABl.EU 2010 L 327/1.

[234] Einerseits die Novelle (4. Richtliniengeneration!) der klassischen, hochregulierten Investmentfonds des offenen Typus: Richtlinie 2009/65/EG des Europäischen Parlaments und des Rates vom 13.7.2009 zur Koordinierung der Rechts- und Verwaltungsvorschriften betreffend bestimmte Organismen für gemeinsame Anlagen in Wertpapieren (OGAW) (Neufassung), ABl.EU 2009 L 302/32. Andererseits eine Basisregulierung aller „alternativer“ Investmentfonds, von solchen mit alternativen Investmentfeldern („Innovationsbereiche“) bis zu solchen des nichtoffenen Typus: Richtlinie 2011/61/EU des Europäischen Parlaments und des Rates vom 8.6.2011 über die Verwalter alternativer Investmentfonds und zur Änderung der Richtlinien 2003/41/EG und 2009/65/EG und der Verordnungen (EG) Nr. 1060/2009 und (EU) Nr. 1095/2010. ABl.EG 2011 L 174/1.

[235] Richtlinie 2013/50/EU des Europäischen Parlaments und des Rates vom 22.10.2013 zur Änderung der Richtlinie 2004/109/EG des Europäischen Parlaments und des Rates zur Harmonisierung der Transparenzanforderungen in Bezug auf Informationen über Emittenten, deren Wertpapiere zum Handel auf einem geregelten Markt zugelassen sind, der Richtlinie 2003/71/EG des Europäischen Parlaments und des Rates betreffend den Prospekt, der beim öffentlichen Angebot von Wertpapieren oder bei deren Zulassung zum Handel zu veröffentlichen ist, sowie der Richtlinie 2007/14/EG mit Durchführungsbestimmungen zu bestimmten Vorschriften der Richtlinie 2004/109/EG, ABl.EU 2013 L 294/13.

wurde – unter der Einbeziehung großer Bestände der Level-2 Rechtssetzung – in die **EU-Marktmissbrauchs-Verordnung (MAR)** übertragen und – flankierend dazu – für die Straf- und Bußgeldbewehrung der Verbote eine EU-**Markmissbrauchs-Richtlinie (MAD II oder CrimMAD)** erlassen,[236] als Vorgabe für die nationalen Straf- und Ordnungswidrigkeitsrechte zu den Gehalten der MAR, vor allem dem Insider- und dem Marktmanipulationsverbot.

Eine grundlegende Neufassung hat auch die **EG-Finanzmarkt-Richtlinie I – nunmehr II – erfahren (MiFID II)**.[237] Dies ist deswegen durchaus bemerkenswert, weil sich hier die Rechtsform nicht geändert hat und auch weiterhin „nur" für eine *Richtlinie*, nunmehr EU-Richtlinie optiert wurde. Freilich ist diese Richtlinie inhaltlich auch eher „innovativer" als die MAR. Zwar stehen auch hier die Fortschreibung der Gehalte der MiFID I im Vordergrund – Wohlverhaltensregeln, Ausführungsregeln, Organisationsregeln, das Regime für Handelsplätze und Marktbetreiber außerhalb des Börsenrechts –, dieses auch hier verbunden mit einer umfangreichen „Aufwertung" von Gehalten, die bisher in der Level-2-Gesetzgebung entwickelt wurden, zu Gehalten der MiFID II selbst. Hinzu kommen in diesem Falle jedoch gänzlich neue Regimeteile bzw. signifikante Ausweitungen im Anwendungsbereich. Zwei Beispiele stechen hervor: Einerseits ist das Regime für **Kick-Back-Zahlungen (Inducements)**, bei dem bisher das Europäische Regime vor allem auf eine Interessenwahrungspflicht und auf eine Aufklärungspflicht setzte (ggf. kombiniert mit einer Auskehrungspflicht der Zahlungen an den Kunden), zu einem zweispurigen fortentwickelt worden, womit eine Marktstrukturlösung angestrebt wurde: Das alte Regime bleibt grundsätzlich als eine der beiden „Spuren" erhalten, etwas genauer ausdifferenziert. Neben dieses Regime, in dem Interessenkonflikte hingenommen werden, dann jedoch die Intermediäre zu einem Handeln angehalten werden, das Kundeninteressen als oberste Leitlinie nimmt, tritt jetzt – in Anlehnung an englisches Recht – eine zweite Spur, mit der eine Form Intermediär installiert wird, die gänzlich frei von Interessenkonflikten sein soll. Gebühren seitens der Emittenten der Instrumente oder wirtschaftliche Interessen in diesen oder den Instrumenten werden a limine ausgeschlossen, dafür freilich müssen diese Intermediäre vom Kunden gesondert vergütet werden. Auch im Bereich der Handelsplattformen findet sich eine nicht unwichtige Fortentwicklung und Neuerung, indem neben die schon von der MiFID I geregelten Handelsplätze und systematischen Internalisierer nunmehr bewusst eine Auffangregel gestellt wurde, indem auch alle **„organisierten Handelssysteme"** erfasst werden sollen – allein unter der Bedingung, dass hier zirkulationsfähige Finanzinstrumente gehandelt werden. MiFID II dient damit heute – mit Art. 4 Abs. 1 und seinen Definitionsnormen – als der **Allgemeine Teil des Europäischen Kapitalmarktrechts für die Definition der erfassten Märkte und der erfassten Anlageinstrumente** (vgl. bereits oben Rn 79–91). 130

---

[236] Verordnung (EU) Nr. 596/2014 des Europäischen Parlaments und des Rates vom 16.4.2014 über Marktmissbrauch (Marktmissbrauchsverordnung) und zur Aufhebung der Richtlinie 2003/6/EG des Europäisches Parlaments und des Rates und den Richtlinien 2003/124/EG, 2003/125/EG, und 2004/72/EG der Kommission, ABl.EU 2014 L 173/1; zeitgleich verabschiedet (umzusetzen bis 3.7.2016, Art. 13 der RL): Richtlinie 2014/57/EU des Europäischen Parlamentes und des Rates vom 16.4.2014 über strafrechtliche Sanktionen bei Marktmanipulation (Marktmissbrauchsrichtlinie), ABl.EU 2014 L 173/179. Zur MAR näher unten 6. Teil, 3. Abschnitt. Zur MAD II näher 8. Teil unter § 38 WpHG.

[237] Richtlinie 2014/65/EU des Europäischen Parlaments und des Rates vom 15.5.2014 über Märkte für Finanzinstrumente sowie zur Änderung der Richtlinien 2002/92/EG und 2011/61/EU (Neufassung), ABl.EU 2014 L 173/349; dazu ausführlich 7. (Organisations- und Marktbetreiber-) und 8. Teil (Kunden-Regeln).

131 Die **punktuell konzipierten Einzelrechtsakte** ergingen früher als die beiden großen Novellierungen der Basisrechtsakte, soweit sie **stabilitätsorientiert** und direkt auf Defizite bezogen sind, die in der Finanzkrise offenbar wurden: 2012, parallel zu den zentralen Rechtsakten zum neuen Aufsichtsregime in der Europäischen Bankenunion (vgl. 1. Teil Rn 49–71). Die **EU-Leerverkaufsverordnung**[238] regelt zwei Arten von Leerverkäufen – von Aktien, von Staatsanleihen und diesen funktional nahe kommenden Credit Default Swaps: solche, bei denen der Verkäufer die Titel zwar noch nicht hält (Leerverkauf, genauer Art. 1 ff.), aber Vorkehrungen getroffen hat, sie bei Fälligkeit erhalten zu können (Art. 5 ff.), und solche, bei denen dies nicht der Fall ist („ungedeckt", Art. 12 ff.). Alle sind nach umfangreichen Transparenzregeln aufzudecken, um Märkte und ihre Wirkung besser beurteilen zu können, Letztere haben sich jedoch als ungleich aggressivere Instrumente bei der Spekulation auf einen Ausfall der Schuldner/Emittenten erwiesen und werden daher auch von den Bedingungen her in der Sache beschränkt (partielle Leerverkaufverbote bzw. Ermächtigung zur Anordnung solcher Verbote). Die **EU-Marktinfrastruktur oder auch OTC-Derivate-Verordnung (EMIR)**[239] unterwirft OTC-Derivate, die bisher weitgehend ohne Öffentlichkeit gehandelt werden konnten, einem nuancierten Regime, das größere Transparenz und Stabilität gewährleisten soll. Herz des Regimes ist dabei die Etablierung einer Kategorie von OTC-Derivaten, die nur im Verhältnis zu zentralen Gegenparteien (Central Counterparties, CCPs) abgeschlossen werden können (auf wenige Gegenparteien gebündeltes Geschäft, Art. 4 ff.), wobei diese in einer Form beaufsichtigt werden und Mindestvoraussetzungen erfüllen müssen (auch in Eigenkapital), die den bankaufsichtsrechtlichen Anforderungen nachempfunden sind (Art. 14 ff.), und wobei jedes Geschäft zudem in einem Transaktionsregister registriert werden muss. Für OTC-Derivate, die nicht solchermaßen von der Clearingpflicht über CCPs erfasst sind, gelten (neben dem Transparenzgebot) jedenfalls gesteigerte Risikominimierungspflichten (Art. 11). Insgesamt stützt sich dieses Kernstück auf ein umfangreiches Transparenzregime, das freilich auch breiter ausgreift (Registrierung aller Geschäfte, Art. 55 ff.). Hinzu kommen auch den individuellen Kunden schützende Wohlverhaltensregeln (Fairness und Aufklärung, Art. 36 ff.). In diese Phase fallen – ein wenig später – zwei weitere Verordnungen: Mit der einen, der **EU-Verordnung zu Zentralverwahrern** wird größere Stabilität in den Abwicklungssystemen angestrebt (keine wirklich zentrale Problematik in der Finanzkrise, sondern eher eine eigeninitiative Fortentwicklung effizienter Kapitalmarktstrukturen).[240] Mit der anderen Verordnung, der sog. **PRIIP-Verordnung** werden Produktinformationsblätter für den Absatz sog. verpackter Finanzprodukte an Kleinanleger vorgesehen, also für diejenigen Produkte, die über klassische Direktanlagen (in Anleihen und Anteilen) hinausgehen und typischerweise ein derivatives Element aufweisen.[241] Zwar waren in der Finanzkrise

---

238 Verordnung (EU) Nr. 236/2012 des Europäischen Parlaments und des Rates vom 14.3.2012 über Leerverkäufe und bestimmte Aspekte von Credit Default Swaps, ABl.EU 2012 L 86/1; dazu unten 6. Teil 4. Abschnitt.

239 Verordnung (EU) Nr. 648/2012 des Europäischen Parlaments und des Rates vom 4.7.2012 über OTC-Derivate, zentrale Gegenparteien und Transaktionsregister; dazu unten 6. Teil 4. Abschnitt / 7. Teil.

240 Verordnung (EU) Nr. 909/2014 des Europäischen Parlaments und des Rates vom 23.7.2014 zur Verbesserung der Wertpapierlieferungen und -abrechnungen in der Europäischen Union und über Zentralverwahrer sowie zur Änderung der Richtlinien 98/26/EG und 2014/65/EG und der Verordnung (EU) Nr. 236/2012, ABl.EU 2014 L 257/1 („CDR", Central Depositors Regulation). Einsetzung als zuständige Behörde und Ergänzung der Befugnisse der BaFIN (für CDR und PRIIP-VO) in KWG, KAGB, VAG im FiMaNoG (Nachw. unten Rn 245).

241 Verordnung (EU) Nr. 1286/2014 des Europäischen Parlaments und des Rates vom

eher andere als Kleinanleger die Hauptbetroffenen, von denen auch die Krisenwirkungen ausgingen (staatliche Einrichtungen und Banken), dennoch ordnet sich die PRIIP-Verordnung ein in die – sicherlich krisenmotivierten – Bemühungen um eine Reduzierung von Komplexität.

Umgekehrt ist die **EU-Benchmark-Verordnung jüngsten Datums**,[242] sie regelt jedoch – in Reaktion auf den LIBOR- und EURIBOR-Skandal, in dem diese im Bankgeschäft absolut zentrale Benchmark in großem Stile manipuliert wurde – (i) die organisatorischen Voraussetzungen, die Institutionen erfüllen müssen, die öffentliche Benchmarks definieren – Voraussetzungen, die vor allem die Freiheit von Interessenkonflikten verbürgen sollen und eine professionelle Aufnahme der Daten und die vielfach nach Art der Benchmark differenziert sind (Art. 4–26), außerdem jedoch Fragen von „Transparenz und Verbraucherschutz" (Art. 27 ff.) mit Regeln zur Darstellung und Erklärung der Funktionsweise der jeweiligen Benchmarks, aber auch zur grenzüberschreitenden Nutzung in der EU und darüber hinaus (etwa aus Drittländern). **132**

bb) Die **deutschen Umsetzungsakte** beziehen sich auf die EU-Richtlinien, namentlich die Novellierungen des Prospekt- bzw. Transparenzrechts in der EG-, jetzt EU-Wertpapierprospekt-[243] bzw. Transparenz-Richtlinie[244] sowie die MAD II/CrimMAD und den Neuerlass der MiFID II, jeweils im WpHG. Ursprünglich war deren gemeinsame Umsetzung in einem Finanzmarktnovellierungsgesetz (FiMaNoG, mit Änderung des WpHG) geplant. Da freilich MAD II/CrimMAD bis zum Inkrafttreten der MAR am 3. Juli 2016 umzusetzen war (und umgekehrt die Umsetzungsfrist für MiFID II nachträglich auf Januar 2018 hinausgeschoben wurde), entschied man sich zur Umsetzung der Zuständigkeitsregeln für die Anwendung der MAR (§ 4, 12 ff. WpHG n.F.) und der Straf- und Ordnungswidrigkeitsregeln (§§ 38, 39 WpHG n.F.) im *Ersten* Finanzmarktnovellierungsgesetz[245] – dem das *Zweite* (für die MiFID II-Gehalte) folgen wird. Ebenfalls die Wohlverhaltensregeln (allerdings noch MiFID I) und die Beteiligungstransparenz betrifft ein weiteres Gesetz, das zu den eigentlichen Umsetzungsgesetzen zur EG-Transparenzrichtlinie-Änderungsrichtlinie und zu MiFID I und II hinzutritt, das Anlegerschutz- und Funktionsverbesserungsgesetz von 2011.[246] **133**

Umgekehrt ist für die genannten **EU-Verordnungen** eine Umsetzung nicht mehr nötig (nach der EuGH-Rechtsprechung nicht einmal erlaubt, um nicht die unmittelbare An- **134**

26.11.2014 über Basisinformationsblätter für verpackte Anlageprodukte für Kleinanleger und Versicherungsanlageprodukte (PRIIP), ABl. EU 2014 L 352/1. Zur Einsetzung der BaFin als zuständige Behörde vgl. vorige Fn.

242 Verordnung (EU) 2016/1011 des Europäischen Parlaments und des Rates vom 8.6.2016 über Indizes, die bei Finanzinstrumenten und Finanzkontrakten als Referenzwert oder zur Messung der Wertentwicklung eines Investmentfonds verwendet werden, und zur Änderung der Richtlinien 2008/48/EG und 2014/17/EU sowie der Verordnung (EU) Nr. 596/2014, Amtsblatt EU 2016 L 171/1; dazu unten 6. Teil 4. Abschnitt / 7. Teil.

243 Gesetz zur Umsetzung der RL 2010/73/EU und zur Änderung des BörsenG vom 26.6.2012, BGBl. 2012 I, S. 1375; zuvor schon Gesetz zur Umsetzung der Richtlinie 2003/71/EG vom 22.6.2005, BGBl. 2005, 1698.

244 Gesetz zur Umsetzung der Transparenzrichtlinie-Änderungsrichtlinie vom 20.11.2015, BGBl. 2015 I, S. 2029.

245 Erstes Gesetz zur Novellierung von Finanzmarktvorschriften auf Grund europäischer Rechtsake (Erstes Finanzmarktnovellierungsgesetz – 1. FiMaNoG) vom 30.6.2016, BGBl. I 2016, S. 1514.

246 Anlegerschutz- und Funktionsverbesserungsgesetz (AnSFuVG) vom 5.4.2011, BGBl. 2011 I, S. 538.

wendbarkeit in Frage zu stellen). Nötig ist jeweils nur die **Bestimmung der zuständigen Behörde** –[247] ansonsten wird insbesondere das WpHG stark ausgedünnt.

II. Auslegungs- und Anwendungsfragen mit spezifischem Bezug zum Investment Banking

135 Wenn abschließend in diesem „Allgemeinen" Teil zu Funktionen, Struktur und Gesamtsystem des **Investment Banking** und seines Regelwerkes auf Auslegungs- und Anwendungsfragen eingegangen wird, so soll dies nur insoweit geschehen, als die Fragen spezifischen Bezug zum Investment Banking haben. Nur dann sind weitergehende Ausführungen zu Auslegungs- und Anwendungsfragen über das in Teil 1 Gesagte hinaus angezeigt. In diesem Sinne **kapitalmarktrechts*spezifisch* sind vor allem drei Fragenkomplexe:** (i) inwieweit sich strafrechtliche Auslegung von derjenigen im Verwaltungs- und ggf. auch Zivilrecht abhebt, weil im Kapitalmarktrecht eine Strafbewehrung (oder zumindest eine Ordnungswidrigkeitenhaftung) ungleich präsenter ist als namentlich im Zahlungs- und im Kreditgeschäft; (unten Rn 139); (ii) wie mit dem Umstand umzugehen ist, dass die maßgeblichen Rechtsakte praktisch durchgehend das Effizienzparadigma – Kapitalmarkteffizienz, Effizienz des Anlegerschutzes etc. – explizit in den Mittelpunkt rücken und als Hauptziel postulieren (unten Rn 140); schließlich (iii) (und mit Abstand am umstrittensten) die Frage, in welchen Fällen aus Normen, die (jedenfalls auch) aufsichtsrechtliche Standards und Pflichten festschreiben, auch Standards im Privatrechtsverhältnis herzuleiten sind, etwa im Bank-Kunden-Verhältnis (unten Rn 141–143). Diese drei spezifischen Fragen – und nur diese – sind etwas intensiver zu erörtern, dabei freilich auch in den Kontext der Auslegungs- und Anwendungslehre insgesamt zu stellen, und hierfür ist dann umfangreich Bezug zu nehmen auf das, was im 1. Teil zu diesen Fragen gesagt wurde.

1. Europäische Auslegung und Ausgestaltung

136 a) **Europäisches Einheitsrecht (Grundfreiheiten und Verordnungen).** Auszugehen ist auch hier von dem im 1. Teil zu den **Grundfreiheiten** Gesagten, deren flächendeckende Wirkung, mit der – hier zentralen – Kapitalverkehrsfreiheit als einer Grundfreiheit, die weltweit wirkt (Art. 63 Abs. 1 AEUV), und vor allem mit der Feststellung, dass die Grundfreiheiten ein sehr weit reichendes Liberalisierungsgebot formulieren, nach dem der Eingriff auf das mindestnötige Maß zu beschränken ist (Verhältnismäßigkeitsgrundsatz), namentlich (bloßen) Informationsgeboten jeweils der Vorzug zu geben ist vor stärker eingreifenden (namentlich inhaltlich zwingenden) Normen, wenn nicht zwingende Gründe solch einen intensiveren Eingriff gebieten (zu allem näher oben 1. Teil Rn 110). Wie die Grundfreiheiten **wirken EU-Verordnungen unmittelbar** (Art. 288 Abs. 2 AEUV). Sie wirken in den im Kapitalmarktrecht erlassenen Rechtsakten auch jeweils abschließend („vollharmonisierend" oder „vollvereinheitlichend"). Jedenfalls sieht das (auch) der deutsche Gesetzgeber regelmäßig so und erlässt – wie im Falle der MAR – praktisch keine flankierenden materiellen Regeln mehr und ermächtigt auch nicht mehr hierzu (mit allenfalls äußerst punktuellen Ausnahmen). Anders als in den meisten privat- und vertragsrechtlichen

[247] Heute etwa §§ 4, 12 ff. WpHG für die Gebote und Verbote in der MAR sowie § 30h WpHG für die EU-Leerverkaufsverordnung. Sowie etwa EMIR-Ausführungsgesetz vom 13.2.2013, BGBl. I S. 174; oder auch Ausführungsgesetz zur EU-Rating-Verordnung vom 14.6.2010, BGBl. 2010 I, S. 786. Teilweise ist streitig, ob gewisse Gehalte in deutschen Ausführungsverordnungen noch zulässig sind, etwa für § 15 Abs. 4 Nr. 2 WpHG.

Rechtsgebieten bildet dies auch **keine seltene Ausnahme**, sondern inzwischen jedenfalls bei Neuerlass sogar schon den Regelfall: MAR (6. Teil 3. Abschnitt), EU-Leerverkaufs-Verordnung, EMIR, EU-Benchmark-VO (alle 6. Teil 4. Abschnitt) und auch EU-PRIIP-Verordnung und EU-Zentralverwalter-Verordnung (beide 8. Teil) erschöpfen praktisch gänzlich die kapitalmarktrechtliche EU-Gesetzgebungstätigkeit seit der Finanzkrise – wenn man einmal von MiFID II absieht, einem zugegebenermaßen fundamental wichtigen Rechtsakt, der freilich für wichtige Teile doch auch wieder von einer EU-Verordnung flankiert wird, der MiFIR. Daher konzentriert sich die Auslegung im neueren EU-Kapitalmarktrecht – bei den EU-Verordnungen – ganz auf der EU-Ebene und (mit Letztentscheidungsbefugnis) beim EuGH (kein nationales Umsetzungsrecht und auch keine nationale Rechtssetzung in ungeregelten Fragen). Die Auslegungslehre ist nach dem Gesagten der in Deutschland bekannten weitgehend vergleichbar – mit der Besonderheiten, dass eine teleologische Auslegung (nach dem „effet utile") besonderes Gewicht hat und EU-Recht einheitlich und nicht in Anlehnung an nationale Referenzrechtsordnungen auszulegen ist. Auch auf das Gewicht der Erwägungsgründe ist nochmals hinzuweisen (zu allem oben 1. Teil Rn 113, zu den Erwägungsgründen sogleich noch unter 2. und 3.).

b) **(Vollharmonisiertes) Richtlinienrecht.** Im Kapitalmarktrecht ist auch die Harmonisierung durch EG/EU-*Richtlinien* ausgesprochen **dicht und lückenlos.** Im Kapitalmarktrecht sind dies vor allem die EG-Prospekt-, die EG-Transparenz und die EG-Übernahme-Richtlinie (alle 6. Teil, 2., 5. und 6. Abschnitt) sowie die EG-Börsen-Richtlinie (7. Teil) und die MiFID II (8. Teil). Selten bleiben Lücken, freilich erlauben bisher alle EG/EU-Richtlinien strengere nationale Regeln[248] und es wurde von dieser Möglichkeit zwar nicht häufig Gebrauch gemacht, aber immerhin beispielsweise bei den sog. Kick-back-Zahlungen (Inducements) in Deutschland (§ 31d WpHG) und in Großbritannien (sog. gold-plating, vgl. 8. Teil zu § 31d WpHG). Die genannten Auslegungsgrundsätze gelten auch für EG/EU-Richtlinien. Dies betrifft freilich nur die EU-Ebene, auf der in einem ersten Schritt das Auslegungsergebnis nach Europäischen Methoden – in gleicher Form wie bei EG/EU-Verordnungen – zu ermitteln ist. Da EU-Richtlinien nach Art. 288 Abs. 3 AEUV an die Mitgliedstaaten, nicht direkt an die Marktteilnehmer gerichtet sind, stellt sich in einem zweiten Schritt freilich die Frage, wie das auf EU-Ebene gefundene (Auslegungs-)Ergebnis im innerstaatlichen Verkehr Wirkung entfaltet. Im Ergebnis ist hierzu zu konstatieren, dass im Kapitalmarktrecht das auf EU-Ebene gefundene Ergebnis (idR) **im nationalen Rechtsverkehr, namentlich vor nationalen Gerichten, vollumfänglich durchzusetzen** ist: sei es weil die Richtlinienregel doch ausnahmsweise direkt anwendbar ist (im Vertikalverhältnis), oder sei es (im Restbereich), weil der nationale Gesetzgeber wörtlich umsetzte (im Kapitalmarktrecht sehr häufig) und daher das Gebot richtlinienkonformer Auslegung des nationalen Rechts unzweifelhaft und uneingeschränkt eingreift, oder weil er jedenfalls richtig umsetzen wollte – auch dies mit der (zutreffenden) Folge (nach EuGH, jedenfalls jedoch nach BGH), dass nationales Recht wiederum zwingend und uneingeschränkt richtlinienkonform auszulegen ist (zu allem näher und mit Nachw. oben 1. Teil Rn 112). **137**

c) **Lamfalussy-Ausführungsregeln und Rule Book.** Die Einheitlichkeit der EG/EU-Regeln und ihrer Anwendung wird zusätzlich gefördert durch die Lamfalussy-Regelungsarchitektur – mit Ausführungsregeln (idR als EU-Verordnung, erlassen von der EU-Kommission) und Interpretationshilfen (vorweggenommene Verwaltungspraxis) auf Ebene II und III und Kontrolle der jeweiligen nationalen Umsetzung auf Ebene IV –, jedoch ebenfalls **138**

[248] Vgl. *Grundmann* EuGesR, S. 140; und für einzelne Richtlinien unten 6. Teil Rn 72 und 7. und 8. Teil.

durch die Ausbildung eines „Single Rulebook". Beide Techniken wurden bereits vorgestellt (oben 1. Teil Rn 44–47, zum Konsultationsverfahren bei der ESMA oben Rn 96). Während jedoch die Lamfalussy-Architektur der Gesetzgebung für das Kapitalmarktrecht entwickelt wurde und auch hier weiterhin ihr einziges Einsatzgebiet im Bankgeschäft findet, ist umgekehrt hier die Idee eines Single Rulebook noch keineswegs vergleichbar entwickelt wie für das Bankaufsichtsrecht (oben 1. Teil Rn 47 f.) und das Zahlungsverkehrsrecht (vgl. oben 3. Teil Rn 6–9).[249]

139 **d) Gespaltene Auslegung (Sonderauslegungsregeln für Strafrecht).** Im Kapitalmarktrecht spielen Strafsanktionen eine erhebliche Rolle, bei Erlass der MAR wurde mit der MAD II (CrimMAD) sogar ein gesonderter Rechtsakt für die (Harmonisierung der) Strafsanktionen erlassen (oben Rn 129 und unten 8. Teil zu §§ 38 ff. WpHG) – aber auch anderen EU-Verordnungen liegen strafrechtlich relevante Sachverhalte zugrunde, etwa der Libor-/Euribor-Skandal. Früh plädierte *Cahn* für eine gespaltene Auslegung von Verhaltensanforderungen, die in EU-Rechtsakten formuliert werden.[250] Er stieß damit ursprünglich fast einhellig auf Ablehnung, noch heute ist die hM zögerlich.[251] Für *Cahns* Position spricht, dass in den legislativ und justiziell entschiedenen Sonderkonstellationen, in denen sich die Frage stellte, jeweils in der Tat für eine „gespaltene Auslegung", d.h. Sonderbetrachtung für das Strafrecht optiert wurde: Der Grundsatz des nulla poena sine lege und das daraus abgeleitete Analogieverbot gelten auch im Europäischen Recht (Art. 49 Grundrechte-Charta).[252] Aus deutscher, jedoch auch Europäischer Sicht ist unbezweifelbar, dass diese verfassungsrechtlichen Schranken, vor allem das Analogieverbot, zu beachten sind.[253] Diese Grundposition wird durch den Europäischen Gesetzgeber bestätigt, indem er neben der MAR – namentlich wegen der dort verwendeten offenen Begrifflichkeiten – mit der MAD II (CrimMAD) einen Harmonisierungsakt setzt, mit dem deutlich gemacht wird, dass die Auslegung einerseits im Verwaltungsrecht (ganz in der MAR geregelt), jedoch auch im Zivilrecht, soweit zivilrechtliche Ansprüche überhaupt in Betracht kommen, und andererseits im Strafrecht (mit Ordnungswidrigkeitenrecht) nicht die gleiche sein muss. Doch auch der EuGH hat jedenfalls für die Frage der richtlinienkonformen Auslegung (oben Rn 139 und 1. Teil Rn 112) eine Pflicht, nationale Auslegungskanones so zu modifizieren und anzupassen, dass das nationale Recht im Ergebnis mit der Auslegung der Europäischen Richtlinie in Einklang gebracht werden kann, im Strafrecht gerade abgelehnt:[254] Eine Verurteilung soll also nur zulässig sein, soweit schon die deutschen Auslegungsmethoden sie tragen. Leider werden diese Wertungsaspekte nicht zum Ausgangspunkt in der Frage nach der gespaltenen Auslegung gemacht. Ihr Gewicht und ihre Dichte sprechen jedoch dafür, einen allgemeinen Rechtsgrundsatz dahingehend anzunehmen, dass für das Strafrecht auch auf EU-Ebene eigene – an strafrechtlichen Grundwertungen ausgerichtete – Auslegungsgrundsätze gelten.

---

249 *Veil* Europäische Kapitalmarktunion, ZGR 2014, 544 (582).

250 *Cahn* ZHR 162 (1998), 1 (3–11) ; zustimmend *Schürnbrand* Wider den Verzicht auf die gespaltene Auslegung im Kapitalmarktrecht, NZG 2011, 1213; KölnKomm-WpHG/*Hirte* § 21 Rn. 7.

251 Überblick etwa bei *Schwark*/Zimmer Einl. WpHG Rn 34.

252 Dazu etwa *Dauses* Der Schutz der Grundrechte in der Rechtsordnung der Europäischen Union – unter besonderer Berücksichtigung des institutionellen Schutzes dieser Rechte, 2010, S. 96; *Frenz* Europarecht, 2. Aufl. 2016, Rn 1261 f.

253 Unstr. vgl. BVerfG 10.1.1995 – 1 BvR 718, 719, 722, 723/89, BVerfGE 92, 1 (12); *Cahn* ZHR 162 (1998), 1 (3); auch *Assmann*/Schneider Einl. Rn 72.

254 EuGH Urt. v. 8.10.1987 – Rs. 80/86 *(Kolpinghuis Nijmegen)*, Slg. 1987, 3969, 3969 und 3985; dazu etwa *Brechmann* Die richtlinienkonforme Auslegung – zugleich ein Beitrag zur Dogmatik der EG-Richtlinie, 1994, S. 54–56.

2. Effet utile – Effizienz und ökonomisches Kalkül als Auslegungsleitlinie? EG/EU-Kapitalmarktrechtsakte, die nach dem Gesagten zunächst auszulegen sind und mit denen – ihrem Auslegungsergebnis – der nationale Umsetzungsakt nach dem Gesagten flächendeckend in Übereinstimmung zu bringen ist, spezifizieren ihre Hauptziele regelmäßig ausdrücklich, vor allem in den Erwägungsgründen,[255] teils auch (implizit) im regelnden Teil. Hierbei wird auf kein Ziel so durchweg und konsistent rekurriert wie das der „Effizienz" – Effizienz der Kapitalmärkte, offenbar vor allem ihrer **Allokationsfunktion** (oben Rn 14–17), aber auch des **Anlegerschutzes.** Dies wird im Folgenden für die einzelnen Rechtsakte immer wieder aufgegriffen und noch näher spezifiziert. Vorliegend ist nur überblicksweise zu betonen, wie **konsistent solch ein Verweis zu finden** ist: prominent in den beiden jüngsten Hauptrechtsakten, der MAR und der MiFID II,[256] ähnlich zentral aber auch in allen jüngeren EU-Verordnungen zum Kapitalmarktrecht,[257] aber auch schon in den zentralen EG-Richtlinien wie der EG-Prospekt-Richtlinie als dem Basisrechtsakt für das Primärmarktrecht.[258] Da es sich bei der Funktion effizienter Mittelallokation, jedoch auch bei anderen Formen von Effizienz um vor allem **wirtschafts- und finanzwissenschaftlich geprägte Konzepte** handelt, ist es für eine angemessene Auslegung und Bewertung aller Rechtsakte unumgänglich, von dieser Funktionsbeschreibung auszugehen (oben 1. Abschnitt) und wirtschafts- und finanzwissenschaftliche Modelle auch bei der Einzelauslegung heranzuziehen. Dies gilt im (Europarechtlich verfassten) Kapitalmarktrecht und Recht des Investment Banking unabhängig von der Frage, ob und in welchem Rahmen eine ökonomische Analyse des Rechts im allgemeinen Privatrecht methodisch vertretbar ist oder nicht.[259] **140**

3. Regulierung und Privatrecht

a) Hauptfrage: Privatrechtliche Wirkung von Markt- und Institutsregulierung. Die praktisch derzeit wohl wichtigste Auslegungsgrundsatzfrage im Europäischen Kapital- **141**

---

[255] Zu deren hervorragender Bedeutung bei der Auslegung vgl. nur (zwar nicht alleine pflichtbegründend, aber vorrangig für Ermittlung des Normziels, teils auch Analogien stützend): *Riesenhuber* Europäische Methodenlehre, 3. Aufl. 2015, § 6 Rn 48–52 (*Köndgen*), § 10 Rn 38 (*Riesenhuber*), § 18 Rn 34 f. (*Rebhahn*), § 22 Rn 17 (*Stotz*).

[256] Erw.gründe 1, 19 MAR und auch etwa Art. 13 Abs. 2 lit. c) MAR; Erw.gründe 11, 13 und bes. 164 MiFID II; ausf. zur Interpretation der (Parallel-)Rechtsakte der zweiten Richtliniengeneration unter dem Effizienzaspekt: *Sester* Zur Interpretation der Kapitalmarkteffizienz in Kapitalmarktgesetzen, Finanzmarktrichtlinien und -standards, ZGR 2009, 310.

[257] Erw.gründe 2, 9, 11 EMIR; Erw.gründe 5, 25 EU-Leerverkaufs-VO; Erw.gründe 1–3 EU-PRIIP-VO; auch 1. Erw.grund EU-Benchmark-VO.

[258] Erw.gründe 1–3 EG-Prospekt-Richtlinie. Zur zentralen Stellung des Emissionsgeschäfts (mit Prospekterstellung) im Investment Banking insgesamt vgl. oben Rn 27.

[259] Vgl. dazu die in Deutschland vor allem in den 1990er Jahren geführte Kontroverse (eher ablehnend) *Taupitz* Ökonomische Analyse und Haftungsrecht – eine Zwischenbilanz, AcP 196 (1996) 114 (bes. 127 f., 135 f.); auch *Eidenmüller* Effizienz als Rechtsprinzip – Möglichkeiten und Grenzen der ökonomischen Analyse des Rechts 1999, S. 451 f.; und befürwortend *Grundmann* Methodenpluralismus als Aufgabe – zur Legalität von ökonomischen und rechtsethischen Argumenten in Auslegung und Rechtsanwendung, RabelsZ 66 (1997) 423 (430–443); allgemeiner auch *Hatzis* (Hrsg.), Economic Analysis of Law: A European Perspective, 2003). Für die Ansätze der Hermeneutik als grundlegender Kommunikationstheorie des 20. Jahrhunderts, aber auch etwa der Fortentwicklung positivistischen Denkens, von dem man am ehesten eine ablehnende Haltung gegenüber einer solchen Integration „fremder" disziplinärer Paradigmen erwarten würde, vgl. *Grundmann* in: *Grundmann/Micklitz/Renner* Privatrechtstheorie, 2015, S. 41–65.

marktrecht geht dahin, ob (auch **aufsichtsrechtlich zu qualifizierende**) **Standards**, deren Einhaltung von der BaFin geprüft und überwacht wird, **auch zur Inhaltsbestimmung bestehender Verträge oder aber als Schutzgesetz iSv § 823 Abs. 2 BGB** herangezogen werden können. Während dies etwa im Zahlungsdiensterecht problemlos bejaht wird, desgleichen im Prospektrecht – und dies auch schon zu einer Zeit, als keine ausformulierte Prospekthaftungsregel im EG-Rechtsakt zu finden war –, ist dies insbesondere bei den Marktmissbrauchsregeln (heute Art. 7–15 MAR) und den Wohlverhaltensregeln des Wertpapierhandelsrechts (§§ 31 ff. WpHG) umstritten. Vorliegend geht es nur um die Kernüberlegungen, die bei der Beantwortung dieser Frage anzustellen sind – weil sich hierbei herausstellt, dass zentral darauf abzustellen ist, **welche Ziele die einzelne Norm**, die den Standard setzt, verfolgt und daher die Frage jeweils nur unter Rekurs auf die Einzelnorm endgültig entschieden werden kann.

142 Angesichts des **Vorrangs des EU-Rechtsakts** und angesichts des lückenlos anzuwendenden Grundsatzes einer richtlinienkonformen Auslegung, sollte schon im Ausgangspunkt kein Zweifel darüber bestehen, dass die Frage, ob die Norm auch privatrechtliche Wirkung entfalten soll, allein anhand der **Ziele des EU-Rechtsakts** zu entscheiden ist.[260] Würde die nationale Norm anders auszulegen sein, würde es sich um eine Verkürzung der Richtlinienvorgabe handeln, die im Wege der richtlinienkonformen Auslegung zu korrigieren wäre. Für EU-Verordnungen – namentlich heute MAR – besteht ohnehin keine Alternative. Dies hat auch zur Folge, dass bei höchstrichterlicher Rechtsprechung im EU-Ausland, die in eine andere Richtung deutet,[261] nach der C.I.L.F.I.T.-Rechtsprechung **kein „acte claire“** vorliegen kann, ein letztinstanzielles Gericht wie der BGH also vorzulegen hat (Art. 267 Abs. 3 AEUV). Dies gilt sicherlich für die MAR, weil für die in ihr enthaltenen Verbotsnormen der EuGH die Frage noch nicht beantwortet hat. Dies gilt jedoch m.E. auch für §§ 31 ff. WpHG, weil m.E. der Bankinter-Fall des EuGH gerade keine Aussage zur vorliegenden Frage enthält oder jedenfalls nicht mit Sicherheit („acte claire“) davon auszugehen ist.[262]

---

[260] So in der Tat (nicht etwa einer verkürzten deutschen Umsetzung): EuGH Urt. v. 19.12.1968 – Rs. 13/68 *Salgoil* Slg. 1968, 679 (693); *Steindorff* EG-Vertrag und Privatrecht, 1996, S. 358. Bei Primärrecht wurde der Charakter als Schutznorm auch für Privatrechtssubjekte bisher stets bejaht: EuGH Urt. v. 16.12.1992 – Rs. C-17/91 *Lornoy en Zonen/Belgien* Slg. 1992, I-6523 (6555); Urt. v. 21.11.1991 – Rs. C-354/90 *Fédération nationale du commerce extérieur des produits alimentaires* Slg. 1991, I-5505 (5528); *Steindorff* aaO S. 305–307. Als eines der zentralen Ziele geben alle maßgeblichen Rechtsakte vor, dass das Anlegervertrauen zu fördern sei. Eine Regel, die dem geschädigten Anleger einen Ersatzanspruch gegen den Schädiger versagt, wenn der Pflichtverstoß, seine Kausalität und die Verantwortlichkeit erwiesen sind, ist offensichtlich geeignet, Anlegervertrauen zu erschüttern.

[261] Für Spanien vgl. die verschiedenen Urteile des Supremo Tribunal (st. Rspr.) aus 2014: Roj: STS 354/2014 Id Cendoj: 28079119912014100002 bzw. Roj: STS 2659/2014 Id Cendoj: 28079110012014100312 bzw. Roj: STS 2660/2014 Id Cendoj: 2807911001201410031 bzw. Roj: STS 2666/2014 Id Cendoj: 28079110012014100316. Für Großbritannien vgl. Urteile des Supreme Court (Lord Hope) vom 29.2.2012, In the matter of Lehman Brothers International (Europe) (In Administration) and In the matter of the Insolvency Act 1986 [2012] UKSC 6 (zivilrechtliche Wirkung der Trennpflicht entspr. § 34 WpHG).

[262] EuGH Urt. v. 30.5.2013 – Rs. C-604/11 *Bankinter* ECLI:EU:C:2013:344 = ABl.EU 2013 C 225/16 (Leitsatz) = EuZW 2013, 557 = ZIP 2013, 1417, Anm. *Herresthal* a.a.O. 1420; sowie *Bernau* EWiR Art. 4 RL 2004/39/EG 1/13; *Lieder* LMK 2013, 349404; *Wilsing/Goslar* DStR 2013, 1610. Die *Bankinter* Entscheidung kann in zwei

Während schon früh Positionen in beide Richtungen bezogen wurden,[263] wird die Frage auch weiterhin – bis in die jüngste Vergangenheit – intensiv und grundsätzlich diskutiert,[264] was ebenfalls gegen einen „acte claire" spricht. Inhaltlich ist – um nur ein Beispiel herauszugreifen – für die MiFID festzustellen, dass sie für alle maßgeblichen Wohlverhaltensregeln einen Zweiklang an Zielen statuiert: **individuellen Anlegerschutz** und Markt-Funktionsschutz. Die insoweit maßgeblichen Erwägungsgründe 2, 5, 17, 31 MiFID I und 3, 7 und 40, 45 MiFID II nennen verschiedene Ziele, der 44. Erw.grund MiFID I (ähnlich Erw.grund 45 MiFID II) spricht ausdrücklich von einer Zweizahl der Ziele. Namentlich sind dies: der „Anlegerschutz" und die „Integrität und Gesamteffizienz des Finanzsystems" (vgl. nur 2., 5. und 44. Erw.grund MiFID I und 3., 7. und 40. Erw.grund MiFID II). Während mit dem ersten der sog. Individualschutz[265] gemeint ist, ist mit dem zweiten wohl der Funktionsschutz angesprochen, offenbar sowohl hinsichtlich der Wertpapierdienstleister als der Spieler auf den betroffenen Märkten als auch der Kapitalmärkte selbst, auf denen sie agieren.[266] *Hellgardt* weist in einer sorgfältigen Analyse der EuGH- 143

Richtungen verstanden werden: dahingehend, dass die MIFID-Standards als privatrechtliche – individualschützende – Standards zu verstehen sind, jedoch die privatrechtliche Sanktionsfolge im einzelnen – etwa Nichtigkeit oder Schadensersatzpflicht – vom nationalen Recht zu entscheiden ist; oder aber dahingehend, dass nationales Recht überhaupt darüber entscheidet, ob die MIFID-Standards allein aufsichtsrechtlich oder auch privatrechtlich umgesetzt werden. Für das Erste bzw. diese Alternative aufzeigend: *Grundmann* ERCL 8 (2013) 267.

263 Für eine (auch) vertragsrechtliche Qualifikation früh etwa: *Grundmann* EG-Schuldvertragsrecht 4.20 Rn 16; und tendenziell *Hopt* ZHR 159 (1995) 135 (160); *Kümpel* Bank- und Kapitalmarktrecht, 3. Aufl. 2004, Rn 16.506 f.; hingegen für Qualifikation als Aufsichtsrecht von Anfang an: Assmann/Schneider/*Koller* Vor § 31 WpHG Rn 1 ff. Immerhin treffen die Pflichten die Wertpapierdienstleister nur, wenn sie die Dienstleistungspflicht (vertraglich) übernehmen, und werden öffentlichrechtliche Regeln, die eine Vertragspartei individuell durchsetzen kann, andernorts im deutschen Recht als zum Vertragsinhalt gehörig qualifiziert: vgl. etwa für Arbeitsschutznormen (unstreitig): *Grundmann* EG-Schuldvertragsrecht 3.43 Rn 29.

264 *Forschner* Wechselwirkungen von Aufsichtsrecht und Zivilrecht, 2013; *Einsele* Verhaltenspflichten im Bank- und Kapitalmarktrecht – öffentliches Recht oder Privatrecht?, ZHR 180 (2016), 233; *Klein* Dogmatische Stolpersteine bei der Bestimmung von Schutzgesetzen – aufgezeigt anhand des Musterbeispiels der wertpapierhandelsrechtlichen Wohlverhaltensregeln WM 2016, 862; sowie (zurecht stärker europarechtlich und -methodisch fokussiert), *Hellgardt* AG 2012, 154.

265 Assmann/Schneider/*Koller* § 31 WpHG Rn 1–3; KölnKomm WpHG/*Möllers* § 31 Rn 4; *Kümpel* Bank- und Kapitalmarktrecht, 3. Aufl. 2004, Rn 16.506 f.; auch *Moloney* EU Securities and Financial Markets Regulation, S. 564–571; grundlegend im deutschen Schrifttum: *Hopt* Kapitalanlegerschutz im Recht der Banken, 1975, S. 51 f., 334–337; *ders.* 51. DJT 1976, G1 (G47-G51 und G54 f); *Kübler* Anlageberatung durch Kreditinstitute, ZHR 145 (1981) 204 (205 f.); speziell zum Anlegerschutz als Leitziel in der MiFID I: *Avgouleas* Yearbook of European Law 2004, 321 (356); *Fleischer* BKR 2006, 389 (391); *Teuber* BKR 2006, 429 (429); entsprechend für MiFID II *Einsele* ZHR 180 (2016) 233 (239–243); *Begner/Neusüss* Überblick über die MiFID II, RdF 2012, 76 (81 f.); *Grieser/Juhnke* MiFID II – Auswirkungen auf die Emission von Anleihen und strukturierten Produkten, RdF 2012, 156 (158–160); *Schröter* Ratings (Fn 93), S. 514; Veil/*Veil* EuKapmR § 1 Rn 43; *Walz* Aktuell – ESMA-Konsultationen zu MiFID II, RdF 2014, 198.

266 Ebenso Assmann/Schneider/*Koller* § 31 WpHG Rn 1–3; *Kümpel* Bank- und Kapitalmarktrecht, 3. Aufl. 2004, Rn 16.509; auch *Moloney* EU Securities and Financial Markets Regulation, S. 564–571; für MiFID II vgl. vorige Fn.; grundlegend auch insoweit *Hopt* und *Kübler* (wie vorige Fn.); breiter zu den Funktionen öffentlicher Aktienmärkte (und und auch den beiden genannten Schutzzielen): *Sester* ZGR 2009, 310 (317–334).

Rechtsprechung darauf hin, dass der EuGH den privatrechtsschützenden Charakter einer Norm sogar – weitergehend als die Rechtsprechung in Deutschland zu § 823 Abs. 2 BGB – bereits dann bejaht, wenn die Rechtsnorm jedenfalls den Schutz einer **abgrenzbaren Gruppe von Schutzadressaten** bezweckt.[267] Dies kann schwerlich bezweifelt werden. Insgesamt leidet die Diskussion darunter, dass die ablehnenden Meinungen idR zu Unrecht Rechtsprechung und Meinungsstand in Deutschland zugrundelegen, nicht hingegen auf EU-Ebene.

144 b) **Annex: Private Ordnung.** Die Frage, ob Recht durch private Akteure gesetzt werden kann, ist in manchen Gebieten eine auch praktisch wichtige[268] – nicht jedoch für das Kapitalmarktrecht und Investment Banking. Denn die große Mehrzahl der Regelwerke – namentlich im Emissionsgeschäft – hat nicht die einheitliche Durchbildung erfahren, dass von einer hinreichenden Grundlage für die Entstehung einer lex mercatoria gesprochen werden kann. Daher ist die Grundsatzfrage, welche Rechtswirkungen ein wirklich einheitlich praktiziertes Regelwerk entfaltet, vor allem für den ISDA-Code konkret zu stellen (8. Teil) und nicht abstrakt vorweg. Mit dem City Code on Takeovers hatte das Finanzzentrum London eines der erfolgreichsten solcher Regelwerke (vgl. 6. Teil Abschnitt 6).

145 **4. Räumlicher und sachlicher Anwendungsbereich – Verweis.** Zentrale Anwendungsfragen betreffen den Anwendungsbereich des jeweiligen Rechtsakts, vor allem den räumlichen Anwendungsbereich (Kollisionsrecht und Grundfreiheitenwirkung) und den sachlichen Anwendungsbereich. Zentrale Elemente des sachlichen Anwendungsbereichs – die erfassten Märkte und die erfassten Instrumente (teilweise) – wurden bereits als Teil der „Infrastruktur" des Investment Banking in Europa vorgestellt (vgl. oben 55–78 und 79–91). Die sonstigen Fragen sind spezifisch für den jeweiligen Rechtsakt und daher dort wiederaufzugreifen.

---

[267] *Hellgardt* AG 2012, 154 (bes. 158–161).

[268] *Collins* Regulating Contracts, 1999, S. 56–62; *Bachmann* Private Ordnung – Grundlagen ziviler Regelsetzung, 2006; auch *Renner* in: in *Grundmann/Micklitz/Renner* Privatrechtstheorie, 2015, S. 1929–1939; zur Anwendung konkreter: *Grundmann* Lex mercatoria und Rechtsquellenlehre – insbesondere die Einheitlichen Richtlinien und Gebräuche für Dokumentenakkreditive, Jahrbuch Junger Zivilrechtswissenschaftler 1991, 43; ders. Law merchant als lex lata Communitatis – insbesondere die Unidroit-Principles, FS Rolland 1999, S. 145.

SECHSTER TEIL

Marktregeln

Übersicht

Rn

1. Abschnitt: Emissionsgeschäft 1
   A. Emission als Markteinführung – Formen, Instrumente, Marktsegmente . 1
      I. Emissionsgeschäft als primärmarktrechtlicher Gestaltungsrahmen und als Bankgeschäft . . . 1
      II. Platzierung: Vielfalt von Effekten und Formen der Marktinanspruchnahme 8
      III. Strukturierung der Platzierung: Vielfalt der Verpflichtungen dem Emittenten gegenüber und der Gestaltungen im Konsortium 17
   B. Zivilrechtliche Organisation der Emission 23
      I. Rechtsbeziehung des Konsortiums zum Emittenten 23
      II. Innenbeziehungen des Konsortiums 34
      III. Rechtsbeziehungen des Anlegers . . 49

2. Abschnitt: Prospektrecht (WpPG und EU-Prosp-VO) 62
   A. Einleitung zum (Europäisierten) Prospekt- und Prospekthaftungsregime Wertpapierprospektgesetz (WpPG): Titel und Inhaltsverzeichnis 62
      I. Ausgangspunkt und Regelungsziele 63
      II. Regelungsentwicklung 70
   B. Anwendungsbereich und Begriffsbestimmungen, Ausnahmen (§§ 1–4 WpPG) 79
      I. §§ 1, 2 WpPG: Anwendungsbereich und (sonstige) Begriffsbestimmungen 79
      II. §§ 3, 4 WpPG: Prospektpflicht und Ausnahmen von ihr 99
   C. Erstellung des Prospekts (§§ 5–12 WpPG) 112
      I. § 5 WpPG: Prospektgehalt – Grundlagen 112
      II. §§ 6–8 WpPG: Basisprospekt, Mindestinhalte, Nichtaufnahme von Angaben 123
      III. § 9 WpPG: Gültigkeit 139
      IV. §§ 11, 12 WpPG: Zusammenstellung aus mehreren Dokumenten 143
   D. Billigung, Hinterlegung und Veröffentlichung des Prospekts, Werbung und Nachtragspflicht (§§ 13–16 WpPG) . . 150
      I. § 13 WpPG: Billigung 150
      II. § 14 WpPG: Veröffentlichungs-, Aushändigungs- und Hinterlegungspflicht 155
      III. § 15 WpPG: Grundregeln jeglicher Werbung 160
      IV. § 16 WpPG: Nachtragspflicht . . . 166
   E. Grenzüberschreitende Angebote und Zulassungen und Sprachenregime (§§ 17–20 WpPG) 172
      I. §§ 17, 18 WpHG: Grenzüberschreitende Binnenmarktangebote 172
      II. § 19 WpHG: Sprachenregime . . . 175
      III. § 20 WpHG: Grenzüberschreitende Drittstaatangebote 177
   F. Prospekthaftung (§§ 21–25 WpPG) . . 179
      I. Hintergrund und Zielsetzung . . . 179
      II. §§ 21, 22 WpPG: Haftung für fehlerhafte Prospekte 184
      III. § 23 WpPG: (Gesetzlicher) Haftungsausschluss 206
      IV. § 24 WpPG: Haftung bei fehlendem Prospekt 226
      V. § 25 WpPG: Grenzen der Haftungsbeschränkung und konkurrierende Ansprüche 232
   G. Aufsicht und sonstige (Aufsichts-, Sanktions- und Schluss-)Bestimmungen (§§ 26–37 WpPG) (Überblick) 237
      I. §§ 26, 27 WpPG: Befugnisse und Verschwiegenheit 237
      II. §§ 28, 28a, 29 WpPG: Zusammenarbeit zwischen Behörden, auch zur Durchführung von Folgepflichten . 240
      III. §§ 30–31 WpPG: Bekanntmachung von Verstößen und sofortige Vollziehung 242
      IV. §§ 32–34 WpPG: Sonstige Regeln im Aufsichtsverhältnis 244
      V. § 35 WpPG: Bußgeldtatbestände 246
      VI. §§ 36, 37 WpPG: Übergangsbestimmungen 248

3. Abschnitt: Marktmissbrauchsregime (Insiderhandels- und -weitergabe- sowie Marktmanipulationsverbote), Ad-hoc-Publizität und Directors' Dealing (EU-VO 596/2014, „MAR“) 250

Rn

A. Einleitung zum (Europäisierten) Marktmissbrauchsregime: Regelungsziel und -entwicklung hin zur EU-Marktmissbrauchs-Verordnung („MAR") . . . 250
Verordnung (EU) Nr. 596/2014 („MAR"): Titel und Erwägungsgründe 250
I. Ausgangspunkt und Regelungsziele . . . 251
II. Regelungsentwicklung und Überblick . . . 262
III. Überblick zu den Regelungsinstrumenten der MAR . . . 267
B. Allgemeines: Gegenstand, Anwendungsbereich, Begriffe, Registrierung zugelassener Anlageinstrumente (Art. 1–6 MAR) . . . 269
I. Art. 1 MAR: Gegenstand und Ziele . . . 269
II. Art. 2, 3 MAR: Anwendungsbereich und Begriffsbestimmungen . . . 273
III. Art. 4 MAR: Meldung/Register der zugelassenen Anlageinstrumente . . . 315
IV. Art. 5 MAR: Ausnahmen für Rückkauf- und Stabilisierungsmaßnahmen . . . 318
V. Art. 6 MAR: Ausnahmen für wirtschafts- und umweltpolitische Maßnahmen . . . 328
C. Insiderhandels- und -weitergabeverbote (Art. 7–11, 14 MAR) . . . 330
I. Insiderhandels- und -weitergabeverbote: Herkunft, System, Ziele (mit Ökonomik) . . . 330
II. Art. 7 MAR: Insiderinformation . 340
III. Art. 8 und 14 MAR: Insidergeschäfte: Grundtatbestand und Verbot . . . 359
IV. Art. 9 MAR: Gestattungen – Legitime Handlungen . . . 399
V. Art. 10, 11 MAR: Befugte und unbefugte Offenlegung . . . 416
D. Marktmanipulationsverbote (Art. 12, 13, 15, Anh I MAR) und Präventionspflichten betreffend Marktbetreiber und Wertpapierfirmen (Art. 16 MAR) . 431
I. Marktmanipulationsverbote: Herkunft und Ziele (mit Ökonomik) . . . 431
II. Art. 12, 15, Anh. I MAR: Manipulationstatbestände und Verbote . . . 438
III. Art. 13 MAR: Gestattungen – Zulässige Marktpraktiken . . . 469
IV. Art. 16 MAR: Präventionspflichten betreffend Marktbetreiber und Wertpapierfirmen . 482
E. Art. 17 MAR: Präventionspflichten betreffend Emittenten: Ad-hoc-Publizität . . . 486

Rn

I. Ad-hoc-Publizität: Herkunft und Ziele (mit Ökonomik) . . . 487
II. Anwendungsbereich (sachlich, persönlich, räumlich) (Abs. 1, 3. UAbs.) . . . 491
III. Tatbestand der Ad-hoc-Publizität (Abs. 1, 1. UAbs.) . . . 494
IV. Zentrale Einzelfälle . . . 505
V. Sonderregelung für Emissionszertifikate (Abs. 2) . . . 507
VI. Aufschub der Ad-hoc-Publizität (Abs. 3–8, 11) . . . 508
VII. Veröffentlichungs-, Berichtigungs- und Meldepflichten (Abs. 1, 2. UAbs., Abs. 9–10) . . 517
VIII. Sanktionen – Verweis . . . 527
F. Präventionspflichten betreffend Insider: Directors' Dealing (Art. 18, 19 MAR) und Sonderregeln zu Anlageempfehlungen, Statistiken und Medien (Art. 20, 21 MAR) . . . 528
I. Art. 18 und 19 MAR: Insiderlisten und Registrierung sowie Meldung der Einzelgeschäfte von Führungskräften (Überblick) . . . 528
II. Art. 20 MAR: Sorgfaltspflichten bei (öffentlichen) Anlageempfehlungen und Statistiken (Art. 20 MAR) . . . 539
III. Art. 21 MAR: Privilegierung von Medien . . . 543
G. Aufsicht, Delegierte Rechtsakte und Schlussbestimmungen (Art. 22–39 – Überblick) . . . 545
I. Art. 22–34 MAR: Aufsicht (Überblick) . . . 546
II. Art. 35–39 MAR: Delegierte Rechtsakte und Schlussbestimmungen (Überblick) . . . 548

4. Abschnitt: Marktverhaltensregeln zu OTC-Derivaten, Gegenparteien, Transaktionsregistern (EU-VO 648/2012, „EMIR"), Leerverkäufen (EU-VO 236/2012) und Benchmarks (EU-VO 2016/1011) . . . Bd. 11/II
A. Kommentierung: Verordnung (EU) Nr. 236/2012 über Leerverkäufe und bestimmte Aspekte von Credit Default Swaps – Verweis – . . . Bd. 11/II
B. Kommentierung: Verordnung (EU) Nr. 648/2012 über OTC-Derivate, zentrale Gegenparteien und Transaktionsregister (EMIR) – Verweis – . . . Bd. 11/II
C. Kommentierung: Verordnung (EU) 2016/1011 über Indizes, die als Referenzwert u.ä. verwendet werden (Benchmark-VO) – Verweis – . . . Bd. 11/II

	Rn
5. Abschnitt: Emittentenbezogenes und sonstiges Kapitalmarktrecht jenseits des Investment Banking	Bd. 11/II
I. Überblick	Bd. 11/II
II. Finanz- und Zwischenberichterstattung (§§ 37v ff. WpHG)	Bd. 11/II
III. Beteiligungstransparenz (§§ 21 ff. WpHG)	Bd. 11/II
6. Abschnitt: Übernahmerecht	Bd. 11/II

1. Abschnitt: Emissionsgeschäft*

Schrifttum

a) **Monographien, Sammelbände, Kommentare:** *Assmann* Prospekthaftung – als Haftung für die Verletzung kapitalmarktbezogener Informationsverkehrspflichten nach deutschem und US-amerikanischem Recht, 1985; *Assmann/Schneider* (Hrsg.) Wertpapierhandelsgesetz – Kommentar, 6. Aufl., 2012; *Assmann/Schütze* (Hrsg.) Handbuch des Kapitalanlagerechts, 4. Aufl., 2015; *Bankson/Lee* (Eds) Euronotes, 1985; *Biber* Das Konsortialgeschäft der Banken in steuerlicher Sicht – eine systematische Untersuchung der Emission von Inhaberschuldverschreibungen, 1980; *Böse,* Der Einfluß des zwingenden Rechts auf internationale Anleihen, 1963; *Bosch/Groß* Das Emissionsgeschäft, in: Bankrecht und Bankpraxis V, Stand 07.2015, RdNr 10/1–10/430; *Delaume* Legal Aspects of International Lending and Economic Development Financing, 1967; *Delorme/Hoessrich* Konsortial- und Emissionsgeschäft, 2. Aufl., 1971; *De Meo* Bankenkonsortien – eine Untersuchung zum Innen- und Außenrecht von Emissions-, Kredit- und Sanierungskonsortien sowie zu deren Haftung für das Handeln von Konsortialvertretern, 1994; *Dempfle* Finanzinnovationen an den internationalen Geld- und Kapitalmärkten, 1988; *Dennig* Die Euro-Teilmärkte – Analyse ihrer quantitativen und qualitativen Bedeutung im Vergleich zu den Finanzmärkten der Bundesrepublik Deutschland und der USA, 1987; *Dittrich* Die Privatplatzierung im deutschen Kapitalmarktrecht – eine Untersuchung der Vorschriften des Auslandsinvestmentgesetzes, des Wertpapierverkaufsprospektgesetzes und des Gesetzes über Kapitalanlagegesellschaften unter Berücksichtigung des Rechts der Vereinigten Staaten von Amerika und des Vereinigten Königreichs, 1998; *Donnerstag* Der Euro-Kapitalmarkt, 1973; *Ekkenga/Maas* Das Recht der Wertpapieremissionen, 2006; *Fredebeil* Aktienemission – Das underwriting agreement (der Übernahmevertrag) und seine spezifischen Klauseln, 2002; *Frohne* Prospektpflicht und Prospekthaftung in Deutschland, Frankreich und den USA, 1974; *Gerner-Beuerle* Die Haftung von Emissionskonsortien: eine rechtsvergleichende Untersuchung des deutschen und des US-amerikanischen Rechts, 2009; *Giesberts/Hilf* Handel mit Emissionszertifikaten, 2002; *Goltz* Vertragsgestaltung bei Roll-Over-Eurokrediten – Risikokontrolle und Risikoverteilung bei einem neuen Finanzierungsinstrument, 1980; *Graaf* Euromarket Finance – Issues of Euromarket Securities and Syndicated Eurocurrency Loans, 1991; *Hammen* (Hrsg.) Interessenkonflikte beim Börsengang von Börsen, 2009; *Hämmerli* Aspekte des schweizerischen Emissionsgeschäftes – in volkswirtschaftlicher, bankbetriebswirtschaftlicher und juristischer Sicht, 1986; *Hartwig-Jacob* Die Vertragsbeziehungen und die Rechte der Anleger bei internationalen Anleiheemissionen, 2001; *v. Hecke* Problèmes juridiques des emprunts internationaux, 2. Aufl., 1964; *Hemmerling* Aktienrechtliche Probleme bei der Begebung von Optionsschuldverschreibungen ausländischer Tochtergesellschaften, 1991; *Hinsch/Horn* Das Vertragsrecht der internationalen Konsortialkredite und Projektfinanzierungen, 1985; *Hopt* Die Verantwortlichkeit der Banken bei Emissionen – Recht und Praxis in der EG, in Deutschland und in der Schweiz, 1991; *Horn* Das Recht der internationalen Anleihen, 1972; *Horst* Kapitalanlegerschutz – Haftung bei Emission und Vertrieb von Kapitalanlagen – ein juristische und ökonomische Analyse, 1987; *Hottenrott* Ausgesuchte Fragen des Rechts der Begebung von Globalanleihen durch deutsche Emittenten, 2002; *Immenga* Die Stellung der Emissionskonsortien in der Rechts- und Wirtschaftsordnung, 1981; *Jacquemont* L'Émission des emprunts euro-obligataires – pouvoir bancaire et souverainetés étatiques,

* Umfangreiche Passagen dieses Abschnittes in Anlehnung an Teil I. und III. meines Beitrages (§ 113) zum Bankrechts-Handbuch. Ich danke beiden Verlagen für das Entgegenkommen.

1976; *Kallrath* Die Inhaltskontrolle der Wertpapierbedingungen von Wandel- und Optionsanleihen, Gewinnverschreibungen und Genußscheinen, 1994; *Keutner* Die Emission von Euro-Aktien aus der Sicht der Marktteilnehmer, 1989; *Kiel* Internationales Kapitalanlegerschutzrecht – Zum Anwendungsbereich kapitalanlegerschützender Normen im deutschen, europäischen und US-amerikanischen Recht, 1994; *König* Die internationalprivatrechtliche Anknüpfung von Syndicated Loan Agreements, 1984; *Kohls* Die vorvertragliche Informationshaftung nach dem Recht der Bundesrepublik Deutschland, der USA und Englands – am Beispiel der Lead Bank eines Kreditkonsortiums, 1990; *Kolbeck* (Hrsg.) Bankinnovationen – Chancen und Risiken der neuen Bankgeschäfte, 1986; *Landmann* Die Haftung für Comfort Letters bei der Neuemission von Aktien, 2007; *Lang* Internationales Emissionsgeschäft – das emittentenbezogene Marketing der Banken, 1993; *Liebenow* Das Schuldverschreibungsgesetz als Anleiheorganisationsrecht und Gesellschaftsrecht – ein Beitrag zu einem Recht der Unternehmensfinanzierung und zum Verbandsrecht der Innengesellschaft, 2015; *Lochner* Darlehen und Anleihe im internationalen Privatrecht, 1954; *Löffler* Anleihen – Nationale und internationale Anleihensformen als Finanzierungsinstrument und Kapitalanlage, 1987; *Masuch* Anleihebedingungen und AGB-Gesetz, 2001; *R. Müller* Das Emissionskonsortium im Wettbewerbsrecht, 2008; *Natermann* Der Eurodollarmarkt in rechtlicher Sicht – Institutioneller Rahmen und Regelungsmöglichkeiten, 1977; *Pöhler* Das internationale Konsortialgeschäft der Banken. Grundlagen – betriebswirtschaftliche Funktionen – Risiken und Risikopolitik, 1988; *Rayermann* Der internationale Konsortialvertrag, 2002; *Rohr* Grundzüge des Emissionsrechts, 1990; *Schmid* Kollisionsrechtliche Probleme bei internationalen Darlehen und Anleihen, 1954; *Schönle* Bank- und Börsenrecht, 2. Aufl., 1976, § 19 II; *Scholze* Das Konsortialgeschäft der deutschen Banken, 2 Bde., 1973; *Schürmann* Festübernahme bei Emission von Anleihensobligationen, 1971; *Schumann* Optionsanleihen – Rechtliche Grundlagen und aktuelle Probleme, 1990; *Schweizer/Mattle* Euromarkt, Finanzmarkt ohne Grenzen, 1982; *Siebel* Rechtsfragen internationaler Anleihen, 1997; *Singhof* Die Außenhaftung von Emissionskonsortien für Aktieneinlagen, 1998; *Stucke* Rechte der Gläubiger bei DM-Auslandsanleihen 1988; *Ulrich* Die Pionierrolle im Emissionsgeschäft mit Finanzderivaten – empirische Analyse des deutschen Optionsscheinmarktes, 1999; *Veranneman* Schuldverschreibungsgesetz, einschließlich U.S.A. und England – Kommentar, 2010; *Wielens* Die Emission von Auslandsanleihen – eine Analyse ihrer Marktelemente, ihrer Entwicklung seit 1945 und ihrer Bedeutung für die Integration d. Kapitalmärkte, 1971; *Willamowski* Bookbuilding – die marktorientierte Emission von Aktien nach deutschem und U.S.-amerikanischem Recht, 2000.

b) Aufsätze und Beiträge: *Arbeitskreis zum „Deutsche Telekom III-Urteil" des BGH* – Thesen zum Umgang mit dem „Deutsche Telekom III-Urteil" des BGH vom 31.05.2011, NJW 2011, 2719 bei künftigen Börsengängen, ZBB 2011, 379; *Assmann* Zur Haftung von Konsortien für das rechtsgeschäftliche Handeln ihrer Vertreter – Bemerkungen zum Urteil des BGH vom 9.7.1984 (II ZR 193/83, Köln), ZHR 152 (1988), 371; *ders.* Die Regelung der Primärmärkte für Kapitalanlagen mittels Publizität im Recht der Europäischen Gemeinschaft, AG 1993, 549; *ders.* Anleihebedingungen und AGB-Recht, WM 2005, 1053; *Assmann/Buck* Europäisches Kapitalmarktrecht, EWS 1991, 110, 190, 220; *Assmann/Sethe* Kapitalaufbringungskontrolle bei Barkapitalerhöhungen mit mittelbarem Bezugsrecht – Bemerkungen zum Urteil des BGH vom 5.4.1993 (II ZR 195/91, Frankfurt/Main – „co op"), ZHR 158 (1994), 646; *Baums* Die gerichtliche Kontrolle von Beschlüssen der Gläubigerversammlung nach dem Referentenentwurf eines neuen Schuldverschreibungsgesetzes, ZBB 2009, 1; *Baums/Theissen* Banken, bankeigene Kapitalanlagegesellschaften und Aktienemissionen, ZBB 1999, 125; *Bliesener* Änderung von Anleihebedingungen in der Praxis, in: Baum/Fleckner/Hellgardt/Roth (Hrsg.) Perspektiven des Wirtschaftsrechts – Beiträge für Klaus J. Hopt 2008, 355, *Brocker/Wohlfarter* Die Auswirkungen der neuen Prospektpflicht für Bezugsrechtsemissionen auf die Eigenkapitalbeschaffung mittelständischer Unternehmen, BB 2013, 393; *Büschgen* Das Konsortialgeschäft der Banken im Wandel, ÖBA 1988, 423; *Bungert* Wertpapierbedingungen und Inhaltskontrolle, DZWir 1996, 185; *Busch* Aktuelle Rechtsfragen des Bezugsrechts und Bezugsrechtsausschlusses beim Greenshoe im Rahmen von Aktienemissionen, AG 2002, 230; *Drygala* Die Vollharmonisierung des Vertriebsrechts für Finanzdienstleistungen im Fernabsatz, Festschrift für Lutter, 2000, 1563; *Ebenroth* Die internationalprivatrechtliche Anknüpfung von Finanzinnovationen aus deutscher und schweizerischer Sicht, Festschrift für Keller, 1989, S. 391; *Ekkenga* Wertpapier-Bedingungen als Gegenstand richterlicher AGB-Kontrolle?, ZHR 160 (1996), 59; *Gottschalk* Emissionsbedingungen und AGB-Recht, ZIP 2006, 1121; *Grieser/Juhnke* MiFID II – Auswirkungen auf die Emission von Anleihen und strukturierten Produkten, RdF 2012, 156; *Groß* Verdeckte Sacheinlage, Vorfinanzierung und Emissionskonsortium, AG 1993, 108; *ders.* Bookbuilding, ZHR 162 (1998) 318; *ders.* Zulassung von Wertpapieren zum amtlichen Handel, FB 1999, 24; *ders.* Das Ende des so genannten „Greenshoe"? – zugleich Besprechung des Urteils des Kammergerichts vom 22.8.2001, ZIP 2002, 160; *Grundmann* Konsortien, Gesellschaftszweck und Gesamthandsvermögen – Typendehnung oder Typenmischung im Gesellschaftsrecht?, Festschrift für Boujong, 1996, S. 159; *Gruson/Harrer* Rechtswahl- und Gerichtsstandsvereinbarungen sowie Bedeutung des AGB-Gesetzes bei DM-Auslandsanleihen auf dem deutschen Markt, ZBB 1996, 37; *Harrer/Heidemann* Going Public – Einführung in die Thematik, DStR 1999, 254; *Hein* Rechtliche Fragen des Bookbuildings nach deutschem Recht, WM 1996, 1; *Hoffmann-Becking* Neue Formen der Aktienemission, Festschrift für Lieberknecht 1997, S. 25; *Hopt* Änderungen von Anleihebedingungen – Schuldverschreibungsgesetz, § 796 BGB und AGBG, Festschrift für Steindorff, 1990, S. 341 (auch WM 1990, 1733); *ders.* Emissionsgeschäft und Emissionskonsortien, Festschrift für Kellermann, 1991, S. 181; *ders.* Emission, Prospekthaftung und Anleihetreuhand im internationalen Recht, Festschrift für Lorenz, 1991, S. 413; *ders.* Neues Schuldverschreibungsgesetz – Bemerkungen und Anregungen aus Theorie und Praxis, Festschrift für Schwark 2009, 441; *Horn* Das neue Schuldverschreibungsgesetz und der Anleihemarkt, BKR 2009, 446; *ders.* Die Stellung der Anleihegläubiger nach neuem Schuldverschreibungsgesetz und allgemeinem Privatrecht im Licht aktueller Marktentwicklungen, ZHR 173 (2009), 12; *Immenga* Einlagenschutz beim mittelbaren Bezugsrecht, Festschrift für Beusch, 1993, S. 413; *Joussen* Die Inhaltskontrolle von Wertpapierbedingungen nach dem AGBG, WM 1995, 1861; *Kahn* Lex mercatoria et euro-obligations, Festschrift für Schmitthoff, 1973, S. 215; *Koch* Das Konsortialgeschäft der Banken, Bank-Archiv 1921/1922, 237; *Kusserow* Auswirkungen aktueller Regulierungsvorhaben auf Schuldverschreibungsemissionen von Kreditinstituten, WM 2013, 1581; *Lenenbach* Aktienanleihen: Ihre Behandlung im Zivil- und Börsenterminrecht und nach dem AGBG – Zugleich Besprechung des Urteils des LG Frankfurt, NZG 2000, 793, NZG 2001, 481; *Lutter* Optionsanleihen ausländischer Tochtergesellschaften, AG 1972, 125; *Lutter/Drygala* Rechtsfragen beim Gang an die Börse, Festschrift für Raisch, 1995, S. 239; *dies.* Die zweite Chance für Spekulanten? – zur nachträglichen Korrektur der Konditionen von Optionsschuldverschreibungen, Festschrift für Claussen 1997, S. 261; *Martens* Die bilanzrechtliche Behandlung internationaler Optionsanleihen nach § 150 II AktG, Festschrift für Stimpel, 1985, S. 621; *Mentz/Fröhling* Die Formen der rechtsgeschäftlichen Übertragung von Aktien, NZG 2002, 201; *Meyer* Anlegerschutz und Förderung des Finanzplatzes Deutschland durch die Going-Public-Grundsätze der Deutsche Börse AG, WM 2002, 1864; *Möllers/Puhle* Angemessenheit von Platzierungsprovisionen bei Aktienemissionen, ZBB 2011, 212; *Obermüller/Obermüller* Die Unterbeteiligung im Bankgeschäft – ein Übersicht für die Praxis, Festschrift für Werner, 1984, S. 607; *Oltmanns/Zöllter-Petzold* Bezugsrechtskapitalerhöhungen von Unternehmen im Entry-Standard, NZG 2013, 489; *Parmentier* Verdeckte Sacheinlage seitens der Emissionsbank?, ZInsO 2008, 9; *Pfüller/Koehler* Handel per Erscheinen – Rechtliche Rahmenbedingungen beim Kauf von Neuemissionen auf dem Graumarkt –, WM 2002, 781; *v. Randow* Anleihebedingungen und Anwendbarkeit des AGB-Gesetzes, ZBB 1994, 23; *Reimnitz* Das Primärgeschäft im Emissionsbereich, in Büschgen/Richolt (Hrsg) Handbuch des internationalen Bankgeschäfts, 1989, 241–266; *C. Schäfer* Vereinbarungen bei Aktienemissionen, ZGR 2008, 455; *F. Schäfer* Emission und Vertrieb von Wertpapieren nach dem Wertpapierverkaufsprospektgesetz, ZIP 1991, 1557; *Scheef* Konsortialvertrag – Auswirkungen von Nachtragsforderungen auf das Innenverhältnis der Konsorten, MDR 2005, 603; *Schlitt/Smith/Werlen* Die Going-Public-Grundsätze der Deutschen Börse AG – Überblick und erste Würdigung –, AG 2002, 478; *Schmidt, K.* Barkapitalaufbringung und „freie Verfügung" bei der Aktiengesellschaft und der GmbH – Mittelaufbringung und Mittelverwendung bei Kapitalgesellschaften, AG 1986, 106; *Schnorbus* Die Rechtsstellung der Emissionsbank bei der Aktienemission, AG 2004, 113; *Schücking* Das internationale Privatrecht der Bankenkonsortien, WM 1996, 281; *ders.* Emissionskonsortien, in: Gummert/Weipert (Hrsg.) Münchener Handbuch des Gesellschaftsrechts, Band 1, 4. Aufl., 2014, § 32; *Schwark* Zur Haftung der Emissionsbank bei Aktienemissionen – börsen-, bilanz- und gesellschaftsrechtliche Aspekte, ZGR 1983, 162; *Sester* Transparenzkontrolle von Anleihebedingungen nach Einführung des neuen Schuldverschreibungsrechts, AcP 209 (2009), 628; *Sethe* Genußrechte – rechtliche Rahmenbedingungen und Anlegerschutz, AG 1993, 293 und 351; *Siebert* Die Haftung der Mitglieder des Übernahmekonsortiums nach den Regeln der verdeckten Sacheinlage, NZG 2006, 366; *Singhof* Emissionsgeschäft, in MünchKommHGB, Bd. 6, 3. Aufl. 2014; *Slater* The Transnational Law of Syndicated Loans – a Hopeless Cause?, in Horn/Schmitthoff (Hrsg) The Transnational Law of International Commercial Transactions, 1982, p. 329; *Steding* Das Konsortium – eine originelle Gestaltungsvariante für wirtschaftliche Vorhaben, BuW 2004, 108; *Storck* Das Konsortialgeschäft der Eurobanken, Die Bank 1979, 529; *ders.* Neue Instrumente im Euromarkt, Die Bank 1984, 504; *Szantyr* Effektenkonsortialgeschäft und Emissionsgeschäft, in Bankrecht und Bankpraxis IV, Stand 11.1979, RdNr 10/1–10/148; *Technau* Rechtsfragen bei der Gestaltung von Übernahmeverträgen („Underwriting Agreements") im Zusammenhang mit Aktienemissionen, AG 1998, 445; *Than* Anleihegläubigerversammlung bei DM-Auslandsanleihen?, Festschrift für Coing II, 1982, S. 521; *Timm/Schöne* Zwingende gesamtschuldnerische Haftung der Mitglieder eines Übernahmekonsortiums?, ZGR 1994, 113; *Westermann* Das Emissionskonsortium als Beispiel der gesellschaftsrechtlichen Typendehnung, AG 1967, 285; *Wohlfahrt/Brause* Die Emission kursorientierter Wertpapiere auf eigene Aktien – zur Auslegung des § 221 AktG, WM 1997, 397; *Wolf* Anlegerschutz durch Inhaltskontrolle von Emissionsbedingungen bei Kapitalmarkttiteln, Festschrift Zöllner, Band 1, 1998, 651; *Zahn/Lemke* Anleihen als Instrument der Finanzierung und Risikosteuerung, BKR 2002, 527.

Übersicht

	Rn
A. Emission als Markteinführung – Formen, Instrumente, Marktsegmente	1
I. Emissionsgeschäft als primärmarktrechtlicher Gestaltungsrahmen und als Bankgeschäft	1
1. Emissionsgeschäft als primärmarktrechtlicher Gestaltungsrahmen	1
2. Emissionsgeschäft als Bankgeschäft	3
II. Platzierung: Vielfalt von Effekten und Formen der Marktinanspruchnahme	8
1. Vielfalt der zu platzierenden Effekten	8
2. Vielfalt von Formen der Marktinanspruchnahme und Marktsegmente	13
a) Formen der Marktinanspruchnahme	13
b) Marktsegmente und „Märkte"	15
III. Strukturierung der Platzierung: Vielfalt der Verpflichtungen dem Emittenten gegenüber und der Gestaltungen im Konsortium	17
1. Vielfalt der Verpflichtungen dem Emittenten gegenüber	17
a) Eigenemission als Ausnahme	17
b) Formen der Fremdemission	18
c) Funktionen der verschiedenen Formen und verschiedene Verbreitung	20
2. Vielfalt der Gestaltungen im Konsortium	22
B. Zivilrechtliche Organisation der Emission	23
I. Rechtsbeziehung des Konsortiums zum Emittenten	23
1. Vertragsgrundlage (mit anwendbarem Recht)	24
2. Rechte und Pflichten bei Emission von Schuldtiteln u.ä	27
3. Rechte und Pflichten bei Emission von Anteilen	29
4. Weitere Pflichten (typusübergreifend)	32
II. Innenbeziehungen des Konsortiums	34
1. Rechtsgrundlage und Rechtsnatur des Emissionskonsortialvertrages sowie anwendbares Recht	34
a) Gesellschaftsvertrag und Aufgabenteilung	34
b) Anwendbares Recht und internationale Klauselwerke	36
2. Spezialaufgaben der Konsortialführung	37
3. Gesellschaftsrechtlich verfasster Bereich	39
a) Vom Konsortium gemeinsam zu erfüllende Funktionen	39
b) Entscheidungs- und Vertretungsrechte	42
c) Rückwirkungen in Haftungsfragen	43
4. Bereiche autonomer Geschäftsführung und Vermögenszuständigkeit	44
a) Entscheidungsbefugnisse und Vermögensverhältnisse im Hinblick auf die Quote	44
b) Ausfallhaftung	47
5. Auflösung und Abwicklung des Konsortiums	48
III. Rechtsbeziehungen des Anlegers	49
1. Sonderrechtsverhältnisse zum Emittenten	49
a) Bei der Aktienemission (auch grenzüberschreitend)	49
b) Bei der Anleiheemission	50
c) Insbes. bei der internationalen Anleiheemission	54
2. Sonderrechtsverhältnisse untereinander und zu den Emissionsbanken	56
a) Grundsätzlich keine Sonderrechtsverhältnisse	56
b) Sonderrechtsverhältnis aus Absatzvertrag	57
c) Sonderrechtsverhältnis aus Aktienrecht	58
d) Sonderrechtsverhältnis bei Anleiheemission, auch grenzüberschreitend (mit Gläubigerabsicherung und -reorganisation)	59

A. Emission als Markteinführung – Formen, Instrumente, Marktsegmente

I. Emissionsgeschäft als primärmarktrechtlicher Gestaltungsrahmen und als Bankgeschäft

1. Emissionsgeschäft als primärmarktrechtlicher Gestaltungsrahmen. Wenn das Emissionsgeschäft historisch und noch heute als Ausgangspunkt und weiterhin als das Herzstück des Investment Banking und Hauptfunktion gesehen wird (näher oben Teil 5 Rn 27), so deswegen, weil das Emissionsgeschäft im Allgemeinen und das Emissionsgeschäft im Sinne von KWG und WpHG im Besonderen ein Komplexes ist: Das Emissionsgeschäft im Sinne von KWG und WpHG bezieht sich nur auf Finanzinstrumente und eine spezifische Form der Marktinanspruchnahme (dazu unten Rn 3–7) und bei dieser ist **ein besonders komplexer Rechtsrahmen zu achten,** zugleich ein **faktisch schwieriges Platzierungsumfeld zu bewältigen.** Beides zu „meistern" ist **Ziel des Emissionsgeschäfts** und der – faktisch, teils auch rechtlich praktisch zwingenden – Einschaltung von Investmentbanken. Wenn also in diesem Abschnitt 1 das Emissionsgeschäft behandelt wird, so deswegen, weil mit diesem nicht nur die Effekten überhaupt im Markt platziert werden sollen, also die Platzierungskapazität der Banken nötig ist, sondern auch die Einhaltung der im Folgenden in Abschnitten 2, aber auch 3–6 dargestellten Regime verbürgt oder der Grund hierfür gelegt werden soll. Solchermaßen kann beim Emissionsgeschäft nicht von einem Regime allein von Marktverhaltensregeln gesprochen werden (so Abschnitte 2–6), es kommen im Emissionsgeschäft Marktverhaltensregeln (vor allem Publizitätspflichten), aber auch Regelungsteile zur Organisation und zum individuellen Kundenverhältnis zusammen. Für das Emissionsgeschäft ist also, wenn es als „Eröffnung" jeder Aktivität der Investmentbanken zu sehen ist, die Trennung der drei Dimensionen nicht möglich (oder zumindest nicht tunlich), nach denen Teile 6–8 unterschieden werden. Das Emissionsgeschäft bildet jedoch den Akt, mit dessen Durchführung alle Pflichten, die in Teilen 6–8 dargestellt werden, ausgelöst werden. 1

Das Emissionsgeschäft betrifft die Ausgabe und **erstmalige Platzierung von (vertretbaren) Wertpapieren.**[1] Den Normaltypus bilden die massenweise Ausgabe und Platzierung von Aktien oder Obligationen beim Anleger durch ein Bankenkonsortium, das der Emittent zu diesem Zweck einschaltet. Für die zivilrechtliche Gestaltung, die zur Durchführung dieser Aufgabe nötig ist (unten II.), sind demnach vier Arten von Rechtsbeziehungen vorgegeben: Das Konsortialverhältnis zwischen den beteiligten Banken, die idR die Aufgabe nicht einzeln übernehmen (unten Rn 34–48); die Kundenbeziehung des Konsortiums – oder auch der einzelnen Konsortialbanken gesondert jeweils für die von ihnen übernommene Quote – gegenüber dem Emittenten (unten Rn 23–33); die Drittbeziehungen der Konsortialbanken zu den Anlegern (unten Rn 49–61); sowie – häufig vernachlässigt, jedoch als Grundlage für diese Drittbeziehungen wichtig – die Sonderrechtsverhältnisse zwischen dem Emittent und den Anlegern (unten Rn 49–55). Diese zivilrechtliche Ausgestaltung des Emissionsgeschäfts dient nach dem Gesagten zu einem Gutteil der Beachtung und Nutzung der Gestaltungsspielräume in einem vielfach ausdifferenzierten Rahmen wirtschaftspolitisch motivierter Normen, die überwiegend nicht auf diese individuellen Rechtsbeziehungen abstellen (unten Abschnitte 2–6, teils auch Teile 7 und 8),[2] auf sie jedoch immer wieder zurückwirken. 2

---

[1] *Canaris* Bankvertragsrecht, Rn 2237; *Hopt* Verantwortlichkeit, S. 12; Kümpel/Wittig/*R. Müller* Rn 15.2; *Schönle* Bankrecht, S. 270 f.

[2] Für eine zusammenfassende Darstellung des Wirtschaftsrechts jenseits des Kapitalmarktrechts, das die Emission beeinflusst, etwa das Geld- und Währungs- oder auch das Wettbe-

3 **2. Emissionsgeschäft als Bankgeschäft.** Das Emissionsgeschäft fällt **seit Inkrafttreten der 6. KWG-Novelle und der parallelen Novellierung des WpHG** unter die genehmigungspflichtigen Bankgeschäfte nach diesen Gesetzen, so dass seit diesem Zeitpunkt seine Durchführung eine **Zulassung als Kreditinstitut oder Wertpapierfirma nach diesen Gesetzen voraussetzt.**[3] Vorher war es ohne Genehmigung nach § 1 KWG (zulassungsfrei) gestattet,[4] was jedenfalls beim Underwriting wegen des bestehenden Ausfallrisikos mit dem bankaufsichtsrechtlichen Prinzip einer eigenkapitalmäßigen Unterlegung *aller* Risiken unvereinbar war und daher geändert wurde.[5] Seit 1998 wird die Emission von *Finanzinstrumenten* (zu dieser Einschränkung unten Rn 6) durch § 1 Abs. 1 Satz 2 Nr. 10, Abs. 11 KWG als ein Bankgeschäft qualifiziert, wenn das Platzierungsrisiko direkt oder indirekt übernommen wird (durch Festübernahme oder Garantie). Sie ist dann erst nach Genehmigung dieses Geschäftszweigs zulässig. Eine Wertpapierdienstleistung ist das Emissionsgeschäft daneben ebenfalls und dies auch ohne Übernahme dieses Risikos (und selbstverständlich mit Übernahme desselben), vgl. § 2 Abs. 3 Nr. 5 und 6 WpHG, so dass insbes. die (primär sekundärmarktrechtlich relevanten) Wohlverhaltensregeln der §§ 31–34a WpHG ebenfalls bereits Anwendung finden.[6] Die Veränderung betrifft jeweils **nicht auch das Konsortialgeschäft** zwischen den Banken.[7]

4 Selbst **wenn kein Übernahmerisiko in den Konsortialbanken begründet** wird und daher keine Genehmigungspflicht nach § 1 KWG, konzentriert sich das Emissionsgeschäft von Finanzinstrumenten (unten Rn 6) aus weiteren (überwiegend rechtlichen) Gründen bei den **Kreditinstituten** iSv § 1 KWG: Bei der wichtigsten Form der Aktienemission, der Kapitalerhöhung gegen (Bar-)Einlagen, haben sie auf Grund von **§ 186 Abs. 5 AktG de facto** eine Ausschließlichkeitsstellung. Beim wichtigsten Zusatzgeschäft zur Emission, das der Emittent meist ebenfalls anfordert, bei der **Einführung der Papiere in den börslichen Markt** im amtlichen Handel, haben die Kreditinstitute, Finanzdienstleister und Institute gem. §§ 53

---

werbsrecht in ihrer Wechselbezüglichkeit zum Emissionsgeschäft, vgl. BankR-Hdb/*Grundmann* § 112 bes. Rn 17 ff.

[3] Art. 1 und 2 des Gesetzes zur Umsetzung von EG-Richtlinien zur Harmonisierung bank- und wertpapieraufsichtsrechtlicher Vorschriften, BGBl. 1997 I S. 2518; Umsetzung der Vorgaben von Art. 1 Nr. 1, 4, 5 iVm Anh. A bzw. B Nr. 1, 2 und 3–6 Richtlinie 93/22/EWG des Rates vom 10.5.1993 über Wertpapierdienstleistungen, ABl.EG 1993 L 141/27; Änderung ABl. 1995 L 168/7; für die Richtlinienkonformität vgl. die Kommentierung von Ebenroth/Boujong/Joost/*Grundmann* Kommentar zum Handelsgesetzbuch[1], 2001, BankR Rn VI 172–180; ebenso schon etwa in der Schweiz seit der Novelle der BankenVO vom 23.8.1989, vgl. Nachw. bei *Hopt* Verantwortlichkeit, S. 19 N. 49.

[4] Auch heute noch ist jede einzelne Emission genehmigungsfrei (aber das Risiko mit Eigenkapital zu unterlegen): *Bosch* BuB 10/13.

[5] *Kümpel/Wittig/Brandt* Rn 15.7.

[6] Zur Änderung der Wohlverhaltensregeln durch das Gesetz zur Stärkung des Anlegerschutzes und Verbesserung der Funktionsfähigkeit des Kapitalmarktes (Anlegerschutz- und Funktionsverbesserungsgesetz) vom 5.4.2011, BGBl I, S. 538, vgl. *Möllers/Wenninger* NJW 2011, 1697.

[7] *Hopt* Verantwortlichkeit, S. 19 Rn 49 (zur alten Rechtslage); tendenziell und einschränkend für das Abwicklungsrisiko von Konsortialbanken, das der Gesetzgeber mit § 1 Abs. 1 S. 2 Nr. 10 KWG nicht vorgesehen habe: *Du Buisson* WM 2003, 1401 (1404). Teils wird Emissionsgeschäft und Konsortialgeschäft gleichgestellt (was aber nicht nötig so ist, weil Konsortien verschiedene Geschäfte zum Gegenstand haben können) und dann das Konsortium insoweit „bei Festübernahme" [genauer: im Falle eines Übernahmevertrags/einer Emission mit Festübernahme] als Bankgeschäft qualifiziert: etwa Boos/Fischer/Schulte-Mattler/*Schäfer* KWG, CRR-VO, 5. Aufl. 2016, Rn 112 (zu § 1 Nr. 10 KWG).

Abs. 1 und 53b Abs. 1 Satz 1 KWG solch eine Ausschließlichkeitsstellung sogar weitgehend de lege, so auf Grund von § 32 Abs. 2 BörsG.[8] Bei der Anleiheemission ohne Börseneinführung und Risikoübernahme (Festübernahme) genießen sie demgegenüber keine Sonderstellung im Hinblick auf die rechtlichen Rahmenbedingungen. Allerdings bedeutet dies nicht notwendig, dass es sich hier nicht zumindest um **de facto Bankgeschäfte** handelt. Auch soweit § 186 Abs. 5 AktG und § 32 Abs. 2 BörsG nicht eingreifen und für die Kreditinstitute zumindest de facto eine Ausschließlichkeitsstellung begründen, werden, soweit der Emittent die Emission nicht selbst übernimmt (Selbstemission), für die Emission solcher Papiere nach Praxiseinschätzung offenbar fast ausschließlich oder doch weit überwiegend Kreditinstitute eingeschaltet.[9]

Im verbleibenden Restbereich muss – wenn schon keine Zulassung als Kreditinstitut – **5**
jedenfalls eine Zulassung als Wertpapierfirma gegeben sein. Denn alle Formen der Emission – auch das bloße best effort underwriting – fallen nach dem Gesagten unter § 2 Abs. 3 Nr. 5 und 6 WpHG und auch die meisten Einzelgeschäfte, die für die Markteinführung unverzichtbar sind, stellen zumindest **Wertpapierdienstleistungen** dar: so jedes Absatzgeschäft, das auch Anlageberatung umfasst (Nr. 7), jedenfalls alle Geschäfte, in denen auch „für den Kunden" gehandelt wird (Nr. 1–4, näher 8. Teil zu § 2 Abs. 3 Nr. 1–4 und 7 WpHG), also etwa die kommissionsweise Veräußerung im Rahmen des best effort underwriting, aber auch Kurspflegemaßnahmen, da die (allein zulässige) Kursstabilisierung in der unmittelbaren Absatzphase „für den Kunden" (Emittenten) erfolgt.[10] Und selbst der reine Eigenhandel – die Veräußerung, die nicht auch „für den Kunden" erfolgt – ist grundsätzlich nach § 2 Abs. 3 S. 2 WpHG erfasst, freilich von einer Anwendung der Wohlverhaltensregeln freigestellt (§ 31 Abs. 7 WpHG, wiederum näher 8. Teil zu § 2 Abs. 3 Nr. 1–4 und 7 WpHG).

All diese aufsichtsrechtlichen Rechtsfolgen nach KWG und WpHG greifen freilich nur **6**
ein, wenn die fragliche Emission die Tatbestandsmerkmale des **aufsichts- und wohlverhaltensrechtlichen Emissionsbegriffs** erfüllt. Diese umreißen § 1 Abs. 1 Satz 2 Nr. 10, Abs. 11 KWG und § 2 Abs. 3 Nr. 5 und 6 WpHG (vergleichbar wie inzwischen für das eigentliche Marktverhaltensrecht Art. 3 Abs. 1 Nr. 1 MAR per Verweis auf den zugrunde liegenden Art. 4 Abs. 1 Nr. 15, 44 und Anh. I C MiDIF II).[11] Der Tatbestand ist jeweils **zweiteilig:** Das Geschäft muss jeweils auf ein Finanzinstrument bezogen sein und eine Art von Risikoübernahme bzw. Dienstleistung beinhalten. **Finanzinstrumente** sind Wertpapiere, Geldmarktinstrumente oder darauf bezogene Derivate (mit Definition § 1 Abs. 11 S. 2 KWG bzw. § 2 Abs. 2 WpHG bzw. den genannten Regeln in MAR und MiFID II), Rechte auf Zeichnung dieser Instrumente (in beiden Gesetzen mit gewissen Unterschieden). Für die **erfassten Wertpapiere** wird auf die klassischen Effekten abgestellt – Aktien und Schuldverschreibungen. Entscheidend ist eine Ausstattung, die massenhaften Handel erlaubt. Hier-

---

[8] Bei der Einbeziehung in den regulierten Markt Sache des jeweiligen Börsenzulassungsregimes, vgl. § 33 Abs. 2 BörsG und etwa Schwark/Zimmer/*Heidelbach* § 33 BörsG Rn 13–16.

[9] Etwa *Rohr* Emissionsrecht, S. 99 (für die Schweiz); *Bosch* BuB 10/7.

[10] Zu deren Qualifikation als Eigenhandel „für den Kunden" und damit (vollumfänglich) als Wertpapierdienstleistung vgl. etwa Fuchs/*Fuchs* WpHG§ 2 Rn. 86. Nicht mehr zulässig sind hingegen Kurspflegemaßnahmen zur Eindämmung der Schwankungsbreite des Börsenkurses: VG Frankfurt am Main, Urt. v. 19.11.2014 – 2 K 1675/13.F, BeckRS 2015, 45671.

[11] Kommentierung und näher zum Folgenden vor allem *Assmann*/Schneider § 2 WpHG; sowie die Kommentierung des WpHG von EBJS/*Grundmann* BankR VI Rn 46 ff.; und zum Katalog der Bankgeschäfte ausführlicher etwa BankR-Hdb/*Fischer* § 127 Rn 12 ff.

für müssen Effekten innerhalb einer Gattung gleich ausgestattet sein, dh gleiche Rechte verbürgen (Austauschbarkeit oder Fungibilität),[12] und der Übertragungsakt muss dem Erwerber mehr Sicherheit bieten als das Zessionsrecht (sog Zirkulationsfähigkeit mit Möglichkeit gutgläubigen Erwerbs und Abschneiden anderer als urkundlicher Einwendungen und Einreden).[13] Entscheidend ist also nicht die Art des verkörperten/verbrieften Rechts, sondern die Zirkulationsfähigkeit des Instruments. Indem alle vergleichbaren Wertpapiere einbezogen werden, wird die inhaltliche Ausgestaltung für unerheblich erklärt (Mischformen zwischen Gesellschafter- und Gläubigerrechten; Fristigkeit) und allein auf die genannten Kriterien der Fungibilität und Zirkulationsfähigkeit abgestellt.[14] Für die Geldmarktpapiere mit kurzer Fristigkeit wird das ausdrücklich klargestellt. Das alles bildet bereits den Allgemeinen Teil des Europäischen Kapitalmarktrechts (näher daher 5. Teil Rn 66–73). Der **zweite Teil der Definition, die Übernahme eines Risikos bzw. einer Dienstleistung**, differiert nach dem Gesagten: Während es für das Vorliegen eines Bankgeschäfts nach dem KWG einer Risikoübernahme bedarf (vgl. im einzelnen § 1 Abs. 1 S. 2 Nr. 10 KWG und parallel auch § 2 Abs. 3 Nr. 5 WpHG),[15] ist der Anwendungsbereich des WpHG und sein Aufsichtsrecht auch bereits eröffnet, wenn die Konsortialbank nur die Dienstleistung einer Platzierung (ohne feste Garantie) übernimmt (auch § 2 Abs. 3 Nr. 6 WpHG).[16]

7 Entscheidend ist die Abgrenzung zu den **nicht zirkulationsfähigen Anlageformen, die weder nach KWG noch nach WpHG erfasst** sind: Alle Anlageformen, die die Zirkulationsfähigkeit in den genannten Formen nicht aufweisen und auch nicht – wie Derivate – auf solche zirkulationsfähigen Instrumente bezogen sind, fallen aus dem Anwendungsbereich von MiFID (I + II), WpHG und KWG heraus (trotz inzwischen vertiefter Regulierung, insbesondere im Bereich der Prospektpflicht und -haftung, vgl unten Rn 76–78), sie werden nicht als Bankgeschäft (einschließlich Bankaufsicht) erfasst. Dies sind vor allem Anlagen des sog. „grauen Kapitalmarkts“ – Anlagen (insbesondere in Anteils- oder Treuhandrech-

---

[12] Im Einzelnen oben Teil 5 Rn 82-85; sowie Baumbach/Hopt/*Kumpan* (13) DepotG § 1 Rn 1; *Canaris* Bankvertragsrecht, Rn 1811; *Kümpel/Wittig/Brandt* Rn 15.22; *Schmidt* Wertpapierbörsen, 1988, S. 2; *Schönle* Bankrecht, S. 222.

[13] Etwa *Izquierdo* Die Liberalisierung und Harmonisierung des Börsenrechts als Problem des EG-Rechts, 1989, S. 48. Zu zusätzlichen Anforderungen an die Fälschungssicherheit: *Izquierdo* aaO[diese Fußnote]; *Heinze* Europäisches Kapitalmarktrecht – Recht des Primärmarktes, 1999, S. 35.

[14] Im Einzelnen Kommentierungen zu § 2 WpHG von *Assmann*/Schneider und EBJS/*Grundmann* BankR VI Rn 46 ff. Dort auch näher zu den Derivaten.

[15] Ausgeschlossen erscheint (allein) die kommissionsweise Übernahme im sog. Begebungskonsortium („best effort underwriting“): Fuchs/*Fuchs* WpHG§ 2 Rn 102; Schwark/Zimmer/*Kumpan* § 2 WpHG Rn 75 (stattdessen Finanzkommissionsgeschäft i.S.v. § 2 Abs. 3 S. 1 Nr. 1 WpHG bzw. Platzierungsgeschäft i.S.v. § 2 Abs. 3 S. 1 Nr. 6 WpHG einschlägig); Baumbach/Hopt/*Hopt* HGB Rn Y/1; Boos/Fischer/Schulte-Mattler/*Schäfer* § 1 KWG Rn 115. Zur Qualifikation jeder Kommissionsbank als selbstständig: *Grundmann* FS Boujong 1996, 159 (163–173).

[16] Auch im reinen Begebungskonsortium werden – obwohl eine Risikoübernahme fehlt – die typischen Intermediärstätigkeiten angeboten, derentwegen die Aufsichtsregeln und die Wohlverhaltensregeln im WpHG geschaffen wurden, so dass § 2 Abs. 3 Nr. 6 WpHG auch diese Form zu Recht als Wertpapierdienstleistung qualifiziert. Zu den dahingehenden europarechtlichen Vorgaben sowie zum Streit, der in diesem Punkt bis zur gesetzgeberischen Klarstellung (durch das FRUG mit Wirkung vom 1.11.2007) herrschte, vgl. – jeweils in der 3. Aufl. – BankR-Hdb/*Grundmann* § 112 Rn 3, 4 und /*Fischer* § 127 Rn 9; vgl. KölnKommWpHG/*Versteegen*, 1. Aufl. 2007, § 2 Rn 130, 147.

ten in Publikums-KGs),[17] die mangels Zirkulationsfähigkeit nicht aktienähnlich sind.[18] Daher ist die Unterscheidung zwischen einem Bereich der de facto und de iure Bankgeschäfte und einem alternativen Anlagebereich weiterhin gehaltvoll. In der Tat engagieren sich Kreditinstitute und Wertpapierfirmen auch im Vertrieb von Anlagen des „grauen" Kapitalmarkts allenfalls sehr zurückhaltend (vgl. unten Rn 34).

II. Platzierung: Vielfalt von Effekten und Formen der Marktinanspruchnahme

1. Vielfalt der zu platzierenden Effekten. Eine Vielfalt von Effekten kann den Gegenstand der Emission und Platzierung bilden. Dabei **wirkt sich** heute diese **Vielfalt in den zivilrechtlichen Vorgaben und Gestaltungsmöglichkeiten weitergehend aus als im Wirtschaftsrecht** – vielleicht überraschend angesichts der Orientierung an Gemeinwohlbelangen und meist umfassender zwingender Ausgestaltung des Wirtschaftsrechts: Die Prospektpflicht und namentlich die Prospektgehalte wurden für verschiedene Effekten, namentlich solche des Eigen- und des Fremdkapitals, einander zunehmend angeglichen;[19] zudem entfiel bereits 1990 mit §§ 795, 808a BGB die Genehmigungspflicht für Fremdkapitalpapiere; allein im Währungsrecht sind die Unterschiede je nach zu platzierender Effekte noch von einer gewissen Bedeutung.[20] Umgekehrt muss nur auf die bereits im Ausgangsunkt wichtige Unterscheidung in den Verpflichtungsinhalten aufgrund von § 186 Abs. 5 AktG für das Eigenkapital und das Fremdkapital hingewiesen werden (außerdem im Folgenden mehrfach, etwa unten Rn 21, 25, 58). 8

Gegenstand der Emission sind zunächst **Aktien** – nach dem Gesagten jedoch kaum in der Gründungsphase, sondern erst bei Kapitalerhöhungen. Im internationalen Geschäft freilich stand die Emission von Aktien gegenüber derjenigen von Anleihen deutlich im Hintergrund.[21] 9

---

[17] Zu Begriff, Entstehung und Umfang des sog. grauen Kapitalmarkts vgl. *Böhm* Anlegerschutz am Nebenkapitalmarkt, 1979, S. 14–44; *Bremer* ZGR 1973, 410; *Hopt,* 51. DJT 1976, G1 (G26, G27–44); *Kohl/Kübler/Walz/Wüstrich* ZHR 138 (1974), 1 (3 f.); vgl. näher Teil 5 Rn 77 und BankR-Hdb/*Seiler/Kniehase* 4. Aufl. 2011 Vor § 104 Rn 8 f.

[18] Vgl. *Assmann*/Schütze, Handbuch, § 1 Rn 11; *Carl/Machunsky* Wertpapier-Verkaufsprospekt, § 1 VerkProspG, Anm. B I; *Beuthien* ZGR 1974, 26 (36); *Maulbetsch* Beirat und Treuhand in der Publikumspersonengesellschaft, 1984, S. 115; *Carl/Machunsky* Wertpapier-Verkaufsprospekt, S. 3.

[19] Vgl. näher unten Rn 129–131 (für das WpPG, also alle Handelsplätze für Finanzinstrumente entsprechend den Begrifflichkeiten des Kernkapitalmarktrechts, Teil 5 Rn 66-71). Selbst die Prospektregeln und auch die Prospekthaftung in verschiedenen Gesetzen sind einander sehr ähnlich – heute diejenigen im WpPG [unten Abschnitt 2] sowie die hier nicht behandelten Regeln für Investmentfonds und sonstige Anlagen des grauen Kapitalmarkts im VermAnlG und KAGG [zum Ausschluss dieser Materien oben 5. Teil Rn 77 f.].

[20] Vgl. im einzelnen BankR-Hdb/*Grundmann* § 112 Rn 23–26.

[21] *Delorme/Hoessrich* Emissionsgeschäft, S. 56; *Hopt* Verantwortlichkeit, S. 14; und auch *Büschgen/Richolt/Reimnitz* Handbuch, 241, 251 f. (mit älterem Zahlenmaterial); zu Tendenzen einer Wandlung: *Büschgen* ÖBA 1988, 423 (430); *Bosch* BuB 10/98; *Groß* BuB 10/258b, 10/259a; neuere Zahlen für Deutschland in: Habersack/Mülbert/Schlitt/*Schäcker/Kunze/Wohlgefahr* Unternehmensfinanzierung, § 3 Rn 4; und für das internationale Geschäft http://www.finanzen100.de/finanznachrichten/wirtschaft/statistik-so-teilt-sich-der-weltweite-finanzmarkt-auf_H778376918_77478/ (Verhältnis 1 zu 4).

10 Anleihen und Obligationen, d.h. Verbriefungen von **Fremdkapital längerer und mittlerer Fristigkeit,** die auf Kapitalmärkten gehandelt werden, werden traditionell und auch in den gesetzlichen Definitionen für Finanzinstrumente von solchen kürzerer Fristigkeit unterschieden (Geldmarktpapiere), die auf Geldmärkten gehandelt werden (nächste Rn). Anleihen werden im internationalen Geschäft auf *einem* für den Emittenten fremden Markt platziert und zwar in der dortigen Währung (die klassische Auslandsanleihe)[22] oder aber mit einheitlicher Ausstattung (Konditionen, aber auch Prospekt) in vielen Märkten (die internationale Anleihe ieS),[23] heute praktisch am wichtigsten als sog. Euroanleihe.[24] Der Euromarkt trägt diese Bezeichnung nicht wegen der für die Anleihen gewährten Währung, die Bezeichnung ist vielmehr historisch bedingt durch den Umstand, dass die Währung gerade nicht dem Platzierungsmarkt folgt und auch ansonsten eine „supranationale" Ausgestaltung angestrebt wird, die nicht auf ein (nationales) Wirtschaftsrecht ausgerichtet ist.[25]

11 Zum Boom des Euromarktes trugen insbesondere auch die **Geldmarktpapiere** bei,[26] vor allem jedoch die Fülle von **Finanzinnovationen,** mit denen verschiedene Charakteristiken in Ausstattung oder später Verpflichtungsformen (etwa Derivateformen) miteinander verbunden werden.[27] Den Anfang machten Innovationen zur **Zinsausstattung** in den sog.

---

22 *Hartwig/Jacob* Internationale Anleiheemissionen, S. 27 f. Natürlich mit Einführung des Euro deutlich weniger wichtig.

23 Hierzu und zum folgenden: *Hopt* FS Kellermann, 1990, 181 (185); *Horn* Anleihen, S. 2–13; *Jacquemont* L'emission, S. 23–28 (emprunt étranger – emprunt international [euro-obligataire]); *Kahn* FS Schmitthoff 1973, 215 (218); Habersack/Mülbert/Schlitt/*Kaulamo* Unternehmensfinanzierung, § 17 Rn 6 ff.; *Kleiner* Internationales Devisen-Schuldrecht. Fremdwährungs-, Euro- und Rechnungseinheitsschulden, 1985, S. 251; *Pleyer* Eigentumsrechtliche Probleme beim grenzüberschreitenden Effektengiroverkehr – eine Untersuchung unter Einbeziehung ausländischer Rechte, 1985, S. 7; Kümpel/Wittig/*R. Müller* Rn 15.263. Neben dieser schon bald praktisch obsolet die sog. Parallelanleihe (in mehreren Märkten, aber in verschiedenen Währungen): *Horn* Anleihen, S. 11; *Wielens* Auslandsanleihen, S. 202, 226.

24 *Hartwig/Jacob* Internationale Anleiheemissionen, S. 28–32; Habersack/Mülbert/Schlitt/*Kaulamo* Unternehmensfinanzierung, § 17 Rn 8; Kümpel/Wittig/*R. Müller* Rn 15.263; zur in jüngerer Zeit verstärkten Emission auf diesem Markt nicht nur durch Finanzinstitute, sondern auch durch sonstige Unternehmen vgl. *W. Breuer/Schweizer/C. Breuer* (Hrsg.), Gabler Lexikon Corporate Finance, 2013, Stichwort Euro-Anleihe.

25 Zu diesem Verständnis vgl. etwa *Einsele*, Bank- und Kapitalmarkrecht, § 4 Rn 58. Für Zahlenangaben (seit 1984 Anleihenemission volumenmäßig stärker als Eurokreditmarkt und sonstige Emissionsbereiche) vgl. beispielsweise: *Kübler* WM 1986, 1305 (1306); *Harter/Franke/Hogrefe/Seger* Wertpapiere in Theorie und Praxis, 5. Aufl., 2000, S. 265–279; *Storck* Globale Drehscheibe Euromarkt, 3. Aufl. 2005, bes. S. 25 f. und 43 f. (bis 2003/4, Dominanz fortgeschrieben); zum 23.2.2015 www.finanzen100.de/finanznachrichten/wirtschaft/statistik-so-teilt-sich-der-weltweite-finanzmarkt-auf_H778376918_77478/ (etwa ½ Anleihen [Unternehmen, Finanzinstitute und Staaten], ¼ Kredite, ¼ Aktien, vergleichbar 2005 und 2014); zum Markt monographisch *Graaf* Euromarket Finance; *Storck* aaO[diese Fußnote] (Drehscheibe Euromarkt), vgl. außerdem: *Kümpel/Wittig/Rossbach* Rn 11.41 ff. sowie *Bosch* BuB 10/183.

26 Beim Eurogeldmarkt handelt es sich vorrangig um einen Interbankenmarkt zum Handel von Finanzmitteln mit kurzer und kürzester Fristigkeit, vgl. *Aden* RIW 1982, 309 (310); *Goltz* Roll-Over-Eurokredit, S. 19; *Hinsch/Horn* Konsortialkredite, S. 8 f.; *Preisig* Roll-Over-Eurokredit – Analyse der Elemente, Technik und Probleme eines neuen Bankgeschäftes, 1976, S. 29; *Storck* ZfgKW 1977, 272 (274).

27 Zu diesen: *Allmendinger* Finanzinnovationen, Börsentermingeschäfte und Optionsscheine, in Horn/Schimansky (Hrsg.) Bankrecht 1998, S. 287 ff.; *Besser* Funktion und Dynamik von Finanzinnovationen – internationale Finanzmärkte im Wandel, 1996;

Floating Rate Notes (FRNs), in denen die Zinsvorteile der Kreditaufnahme an Kapitalmärkten gegenüber Bankkrediten (keine Mindestreserve- und Eigenmittelpflichten) verbunden wurden mit einer revolvierenden Ausgabe (wie vorher im Roll-over-*Euro*kredit der Banken) und dem damit verbundenen variablen Zinssatz.[28] Die dann folgenden Euronotes, auch Geldmarktpapiere des Euromarktes, die nunmehr auch im Volumen variabel ausgegeben wurden, brachten auch **Flexibilität im Volumen.**[29] Sie haben eine große Bandbreite in den Kernkonditionen (Laufzeit,[30] Zins,[31] Währung).[32] Werden Euronotes von

---

Binkowski/Beeck Finanzinnovationen, 1995; *Brechmann/Roeder/Schneider/Winkler* Erfolgsweg Zertifikate – Strukturierte Produkte in der Beratungspraxis, 3. Aufl. 2008; *Eilenberger* (Hrsg.) Lexikon der Finanzinnovationen, 4. Aufl. 2014; *Ganz* Eigenmittelunterlegung von Finanzinnovationen, 2001; *Goergen* Finanzinnovationen und Wertpapier-Design, 2000; *Haisch/Helios* Rechtshandbuch Finanzinstrumente, 2011; *Hull* Options, futures and other derivatives, 9. Aufl. 2015; *Jachmann* Besteuerung von Erträgen aus Finanzinnovationen, DStR 2007, 877; *Kniehase* Derivate auf eigene Aktien, 2005; *Kolb* Financial Derivatives, 3. Aufl. 2002; *Maier* Finanzmarketing von Kreditinstituten für Finanzinnovationen – die Ausgestaltung von Finanzinnovationen als geschäftspolitische Herausforderung an die Kreditinstitute, 1996; *Möslein* (Hrsg.) Finanzinnovation, 2014; *ders.* ZBB 2013, 1; *Pross,* Swap, Zins und Derivat – Finanzinnovationen im nationalen und internationalen Steuerrecht unter besonderer Berücksichtigung des Zinsbegriffs, 1998; *Remmel* Besteuerung von Finanzinnovationen im Privatvermögen, 2001; *Storck* (vorige Fn) S. 13–57. Insbesondere mit Hinblick auf Währungsrecht, Euro und Bankaufsichtsrecht: *Duwendag* (Hrsg.), Finanzmärkte, Finanzinnovationen und Geldpolitik, 1996; *Pohl* Kreditderivate – Finanzinnovationen im Zeitalter des Euro, DZWiR 1998, 309; *ders.* Innovative Finanzinstrumente im gemeinsamen Europäischen Bankenmarkt – europäisches und deutsches Bankenaufsichtsrecht, 1994; *Reiner* Derivative Finanzinstrumente im Recht, 2002; *Schwirz* Der Euro, internationale Verträge und Finanzderivate, 1999; *Trouet* Derivate und Wirtschaftsaufsicht, 1998.

28 *Büschgen* ZfB 1986, 301 (303–307); *Dempfle* Finanzinnovationen, S. 32 f.; *Dennig* Euro-Teilmärkte, S. 73; *Ebenroth* FS Keller 1989, 391 (395 f.); *Jacquemont* L'emission, S. 261–266; *Ugeux* Floating Rate Notes, 2. Aufl., 1985; vgl. auch *Bosch* BuB 10/182 f.; und allgemein zum Markt: *Büschgen* Bankbetriebslehre – Bankgeschäfte und Bankmanagement, 5. Aufl., 1998, S. 232–252.

29 Hierzu: *Dempfle* Finanzinnovationen, S. 22–29; *Ebenroth* FS Keller 1989, 391 (408–413); *Friese* Die Bank 88, 133 (134); *Horn* JBl. 87, 409 (410); *Reinhardt* ZfgKW 1985, 380 (380–386) (insbesondere zu Vorteilen der Euronotes); Stellungnahmen zur Bedeutung des Marktes divergieren auch hier: *Obst/Hintner* (Hrsg.), Geld-, Bank- und Börsenwesen: Handbuch des Finanzsystems, 40. Aufl. 2000, 792 einerseits; *Bosch* BuB 10/225 andererseits. Siehe ferner allgemein zur Finanzierung über den Euromarkt: *Kümpel/Wittig/Rossbach* Rn 11.41; *Storck* Globale Drehscheibe Euromarkt, 3. Aufl. 2005.

30 Vgl. *Dempfle* Finanzinnovationen, S. 33; *Ebenroth* FS Keller 1989, 391 (400 f.): etwa „ewige" Laufzeiten (Perpetual Bonds, allerdings zeitweise nicht im Verkehr); individuell vom Investor bestimmte Laufzeiten (COLTs); von Schuldner und/oder Gläubiger kündbare Obligationen (Call-Option; Put-Option; Retractable Bonds); veränderbare Laufzeit (Flip-Flop Bonds).

31 Vgl. *Dempfle* Finanzinnovationen, S. 30–33; *Ebenroth* FS Keller 1989, 391 (395–399): etwa festverzinsliche (Straight Bonds); variabel verzinsliche (Floating Rate Notes), auch kombiniert mit Ober- und/oder Untergrenze uä; nicht verzinsliche (Zero Bonds und Capital Growth Bonds); niedrig verzinsliche (Deep Discount Bonds); Staffelanleihen (Step-Up/Step-Down Bonds); Bull and Bear Bonds; Deferred-Coupon Bonds; LYONs.

32 Vgl. *Dempfle* Finanzinnovationen, S. 33–34; *Ebenroth,* FS Keller 1989, 391 (399 f.): etwa Doppelwährungsanleihen mit unterschiedlicher Auszahlungs- und Rückzahlungswährung (Dual Currency und Heaven and Hell Bonds); Anleihen in internationalen Rechnungseinheiten, seit Verschwinden des Ecu zurückgegangen; Anleihen mit Währungs-

Unternehmen oder Staaten begeben, so spricht man von Commercial Papers (CP),[33] sind die begebenden Kreditinstitute selbst Schuldner, so handelt es sich um Certificates of Deposit (CD). Ab den 1990er Jahren werden mit **Kreditderivaten**, die in MiFID II und MAR ebenfalls als Finanzinstrumente erfasst sind (vgl. näher unten Rn 284). Kreditrisiken durch strukturierte Papiere transferiert[34] (teils mit Entlastung der transferierenden Institute von den bankaufsichtsrechtlichen Eigenmittelanforderungen, heute jedoch mit zwingendem Selbstbehalt, vgl. unten Rn 21).[35]

12 Gegenstand der Emission können auch **Zertifikate** sein. Sie vertreten andere Papiere, typischerweise weil diesen von der Ausstattung her die Börsengängigkeit fehlt (etwa eine der Voraussetzungen der §§ 4–10, namentlich § 5 BörsZulVO), die solchermaßen herge-

---

option (ICON und Multiple Currency Clause Bonds), Anleihen mit unterschiedlichen Währungen für Hauptschuld und Zinsen.

[33] *Dempfle* Finanzinnovationen, S. 26 (die absolut dominante Form im Eurogeldmarkt/Euronotes-Markt: über $^3/_4$ des Euronotes-Marktes 1986, 1987 schon über $^9/_{10}$, jüngere Zahlen für in Deutschland begebene Euro-Commercial-Papers inländischer und ausländischer Emittenten bei: Deutsche Bundesbank, Kapitalmarktstatistik August 2016, S. 44 https://www.bundesbank.de/Redaktion/DE/Downloads/Veroeffentlichungen/Statistische_Beihefte_2/2016/2016_08_kapitalmarktstatistik.pdf?__blob=publicationFile, für die USA in den Jahren 2014 bis 2016: https://www.federalreserve.gov/releases/cp/volumestats.htm).

[34] Zu den wichtigsten vier Formen (Credit Default Swap, Credit Linked Note, Total Return Swap und Credit Spread Option, Kurzdefinition unten Rn 284) vgl. vor allem *Brandt* BKR 2002, 243; *Eller/Gruber/Reif* (Hrsg.), Handbuch Kreditrisikomodelle und Kreditderivate, 1999, S. 497–659; *Nordhues/Benzler* WM 1999, 461; *Zahn/Lemke* WM 2002, 1536; sowie (spezieller auch zur Bedeutung in der Finanzkrise): *Jahn* Die Finanzkrise und ihre rechtlichen Auswirkungen auf Rahmenverträge über OTC-Derivategeschäfte, BKR 2009, 25; *Litten/Bell* Regulierung von Kreditderivaten im Angesicht der globalen Finanzmarktkrise, BKR 2011, 314; *Luttermann* Kreditversicherung (Credit Default Swaps), Vertrag, Restrukturierung und Regulierung (Hedge-Fond, Rating, Schattenbanken), RIW 2008, 737; *Mülbert/Sajnovits* Das künftige Regime für Leerverkäufe und bestimmte Aspekte von Credit Default Swaps nach der Verordnung (EU) Nr. 236/2012, ZBB 2012, 266; *Meinert/Helios* Kompensatorische Bewertung und Bewertungseinheiten beim Einsatz von Credit Linked Notes, DB 2014, 1697; *Reiner/Schacht* Credit Default Swaps und verbriefte Kreditforderungen in der Finanzmarktkrise – Bemerkungen zum Wesen verbindlicher und unverbindlicher Risikoverträge, WM 2010, 337 und 385; *Roberts* Vertragliche Grundlagen von Finanzderivaten. Ein Beitrag zur Aufarbeitung der Krise?, NJOZ 2010, 1717; vgl. auch 4. Abschnitt unter I. (EU-Leerverkaufs- und CDS-Verordnung).

[35] Dies in Reaktion auf die Weltfinanzkrise 2008, weil der Abverkauf der Kreditrisiken (ohne Selbstbehalt) als zentraler Grund für mangelnde Kreditprüfung und Ausgangspunkt der Krise erkannt wurde. Dazu *Acharya/Richardson* Causes of the Financial Crisis. Critical Review 21 (2009), 195; *Richardson* Causes of the Financial Crisis of 2007–2009, in: Acharya/Richardson (Hrsg.) Restoring Financial Stability: How to Repair a Failed System, 2009, S. 57; *Möschel* ZRP 2009, 129; *Mülbert/Sajnovits* ZBB 2012, 266; *Reiner/Schacht* WM 2010, 337 und 385; *Taylor* Getting Off Track: How Government Actions and Interventions Caused, Prolonged, and Worsened the Financial Crisis. 2009; *Zandi* Financial Shock: A 360 Degree Look at the Subprime Mortgage Implosion, and How to Avoid the Next Financial Crisis, 2009; *Zeitler* Vergessene Ursachen der Banken- und Finanzkrise, WM 2012, 673. Zu den Änderungen, die im Bankaufsichtsrecht aus diesem Grunde veranlasst wurden (zwingender Selbstbehalt), näher: BankR-Hdb/*Fischer* § 125 Rn 96 f. und insbes. BankR-Hdb/*Haug* § 133a.

stellt wird (vgl. Art. 46 Abs. 1, 54 Abs. 1 der EG-Börsenrichtlinie, 5. Teil Rn 113).[36] Gleiches gilt für die Zirkulationsfähigkeit,[37] auch gewisse Zusatzanforderungen an Namenspapiere, während die Fälschungssicherheit von § 8 Abs. 1 S. 2, Abs. 2 BörsZulVO nicht mehr gefordert wird.[38]

2. Vielfalt von Formen der Marktinanspruchnahme und Marktsegmente.

a) **Formen der Marktinanspruchnahme.** Die genannten Effekten – in der Phase zwischen Abschluss des Übernahmevertrages und Druck der Stücke ggf. auch eine vom Emittenten ausgestellte Globalurkunde –[39] werden in verschiedenen Formen im Markt platziert: Die **Haupttrennungslinien** (mit zentraler rechtlicher Relevanz) sind heute, ob (i) Effekten nur rein tatsächlich in Marktsegmente eingeführt sind oder **Zulassung beantragt werden muss** und wird (für den Zeitpunkt, in dem Marktpflichten eingreifen, etwa unten Rn 289), und (ii) ob das **Angebot „öffentlich"** erfolgt, etwa durch Veröffentlichung gegenüber einem offenen Personenkreis (was etwa die Prospektpflicht auslöst, § 3 Abs. 1 WpPG, unten Rn 101),[40] oder nur an einen geschlossenen Adressatenkreis, etwa an eine gewisse Anzahl institutioneller Anleger (private placement).[41] Zwar sind Zwischenformen zu finden, sie müssen jedoch für die Rechtsanwendung den beiden Hauptkategorien zugeordnet werden (keine „halböffentliche" Platzierung).[42] Eine Hauptform der privaten Plat- 13

[36] Baumbach/Hopt/*Kumpan* HGB, (14) BörsG § 32 Rn 2; freie Handelbarkeit jedoch schon seit jeher einhellig vorausgesetzt: *Nußbaum*-Kommentar zum Börsengesetz, 1910, § 36 BörsG Anm. I a; *Pleyer* Eigentumsrechtliche Probleme (Rn 23), S. 6; Schwark/Zimmer/*Kumpan* WpHG § 2 Rn 9 f.; aA jedoch *Meyer-Cording* BB 1982, 896 (898) (eventuell freilich nur de lege ferenda).

[37] Übertragbarkeit durch Blankoindossament und Möglichkeit von gutgläubigem Erwerb: *Bärmann* Europäisches Geld-, Bank- und Börsenrecht I, 1974, S. 207; Kümpel/Wittig/*Brandt* Rn 15.36–15.73; *Brink* Rechtsbeziehungen und Rechtsübertragung im nationalen und internationalen Effektengiroverkehr, 1976, S. 116 f. (mit rechtsvergleichenden Hinweisen auf die in wichtigen ausländischen Staaten üblichen Wertpapiertypen S. 109–113); sowie *Izquierdo* Liberalisierung (Rn 13) S. 48. Zu zusätzlichen Anforderungen an die Fälschungssicherheit: *Izquierdo* aaO; *Heinze* Primärmarkt (Rn 13), S. 35.

[38] Schwark/Zimmer/*Heidelbach* BörsG § 32 Rn 28–31; wichtig war das vor allem für ausländische Papiere, für die heute die Clearstream Banking AG (früher Auslandskassenverein) Zertifikate ausgibt, um den die Papiere selbst treuhänderisch für die Zertifikatsinhaber zu halten: *Brink* (vorige Fn) 1976, S. 118 (noch zum Rechtsverhältnis zwischen AKV und Zertifikatsinhaber S. 118–123); zum Übergang der Funktionen auf die Clearstream Banking AG, auf die der AKV verschmolzen wurde Baumbach/Hopt/*Kumpan* (13) DepotG § 1 Rn 6; *Horn* WM-Sonderbeil. 2/2002. Zu den Konstellationen, in denen die Zertifizierung inländische Rechte zum Gegenstand haben soll: *Meyer-Cording* BB 1982, 896.

[39] Obsolet ist demgegenüber der früher ebenfalls in dieser Phase übliche Jungscheingiroverkehr: vgl. *Canaris* Bankvertragsrecht, Rn 2241; *De Meo* Bankenkonsortien, S. 158.

[40] *Canaris* Bankvertragsrecht, Rn 2240; *Hopt* Verantwortlichkeit, S. 16 f.; *Kümpel/Wittig/R. Müller* Rn 15.97.

[41] Eine sich unmittelbar anschließende Börseneinführung sollte – wenn der Vorgang als geplant verstanden wird – eine private Platzierung ausschließen: *Hopt* Verantwortlichkeit, S. 17; mittlerweile anders: Kümpel/Wittig/*R. Müller* Rn 15.97. Jedenfalls ab Stellung des Zulassungsantrages greifen die marktrechtlichen Regeln ohnehin ein, vgl. etwa für das Insiderrecht unten Rn 289, 317, 442.

[42] *Bosch* BuB 10/88; *Hopt* Verantwortlichkeit, S. 17; aA *Horn* Anleihen, S. 96 f., der Platzierungen meint, die so gestaltet werden, dass sie keine Prospektpflicht auslösen, aber nicht nur gegenüber einem individuell bestimmten Adressatenkreis erfolgen. In anderen Kapitalmarktrechten mag es diese Konstellation noch geben, Europäisches (und deutsches) Kapitalmarktrecht legt jedoch schon seit Ein-

zierung bildet die Zuteilung bei Kapitalerhöhung nach § 186 Abs. 5 AktG, der Hauptfall der Aktienemission.

14 Das **öffentliche Angebot** – demnach mit einem gewissen Schwerpunkt bei der Anleiheemission – erfolgt nach **verschiedenen Verfahren:**[43] etwa im freihändigen Verkauf, teils auch in einem Tenderverfahren, in dem zwar bestimmte Konditionen bestimmt werden (etwa Zins oder Volumen), andere jedoch dem Gebot des Publikums überlassen werden (namentlich bei Schatzbriefen). Teils wird die Emission auch zur Zeichnung aufgelegt und bei Überzeichnung eine Aufteilung (Repartierung) vorgesehen. Zunehmend wichtig – als Form des freihändigen Verkaufs – ist auch der Absatz über das Internet.[44]

15 **b) Marktsegmente und „Märkte".** Die wichtigsten Marktsegmente, die über die Trennlinie zwischen öffentlichem und privatem Angebot hinausgehen und die alle auf der Seite des öffentlichen Angebots liegen, werden **vom Börsenrecht und den Börsenordnungen definiert** (daher schwerpunktmäßig unten 7. Teil, Kommentierung zum Börsengesetz). Hier nun kommt die zweite genannte Trennlinie zum Tragen, weil für die Einführung der Effekten in die meisten börslichen Marktsegmente eine **Zulassung beantragt werden muss** – anders im sog. Freiverkehr. Die Neuordnung in Deutschland erfolgte parallel zur Entwicklung eines breiten, modernen Kapitalmarktrechts (auf EU-Ebene) in den 1980er Jahren, zunächst mit dem Börsenzulassungsgesetz vom 16.12.1986,[45] mit dem der amtliche Markt[46] ergänzt wurde um den sog. geregelten,[47] später dem sog. regulierten Markt (§ 33 BörsG), der auch den amtlichen Handel umfasst.[48] Weitere Differenzierungen von unterschiedlich schutzintensiven Marktsegmenten innerhalb desselben können die Börsenordnungen etablieren (§ 42 BörsG): etwa den General und den Prime Standard, die Zulassung zu Letzterem etwa Voraussetzung für die Einbeziehung in den DAX.[49] Außerhalb des regulierten Marktes bleibt der sog Freiverkehr (abgewickelt an den Börsen, § 48 BörsG) und der gänzlich außerhalb der organisierten Handelssysteme, während das zeitweise existierende Segment des

---

führung der allgemeinen Prospektpflicht einen objektiven Begriff zugrunde, vgl. näher unten Rn 87, 106 f.

[43] Zum folgenden etwa: *Bosch* BuB 10/82–10/86; Habersack/Mülbert/Schlitt/*Haag* Unternehmensfinanzierung § 29 Rn 8–11; *Hopt,* Verantwortlichkeit S. 16 f.; Kümpel/Wittig/*R. Müller* Rn 15.99 ff.

[44] Zu ihren Rechtsproblemen vgl. etwa *Drygala* Die Vollharmonisierung des Vertriebsrechts für Finanzdienstleistungen im Fernabsatz, FS Lutter, 2000, 1563 (bes. 1580–1583); *v. Kopp-Colomb/Lenz* BKR 2002, 5; *Schaefer* MMR 2001, 491; *Schanz* Börseneinführung, 2012, § 10 Rn 10–13.

[45] Börsenzulassungsgesetz (BörsZulG), BGBl. 1986 I S. 2478. Kommentierung unten 7. Teil Börsengesetz.

[46] Früher: amtliche Notierung, umbenannt weil die amtliche Preisfestsetzung (Notierung) entfiel: vgl. *Mues* ZBB 2001, 353 (358).

[47] Zu diesem Marktabschnitt: *Claussen* ZGR 1984, 1; *Hopt* WM 1985, 793; *Kümpel* WM-Sonderbeil. 5/85; *ders.* WM 1988, 1621; Müller/Rödder/*Harrer* Beck'sches Handbuch der AG, 2009, § 22 Rn 10–11; Rössler/Troll/*Einsele* BewG, 23. EL Okt 2015, § 11 Rn 4–6; *Schäfer* ZIP 1987, 953 (956–958); *Schwark* NJW 1987, 2041 (2045 f.); *Woopen* ZIP 1986, 254 (258). Der deutsche Gesetzgeber folgte damit der positiven Erfahrung zahlreicher anderer europäischer Rechtsordnungen mit solchen Börsennebenmärkten. Zu diesen: *Claussen* ZGR 1984, 1 (4–8); *Hopt* WM 1985, 793 (795–797).

[48] Gesetz zur Umsetzung der Richtlinie über Märkte für Finanzinstrumente und der Durchführungsrichtlinie der Kommission (Finanzmarktrichtlinie-Umsetzungsgesetz) vom 16.7.2007, BGBl. I S. 1330; Materialien dazu BT-Drs. 16/4028, 16/4037; BR-Drs. 833/06 (Regierungsbegründung).

[49] Zu all dem ausf. *Gebhardt* WM Sonderbeilage 2/2003; *Schlitt* AG 2003, 57; sowie *Beck* BKR 2002, 699; *Weber* Die Entwicklung des Kapitalmarktrechts 2001/2002, NJW 2003, 18 (20); Pressemitteilung der Deutschen Börse vom 26.9.2002, NZG 20/2002, IX; heute Schwark/Zimmer/*Heidelbach* BörsG § 42 Rn 9.

„Neuen Marktes“ 2003 wieder geschlossen wurde.[50] Allein der amtliche Markt und der regulierte Markt haben auch für das internationale Geschäft Bedeutung.[51]

Kein Marktsegment, sondern der Versuch, einen **genuin international konzipierten Markt** zu etablieren, bildet(e) der sog. **Euromarkt**, unterfallend in einen Eurokredit- sowie – für das Emissionsgeschäft allein wichtig – einen Eurogeld- und einen Eurokapitalmarkt.[52] Alle Teile sind freilich stark interpendent, weil die Geschäfte auf dem Eurokreditmarkt vorrangig auf dem Eurogeldmarkt refinanziert werden[53] und in Konkurrenz treten zu den Emissionen auf dem Eurokapitalmarkt[54] (alternative Finanzierungsinstrumente, vgl. bereits oben Rn 11, auch für Zahlen). Die Entstehungsursache für den Euromarkt – als einem Off-shore Markt, auf dem die Anwendung nationalen Wirtschaftsrecht möglichst weitgehend vermieden werden sollte –[55] ist durch die Fortentwicklung des Regelungsum- **16**

---

[50] Hierzu, auch zur Frage, ob die nötigen Kündigungen wirksam waren: *Edelmann* BB 2002, 1332; *Schlitt* AG 2003, 57 (60); *Witt/Rafiqpoor* BB 2002, 2615; *Wolf* WM 2001, 1785. Zu diesem Marksegment, Ausrichtung, Zulassungsvoraussetzungen und seinem mäßigen Erfolg zu diesem Marktsegment *Förschle/Helmschrott* „Neuer Markt“ an der Frankfurter Wertpapierbörse – eine erste Bilanz, 2. Aufl., 1998; *Potthoff/Stuhlfauth* Der Neue Markt – ein Handelssegment für innovative und wachstumsorientierte Unternehmen – kapitalmarktrechtliche Überlegungen und Darstellung des Regelwerkes, WM-Sonderbeil. 4/97, S. 1 (6–8); *Francioni* Eigenkapital für wachstumsorientierte Unternehmen – der „Neue Markt“ der Deutsche Börse AG, in: *Gerke* (Hrsg.), Die Börse der Zukunft, 1997, S. 87 (bes. 91, Mindestemissionsvolumen nur 10 Mio. DM); rechtsvergleichend *Harrer/Erwe* Der Neue Markt der Frankfurter Wertpapierbörse im Vergleich zu NASDAQ und EASDAQ, RIW 1998, 661.

[51] Die anderen Segmente, die der Heranführung an den amtlichen Markt dienten, waren schon seit einiger Zeit für internationale Emittenten ihrer Größe wegen uninteressant: *Hopt* WM 1985, 793 (799); und für den geregelten Freiverkehr: *Köstlin* Anlegerschutz und Auslandsbeziehungen, 1985, S. 57; *Müller-Stahl* Der geregelte Freiverkehr, 1971, S. 22 f.

[52] *Büschgen* Das kleine Börsenlexikon, 23. Aufl., 2012, Stichwort: Euromarkt; *Cramer* Das internationale Kreditgeschäft der Banken, 1981, S. 10; *Dennig* Euro-Teilmärkte, S. 42; *Einsele* Bank- und Kapitalmarktrecht, 3. Aufl., 2014, § 4 Rn 58, 64, 68 (Euromarkt bzgl. Kreditkonsortialgeschäfte); *Goltz* Roll-Over-Eurokredite, S. 18–20; *Hinsch/Horn* Konsortialkredite, S. 7; *Jacquemont* L'emission, S. 18 f.; *Heinke* Bonitätsrisiko und Credit rating festverzinslicher Wertpapiere – eine empirische Untersuchung am Euromarkt, 1998; *Hüttemann* Kreditderivate im europäischen Kapitalmarkt, 1997; Langenbucher/Bliesener/Spindler/*Walgenbach* 16. Kap. Rn 1 Rn 2; *Wagner* Unterbeteiligung bei Eurokrediten, 1986, S. 1. Zahlenmaterial zum relativen Gewicht (für die Anfangsjahre): *Preisig* Roll-Over-Eurokredit (Rn 26), S. 55–60; und für die 80er Jahre: *Dennig* aaO [diese Fußnote] S. 107–195; *Horn* JBl 87, 409 (409 f.); jüngere Zahlen oben Rn 25.

[53] *Aden* RIW 1982, 309 (310); *Goltz* Roll-Over-Eurokredite, S. 19; *Hinsch/Horn* Konsortialkredite, S. 8; *Horn* FS Werner 1984, 357 (358 f.); *Jacquemont* L'emission, S. 18; *Preisig* Roll-Over-Eurokredit (Rn 26), S. 23.

[54] *Büschgen* Das kleine Börsenlexikon, 23. Aufl., 2012, Stichwort: Euro-Kredit; *Dennig* Euro-Teilmärkte, S. 44 f.; *Goltz* Roll-Over-Eurokredite, S. 20; *Preisig* Roll-Over-Eurokredit (Rn. 26), S. 37; sowie (unter Hinweis auf die Angleichung auch in den Techniken): *Horn* JBl 87, 409 (410).

[55] Zuerst wollte man die Anwendung von US-amerikanischem Recht vermeiden, zuallererst von Embargomaßnahmen (vgl. *Goltz,* Roll-Over-Eurokredite, S. 20 f.; *Hahn* Währungsrecht, 1990, S. 50; *Hinsch/Horn* Konsortialkredite, S. 6), sodann der Regulation Q, die die Zinsen für Sicht- und Termineinlagen in den USA höhenmäßig beschränkte (aufgehoben 1980): *Dennig* Euro-Teilmärkte, S. 289–292; *Goltz* aaO [diese Fußnote] S. 22; *Hahn* aaO [diese Fußnote] S. 50 f; vgl. „heute“ etwa *Hoffmann/Baron* ZBB 2005, 317 (319–323) (zu High-Yield Bonds).

feldes stark tangiert und modifiziert: Die Regeln, deren Anwendung primär vermieden werden sollte – namentlich die Mindestreservepflicht, teils auch das bankaufsichtsrechtliche Eigenmittelregime – sind heute EU-weit oder jedenfalls für die Euroteilnehmerstaaten geregelt, so dass heute nicht einerseits die Binnenmarktfreiheiten genutzt werden können, die Anwendung eines bestimmten Wirtschaftsrechts jedoch vermieden werden kann. Gleiches gilt schon seit langer Zeit für die Prospekt- und sonstigen Publizitätspflichten (näher zu den verschiedenen Bereichen Teil 1 Rn 95–98 und unten Rn 96, 102, 163, 201 f.).[56] Um die Anwendung dieser Normen zu vermeiden, müssen also inzwischen Anknüpfungspunkte außerhalb der EU (bzw. der Teilnehmerstaaten) gesucht werden.

III. Strukturierung der Platzierung: Vielfalt der Verpflichtungen dem Emittenten gegenüber und der Gestaltungen im Konsortium

1. Vielfalt der Verpflichtungen dem Emittenten gegenüber

17 a) **Eigenemission als Ausnahme.** Die Emission von Finanzinstrumenten, namentlich den kapitalmarktgängigen Wertpapieren und Geldmarktpapieren (oben Rn 6 und 5. Teil Rn 86–88), erfolgt heute praktisch nur **in wenigen Ausnahmefällen** durch den Emittenten selbst (**Eigenemission**) – d.h. ohne Verpflichtung eines Kreditinstituts (dem Emittenten gegenüber). Diese betreffen die Eigenemissionen durch Kreditinstitute selbst[57] oder aber – wenn die Aktien fest von der Konzernmutter übernommen werden – bei Konzerntöchtern.[58] Freilich engagieren sich auch Kreditinstitute idR nicht bei einer Emission von Aktien in der Gründungsphase des jeweiligen Unternehmens.[59]

18 b) **Formen der Fremdemission.** Die Fremdemission dominiert demnach. Hier stehen **zwei klassische Formen** der Verpflichtung im Vordergrund und – als Dritte – die Kombination von beiden. Freilich differiert die Bedeutung der Formen von Instrument zu Instrument teils signifikant. Kreditinstitute – üblicherweise zusammengeschlossen in einem Konsortium – können allein die Platzierung übernehmen, d.h. die Papiere kommissionsweise anbieten (bloßes Begebungskonsortium oder **Best Effort** Underwriting) oder aber die Emission (oder Teile derselben) fest übernehmen, mit dem Risiko, und dann abverkaufen (Übernahmekonsortium oder **Firm Commitment** Underwriting),[60] ggf. auch verbunden mit einer Platzierungsverpflichtung (sog. Einheitskonsortium). Marktübergreifend – für alle

[56] Zur Entwicklung des Mindestreserverechts (vom deutschen zum Europäischen Recht) vgl. nur MünchKommBGB/*Grundmann* §§ 243/244 Rn 66 (und sukzessive die Vorauflagen).

[57] *Kümpel/Wittig/R. Müller Rn 15.82; Fredebeil* Aktienemission, S. 165; *Hartwig-Jacob* Anleiheemission, S. 52.

[58] *Hopt* Verantwortlichkeit, S. 13; *Kümpel/Wittig/R. Müller* Rn 15.81–15.89 (mit kurzer Skizzierung der unterschiedlichen Vorteile der Fremdemission).

[59] *De Meo* Bankenkonsortien, S. 11; vgl. auch *Groß* BuB 10/258b (zahlenmäßige Entwicklung des Geschäfts).

[60] Vgl. zu beiden Formen (und ihrer Verbreitung bei den verschiedenen Typen von Konsortialgeschäften) etwa: *Büschgen* ÖBA 1988, 423 (427, 431); *De Meo* Bankenkonsortien, S. 11; *Hopt* Verantwortlichkeit, S. 13; *Kümpel/Wittig/R. Müller* Rn 15.90–15.96; *Büschgen; /Richolt/Reimnitz* Handbuch, S. 241 (257 f.). Zu Parallelen – genauer: zur Mischung und Verbindung beider Formen – im Bookbuilding-Verfahren (oben Rn 6) vgl. *Willamowski* Bookbuilding, S. 112–114. Das Vermittlungskonsortium, bei dem die Konsortialbanken im Namen des Emittenten auftreten, ist nahezu obsolet: *Hopt* aaO [diese Fußnote] S. 13 Fn 43; *Schönle* Bankrecht, S. 272.

Instrumente insgesamt – steht das Firm Commitment eindeutig im Vordergrund (mit oder ohne Platzierungsgarantie).[61]

Eine Alternative zu den genannten Formen der kommissionsweisen und der Festübernahme eines bestimmten Volumens von Effekten bildet das sog **Book Building-Verfahren.** Hier werden zunächst weder Umfang noch Preis festgelegt, sondern nur eine Marge, mit der die zukünftige Konsortialführerin bei Anlegern die Bereitschaft eruiert – um dann auf dieser Grundlage mit dem Emittenten den endgültigen Emissionsvertrag abzuschließen.[62] Während die Zulässigkeit des Verfahrens in Deutschland (mangels „Bestimmtheit" des ermächtigenden Hauptversammlungsbeschlusses) teils in der Rechtsprechung als unzulässig eingestuft wurde,[63] ist heute wohl Erw.grund 10 der MAR zu den Kurspflegemaßnahmen dahingehend zu verstehen, dass das Verfahren im nationalen Recht grds. zugelassen werden muss (unten Rn 327). **19**

c) **Funktionen der verschiedenen Formen und verschiedene Verbreitung.** Mit der **Dualität der klassischen Formen** hängt auch die Dualität der Interessen zusammen, derentwegen die Kreditinstitute eingeschaltet werden, d.h. welche Intermediärsleistungen nachgefragt werden: ob nur die **Platzierungskraft** der Kreditinstitute (und überlegene Expertise) nachgefragt wird oder zusätzlich auch deren **Risikotragungskapazität** (verbunden mit einer Internalisierung des Risikos von Fehleinschätzungen, von Prognosefehlern, bei den Kreditinstituten) (vgl. bereits 5. Teil Rn 18–25). Beim **Book Building** wird zwar zuletzt ebenfalls eine Festübernahme vereinbart, die Grundlage für die Risikoübernahme ist jedoch – zugunsten der Konsortialbanken – besser „ausgetestet" (solidere Informationsbasis). **20**

Dass das Firm Commitment zusätzlich bepreist wird,[64] ist selbstverständlich, desgleichen dass dann bei der Auswahl die „Rentabilität" der jeweiligen Emission und Emissionsform wichtig ist. Dies erklärt – neben rechtlichen Gründen, die teils die Wahl vorgeben – die **unterschiedliche Verbreitung von Best Effort und Firm Commitment.** Während nach dem Gesagten das Firm Commitment insgesamt deutlich vorherrscht, ggf. kombiniert mit Platzierungspflichten als sog. Einheitskonsortium (oben Rn 18), ist das keinesfalls bei allen Effekten so und differieren auch die Gründe für die Wahl: Während bei der **Aktienemission** § 186 Abs. 5 AktG die Festübernahme bereits rechtlich vorgibt,[65] sind bei den **Papieren des Fremdkapitals** oder auch strukturierten Papieren unterschiedliche Praktiken zu konstatieren: Bei längerer Fristigkeit ist noch heute die Festübernahme üblich, sowohl bei nationa- **21**

[61] *Kümpel/Wittig/R. Müller* Rn 15.93, 15.280; Langenbucher/Bliesener/Spindler/*Groß* Bankrechts-Kommentar, 40. Kap. Rn 31; MüKoHGB/*Singhof* Emissionsgeschäft Rn 14; MünchHdbGesR/*Schücking* § 32 Rn 31.

[62] Dazu etwa *Groß* ZHR 162 (1998) 318; *Hein* WM 96, 1; *Willamowski* Bookbuilding; Schwark/Zimmer/*Kumpan* WpHG § 2 Rn 76.

[63] Hierzu *Willamowski* Bookbuilding, S. 94–97, 186–195; *Busch* AG 2002, 230; *Groß* ZIP 2002, 160; für Unzulässigkeit namentlich OLG Frankfurt Urt. v. 6.7.2004 – 5 U 122/03, juris; KG Urt. v. 22.8.2001 – 23 U 6712/99, ZIP 2001, 2178 (2180 f.).

[64] Hierzu, vor allem auch zur richterlichen Kontrolle, *Möllers/Puhle* ZBB 2011, 212.

[65] Ebenso *Kümpel/Wittig/Brandt* Rn 15.415 f.; auch *Groß* BuB 10/305 f. (ausführlich zur Durchführung 10/294b bis 10/296); *Immenga* FS Beusch 1993, 413 (413 f.). Der Gesetzgeber wollte mit der Einführung von § 186 Abs. 5 AktG eine für die Praxis anders kaum handhabbare Lösung eröffnen: *Kropff* Aktiengesetz – Textausgabe des Aktiengesetzes vom 6.9.1965 mit Begründung des Regierungsentwurfs und Bericht des Rechtsausschusses des Deutschen Bundestags, 1965, S. 295 (Regierungsbegründung).

len[66] als auch bei internationalen Emissionen.[67] Im internationalen Geschäft findet sich vielfach statt der Festübernahme eine Absicherung durch eine sog. Back-up Line (Ausfallgarantie) oder Kreditgewährung.[68] In Deutschland wird meist zusätzlich die Pflicht zur tatsächlichen Begebung übernommen (Einheitskonsortium).[69] Fehlt es an jeglicher Form der Absicherung, wird idR für ein bloßes „private placement" ohne öffentliches Angebot optiert.[70] Demgegenüber ist bei Geldmarktpapieren – namentlich bei Euronotes –, seitdem auch hier jede Festübernahme Eigenmitteln unterlegt werden muss, jede Form der Absicherung (Festübernahme oder Alternativen) durch das Bankenkonsortium unüblich geworden.[71] Der Umfang der Eigenmittelkosten verbietet sich angesichts der kürzeren Fristigkeit und des entsprechend geringeren Beitrags zum Finanzierungsbedarf. Aus diesem Grund werden diese Papiere idR auch nicht an Börsen platziert, sondern nur durch einfaches öffentliches Angebot oder gänzlich im private placement.

22 **2. Vielfalt der Gestaltungen im Konsortium.** Emissionen werden **regelmäßig (nur) durch Emissionskonsortien platziert**[72] – im internationalen Verkehr, vor allem beim Anleihekonsortium typischerweise mit Konsorten jeweils mit Sitz in jedem der Platzierungsmärkte und -jurisdiktionen.[73] So soll das Risiko gestreut und der Goodwill auf viele verteilt werden (auch Emittentenwunsch).[74] Konsortien mit dauerhaft gleichem Bestand sind international gänzlich unüblich, aber auch innerstaatlich im Schwinden.[75] Konsortien

---

[66] Etwa: *Canaris* Bankvertragsrecht Rn 2250; *Ekkenga/Maas* Wertpapieremissionen, 49 f.; *Hopt* Verantwortlichkeit, S. 14; Kümpel/Wittig/*R. Müller* Rn 15.93; *Schönle* Bankrecht, S. 272.

[67] *Büschgen* ÖBA 1988, 423 (427, 431); *Hopt* FS Kellermann, 1990, 181 (185 f.); *Büschgen/Richolt/Reimnitz* Handbuch, 241 (257 f.); anders noch: *Horn* Anleihen, S. 111 f., 172–176 (bei Emission Verpflichtung erst nach Zusammenführung des Konsortiums). Anders offenbar bei Kreditkonsortien, vgl. *König* Syndicated Loan Agreements, S. 17, 49–51.

[68] So insbesondere bei den Mustern nach französischer Praxis: *Horn* Anleihen, S. 93, 102–104.

[69] *De Meo* Bankenkonsortien, S. 11 f.; *Hopt* Verantwortlichkeit, S. 14.

[70] Vgl. *Büschgen* Bankbetriebslehre, 5. Aufl. 1998, S. 390; zu „private placements" im US-amerikanischen Recht, vgl. *Weiler/Dlouty* US-Private-Placements – eine immer attraktivere Alternative zur Kapitalbeschaffung, ET 2006, 96–99. Für die dargestellten Absicherungsformen und -praktiken: *Büschgen* ÖBA 1988, 423 (431); *Hopt* FS Kellermann, 1990, 181 (185); *Horn* Anleihen, S. 101–105, 112–114; *Jacquemont* L'emission, S. 109 f.; *Kahn* FS Schmitthoff, 1973, 215 (217); *Büschgen/Richolt/Reimnitz* Handbuch, 241 (245 f., 257 f.).

[71] *Kolb/Rodriguez* Financial Markets, 1996, S. 39; zur Beschreibung (NIF, RUF, SNIF, TRUF, PUF und auch BONUS, GNF) und Literatur vgl. etwa BankR-Hdb/*Grundmann* 1. Aufl. 1997, § 112 Rn 9.

[72] Zur zentralen Stellung unter den drei Konsortialtypen (sonst noch Kredit- und Sanierungskonsortium) Baumbach/*Hopt* HGB, (7) BankGesch Rn Y/1 f.; *De Meo* Bankenkonsortien, S. 1; Münch-Komm/*Ulmer/Schäfer* BGB Vor § 705 Rn 52 ff.; *Pöhler* Internationales Konsortialgeschäft, S. 26–28 (dort auch zur verstärkten Erstreckung in den Bereich der Emission von Geldmarktpapieren S. 18, 21 f.).

[73] *Horn* Anleihen, S. 164; *Bosch* BuB 10/93.

[74] *Bosch* BuB 10/27; *Kümpel/Wittig/R. Müller* Rn 15.114 f.

[75] Baumbach/*Hopt* HGB, (7) BankGesch Rn. Y/2 („zeitweilige Vereinigungen"); nach *Büschgen* ÖBA 1988, 423 (435) hat das „Konsortialgeschäft [in] … seiner internationalen Prägung … eine Entwicklung erfahren weg vom … ‚Pfründegeschäft' hin zu einer konkurrenzintensiven … Banktechnik"); ähnlich schon vorher: *Horn* Anleihen, S. 140 f.; *Scholze* Konsortialgeschäft, S. 824 (internationale Konsortien häufig nicht einmal reiterativ). Insbesondere nahm das Schweizer Emissionskonsortium, solange es als Dauerkonsortium Schweizer Banken existierte (vgl. *Hopt*, Verantwortlichkeit, S. 25), an internatio-

zeichnen sich meist durch **zweistufige Organisation** aus – mit deutlich geringerer Quotengröße vor allem auf der zweiten Ebene[76]: **Auf der ersten Ebene** können die (Haupt-) Konsorten als Konsortium auftreten (Außenkonsortium),[77] freilich ebenfalls mit einer Konsortialführerin, die die Verhandlungen und weitere Sonderfunktionen übernimmt (unten Rn 37 f.), oder aber eine Hauptkonsortialbank tritt nach außen allein auf – und verteilt die Quoten danach (Innenkonsortium, mit Prime Underwriter und Sub-Underwriter, idR als Innengesellschaft).[78] Ebenfalls möglich ist, dass der Prime Underwriter Quoten schlicht an weitere Underwriter verkauft, ohne eine Innengesellschaft einzugehen.[79] **Auf der zweiten Ebene** werden die jeweiligen Quoten nochmals aufgeteilt, idR im Wege der Unterbeteiligung oder sog. Metaverhältnisse.[80] Teils – besonders im internationalen Geschäft – übernehmen die Banken auf zweiter Ebene die Quote nur kommissionsweise, ohne eigene Risikoübernahme (sog. bloße selling group).[81]

B. Zivilrechtliche Organisation der Emission

I. Rechtsbeziehung des Konsortiums zum Emittenten

Der Inhalt selbst des Geschäfts – idR Platzierung, idR Festübernahme, ggf. Börsenzulassung und Kurspflege – bestimmt sich im Verhältnis des Konsortiums bzw. der Konsortialführerin zum Emittenten (hier I.), die Aufteilung der Aufgaben und des Risikos dann unter den Konsorten (unten II.). Sowohl zu Emittenten als auch zum Konsortium bzw. einzelnen Konsortialbanken haben die Anleger Rechtsbeziehungen, teils dann auch untereinander (unten III.). Das Gerüst bildet also ein Dreieck an Beziehungen zwischen Emittent, Konsortium/Konsortialbanken und Anleger, wobei als weitere Beziehungen diejenigen innerhalb des Konsortiums näher zu erörtern sind. **23**

1. Vertragsgrundlage (mit anwendbarem Recht). Den Übernahmevertrag verhandelt in allen Formen (oben Rn 22) **allein die Konsortialführerin,**[82] sie allein haftet für Bera- **24**

nalen Emissionen eher teil, als dass es sie allein durchführte. Dauerkonsortien werden idR als Kapitalgesellschaften organisiert und dies nicht grenzüberschreitend: *Büschgen* ÖBA 1988, 423 (424) (mit Beispielen).

76 Quotenhöhen häufig im 1 %-Bereich,damit jedoch sehr breite Goodwillstreuung, sowohl auf Seiten der Emissionsbanken als auch der Emittenten: vgl. *Gerner-Beuerle* Haftung von Emissionskonsortien, S. 19 f.; *Hopt* Verantwortlichkeit, S. 28; *Büschgen/Richolt/Reimnitz* Handbuch, S. 241 (258).

77 *Bosch* BuB 10/28; *Hopt* Verantwortlichkeit, S. 24 f.; *Kümpel/Wittig/R. Müller* Rn 15.116.

78 *Hopt* Verantwortlichkeit, S. 25 f.; *Kümpel/Wittig/R. Müller* Rn 15.117. Bei allen im Folgenden genannten Formen der Innengesellschaft ist es unschädlich, dass Innengesellschafter sich durchaus nach außen zu erkennen geben, etwa auf einem Tombstone Advertisement; vgl. *Kümpel/Wittig/R. Müller* Rn 15.120.

79 *De Meo* Bankenkonsortien, S. 56 Rn 123; *Ekkenga/Maas Wertpapieremissionen, S. 54; Hopt* Verantwortlichkeit, S. 27, 28 f. (auch zur Folge für den Pflichtenstandard); Kümpel/Wittig/*R. Müller* Rn 15.118.

80 *Hopt* Verantwortlichkeit, S. 26. Zu den verschiedenen Formen: *De Meo* Bankenkonsortien, S. 31 f.; Kümpel/Wittig/*R. Müller* Rn 15.119 f.

81 *Hopt* Verantwortlichkeit, S. 20; Kümpel/Wittig/*R. Müller* Rn 15.95.

82 Das Konsortium konstituiert sich nach gängiger Vertragspraxis (vgl. dazu *Scholze* Konsortialgeschäft, S. 71 f.) rechtlich erst nach Festlegung der Bedingungen, ggf. auch erst nach einem Book Building: vgl. die Musterformulare bei *Bosch* BuB 10/242, 10/246a, 10/254, 10/257 sowie die Übersicht bei *Schücking* Emissionskonsortien, Rn 59–62; ebenso *Ekkenga/Maas Wertpapieremissio-*

tungsfehler aus culpa in contrahendo.[83] Sie schließt für die anderen Konsortialbanken, soweit die Quoten nicht erst später verkauft werden, als Vertreterin ab.[84] **Im grenzüberschreitenden Fall** findet im Falle der üblichen Rechtswahlklausel das gewählte Recht Anwendung (Art. 3 Rom-I-VO),[85] sonst das Sitzrecht des fraglichen Instituts (Art. 4 Abs. 1 lit. b oder Abs. 2 Rom-IVO)[86] oder in konsortialrechtlichen Fragen das der Konsortialführerin.[87] Eine lex mercatoria ist gerade in diesem Rechtsverhältnis nicht entstanden,[88] so dass sich die Frage nach ihrer Rechtsnatur nicht stellt.

25 Streitig ist, ob der jeweilige **Vertrag darlehens- oder kaufrechtlicher Natur** ist.[89] Einhellig wird jedenfalls die Anwendung von §§ 383 ff. HGB bejaht, wenn die Effekten nur zur

---

nen, Rn 259 ff., De Meo Bankenkonsortien, S. 320 f. Festlegung der Bedingungen und Beratung sind also Aufgabe allein der Konsortialführung: *Hopt* Verantwortlichkeit, S. 29; vom Gegenteil ging offenbar *Canaris* Bankvertragsrecht, Rn 2249 aus.

[83] *Canaris* Bankvertragsrecht, Rn 2249; *Hinsch/Horn* Konsortialkredite, S. 37–39; *Hopt* Verantwortlichkeit, S. 20 f.; *Schürmann* Festübernahme, S. 80–84. Zur Beweislast und dem Kausalitätserfordernis: *Canaris* aaO. [diese Fußnote]. Dazu (Zeitpunkt, Volumen, Konditionen, vor allem Preisfestsetzungsmethoden): *Hopt* Verantwortlichkeit, S. 15; *Kümpel/Wittig/R. Müller* Rn 15.86 ff.

[84] Zum Streit, ob qua Vollmacht oder organschaftlicher Vertretungsmacht, vgl. (für Alleingeschäftsführung nach § 710 BGB): *Canaris* Bankvertragsrecht, Rn 2264; *Westermann* AG 1967, 285 (290). Zur Frage, ob dann die AGB der Konsortialführerin (entsprechend der BGH-Rechtsprechung zu den branchenüblichen AGB) auch ohne Hinweis einbezogen werden, bejahend: OLG Hamm Urt. v. 16.04.1984 – 2 U 307/82, WM 1984, 1600 (1602); näher BankR-Hdb/*Grundmann* § 112 Rn 71 (auch zur Konstruktion); dagegen *Bosch* BuB 10/166; *De Meo* Bankenkonsortien, S. 146 f.

[85] Zur Üblichkeit der Klausel *Hartwig-Jacob* Anleiheemission, S. 113; *Horn* Anleihen, S. 105 f. (mit Fallmaterial aus der Euroemissionspraxis); *Hottenrott* Globalanleihen, S. 42 f.; und allgemein für alle Emissionsverträge: *Kahn* FS Schmitthoff, 1973, 215 (236–239). Zu ihrer Zulässigkeit für den Übernahmevertrag (auch bei Aktienemission) MünchKommBGB/*Martiny* Art. 4 Rom-I-VO Rn 219; Staudinger/*Magnus* Int. VertragsR. I Art. 3 Rom I-VO Rn 13 („für alle schuldrechtlichen Verträge" und damit auch Emissionsverträge) sowie deutlicher *Staudinger/Magnus* Int. VertragsR. I Art. 4 Rom I-VO Rn 295; für die im Kern inhaltsgleichen Vorgängerregeln, namentlich Art. 4 EVÜ/Art. 28 EGBGB: *Horn* Anleihen, S. 484. Zu Fragen des anwendbaren Rechts näher BankR-Hdb/*Grundmann* § 112 Rn 86.

[86] Staudinger/*Magnus* Int. VertragsR. I Art. 4 Rom I-VO Rn. 295; MünchKommBGB/*Martiny* Art. 4 Rom-I-VO Rn 219; für die im Kern inhaltsgleichen Vorgängerregeln, namentlich Art. 4 EVÜ/Art. 28 EGBGB: *Ebenroth* FS Keller, 1989, 391 (416) (für die Emission von Geldmarktpapieren); *Hopt* Verantwortlichkeit, S. 117; *Horn* Anleihen, S. 484.

[87] MünchKommBGB/*Martiny* Art. 4 Rom-I-VO Rn 220; für die im Kern inhaltsgleichen Vorgängerregeln, namentlich Art. 4 EVÜ/Art. 28 EGBGB: *Goltz* Roll-Over-Eurokredite, S. 42 f.; *Hartwig-Jacob* Anleiheemission, S. 115; *Hopt* Verantwortlichkeit, S. 117; *Horn* Anleihen, S. 484; *König* Syndicated Loan Agreements, S. 81 f. Zur Begründung näher BankR-Hdb/*Grundmann* § 112 Rn 86.

[88] Ebenso: *Hinsch/Horn* Konsortialkredite, S. 195–198 (mangels Rechtsbindungswillens); *Jacquemont* L'emission S. 167–171; *König* Syndicated Loan Agreements, S. 116 f.; *Horn/Schmitthoff/Slater* Transnational Law, S. 329 (bes. 346–351); aA bes. *Horn* Anleihen, S. 521–536. Näher zu den üblichen, aber divergierenden Klauseln: BankR-Hdb/*Grundmann* § 112 Rn 85. Zu einem freilich immerhin bestehenden Auslegungsgrundsatz international einheitlicher Anwendung vgl. selbst Autoren, die die Lehre von einem autonomen Welthandelsrecht ansonsten nicht propagieren, etwa: *Baumbach/Hopt/Hopt* Einl. 8 zu (11) ERA; *Canaris* Bankvertragsrecht, Rn 930; *Lorenz* FS Neumayer 1985, 407 (426 f.); *Steindorff* FS von Caemmerer 1978, 765.

[89] Für Kaufvertrag: RG Urt. v. 25.02.1922 – I 312/21, RGZ 104, 119 (120); *Hopt* Ver-

Platzierung übernommen werden (best effort)[90] – dabei jedoch nicht erwähnt, dass § 186 Abs. 5 AktG entgegenstehen mag. Und die zentralen Pflichten werden ohnehin klauselmäßig vereinbart.[91] Hier nun sind die – über den Theorienstreit häufig viel zu wenig berücksichtigten –[92] Unterschiede in der Ausgestaltung der Pflichten bei der Emission von Schuldtiteln einerseits und von Anteilen andererseits bemerkenswert. Diese – praktisch zentrale – Wasserscheide prägt die Gliederung im Folgenden. Dies entspricht auch der unbestrittenen Erkenntnis (vor allem unter Gesellschaftsrechtlern), dass es sich im Falle des § 186 Abs. 5 AktG um einen **korporationsrechtlichen Beitrittsvertrag** handeln muss.[93] Unbestreitbar ist auch, dass alle Übernahmeverträge, wenn mehr als nur die schlichte Festübernahme vereinbart ist (vorige Rn), auch **geschäftsbesorgungsrechtliche Elemente** enthalten.[94] Insbesondere im grenzüberschreitenden Fall ist auch Beratung zum ausländischen Wirtschaftsrecht geschuldet.[95]

Das Recht zum Rücktritt wird mit der sog. **Krisenklausel** regelmäßig vereinbart für den **26**
Fall, dass der Eintritt wirtschaftlicher oder politischer Faktoren den Emissionserfolg ernsthaft gefährdet.[96] Dies gilt auch für den grenzüberschreitenden Fall.[97] Bei der Aktienemis-

---

antwortlichkeit, S. 20; *Horn* Anleihen, S. 137–139 (mit rechtsvergleichender Aussicht); *Hottenrott* Globalanleihen, S. 39; *Kümpel/Wittig/R. Müller* Rn 15.111; *Rohr* Emissionsrecht, S. 104–107. Für Darlehensvertrag: *Canaris* Bankvertragsrecht, Rn 2243 (allerdings über § 365 BGB wichtige kaufrechtliche Gehalte doch zur Anwendung bringend). Näher, auch zu den Anleihen, die bei der jeweils anderen Theorie genommen werden müssen: BankR-Hdb/*Grundmann* § 112 Rn 73.

90 Für Anleihe- wie Aktienemission gleichermaßen: *Canaris* Bankvertragsrecht, Rn 2243, 2244; *Hopt* Verantwortlichkeit, S. 19; und ohne genaue Spezifizierung: *Kümpel/Wittig/R. Müller* Rn 15.90; *Scholze* Konsortialgeschäft, S. 290. Nach dem Gesagten ist das bloße Best Effort Commitment jedoch eher selten, außer bei Geldmarktpapieren, vgl. oben Rn 21.

91 *Hopt* Verantwortlichkeit, S. 20 f.; *Kümpel/Wittig/R. Müller* Rn 15.113, 15.280 ff.

92 Eher en passant erwähnt bei *Canaris* Bankvertragsrecht, Rn 2249 ff.; *De Meo* Bankenkonsortien, S. 146 ff.; anders in jüngerer Zeit jedoch *Kümpel/Wittig/R. Müller* Rn 15.261 f., 15.267–15.269.

93 *Canaris* Bankvertragsrecht, Rn 2244; *Hopt* Verantwortlichkeit, S. 19; *Lenenbach,* Kapitalmarkt- und kapitalmarktrelevantes Gesellschaftsrecht, 3. Aufl. 2016, Rn 10.107 und 10.156 f.; MünchKommBGB/*Ulmer/Schäfer* BGB Vor § 705 Rn 57; *Rohr* Emissionsrecht, S. 108.

94 *Kümpel/Wittig/R. Müller* Rn 15.111 f.; und für die Aktienemission: *Groß* BuB 10/308e; *Canaris* Bankvertragsrecht, Rn 2244; *Hopt* Verantwortlichkeit, S. 19.

95 Dazu: *Horn* Anleihen, S. 56. Speziell zur Pflicht, Emissionen so zu gestalten, dass wirtschaftsrechtliche Folgen, etwa eine Prospektpflicht, vermieden werden: *Horn* Anleihen, S. 96–98; *Penn/Shea/Aurora* The Law and Practice of International Banking, 1987, S. 455–457.

96 Für Aktien- und Anleiheemission gleichermaßen: *Canaris* Bankvertragsrecht, Rn 2252; *Scholze* Konsortialgeschäft, S. 398 f. sowie für die Anleiheemission: *Kümpel/Wittig/R. Müller* Rn 15.299; und die Musterverträge bei *Bosch/Groß* BuB 10/245 (Art. 10), 10/324 (unter XII); für die Anleihen ausführlich: *Horn* Anleihen, S. 127–130; *Hottenrott* Globalanleihen, S. 41. Ohne Abrede einer Krisenklausel wird auf §§ 321, 313 BGB verwiesen: *Canaris* Bankvertragsrecht, Rn 2253 (allerdings ohne Sonderbehandlung derjenigen Fälle, in denen sich die Bonität des Emittenten tiefgreifend geändert hat, für die er ebenfalls auf die Krisenklausel verweist, aaO Rn. 2252); aA *Horn* Anleihen, S. 129 f. Näher hierzu – sowie zu Rückabwicklungs-, vor allem jedoch Kostenerstattungsfragen –: BankR-Hdb/*Grundmann* § 112 Rn 72; *Lenenbach* Kapitalmarktrecht (Rn 93), Rn 10.143.

97 *Horn* Anleihen, S. 127–130; und auch: Habersack/Mülbert/Schlitt/*Haag* Unternehmensfinanzierung, 67 ff.; *Hinsch/Horn* Konsortialkredite, S. 97; zu sog *force-majeure*-Klauseln: *Kümpel/Wittig/R. Müller* Rn 15.295.

sion stehen freilich ab Eintragung ins Handelsregister die Kapitalerhaltungsgrundsätze entgegen.[98]

27 **2. Rechte und Pflichten bei Emission von Schuldtiteln u.ä.** Bei der Emission von Schuldtiteln gleich welcher Fristigkeit und von anderen Papieren, die nicht den aktienrechtlichen Beschränkungen unterliegen (unten Rn 29 f.), versprechen, wenn die Konsortialführerin für ein Konsortium auftritt, die **Konsortialbanken (erster Ebene) quotal**, dass sie selbst die Stücke fest übernehmen bzw. platzieren,[99] wenn andere Konsorten ausfallen, auch deren Tranche quotal.[100] Bei Festübernahme wird häufig zudem ausdrücklich eine Platzierungspflicht übernommen,[101] was freilich iZw als bloße Bemühenspflicht im Rahmen des Zumutbaren zu verstehen ist (bloßer Versuch).[102] Entgegen der überwiegenden Meinung wird gleiches ohne Abrede nur in Ausnahmefällen zu bejahen sein, da das maßgebliche Argument – der Emittent solle nicht in Abhängigkeit zu einer Konsortialbank geraten –[103] bei den üblichen Quoten von ca. 1 % der Emission nicht trägt.[104]

28 Umgekehrt schuldet der **Emittent** Lieferung der Stücke,[105] eine Vergütung jedoch nicht für die Übernahme (firm commitment oder best effort),[106] sondern nur für zusätzliche Geschäftsbesorgung (etwa Begleitung der Börsenzulassung).[107]

29 **3. Rechte und Pflichten bei Emission von Anteilen.** Bei den Hauptfällen der Aktienemission gibt das AktG die Gestaltung weitgehend vor: Die **Kapitalerhöhung gegen Einlagen** wird gemäß § 189 AktG erst wirksam, wenn sämtliche Aktien innerhalb der Zeichnungsfrist gezeichnet sind, die notwendigen (Teil-)Leistungen bereits erbracht sind (mindestens

[98] *Canaris* Bankvertragsrecht, Rn 2254; KölnKomm/*Lutter* AktG § 185 Rn 15.

[99] *Canaris* Bankvertragsrecht, Rn 2250; *De Meo* Bankenkonsortien, S. 148; *Horn* Anleihen, S. 112 f.

[100] Näher zu dieser Pflicht, insbesondere auch zur Ausfallhaftung für die anderen Konsorten, die in dieser Pflicht fußt, unten Rn 47; und zu den unterschiedlichen Gestaltungspraktiken in England, den USA und in Kontinentaleuropa im Vergleich: *Hartwig-Jacob* Anleiheemission, S. 83–85.

[101] *De Meo* Bankenkonsortien, S. 149; *Hopt* Verantwortlichkeit, S. 14. Bei bloßer kommissionsweiser Übernahme (best effort) gilt das auch ohne Abrede, weil erst mit Platzierung der Gegenwert verschafft wird (§ 384 Abs. 1 HGB), ebenso *Canaris* Bankvertragsrecht, Rn 2255; *De Meo* Bankenkonsortien, S. 149 Rn 76; *Hartwig-Jacob* Anleiheemission, S. 86.

[102] Vgl. *De Meo* Bankenkonsortien, S. 149; *Hartwig-Jacob* Anleiheemission, S. 86–88; *Horn* Anleihen, S. 119. Zur Zumutbarkeitschranke *Canaris* Bankvertragsrecht, Rn. 2255; *Hartwig-Jacob* Anleiheemission, S. 86–88; *Horn* Anleihen, S. 119 f.

[103] Für diese hM *Canaris* Bankvertragsrecht, Rn 2255; *De Meo* Bankenkonsortien, S. 149 Rn 76; *Horn* Anleihen, S. 118–120. Speziell für das Argument, wirtschaftlicher Abhängigkeit sei vorzubeugen: *Canaris* Bankvertragsrecht, Rn 2255; EBJS/*Groß* BankR VII Rn 42; *Westermann* AG 1967, 285 (288). Mit dem Wesen der Emission (sie sei auf Platzierung ausgelegt) argumentieren etwa *Canaris* Bankvertragsrecht, Rn 2255; EBJS/*Groß* BankR VII Rn 42; *Horn* Anleihen, S. 119.

[104] Auf gegenläufigen Handelsbrauch weist hin: Baumbach/*Hopt* (7) BankGesch Rn Y/3. Wie hier tendenziell *Hottenrott* Globalanleihen, S. 40.

[105] *Canaris* Bankvertragsrecht, Rn 2259; *De Meo* Bankenkonsortien, S. 158. Mit Zweifeln bei der kommissionsweisen Übernahme, wegen § 396 Abs. 1 S. 2 2. HS HGB) *De Meo* Bankenkonsortien, S. 158.

[106] Hier Einrechnung in den Kaufpreis bzw. Abzug vom erzielten Preis, vgl. *Canaris* Bankvertragsrecht, Rn 2250; *Delorme/Hoessrich* Emissionsgeschäft, S. 67 f.; *De Meo* Bankenkonsortien, S. 156; *Hartwig-Jacob* Anleiheemission, S. 81–83; *Horn* Anleihen, S. 113 f.; *Kümpel/Wittig/R. Müller* Rn 15.238.

[107] *Canaris* Bankvertragsrecht, Rn 2260; *De Meo* Bankenkonsortien, S. 58, 155; *Horn* Anleihen, S. 125; vgl. den Mustervertrag bei *Groß* BuB 10/324 (Aktienemission).

$^1/_4$ bei Bareinlagen auf jede Aktie, §§ 188 Abs. 2 Satz 1, 36a Abs. 1 AktG, und dies zur freien Verfügung des Emittenten, §§ 188 Abs. 2 Satz 1, 37 Abs. 1 Satz 2 AktG) und sie ins Handelsregister eingetragen wurde (§§ 188 Abs. 2 Satz 1, 36 Abs. 2, 36a sowie 189 AktG) – was die Festübernahme durch ein Bankenkonsortium praktisch alternativlos macht.[108] Bei der **Kapitalerhöhung aus Gesellschaftsmitteln** (§§ 207 ff. AktG) dürfen die Konsortialbanken ohnehin nicht in die bereits entstandenen Rechte der Altaktionäre eingreifen (§ 212 S. 1 AktG), so dass sie den Erwerb (ohne eigenen Zwischenerwerb und ohne Zeichnungsnotwendigkeit) hier nur vermitteln.[109]

Dieser Ausgangspunkt beeinflusst den Zuschnitt der **Pflichten der Konsortialbanken.** **30**
Soweit der Erwerb nur vermittelt wird, scheidet eine **Platzierungspflicht** ohnehin aus, soweit Aktien (rechtmäßig) ohne Bezugsrecht angeboten werden sollen (Verwertungsaktien), gilt Vergleichbares wie bei der Anleiheemission.[110] Im Normalfall einer Kapitalerhöhung gegen (Bar-)Einlagen mit Bezugsrecht ergibt sich eine Platzierungspflicht jedoch auch *ohne* Abrede daraus, dass das Bezugsrecht geachtet und den Altaktionären demnach ein Anspruch gegen die Konsortialbanken eingeräumt werden muss.[111] Soweit es nicht ausgeübt wurde, haben die Konsortialbanken die Stücke immerhin zum bestmöglichen Kurs (nicht notwendig demjenigen gegenüber Altaktionären) zu verwerten.[112] Eine **Zahlungspflicht** besteht nicht, soweit das Konsortium nur Vermittlertätigkeit ausübt (und selbst zu vergüten ist). Für die Zahlungspflicht bei Festübernahme (Kapitalerhöhung gegen Einlagen) sind demgegenüber Abreden verboten, die die freie Verfügungsmacht des Emittenten (§ 36 Abs. 2 AktG) beschränken.[113] Auch aus diesem Grund sind Aktien, für die das Bezugsrecht nicht ausgeübt wurde, bestmöglich zu verwerten.[114] Auch muss sich die Vergütung, soll § 26 Abs. 2 AktG nicht umgangen werden, im Rahmen des Angemessenen halten.[115]

---

108 Nachw. oben Fn 65. Zur Problematik beim Bookbuilding-Verfahren (mit Greenshoe) oben Rn 20.

109 *Kümpel* Bankrecht, 3. Aufl. 2004, Rn 9.190; *Bosch* BuB 10/304a bis 10/305a. Vergleichbar bloße Vermittlerdienste bei der bedingten Kapitalerhöhung nach §§ 192 ff. AktG, die sukzessive erfolgen kann (§ 201 Abs. 1 AktG) und bei der die Destinatäre vorab zwingend feststehen müssen, vgl. BankR-Hdb/*Grundmann* § 112 Rn 77; *Kümpel* Bankrecht, 3. Aufl. 2004, Rn 9.240 bis 9.243; *Hüffer/Koch* AktG § 192.

110 *Canaris* Bankvertragsrecht, Rn 2256 (mangels Abrede Verwertung zum bestmöglichen Kurs).

111 KölnKomm/*Lutter* AktG § 186 Rn 111 (seit der 1. Aufl.); ihm folgend: *Canaris* Bankvertragsrecht, Rn 2256; heute unstr. vgl. *Hüffer/Koch* AktG § 186 Rn 44–49. Vgl. auch Begründung bei BankR-Hdb/*Grundmann* § 112 Rn 78. Etwas zu allgemein für Platzierungspflicht bei Aktienemission insgesamt: *De Meo* Bankenkonsortien, S. 160; *Hartwig-Jacob* Anleiheemission, S. 89.

112 Begründung bei: KölnKomm/*Lutter* AktG § 186 Rn 113; ebenso: *Canaris* Bankvertragsrecht, Rn 2256; sowie unter Hinweis auf die Praxis des *rump placement: Kümpel/Wittig/Brandt* Rn 15.461.

113 Etwa indirekte Rückzahlungspflichten an Altaktionäre oder Tilgungsbestimmung für Schulden bei Konsortialbanken, aber auch wenn Konsortialbanken Rechte aus den Aktien wahrnehmen oder diese durch Selbsteintritt erwerben (verdeckte Sacheinlage iSd BGH-Rechtsprechung): näher BankR-Hdb/*Grundmann* § 112 Rn 79.

114 BGH Urt. v. 13.04.1992 – II ZR 277/90, BGHZ 118, 83 (98); MünchKommHGB/*Singhof* Emissionsgeschäft Rn 109 f.

115 BGH (Rn 114), BGHZ 118, 83 (98); ähnlich schon (kein wirtschaftliches Eigeninteresse): *Gross* AG 1991, 217 (226); heute etwa MünchHdbGesR IV/*Scholz* § 57 Rn 7 f., 151; *Bruckhoff* Keine verdeckte Sacheinlage durch Beratungsleistungen bei AG, NZI 2010, 255 (255). Für die bisher höchstrichterlich nicht geklärte Frage, wie dieses Kriterium zu handhaben ist, wenn (wirtschaftlich sinnvoll) das Konsortium oder die Konsortialführerin die Aktien zum Ziel der *Kurspflege* ins eigene Portefeuille übernimmt. Vgl. dazu BankR-Hdb/*Grundmann* § 112

31 Umgekehrt **schuldet der Emittent** Vergütung für die Vermittlungsdienste, und bei Festübernahme wird die **Vergütung** häufig – anders als bei der Anleiheemission – nicht als Abschlag vom Preis (Agio) berechnet, sondern der genaue Absatzpreis den Entwicklungen am Kapitalmarkt überlassen und den Banken eine festgelegte Provision zugesagt (auch um dem Angemessenheitskriterium [vorige Fn] gerecht zu werden und auch jeglicher Verwässerung iSv § 255 Abs. 2 AktG vorzubeugen).[116] Auch die **Lieferpflicht** ist aktienrechtlich „überformt", weil der Kapitalerhöhungsbeschluss erst mit Handelsregistereintrag wirksam wird und vorher auch keine Lieferpflicht angenommen werden kann.[117]

32 **4. Weitere Pflichten (typusübergreifend).** Eine Pflicht der **Konsortialbanken bzw. -führerin zur Börseneinführung** wird teils verabredet, häufig freilich nur „so bald wie möglich".[118] Es handelt sich dann idR um eine Hauptpflicht mit erheblichem zusätzlichem Organisationsaufwand (obwohl der Prospekt praktisch gleich bleibt) – weswegen ohne Abrede solch eine Pflicht auch abzulehnen ist.[119] Vergleichbares gilt für **Kurspflegemaßnahmen.**[120] Werden sie zugesagt, so typischerweise nur von der Konsortialführerin.[121] Die Pflicht, Festlegungen zum Emissionspreis, -prospekt und zu Verkaufs- und Rückkaufsbeschränkungen, **allgemein Emissionsbedingungen zu achten,**[122] gilt zwar im Ausgangspunkt. Bei berechtigtem Anpassungsinteresse der Konsortialbank und Fehlen eines schützenswerten Gegeninteresses sind freilich Abweichungen angezeigt, jedenfalls bei Festübernahme, etwa beim Preis, weil die Bank das wirtschaftliche Risiko trägt.[123]

Rn 79; *Gross* AG 1993, 113 (115 f.); *Siebert* NZG 2006, 366 (368); und zur verlängerten Haltedauer der Aktien bei der Emissionsbank im Falle einer unvollständigen Platzierung: *Kümpel/Wittig/Brandt* Rn 15.577.

116 Zur genannten Praxis KölnKomm/*Lutter* AktG § 186 Rn 107, 116; zu Einzelheiten der Provisionsbemessung: *Fredebeil* Aktienemission, S. 191–193. Zum Verwässerungsschutz *Lutter* aaO Rn 107; ihm folgend: *Canaris* Bankvertragsrecht, Rn 2259; umfangreiche Nachweise *Immenga* FS Beusch 1993, 413 (414). *Immenga* aaO 415–422 qualifiziert das Agio gar als Einlage, was dann die Pflicht zur Eintragung ins Handelsregister zur Folge hätte.

117 Ebenso, allerdings unter Berufung auf die Satzungsautonomie: KölnKomm/*Lutter* AktG § 185 Rn 34; anders heute wohl: *Kümpel/Wittig/Brandt* Rn 15.428. *Lutter* aaO Rn 27 ff., 34 nimmt an, dass immerhin der Zeichner nicht mehr gewechselt werden dürfe.

118 *Canaris* Bankvertragsrecht, Rn 2257; *De Meo* Bankenkonsortien, S. 150; *Kümpel/Wittig/Brandt* Rn 15.289; so auch der Mustervertrag bei *Bosch* BuB 10/245; *Groß* BuB 10/324.

119 Anders noch *Canaris* Bankvertragsrecht, Rn 2257.

120 Wie hier *Bosch* BuB 10/341; *Grüger* BKR 2007, 437 (439); *Hartwig-Jacob* Anleiheemission, S. 101 f.; aA *De Meo* Bankenkonsortien, S. 153; weitere Nachw. und ausführlichere Begründung bei BankR-Hdb/*Grundmann* § 112 Rn 82.

121 Ihr wird eine gesondert ausgewiesene, ausdrücklich diesem Zweck gewidmete Quote übertragen, die demgegenüber im Verhältnis zu den anderen Konsorten nicht zweckgebunden ist: vgl. *Bosch* BuB 10/341–10/342; 10/344; *Horn* Anleihen, S. 166 f.; zu den kapitalmarktrechtlichen Schranken vgl. Rn 324–327.

122 Vgl. *De Meo* Bankenkonsortien, S. 154; *Rohr* Emissionsgeschäft, S. 306; und ausführlicher *Horn* Anleihen, S. 120–123. Allgemein zu Emissionsbedingungen *Canaris* Bankvertragsrecht, Rn 2258; *De Meo* Bankenkonsortien, S. 154; *Horn* Anleihen, S. 120–123.

123 *Canaris* Bankvertragsrecht, Rn 2258; noch weitergehend (Recht zur Abweichung schon nach Fehlschlagen eines ersten Unterbringungsversuchs): *De Meo* Bankenkonsortien, S. 154; ähnlich: Habersack/Mülbert/Schlitt/*Haag* Unternehmensfinanzierung, § 29 Rn 67–76.

Umgekehrt schuldet der **Emittent Ersatz von Aufwendungen**, die über die bereits vergütete Tätigkeit hinausgehen,[124] und ist er **Regressansprüchen ausgesetzt**, soweit – namentlich bei Prospekthaftungsansprüchen – der Fehler, der die Haftung der Bank(en) auslöste, im Verantwortungsbereich des Emittenten lag (namentlich Tatsacheneruierung).[125] **33**

II. Innenbeziehungen des Konsortiums

1. Rechtsgrundlage und Rechtsnatur des Emissionskonsortialvertrages sowie anwendbares Recht

a) **Gesellschaftsvertrag und Aufgabenteilung.** Emissionskonsortien werden nach dem Gesagten idR für die jeweilige Emission neu zusammengestellt (Rn 22, wenn auch häufig in ähnlicher Zusammensetzung), so dass es sich um eine bloße Gelegenheitsgesellschaft[126] handelt und – weil der handelsrechtliche Gewerbebegriff Dauerhaftigkeit voraussetzt –[127] um eine **BGB-Gesellschaft.**[128] Dabei besteht der **gemeinsame Zweck** in der festen Übernahme des Risikos bzw. zumindest der Platzierung der **gesamten Emission**, ggf. auch Börseneinführung,[129] **nicht hingegen in gemeinsamer Gewinnerzielung** aus den Verkäufen (hier gilt quotale Aufteilung!).[130] Streitig ist, ob die Abwicklung mit erfasst ist[131] – und **34**

124 *Canaris* Bankvertragsrecht, Rn 2260; *Ekkenga/Maas* Das Recht der Wertpapieremissionen, S. 253. Etwa Druckkosten, Zulassungskosten, Veröffentlichungskosten etwa bei Bezugsrechten: Vgl. Musterverträge bei *Bosch* BuB 10/245; *Groß* BuB 10/324.

125 *De Meo* Bankenkonsortien, S. 152; *Kümpel/Wittig/R. Müller* Rn 15.288. Zu eng wäre es, nur auf falsche Auskünfte durch den Emittenten abzustellen; so tendenziell *Canaris* Bankvertragsrecht, Rn 2261; zur teils in diesen Fragen vereinbarten Garantiehaftung *Canaris* Bankvertragsrecht, Rn 2261; *De Meo* Bankenkonsortien, S. 151 f.; *Horn* Anleihen, S. 130; *Kümpel/Wittig/R. Müller* Rn 15.292; so sind wohl auch die Musterverträge bei *Bosch* BuB 10/245; *Groß* BuB 10/324 zu verstehen; insgesamt näher BankR-Hdb/*Grundmann* § 112 Rn 84.

126 RG Urt. v. 12.02.1908 – I 212/07, RGZ 67, 394 (395); *Canaris* Bankvertragsrecht, Rn 2248; *De Meo* Bankenkonsortien, S. 48; *Hopt* Verantwortlichkeit, S. 25; *Immenga* Emissionskonsortien, S. 10; *Koch* Bank-Archiv 1921/22, 237 (238 f.); *Timm/Schöne* ZGR 1994, 113 (118); *Westermann* AG 1967, 285 (285); zweifelnd *Assmann* ZHR 152 (1988), 371 (375 Fn 14). Dauerkonsortien werden idR als Kapitalgesellschaften organisiert.

127 MünchKommBGB/*Ulmer/Schäfer* BGB Vor § 705 Rn 51; und speziell zum Emissionskonsortium: *De Meo* Bankenkonsortien, S. 45–48; *Hopt* Verantwortlichkeit, S. 25; *Koch* Bank-Archiv 1921/1922, 237 (238 f.).

128 RG (Fn 126), RGZ 67, 394 (395); BGH (Fn 114), BGHZ 118, 83 (99); *Bosch* BuB 10/321a bis 10/322a; *Canaris* Bankvertragsrecht, Rn 2248; *De Meo* Bankenkonsortien, S. 34–44; *Immenga* Emissionskonsortien, S. 10; *Kohls* Informationshaftung, S. 5; *Kümpel/Wittig/R. Müller* Rn 15.121; MünchKommBGB/*Ulmer/Schäfer* BGB Vor § 705 Rn 54; *Scholze* Konsortialgeschäft, S. 5–8; *Timm/Schöne* ZGR 1994, 113 (118); *Westermann* AG 1967, 285 (285) et passim. Zu den (teils abweichenden) Auffassungen im Ausland (Schweiz, Frankreich, Großbritannien, USA) vgl. die Nachweise bei *Hopt*, Verantwortlichkeit, S. 25 Rn 64; zu den IPMA-Vertragsmustern, die Gesellschaft ausschließen: *Bosch* BuB 10/35–10/37; zweifelnd selbst für das deutsche Recht: *Hottenrott* Globalanleihen, S. 75–81.

129 *Bosch* BuB 10/33; *De Meo* Bankenkonsortien, S. 37 f. (auch für Börseneinführung); *Westermann* AG 1967, 285 (287, 288); für Börseneinführung auch *Canaris* Bankvertragsrecht, Rn 2322.

130 *Westermann* AG 1967, 285 (288); *Groß* BuB 10/308g.

131 So vor allem *Westermann* AG 1967, 285 (288 f.); sowie *Delorme/Hoessrich* Emis-

ggf. Kurspflegemaßnahmen.[132] Diese Abgrenzung entscheidet über die Frage nach der Auflösung/Abwicklung durch Zweckerreichung (unten 5.), vor allem jedoch über die Geschäftsführungs- und Vermögenszuständigkeit (unten 2., 3. und 4.). Abgeschlossen wird der Vertrag idR, indem die Konsortialführerin, nachdem sie mit dem Emittenten den Übernahmevertrag verhandelt hat, individuell zum Beitritt einlädt.[133]

35 Dass dennoch §§ **705 ff. BGB durch Klauselrecht weitgehend abbedungen** ist, ist unstreitig.[134] Man spricht – im Anschluss an *Westermann* – von **Typendehnung,**[135] teils wird gar statt des Rekurses auf §§ 705 ff. BGB für eine ergänzende Vertragsauslegung plädiert.[136] §§ 705 ff. BGB sind jedoch teils zwingend, und die Einbeziehung der Abwicklung in den gemeinsamen Zweck ist etwa mit den nach hM zwingenden §§ 709 und 719 Abs. 1 1. HS 1. Alt. BGB unvereinbar, wenn denn die Entscheidungen für den Absatz der Quote jede Konsortialbank autonom soll treffen können[137] (so einhellig die Praxis). Die (noch immer) hM bildet demnach einen deutschen Sonderweg, der im internationalen Konsortialgeschäft nicht dem praktizierten Recht entspricht, der Praxis zuwiderläuft und nicht einmal in Deutschland dogmatisch schlüssig mit dem zwingenden Rahmen in Einklang zu bringen ist. Soweit weder Mittel noch Erfolg vergesellschaftet sind, fällt der entsprechende Bereich mit den in ihm begründeten Rechten und Pflichten aus dem Gesellschaftsvertrag heraus.[138] Überzeugender ist es daher – mit der älteren Auffassung und der weit überwiegenden Auffassung im Ausland –[139] von einem Geflecht von **BGB-Gesellschaft (für das ge-**

---

sionsgeschäft, S. 20 f.; wohl auch *De Meo* Bankenkonsortien, S. 57; dagegen *Canaris* Bankvertragsrecht, Rn 2323 (außer bei der Aktienemission.

132 *Lenenbach* Kapitalmarktrecht (Rn 93), Rn 10.36; wohl dagegen: *Canaris* Bankvertragsrecht, Rn 2223 f.; widersprüchlich *De Meo* Bankenkonsortien, S. 38 einerseits und 58 f. andererseits.

133 Dennoch Abschluss einen Gesellschaftsvertrages: *De Meo* Bankenkonsortien, S. 35; *Scholze* Konsortialgeschäft, S. 8; *Timm/Schöne* ZGR 1994, 113 (119). Heute für das Zustandekommen des Konsortialvertrages auf der Basis von Kautelarrecht: Kümpel/Wittig/*R. Müller Rn 15.319; vgl. auch Kümpel* Bankrecht, 3. Aufl. 2004, Rn 9.298; aA *Bosch* BuB 10/40 (iZw gar kein Gesellschaftsvertrag bei Einzelverträgen der Konsortialführerin mit Konsorten); näher (auch zum Fehlen einer Pflicht, bestimmte Konsorten solchermaßen einzuladen, auch wenn Konsortium schon häufiger eine bestimmte Zusammensetzung hatte): BankR-Hdb/Grundmann § 112 Rn 93.

134 Vgl. *Koch* Bank-Archiv 1921/22, 237 (241) und *Westermann* AG 1967, 285 (285); seitdem etwa: *De Meo* Bankenkonsortien, S. 2; *Hartwig-Jacob* Anleiheemission, S. 159; *Hopt* Verantwortlichkeit, S. 26 f.; *Immenga* Emissionskonsortien, S. 10; *Kümpel/Wittig/R. Müller* Rn 15.123; *Timm/Schöne* ZGR 1994, 113 (118 f.).

135 *Westermann* AG 1967, 285 (285); heute etwa: *Bosch* BuB 10/321h und 10/321i; *De Meo* Bankenkonsortien, S. 2; *Hartwig-Jacob* Anleiheemission, S. 159; *Hopt* Verantwortlichkeit, S. 26 f.; *Immenga* Emissionskonsortien, S. 10; *Kümpel/Wittig/R. Müller* Rn 15.124.

136 Speziell für das Recht der BGB-Gesellschaft bzw. das Personengesellschaftsrecht: BGH Urt. v. 24.09.1984 – II ZR 256/83, NJW 1985, 192 (193); BGH Urt. v. 05.06.1989 – II ZR 227/88, JZ 1989, 956 (957); *Grunewald* Gesellschaftsrecht, § 1 III 5. Rn 32.

137 Ausführlicher *Grundmann* FS Boujong 1996, 159 (166–169); BankR-Hdb/*Grundmann* § 112 Rn 91 f.

138 Ausführlich: *Grundmann* FS Boujong 1996, 159 (162–173); jedenfalls i.Erg. idR vergleichbar *Singhof* Außenhaftung S. 234–241 (Konsorten erwerben Effekten – hier Aktien – direkt nach § 328 BGB).

139 Vgl. im Einzelnen ROHG 1917, 197 (201); *Sydow* ZHR 19 (1874), 427 (436–442, auch 448–462) (anders nur, wenn die Konsortialführung auch die Platzierung für die Konsorten durchführt und diese sich das Risiko teilen); für entsprechende Stimmen im Ausland vgl. *Hopt* Verantwortlichkeit, S. 25 Rn 64. Für das dahingehende (weit überwiegende)

meinsam übernommene Risiko) und Kaufverträgen (für die Quote) auszugehen, also von **Typenmischung.** Im Bereich der getrennten Geschäftsführung besteht dann auch keine Haftung für Fehlverhalten anderer. Zu unterscheiden sind daher **drei Bereiche,** in denen (i) die Konsortialführerin noch gänzlich selbstständig handelt bzw. eine Spezialaufgabe allein übernimmt, (ii) in denen eine gemeinsame Verantwortung besteht, auch wenn teils die Konsortialführerin für das Konsortium handelt, und (ii) der ganz in die Verantwortung der einzelnen Konsortialbank fällt (unten 2., 3. und 4.).

b) Anwendbares Recht und internationale Klauselwerke. Das anwendbare Recht bestimmt sich nach **Grundsätzen des internationalen Schuldrechts, nicht des Gesellschaftsrechts.**[140] Es ist auch hier mangels Einheitlichkeit keine lex mercatoria entstanden, deren Rechtsnatur zu bestimmen wäre[141] – was nicht ausschließt, dass die verwandten Klauselwerke (vgl. unten) möglichst einheitsfördernd, international auszulegen sind.[142] Es ist nicht etwa zwingend das Sitzrecht der Konsortialführerin anzuwenden,[143] selbst wenn das Konsortium nach außen auftritt.[144] Denn das Interesse daran, dass ein nach außen erkenn- **36**

internationale Klauselrecht unten Rn 35. Vgl. auch (den gemeinsamen Zweck akkurat analysierend): RG Urt. v. 22.11.1929 – II 73/29, JW 1930, 2655 (2655) („dabei muss der Wille dahin gehen, dass die Ergebnisse des Zusammenschlusses allen Gesellschaftern ... zugute kommen sollen."); *Schulze-Osterloh* Der gemeinsame Zweck der Personengesellschaft, 1973, S. 22–29.

140 So die lange unbestrittene Grundannahme: *Goltz* Roll-Over-Eurokredite, S. 146 f.; *Horn* Anleihen, S. 146, 484 (implizit); *Stockmayer* Die Sicherung von Darlehen für Rohstoffprojekte in Entwicklungsländern, 1980, S. 104; und dann wieder: *Hinsch/Horn* Konsortialkredite, S. 174–177; *Hopt* Verantwortlichkeit, S. 117 f.; *Schücking* WM 1996, 281 (285–289); heute in den Standardkommentierungen ebenfalls wohl hM, etwa MünchKommBGB/*Martiny* Art. 4 Rom-I-VO Rn. 219 (jedenfalls Rechtswahlmöglichkeit).

141 So selbst Autoren, die dieser Lehre ziemlich uneingeschränkt anhängen: *Hinsch/Horn* Konsortialkredite, S. 174–177; *Horn* Anleihen, S. 175 ff., besonders 176; auch *Schmitthoff* Jura 84, 393 (398 ff.) spricht nur vage von einem „internationalen Finanzinstrument", ohne die Frage nach Existenz von autonomen Welthandelsrecht in diesem Bereich zu stellen; mangelnde Verfestigung: *Horn/Schmitthoff/Slater* Transnational Law, S. 329 (346–351); auf den mangelnden Rechtsgeltungswillen stellt *Hinsch/Horn* Konsortialkredite, S. 197 f. ab. Uneinheitlich sind die Klauselwerke vor allem deswegen, weil sie sich jeweils an eine oder wenige nationale Rechtsordnungen eng anlehnen: *Horn* Anleihen, S. 142–145; und auch: *Hinsch/Horn* aaO S. 11 f.; *Scholze* Konsortialgeschäft, S. 818–820; sowie *Hopt* Verantwortlichkeit, S. 25 f.

142 Vgl. Nachw. oben Rn 34.

143 So hingegen *König* Syndicated Loan Agreements, S. 33 ff.; MünchKommBGB/*Kindler* IntGesR Rn 290 f. (allerdings zu Unrecht unter Berufung auf BGH (Fn 114), BGHZ 118, 83 [99]); ebenso *Rayermann* Konsortialvertrag, S. 46–49. Eine Außengesellschaft nimmt *König* allerdings nur beim bloßen Best Effort, nicht beim Firm Commitment an: *König* aaO S. 35–49, 49–51; aA *Kindler* aaO Rn 291 (Ausnahme nur bei Innengesellschaften und Auftreten allein der Konsortialführerin nach außen).

144 *Hartwig-Jacob* Anleiheemission, S. 185; *Hopt* Verantwortlichkeit, S. 25 („Außengesellschaft" „infolge der Beziehungen ... zum Emittenten"); *Immenga* Emissionskonsortien, S. 10 („Außengesellschaft" „durch die Beziehung zum Emittenten"); unentschieden, zunehmend aA MünchKommBGB/*Ulmer* BGB Vor § 705 Rn 54 (5. Aufl., 2009: „Platzierung Sache der einzelnen Konsorten", insofern also keine Außenwirkung, klar jetzt jedoch die Kommentierung von *Ulmer/Schäfer* in der aktuellen Auflage, Rn 54: reine Innengesellschaft); zweifelnd schon früh: *Hinsch/Horn* Konsortialkredite, S. 175 f. Im Ergebnis befürworten die zuletzt Genannten – wie hier – Rechtswahlfreiheit und eine Anknüpfung nach der Rom-I-VO.

bares einheitliches Recht zwingend angewandt wird, besteht im Falle eines Konsortiums nicht[145] – unabhängig davon, dass die Sitztheorie im Binnenmarkt ohnehin weitestgehend überformt ist: Das Konsortium wird vielmehr für eine bestimmte Emission geformt, im Zusammenspiel mit dem Emittenten und dies auch zwischen unternehmerischen Akteuren, so dass kein internationalprivatrechtlich geschütztes Interesse für zwingende Anknüpfung spricht.[146] Die regelmäßig zu findende **Rechtswahlklausel** ist daher wirksam, soweit die Emission (Konsortium oder Platzierungsmärkte bzw. Emittent) ein signifikantes Auslandselement aufweist (Art. 3 Rom-I-VO),[147] mangels einer solchen gilt das **Recht der Konsortialführerin.**[148] Dieses Recht regelt zwar nicht die Beziehung zu Emittenten oder Anlegern (oben Rn 35 bzw. unten Rn 37), wohl aber die Fragen der Risikoverteilung und des Regresses im Konsortium.[149] Auf der Grundlage der weltweiten Rechtswahlfreiheit ist in Anlehnung an einige Leitrechtsordnungen **umfangreiches internationales Klauselrecht** entstanden, in dem vor allem die Trennung der Quoten und Verantwortlichkeit allein für sie (ohne gesamtschuldnerische Haftung) stark hervorgehoben,[150] zugleich Embargovorschriften mit einer strikten Sharing-of-Payments Klausel begegnet wird.[151]

---

[145] *Hartwig-Jacob* Anleiheemission, S. 185; dass die Rechtswahlmöglichkeit dort entfallen soll, wo sie Dritte belastet, stellt einen allgemeineren Grundsatz des IPR dar; etwa für das Schuldrecht: *Grundmann* RabelsZ 54 (1990), 283 (298 f.); *v. Hoffmann* RabelsZ 38 (1974), 396 (398 Rn 6); näher, auch zum Vergleich mit der Binnenmarktentwicklung BankR-Hdb/*Grundmann* § 112 Rn 110.

[146] *Hartwig-Jacob* Anleiheemission, S. 185 f.; so wird zudem internationale Entscheidungseinheit mit dem angloamerikanischen Rechtsraum ermöglicht, wo die Rechtswahl im internationalen Gesellschaftsrecht zugelassen ist. Dies ist wichtiger als die umgekehrt von *König* (Syndicated Loan Agreements, S. 28 f.) hervorgehobene Gleichheit seines Anknüpfungsvorschlages mit der hM in Frankreich und Luxemburg, für die ja heute beide jeweils ohnehin die binnenmarkorientierte Rechtswahlfreiheit gilt und in Frankreich zusätzlich inzwischen weitgehende Rechtswahlfreiheit allgemein (vgl. *Grundmann* Europäisches Gesellschaftsrecht, Rn 796 f.).

[147] *Hartwig-Jacob* Anleiheemission, S. 113; *Horn* Anleihen, S. 146; *König* Syndicated Loan Agreements, S. 26 (jeweils mit Beispielen); *Schmitthoff* Jura 84, 393 (399) (eher Rechtswahlklauseln als Schiedsklauseln); vgl. jedoch auch *Kahn* FS Schmitthoff 1973, 215 (225 f., 236 f.) (eher Schiedsklauseln)., zu diesen Auslandselementen etwa *Böse* Anleihen, S. 11–14; *Görtz* Auswärtige Anleihen, 1926, S. 15; *Niederer* FS Grossmann 1949, 274 (275); *Schmid* Kollisionsrechtliche Probleme, S. 79; MünchKommBGB/*Martiny* Art. 3 Rom-I-VO Rn 93 (selbst Anlehnung an Verträge mit internationalen Elementen, etwa in der Emission).

[148] MünchKommBGB/*Martiny* Art. 4 Rom-I-VO Rn 219; und schon bisher: *Hartwig-Jacob* Anleiheemission, S. 186; *Hopt* Verantwortlichkeit, S. 117 f.; *Horn* Anleihen, S. 484; vergleichbar für das Kreditkonsortium *Goltz* Roll-Over-Eurokredite, S. 42 f., 147; *Hopt* Verantwortlichkeit, S. 117; *Horn* Anleihen, S. 484; *König* Syndicated Loan Agreements, S. 75–82; MünchKommBGB/*Kindler* IntGesR Rn 292–296.

[149] Ebenso wohl: *Goltz* Roll-Over-Eurokredite, S. 150 f.; *Horn* Anleihen, S. 168–170, 175 f.

[150] Auch international seit Langem völlig üblich: *Gerner-Beuerle* Haftung von Emissionskonsortien, S. 463–465; *Hopt* Verantwortlichkeit, S. 28; *Horn* Anleihen, S. 160 f., 184 f.; *König* Syndicated Loan Agreements, S. 37 f.; *Schmitthoff* Jura 84, 393 (399); *Horn/Schmitthoff/Slater* Transnational Law, S. 329, 337. Bloß quotale Haftung auch für gemeinschaftliche Akte: *Goltz* Roll-Over-Eurokredite, S. 147; *Hinsch/Horn* Konsortialkredite, S. 172; *Kümpel/Wittig/R. Müller* Rn 15.325 f.

[151] Hierzu *Hinsch/Horn* Konsortialkredite, S. 167–170 (mit Beispiel); *König* Syndicated Loan Agreements, S. 41–43; *Schmitthoff* Jura 84, 393 (399 f.); *Horn/Schmitthoff/Slater* Transnational Law, S. 329, 337; *Wood* Law and Practice of International Finance, International Loans, Bonds, *Guarantees*, Legal Opinions bzw. Comparative Law of Security Interests and Title Finance (und weitere 5 Bde.), 2. Aufl., 2007, S. 132–136,

2. Spezialaufgaben der Konsortialführung. Zur Durchführung einiger weniger Aufgaben verpflichtet sich die Konsortialführung allein für sich selbst. Sie sind folglich **nicht Teil des gesellschaftsrechtlichen Regimes**, auch nicht der Kompetenzen und Haftung. Streitig ist freilich, welche dies sind. Allein die Konsortialführerin **berät und handelt den Übernahmevertrag aus** (oben Rn 34), das wird auch durch eine gesonderte Führungsposition abgegolten[152] – woraus praktisch einhellig geschlossen wird, dass die Konsortialbanken für Fehlverhalten in dieser Phase nicht haften.[153] Die hM geht von solch einer Verpflichtung allein der Konsortialführerin zudem auch im Hinblick auf einige **Spezialaufgaben** aus: namentlich bei der Abrede von Sicherungstreuhandschaften u. ä.,[154] bei Kurspflegemaßnahmen (und der hierfür nötigen Mittel),[155] während die Verpflichtung zur Börseneinführung (die nach § 7 BörsZulVO) ungeteilt zu erfolgen hat) als gemeinschaftliche Aufgabe (unten 3.) gesehen wird.[156] **37**

***Abzugrenzen* sind hiervon diejenigen Aufgaben**, die die Konsortialführerin **für das Konsortium** durchführt (sachlich bereits Teil des gesellschaftsrechtlich verfassten Bereichs, nächste Rn). Die Problematik bei Handeln der Konsortialführerin ist, dass sie in allen drei Bereichen – als Entscheidungsträgerin für sich selbst, aber auch für (je) einen oder alle anderen – eingesetzt werden kann (vgl. daher 3. und 4.).[157] **38**

---

196. Für weitere Klauseln vgl. näher BankR-Hdb/*Grundmann* § 112 Rn 112; *Kümpel/Wittig/R. Müller* Rn 15.321–15.329; *Wood* aaO S. 65–119, 143–158, 218–244, 313–333; *Horn/Schmitthoff/Slater/Wood* Transnational Law, S. 329 (334–340); die Klauseln sind vom Gegenstand der Emission abhängig, Überblick bei: *Bosch* BuB 10/93–10/101.

152 *De Meo* Bankenkonsortien, S. 83; *Scholze* Konsortialgeschäft, S. 403–406.

153 Praktisch einhellige Lehre: *Canaris* Bankvertragsrecht, Rn 2266 (mit gewissen Zweifeln, weil sonst Vertragsschluss mit Drittem klassischer Fall der Geschäftsführung); *Hopt* Verantwortlichkeit, S. 29; *Kümpel/Wittig/R. Müller* Rn 15.326; und ausführlich: *De Meo* Bankenkonsortien, S. 319–323 (mit Ausnahme der [Sonder-]Fälle, in denen ein auch rechtlich bereits vorher konstituiertes Konsortium der Konsortialführerin ein Verhandlungsmandat gegeben hat). Konsequent zu erklären ist diese einhellige Meinung also nur vom hier vertretenen Grundansatz her.

154 Vgl. teils mit Hinweis auf die gesonderte (Sicherheiten-)Treuhändergebühr: *De Meo* Bankenkonsortien, S. 152; *Hopt* Verantwortlichkeit, S. 29; *Horn* Anleihen, S. 413; vergleichbar für die Gläubigerorganisation *De Meo* Bankenkonsortien, S. 152; (wieder mit Hinweis auf gesonderte Gebühr).

155 Zur hM vgl. bereits Nachw oben Fn 120; so auch die gängigen Muster, etwa bei *Bosch* BuB 10/253a, 253b; dennoch für eine diesbezügliche Pflicht auch der einzelnen Konsorten: *Bosch* BuB 10/341; *De Meo* Bankenkonsortien, S. 58 f. (inkonsequent, da auch hier extra Vergütung erfolgt). Für fehlende Haftung der Konsortialbanken in den Bereichen, die allein der Konsortialführung zugewiesen sind: *Hopt* Verantwortlichkeit, S. 29 (für das Wirken als Anleihetreuhänder) sowie *Schücking* Emissionskonsortien, Rn. 68 ff.; für die Kurspflege aA, allerdings unter der Annahme, auch die Konsorten hätten an ihr mitzuwirken: *De Meo* Bankenkonsortien, S. 322 f. Insoweit hat sich an der Rechtslage auch nicht durch die Entscheidung BGH (Fn 114), BGHZ 118, 83 geändert, vgl. *Timm/Schöne* ZGR 1994, 113 (116).

156 Ebenso (Teil des Gesellschaftszwecks!) auch: *De Meo* Bankenkonsortien, S. 58. Zum Haftungsregime dann unten Rn 47.

157 Soweit die Geschäftsführung gesellschaftlicher Art ist (unten 3.), sieht dies § 710 BGB ausdrücklich vor, für die unabhängige Geschäftsführung auf eigene Rechnung (hier 2.) ist dies selbstverständlich, aber auch für die Verwaltung im Rahmen einer Rechtsgemeinschaft (Bruchteileigentum, unten 4.) lässt dies die höchstrichterliche Rechtsprechung zu: BGH Urt. v. 16.03.1961 – II ZR 190/59, BGHZ 34, 367; BGH Urt. v. 12.07.1982 – II ZR 130/81, NJW 1983, 449 (450).

3. Gesellschaftsrechtlich verfasster Bereich

39 a) **Vom Konsortium gemeinsam zu erfüllende Funktionen.** Gemeinsam zu erfüllende Funktionen können nach dem eben Gesagten **für das Konsortium von der Konsortialführerin durchzuführen** sein (zu den gemeinsam durchzuführenden Tätigkeiten dann nächste Rn). Dies gilt namentlich für diejenigen Tätigkeiten, die die Konsortialführerin bei der Zuteilung und Abwicklung übernimmt, namentlich die Anforderung, Entgegennahme und Verteilung der Stücke,[158] die Einsammlung und Weiterleitung der Beiträge,[159] die Neuaufteilung von Quoten bei Ausfall einer Konsortialbank, aber auch allgemeiner die gebündelte Korrespondenz mit dem Kunden sowie nach hM die Tätigkeiten zur Börseneinführung.[160] In diesen Fällen (Einzelgeschäftsführungs- und -vertretungsmacht nach § 710 BGB) handelt es sich durchaus um einen gesellschaftsrechtlich verfassten Bereich – weswegen die Konsortialbanken zwar ein Auskunftsrecht nach §§ 716 und 713 iVm § 666 BGB haben, ein Weisungsrecht jedoch nur durch gemeinsamen Gesellschafterbeschluss (§§ 713 iVm 665 BGB).[161]

40 **Hauptfunktion** des Konsortiums ist die **gemeinschaftliche Übernahme** des Risikos und/oder der Platzierung (mit entsprechender Bezahlung),[162] die sich die Konsorten nach üblicher Praxis auch gegenseitig versprechen und die auch ohne Abrede Inhalt des gemeinsamen Zwecks ist[163] (gemeinsames Interesse, weil Erfolg veröffentlicht im sog. Tombstone Advertisement).[164] Weiterer Inhalt ist die Übernahme einer Ausfallhaftung für die nicht abgesetzten Quoten (§ 735 S. 2 BGB) – wiederum, weil die Beschränkung auf quotale Haftung prägend im Konsortialgeschäft ist, nur quotal,[165] aber m. E. auch im Außenverhältnis gegenüber dem Emittenten.[166]

41 **Weitere Funktionen** betreffen: die **Platzierungspflicht**, die dem Emittenten gegenüber beim Best Effort Underwriting besteht, beim Firm Commitment nur, wenn ausdrücklich verabredet (Rn 18) und in diesem Umfang wohl auch den Konsorten gegenüber, weil der Erfolg verbürgt werden soll;[167] die **Börseneinführung**, die idR, wenn sie vereinbart wird, als Pflicht aller Konsortialbanken gefasst wird (aus rechtlichen Gründen nur ungeteilt möglich, vgl. § 7 BörsZulVO), sowie die **Kurspflege**, die idR als Pflicht allein der Konsortialführerin vereinbart wird.[168]

---

158 *Canaris* Bankvertragsrecht, Rn 2310; *Horn* Anleihen, S. 158 f.

159 *Canaris* Bankvertragsrecht, Rn 2310.

160 Für Ersteres *Kümpel* Bankrecht, 3. Aufl. 2004, Rn 9.304 sowie in der Neuauflage allgemein zur Rolle der *lead manager: Kümpel/Wittig/R. Müller Rn 15.325.* Für Zweiteres: *Bosch* BuB 10/48; *Canaris* Bankvertragsrecht, Rn 2310; *Hartwig-Jacob* Anleiheemission, S. 163; *Scholze* Konsortialgeschäft, S. 18, 629.

161 MünchKommBGB/*Schäfer* BGB § 713 Rn 7; speziell für das Emissionskonsortium: *Hopt* Verantwortlichkeit, S. 27; *Kümpel* Bankrecht, 3. Aufl. 2004, Rn 9.302.

162 Schon wegen der Ausfallhaftung (unten), vgl. *Canaris* Bankvertragsrecht, Rn 2306; *Delorme/Hoessrich* Emissionsgeschäft, S. 16; *Scholze* Konsortialgeschäft, S. 20.

163 *Canaris* Bankvertragsrecht, Rn 2305; *De Meo* Bankenkonsortien, S. 56; *Kümpel/Wittig/R. Müller* Rn 15.121, 15.327. Vgl. das Muster bei *Bosch* BuB 10/245,

164 *Kümpel/Wittig/R. Müller* Rn. 15.120.

165 *Canaris* Bankvertragsrecht, Rn 2305. Vgl. jedoch die gegenläufige höchstrichterliche Rechtsprechung unten Rn 43.

166 *Gross* AG 1993, 108 (117); *Kümpel* Bankrecht, 3. Aufl. 2004, Rn 9.312; aA (nur im Innenverhältnis) wohl *De Meo* Bankenkonsortien, S. 57 (aus §§ 713, 670, 259, nicht § 735 BGB); eine Pflicht bejahend, aber nicht deutlich zwischen Innen- und Außenverhältnis unterscheidend: *Canaris* Bankvertragsrecht, Rn 2305; MünchKommBGB/*Ulmer/Schäfer* BGB Vor § 705 Rn 54; *Scholze* Konsortialgeschäft, S. 21.

167 *Canaris* Bankvertragsrecht, Rn 2308; eine explizite vertragliche Vereinbarung fordert *Bosch* BuB 10/44.

168 Vgl. Nachw. oben Fn 155 f.

b) **Entscheidungs- und Vertretungsrechte.** Entscheidungs- und Vertretungsrechte, die in den gemeinsamen Bereich fallen, sind zwar, soweit sie **prozeduraler Art sind, der Konsortialführerin** zugeordnet (oben Rn 39). Fragen der Änderung des Konsortialvertrages sind hingegen **vom Konsortium insgesamt zu entscheiden,**[169] desgleichen Fragen, die den Übernahmevertrag als Ganzes betreffen und über das bloß Prozedurale hinausgehen[170] – und zwar in beiden Fällen nach dem Einstimmigkeitsprinzip, wenn nichts anderes vereinbart wurde,[171] und in Vertragsänderungsfragen auch unter Achtung des Bestimmtheitsgrundsatzes.[172] Streitig ist, ob gleiches für die vorzeitige Zweckbeendigung oder -erreichung gilt, namentlich die Kündigung.[173] Sie kann zwar formal als Änderung des Vertrages gesehen werden, teleologisch sprechen jedoch die besseren Gründe gegen eine Geltung jedenfalls des Bestimmtheitsgrundsatzes.[174] **42**

c) **Rückwirkungen in Haftungsfragen. Für Fehlverhalten der Konsortialführung** bei Verfolgung des gemeinsamen Zwecks oder Handeln im Auftrag des Konsortiums **haften die Konsorten** aus Vertrag (die Beratung und Verhandlung ist nach hM nicht „gemeinsamer Zweck").[175] Aus **Prospekthaftung haften sie selbst** dem Anleger gegenüber (weil sie **43**

---

169 *Hartwig-Jacob* Anleiheemission, S. 164.

170 Vgl. die Formulierung etwa im Mustervertrag bei *Bosch* BuB 10/253a, 10/253b; und auch entsprechend zur Bevollmächtigung: *Kümpel/Wittig/R. Müller* Rn 15.324. Diese Praxis wird im Wege der ergänzenden Vertragsauslegung auch dann einmal zum Tragen kommen, wenn es an solch einer Klausel fehlen sollte, die Verteilung der Befugnisse ansonsten jedoch dem Standard entspricht. So für den Rücktritt auf Grund einer Krisenklausel: *Hopt* Verantwortlichkeit, S. 53.

171 Für Vertragsänderungen die noch ganz hM: BGH Urt. v. 12.11.1952 – II ZR 260/51, BGHZ 8, 35 (41 f.); BGH Urt. v. 10.05.1976 – II ZR 180/74, BB 1976, 948 (948); Meinungsstand bei MünchKommBGB/*Schäfer* BGB § 709 Rn 84–94 (mit Kritik) und monographisch: *Göbel* Mehrheitsentscheidungen in Personengesellschaften – Bestimmtheitsgrundsatz, materielle Beschlusskontrolle und Kernbereich der Mitgliedschaft, 1992; Grundsatzkritik mit Überlegungen zum effizientesten Zuschnitt des Umfelds für die Vertragsgestaltung: *Klöhn* Minderheitenschutz im Personengesellschaftsrecht – Rechtsökonomische Grundlagen und Perspektiven, AcP 216 (2016), 281 – für die Fälle, die beim Emissionskonsortium zentral sind, mit dem Folgenden iErg übereinstimmend. Für die gemeinsamen Geschäftsführungsakte Nachw. vorige Fn.

172 Vgl. Nachw. vorige Fn für Vertragsänderungen.

173 Als Vertragsänderung qualifiziert etwa von *Canaris* Bankvertragsrecht, Rn 2313–2315; *De Meo* Bankenkonsortien, S. 119 (für den Rücktritt auf Grund einer Krisenklausel).

174 Etwa *Hueck* Das Recht der offenen Handelsgesellschaft, 4. Aufl., 1971, S. 178; *Kübler/Assmann* Gesellschaftsrecht – die privatrechtlichen Ordnungsstrukturen und Regelungsprobleme von Verbänden und Unternehmen, 6. Aufl., 2006, S. 76 f.; vgl. auch BGH (Fn 171), BB 1976, 948 (949); auch MünchKommBGB/*Schäfer* BGB § 709 Rn 48 (Hinweis auf die stark kapitalistische Ausgestaltung von Konsortien); ausführlicher zu den Argumenten BandR-Hdb/*Grundmann* § 112 Rn 102.

175 Ausführlich für das organschaftliche Handeln: *De Meo* Bankenkonsortien, S. 313–325 (etwa für die Börseneinführung vgl. S. 322); damit kann er sich auf die höchstrichterliche Rechtsprechung zu anderen Ausprägungen der BGB-Gesellschaft stützen, vgl. BGH Urt. v. 06.07.1971 – VI ZR 94/69, BGHZ 56, 355 (361–363); BGH Urt. v. 25.03.1986 – VI ZR 90/85, NJW 1986, 2364 (2365); *Hartwig-Jacob* Anleiheemission, S. 182; MünchKommBGB/*Ulmer* BGB § 714 Rn 47; vgl. auch *Bosch* BuB 10/321f; zu pauschal daher die Ablehnung jeglicher Haftung der Konsorten für die Konsortialführung bei *Kümpel/Wittig/R. Müller* Rn 15.326 und auch bei *Canaris* Bankvertragsrecht, Rn 2266. Sammelt die Konsortialführung im Auftrag der Konsorten Beträge und leitet sie weiter, so handelt sie unzweifelhaft als deren Erfüllungsgehilfe iSv § 278 BGB, allerdings nur für jeden Konsorten für seine Quote, ebenso *De Meo* Bankenkonsortien, S. 324 f.

idR als Zeichner auftreten) und dies gesamtschuldnerisch.[176] Bereits den Bereich ihrer autonomen Geschäftsführung betrifft hingegen die bereicherungsrechtliche Haftung für Überzahlungen, die jeden Konsorten (und nur ihn) für **Überzahlungen auf *seine* Quote** trifft.[177] In den beiden erstgenannten Fällen können die Konsorten Innenregress nehmen,[178] dies gilt auch für den Fall der Prospekthaftung, weil die Prospektbegleitung trotz Mitzeichnung seitens der Konsorten (aus Prestigegründen) in den Verantwortungsbereich der Konsortialführung fällt (mit eigener Führungsprovision hierfür).[179]

4. Bereiche autonomer Geschäftsführung und Vermögenszuständigkeit.

44 **a) Entscheidungsbefugnisse und Vermögensverhältnisse im Hinblick auf die Quote.** Nach hier vertretener Meinung steht die **zugeteilte Quote** vom Lieferzeitpunkt an **im Alleineigentum der jeweiligen Konsortialbank** – entsprechend der einhelligen Klauselpraxis.[180] Für die Zeit nach Zuteilung durch die Konsortialführerin entspricht dies im Grundsatz der hM.[181] Davor besteht m.E. bereits Bruchteileigentum – mit Alleinentscheidungsbefugnis der jeweiligen Konsortialbank.[182] Diese Meinung gibt der Konsortialbank, die allein das Risiko trägt, auch das alleinige Entscheidungsrecht im Hinblick auf die Einziehung von Geldbeträgen, die Weiterveräußerung, aber auch auf die Durchsetzung des (Sozial-)Anspruches jedes Konsorten, auch die anderen Konsorten zur Durchführung anzuhalten – was nach der hM nicht möglich wäre. Im Einzelnen:

---

176 Näher zur Haftung für die bloße Benennung als Prospektverantwortlicher unten Rn 189.

177 Unabhängig davon, wann sie erfolgte – dies konsequent aus der hier vertretenen Sicht einer durchgehenden Quotentrennung, hingegen inkonsequent (aber einhellig so vertreten) aus der Sicht der hM: vgl. ausführlich *De Meo* Bankenkonsortien, S. 331–337. Zweifel werfen bei dieser Konstruktion freilich BGH Urt. v. 27.04.1961 – VII ZR 4/60, NJW 1961, 1461; BGH Urt. v. 20.09.1962 – VII ZR 90/61, WM 1962, 1174 auf.

178 Unstreitig. Zu weiteren Regressfragen, etwa derjenigen, ob die Konsortialführung den Konsortialbanken eine (anfängliche oder laufende) Kontrolle der Bonität der Emittentin schuldet: *Hopt* Verantwortlichkeit, S. 60 f.

179 *Frohne* Prospektpflicht, S. 68; *Hopt* Verantwortlichkeit, S. 57 sowie (mit gegenteiliger Lösung, wenn die Konsorten – wie in Deutschland nicht unüblich – selbst eine Prospektprovision erhalten) S. 59 f.; *Rohr* Emissionsrecht, S. 229; auch *Schwark/Zimmer/Schwark* §§ 44, 45 BörsG Rn 10. Dieses Verständnis der Börseneinführungsprovision anzweifelnd: *Bosch* BuB 10/150.

180 *Bosch* BuB 10/51; *Kümpel/Wittig/R. Müller* Rn 15.122.

181 *Canaris* Bankvertragsrecht, Rn 2316; *Kümpel* Bankrecht, 3. Aufl. 2004, Rn 9.299–9.301; *Timm/Schöne* ZGR 1994, 113 (118); *Westermann* AG 1967, 285 (186 f.). Auch ohne ausdrückliche Abrede: *Canaris* aaO. Ausführlich auch zur Entwicklung der Dogmatik, gerade auch für die Phase vor Zuteilung: BankR-Hdb/*Grundmann* § 112 Rn 97, 108.

182 Jedenfalls wird Gesamthands- und auch Bruchteileigentum in der Praxis vertraglich abbedungen: *Bosch* BuB 10/51; wie hier daher *Scholze* Konsortialgeschäft, S. 12 f.; *Westermann* AG 1967, 285 (289 f.). Alleingeschäftsführungsbefugnis nimmt man auch herkömmlich einhellig an, qualifiziert sie aber häufig als eine nach Tätigkeitsbereichen aufgespaltene Geschäftsführungsbefugnis nach § 710 BGB: *Canaris* Bankvertragsrecht, Rn 2311; *Kümpel* Bankrecht, 3. Aufl. 2004, Rn 9.301. Von diesem Ausgangspunkt her ist allerdings kaum zu erklären, warum – und dies ist angesichts der quotalen Aufteilung des Risikos in der Tat die einzig sinnvolle Lösung – den anderen Konsorten *kein* gemeinsames Weisungsrecht (mittels Gesellschafterbeschluss) zustehen soll. Auch alleiniges Recht auf die Gewinne bzw. Verlusttragungspflicht ist anerkannt: *Canaris* Bankvertragsrecht, Rn 2307. Zu weiteren Folgen (etwa für Unterbeteiligungen) BankR-Hdb/*Grundmann* § 112 Rn 107.

Zentral ist die Frage nach der **Rechtsstellung an der Quote**: Nach hM steht der Anspruch auf Effekten im Gesamthands-, noch nicht Bruchteileigentum,[183] desgleichen Zahlungseingänge vor Verteilung der Quote.[184] Der Konsorte, der bereits gezahlt hat, müsste also auf Durchsetzung durch die Konsortialführung vertrauen.[185] Vor allem jedoch kann nach Lieferung ein Alleinentscheidungsrecht des Konsorten, der zu dieser Zeit durchaus bereits verfügen soll, rechtlich wirksam konstruiert werden, weil es gegen die (nach hM zwingenden) § 719 Abs. 1 Hs. 1 Alt. 1 BGB verstieße.[186] Es müsste mit Unterermächtigung (und Durchgangserwerb) gearbeitet werden. Bejaht man Bruchteileigentum (auch bereits am Lieferanspruch, § 741 BGB), ist jeder Konsorte – wie gewollt – schon kraft Gesetzes von Anfang an allein entscheidungsbefugt (mit individuellem Weisungsrecht an die Konsortialführerin, soweit sie verwaltet, und Recht zur – auch teilweisen – Veräußerung der Quote, § 747 S. 1 BGB).[187] **45**

Parallelfragen stellen sich durchaus, sind aber praktisch weniger wichtig. Dies betrifft namentlich die **Sozialansprüche**, also etwa den Anspruch, andere Konsorten anzuhalten, ihren Teil der Quote tatsächlich zu übernehmen und zu vergüten,[188] aber auch den Anspruch auf Auskehrung der bereits erfolgten **Zahlungseingänge** bei frühen Absätzen[189] – bei Letzterem das Synallagma bei der Durchsetzung zerstörend, da umgekehrt der Konsorte bereits selbst in Anspruch genommen werden kann.[190] In all diesen Fällen ist m.E. die Alleinberechtigung bzw. –entscheidungsmacht des jeweiligen Konsorten für seine Quote, also bloße Bruchteilgemeinschaft) rechtspolitisch und rechtsdogmatisch überzeugender.[191] **46**

---

[183] *Canaris* Bankvertragsrecht, Rn 2318; *Hartwig-Jacob* Anleiheemission, S. 168; *Hopt* Verantwortlichkeit, S. 27; *Kümpel* Bankrecht, 3. Aufl. 2004, Rn 9.301; *Schäfer* ZGR 2008, 455 (491 f.); so auch noch MünchKommBGB/*Ulmer* BGB Vor § 705 Rn 55 (5. Aufl., 2009; allerdings nur „im Zweifel"; in der aktuellen Auflage verweist die Kommentierung von *Ulmer/Schäfer* Rn 55, dagegen darauf, dass „üblicherweise" auf die Bildung von Gesamthandvermögen beim Konsortium verzichtet werde, um die Haftungsbeschränkung nicht zu gefährden, näher *Schäfer* ZGR 2008, 455 [493]).

[184] *Canaris* Bankvertragsrecht, Rn 2319; *De Meo* Bankenkonsortien, S. 98 f.; dagegen *Scholze* Konsortialgeschäft, S. 12 f.

[185] Diese – wertungsmäßig verfehlte – Lösung kann, da es sich um eine schuldrechtliche Frage handelt, nicht etwa damit gerechtfertigt werden, dass das Spezialitätsprinzip dies vorgebe: so aber *Canaris* Bankvertragsrecht, Rn 2318; *De Meo* Bankenkonsortien, S. 159.

[186] Alleinvertretungsmacht wird in der Praxis eingeräumt, vgl. das Vertragsmuster bei *Bosch* BuB 10/253a, 10/253b (dort auch zur Nutzung schon vor Lieferung Rn 10/321d); auch *Canaris* Bankvertragsrecht, Rn 2320. § 719 BGB ist im genannten Gehalt nach hM zwingend, vgl. im Einzelnen MünchKommBGB/*Schäfer* BGB § 719 Rn 4. Näher zur hier befürworteten Konstruktion und zu (weiteren) Unstimmigkeiten der hM bei *Grundmann* FS Boujong 1996, 159 (166–170); BankR-Hdb/*Grundmann* § 112 Rn 99.

[187] BayObLG Beschl. v. 03.05.1979 – BReg 2 Z 60/78, MDR 1979, 844 („unzweifelhaft"); MünchKommBGB/*K. Schmidt* BGB § 747 Rn 13; dies verkennt *Scholze* Konsortialgeschäft, S. 12 f.

[188] *Canaris* Bankvertragsrecht, Rn 2318; *De Meo* Bankenkonsortien, S. 97; *Hartwig-Jacob* Anleiheemission, S. 167; *Hopt* Verantwortlichkeit, S. 27; *Kümpel* Bankrecht, 3. Aufl. 2004, Rn 9.301 (sowie in der Neuauflage zum Ausschluss von Gesamthandsvermögen in der Praxis: *Kümpel/Wittig/R. Müller Rn* 25.122); MünchKommBGB/*Ulmer/Schäfer* BGB Vor § 705 Rn 55 und § 705 Rn 201; BeckOKBGB/*Schöne* § 705 Rn 113; *Rayermann* Konsortialvertrag, S. 68; *Westermann* AG 1967, 285 (290).

[189] So (unter Hinweis auf § 718 Abs. 2 1. Alt. BGB durchaus konsequent) *Hopt* Verantwortlichkeit, S. 27.

[190] Oben Rn 43. So durchaus auch *Canaris* Bankvertragsrecht, Rn 2265, 2320.

[191] Näher BankR-Hdb/*Grundmann* § 112 Rn 98. Insbesondere stößt sich das in der Praxis eingeräumt individuelle Weisungs-

47 b) **Ausfallhaftung.** Eine zentrale Auswirkung der (hier abgelehnten) Auffassung von einer gemeinsamen Übernahme der (**Aktien-)Emission**, nicht von Einzelquoten, betrifft die **Ausfallhaftung**, wenn eine Konsortialbank ihre Quote nicht abnimmt oder abnehmen kann. Lange wurden die anderen Konsortialbanken – entsprechend der durchweg getroffenen Abrede – als zur Übernahme nur ihrer eigenen Quote an dieser Quote (d.h. teilschuldnerisch) verpflichtet gesehen.[192] Ausgehend davon, dass das Konsortium bei der Aktienemission die gesamte Emission übernehmen, sah der BGH diese Abrede im Widerspruch zu § 186 Abs. 3 AktG und befürwortete eine **gesamtschuldnerische Haftung.**[193] Das Ergebnis wird zwar einhellig abgelehnt,[194] es ist auch aus Kapitalschutzgedanken nicht zu rechtfertigen, weil das aktienrechtliche Kapitalschutzregime (anders als das in § 46 Abs. 4 GmbH) gar keine Ausfallhaftung kennt, also sicherlich auch keine zwingend gesamtschuldnerische.[195] Als Hauptstrategie, um diese Rechtsfolge zu vermeiden, wird jedoch inzwischen dazu geraten, die hier vertretene Meinung noch expliziter zu machen und darauf hinzuweisen, dass jeder Konsorte nur Quoten übernimmt, entsprechend auch Teilglobalurkunden für jeden Konsorten auszugeben und die Konsortialführerin hierfür ausdrücklich als bloße „Besitzmittlerin" (§ 855 BGB) zu qualifizieren.[196]

48 5. **Auflösung und Abwicklung des Konsortiums.** Da das Konsortium nach § 726 BGB durch Zweckerreichung endet,[197] stellt sich die Frage, ob die Abwicklung noch Teil der Zweckverfolgung bildet – was für die Kapitalerhöhung (wegen der gesellschaftsrechtlichen Bindungen) bejaht wird,[198] für die Anleiheemission eher verneint –[199] freilich dann mit nachwirkenden Pflichten, so dass der Streit weitgehend akademisch erscheint.

---

recht (§ 665 BGB) bei Annahme von Gesamthandseigentum am sachenrechtlichen Bestimmtheitsgrundsatz.

192 Vgl. Mustervertrag bei *Bosch* BuB 10/245; wirksam nach: *Canaris* Bankvertragsrecht, Rn 2265; *Hopt* Verantwortlichkeit, S. 28; *Immenga* Emissionskonsortien, S. 11 f.; *Scholze* Konsortialgeschäft, S. 21; *Westermann* AG 1967, 285 (291); nach 1992: MünchKommBGB/*Ulmer* BGB Vor § 705 Rn 56 (allerdings unter Hinweis darauf, dass die Konsorten selbst als Zeichner aufgetreten sein müssen; anders die aktuelle Auflage MünchKommBGB/*Ulmer*/*Schäfer* BGB Vor § 705 Rn 56: das Konsortium tritt als Innengesellschaft nicht im Rechtsverkehr auf); *Kümpel/Wittig/R. Müller* Rn 15.122, 15.323. Rechtsvergleichende Hinweise auf die Rechtslage in der Schweiz und England bei *Hopt* aaO.[diese Fußnote]. Auch keine Haftung nach § 278 BGB für Fehlverhalten (Nichtübernahme) seitens eines anderen Konsorten: *De Meo* Bankenkonsortien, S. 323. Insoweit hat sich an der Rechtslage auch nichts durch die Entscheidung BGH (Fn 114), BGHZ 118, 83 geändert, vgl. *Timm/Schöne* ZGR 1994, 113 (116).

193 BGH (Fn 114), BGHZ 118, 83 (99–101).

194 *Gross* AG 1993, 108 (116–118); *Grundmann* FS Boujong 1996, 159 (169 f.); zur Reaktion der Praxis: *Kümpel/Wittig/Brandt* Rn 15.426; und ausführlich: *Timm/Schöne* ZGR 1994, 113 (122–136); wie der BGH allerdings vorher schon MünchKommBGB/*Ulmer* BGB Vor § 705 Rn 56 (5. Aufl., 2009), wenn nicht die Konsorten selbst als Zeichner auftraten., die praktischen Probleme bei sehr kleinen Quoten (Rn 27) betonend: *Gross* AG 1993, 108 (117); *Kümpel* Bankrecht, 3. Aufl. 2004, Rn 9.311; *Timm/Schöne* ZGR 1994, 113 (116).

195 Zu beiden Begründungswegen des Gerichts ausführlich: *Timm/Schöne* ZGR 1994, 113 (123–136). Vgl. § 69 AktG. Ausführlicher zum System des aktienrechtlichen Kapitalschutzes im Hinblick auf diese Frage BankR-Hdb/*Grundmann* § 112 Rn 108.

196 *Timm/Schöne* ZGR 1994, 113 (141 f.); ähnlich *Kümpel/Wittig/Brandt* Rn 15.426 („transparente Ausgestaltung").

197 *Groß* BuB 10/321g; *Canaris* Bankvertragsrecht, Rn 2322; *Kümpel* Bankrecht, 3. Aufl. 2004, Rn 9.314; Habersack/Mülbert/Schlitt/*Schücking* Unternehmensfinanzierung, § 32 Rn 76.

198 *Canaris* Bankvertragsrecht, Rn 2323; *Ekkenga/Maas* Wertpapieremissionen, S. 185; zu diesen Bindungen auch BankR-Hdb/*Grundmann* § 112 Rn 109.

199 *Canaris* Bankvertragsrecht, Rn 2323; Gegenmeinung: *Hopt* Verantwortlichkeit, S. 27; *Kümpel* Bankrecht, 3. Aufl. 2004, Rn 9.314.

III. Rechtsbeziehungen des Anlegers

1. Sonderrechtsverhältnisse zum Emittenten

a) **Bei der Aktienemission (auch grenzüberschreitend).** Durch die Aktienemission wird ein Mitgliedschaftsverhältnis begründet. Im Hauptfall – der Kapitalerhöhung – bleibt die Satzung erhalten[200] und ist **nur die Zuordnung zu Aktiengattungen bzw. Namens- oder Inhaberaktien zu „gestalten"**.[201] Auch stehen die Zeichner – jedenfalls im ersten Zugriff – fest: die Altaktionäre bei Kapitalerhöhung aus Gesellschaftsmitteln (§§ 207 ff., 212 S. 1 AktG), die Destinatärsgruppe bei bedingter Kapitalerhöhung (§ 192 Abs. 2 AktG), die Bezugsrechtsinhaber bei Barkapitalerhöhung[202] (allerdings mit Zwischenschaltung des Konsortiums, § 186 Abs. 5 AktG vgl unten Rn 58). Das **anwendbare Recht** bestimmt sich nach Internationalem Gesellschaftsrecht (Sitzanknüpfung, seit dem MoMiG mit wichtigen Elementen der Rechtswahlfreiheit, insbes. bei Sitzverlegung aus Deutschland heraus).[203] Das Statut gilt einheitlich für die Kapitalerhöhung und insbes. auch für die Bezugsrechtsfragen, auch das Bezugsrecht einer inländischen Muttergesellschaft, das bei Begebung von Schuldverschreibungen ausländischer Tochtergesellschaften eingeräumt wird.[204] **49**

b) **Bei der Anleiheemission.** Das Verhältnis zum Emittenten ist schon bei der **Anleiheemission nach deutschem Recht** ungleich komplexer als bei der Aktienemission und betrifft vor allem die **drei Fragenkomplexe:** (i) skripturrechtliche Voraussetzungen (§ 793 ff. BGB), (ii) AGB-Kontrolle (anders als bei der Aktienemission ist Klauselrecht bei der An- **50**

---

200 Im Gründungsgeschäft engagieren sich die Banken kaum noch: *Groß* BuB 10/294a. Zur außerdem (auch das Emissionsgeschäft formenden) Satzungsstrenge (§ 25 Abs. 5 AktG), speziell für das Emissionsgeschäft, Kümpel/Wittig/*Brandt* Rn 15.453, ausführlicher noch in der Vorauflage: *Kümpel* Bankrecht, 3. Aufl. 2004, Rn 9.267 bis 9.269.

201 Vgl. *Hüffer/Koch* AktG § 182 Rn 13.

202 Vgl. aus der überreichen Literatur zum Bezugsrecht aus bankrechtlicher Sicht etwa *Bezzenberger* ZIP 2002, 1917; *Groß* BuB 10/298c–299; Habersack/Mülbert/Schlitt/*Herfs* Unternehmensfinanzierung, § 6 (S. 273 ff.); *Hüffer/Koch* AktG § 186 Rn 51–53; *Ekkenga/Maas* Wertpapieremissionen, S. 327 ff.

203 Zur Grundsatzanknüpfung statt aller: RG Urt. v. 10.03.1934 – V 234/33 – IPRspr 1934, Nr. 11; *Grasmann,* System des internationalen Gesellschaftsrechts, 1970, S. 504; MünchKommBGB/*Kindler* IntGesR Rn 588. Zu den Elementen der Rechtswahlfreiheit ausführlich und mwN *Grundmann* Europäisches Gesellschaftsrecht, Rn 170, 183, 780–793. Für eine kollisionsrechtliche Wirkung der (Neufassung von) §§ 4a GmbHG und 5 AktG nF grundlegend *Hoffmann* ZIP 2007, 1581 (1585 ff.); auch Bork/Schäfer/*Kindler* GmbHG § 4a Rn 21; Gerhlein u.a./*Schmitz* GmbHG § 4a Rn 25; KölnKomm/*Dauner-Lieb* AktG § 5 Rn 5 f., 17; MünchKommGmbHG/*Mayer* § 4a Rn 15; Schmidt/Lutter/*Ringe* AktG § 5 Rn. 10 f.; *Däubler/Heuschnmid* NZG 2009, 493 (494); *Fingerhut/Rumpf* IPRax 2008, 90 (94); *Herrler* DStR 2009, 484 (489); *Wicke* GPR 2010, 238 (239). Gegen eine kollisionsrechtliche Bedeutung: *Franz/Laeger* BB 2008, 678 (682); *Kindler* IPRax 2009, 189 (197 f.); *Lieder/Kliebisch* BB 2009, 338 (343).

204 *Horn* Anleihen, S. 74, 220, 316 f. *Hemmerling* Optionsschuldverschreibungen, S. 60–113; *Lutter* AG 1972, 125 (127 f.); *Martens* FS Stimpel 1985, 621 (627, 631); *Schumann* Optionsanleihen, S. 159–163; *Silcher* FS Gessler 1970, 185 (188–190). Zur wirtschaftlichen Entwicklung: *Hemmerling* Optionsschuldverschreibungen, S. 5–26; *Schumann* Optionsanleihen, S. 95–100; *Silcher* FS Gessler 1971, 185 (185–188). Näher zu den Fragen des Einheitsstatuts, auch im Hinblick auf Bezugsrechtsfragen und Anfechtbarkeit BankR-Hdb/*Grundmann* § 112 Rn 116.

leiheemission praktisch überaus wichtig),[205] wobei der **Gleichbehandlungsgrundsatz** als Strukturprinzip zu achten ist,[206] aber auch (iii) die Frage, ob Zusagen im Übernahmevertrag drittschützende Wirkung haben (§ 328 BGB).[207] Hinzu kommen Probleme der grenzüberschreitenden Emission (unten c)).

51 Zentral für die Wirkung der Anleihebedingungen ist zuerst die Erfüllung der **skripturrechtlichen Vorgaben der §§ 793 ff. BGB.**[208] Nur bei ihrer Erfüllung können Bedingungen, die sich nicht bereits aus Gesetz ergeben,[209] späteren Erwerbern entgegengehalten werden: Sie müssen sich „aus der Urkunde" ergeben (§ 796 BGB).[210] Sind sie in der Urkunde – im

---

[205] Das sind Anleihebedingungen *Hartwig-Jacob* Anleiheemission S. 195; *Kümpel/Wittig/R. Müller* Rn 15.331; ganz überwiegend als AGB zu qualifizieren: *R. Müller* aaO Rn 15.335 ff.; ausführliche Übersicht bei Staudinger/*Marburger* vor §§ 793 ff. BGB Rn 20 ff.; krit. *Ekkenga* ZHR 160 (1996) 59 (66–73).

[206] Ein Gleichbehandlungsgebot statuiert heute § 30a Abs. 1 Nr. 1 WpHG, der Vorläufervorschriften gleichen Inhalts im BörsG (zuletzt § 39 Abs. 1 Nr. 1) ablöste und durch das Transparenzrichtlinie-Umsetzungsgesetz (TUG) (5. Teil Rn 120) eingeführt wurde, dieses wiederum im angesprochenen Punkt beruhend – für Aktien und Schuldtitel getrennt – auf Art. 17 Abs. 1 und 18 Abs. 1 EG-Transparenz-Richtlinie (5. Teil Rn 117). Vorher schon enthielt – der inzwischen ebenfalls durch SchVG 2009 ersetzte – § 12 Abs. 1 des Gesetzes betreffend die gemeinsamen Rechte der Besitzer von Schuldverschreibungen vom 4.12.1899, RGBl. S. 691, BGBl. III 4134–1, ein Gleichbehandlungsgebot. Ein Gleichbehandlungsgebot bestand also auch schon früher: ebenso *Schwark* NJW 1987, 2041 (2045) (Gleichbehandlungsgrundsatz als „allgemeiner Rechtsgedanke"); aA *Schäfer* ZIP 1987, 953 (956). Zum neuen Gleichbehandlungsgebot (und auch der engeren Parallelnorm für den Bereich des SchVG 2009) etwa: Schwark/Zimmer/*Heidelbach* WpHG § 30a Rn 6–19.

[207] Diese Frage ist sinnvoll, wenn es um die Frage geht, ob die Banken die Ausübung von Rechten, die sie aus dem Übernahmevertrag haben, auch den Anleihegläubigern schulden – da die Banken grds. kein direktes Rechtsverhältnis mit ausführlichem Konditionenkatalog den Anlegern gegenüber begründen. Daher zu dieser Frage unten Rn 58. Zwischen Emittenten und Anleger werden demgegenüber mit den Anleihebedingungen ausführlich alle Einzelheiten dieses Rechtsverhältnisses festgelegt, so dass eine Konstruktion weiterer Inhalte über den „Umweg" des Übernahmevertrages (zwischen Emittenten und Banken) äußerst fragwürdig ist. Näher BanR-Hdb/*Grundmann* § 112 Rn 123; ebenso *Hottenrott* Globalanleihen, S. 46 f. Freilich werden teils durchaus aus dem Übernahmevertrag weitere solche Pflichten hergeleitet (über § 328 BGB), vgl. etwa *Kümpel* Bankrecht, 3. Aufl. 2004, Rn. 9.223; heute jedoch ablehnend mit Bezugnahme auf die Praxis: Kümpel/Wittig/*R. Müller* Rn. 15.386 sowie *Groß* BuB 10/320 (außer für die Bezugsrechtsemission).

[208] *Hartwig-Jacob* Anleiheemission, S. 197; *Kümpel/Wittig/R. Müller* Rn 15.333; ausführlich, auch zum folgenden: *Hopt* FS Steindorff 1990, 341 (353–356, 361–364). Auch 2009 bei Novellierung des SchVG (Rn 60) – entgegen der Planungen im Entwurf – nicht geändert. §§ 793 ff. BGB und SchVG2009 finden vielmehr nebeneinander Anwendung: Palandt/*Sprau* Vor §§ 793 ff. Rn. 6; *Kümpel/Wittig/R. Müller* Rn 15.269. Zur damaligen Reformagenda etwa *Baums/Cahn (Hrsg.)*, Die Reform des Schuldverschreibungsgesetzes, 2004; und insgesamt zum Entwurf (im Kontext internationaler Kapitalmärkte) *Hopt* FS Schwark 2009, 441; Zusammenfassung bei BankR-Hdb/*Grundmann* § 112 Rn 118 (zu strengeren Kautelen bei der Bezugnahme im Falle von Papieren, deren Zirkulation intendiert war, und milderen im gegenteiligen Falle).

[209] Staudinger/*Marburger* BGB § 796 Rn 13; RGKR/*Steffen* § 796 Rn 11; weitergehend (Einwendungen, „mit denen nach Natur (Typus) und Inhalt der … Verpflichtung jeder rechnen muss"): *Hopt* FS Steindorff 1990, 341 (354) (unter Berufung auf *Ulmer* Das Recht der Wertpapiere, 1983, S. 64 und 121).

[210] *Hopt* FS Steindorff 1990, 341 (353 f.); Staudinger/*Marburger* BGB § 796 Rn 7 f.

Kern, nicht nur andeutend –[211] enthalten, wird die Heranziehung derjenigen Umstände außerhalb der Urkunde gestattet, mit deren Veröffentlichung zu rechnen ist – vor allem Erklärungen in Prospekten, aber auch anderen üblichen oder gar geschuldeten Veröffentlichungen.[212] Radikaler ist die Erweiterung, wenn die hM auch Regelungen außerhalb der Urkunde, mit denen jeder „rechnen muss" und auf die die Urkunde ausdrücklich verweist, für wirksam vereinbart ansieht und zwar so, dass sie auch späteren Erwerbern entgegengehalten werden können.[213] Für nicht zirkulationsfähige Papiere wird ein Verweis auf andere Urkunden in § 2 S. 2 SchVG zugelassen.

§§ 793 ff. BGB betreffen die Frage, welche Bedingungen späteren Erwerbern entgegen- **52**
gehalten werden können, die – daneben eingreifende – **AGB-Kontrolle** hingegen die Frage, welche Bedingungen dem ersterwerbenden Anleger gegenüber wirksam einbezogen wurden und welche inhaltlich wirksam sind. Während der AGB-Charakter von Anleihebedingungen schon seit jeher anerkannt war,[214] wurde lange davon ausgegangen, dass die **Einbeziehungskontrolle** entfiele, weil der Erstverkauf an die Konsortialbanken erfolgt und ab diesem Zeitpunkt die Bedingungen Teil des Rechtsprodukts seien.[215] Seit den 1990er Jahren wurde dem entgegengehalten, die Bedingungen würden erst beim Erstabsatz an einen Anleger „gestellt", folglich würden sie erst dann als AGB zu behandeln (und entsprechender Kontrolle zu unterwerfen) sein und jedenfalls müsse eine Einbeziehungskontrolle nach § 306a BGB bejaht werden.[216] Das SchVG 2009 klärte – nach anderen Entwürfen – die Frage nicht eindeutig, führte aber in § 3 SchVG 2009 eine Transparenzkontrolle ein, die neben § 307 Abs. 1 S. 2 BGB und der Einbeziehungskontrolle ohne echten Anwendungs-

---

211 BGH Urt. v. 23.10.1958 – II ZR 4/57, BGHZ 28, 259 (263 f.); *Hopt* FS Steindorff 1990, 341 (354 f., 362 f.); Staudinger/*Marburger* BGB § 793 Rn 9.

212 Für Prospekte: BGH (vorige Fn), BGHZ 28, 259 (263 f.); *Hopt* FS Steindorff 1990, 341 (363); *Staudinger/Marburger* BGB § 793 Rn. 9 (mit Nachweisen zur Gegenmeinung). Für sonstige übliche/geschuldete Veröffentlichungen: *Hopt* FS Steindorff, 1990, 341 (363 f).

213 Bei völlig üblichen Klauseln: BGH Urt. v. 18.12.1958 – II ZR 351/56, BGHZ 29, 120 (122 f.); Staudinger/*Marburger* BGB § 796 Rn. 7. Klarer ist Verankerung jedenfalls im Kern: *Hopt* FS Steindorff 1990, 341 (354 f., 362).

214 BT-Drs. 7/3919, S. 18; BGH Urt. v. 05.10.1992 – II ZR 172/91, WM 1992, 1902 (1904) (für die Genussscheine, bei denen sich allerdings das Problem zweistufiger Begebung seltener stellt); *Hartwig-Jacob* Anleiheemission, S. 204–235; *Hopt* FS Steindorff 1990, 341 (364); *Kümpel/Wittig/R. Müller* Rn 15.335 ff.; *Stucke* Rechte der Gläubiger, S. 257; *Than* FS Coing II 1982, 521 (537); *Ulmer/Brandner/Hensen* 8. Aufl. 1997, AGBG § 2 Rn 13; *v. Randow* ZBB 1994, 23 (bes. 26–29); aA *Kallrath* Inhaltskontrolle, S. 37 ff.; sowie *Ekkenga* ZHR 160 (1996) 59 (66–74); *Joussen* WM 1995, 1861 (1865–1869) (bei Fremdemissionen allerdings eine Inhaltskontrolle nach § 242 BGB befürwortend); *Hottenrott* Globalanleihen, S. 91–127, sehr grds. für die Exklusivität der kapitalmarktrechtlichen Kontrollmechanismen: *Assmann* WM 2005, 1053. Anders auch etwa in Großbritannien, vgl. *Hopt* aaO.[diese Fußnote], dieser auch de lege ferenda für einen Ausschluss der AGB-Kontrolle durch Kontrolle allein im SchVG (444–446, so in der Tat dann der Entwurf 2009).

215 BT-Drs. 7/3919, 18; *Ekkenga* ZHR 160 (1996) 59 (69 f.); *Hopt* FS Steindorff 1990, 341 (353–356, 365 f.) (allerdings „Rest von Zweifel"); *Masuch* Anleihebedingungen, S. 61–75; *Stucke* Rechte der Gläubiger, S. 258–261; *Ulmer/Brandner/Hensen* 8. Aufl. 1997, AGBG § 2 Rn. 14; wohl auch *Than* FS Coing II 1982, 521 (533. Bei der (seltenen) Selbstemission wäre bereits nach dieser Meinung eine Einbeziehungskontrolle nötig: *Hartwig-Jacob* Anleiheemission, S. 237.

216 *Bosch* BuB 10/161; *Gottschalk* ZIP 2006, 1121 (1124 ff.); *Hartwig-Jacob* Anleiheemission, S. 217–223 und S. 231–235; *Kümpel/Wittig/R. Müller* Rn 15.337; *v. Randow* ZBB 1994, 23 (bes. 25 ff.); Veranneman/*Oulds* Schuldverschreibungsgesetz, Vor § 5 Rn 20 ff.

bereich erscheint, sofern ihre Existenz eher gegen eine zusätzliche Einbeziehungskontrolle spricht. Diese ist neben den skripturrechtlichen Voraussetzungen auch praktisch wenig bedeutsam: Denn von den drei Voraussetzungen des § 305 Abs. 2 BGB (im Verhältnis zu nichtkaufmännischen Anlegern) ist Nr. 1 dadurch erfüllt und auch die Zustimmung ist anzunehmen, wenn Nr. 1 und Nr. 2 erfüllt sind und der Vertrag dennoch abgeschlossen wird.[217] Folglich ist bei der Einbeziehungskontrolle jeweils nur zu prüfen, ob von den Bedingungen in zumutbarer Weise Kenntnis genommen werden konnte – und dies kann, soll nicht die Umlauffähigkeit ausgeschlossen sein, nur so verstanden werden, dass Verständlichkeit und Leserlichkeit gewahrt sind.[218]

53 Für die **Inhaltskontrolle** werden überwiegend (um Gleichbehandlung zu gewährleisten) §§ 308 f. BGB als Maßstab angelegt.[219] Kernpunkt in der höchstrichterlichen Rechtsprechung sind Änderungsvorbehalte für Hauptpunkte der Emittentenverpflichtung.[220] Hohe Anforderungen werden an die Transparenz der Bedingungen gestellt,[221] die ja auch nicht nur in § 307 Abs. 1 S. 2 BGB vorgeschrieben ist, sondern in § 3 SchVG als Leitgesichtspunkt des Anleiherechts außer Zweifel gestellt wurde.[222] Neben den Änderungsvorbehalten[223] spielen die Regeln zu Kapital und Zinsen – und insbes. ihrer Transparenz – eine besondere Rolle.[224]

---

[217] *Hopt* FS Steindorff 1990, 341 (366); *Ulmer*/Brandner/Hensen/*Ulmer*/*Habersack* AGB-Recht, 12. Aufl., 2016, BGB § 305 Rn 161, 169 ff.; *Wolff*/Lindacher/*Pfeiffer* 6. Aufl. 2013, § 305 Rn 123 ff.

[218] Völlig unrealistisch wäre im Effektengiroverkehr, jeweils die Urkunde vorzulegen: *Hopt* FS Steindorff 1990, 341 (368 f.). Vgl. näher (auch zu weiteren Problemen, namentlich Gleichbehandlungsfragen, wenn bei der Einbeziehungskontrolle nach Anlegergruppen zu unterscheiden wäre) BankR-Hdb/*Grundmann* § 112 Rn 119.

[219] *Hopt* FS Steindorff 1990, 341 (371); *Kümpel/Wittig/R. Müller* Rn 15.340; *v. Randow* ZBB 1994, 23 (28 f., 31); *Bosch* BuB 10/159–10/168 passim; ausführlich *Masuch* Anleihebedingungen, S. 93–114; allein für § 307 BGB *Than,* FS Coing II 1982, 521 (537 Rn 36); unentschieden: *Stucke* Rechte der Gläubiger, S. 261 f.; dagegen (und allein für kapitalmarktrechtlichen Schutz): *Assmann* WM 2005, 1053.

[220] BGH Urt. v. 30.06.2009 – XI ZR 364/08, WM 2009, 1500 (1502).

[221] Schon unter § 9 AGBG nahm die hM die Transparenzkontrolle zumindest dann vorrangig nach dieser Norm vor, wenn mit dem Fehlen von Transparenz zusätzlich die Gefahr inhaltlicher Unangemessenheit einhergeht: BGH Urt. v. 24.11.1988 – III ZR 188/87, BGHZ 106, 42 (49 f.); BGH Urt. v. 17.01.1989 – XI ZR 54/88, BGHZ 106, 259 (264); BGH Urt. v. 19.09.1991 – IX ZR 296/90, BGHZ 115, 177 (185); früh wurde in diesem Zusammenhang auch auf die entsprechende Formulierung in der EG-Richtlinie über missbräuchliche Klauseln verwiesen: Palandt/*Grüneberg* BGB § 307 Rn 20–27.

[222] Zum Transparenzgebot im SchVG 2009: *Sester* AcP 209 (2009), 628; *Horn* BKR 2009, 446 (453); *Horn* ZHR 173 (2009), 12 (39 f.). Die Inhaltskontrolle bleibt – da diskutiert und nicht explizit ausgeschlossen – daneben anwendbar, sofern nicht die spezielleren Regelungen des SchVG eingreifen: *Baums* ZBB 2009, 1 (1 f.); *Horn* BKR 2009, 446 (452 f.); *Horn* ZHR 173 (2009), 12 (38 f.); Wolf/Lindacher/*Pfeiffer AGB-Recht, § 307 Rn 296;* Ulmer/Brandner/Hensen/*Fuchs AGB-Recht, 12. Aufl. 2016, § 307 Rn 64–68a;* in diesem Sinne wohl auch: Baum/Fleckner/Hellgardt/Roth/*Bliesener* Perspektiven des Wirtschaftsrechts – Beiträge für Klaus J. Hopt 2008, 355 (359); vgl. ferner: Baumbach/*Hopt* (7) BankGesch Rn. Y3.

[223] Ausführlicher Überblick bei: *Kümpel/Wittig/R. Müller* Rn 15.349–15.370; kürzer: *Bosch* BuB 10/167.

[224] Vgl. nur: Wolf/Lindacher/Pfeiffer/*Schmidt* AGB-Recht, Klauseln, Rn D18; Ulmer/Brandner/Hensen/*Fuchs* AGB-Recht, 12. Aufl. 2016, Teil 3 (65) Rn 13–16 und speziell zu Anleihebedingungen: *Bosch* BuB 10/167; *Masuch* Anleihebedingungen, S. 97 (kontrollfrei außer Anpassungsklauseln!); für weitere Klauseln – neben den bereits genannten Übersichtswerken – BankR-Hdb/*Grundmann* § 112 Rn 120 f.

c) **Insbes. bei der internationalen Anleiheemission.** Die Frage nach dem auf Anleihen[225] **anwendbaren Recht** wird meist durch **ausdrückliche Rechtswahl** entschieden,[226] ggf. aber auch durch konkludente Rechtswahl.[227] Sie muss – wegen des auch kollisionsrechtlich maßgeblichen Gleichbehandlungsgrundsatzes –[228] einheitlich erfolgen, es sei denn es werden Ländertranchen mit eigenen Konditionen geschieden.[229] Eine hinreichend verfestigte lex mercatoria hat sich auch in diesem Verhältnis nicht ausgebildet,[230] dennoch **54**

225 Vergleichbar für andere Fremdkapitalpapiere, etwa Note Facilities: aA im Grundsatz *Ebenroth*, FS Keller 1989, 391 (416), der hier danach differenziert, ob das Emissionskonsortium multinational besetzt ist oder nicht. Im ersten Fall gelte dasselbe wie bei der Anleihe, im zweiten das Recht der Emissionsbank. Da der erste Fall der Regelfall ist, entspricht das Ergebnis meist auch nach *Ebenroth* dem im Anleihenmarkt (vgl. im Folgenden).

226 Zulässig, vgl. RG Urt. v. 14.11.1929 – IV 665/28, RGZ 126, 196 (205 f.); RG Urt. v. 21.02.1929 – IV 399/28, IPRspr 1929, Nr. 36; RG Urt. v. 12.11.1934 – VI 370/34, IPRspr 1935–44 Nr. 65; OLG Köln Urt. v. 13.09.1935 – 2 U 23/35, JW 1936, 203 (203); *Böse* Anleihen, S. 15 f., 18 ff. (mwN aus der älteren Rspr. und Lit.); *Hartwig-Jacob* Anleiheemission, S. 245; sowie (zugleich zur Üblichkeit) *Ebenroth* FS Keller, 1989, 391 (404 und 406); *Hopt* Verantwortlichkeit, S. 116 Rn 391; *Horn* Anleihen, S. 482, 485 f.; zur Üblichkeit auch *Kahn* FS Schmitthoff 1973, 215 (225, 236–239); *Zobl* SchwZW 1990, 129 (140) (mit umfangreichem Beispiel- und Klauselmaterial).

227 Etwa wenn Rechtswahl für mit der Anleiheemission verbundene Treuhandabrede (unten Rn 59): RG Urt. v. 28.05.1936 – IV 272/35, IPRspr 1935–44, Nr. 454, besonders S. 921; zustimmend: *Mügel* JW 1936, 2058 (2058 f.) (Urteilsanmerkung); sowie: *Böse* Anleihen, S. 23; *Horn* Anleihen, S. 239. Fraglich (wegen der skripturrechtlichen Voraussetzungen), ob auch im Prospekt: so freilich RG (Fn 226), RGZ 126, 196 (205 f.); *Böse* Anleihen, S. 23; *Horn* Anleihen, S. 239 f.; Reithmann/*Martiny* Internationales Vertragsrecht, 8. Aufl., 2015, Rn 6.166. Demgegenüber verbietet es heute Art. 3 Abs. 1 Satz 2 Rom-I-VO, die Wahl des Erfüllungsortes als solche konkludente Rechtswahl zu werten: so schon *Böse* Anleihen, S. 47 f.; anders noch *Lochner* Darlehen und Anleihe, S. 9–11.

228 RG (Fn 226), RGZ 126, 196 (200, 206); *Heinrici* JW 1930, 1855 (1859 f.) (Urteilsanmerkung); *Böse* Anleihen, S. 52 f. (mit zahlreichen Nachw. aus der älteren Rechtsprechung); MünchKommBGB/*Kindler* Rom I-VO Art. 4 Rn 221 f.; Reithmann/Martiny/*Freitag* Internationales Vertragsrecht, 8. Aufl., 2015, Rn 6.633, 6.639 f.; Staudinger/*Magnus* Int. Vertragsrecht Art. 4 Rom I-VO Rn 290; *Ebenroth* FS Keller 1989, 391 (407); *Horn* Anleihen, S. 224, 483 (mwN auch aus dem Ausland); *Kegel* FS Schmidt 1966, 215 (225); *Lochner* Darlehen und Anleihe, S. 12, 60–66; *Rabel* Conflict of Laws – a Comparative Study, vol. 3, 2. Aufl., 1964, S. 13; *Zobl* SchwZW 1990, 129 (139). In die gleiche Richtung weist der Transparenzgrundsatz, nach dem eine getrennte Rechtswahl bei gleichen Konditionen überraschend erscheint.

229 RG (Fn 226), IPRspr 1929, Nr. 36; *Böse* Anleihen, S. 60; *v. Hecke* Emprunts internationaux, S. 8, 74; *Behrens-Horn* Die Wertsicherung der Young-Anleihe, 2. Aufl., 1984, 114–116; *Lochner* Darlehen und Anleihe, S. 65 f.; Reithmann/Martiny/*Mankowski* Internationales Vertragsrecht, 8. Aufl., 2015, Rn 6.1658. Auf die Unterschiedlichkeit in den Konditionen als zentrales Unterscheidungskriterium hat schon *Ulmer* Das Recht der Wertpapiere, 1932, S. 110 aufmerksam gemacht.

230 *Delaume* 11 Columbia J. Trans. L. 240 (bes. 265) (1972); *Than* FS Coing I 1982, 521; aA *Horn* Anleihen, S. 247, 521–532; *ders.* FS Bärmann 1975, 493 (506 f.) (sogar im Bereich der Gläubigerorganisationsverträge, die häufig zwingende Statuten wie das Prozess- und Sachenrecht berühren); *Kahn* FS Schmitthoff 1973, 215 (239 f.). M.E. fehlt es schon an der für Entstehung einer lex mercatoria mit Rechtscharakter unverzichtbaren Imparzialität in der Ausarbeitung des Klauselwerks: vgl. *Grundmann* Jahrbuch junger Zivilrechtswissenschaftler, 1991, S. 43 (57–59 und bes. 60 ff.); ähnlich *Wichard* RabelsZ 60 (1996), 269 (295 f. und 302).

sind die tatsächlich verwandten Klauseln möglichst international einheitlich auszulegen.[231] **Mangels Rechtswahl gilt** bei Anleihen, die nur in einem Land platziert werden, dessen Recht,[232] bei Anleihen, die in mehreren Ländern platziert werden (ohne dass gesonderte Ländertranchen ausgebildet werden), etwa Euroanleihen, ein einheitliches Recht (Gleichbehandlung!), nach hM das des Emittentensitzes.[233] Nach dem anwendbaren Recht **beurteilen sich alle Fragen der Anleihe**, auch die AGB-Kontrolle, nicht jedoch diejenige nach einem in der Anleihe verankerten Bezugsrecht auf Aktien einer anderen Gesellschaft (oben Rn 52). Sonderregeln gelten dann jedoch für die Gläubigerorganisation (vgl. unten Rn 52 f.).

55 Bei internationalen Anleiheemissionen **zentrale Klauseln** betreffen vor allem[234] Bonitätsverschlechterungen beim Emittenten: Kündigungsrechte / sofortige Fälligstellung bei substantiellen Verschlechterungen (material adverse change) sowie bei Kündigung oder anderen Durchsetzungsvorbereitungen durch andere Gläubiger (cross default), Gleichstellung bei den Sicherheiten (pari passu) bzw Verbot einer Bevorzugung anderer Gläubiger (negative pledge). Besonders das Tatbestandsmerkmal „Default" wird genau definiert.[235] Obwohl diese Klauseln Gläubigerrechte erweitern, wird ihre Begrenzung, wenn deutsches Recht auf die internationale Anleihe Anwendung findet, wiederum der AGB-Inhaltskontrolle unterzogen (§ 307 Abs. 2 Nr. 2 BGB, weil ein gesetzliches Leitbild fehlt).[236] Ein zwei-

---

[231] Vgl. bereits oben Fn 88; und speziell für die hier behandelten Klauseln: *Horn* Anleihen, S. 498–509, besonders 500 f.

[232] Für diese Anknüpfung: *Böse* Anleihen, S. 59 f. (nicht nur in dieser Fallgestaltung); *v. Hecke* Emprunts internationaux, S. 73 f.; *Horn* Anleihen, S. 483; *Lochner* Darlehen und Anleihe, S. 38 f., 66; sowie für Art. 4 Abs. 2, 3 Rom-I-VO: MünchKommBGB/*Martiny* Art. 4 Rom I-VO Rn 222; auch *Ebenroth* FS Keller 1989, 391 (406 Rn 91); *Zobl* SchwZW 1990, 129 (139) (für den entsprechenden Art. 117 Abs. 2 des schweizerischen IPRG). Das entspräche dem Recht des Darlehensgebers: OLG Hamburg Urt. v. 12.12.1984 – 8 U 78/84, IPRspr 1984, Nr. 24b; MünchKommBGB/*Martiny* Art. 4 Rom I-VO Rn 213. Einordnung ins System des Kollisionsrechts etwa bei BankR-Hdb/*Grundmann* § 112 Rn 125.

[233] RG Urt. v. 23.06.1927 – IV 592/26, RGZ 118, 370 (371) (implizit); RG (Fn 226), RGZ 126, 196 (200, 206); RG Urt. v. 14.12.1941 – VI 463/34, RGZ 146, 1 (3) (implizit); für Art. 4 Rom-I-VO: MüKoBGB/*Martiny* Art. 4 Rom I-VO Rn. 221; und schon bisher: *Lochner* Darlehen und Anleihe, S. 19–25, 45 f., 51; sowie: *v. Hecke* Emprunts internationaux, S. 74; *Horn* Anleihen, S. 483; *Kegel* FS Schmidt 1966, 215 (224 f.); aA (Ausgabeort mit engster Beziehung zur Gesamtanleihe): *Böse* Anleihen, S. 54 ff.; *Rabel* Conflict of Laws – a comparative Study, vol. 3, 2. Aufl., 1964, S. 13 f.; *Zobl* SchwZW 1990, 129 (139); sowie, das Kriterium des „engsten Zusammenhangs" nicht konkretisierend: *Ebenroth* FS Keller 1989, 391 (406).

[234] BankR-Hdb/*Grundmann* § 112 Rn 122 (mwN für jede der genannten Klauseln), sowie kurzer Überblick (über praktisch alle Genannten) bei: *Hopt* Verantwortlichkeit, S. 132–135; *Rohr* Emissionsrecht, S. 329–357; vgl. im Einzelnen: *Hartwig-Jacob* Anleiheemission, S. 469–546. Umfassend zu marktüblichen Klauseln in Anleihebedingungen: *Kümpel/Wittig/R. Müller* Rn 15.349–15.370.

[235] *Horn* Anleihen, S. 322–324; *Penn/Sheal/Aurora* The Law and Practice of International Banking, 1987, S. 174–183; *Wood* Finance – International Loans (Fn 151), S. 103–105, 197; *Zobl* SchwZW 1990, 129 (148). Dazu auch: *Hinsch/Horn* Konsortialkredite, S. 92 ff.

[236] Diese Vorschrift legt die Kriterien der Inhaltskontrolle in den Fällen fest, in denen solch ein – atypisches – Regelungswerk zu überprüfen ist: BT-Drs. 7/3200, S. 12; *Becker*, Die Auslegung des § 9 II AGB-Gesetz – eine systematische Darstellung der Grundlagen des Rechts der Inhaltskontrolle Allgemeiner Geschäftsbedingungen, 1986, S. 166 ff.; *v. Hoyningen-Huene* Die Inhaltkontrolle nach § 9 AGB-Gesetz – ein Kommentar, 2. Aufl., 1991, AGBG § 9 Rn 278; Ulmer/Brandner/Hensen/*Fuchs* AGB-Recht, 12. Aufl., 2016, BGB § 307 Rn. 238. Zur

ter Klauselbereich schränkt demgegenüber Emittentenrechte grds. nur ein (was eine Inhaltskontrolle überflüssig macht) und betrifft Zahlungsfragen: die Anordnung von effektiver Zahlung in der vereinbarten Währung (Ausschluss von § 244 BGB), die Nettoklausel (alle Zusatzbelastungen, etwa Quellensteuer, dem Emittenten auferlegend), teils freilich mit der Maßgabe, dass dann ein (ebenso solventer) Ersatzschuldner benannt werden kann.[237]

2. Sonderrechtsverhältnisse untereinander und zu den Emissionsbanken

a) **Grundsätzlich keine Sonderrechtsverhältnisse.** Anders als zum Emittenten begründen die Anleger grds. keine Sonderrechtsverhältnisse zum Konsortium,[238] sondern nur punktuell die im Folgenden aufgeführten Sonderrechtsverhältnisse zu „ihrer" Konsortialbank, teils auch untereinander. 56

b) **Sonderrechtsverhältnis aus Absatzvertrag.** Der Absatzvertrag wird mit einer Konsortialbank, nicht dem Konsortium angeschlossen.[239] Zivilrechtlich handelt es sich – im Verhältnis zur Konsortialbank – zwar um einen Rechtskauf, selbst beim kommissionsweisen Verkauf (der Bank für den Emittenten!).[240] Beim Verkauf durch ein Institut, das in der Emission erworben hat, handelt es sich bereits um gewöhnlichen Wertpapierhandel im Sekundärmarkt.[241] In allen Fällen – auch beim Erstverkauf – ist das Geschäft jedoch als Wertpapierdienstleistung zu qualifizieren (im Primärmarkt, § 2 Abs. 3 S. 1 Nr. 5 und 6 WpHG, bei Weiterveräußerung § 2 Abs. 3 S. 1 Nr. 3 und 4 WpHG) und greifen daher einheitlich die Wohlverhaltensregeln ein, insbesondere auch die Aufklärungspflichten und Interessenwahrungspflicht zugunsten des Kunden.[242] 57

Unterwerfung solcher – Vorteile wieder beschränkender – Klauseln unter die Inhaltskontrolle grundlegend: BGH Urt. v. 12.03.1987 – III ZR 29/86, BGHZ 100, 157 (173); Ulmer/Brandner/Hensen/*Fuchs* AGB-Recht, 12. Aufl., 2016, BGB § 307 Rn 38.

237 *Horn* Anleihen, S. 48–50, 56, 252; *Penn/Shea/Arora*The Law and Practice of International Banking, 1987, S. 88–90; *Rohr* Emissionsrecht, S. 316 f.; *Zobl* SchwZW 1990, 129 (146) („in allen konsultierten Prospekten enthalten"); zur Klausel auch: *Hinsch/Horn* Konsortialkredite, 139 f. Auch Ersetzungsbefugnis wohl wirksam, weil sie die Grundlage dafür bildet, dass Quellensteuerfreiheit versprochen werden kann. Vgl. zu diesem Argument vgl. BGH Urt. v. 01.12.1981 – KZR 37/80, NJW 1982, 644 (645 f.); Ulmer/Brandner/Hensen/*Fuchs* AGB-Recht, 12. Aufl., 2016, BGB § 307 Rn 116.

238 OLG Düsseldorf Urt. v. 05.04.1984 – 6 U 239/82, WM 1984, 586 (597); *De Meo* Bankenkonsortien, S. 196; *Hopt* Verantwortlichkeit, S. 21; *Horn* Anleihen, S. 107 f.; Habersack/Mülbert/Schlitt/*Singhof/Weber* Unternehmensfinanzierung, § 4 Rn 106.

239 *Groß* BuB 10/319; *De Meo* Bankenkonsortien, S. 196; *Hopt* Verantwortlichkeit, S. 21. Es gilt (mangels Rechtswahl) das Sitzrecht des Instituts (ggf. mit verbraucherrechtlicher Sonderanknüpfung nach Art. 5, 6 Rom-I-VO): *Hopt* Verantwortlichkeit, S. 117; entsprechend dem, was allgemein beim wertpapierdienstleistungsrechtlichen Beratungsvertrag gilt: Reithmann/Martiny/*Freitag* Internationales Vertragsrecht, 8. Aufl. 2015, Rn 6.563.

240 Vgl. (jeweils für Verkauf bei Festübernahme und kommissionsweisen Verkauf bei Best Effort): *Canaris* Bankvertragsrecht, Rn 2245; *De Meo* Bankenkonsortien, S. 196; *Hopt* Verantwortlichkeit, S. 21; *Kümpel/Wittig/R. Müller* Rn 15.126.

241 *Canaris* Bankvertragsrecht, Rn 2247. Allerdings handeln Mitglieder der (vor allem im internationalen Geschäft anzutreffenden) sogenannten Selling Group als bloße Zeichnungsstellen für die Konsortialbanken, also in einem Geschäftsbesorgungsverhältnis als deren Vertreter: *Hopt* Verantwortlichkeit, S. 20; *Kümpel/Wittig/R. Müller* Rn 15.95; näher zur Durchführung BankR-Hdb/*Grundmann* § 112 Rn 127.

242 *Kümpel/Wittig/R. Müller* Rn 15.128; implizit ebenso *Kümpel* WM 1993, 2025 (2025 f.); schon lange vor Qualifikation als Wertpapierdienstleistung ebenso *Canaris* Bankvertragsrecht, Rn 2246.

58 c) **Sonderrechtsverhältnis aus Aktienrecht.** Dass grds. keine Sonderrechtsverhältnisse zum Konsortium, ja nicht einmal immer gegenüber den Emissionsbanken entstehen, zeigt sich bei denjenigen Aktienemissionen, bei denen diese nur als Mittler – also als bloße Stellvertreter – agieren (oben Rn 30).[243] Demgegenüber setzen sie bei der Kapitalerhöhung gegen Einlagen die Stücke selbst ab (§ 186 Abs. 5 AktG), die entsprechende Verpflichtung, die der Emittent im Übernahmevertrag verankern muss (was auch regelmäßig geschieht),[244] wirkt rechtsbegründend für die Altaktionäre (§ 328 BGB).[245] Fehlt sie hingegen, ist der Beschluss rechtswidrig und daher anfechtbar (§ 243 Abs. 1 AktG).[246] Enthält der Hauptversammlungsbeschluss sie, hat sie jedoch der Emittent der Emissionsbank gegenüber nicht durchgesetzt, haftet dieser für Fehlverhalten seiner Organe (§ 31 BGB).[247] Die hM lässt die Emissionsbanken in diesen Fällen nur nach § 826 BGB haften, m.E. sprechen die besseren Gründe für Haftung im gleichen Umfang wie der Emittent (treuhänderische Bindung).[248] Alle genannten Pflichten(lagen) treffen die Konsortialbanken nur teilschuldnerisch, also jeweils jede nur für ihre Quote, die in ihrem Alleineigentum steht.[249]

59 d) **Sonderrechtsverhältnis bei Anleiheemission, auch grenzüberschreitend (mit Gläubigerabsicherung und -reorganisation).** Abgesehen vom individuellen Absatzvertrag (auf dessen Abschluss bei der Anleiheemission kein potentieller Anleger einen Anspruch hat[250]

---

243 Musterverträge zu diesem Verhältnis bei *Scholze* Konsortialgeschäft, S. 513 ff.; Übersicht über die typischen Inhalte auch bei: Habersack/Mülbert/Schlitt/*Schücking* Unternehmensfinanzierung, § 32 Rn 45 ff.; ausf. *Schnorbus* AG 2004, 113.

244 Vgl. das Muster bei *Groß* BuB 10/325.

245 *Canaris* Bankvertragsrecht, Rn 2270; KölnKomm/*Lutter* AktG § 186 Rn 114, 118; *Groß* BuB 10/320 (für Bezugsrechtsemission); *Hüffer/Koch* AktG § 186 Rn 55, 47; MünchKommAktG/*Schürnbrand* § 186 Rn 156; Schmidt/Lutter/*Veil* AktG § 186 Rn 47. Unverzüglichkeit geschuldet nach KölnKomm/*Lutter* AktG § 186 Rn 106; *Hüffer/Koch* AktG § 186 Rn 47; MünchKommAktG/*Schürnbrand* § 186 Rn 156; Schmidt/Lutter/*Veil* AktG § 186 Rn 48. Hinzu kommt seit 1.7.2012 eine Prospektpflicht und -haftung: Vgl. Änderung der Rechtsauffassung der BaFin zu § 3 Abs. 1 WpPG: BaFin-Journal 09/12, S. 7; dazu *Oltmanns/Zöllter-Petzold* NZG 2013, 489 (speziell zu Unternehmen im Entry-Standard); zu Vereinfachungen hierbei nach Art. 26a EU-ProspektVO *Schulz/Hartig* WM 2014, 1567.

246 KölnKomm/*Lutter* AktG § 186 Rn 111 (seit der 1. Aufl.); ihm folgend: *Canaris* Bankvertragsrecht, Rn 2256; heute unstr. vgl. *Hüffer/Koch* AktG § 186 Rn 44–49.

247 Mit Regress nach § 93 AktG. Vgl. insgesamt KölnKomm/*Lutter* AktG § 186 Rn 41 (auch zur Möglichkeit eines direkten Anspruchs des Aktionärs gegen die Vorstandsmitglieder und zu Unterlassungsansprüchen vor Eintragung der Kapitalerhöhung); sowie *Ekkenga/Maas* Wertpapieremissionen, S. 333 f.; MünchKomAktG/*Schürnbrand* § 186 Rn 59; Schmidt/Lutter/*Veil* AktG § 186 Rn 33.

248 Für die hM *Canaris* Bankvertragsrecht, Rn 2270. Umstritten hinsichtlich möglicher Ansprüche aus § 280 BGB, vgl. dazu: *Hüffer/Koch* § 186 Rn 18; *Ekkenga/Maas* Wertpapieremissionen, S. 334; zur Begründung der Gegenmeinung BankR-Hdb/*Grundmann* § 112 Rn 129.

249 Vgl. den Mustervertrag bei *Groß* BuB 10/325; so auch die Fallgestaltung in BGH Urt. v. 13.04.1992 – II ZR 277/90, BGHZ 118, 83; näher (auch zur Frage, wie die hM, die vor Verteilung der Quote Gesamthandeigentum an den Stücken annimmt [oben Rn 45], die Probleme löst bzw. lösen könnte): BankR-Hdb/*Grundmann* § 112 Rn 130.

250 Habersack/Mülbert/Schlitt/*Diekmann* Unternehmensfinanzierung, § 31 Rn 50; sowie *Canaris* Bankvertragsrecht, Rn 2267, der solch eine Pflicht auch nicht aus dem Gleichbehandlungsgebot herleiten will. In der Tat trifft ein solches nur den Emittenten und auch nur gegenüber Anlegern, die Obligationen bereits erworben haben; pauschal ebenso: *Horn* Anleihen, S. 107 f.; auch nicht bei öffentlicher Ankündigung, wie etwa *Canaris* Bankvertragsrecht, Rn 2269; sowie Habersack/Mülbert/Schlitt/*Diekmann* Unternehmensfinanzierung, § 31 Rn 51 an-

und der auch keine nachwirkenden Dauerpflichten begründet)[251] und abgesehen von den darin verankerten Interessenwahrungspflichten bestehen Pflichten aus Sonderrechtsverhältnis bei der Anleihemission selbst im Verhältnis zur einzelnen Konsortialbank nur punktuell. Dafür bedarf es einer Abrede. Solche finden sich namentlich in Fragen der **Absicherung der Anleihe** (sowie ihrer Restrukturierung, nächste Rn). Erhalten die Konsortialbanken – ggf. die Konsortialführerin allein – Sicherungszusagen oder -rechte, so liegt eine Begünstigung auch der Anleihegläubiger nahe. Im internationalen Verkehr sind das Klauseln, die ihnen Meistbegünstigung im Vergleich zu anderen Gläubigern verbürgen soll (negative pledge-, pari passu- und cross default-Klauseln),[252] im nationalen (dingliche) Sicherungsrechte.[253] Freilich ist von einem Anspruch der Anleihegläubiger nur auszugehen, wenn entweder die Abrede in diese Richtung deutet oder das Recht allein auf Verwertung ausgerichtet ist, umgekehrt grds. nicht, wenn die Überwachungslast (etwa bei den genannten internationalen Klauseln) so gewichtig ist, dass den Instituten deren Übernahme nicht unterstellt werden kann.[254]

Hiermit hängt das **Restrukturierungsregime** zusammen, das freilich vor allem das Ver- **60**
hältnis der Anleihegläubiger zueinander betrifft.[255] Ausgangspunkt ist insoweit das **Schuldverschreibungsgesetz, das 2009 völlig neu gefasst** wurde.[256] Dieses gilt nunmehr für alle Anleihen, die (seit dem 5.8.2009) nach deutschem Recht begeben werden, wofür jedoch (anders als nach altem SchVG) kein Inlandssitz des Emittenten nötig ist (§ 1 Abs. 1 SchVG) – zwingend sind dann die §§ 1–4 SchVG, im Übrigen ist das SchVG dispositiv und für Anleihen von vor dem 5.8.2009 gar nur wählbar, wenn neue Schuldverschreibungen gleicher Ausstattung begeben werden (§ 24 Abs. 2 SchVG 2009).[257] Insgesamt soll der Ausgleich zwischen Flexibilität und hinreichendem Minderheitsschutz im neuen Restruk-

---

nehmen; wie hier *Ekkenga/Maas* Wertpapieremissionen, S. 340; sowie *Hopt* Verantwortlichkeit, S. 111; näher zu den Argumenten BankR-Hdb/*Grundmann* § 112 Rn 131.

[251] *Hopt* Verantwortlichkeit, S. 111 f.

[252] Vgl. oben Rn 55.

[253] Wenn „zugunsten der Anleger" eingeräumt, Anlegeransprüche begründet: *Hopt* Verantwortlichkeit, S. 24. Vergleichbar, wenn Sicherungsrecht auf Verwertung ausgelegt: Bei der Sicherheitentreuhand nimmt man denn auch allgemein einen Vertrag zugunsten der Anleger an: *Hopt* Verantwortlichkeit, S. 24; *Kümpel/Wittig/R. Müller* Rn 15.128 („regelmäßig"); *Stucke* Rechte der Gläubiger, S. 36 f.; *Than* FS Coing II 1982, 521 (525).

[254] Näher BankR-Hdb/*Grundmann* § 112 Rn 132; sowie *Hopt* Verantwortlichkeit, S. 112.

[255] Zur Anleihetreuhand (in der Hand von Konsortialbanken), die entweder Sicherungsrechte bezeichnet (vorige Rn) oder aber Gestaltungsrechte bei Restrukturierungsfragen, vgl. etwa *Hopt* FS Steindorff 1990, 341 (358).

[256] Gesetz über Schuldverschreibungen aus Gesamtemissionen (Schuldverschreibungsgesetz) vom 4.8.2009, BGBl. I S. 2512; zuletzt geändert durch Art. 2 Gesetz vom 13.9.2012, BGBl. I S. 1914. Zum alten Schuldverschreibungsgesetz, das zwingend, jedoch nur für Inlandsemittenten galt, sowie zu seinen Defiziten, vgl. BankR-Hdb/*Grundmann* 3. Aufl. 2007, Rn 129–131. Zum Schuldverschreibungsgesetz 2009 ausführlich BankR-Hdb/*Tetzlaff* § 88; sowie etwa *Hopt* FS Schwark 2009, 441; *Liebenow* Schuldverschreibungsgesetz; *Veranneman* Schuldverschreibungsgesetz. Literatur zum alten SchVG, das wegen seiner eng gefassten Voraussetzungen kaum praktische Bedeutung erlangte: *Hopt* FS Steindorff 1990, 341.

[257] Zu teils zwingender, teils dispositiver Geltung, räumlichem Anwendungsbereich und genannter Opt-in-Möglichkeit ausführlicher: Veranneman/*Verannemann bzw. Oulds* Schuldverschreibungsgesetz, § 1 Rn 16 ff.; § 24 Rn 6 ff.; *Horn* BKR 2009, 446 (448 f.). Dazu, dass das alte SchVG nicht nur zwingend, sondern wohl auch international zwingend galt (für Inlandsemittenten) vgl. BankR-Hdb/*Grundmann* 3. Aufl. 2007, Rn 129.

turierungsregime bewerkstelligt werden, dies zur „Wahrung ihrer gemeinsamen Interessen" – dem dritten Regime neben der außergerichtlichen Sanierung und dem Insolvenzverfahren. Die Zentralinstrumente sind Umschuldungsklauseln (bis hin zum Teilverzicht auf die Valuta selbst) und Gesamtkündigungsklauseln, das Verfahren und die Beschlusskontrolle ähneln jetzt den aktienrechtlichen.[258]

61 **Außerhalb des Anwendungsbereichs des SchVG** (vorige Rn) – also namentlich für Anleihen nach einem anderen als deutschem Recht –[259] ist Rechtswahl für eine privatautonom geschaffene Gläubigerversammlung m.E. zulässig[260] und – selbst soweit das SchVG 2009 jetzt als Leitbild etwa einer AGB-Kontrolle heranzuziehen ist– erscheinen Umgestaltungsrechte und die international übliche sog. Collective Action Clause unproblematisch.[261] Die **drei wichtigsten Klauseltypen** sind (alle drei nach dem Leitbild 2009 wirksam): die Einführung eines Mehrheitsentscheids, soweit Anlegerinteressen leitend sind;[262]

---

[258] Näher BankR-Hdb/*Tetzlaff* § 88. Zur Vergleichbarkeit mit dem Verfahren der Hauptversammlung auch Baumbach/*Hopt* (7) BankGesch Rn Y/3; *Liebenow* Schuldverschreibungsgesetz, passim; sowie (vor allem auch zur Beschlusskontrolle) neben den oben Fn 71 Genannten: *Bredow/Vogel* ZBB 2009, 153; *Horn* ZHR 173 (2009) 12; *Schlitt/Schäfer* AG 2009, 477; *Schmolke* ZBB 2009, 8 (gemeinsamer Vertreter).

[259] Die Begrenzung auf Inlandsanleihen hat rechtsvergleichend lange Tradition: *v. Hecke* Emprunts internationaux, S. 276; *Horn* Anleihen, S. 422, 492; *Kahn* FS Schmitthoff 1973, 215 (220 f.) (französisches Recht); *Zobl* SchwZW 1990, 129 (141 f.) (schweizerisches Recht); rechtsvergleichende Überblicke über das Gesamtgefüge in den U.S.A. und Großbritannien als Leitrechtsordnungen bei Veranneman/*Foulkes* bzw. Veranneman/*Tricot* Schuldverschreibungsgsetz, Anh. I. Nachw. Für die Anleihen, die vor dem 5.8.2009 begeben wurden und für die ein Opt-in ins flexiblere neue Recht nur sehr begrenzt möglich ist (§ 24 Abs. 2 SchVG 2009), vgl. kurze Hinweise bei BankR-Hdb/*Grundmann* § 112 Rn 134.

[260] Zur Begründung näher BankR-Hdb/*Grundmann* § 112 Rn 134 (dort auch für die gegenläufige Rechtslage unter dem bis 2009 geltenden Regime); *Hofmann/Keller* ZHR 175 (2011) 684 (705–706) betonen zurecht, wie zentral die Rechtswahlmöglichkeit für die Investoren als Vertrauensfaktor ist.

[261] Zur Collective Action Clause etwa BankR-Hdb/*Tetzlaff* § 88. Rn 33–38; *Bauer/Cahn/Kenadjian* (Hrsg.) Collective Action Clauses and the Restructuring of Sovereign Debt, 2013; *Hofmann/Keller* Collective Action Clauses, ZHR 175 (2011) 684; *Kader/Obermüller* InsO 2009, 2025 (2028); *Podewills* DStR 2009, 1914 (1915); *Paulus* RIW 2009, 11 (13 f.); *Horn* BKR 2009, 446 (447); *Sobel* Strenghtening collective action clauses – catalysing change – the back story, 11 Capital Markets Law Journal 3 (2016). Breiter rechtsvergleichende Überblicke bei: *Bauer/Cahn/Kenadjian aaO* [diese Fußnote]; *Conard* Fundamental Changes in Marketable Share Companies, Int. Enc. Comp. L. volume XIII chapter 6, 1972, S. 41–44; *Delaume* Legal Aspects, S. 52–66; *Hofmann/Keller* ZHR 175 (2011) 684; *v. Hecke* Emprunts internationaux, S. 274–281; *Horn* Anleihen, S. 421–430; *Stucke* Rechte der Gläubiger, S. 88–98; *Wood* Finance – International Loans (Fn. 151), S. 298–303; rechtsvergleichende Überblicke über das Gesamtgefüge in den U.S.A. und Großbritannien als Leitrechtsordnungen bei Veranneman/*Foulkes* bzw. Veranneman/*Tricot* Schuldverschreibungsgsetz, Anh. I. Ist Schuldner ein Kreditinstitut, ist das Bail-in-Regime der BRRD Leitbild, vgl. näher *Kusserow* WM 2013, 1581; Kurzübersicht zum EU-Bail-in-Regime oben Teil 1 Rn. 49–51, 60–64, 72 ff., 86 f.

[262] Vgl. (auch zum Ausschluss der Titel, die der Emittent hält): *Hofmann in:* Bauer/Cahn/Kenadjian (vorige Fn), S. 45–69; *Hofmann/Keller* ZHR 175 (2011) 684 (699–705); und bereits *Hopt* FS Steindorff 1990, 341 (371 f.); *Horn* WM 1984, 713 (721); *Than* FS Coing II 1982, 521 (533–535); zur klauselmäßigen Schaffung einer Gläubigerversammlung, der Zulassung einer Mehrheitsentscheidung und ihren verschiedenen Spielarten außerdem: *Hopt* aaO 357; *Horn* Anleihen, S. 439–441, 444–446.

insbesondere auch Änderungsvorbehalte für die Anleihebedingungen selbst (automatisch eingreifend oder durch Beschluss), wenn eine Änderung aus Liquiditätsgründen angezeigt erscheint;[263] sowie die international übliche Cross-Default-Clause und andere Formen der Kollektivierung von Gläubiger-, vor allem von Kündigungsrechten.[264]

2. Abschnitt: Prospektrecht (WpPG und EU-Prosp-VO)*

Schrifttum (vgl. bereits Teil 5 zum Investment Banking und Wertpapierhandelsrecht allgemein)

a) Monographien, Sammelbände, Kommentare: *Arndt/Voß* (Hrsg.) Wertpapier-Verkaufsprospektgesetz, 2008; *Assmann* Prospekthaftung – als Haftung für die Verletzung kapitalmarktbezogener Informationsverkehrspflichten nach deutschem und US-amerikanischem Recht, 1985; *Assmann/Lenz/Ritz* (Hrsg.) Verkaufsprospektgesetz, Verkaufsprospektverordnung, Verkaufsprospektgebührenverordnung – Kommentar, 2001; *Assmann/Schlitt/v. Kopp-Colomb* (Hrsg.) Wertpapierprospektgesetz, Verkaufsprospektgesetz – WpPG, VerkProspG – Kommentar, 2. Aufl. 2010; *Assmann/Schütze* (Hrsg.) Handbuch des Kapitalanlagerechts, 4. Aufl., 2015; *Brellochs* Publizität und Haftung von Aktiengesellschaften im System des EU-Kapitalmarktrechts, 2005; *Camenzind* Prospektzwang und Prospekthaftung bei öffentlichen Anleihensobligationen und Notes, 1989; *Carl/Machunsky* Der Wertpapier-Verkaufsprospekt, Gesetz – Kommentar – Anhang, 1992; *van Gerven* Prospectus for the public offering of securities in Europe, 2008 (2 Bde.); *Goldberg-Damon* L'introduction en bourse, 2006; *Groß* Kapitalmarktrecht: Kommentar zum Börsengesetz, zur Börsenzulassungs-Verordnung und zum Wertpapierprospektgesetz, 6. Aufl., 2016; *Habersack/Mülbert/Schlitt* (Hrsg.) Handbuch der Kapitalmarktinformation, 2. Aufl. 2013; *dies.* Unternehmensfinanzierung am Kapitalmarkt, 3. Aufl., 2013; *Hahn* Anlegerschutz im Freiverkehr: die Problematik bei prospektfrei einbezogenen Unternehmen, 2008; *Heinze* Europäisches Kapitalmarktrecht – Recht des Primärmarktes, 1999; *Hellgardt* Kapitalmarktdeliktsrecht – Haftung von Emittenten, Bietern, Organwaltern und Marktintermediären – Grundlagen, Systematik, Einzelfragen, 2008; *Hoffstetter-Blättchen* Der Börsenzulassungsprospekt für den geregelten Markt, 1991; *Holzborn* (Hrsg.) Wertpapierprospektgesetz mit EU-Prospektverordnung und weiterführenden Vorschriften, 2. Aufl. 2014; *Hopt* Die Verantwortlichkeit der Banken bei Emissionen – Recht und Praxis in der EG, in Deutschland und in der Schweiz, 1991; *Hopt/Voigt* (Hrsg.) Prospekt- und Kapitalmarktinformationshaftung – Recht und Reform in der Europäischen Union, der Schweiz und den USA, 2005; *Hüffer* Das Wertpapier-Verkaufsprospektgesetz, 1996; *Just/Voss/Ritz/Zeising* (Hrsg.) Wertpapierprospektgesetz (WpPG) und EU-Prospektverordnung, 1. Aufl., 2009; *Kaufmann* Die Prospektpflicht nach dem WpPG. Die Entwicklung des Prospektrechts infolge

---

263 Zur Zulässigkeit von Klauseln, nach denen sich Anleihebedingungen bei Eintritt bestimmter Voraussetzungen unmittelbar ändern oder durch Entscheidung, etwa der Gläubigerversammlung, modifiziert werden können: *Hofmann/Keller* ZHR 175 (2011) 684 (689); und schon *Hopt* FS Steindorff 1990, 341 (357, 359–361); *Horn* Anleihen, S. 438–441. Allgemein zu Änderungsklauseln: *Hopt* FS Steindorff 1990, 341 (372 f.); und aus Schweizer Sicht: *Zobl* SchwZW 1990, 129 (146) (wirksam bei Bestimmung der „Folgen mit ausreichender Präzision").

264 So schon bisher *Hopt* FS Steindorff 1990, 341 (373–376); *Horn* Anleihen, S. 417; *Than* FS Coing II 1982, 521 (534); zweifelnd *Stucke* Rechte der Gläubiger, S. 262 f. (unter Hinweis auf § 11 Nr. 8 AGBG, seit 2002 ähnlich § 309 Nr. 8a BGB); krit. heute freilich *Hofmann/Keller* ZHR 175 (2011) 684 (707–708); außerdem zur klauselmäßigen Zulassung einer verdrängenden Gläubigertreuhand, dh etwa einer No-Action-Clause: *Delaume* Legal Aspects, S. 63–66; *Hopt* FS Steindorff 1990, 341 (358); *Horn* Anleihen, S. 410, 434 f., 444–446, sowie rechtsvergleichend (insbesondere auch zu kontinentaleuropäischen Rechten) S. 345, 388, 399, 407 f.; *Zobl* SchwZW 1990, 129 (148 f.).

* Eine kürzere Kommentierung von Prospektpflicht und Prospekthaftung enthält auch Teil II meines Beitrages (§ 113) zum Bankrechts-Handbuch. Gewisse Kerngehalte finden sich in der vorliegenden, ungleich breiteren Kommentierung wieder.

der Vorgaben durch EU-Prospektrichtlinie und EU-Prospektverordnung, 2015; *Keunecke* Prospekte im Kapitalmarkt: Anforderungen, Prospekthaftung bei geschlossenen Fonds, Investmentfonds, Wertpapieren und Übernahmeangeboten, 2. Aufl., 2009; *Klages* Die Richtlinie der EG über den Börsenzulassungsprospekt, 1981; *Köstlin* Anlegerschutz und Auslandsbeziehungen, 1985; *Lenz/v. Kopp-Colomb* Wertpapierverkaufsprospekte, 2002; *Meier-Schatz* Wirtschaftsrecht und Unternehmenspublizität – zur wirtschaftsrechtlichen Regulierung von Unternehmen mittels Publizitätsnormen, dargestellt anhand veröffentlichungsbedürftiger finanzieller und gesellschaftsbezogener Rechnungslegungen, 1989; *Merkt* Unternehmenspublizität, 2001; *Moloney* EU Securities Regulation and Financial Markets Regulation, 3. Aufl., 2014, bes. S. 49–138; *Müller* Wertpapierprospektgesetz, 2012; *Pabst* Prospektzwang und Prospekthaftung in den sechs Gründungsstaaten der EWG und in der Schweiz, 1972; *Paskert* Informations- und Prüfungspflichten bei Wertpapieremissionen – Verkaufsprospekt, Börsenzulassungsprospekt, Unternehmensbericht, 1991; *Redeker* Die Prospektpflicht von US-Emittenten für Mitarbeiterbeteiligungsprogramme, 2010; *Rein* Die Prospektpflicht und Prospekthaftung bei Wertpapieremissionen: Reform und Reformüberlegungen, 2009; *Rolf* Der Börsenprospekt – eine rechtsvergleichende Studie über den Börsenprospekt in der BRD und in der Schweiz, 1969; *Rosa* Prospektpflichten und Prospekthaftung für geschlossene Fonds: eine Untersuchung im Lichte des neuen Verkaufsprospektgesetzes, 2010; *Schammo* EU Prospectus Law – New Perspectives on Regulatory Competition in Securities Markets, 2011; *Schwark/Zimmer* (Hrsg.) Kapitalmarktrechts-Kommentar, 4. Aufl., 2010, Wertpapierprospektgesetz (*Heidelbach*, teils *Heidelbach/Doleczik*); *Staudt* Publizität der börsennotierten Aktiengesellschaften in Deutschland und Frankreich, 1972; *Ueding* Prospektpflicht und Prospekthaftung im Grauen Kapitalmarkt nach deutschem und italienischem Recht, 2009; *Unzicker* VerkProspG: Kommentar zum Verkaufsprospektgesetz und zur Vermögensanlagen-Verkaufsprospektverordnung, 1. Aufl., 2010; *Vignaux/Gouzard/Nouel* Implementation of EU Prospectus Directive – Country-by-Country analysis, 2006; *Vortmann* (Hrsg) Prospekthaftung und Anlageberatung, 2000; *Weber S.* Kapitalmarktrecht – eine Untersuchung des österreichischen Rechts und des Europäischen Gemeinschaftsrechts, 1999; *Werner/Machunsky* Rechte und Ansprüche geschädigter Kapitalanleger – eine Darstellung von Ansprüchen bei den wesentlichen Kapitalanlageformen in und außerhalb der Börse, 3. Aufl., 1991; *Wiegel* Die Prospektrichtlinie und Prospektverordnung – eine dogmatische, ökonomische und rechtsvergleichende Analyse, 2008.

b) Aufsätze und Beiträge: *Angersbach/Chevallerie/Ulbricht* Prospektfreie Börsenzulassung von neuen Aktien aus einer reinen Bezugsrechtskapitalerhöhung ohne Volumenbegrenzung nach § 4 Abs. 2 Nr. 7 WpPG, ZIP 2009, 1302; *Apfelbacher/Metzner* Das Wertpapierprospektgesetz in der Praxis, BKR 2006, 81; *Arbeitskreis zum „Deutsche Telekom III-Urteil" des BGH* – Thesen zum Umgang mit dem „Deutsche Telekom III-Urteil" des BGH vom 31.05.2011, NJW 2011, S. 2719 bei künftigen Börsengängen, ZBB 2011, 379; *Assmann* Die Regelung der Primärmärkte für Kapitalanlagen mittels Publizität im Recht der Europäischen Gemeinschaft, AG 1993, 549; *Beck/Maier* Die neuen Mindestangaben der Vermögensanlagen-Verkaufsprospektverordnung, WM 2012, 1898; *Bloß/Schneider* Prospektfreie Teilzulassung für später ausgegebene Aktien, WM 2009, 876; *Bohlken* Zur Reichweite der Nachtragspflicht gem. § 11 Verkaufsprospektgesetz beim Vertrieb geschlossener Fonds und sonstiger Vermögensanlagen, DB 2009, 495; *Brocker/Wohlfarter* Die Auswirkungen der neuen Prospektpflicht für Bezugsrechtsemissionen auf die Eigenkapitalbeschaffung mittelständischer Unternehmen, BB 2013, 393; *Brondics/Mark* Die Verletzung von Informationspflichten im amtlichen Markt nach der Reform des Börsengesetzes, AG 1989, 339; *Bühring* Private Placement – Rettungsanker bei der Prospektpflicht? DB 2007, 2637; *Crüwell* Die europäische Prospektrichtlinie – Auf dem Weg zu einem europäischen Kapitalmarkt, AG 2003, 243; *Ekkenga* Änderungs- und Ergänzungsvorschläge zum Regierungsentwurf eines neuen Wertpapierprospektgesetzes, BB 2005, 561; *Elsen/Jäger* Revision der Prospektrichtlinie – Überblick über wesentliche Neuerungen, BKR 2010, 97; *dies.* Revision der Prospektrichtlinie? – Ein erster Ausblick, BKR 2008, 459; *dies.* Die Nachtragspflicht gemäß § 11 Verkaufsprospektgesetz unter Berücksichtigung der aktuellen Entwicklungen auf dem Kapitalmarkt, BKR 2009, 190; *Fischer-Appelt* Prospectus Directive Amendments – Discussion of Key Changes, Law and Financial Markets Review 2010, 490; *Franx* Disclosure Practices under the EU Prospectus Directive and the role of CESR (2007) 2 CMLJ 295; *Giedinghagen* Arbeitnehmerbeteiligungen im Lichte des Wertpapierprospektgesetzes, BKR 2007, 233; *Götze* Das jährliche Dokument nach § 10 WpPG: eine Bestandsaufnahme, NZG 2007, 570; *Grub/Thiem* Das neue Wertpapierprospektgesetz – Anlegerschutz und Wettbewerbsfähigkeit des Finanzplatzes Deutschland, NZG 2005, 750; *Grundmann-van de Krol*, New EC Prospectus Directive and the Lamfalussy Process, ECL 2004, 32;

Grundmann/Selbherr Börsenprospekthaftung in der Reform – Rechtsvergleichung, Europarecht, Interessenbewertung mit ökonomischer Analyse, WM 1996, 985; *Gruson* Prospekterfordernisse u. Prospekthaftung bei unterschiedlichen Anlageformen nach amerikanischem u. deutschem Recht, WM 1995, 89; *Heidelbach/Preuße* Einzelfragen in der praktischen Arbeit mit dem neuen Wertpapierprospektregime, BKR 2006, 316; *dies.* Zweieinhalb Jahre neues Prospektregime und noch viele Fragen offen, BKR 2008, 10; *dies.* Die Anwendung des neuen europäischen Prospektregimes in der Praxis – ausgewählte Probleme, BKR 2012, 397; *Hellgardt* Europarechtliche Vorgaben für die Kapitalmarktinformationshaftung – de lege lata und nach Inkrafttreten der Marktmissbrauchsverordnung, AG 2012, 154; *Holzborn* Die neue EU-Prospekt-Richtlinie, BKR 2003, 927; *Holzborn/Israel* Das neue Wertpapierprospektrecht, ZIP 2005, 1668; *Holzborn/Schwarz-Gondek* Die neue EU-Prospektrichtlinie, BKR 2003, 927; *Hopt* Inwieweit empfiehlt sich eine allgemeine gesetzliche Regelung des Anlegerschutzes? (dargestellt unter besonderer Berücksichtigung der Publikumspersonengesellschaften, namentlich der Abschreibungsgesellschaften und geschlossenen Immobilienfonds), Gutachten G, 51. DJT 1976, G1-G133; *ders.* Emission, Prospekthaftung und Anleihetreuhand im internationalen Recht, Festschrift für Lorenz, 1991, S. 413; *ders.* Kapitalmarktrecht (mit Prospekthaftung) in der Rechtsprechung des Bundesgerichtshofes, FS 50 Jahre Bundesgerichtshof, 2000, S. 497; *ders.* Die Haftung für Kapitalmarktinformationen – Rechtsvergleichende, rechtsdogmatische und rechtspolitische Überlegungen, WM 2013, 101; *v. Ilberg/Neises* Die Richtlinienvorschläge der EU-Kommission zum „Einheitlichen Europäischen Prospekt" und zum „Marktmissbrauch" aus Sicht der Praxis – Hintergrund, Inhalt und Kritik, WM 2002, 635; *Jäger/Maas* Hinweisbekanntmachungen – neue Divergenz im Prospektrecht, BB 2009, 852; *Kind/Schmidt-Modrow* Prospekthaftung bei Berlin-Fonds: Anschlussförderung und quotale Haftung in der Prospektdarstellung, NZG 2010, 249; *Klöhn* Kapitalmarktinformationshaftung für Corporate-Governance-Mängel?, ZIP 2015, 1145; *König* Die neue EU-Prospektrichtlinie aus gemeinschaftsprivatrechtlicher Perspektive, GPR 2003/04, 152; *ders.* Die neue europäische Prospektrichtlinie, ZeuS 2004, 251; *Kollmorgen/Feldhaus* Zur Prospektpflicht bei aktienbasierten Mitarbeiterbeteiligungsprogrammen – ungelöste Fragen der Anwendung des neuen Wertpapierprospektgesetzes, BB 2007, 225; *v. Kopp-Colomb* Der europäische Pass für Emittenten – der „Lamfalussy-Bericht" über die Regulierung der europäischen Wertpapiermärkte und der Vorschlag einer neuen Prospektrichtlinie, AG 2002, 24; *von Kopp-Colomb/Seitz* Das neue Prospektregime – Auswirkungen der Änderungen der Prospektverordnung auf Basisprospekte für die Emission von Anleihen und verbrieften Derivaten, WM 2012, 1220; *Kullmann/Metzger* Der Bericht der Expertengruppe „Europäische Wertpapiermärkte" (ESME) zur Richtlinie 2003/71/EG („Prospektrichtlinie"), WM 2008, 1292; *Kullmann/Sester,* Das Wertpapierprospektgesetz (WpPG), WM 2005, 268; *dies.* Inhalt und Format von Emissionsprospekten nach dem WpPG, ZBB 2005, 209; *Kumpan* Die Europäische Kapitalmarktunion und ihr Fokus auf kleinere und mittlere Unternehmen, ZGR 2016, 2 *Kunold/Schlitt* Die neue EU-Prospektrichtlinie, BB 2004, 501; *Lachner/Heppe* Die prospektfreie Zulassung nach § 4 Abs. 2 Nr. 1 WpPG („10 % Ausnahme") in der jüngeren Praxis, WM 2008, 576; *Lawall/Maier* Änderungen im Wertpapierprospektgesetz. Wesentliche Neuregelungen und aktuelle Auslegungsfragen (Teile 1 und 2), DB 2012, 2443 und 2503; *Leuschner* Öffentliche Umplatzierung, Prospekthaftung und Innenregress, NJW 2011, 3275; *von Livonius* Die Änderungen im Wertpapierprospektrecht – Nichtdividendenwerte, jurisPR-HaGesR 7/2012 Anm. 1; *Manzei* Einzelne Aspekte der Prospektpflicht am Grauen Kapitalmarkt, WM 2006, 845; *Marx/Schleifer* Aktuelle Problembereiche des IDW S 4 und der gesetzlichen Prospektierungsregeln für geschlossene Fonds, BB 2007, 258; *Mattil/Möslein* Die Sprache des Emissionsprospekts: Europäisierung des Prospektrechts und Anlegerschutz, WM 2007, 819; *Meyding* Zweifelsfragen bei Anwendung des Wertpapier-Verkaufsprospektgesetzes, DB 1993, 419; *Meyer* Anlegerschutz und Förderung des Finanzplatzes Deutschland durch die Going-Public-Grundsätze der Deutsche Börse AG, WM 2002, 1864; *Möllers/Steinberger* Die BGH-Entscheidung zum Telekom-Prozess und das europäische Anlegerleitbild, NZG 2015, 329; *Möllers/Voß* Schlaglicht Wertpapierprospektrecht: der Wegfall des Daueremittentenprivilegs erfordert schnelles Handeln, BB 2008, 1131; *Müller* Prospektpflicht für öffentliche Wertpapier-Angebote ab 1991, WM 1991, 213; *Müller/Oulds* Transparenz im europäischen Fremdkapitalmarkt, WM 2007, 573; *Oulds* Die Nachtragspflicht gemäß § 16 WpPG – Abgrenzungen, Widerrufsrecht und die Novellierung der Prospektrichtlinie, WM 2011, 1452; *Pietrancosta* The Public Offering of Securities' Concept in the New Prospectus Directive, in: Ferrarini/Wymeersch (Hrsg.), Investor Protection in Europe, 2006, 339; *Rang*, Verschärfung der Nachtragspflicht beim Basisprospekt? DB 2014, 2213; *Rehbinder* Publizität und Auslandsbeziehungen – eine rechtsvergleichende Skizze, Festschrift für Kronstein, 1967, S. 203; *Riesenhuber* Primärrechtliche Grundlagen der Kapitalmarkttransparenz, in: *Hopt/Veil/Kämmerer* (Hrsg.) Kapitalmarktgesetzgebung im Europäischen Binnenmarkt, 2008, 24; *Sandberger* Die EU-Prospektrichtlinie, EWS 2004, 297; *F. Schäfer* Emission und Vertrieb von Wertpapieren nach dem Wertpapierverkaufsprospektgesetz, ZIP 1991, 1557; *Schlitt/Schäfer* Drei Jahre Praxis unter dem Wertpapierprospektgesetz – eine Zwischenbilanz, AG 2008, 525; *dies.* Auswirkungen des Prospektrichtlinie-Umsetzungsgesetzes auf Aktien- und Equity-linked Emissionen, AG 2005, 498; *Schneider* Kollektive Investitionsentscheidungen als öffentliches Angebot i.S.d. § 2 Nr. 4 WpPG, AG 2016, 341; *Schnorbus* Die prospektfreie Platzierung von Wertpapieren nach dem WpPG, AG 2008, 389; *Schulz* Eine Analyse der geplanten Prospektverordnung und ihrer Praxisauswirkungen, WM 2016, 1417; *Schulz* Die Reform des Europäischen Prospektrechts – Eine Analyse der geplanten Prospektverordnung und ihrer Praxisauswirkungen –, WM 2016, 1417; *Schulz/Hartig* Vereinfachte Prospekte für Bezugsrechtsemissionen nach den „verhältnismäßigen Schemata" des Art. 26a EU-ProspektVO, WM 2014, 1567; *Schwenk/Werthwein* Basisprospekte: Die Karten werden neu gemischt, jurisPR-BKR 10/2011 Anm. 1; *Seibt* Das neue Wertpapierprospektrecht, AG 2005, 678; *Seibt/Bonin/Isenberg* Prospektfreie Zulassung von Aktien bei internationalen Aktientausch-Transaktionen mit gleichwertigen Dokumentenangaben (§ 4 Abs. 2 Nr. 3 WpPG), AG 2008, 565; *Seitz* Das neue Wertpapierprospektrecht – Auswirkungen auf die Emission von Schuldverschreibungen, AG 2005, 678; *Stephan* Prospektaktualisierung, AG 2002, 3; *Süßmann* Wertpapier-Verkaufsprospektgesetz und Verkaufsprospekt-Verordnung, EuZW 1991, 210; *Veil*, Der Schutz des verständigen Anlegers durch Publizität und Haftung im europäischen und nationalen Kapitalmarktrecht, ZBB 2006, 162; *Veil/Wundenberg* Prospektpflichtbefreiung nach § 4 Abs. 2 Nr. 3 WpPG bei Unternehmensübernahmen, WM 2008, 1285; *Voß* Die Überarbeitung der Prospektrichtlinie, ZBB 2010, 194; *Waldeck/Süßmann* Die Anwendung des Wertpapier-Verkaufsprospektgesetzes, WM 1993, 361; *Warren* The Common Market Prospectus, (1989) 26 CMLR 687; *M. Weber*, Unterwegs zu einer europäischen Prospektkultur – Vorgaben der neuen Wertpapierprospektrichtlinie vom 4.11.2003, NZG 2004, 360; *Ch. Wieneke* Emissionspublizität – Praktische Anforderungen und rechtliche Grenzen, BZG 2005, 109; *Wymeersch* The EU Directives in Financial Disclosure (1996) 3, European Financial Services Law 34; *Zahid/McGee* A Defective Proposal in Need of a Rethink, (2002) 23 The Company Lawyer, 250.

Vgl. auch Schrifttum zu Teil 5 (Abschnitt 1) und **zur Prospekthaftung** unten Rn 179.

A. Einleitung zum (Europäisierten) Prospekt- und Prospekthaftungsregime

Übersicht

	Rn
Wertpapierprospektgesetz (WpPG): Titel und Inhaltsverzeichnis	62
I. Ausgangspunkt und Regelungsziele	63
1. Kernrechtsakt des Primärmarktrechts und Auftakt eines Europäischen Kapitalmarktrechts	63
2. Regulierungstheorie (mit Ökonomik)	67
a) Klassisches institutionenökonomisches Modell zu Prospektpflicht und -haftung	67
b) Berücksichtigung von Verzerrungen und Anomalien bei der Prospektpflicht?	69
II. Regelungsentwicklung	70
1. Börsenrechtliche „Vorgeschichte"	70
2. Kapitalmarktrechtliche „Hauptgeschichte" (WpPG)	71
a) Allgemeine kapitalmarktrechtliche Prospektpflicht	71
b) Allgemeine kapitalmarktrechtliche Prospekthaftung	74
3. Nebenstrang: Prospekt*haftung* bei Anlagen des sog. „grauen" Marktes	76

Gesetz über die Erstellung, Billigung und Veröffentlichung des Prospekts, der beim öffentlichen Angebot von Wertpapieren oder bei der Zulassung von Wertpapieren zum Handel an einem organisierten Markt zu veröffentlichen ist (Wertpapierprospektgesetz – WpPG) 62

**vom 22. Juni 2005 *(BGBl. I S. 1698)*,
zuletzt geändert durch Artikel 16 Absatz 7 des Gesetzes vom 30. Juni 2016
*(BGBl. I S. 1514)***

Dieses Gesetz dient der Umsetzung der Richtlinie 2003/71/EG des Europäischen Parlaments und des Rates vom 4. November 2003 betreffend den Prospekt, der beim öffentlichen Angebot von Wertpapieren oder bei deren Zulassung zum Handel zu veröffentlichen ist, und zur Änderung der Richtlinie 2001/34/EG (ABl.EU Nr. L 345 S. 64).

Inhaltsübersicht (Gesetz)

Rn

Abschnitt 1 Anwendungsbereich und Begriffsbestimmungen
§ 1 Anwendungsbereich 79
§ 2 Begriffsbestimmungen 79
§ 3 Pflicht zur Veröffentlichung eines Prospekts und Ausnahmen im Hinblick auf die Art des Angebots 99
§ 4 Ausnahmen von der Pflicht zur Veröffentlichung eines Prospekts im Hinblick auf bestimmte Wertpapiere . . 99

Abschnitt 2 Erstellung des Prospekts
§ 5 Prospekt 112
§ 6 Basisprospekt 123
§ 7 Mindestangaben 123
§ 8 Nichtaufnahme von Angaben 123
§ 9 Gültigkeit des Prospekts, des Basisprospekts und des Registrierungsformulars 139
§ 10 (weggefallen) 139
§ 11 Angaben in Form eines Verweises 143
§ 12 Prospekt aus einem oder mehreren Einzeldokumenten 143

Abschnitt 3 Billigung und Veröffentlichung des Prospekts
§ 13 Billigung des Prospekts 150
§ 14 Hinterlegung und Veröffentlichung des Prospekts 155
§ 15 Werbung 160
§ 16 Nachtrag zum Prospekt; Widerrufsrecht des Anlegers 166

Abschnitt 4 Grenzüberschreitende Angebote und Zulassung zum Handel
§ 17 Grenzüberschreitende Geltung gebilligter Prospekte 172
§ 18 Bescheinigung der Billigung 172

Rn

Abschnitt 5 Sprachenregelung und Emittenten mit Sitz in Drittstaaten
§ 19 Sprachenregelung 175
§ 20 Drittstaatemittenten 177

Abschnitt 6 Prospekthaftung
§ 21 Haftung bei fehlerhaftem Börsenzulassungsprospekt 184
§ 22 Haftung bei sonstigem fehlerhaften Prospekt 184
§ 23 Haftungsausschluss 206
§ 24 Haftung bei fehlendem Prospekt 226
§ 25 Unwirksame Haftungsbeschränkung; sonstige Ansprüche 232

Abschnitt 7 Zuständige Behörde und Verfahren
§ 26 Befugnisse der Bundesanstalt 237
§ 27 Verschwiegenheitspflicht 237
§ 28 Zusammenarbeit mit zuständigen Stellen in anderen Staaten des Europäischen Wirtschaftsraums 240
§ 28a Zusammenarbeit mit der Europäischen Wertpapier- und Marktaufsichtsbehörde 240
§ 29 Vorsichtsmaßnahmen 240
§ 30 Bekanntmachung von Maßnahmen . . . 242
§ 31 Sofortige Vollziehung 242

Abschnitt 8 Sonstige Vorschriften
§ 32 Auskunftspflicht von Wertpapierdienstleistungsunternehmen 244
§ 33 Gebühren und Auslagen 244
§ 34 Benennungspflicht 244
§ 35 Bußgeldvorschriften 246
§ 36 Übergangsbestimmungen 248
§ 37 Übergangsbestimmungen zur Aufhebung des Verkaufsprospektgesetzes . . 248

I. Ausgangspunkt und Regelungsziele

63 **1. Kernrechtsakt des Primärmarktrechts und Auftakt eines Europäischen Kapitalmarktrechts.** Prospektpflicht und Prospekthaftung spielen eine besondere Rolle im Kapitalmarktrecht – im deutschen ebenso wie im Europäischen, aber auch in der ökonomischen und finanzwissenschaftlichen Diskussion. Die Prospekterstellung ist die wohl zentrale **rechtliche Anforderung an Emission und Emissionsbegleitung** (Emissionsgeschäft, oben 1. Abschnitt), und die Emission wird ihrerseits nach dem Gesagten als das traditionelle und noch immer das konzeptionelle Herzstück des Investment Banking gesehen (5. Teil Rn 27).

64 In der Gesetzgebungsdiskussion **in Deutschland** war die Prospektpflicht und ihre Erstreckung auf alle Kapitalanlagemärkte – namentlich auch den sog. „grauen" Kapitalmarkt – die zentrale Forderung an den **Gesetzgeber** in der früheren Entwicklung eines deutschen Kapitalmarktrechts[265] – eine Forderung, die in ihrer ganzen Breite erst mehrere Dekaden später erfüllt wurde (unten Rn 76–78). Und als im deutschen **wissenschaftlichen Schrifttum** über die Gründungsschriften zu einem Kapitalmarktrecht allgemein hinausgehend erstmals individuelle Institute des Kapitalmarktrechts Gegenstand großer wissenschaftlicher Abhandlungen wurden, so war es wieder der Prospekt, namentlich die Prospekthaftung, denen die erste große solche Monographie galt – breit aufgestellt, rechtsvergleichend aufgestellt und die ökonomischen Grundlagen einbeziehend.[266] Dieser Bereich steht zudem für den (bis heute) zentralen Streit, ob kapitalmarktrechtliche Institute wie namentlich die Prospekthaftung vor allem als Marktrecht und regulierend zu verstehen seien (so etwa *Assmanns* Monographie) oder vor allem als zivilrechtlicher Interessenausgleich zwischen einzelnen Privatrechtssubjekten – in der Tradition von Vertrag und quasivertraglichem vorvertraglichem Vertrauensverhältnis,[267] oder auch, ob Haftungsgrundlage für vorvertragliche Pflichtverletzungen die Enttäuschung individuellen Vertrauens sei oder die Verletzung beruflicher, dem Markt gegenüber versprochener beruflicher Sorgfaltsstandards.[268] Letztlich spiegelt sich darin – deutlich wie in wenigen sonstigen Beispielen –

---

[265] *Bremer* ZGR 1973, 410 (422–424); *Kohl/Kübler/Walz/Wüstrich* Abschreibungsgesellschaften, Kapitalmarkteffizienz und Publizitätszwang – Plädoyer für ein Vermögensanlagegesetz, ZHR 138 (1974), 1 (3 f., 28–35); *Hopt* 51. DJT 1976, G1 (bes. G26, G27–44, G110-G113); sowie allgemeiner *ders.* Vom Aktien- und Börsenrecht zum Kapitalmarktrecht? ZHR 140 (1976) 201 und 141 (1977) 389; und auch die erste große kommentarmäßige Gesamtdarstellung des Kapitalmarktrechts bedauerte dieses Fehlen als die wohl empfindlichste Lücke in einem geschlossenen Kapitalmarktkonzept: *Assmann/Schütze/Assmann* Handbuch, 2. Aufl. 1997, § 1 Rn 68, 74; eine gesetzgeberische Initiative scheiterte, vgl. BT-Drs. 8/1405; dazu, dass eine Prospektpflicht freilich de facto aufgrund höchstrichterlicher Rechtsprechung bereits deutlich vor legislatorischer Einführung flächendeckend bestand, unten Rn 76 f.

[266] *Assmann* Prospekthaftung.

[267] Für das Erste etwa *Assmann* Prospekthaftung, bes. S. 17 f., 74–84, 273 ff. et passim; sowie *Hopt* FS 50 Jahre Bundesgerichtshof, 2000, S. 497 (498–502); *ders.* 50 Jahre Anlegerschutz und Kapitalmarktrecht – Rückblick und Ausblick, WM 2009, 1873 (1874); *Hellgardt* ZBB 2012, 73 (74–77); *Mülbert*, Anlegerschutz und Finanzmarktregulierung – Grundlagen, ZHR 177 (2013) 160 (206 f.); für das Zweite *Canaris* Bankvertragsrecht, Rn 12–35; *ders.* Die Vertrauenshaftung im deutschen Privatrecht, 1971, bes. S. 232–236; und zuletzt wieder (selbst nachdem die klassisch bürgerlichrechtliche Prospekthaftung legislatorisch praktisch vollständig verdrängt worden ist): *Herresthal* Bankrechtstag 2015, 2016, S. 103 (bes. 105–108).

[268] Für das Erste wiederum *Canaris* und *Herresthal* (vorige Fn.), für das Zweite vor allem: *Hopt* Nichtvertragliche Haftung außerhalb von Schadens- und Bereicherungsausgleich – zur Theorie und Dogmatik des Berufsrechts und der Berufshaftung, AcP 180 (1980) 608;

die Jahrhundertfrage nach dem Verhältnis von Regulierung und Wirtschaftsrecht zum Privatrecht allgemein.[269] Es stellt sich hierzu freilich die Frage, ob es der Zuspitzung im Streit der Konzepte überhaupt in diesem Maße bedarf, wenn man die höchst überzeugende Überlegung konsequent fortdenkt, dass Individual-und Funktionsschutz einander gegenseitig i.d.R. verstärken,[270] dass guter Individualschutz des einzelnen Anlegers auch guten Markt- und Funktionsschutz sehr weitgehend befördert und nur in wenigen Ausnahmefällen eine Divergenz zwischen beiden Schutzzielen auftreten kann. Schließlich handelt es sich bei der Prospekthaftung auch in der Rechtsprechung um denjenigen Bereich (neben den Beratungsfehlern nach §§ 31, 31d WpHG), in denen das reichste (höchstrichterliche) Fallrecht entwickelt wurde, wohl sogar das konzeptionell interessanteste (vgl. unten Rn 77 f., 185–236 und 8. Teil zu §§ 31, 31d WpHG).

Auch bei der **Entwicklung zentraler ökonomischer und finanzwissenschaftlicher Modelle**, Konzepte und Theorien bildete die Prospektpflicht das Institut, an dem sich der Streit jeweils entzündete. Dies gilt gleichermaßen für die Grundüberlegung, dass Kapitalmärkte die Allokationseffizienz maßgeblich unterstützen (oben Teil 5 Rn 8, 33 und sogleich unten Rn 67), wie für den Streit dazu, ob die Informationsbereitstellung in Kapitalmärkten zwingend vorgeschrieben werden sollte oder in die Verantwortung der Emittenten gelegt werden sollte (oben Teil 5 Rn 33 und sogleich unten Rn 67), wie auch schließlich (deutlich jünger) für die Diskussion, wie mit dem Problem eines möglichen information overload umzugehen sei (oben Teil 5 Rn 17 und sogleich unten Rn 69). **65**

Und es wurde ebenfalls bereits bei den allgemeineren einführenden Überlegungen angesprochen, dass die Prospektpflicht in der **Europäischen Rechtsentwicklung** nicht nur den **Anfang eines allgemeineren Kapitalmarktrechts** bildete (gemeinsam mit dem Insiderhandelsverbot), sondern auch das erste Institut, für das der Anwendungsbereich über den börslichen Markt, namentlich den geregelten Mark, hinaus auf alle öffentliche Märkte erstreckt wurde – eine in ihrer Bedeutung absolut zentrale Entwicklung für das Europäische Kapitalmarktrecht (oben 5. Teil Rn 66–78). Auch dies wird sogleich nochmals aufzugreifen sein (unten Rn 71–76). All das zur Entwicklung in Deutschland, in der ökonomischen Theorie und auf Europäischer Ebene zur Wichtigkeit von Prospektpflicht und -haftung Gesagte gilt unabhängig davon, dass das Kerngesetz – das Wertpapierprospektgesetz – heute im Verständnis des kapitalmarktrechtlichen Schrifttums und auch der Praxis in seiner Bedeutung wohl eher hinter dem (jüngeren) Wertpapierhandelsgesetz zurücksteht und üblicherweise (wie auch vorliegend) in der Tat weniger umfangreich kommentiert wird. **66**

---

vorher schon *Hopt* Berufshaftung und Berufsrecht der Börsendienste, Anlageberater und Vermögensverwalter, FS R Fischer 1979, 237; ihm folgend etwa *Lang* Einmal mehr – Berufsrecht, Berufspflichten und Berufshaftung, AcP 201 (2001), 451 (557–565), wohl auch *Schwark* Das neue Kapitalmarktrecht, NJW 1987, 2041 (2045) und auch bereits vorangehend *Lammel* Zur Auskunftshaftung, AcP 179 (1979), 337 (363 f.); vgl. auch *Köndgen* Selbstbindung ohne Vertrag – zur Haftung aus geschäftsbezogenem Handeln, 1981, bes. S. 224–227.

[269] Vgl. hierzu nur *Grundmann/Renner* Vertrag und Dritter – System der Wechselwirkungen zwischen Marktregulierung und Vertragsrechtsdogmatik, JZ 2013, 379 (zu meiner eigenen Sicht hierzu und mit zahlreichen weiteren Nachw.); vgl. auch Vorwort zu diesem Kommentar.

[270] Grundlegend im deutschen Schrifttum zum Zusammenspiel dieser beiden Funktionen: *Hopt* Kapitalanlegerschutz im Recht der Banken, 1975, S. 51 f., 334–337; *ders.* 51. DJT 1976, G1 (G47-G51 und G54 f); *Kübler* Anlageberatung durch Kreditinstitute, ZHR 145 (1981) 204 (205 f.); näher und mit weiteren Nachw. oben 5. Teil Rn 7–13.

2. Regulierungstheorie (mit Ökonomik).

67 a) **Klassisches institutionenökonomisches Modell zu Prospektpflicht und -haftung.** Prospekte und namentlich die **Prospektpflicht** stehen im Zentrum der klassischen Diskussion zu den **Funktionen von Kapitalmärkten und ihrer Unterstützung durch Kapitalmarktrecht** (vgl. bereits oben 5. Teil Rn 7–17 und 29). Entsprechend wird der Prospekt als zentrales Instrument für die Unterstützung/Ermöglichung einer effizienten Mittelallokation gesehen.[271] Denn wenn (jedenfalls im Regelfall) öffentliche Information in die Kurse eingeht (halbstarke Form der Kapitalmarkteffizienz, vgl. 5. Teil Rn 8), so ergibt sich daraus, dass jeder Zuwachs an kursrelevanter Information Kurse (im Regelfall) für die jeweilige Anlage in die ihrem tatsächlichen Wert entsprechende Richtung beeinflusst. Damit hängt eng zusammen das Ziel des individuellen Anlegerschutzes, da die Veröffentlichung der relevanten Information im Zeitpunkt der Anlegerentscheidung sein Risiko einer Fehlallokation mit entsprechenden Verlusten senkt.[272] Wenn also das **klassische Verständnis der ökonomischen Funktion** dahingeht, dass die (i) Aufdeckung der (ii) für eine verständige Anlegerentscheidung (iii) maßgeblichen Information zu insoweit öffentlicher Information führt und diese (iv) im Regelfall auch die Kurse entsprechend beeinflusst ([semistrong] Efficient Capital Market Hypothesis), wenn also diese Voraussetzungen sowohl effiziente Mittelallokation als Funktionsziel des Marktes als auch Individual- oder Anlegerschutz befördern, so ist doch gerade auch für die Prospekt- oder Emissionspublizität, d.h. für die Aufdeckung bei erstmaliger Platzierung **ein Punkt in der klassischen Diskussion umstritten** gewesen: Ob (v) die Information **zwingend** und zwingend in einer vereinheitlichten Form (Mindestinhalte, Gliederung etc.) zu präsentieren sein soll oder ob nicht eher auf die Initiative der Kapitalnachfrager gesetzt werden solle, die ein Interesse daran hätten, individuell und passgenau zugeschnittene Informationen bereitzustellen („Signalling").[273] Gerade

---

[271] Vgl. etwa Kümpel/Wittig/*Oulds*, Rn 14.170; *Hopt/Voigt* Prospekt- und Kapitalmarktinformationshaftung, S. 90; *Wiegel* Prospektrichtlinie, S. 44 ff.; *Rein* Die Prospekthaftung bei Wertpapieremissionen, S. 40; *Pankoke* in; Just/Voß/Ritz/Zeising/*Pankoke* Prospekthaftung Rn 1. Die Kernidee hat *Akerlof* mit seinem Konzept eines „Market for Lemons", eines Marktes, der sich ohne Information über die maßgebliche Qualität in einer Abwärtsspirale zu stets weniger werthaltigen Produkten/Anlagen hin bewegt, prägnant zusammengefasst: *Akerlof* The Market for „Lemons": Quality Uncertainty and the Market Mechanism, 84 Q.J.Econ., 488 (1970); dann *Emons* Warranties, Moral Hazard, and the Lemons Problem, 46 Journal of Economic Theory 16 (1988); *Merkt* Unternehmenspublizität – Offenlegung von Unternehmensdaten als Korrelat der Marktteilnahme, 2001, S. 207–228.

[272] Vgl. etwa *Einsele* Kapitalmarktrecht und Privatrecht, JZ 2014, 703 (711); *Pankoke* in Just/Voß/Ritz/Zeising/*Pankoke* Prospekthaftung Rn 4; Kümpel/Wittig/*Oulds*, Rn 14.168 f.; *Mülbert* ZHR 177 (2013) 160 (172–177); *Rein* Die Prospekthaftung bei Wertpapieremissionen, S. 44. Der in der vorigen Fn angesprochene Market for Lemons, genauer: seine Bekämpfung durch Informationsregeln, hat immer auch die individualschützende Seite im Blick, vgl. Akerlof aaO S. 488 bes. 495 f. Zum Zusammenhang zwischen Allokationseffizienz als Teil des Markt- und Funktionsschutzes und Individualschutz vgl. bereits Nachw. oben Fn 270. Zu der Frage, ob und unter welchen Umständen dies auch für denjenigen konkreten Anleger gilt, der die Information nicht verarbeitet oder nicht verarbeiten können, vgl. auch noch nächste Fn.

[273] Wichtige Stellungnahmen für eine zwingende, standardisierte Ausgestaltung der Prospektpflicht namentlich bei *Coffee*, Market failure and the economic case for a mandatory disclosure system, 70 Virginia Law Review 717 (1984); *Mendelson* Economics and the Assessment of Disclosure Requirements, 1 J. Comp. Corp. L. & Sec. Reg. 49 (55) (1978); *Seligman* The Historical Need for a Mandatory Disclosure System, 9 J.Corp.L. 1 (1979); *ders.* The SEC and the Future of Finance, New York u.a. 1985, S. 202 ff.; auch *Moloney* EC Securities

für den Prospekt sind die für eine zwingende Ausgestaltung sprechenden Standardisierungsvorteile groß – angesichts der Vielzahl der zu vergleichenden Angebote und zu präsentierenden Informationen, und auch die systematische Festlegung derjenigen Gehalte (auch negativen Gehalte!), die für (fast) jeden Anleger wichtig sind, scheint hilfreich, wenn nicht von Anlegern eine Voraussicht in eine Vielzahl von Eventualitäten verlangt werden soll, die diese nicht notwendig haben. Dem Bedürfnis an maßgeschneiderter Information, das als zentrales Argument für eine *nicht* zwingende Ausgestaltung vorgebracht wird, kann durchaus dadurch entsprochen werden, dass die zwingenden Prospektgehalte nur als Mindestgehalte verstanden werden. Auch werden Ausnahmen von der Prospektpflicht statuiert, wo freiwillige Weitergabe und gezielte Abfrage aller relevanter Information wirklich wahrscheinlich ist (vgl. etwa § 3 Abs. 2 Nr. 1, 3, 4 WpPG, unten Rn 106).

Demgegenüber wird eine **Haftung für Fehlerhaftigkeit von Prospekten** – auch freiwillig **68**
begebenen Prospekten, ganz im Sinne eines „Signaling" – aus ökonomischer Perspektive wenig problematisiert und grundsätzlich als Teil des staatlichen Auftrages gesehen, einen sicheren Rahmen dafür bereitzustellen, dass privatautonom begründete Rechte („was versprochen ist") auch tatsächlich durchsetzbar sind (Sicherheit verbürgende Infrastruktur für privatautonom begründete Rechte).[274]

b) **Berücksichtigung von Verzerrungen und Anomalien bei der Prospektpflicht?** Auch **69**
hat die jüngere Diskussion um beschränkte Rationalität und Anomalien in Kapitalmärkten die **Prospektpflicht nicht sehr zentral getroffen**, jedenfalls weniger als andere Bereiche des Investment Banking: Zentral ist die Überlegung, dass die Informationskapazität von Anlegern, insbesondere Privatanlegern, beschränkt ist oder sein kann, entweder weil das Maß an Information nicht angemessen ist (**information overload**)[275] oder weil sie individuell kognitiven Verzerrungen (**biases**) unterliegen (dazu oben 5. Teil Rn 17). Diese Probleme werden freilich nicht bei allen Anlegern in gleichem Maße festgestellt, professionelle Anleger unterliegen ihnen zwar ebenfalls, haben jedoch ungleich bessere Möglichkeiten ihnen entgegenzuwirken und dies in einem Maß, dass das klassische Modell wohl durchaus noch für Regulierungszwecke zugrunde gelegt werden kann.[276] Für Prospekte bedeutet dies,

---

Regulation, 2. Aufl. 2008, S. 91–103 (in der 3. Aufl. nur ganz kurz auf S. 55 f.); *Wiegel* EU-Prospekt-Richtlinie, S. 57–78; gegen zwingende Ausgestaltung demgegenüber *Easterbrook/Fischel* Mandatory disclosure and the protection of investors, 70 Virginia Law Review 669 (bes. 685 ff., 696 ff.) (1984); breite Kritik: *Shleifer* Inefficient Markets, 2000. Vgl. bereits zu dieser Diskussion für das Kapitalmarktrecht allgemeiner oben 5. Teil Rn 33.

274 Zu der ökonomischen Diskussion der Prospekt*haftung* vgl. etwa *Posner* Economic Analysis of Law, 9. Aufl. 2014, S. 613–614; *La Porta/Lopez-De-Silanes/Shleifer* What Works in Securities Laws? 61 Journal of Finance 1 (2006), bes. S. 5, 10, 19–20, 27–28.

275 Vgl. etwa *Edmunds/Morris* The problem of information overload in business organizations: a review of literature, 20 International Journal of Information Management 17 (2000); *Eppler/Mengis* The Concept of Information Overload: A Review of Literature from Organization Science, Accounting, Marketing, MIS, and Related Disciplines, 20 Information Society 325 (2004); *Jackson/Farzaneh* Theory-based model of factors affecting information overload, 32 International Journal of Information Management 523 (2012).

276 Zum Auftreten von Verzerrungen gerade auch bei Professionellen vgl. etwa *Fenton-O'Creevy/Nicholson/Soane/Willman* Trading on Illusions: Unrealistic Perceptions of Control and Trading Performance, 76 Journal of Occupational and Organizational Psychology 53 (2003); *Muradoğlu/Önkal* An exploratory analysis of portfolio managers' probabilistic forecasts of stock prices, 13 Journal of Forecasting 565 (1994); Überblick bei *Baker/Wurgler* Behavioral Corporate Finance: An Updated Survey, in: Constantinides/Harris/Stulz (Hrsg.), Handbook of the Economics of Finance, Vol. 2 Part A,

dass, auch wenn man auf den Informationsbedarf professioneller Anleger abstellt und bei ihnen auch ein hinreichendes Gegenwirken gegen kognitive Verzerrungen annehmen kann, die Kernfrage dahin geht, ob die Entscheidung der professionellen Anleger auch den sonstigen Anlegerkreisen, namentlich den Privatanlegern zugutekommt. Dies ist namentlich dann der Fall, wenn sich die Kurse aufgrund des Prospektinhalts auch für die anderen Anleger zum Zeitpunkt der Transaktion in die Richtung der tatsächlichen Werthaltigkeit entwickelt haben. Mit anderen Worten: Wenn andere Anlegerkreise der Entscheidung professioneller Anleger folgen können, ohne dass für sie dann bereits andere Kurse zur Anwendung kommen, ist solch eine **Signalfunktion der professionellen (von Verzerrungen schwach betroffenen) Anlage hilfreich.**[277] Hier liegt ein zentraler Unterschied zum Sekundärmarkt, wo sich die Kurse ständig fortentwickeln und die Privatanleger daher den informationell besser abgesicherten Entscheidungen professioneller Kunden „nachhinken". Bei der erstmaligen Platzierung werden hingegen die Konditionen i.d.R. einheitlich festgelegt und bei Überzeichnung proportional zugeteilt, so dass die Privatanleger hier tatsächlich die „gleiche" – auch im Kurs gleiche – Entscheidung treffen können wie die professionellen Anleger. Dies lässt es im Prospektrecht in besonderem Maße angezeigt erscheinen, Maß,Ausdifferenzierung und Aufbereitung der Informationen in der Tat am Standard der professionellen Bedürfnisse auszurichten – ggf. verbunden mit einer Zusammenfassung in wenigen Worten. Die Werthaltigkeit der Anlage wird dann von den professionellen Anlegern für die anderen – mit weniger Informationsverarbeitungspotential – mitbeurteilt. Allein die Fragen der individuellen Fähigkeit zur Risikotragung sind dann für jeden Anleger individuell zu beurteilen – weswegen die Anwendung der Wohlverhaltens- und Beratungspflichten bereits bei der erstmaligen Platzierung (oben Rn 13) ebenfalls angezeigt erscheint.

II. Regelungsentwicklung

70 **1. Börsenrechtliche „Vorgeschichte".** Die Entwicklung des Prospektrechts der letzten Jahrzehnte (unten 2.) folgt weitgehend derjenigen des Europäischen und der Herausbildung eines breiten deutschen Kapitalmarktrechts allgemein (5. Teil Rn 97–134). Gerade die Prospektpflicht hat jedoch eine börsenrechtliche „Vorgeschichte": mit der seit 1896 bzw. 1908 bestehenden Regelung der Prospektpflicht und Prospekthaftung in **§§ 38 Abs. 2 und 43 f. bzw. 38 Abs. 2 und 45 f. BörsG** (aF).[278] Diese wurde (zunächst allein für die Prospekt*pflicht*) dann im Europäischen Kontext gefolgt von den frühen börsenrechtlichen EG-Richtlinien

---

2. Aufl, 2013, S. 357 (392 f.). Zu den Gegenmaßnahmen, die auf professioneller Ebene leichter ergriffen werden können, insbes. zu den grundsätzlichen Möglichkeiten des Debiasing siehe etwa *Larrick* Debiasing, in: Koehler/Harvey (Hrsg.), Blackwell Handbook on Judgment and Decision Making, 2004, S. 316; siehe ferner *Arlen/Tontrup* Does the Endowment Effect Justify Legal Intervention? The Debiasing Effect of Institutions, 44 The Journal of Legal Studies 143 (2015).

[277] Zu diesem Mechanismus, dass Kurse auf Kapitalmärkten bereits allein durch gut informierte (professionelle) Anleger effizient verändert werden und sich andere Anleger an diese Entscheidungen „anhängen" können, vgl. etwa *Welch* Sequential Sales, Learning and Cascades, 47 Journal of Finance 695 (1992); *Brunnermeier* Asset Pricing under Asymmetric Information. Bubbles, Crashes, Technical Analysis, and Herding, 2011, S. 165 ff.; *Parker* Crowdfunding, cascades and informed investors, 125 Economics Letters 432 (2014).

[278] Vgl. Zu dieser „Vorgeschichte" etwa *Hellgardt* Kapitalmarktdeliktsrecht, S. 10–12; sowie knapp auch *Oechsler* in: Bayer/Habersack, Aktienrecht im Wandel, Bd. 2, 2007, S. 150 (185); zur damaligen Kommentierung der Normen vgl.: *Nußbaum* BörsG 1910, §§ 38 II, 45; *Schulz* Das deutsche Börsen-

(zunächst der EG-Börsenzulassungs- und der EG-Börsenzulassungs*prospekt*-Richtlinie,[279] umgesetzt mit dem Börsenzulassungsgesetz vom 16.12.1986,[280] dann der Börsenprospekt-*anerkennungs*-Richtlinie,[281] diese umgesetzt in den Börsengesetznovelle vom 11.8.1989)[282] und von der Konsolidierung all dieser Richtlinien im Jahre 2001 in der **sog. EG-Börsenrechts-Richtlinie,**[283] die jedoch inhaltlich keine Änderungen bringen sollte[284] und daher auch keinen weiteren Umsetzungsbedarf begründete.

---

gesetz – Die Entstehungsgeschichte und wirtschaftlichen Auswirkungen des Börsengesetzes von 1896, 1994, S. 373–375.

279 1. Richtlinie des Rates 79/279 vom 5.3.1979 zur Koordinierung der Bedingungen für die Zulassung von Wertpapieren zur amtlichen Notierung an einer Wertpapierbörse (sog. Börsenzulassungsrichtlinie), ABl.EG 1979 L 66, S. 21, geändert durch ABl.EG 1979 L 291, S. 9 (Beitrittsvertrag); 1982 L 62, S. 22; 1985 L 302, S. 9 (Beitrittsvertrag); 1988 L 348, S. 62; 1989 L 334, S. 30 (Insiderhandels-Richtlinie). 2. Richtlinie des Rates 80/390 vom 17.3.1980 zur Koordinierung der Bedingungen für die Erstellung, die Kontrolle und die Verbreitung des Prospekts, der für die Zulassung von Wertpapieren zur amtlichen Notierung an einer Wertpapierbörse zu veröffentlichen ist (sog. Börsenzulassungsprospektrichtlinie), ABl.EG 1980 L 10, S. 1; geändert durch ABl.EG 1982 L 62, S. 22; 1987, L 185, S. 81; 1990 L 112, S. 24 und 1994 L 135, S. 1. *Literatur* (auch zu den im Folgenden genannten Richtlinien): *Grundmann* Europäisches Gesellschaftsrecht, §§ 19 f. = European Company Law, §§ 20 f.; *Lutter/Bayer/J. Schmidt* Europäisches Unternehmens- und Kapitalmarktrecht, 5. Aufl. 2012, §§ 17, 33–37; *Moloney* EU Securities and Financial Markets Regulation; *Heinze,* Primärmarkt; *Weber* Kapitalmarktrecht; sowie *Izquierdo* Die Liberalisierung und Harmonisierung des Börsenrechts als Problem des EG-Rechts, 1989; sowie zur erstgenannten Richtlinie: *Raida* Die Entwicklungen des Europäischen Börsenrechts, in: Büschgen/Schneider (Hrsg.) Der europäische Binnenmarkt 1992 – Auswirkungen für die deutsche Finanzwirtschaft, 1990, 229; und zur zweitgenannten Richtlinie: *Klages* Börsenzulassungsprospekt; *Kunz* Börsenprospekthaftung; weitere (Aufsatz-)Literatur bei *Lutter* Europäisches Unternehmensrecht[4], (1996), S. 546.

280 Börsenzulassungsgesetz (BörsZulG), BGBl. 1986 I S. 2478. *Materialien*: BT-Drs. 10/4296. *Literatur*: *Claussen* ZGR 1984, 1; *Hopt* WM 1985, 793; *Kümpel* FS Pleyer, 1986, 59; *Müller* Die Bank 1987, 70; *Hadding/Schneider-Onderka* Beiträge zum Börsenrecht (Schriften zum deutschen und ausländischen Geld-, Bank- und Börsenrecht, Bd. 14), 1987, S. 9; *Schäfer* ZIP 1987, 953; *Schwark* NJW 1987, 2041; *Weber/Wohlfarth* BB 1986, 699; *Woopen* ZIP 1986, 254.

281 Richtlinie des Rates 87/345 vom 22.6.1987 zur Änderung der Richtlinie 80/390 zur Koordinierung der Bedingungen für die Erstellung, die Kontrolle und die Verbreitung des Prospekts, der für die Zulassung von Wertpapieren zur amtlichen Notierung an einer Wertpapierbörse zu veröffentlichen ist, ABl.EG 1987 L 185, S. 81. Änderungen vgl. oben Fn 278.

282 Gesetz zur Änderung des Börsengesetzes, BGBl. 1989 I S. 1412. *Materialien*: BT-Drs. 11/4177. *Literatur*: *Kümpel* WM 1989, 1313 (1345); *Schäfer* ZIP 1989, 1103; und vorrangig zu anderen Aspekten des Gesetzes: *Henssler* ZHR 153 (1989), 611; *Horn* ZIP 1990, 2; *Schwark* NJW 1989, 2675.

283 Richtlinie 2001/34/EG des Europäischen Parlaments und des Rates vom 28.5.2001 über die Zulassung von Wertpapieren zur amtlichen Börsennotierung und über die hinsichtlich dieser Wertpapiere zu veröffentlichenden Informationen, ABl.EG 2001 L 184/1; Änderungen (vor allem „Beschneidungen") ABl.EG 2003 *L 345/64 (Allgemeine Prospekt-Richtlinie – dazu sogleich)*; aber auch ABl.EG 2003 L 96/16 *(Markmissbrauchs-Richtlinie)*; ABl.EG 2004 L 390/38 *(Transparenz-Richtlinie)*; 2005 L 79/9 *(Ausschuss-Richtlinie)*; 2010 L 327/1 (*Änderungs-Richtlinie zur Prospekt-Richtlinie und zur Börsen-Richtlinie*); 2013 L 294/13 (*Transparenzrichtlinie-Änderungsrichtlinie*). Materialien (Kommissionsvorschlag, Stellungnahme des Parlaments und Wirtschafts- und Sozialausschusses): KOM (2000) 126 endg.; ABl.EG 2001 C 343, S. 152 und 2001 C 116, S. 69. Literatur: *Grundmann* Europäisches Gesellschaftsrecht, § 20; *Heydt* Die Kodifizierung börsenrelevanter Vorschriften in der Richtlinie 2001/34/EG, EuZW 2001, 578.

284 *Heydt* EuZW 2001, 578.

2. Kapitalmarktrechtliche „Hauptgeschichte“ (WpPG)

71 a) **Allgemeine kapitalmarktrechtliche Prospektpflicht.** Zu dieser börsenrechtlichen „Vorgeschichte“ tritt bereits seit Ende der 1980er Jahren die „kapitalmarktrechtliche Hauptgeschichte“ mit der **EG-Emissions- oder Verkaufsprospekt-Richtlinie** von 1989, die die Börsenprospektpflicht erstmals allgemein **auf alle Fälle öffentlich angebotener Wertpapiere** erstreckte,[285] und in Deutschland mit dem – neben das Börsengesetz tretenden – gesonderten Verkaufsprospektgesetz umgesetzt wurde.[286] Diese Rechtsakte bilden den Auftakt für ein einheitliches, kapitalmarktrechtliches Prospektrecht, wie es für das WpPG charakteristisch ist.

72 Beide Linien dann auch zusammengeführt hat auf Europäischer Ebene erstmals die sog. **Allgemeine EG-Prospekt-Richtlinie von 2003,**[287] unter entsprechender Ausgliederung aus der EG-Börsen-Richtlinie von 2001, unter Angleichung der Anforderungen in beiden Strängen (zugleich auch die IOSCO-Grundsätze übernehmend), unter Einführung einer Genehmigungspflicht und des gegenseitigen Anerkennungsregimes für alle. Zugleich wurde der heute maßgebliche sachliche Anwendungsbereich festgeschrieben, der alle Finanzinstrumente umfasst, die auf Handelsplätzen i.S.d. MiFID II/MAR gehandelt werden (dazu oben 5. Teil Rn 66–71 [„Allgemeiner Teil“ des Europäischen Kapitalmarktrechts] und unten Rn 86). Ohne formal ausdrücklich als bloße Mindestharmonisierungsmaßnahme konzipiert zu sein, statuiert die Richtlinie doch in den zentralen Punkten in der Tat nur Mindestanforderungen: ausdrücklich im Hinblick auf die Anforderungen an (Börsen-)Zulassungsprospekte (15. Erw.grund) und die für die Befugnisse der BaFin (Erw.gründe 38 f.), aber auch für so zentrale Punkte wie die Mindestinhalte des Prospekts und die Prospekthaftung (vgl. Art. 7 6 der Richtlinie) und häufig darüber hinaus implizit. Auch formal folgte das deutsche Recht mit der Einführung eines Einheitsregimes anlässlich

---

285 Richtlinie des Rates 89/298 vom 17.4.1989 zur Koordinierung der Bedingungen für die Erstellung, Kontrolle und Verbreitung des Prospekts, der im Falle öffentlicher Angebote von Wertpapieren zu veröffentlichen ist (sog. Emissions- oder Verkaufsprospektrichtlinie), ABl.EG 1989 L 124/8. *Literatur* vgl. *Lutter* Europäisches Unternehmensrecht, 3. Aufl. 1996, S. 605–618 (m.w.Nachw.) und nächste Fn.

286 Gesetz über Wertpapier-Verkaufsprospekte und zur Änderung von Vorschriften über Wertpapiere vom 13.12.1990 (Verkaufsprospekt-Gesetz), BGBl. I S. 2749; mit Verordnung über Wertpapier-Verkaufsprospekte (Verkaufsprospekt-Verordnung) vom 17.12.1990, BGBl. I S. 2869, jeweils dann in der durch das 4. Finanzmarktförderungsgesetz vom 21.6.2002, BGBl. I S. 2010, geänderten Fassung; *Materialien*: BT-Drs. 11/6340, 11/8323. *Literatur: Assmann* NJW 1991, 528; *Carl/Machunsky* Wertpapier-Verkaufsprospekt; *Hüffer* Wertpapier-Verkaufsprospektgesetz; *Schäfer* ZIP 1991, 1557.

287 Richtlinie 71/2003/EG des Europäischen Parlaments und des Rates vom 4.11.2003 betreffend den Prospekt, der beim öffentlichen Angebot von Wertpapieren oder bei deren Zulassung zum Handel zu veröffentlichen ist, und zur Änderung der Richtlinie 2001/34/EG, ABl.EG 2003 L 345/64, zuletzt geändert durch Richtlinie 2014/51/EU des Europäischen Parlaments und des Rates vom 16.4.2014, ABl.EU L 153/1; *Materialien* (Kommissionsvorschläge, Stellungnahme des Parlaments und Wirtschafts- und Sozialausschusses, Europäische Zentralbank): ABl.EG 2001 C 240 E, S. 271 und vom 2003 C 20 E, S. 122 (Vorschläge); Stellungnahmen in ABl.EG 2003 C 47 E, S. 524; 2002 C 80, S. 52 und 2001 C 344, S. 4. *Literatur: Crüwell* AG 2003, 243; *Grundmann* Europäisches Gesellschaftsrecht, § 19 (mit umfangreicher, auch internationaler Literatur); *Holzborn/Schwarz-Gondek* BKR 2003, 927; *König* ZEuS 2004, 251; *v. Kopp-Colomb* AG 2002, 24; *Kunold/Schlitt* BB 2004, 501; *Sandberger* EWS 2004, 297; *v. Ilberg/Neises* WM 2002, 635; *Wiegel* Prospektrichtlinie und Prospektverordnung. IOSCO-Grundsätze erhältlich unter www.iosco.org.

der Umsetzung der Richtlinie im **Wertpapierprospektgesetz (WpPG)**,[288] das ebenfalls jedes öffentliche Angebot von Wertpapieren derselben Prospektpflicht unterwarf. Dabei wählte der Gesetzgeber des Wertpapierprospektgesetzes **weitestgehend exakt dieselbe Nummerierung der Normen** (und großteils auch Absätze) **wie in der EG-Prospekt-Richtlinie.**

Von den drei Kernrichtlinien des Europäischen Kapitalmarktrechts – neben Marktmissbrauchs-Richtlinie/Verordnung und MiFID I und II – handelt es sich um diejenige, die am wenigsten tief nach der Finanzkrise novelliert wurde: Offenbar wurden bei ihr die geringsten Probleme hinsichtlich des Anlegervertrauens gesehen.[289] Wenn durchaus auch die EG-Wertpapierprospekt-Richtlinie **novelliert** wurde,[290] so reiht sich die eine Hauptrichtung der Änderungen eher ein in die Diskussionen um einen Bürokratieabbau für gewisse Emittenten (Erweiterung der Ausnahmen), die andere in den allgemeinen Trend, die Einheitlichkeit der Anwendung (innerhalb der Lamfalussy-Regelungsarchitektur) zu befördern.[291] Umgesetzt wurden die Vorgaben dieser Novelle gemeinsam mit anstehenden kleineren Umsetzungen im Börsengesetz.[292] Die letzte Änderung der Richtlinie[293] betrifft vor allem die Erweiterungen der Befugnisse der ESMA bei der delegierten Regelsetzung (im Folgenden jeweils eingearbeitet) und den Ausnahmefall, dass die endgültigen Bedingungen (zulässigerweise) weder in den Prospekt noch in den Nachtrag aufgenommen wurden. Mittelfristig ist die (weitgehende) Ablösung bzw. Überlagerung des WpPG durch eine – unmittelbar anwendbare – **EU-Prospekt-Verordnung geplant.**[294] **73**

---

288 Gesetz vom 22.6.2005 über die Erstellung, Billigung und Veröffentlichung des Prospekts, der beim öffentlichen Angebot von Wertpapieren oder bei der Zulassung von Wertpapieren zum Handel an einem organisierten Markt zu veröffentlichen ist, BGBl. I S. 1698 (Regierungsentwurf: BT-Drs. 15/4999 v. 3.3.2005). Dazu *Apfelbacher/Metzner* BKR 2006, 81; *Grub/Thiem* NZG 2005, 750; *Holzborn/Israel* ZIP 2005, 1668; *Seitz* AG 2005, 678; und heute eine Reihe von Kommentaren, vgl. Literaturverzeichnis.

289 Tendenziell anders *Assmann*/Schütze Handbuch, § 1 Rn 70–72 wo gerade die RL 2010/73/EU als stark durch die Finanzkrise bedingt gesehen wird (vgl. demgegenüber Teil 5 Rn 128). Die Reaktion auf die kapitalmarktrechtlichen Ursachen der Finanzkrise (Undurchsichtigkeit der strukturierten Wertpapierprodukte) ist jedoch eher in der Einführung eines Produktinformationsblattes für solche Produkte (sog. „verpackte" Finanzprodukte) zu sehen, also in der Verabschiedung der EU-PRIIP-Verordnung (Verordnung [EU] Nr. 1286/2014 des Europäischen Parlaments und des Rates vom 26.11.2014 über Basisinformationsblätter für verpackte Anlageprodukte für Kleinanleger und Versicherungsanlageprodukte, ABl.EU 2014 L 352/1); dazu 8. Teil.

290 Richtlinie 2010/73/EU des Europäischen Parlaments und des Rates vom 24.11.2010 zur Änderung der Richtlinie 2003/71/EG betreffend den Prospekt, der beim öffentlichen Angebot von Wertpapieren oder bei deren Zulassung zum Handel zu veröffentlichen ist, und der Richtlinie 2004/109/EG zur Harmonisierung der Transparenzanforderungen in Bezug auf Informationen über Emittenten, deren Wertpapiere zum Handel auf einem geregelten Markt zugelassen sind, ABl.EU 2010 L 327/1.

291 Zu dieser Richtliniennovelle bzw. dem Umsetzungsgesetz (nächste Fn) vgl. etwa *Müller* WpPG, Einleitung, Rn 4–6; *Kaufmann* Prospektpflicht nach dem WpPG, S. 33.

292 Gesetz zur Umsetzung der RL 2010/73/EU und zur Änderung des BörsenG vom 26.6.2012, BGBl. 2012 I, S. 1375.

293 Richtlinie 2014/51/EU des Europäischen Parlaments und des Rates vom 16.4.2014 zur Änderung der Richtlinie 2003/71/EG und 2009/139/EG und der Verordnungen (EG) Nr. 1060/2009, (EU) Nr. 1094/2010 und (EU) Nr. 1095/2010 im Hinblick auf die Befugnisse der Europäischen Aufsichtsbehörde (Europäische Aufsichtsbehörde für das Versicherungswesen und die betriebliche Altersversorgung) und der Europäischen Aufsichtsbehörde (Europäische Wertpapier- und Marktaufsichtsbehörde), ABl.EU 2014 L 153/1.

294 Vorschlag für eine Verordnung des Europäischen Parlaments und des Rates über den Prospekt, der beim öffentlichen Angebot von Wertpapieren oder bei deren Zulassung

74 b) **Allgemeine kapitalmarktrechtliche Prospekthaftung.** Nicht ganz parallel verlief die Geschichte der Prospekthaftung. Eine solche gibt es in den **1990er Jahren allein auf deutscher Ebene.** Mit Ausweitung der Prospektpflicht auch auf den außerbörslichen Bereich – bei öffentlichem Angebot von zirkulationsfähigen Effekten („Wertpapieren", dann „Finanzinstrumenten") – wurde parallel zum Regime der Börsenprospekthaftung in §§ 41 ff. BörsG aF ein an dieses angelehntes Prospekthaftungsregime auch im Verkaufsprospektgesetz eingeführt (§§ 13, 13a VerkProspG aF),[295] also ein **zweispuriges Prospekthaftungsregime.** Als dann – in Umsetzung der Allgemeinen EG-Prospekt-Richtlinie von 2003 – die Prospektpflicht im Wertpapierprospektgesetz (WpPG) einheitlich für alle Angebote von zirkulationsfähigen Effekten (Finanzinstrumenten) statuiert wurde (für börsliche Märkte und für bloßes öffentliches Angebot), wurde der gleiche Schritt für die Prospekthaftung gerade nicht getan – wobei die Regelung im VerkProspG aus heutiger Sicht seltsam zusammengestellt wurde: mit einerseits der Prospekthaftung in Fällen eines öffentlichen Angebots von Effekten und andererseits (erstmals) einer gesetzlichen Prospekthaftung für Anlagen des „grauen" Kapitalmarkts. Gänzlich verwundern kann dieses Zögern bei der Zusammenführung der kapitalmarktrechtlichen Prospekthaftung in einem Gesetz freilich nicht – jedenfalls nicht auf dem Hintergrund Europäischen Rechts: Die Prospekthaftung bildet denjenigen Bereich, in dem vor der **Allgemeinen EG-Prospekt-Richtlinie** von 2003 Europäische Vorgaben noch gänzlich fehlten (außer der allgemeine Effektivitäts- und Nichtdiskriminierungsgrundsatz, oben Rn 70 f.). Und auch diese Richtlinie selbst hatte es gerade im Prospekthaftungsregime **bei rudimentären Leitlinien belassen** und ungleich weniger weitgehend Vorgaben gemacht als bei Prospektpflicht und -inhalt (näher unten Rn 179).

75 Zu einer **einheitlichen Regelung** auch der – voll ausdifferenzierten – Prospekthaftung **auf deutscher Ebene** kam es **erst zum 1.6.2012 mit §§ 21–25 WpPG nF** (seit Inkrafttreten des Gesetzes zur Novellierung des Finanzanlagenvermittler- und Vermögensanlagengesetzes,[296] auch zu dieser Entwicklung noch näher unten Rn 179 und Graphik unten Rn 180). Dieses Regime – für die Finanzinstrumente auf Handelsplätzen i.S.v. MiFID II und MAR, also für die von der EU-Regulierung erfassten Anlagen – steht seitdem als Einheit demjenigen gegenüber, das die alternativen Anlagen betrifft, in autonomem deutschen Recht fußt, jedoch ebenfalls zunehmend spezialgesetzlich geregelt ist:

76 **3. Nebenstrang: Prospekt*haftung* bei Anlagen des sog. „grauen" Marktes.** Neben diesen Hauptstrang des Prospektrechts – vor allem aus Europäischer Perspektive – tritt ein Nebenstrang von – jedenfalls aus deutscher (historischer) Perspektive – ebenfalls großer, vielleicht sogar vergleichbarer Bedeutung. Diesen bildet die sog. **bürgerlichrechtliche Pro-**

---

zum Handel zu veröffentlichen ist vom 30.11.2015, KOM (2015), 583 endg. Das europäische Gesetzgebungsverfahren dauert noch an, so dass bei einem Vorlauf von 18 Monaten mit einer Anwendung vor Mitte 2018 nicht zu rechnen ist. Dazu bes. *Schulz* Eine Analyse der geplanten Prospektverordnung und ihrer Praxisauswirkungen, WM 2016, 1417; *Kumpan* Die Europäische Kapitalmarktunion und ihr Fokus auf kleinere und mittlere Unternehmen, ZGR 2016, 2 (12, 19–21, Fn 59); *Rath* Änderung der Prospekt-RL – der Kommissionsvorschlag zur neuen Prospektverordnung, ecolex 2016, 172; *Zivny* Wesentliche Inhalte des Vorschlags einer neuen Prospektverordnung, ZFR 2016, 148.

295 Verkaufsprospektgesetz (vgl. bereits oben Rn 20) zunächst idF vom 13.12.1990, BGBl. I, S. 2749; spätere Einführung des § 13a VerkProspG mit dem Gesetz zur Verbesserung des Anlegerschutzes vom 28.10.2004 BGBl. I, S. 2630.

296 Wertpapierprospektgesetz (WpPG) (vgl. bereits oben Fn 286) idF vom vom 6.12.2011, BGBl. I S. 2481.

spekt*haftung* (die Frage nach der Prospektpflicht tritt hier ganz in den Hintergrund).[297] Dieser Strang ist freilich im Investment Banking schon seit langer Zeit, jedenfalls jedoch heute zu vernachlässigen. Die Entwicklung dieses Stranges besteht aus einer **Rechtsprechungs- und dann einer Gesetzgebungsgeschichte**. Beide sind – weil Kreditinstitute und Wertpapierfirmen sich aus diesem Bereich zurückgezogen haben (kein Investment Banking, oben Rn 5) und weil auch der Anwendungsbereich im letzten Jahrzehnt dramatisch reduziert wurde – nur überblicksweise zu resümieren:[298]

Die **höchstrichterliche Rechtsprechung** entwickelte die Haftungsgrundlage zunächst **77**
zwar unter Berücksichtigung der spezialgesetzlichen Prospekthaftung (vorige Rn), jedoch in Anlehnung an klassisches bürgerlichrechtliches Denken. Sie stieß dabei auf weitestgehende Zustimmung im Schrifttum, obwohl sie damit namentlich bei der (30-jährigen) Verjährung und dem Haftungsmaßstab (leichte Fahrlässigkeit) die Haftung gegenüber derjenigen bei der spezialgesetzlichen Prospekthaftung erheblich erweiterte: Seit 1978 nahm der BGH an, dass bei (i.d.R. freiwilliger) Herausgabe eines Prospekts, der keinen spezialgesetzlichen Haftungsregeln unterliegt, dennoch von einer Prospekthaftung derjenigen Personen auszugehen sei, in die Anleger „ihr Vertrauen" setzen, und zwar aus culpa in contrahendo (heute § 311 Abs. 2 und 3 BGB). Maßgeblich war die Überlegung, dass der Prospekt typischerweise die einzige zugängliche Informationsquelle bildet(e) und daher nicht nur auf den Vertragspartner zugegriffen werden könne, sondern dass dies auch gegenüber den Prospektverantwortlichen möglich sein müsse. Diese galt es daher zu bestimmen.[299] In der höchstrichterlichen Rechtsprechung kristallisierten sich zwei Gruppen heraus, wobei bei der ersten die Haftung aus tatsächlicher Steuerungsmacht begründet wurde, unabhängig vom Auftreten nach außen, bei der zweiten aus Auftreten nach außen, das als Übernahme der Verantwortung („Garantie") für den Prospekt verstanden wurde und werden konnte. Den Kern der erstgenannten Gruppe bild(et)en nach dieser Rechtsprechung diejenigen, „die hinter [dem Emittenten, meist] der Komplementär-GmbH und der Publikums-Kommanditgesellschaft stehen, d.h. vor allem *die Initiatoren und Gründer, die das Management bilden* oder beherrschen."[300] In allen Fällen dieser ersten Gruppe muss(te)

---

[297] Kaum problematisiert wird, dass aus der BGH-Rechtsprechung auch für den „grauen" Kapitalmarkt de facto wohl schon früh eine Prospektpflicht resultierte: Die höchstrichterliche Rechtsprechung hatte spätestens seit 1982 eine Pflicht zu unaufgeforderter Aufklärung des Anlegers auch in diesem Marktsegment postuliert: BGH Urt. v. 24.05.1982 – II ZR 124/81, BGHZ 84, 141 (144) (der Treuhänder hat den Anleger unaufgefordert „über alle wesentlichen Punkte aufzuklären, die für die zu übernehmende mittelbare Beteiligung von Bedeutung sind"); inhaltlich tendenziell bereits ebenso: BGH Urt. v. 06.10.1980 – II ZR 60/80, BGHZ 79, 337 (344). Dieser Pflicht zur unaufgeforderten Aufklärung konnte gegenüber jedem Anleger *individuell* schlechterdings nicht Genüge geleistet werden, so dass zu ihrer Erfüllung de facto ein Prospekt unverzichtbar war: Denn inhaltlich stellte zudem die höchstrichterliche Rechtsprechung auch in diesem Marktsegment Unvollständigkeit der Unrichtigkeit gleich: BGH (diese Fn), BGHZ 79, 337 (343 f.); OLG Düsseldorf Urt. v. 27.01.1994 – 6 U 294/92, WM 1994, 1292 (1292); *Assmann*/Schütze Handbuch, 2. Aufl. 1997, § 7 Rn 63.

[298] Gute Überblicke aus jüngster Zeit aus Rechtsprechung und Dogmatik etwa bei: *Nobbe* Prospekthaftung bei geschlossenen Fonds – Ein Überblick über die Rechtsprechung insbesondere des Bundesgerichtshofs, WM 2013, 193; *Herresthal* Bankrechtstag 2015, 2016, S. 103 (bes. 114–129); aber auch kommentarmäßig aufbereitet: BankR-Hdb/*Siol* § 45 Rn 26 ff.; Baumbach/Hopt/*Kumpan* HGB, WpPG § 25, Rn 4; *Busch*/*Link* in: Münchener Hdb des GesR Bd. 7, § 45, Rn 19–26.

[299] BGH Urt. v. 31.5.1990 – VII ZR 340/88, BGHZ 111, 314 (317); ständige Rechtsprechung.

[300] BGH Urt. v. 24.4.1978 – II ZR 172/76 BGHZ 71, 284 (287); seitdem ständige Rechtsprechung, etwa BGH Urt. v.

das entscheidende Kriterium – die maßgebliche Einflussmacht – nicht nach außen hervorgetreten und/oder dem Anleger bekannt gewesen sein.[301] Anders wurde dies bei der zweiten erfassten Gruppe gesehen, nämlich *denjenigen, die ihren guten Namen für den Prospekt als Ganzes* oder auch für ausgewählte Einzelpunkte geben, namentlich Sachverständige, etwa Wirtschaftsprüfer oder Steuerberater.[302] Auch bei diesen wurde eine namentliche Nennung nicht für notwendig gehalten, denn die Funktionsbezeichnung sei regelmäßig das Entscheidende.[303] Für sie wurde jedoch verlangt, dass sie nach außen hervorgetreten sind.

78 Diese – gefestigte – Rechtsprechung hat heute jedoch – aufgrund der **Gesetzgebungsentwicklung** – nur noch einen sehr engen Anwendungsbereich: Als die verschiedenen Stränge der Prospektpflicht auf den Effektenmärkten (bis hin zum bloßen öffentlichen Angebot) im Jahre 2005 auch im deutschen Recht zusammengeführt wurden (vorige Rn), wurde das damit weitgehend obsolet gewordene Verkaufsprospektgesetz (vorher mit der Prospektpflicht und -haftung bei bloßem öffentlichen Angebot) zunächst dazu genutzt, eine Prospektpflicht auch für Kapitalanlagen außerhalb der Effektenmärkte einzuführen, also für nicht zirkulationsfähige Kapitalanlagen, mit Abstand am wichtigsten die Beteiligungen an Publikums-Kommanditgesellschaften.[304] Mit dem Gesetz zur Novellierung des Finanzanlagen- und Vermögensanlagenrechts wurde nicht nur die Prospektpflicht aus dem VerkProspG in das neue Vermögensanlagengesetz (VermAnlG) überführt, sondern dort auch eine ungleich weitergehende Regulierung des grauen Kapitalmarkts vorgenommen.[305] Dieses verlor mit der Verabschiedung des Kapitalanlagegesetzbuches

26.9.1991 – VII ZR 376/89 BGHZ 115, 213 (217 f.). Diese Gruppe wurde alsbald erweitert, indem diejenigen gleich gestellt wurden, die (neben Initiatoren, Gründern und Management) *„besonderen Einfluss"* haben: Grundsatzentscheidung: BGH Urt. v. 16.11.1978 – II ZR 94/77 BGHZ 72, 382; seitdem ständige Rechtsprechung, etwa BGH (diese Fn), BGHZ 115, 213 (218). Dabei muss(te) die Person maßgeblich Einfluss genommen haben, nicht nur an der Prospekterstellung mitgewirkt haben: vgl. nur BGH Urt. v. 1.12.1994 – III ZR 93/93, NJW 1995, 1025 (1025).

301 BGH (Fn 300), BGHZ 72, 382; (Fn 299), BGHZ 111, 314 (318 f.) (auch persönliches Kennenlernen unerheblich).

302 BGH Urt. v. 22.05.1980 – II ZR 209/79 BGHZ 77, 172 (177); (Fn 299), BGHZ 111, 314 (319 f.). Die weitestgehende Fassung hat der BGH dieser Linie mit seiner sog. Rupert-Scholz-Entscheidung gegeben: BGH Urt. v. 17.11.2011 – III ZR 103/10, BGHZ 191, 310 = WM 2012, 19 = NJW 2012, 758.

303 BGH (Fn 299), BGHZ 111, 314 (320).

304 Wertpapier-Verkaufsprospektgesetz vom 13.12.1990 (vgl. bereits oben Fn 286) in der Fassung, die ihm das Prospektrichtlinie-Umsetzungsgesetz vom 22.6.2005 (BGBl. I S. 1968) gab. Erfasst wurden Unternehmensbeteiligungen an Personenhandelsgesellschaften, GmbH-Anteile, Anteile an BGB-Gesellschaften sowie stille Beteiligungen an den genannten Gesellschaften oder bestimmten Vermögensmassen solcher Gesellschaften, daneben als Titel des Fremdkapitals die Namensschuldverschreibungen. Zur Einführung der Prospektpflicht als erstem zentralen Regulierungsschritt für den grauen Kapitalmarkt und deren Entwicklung, später auch der spezialgesetzlichen Regelung der Prospekthaftung: *Haarmann* Die Prospekthaftung am grauen Kapitalmarkt; *Ueding* Prospektpflicht und Prospekthaftung im Grauen Kapitalmarkt; *Manzei* WM 2006, 845; *Pfüller/Koehler* WM 2002, 781; zu späteren weiteren Reforminitiativen und -schritten *Bödeker/Wojtek* GWR 2011, 278. Zusammenfassender Kurzüberblick über die sukzessive Regulierung des „grauen Kapitalmarktes", der daher heute besser als alternativer Kapitalmarkt beschrieben wird, bei BankR-Hdb/*Grundmann* § 112 Rn 35, 49.

305 Vermögensanlagengesetz vom 6.12.2011, BGBl. 2011-I, S. 2481; auch hierzu Lit. in der vorigen Fn sowie *Brocker/Lohmann* GWR 2012, 335; *Leuering* NJW 2012, 1905; *Zingel/Varadinek* BKR 2012, 177. Der An-

(KAGB)[306] den Hauptbereich der nicht wertpapiermäßig verbrieften Anlagen dann seinerseits an dieses – alle sonstigen Unternehmensmitgliedschaften (einschließlich Beteiligungen an Publikums-KGs) und die nach dem Risikostreuungsprinzip konzipierten Anlagen –, wobei dieses Gesetz nun auch eine eigene Prospekthaftungsregelung vorsieht, nunmehr in enger Anlehnung an die sonstige spezialgesetzliche Prospekthaftung.

B. Anwendungsbereich und Begriffsbestimmungen, Ausnahmen (§§ 1–4 WpPG)

Übersicht

	Rn
I. §§ 1, 2 WpPG: Anwendungsbereich und (sonstige) Begriffsbestimmungen	79
1. Gegenstand, sachlicher Anwendungsbereich und Kernbegriffe (§ 1 Abs. 1 iVm § 2 Nr. 1–4 und 16 WpPG)	80
a) Gegenstand und Verortung	80
b) Sachlicher Anwendungsbereich I: Instrumente und Märkte	82
c) Sachlicher Anwendungsbereich II: Öffentliches Angebot	87
2. Ausnahmen vom Anwendungsbereich (§ 1 Abs. 2 und 3 WpPG)	89
3. Sonstige Begriffsbestimmungen (§ 2 Nr. 5–15, 17–18 WpPG)	92
a) Angebotsprogramme und Daueremissionen (Nr. 5 und 12)	92
b) Marktteilnehmer mit besonderen Merkmalen (Nr. 6–11)	93
c) Staaten und Behörden (Nr. 13–15, 17)	96
d) Schlüsselinformationen (Nr. 18)	98
II. §§ 3, 4 WpPG: Prospektpflicht und Ausnahmen von ihr	99
1. Prospektpflicht (§ 3 Abs. 1 und 4 WpPG)	100
a) Begründung der Pflicht und Pflichtenadressat (§ 3 Abs. 1 und 4 WpPG)	100
b) Räumlicher Anwendungsbereich	102
2. Ausnahmen im Hinblick auf bestimmte Angebotsarten (§ 3 Abs. 2 und 3 WpPG)	104
a) Grundstruktur und Grundidee	104
b) Angebote an qualifizierte Anleger und mit sehr hohen Anlagebeträgen (Nr. 1, 3 und 4)	106
c) Angebote an engen, „privaten" Anlegerkreis (Nr. 2)	107
d) Kleinstemissionen (Nr. 5)	108
e) Weiteres Angebot während der Gültigkeitszeit eines Prospekts (Abs. 3)	109
3. Ausnahmen im Hinblick auf bestimmte Wertpapierarten (§ 4 WpPG)	110
a) Ausnahmen bei öffentlichem Angebot (Abs. 1)	110
b) Ausnahmen bei Zulassungsantrag (Abs. 2)	111

wendungsbereich dieses Gesetzes wurde nachfolgend zunächst erheblich beschnitten (vgl. im Text), mit dem Kleinanlegerschutzgesetz, dem derzeit letzten Schritt zur Umgestaltung des grauen Kapitalmarktes, dann aber wieder erheblich erweitert (in Richtung Nachrangdarlehen und partiarische Darlehen) – wodurch der (auf drei Gesetze verteilte Schutz- und Anwendungsbereich für Kapitalanlagen) zunehmend lückenlos wurde.

[306] Kapitalanlagegesetzbuch vom 4.7.2013, BGBl. 2013 I, S. 1981; vgl. hierzu etwa *Aurich* GWR 2014, 295; *Buck-Heeb* NJW 2015, 2535; *Heisterhagen/Conreder* DStR 2015, 1929; *Möllers/Kastl* NZG 2015, 849; *Weitnauer/Boxberger/Anders* (Hrsg.) KAGB, 2014, Einleitung A II. Vgl. auch unten Rn 180.

79 I. § 1, 2 WpPG: Anwendungsbereich und (sonstige) Begriffsbestimmungen

Abschnitt 1
Anwendungsbereich und Begriffsbestimmungen

§ 1 Anwendungsbereich

(1) Dieses Gesetz ist anzuwenden auf die Erstellung, Billigung und Veröffentlichung von Prospekten für Wertpapiere, die öffentlich angeboten oder zum Handel an einem organisierten Markt zugelassen werden sollen.

(2) Dieses Gesetz findet keine Anwendung auf

1. Anteile oder Aktien von offenen Investmentvermögen im Sinne des § 1 Absatz 4 des Kapitalanlagegesetzbuchs;
2. Nichtdividendenwerte, die von einem Staat des Europäischen Wirtschaftsraums oder einer Gebietskörperschaft eines solchen Staates, von internationalen Organisationen des öffentlichen Rechts, denen mindestens ein Staat des Europäischen Wirtschaftsraums angehört, von der Europäischen Zentralbank oder von den Zentralbanken der Staaten des Europäischen Wirtschaftsraums ausgegeben werden;
3. Wertpapiere, die uneingeschränkt und unwiderruflich von einem Staat des Europäischen Wirtschaftsraums oder einer Gebietskörperschaft eines solchen Staates garantiert werden;
4. Wertpapiere, die von CRR-Kreditinstituten oder von Emittenten, deren Aktien bereits zum Handel an einem organisierten Markt zugelassen sind, ausgegeben werden; dies gilt nur, wenn der Verkaufspreis für alle im Europäischen Wirtschaftsraum angebotenen Wertpapiere weniger als 5 Millionen Euro beträgt, wobei diese Obergrenze über einen Zeitraum von zwölf Monaten zu berechnen ist;
5. Nichtdividendenwerte, die von CRR-Kreditinstituten dauernd oder wiederholt für einen Verkaufspreis aller im Europäischen Wirtschaftsraum angebotenen Wertpapiere von weniger als 75 Millionen Euro ausgegeben werden, wobei diese Obergrenze über einen Zeitraum von zwölf Monaten zu berechnen ist, sofern diese Wertpapiere

a) nicht nachrangig, wandelbar oder umtauschbar sind oder
b) nicht zur Zeichnung oder zum Erwerb anderer Wertpapiere berechtigen und nicht an ein Derivat gebunden sind.

(3) Unbeschadet des Absatzes 2 Nr. 2 bis 5 sind Emittenten, Anbieter oder Zulassungsantragsteller berechtigt, einen Prospekt im Sinne dieses Gesetzes zu erstellen, wenn Wertpapiere öffentlich angeboten oder zum Handel an einem organisierten Markt zugelassen werden.

§ 2 Begriffsbestimmungen

Im Sinne dieses Gesetzes ist oder sind

1. Wertpapiere: übertragbare Wertpapiere, die an einem Markt gehandelt werden können, insbesondere
   a) Aktien und andere Wertpapiere, die Aktien oder Anteilen an Kapitalgesellschaften oder anderen juristischen Personen vergleichbar sind, sowie Zertifikate, die Aktien vertreten,
   b) Schuldtitel, insbesondere Schuldverschreibungen und Zertifikate, die andere als die in Buchstabe a genannten Wertpapiere vertreten,
   c) alle sonstigen Wertpapiere, die zum Erwerb oder zur Veräußerung solcher Wertpapiere berechtigen oder zu einer Barzahlung führen, die anhand von übertrag-

baren Wertpapieren, Währungen, Zinssätzen oder -erträgen, Waren oder anderen Indizes oder Messgrößen bestimmt wird, mit Ausnahme von Geldmarktinstrumenten mit einer Laufzeit von weniger als zwölf Monaten;

2. Dividendenwerte: Aktien und andere Wertpapiere, die Aktien vergleichbar sind, sowie jede andere Art übertragbarer Wertpapiere, die das Recht verbriefen, bei Umwandlung dieses Wertpapiers oder Ausübung des verbrieften Rechts die erstgenannten Wertpapiere zu erwerben, sofern die letztgenannten Wertpapiere vom Emittenten der zugrunde liegenden Aktien oder von einem zum Konzern des Emittenten gehörenden Unternehmen begeben wurden;
3. Nichtdividendenwerte: alle Wertpapiere, die keine Dividendenwerte sind;
4. öffentliches Angebot von Wertpapieren: eine Mitteilung an das Publikum in jedweder Form und auf jedwede Art und Weise, die ausreichende Informationen über die Angebotsbedingungen und die anzubietenden Wertpapiere enthält, um einen Anleger in die Lage zu versetzen, über den Kauf oder die Zeichnung dieser Wertpapiere zu entscheiden; dies gilt auch für die Platzierung von Wertpapieren durch Institute im Sinne des § 1 Abs. 1b des Kreditwesengesetzes oder ein nach § 53 Abs. 1 Satz 1 oder § 53b Abs. 1 Satz 1 oder Abs. 7 des Kreditwesengesetzes tätiges Unternehmen, wobei Mitteilungen auf Grund des Handels von Wertpapieren an einem organisierten Markt oder im Freiverkehr kein öffentliches Angebot darstellen;
5. Angebotsprogramm: ein Plan, der es erlauben würde, Nichtdividendenwerte ähnlicher Art oder Gattung sowie Optionsscheine jeder Art dauernd oder wiederholt während eines bestimmten Emissionszeitraums zu begeben;
16. qualifizierte Anleger:
    a) Kunden und Unternehmen, die vorbehaltlich einer Einstufung als Privatkunde professionelle Kunden oder geeignete Gegenparteien im Sinne des § 31a Absatz 2 oder 4 des Wertpapierhandelsgesetzes sind, oder die gemäß § 31a Absatz 5 Satz 1 oder Absatz 7 des Wertpapierhandelsgesetzes auf Antrag als solche eingestuft worden sind oder gemäß § 31a Absatz 6 Satz 5 des Wertpapierhandelsgesetzes weiterhin als professionelle Kunden behandelt werden,
    b) natürliche oder juristische Personen, die nach in anderen Staaten des Europäischen Wirtschaftsraums erlassenen Vorschriften zur Umsetzung der Bestimmungen des Anhangs II Abschnitt I Nummer 1 bis 4 der Richtlinie 2004/39/EG des Europäischen Parlaments und des Rates vom 21. April 2004 über Märkte für Finanzinstrumente, zur Änderung der Richtlinien 85/611/EWG und 93/6/EWG des Rates und der Richtlinie 2000/12/EG des Europäischen Parlaments und des Rates und zur Aufhebung der Richtlinie 93/22/EWG des Rates (ABl. L 145 vom 30.4.2004, S. 1) in der jeweils geltenden Fassung als professionelle Kunden angesehen werden und nicht eine Behandlung als nichtprofessionelle Kunden beantragt haben,
    c) natürliche oder juristische Personen, die nach in anderen Staaten des Europäischen Wirtschaftsraums erlassenen Vorschriften zur Umsetzung der Bestimmungen des Anhangs II der Richtlinie 2004/39/EG auf Antrag als professioneller Kunde behandelt werden,
    d) natürliche oder juristische Personen, die nach in anderen Staaten des Europäischen Wirtschaftsraums erlassenen Vorschriften zur Umsetzung des Artikels 24 der Richtlinie 2004/39/EG als geeignete Gegenpartei anerkannt sind und nicht eine Behandlung als nichtprofessioneller Kunde beantragt haben, und
    e) natürliche oder juristische Personen, die durch Wertpapierfirmen nach in anderen Staaten des Europäischen Wirtschaftsraums erlassenen Vorschriften zur Umsetzung des Artikels 71 Absatz 6 der Richtlinie 2004/39/EG als vor dem

Inkrafttreten der Richtlinie bestehende professionelle Kunden weiterhin als solche behandelt werden;

17. (weggefallen)
18. CRR-Kreditinstitute: Unternehmen im Sinne des § 1 Abs. 3d Satz 1 des Kreditwesengesetzes;
19. Emittent: eine Person oder Gesellschaft, die Wertpapiere begibt oder zu begeben beabsichtigt;
10. Anbieter: eine Person oder Gesellschaft, die Wertpapiere öffentlich anbietet;
11. Zulassungsantragsteller: die Personen, die die Zulassung zum Handel an einem organisierten Markt beantragen;
12. Dauernde oder wiederholte Ausgabe von Wertpapieren: die dauernde oder mindestens zwei Emissionen umfassende Ausgabe von Wertpapieren ähnlicher Art oder Gattung während eines Zeitraums von zwölf Monaten;
13. Herkunftsstaat:
    a) für alle Emittenten von Wertpapieren, die nicht in Buchstabe b genannt sind, der Staat des Europäischen Wirtschaftsraums, in dem der Emittent seinen Sitz hat,
    b) für jede Emission von Nichtdividendenwerten mit einer Mindeststückelung von 1 000 Euro sowie für jede Emission von Nichtdividendenwerten, die das Recht verbriefen, bei Umwandlung des Wertpapiers oder Ausübung des verbrieften Rechts übertragbare Wertpapiere zu erwerben oder einen Barbetrag in Empfang zu nehmen, sofern der Emittent der Nichtdividendenwerte nicht der Emittent der zugrunde liegenden Wertpapiere oder ein zum Konzern dieses Emittenten gehörendes Unternehmen ist, je nach Wahl des Emittenten, des Anbieters oder des Zulassungsantragstellers der Staat des Europäischen Wirtschaftsraums, in dem der Emittent seinen Sitz hat, oder der Staat des Europäischen Wirtschaftsraums, in dem die Wertpapiere zum Handel an einem organisierten Markt zugelassen sind oder zugelassen werden sollen, oder der Staat des Europäischen Wirtschaftsraums, in dem die Wertpapiere öffentlich angeboten werden; dies gilt auch für Nichtdividendenwerte, die auf andere Währungen als auf Euro lauten, wenn der Wert solcher Mindeststückelungen annähernd 1 000 Euro entspricht,
    c) für alle Drittstaatemittenten von Wertpapieren, die nicht in Buchstabe b genannt sind, je nach Wahl des Emittenten, des Anbieters oder des Zulassungsantragstellers entweder der Staat des Europäischen Wirtschaftsraums, in dem die Wertpapiere erstmals öffentlich angeboten werden sollen, oder der Staat des Europäischen Wirtschaftsraums, in dem der erste Antrag auf Zulassung zum Handel an einem organisierten Markt gestellt wird, vorbehaltlich einer späteren Wahl durch den Drittstaatemittenten, wenn der Herkunftsstaat nicht gemäß seiner Wahl bestimmt wurde oder die Wertpapiere nicht mehr zum Handel an einem organisierten Markt in dem Herkunftsmitgliedstaat, aber stattdessen in einem anderen Staat des Europäischen Wirtschaftsraums zum Handel an einem organisierten Markt zugelassen sind;
14. Aufnahmestaat: der Staat, in dem ein öffentliches Angebot unterbreitet oder die Zulassung zum Handel angestrebt wird, sofern dieser Staat nicht der Herkunftsstaat ist;
15. Staat des Europäischen Wirtschaftsraums: die Mitgliedstaaten der Europäischen Union und die anderen Vertragsstaaten des Abkommens über den Europäischen Wirtschaftsraum;
16. Organisierter Markt: ein im Inland, in einem anderen Mitgliedstaat der Europäischen Union oder einem anderen Vertragsstaat des Abkommens über den Europäi-

schen Wirtschaftsraum betriebenes oder verwaltetes, durch staatliche Stellen genehmigtes, geregeltes und überwachtes multilaterales System, das die Interessen einer Vielzahl von Personen am Kauf und Verkauf von dort zum Handel zugelassenen Finanzinstrumenten innerhalb des Systems und nach festgelegten Bestimmungen in einer Weise zusammenbringt oder das Zusammenbringen fördert, die zu einem Vertrag über den Kauf dieser Finanzinstrumente führt;

17. **Bundesanstalt: die Bundesanstalt für Finanzdienstleistungsaufsicht;**
18. **Schlüsselinformationen: grundlegende und angemessen strukturierte Informationen, die dem Anleger zur Verfügung zu stellen sind, um es ihm zu ermöglichen, Art und Risiken des Emittenten, des Garantiegebers und der Wertpapiere, die ihm angeboten oder zum Handel an einem organisierten Markt zugelassen werden sollen, zu verstehen und unbeschadet des § 5 Absatz 2b Nummer 2 zu entscheiden, welchen Wertpapierangeboten er weiter nachgehen sollte.**

1. Gegenstand, sachlicher Anwendungsbereich und Kernbegriffe (§ 1 Abs. 1 iVm § 2 Nr. 1–4 und 16 WpPG)

a) **Gegenstand und Verortung.** § 1 Abs. 1 WpPG umschreibt einerseits den **Gegenstand des Gesetzes:** Die Erstellung des Prospektes, seine Billigung und Veröffentlichung sind zentrale, allerdings nicht die alleinigen Gegenstände, die das Gesetz regelt. Zentral sind beispielsweise auch die Sanktionen bei Fehlerhaftigkeit des Prospektes – namentlich die Prospekthaftung der §§ 21 ff. WpPG –, aber auch die verwaltungsmäßige Aufsicht und Durchsetzung. Klar ist jedoch, dass die Vorschrift insoweit nur einen **Überblick geben** will, nicht Materien, die später geregelt sind, ausnehmen oder einem anderen Anwendungsbereich unterwerfen will. **80**

Ungleich wichtiger ist die Norm für die **Bestimmung des sachlichen Anwendungsbereichs.** Hierfür wird dann auf Kernbegriffe in § 2 WpPG (namentlich Nr. 1–4 und 16) Bezug genommen. Der Anwendungsbereich wird hierbei mit drei Dimensionen umrissen: der (i) Klärung der einbezogenen **Anlageinstrumente**, der (ii) Beschreibung der erfassten **Märkte**, zu denen Zulassung begehrt wird (wobei hier auch ein Element des räumlichen Anwendungsbereichs hereinspielt, unten Rn 102 f.) und (iii) dem Abstellen auf das **Konzept des öffentlichen Angebots**, Letzteres sicherlich ebenfalls mit Marktbezug und als Alternative zum Zulassungsbegehren. Gerade das Konzept des öffentlichen Angebots hat nach dem Gesagten bei der Ausbildung eines breiten Europäischen Kapitalmarktrechts eine zentrale Rolle gespielt (oben Rn 71–73). Alle Dimensionen sind Europäisch auszulegen, weil sie der Allgemeinen EG-Prospekt-Richtlinie (weitestgehend wörtlich) entnommen sind. Bei der Bestimmung des sachlichen Anwendungsbereichs ist zugleich ein **abgestuftes System der Ausnahmen** hinzuzudenken, das sich aus § 1 Abs. 2 und 3 sowie §§ 3 (Abs. 2 und 3) und 4 WpPG ergibt (unten Rn 89–91 und 104–111). **81**

b) **Sachlicher Anwendungsbereich I: Instrumente und Märkte.** Bei den **ersten beiden Kriterien** zur Bestimmung des sachlichen Anwendungsbereichs geht das Maß der Europäisierung besonders weit, denn die Bestimmungen finden sich in den drei Kernrechtsakten gleichermaßen. Gerade hinsichtlich der einbezogenen Anlageinstrumente und der erfassten Märkte finden sich die neuesten gesetzgeberischen Anordnungen auf Europäischer Ebene in MiFID II und in MAR, die in Art. 3 Abs. 1 freilich wiederum auf die Definitionen in MiFID II verweist, dort in Art. 4 Abs. 1. Für den Anwendungsbereich der MAR handelt es sich bei den beiden Konzepten heute um solche, die den Verordnungscharakter teilen und demnach innerhalb der Mitgliedstaaten unmittelbar anwendbar sind. Da der in § 1 Abs.1 verwandte und in § 2 Nr. 1–3 WpPG näher definierte Begriff des Wertpapiers der gleiche **82** ist wie **in MiFID II und MAR**[307] – und **allgemeiner im Europäischen Kapitalmarktrecht** und seiner Umsetzung in deutsches Recht –, wurde er vorab im „Allgemeinen Teil“ des (europäisierten) Kapitalmarktrechts eingehend erörtert (Teil 5 Rn 81–85). Gleiches gilt dann bei dem Marktbegriff (§ 1 Abs.1 iVm § 2 Nr. 16 WpPG vgl. unten Rn 85).

83 aa) Nach dem Gesagten handelt es sich beim **Wertpapierbegriff** um einen Ausschnitt aus dem (in MAR und MiFID II letztlich zugrunde gelegten) Begriff des Finanzinstruments, das sich aus „Wertpapieren“, Geldmarktpapieren, Derivaten und weiteren damit verbundenen bzw. vergleichbaren Anlageinstrumenten zusammensetzt (Teil 5 Rn 86–88). Die Kategorie der Wertpapiere (**Nr. 1**) bildet jedoch das Herzstück, das einzige das allen drei Kernrechtsakten gemeinsam ist (MiFID II, MAR und EG-Prospekt-Richtlinie) und in Vielem auch den Referenzpunkt (etwa für Derivate als sog. Basiswert, jedoch auch allgemeiner für die geforderten Ausstattungsmerkmale, oben 5. Teil Rn 81). Charakteristisch für die Wertpapiere ist, dass sie (i) **Eigenkapital (Aktien) (a)** oder aber **Fremdkapital (b)** (mit einer Laufzeit von über 12 Monaten) oder **Zahlungspflichten und derivate Formen (c)** verbriefen (Nr. 1), dass diese Papiere (ii) **zirkulationsfähig** sind (Fälschungsschutz, gutgläubiger Erwerb etc.),[308] weil Aktien und Schuldverschreibungen solchermaßen zirkulationsfähig sind und jedes sonstige einbezogene Papier hierin nach der Anordnung in Nr. 1 „vergleichbar“ sein muss,[309] oder dass (iii) diese Papiere auch durch **Zertifikate** vertreten werden können, die diese Zirkulationsfähigkeit herstellen.[310] Die **„derivate Formen“ (lit. c)** sind dadurch gekennzeichnet, dass sie sich in der 1. Alt., in der physische Lieferung geschuldet ist, wiederum auf solche zirkulationsfähigen Wertpapiere beziehen müssen, in der 2. Alt. hingegen eine Zahlung geschuldet sein muss, die von einem der spezifisch aufgezählten und öffentlich festgelegten Basiswerte abhängt.[311]

84 Die **Europäisierte Prospektpflicht** betrifft **nur zirkulationsfähige Instrumente**, mit anderen Worten: solche, die auf die Ausbildung von liquiden Sekundärmärkten ausgelegt sind (zur Zielsetzung bereits oben Teil 5 Rn 79). Das bedeutet nicht, dass eine Prospektpflicht nicht für andere Anlageinstrumente ebenfalls sinnvoll wäre (und in Deutschland ja auch umfangreich in der letzten Dekade eingeführt wurde, vgl. oben Rn 76), wohl aber,

---

307 Für diesen Begriff im Bereich der MiFID (allerdings MiFID I) und der Allgemeinen EG-Prospekt-Richtlinie gleichermaßen: Schwark/Zimmer/*Kumpan* WpHG § 2 Rn 4 f.; inhaltlich gleich schon *Carl/Machunsky* Wertpapier-Verkaufsprospekt, § 1 VerkProspG Anm. B I; *Schäfer* ZIP 1991, 1557 (1558 f.).

308 Vgl. bereits – für das Europäische Kapitalmarktrecht allgemein, namentlich MiFID II und MAR – oben 5. Teil Rn 6 f.; vgl. ebenso für die Allgemeine EG-Prospekt-Richtlinie bzw. für das WpPG im Besonderen: *Groß* Kapitalmarktrecht, § 2 WpPG Rn 3; Holzborn/*Foelsch* § 2 Rn 4 f.; Just/Voß/*Ritz/Zeising* § 2 Rn 34–36; *Kaufmann* Prospektpflicht nach dem WpPG, S. 50.

309 Zu dieser (dogmatischen) Argumentation aus dem Wortlaut heraus – für das Europäische Kapitalmarktrecht allgemein, namentlich MiFID II und MAR – bereits oben 5. Teil Rn 82–85; vgl. ebenso für die Allgemeine EG-Prospekt-Richtlinie bzw. für das WpPG im Besonderen: *Assmann*/Schütze Handbuch, § 5 Rn 122; *Groß* Kapitalmarktrecht, § 2 WpPG Rn 3; Holzborn/*Foelsch* § 2 Rn. 4 f.; Just/Voß/*Ritz/Zeising* § 2 Rn 7–24.

310 Vgl. bereits – für das Europäische Kapitalmarktrecht allgemein, namentlich MiFID II und MAR – oben 5. Teil Rn 85; vgl. ebenso für die Allgemeine EG-Prospekt-Richtlinie bzw. für das WpPG im Besonderen: Assmann/Schlitt/*v. Kopp-Colomb/Knobloch* § 2 Rn 12; *Groß* Kapitalmarktrecht, § 2 WpPG Rn 3; Just/Voß/*Ritz/Zeising* § 2 Rn 52; Schwark/Zimmer/*Heidelbach* § 2 WpPG Rn 7.

311 Vgl. etwa näher dazu *Holzborn/Rauch* § 2 Rn 30; *Just/Voß/Ritz/Zeising* § 2 Rn 62–65. Zu dieser Aufteilung in Derivate mit und ohne Lieferpflicht, Letztere rein spekulativ, auch unten Rn 280–285.

dass nur bei solcher Zirkulationsfähigkeit ein hinreichender Binnenmarktbezug und die Notwendigkeit Europäischer Vorgaben besteht. Auch fällt allein dieser Bereich nach dem Gesagten in den Bereich des Investment Banking (oben Rn 76). Zudem gilt die (europäisierte) Prospektpflicht nur für Wertpapiere, **nicht auch für die anderen Formen von Finanzinstrumenten**, weil bei diesen der Aufwand der Informationsaufbereitung im Vergleich zu den Vorteilen exzessiv erscheint: bei den Geldmarktpapieren wegen ihrer kurzen Fristigkeit einerseits, jedoch andererseits auch wegen des typischerweise professionellen Anlegerpublikums;[312] bei den Derivaten, weil diese ihren Wert vor allem von den Wertpapieren als den Basiswerten (sog. „underlying") beziehen und daher die Information zu diesen entscheidend erscheint;[313] und bei anderen Papieren – wie Fondsanteilen – deswegen, weil vergleichbare Regulierung (mit Prospektpflicht) dann im jeweiligen Bereich spezialgesetzlich vorliegt.

Nicht mehr direkt den sachlichen Anwendungsbereich, sondern die Anwendung einzelner Standards – etwa zur Rechtswahl (§ 2 Nr. 13 lit. b WpPG) und zum Prospektinhalt – betrifft dann die Unterscheidung zwischen den zwei großen Wertpapiergruppen, die wegen des Sachzusammenhangs dennoch hier mit anzusprechen ist: Die beiden großen Gruppen – **Eigen-** und **Fremdkapital** – werden (unter dem Begriff der **Dividenden-** und **Nichtdividendenwerte, Nr. 2 und 3**) dahingehend voneinander abgegrenzt, dass die (regelmäßig weitergehenden) Prospektanforderungen an Dividendenwerte immer schon dann eingreifen, wenn das Papier für den Anleger das Recht verbrieft, das Recht in eine Beteiligung umzuwandeln oder sie zu erwerben, freilich nur Anteile an einer Gesellschaft des Konzerns des Emittenten. Namentlich bei Wandelschuldverschreibungen, Optionen auf Anteilserwerb und Aktienanleihen handelt es sich also ebenfalls um Dividendenwerte[314] – nicht jedoch 1bei bloßen Genussrechten, die eine Teilhabe am Unternehmensgewinn verbriefen, aber nicht die sonstigen Mitgliedschaftsrechte.[315] Die Dividenden- und die Nichtdividendenwerte sind sämtlich vom sachlichen Anwendungsbereich erfasst, bei jedem von ihnen sind jedoch nach dem Gesagten unterschiedliche Prospektinhalte geschuldet (vgl. unten Rn 131). **85**

bb) Auch der **Marktbegriff** (§ 2 Nr. 16 WpPG) entspricht demjenigen, der bereits für MiFID II und MAR – als Allgemeiner Teil des Europäischen und europäisierten Kapitalmarktrechts – erörtert wurde (oben 5. Teil Rn 66–71). Zentral ist (neben der ebenfalls angesprochenen räumlichen Abgrenzung, dazu unten Rn 102 f.), dass (i) der Markt oder Marktbetreiber der **Zulassung bedarf**,[316] dass (ii) das System dauerhaft hoheitlicher Über- **86**

---

312 Vgl. etwa *Groß* Kapitalmarktrecht, § 2 WpPG Rn 4; Holzborn/*Foelsch* § 2 Rn 5, Just/Voß/*Ritz/Zeising* § 2 Rn 67, 69; Schwark/Zimmer/*Heidelbach* § 2 WpPG Rn 6, ausführlich zur Einschränkung bzgl. der Geldmarktinstrumente, vgl. *Kaufmann* Prospektpflicht nach dem WpPG, S. 51–53.

313 Vgl. etwa Schwark/Zimmer/*Heidelbach* § 2 WpPG Rn 8; Just/Voß/Ritz/*Zeising* § 2 Rn 65.

314 Vgl. etwa Assmann/Schlitt/*v. Kopp-Colomb/Knobloch* § 2 Rn 24–26; *Groß* Kapitalmarktrecht, § 2 WpPG Rn 6; Holzborn/*Foelsch* § 2 Rn 8; Schwark/Zimmer/*Heidelbach* § 2 WpPG Rn 12.

315 Vgl. etwa Assmann/Schlitt/*v. Kopp-Colomb/Knobloch* § 2 Rn 23; Holzborn/*Foelsch* § 2 Rn 8; Schwark/Zimmer/*Heidelbach* § 2 WpPG Rn 13; ausführlich zum Streitstand vgl. Just/Voß/*Ritz/Zeising* § 2 Rn 80–85.

316 Vgl. bereits – für das Europäische Kapitalmarktrecht allgemein, namentlich MiFID II und MAR – oben 5. Teil Rn 66–69; vgl. ebenso für die Allgemeine EG-Prospekt-Richtlinie bzw. für das WpPG im Besonderen: Assmann/Schlitt/*v. Kopp-Colomb/Knobloch* § 2 Rn 89 f.; *Groß* Kapitalmarktrecht § 2 WpPG Rn 35; Holzborn/*Foelsch* § 2 Rn 36; *Kaufmann* Prospektpflicht nach dem WpPG, S. 75 f.

wachung und Regulierung (nach MAR, MiFID II, Transparenzrecht etc.) unterliegt,[317] dass (iii) das System multilateral konzipiert sein muss, also die Kauf- und **Verkaufsinteressen einer Vielzahl** von Marktteilnehmern zusammenbringen muss,[318] dass (iii) das System aufgrund eines **voretablierten Regelwerkes** funktionieren muss (dies ist die eigentliche DNA des Marktbegriffs!),[319] umgekehrt nicht notwendig mit einer sächlich-materiellen Ausstattung (etwa an Räumen),[320] in manchen Markttypen, freilich jedoch nicht allen, dass die Entscheidungen über Vertragsabschluss ohne Entscheidungsspielraum („**nichtdiskretionär**") erfolgen – was, weil **nicht allgemein gefordert**, für das Bestehen der Prospektpflicht nicht vorausgesetzt werden kann.[321] Schließlich gibt es Markttypen, bei denen nur der **Nachweis** eines kauf- bzw. verkaufswilligen Partners erbracht wird, andere, in denen bereits der Abschluss durch den Marktbetreiber zustande gebracht wird – weswegen auch insoweit die Prospektpflicht sich auf beide Varianten erstreckt, d.h. Märkte mit bloßer Nachweisfunktion bereits erfasst sind.[322] Anders als beim Konzept des Anlageinstruments, das eine klare Eingrenzung kennt – auf zirkulationsfähige Instrumente und auch hier nur auf die Basiswerte (längerer Fristigkeit) (oben Rn 84) – und dies aus den genannten Gründen, erscheint also der **Marktbegriff heute gänzlich offen**: Wenn immer der Kapitalaufnahme ein öffentliches Angebot zugrunde liegt und das Handelssystem ein dauerhaft funktionierendes, für eine Vielzahl offenes ist, ist auch der Marktbegriff des WpPG (und der zentralen Europäischen Kapitalmarktrechtsakte, MiFID II, MAR und EG-Prospekt-Richtlinie) eröffnet.

87 **c) Sachliche Anwendungsbereich II: Öffentliches Angebot.** Die **eigentliche Wasserscheide** bildet demnach der Begriff des **„öffentlichen Angebots"**. Er ist im deutschen Recht nahezu wortgleich mit der Vorgabe in der Allgemeinen EG-Prospekt-Richtlinie definiert und daher richtlinienkonform auszulegen.[323] Dies bedeutet mit Hinblick auf die acte-clair-

---

317 Vgl. bereits – für das Europäische Kapitalmarktrecht allgemein, namentlich MiFID II und MAR – oben 5. Teil Rn 66–69; vgl. ebenso für die Allgemeine EG-Prospekt-Richtlinie bzw. für das WpPG im Besonderen: Assmann/Schlitt/*v. Kopp-Colomb*/*Knobloch* § 2 Rn 89 f.; *Groß* Kapitalmarktrecht, § 2 WpPG Rn 35; Holzborn/*Foelsch* § 2 Rn 36; *Kaufmann* Prospektpflicht nach dem WpPG, S. 75 f.

318 Vgl. bereits – für das Europäische Kapitalmarktrecht allgemein, namentlich MiFID II und MAR – oben 5. Teil Rn 66–69; vgl. ebenso für die Allgemeine EG-Prospekt-Richtlinie bzw. für das WpPG im Besonderen: Assmann/Schlitt/*v. Kopp-Colomb*/*Knobloch* § 2 Rn 89 f.; *Groß* Kapitalmarktrecht, § 2 WpPG Rn 35; Holzborn/*Foelsch* § 2 Rn 36; *Kaufmann* Prospektpflicht nach dem WpPG, S. 75 f.

319 Vgl. bereits – für das Europäische Kapitalmarktrecht allgemein, namentlich MiFID II und MAR – oben 5. Teil Rn 66–69; vgl. ebenso für die Allgemeine EG-Prospekt-Richtlinie bzw. für das WpPG im Besonderen: Assmann/Schlitt/*v. Kopp-Colomb*/*Knobloch* § 2 Rn 89 f.; *Groß* Kapitalmarktrecht, § 2 WpPG 35; Holzborn/*Foelsch* § 2 Rn 36; *Kaufmann* Prospektpflicht nach dem WpPG, S. 75 f.

320 Vgl. für das Europäische Kapitalmarktrecht allgemein, namentlich MiFID II und MAR – oben 5. Teil Rn 66–69.

321 Für die verschiedenen Markttypen, bei denen das eine oder aber das andere der Fall ist, vgl. oben 5. Teil Rn 66–78. Auch im Rahmen der Allgemeinen EG-Prospekt-Richtlinie bzw. für das WpPG im Besonderen besteht kein Erfordernis dahingehend, dass die Entscheidungsmacht nichtdiskretionär ausgestaltet sein muss.

322 Für die verschiedenen Markttypen, bei denen das eine oder aber das andere der Fall ist, vgl. oben 5. Teil Rn 66–78. Auch im Rahmen der Allgemeinen EG-Prospekt-Richtlinie bzw. der für das WpPG im Besonderen besteht wiederum kein Erfordernis dahingehend, dass auch der Abschluss selbst durch den Marktbetreiber finalisiert werden muss.

323 Zur praktisch wortgleichen Europäischen Vorgabe, die verbindlich ist: Assmann/Schlitt/*v. Kopp-Colomb*/*Knobloch* § 2 Rn 29;

Doktrin des EuGH, dass Abgrenzungsfragen dem EuGH schon dann nach Art. 267 AEUV vorzulegen sind, wenn sich bei rechtsvergleichender Umschau in der gesamten EU[324] ein Zweifel dahingehend ergibt, ob auch nur eine Rechtsordnung den Begriff anders auslegt.[325] In der Europarechtlichen Vorgabe – wie ursprünglich vom Lamfalussy-Ausschuss angemahnt – wird der Begriff „öffentliches Angebot" zumindest in **wichtigen Konturen definiert** und zwar in Art. 2 Abs. 1 lit. d der Allgemeinen EG-Prospekt-Richtlinie (oben Rn 72), die nähere Ausführung („safe harbours") in Abs. 2 wurde in der Endphase des Gesetzgebungsverfahrens noch nach Art. 3 Abs. 2 der EG-Richtlinie verschoben,[326] kann jedoch schon aufgrund dieser Regelsetzungsgeschichte für die Interpretation herangezogen werden – beide Vorgaben wurden dann auf deutscher Ebene umgesetzt in der Definitionsnorm des § 2 Nr. 4 und in § 3 Abs. 2 WpPG.[327] **Drei Elemente** werden deutlich: Unerheblich ist die Art der Kommunikation dem Publikum gegenüber; die Kommunikation muss jedoch genügend präzise sein, um angenommen werden zu können („Angebot"); und es ist zu klären, wann ein Angebot angesichts der Beschränkung des Adressatenkreises seinen „öffentlichen" Zuschnitt verliert.

Für die Auslegung des dritten der **drei Kriterien** gibt die Safe-harbour-Anordnung in § 3 **88**
Abs. 2 WpPG gewisse Anhaltspunkte (näher zu § 3 Abs. 2 WpPG dann unten Rn 104), 1für die ersten beiden Elemente der Definition bringt sie freilich nichts Neues. Schon vor der Neufassung galt: **Angeboten** werden Wertpapiere im Rahmen jeder absatzfördern-1den Maßnahme des Emittenten oder Anbieters, auch in der sog. Pre-Marketing-Phase im

---

Grundmann Europäisches Gesellschaftsrecht, Rn 676–678; *Kaufmann* Prospektpflicht nach dem WpPG, S. 57, 74; Schwark/Zimmer/*Heidelbach* § 2 WpPG Rn 21, 25. Überzeugend für eine gleichmäßige Auslegung dieses Begriffs (und anderer) im gesamten Kapitalmarktrecht: *Hopt* Verantwortlichkeit, S. 64; implizit auch *Bosch* BuB 10/106 (allerdings nur auf deutsches Recht bezogen); allgemein zum öffentlichen Angebot vgl. *Schneider* AG 2016, 341 (350), der Kritik daran übt, dass trotz der Legaldefinition nach Art. 2 Abs. 1 lit d der EU-Prospekt-Richtlinie europaweit eine uneinheitliche Auslegung zu konstatieren ist.

324 Rechtsvergleichende Hinweise bei: *Hopt* Verantwortlichkeit, S. 62–66; *ders* ZHR 140 (1976), 201 (201–235); *Horn* Das Recht der internationalen Anleihen, 1972; S. 40–42; *van Gerven,* Prospectus for the public offering of securities in Europe, 2008 (2 Bde.); *Köstlin* Anlegerschutz, S. 28–39; *Rehbinder,* FS Kronstein 1967, S. 203 (204–218); *Vignaux/Gouzard/Nouel* Implementation of EU Prospectus Directive – Country-by-Country analysis, 2006. In Frankreich etwa versteht man jede Emission unter Einschaltung von Kreditinstituten als Absatzmittler schon von Gesetzes wegen als öffentliches Angebot, vgl. *Cafritz/Jais/Assaya/Gillespie* The Regulation of Private Placements in France, 2005; *Hopt* Verantwortlichkeit, S. 63.

325 EuGH Urt. v. 06.10.1982 – Rs. 283/81 – *C. I. L. F. I. T.*, Slg. 1982, 3415; *Grabitz/Hilf/Nettesheim/Karpenstein* AEUV Art. 267 Rn 57 f. Freilich dürfte bzw. durfte das deutsche Recht die Pflicht weiter in den Bereich der privaten Platzierung bzw. des grauen Kapitalmarktes ausdehnen, als von der Richtlinie vorgegeben. Vgl. EuGH Urt. v. 16.12.1992 – verb. Rs. C-132/91, C-138/91, C-139/91 – *Grigorios Katsikas ua.*, Slg. 1992, 6600 (6610 f.) (Tz. 39 und 40).

326 Dazu (es sollte der Anwendungsbereich der Richtlinie insgesamt, etwa mit Haftungs- und Überwachungsregeln, eröffnet bleiben, und nur die Prospektpflicht entfallen): Erläuterung des Rates, ABl.E 2003 C 125E/21 (50).

327 Dazu 5.–9., 19. Erwägungsgrund; *v. Ilberg/Neises* WM 2002, 635 (639 f. und 641) (auch zur Definition, teils kritisch); Einzelheiten zur Definition etwa bei Ferrarini/Wymeersch/*Pietrancosta* Investor Protection in Europe, 2006, S. 339; *Wiegel* Prospektrichtlinie, S. 152–159; Schwark/Zimmer/*Heidelbach*, WpPG § 2 Rn 14–28; und weitere Standardkommentare zu § 2 Nr. 4 WpPG; zum Entwurf: BT-Drs. 11/6340, 11.

Bookbuilding-Verfahren.[328] Abzustellen ist auf die tatsächliche Eignung und nicht auf eine abweichende Intention. Der Begriff ist weit auszulegen: Auch eine invitatio ad offerendum – wie ja regelmäßig beim Bookbuilding – ist ein Angebot im Sinne der Richtlinie.[329] Klargestellt wird umgekehrt, dass **Kapitalmarktinformation** – insbesondere gesetzlich geschuldete, wie die Ad-hoc-Publizität oder Zwischen- und Finanzberichte – als solche **kein Angebot** darstellt (mangels dahingehendem Verpflichtungswillen).[330] Auf das eingesetzte **Publizitätsmedium** kommt es nicht an. Auch das Element **eingegrenzter Personenkreis** wurde schon bisher diskutiert. Gesichert war und ist weiterhin, dass sich ein (öffentliches) Angebot an einen unbestimmten Personenkreis (ad incertas personas) richtet.[331] Der Umstand, dass dieser mittels bestimmter Merkmale, wie Berufsgruppe oder Einkommen, eingegrenzt werden kann, genügt nicht, um von einem individualisierten („privaten") Angebot auszugehen.[332] Dies ist erst der Fall, wenn es sich nur an eine bestimmte, dem Anbieter bekannte Gruppe von Personen oder Organismen richtet, die zahlenmäßig begrenzt ist und persönlich vom Emittenten oder Vermittler informiert wurde.[333] Dies wird präzisiert – und erst insoweit hat die Safe-harbour-Regelung eigenen definitorischen Gehalt –, indem Art. 3 Abs. 2 der Richtlinie und § 3 Abs. 2 S. 1 WpPG einige Fälle klar aussondern, bei denen nicht von einem öffentlichen Angebot auszugehen ist (sog. „safe harbours"); ausgestaltet ist diese Abgrenzung als Ausnahme zur Prospektpflicht (näher unten Rn 104). Aus der Safe-harbor-Regelung ergibt sich, dass eine Zahl an anderen als qualifizierten Anlegern, die 150 übersteigt, den privaten Charakter der Emission zwingend ausschließt. Die gleiche Wirkung sollte anonyme Werbung entfalten.[334] Zu Recht wird auf die durch rechtsver-

---

[328] Auch individuell gestaltete Briefe an eine unbestimmte Vielzahl von Personen: BT-Drs. 11/6340, S. 11; *Assmann* NJW 1991, 528 (529 Rn 23); *Carl/Machunsky* Wertpapier-Verkaufsprospekt, § 1 VerkProspG, Anm. B II; ebenso für Telefonate *Hopt* Verantwortlichkeit, S. 66. Sicherlich auch Anschläge in Schalterhallen: BT-Drs. 11/6340, S. 11; *Carl/Machunsky* Wertpapier-Verkaufsprospekt, § 1 VerkProspG, Anm. B II; *Hopt* Verantwortlichkeit, S. 63, 66. Zum (frühen) Einsetzen der Prospektphase im Bookbuilding-Verfahren vgl. *Willamowski* Bookbuilding, S. 124–130.

[329] Vgl. über die in der vorigen Fn Genannten hinaus etwa *Buck-Heeb* Kapitalmarktrecht Rn 169; *Groß* Kapitalmarktrecht, § 2 WpPG 10; Holzborn/*Foelsch* § 2 Rn 11; Schwark/Zimmer/*Heidelbach* § 2 WpPG Rn 15.

[330] Hierzu näher etwa *Groß* Kapitalmarktrecht, § 2 WpPG Rn 14; ausführlich *Schnorbus* in Berrar (u.a.) Frankfurter Kommentar § 2 Rn 48–52.

[331] *Assmann*/Schütze Handbuch, § 5 Rn 122; *Groß* Kapitalmarktrecht, § 2 WpPG Rn 16; Schwark/Zimmer/*Heidelbach* § 2 WpPG Rn 21, 25; *Schäfer* ZIP 1991, 1557 (1559 f.); *Süßmann* EuZW 1991, 210 (211); *Paskert* Wertpapieremissionen, S. 20; *Schnorbus* AG 2008, 389 (394 f.); *Zahid/McGee* (2002) 23 The Company Lawyer, 250 (251); zum Erfordernis eines unbestimmten Personenkreises auch: Holzborn/*Foelsch* § 2 Rn 14; zum Entwurf: BT-Drs. 11/6340, S. 11.

[332] Schwark/Zimmer/*Heidelbach* § 2 WpPG Rn 25; *Hopt* Verantwortlichkeit, S. 66; *Schäfer* ZIP 1991, 1557 (1560); *Schnorbus* AG 2008, 389 (395 f.); *Hüffer* Wertpapier-Verkaufsprospektgesetz, S. 19. Nötig ist Bestimmtheit, nicht nur Bestimmbarkeit (*Hopt* Verantwortlichkeit, S. 66; aA *Schäfer* ZIP 1991, 1557 [1559]), wie § 2 Nr. 2 VerkProspG aF klarstellte.

[333] ABl.EG 1981 C 310/50 (51); Privatplatzierung: *Schäfer* ZIP 1991, 1557 (1559); *Hopt* Verantwortlichkeit, S. 17; Zweifel an der Verlässlichkeit solcher Tests bei: *Zahid/McGee* (2002) 23 The Company Lawyer, 250 (250); Speziell zum Bezugsrechtehandel (zu den verschiedenen Einschätzungen, ob öffentliches Angebot anzunehmen oder nicht, und auch zu den Präzisierungen, um die in der Revision 2010 gerungen wurde): *Elsen/Jäger* BKR 2010, 97 (101); *Fischer-Appelt* Law and Financial Markets Review 2010, 490 (491–493); *Voß* ZBB 2010, 194 (209 f.).

[334] Ebenso *Groß* Kapitalmarktrecht, § 2 WpPG Rn 18; Schwark/Zimmer/*Heidelbach* § 2 WpPG Rn 27 bei öffentlichen Auslagen und Aushängen in Banken und öffentlich zugäng-

gleichende Umschau nahegelegte Möglichkeit hingewiesen, dass eine Platzierung auch dadurch zur öffentlichen werden kann, dass der Erwerber abredewidrig öffentlich weiterverkauft.[335] Klar ist, dass eine sich unmittelbar anschließende Börseneinführung eine private Platzierung ausschließt.[336] Den Umstand, dass der Kunde die Initiative ergriffen hat, sieht man in Deutschland als charakteristisch für eine private Platzierung an.[337] Ob dies nach Europäischem Auslegungsstandard uneingeschränkt so gelten kann, erscheint zweifelhaft.[338]

2. Ausnahmen vom Anwendungsbereich (§ 1 Abs. 2 und 3 WpPG). § 1 Abs. 2 WpPG **89** statuiert **fünf Ausnahmen** vom Anwendungsbereich, von denen freilich nur die erste eine uneingeschränkte Ausnahme darstellt: Die hier genannten **offenen Investmentvermögen** unterliegen einer eigenen Regulierung mit Prospektpflicht und -haftung nach §§ 164, 306 KAGB und deutlich weitergehenden Kautelen zum Schutz des Fondsvermögens als bei sonstigen Emittenten, etwa in Form einer Aktiengesellschaft,[339] so dass hier das Anlegerschutzziel des WpPG bereits (über)erfüllt ist.

Die **anderen vier Ausnahmen** sind ebenfalls durch anderweitig gewähreisteten Schutz **90** zu rechtfertigen, doch setzen sie an der **besonderen Sicherheit (vor allem Bonität) des Emittenten** an.[340] In den ersten beiden Fällen (**Institutionen in staatlicher Trägerschaft**) ist das Papier entweder (**Nr. 2**) von einem Mitgliedstaat des EWR, einer seiner Gebietskörperschaften oder einer Zentralbank (oder einer internationalen Organisation, denen ein EWR-Staat angehört) selbst begeben worden – nur denkbar bei Nichtdividendenwerten, nicht bei Aktien und anderen Dividendenwerten – oder aber (**Nr. 3**) diese Institutionen haben das Papier (hier nun auch Dividendenwerte) uneingeschränkt und unwiderruflich widerrufen. Letzteres zählt nicht zu den Instrumenten der EZB und daher sind Zentralbanken in dieser Variante nicht aufgelistet, auch schien die bloße Garantie durch eine internationale Organisation der genannten Art rechtlich zu „unsicher", um eine Ausnahme zu rechtfertigen. Besondere Sicherheit bedeutet grds. Bonität, eine Vermutung der Seriosität kommt jedoch hinzu, die eine Inhaltskontrolle qua Transparenz" weniger angezeigt erscheinen ließ. Die beiden anderen Ausnahmen sind heterogener Natur: Die umfangmäßig ungleich weiterreichende Freistellung der **CRR-Kreditinstitute** (bis € 75 Mio. in 12 Mona-

lichen Räumen; allgemein zur Werbung und differenzierend wegen § 15 WpPG Holzborn/*Foelsch* § 2 Rn 15, 17.

335 *Groß* Kapitalmarktrecht, § 2 WpPG Rn 27; *Hopt* Verantwortlichkeit, S. 67; *Waldeck/Süßmann* WM 1993, 361 (363); aA noch zur Auslegung des § 1 VerkProspG (allerdings aus rein nationaler Perspektive): *Assmann/Schütze/Assmann* Handbuch, 2. Aufl. 1997, § 7 Rn 248; *Carl/Machunsky* Wertpapier-Verkaufsprospekt, § 1 VerkProspG, Anm. B II; *Schäfer* ZIP 1991, 1557 (1563).

336 *Hopt* Verantwortlichkeit, S. 17; mittlerweile anders: Kümpel/Wittig/*R. Müller*, Rn 15.97.

337 *Hopt* Verantwortlichkeit, S. 66; *Kümpel* Bankrecht, 3. Aufl. 2004, Rn 9.332 (noch zum Verkaufsprospektgesetz); vgl. auch *Müller* WpPG, 2012, § 2 Rn. 7. Zum US-amerikanischen Kapitalmarktrecht, das schon vorher ansetzt und den daraus auf Grund der Internationalisierung resultierenden Problemen *Bosch* BuB 10/305d.

338 Anders etwa (auch über das US-amerikanische Kapitalmarktrecht hinaus, vgl. vorige Fn): *Cafritz/Jais/Assaya/Gillespie* The Regulation of Private Placements in France, 2005; *Groß* Kapitalmarktrecht, § 2 WpPG Rn 15.

339 Zu dieser Ausnahme näher *Groß* Kapitalmarktrecht, § 1 WpPG Rn 4; Holzborn/*Spindler* § 1 Rn 11–13; Just/Voß/*Ritz/Zeising* § 1 Rn 11–15; *Kaufmann* Prospektpflicht nach dem WpPG, S. 79 f.

340 Etwa für Nr. 2 und 3: BT-Drucks. 15/4999, S. 27; *Groß* Kapitalmarkrecht, § 1 WpPG Rn 5, 6; Holzborn/*Spindler* § 1 Rn 16; Schwark/Zimmer/*Heidelbach* § 1 WpPG Rn 9: für eine kritische Betrachtung dieses Arguments bei *Kaufmann* Prospektpflicht nach dem WpPG, S. 80 f.

ten, **Nr.** 5)[341] erklärt sich unschwer daraus, dass (i) diese hinsichtlich ihrer Bonität einer sehr strikten Aufsicht unterworfen sind (oben 1. Teil), und (ii) umgekehrt die kontinuierliche Refinanzierung in großem Umfang („dauernd oder wiederholt" iSv Nr. 12) zu den Grundlagen ihres Geschäfts und damit den Grundlagen des Bankgeschäfts insgesamt gehört und, da auch (iii) auf inhaltliche Einfachheit geachtet wurde, d.h. alle Formen ausgeschlossen wurden, die auch nur gewisse Elemente von Dividendenwerten übernehmen (Nachrang, Wandlungs- oder Zeichnungsrechte), und daher eine „überraschende" Ausgestaltung der Nichtdividendenwerte wenig wahrscheinlich erscheint.[342] Demgegenüber erklärt sich die letzte Freistellung (für **CRR-Kreditinstitute und Daueremittenten, Nr. 4**) damit, dass bei einem relativ kleinen Volumen von € 5 Mio. eine neue Prospektpflicht exzessiv erscheinen würde – angesichts des Umstandes, dass aufgrund der ebenfalls vorausgesetzten Zulassung zu einem organisierten Markt bereits eine laufende Publizitätspflicht besteht (Ad-hoc-Publizität, Finanz- und Zwischenberichtspflicht, unten Rn 218–222 und 6. Teil 4. Abschnitt).[343]

91 Für die Ausnahmen nach § 1 Abs. 2 WpPG stellt Abs. 3 klar, dass in diesen Fällen **ein Prospekt freiwillig begeben** werden darf – was dann einerseits das gesamte **Regime des WpPG zur Anwendung bringt** (vor allem Prospekthaftung),[344] andererseits jedoch auch das Regime der gegenseitigen Anerkennung (mit vorheriger Billigung in Herkunftsstaat) in EU und EWR-Raum eröffnet (Europapass, unten Rn 172–174).[345] Bei Investmentfonds ist beides ohnehin unter dem für sie geltenden Spezialregime verbürgt, so dass Nr. 1 in der Auflistung ausgelassen werden konnte. Anders als bei den bloßen Ausnahmen von der Prospektpflicht sind die in § 1 Abs. 2 WpPG genannten Emittenten und Emissionen, wenn kein Prospekt freiwillig erstellt wird, gänzlich von den Vorgaben und auch der Aufsicht nach dem WpPG freigestellt.[346]

---

[341] Zur laufenden Fortschreibung des 12-Monatszeitraums (bei Nr. 4 und Nr. 5) näher: *Groß* Kapitalmarktrecht, § 1 WpPG Rn 7; *Heidelbach/Preuße* BKR 2006, 316 (316); Holzborn/*Spindler* § 1 Rn 20; Just/Voß/*Ritz/Zeising* § 1 Rn 30 f.; Schwark/Zimmer/*Heidelbach* § 1 WpPG Rn 18.

[342] Ähnlich in der Begründung (vielfach kumulierte Absicherung, daher auch relativ großes Volumen) etwa Holzborn/*Spindler* § 1 Rn 23; Just/Voß/*Ritz/Zeising* § 1 Rn 37 f.; *Kaufmann* Prospektpflicht nach dem WpPG, S. 85 f.; Schwark/Zimmer/*Heidelbach* § 1 WpPG Rn 13, 21.

[343] Ähnlich in der Begründung (Freistellung aufgrund des geringen Volumens bei Aufrechterhaltung eines gewissen Schutzniveaus) etwa Holzborn/*Spindler* § 1 Rn 21; Just/Voß/*Ritz/Zeising* § 1 Rn 26; Schwark/Zimmer/*Heidelbach* § 1 WpPG Rn 14; ausführlich zu Nr. 4 vgl. *Kaufmann* Prospektpflicht nach dem WpPG, S. 81–85; sowie zur vorgesehenen Änderung nach Art. 3 Abs. 2 des Entwurfs der EU-Kommission zu einer neuen EU-Prospektverordnung vgl. *Schulz* WM 2016, 1417 (1418).

[344] Es handelt sich also (trotz des insoweit nicht ganz klaren Wortlauts des Abs. 3) keineswegs nur um eine Gestattung – ohne Bindung an die Vorgaben für die Prospekterstellung: ebenso Assmann/Schlitt/*v. Kopp-Colomb/Witte* § 1 Rn 67; *Groß* Kapitalmarktrecht, § 1 WpPG Rn 9; Holzborn/*Spindler* § 1 Rn 32; *Kaufmann* Die Prospektpflicht nach dem WpPG, S. 95 f.; Schwark/Zimmer/*Heidelbach* § 1 WpPG Rn 31.

[345] Zu dieser Rechtsfolge (und dazu, wie in diesen Fällen die Billigung des Prospektes – als Voraussetzung für die Inanspruchnahme des Europapasses – gehandhabt wird): Assmann/Schlitt/*v. Kopp-Colomb/Witte* § 1 Rn 68; *Groß* Kapitalmarktrecht, § 1 WpPG Rn 9; Holzborn/*Spindler* § 1 Rn 32; *Kaufmann* Prospektpflicht nach dem WpPG, S. 93 f.

[346] Ebenso *Groß* Kapitalmarktrecht, § 1 WpPG Rn 1; Schwark/Zimmer/*Heidelbach* § 1 WpPG Rn 7.

3. Sonstige Begriffsbestimmungen (§ 2 Abs. 1 Nr. 5–15, 17–18 WpPG)

a) **Angebotsprogramme und Daueremissionen (Nr. 5 und 12).** Neben die Begriffsbestimmungen zu den Instrumenten (Nr. 1–3) und zu den Märkten und Formen der Marktinanspruchnahme (Nr. 4 und 16), die zugleich auch den sachlichen Anwendungsbereich nach § 1 Abs. 1 WpPG konkretisieren und umreißen (daher schon oben Rn 81–88), treten ausschließlich Begriffsbestimmungen, die die verschiedenen **Formen von Marktteilnehmern (Nr. 6–11, unten b))** und von **Hoheitsträgern, i.d.R. in ihrer Aufsichtsfunktion (Nr. 13–15, 17, unten c))** betreffen. Selbst die verbleibenden beiden Bestimmungen in Nr. 5 und 12 könnten – indirekt – als Klärungen zu bestimmten Typen von Emittenten (oder ihrem Angebotsverhalten) verstanden werden und gehen Nr. 6–11 ja auch unmittelbar voraus bzw. folgen ihnen unmittelbar. Im Vordergrund steht jedoch eine bestimmte Emissionsgestaltungsform. Diese freilich hat Bedeutung allein in der Frage, ob ein Basisprospekt zulässig ist und wie lange dieser in diesem Falle gültig ist. Daher ist die Begriffsbestimmung besser in diesem konkreten Zusammenhang zu beleuchten (unten Rn 125). **92**

b) **Marktteilnehmer mit besonderen Merkmalen (Nr. 6–11).** Die komplexeste Definition unter denen für Marktteilnehmer ist diejenige des **„qualifizierten Anlegers“ (Nr. 6)**, dem gegenüber eine Informationsgestaltung zulässig ist, die es gegenüber dem allgemeinen Anlegerpublikum nicht wäre (vgl. namentlich **die Ausnahmeregel und die Restschutzregel** in §§ 3 Abs. 2, 15 Abs. 5 WpPG). Angestrebt wird damit eine kostengünstigere Lösung, weil der Schutz durch Prospektpublizität bei diesen Anlegern nur sehr eingeschränkt nötig erscheint (unten Rn 106). Die Definition verweist auf die Konzepte aus MiFID I, umgesetzt in § 31a WpHG, also namentlich **drei Kategorien** (eine zweiteilig): professionelle Kunden, wie sie in Art. 4 Abs. 1 Nr. 11 iVm Anhang II der Richtlinie definiert sind, die mit Abstand wichtigste Kategorie, sowie geeignete Gegenparteien nach Art. 24 der Richtlinie, erweitert um solche Personen, die einen vergleichbaren Status bereits nach der Vorgängerrichtlinie, der EG-Wertpapierdienstleistungs-Richtlinie, hatten (sog. grandfathering).[347] Dabei gibt es geborene **professionelle Kunden** (mit Abwahlmöglichkeit) (Anhang II unter I.), namentlich Institutionen des Finanzwesens, die der Zulassung bedürfen oder beaufsichtigt werden, bzw. nationale und regionale Regierungen und Inter-/Supranationale Organisationen samt Zentralbanken u.ä., umgekehrt gekorene professionelle Kunden (Anhang II und II.), namentlich solche, die diesen Status wünschen, vom Wertpapierdienstleister als hierfür geeignet eingestuft werden und zwei von drei objektivierten Professionalitätskriterien erfüllen (Vielzahl und Kontinuität erheblicher Transaktionen, erhebliche Größe Gesamttransaktionsvolumen, nachgewiesene erhebliche praktische Erfahrung).[348] Dabei ist Nr. 6 so aufgebaut, dass lit. a) diese vier Kategorien in Deutschland umschreibt und lit. b) bis e) für die vier Kategorien nacheinander (geborene und gekorene professionelle Kunden, geeignete Gegenparteien sowie Altfälle), soweit es um Personen im (sonstigen) EWR-Raum geht, direkt auf die Kriterien in der Richtlinie verweist, die in Deutschland § 31a WpHG umsetzt. Vereinfacht wird die Anwendung für Fragen der Prospektpflicht und -bereitstellung dadurch, dass der Prospektpflichtige nach § 32 WpPG einen Anspruch gegen die Wertpapierdienstleister auf Auskunft zu der Frage hat, welche Personen sie in welcher Kategorie anerkannt/eingestuft haben, also die materiellen Kriterien selbst nicht mehr inhaltlich prüfen muss.[349] **93**

[347] Zum Grandfathering (lit. a) a.E. bzw. lit. e), wenn auch in anderem Kontext, etwa *Lehmann/Rehahn* WM 2014, 1793.

[348] Holzborn/*Foelsch* § 2 Rn 21; Holzborn/*Leuering* § 32 Rn 1–3; Just/Voß/*Ritz/Becker* § 31a WpHG Rn 8–17; *Kasten* BKR 2007, 261 (265); ausführlich KölnKomm WpHG/*Möllers* § 31a Rn 32–66.

[349] Dann auch keine Haftung, etwa Haftung wegen fehlendem Prospekt nach § 24 WpPG.

94 Ungleich weniger komplex ist die Definition der **Hauptakteure auf der Marktgegenseite**, die vor allem für die Abgrenzung der von der jeweiligen Pflicht Betroffenen wichtig ist: Der **Emittent ist nach Nr. 9** derjenige, der die Wertpapiere begibt oder dies plant, also dem Anleger die Rechte aus ihnen einräumt (oder dies plant), also entweder Mitgliedschaftsrechte am Emittenten selbst (wenn es sich um eine Gesellschaft handelt) oder Ansprüche gegen diesen – mit entsprechender Pflichtenübernahme seitens des Emittenten. Der Emittent ist demnach der **aus den Wertpapieren Verpflichtete.**[350] Mehrfach privilegiert als Emittenten – und nur also solche im WpPG gesondert reguliert –[351] sind die **CRR-Kreditinstitute (Nr. 8)**, die den aufsichtsrechtlichen Anforderungen der CRR unterliegen (näher oben 1. Teil Rn 36–38), auf die wiederum § 1 Abs. 3d S. 1 KWG verweist.

95 Der Emittent – ggf. auch ein CRR-Kreditinstitut – ist freilich als solcher nicht der **Prospektpflichtige.** Dies ist vielmehr der Anbieter – soweit ein öffentliches Angebot die Prospektpflicht auslöst (§ 3 Abs. 1 WpPG, unten Rn 100) – oder der Zulassungsantragssteller – wenn der Zulassungsantrag die Prospektpflicht auslöst (§ 3 Abs. 4 WpPG, unten Rn 100). Dieser kann zwar – bei der Eigenemission – mit dem Emittenten zusammenfallen, die freilich nach dem Gesagten bei den hier erörterten Emissionen (Effektenemissionen nach § 2 Nr. 1–4, 16 WpPG) nur bei Wertpapieren der Kreditinstitute und Wertpapierfirmen selbst üblich ist. (Nur) In diesem Fall ist ausnahmsweise der Emittent selbst prospektpflichtig. Der **Anbieter (Nr. 10)** ist derjenige, der beim öffentlichen Angebot – etwas tautologisch – die Wertpapiere „öffentlich anbietet". Diese Definition wurde aus der allgemeinen EG-Prospekt-Richtlinie (Art. 2 Abs. 1 lit. i) übernommen und ist daher richtlinienkonform auszulegen. Anbieter ist deswegen jede natürliche oder juristische Person oder Personenvereinigung, deren Handlungen unmittelbar darauf gerichtet sind, die Wertpapiere beim Anleger unterzubringen (Übernahme der entscheidenden absatzfördernden Maßnahmen)[352] – also bei Festübernahme das jeweilige emissionsbegleitende Institut für seine Quote (vgl. oben Rn 3, 27),[353] aber auch bei der kommissionsweisen Übernahme zur

Zur näheren inhaltlichen Diskussion der Kriterien daher auch unten 8. Teil (u § 31a WpHG).

350 Assmann/Schlitt/*v. Kopp-Colomb/Knobloch* § 2 Rn 69; *Schnorbus* in Berrar (u.a.) Frankfurter Kommentar § 2 Rn 101–103; Just/Voß/*Ritz/Zeising* § 2 Rn 190; Schwark/Zimmer/*Heidelbach* § 2 WpPG Rn 49.

351 Da das Emissionsgeschäft bei Festübernahme ein Bankgeschäft darstellt und sowohl bei Festübernahme als auch bei Best-effort-Übernahme eine Wertpapierdienstleistung (oben Teil 5 Rn 46), sind Kreditinstitute und Wertpapierfirmen auch allein befugt, emissionsbegleitend tätig zu werden (oben 5. Teil Rn 47 und oben Rn 2–7). In dieser Rolle werden die CRR-Kreditinstitute freilich nicht als solche im WpPG gesondert reguliert; vielmehr sind sie in dieser Rolle ganz allgemein als „Anbieter" (Nr. 10) bzw. „Zulassungsantragssteller" (Nr. 11) erfasst, vgl. nächste Rn.

352 *Grundmann* Europäisches Gesellschaftsrecht, Rn 676; *Heinze* Primärmarkt, S. 191. Überwiegend wird – stärker in vertretungsrechtlichen Kategorien gehalten – darauf abgestellt, in wessen Namen gehandelt wird (nicht notwendig: für wessen Rechnung): Assmann/Schlitt/*v. Kopp-Colomb/Knobloch* § 2 Rn 71 f.; *Groß* Kapitalmarktrecht, § 2 WpPG Rn 26; Holzborn/*Foelsch* § 2 Rn 25; Just/Voß/*Ritz/Zeising* § 2 Rn 197–200; *Kaufmann* Prospektpflicht nach dem WpPG, S. 104–107; *Schnorbus* AG 2008, 389 (390 f.).

353 Vgl. (teils auch für das kombinierte Übernahme- und reine Begebungskonsortium): *Groß* Kapitalmarktrecht, § 2 WpPG Rn 26; *Grundmann* Europäisches Gesellschaftsrecht, Rn 676; *Paskert* Wertpapieremissionen, S. 9–12, 21; *Heinze* Primärmarkt, S. 191; *Kaufman* Prospektpflicht nach dem WpPG, S. 108–111; Schwark/Zimmer/*Heidelbach* § 2 WpPG Rn 55; *Schäfer* ZIP 1991, 1557 (1563); *Carl/Machunsky* Wertpapier-Verkaufsprospekt, § 1 VerkProspG, Anm. B III.

Platzierung („best effort") dieses Institut,[354] desgleichen beim Book Building, auch solange nur die Zeichnungsbereitschaft erfragt wird.[355] Der **Zulassungsantragssteller (Nr. 12)** ist derjenige, der formal den Antrag auf Zulassung zum Handel an einem organisierten Markt stellt, was schon nach den jeweiligen Marktordnungen nur zugelassenen Mitgliedern – die emissionsbegleitenden Institute, jedoch nicht die Emittenten – gestattet ist.[356]

c) **Staaten und Behörden (Nr. 13–15, 17).** Bei der Zusammenarbeit bei der Billigung **96**
von Prospekten (§§ 17 f. WpPG), bei der Sprachenregelung (§ 19 WpPG), später auch bei der sonstigen behördlichen Zusammenarbeit und Zuständigkeit (insbes. §§ 28, 28a WpPG) wird vielfach abgegrenzt zwischen **Herkunftsstaat (Nr. 13)** und **Aufnahmestaat (Nr. 14)**. Die Grundlage bildet die Begriffsbestimmung für den **Herkunftsstaat** (**Nr. 13**), die nach Emittenten mit Sitz im EWR und solchen mit Sitz in Drittstaaten unterscheidet und unterschiedlich weitgehende Wahlmöglichkeiten eröffnet:[357] Auszugehen ist von lit. b), der Wahlmöglichkeiten bei der Emission von Nichtdividendenwerten eröffnet und zwar entweder, wenn diese eine Stückelung von mehr als € 1.000,– (oder dessen Gegenwert) haben, oder, wenn sie Wandel- oder Erwerbsrechte auf Anteile an einer nicht zum Konzern des Emittenten gehörigen Gesellschaft verbriefen. Es handelt sich hier um Produkte, die eine gewisse Anlegerkategorie nahelegen und bei denen zugleich kein potentiell zwingendes (kapitalgesellschaftsrechtliches) Statut eingreift (rein internationalschuldrechtliche Anknüpfung); die Wahlmöglichkeit des Emittenten geht hier auf die naheliegenden Statuten: das Sitzrecht oder das Recht des Platzierungsmarktes. Für Dividendenwerte und „nackte" Nichtdividendenwerte (ohne Umwandlungs- oder Erwerbsrechte) mit einer geringeren Stückelung als € 1.000,– gilt bei Sitz im EWR zwingend dieses Recht (dann mit Europapass), während umgekehrt bei Sitz in einem Drittland nur eine Wahl zwischen verschiedenen Auswirkungsmärkten im EWR zugelassen ist (zwingende Anwendung der Standards der Allgemeinen EG-Prospekt-Richtlinie). **Aufnahmestaaten (Nr. 14)** sind diejenigen, in denen eine Handlung erfolgt, die eine Prospektpflicht auslöst (öffentliches Angebot oder Zulassungsantrag), die jedoch nicht zugleich Herkunftsstaat nach den eben beschriebenen Kriterien sind.[358]

Demgegenüber ist die Begriffsbestimmung für die **Mitgliedstaaten von EU und EWR** **97**
(Nr. 15) selbsterklärend, bei derjenigen für die **Bundesanstalt für Finanzdienstleistungsaufsicht (BaFin, Nr. 17)** handelt es sich um eine Abkürzung („Bundesanstalt") bzw. – implizit – um eine Klärung der inländischen Zuständigkeit (vgl. Auftrag an die Mitgliedstaaten in Art. 21 Allgemeine EG-Prospekt-Richtlinie).

---

354 Ebenso Holzborn/*Foelsch* § 2 Rn 25. Auch hier handelt die Konsortialbank im eigenen Namen (wenn auch für fremde Rechnung).

355 Zum frühen Einsetzen der Prospektphase im Bookbuilding-Verfahren vgl. ausführlich *Willamowski* Bookbuilding, S. 124–130.

356 Ebenso Assmann/Schlitt/*v. Kopp-Colomb/Knobloch* § 2 Rn 74; *Schnorbus* in Berrar (u.a.) Frankfurter Kommentar § 2 Rn 121–123; *Groß* Kapitalmarktrecht, § 2 WpPG Rn 30; Holzborn/*Foelsch* § 2 Rn 31; Schwark/Zimmer/*Heidelbach* § 2 WpPG Rn 63.

357 Näher zum Folgenden: Assmann/Schlitt/*v. Kopp-Colomb/Knobloch* § 2 Rn 78–86; *Schnorbus* in Berrar (u.a.) Frankfurter Kommentar § 2 Rn 127–136; *Groß* Kapitalmarktrecht, § 2 WpPG Rn 32; Holzborn/*Foelsch* § 2 Rn 33; Just/Voß/*Ritz/Zeising* § 2 Rn 238–272; Schwark/Zimmer/*Heidelbach* § 2 WpPG Rn 69–77.

358 Näher hierzu: *Schnorbus* in Berrar (u.a.) Frankfurter Kommentar § 2 Rn 137; Just/Voß/*Ritz/Zeising* § 2 Rn 273–277; Schwark/Zimmer/*Heidelbach* § 2 WpPG Rn 78.

98 d) **Schlüsselinformationen (Nr. 18).** Der Begriff Schlüsselinformationen (§ 5 Abs. 2a WpHG) ist wichtig allein im Zusammenhang mit der Zusammenfassung und ihren Pflichtinhalten (§ 5 Abs. 2–2b WpHG) sowie Normen, die auf diese Regelung verweisen. Er wird daher besser in diesem Zusammenhang erörtert.

99 II. §§ 3, 4 WpPG: Prospektpflicht und Ausnahmen von ihr

§ 3 Pflicht zur Veröffentlichung eines Prospekts und Ausnahmen im Hinblick auf die Art des Angebots

(1) Sofern sich aus den Absätzen 2 und 3 oder aus § 4 Absatz 1 nichts anderes ergibt, darf der Anbieter Wertpapiere im Inland erst dann öffentlich anbieten, wenn er zuvor einen Prospekt für diese Wertpapiere veröffentlicht hat.

(2) Die Verpflichtung zur Veröffentlichung eines Prospekts gilt nicht für ein Angebot von Wertpapieren,

1. **das sich ausschließlich an qualifizierte Anleger richtet,**
2. **das sich in jedem Staat des Europäischen Wirtschaftsraums an weniger als 150 nicht qualifizierte Anleger richtet,**
3. **das sich an Anleger richtet, die Wertpapiere ab einem Mindestbetrag von 100 000 Euro pro Anleger je Angebot erwerben können,**
4. **die eine Mindeststückelung von 100 000 Euro haben oder**
5. **sofern der Verkaufspreis für alle angebotenen Wertpapiere im Europäischen Wirtschaftsraum weniger als 100 000 Euro beträgt, wobei diese Obergrenze über einen Zeitraum von zwölf Monaten zu berechnen ist.**

Jede spätere Weiterveräußerung von Wertpapieren, die zuvor Gegenstand einer oder mehrerer der in Satz 1 genannten Angebotsformen waren, ist als ein gesondertes Angebot anzusehen.

(3) Die Verpflichtung zur Veröffentlichung eines Prospekts gilt nicht für ein späteres Angebot oder eine spätere endgültige Platzierung von Wertpapieren durch Institute im Sinne des § 1 Absatz 1b des Kreditwesengesetzes oder ein nach § 53 Absatz 1 Satz 1 oder § 53b Absatz 1 Satz 1 oder Absatz 7 des Kreditwesengesetzes tätiges Unternehmen, solange für das Wertpapier ein gültiger Prospekt gemäß § 9 vorliegt und der Emittent oder die Personen, die die Verantwortung für den Prospekt übernommen haben, in dessen Verwendung schriftlich eingewilligt haben.

(4) Für Wertpapiere, die im Inland zum Handel an einem organisierten Markt zugelassen werden sollen, muss der Zulassungsantragsteller einen Prospekt veröffentlichen, sofern sich aus § 4 Absatz 2 nichts anderes ergibt.

§ 4 Ausnahmen von der Pflicht zur Veröffentlichung eines Prospekts im Hinblick auf bestimmte Wertpapiere

(1) Die Pflicht zur Veröffentlichung eines Prospekts gilt nicht für öffentliche Angebote folgender Arten von Wertpapieren:

1. **Aktien, die im Austausch für bereits ausgegebene Aktien derselben Gattung ausgegeben werden, ohne dass mit der Ausgabe dieser neuen Aktien eine Kapitalerhöhung verbunden ist;**
2. **Wertpapiere, die anlässlich einer Übernahme im Wege eines Tauschangebots angeboten werden, sofern ein Dokument verfügbar ist, dessen Angaben denen des Prospekts gleichwertig sind;**

3. Wertpapiere, die anlässlich einer Verschmelzung oder Spaltung angeboten oder zugeteilt werden oder zugeteilt werden sollen, sofern ein Dokument verfügbar ist, dessen Angaben denen des Prospekts gleichwertig sind;
4. an die Aktionäre ausgeschüttete Dividenden in Form von Aktien derselben Gattung wie die Aktien, für die solche Dividenden ausgeschüttet werden, sofern ein Dokument zur Verfügung gestellt wird, das Informationen über die Anzahl und die Art der Aktien enthält und in dem die Gründe und Einzelheiten zu dem Angebot dargelegt werden;
5. Wertpapiere, die derzeitigen oder ehemaligen Mitgliedern von Geschäftsführungsorganen oder Arbeitnehmern von ihrem Arbeitgeber oder einem anderen mit ihm verbundenen Unternehmen im Sinne des § 15 des Aktiengesetzes als Emittent angeboten werden, sofern ein Dokument zur Verfügung gestellt wird, das über die Anzahl und die Art der Wertpapiere informiert und in dem die Gründe und die Einzelheiten zu dem Angebot dargelegt werden, und
   a) der Emittent seine Hauptverwaltung oder seinen Sitz in einem Staat des Europäischen Wirtschaftsraums hat,
   b) Wertpapiere des Emittenten bereits an einem organisierten Markt zugelassen sind oder
   c) Wertpapiere des Emittenten bereits an dem Markt eines Drittlands zugelassen sind, die Europäische Kommission für diesen Markt einen Beschluss über die Gleichwertigkeit erlassen hat und ausreichende Informationen einschließlich des genannten Dokuments in einer in der internationalen Finanzwelt üblichen Sprache vorliegen.

(2) Die Pflicht zur Veröffentlichung eines Prospekts gilt nicht für die Zulassung folgender Arten von Wertpapieren zum Handel an einem organisierten Markt:
1. Aktien, die über einen Zeitraum von zwölf Monaten weniger als 10 Prozent der Zahl der Aktien derselben Gattung ausmachen, die bereits zum Handel an demselben organisierten Markt zugelassen sind;
2. Aktien, die im Austausch für bereits an demselben organisierten Markt zum Handel zugelassene Aktien derselben Gattung ausgegeben werden, ohne dass mit der Ausgabe dieser neuen Aktien eine Kapitalerhöhung verbunden ist;
3. Wertpapiere, die anlässlich einer Übernahme im Wege eines Tauschangebots angeboten werden, sofern ein Dokument verfügbar ist, dessen Angaben denen des Prospekts gleichwertig sind;
4. Wertpapiere, die anlässlich einer Verschmelzung oder Spaltung angeboten oder zugeteilt werden oder zugeteilt werden sollen, sofern ein Dokument verfügbar ist, dessen Angaben denen des Prospekts gleichwertig sind;
5. Aktien, die nach einer Kapitalerhöhung aus Gesellschaftsmitteln den Inhabern an demselben organisierten Markt zum Handel zugelassener Aktien derselben Gattung angeboten oder zugeteilt werden oder zugeteilt werden sollen, sowie Dividenden in Form von Aktien derselben Gattung wie die Aktien, für die solche Dividenden ausgeschüttet werden, sofern ein Dokument zur Verfügung gestellt wird, das Informationen über die Anzahl und die Art der Aktien enthält und in dem die Gründe und Einzelheiten zu dem Angebot dargelegt werden;
6. Wertpapiere, die derzeitigen oder ehemaligen Mitgliedern von Geschäftsführungsorganen oder Arbeitnehmern von ihrem Arbeitgeber oder von einem verbundenen Unternehmen im Sinne des § 15 des Aktiengesetzes angeboten oder zugeteilt werden oder zugeteilt werden sollen, sofern es sich dabei um Wertpapiere derselben Gattung handelt wie die Wertpapiere, die bereits zum Handel an dem-

selben organisierten Markt zugelassen sind, und ein Dokument zur Verfügung gestellt wird, das Informationen über die Anzahl und den Typ der Wertpapiere enthält und in dem die Gründe und Einzelheiten zu dem Angebot dargelegt werden;

7. Aktien, die nach der Ausübung von Umtausch- oder Bezugsrechten aus anderen Wertpapieren ausgegeben werden, sofern es sich dabei um Aktien derselben Gattung handelt wie die Aktien, die bereits zum Handel an demselben organisierten Markt zugelassen sind;
8. Wertpapiere, die bereits zum Handel an einem anderen organisierten Markt zugelassen sind, sofern sie folgende Voraussetzungen erfüllen:
   a) die Wertpapiere oder Wertpapiere derselben Gattung sind bereits länger als 18 Monate zum Handel an dem anderen organisierten Markt zugelassen,
   b) für die Wertpapiere wurde, sofern sie nach dem 30. Juni 1983 und bis einschließlich 31. Dezember 2003 erstmalig börsennotiert wurden, ein Prospekt gebilligt nach den Vorschriften des Börsengesetzes oder den Vorschriften anderer Staaten des Europäischen Wirtschaftsraums, die auf Grund der Richtlinie 80/390/EWG des Rates vom 17. März 1980 zur Koordinierung der Bedingungen für die Erstellung, die Kontrolle und die Verbreitung des Prospekts, der für die Zulassung von Wertpapieren zur amtlichen Notierung an einer Wertpapierbörse zu veröffentlichen ist (ABl.EG Nr. L 100 S. 1) in der jeweils geltenden Fassung oder auf Grund der Richtlinie 2001/34/EG des Europäischen Parlaments und des Rates vom 28. Mai 2001 über die Zulassung von Wertpapieren zur amtlichen Börsennotierung und über die hinsichtlich dieser Wertpapiere zu veröffentlichenden Informationen (ABl.EG Nr. L 184 S. 1) in der jeweils geltenden Fassung erlassen worden sind; wurden die Wertpapiere nach dem 31. Dezember 2003 erstmalig zum Handel an einem organisierten Markt zugelassen, muss die Zulassung zum Handel an dem anderen organisierten Markt mit der Billigung eines Prospekts einhergegangen sein, der in einer in § 14 Abs. 2 genannten Art und Weise veröffentlicht wurde,
   c) der Emittent der Wertpapiere hat die auf Grund der Richtlinien der Europäischen Gemeinschaft erlassenen Vorschriften betreffend die Zulassung zum Handel an dem anderen organisierten Markt und die hiermit im Zusammenhang stehenden Informationspflichten erfüllt,
   d) der Zulassungsantragsteller erstellt ein zusammenfassendes Dokument in deutscher Sprache,
   e) das zusammenfassende Dokument nach Buchstabe d wird in einer in § 14 vorgesehenen Art und Weise veröffentlicht und
   f) der Inhalt dieses zusammenfassenden Dokuments entspricht den Schlüsselinformationen gemäß § 5 Absatz 2a. Ferner ist in diesem Dokument anzugeben, wo der neueste Prospekt sowie Finanzinformationen, die vom Emittenten entsprechend den für ihn geltenden Publizitätsvorschriften offen gelegt werden, erhältlich sind.

(3) Das Bundesministerium der Finanzen kann im Einvernehmen mit dem Bundesministerium der Justiz und für Verbraucherschutz durch Rechtsverordnung, die nicht der Zustimmung des Bundesrates bedarf, bestimmen, welche Voraussetzungen die Angaben in den in Absatz 1 Nr. 2 und 3 sowie Absatz 2 Nr. 3 und 4 genannten Dokumenten im Einzelnen erfüllen müssen, um gleichwertig im Sinne des Absatzes 1 Nr. 2 oder 3 oder im Sinne des Absatzes 2 Nr. 3 oder 4 zu sein. Dies kann auch in der Weise geschehen, dass Vorschriften des deutschen Rechts oder des Rechts anderer Staaten des Europäischen Wirt-

schaftsraums bezeichnet werden, bei deren Anwendung die Gleichwertigkeit gegeben ist. Das Bundesministerium der Finanzen kann die Ermächtigung durch Rechtsverordnung auf die Bundesanstalt für Finanzdienstleistungsaufsicht übertragen.

1. Prospektpflicht (§ 3 Abs. 1 und 4 WpPG).

a) Begründung der Pflicht und Pflichtenadressat (§ 3 Abs. 1 und 4 WpPG). Nach dem Gesagten **trifft seit der Regelung im WpPG die Publizitätspflicht** nicht (mehr) den Emittenten iSv § 2 Nr. 9 WpPG, sondern den „**Anbieter**" (§ 3 Abs. 1 iVm § 2 Nr. 10 WpPG, zur Definition oben Rn 95) und – soweit die Prospektpflicht durch Zulassungsantrag ausgelöst wird – den **Zulassungsantragssteller** (§ 3 Abs. 4 iVm § 2 Nr. 11 WpPG, zur Definition oben Rn 95). Vorher bereits hatte den Anbieter zumindest die Prospektbereitstellungspflicht getroffen[359] und zudem eine Prospekterstellungspflicht zumindest in den Fällen, in denen der Emittent keinen Prospekt erstellte bzw. erstellen musste.[360] Die Lösung im WpPG ist nicht nur klarer, sie ist auch rechtspolitisch überzeugend, weil mit der Konzentration des Emissionsgeschäfts auf die Kreditinstitute und Wertpapierfirmen auch eine Professionalisierung einhergehen sollte. Die Konzentration der Prospektpflicht auf die emissionsbegleitenden Institute verbürgt den Anlegern in jedem Falle **solvente Schuldner** im Falle von haftungsbegründenden Prospektfehlern oder fehlendem Prospekt.[361] **100**

Mit § 3 Abs. 1 und 4 WpPG wird nicht nur der Pflichtige festgelegt, sondern auch der **Zeitpunkt für die Begründung** der Pflicht. Diese wird im Falle eines öffentlichen Angebots fällig, jedenfalls bevor erste verkaufsfördernde Maßnahmen der Art nach außen ergriffen werden, dass sie bereits den Angebotsbegriff erfüllen (oben Rn 87). Demgegenüber legte der deutsche Gesetzgeber – im Gegensatz zu einigen ausländischen – keine zwingende Mindestfrist zwischen Veröffentlichung und Beginn der Angebotsaktivitäten fest.[362] Wird der Prospekt durch Zulassungsantrag ausgelöst, so kann Zulassung nicht begehrt werden und ist sie unzulässig, solange der Prospekt nicht veröffentlicht ist.[363] **101**

b) Räumlicher Anwendungsbereich. Die Regelung in § 3 Abs. 1 und 4 WpPG bestimmt zudem auch ihren räumlichen Anwendungsbereich. Entscheidend ist, dass das öffentliche Angebot gegenüber Publikum **„im Inland"** abgegeben wird bzw. die Zulassung **102**

---

[359] *Weber* in: *Dauses* (Hrsg.) Handbuch, F. III., Rn 65 (inzwischen Änderung des Bearbeiters [*Follak*] und Entfall der Partie).

[360] Was er auch vor Erlass des WpPG nicht musste, wenn er nicht öffentlich anbot: *Heinze* Primärmarkt, S. 191; Kümpel/Wittig/*Oulds*, Rn 15.132 ff.

[361] Zur Wichtigkeit dieser Solvenzfragen: Veil/*Vokuhl* EuKapMR § 17 Rn 72. Allgemein zu den Emissionsbanken als Haftpflichtige mit Rechtsvergleich *Hopt* Verantwortlichkeit, S. 68–71.

[362] Vgl. (teils auch mit Gegenbeispielen im Ausland) nur Habersack/Mülbert/Schlitt/*Schlitt*/*Wilczek* Kapitalmarktinformation § 6 Rn 41: („Für das getrennte Verfahren der Börsenzulassung ist keine gesetzliche Frist vorgesehen."). Vgl. außerdem zur Änderung gegenüber der früheren Rechtslage Nachw. unten Rn 157. Übersicht zu den unterschiedlichen Fristen zwischen Billigung und Veröffentlichung des Prospekts bei *Van Gerven* Prospectus for the public offering of securities in Europe. Volume II, Cambridge University Press 2009, S. 53 (Zypern), S. 67 (Finnland), S. 142 (Malta), S. 200 (Schweden), S. 211 (Island), S. 95 (Deutschland).

[363] Zu den Rechtsfolgen einer unzulässig erfolgten Zulassung vgl. *Schnorbus* in Berrar (u.a.) Frankfurter Kommentar §§ 1 ff. WpPG Rn 25 (vorvertragliche Haftung nach § 311 Abs. 2, 3 BGB oder Haftung nach zugrundeliegendem Schuldverhältnis i.d.R. Kaufrecht, zudem auch Haftung nach bürgerlichrechtlicher Prospekthaftung); *Groß* § 39 BörsG Rn 6 (Rücknahme einer von Anfang an rechtswidrigen Zulassung gemäß § 48 VwVerfG oder Widerruf der Zulassung wegen Pflichtverletzung nach § 39 Abs. 1 BörsG).

zum Handel an einem organisierten Markt „im Inland“ begehrt wird. Der organisierte Markt wird, weil er selbst zugelassen sein muss oder jedenfalls sein Betreiber hierfür, der selbst wiederum einer Zulassung bedarf (vgl. 5. Teil Rn 67–69), leicht im Inland oder aber im Ausland zu lokalisieren sein. Schwieriger kann die Lokalisierung des Angebots im Inland sein. Erfolgt sie durch Printmedien oder Rundfunk und Fernsehen mit Sitz im Inland, ist die Verortung im Inland unschwer zu bejahen.[364] Doch auch weniger klar lokalisierte Verbreitungskanäle – wie das Internet – oder aber international gestreute Presse verbreiten ein Angebot „im Inland“, wenn das Anlegerpublikum (auch) hier vernünftigerweise als angesprochen erscheinen kann – etwa aufgrund der (deutschen) Sprache, aber auch bei einer universalen Verbreitung.[365] Insgesamt entspricht die Regelung dem Auswirkungsprinzip, welches das Internationale Wirtschaftsrecht und insbesondere das Internationale Kapitalmarktrecht prägt.[366]

103 § 3 Abs. 1 und 4 WpPG erklären die deutsche Regelung freilich nicht insgesamt für anwendbar. Vielmehr sind sie mit den Regeln über den Herkunfts- und den Aufnahmestaat und die grenzüberschreitende Zusammenarbeit namentlich bei der Billigung des Prospekts in Einklang zu bringen. Deswegen erklären § 3 Abs. 1 und 4 WpPG das WpPG **nur hinsichtlich der Frage nach dem Bestehen oder Nichtbestehen einer Prospektpflicht** für anwendbar – nicht hinsichtlich seiner genauen Gehalte, d.h. ob die Prospektpflicht erfüllt ist, was die Herkunftslandbehörde prüft (nach ihrem eigenen Recht, vgl. unten Rn 173).

2. Ausnahmen im Hinblick auf bestimmte Angebotsarten (§ 3 Abs. 2 und 3 WpPG).

104 a) **Grundstruktur und Grundidee.** Seit der Umsetzung der Allgemeinen EG-Prospekt-Richtlinie sind die Ausnahmen von der Prospektpflicht für die Zulassung zum amtlichen Markt, den geregelten, heute regulierten Markt und sonstige erfasste Märkte sowie jedes außerbörsliche öffentliche Angebot von Wertpapieren einheitlich im Wertpapierprospektgesetz geregelt – wobei die unten genannten Differenzierungen weiterhin gemacht werden.[367] Die zwei Arten von Ausnahmen in § 3 Abs. 2 WpPG (nach Art des Angebots) und in § 4 (nach Art des Wertpapiers) entsprechen nahezu **identisch den europäischen Vorgaben** in Art. 3 Abs. 2 und Art. 4 der Allgemeinen EG-Prospekt-Richtlinie und sind daher richtlinienkonform und im Geiste dieser Vorgaben auszulegen. Dabei ist § 3 Abs. 2 WpPG teils als **„safe harbour“** ausgestaltet, d.h. klärt für bestimmte Situationen, unterhalb welcher Schwelle jedenfalls von einer nur privaten Platzierung zu sprechen ist. § 3 Abs. 2 WpPG statuiert dabei – nach dem Wortlaut von Abs. 4 – eine Ausnahme nicht nur für **öffentliche An-**

---

364 Allgemein: Schwark/Zimmer/*Heidelbach* § 3 WpPG Rn 5 („Bei Printmedien ist dies [=Inlandsbezug] anzunehmen, wenn sie bei einem gut sortierten Zeitschriftenhändler erhältlich sind.“).

365 Zur Verortung auch solchermaßen gestreuter Angebote in mehreren Ländern und gleichfalls „im Inland“ vgl. näher *Groß* Kapitalmarktrecht, § 3 WpPG Rn 4; *Holzborn/Mayston* § 3 Rn 7; vgl. auch Schwark/Zimmer/*Henrichs* § 3 WpPG Rn 9.

366 Inzwischen hM, näher etwa *Grundmann* RabelsZ 54 (1990) 283 (311–313); *Hopt* Verantwortlichkeit, S. 121, 123–125; GroßkommAktG/*Assmann* Einl. Rn 703, 705–711; *Kiel,* Internationales Kapitalanlegerschutzrecht – zum Anwendungsbereich kapitalanlegerschützender Normen im deutschen, europäischen und US-amerikanischem Recht, 1994, S. 203 f., 264–268, 290 f., 310; für Markt der Transaktion (wenn zugleich Zulassung hier) auch etwa *Zimmer* Internationales Gesellschaftsrecht: Das Kollisionsrecht der Gesellschaften und sein Verhältnis zum internationalen Kapitalmarktrecht und zum internationalen Unternehmensrecht, 1996, S. 59–68, 234; und ausführlicher oben Teil 5 Rn 39, 40.

367 Vgl. näher *Holzborn/Israel* ZIP 2005, 1668 (1669 f.); *Weber* NZG 2004, 360 (362); sowie Nachw. Fn 335.

gebote, sondern auch für die Fälle, in denen ein **Zulassungsantrag** die Prospektpflicht auslösen würde. Freilich sind nicht alle Einzeltatbestände gleich geeignet für dieses Szenario, letztlich wohl nur oder vor allem Nr. 4 und 5. Sicherlich nicht geeignet für dieses Szenario ist die Ausnahme nach Abs. 3, auf die Abs. 4 daher auch nicht Bezug nimmt.

Insgesamt lassen sich die Ausnahmen hinsichtlich der Art des Angebots in Abs. 2 und 3 **105** auf **vier Grundideen** zurückführen: Sie richten sich (i) von der Art her an weniger schutzwürdige Anleger (Nr. 1, 3 und 4), sie richten sich (ii) von der Zahl der angesprochenen Anleger her nicht wirklich an einen offenen Anlegerkreis (Nr. 2). In beiden Fällen kann ein **Weiterverkauf** gerade hieran etwas ändern, weswegen für diesen dann – wenn die Ausnahmen nicht auch beim Weiterverkauf gesondert eröffnet sind – die **Prospektpflicht wiederauflebt** (Abs. 2 UAbs. 2).[368] Schließlich wäre (iii) bei Kleinstemissionen der Aufwand des Prospekts exzessiv (Nr. 5) und besteht (iv) bei der „Ausnahme" nach Abs. 3 gar kein Interesse an einem (weiteren) Prospekt aus Anlegergesichtspunkten, weil der Verkauf noch während der Gültigkeit eines vorhandenen Prospekts erfolgt. Der letzte Fall bildet also gar nicht wirklich eine Ausnahme von der Prospektpflicht, sondern ist anders zu erklären (unten Rn 109).

b) Angebote an qualifizierte Anleger und mit sehr hohen Anlagebeträgen (Nr. 1, 3 und **106** **4).** Die Prospektpflicht entfällt – angesichts geringer Schutzbedürftigkeit der Adressaten –, wenn das Angebot sich (i) ausschließlich an **qualifizierte Anleger** richtet (Nr. 1, d.h. professionelle Anleger oder geeignete Gegenparteien iSv § 31a WpHG oder Äquivalente, oben Rn 93), wobei diese Zielrichtung aus Rechtssicherheitsgründen aus dem Angebot selbst klar werden muss,[369] oder (ii) bei einer **Mindeststückelung von € 100.000,–** (Nr. 4), weil hier davon ausgegangen wird, dass die Information anderweitig eingeholt werden kann (besondere Investorenbeziehung),[370] oder (iii), wenn kleiner gestückelt wird, im Schutzbedürfnis freilich äquivalent, wenn Anleger erst ab einem **Mindestbetrag von € 100.000,–** zum Erwerb überhaupt zugelassen werden (Nr. 3).

c) Angebote an engen, „privaten" Anlegerkreis (Nr. 2). Bei einem Angebot an weniger **107** als 150 Anleger in Deutschland handelt es sich eigentlich gar nicht um ein öffentliches Angebot, denn faktisch ist solch eine Begrenzung nur denkbar, wenn der **Anlegerkreis vorher abschließend** bestimmt ist. Das stellt Nr. 2 außer Zweifel, auch ohne dass solch eine abschließende Bestimmung nachgewiesen werden müsste.[371] Daher kommt es – entgegen dem unklaren Wortlaut – auch für die Prospektpflicht in Deutschland nicht darauf an, dass ggf. in einem anderen Mitgliedstaat mehr als 150 Anleger angesprochen wurden.[372] In der Tat stellt die EG-Richtlinie **für jeden Staat einzeln** – für Prospektpflicht dort – auf die genannte Höchstschwelle ab.

---

[368] Näher zu dieser – in jedem Anbieter neu auflebenden – Prospektpflicht: *Schnorbus* AG 2008, 389 (405); *Groß* Kapitalmarktrecht, § 3 WpPG Rn 10; *Holzborn/Mayston* in: Holzborn § 3 Rn 22.

[369] Vgl. auch *Groß* Kapitalmarktrecht, § 3 WpPG Rn 6. Kritisch zur Beschränkung auf qualifizierte Anleger mittels Disclaimer *Kopp-Colomb/Gajdos* in: Assmann /Schlitt/von Kopp-Colomb, WpPG, § 3, Rn 24.

[370] Zu dieser Begründung auch *Heidelbach/Preuße* Einzelfragen in der praktischen Arbeit mit dem neuen Wertpapierprospektregime, BKR 2006, 316 (319); *Holzborn/Mayston* in: Holzborn § 3 Rn 18.

[371] *Grunewald/Schlitt* § 11 III 1.a); Bestätigung auch bei Just/Voß/Ritz/*Zeising* § 3 Rn 45, der die praktischen Anwendungsfälle aufzeigt – häufige Ausgestaltung als private placement; a.A. *Oulds* in: Kümpel/Wittig 15.138.

[372] Ebenso *Kollmorgen/Feldhaus* BB 2007, 225 (227 f.); Just/Voß/Ritz/*Zeising* § 3 Rn 42; und jetzt *Groß* Kapitalmarktrecht, § 3 WpPG Rn 7a.

108 d) **Kleinstemissionen** (Nr. 5). Kleinstemissionen bis € 100.000,– werden freigestellt, um die Kapitalaufnahme – insbesondere für KMU – zu erleichtern, wenn die Erstellung eines Prospektes angesichts des eingeworbenen Volumens allzu kostspielig erschiene.

109 e) **Weiteres Angebot während der Gültigkeitszeit eines Prospekts** (Abs. 3). Während der Gültigkeitszeit eines Prospekts ist ein weiterer, späterer Abverkauf **aus Anlegergesichtspunkten unproblematisch**. Denn dann ist ja prospektrechtlich geklärt, dass die Information noch „frisch" genug ist, um den Anlegerschutzinteressen zu genügen. Daher bildet die Ausnahme nach Abs. 3 keine echte Ausnahme von der Prospektpflicht, sondern nur eine Schutzkautele zugunsten des ursprünglich Prospektverantwortlichen: Ist er nicht mit dem Anbieter beim späteren Abverkauf identisch, soll schriftlich verbürgt werden, dass er das damit verbundene Prospektrisiko auch für solch einen Abverkauf durch andere und die damit einhergehende Ausdehnung akzeptiert.

3. Ausnahmen im Hinblick auf bestimmte Wertpapierarten (§ 4 WpPG)

110 a) **Ausnahmen bei öffentlichem Angebot** (Abs. 1). Anders als in § 3 Abs. 2 und 3 WpPG erfolgt die Gliederung ausschließlich und unmissverständlich nach dem Kriterium, ob die jeweilige Prospektpflicht durch öffentliches Angebot ausgelöst wurde (hier Abs. 1) oder aber durch Zulassungsantrag (Abs. 2, unten Rn 111) – obwohl sich die Ausnahmen in einem Großteil der Fälle erheblich überschneiden bzw. (fast) identisch sind. **Präzisierende Durchführungsregeln** zu Abs. 1 und 2 nach Abs. 3 erließen die dort genannten Ministerien bisher nicht. Die Ausnahmen in Art. 4 Abs. 1 Allgemeine EG-Prospekt-Richtlinie bzw. § 4 Abs. 1 WpPG für Fälle des öffentlichen Angebots beruhen auf **wenigen Leitgedanken:**[373] Bei der Emission handelt es sich eigentlich nur um einen **Austausch** (Abs. 1 lit. a/Nr. 1) oder sie erfolgt in einem **informationell stark abgesicherten Verfahren** (lit. b-d/Nr. 2–4, Übernahme, Fusion oder Dividendenausschüttung in Form von Aktien bei gleichzeitiger Ausgabe eines inhaltlich gleichwertigen Informationsdokuments) bzw. sie dient der **Mitarbeiterbeteiligung** (lit. e/Nr. 5) – und zwar in Form der Mitarbeiterprogramme ebenso wie der Bonusprogramme für das Management, die sich auf Anteile einer Konzerngesellschaft beziehen, dies jedoch nur, wenn der Emittent Sitz im EWR hat und die fraglichen Anteile bereits an einem organisierten Markt zugelassen sind, also jedenfalls der laufenden Publizitätspflicht unterliegen (namentlich der Ad-hoc-Publizität sowie der Finanz- und Zwischenberichtspflicht). Gleichwertigkeit in lit. c) (in Bezug auf eine Zulassung zu einem vergleichbaren Markt in einem Drittland) ist dann ebenfalls im Sinne einer Mindestinformationsausstattung zu verstehen.[374] Obwohl diese Anteile zur Fixvergütung hinzukommen, werden sie also durchaus als reguläre Vergütung verstanden und wird daher eine Information hinsichtlich ihrer Werthaltigkeit nicht für durchaus angezeigt gehalten. Es wird nur der Aufwand einer Prospekterstellung mit dem Informationsinteresse abgewogen und – angesichts des Vorhandenseins dieser anderen Informationsquellen – für exzessiv gehalten.

111 b) **Ausnahmen bei Zulassungsantrag** (Abs. 2). Beim reinen Zulassungsprospekt gelten einerseits **eine Reihe von Ausnahmen identisch oder ähnlich**: Beim bloßen Austausch (Abs. 1 Nr. 1 und Abs. 2 Nr. 2) muss hier nun die Aktie nicht nur identisch ausgestattet,

---

[373] Vgl. näher etwa *Groß* Kapitalmarktrecht, § 4 WpPG; auch *Wiegel* Prospektrichtlinie, S. 179 („Drei Kategorien lassen sich unterscheiden").

[374] Ebenso *Wiegel* Prospektrichtlinie, S. 179; vgl auch allgemein zu den Ausnahmen der Prospektrichtlinie *Holzborn/Schwarz-Gondek* BKR 2003, 927 (930); *Kunold/Schlitt* BB 2004, 501 (504).

sondern auch an demselben Markt zugelassen sein. In den Fällen von Übernahmen, Fusion und Dividendenausschüttung in Form von Aktien ist die Ausnahme identisch (Abs. 1 Nr. 2–4 und Abs. 2 Nr. 3, 4 und 5 [2. Halbsatz], vgl. daher auch vorige Rn). Und auch die Ausnahme für Mitarbeiter- und Bonusprogramme ist vergleichbar, wobei die zusätzliche Voraussetzung, dass es sich um bereits an einem organisierten Markt zugelassene Aktien handeln muss (mit entsprechender Folgepublizität! Vgl. vorige Rn), dahingehend abgeändert werden kann, dass die Aktien an demselben (organisierten) Markt zugelassen sein müssen, zu dem jetzt Zulassung beantragt wird. Andererseits **kommen jedoch einige weitere Ausnahmen hinzu**, teils auch **Scheinausnahmen:** so im Falle der Kapitalerhöhung aus Gesellschaftsmitteln (Nr. 5 1. Halbsatz), denn die Ausnahme gilt auch unter Abs. 1, weil in diesem Fall die Destinatäre feststehen (§ 212 AktG) und daher kein „öffentliches" Angebot erfolgt, desgleichen soweit Ankaufsrechte, etwa aus Optionen, zu bedienen sind (lit. g) in der Richtlinie/Nr. 7), auch hier mit feststehendem Destinatär. **Echte zusätzliche Ausnahmen** finden sich erst in folgenden Fällen: Es wird eine zweite Ausnahme wegen **Geringfügigkeit** bei gleichzeitig verringertem Schutzbedürfnis eröffnet, wenn die (neuerliche) Zulassung nur 10 % des Bestandes von bereits zugelassenen Aktien erreichen würde (lit. a) in der Richtlinie/Nr. 1), und vor allem in den Fällen, in denen die bereits vorhandene **primär- und sekundärmarktrechtliche Information hinreichend** erscheint (lit. h in der Richtlinie/Nr. 8): Alle Voraussetzungen müssen kumulativ zusammenkommen, insbesondere, dass bereits einmal ein Prospekt veröffentlicht wurde (dessen Gültigkeitszeit freilich bereits abgelaufen ist) (lit. b) und dass die Folgepublizität über einen hinreichend langen Zeitraum (18 Monate) vorliegt (lit. a) und c) und dass ein neues, die Schlüsselinformationen wiedergebendes zusammenfassendes Dokument in Deutsch bereit gestellt wird (lit. d) bis f).[375]

C. Erstellung des Prospekts (§§ 5–12 WpPG)

Übersicht

	Rn
I. § 5 WpPG: Prospektgehalt – Grundlagen	112
1. Grundlage der Prospektpflicht	113
2. Grundprinzipien Prospektgehalt: Klarheit, Vollständigkeit, Richtigkeit (Abs. 1)	114
a) Grundprinzipien im Zusammenspiel	114
b) Insbes. Richtigkeit und Vollständigkeit (oder „Fehlerhaftigkeit")	116
c) Insbes. Klarheit	117
3. Zusammenfassung mit Schlüsselinformationen und Warnhinweisen (Abs. 2–2b)	118
a) Grundidee und Haftung	118
b) Inhalte	120
4. Formale Angaben, einschließlich Verantwortungsübernahme („Prospekteid") (Abs. 3, 4)	121
5. Exkurs zu den grenzüberschreitenden Sachverhalten	122
II. §§ 6–8 WpPG: Basisprospekt, Mindestinhalte, Nichtaufnahme von Angaben	123
1. § 6 WpPG: Basisprospekte	124
a) Zulässigkeit der Aufteilung in Basisprospekt und endgültige Bedingungen (Abs. 1)	124
b) Die Angaben im Basisprospekt, mit Nachtrag (Abs. 1 und 2)	126
c) Die endgültigen Bedingungen (Abs. 3)	128
2. § 7 WpPG iVm EU-Prospekt-VO: Mindestinhalte	129
a) EU-Prospekt-Verordnung, Mindestinhalte und Vollständigkeit	129
b) Standardisierung der Gliederung	130
c) Hauptprospektgehalte bei Dividenden- und Nichtdividendenpapieren	131

[375] Näher zu diesem sehr akribisch geregelten Fall etwa *Wiegel* Prospektrichtlinie, S. 184 f.; *Holzborn/Schwarz-Gondek* BKR 2003, 927 (930); *Kunold/Schlitt* BB 2004, 501 (505).

	Rn
3. § 8 WpPG: Nichtaufnahme von Angaben und Äquivalente	132
a) Nichtaufnahme von Emissionspreis und -volumen und Widerrufsrecht (Abs. 1)	132
b) Nichtaufnahme bei besonderem Interesse (Abs. 2)	136
c) Nichtaufnahme unangemessener Angaben (Abs. 3)	137
d) Keine Angaben zu EWR-Staaten als Garantiegeber (Abs. 4)	138
III. § 9 WpPG: Gültigkeit	139
1. Gültigkeitsdauer von 12 Monaten – Voraussetzungen (Abs. 1)	140
2. Sonderfälle: Basisprospekte (Abs. 2, 3) und Prospekte in Einzeldokumenten (Abs. 4)	141
IV. §§ 11, 12 WpPG: Zusammenstellung aus mehreren Dokumenten	143
1. Angaben in Form eines Verweises (§ 11 WpPG)	144
2. Prospekt in mehreren Einzeldokumenten (§ 12 WpPG)	146
a) Aufteilungsmöglichkeit und Anforderungen (insbes. Abs. 1)	146
b) Vervollständigung, Fortschreibung und Billigung (Abs. 2–4)	147

112 I. § 5 WpPG: Prospektgehalt – Grundlagen

Abschnitt 2
Erstellung des Prospekts

§ 5 Prospekt

(1) Der Prospekt muss unbeschadet der Bestimmungen des § 8 Abs. 2 in leicht analysierbarer und verständlicher Form sämtliche Angaben enthalten, die im Hinblick auf den Emittenten und die öffentlich angebotenen oder zum Handel an einem organisierten Markt zugelassenen Wertpapiere notwendig sind, um dem Publikum ein zutreffendes Urteil über die Vermögenswerte und Verbindlichkeiten, die Finanzlage, die Gewinne und Verluste, die Zukunftsaussichten des Emittenten und jedes Garantiegebers sowie über die mit diesen Wertpapieren verbundenen Rechte zu ermöglichen. Insbesondere muss der Prospekt Angaben über den Emittenten und über die Wertpapiere, die öffentlich angeboten oder zum Handel an einem organisierten Markt zugelassen werden sollen, enthalten. Der Prospekt muss in einer Form abgefasst sein, die sein Verständnis und seine Auswertung erleichtern.

(2) Der Prospekt muss vorbehaltlich des Satzes 5 eine Zusammenfassung enthalten, die die Schlüsselinformationen nach Absatz 2a und die Warnhinweise nach Absatz 2b umfasst. Die Zusammenfassung ist in derselben Sprache wie der ursprüngliche Prospekt zu erstellen. Form und Inhalt der Zusammenfassung müssen geeignet sein, in Verbindung mit den anderen Angaben im Prospekt den Anlegern bei der Prüfung der Frage, ob sie in die betreffenden Wertpapiere investieren sollten, behilflich zu sein. Die Zusammenfassung ist nach dem einheitlichen Format zu erstellen, das durch die Delegierte Verordnung (EU) Nr. 486/2012 der Kommission vom 30. März 2012 zur Änderung der Verordnung (EG) Nr. 809/2004 in Bezug auf Aufmachung und Inhalt des Prospekts, des Basisprospekts, der Zusammenfassung und der endgültigen Bedingungen und in Bezug auf die Angabepflichten (ABl. L 150 vom 9.6.2012, S. 1) vorgegeben ist. Betrifft der Prospekt die Zulassung von Nichtdividendenwerten mit einer Mindeststückelung von 100 000 Euro an einem organisierten Markt, muss keine Zusammenfassung erstellt werden.

(2a) Die erforderlichen Schlüsselinformationen umfassen in kurzer Form und allgemein verständlicher Sprache unter Berücksichtigung des jeweiligen Angebots und der jeweiligen Wertpapiere:

1. eine kurze Beschreibung der Risiken und wesentlichen Merkmale, die auf den Emittenten und einen etwaigen Garantiegeber zutreffen, einschließlich der Vermögenswerte, Verbindlichkeiten und der Finanzlage des Emittenten und etwaigen Garantiegebers,
2. eine kurze Beschreibung der mit der Anlage in das betreffende Wertpapier verbundenen Risiken und der wesentlichen Merkmale dieser Anlage einschließlich der mit den Wertpapieren verbundenen Rechte,
3. die allgemeinen Bedingungen des Angebots einschließlich einer Schätzung der Kosten, die dem Anleger vom Emittenten oder Anbieter in Rechnung gestellt werden,
4. Einzelheiten der Zulassung zum Handel und
5. Gründe für das Angebot und die Verwendung der Erlöse.

(2b) Die erforderlichen Warnhinweise umfassen die Hinweise, dass
1. die Zusammenfassung als Einführung zum Prospekt verstanden werden sollte,
2. der Anleger jede Entscheidung zur Anlage in die betreffenden Wertpapiere auf die Prüfung des gesamten Prospekts stützen sollte,
3. für den Fall, dass vor einem Gericht Ansprüche auf Grund der in einem Prospekt enthaltenen Informationen geltend gemacht werden, der als Kläger auftretende Anleger in Anwendung der einzelstaatlichen Rechtsvorschriften der Staaten des Europäischen Wirtschaftsraums die Kosten für die Übersetzung des Prospekts vor Prozessbeginn zu tragen haben könnte und
4. diejenigen Personen, die die Verantwortung für die Zusammenfassung einschließlich etwaiger Übersetzungen hiervon übernommen haben oder von denen der Erlass ausgeht, haftbar gemacht werden können, jedoch nur für den Fall, dass die Zusammenfassung irreführend, unrichtig oder widersprüchlich ist, wenn sie zusammen mit den anderen Teilen des Prospekts gelesen wird, oder sie, wenn sie zusammen mit den anderen Teilen des Prospekts gelesen wird, nicht alle erforderlichen Schlüsselinformationen vermittelt.

(3) Der Prospekt ist mit dem Datum seiner Erstellung zu versehen und vom Anbieter zu unterzeichnen. Sollen auf Grund des Prospekts Wertpapiere zum Handel an einem organisierten Markt zugelassen werden, ist der Prospekt vom Zulassungsantragsteller zu unterzeichnen.

(4) Der Prospekt muss Namen und Funktionen, bei juristischen Personen oder Gesellschaften die Firma und den Sitz der Personen oder Gesellschaften angeben, die für seinen Inhalt die Verantwortung übernehmen; er muss eine Erklärung dieser Personen oder Gesellschaften enthalten, dass ihres Wissens die Angaben richtig und keine wesentlichen Umstände ausgelassen sind. Im Falle des Absatzes 3 Satz 2 hat stets auch das Kreditinstitut, Finanzdienstleistungsinstitut oder nach § 53 Abs. 1 Satz 1 oder 53b Abs. 1 Satz 1 des Kreditwesengesetzes tätige Unternehmen, mit dem der Emittent zusammen die Zulassung der Wertpapiere beantragt, die Verantwortung zu übernehmen und muss der Prospekt dessen Erklärung nach Satz 1 enthalten.

1. Grundlage der Prospektpflicht. Eine Prospektpflicht besteht heute bei der Effekten- **113**
emission (im Wege öffentlichen Angebotes) **in allen Marktsegmenten auf der Grundlage von §§ 3, 5–12 WpPG.** Ursprünglich statuierten nur §§ 30 Abs. 3 Nr. 2, 32 BörsG aF iVm §§ 13–47 BörsZulVO aF eine solche für den Börsenhandel im amtlichen Markt. 1986 kam, dieser Regelung nachgebildet, im geregelten (Börsen-)Markt die Pflicht zur Veröffentlichung eines Unternehmensberichts hinzu. Auch heute noch sind in den börslichen Marktsegmenten auf der Grundlage von §§ 33 Abs. 2 S. 1, 42 BörsG zusätzliche Anforderungen in den Börsenordnungen möglich – freilich eher bei den Folgepflichten als bei der Prospekt-

pflicht.[376] In jedem Fall bilden die Regeln des WpPG, da sie auf der allgemeinen Prospekt-Richtlinie beruhen, für den Handel mit Wertpapieren die Untergrenze, da jedenfalls eine Zulassung zum Handel an einem geregelten Markt erfolgt (so die Umschreibung des Anwendungsbereichs der EG-Richtlinie in deren Art. 1). Diese Untergrenze greift ein, wann immer solch eine Zulassung oder die Platzierung auf Grund eines öffentlichen Angebots erfolgt (§ 3 Abs. 1 iVm § 2 Nr. 4 WpPG).[377] Damit wurde im WpPG das frühere Nebeneinander von Prospektinhalt nach BörsG auf der einen und nach dem VerkProspG auf der anderen aufgehoben und einer einheitlichen Regelung zugeführt[378] (der entsprechenden Zusammenführung auf europäischer Ebene folgend). Allein die private Platzierung von Effekten löst auch heute noch keine Prospektpflicht aus. Inzwischen besteht parallel für den vormals „grauen" Kapitalmarkt ebenfalls eine voll ausdifferenzierte und flächendeckende Prospektpflicht,[379] die aber nicht Gegenstand der Ausführungen im Folgenden ist.

---

[376] Schwark/Zimmer/*Heidelbach* § 32 WpPG Rn 14–16, § 42 Rn 6–10 (Ausweitung grds. nur bei [zusätzlichen] Folgepflichten). Vgl. auch unten 7. Teil zu §§ 33 und 42 BörsG.

[377] Zur früher bestehenden Lücke dahin gehend, dass der Prospekt häufig erst nach Zeichnung der Papiere veröffentlicht wurde, die durch § 1 VerkProspG (aF) geschlossen wurde, vgl. BGH Urt. v. 12.7.1982 – II ZR 172/81, NJW 1982, 2827 (2828); *Assmann* Prospekthaftung, S. 388 f.; *ders.* NJW 1991, 528 (529); *Meyer-Cording* BB 1984, 2092 (2092 f.); *Schwark* Anlegerschutz durch Wirtschaftsrecht, 1979, S. 188 f.

[378] Vgl. Oben Rn 71 f. Zum früheren Zusammenwirken zwischen VerkProspG und BörsG und den verschiedenen Fallgruppen näher *Bosch* BuB 10/305e.

[379] Vgl. bereits oben Rn. 7 und oben Rn 76–78. Zum 1.7.2005 wurde eine Prospektpflicht erstmals mit dem Anlegerschutzverbesserungsgesetz (AnSVG) eingeführt (Gesetz zur Verbesserung des Anlegerschutzes vom 28.10.2004, BGBl. 2004 I, S. 2630; dazu BT-Drs. 15/3174 v. 24.5.2004 (Regierungsentwurf); und *Bürgers* BKR 2004, 424; *Dreyling* Der Konzern 2006, 1; *Fleischer* BKR 2004, 339; *Spindler* NJW 2004, 3449.): Es führte in § 8f VerkProspG erstmals eine der heutigen inhaltlich ähnliche Prospektpflicht für Beteiligungen am Ergebnis eines Unternehmens ein, für Anteile an einem Vermögen, das der Emittent oder ein Dritter in eigenem Namen für fremde Rechnung hält oder verwaltet, und für Anteile an sonstigen geschlossenen Fonds – autonom, nicht aufgrund EG-Vorgabe. 2011/12 wurde dann dieser Markt – wiederum für „Vermögensanlagen", die nicht in Wertpapieren im Sinne des Wertpapierprospektgesetzes verbrieft und keine Anteile an offenen Investmentvermögen sind – mit dem Vermögensanlagengesetz (eingeführt durch das Gesetz zur Novellierung des Finanzanlagen- und Vermögensanlagenrechts, Nachw. oben Rn 78 Fn 305) einer strengeren Regelung unterstellt. Mit der weitgehenden Überführung der Materien in das neue Kapitalanlagegesetzbuch im Jahre 2013 (Nachw. oben Rn. 78 Fn 306) wurden zwar die Anwendungsbereiche gänzlich geändert (der Großteil der Anlagen seitdem im KAGB, ein Teil noch im VermAnlG), nicht jedoch die Prospektpflicht, die eher noch auf weitere Instrumente ausgedehnt wurde. Näher hierzu, aber knapp zusammengefasst der Überblick in BankR-Hdb/*Grundmann* § 112 Rn 35, 49. Im derzeit letzten gesetzgeberischen Schritt, dem Kleinanlegerschutzgesetz (Kleinanlegerschutzgesetz vom 23.4.2015, BGBl. 2015-I, S. 1114, die hier maßgeblichen Änderungen des VermAnlG in Art. 2), wurde eine wichtige Ausnahme von der Prospektpflicht für das Crowdfunding (bis zu 2,5 Mio. Emissionsvolumen) eingeführt (§§ 2a bis 2c VermAnlG), um dieses Instrument dynamischer Anlagetätigkeit nicht auszutrocknen. Zusammenfassung auch hierzu, insbes. auch zum Zusammenhang mit dem Projekt einer Europäischen Kapitalmarktunion, bei *Grundmann* aaO (mit umfangreichen weiteren Nachw.). Zur Bereichsausnahme/Sonderregelung zum Crowdfunding im Besonderen *Bader* WM 2014, 2249; *Bujotzek/Mocker* BKR 2015, 358; *Nietsch/Eberle* DB 2014, 2575; *Weitnauer* GWR 2015, 309; *Zirngibl* Bankrechtstag 2015, 2016, S. 83; vertiefte rechtspolitische Kritik bei *Klöhn/Hornuf* DB 2015, 47.

2. Grundprinzipien Prospektgehalt: Klarheit, Vollständigkeit, Richtigkeit (Abs. 1).

114 a) **Grundprinzipien im Zusammenspiel.** Der Prospekt muss in leicht analysierbarer und **verständlicher Form**[380] **sämtliche Angaben** enthalten, die im Hinblick auf den Emittenten und die öffentlich angebotenen oder zum Handel an einem organisierten Markt zugelassenen Wertpapiere notwendig sind, um dem Publikum ein **zutreffendes Urteil** über die Vermögenswerte und Verbindlichkeiten, die Finanzlage, die Gewinne und Verluste, die Zukunftsaussichten des Emittenten und jedes Garantiegebers sowie über die mit diesen Wertpapieren verbundenen Rechte zu ermöglichen (§ 5 Abs. 1 S. 1 WpPG). In dieser Umschreibung ist zugleich angelegt, dass die **Angaben auch richtig** sein müssen.[381]

115 Besonders betont wird hierbei – vor allem für die **Vollständigkeit** –, dass die Angaben sowohl für den **Emittenten** als auch für das **Anlageinstrument** umfassend sein müssen (Abs. 1 S. 2), aber auch insgesamt, dass sich dies – selbstverständlich – auf die **Merkmale** bezieht, aber auch insbesondere auf die Risiken – sie werden gezielter hervorgehoben als die Chancen, die hervorzuheben der Emittent genügend Eigenanreiz – im Sinne des Signaling – hat (vgl. Abs. 2 Nr. 1 und Nr. 2; Grundsatz der uneingeschränkten **Risikobetonung**).[382] Dieses ist das **magische Viereck**, das bei der Bestimmung über die Vollständigkeit als Leitschnur heranzuziehen ist und der Generalklausel ihre Grundstruktur gibt. Konkretisiert wird die Generalklausel dann gemäß § 7 WpPG durch die **Prospekt-VO**, die in ihren Anhängen für die jeweilige Wertpapierart und teils auch je nach Art des Emittenten detailliert vorschreibt, welche Angaben mindestens gemacht werden müssen (Vollständigkeit, vgl. unten Rn 129).

116 b) **Insbes. Richtigkeit und Vollständigkeit (oder „Fehlerhaftigkeit")**. Richtig- und Vollständigkeit werden traditionell gemeinsam unter dem Stichwort der **Fehlerhaftigkeit** des Prospektes diskutiert. Im Ausgangspunkt stellt sich für Vollständigkeit wie Richtigkeit gleichermaßen die Frage nach dem **Adressatenhorizont**. Die höchstrichterliche Rechtsprechung stellt insoweit auf den aufmerksamen Leser ohne überdurchschnittliches Fachwissen ab, der freilich dennoch Bilanzen zu lesen versteht.[383] Gegen Letzteres wendet sich die hL, sie folgt dem BGH jedoch ansonsten in der Tendenz, da es Anlegerschutzaspekte sowie auch der Grundsatz der Anlegergleichbehandlung in der Tat verbieten, auf stärker vorgebildete Anlegerkreise abzustellen.[384] Insgesamt entspricht all dies dem Europäischen An-

---

380 Die Frage nach dem Adressatenhorizont stellt sich hier entsprechend wie bei der Beurteilung von Richtigkeit und Vollständigkeit des Prospekts. Dazu sogleich im Text.

381 Zur Richtigkeit näher Rn 116 sowie *Meyer* in: Berrar (u.a.) Frankfurter Kommentar § 5 Rn 7 f.; *Just*/Voß/Ritz/Zeising § 5 Rn 14–16; *Holzborn/Mayston* in: Holzborn WpPG § 5 Rn 4–8.

382 Zwar ist diese besondere Risikohervorhebung nur für die Zusammenfassung ausdrücklich angeordnet, insgesamt jedoch sind im Prospekt an jeder betroffenen Stelle die Risiken besonders klar und ohne Einschränkungen zu betonen. Zur Vollständigkeit näher nächste Rn und unten § 7 WpPG (Rn 129–131) sowie (als Grundsatz): *Holzborn/Mayston* in: Holzborn WpPG § 5 Rn 4–8; *Just*/Voß/Ritz/Zeising § 5 Rn 11–13; *Meyer* in: Berrar (u.a.) Frankfurter Kommentar § 5 Rn 9–12.

383 BGH Urt. v. 12.7.1982 – II ZR 175/81, NJW 1982, 2823 (2824); bestätigend und zum Empfängerhorizont des Kleinanlegers ohne Spezialkenntnisse in jüngerer Zeit etwa BGH Urt. v. 18.9.2012 – XI ZR 344/11, BGHZ 195, 1 = WM 2012, 2147 = NJW 2013, 539 (nur LS) (Rz 25 ff.): ausf. *Zech/Hanowski* NJW 2013, 510; und schon zum Leitbild des verständigen Anlegers: *Veil* ZBB 2006, 162; zu den hier explizit zu machenden Risiken zählt auch die Möglichkeit der Erteilung nachteiliger Weisungen durch eine beherrschende Konzernmutter (Rz 21 ff.).

384 *Canaris* Bankvertragsrecht, Rn 2279; ausführlich hierfür: *Schwark* ZGR 1983, 162 (167–170). Demgegenüber weisen *Hopt* Ver-

legerleitbild wohl durchaus, für eine Fortentwicklung ist dieses – schon heute, vor allem jedoch, wenn es zur Verabschiedung der EU-Prospekt-Verordnung kommt – der letztlich maßgebliche Maßstab.[385] Für die Richtigkeit ist nicht letztverbindlich auf eine bestimmte Formulierung abzustellen, sondern auf das **Gesamtbild des Prospekts.**[386] Das Richtigkeitsgebot bezieht sich nicht nur auf Tatsachen, sondern nach inzwischen nahezu einhelliger Meinung auch auf **Wertungen** – dies legt bereits der offene Begriff der „Angabe" nahe. Andernfalls käme es auch zu einem inhaltlich nicht zu rechtfertigenden Wertungswiderspruch mit dem Informationsregime in anderen Teilen des Europäischen Kapitalmarktrechts (unten Rn 211 und 344). Der Richtigkeitskontrolle unterliegen bei Wertungen die ihnen zugrunde liegenden Annahmen ebenso wie die Schritte, die zur Folgerung führen.[387] Ebenso ist bei **Bewertungen** (etwa von Immobilien) auch die gewählte Bewertungsmethode richtig darzustellen.[388] Unter den **Risiken** sind auch solche aus Interessenkonflikten, wenn sie strukturell bedeutsam sind, etwa solche aus Verflechtungen darzustellen.[389] Ob der Anle-

---

antwortlichkeit, S. 95 f. und *Schwark* (aaO [diese Fußnote]) zu Recht darauf hin, dass der Kleinanleger zwar keine Bilanzen zu lesen verstehe, deren durchgängige Verbalisierung jedoch wohl schlechterdings nicht gefordert werden kann. Heute etwa: Assmann/Schütze/*Assmann* Handbuch, § 5 Rn 138; Habersack/Mülbert/Schlitt/*Schlitt/Wilczek* Kapitalmarktinformation, § 5 Rn 16; Schwark/Zimmer/*Schwark*, §§ 44, 45 BörsG Rn 21–23. Außerdem ist auf den institutionellen Anleger abzustellen, wenn sich die Emission nur an ihn wendet.

[385] Zu diesem näher etwa: *Möllers/Steinberger* NZG 2015, 329; *Buck-Heeb* Verhaltenspflichten beim Vertrieb – zwischen Paternalismus und Schutzlosigkeit der Anleger, ZHR 177 (2013), 310 (333–342).

[386] BGH Urt. v. 5.3.2013 – II ZR 252/11, WM 2013, 734 = NZG 2013, 1030, also auch kein Verharren beim Buchstaben der Formulierung, sondern Auslegung vom objektiven Anlegerhorizont her. Für die an die Fehlerhaftigkeit anknüpfende Prospekthaftung auch Fehlerhaftigkeit isolierter, für den typischen Anleger irrelevanter oder kaum relevanter Tatsachen noch nicht hinreichend: so für den fehlenden Bankenstatus der Emittentin oder Garantin BGH Urt. v. 21.3.2013 – III ZR 182/12, WM 2013, 836 = NJW 2013, 2343 (Lehman-Zertifikate, Emittentin Enkelgesellschaft der Lehman-Gruppe ohne eigenen Bankenstatus); anders etwa Vorstrafen einer mit Verwaltung des Vermögens der Emittentin betrauten Person von einer Schwere, die typischerweise Vertrauen erschüttert: BGH Urt. v. 9.7.2013 – II ZR 9/12, WM 2013, 1597 = NJW-RR 2013, 1255.

[387] BGH Urt. v. 23.4.2012 – II ZR 75/10, WM 2012, 1293 = NJW-RR 2012, 1312 (nicht Nichteintreffen der Prognose als solches relevant, sondern Fehler bei der Ermittlung der zugrunde liegenden Tatsachen oder Unvertretbarkeit der Folgerung); auch BGH Urt. v. 29.7.2014 – II ZB 30/12, WM 2014, 2075 = NZG 2014, 1384 (Rz. 60 ff.: hinreichender Hinweis auf Anerkennungsrisiko bei neuem Steuermodell genügt, nicht nötig zusätzlicher expliziter Hinweis darauf, dass Finanzverwaltung es noch nicht anerkannte); sowie BGH Beschl. v. 21.10.2014 – XI ZB 12/12, BGHZ 203, 1 = WM 2015, 22 = NJW 2015, 236 (Rz 117 ff.) (Telekom III-Beschluss) (auch vor dem Risiko eines Gewinneinbruchs in Folgejahren aufgrund von vor Prospektherausgabe erfolgter Aufdeckung stiller Reserven ist zu warnen); *Kümpel/Wittig/Oulds*, Rn 15.19. Grundlegend (für die insoweit schon bisher gleiche Begriffsverwendung) BGH (Fn 383), NJW 1982, 2823 (2826); *Canaris* Bankvertragsrecht, Rn 2279; vgl. im Einzelnen *Carl/Machunsky* Wertpapier-Verkaufsprospekt, § 2 VerkProspV Anm. B II; *Groß* Kapitalmarktrecht, § 21 WpPG Rn 40; Schwark/Zimmer/*Schwark* §§ 44, 45 BörsG Rn 24 f.

[388] BGH (Fn 387), BGHZ 203, 1 = WM 2015, 22 = NJW 2015, 236 (Rz 78 ff.) (Telekom III-Beschluss); dazu etwa *Amort* NJW 2015, 1276; *Fuxmann* EWiR 2015, 605; *Koch* WuB 2015, 159; *Möllers/Steinberger* NZG 2015, 329 (auch allgemeiner zum Europäischen Anlegerleitbild); *Vollkommer* NJW 2015, 3004; *Zoller* GWR 2015, 67.

[389] Vgl. BGH Urt. v. 15.7.2010 – III ZR 321/08, NZG 2010, 1031 (sonstige Interessenkonflikte); OLG Karlsruhe Urt. v. 14.2.2013 – 9 U 33/12, WM 2013, 1182 (1185) (Verflechtungen).

ger mit einer grundsätzlich leicht optimistischen Sicht rechnen muss, ist umstritten[390] und – da eine Frage der Auslegung des Prospekts – nach der Verkehrssitte zu beurteilen. Jedenfalls die angesprochene Pflicht zu uneingeschränkter Warnung vor allen Risiken bleibt davon unberührt. **Wichtige Fälle von Unrichtigkeit** sind – wie schon vor Erlass des WpPG – das restlose Ausschöpfen aller Ermessensspielräume bei der Bilanzierung,[391] die Nichtaufdeckung eines Eigeninteresses, das das Kreditinstitut jenseits der Emission verfolgt (etwa eines Interesses an Kreditrückführung),[392] jedoch auch das unkommentierte und somit irreführende Verschweigen von Umständen, die auf Grund von Geheimhaltungspflichten und -rechten nicht offenbart werden müssen.[393] **Unvollständigkeit** liegt zwar nach der Gesetzesfassung nur bei Weglassung von Wesentlichem vor, die (Nicht-)Einhaltung der gesetzlich oder in der Börsenordnung vorgegebenen Pflichtangaben begründet jedoch zumindest eine Vermutung für die (Un-)Vollständigkeit.[394] Streitig ist, ob eine Pflicht besteht, Bewertungen durch Dritte aufzunehmen.[395]

c) **Insbes. Klarheit.** Der Grundsatz der Klarheit geht im Prospektrecht nicht nur dahin, **117**
dass der Prospekt in verständlicher Form gehalten sein muss, sondern auch dass seine Analyse proaktiv erleichtert werden muss.[396] Insoweit kommt dem Prospektrecht eine gewisse Vorreiterrolle im Informationsrecht zu, das herkömmlich meist nur den ersten Aspekt hinreichend deutlich betont. Dieser zweite Aspekt des Klarheitsgebots ist angesichts der Vielzahl an Prospektangeboten, der Gefahr von information overload und auch von kognitiven Verzerrungen wichtig und potentiell auch haftungsträchtig, wenn etwa vorgetragen wird, ein Aspekt sei in einem an sich klaren Prospekt übersehen worden, weil die Analyse nicht hinreichend erleichtert wurde. Insgesamt ist gerade im Europäischen Kapitalmarktrecht jedoch ein Grundsatz der Klarheit und Verständlichkeit allgemein ausgeprägt (vgl. etwa für die MAR Art. 17, für MiFID II Art. 23; für die insoweit besonders wichtige EG-Transparenz-Richtlinie 2004/109/EG Art. 12).[397]

---

[390] Dafür: BGH, Urt. v. 27.10.2009 – XI ZR 337/08, WM 2009, 2303; bisher schon *Carl/Machunsky* Wertpapier-Verkaufsprospekt, § 2 VerkProspV Anm. B II; Schwark/Zimmer/*Schwark* §§ 44, 45 BörsG Rn 26; *Werner/Machunsky* Kapitalanleger, S. 183; ausführlich *Klöhn* WM 2010, 289 (allerdings nur unter Aufdeckung der Prognosegrundlagen); dagegen: BGH (Fn 383), NJW 1982, 2823 (2824 f., 2826); *Canaris* Bankvertragsrecht, Rn 2279.

[391] BGH (Fn 383), NJW 1982, 2823 (2825); *Hopt* Verantwortlichkeit, S. 96; Schwark/Zimmer/*Schwark* §§ 44, 45 BörsG Rn 26.

[392] Im Einzelnen: *Hopt* Verantwortlichkeit, S. 113 f. (mit rechtsvergleichenden Nachweisen); auch *Schwark*/Zimmer §§ 44, 45 BörsG Rn 35.

[393] *Assmann* Prospekthaftung, S. 324; *Canaris* Bankvertragsrecht, Rn 2279; *Hopt* Verantwortlichkeit, S. 104–106 (auch zur Frage, ob Kenntnis in einer anderen als der Emissionsabteilung des Kreditinstituts ausreicht); *Schwark*/Zimmer §§ 44, 45 BörsG Rn 33. Zur Frage, ob Geheimnisse stets zu offenbaren sind *Schwark* aaO.[diese Fußnote].

[394] *Schwark* ZGR 1983, 162 (165 f., 178); und für das WpPG-Regime: *Schwark*/Zimmer §§ 44, 45 BörsG Rn 35; für die Angleichung des Maßstabs bei Unrichtigkeit und bei Unvollständigkeit seit der Börsengesetznovelle 1998: *Kort* AG 1999, 9 (10).

[395] Vgl. einerseits LG Frankfurt Urt. v. 6.10.1992 – 3/11 O 173/91, WM 1992, 1768 (1771 f.); *Westphalen* BB 1994, 85 (86 f.); andererseits die heute wohl herrschende Meinung: *Assmann*/Schütze Handbuch, § 5 Rn 56 f.; *Schwark*/Zimmer §§ 44, 45 BörsG Rn 36 sowie schon *Schwark* EWiR § 45 BörsG 1/93, S. 143 (144).

[396] Zum so umrissenen Klarheits- oder Transparenzgrundsatz im Prospektrecht näher *Just*/Voß/Ritz/Zeising § 5 Rn 19–21; *Holzborn/Mayston* in: Holzborn WpPG § 5 Rn 15–16.

[397] Zum Klarheits- oder Transparenzgrundsatz allgemein im Europäischen Kapitalmarktrecht näher *Veil* EuKapMR § 2 Rn 12, § 16 Rn 4; *Otto*, Modernes Kapitalmarktrecht als

3. Zusammenfassung mit Schlüsselinformationen und Warnhinweisen (Abs. 2–2b).

118 a) **Grundidee und Haftung.** Neben Angaben über den Emittenten und über die Wertpapiere muss der Prospekt eine Zusammenfassung enthalten (§ 5 Abs. 2 WpPG). Diese Anforderung bildet einen **Kompromiss zwischen Interessen von Kleinanlegern und professionellen Anlegern,** genauer: solchen Anlegern, die den Vollprospekt auch nicht annähernd verarbeiten (können), und solchen, bei denen dies grds. der Fall ist. Die Anforderung ist auf dem Hintergrund dessen zu sehen, dass bei der Prospektvollständigkeit auf die Bedürfnisse aller, insbesondere auch der professionellen Anleger abzustellen ist, und auch das maßgebliche Anlegerleitbild ein erhebliches Maß an Aufmerksamkeit (mit Bilanzlektüre!) voraussetzt (oben Rn 106 und 116). Auf dem Hintergrund der Ausführungen zu den positiven Auswirkungen des Verhaltens von professionellen Anlegern auch auf Kleinanleger (oben Rn 69) ist dieses Bild zu ergänzen: Ist der Prospekt in seinem gesamten Umfang auf den Kenntnisstand professioneller Marktteilnehmer, Intermediäre oder Wertpapierdienstleister zuzuschneiden,[398] so nur wegen der genannten Fernwirkungen und deswegen, weil beim Privatanleger noch die Kapitalanlageberatung mit zu bedenken ist.[399] Auf seinen evtl. weniger breiten Verständnishorizont ist für die Prospektinhalte daher nicht abzustellen. Aus diesem Grund wurde auch zurecht **nicht etwa für einen Kurzprospekt** optiert.[400] Denn die Grenzen der Vereinfachung liegen da, wo sie zu Verkürzungen führt. Eine Verkürzungsgefahr birgt der Kurzprospekt. Umgekehrt verbessert er die fundierte Urteilsfindung beim (privaten) Anleger meist nicht substanziell, da dieser typischerweise ohnehin auf Beratungsleistungen angewiesen ist. Diese Bedenken treffen jedoch nicht die mit einem Vollprospekt verbundene **Zusammenfassung,** der eine zusätzliche Entscheidungshilfe gibt, vor allem für diejenigen Anleger, die die Information im Rest des Prospekts nicht verarbeiten. Für professionelle Anleger kann die Zusammenfassung zwar auch schnelle Orientierungshilfe sein (so die vorrangige Zielsetzung nach § 2 Nr. 18 WpPG), jedoch mehr nicht – und ist sie daher **bei Mindeststückelung ab € 100.000,– auch verzichtbar** (Abs. 2 S. 5).[401]

119 Der **Kompromisscharakter** zeigt sich insbesondere auch bei der **Haftungsregelung:** Grundsätzlich ist die Zusammenfassung immer nur im Zusammenhang mit dem Vollprospekt zu sehen. Nur wenn der Zusammenfassung die geforderten Gehalte (nächste Rn) – auch im Lichte des Vollprospekts – wirklich fehlen – nicht zumindest ein hinreichender Anhaltspunkt schon in der Zusammenfassung gegeben wird –,[402] ist eine Haftung begründet. Es

Beitrag zur Bewältigung der Finanzkrise, WM 2014, 2013 (2014); vgl. auch (aber eher als Mittel zum Ziel der allokativen Funktionsfähigkeit): *Merkt/Rossbach*, Zur Einführung: Kapitalmarktrecht, JuS 2003, 217 (220); Kümpel/Wittig/*Oulds*, Rn 14.169.

398 *Weber*, in: *Dauses* (Hrsg.), Handbuch, F.III., Rn 72 (betreffend die Regel der Emissionsprospekt-Richtlinie); *Grundmann* ZSR 115 n.F. (1996) 103 (114 f.); *Heinze* Primärmarkt, S. 113 f., 376–385; demgegenüber einen vorrangigen Bezug auf Privatkunden feststellend, freilich auch kritisierend: *Moloney* EC Securities Regulation, 117–121; zum Leitbild des verständigen Anlegers: *Veil* ZBB 2006, 162.

399 *Heinze* Primärmarkt, S. 376–385.

400 *Grundmann* ZSR 115 n.F. (1996) 103 (133); *Heinze* Primärmarkt, S. 374 f.

401 Dies gilt allgemein nach *Kullmann/Sester* WM 2005, 1068 (1071) (allerdings noch zu § 5 Abs. 2 S. 4 WpPG a.F.); aA (dem Wortlaut entsprechend nur bei Zulassungsprospekten) *Groß* Kapitalmarktrecht, § 5 WpPG Rn 6d. Da bei dieser Stückelung gar keine Prospektpflicht besteht (oben Rn 106), erscheint die erstgenannte Meinung überzeugender. M.E. besteht nicht einmal eine Haftung für fehlende Zusammenfassung in all denjenigen Prospekten, für die nach § 3 Abs. 2 Nr. 1, 3 und 4 WpPG gar keine Prospektpflicht besteht.

402 Zur Haftung für Fehlerhaftigkeit/Lückenhaftigkeit der Prospekt*zusammenfassung* (§§ 5 Abs. 2–2b, 23 Abs. 2 Nr. 5 WpPG) vgl. näher: Holzborn/*Wackerbarth* §§ 21–23 Rn 103 f.; *Oulds* WM 2008, 1573 (1574); *Langenbucher* in: Lorenz (Hrsg.) Karlsruher

ist unverkennbar, dass gerade bei der Haftung der Kompromisscharakter nicht nach allen Seiten befriedigend aufgelöst werden kann – der Prospektverantwortliche soll nicht haften, wenn der Vollprospekt richtig ist und die Zusammenfassung so redlich wie möglich erstellt wurde, umgekehrt soll jedoch der Anleger aus der Zusammenfassung schon alle Risiken im Kern richtig ermessen können.

b) **Inhalte.** Die Anforderungen an die Zusammenfassung wurden 2012 in Umsetzung der Änderung der Prospekt-RL präzisiert, namentlich in Anh XXII.[403] Zentral sind die in Abs. 2a und 2b gesondert genannten **Schlüsselinformationen und Warnhinweise. Erstere** sind in § 2 Nr. 18 WpPG dahingehend definiert, dass sie Art und Risiken des Emittenten, des Garantiegebers und der Wertpapiere (Abs. 2a Nr. 1 und 2) beschreiben sollen und zwar in prägnanter, aber auch gut strukturierter Form – um den Zugriff zu leicht wie möglich zu machen. Ein paar weitere Klarstellungen zum Angebot selbst kommen hinzu, einschließlich einer Schätzung der Kosten, die dem Anleger vom Emittenten oder Anbieter in Rechnung gestellt werden, zu nennen (näher Abs. 2a Nr. 3–5). Insbesondere die explizite Betonung der Risiken – neben den wesentlichen Merkmalen – ist angesichts der gerade bei Privatanlegern vermehrt anzutreffenden kognitiven Verzerrungen wichtig[404] und vom Emittenten hinreichend zu würdigen. Dies gilt unabhängig von den ebenfalls nötigen allgemeinen **Warnhinweisen**, die ebenfalls geschuldet sind (zum Verhältnis zwischen Vollprospekt und Zusammenfassung, aber auch zu den Grundlagen der Haftung und den für ihre Durchsetzung nötigen Prozessaufwendungen, näher Abs. 2b). Die Warnhinweise sind haftungsträchtig und sollten sinnvollerweise so aufgenommen werden, wie es das Gesetz vorschlägt.[405] **120**

4. **Formale Angaben, einschließlich Verantwortungsübernahme („Prospekteid") (Abs. 3, 4).** Der Prospekt muss das **Erstellungsdatum** (nicht Billigkeitsdatum) aufführen – potentiell wichtig vor allem in Fragen der Haftung, Nachtragspflicht – und die Unterschrift des **Prospektverantwortlichen** (Anbieter, Zulassungsantragssteller, Letzteres die begleitende Konsortialführerin *und* der Emittent) (Abs. 3). Angesichts der Unklarheiten in der Haftungsgrundlage insbesondere im Enron/Worldcom-Skandal wurde im Bilanz- und Kapitalmarktrecht die ausdrückliche Versicherung der Vollständigkeit und Richtigkeit üblich (d.h. mit **Verantwortungsübernahme**, sog. Bilanzeid bzw. Prospekteid).[406] Im deutschen Recht, in dem die Prospekthaftung der Konsortialbanken sowohl bei öffentlichem Angebot als auch bei Zulassungsprospekten unabhängig davon gesichert ist (unten Rn 189–191), hat diese Erklärung eher informativen Charakter. Die in Abs. 3 und 4 genannten Anforderungen gelten nur für Prospekte, nicht für andere Informationsdokumente, soweit diese in Ausnahmeregeln zur Prospektpflicht (als Ersatz für diese) genannt sind. **121**

Forum 2014: Anlegerschutz durch Haftung nach deutschem und europäischem Kapitalmarktrecht, S. 5 (20).

403 Nachw. zur (Änderungs-)Richtlinie 2010/73/EG oben Fn 290 und zum Umsetzungsgesetz für diese Richtlinie vom 26.6.2012 oben Fn 292.

404 Allgemeiner zu Warnhinweisen gerade bei kognitiven Verzerrungen: *Klöhn* Preventing Excessive Retail Investor Trading under MiFID: A Behavioral Law and Economics Perspective, (2009) 10 EBOR 437; *Hacker* Verhaltensökonomik und Normativität. Die Grenzen des Informationsmodells im Privatrecht und seine Alternativen, 2017 (im Erscheinen), Vierter Teil, § 13 B.II.3

405 Just/Voß/Ritz/*Zeising* § 5 Rn 31; *Groß* Kapitalmarktrecht, § 5 WpPG Rn 6c.

406 Allgemeiner zu Warnhinweisen gerade bei kognitiven Verzerrungen – neben den oben Fn 404 Genannten – auch *Veil* EuKapMR § 18 Rn 15.

122 **5. Exkurs zu den grenzüberschreitenden Sachverhalten.** Zivilrechtlich – und damit internationalprivatrechtlich – kommt es im Prospektrecht erst mit der **Prospekthaftung** zum Schwur. Dort sind internationalprivatrechtliche, vor allem internationaldeliktsrechtliche Überlegungen unverzichtbar –[407] auch zur Prospektpflicht selbst, obwohl sie nicht Voraussetzung für eine Prospekthaftung ist (vgl. § 24 WpPG). Die **Prospektpflicht selbst (mit Billigung)** wird vor allem aufsichtsrechtlich durchgesetzt. Daher sind internationalrechtlich-kollisionsrechtliche Fragen der Prospektpflicht und -billigung eng verwoben mit **kompetenzrechtlichen Vorgaben und solchen zur internationalen Zusammenarbeit.** Die Fragen der grenzüberschreitenden Prospektpflicht und Prospekterstellung und -überwachung in diesen Kontexten werden daher im Zusammenhang erörtert – einschließlich der hier teils auch relevanten internationalprivatrechtlichen Grundlagen (unten Rn 172 f.).

123 **II. §§ 6–8 WpPG: Basisprospekt, Mindestinhalte, Nichtaufnahme von Angaben**

§ 6 Basisprospekt

(1) Für die folgenden Wertpapierarten kann der Anbieter oder der Zulassungsantragsteller einen Basisprospekt erstellen, der alle nach den §§ 5 und 7 notwendigen Angaben zum Emittenten und den öffentlich anzubietenden oder zum Handel an einem organisierten Markt zuzulassenden Wertpapieren enthalten muss, nicht jedoch die endgültigen Bedingungen des Angebots:

1. **Nichtdividendenwerte sowie Optionsscheine jeglicher Art, die im Rahmen eines Angebotsprogramms ausgegeben werden;**
2. **Nichtdividendenwerte, die dauernd oder wiederholt von CRR-Kreditinstituten begeben werden,**
   a) **sofern die Wertpapiere durch in ein Deckungsregister eingetragene Vermögensgegenstände gedeckt werden, die eine ausreichende Deckung der aus den betreffenden Wertpapieren erwachsenden Verbindlichkeiten bis zum Fälligkeitstermin bieten, und**
   b) **sofern die Vermögensgegenstände im Sinne des Buchstaben a im Falle der Insolvenz des CRR-Kreditinstituts unbeschadet der auf Grund der Richtlinie 2001/24/EG des Europäischen Parlaments und des Rates vom 4. April 2001 über die Sanierung und Liquidation von Kreditinstituten (ABl.EG Nr. L 125 S. 15) erlassenen Vorschriften vorrangig zur Rückzahlung des Kapitals und der aufgelaufenen Zinsen bestimmt sind.**

(2) Die Angaben des Basisprospekts sind erforderlichenfalls durch aktualisierte Angaben zum Emittenten und zu den Wertpapieren, die öffentlich angeboten oder zum Handel an einem organisierten Markt zugelassen werden sollen, nach Maßgabe des § 16 zu ergänzen.

(3) Werden die endgültigen Bedingungen des Angebots weder in den Basisprospekt noch in einen Nachtrag nach § 16 aufgenommen, so sind sie unverzüglich bei Unterbreitung eines öffentlichen Angebots und, sofern möglich, vor dem Beginn des öffentlichen Angebots oder der Zulassung zum Handel vom Anbieter oder Zulassungsantragsteller in der in § 14 genannten Art und Weise zu veröffentlichen sowie bei der Bundesanstalt zu hinterlegen. § 8 Absatz 1 Satz 1 und 2 ist entsprechend anzuwenden. Die endgültigen Bedin-

[407] Ausführlich jüngst *Uhink* Internationale Prospekthaftung; auch schon *Grundmann* RabelsZ 54 (1990) 283 (304–313); näher unten Rn 201 f.

gungen des Angebots sind ausschließlich elektronisch über das Melde- und Veröffentlichungssystem der Bundesanstalt zu hinterlegen und bedürfen nicht der Unterzeichnung. Die Bundesanstalt übermittelt die endgültigen Bedingungen des Angebots der zuständigen Behörde des oder der Aufnahmestaaten sowie der Europäischen Wertpapier- und Marktaufsichtsbehörde.

§ 7 Mindestangaben

Die Mindestangaben, die in einen Prospekt aufzunehmen sind, bestimmen sich nach der Verordnung (EG) Nr. 809/2004 der Kommission vom 29. April 2004 zur Umsetzung der Richtlinie 2003/71/EG des Europäischen Parlaments und des Rates betreffend die in Prospekten enthaltenen Informationen sowie das Format, die Aufnahme von Informationen mittels Verweis und die Veröffentlichung solcher Prospekte und die Verbreitung von Werbung (ABl.EU Nr. L 149 S. 1, Nr. L 215 S. 3) in der jeweils geltenden Fassung.

§ 8 Nichtaufnahme von Angaben

(1) Für den Fall, dass der Ausgabepreis der Wertpapiere (Emissionspreis) und die Gesamtzahl der öffentlich angebotenen Wertpapiere (Emissionsvolumen) im Prospekt nicht genannt werden können, muss der Prospekt die Kriterien oder die Bedingungen angeben, anhand deren die Werte ermittelt werden. Abweichend hiervon kann bezüglich des Emissionspreises der Prospekt auch den Höchstpreis angeben. Enthält der Prospekt nicht die nach Satz 1 oder Satz 2 erforderlichen Kriterien oder Bedingungen, hat der Erwerber das Recht, seine auf den Abschluss des Vertrages gerichtete Willenserklärung innerhalb von zwei Werktagen nach Hinterlegung des endgültigen Emissionspreises und des Emissionsvolumens zu widerrufen. Der Widerruf muss keine Begründung enthalten und ist in Textform gegenüber der im Prospekt als Empfänger des Widerrufs bezeichneten Person zu erklären; zur Fristwahrung genügt die rechtzeitige Absendung. Auf die Rechtsfolgen des Widerrufs ist § 357a des Bürgerlichen Gesetzbuchs entsprechend anzuwenden. Der Anbieter oder Zulassungsantragsteller muss den endgültigen Emissionspreis und das Emissionsvolumen unverzüglich nach deren Festlegung in einer nach § 14 Abs. 2 zulässigen Art und Weise veröffentlichen. Erfolgt kein öffentliches Angebot, sind der endgültige Emissionspreis und das Emissionsvolumen spätestens einen Werktag vor der Einführung der Wertpapiere zu veröffentlichen. Werden Nichtdividendenwerte eingeführt, ohne dass ein öffentliches Angebot erfolgt, kann die Veröffentlichung nach Satz 6 nachträglich vorgenommen werden, wenn die Nichtdividendenwerte während einer längeren Dauer und zu veränderlichen Preisen ausgegeben werden. Der endgültige Emissionspreis und das Emissionsvolumen sind zudem stets am Tag der Veröffentlichung bei der Bundesanstalt zu hinterlegen. Der Prospekt muss in den Fällen des Satzes 3 an hervorgehobener Stelle eine Belehrung über das Widerrufsrecht enthalten.

(2) Die Bundesanstalt kann gestatten, dass bestimmte Angaben, die nach diesem Gesetz oder der Verordnung (EG) Nr. 809/2004 vorgeschrieben sind, nicht aufgenommen werden müssen, wenn

1. Die Verbreitung dieser Angaben dem öffentlichen Interesse zuwiderläuft,
2. die Verbreitung dieser Angaben dem Emittenten erheblichen Schaden zufügt, sofern die Nichtveröffentlichung das Publikum nicht über die für eine fundierte Beurteilung des Emittenten, des Anbieters, des Garantiegebers und der Wertpapiere, auf die sich der Prospekt bezieht, wesentlichen Tatsachen und Umstände täuscht, oder
3. die Angaben für das spezielle Angebot oder für die spezielle Zulassung zum Handel an einem organisierten Markt von untergeordneter Bedeutung und nicht geeignet sind, die Beurteilung der Finanzlage und der Entwicklungsaussichten des Emittenten, Anbieters oder Garantiegebers zu beeinflussen.

(3) Sind bestimmte Angaben, die nach der Verordnung (EG) Nr. 809/2004 in den Prospekt aufzunehmen sind, dem Tätigkeitsbereich oder der Rechtsform des Emittenten oder den Wertpapieren, auf die sich der Prospekt bezieht, ausnahmsweise nicht angemessen, hat der Prospekt unbeschadet einer angemessenen Information des Publikums Angaben zu enthalten, die den geforderten Angaben gleichwertig sind.

(4) Übernimmt ein Staat des Europäischen Wirtschaftsraums eine Garantie für ein Wertpapier, so muss der Prospekt keine Angaben über diesen Garantiegeber enthalten.

1. § 6 WpPG: Basisprospekte

124 **a) Zulässigkeit der Aufteilung in Basisprospekt und endgültige Bedingungen (Abs. 1).** Für bestimmte Emissionen von Nichtdividendenwerten und Optionsscheinen kann nach § 6 Abs. 1 WpPG der Prospekt in einerseits ein Registerformular (für den Emittenten) und die Wertpapierbeschreibungen (sog. **Basisprospekt) und** andererseits die **endgültigen Bedingungen** des Angebots **aufgeteilt** werden, bei den Letzteren also auf die zeitgleiche Festsetzung verzichtet werden.[408] Diese Bedingungen müssen dann spätestens am Tag des öffentlichen Angebots in der in § 14 WpPG geregelten Art und Weise veröffentlicht werden (§ 6 Abs. 3 S. 1 WpPG, unten Rn 128). Die Aufteilung in Basisprospekt und endgültige Bedingungen ist **von der nach § 12 WpPG in drei Einzeldokumente zu unterscheiden** (unten Rn 146–149). Anders als dort, wo die drei separaten, jeweils in sich geschlossenen Fragenkomplexe getrennt werden – Registrierungsformular für die Emittentenangaben, Wertpapierbeschreibung und Zusammenfassung –, wird beim Basisprospekt grds. ein ganzer Prospekt erstellt, jedoch ein essentieller Teil der Wertpapierbeschreibung „aufgespart", also der Schnitt *innerhalb* eines der drei Hauptfragenkomplexe gesetzt. Dieser aufgesparte Teilaspekt wird zudem darin „privilegiert", dass eine Billigung entfällt – was eine Eingrenzung in den zulässigen Fallgruppen notwendig macht, aber auch materiell zu rechtfertigen ist (unten Rn 128).

125 Zulässig ist die Aufteilung, wenn es sich um eine **Serie von Angeboten** handelt – dann erscheint die Aufteilung in der Tat sinnvoll, um für die gleichbleibenden Gehalte nur einmal Billigung und Veröffentlichung herbeizuführen. Hierfür bestehen **zwei Varianten**: Voraussetzung ist das Vorliegen eines **Angebotsprogramms** (Abs. 1 Nr. 1 iVm § 2 Nr. 5 WpPG) oder einer **„dauernden oder wiederholten" Emission** (Abs. 1 Nr. 2 iVm § 2 Nr. 12 WpPG). Beide Begriffe hängen eng zusammen, sind auch jeweils nur für die Zulässigkeit eines Basisprospektes (und dessen Gültigkeitsdauer, § 9 WpPG) von Bedeutung. Dabei bildet das Angebotsprogramm (Nr. 5) (weitgehend) einen (qualifizierten) Unterfall der „dauernden oder wiederholten" Emission (Nr. 12): In Nr. 5 wird diese Formel aufgegriffen und mit weiteren Tatbestandsmerkmalen verbunden (teils freilich auch leicht erweitert).[409] „Dauernd" bezeichnet eine Kontinuität bei der Emission – es wird von einer Anlage auf mindestens vier Wochen ausgegangen –,[410] während umgekehrt Wiederholung ausdrücklich schon bei zwei Emissionsvorgängen angenommen wird. Dafür muss – um den Zusammenhang zu begründen – (nur) im zweiten Fall die Art der begebenen Papiere „ähnlich"

---

408 Der Basisprospekt ist nur fehlerfrei, wenn er in der Folge tatsächlich umfassend ergänzt wird und auch bereits auf die notwendigen Ergänzungen spezifisch hinweist, näher EuGH Urt. v. 15.5.2014 – Rs. C-359/12 – *Timmel/Aviso Zeta*, ECLI:EU:C:2014:325 = ABl.EU 2014 C 212 S. 5 = EuZW 2014, 581 (Rz. 41 ff.); dazu *Eufinger* EWiR 2014, 703; *Rang*, DB 2014, 2213; *Russ* EuZW 2014, 584.

409 *Schnorbus* in: Berrar (u.a.) Frankfurter Kommentar § 2 Rn 92, 124; Holzborn/*Foelsch* § 2 Rn 32; *Just*/Voß/Ritz/Zeising § 2 Rn 176.

sein, also vergleichbare Ausstattung aufweisen,[411] und innerhalb von zwölf Monaten erfolgen. Das Angebotsprogramm zeichnet sich durch eine vorherige Planung/Ermächtigungsgrundlage aus, bezieht sich nur auf Nichtdividendenwerte ähnlicher Art, also wiederum vergleichbarer Ausstattung, und auf Optionsscheine jeglicher Art, und setzt (im Rahmen der Begriffsdefinitionen) gerade keine feste Zeitgrenze voraus.[412] Die einfachere Variante – dauernde oder wiederholte Emission – ist nur CRR-Kreditinstituten gestattet und auch nur für Nichtdividendenwerte, die zudem dinglich abgesichert sein müssen (mit Deckungsregister) und keinem Nachrang bzw. dem bail-in Mechanismus nach BRRD/SRM unterliegen dürfen (Nr. 2).[413] Angesichts dessen, dass die Refinanzierung von Kreditinstituten geradezu auf eine wiederkehrende und dauerhafte Ausgabe von Nichtdividendenwerten angelegt ist und angesichts der zentralen Bedeutung derselben in der Finanzierung der Privatwirtschaft (1. Teil Rn 14–25), ist diese noch etwas weitergehende Privilegierung der Kapitalaufnahme von Kreditinstituten nachvollziehbar (wobei sich die noch größere Privilegierung in § 9 Abs. 3 WpPG findet, unten Rn 141). Die etwas anspruchsvollere Variante – Angebotsprogramm – steht allen Emittenten offen und dies nicht nur für Nichtdividendenwerte, sondern auch für Optionsscheine (Nr. 1).

b) **Die Angaben im Basisprospekt, mit Nachtrag (Abs. 1 und 2).** Die Zulassung eines **126**
Basisprospekts bedeutet **keine Abmilderung der inhaltlichen Anforderungen.** Es müssen *alle* Pflichtangaben (zu Emittent und Papier) in gleicher Weise wie in einem sonstigen Prospekt gemacht werden (vgl. Abs. 1).[414] Es kann nur die Veröffentlichung in zwei Zeitpunkte aufgespalten werden – wobei auch öffentliches Angebot und Zulassung ebenfalls nicht zulässig sind, bevor alle Pflichtangaben veröffentlicht sind (vgl. unten Rn 127). Die Inhalte des Basisprospektes bedürfen auch in gleicher Weise der Billigung wie ein normaler Prospekt,[415] nicht jedoch die (nachgereichten) endgültigen Bedingungen, für die nach der Anordnung in Abs. 3 eine bloße Hinterlegungspflicht an die Stelle der Billigungspflicht tritt (unten Rn 128). Schließlich muss sich auch die Zusammenfassung für alle Teile zusammengerechnet an die Längenvorgaben nach 26 Abs. 1 der Prospekt-Verordnung halten.[416] Umgekehrt kann beim Basisprospekt jedoch auch von **allen weiteren Verweis- und Aufteilungsmöglichkeiten wie beim normalen Prospekt** Gebrauch gemacht werden: Daher kann der Basisprospekt für Mindestangaben auch auf anderweitig veröffentlichte Dokumente verweisen, wenn diese Dokumente nach Vorschriften genehmigt oder hinterlegt wurden, die in Um-

[410] *Heidelbach/Preuße* BKR 2006, 316 (317); Holzborn/*Foelsch* § 2 Rn 32; Just/Voß/*Ritz/Zeising* § 2 Rn 229; *Groß* Kapitalmarktrecht, § 2 WpPG Rn 31.

[411] *Schnorbus* in: Berrar (u.a.) Frankfurter Kommentar § 2 Rn 124; *Groß* Kapitalmarktrecht, § 2 WpPG Rn 31; Holzborn/*Foelsch* § 2 Rn 32.

[412] Assmann/Schlitt/*von Kopp-Colomb/Knobloch* § 2 Rn 63; *Schnorbus* in: Berrar (u.a.) Frankfurter Kommentar § 2 Rn 92; Holzborn/*Foelsch* § 2 Rn 20; Schwark/Zimmer/*Heidelbach* § 2 WpPG Rn 29.

[413] Näher hierzu Assmann/Schlitt/von Kopp-Colomb/*Seitz* § 6 Rn 23–28; *Schnorbus* in: Berrar (u.a.) Frankfurter Kommentar § 2 Rn 91; Holzborn/*Glismann* § 6 Rn 8; Just/Voß/*Ritz/Zeising* § 2 Rn 179; *von Livonius*, jurisPR-HaGesR 7/2012, Anm 1. Zum bail-in Mechanismus überblicksweise auch oben 1. Teil Rn 86 f.

[414] Assmann/Schlitt/von Kopp-Colomb/*Seitz* § 6 Rn 29; Holzborn/*Glismann* § 6 Rn 9; *Kullmann/Sester* ZBB 2005, 209 (211); *Kunold/Schlitt* BB 2004, 501 (505 f.); *Groß* Kapitalmarktrecht, § 6 WpPG Rn 2, 4.

[415] *Bauer* in: Berrar (u.a.) Frankfurter Kommentar § 6 Rn 10; *Just*/Voß/*Ritz*/Zeising § 6 Rn 43.

[416] *Bauer* in: Berrar (u.a.) Frankfurter Kommentar § 6 Rn 13; *Groß* Kapitalmarktrecht, § 6 WpPG Rn 6 f. (mit Hinweis auf entsprechende Praxis der BaFin); Holzborn/*Glismann* § 6 Rn 15 aA BT-Drucks. 15/4999, S. 26, 32; Assmann/Schlitt/v. Kopp-Colomb/*Seitz* § 6 Rn 34.

setzung der allgemeinen Prospektrichtlinie oder Börsenzulassungsrichtlinie erlassen wurden (§ 11 WpPG, näher Rn 144 f.). Auch die Aufteilungsmöglichkeiten nach § 12 WpPG sind eröffnet, seitdem der Ausschluss für Basisprospekte in Abs. 1 S. 6 entfallen ist.[417]

127 Da es sich bei Angebotsprogrammen und dauernden oder wiederholten Emissionen um gestreckte Vorgänge handelt, spielen **Nachträge** nach § 16 WpPG eine besondere Rolle. Sie sind „erforderlichenfalls" – also bei Erheblichkeit der Änderung oder Unrichtigkeit entsprechend § 16 WpPG – nach Abs. 2 geschuldet.[418] Anders als die endgültigen Bedingungen bedürfen sie ebenfalls der Billigung.

128 c) **Die endgültigen Bedingungen (Abs. 3).** Die endgültigen Bedingungen werden nachträglich festgelegt. Dies ist nur für diejenigen Bedingungen gestattet, die in der (**abschließenden) Liste** nach Art. 22 Abs. 4 Prospekt-Verordnung aufgeführt sind (alles andere sind Emittenten- oder Wertpapierangaben).[419] Erst die endgültigen Bedingungen vervollständigen den Basisprospekt und machen ihn gleichwertig zu einem herkömmlichen. Daher ist – ganz nach dem Grundsatz der Gleichwertigkeit der Anforderungen bei Streckung der zeitlichen Schritte – jedes öffentliche Angebot – der **Beginn von Vermarktungsschritten** der beschriebenen Art (vgl. oben Rn 101) – erst zulässig und eine Zulassung erst möglich, wenn die Bedingungen (entsprechend § 14 WpPG) veröffentlicht sind. Dies folgt aus Abs. 3 S. 1.[420] Allerdings kann vom Mechanismus des § 8 WpPG, insbes. Abs. 1, auch hier Gebrauch gemacht werden:[421] Nennung allein der Preisbestimmungs- und/oder Volumenbestimmungskriterien oder Setzung eines Höchstpreises bei gleichzeitig zwingendem Widerrufsrecht des Anlegers, näher unten Rn 132–135). Eine **Billigung** ist – angesichts der Kürze der Zeit, vor allem jedoch, weil es primär um (grds. nicht kontrollfähige) Festsetzungen von Preis und Volumen geht – nicht vorgeschrieben, vielmehr tritt an ihre Stelle ein **bloßes Hinterlegungsverfahren** und die Veröffentlichung.[422] Die fehlende Billigung unterscheidet dieses Verfahren von dem sonst beim Prospekt oder auch bei Nachträgen iSv § 16 WpPG.[423]

---

[417] *Groß* Kapitalmarktrecht, § 12 WpPG Rn 2; Holzborn/*Glismann* § 6 Rn 2; *Heidelbach/Preuße* BKR 2012, 397 (399 f.); *Kaufmann* Prospektpflicht nach dem WpPG, S. 241; *von Kopp-Colomb/Seitz* WM 2012, 1220 (1226 f.); *Lawall/Maier* DB 2012, 3503 (3504).

[418] EuGH (Fn 408), *Timmel/Aviso Zeta*, ECLI:EU:C:2014:325 = ABl.EU 2014 C 212 S. 5 = EuZW 2014, 581 (Rz. 41 ff.); dazu *Eufinger* EWiR 2014, 703; *Heidelbach/Preuße* BKR 2012, 397 (402–404); *Oulds* WM 2011, 1452 (1453); *Rang* DB 2014, 2213; *Russ* EuZW 2014, 584; Holzborn/*Glismann* § 6 Rn 20.

[419] *Groß* Kapitalmarktrecht, § 6 WpPG Rn 8; Holzborn/*Glisman* § 6 Rn 21; von *Kopp-Colomb/Seitz* WM 2012, 1220 (1222 f.); aA BT-Drucks. 15/4999, S. 32; Assmann/Schlitt/v. Kopp-Colomb/*Seitz* § 6 Rn 44.

[420] *Groß* Kapitalmarktrecht, § 6 WpPG Rn 8 (mit Hinweis auf das entsprechende Merkblatt der BaFin unter „Basisprospekt", www.bafin.de); Holzborn/*Glismann* § 6 Rn 21.

[421] Assmann/Schlitt/v. Kopp-Colomb/*Seitz* § 6 Rn 103; *Bauer* in: Berrar (u.a.) Frankfurter Kommenatr § 6 Rn 56–61; *Groß* Kapitalmarktrecht, § 6 WpPG Rn 13; Holzborn/*Glismann* § 6 Rn 21 aA *Just/Ritz* in: Just/Voß/Ritz/Zeising § 6 Rn 37.

[422] *Kullmann/Sester* WM 2005, 1068 (1072); EuGH (Fn 408), *Timmel/Aviso Zeta*, ECLI:EU:C:2014:325 = ABl.EU 2014 C 212 S. 5 = EuZW 2014, 581 (Rz. 41 ff.); *Groß* Kapitalmarktrecht, § 6 WpPG Rn 9 (zum Hinterlegungsverfahren Rn 10, 11); Holzborn/*Glismann* § 6 Rn 21; *Kaufmann* Prospektpflicht nach dem WpPG, S. 243 f.

[423] Daher für eine Anwendung der Kautelen des § 16 WpPG, wenn die dort genannten Voraussetzungen (Fehlerhaftigkeit oder Neuauftreten sowie Gewichtigkeit der Angabe) gegeben sind: EuGH (Fn 144), *Timmel/Aviso Zeta*, ECLI:EU:C:2014:325 = ABl.EU 2014 C 212 S. 5 = EuZW 2014, 581 (Rz. 41 ff.); dazu *Eufinger* EWiR 2014, 703; *Rang* DB 2014, 2213; *Russ* EuZW 2014, 584; speziell zu diesem „Vorrang" des § 16 WpPG vor dem des § 6 WpPG: ausführlich Assmann/

2. § 7 WpPG iVm EU-Prospekt-VO: Mindestinhalte.

a) **Die EU-Prospekt-Verordnung, Mindestinhalte und Vollständigkeit.** Die inhaltlichen **129**
Anforderungen ergeben sich seit dem 1.7.2005 aus dem WpPG iVm der (Europäischen) Prospekt-(Ausführungs-)VO Nr. 809/2004.[424] Sie stellen nicht mehr auf das Marktsegment, sondern **nur noch auf die Art des Wertpapiers** und des Emittenten ab (unten Rn 131). Die EU-Prospekt-Verordnung regelt im Detail den Prospektgehalt. Sie würde als EU-Verordnung ohnehin unmittelbar und mit Vorrang auch im innerstaatlichen Verkehr Anwendung finden (Art. 288 Abs. 2 AEUV), der Verweis auf sie bewahrt jedoch das WpPG davor, selbst in dem wesentlichen Punkt der Prospektgehalte „unvollständig" zu sein. Den ersten Punkt, den die EU-Prospekt-Verordnung mit ihren Gehalten maßgeblich strukturiert, ist das wichtige Element der **Prospektvollständigkeit:** Die Unvollständigkeit bildet einen von zwei möglichen Prospektfehlertypen – mit der Folge einer Prospekthaftung (vgl. oben Rn 121 und unten 193). Als Grundsatz wird stets betont, dass ein Prospekt, der alle in der Verordnung vorgesehenen Gegenstände abhandelt, i.Zw. nicht lückenhaft sei, einer, der dies nicht leiste, umgekehrt i.Zw. lückenhaft.[425] Diese Vermutungsregel ist jedoch – wenn man sie im Verbund mit der EG-Prospekt-Richtlinie und der Umsetzung im WpPG liest – in beide Richtungen unterschiedlich überzeugend: Für das Fehlen von Prospektgegenständen gibt § 8 WpPG eine abschließende Regel vor – Ausnahmen sind nur insoweit zulässig, als die dort genannten Tatbestandskriterien erfüllt sind, zumal dort mit § 8 Abs. 3 WpPG ein hinreichend offen und flexibel formulierter Auffangtatbestand zu finden ist (unten Rn 137). Vollständigkeit oder Unvollständigkeit (Fehlerhaftigkeit) sind insoweit also eine Frage der Auslegung und Anwendung von § 8 WpPG. Ist § 8 WpPG nicht erfüllt, ist der Prospekt, der eine der Mindestangaben der EU-Prospekt-Verordnung nicht enthält, nicht nur „im Zweifel", sondern stets unvollständig. Umgekehrt kann ein Prospekt, auch wenn er die Anforderungen der EU-Prospekt-VO umfassend erfüllt, in der Tat nur iZw vollständig sein und zwar deswegen, weil die (höherrangige) Gesetzgebung auf erster Ebene (Art. 5 Abs. 1 EG-Prospekt-Richtlinie und § 5 Abs. 1 WpPG) alle Angaben fordert, die „erforderlich" bzw. „notwendig" sind, um dem Publikum „ein fundiertes" bzw. „ein zutreffendes Urteil" zu ermöglichen – also eine für den Einzelfall offene Generalklausel enthält. Die EU-Prospekt-VO gestaltet demgegenüber die **Mindestliste nur für den Regelfall** aus.

Schlitt/von Kopp-Colomb/*Seitz* § 6 Rn 70–76; *Groß* Kapitalmarktrecht § 6 WpPG Rn 9; Holzborn/*Glismann* § 6 Rn 21; *von Kopp-Colomb/Seitz* WM 2012, 1220 (1225 f.); *Oulds* WM 2011, 1452 (1454).

[424] Verordnung (EG) Nr. 809/2004 der Kommission vom 29.4.2004 zur Umsetzung der Richtlinie 2003/71/EG des Europäischen Parlaments und des Rates betreffend die in Prospekten enthaltenen Informationen sowie das Format, die Aufnahme von Informationen mittels Verweis und die Veröffentlichung solcher Prospekte und die Verbreitung von Werbung, ABl.EG 2004 L 149/1, zuletzt geändert durch Delegierte Verordnung (EU) Nr. 759/2013 der Kommission vom 30.4.2013, ABl.EU 2013 L 213/1; *vgl.* hierzu: *Apfelbacher/Metzner* BKR 2006, 81; *Holzborn* (Hrsg.) Wertpapierprospektgesetz, 2014 (jeweils unter ausführlicher Bezugnahme auf die korrespondierenden Vorschriften der Verordnung); *Holzborn/Israel* ZIP 2005, 1668; *Just/Voß/Ritz/Zeising* S. 429–681; *Kullmann/Sester* WM 2005, 1068; *Heidelbach/Preuße* BKR 2012, 397; *von Kopp-Colomb/Seitz* WM 2012, 1220; sowie zum Prospektinhalt nach Richtlinie und Verordnung: *Wiegel*, Prospektrichtlinie, S. 211 ff.

[425] *Groß* Kapitalmarktrecht, § 7 WpPG Rn 2; *Just*/Voß/Ritz/Zeising § 7 Rn 11 und 13; *Meyer* in Berrar (u.a.) Frankfurter Kommentar § 7 Rn 8; Heidel/*Röhrborn* Aktienrecht § 7 WpHG Rn 3; *Hölzborn/Israel* ZIP 2005, 1668 (1671 f.); *Kullmann/Sester* WM 2005, 1068 (1068 f.).

130 b) **Standardisierung der Gliederung.** Außer den Mindestangaben regelt die EU-Prospekt-VO auch die Gliederung des Prospekts (Art. 25, 26 Prospekt-VO). Art. 25 Abs. 1 und 2 und Art. 26 Abs. 1 geben folgende **vier Gliederungspunkte (in dieser Reihenfolge)** vor – zwingend, um auch den Standardisierungseffekt zu erreichen und Vergleichbarkeit zu erleichtern (hierzu oben Rn 67 und 5. Teil Rn 36): 1. eine klare und zugleich detaillierte Inhaltsübersicht, 2. die Zusammenfassung, mit den Schlüsselinformationen, namentlich den Warnhinweisen (oben Rn 118–120, in Ausnahmefällen verzichtbar), 3. das ausführliche Kapitel zu den Warnhinweisen (im einzelnen), 4. den sonstigen Prospektinhalt. Dabei sind insbesondere die Zusammenfassung und das extra Kapitel zu den Warnhinweisen so gestalten, dass sie allein aus sich heraus verständlich sind, also auch nicht auf die anderen Kapitel verweisen.[426] Die sonstige Reihenfolge in den Schemata ist entweder beizubehalten oder – bei Abweichen – es ist in einer Überkreuzverweisliste aufzuzeigen, wo welche Inhalte stattdessen zu finden sind (vgl. Abs. 4 bzw. 3).

131 c) **Hauptprospektgehalte bei Dividenden- und Nichtdividendenpapieren.** Die Hauptprospektgehalte bestimmen Art. 4 ff. der EU-Prospekt-Verordnung **je nach Typ des Wertpapiers,** freilich vor allem durch Verweis auf die entsprechenden Anhänge. – **getrennt** jeweils das **Registrierungsformular** (für den Emittenten) und die **Wertpapierbeschreibung.** Jeder Artikel enthält den Verweis und eine nähere Umschreibung der erfassten Papiere: namentlich Art. 4 und 6 (iVm mit Anh. I und III) für Aktien, Art. 7 f. (iVm mit Anh. IV und V) für Schuldverschreibungen mit einer Stückelung von bis zu € 50.000, Art. 12 und 16 (iVm Anh. IX und XIII) für Mindeststückelungen darüber und derivative Wertpapiere, und Art. 10 f. (iVm Anh. VII und VIII) für mit Sicherheiten unterlegte Papiere (Asset Backed Securities) usw., gefolgt in Art. 19 ff. von den Registrierungsformularen für hoheitliche Schuldner oder Schuldtitel mit hoheitlichen Garantiegebern. Die Anhänge, die ca. 170 Seiten umfassen, zeichnen sich durch eine erhebliche Detailtiefe aus. **Beim Vergleich** etwa zwischen Anhang I (Registrierungsformular für **Aktien**) und Anhang IV (Registrierungsformular für **Schuldverschreibungen** mit Stückelung unter € 50.000) fallen zwar durchaus zentrale Unterschiede aus, jedoch über weite Teile auch **parallele, vielfach wortgleiche Anforderungen.** So entsprechen sich 1.–5. zu den verantwortlichen Personen, Abschlussprüfern, ausgewählten Finanzinformationen, Risikofaktoren und zum Emittent fast vollständig, wobei bei den Schemata für Schuldverschreibungen immer wieder die besondere Relevanz für die Solvenz gefordert wird (etwa 5.1.5.). Als **Unterschiede** stechen – neben oder als Ausdruck der insgesamt größeren Tiefe bei den Aktien-Registrierungsformularen – die deutlich intensivere Berichterstattung über Vermögensausstattung (Sachanlagen, Finanzlage) und Eigenkapital, aber auch Strategien, etwa Forschung und Entwicklung, später Fragen der Bezüge und Vergünstigungen hervor. Insgesamt werden die unternehmerischen Chancen ungleich mehr in den Blick genommen, auch Interessenkonflikte, während die Anforderungen bei Schuldverschreibungen mehr auf die verantwortlichen Personen und Prüfungen und Basisfinanzdaten fokussiert sind. Gewinnprognosen dürfen in beiden Fällen gemacht werden, müssen es jedoch nicht (vgl. Nr. 9 bzw. 13).

3. § 8 WpPG: Nichtaufnahme von Angaben und Äquivalente

132 a) **Nichtaufnahme von Emissionspreis und -volumen und Widerrufsrecht (Abs. 1).** Im **Normalfall muss der Emissionspreis und das Emissionsvolumen im Prospekt** genannt werden, bei Aktien der tatsächliche Preis, der über dem geringsten Ausgabepreis (§ 9 AktG)

---

[426] *Groß* Kapitalmarktrecht, § 7 WpPG Rn 2; Assmann/Schlitt/v. Kopp-Colomb/*Schlitt/Schäfer* § 7 Rn 30; *Holzborn/Schwarz-Gondek* BKR 2003, 927 (932).

liegen kann,[427] bei Schuldverschreibungen und Derivaten der erste nach Ausgabe festgesetzte Börsenpreis,[428] desgleichen das öffentlich angebotene (nicht das wirklich abgesetzte) Emissionsvolumen (Abs. 1 S. 1).[429] Alternativ kann statt des Emissionspreises auch der Höchstpreis genannt werden (Abs. 1 S. 2), der jedoch, wenn er irgendeine Indikatorwirkung haben soll, nicht beliebig die dann letztlich verlangten Preise übersteigen darf.[430]

Bei **bestimmten Emissionsarten** sind **diese Angaben nicht möglich**, namentlich beim **133**
Bookbuilding-Verfahren, bei dem zuerst das Interesse der Anleger eruiert wird, um auf dieser Grundlage Preis und Volumen festzusetzen.[431] Doch auch bei der Bezugsrechtsemission sieht § 186 Abs. 2 S. 2 AktG ausdrücklich die Möglichkeit vor, nur die Bestimmungskriterien zu nennen (oder auch nur den Höchstpreis).[432] In diesen Fällen sind alternativ die **Kriterien zu benennen**, nach denen Preis und/oder Volumen festgelegt werden wird (Abs. 1 S. 1). Diese müssen so objektivierbar sein, dass auch Außenstehende danach den jeweiligen Wert ermitteln könnten.[433] In diesem Fall sind die Veröffentlichungs- und Hinterlegungsvorgaben in S. 6–9 einzuhalten (unten Rn 135).

Wird gegen diese Verpflichtung verstoßen, besteht für den Erwerber die Möglichkeit **134**
des **Widerrufs** (Abs. 1 S. 3–5 und 10): Er kann seine auf den Abschluss des Vertrages gerichtete Willenserklärung innerhalb von zwei Werktagen nach Hinterlegung des endgültigen Emissionspreises und des Emissionsvolumens widerrufen (Abs. 1 S. 3) – wobei Absendung innerhalb der Frist genügt, Textform genügt und eine Begründung nicht nötig ist (Abs. 1 S. 4). Einerseits waren für ihn diese Hauptparameter der Leistung nicht kalkulierbar (wenn seine Erklärung vor Veröffentlichung erfolgte),[434] umgekehrt muss die Möglichkeit ausgeschlossen werden, dass er jetzt auf Kursänderungen spekuliert. Die Rechtsfolgen beurteilen sich nach § 357a BGB mit seinem stark modifizierten Rücktrittsrechtsregime für Finanzdienstleistungen (Abs. 1 S. 5), und auf das Widerrufsrecht ist im Prospekt prominent hinzuweisen (Abs. 1 S. 10).

Sobald Emissionspreis und -volumen festgelegt sind, sind diese **unverzüglich zu veröf- 135**
fentlichen (ausdrücklich: nicht gesondert zu billigen)[435] und dies in einer der Formen/

---

427 Hierzu als maßgeblichem Kriterium vgl. *Meyer* in: Berrar (u.a.) Frankfurter Kommentar § 8 Rn 9; *Groß* Kapitalmarktrecht, § 8 WpPG Rn 2; Holzborn/*Rauch* § 8 Rn 4; Schwark/Zimmer/*Heidelbach* § 8 WpPG Rn 5.

428 Hierzu als maßgeblichem Kriterium vgl. *Meyer* in: Berrar (u.a.) Frankfurter Kommentar § 8 Rn 10; *Groß* Kapitalmarktrecht, § 8 WpPG Rn 2; Holzborn/*Rauch* § 8 Rn 4; Schwark/Zimmer/*Heidelbach* § 8 WpPG Rn 6 f.

429 Hierzu als maßgeblichem Kriterium vgl. *Groß* Kapitalmarktrecht, § 8 WpPG Rn 2; Holzborn/*Rauch* § 8 Rn 4; Schwark/Zimmer/*Heidelbach* § 8 WpPG Rn 8.

430 Für mindestens 50 % *Just*/Voß/Ritz/Zeising § 8 Rn 9 (im Anschluss an die Praxis der BaFin); aA *Groß* Kapitalmarktrecht, § 8 WpPG Rn 3; ausführlich *Meyer* in: Berrar (u.a.) Frankfurter Kommentar § 8 Rn 33–36.

431 Zum Bookbuilding-Verfahren oben Rn 88. Zu seiner Behandlung nach § 8 Abs. 1 WpPG: Assmann/Schlitt/von Kopp-Colomb/*Schlitt/Schäfer* § 8 Rn 20–24; *Meyer* in: Berrar (u.a.) Frankfurter Kommentar § 8 Rn 14–18; *Groß* Kapitalmarktrecht, § 8 WpPG Rn 3b; *Just*/Voß/Ritz/Zeising § 8 Rn 5–22; *Oulds* WM 2011, 1452 (1455).

432 Vgl. Assmann/Schlitt/v. Kopp-Colomb/*Schlitt/Schäfer* § 8 Rn 25; *Meyer* in Berrar (u.a.) Frankfurter Kommentar § 8 Rn 19; *Groß* Kapitalmarktrecht, § 8 WpPG Rn 3b.

433 Hierzu näher *Oulds* WM 2011, 1452 (1455 f.).

434 Daher auch kein Widerruf der nach Veröffentlichung erfolgten Erklärungen: BT-Drs. 15/4999, S. 32; *Groß* Kapitalmarktrecht, § 8 WpPG Rn 4; *Just*/Voß/Ritz/Zeising § 8 Rn 44; zu sonstigen Konstellationen auch *Groß* BuB Rn 10/268a ff.

435 Zur Begründung (für die Parallelregel in § 6 WpPG) oben Rn 128; wie hier *Apfelbacher/Metzger* BKR 2006, 81 (87); *Meyer* in: Berrar (u.a.) Frankfurter Kommentar § 8

einem der Medien nach § 14 Abs. 2 etc. – mit Modifikationen, wenn kein öffentliches Angebot erfolgt bzw. wenn es sich um Nichtdividendenwerte handelt, die während einer längeren Dauer zu veränderlichen Preisen ausgegeben werden, namentlich in einem Angebotsprogramm (Abs. 1 S. 6–8). Hinzu kommt eine **Hinterlegungspflicht** bei der BaFin am Tag der Veröffentlichung.

136 b) **Nichtaufnahme bei besonderem Interesse (Abs. 2).** Aufgrund sehr unterschiedlicher Gesichtspunkte kann die BaFin die Auslassung einzelner gesetzlich vorgeschriebener Angaben gestatten. Sie hat hier breites Ermessen – dieses ist, da nur Nr. 2 auch auf Emittenteninteressen abstellt, wohl nur in diesem Fall (zugunsten des Emittenten) gebundenes Ermessen:[436] Es ergibt sich folgende Abstufung: Erfolgt die Gestattung aus **öffentlichem Interesse** (Nr. 1), so ist allein dieses maßgeblich, hierbei sind sicherlich auch Anlegerinteressen zu berücksichtigen, aber nicht notwendig sperren sie – entgegen anderer Interessen, etwa Sicherheitsinteressen – eine Gestattung.[437] Wird die Ausnahme hingegen wegen gegenstehender, gewichtiger **Emittenteninteressen** gestattet (Gefahr „erheblichen Schadens"), so sind diese (trotz Erheblichkeit) grds. nur hinreichend, wenn nicht Anlegerinteressen dem entgegenstehen (keine Täuschung).[438] Nochmals anders gelagert ist die Gestattung nach Nr. 3 (untergeordnete Bedeutung), weil hier **mangels gewichtiger Interessen irgendeiner Seite** ebenfalls eine Ausnahme gestattet werden kann.[439]

137 c) **Nichtaufnahme unangemessener Angaben (Abs. 3).** Sind Angaben nicht angemessen, wären sie also aufgrund der Besonderheiten im Zuschnitt des Sachverhalts nicht aussagekräftig (informationelle Unangemessenheit),[440] so sind sie durch eine informationell möglichst gleichwertige Angabe – zu der vom Gesetzgeber eigentlich intendierten – zu ersetzen, notfalls durch Negativmeldung zum konkreten Veröffentlichungspunkt. Nicht gemeint sind damit freilich diejenigen Angaben, die aufgrund anderer gesetzlicher Anordnung nicht gemacht werden dürfen.[441]

138 d) **Keine Angaben zu EWR-Staaten als Garantiegeber (Abs. 4).** Angesichts der (angenommenen) Solvenz der EWR-Staaten werden für diese, soweit sie als Garantiegeber auftreten, keine Angaben verlangt. Die Ausnahme bleibt bisher auch in der Eurokrise geltendes Recht.[442] Jedenfalls sobald ein geordnetes Staateninsolvenzrecht existiert,[443] wird diese Regel zu modifizieren sein.

Rn 47–49; Holzborn/*Rauch* § 8 Rn 3; zweifelnd *Just*/Voß/Ritz/Zeising § 8 Rn 32–35; sowie für Folgefragen (Provisionen etc.) *Groß* Kapitalmarktrecht, § 8 WpPG Rn 3a.

436 Zum Ermessen, welches mittels Abwägung zwischen dem Informationsinteresse des Anlegers und dem Geheimhaltungsinteresse des Emittenten auszuüben ist, vgl. *Meyer* in: Berrar (u.a.) Frankfurter Kommentar § 8 Rn 60; *Groß* Kapitalmarktrecht, § 8 WpPG Rn 9; Holzborn/*Rauch* § 8 Rn 23.

437 Ebenso *Just*/Voß/Ritz/Zeising § 8 Rn 48.

438 Hierzu näher *Meyer* in: Berrar (u.a.) Frankfurter Kommentar § 8 Rn 64; *Just*/Voß/Ritz/Zeising § 8 Rn 49.

439 Hierzu *Meyer* in: Berrar (u.a.) Frankfurter Kommentar § 8 Rn 65; *Just*/Voß/Ritz/Zeising § 8 Rn 50.

440 „Unangemessenheit" ebenfalls mit „fehlender Aussagekraft" im konkreten Einzelfall umschreibend: Assmann/Schlitt/von Kopp-Colomb/*Schlitt*/*Schäfer* § 8 Rn 49–54; Holzborn/*Rauch* § 8 Rn 25; *Groß* Kapitalmarktrecht, § 8 WpPG Rn 12 f. und § 13 WpPG Rn 11.

441 Ebenso *Groß* Kapitalmarktrecht, § 13 WpPG Rn 11.

442 Holzborn/*Rauch* § 8 Rn 26; *Lawall*/*Maier* DB 2012, 2503 (2506).

443 Zu Überlegungen dahingehend vgl. *Paulus* Schritte auf dem Weg zu einem Resolvenz-

III. § 9 WpPG: Gültigkeit 139

§ 9 Gültigkeit des Prospekts, des Basisprospekts und des Registrierungsformulars

(1) Ein Prospekt ist nach seiner Billigung zwölf Monate lang für öffentliche Angebote oder Zulassungen zum Handel an einem organisierten Markt gültig, sofern er um die nach § 16 erforderlichen Nachträge ergänzt wird.

(2) Im Falle eines Angebotsprogramms ist der Basisprospekt nach seiner Billigung zwölf Monate lang gültig.

(3) Bei Nichtdividendenwerten im Sinne des § 6 Abs. 1 Nr. 2 ist der Prospekt gültig, bis keines der betroffenen Wertpapiere mehr dauernd oder wiederholt ausgegeben wird.

(4) Ein zuvor gebilligtes und hinterlegtes Registrierungsformular im Sinne des § 12 Absatz 1 Satz 2 und 3 ist nach seiner Billigung bis zu zwölf Monate lang gültig. Ein Registrierungsformular, das gemäß § 12 Absatz 3 oder § 16 aktualisiert worden ist, ist zusammen mit der Wertpapierbeschreibung und der Zusammenfassung als gültiger Prospekt anzusehen.

(5) (weggefallen)

§ 10 (weggefallen)

1. Gültigkeitsdauer von 12 Monaten – Voraussetzungen (Abs. 1). Die Gültigkeitsdauer von Prospekten ist – für beide Zwecke, öffentliche Angebote ebenso wie Zulassung zu organisierten Märkten gleichermaßen – **12 Monate ab Billigung.** Beim Prospekt, der allein aus einem Einzeldokument besteht, ist dieser Zeitpunkt klar bestimmt.[444] Eine zweite Voraussetzung tritt neben die der Billigung. Falls ein nach § 16 WpPG notwendiger Nachtrag nicht vorgenommen wurde, stellt sich die Frage nach den Rechtsfolgen: Einerseits fehlt eine Voraussetzung für das Fortbestehen der Gültigkeit, so dass die Aufsichtsbehörde befugt ist einzuschreiten und den weiteren Absatz zu unterbinden.[445] Andererseits – und wichtiger – ist die Unterlassung relevant für die Prospekthaftung. Für Papiere, die nach Fälligkeit des Nachtrages abgesetzt wurden, könnte argumentiert werden, dass gehaftet wird für das Fehlen eines (gültigen) Prospekts (und dann wohl auch, ohne dass grobe Fahrlässigkeit nachgewiesen sein müsste),[446] oder aber, dass (nur) gehaftet wird für das Fehlen des Nachtrages[447] – wenn denn Kausalität im Hinblick auf *diesen* einen Nachtragspunkt, aber auch grobe Fahrlässigkeit etc. zu bejahen sind. Für das Zweite spricht, dass ein Versäumnis eines Nachtrages wertungsmäßig einem Einzelfehler bei der Prospekterstellung ungleich besser vergleichbar ist als die Verbreitung etwa eines öffentlichen Angebots ganz ohne Prospekt. 140

---

recht für zahlungsfähige Staaten WM 2015, 953; *ders.* Staatenpleiten und Bankenpleiten: eine gewollte Mesalliance; KTS 2013, 155; *ders.* Geordnete Staateninsolvenz – eine Lösung mit Hilfe des Vertragsrechts ZIP 2011, 2433; *ders.* Rechtliche Handhabe zur Bewältigung der Überschuldung von Staaten RIW 2009, 11; *Thiessen* Ein Insolvenzplan für den Kapitalismus KTS 2014, 155.

444 Dazu (Veröffentlichung der Billigung nach § 13 Abs. 4 WpPG): Assmann/Schlitt/*von Kopp-Colomb* § 13 Rn 33; Holzborn/*Preuße* § 13 Rn 31; Just/*Voß*/*Ritz*/Zeising § 13 Rn 64–67; *Lawall*/*Maier* DB 2012, 2503 (2503).

445 Ebenso *Groß* Kapitalmarktrecht, § 9 WpPG Rn 5; *Friedl*/*Ritz* in Just/Voß/Ritz/Zeising § 9 Rn 38 f.; Holzborn/*Ebermann* § 9 Rn 18–20.

446 In diesem Sinne Assmann/Schlitt/von Kopp-Colomb/*Seitz* § 9 Rn 39 ff.; *Groß* Kapitalmarktrecht, § 9 WpPG Rn 5; Just/Voß/Ritz/Zeising/*Friedl*/*Ritz* § 9 Rn 92.

447 Hierfür demgegenüber Holzborn/*Ebermann* § 9 Rn 21–23.

141 2. **Sonderfälle: Basisprospekte (Abs. 2, 3) und Prospekte in Einzeldokumenten (Abs. 4).** § 9 WpPG regelt auch diejenigen Sonderfälle, in denen sich die **Prospekterstellung auch nach außen über einen gewissen Zeitraum erstreckt.** Beim **allgemeinen Basisprospekt (Abs. 2** iVm § 6 Abs. 1 Nr. 1 WpPG) bezieht sich die Gültigkeitsdauer ausdrücklich nur auf den – gebilligten – Basisprospekt, nicht die endgültigen Bedingungen. Diese dürfen zwar später festgesetzt werden (vor öffentlichem Angebot bzw. Zulassung), doch wird nicht etwa die Gültigkeitsdauer durch längeres Zuwarten bei den endgültigen Bedingungen verlängert. Im Ergebnis muss also der allgemeine Basisprospekt zwar nicht für jede Emission, aber doch jedes Jahr neu erstellt werden.[448] Anders ist dies beim **Basisprospekt für CRR-Kreditinstitute (Abs. 3** iVm § 6 Abs. 1 Nr. 2 WpPG): Hier nun ist der Prospekt so lange gültig, bis der Verkaufszusammenhang zwischen den „betroffenen Papieren" unterbrochen wurde. Es kann also zu einer längerfristigen Refinanzierung zu stets vergleichbaren Bedingungen auf der Grundlage stets desgleichen Basisprospekts kommen – nur ergänzt um variierende endgültige Bedingungen zu Zins und Losgrößen (Volumina) – und durchaus über ein Jahr hinaus (Abs. 2 e contrario).[449]

142 Im Falle von **Prospekten in mehreren Einzeldokumenten (Abs. 4** iVm § 12 WpPG, unten Rn 146–149) ist zwar grds. jedes der drei Einzeldokumente gesondert zu billigen und läuft ab diesem Zeitpunkt für dieses die 12-Monatsfrist.[450] Im Hauptfall eines zuerst erstellten und gebilligten Registrierungsformulars, gefolgt von der Wertpapierbeschreibung und Zusammenfassung unmittelbar vor Beginn der Vermarktung (öffentliches Angebot) oder der Zulassung, gilt jedoch etwas Abweichendes: Ist dieses Registrierungsformular nach § 12 Abs. 3 oder § 16 WpPG durch Fortschreibung bzw. Nachtrag (jeweils mit eigener Billigung) hinsichtlich der erheblichen Punkte bis zur Billigung der anderen beiden Teile kontinuierlich auf dem neuesten Stand gehalten worden – nur bei solch wesentlichen Punkten besteht die Pflicht zu Fortschreibung bzw. Nachtrag (unten Rn 148 und 167) –, so gilt dieses Registrierungsformular im Zeitpunkt der Billigung der anderen beiden Teile als jetzt erstellt und gebilligt: Der Prospekt als Ganzes kann jetzt für ein Jahr für öffentliche Angebote weiterer Papiere dieser Gattung genutzt werden:[451] Offenbar geht § 12 Abs. 3 WpPG davon aus, dass die letzten beiden Dokumente gebilligt werden und das erste Dokument auch ohne nochmalige „End"-Billigung prozedural „gleichwertig" bleibt, wenn es im Wichtigen stets auf dem neuesten Stand gehalten wurde (und die Änderungen dabei jeweils gebilligt wurden). Dass dann kleinere Änderungen auftraten, wird dann als für die Billigung/Gültigkeit unerheblich eingestuft.

---

448 Ebenso *Groß* Kapitalmarktrecht, § 9 WpPG Rn 1; *Heidelbach/Preuße* BKR 2012, 397 (401); Holzborn/*Ebermann* § 9 Rn 7; *Lawall/Maier* DB 2012, 2503 (2503).

449 Ebenso Holzborn/*Ebermann* § 9 Rn 9.

450 Näher zu den Fällen, in denen von solch einer Unterbrechung auszugehen ist Holzborn/*Ebermann* § 9 Rn 12 aA Schwark/Zimmer/*Heidelbach* § 9 Rn 6 (Frist für Gültigkeit beginnt mit Veröffentlichung des letzten Prospektteils).

451 Näher (auch dazu, dass dies nur gilt, wenn insoweit die nötigen Nachträge erfolgten) *Singhof* in: Berrar (u.a.) Frankfurter Kommentar § 9 Rn 9 f.; Holzborn/*Ebermann* § 9 Rn 12; Just/Voß/Ritz/Zeising/*Friedl/Ritz* § 9 Rn 22–26; *Lawall/Maier* DB 2012, 2503 (2504).

IV. § 11, 12 WpPG: Zusammenstellung aus mehreren Dokumenten 143

§ 11 Angaben in Form eines Verweises

(1) Der Prospekt kann Angaben in Form eines Verweises auf eines oder mehrere zuvor oder gleichzeitig veröffentlichte oder der Öffentlichkeit zur Verfügung gestellte Dokumente enthalten,

1. die nach diesem Gesetz von der Bundesanstalt gebilligt oder bei ihr hinterlegt wurden, oder
2. deren Veröffentlichung der Bundesanstalt nach § 2b Absatz 1, § 15 Absatz 1 oder Absatz 2, § 26 Absatz 2, den §§ 26a, 29a Absatz 2, § 30e Absatz 1, § 30f Absatz 2 des Wertpapierhandelsgesetzes, jeweils auch in Verbindung mit der Wertpapierhandelsanzeige- und Insiderverzeichnisverordnung, mitgeteilt worden ist, oder
3. deren öffentliches Zurverfügungstellen der Bundesanstalt nach § 37v Absatz 1, § 37w Absatz 1, § 37x Absatz 2, § 37y oder § 37z des Wertpapierhandelsgesetzes, jeweils auch in Verbindung mit der Wertpapierhandelsanzeige- und Insiderverzeichnisverordnung, mitgeteilt worden ist.

Der Prospekt kann auch Angaben in Form eines Verweises auf ein oder mehrere zuvor oder gleichzeitig veröffentlichte Dokumente enthalten, die nach den in anderen Staaten des Europäischen Wirtschaftsraums zur Umsetzung der Richtlinie 2003/71/EG des Europäischen Parlaments und des Rates vom 4. November 2003 betreffend den Prospekt, der beim öffentlichen Angebot von Wertpapieren oder bei deren Zulassung zum Handel zu veröffentlichen ist, und zur Änderung der Richtlinie 2001/34/EG (ABl. L 345 vom 31.12.2003, S. 64) in der jeweils geltenden Fassung oder zur Umsetzung der Richtlinie 2004/109/EG des Europäischen Parlaments und des Rates vom 15. Dezember 2004 zur Harmonisierung der Transparenzanforderungen in Bezug auf Informationen über Emittenten, deren Wertpapiere zum Handel auf einem geregelten Markt zugelassen sind, und zur Änderung der Richtlinie 2001/34/EG (ABl. L 390 vom 31.12.2004, S. 38) in der jeweils geltenden Fassung erlassenen Vorschriften von der zuständigen Behörde gebilligt oder bei ihr hinterlegt wurden. Dabei muss es sich um die aktuellsten Angaben handeln, die dem Emittenten zur Verfügung stehen. Die Zusammenfassung darf keine Angaben in Form eines Verweises enthalten.

(2) Werden Angaben in Form eines Verweises aufgenommen, muss der Prospekt eine Liste enthalten, die angibt, an welchen Stellen Angaben im Wege des Verweises in den Prospekt aufgenommen worden sind, um welche Angaben es sich handelt und wo die im Wege des Verweises einbezogenen Angaben veröffentlicht sind.

§ 12 Prospekt aus einem oder mehreren Einzeldokumenten

(1) Der Prospekt kann als ein einziges Dokument oder in mehreren Einzeldokumenten erstellt werden. Besteht ein Prospekt aus mehreren Einzeldokumenten, so sind die geforderten Angaben auf ein Registrierungsformular, eine Wertpapierbeschreibung und eine Zusammenfassung aufzuteilen. Das Registrierungsformular muss die Angaben zum Emittenten enthalten. Die Wertpapierbeschreibung muss die Angaben zu den Wertpapieren, die öffentlich angeboten oder zum Handel an einem organisierten Markt zugelassen werden sollen, enthalten. Für die Zusammenfassung gilt § 5 Absatz 2 bis 2b.

(2) Ein Emittent, dessen Registrierungsformular bereits von der Bundesanstalt gebilligt wurde, ist zur Erstellung der Wertpapierbeschreibung und der Zusammenfassung verpflichtet, wenn die Wertpapiere öffentlich angeboten oder zum Handel an einem organisierten Markt zugelassen werden.

(3) Im Fall des Absatzes 2 muss die Wertpapierbeschreibung die Angaben enthalten, die im Registrierungsformular enthalten sein müssen, wenn es seit der Billigung des letzten aktualisierten Registrierungsformulars zu erheblichen Veränderungen oder neuen Ent-

wicklungen gekommen ist, die sich auf die Beurteilung durch das Publikum auswirken könnten. Satz 1 ist nicht anzuwenden, wenn das Registrierungsformular wegen dieser neuen Umstände bereits nach § 16 aktualisiert worden ist. Die Wertpapierbeschreibung und die Zusammenfassung werden von der Bundesanstalt gesondert gebilligt.

(4) Hat ein Emittent nur ein nicht gebilligtes Registrierungsformular hinterlegt, so bedürfen alle Dokumente der Billigung der Bundesanstalt.

144 **1. Angaben in Form eines Verweises (§ 11 WpPG).** Die Integration anderer Dokumente durch Verweis, die international schon länger üblich war, sich in Deutschland jedoch erst mit Umsetzung der Allgemeinen EG-Prospekt-Richtlinie durchsetzte,[452] soll zwar die **Prospekterstellung erleichtern, jedoch keinerlei Abstriche** bei Mindestangaben oder auch Haftung bringen[453] (und auch nicht bei Handhabbarkeit, nächste Rn). Daher ist auch der Prospekt insgesamt so zu billigen, als handelte es sich um Bestandteile im Prospektdokument selbst – weswegen nur Veröffentlichung oder Zugänglichmachung derjenigen Dokumente vorgesehen ist, auf die verwiesen wird, nicht notwendig Billigung.[454] Vielmehr genügt auch – schon nach Art. 11 der Allgemeinen EG-Prospekt-Richtlinie – bloße Hinterlegung, was der deutsche Gesetzgeber auch bei Finanzberichten und den sonstigen Dokumenten in §§ 37v ff. WpHG annahm.[455] Es gilt ein numerus clausus derjenigen Dokumente, auf die solchermaßen Bezug genommen werden darf, aber auch der Veröffentlichungsformen bzw. Formen der Zugänglichmachung und auch der Hinterlegung bei der BaFin.[456] Bezugnahme ist daher bei allen Dokumenten möglich, die selbst bereits von der BaFin gebilligt oder nach den Regeln des WpPG bei ihr hinterlegt wurden (Nr. 1).[457] Gleiches gilt für Dokumente, deren Veröffentlichung bzw. Mitteilung im WpHG vorgesehen wird, hier freilich nur solche zur Beteiligungstransparenz (näher Nr. 2) und zu Finanzberichten nach §§ 37v bis 37z WpHG (näher Nr. 3). Eine **Anerkennungsregel für ausländische Umsetzungen** von Art. 11 der Allgemeinen EF-Prospekt-Richtlinien (und der EG-Transparenz-Richtlinie) enthält Abs. 1 S. 2.

145 Um **keinerlei Abstriche beim Anlegerschutz** zu machen, werden ausdrücklich die **aktuellsten Angaben** vorgeschrieben (Abs. 1 S. 3) und eine möglichst leicht handbare Aufbereitung der Dokumente: dass alle in Bezug genommenen Dokumente (mit den dort behandelten Themen) sowie ihre Fundstellen (die Stelle im Prospekt und der Veröffentlichungsort) **aufgelistet** werden (Abs. 2), aber auch, der Fluss und die Knappheit der Zusammenfassung nicht durch Verweise unterbrochen bzw. konterkariert werden darf (Abs. 1 S. 4).

2. Prospekt in mehreren Einzeldokumenten (§ 12 WpPG)

146 **a) Aufteilungsmöglichkeit und Anforderungen (insbes. Abs. 1).** Ein Prospekt kann – unabhängig von der Möglichkeit, Basisprospekte zu erstellen (§ 6 WpPG) – in mehreren

[452] Näher Assmann/Schlitt/von Kopp-Colomb/*von Ilberg* § 11 Rn 3–5; *Groß* Kapitalmarktrecht, § 11 WpPG Rn 1 f.; Holzborn/*Klöckner/Assion* § 11 Rn 1; Kümpel/Wittig/*Oulds*, Rn 15.155.

[453] Näher Holzborn/*Klöckner/Assion* § 11 Rn 3; Just/Voß/Ritz/Zeising/*Friedl* § 11 Rn 8.

[454] Näher Holzborn/*Klöckner/Assion* § 11 Rn 15 f.; Just/Voß/Ritz/Zeising/*Friedl* § 11 Rn 15.

[455] Näher (insbes. auch zu den Vorgaben richtlinienkonformer Auslegung und zur Frage, ob jedenfalls Einstellung auf der eigenen Homepage geschuldet): KölnKommWpHG/*Mock* § 37v Rn 71–73 (auch zu den Pflichten in §§ 37w Abs. 1, 37x WpHG).

[456] Für eine Auflistung der Fälle vgl. *Groß* Kapitalmarktrecht, § 11 WpPG Rn 5; Holzborn/*Klöckner/Assion* § 11 Rn 5–8; Just/Voß/Ritz/Zeising/*Friedl* § 11 Rn 38.

[457] Näher Holzborn/*Klöckner/Assion* § 11 Rn 9–12.

Einzeldokumenten erstellt werden (§ 12 Abs. 1 WpPG), freilich nur in einer festgelegten Form der Aufteilung: Werden mehrere Einzeldokumente erstellt, so sind die geforderten Angaben auf ein Registrierungsformular (Angaben über den Emittenten), eine Wertpapierbeschreibung (Angaben über die Wertpapiere) und die Zusammenfassung aufzuteilen (§ 12 Abs. 1 S. 2 WpPG). Aus S. 3, 4 und 5 ergibt sich, dass die Gehalte der einzelnen Teile – Registrierungsformular, Wertpapierbeschreibung und Zusammenfassung (§ 5 Abs. 2–2b WpPG) – **genau denen bei** einem Prospekt entsprechen müssen, der aus einem **Einzeldokument** besteht.[458] Dies gilt hier nicht nur für die Inhalte, sondern allgemein für alle Kautelen (vorige Fn) und – wie sich aus Abs. 2–4 ergibt – namentlich umfassend auch für die Billigung, die für jeden der drei Teile unverzichtbar ist.[459] Letzteres steht im Gegensatz zu den endgültigen Bedingungen beim Basisprospekt (oben Rn 128). Anders als beim Basisprospekt wird die Aufteilung daher auch von keinerlei weiteren Voraussetzungen abhängig gemacht (Angebotsprogramm, dauernde oder wiederholte Emission, oben Rn 125). Beim Prospekt aus Einzeldokumenten handelt es sich also um einen gänzlich gleich zu behandelnden Prospekt, bei dem sich wegen der Streckung des Erstellungstatbestandes nur die Frage nach Änderungen während des Zeitablaufes und der Gültigkeitsdauer verschärft und ggf. modifiziert stellt (unten Rn 149 und oben Rn 141).

b) **Vervollständigung, Fortschreibung und Billigung (Abs. 2–4).** Eine **Pflicht zur Vervollständigung** sieht § 12 WpPG nicht innerhalb eines bestimmten Zeitraums vor, insbes. auch nicht in Absatz 2.[460] Der Prospektpflichtige riskiert nur, dass ein bereits gebilligtes Einzeldokument durch Zeitablauf seine Gültigkeit verliert (vgl. § 9 WpPG) oder unrichtig wird und daher Nachträge notwendig werden (§ 16 WpPG und § 12 Abs. 3 WpPG, nächste Rn). Freilich wird der Prospekt in Einzeldokumenten auch nicht gegenüber dem Einzeldokument privilegiert, weswegen Absatz 2 klarstellt, dass die noch fehlenden Teile erstellt werden müssen, **bevor Maßnahmen zur Vermarktung** – als öffentliches Angebot (oben Rn 141) – ergriffen werden dürfen oder eine Zulassung zu einem organisierten Markt erfolgen darf, und Abs. 3 S. 3, dass beide noch hinzukommenden Teile auch gesondert gebilligt werden müssen.[461] Allgemeiner gilt für beide hinzukommenden Einzeldokumente, dass für sie alle prospektrechtlichen Voraussetzungen erfüllt sein müssen, einschließlich Veröffentlichung.[462] **147**

Eine **Pflicht zur Fortschreibung des Registrierungsformulars** sieht Abs. 3 S. 1 spätestens zu dem Zeitpunkt vor, zu dem die anderen beiden Dokumente hinzukommen sollen, der Prospekt also so komplettiert werden soll, dass der Emittent/Anbieter damit an den Markt gehen kann – dies unter der Voraussetzung, dass **erhebliche Änderungen oder neue Entwicklungen im Hinblick auf den Emittenten** (Gegenstand des Registrierungsformulars) vorliegen.[463] Da solch eine Marktinanspruchnahme vorher nicht möglich ist (und auch keine dahingehende Anordnung zu finden ist), wird man solch eine Pflicht noch nicht schon annehmen können, wenn zwar das Registrierungsformular bereits gebilligt wurde und auch entsprechende Änderungen zu konstatieren sind, der Anbieter/Emittent jedoch **148**

---

458 *Groß* Kapitalmarktrecht, § 12 WpPG Rn 3; *Singhof* in: Berrar (u.a.) Frankfurter Kommentar § 12 Rn 5 f.; Holzborn/*Holzborn* § 12 Rn 1 f.; Just/Voß/Ritz/Zeising/*Friedl* § 12 Rn 7; Schwark/Zimmer/*Heidelbach* § 12 WpPG Rn 7.

459 *Groß* Kapitalmarktrecht, § 12 WpPG Rn 3; *Singhof* in: Berrar (u.a.) Frankfurter Kommentar § 12 Rn 13; Holzborn/*Holzborn* § 12 Rn 2.

460 Ebenso *Groß* Kapitalmarktrecht, § 12 WpPG Rn 4; *Singhof* in: Berrar (u.a.) Frankfurter Kommentar § 12 Rn 18.

461 Vgl. hierzu näher Nachw. oben Fn 444.

462 Ebenso *Groß* Kapitalmarktrecht, § 12 WpPG Rn 3; Holzborn/*Holzborn* § 12 Rn 1; Just/Voß/Ritz/Zeising/*Friedl* § 12 Rn 11–15.

463 Zu den parallelen Tatbestandsmerkmalen in § 16 WpPG Holzborn/*Rauch* § 16 Rn 4–15; *Friedl/Ritz* in Just/Voß/Ritz/Zeising § 16 Rn 23–34.

die anderen beiden Einzeldokumente derzeit noch nicht erstellt. Ihm ist zu diesem Zeitpunkt jedoch der Nachtragsmechanismus nach § 16 WpPG bereits eröffnet (mit Billigung), wie Abs. 3 S. 2 ausdrücklich klarstellt. Wenn er dann die anderen beiden Dokumente erstellen will, muss er entweder nach § 16 WpPG vorgegangen sein oder kann er – alternativ – einen vergleichbaren „Nachtrag" in der jetzt zu billigenden Wertpapierbeschreibung mit einfügen (Abs. 3 S. 1).

149 **Jeder der drei Teile bedarf** bei Aufgliederung **eigenständig der Billigung.** Für den Fall, dass das – regelmäßig zuerst erstellte – Registrierungsformular nicht gebilligt wurde, schreibt dies Abs. 4 unmissverständlich vor, und für die anderen beiden Einzeldokumente statuiert gleiches bereits Abs. 3 S. 3. Die **Gültigkeit** – als den letzten zentralen Aspekt – bei der sukzessiven Prospekterstellung regelt § 9 WpPG – wo dann auch gewisse Andeutungen, die sich in § 12 Abs. 3 WpPG zu dieser Frage finden, mitbehandelt wurden (vgl. daher insgesamt dort, oben Rn 140–142).

D. Billigung, Hinterlegung und Veröffentlichung des Prospekts, Werbung und Nachtragspflicht (§§ 13–16 WpPG)

Übersicht

	Rn
I. § 13 WpPG: Billigung	150
1. Funktion und Inhalt der Prüfung (Abs. 1)	151
2. Prozess und Mitteilung der Billigung (Abs. 2, 3)	153
3. Bekanntmachung der gebilligten Prospekte (Abs. 4, 5)	154
II. § 14 WpPG: Veröffentlichungs-, Aushändigungs- und Hinterlegungspflicht	155
1. Hinterlegungs- und Veröffentlichungspflicht (Abs. 1)	156
2. Veröffentlichungs- und Bereitstellungsformen (Abs. 2 und 5)	158
3. Sonstige Regelungen (Abs. 3, 4 und 6)	159
III. § 15 WpPG: Grundregeln jeglicher Werbung	160
1. Werbung und Pflichtprospekt (Abs. 1–4)	162
a) Werbung	162
b) Verhältnis zum Pflichtprospekt (Abs. 2–4)	163
2. Wesentliche Information, insbes. jenseits einer Prospektpflicht (Abs. 5)	164
3. Aussetzung der Werbung (Abs. 6)	165
IV. § 16 WpPG: Nachtragspflicht	166
1. Nachtragspflicht – Tatbestand (Abs. 1 S. 1 und 2)	167
a) Ziele und Gründe (S. 1)	167
b) Pflichtenadressat (S. 2)	168
c) Verhältnis zu anderen Formen von Korrektur und Aktualisierung	169
2. Billigung, Veröffentlichung und Eintragung (Abs. 1 S. 3 und 4, Abs. 2)	170
3. Widerruf (Abs. 3)	171

150 I. § 13 WpPG: Billigung

Abschnitt 3
Billigung und Veröffentlichung des Prospekts

§ 13 Billigung des Prospekts

(1) Ein Prospekt darf vor seiner Billigung nicht veröffentlicht werden. Die Bundesanstalt entscheidet über die Billigung nach Abschluss einer Vollständigkeitsprüfung des Prospekts einschließlich einer Prüfung der Kohärenz und Verständlichkeit der vorgelegten Informationen.

(2) Die Bundesanstalt teilt dem Anbieter oder dem Zulassungsantragsteller innerhalb von zehn Werktagen nach Eingang des Prospekts ihre Entscheidung mit, unterrichtet im

Fall der Billigung gleichzeitig die Europäische Wertpapier- und Marktaufsichtsbehörde und übermittelt dieser gleichzeitig eine Kopie des Prospekts. Die Frist beträgt 20 Werktage, wenn das öffentliche Angebot Wertpapiere eines Emittenten betrifft, dessen Wertpapiere noch nicht zum Handel an einem in einem Staat des Europäischen Wirtschaftsraums gelegenen organisierten Markt zugelassen sind und der Emittent zuvor keine Wertpapiere öffentlich angeboten hat.

(3) Hat die Bundesanstalt Anhaltspunkte, dass der Prospekt unvollständig ist oder es ergänzender Informationen bedarf, so gelten die in Absatz 2 genannten Fristen erst ab dem Zeitpunkt, an dem diese Informationen eingehen. Die Bundesanstalt soll den Anbieter oder Zulassungsantragsteller hierüber innerhalb von zehn Werktagen ab Eingang des Prospekts unterrichten.

(4) Die Bundesanstalt macht die gebilligten Prospekte auf ihrer Internetseite für jeweils zwölf Monate zugänglich.

(5) Der zu billigende Prospekt einschließlich der Übersetzung der Zusammenfassung ist der Bundesanstalt sowohl in Papierform als auch elektronisch über das Melde- und Veröffentlichungssystem der Bundesanstalt oder auf einem Datenträger zu übermitteln.

1. Funktion und Inhalt der Prüfung (Abs. 1). Ohne Billigung darf der Prospekt nicht **151**
veröffentlicht werden (S. 1) – und ohne Veröffentlichung des Prospekts kein öffentliches Angebot ergehen (§ 3 Abs. 1 WpPG; keine Vermarktungsmaßnahmen, vgl. näher oben Rn 101–103) und keine Zulassung zu einem organisierten Markt erteilt werden (§ 3 Abs. 4 WpPG). Das Billigungserfordernis des § 13 Abs. 1 S. 1 WpPG hat also zum Ziel, den **Marktzutritt** – den Zutritt von Wertpapieren zu organisierten Märkten (näher zu diesem Zuschnitt des geschützten Kapitalmarktes oben 5. Teil Rn 67) – **von einer vorherigen behördlichen Prüfung des Prospektes abhängig** zu machen[464] – denn es handelt sich um das wichtigste Informationsinstrument zu diesem Zeitpunkt. Die BaFin als zuständige Behörde fungiert also als erster „Gatekeeper" (zu diesem Konzept oben 5. Teil Rn 47).

Freilich ist die **Prüfung nicht allumfassend**, sie beschränkt sich zunächst auf eine **Voll- 152**
ständigkeitsprüfung. Diese bedeutet jedoch gerade keine inhaltliche **Richtigkeitsprüfung**, eine solche wird grundsätzlich nicht vorgenommen.[465] Insbesondere hat die BaFin nicht die Ressourcen, aber auch grds. nicht das Mandat, Tatsachen zu eruieren oder zu überprüfen,[466] was jedoch umgekehrt nicht ausschließt, dass sie unplausiblen Behauptungen nachgehen kann. Mit der **Prüfung der „Kohärenz und Verständlichkeit"** soll der Aufsicht dreierlei jedoch gestattet – und auch von ihr gefordert – sein: Zweifeln, auch Zweifeln im Faktischen, nachzugehen, die sich bereits aus dem Prospekt in seinem Zusammenhang her ergeben;[467] Widersprüche aufzudecken und Änderungen anzumahnen;[468] auf möglichst

[464] So die Funktionsumschreibung auch etwa bei *Meyer* in: Berrar (u.a.) Frankfurter Kommentar § 13 Rn 3; *Ritz/Voß* in: Just/Voß/Ritz/Zeising § 13 Rn 7 f.; Holzborn/*Preuße* WpPG § 13 Rn 2.

[465] Begründung des RegE Prospektrichtlinie-Umsetzungsgesetz, BT-Drucks. 15/4999, S. 25, 34; Assmann/Schlitt/*von Kopp-Colomb*, § 13 Rn. 9 f.; *Buck-Heeb* Kapitalmarktrecht § 4 Rn 183.

[466] *Ritz/Voß* in: Just/Voß/Ritz/Zeising § 13 Rn 42 (für das Beispiel Finanzinformationen); vgl. auch *Groß* Kapitalmarktrecht, § 13 WpPG Rn 8; Assmann/Schlitt/*v. Kopp-Colomb* § 13 WpPG Rn 11.

[467] *Groß* Kapitalmarktrecht, § 13 WpPG Rn 8; *Ritz/Voß* in: Just/Voß/Ritz/Zeising § 13 Rn 42 (aber angesichts des knappen Prüfungszeitraums Beschränkung auf offensichtliche Widersprüche).

[468] *Berrar* (u.a.) Frankfurter Kommentar § 13 WpPG Rn 12 f. (dritter Spiegelstrich); *Groß* Kapitalmarktrecht, § 13 WpPG Rn 8.

gute Analysierbarkeit und Verständlichkeit des Prospektes hinzuwirken.[469] Zu all dem gehört auch, dass Risikowarnungen so formuliert sind, dass sie nicht wieder relativiert werden,[470] weil bei solch einer Formulierung die erhebliche Gefahr besteht, dass die Warnung von einer Reihe von Anlegern nicht mehr hinreichend ernst genommen wird.

153 **2. Prozess und Mitteilung der Billigung (Abs. 2, 3).** Die **Bearbeitungsfrist** ab Eingang des vollständigen Prospektentwurfs beträgt 10 Arbeitstage (Abs. 2 S. 1). Wurde bisher noch kein Prospekt für irgendeinen Markt im EWR erstellt – der Gesetzestext stellt darauf ab, dass noch kein öffentliches Angebot und keine Zulassung im EWR erfolgte –,[471] so ist der Arbeitsaufwand entsprechend höher und beträgt die Bearbeitungsfrist daher 20 Arbeitstage (Abs. 2 S. 2). Wird der Prospekt gebilligt, so teilt die BaFin dies auch der ESMA mit (Abs. 2 S. 1 a.E.). Eine **Billigung muss und darf freilich nur erteilt werden** bei „vollständigem“ und in „Kohärenz und Verständlichkeit“ hinreichendem Prospektentwurf[472] (der zudem formal richtig eingereicht wurde, unten Rn 154). Andernfalls hat die BaFin das Recht und auch die Pflicht, **zusätzliche Informationen einzuholen** (Abs. 3),[473] diese Anfrage ist wiederum innerhalb von 10 Werktagen zu stellen (Abs. 3 S. 2) – die Billigungsfrist läuft dann wieder ab Eingang der Information (Abs. 3 S. 1). Die Nachfrage kann nötigenfalls auch wiederholt werden, wohl mit den gleichen Fristen.[474]

154 **3. Bekanntmachung der gebilligten Prospekte (Abs. 4, 5).** Die **BaFin** hält die gebilligten Prospekte auf ihrer **Internetseite** für den Gültigkeitszeitraum (§ 9 WpPG) von 12 Monaten zugänglich (Abs. 4) – desgleichen die **ESMA** zum auch grenzüberschreitenden Gebrauch.[475] Um dies zu ermöglichen – oder jedenfalls sehr zu erleichtern – muss schon die Prospekteinreichung nicht nur in Papierform, sondern zusätzlich auch elektronisch erfolgen (Abs. 5).

---

469 Assmann/Schlitt/*v. Kopp-Colomb* § 13 Rn 13; *Ritz/Voß* in: Just/Voß/Ritz/Zeising/Ritz/Voß § 13 Rn 46 Holzborn/*Preuße* § 13 Rn 20; *Berrar* (u.a.) Frankfurter Kommentar § 13 WpPG Rn 12 (zweiter Spiegelstrich); Schwark/Zimmer/*Heidelbach* § 13 WpPG Rn 12.

470 Holzborn/*Alfes/Wieneke* Anhang I EU-Prospekt-VO Rn 18; *Fingerhut/Voß* in Just/Voß/Ritz/Zeising Anhang I EU-Prospekt-VO Rn 79.

471 Für das Kriterium dass bisher jeglicher Prospekt fehlt (auch etwa, wenn bei einer früheren Emission Ausnahmen eingriffen) ebenfalls *Kullmann/Sester* Das Wertpapierprospektgesetz (WpPG), WM 2005, 1068 (1073); *Grunewald/Schlitt* § 11 V 2., § 11 Rn 114; *Berrar* (u.a.) Frankfurter Kommentar § 13 Rn 35; Holzborn/*Preuße* § 13 Rn 20.

472 Dazu, dass auch eine Ablehnungs*pflicht* besteht (und zu Verletzungsfolgen): RegE Prospektrichtlinie-Umsetzungsgesetz, BT-Drucks. 15/4999, S. 35; Holzborn/*Preuße* WpPG § 13 Rn 30; vgl. auch *Ritz/Voß* in: Just/Voß/Ritz/Zeising/Ritz/Voß § 13 Rn 53.

473 Dazu, dass auch insoweit eine *Pflicht* besteht: nur *Müller* § 13 WpPG Rn 5; vgl. insbesondere zur Nachforderung einer Querverweisliste als ergänzende Information (aber nicht als Pflicht): *Ritz/Voß* in: Just/Voß/Ritz/Zeising/Ritz/Voß § 13 Rn 52.

474 Ebenso *Berrar* (u.a.) Frankfurter Kommentar § 13 Rn 41 (vierter Spiegelstrich); differenziert zur stets neu laufenden Frist Schwark/Zimmer/*Heidelbach* § 13 WpPG Rn 13; kritischer *Groß* Kapitalmarktrecht, § 13 WpPG Rn 10.

475 Vgl. für die BaFin: https://portal.mvp.bafin.de/database/VPInfo/index3.jsp und für die ESMA: https://registers.esma.europa.eu/publication/searchProspectus; statistische Gesamtübersicht für das Jahr 2015 („Report on EEA Prospectus Activity in 2015“): https://www.esma.europa.eu/sites/default/files/library/2016-1170_report_eea_prospectus_activity_2015.pdf; vgl. näher: Holzborn/*Preuße* § 13 Rn 31; *Müller* § 13 WpPG Rn 4, 6.

II. § 14 WpPG: Veröffentlichungs-, Aushändigungs- und Hinterlegungspflicht 155

§ 14 Hinterlegung und Veröffentlichung des Prospekts

(1) Nach seiner Billigung hat der Anbieter oder Zulassungsantragsteller den Prospekt bei der Bundesanstalt zu hinterlegen und unverzüglich, spätestens einen Werktag vor Beginn des öffentlichen Angebots, nach Absatz 2 zu veröffentlichen. Werden die Wertpapiere ohne öffentliches Angebot in den Handel an einem organisierten Markt eingeführt, ist Satz 1 mit der Maßgabe entsprechend anzuwenden, dass für den Zeitpunkt der spätesten Veröffentlichung anstelle des Beginns des öffentlichen Angebots die Einführung der Wertpapiere maßgebend ist. Findet vor der Einführung der Wertpapiere ein Handel von Bezugsrechten im organisierten Markt statt, muss der Prospekt mindestens einen Werktag vor dem Beginn dieses Handels veröffentlicht werden. Im Falle eines ersten öffentlichen Angebots einer Gattung von Aktien, für die der Emittent noch keine Zulassung zum Handel an einem organisierten Markt erhalten hat, muss die Frist zwischen dem Zeitpunkt der Veröffentlichung des Prospekts nach Satz 1 und dem Abschluss des Angebots mindestens sechs Werktage betragen.

(2) Der Prospekt ist zu veröffentlichen
1. in einer oder mehreren Wirtschafts- oder Tageszeitungen, die in den Staaten des Europäischen Wirtschaftsraums, in denen das öffentliche Angebot unterbreitet oder die Zulassung zum Handel angestrebt wird, weit verbreitet sind,
2. indem der Prospekt in gedruckter Form zur kostenlosen Ausgabe an das Publikum bereitgehalten wird
   a) bei den zuständigen Stellen des organisierten Marktes, an dem die Wertpapiere zum Handel zugelassen werden sollen,
   b) beim Emittenten,
   c) bei den Instituten im Sinne des § 1 Abs. 1b des Kreditwesengesetzes oder den nach § 53 Abs. 1 Satz 1 oder § 53b Abs. 1 Satz 1 des Kreditwesengesetzes tätigen Unternehmen, die die Wertpapiere platzieren oder verkaufen, oder
   d) bei den Zahlstellen,
3. auf der Internetseite
   a) des Emittenten,
   b) der Institute im Sinne des § 1 Abs. 1b des Kreditwesengesetzes oder der nach § 53 Abs. 1 Satz 1 oder § 53b Abs. 1 Satz 1 des Kreditwesengesetzes tätigen Unternehmen, die die Wertpapiere platzieren oder verkaufen, oder
   c) der Zahlstellen oder
4. auf der Internetseite des organisierten Marktes, für den die Zulassung zum Handel beantragt wurde.

Sofern der Prospekt nach Nummer 1 oder Nummer 2 veröffentlicht wird, ist er zusätzlich nach Nummer 3 zu veröffentlichen. Die Bereitstellung nach den Nummern 2, 3 und 4 muss mindestens bis zum endgültigen Schluss des öffentlichen Angebotes oder, falls diese später erfolgt, bis zur Einführung in den Handel an einem organisierten Markt andauern.

(3) Der Anbieter oder der Zulassungsantragsteller hat der Bundesanstalt Datum und Ort der Veröffentlichung des Prospekts unverzüglich schriftlich mitzuteilen.

(4) Wird der Prospekt in mehreren Einzeldokumenten erstellt oder enthält er Angaben in Form eines Verweises, können die den Prospekt bildenden Dokumente und Angaben ge-

trennt in einer der in Absatz 2 genannten Art und Weise veröffentlicht werden. In jedem Einzeldokument ist anzugeben, wo die anderen Einzeldokumente erhältlich sind, die zusammen mit diesem den vollständigen Prospekt bilden.

(5) Wird der Prospekt im Internet veröffentlicht, so muss dem Anleger vom Anbieter, vom Zulassungsantragsteller oder von den Instituten im Sinne des § 1 Abs. 1b des Kreditwesengesetzes oder den nach § 53 Abs. 1 Satz 1 oder § 53b Abs. 1 Satz 1 des Kreditwesengesetzes tätigen Unternehmen, die die Wertpapiere platzieren oder verkaufen, auf Verlangen eine Papierversion kostenlos zur Verfügung gestellt werden.

(6) Der hinterlegte Prospekt wird von der Bundesanstalt zehn Jahre aufbewahrt. Die Aufbewahrungsfrist beginnt mit dem Schluss des Kalenderjahres, in dem der Prospekt hinterlegt worden ist.

156 **1. Hinterlegungs- und Veröffentlichungspflicht (Abs. 1).** Das WpPG hat auch die Veröffentlichungspflicht für alle drei Marksegmente einheitlich geregelt (§ 14 WpPG). Für den grauen Kapitalmarkt ergibt sie sich aus §§ 164, 268 KAGB, §§ 9–11 VermAnlG. Neben die Veröffentlichungspflichten treten im deutschen und Europäischen Recht zwar Pflichten zur Hinterlegung (§ 14 WpPG bzw. § 14 VermAnlG), nicht jedoch Pflichten zur unaufgeforderten Aushändigung bei jeder Transaktion,[476] wohl jedoch zum Bereithalten. Einzelheiten spezifizieren Art. 29–33 der EU-Prospekt-VO (oben Rn 128).

157 In Abs. 1 ist vor allem die **zeitliche Abfolge** geregelt: Auf die Billigung durch die BaFin folgt die Hinterlegung bei der BaFin, in der Praxis schlicht, indem der letzte eingereichte und unterzeichnete Prospektentwurf zum Hinterlegungsexemplar erklärt wird.[477] Auf die Hinterlegung folgt die Veröffentlichung. Den **Zeitpunkt der Veröffentlichung** legt § 14 WpPG einerseits dahingehend fest, dass sie unverzüglich zu erfolgen hat, wobei die Richtlinie mit der Formulierung „so bald wie praktisch möglich" wohl auf Marktüblichkeit, auch ohne Verschulden, abstellt. Wichtiger ist jedoch andererseits, dass die **Einführung bzw. das öffentliche Angebot der Wertpapiere erst am Werktag nach Veröffentlichung** erfolgen darf. Für die Erstzulassung einer neuen Gattung von Aktien, die bisher noch nicht Gegenstand eines Prospekts war, verlangt § 14 Abs. 1 S. 4 WpPG sechs Werktage Vorlaufzeit, um eine bessere Prüfung des (neuen und komplexen) Angebots und entsprechende Informationsverarbeitung durch die interessierten Kreise zu ermöglichen. Während früher insbesondere beim bloßen Zulassungsprospekt die Zeichnung der Papiere vielfach früher erfolgte,[478] ist diese Lücke im Anlegerschutz seit 1998 und dann mit dem WpPG geschlossen: Seit Klarstellung in § 9 Abs. 1 VerkProspG aF, jetzt § 14 Abs. 1 S. 2 WpPG ist die Veröffentlichung eines Verkaufsprospekts spätestens einen Werktag (vor 1998 drei Werktage) vor jedem öffentlichen Angebot und auch der bloßen Zulassung/Einbeziehung in einem der genannten Börsenmärkte vorgeschrieben. Es wird auch die Umgehungsmöglichkeit ausgeschlossen, dass über einen Bezugsrechtehandel de facto bereits Bindungen möglich sind: Auch dieser darf erst einen Tag nach Veröffentlichung eröffnet werden (S. 3).

---

[476] Im Gegensatz dazu statuiert Sec. 5 (b) (2) Securities Act (1933) prospectus delivery requirements; dazu eingehend: *Assmann,* Prospekthaftung, S. 106–108; sowie rechtsvergleichend: *Wiegel,* Prospektrichtlinie, S. 348, 350 f. Ähnlich für den Sonderfall Investmentfonds: § 297 KAGB.

[477] *Groß* Kapitalmarktrecht, § 14 WpPG Rn 2; *Ritz/Voß* in: Just/Voß/Ritz/Zeising § 14 Rn 10 ff.; *Berrar* in: Berrar (u.a.) Frankfurter Kommentar § 14 Rn 10; Assmann/Schlitt/von Kopp-Colomb/*Kunold* § 14 Rn 5.

[478] Vgl. *Assmann/Schütze/v. Rosen,* Handbuch, 1. Aufl., 1990, § 2 Rn 156.

2. Veröffentlichungs- und Bereitstellungsformen (Abs. 2 und 5). Die Form der Veröffentlichung war bereits seit dem Zweiten Finanzmarktförderungsgesetz 1994 (mit seinen Änderungen des BörsG und VerkProspG) weitgehend marktsegmentunabhängig geregelt (vgl. 3. Aufl.), seit 1.7.2005 hat das WpPG sie für alle drei Marktsegmente gänzlich einheitlich geregelt (§ 14 Abs. 2 WpPG). **Vier Alternativen** werden aufgelistet und stehen – scheinbar – frei zur **Wahl:**[479] 1. die Veröffentlichung in einer oder mehreren geeigneten Wirtschafts- oder Tageszeitungen, 2. die kostenlose Ausgabe des Prospekts an das Publikum bei bestimmten Stellen, 3. die Veröffentlichung auf Internetseiten des Emittenten, der platzierenden oder verkaufenden Banken oder der Zahlstelle sowie 4. die Veröffentlichung auf Internetseiten des organisierten Marktes, für den die Zulassung beantragt wurde. Im Ergebnis freilich wird keineswegs gänzliche Wahlfreiheit gewährt, sondern de facto dem Emittenten die **Bereitstellung kumulativ mit einem Printmedium und die Veröffentlichung im Internet** auferlegt: Denn wählt er den Weg des Printmediums (1. oder 2.), so sieht Abs. 2 S. 2 zusätzlich die Pflicht zur Veröffentlichung im Internet vor. Und wird der Prospekt im Internet veröffentlicht, muss dem Anleger auf Verlangen eine Papierversion kostenlos zur Verfügung gestellt werden (§ 14 Abs. 5 WpPG).[480] Insgesamt wird jeder Anlegertyp „bedient“, derjenige, der den Prospekt dauerhaft gedruckt verfügbar haben will, und derjenige, der den einfachen Zugriff im Internet bevorzugt. Die flüchtigen Formen der Bereitstellung (Nr. 2–4) müssen während der gesamten Platzierungsphase aufrechterhalten werden (Abs. 2 S. 3). Eine leichte Zugänglichkeit auf der Website, wie sie die Europäische Vorgabe fordert (namentlich Art. 29 Abs. 1 Nr. 1[Durchführungs]VO [EG] Nr. 809/2004), ist nicht mehr gewährleistet, wenn Zugang nur gegen Registrierung (mit Bekanntgabe der e-mail-Adresse) gewährt wird oder nur Dokumente in begrenzter Anzahl pro Tag heruntergeladen werden können (schon gegen Richtlinie bzw. WpPG verstößt es, wenn der Zugang gar kostenpflichtig ist).[481] 158

3. Sonstige Regelungen (Abs. 3, 4 und 6). Auf Hinterlegung und Veröffentlichung folgt noch ein weiterer Schritt, die schriftliche Meldung der Veröffentlichung an die **BaFin** (Abs. 3), freilich nicht (mehr) auch die Veröffentlichung dieser Meldung. Die BaFin hat den Prospekt dann für 10 Jahre aufzubewahren (Abs. 6). Schließlich wird der **Sonderfall des zusammengesetzten Prospekts** geregelt, in dem alle Einzelteile die Veröffentlichungsvorgaben zu erfüllen haben und zusätzlich zugleich aufgelistet werden muss, wo alle anderen Teile zu finden sind (Abs. 4). 159

---

479 So auch i.d.R. die Darstellung, etwa *Kullmann/Sester* WM 2005, 1068 (1073 f.); *Groß* Kapitalmarktrecht, § 14 WpPG Rn 7–7a.

480 Prospekte für Anlagen des grauen Kapitalmarktes müssen auf der Internetseite des Anbieters und entweder im Bundesanzeiger bekannt gemacht oder bei den im Verkaufsprospekt benannten Zahlstellen zur kostenlosen Ausgabe bereitgehalten werden; im letzteren Fall ist im Bundesanzeiger bekannt zu machen, dass der Verkaufsprospekt bei den Zahlstellen bereitgehalten wird (§ 9 Abs. 2 S. 1 VermAnlG). §§ 164 Abs. 1 S. 1, 268 Abs. 1 S. 1 KAGB verweisen hingegen nur auf die Internetseite des Anbieters. Werden Vermögensanlagen über ein elektronisches Informationsverbreitungssystem angeboten, ist der Verkaufsprospekt auch in diesem zu veröffentlichen; in dem Angebot ist auf die Fundstelle im elektronischen Informationsverbreitungssystem hinzuweisen (§ 9 Abs. 2 S. 2 VermAnlG).

481 EuGH (Fn 408), *Timmel/Aviso Zeta*, ECLI:EU:C:2014:325 = ABl.EU 2014 C 212 S. 5 = EuZW 2014, 581 (Rz 50 ff.).

160 III. § 15 WpPG: Grundregeln jeglicher Werbung

§ 15 Werbung

(1) Jede Art von Werbung, die sich auf ein öffentliches Angebot von Wertpapieren oder auf eine Zulassung zum Handel an einem organisierten Markt bezieht, muss nach Maßgabe der Absätze 2 bis 5 erfolgen. Die Absätze 2 bis 4 sind nur anzuwenden, wenn das öffentliche Angebot von Wertpapieren oder die Zulassung von Wertpapieren zum Handel an einem organisierten Markt prospektpflichtig ist.

(2) In allen Werbeanzeigen ist darauf hinzuweisen, dass ein Prospekt veröffentlicht wurde oder zur Veröffentlichung ansteht und wo die Anleger ihn erhalten können.

(3) Werbeanzeigen müssen als solche klar erkennbar sein. Die darin enthaltenen Angaben dürfen nicht unrichtig oder irreführend sein. Die Angaben dürfen darüber hinaus nicht im Widerspruch zu den Angaben stehen, die der Prospekt enthält oder die im Prospekt enthalten sein müssen, falls dieser erst zu einem späteren Zeitpunkt veröffentlicht wird.

(4) Alle über das öffentliche Angebot oder die Zulassung zum Handel an einem organisierten Markt verbreiteten Informationen, auch wenn sie nicht zu Werbezwecken dienen, müssen mit den im Prospekt enthaltenen Angaben übereinstimmen.

(5) Besteht nach diesem Gesetz keine Prospektpflicht, muss der Anbieter wesentliche Informationen über den Emittenten oder über ihn selbst, die sich an qualifizierte Anleger oder besondere Anlegergruppen richten, einschließlich Informationen, die im Verlauf von Veranstaltungen betreffend Angebote von Wertpapieren mitgeteilt werden, allen qualifizierten Anlegern oder allen besonderen Anlegergruppen, an die sich das Angebot ausschließlich richtet, mitteilen. Muss ein Prospekt veröffentlicht werden, sind solche Informationen in den Prospekt oder in einen Nachtrag zum Prospekt gemäß § 16 Abs. 1 aufzunehmen.

(6) Hat die Bundesanstalt Anhaltspunkte für einen Verstoß gegen die Absätze 2 bis 5, kann sie anordnen, dass die Werbung für jeweils höchstens zehn aufeinander folgende Tage auszusetzen ist. Die Bundesanstalt kann die Werbung mit Angaben untersagen, die geeignet sind, über den Umfang der Prüfung nach § 13 oder § 16 irrezuführen. Vor allgemeinen Maßnahmen nach Satz 2 sind die Spitzenverbände der betroffenen Wirtschaftskreise und des Verbraucherschutzes zu hören.

161 Die Vorschrift regelt das Verhältnis von Werbung zum Pflichtprospekt, aber auch von (sonstiger) wesentlicher Information, auch in Situationen ohne Prospektpflicht, und wird für diesen Komplex wiederum näher ausgestaltet durch die Prospekt-Verordnung (EG) Nr. 809/2004 der Kommission.[482]

1. Werbung und Pflichtprospekt (Abs. 1–4).

162 **a) Werbung.** Der Begriff der Werbung ist nicht legaldefiniert. Die Zielsetzung der Norm – Irreführung, aber auch unerkannte Beeinflussung durch Werbung zu unterbinden – spricht jedoch dafür, den Begriff nicht nur auf die klassischen Werbemaßnahmen in Presse,

[482] Verordnung (EG) Nr. 809/2004 der Kommission vom 29.4.2004 zur Umsetzung der Richtlinie 2003/71/EG des Europäischen Parlaments und des Rates betreffend die in Prospekten enthaltenen Informationen sowie das Format, die Aufnahme von Informationen mittels Verweis und die Veröffentlichung solcher Prospekte und die Verbreitung von Werbung, ABl.EG 2004 L 149/1.

Funk, Internet etc. zu beziehen, sondern auch solche Hinweise einzubeziehen, die die Bekanntheit des Angebots fördern können (bloße Geeignetheit).[483] Freilich sind gesetzlich vorgeschriebene Hinweise, die sich auf das gesetzlich geforderte Maß beschränken, m.E. nicht erfasst –[484] sie können nicht als irreführend verstanden werden und auch die anderen Anordnungen passen auf sie nicht. Hingegen kann auch die wesentliche Information nach Abs. 5 als Sonderfall von Werbung verstanden werden, so dass Abs. 5 S. 2 neben Abs. 2–4 zur Anwendung kommt, während umgekehrt nicht jede Werbung auch eine wesentliche Information enthalten muss.

b) **Verhältnis zum Pflichtprospekt (Abs. 2–4).** Für Situationen, in denen nach § 3 Abs. 1 und 4 WpPG ein Prospekt zu erstellen und veröffentlichen ist, statuieren Abs. 2–4 **163**
Hinweis-, Klarheits- und Übereinstimmungsgebote: Die Bekanntheit des Prospekts soll dadurch gefördert werden, dass jede Werbung, die sich auf ein öffentliches Angebot von Wertpapieren oder auf eine Zulassung zum Handel an einem organisierten Markt bezieht, **nach Abs. 2 einen Verweis auf den Prospekt** und seine Veröffentlichung zu enthalten sowie darauf hinzuweisen hat, wo die Anleger den Prospekt (kostenlos) erhalten können.[485] Der solchermaßen etablierte unmittelbare Konnex zwischen Werbung und Prospektpflicht spricht dafür, dass der räumliche Anwendungsbereich wiederum nach dem Auswirkungsprinzip bestimmt wird und sämtliche Werbung erfasst ist, die sich auf Wertpapiere bezieht, deren Angebot/Zulassung im Inland der Prospektpflicht unterliegen –[486] es sei denn, es kann nachgewiesen werden, dass die Werbung diejenigen Anleger, die aufgrund der Zulassung des öffentlichen Angebots im Inland erwarben, gar nicht „erreichen“ kann (etwa Werbung in lokaler Zeitung in typischerweise nicht gesprochener Sprache, die sich vor allem auf eine weitere Zulassung an dortiger Börse bezieht). Neben die Hinweispflicht tritt die **Pflicht zur Klarheit (Abs. 3)**: dahingehend, dass deutlich wird, dass es sich überhaupt um Werbung handelt (S. 1); dahingehend, dass die Werbung nicht nur nicht unrichtig sein darf (wenn sie falsifizierbaren Gehalt – nicht notwendig nur Tatsachengehalt – hat),[487] sondern dass die (als solche richtigen) Angaben auch nicht so gestaltet sein dürfen, dass ein falscher Eindruck entsteht (S. 2, Irreführung).[488] Schließlich müssen Werbeaussagen zwar

---

483 *Berrar* in: Berrar u.a. Frankfurter Kommentar § 15 Rn 16 f.; *Hebrandt* ZBB 2011, 451 (453); *Heidelbach/Preuße* BKR 2006, 316 (322); Holzborn/*Rauch* § 15 Rn 3; Just/*Voß*/Ritz/Zeising § 15 Rn 10; Schwark/Zimmer/*Heidelbach* § 15 WpPG Rn 6.

484 Ebenso zur Abgrenzung von Werbung und Prospekt BGH, (Fn 386), WM 2013, 836 mit Anmerkung *Buck-Heeb*, jurisPR-BKR 8/2013 Anm. 1; *Berrar* in: Berrar u.a. Frankfurter Kommentar § 15 Rn 19–24, *Hebrandt* ZBB 2011, 451 (453); Holzborn/*Rauch* § 15 Rn 4.

485 Zum ersten Punkt Just/*Voß*/Ritz/Zeising § 15 Rn 19–21; Schwark/Zimmer/*Heidelbach* § 15 WpPG Rn 9 und zum zweiten Punkt Just/*Voß*/Ritz/Zeising § 15 Rn 25–27; Schwark/Zimmer/*Heidelbach* § 15 WpPG Rn 9 f.; allgemein dazu *Apfelbacher/Metzner* BKR 2006, 81 (89); *Groß* Kapitalmarktrecht, § 15 WpPG Rn 1a; Holzborn/*Rauch* § 15 Rn 8 f. sowie *Heidelbach/Preuße* BKR 2006, 316 (322), die sich vor allem mit der Frage beschäftigen, ob sich Abs. 2 nur auf Werbeanzeigen oder auch die Werbung an sich bezieht.

486 *Schlitt/Schäfer* in: Assmann/Schlitt/von Kopp-Colomb § 15 Rn 19; Just/*Voß*/Ritz/Zeising § 15 Rn 9; Schwark/Zimmer/*Heidelbach* § 15 WpPG Rn 5; a.A. offenbar Holzborn/*Rauch* § 15 Rn 5 danach sei es nicht entscheidend, ob das öffentliche Angebot oder die Zulassung in Im- oder Ausland erfolgen.

487 *Apfelbacher/Metzner* BKR 2006, 81 (89); *Berrar* in: Berrar u.a. Frankfurter Kommentar § 15 Rn 32 f.; Holzborn/*Rauch* § 15 Rn 12 f.; Just/*Voß*/Ritz/Zeising § 15 Rn 35 f.

488 *Berrar* in: Berrar u.a. Frankfurter Kommentar § 15 Rn 34 f.; Holzborn/*Rauch* § 15 Rn 13; Just/*Voß*/Ritz/Zeising § 15 Rn 37.

nicht (alle) im Prospekt enthalten sein (Abs. 5 S. 2 e contrario), sie dürfen ihm jedoch nicht widersprechen, namentlich nicht Fehler in diesem korrigieren (dies hat durch Nachtrag nach § 16 WpPG oder Berichtigung nach § 23 Abs. 2 Nr. 4 WpPG zu geschehen). Es gilt also, soweit zum gleichen Punkt Aussagen gemacht werden, ein **formales Übereinstimmungsgebot (S. 3)** – unabhängig von der Richtigkeit – um den Anleger nicht zu verwirren.[489] Dieses letzte Gebot wird auch auf **(sonstige) Informationen** bezogen, die nicht Werbecharakter haben (Abs. 4). Für solche Informationen sollten jedoch auch die anderen Gebote, die nicht ausdrücklich genannt werden, gelten.[490]

164 **2. Wesentliche Information, insbes. jenseits einer Prospektpflicht (Abs. 5).** Jenseits der Situationen, die eine Prospektpflicht begründen, macht § 15 nur eine Vorgabe. Sie betrifft den sicherlich wichtigsten Fall, in denen auch bei Fehlen einer Prospektpflicht Informationen weitergegeben werden – den Absatz gegenüber qualifizierten Anlegern (vgl. § 3 Abs. 2 S. 1 Nr. 1 WpPG, oben Rn 106), aber auch den Absatz gegenüber besonderen Anlegergruppen, wenn insoweit keine Prospektpflicht eingreift (weil aufgrund persönlicher Bekanntheit nur ein privates Angebot vorliegt, oben Rn 107, oder weil aufgrund geringer Zahl § 3 Abs. 2 S. 1 Nr. 2 WpPG eingreift, oben Rn 107): In diesen Fällen **fehlt** es an einer **Prospektpflicht**, die mit ihrem Veröffentlichungsgebot zugleich auch gleiche Behandlung der Anleger verbürgt. Dieser Grundsatz der **Anlegergleichbehandlung** muss daher in den Fällen, in denen ihm nicht mit Erfüllung der Prospektpflicht ohnehin genügt wird, ausdrücklich bestärkt werden: Die Information hat an alle anderen betroffenen Anleger weitergegeben zu werden, wenn sie „wesentlich" ist, d.h. immer, wenn ein verständiger Anleger sie bei seiner Anlageentscheidung in Betracht ziehen würde.[491] Besteht demgegenüber eine **Prospektpflicht**, dürfen wesentliche Informationen – die regelmäßig ohnehin zu den Pflichtinhalten zählen – ausschließlich im Prospekt vermittelt werden (S. 2). Dies dient zwar auch wiederum der Anlegergleichbehandlung (Informationsgleichheit), zugleich aber – durch **Konzentration im Prospekt** – der besseren Übersichtlichkeit der Information und leichteren Verarbeitung (Informationseffizienz).[492]

165 **3. Aussetzung der Werbung (Abs. 6).** Bei Verstößen gegen § 15 WpPG, aber auch wenn die Werbung geeignet ist, über den Prüfungsumfang bei Billigung von Prospekt oder Prospektnachtrag (§§ 13, 16 WpPG) irrezuführen, namentlich zu suggerieren, dass eine umfassende Richtigkeitsprüfung vorgenommen wurde (vgl. oben Rn 116), kann die Bundesanstalt anordnen, dass die Werbung für jeweils bis zu zehn aufeinanderfolgende Tage auszusetzen ist.

---

489 Ebenso *Schlitt/Schäfer* in: Assmann/Schlitt/von Kopp-Colomb § 15 Rn 18; *Berrar* in Berrar u.a. Frankfurter Kommentar § 15 Rn 36; Holzborn/*Rauch* § 15 Rn 14; Just/*Voß*/Ritz/Zeising § 15 Rn 47–50; Schwark/Zimmer/*Heidelbach* § 15 WpPG Rn 14.

490 A.A. Holzborn/*Rauch* § 15 Rn 14, nach dem aus Abs. 4 keine Benachrichtigungspflicht abgeleitet werden könne. Allgemein zu Abs. 4 vgl. *Schlitt/Schäfer* in: Assmann/Schlitt/von Kopp-Colomb § 15 Rn 19; *Berrar* in: Berrar u.a. Frankfurter Kommentar § 15 Rn 39–41; Just/*Voß*/Ritz/Zeising § 15 Rn 51 f.; Schwark/Zimmer/*Heidelbach* § 15 WpPG Rn 15.

491 *Berrar* in: Berrar u.a. Frankfurter Kommentar § 15 Rn 45; Holzborn/*Rauch* § 15 Rn 16; Just/*Voß*/Ritz/Zeising § 15 Rn 61; Schwark/Zimmer/*Heidelbach* § 15 WpPG Rn 18, die alle auf die Definition des § 16 WpPG verweisen.

492 Zu dieser Mehrzahl an Zielen ebenfalls *Berrar* in: Berrar u.a. Frankfurter Kommentar § 15 Rn 49 f.; Just/*Voß*/Ritz/Zeising § 15 Rn 63; Schwark/Zimmer/*Heidelbach* § 15 WpPG Rn 19.

IV. § 16 WpPG: Nachtragspflicht 166

§ 16 Nachtrag zum Prospekt; Widerrufsrecht des Anlegers

(1) Jeder wichtige neue Umstand oder jede wesentliche Unrichtigkeit in Bezug auf die im Prospekt enthaltenen Angaben, die die Beurteilung der Wertpapiere beeinflussen könnten und die nach der Billigung des Prospekts und vor dem endgültigen Schluss des öffentlichen Angebots oder, falls diese später erfolgt, der Einführung in den Handel an einem organisierten Markt auftreten oder festgestellt werden, müssen in einem Nachtrag zum Prospekt genannt werden. Der Emittent, Anbieter oder Zulassungsantragsteller muss den Nachtrag bei der Bundesanstalt einreichen. Der Nachtrag ist innerhalb von höchstens sieben Werktagen nach Eingang bei der Bundesanstalt nach § 13 zu billigen. § 13 Absatz 2 Satz 1 Halbsatz 2 gilt entsprechend. Nach der Billigung muss der Anbieter oder Zulassungsantragsteller den Nachtrag unverzüglich in derselben Art und Weise wie den ursprünglichen Prospekt nach § 14 veröffentlichen.

(2) Die Zusammenfassung und etwaige Übersetzungen davon sind um die im Nachtrag enthaltenen Informationen zu ergänzen.

(3) Betrifft der Nachtrag einen Prospekt für ein öffentliches Angebot von Wertpapieren, haben Anleger, die vor der Veröffentlichung des Nachtrags eine auf den Erwerb oder die Zeichnung der Wertpapiere gerichtete Willenserklärung abgegeben haben, das Recht, diese innerhalb einer Frist von zwei Werktagen nach Veröffentlichung des Nachtrags zu widerrufen, sofern der neue Umstand oder die Unrichtigkeit gemäß Absatz 1 vor dem endgültigen Schluss des öffentlichen Angebots und vor der Lieferung der Wertpapiere eingetreten ist. Die Widerrufsfrist kann vom Emittenten, Anbieter oder Zulassungsantragsteller verlängert werden. Der Nachtrag muss an hervorgehobener Stelle eine Belehrung über das Widerrufsrecht nach Satz 1 enthalten; die Widerrufsfrist ist anzugeben. § 8 Absatz 1 Satz 4 und 5 ist mit der Maßgabe entsprechend anzuwenden, dass an die Stelle der im Prospekt als Empfänger des Widerrufs bezeichneten Person die im Nachtrag als Empfänger des Widerrufs bezeichnete Person tritt.

1. Nachtragspflicht – Tatbestand (Abs. 1 S. 1 und 2)

a) **Ziele und Gründe (S. 1).** Nachtragspflichten sind wesentlich dafür, dass der ursprünglich richtige Prospekt nicht durch wichtige Neuerungen vor der Anlageentscheidung unrichtig wird bzw. bestehende wesentliche Unrichtigkeiten der im Prospekt bereits enthaltenen **Angaben zeitnah korrigiert** werden. Zum gleichen Zweck ist schon im Prospekt selbst auf Änderungen nach Abschluss des Geschäftsjahrs hinzuweisen (Ziff. 20.9. des Anh. I und Ziff. 13.7. des Anh. IV der (deutschen) Prospekt-VO (vgl. Rn 39). Nachtragspflichten nach Prospektbilligung für den Zeitraum, in dem noch Anlageentscheidungen ausstehen, statuiert § 16 WpPG, so dass für „permanente Aktualisierung“[493] gesorgt ist. Grundlage ist Art. 16 der allgemeinen EG-Prospekt-Richtlinie (vgl. Rn 28).[494] Die Nach- 167

[493] Begriff und Postulat von *Assmann* Prospekthaftung, S. 222; vgl. zu Einzelheiten: *Stephan* Prospektaktualisierung, AG 2002, 3; und bes. *Oulds* WM 2011, 1452 (auch zu Auswirkungen der Reform der EG-Prospekt-Richtlinie).

[494] Im grauen Kapitalmarkt statuierte schon BGH (Fn 36), BGHZ 71, 284 (291) Berichtigungspflichten, deren Verletzung Prospekthaftungsansprüche auslöst, „bis zum Abschluss des Beitrittsvertrages“. Jetzt gilt außerdem die Nachtragspflicht des § 316 Abs. 5 KAGB und daneben des § 11 VermAnlG („Veröffentlichung ergänzender Angaben“) für Vermögensanlagen iSd § 1 Abs. 2 VermAnlG.

tragspflicht nach § 16 WpPG gilt ausdrücklich sowohl für **neue Umstände** als auch für **ursprünglich fehlerhafte Angaben**, die die Beurteilung der Wertpapiere beeinflussen können.[495] Wiederum ist hierfür das Kriterium das, dass es für einen verständigen Anleger nicht fernliegt, diese Änderung zur Grundlage einer anderen Investmententscheidung zu machen –[496] etwa durch Ausübung des Widerrufsrechts nach Abs. 3 (unten Rn 171). Als **maßgeblichen Zeitraum** für einen Nachtrag definiert die Norm denjenigen zwischen Billigung des Prospekts (§ 13 WpPG, oben Rn 151–154) und dem späteren von zwei Zeitpunkten: der Zulassung/Einführung in einen organisierten Markt (nach § 3 Abs. 4 WpPG) und dem **„endgültigen Schluss" eines öffentlichen Angebots** (vgl. § 3 Abs. 1 WpPG für die Prospektpflicht in diesem Fall).[497] Der Wortlaut legt es bereits nahe, dass der Gesetzgeber davon ausgeht, dass regelmäßig die Zulassung früher liegen wird. In der Tat bleibt beim reinen Zulassungsprospekt kein großer Zeitraum für die Berichtigung, da es auf die Zulassung/Einführung, nicht den dadurch eröffneten späteren Handel ankommt – Letzterer ist potentiell ohne Endzeitpunkt. Anders ist dies beim öffentlichen Angebot, hier soll die Emission abverkauft (platziert) werden. Hier ist der Nachtrag bis zum Ende dieser Bemühungen möglich (für das sich freilich das Emissionskonsortium mit Emittent auch entscheiden können, wenn noch ein gewisser Bestand bei den Konsortialbanken verbleibt bzw. verbleiben muss).[498] Der umfassende Erfolg bzw. Abschluss der Platzierung wird i.d.R. durch ein sog. tombstone agreement formalisiert. Beim Angebotsprospekt erstreckt sich also der maßgebliche Zeitraum nicht nur bis zur erstmaligen Einführung (Zulassung), sondern bis zum „endgültigen Schluss" des öffentlichen Angebots. Entsprechend wichtiger sind hier die Fragen des Nachtrages (und des Verhältnisses zu dauerhaften Korrekturmöglichkeiten, unten Rn 169), aber auch des Widerrufs, den schon der Gesetzgeber selbst nur für den Angebotsprospekt vorsieht (Abs. 3, unten Rn 171).

168 b) **Pflichtenadressat (S. 2).** Pflichtenadressaten für die Einreichung eines Nachtrages sind **gesamtschuldnerisch Anbieter, Zulassungsantragssteller und Emittent.** Während die ersten beiden nach § 3 Abs. 1 und 4 WpPG auch die Prospektpflicht trifft und sich daher ihre Verpflichtung nach § 16 WpPG aus der Natur der Sache ergibt (Verantwortung für den Prospekt, auch dauerhaft),[499] obwohl dies erst 2004 klargestellt wurde,[500] wird für den Nachtrag der Emittent gleichermaßen Pflichtenadressat. Denn er hat die Emission

---

[495] Dazu jetzt näher EuGH (Fn 408), *Timmel/Aviso Zeta*, ECLI:EU:C:2014:325 = ABl.EU 2014 C 212 S. 5 = EuZW 2014, 581 (Rz. 27 ff.). Auch ohne ausdrückliche Regelung wurde dies bereits nach alter Rechtslage angenommen: *Hopt* Verantwortlichkeit, S. 55; *Kort* AG 1999, 9 (16); wohl auch *Stephan* AG 2002, 3 (10).

[496] *Berrar* in Berrar u.a. Frankfurter Kommentar § 16 Rn 20–22; Holzborn/*Rauch* § 16 Rn 5; *Friedl/Ritz* in: Just/Voß/Ritz/Zeising § 16 Rn 26.

[497] Näher zu dieser Alternative und zu dieser Ausweitung des Zeitraums, die 2012 für Fälle des öffentlichen Angebots vorgenommen wurde: *Heidelbach/Preuße* BKR 2012, 397 (402 f.).

[498] Näher zu diesem Zeitpunkt (erfolgreicher Abverkauf oder Entscheidung, den nicht abverkauften Teil des Emissionsvolumens zunächst im Portfolio der Konsortialbanken verbleiben zu lassen): *Berrar* in: Berrar u.a. Frankfurter Kommentar § 16 Rn 78–80; *Groß* Kapitalmarktrecht, § 16 WpPG Rn 3–5d; *Heidelbach/Preuße* BKR 2012, 397 (403); Holzborn/*Rauch* § 16 Rn 17b; *Lawall/Maier* DB 2012, 2503 (2505).

[499] Zu den Pflichten von Anbieter und/oder Zulassungsantragssteller näher *Berrar* in: Berrar u.a. Frankfurter Kommentar § 16 Rn 103–106; Holzborn/*Rauch* § 16 Rn 4–15; Schwark/Zimmer/*Heidelbach* § 16 WpPG Rn 3. Weil sich dies aus der Natur der Sache ergibt, verwundert es auch nicht, dass die gleiche Pflicht bereits vor der Klarstellung in 2004 angenommen wurde: *Kullmann/Sester* WM 2005, 1068 (1075).

[500] *Kullmann/Sester* WM 2005, 1068 (1075).

bzw. den Zulassungsantrag initiiert, so dass er gleichsam für die Eröffnung einer „Gefahr" in die Pflicht genommen wird. Konzeptionell trifft den Emittenten also zwar nicht die Prospektpflicht, sehr wohl jedoch eine Überprüfungspflicht, weil alle Fehler von Belang Gegenstand eines Nachtrages werden müssen.[501] Im **Innenverhältnis** ist die Nachtragspflicht der Konsortialführung, jedenfalls nicht jeder gewöhnlichen Konsortialbank auferlegt.[502] Der Emittent hat jedoch die Konsortialführung – wie beim Prospekterlass – gewissenhaft über die Faktenlage und ihre Entwicklung zu unterrichten. Ohne dass dies genau spezifiziert würde, ist davon auszugehen, dass auch beim Nachtrag das Gebot **unverzüglichen Handelns** gilt.

c) **Verhältnis zu anderen Formen von Korrektur und Aktualisierung.** Mit Art. 17 MAR (Ad-hoc-Publizität) und § 23 Abs. 2 Nr. 4 WpPG (Berichtigung) stehen zwar alternative Instrumente zur Verfügung. Das Verhältnis dieser Instrumente zueinander wird jedoch nicht sehr prominent diskutiert.[503] Für einen Nachtrag bliebe kein vernünftiger Anwendungsbereich, wenn er nur für Informationen gefordert würde, die *erheblich* kursrelevant sind und daher auch der **Ad-hoc-Publizität** unterliegen (unten Rn 219 und 353–355). Vielmehr ist für den umgrenzten Zeitraum der Nutzung des Prospekts zur Platzierung ein höherer Standard gefordert: Alle Angaben, die die Anlegerentscheidung beeinflussen können, müssen aktualisiert sein.[504] Umgekehrt werden die anderen in § 23 Abs. 2 Nr. 4 WpPG explizit genannten Kanäle nur periodisch und in (für eine Platzierung) relativ großen Abständen genutzt – daher muss hier der Nachtrag vorher (unverzüglich) dazwischen treten, es darf nicht die nächste periodische Veröffentlichung abgewartet werden.[505] Zugleich ist m.E. – da es das Institut des Nachtrages gibt, dieses sehr leicht zugänglich ist und daher hier auch von den Anlegern die Konsultation gut erwartet werden kann – jede nachtragspflichtige Angabe auf diese Weise (insbesondere mit der Billigungsprozedur) bekannt zu machen. Eine alternative „vergleichbare" Bekanntmachung iSv § 23 Abs. 2 Nr. 4 WpPG gibt es zu diesem Zeitpunkt dann nicht.[506] **169**

2. **Billigung, Veröffentlichung und Eintragung (Abs. 1 S. 3 und 4, Abs. 2).** Nachträge müssen unter dem WpPG – anders als zuvor – grundsätzlich von der Bundesanstalt **gebilligt und** danach ebenso wie der ursprüngliche Prospekt gemäß § 14 WpPG **veröffentlicht** **170**

---

501 Zur Pflichtenstellung des Emittenten näher *Heidelbach/Preuße* BKR 2012, 397 (402); Holzborn/*Rauch* § 16 Rn 4–15; *Müller* WpPG § 16 Rn 1.

502 So zum Innenausgleich bei der Prospekthaftung: *Schwark*/Zimmer §§ 44, 45 BörsG Rn 75; *Assmann*/Schütze Handbuch, § 5 Rn 184.

503 *Groß* Kapitalmarktrecht, § 16 WpPG Rn 19–21. Nur in Bezug auf die Abgrenzung zur Ad-hoc Publizität vgl. Assmann/Schlitt/von Kopp-Colomb/*Seitz* § 16 Rn 21–23; *Berrar* in: Berrar u.a. Frankfurter Kommentar § 16 Rn 167–179; Holzborn/*Rauch* § 16 Rn 40–42; *Friedl/Ritz* in: Just/Voß/Ritz/Zeising § 16 Rn 178–181; *Oulds* WM 2011, 1452 (1456–1458); *Parmentier* Ad-hoc Publizität bei Börsengang und Aktienplatzierung NZG 2007, 407 (413).

504 Ebenso (Schwelle bei Nachtragpflicht niedriger): *Friedl/Ritz* in: Just/Voß/Ritz/Zeising § 16 Rn 98, 175 (allerdings in der Praxis wohl eher selten); auch *Oulds* WM 2011, 1452 (1456 f.) (nicht notwendig gleiche Aufgreifkriterien); vgl. auch (nach beiden kein „Vorrang" des § 16 WpPG vor der Ad-hoc-Publiztäts-Pflicht): *Berrar* in: Berrar u.a. Frankfurter Kommentar § 16 Rn 170 f.; ebenso Holzborn/*Rauch* § 16 Rn 40 f.

505 Implizit *Friedl/Ritz* in: Just/Voß/Ritz/Zeising § 16 Rn 97.

506 Wohl auch *Groß* Kapitalmarktrecht, § 16 WpPG Rn 20 f.; zum alten § 45 Abs. 2 Nr. 4 BörsG *Oulds* WM 2011, 1452 (1454 f.).

werden (§ 16 Abs. 1 S. 3 und 4 WpPG). Eine Billigung durch die Bundesanstalt soll dann entbehrlich sein, wenn gleichzeitig eine Veröffentlichungspflicht nach § 15 WpHG bzw. (seit 13.6.2016) Art. 17 MAR besteht und es sich um Wertpapiere handelt, die bereits zum Handel an einem organisierten Markt zugelassen sind.[507] Dann genüge es auch, den Prospekt um einen Hinweis auf die Veröffentlichung nach § 15 WpHG bzw. (seit 13.6.2016) Art. 17 MAR zu ergänzen und diesen Hinweis gemäß § 14 WpPG zu veröffentlichen. Die Essenz des Nachtrags ist **in die Zusammenfassung einzufügen** (Abs. 2), freilich wohl nur, soweit sie dort bereits verankert war, vom Gewicht her jetzt dort verankert werden sollte oder – weil Schlüsselinformation – dort kraft gesetzlicher Vorgabe verankert sein muss.[508]

171 **3. Widerruf (Abs. 3).** Hat ein Anleger vor der Veröffentlichung des Nachtrags eine auf den Erwerb oder die Zeichnung der Wertpapiere gerichtete Willenserklärung abgegeben, kann er diese innerhalb von zwei Werktagen nach Veröffentlichung des Nachtrags widerrufen, sofern der neue Umstand oder die Unrichtigkeit vor dem endgültigen Schluss des öffentlichen Angebots und vor der Lieferung der Wertpapiere (dh Erfüllung) eingetreten ist (Abs. 3). Das **Widerrufsrecht** und seine **Ausübung** regeln Sätze 1, 2 und 4, namentlich bedarf der Widerruf keiner Begründung, denn diese ergibt sich allein bereits aus der Änderung der Umstände.[509] Operational gemacht wird das Recht auch hier durch eine **Widerrufsbelehrung**, die S. 3 vorschreibt und ohne die der Nachtrag nicht billigungsfähig ist und wohl auch die Frist nicht anläuft.[510]

E. Grenzüberschreitende Angebote und Zulassungen und Sprachenregime (§§ 17–20 WpPG)

Übersicht

	Rn
I. §§ 17, 18 WpPG: Grenzüberschreitende Binnenmarktangebote	172
1. Grundidee: Herkunftslandprinzip und Europäischer Pass (§§ 17, 18 WpPG)	173
2. Durchführung: Outgoing (§§ 17 Abs. 1–2, 18 Abs. 1–3 WpPG) und Incoming (§§ 17 Abs. 3, 18 Abs. 4 WpPG)	174
II. § 19 WpPG: Sprachenregime	175
III. § 20 WpPG: Grenzüberschreitende Drittstaatangebote	177

[507] So im Ergebnis die Begründung zum Gesetzesentwurf, vgl. BT-Drs. 15/4999, S. 36; vgl. ferner Schwark/Zimmer/*Heidelbach* WpPG § 16 Rn 26; sowie schon: BGH Urt. v. 14.7.1998 – XI ZR 173/97, ZIP 1998, 1528; schon vorher wohl in der Tendenz die höchstrichterliche Rechtsprechung: *Hopt,* Verantwortlichkeit, S. 106–108; ablehnend *Kort* AG 1999, 9 (15 f.).

[508] Zu diesen drei Fällen, auf die die Pflicht nach Abs. 2 zu reduzieren ist, vgl. auch Assmann/Schlitt/von Kopp-Colomb/*Seitz* § 16 Rn 102–106; *Berrar* in: Berrar u.a. Frankfurter Kommentar § 16 Rn 128 f.; Holzborn/*Rauch* § 16 Rn 31; Schwark/Zimmer/*Heidelbach* § 16 WpPG Rn 39 f.

[509] Zur Ausübung des Widerrufsrechts näher *Braun,* § 16 Abs. 3 WpPG – das neue Widerrufsrecht und seine Grenzen, RdF 2013, 129; *Groß* Kapitalmarktrecht, § 16 WpPG Rn 13–16; *Heidelbach/Preuße* BKR 2012, 397 (403 f.); Holzborn/*Rauch* § 16 Rn 32–38; *Friedl/Ritz* in: Just/Voß/Ritz/Zeising § 16 Rn 149–171; *Lawall/Maier* DB 2012, 2503 (2505 f.); *Oulds* WM 2011, 1452 (1458 f.).

[510] Allgemein zur Belehrung *Berrar* in: Berrar u.a. Frankfurter Kommentar § 16 Rn 163–166; Holzborn/*Rauch* § 16 Rn 37.

I. §§ 17, 18 WpPG: Grenzüberschreitende Binnenmarktangebote 172

Abschnitt 4
Grenzüberschreitende Angebote und Zulassung zum Handel

§ 17 Grenzüberschreitende Geltung gebilligter Prospekte

(1) Soll ein Wertpapier auch oder ausschließlich in einem oder mehreren anderen Staaten des Europäischen Wirtschaftsraums öffentlich angeboten oder zum Handel an einem organisierten Markt zugelassen werden, so ist unbeschadet des § 29 der von der Bundesanstalt gebilligte Prospekt einschließlich etwaiger Nachträge in beliebig vielen Aufnahmestaaten ohne zusätzliches Billigungsverfahren für ein öffentliches Angebot oder für die Zulassung zum Handel gültig, sofern die Europäische Wertpapier- und Marktaufsichtsbehörde und die zuständige Behörde jedes Aufnahmestaates nach § 18 unterrichtet werden.

(2) Sind seit der Billigung des Prospekts wichtige neue Umstände oder wesentliche Unrichtigkeiten im Sinne von § 16 aufgetreten, hat die Bundesanstalt vom Anbieter oder Zulassungsantragsteller die Einreichung eines Nachtrags zum Prospekt zur Billigung und dessen Veröffentlichung zu verlangen. Hat die Bundesanstalt Anhaltspunkte dafür, dass ein Nachtrag nach § 16 zu veröffentlichen ist, kann sie diese nach § 28 der zuständigen Behörde des Herkunftsstaates übermitteln.

(3) Ein von der zuständigen Behörde eines anderen Staates des Europäischen Wirtschaftsraums gebilligter Prospekt einschließlich etwaiger Nachträge ist in der Bundesrepublik Deutschland ohne zusätzliches Billigungsverfahren für ein öffentliches Angebot oder für die Zulassung zum Handel gültig, sofern die Bundesanstalt nach den § 18 entsprechenden Vorschriften des Herkunftsstaates unterrichtet wird und die Sprache des Prospekts die Anforderungen des § 19 Abs. 4 und 5 erfüllt.

§ 18 Bescheinigung der Billigung

(1) Die Bundesanstalt übermittelt den zuständigen Behörden der Aufnahmestaaten und gleichzeitig der Europäischen Wertpapier- und Marktaufsichtsbehörde auf Antrag des Anbieters oder Zulassungsantragstellers innerhalb von drei Werktagen eine Bescheinigung über die Billigung des Prospekts, aus der hervorgeht, dass der Prospekt gemäß diesem Gesetz erstellt wurde, sowie eine Kopie dieses Prospekts. Wird der Antrag zusammen mit der Einreichung des Prospekts zur Billigung gestellt, so beträgt die Frist nach Satz 1 einen Werktag nach Billigung des Prospekts. Der Anbieter oder Zulassungsantragsteller hat dem Antrag die Übersetzungen der Zusammenfassung gemäß der für den Prospekt geltenden Sprachenregelung des jeweiligen Aufnahmemitgliedstaates beizufügen. Dem Anbieter oder Zulassungsantragsteller wird die Bescheinigung zur gleichen Zeit übermittelt wie den zuständigen Behörden der Aufnahmestaaten.

(2) Absatz 1 ist auf gebilligte Nachträge zum Prospekt entsprechend anzuwenden.

(3) Im Falle einer Gestattung nach § 8 Abs. 2 oder Abs. 3 sind die Vorschriften, auf denen sie beruht, in der Bescheinigung zu nennen und ihre Anwendung zu begründen.

(4) Erhält die Bundesanstalt als zuständige Behörde des Aufnahmestaates Bescheinigungen über die Billigung von Prospekten und Prospektnachträgen nach den Absatz 1 Satz 1 entsprechenden Vorschriften eines Herkunftsstaates, veröffentlicht sie auf ihrer Internetseite eine Liste der übermittelten Bescheinigungen, gegebenenfalls einschließlich einer elektronischen Verknüpfung zu den Prospekten und Prospektnachträgen auf der Internetseite der zuständigen Behörde des Herkunftsstaates, des Emittenten oder des organisierten Marktes. Die Bundesanstalt hält die Liste nach Satz 1 stets auf dem aktuellen Stand und sorgt dafür, dass jeder Eintrag für mindestens zwölf Monate zugänglich ist.

173 **1. Grundidee: Herkunftslandprinzip und Europäischer Pass (§§ 17, 18 WpPG).** Seitdem die allgemeine Prospektrichtlinie (vgl. Rn 28) die Bedingungen für die Erstellung, die Billigung und die Verbreitung des Prospekts harmonisiert hat, stellt sich nur noch sekundär die Frage nach dem anwendbaren Recht, vorrangig jedoch diejenige nach der **zuständigen Behörde,** die dann ihr Recht (die eigene Umsetzungsversion der Richtlinie) anwendet.[511] Denn nach Art. 13 Abs. 1 iVm Art. 17–19 der allgemeinen Prospektrichtlinie gilt dann das **Herkunftsstaatsprinzip** – mit bloßer Notifikation und umfassender Zirkulationsfähigkeit im jeweiligen Gastland: dieses Regime ist mit §§ 17 f. WpPG umfassend verwirklicht. **Herkunftsstaat ist** grundsätzlich der Staat des Europäischen Wirtschaftsraums, in dem der Emittent seinen Sitz hat (§ 2 Abs. 1 Nr. 13 lit. a WpPG, oben Rn 96). Bei bestimmten Nichtdividendenwertpapieren kann hiervon abweichend der Staat als Herkunftsstaat gewählt werden, in dem die Wertpapiere zum Handel an einem organisierten Markt zugelassen sind oder zugelassen werden sollen oder in dem die Wertpapiere öffentlich angeboten werden (§ 2 Abs. 1 Nr. 13 lit. b WpPG, oben Rn 96). Letztentscheidungsmacht in allen Wahlfragen hat – zwischen Emissionshelfern und Emittenten – letztlich der Emittent, wie sich aus dem jeweiligen Wortlaut ergibt. Um die **Zuständigkeit für die Billigung eines Prospekts in einem Mitgliedsstaat bündeln** zu können, müssen die zuständigen Behörden aller Mitgliedsstaaten den von einer zuständigen Behörde gebilligten Prospekt ohne jede weitere inhaltliche Prüfung anerkennen (sog. **„Europäischer Pass“**).[512] Dementsprechend sieht § 17 Abs. 1 WpPG vor, dass ein von der BaFin gebilligter Prospekt in beliebig vielen anderen Aufnahmestaaten für ein öffentliches Angebot oder für die Zulassung zum Handel gültig ist, wenn die zuständige Behörde jedes Aufnahmestaates nach § 18 WpPG unterrichtet wird (**„Export“** deutscher Prospekte). Umgekehrt sieht § 17 Abs. 3 WpPG vor, dass ein von der zuständigen Behörde eines anderen Staates des Europäischen Wirtschaftsraums gebilligter Prospekt in Deutschland für ein öffentliches Angebot oder für die Zulassung zum Handel auch ohne zusätzliches Billigungsverfahren gültig ist, sofern die BaFin nach den § 18 WpPG entsprechenden Vorschriften des Herkunftsstaates unterrichtet wird und der Prospekt den Anforderungen an die Sprache gemäß § 19 Abs. 4 und 5 WpPG entspricht (**„Import“** ausländischer Prospekte).

174 **2. Durchführung: Outgoing (§§ 17 Abs. 1–2, 18 Abs. 1–3 WpPG) und Incoming (§§ 17 Abs. 3, 18 Abs. 4 WpPG).** §§ 17 und 18 WpPG regeln die grenzüberschreitende Nutzung von Prospekten in EU und EWR – in zwei Schritten, zunächst das **Gesamtgerüst der Abwicklung** (§ 17 WpPG) und dann speziell die Bescheinigung, die formell das Herzstück bildet, das den fremden Markt „aufschließt“ (§ 18 WpPG). Dabei wird – für das Gesamtgerüst und für die Bescheinigung – jeweils unterschieden zwischen Prospekten nach deutschem Recht, die in anderen Märkten genutzt werden (sollen) („outgoing“, „Export“, §§ 17 Abs. 1–2, 18 Abs. 1–3 WpPG), und solchen, die in anderen EU/EWR-Ländern gebilligt wurden und in Deutschland genutzt werden sollen („incoming“, „Import“, §§ 17 Abs. 3, 18 Abs. 4 WpPG). Entscheidend ist jeweils, dass der Zugang **„ohne zusätzliches Bewilligungsverfahren“** erfolgt, in beide Richtungen (§ 17 Abs. 1 bzw. Abs. 3 WpPG für outgoing und incoming), **allein aufgrund einer Bescheinigung,** die von **der Behörde des Herkunftslandes** – für deutsche Prospekte von der BaFin – auf Antrag des Emittenten direkt an

[511] *Holzbom/Israel* ZIP 2005, 1668 (1671); *Kullmann/Sester* WM 2005, 1068 (1070); Holzborn/*Alfes* § 17 Rn 8 f.

[512] Näher dazu: *Buck-Heeb* Kapitalmarktrecht, Rn 192 f.; *Grundmann* Europäisches Gesellschaftsrecht, Rn 695–700; *von Kopp-Colomb/Lenz* AG 2002, 24; *Wagner* Die Bank 2003, 681; *Kaufmann* Prospektpflicht nach dem WpPG, S. 263 f.

die zuständige Behörde des Zielmarktes übermittelt wird (und zur Kenntnisnahme an den Emittenten, vgl. § 18 Abs. 1 S. 1 und 2 bzw. S. 4 WpPG für outgoing und § 17 Abs. 3 WpPG für incoming).[513] Insgesamt geht die **Ausschließlichkeit der Zuständigkeit des Herkunftslandes** sehr weit: Auch für zwischenzeitliche Änderungen/Unrichtigkeiten trägt die Behörde des Herkunftslandes weiterhin die Verantwortung und hat hier einzuschreiten (vgl. zu den Nachträgen § 17 Abs. 2 und § 18 Abs. 2 WpPG, vgl. auch § 18 Abs. 3 WpPG zu den Auslassungen, die gestattet wurden). Trotz Geltung des Herkunftslandprinzips verbleiben gewisse Fragen, in denen grenzüberschreitende Emissionen stärker belastet sind: Zu diesen (wenigen) **Zusatzbelastungen** zählen zum einen die Übersetzung der Zusammenfassung, die jedes Zielland fordern kann (vgl. § 18 Abs. 1 S. 3 WpPG), und deutsches Recht auch fordert (§ 19 Abs. 4 und 5 WpPG, nächste Rn). Dies gilt jedoch außerdem insofern, als für den internationalen Verkehr spezifische, zusätzliche Angaben im Prospekt unabkömmlich sind – dies über die Hauptrisiken der grenzüberschreitenden Emission (belastende Steuer- und Devisengesetzgebung,[514] hoheitliche Eingriffe durch Transferbeschränkungen und das Wechselkursrisiko).[515]

II. § 19 WpPG: Sprachenregime 175

Abschnitt 5
Sprachenregelung und Emittenten mit Sitz in Drittstaaten

§ 19 Sprachenregelung

(1) Werden Wertpapiere, für die der Herkunftsstaat des Emittenten die Bundesrepublik Deutschland ist, im Inland öffentlich angeboten oder wird im Inland die Zulassung zum Handel an einem organisierten Markt beantragt und nicht auch in einem anderen Staat oder mehreren anderen Staaten des Europäischen Wirtschaftsraums, ist der Prospekt in deutscher Sprache zu erstellen. Die Bundesanstalt kann die Erstellung eines Prospekts in einer in internationalen Finanzkreisen gebräuchlichen Sprache gestatten, sofern der Prospekt auch eine Übersetzung der Zusammenfassung in die deutsche Sprache enthält und im Einzelfall unter Berücksichtigung der Art der Wertpapiere eine ausreichende Information des Publikums gewährleistet erscheint.

(2) Werden Wertpapiere, für die der Herkunftsstaat des Emittenten die Bundesrepublik Deutschland ist, nicht im Inland öffentlich angeboten und wird nicht im Inland die Zulassung an einem organisierten Markt beantragt, sondern nur in einem anderen Staat oder mehreren anderen Staaten des Europäischen Wirtschaftsraums, kann der Anbieter oder Zulassungsantragsteller den Prospekt nach seiner Wahl in einer von der zuständigen Behörde des Aufnahmestaates oder den zuständigen Behörden der Aufnahmestaaten anerkannten Sprache oder in einer in internationalen Finanzkreisen gebräuchlichen Sprache er-

513 Zu dieser bipolaren Architektur (keine neue Billigung und bloße formgerechte Bescheinigung von Behörde zu Behörde) vgl. näher Habersack/Mülbert/Schlitt/*Schlitt/Wilczek* § 6 Rn 36; Just/Voß/*Ritz/Zeising* § 17 Rn 13 f.; *Groß* Kapitalmarktrecht, § 17 WpPG Rn 3.

514 Vgl. Anhang III unter X. D. der allgemeinen Prospektrichtlinie (vgl. Fn 292); *Köstlin* Anlegerschutz, S. 54; *Staudt* Publizität der börsennotierten Aktiengesellschaften in Deutschland und Frankreich, 1972, S. 61.

515 Für eine Informationspflicht insoweit: *Grundmann* RabelsZ 54 (1990) 283 (318); *Köstlin* Anlegerschutz, S. 52, 74 (mit Hinweis auf die gegenteilige Börsenpraxis).

stellen. In den Fällen des Satzes 1 ist der Prospekt zusätzlich in einer von der Bundesanstalt anerkannten oder in internationalen Finanzkreisen gebräuchlichen Sprache zu erstellen, sofern eine solche Sprache nicht bereits nach Satz 1 gewählt worden ist.

(3) Werden Wertpapiere, für die der Herkunftsstaat des Emittenten die Bundesrepublik Deutschland ist, im Inland öffentlich angeboten oder wird im Inland die Zulassung an einem organisierten Markt beantragt und werden die Wertpapiere auch in einem anderen Staat oder mehreren anderen Staaten des Europäischen Wirtschaftsraums öffentlich angeboten oder wird auch dort die Zulassung zum Handel beantragt, ist der Prospekt in deutscher oder in einer in internationalen Finanzkreisen gebräuchlichen Sprache zu erstellen. Ist der Prospekt nicht in deutscher Sprache erstellt, muss er auch eine Übersetzung der Zusammenfassung in die deutsche Sprache enthalten.

(4) Werden Wertpapiere, für die der Herkunftsstaat des Emittenten nicht die Bundesrepublik Deutschland ist, im Inland öffentlich angeboten oder wird im Inland die Zulassung zum Handel an einem organisierten Markt beantragt, kann der Prospekt in einer von der Bundesanstalt anerkannten Sprache oder in einer in internationalen Finanzkreisen gebräuchlichen Sprache erstellt werden. Ist der Prospekt nicht in deutscher Sprache erstellt, muss er auch eine Übersetzung der Zusammenfassung in die deutsche Sprache enthalten.

(5) Wird die Zulassung von Nichtdividendenwerten mit einer Mindeststückelung von 100 000 Euro zum Handel an einem organisierten Markt in einem Staat oder mehreren Staaten des Europäischen Wirtschaftsraums beantragt, kann der Prospekt in einer von der Bundesanstalt und der zuständigen Behörde des Aufnahmestaates oder den zuständigen Behörden der Aufnahmestaaten anerkannten Sprache oder in einer in internationalen Finanzkreisen gebräuchlichen Sprache erstellt werden.

176 Die Regelung zur **Sprache** von Prospekten[516] für grenzüberschreitende Emissionen zielt (im Europäischen Wirtschaftsraum) darauf ab, einerseits Übersetzungsaufwand zu minimieren, gleichzeitig aber dennoch zu gewährleisten, dass Anleger effektiv geschützt sind und die zuständige Behörde den Prospekt effektiv prüfen kann. Dementsprechend differenziert die Regelung einerseits nach Herkunft der Emission, da der Behörde des Herkunftsstaates die Prüfung des Prospekts obliegt, und Ziel der Emission, da der Prospekt für die umworbenen Anleger verständlich sein muss. Die **ersten drei Absätze betreffen Prospekte (und die drei denkbaren Fälle), für die Deutschland Herkunftsland** ist: Ist Deutschland Herkunftsstaat und ausschließliches Ziel der Emission, ist der Prospekt grundsätzlich in deutscher Sprache zu erstellen und kann unter bestimmten Voraussetzungen ausnahmsweise die Erstellung in einer in internationalen Finanzkreisen gebräuchlichen Sprache gestattet werden (§ 19 Abs. 1 WpPG). Wenn eine Emission, für die Deutschland der Herkunftsstaat ist, ausschließlich im Ausland platziert werden soll, kann der Prospekt wahlweise in einer von der zuständigen Behörde des Aufnahmestaates oder den zuständigen Behörden der Aufnahmestaaten anerkannten Sprache oder in einer in internationalen Finanzkreisen gebräuchlichen Sprache erstellt werden (§ 19 Abs. 2 S. 1 WpPG). Wird er nicht in einer in internationalen Finanzkreisen gebräuchlichen Sprache erstellt, muss er zusätzlich in einer von der BaFin anerkannten Sprache erstellt werden, um dieser die Prüfung zu ermöglichen (§ 19 Abs. 2 S. 2 WpPG). Bei einer Emission, für die Deutschland der Herkunftsstaat ist und die sowohl in Deutschland als auch in anderen Mitgliedsstaaten platziert werden soll, ist der Prospekt in deutscher oder in einer in inter-

[516] Dazu eingehend *Mattil/Möslein* WM 2007, 819; sowie *Holzborn/Israel* ZIP 2005, 1668 (1673); *Kullmann/Sester* WM 2005, 1068 (1070 f.); *Groß* Kapitalmarktrecht, § 19 WpPG Rn 3–10; *Crüwell* AG 2003, 243 (249).

nationalen Finanzkreisen gebräuchlichen Sprache zu erstellen (§ 19 Abs. 3 S. 1 WpPG). Wird der Prospekt danach nicht in deutscher Sprache erstellt, muss immerhin die Zusammenfassung in die deutsche Sprache übersetzt sein (§ 19 Abs. 3 S. 2 WpPG). Dies ist auch die Kernanforderung (im deutschen Recht) für **Prospekte, für die Deutschland nicht Herkunftsland** ist (Abs. 4). Das Regime der Abs. 1–4 nimmt solchermaßen Emittenteninteressen durchaus ernst. Weitere Erleichterungen bringt Abs. 5 für Nichtdividendenwerte, bei denen davon auszugehen ist, dass der Anleger entsprechende Expertise oder entsprechenden Rat hat.

III. § 20 WpPG: Grenzüberschreitende Drittstaatangebote 177

§ 20 Drittstaatemittenten

(1) Die Bundesanstalt kann einen Prospekt, der von einem Emittenten nach den für ihn geltenden Rechtsvorschriften eines Staates, der nicht Staat des Europäischen Wirtschaftsraums ist, erstellt worden ist, für ein öffentliches Angebot oder die Zulassung zum Handel an einem organisierten Markt billigen, wenn

1. **dieser Prospekt nach den von internationalen Organisationen von Wertpapieraufsichtsbehörden festgelegten internationalen Standards, einschließlich der Offenlegungsstandards der International Organisation of Securities Commissions (IOSCO), erstellt wurde und**
2. **die Informationspflichten, auch in Bezug auf Finanzinformationen, den Anforderungen dieses Gesetzes gleichwertig sind.**

(2) Die §§ 17, 18 und 19 sind entsprechend anzuwenden.

(3) Das Bundesministerium der Finanzen kann im Einvernehmen mit dem Bundesministerium der Justiz und für Verbraucherschutz durch Rechtsverordnung, die nicht der Zustimmung des Bundesrates bedarf, bestimmen, unter welchen Voraussetzungen die Informationspflichten gleichwertig im Sinne des Absatzes 1 Nr. 2 sind. Dies kann auch in der Weise geschehen, dass Vorschriften bezeichnet werden, bei deren Anwendung die Gleichwertigkeit gegeben ist. Das Bundesministerium der Finanzen kann die Ermächtigung durch Rechtsverordnung auf die Bundesanstalt für Finanzdienstleistungsaufsicht übertragen.

Für Papiere, die nicht die genannten Anerkennungsprivilegien genießen, namentlich **178**
Prospekte von Drittstaatsemittenten, bedeutet das oben erörterte Regime der §§ 1, 18 WpPG nicht, dass gänzlich unbeachtlich wäre, ob Publizitätspflichten bereits im Ausland erfüllt wurden. Im Ausgangspunkt gilt freilich das **Recht des Auswirkungsmarktes**, bei Emissionen das des Marktes der Platzierung, das als engst berührtes Recht anzuwenden ist (Art. 4 und 9 Rom-I-VO).[517] Diese Regel wird nun für die Gemeinschaft als Ganzes, d.h. den „Europäischen“ Standard einseitig, d.h. für die Anwendbarkeit Europäischen Rechts,

[517] Für börsenrechtliche Anforderungen: RG Urt. v. 10.05.1884 – I 114/84, RGZ 12, 34 (a fortiori); *Grundmann* RabelsZ 54 (1990) 283 (290); *Horn* Anleihen (Rn. 59), S. 45; *Köstlin* Anlegerschutz, S. 53. Zunehmend dann allgemein für kapitalmarktrechtliche Anforderungen (auch jenseits des Börsenhandels) befürwortet: Ausführlich *Grundmann* RabelsZ 54 (1990) 283 (295–301) (mit Nachw. zur fast einhellig gegenteiligen Auffassung in der früheren Literatur); seitdem auch de lege lata ebenso: GroßKommAktG/*Assmann*, Einleitung Rn 698–704; *Hopt* Verantwortlichkeit, S. 121; *Kiel* Internationales Kapitalanlegerschutzrecht (Rn. 105), S. 287–290.

in Anspruch genommen, wenn Drittstaatsemittenten hier ihre Papiere platzieren wollen, ohne dass die umgekehrte Frage (Platzierung von Papieren von EU-Emittenten) ausdrücklich beantwortet würde (hier gilt dann ebenfalls das Recht des Auswirkungsmarktes). Bei der Anwendung dieser Europäischen Standards (im Gewande der deutschen Umsetzung) wird jedoch – unter Anwendung der Grundsätze über die Substitution – davon ausgegangen, dass materielle **Gleichwertigkeit** etwa bei der nach ausländischem Recht erbrachten Rechnungslegung als Prospektbestandteil ausreicht.[518] Hierfür sind die Internationalen Standards der IOSCO – inhaltlich und zur Offenlegung – maßgebliche Leitlinien.[519] Dabei kann Gleichwertigkeit freilich auch durch Zusätze hergestellt werden. Das oben für die EU-Emittenten Gesagte zur Zusatzbelastung durch weitergehende Angabe- und Aufklärungspflichten gilt auch hier (Rn 174).

F. Prospekthaftung (§§ 21–25 WpPG)

Schrifttum (speziell zur Prospekthaftung)

a) **Monographien, Sammelbände, Kommentare:** *Assmann* Prospekthaftung – als Haftung für die Verletzung kapitalmarktbezogener Informationsverkehrspflichten nach deutschem und US-amerikanischem Recht, 1985; *Brandt* Prospekthaftung, 2005; *Brellochs* Publizität und Haftung von Aktiengesellschaften im System des EU-Kapitalmarktrechts, 2005; *Camenzind*, Prospektzwang und Prospekthaftung bei öffentlichen Anleihensobligationen und Notes, 1989; *Christ* Der Einfluss der EU-Prospektrichtlinie auf das Wertpapierprospekthaftungsrecht in der Bundesrepublik Deutschland, 2007; *Denninger* Grenzüberschreitende Prospekthaftung und internationales Privatrecht, 2015; *Ellenberger* Prospekthaftung im Wertpapierhandel, 2001; *Gebauer* Börsenprospekthaftung und Kapitalerhaltungsgrundsatz in der Aktiengesellschaft, 1999; *Gerber* Die Prospekthaftung bei Wertpapieremissionen nach dem Dritten Finanzmarktförderungsgesetz – eine Untersuchung der Vorschriften des Börsengesetzes und des Verkaufsprospektgesetzes im Vergleich zur US-amerikanischen Regelung, 2001; *Haarmann* Die Prospekthaftung am grauen Kapitalmarkt, 2009; *Hellgardt* Kapitalmarktdeliktsrecht – Haftung von Emittenten, Bietern, Organwaltern und Marktintermediären – Grundlagen, Systematik, Einzelfragen, 2008; *Hopt* Die Verantwortlichkeit der Banken bei Emissionen – Recht und Praxis in der EG, in Deutschland und in der Schweiz, 1991; *Hopt/Voigt* (Hrsg.), Prospekt- und Kapitalmarktinformationshaftung – Recht und Reform in der Europäischen Union, der Schweiz und den USA, 2005; *Keunecke* Prospekte im Kapitalmarkt: Anforderungen, Prospekthaftung bei geschlossenen Fonds, Investmentfonds, Wertpapieren und Übernahmeangeboten, 2. Aufl., 2009; *Kunz* Die Börsenprospekthaftung nach Umsetzung der EG-Richtlinien in innerstaatliches Recht, 1991/92; *Pabst* Prospektzwang und Prospekthaftung in den sechs Gründungsstaaten der EWG und in der

[518] Im Einzelnen: *Grundmann* RabelsZ 54 (1990) 283 (314–317); dieser Lösung entspricht grundsätzlich auch die Börsenpraxis: *Staudt* Publizität der börsennotierten Aktiengesellschaften in Deutschland und Frankreich, 1972, S. 61 f.; zumindest grundsätzlich dieser Lösung zuneigend auch: *Köstlin* Anlegerschutz, S. 27, 60, 63 f., 74 f. (beide auch zu alternativen Auffassungen: Rechnungslegung ganz nach ausländischem Personalstatut bzw. streng nach dem deutschen Sachrecht). Für die Substitution: BGH Beschl. v. 16.02.1981 – II ZB 8/80, BGHZ 80, 76 (78 f.); *Hug* Die Substitution im internationalen Privatrecht – anhand von Beispielen aus dem internationalen Familienrecht, 1983, S. 127–141.

[519] Zur Prüfung vgl. – neben den Nachw. vorige Fn – namentlich Assmann/Schlitt/von Kopp-Colomb/*v. Ilberg* § 20 Rn 14–17; *Kollmorgen/Feldhaus* BB 2007, 225 (228). Zusammenstellungen dieser Internationalen Standards in: ESMA, opinion third country prospectuses, ESMA/2013/317, abrufbar unter https://www.esma.europa.eu/sites/default/files/library/2015/11/2013-317.pdf; vgl. auch Schwark/Zimmer/*Heidelbach* § 20 WpPG Rn 9; Assmann/Schlitt/von Kopp-Colomb/*v. Ilberg* § 20 Rn 14 f.

Schweiz, 1972; *Rein* Die Prospektpflicht und Prospekthaftung bei Wertpapieremissionen: Reform und Reformüberlegungen, 2009; *Roller* Die Prospekthaftung im Englischen und im Deutschen Recht, 1991; *Rosa* Prospektpflichten und Prospekthaftung für geschlossene Fonds: eine Untersuchung im Lichte des neuen Verkaufsprospektgesetzes, 2010; *Stübinger* Teilnehmerhaftung bei fehlerhafter Kapitalmarktinformation in Deutschland und den USA, 2015; *Ueding* Prospektpflicht und Prospekthaftung im Grauen Kapitalmarkt nach deutschem und italienischem Recht, 2009; *Uhink* Internationale Prospekthaftung nach der Rom-II-VO – eine neue Chance zur Vereinheitlichung des Kollisionsrechts? Zugleich eine rechtsvergleichende Untersuchung der deutschen, englischen und französischen Haftungstatbestände, 2016; *Vokuhl* Kapitalmarktrechtlicher Anlegerschutz und Kapitalerhaltung in der Aktiengesellschaft, 2007; *Vortmann* (Hrsg), Prospekthaftung und Anlageberatung, 2000; *Weimann* Prospekthaftung, 1998; *Werner/Machunsky* Rechte und Ansprüche geschädigter Kapitalanleger – eine Darstellung von Ansprüchen bei den wesentlichen Kapitalanlageformen in und außerhalb der Börse, 3. Aufl., 1991; *Wild* Prospekthaftung einer Aktiengesellschaft unter deutschem und europäischem Kapitalschutz, 2007; *Zoller*, Die Haftung bei Kapitalanlagen. Die wichtigsten Entscheidungen zu Anlageberatung, Vermögensverwaltung und Prospekthaftung, 3. Aufl. 2016.

b) **Aufsätze und Beiträge:** *Arbeitskreis zum „Deutsche Telekom III-Urteil" des BGH* – Thesen zum Umgang mit dem „Deutsche Telekom III-Urteil" des BGH vom 31.05.2011, NJW 2011, S. 2719 bei künftigen Börsengängen, ZBB 2011, 379; *Assmann* Zur Haftung von Konsortien für das rechtsgeschäftliche Handeln ihrer Vertreter – Bemerkungen zum Urteil des BGH vom 9.7.1984 (II ZR 193/83, Köln), ZHR 152 (1988), 371; *ders.* Entwicklungslinien und Entwicklungsperspektiven der Prospekthaftung, Festschrift für Kübler, 1997, S. 317; *v. Bar* Vertrauenshaftung ohne Vertrauen – Zur Prospekthaftung bei der Publikums-KG in der Rechtsprechung des BGH, ZGR 1983, 476; *Bayer* Emittentenhaftung versus Kapitalerhaltung, WM 2013, 961; *Brondics/Mark* Die Verletzung von Informationspflichten im amtlichen Markt nach der Reform des Börsengesetzes, AG 1989, 339; *Chvika* La responsabilité des intervenants dans le cadre d'une introduction en bourse, RDBF 2008; 12; *Ehricke* Zur zivilrechtlichen Prospekthaftung der Emissionsbanken gegenüber dem Wertpapieranleger, DB 1980, 2429; *Einsele* Internationales Prospekthaftungsrecht – Kollisionsrechtlicher Anlegerschutz nach der Rom II-Verordnung, ZEuP 2012, 23; *dies.* Gesetzliche Prospekthaftung von Aktien- und Personengesellschaften – Anlegerschutz versus Gläubigerschutz?, Festschrift Kreutz, 2010, S. 569; *dies.* Kapitalmarktrechtliche Eingriffsnormen – Bedarf die Rom I-Verordnung einer Sonderregel für harmonisiertes europäisches Recht?, IPRax 2012, 481; *Fleischer* Kapitalmarktrechtliche Schadensersatzhaftung und Kurseinbrüche an der Börse, AG 2002, 329; *ders.* Prognoseberichterstattung im Kapitalmarktrecht und Haftung für fehlerhafte Prognosen, AG 2006, 2; *Fleischer/Schneider/Thaten* Kapitalmarktrechtlicher Anlegerschutz versus aktienrechtliche Kapitalerhaltung – wie entscheidet der EuGH?, NZG 2012, 801; *Fleischer/Thaten* Einlagenrückgewähr und Übernahme des Prospekthaftungsrisikos durch die Gesellschaft bei der Platzierung von Altaktien, NZG 2011, 1081; *Freitag* Internationale Prospekthaftung revisited – Zur Auslegung des europäischen Kollisionsrechts vor dem Hintergrund der „Kolassa"-Entscheidung des EuGH, WM 2015, 1165; *Grundmann/Selbherr* Börsenprospekthaftung in der Reform – Rechtsvergleichung, Europarecht, Interessenbewertung mit ökonomischer Analyse, WM 1996, 985; *Gruson* Prospekterfordernisse u. Prospekthaftung bei unterschiedlichen Anlageformen nach amerikanischem u. deutschem Recht, WM 1995, 89; *Haas/Hanowski* Keine Prospekthaftung für Werbeaussagen?, NZG 2010, 254; *Hebrandt* Schadensersatzhaftung für mangelhafte Wertpapier-Produktflyer außerhalb einer vertraglichen Sonderverbindung, ZBB 2011, 451; *Hellgardt* Von der bürgerlich-rechtlichen Prospekthaftung zur Informationshaftung beim Vertrieb von Vermögensanlagen – Eine Nachlese zum „Rupert Scholz"- Urteil des BGH vor dem Hintergrund des neuen Vermögensanlagengesetzes, ZBB 2012, 73; *ders.* Europarechtliche Vorgaben für die Kapitalmarktinformationshaftung – de lege lata und nach Inkrafttreten der Marktmissbrauchsverordnung, AG 2012, 154; *Herresthal* Aktuelle Entwicklungen der (v.a. bürgerlichrechtlichen) Prospekthaftung, Bankrechtstag 2015, 2016, S. 103; *Hopt* Inwieweit empfiehlt sich eine allgemeine gesetzliche Regelung des Anlegerschutzes? (dargestellt unter besonderer Berücksichtigung der Publikumspersonengesellschaften, namentlich der Abschreibungsgesellschaften und geschlossenen Immobilienfonds), Gutachten G, 51. DJT 1976, G1-G133; *ders.* Emission, Prospekthaftung und Anleihetreuhand im internationalen Recht, Festschrift für Lorenz, 1991, S. 413; *ders.* Kapitalmarktrecht (mit Prospekthaftung) in der Rechtsprechung des Bundesgerichtshofes, FS 50 Jahre Bundesgerichtshof, 2000, S. 497; *ders.* Die Haftung für Kapitalmarktinformationen – Rechtsvergleichende, rechtsdogmatische und rechtspolitische Überlegungen, WM 2013, 101; *Klöhn* Optimistische Prognosen in der bürgerlich-rechtlichen Prospekthaftung (Zugleich Besprechung von BGH WM 2009, 2303), WM 2010, 289; *ders.* Prospekthaftung bei (scheinbarer) Ausnahme von der Prospektpflicht gem. §§ 3 Abs. 1 WpPG, 6 VermAnlG, Festschrift für Hoffmann-Becking, 2013, S. 679; *ders.* Grund und Grenzen der Haftung wegen unterlassener Prospektveröffentlichung gem. § 24 WpPG, § 21 VermAnlG, DB 2012, 1854; *ders.* Die Ausweitung der bürgerlich-rechtlichen Prospekthaftung durch das „Rupert Scholz"-Urteil des BGH – Zugleich Besprechung von BGH WM 2012, 19, WM 2012, 97; *ders.* Kapitalmarktinformationshaftung für Corporate-Governance-Mängel? ZIP 2015, 1145; *Köndgen* Zur Theorie der Prospekthaftung, AG 1983, 85 und 120; *Kort* Neuere Entwicklungen im Recht der Börsenprospekthaftung (§§ 45 ff. BörsG) und der Unternehmensberichtshaftung (§ 77 BörsG), AG 1999, 8; *Krämer/Baudisch* Neues zur Börsenprospekthaftung und zu den Sorgfaltsanforderungen beim Unternehmenskauf – zugleich eine Anmerkung zum Urteil des LG Frankfurt a. M. vom 7.10.1997 (WM 98, 1181), WM 1998, 1161; *Kuntz* Internationale Prospekthaftung nach Inkrafttreten des Wertpapierprospektgesetzes, WM 2007, 432; *Leuering* Die Neuordnung der gesetzlichen Prospekthaftung, NJW 2012, 1905; *Lorenz/Schönemann/Wolf* Geplante Neuregelung zur Prospekthaftung – Verjährung, Anspruchskonkurrenz und Prospektzusammenfassung, CFL 2011, 346; *Meyer* Aspekte einer Reform der Prospekthaftung – Würdigung der Verhandlungen des 64. Deutschen Juristentages (Teile I und II), WM 2003, 1301 und 1349; *Möllers/Steinberger* Die BGH-Entscheidung zum Telekom-Prozess und das europäische Anlegerleitbild, NZG 2015, 329; *Oulds* Prospekthaftung bei grenzüberschreitenden Kapitalmarkttransaktionen, WM 2008, 1573; *Piekenbrock* Der Kausalitätsbeweis im Kapitalanlegerprozess – ein Beitrag zur Dogmatik der „ungesetzlichen" tatsächlichen Vermutungen, WM 2012, 429; *F. Schäfer* Stand und Entwicklungstendenzen der spezialgesetzlichen Prospekthaftung, ZGR 2006, 40; *Schlee/Maywald* PIB – Ein neues Risiko im Rahmen der Prospekthaftung? BKR 2012, 320; *Schmitt* Prospekthaftung von Abschlussprüfern, DStR 2013, 1688; *Schnauder*, Regimewechsel im Prospekthaftungsrecht bei geschlossenen Publikumsfonds, NJW 2013, 3207; *Sittmann* Modernisierung der börsengesetzlichen Prospekthaftung, NJW 1998, 3761; *ders.* Die Prospekthaftung nach dem Dritten Finanzmarktförderungsgesetz, NZG 1998, 490; *Spindler* Haftung für fehlerhafte und unterlassene Kapitalmarktinformationen – ein (weiterer) Meilenstein, NZG 2012, 575; *Suchomel* Konkurrenz von § 20 VermAnlG und bürgerlich-rechtlicher Prospekthaftung bei fehlerhaftem Prospekt, NJW 2013, 1126; *Teichmann* Haftung für fehlerhafte Informationen am Kapitalmarkt, JuS 2006, 953; *Veil* Der Schutz des verständigen Anlegers durch Publizität und Haftung im europäischen und nationalen Kapitalmarktrecht, ZBB 2006, 162; *Wackerbarth* Prospektveranlassung durch Altaktionäre und Einlagenrückgewähr, WM 2011, 193; *Wagner* Prospekthaftung bei Berlin-Fonds, NZG 2010, 696 (Anm. zu BGH vom 22.3.2010 – II ZR 66/08); *Weber* Kapitalmarktinformationshaftung und gesellschaftsrechtliche Kapitalbindung – ein einheitliches Problem mit rechtsformübergreifender Lösung? ZHR 176 (2012), 184; *Westermann/Paefgen* Kritische Überlegungen zum Telekom-III-Urteil des BGH und seinen Folgen, in Festschrift für Hoffmann-Becking, 2013, 1363; *Graf v. Westphalen* Zusammenhang zwischen der Prospekthaftung und der Haftung aus der individuellen Anlageberatung, BB 1994, 85; *Wieneke* Haftung der Konzernspitze für die (unrichtige) Darstellung des Unternehmensvertrags im Wertpapierprospekt der Konzerntochter, NZG 2012, 1420; *Wink* Übernahme des Prospekthaftungsrisikos durch die Gesellschaft bei der Umplatzierung von Aktien und Verbot der Einlagenrückgewähr nach § 57 AktG – Das Telekom/KfW-Urteil des BGH vom 31.5.2011 und seine Folgen für die Emissionspraxis, AG 2011, 569; *Zech/Hanowski* Haftung für fehlerhaften Prospekt aus § 13 VerkProspG aF – Maßgeblicher Empfängerhorizont bei der Beurteilung der Unrichtigkeit eines Prospekts, NJW 2013, 510; *Ziemons* Die Übernahme von Transaktionskosten und Prospektrisiken durch die Aktiengesellschaft nach der BGH-Entscheidung „Dritter Börsengang" der Telekom, GWR 2011, 404; *Zoller* Telekom-Beschluss des BGH (3. Börsengang): Der Telekommunikationsdienstleister als Immobilienentwickler und Venture-Capital-Unternehmen im prospekthaftungsrechtlichen Sinne, GWR 2015, 67.

Vgl. auch Schrifttum zum Prospektrecht allgemein oben Rn 62.

Übersicht

Rn

I. Hintergrund und Zielsetzung 179
1. Hintergrund 179
a) Europäischer Hintergrund und Gesetzgebungsentwicklung 179
b) Ordnung der Anwendungsbereiche . 180
2. Zielsetzung (mit ökonomischer Theorie) 181

II. §§ 21, 22 WpPG: Haftung für fehlerhafte Prospekte 184
1. Pflichtprospekte: Überblick – Tatbestandsstruktur – dogmatische Einordnung (§ 21 WpPG) 185
a) Überblick, Arten von Pflichtprospekten und Tatbestandsstruktur 185
b) Dogmatische Einordnung 187
2. Anspruchsberechtigte und -gegner (§ 21 Abs. 1, 2 WpPG) 188
3. Tatbestandsmerkmale (§ 21 Abs. 1 und 4 iVm § 23 WpPG) 192
a) Vorspann: Erfasste Instrumente und Märkte (Abs. 1) 192
b) Fehlerhaftigkeit von Prospekt oder anderer Darstellung (Abs. 1 und 4) . 193
c) Kausalität und Beweis, insbes. Anlagestimmung (Abs. 1) 195
d) Weitere Kausalitätsfragen und Sorgfaltsanforderungen – Verweis (§ 23 WpPG) 197
4. Anspruchsinhalt (§ 21 Abs. 1 und 2 WpPG) 198
5. Prospekthaftung im grenzüberschreitenden Sachverhalt (§ 21 Abs. 3 WpPG) 201
6. Paralleltatbestände im WpPG 204
a) Prospekte bei öffentlichem Angebot (§ 22 WpPG) 204
b) Freiwillig veröffentlichte Prospekte . 205

Rn

III. § 23 WpPG: (Gesetzlicher) Haftungsausschluss 206
1. (Fehlender) Hinreichender Sorgfaltsverstoß (Abs. 1) 208
2. Beschränkung auf den Erwerb junger Stücke (Abs. 2 Nr. 1 iVm § 21 Abs. 1 S. 3 WpPG) 214
3. Mangelnde Kursauswirkung/Kausalität (Abs. 2 Nr. 2) 216
4. Mitverschulden (Abs. 2 Nr. 3) 217
5. Berichtigung in Jahres- oder Zwischenbericht oder Ad-hoc-Publizität (Abs. 2 Nr. 4) 218
6. (Fehlender) Hinreichender Verstoß bei Zusammenfassungen (Abs. 2 Nr. 5) . . 223
7. Exkurs: Verjährung (§§ 195–199 BGB) 225

IV. § 24 WpPG: Haftung bei fehlendem Prospekt 226
1. Fehlen des Prospekts bei öffentlichem Angebot (Abs. 1 iVm § 3 Abs. 1 WpPG) 227
2. Parallele Tatbestandserfüllung (Abs. 1–3) 228
3. Paralleles Fehlen von Haftungsausschlussgründen (Abs. 4) 230

V. § 25 WpPG: Grenzen der Haftungsbeschränkung und konkurrierende Ansprüche 232
1. Grenzen der Haftungsbeschränkung (Abs. 1) 233
2. Konkurrierende Ansprüche (Abs. 2) . . 234
a) Anwendungsbereich der Konkurrenzregel 234
b) Inhalt der Konkurrenzregel 235

I. Hintergrund und Zielsetzung

1. Hintergrund

a) Europäischer Hintergrund und Gesetzgebungsentwicklung. Die ältere Gesetzgebungsentwicklung zu den Prospekthaftungstatbeständen und ihren jeweiligen Tatbeständen wurde bereits oben – gemeinsam mit der Entwicklung des Prospektrechts insgesamt dargestellt (oben Rn 71–75). Daher bleiben aus der geschichtlichen Herleitung der Prospekthaftung an dieser Stelle nur zwei Entwicklungen offen, die – punktuell – näher in den Blick genommen werden sollen: Das ist einerseits die **Europäische Einbettung,** insbesondere die Frage danach, inwieweit Europäisches Recht Vorgaben macht bei der Tatbestandsgestaltung durch den deutschen Gesetzgeber (hier Rn 179), und das ist andererseits eine nähere Beleuchtung des Schlusspunktes der Entwicklung im deutschen Recht – mit einer Vereinheitlichung der Prospekthaftung für das gesamte Kernkapitalmarktrecht (und parallel der weitgehenden Annäherung der Prospekthaftungstatbestände auch der Nebenkapitalmärkte) (vgl. unten Rn 180). Die europäischen Rechtsakte, als deren Umsetzung heute die Prospektpflichten des deutschen Gesetzesrechts fungieren, enthielten über **lange** 179

Zeit keine Regelung zur Sanktion, namentlich **zur Prospekthaftung**. Dies änderte sich mit Art. 6 der allgemeinen Prospekt-Richtlinie von 2003 (oben Rn 72), der dem nationalen Gesetzgeber aufgibt, jedenfalls einen Schuldner im Emittentenlager vorzusehen und dass dieser die Verantwortung übernimmt, möglicherweise auch (kraft allgemeinen EG/EU-Vertragsrechts) einen strengeren Haftungsmaßstab einführt.[520] Dies betrifft namentlich die Frage, ob nicht vorrangige Rechtsquellen de facto eine Börsenprospekthaftung bereits bei leichter Fahrlässigkeit gebieten bzw. ob andere Milderungen der Haftung europarechtlichen Schranken unterliegen. Das erste insoweit relevante Instrument ist das einer richtlinien- oder **europarechtskonformen Auslegung.** Bekanntlich verpflichtete der EuGH deutsche Gerichte für § 611a BGB a.F. ebenfalls dazu, konkurrierende Ansprüche zuzulassen, obwohl alle sonstigen (deutschen) Auslegungsmethoden dagegen sprachen.[521] Der EuGH vertritt außerdem – und hierbei handelt es sich um ein zweites Instrument – eine Leitlinie in der Frage, wie Sanktionen im nationalen Recht ausgestaltet sein müssen. Selbst wenn diese, wie üblich, nicht in der EG-Richtlinie vorgeschrieben sind, geht das Gericht auf der Grundlage des Art. 291 AEUV (früher Art. 10 EG) davon aus, dass die Sanktionen für die Verletzung von harmonisiertem Recht jedenfalls nicht weniger effizient sein dürfen als diejenigen für die Verletzung von vergleichbaren Tatbeständen des nicht harmonisierten Rechts.[522] Und insoweit hat man davon auszugehen, dass der EuGH nationales Recht sehr genau auf Konsistenz überprüft und dies in der Tendenz eher noch zunehmend.[523] Solch

---

[520] Zu dieser Neuerung *Grundmann* Europäisches Gesellschaftsrecht, Rn 702; *v. Ilberg/Neises* WM 2002, 635 (641). Monographisch: *Christ* Einfluss der EU-Prospektrichtlinie auf das Wertpapierprospekthaftungsrecht; auch *Wild,* Prospekthaftung, bes. S. 239–256. Zum Fehlen solcher Regeln bis 2003: *Heinze* Europäisches Recht des Primärmarktes, S. 115–117, 179–181 (Forderung präziserer Regeln); *Moloney* (2003) 40 CMLR 809 (832); und monographisch zur autonomen Prospekthaftung in Deutschland vor allem: *Ellenberger* Prospekthaftung im Wertpapierhandel, 2001; *Gerber* Prospekthaftung bei Wertpapieremissionen nach dem Dritten Finanzmarktförderungsgesetz; wegweisend *Assmann* Prospekthaftung.

[521] EuGH Urt. v. 10.4.1984 – Rs. 14/83 – *von Colson und Kamann,* Slg. 1984, 1891 (1908 f.); EuGH Urt. v. 10.4.1984 – Rs. 79/83 – *Harz,* Slg. 1984, 1921 (1941 f.). Eine richtlinienkonforme Auslegung ist, wenn ein Gesetzgeberwille, sich richtlinienkonform zu verhalten, dargetan werden kann (damals: Einlassung im Prozess vor dem EuGH), selbst dann zulässig und geboten, wenn sie den deutschen Regeln über die systematische Auslegung widerspricht – hier derjenigen über die verdrängende Wirkung der spezielleren Regel –: im Einzelnen *Grundmann* ZEuP 1996, 399 (420–423); gegen richtlinienkonforme Auslegung tendenziell OLG Frankfurt a. M. Urt. v. 17.12.1996 – 5 U 178/95, ZIP 1997, 107 (109) („Sachsenmilch"); für die gleichen Standards richtlinienkonformer Auslegung wie hier vorgeschlagen BGH Urt. v. 26.11.2008 – VIII ZR 200/05, BGHZ 179, 27 = BGH NJW 2009, 427.

[522] EuGH Urt. v. 12.6.1980 – verb. Rs. 119 und 126/79 – *Lippische Hausgenossenschaft/Bundesanstalt für Landwirtschaftliche Marktordnung*, Slg. 1980, 1863 (1879); *Groeben/Schwarze/Zuleeg 6. Aufl., 2003,* EGV Art. 10 Rn 6; Groeben/Schwarze/Hatje/*Obwexer* EUV Art. 4 Rn 124; *Grundmann/Selbherr* WM 1996, 985 (987–989); vgl. auch EuGH (Fn 521), *von Colson und Kamann,* Slg. 1984, 1891 (1908); EuGH (Fn 521), *Harz,* Slg. 1984, 1921 (1941 f.); kritisch zu den Überlegungen im Folgenden: *Assmann,* FS Kübler, 1997, 317 (342); ablehnend *Kort* AG 1999, 9 (19 f.); zu einfach macht es sich freilich, wer das deutsche Regime schlicht für rechtspolitisch überlegen erklärt und europarechtliche Fragen ignoriert, etwa EBJS/*Groß* BankR IX Rn 812.

[523] Sehr dezidiert EuGH Urt. v. 9.3.1999 – Rs. C-212/97 – *Centros,* Slg. 1999, I-1459, 1495; aber auch die Rechtsprechungsreihe zu den Golden Shares, nachgezeichnet (mit umfangreichen Nachw.) etwa bei *Grundmann* Europäisches Gesellschaftsrecht,

einen vergleichbaren Tatbestand kann man im hier interessierenden Bereich in der von der höchstrichterlichen Rechtsprechung entwickelten bürgerlichrechtlichen Prospekthaftung sehen, deren Voraussetzungen milder erscheinen als bei der spezialgesetzlichen Prospekthaftung, jedenfalls dem Wortlaut nach (vor allem: leichte Fahrlässigkeit). Zwar ist der Anwendungsbereich der bürgerlichrechtlichen Prospekthaftung zunehmend eingeengt worden (Rn 76–78 und nächste Rn), doch besteht sie noch weiter und ist ihr Leitbildcharakter angesichts einer auch sonst weit verstandenen Haftung aus c.i.c. (§ 311 Abs. 2 und 3 BGB) für die europarechtliche Konsistenzprüfung keineswegs obsolet. Entscheidend für die Frage, ob das spezialgesetzliche Regime europarechtswidrig ist bzw. europarechtskonform dahingehend ausgelegt werden muss, dass es nicht milder ausgestattet werden darf als die bürgerlichrechtliche Haftung, ist folgende Frage: Ist dieses spezialgesetzliche Regime in seiner Gesamtwirkung weniger abschreckend und effizient als die bürgerlichrechtliche Prospekthaftung? Ist solch eine Diskrepanz auch in der praktischen Auswirkung im Einzelfall zu konstatieren, wäre m.E. das (unmittelbar anwendbare) Europarechtliche Prinzip einer Gleichbehandlung vergleichbarer Sanktionen verletzt. Und zudem könnte auch der Wortlaut des § 23 Abs. 1 WpPG einer richtlinienkonformen Auslegung nicht entgegenstehen, wenn Art. 6 der allgemeinen Prospekt-Richtlinie als Vorgabe einer Haftung nach allgemein zivilrechtlichen Grundsätzen (etwa § 276 BGB) zu verstehen ist. Beide Vorgaben sind angesichts der umfangreichen EuGH-Rechtsprechung europarechtlich gut abgesichert. Beim Vergleich beider Regime fällt nun freilich auf: In der Praxis kommt die höchstrichterliche Rechtsprechung zum Sorgfaltsmaßstab in der Tat bereits demjenigen der leichten Fahrlässigkeit nahe (vgl. unten Rn 209). Solange die Praxis einen solchermaßen hohen Sorgfaltsmaßstab auch im spezialgesetzlichen Regime anlegt, wird man in der Tat mit guten Gründen vertreten können, dass das spezialgesetzliche Regime in vielen Punkten auch präziser und günstiger ist und dies die mögliche Milderungen kompensiert.[524] Dies gilt umso mehr, als nach der Neuordnung 2012 mit der Anwendung der Regelverjährung auch auf die börsliche Prospekthaftung eine der gewichtigsten Milderungen, das kenntnisunabhängige und etwas kürzerfristige Verjährungsregime, weggefallen ist.

b) **Ordnung der Anwendungsbereiche.** In Deutschland gilt seit dem Inkrafttreten des **180**
Gesetzes zur Novellierung des Finanzanlagen- und Vermögensanlagenrechts (vgl. Rn 78) zum 1.6.2012 ein neues Regime, das sich vom vorangegangenen vor allem durch eine Änderung/Klärung der Anwendungsbereiche abhebt, zudem durch eine Vereinfachung des Verjährungsregimes und eine Verlängerung des gesetzlich relevanten Platzierungszeitraums ab Prospektveröffentlichung. Geklärt wurden die **Anwendungsbereiche**, indem eine Prospekthaftung nach §§ 21–25 WpPG für zum Börsenhandel zugelassene oder öffentlich angebotene Wertpapiere (Effekten) einerseits eingeführt wurde sowie in §§ 20 f. VermAnlG bzw. § 306 KAGB für öffentlich angebotene Vermögensanlagen im Sinn des § 1 Abs. 2 VermAnlG bzw. des § 1 Abs. 1 und insbes. 11 KAGB (andere als Effekten) andererseits. Mit anderen Worten: Auch für die Prospekthaftung wird in §§ 21–25 WpPG nunmehr der gleiche Anwendungsbereich gewählt wie in der allgemeinen EG-Prospekt-Richtlinie, also für den Europäisch regulierten Bereich ein einheitliches Regime, während der Europäisch nicht regulierte graue Kapitalmarkt seinem eigenen Regime unterworfen wird. Diese klarere Ordnung der Regime hebt die neue Regelung von der bis zum 31.5.2012 Geltenden

---

Rn 645, 785; zum Gebot konsistenten Verhaltens ausführlich und mwN in einer benachbarten Materie: *Roth* Das Allgemeininteresse im europäischen Internationalen Versicherungsvertragsrecht, VersR 1993, 129 (137–139).

[524] Etwa Schwark/Zimmer/*Heidelbach* § 13 VerkProspG Rn 37.

ab: damals zwar durchaus bereits mit einer spezialgesetzlichen Prospekthaftung auch im grauen Kapitalmarkt und einer solchen beim öffentlichem Angebot von Effekten, diese beiden jedoch in einem Gesetz verbunden (§§ 13,13a VerkProspG, mit Adaption der börsengesetzlichen Verjährungsregel), während §§ 44–47 BörsG nur eine Prospekthaftung für den amtlichen Handel und im (sonstigen) regulierten Markt vorsahen.[525] Die historische Beschränkung der spezialgesetzlichen Prospekthaftung allein auf den Börsenhandel war noch deutlich spürbar, zugleich wurde ein einheitliches Europäisches Regime zersplittert umgesetzt.[526] Mit dem neuen Regime gilt darüber hinaus jetzt der Grundsatz, dass das Gesetz die Prospekthaftung regelt, das auch die Prospektpflicht normiert.[527] Die bis dahin geltenden §§ 44–47 BörsG sowie das VerkProspG wurden (als Umsetzungsregime für die EG-Prospekthaftungs-Richtlinie) aufgehoben, allerdings inhaltlich weitgehend identisch in die §§ 21 ff. WpPG übernommen:

Neuregelung ab dem 1.6.2012	Regelung bis zum 31.5.2012
§ 21 WpPG	§ 44 BörsG a.F.[528]
§ 22 WpPG	§ 13 VerkProspG (soweit dieser für Wertpapiere galt) (ansonsten eingegangen in § 20 VermAnlG; ähnlich § 13a VerkProspG a.F.).
§ 23 WpPG	§ 45 BörsG a.F. – bei verbaler Anpassung an die gesteigerten Anforderungen an die Zusammenfassung.
Im WpPG entfallen (Sonderregelung Verjährung)	§ 46 BörsG a.F.
§ 24 WpPG	§ 13a VerkProspG (für Wertpapiere)
§ 25 WpPG	47 BörsG[529]
§§ 20, 21 VermAnlG	§§ 13, 13a VerkProspG (für Vermögensanlagen)

525 Zur Prospekthaftung im Investmentrecht nach dem KAGB BankR-Hdb/*Köndgen* § 113 Rn 81–83.

526 Im Prospekthaftungsrecht lebte also die Unterscheidung zwischen regulierten Märkten und sonstigem Kapitalmarkt – anders als bei der Prospektpflicht und den Prospektinhalten – fort. Den tiefsten Einschnitt jüngerer Zeit vor 2012 bedeutete das Dritte Finanzmarktförderungsgesetz von 1998, obwohl mit der ursprünglich angedachten Verschärfung beim Verschuldensmaßstab ein Hauptreformanliegen unverwirklicht blieb (vgl. noch BT-Drs. 11/6340, 6 f., S. 14; hierzu dann aber und zum Wegfall auf Anregung des Bundesrates: *Assmann* NJW 1991, 529 [531 f.]; *Hopt* Verantwortlichkeit, S. 8 f.): (Art. 1 und 2 des) Gesetz(es) zur weiteren Fortentwicklung des Finanzplatzes Deutschland (Drittes Finanzmarktförderungsgesetz) vom 24.3.1998, BGBl. I S. 529. Dazu *Meixner* NJW 1998, 1896; *Pötzsch* WM 1998, 949; speziell zum Prospekthaftungsregime: *Gerber* Prospekthaftung bei Wertpapieremissionen nach dem Dritten Finanzmarktförderungsgesetz; *Sittmann* NJW 1998, 3761; *ders.* NZG 1998, 490. Dieses Gesetz unternahm es vor allem, die Regelung selbst zu modernisieren und in wesentlichen Punkten zu klären.

527 *Leuering* NJW 2012, 1905 (1910).

528 Mit einer bloßen Abweichung im Wortlaut: statt „ein Ausgabepreis nicht" nunmehr „kein Ausgabepreis", vgl. *Leuering* NJW 2012, 1905 (1906, Rn 15).

529 Dass § 25 Abs. 2 WpPG anders als noch § 47 Abs. 2 BörsG a.F. neben der gesetzlichen Prospekthaftung auch Ansprüche aus leicht fahrlässiger Handlung zulässt (vgl. dazu EBJS/*Groß*, BankR IX Rn 729), führt dagegen de facto zu keiner materiellen Änderung, da die denkbaren Normen sämtlich Vorsatz voraussetzen, vgl. *Leuering* NJW 2012, 1906, *Groß*, Kapitalmarktrecht § 25 WpPG Rn 1, *Lorenz/Schönemann/Wolf* CFL 2011, 349.

Die §§ 13, 13a VerkProspG wurden aufgespalten und finden sich nunmehr in §§ 21, 22, 24 WpPG einerseits, sofern es um öffentlich angebotene Wertpapiere geht, und den §§ 20, 21 VermAnlG bzw. § 306 KAGB andererseits, sofern öffentlich angebotene Vermögensanlagen bzw. Investmentvermögen iSd § 1 VermAnlG bzw. § 1 KAGB betroffen sind. Die §§ 20 f. VermAnlG, § 306 KAGB entsprechen damit weitgehend §§ 21, 22, 24 WpPG, sind jedoch anders als die früheren §§ 13, 13a VerkProspG ausformuliert. Dagegen wurde § 46 BörsG a.F. gestrichen, sodass stattdessen die **Regelverjährung** nach §§ 195–199 BGB gilt. Der Zeitraum zwischen öffentlichem Angebot und Erwerb (**gesetzlich relevante Platzierungsfrist**) wurde allerdings von sechs Monaten auf zwei Jahre ausgedehnt, um der im Bereich der Vermögensanlagen gesteigerten Bedeutung des Verkaufsprospekts sowie der üblicherweise zeitlich längeren Platzierung Rechnung zu tragen.[530]

2. Zielsetzung (mit ökonomischer Theorie). Bei der Zielsetzung, insbesondere auch unter dem Gesichtspunkt Erschließung von Anlegerkreisen und ökonomischer Anreizwirkung für Emittenten und Emissionsbegleiter, können **verschiedene Modelle unterschieden** werden: Sie variieren – den **Inhalt des Schadensersatzes** betreffend – von einer sehr starken Pönalisierung – und enstprechenden Anreizwirkungen – für Fehler und Auslassungen, etwa mit dreifachem Schadensersatz[531] über eine Kompensation jedenfalls der entgangenen Gewinne (aus nicht getätigter anderer Anlage)[532] bis hin zur bloßen Rückabwicklung des Erwerbspreises gegen Rückübertragung der Wertpapiere – wie in § 21 WpPG. Eine weiterreichende Haftung, namentlich für entgangenen Gewinn, setzt nach hM entweder eine vorsätzliche, sittenwidrige Schädigung voraus (§ 826 BGB, unten Rn 236) oder eine spezifische vertragliche Abrede (Garantie, unten Rn 236). Eine zweite Unterscheidung nach verschiedenen Graden der Haftung ist selbstverständlich diejenige nach **gefordertem Sorgfaltsverstoß** – von einer Garantiehaftung über die Haftung für leichte Fahrlässigkeit bis hin zur Haftung erst ab grober Fahrlässigkeit (§ 23 Abs. 1 WpPG). Im allgemeinen Zivilrecht optierte der deutsche Gesetzgeber für eine verschuldensunabhängige Rückabwicklung (und fordert nur für weitergehenden Schadensersatz, namentlich entgangenen Gewinn, leichte Fahrlässigkeit) und wurde dafür überwiegend gelobt, weil diese Lösung als **181**

[530] RegE BT-Drs 17/6051, S. 36, und Baumbach/Hopt/*Kumpan* § 20 VermAnlG Rn 1.

[531] Im europäischen Kontext wird erhöhter Schadensersatz vor allem bei der Verletzung von Urheberrechten oder allgemeinem Persönlichkeitsrecht gewährt (*Bodewig/Wandtke* GRUR 2008, 220 (222)); in den USA ist er als dreifacher Schadensersatz hingegen weiter verbreitet, über Immaterialgüterrechte (*Means* (2013) U. Ill. L. Rev. 1999 (2002); *Schmolke* GRUR Int. 2007, 3 (10)) hinaus etwa im Kartellrecht (*Acutt/Elliott* (2001) 11 European Journal of Law and Economics 309 (312 f.)), als Strafschadensersatz im Deliktsrecht (*Shavell* Foundations of Economic Analysis of Law, S. 247) sowie bei organisiertem Verbrechen und Korruption („RICO-Statut“: *Morse* 61 Notre Dame L. Rev. 526 (1986)), im Kapitalmarktrecht jedoch nur, wenn die besonderen Voraussetzungen des RICO-Statuts (z.B. „racketeering activity“) vorliegen (*Bridge* 18 Ga. L. Rev. 43 (45) (1983)).

[532] Gegenwärtig kann in 17 EWG-Staaten entgangener Gewinn im Rahmen der Prospekthaftung verlangt werden, darunter in Frankreich und Italien (*ESMA* Report ESMA/2013/619, S. 14 f.), nicht aber im Vereinigten Königreich (*Vokuhl* Prospectus Disclosure, in: Veil, European Capital Markets Law, 2013, S. 220 (242)) und ebenfalls nicht in den USA (§ 12(a)(2) Securities Act of 1933, dazu etwa *Maynard* 32 Wm. & Mary L. Rev. 847 (851) (1991)); zur m.E. ökonomisch höheren Überzeugungskraft eine (verschuldensfreien) Garantiehaftung selbst für Folgeschäden in Fällen von Versprechen, die auf Märkten konkurrieren: MünchKommBGB/*Grundmann* § 276 Rn 32 f.; *Grundmann* Das Verschuldensprinzip im Vertragsrecht zwischen Ethik und Markt, FS Schwark 2009, 21 (passim).

einzige sinnvoll mit dem Äquivalenzprinzip als dem Grundprinzip von Austausch zu vereinbaren sei.[533] Eine dritte Unterscheidung betrifft die Frage, **welche Anleger zu schützen sind** – nur diejenigen, die aufgrund des Prospekts erstmals kauften oder auch alle Anleger, die aufgrund des Prospekts und der in ihm enthaltenen Informationen Altstücke erwerben.

182 Letztlich ist eine **Evaluation der Zielesetzung** und auch der dafür diskutierten ökonomischen Modelle **nur für die konkrete Mischungsform** sinnvoll möglich.[534] Dabei kann die Komplexität dadurch reduziert und die drittgenannte Problematik jedenfalls dahingehend entschärft werden, dass man – wie der deutsche Gesetzgeber – für die letzte Unterscheidung eine Wahlmöglichkeit vorsieht: Der Anleger kann zwischen jungen Stücken und alten Stücken wählen und im ersten Fall Kompensation für Prospektfehlerhaftigkeit umfassend fordern, während er im zweiten Fall ein stärker spekulatives Papier erwirbt und der Prospekt zwar als Informationsquelle herangezogen werden kann, aus ihm freilich keine Garantie erwächst (näher unten Rn 214). In den restlichen beiden Fragen ist der Ausgangspunkt der, dass – soweit Informationspflichten aus Zwecken der effizienten Mittelallokation und des Anlegerschutzes bejaht – werden, Wahrheitspflichten – einschließlich der Haftung für Fehler in entscheidungserheblichen Angaben – nur die notwendige Infrastruktur für solch eine Informationsweitergabe bilden. Sie sind daher selbst aus der Sicht der liberalsten und am schwächsten regulierenden Philosophie – des bloßen Signalling (oben Rn 67 f. und 5. Teil Rn 33) – im Grundsatz angezeigt. Und wiederum führt die Beschränkung auf Haftung erst ab dem Grad der groben Fahrlässigkeit dazu, dass diese Infrastruktur keineswegs bei jedem durch Prospektfehler erfolgten (und von der Informations- und Allokationseffizienz her grds. suboptimalen) Kapitaltransfer eingreift. Diese einschneidende Beschränkung selbst bei der bloßen Rückerstattung des Kapitaleinsatzes ist theoretisch kaum zu rechtfertigen, daher auch ist es vom ökonomischen Theorieansatz jedenfalls zu begrüßen, dass die Rechtsprechung de facto häufig leichte Fahrlässigkeit bereits hat genügen lassen (unten Rn 209).[535]

183 Konzeptionell **gleicht selbst bei einer Beschränkung auf junge Stücke die Prospekthaftung** ohnehin **nur den Mehrerlös aus**, den der Emittent auf Grund der Fehler des Prospektes machte, und ist daher – nunmehr aus rechtspolitischer Sicht – auch besonders leicht zu erklären (vgl. bereits oben Rn 67 f., 182). Die mantraartig vorgebrachte Kritik, eine Haftung bereits für leichte Fahrlässigkeit – oder gar eine Garantiehaftung – ist daher eher fragwürdig. Bei einer bloßen Gewinnabschöpfung besteht zwar immer noch die Gefahr, dass die aufgenommenen Kapitalbeträge fehlinvestiert sind und als Gegenwert nicht mehr zur Verfügung stehen. Wenn man – normativ – jedoch von sinnvoller Investition auf Seiten des Emittenten ausgeht, ihm also in der rechtlichen Wertung die Verantwortung auferlegt, mit den eingeworbenen Mitteln sorgsam umzugehen (wiederum vor allem im Anlegerinteresse, im Interesse des Prinzipals), so kann diese Verlustgefahr kaum als relevant für die Gesamt-

[533] Vgl. hierzu namentlich *Grundmann* Der Schadensersatzanspruch aus Vertrag – System und Perspektiven, AcP 2004 (2004) 569 (bes. 574) (m. w.Nachw.); Einordnung in Gesamttendenzen etwa MünchKommBGB/*Grundmann* § 276 Rn 26–31.

[534] Zur Diskussion der Prospekthaftung und verschiedener Modelle vgl. breiter u.a. *Posner* Economic Analysis of Law, 9. Aufl. 2014, S. 615–617; *Partnoy* 79 Wash. U. L. Rev. 491 (2001); *Hamdani* 77 S. Cal. L. Rev. 53 (2003); *Sher* 27 J. Int'l L. 389 (2006); vgl. bereits Nachw. oben Fn 274.

[535] Im ökonomischen bzw. rechtsökonomisch ausgerichteten Schrifttum etwa *Coffee* 84 B. U. L. Rev. 301 (349) (2004); *Partnoy* 79 Wash. U. L. Rev. 491 (540 und passim) (2001); grundlegend zur Abwägung zwischen verschuldens- und verschuldensunabhängiger Haftung, mit gewichtigen Argumenten für letztere, *Shavell* (1980) 9 J. Leg. Stud. 1 (1980); und schon oben Fn. 532.

wertung angesetzt werden. Normativ handelt es sich demnach um schlichte Erstattung eines beim Emittenten – ggf. in veränderter Form – noch vorhandenen Gegenwertes. **Pönale Elemente** fehlen jedenfalls ganz, sogar eine Haftung für – für den Emittenten in der Tat unproduktive – **Folgeschäden.**[536] Eine wirkliche Anreizfunktion – außer aus Reputationsüberlegungen und aus Überlegungen der Normtreue – ergibt sich aus einem bloßen Gewinnabschöpfungsregime noch nicht, sondern erst aus – im Falle des deutschen Rechts – schwach ausgebildeten zusätzlichen Sanktionsmechanismen. Auch das Ordnungswidrigkeitenrecht (unten Rn 246) ist eher moderat ausgestaltet.

II. §§ 21, 22 WpPG: Haftung für fehlerhafte Prospekte 184

Abschnitt 6
Prospekthaftung

§ 21 Haftung bei fehlerhaftem Börsenzulassungsprospekt

(1) Der Erwerber von Wertpapieren, die auf Grund eines Prospekts zum Börsenhandel zugelassen sind, in dem für die Beurteilung der Wertpapiere wesentliche Angaben unrichtig oder unvollständig sind, kann

1. von denjenigen, die für den Prospekt die Verantwortung übernommen haben, und
2. von denjenigen, von denen der Erlass des Prospekts ausgeht,

als Gesamtschuldnern die Übernahme der Wertpapiere gegen Erstattung des Erwerbspreises, soweit dieser den ersten Ausgabepreis der Wertpapiere nicht überschreitet, und der mit dem Erwerb verbundenen üblichen Kosten verlangen, sofern das Erwerbsgeschäft nach Veröffentlichung des Prospekts und innerhalb von sechs Monaten nach erstmaliger Einführung der Wertpapiere abgeschlossen wurde. Ist kein Ausgabepreis festgelegt, gilt als Ausgabepreis der erste nach Einführung der Wertpapiere festgestellte oder gebildete Börsenpreis, im Falle gleichzeitiger Feststellung oder Bildung an mehreren inländischen Börsen der höchste erste Börsenpreis. Auf den Erwerb von Wertpapieren desselben Emittenten, die von den in Satz 1 genannten Wertpapieren nicht nach Ausstattungsmerkmalen oder in sonstiger Weise unterschieden werden können, sind die Sätze 1 und 2 entsprechend anzuwenden.

(2) Ist der Erwerber nicht mehr Inhaber der Wertpapiere, so kann er die Zahlung des Unterschiedsbetrags zwischen dem Erwerbspreis, soweit dieser den ersten Ausgabepreis nicht überschreitet, und dem Veräußerungspreis der Wertpapiere sowie der mit dem Erwerb und der Veräußerung verbundenen üblichen Kosten verlangen. Absatz 1 Satz 2 und 3 ist anzuwenden.

(3) Sind Wertpapiere eines Emittenten mit Sitz im Ausland auch im Ausland zum Börsenhandel zugelassen, besteht ein Anspruch nach Absatz 1 oder 2 nur, sofern die Wertpapiere auf Grund eines im Inland abgeschlossenen Geschäfts oder einer ganz oder teilweise im Inland erbrachten Wertpapierdienstleistung erworben wurden.

---

[536] Im ökonomischen bzw. rechtsökonomisch ausgerichteten Schrifttum geht die Generaltendenz dahin, die Kompensation solcher Ausfälle insoweit vorzusehen, als der Schaden grds. vorhersehbar war (sog. Hadley vs. Baxendale-Standard) etwa *Posner* Economic Analysis (Fn 534), S. 138 f.; *Ayres/Gertner* Filling Gaps in Incomplete Contracts: An Economic Theory of Default Rules, 99 Yale L.J. 87, 101 f. (1989).

(4) Einem Prospekt steht eine schriftliche Darstellung gleich, auf Grund deren Veröffentlichung der Emittent von der Pflicht zur Veröffentlichung eines Prospekts befreit wurde.

§ 22 Haftung bei sonstigem fehlerhaften Prospekt

Sind in einem nach § 3 Absatz 1 Satz 1 veröffentlichten Prospekt, der nicht Grundlage für die Zulassung von Wertpapieren zum Handel an einer inländischen Börse ist, für die Beurteilung der Wertpapiere wesentliche Angaben unrichtig oder unvollständig, ist § 21 entsprechend anzuwenden mit der Maßgabe, dass

1. **bei der Anwendung des § 21 Absatz 1 Satz 1 für die Bemessung des Zeitraums von sechs Monaten anstelle der Einführung der Wertpapiere der Zeitpunkt des ersten öffentlichen Angebots im Inland maßgeblich ist und**
2. **§ 21 Absatz 3 auf diejenigen Emittenten mit Sitz im Ausland anzuwenden ist, deren Wertpapiere auch im Ausland öffentlich angeboten werden.**

1. Pflichtprospekte: Überblick – Tatbestandsstruktur – dogmatische Einordnung (§ 21 WpPG).

185 a) **Überblick, Arten von Pflichtprospekten und Tatbestandsstruktur.** Die spezialgesetzliche Prospekthaftung ist **in allen Marktsegmenten** gleich geregelt (§§ 21–25 WpPG für Wertpapiere, §§ 306 KAGB und 20–21 VermAnlG für Vermögensanlagen), mit vernachlässigbaren Abweichungen (zum längeren Zeitraum zwischen öffentlichem Angebot und Erwerb vgl. Rn 49). Nur kommt außerhalb des regulierten Marktes eine Haftung für den Fall hinzu, dass der Prospekt gänzlich fehlt (§§ 24 WpPG, 21 VermAnlG, vgl. unten Rn 226–231). **In §§ 21, 22 WpPG sind** zwei – eigentlich **drei – Prospektkonstellationen geregelt:** (i) die Haftung für Pflichtprospekte bei Zulassung von Wertpapieren (§ 21 WpPG, **Zulassungsprospekt**), dies als Grundtatbestand, auf den für die anderen Konstellationen größtenteils verwiesen wird; (ii) die Haftung für Pflichtprospekte bei öffentlichem Angebot (§ 22 WpPG, **Angebotsprospekt**); und indirekt (iii) auch die Haftung für **freiwillig veröffentlichte Prospekte**, soweit sie dennoch unter das WpPG fallen (für die beiden letztgenannten Konstellationen unten 6., d.h. Rn 204 f.).

186 **Zentrale Tatbestandsmerkmale** der Grundnorm des § 21 WpPG sind zugleich solche der Prospektpflicht oder betreffen deren Erfüllung. Dies ist so beim Merkmal des Wertpapiers (oben Rn 83–85 und Teil 5 Rn 81–85) und auch der **Fehlerhaftigkeit** (Unrichtigkeit oder Unvollständigkeit; dazu bereits oben Rn 114–116 dann gleich noch Rn 193 f.). § 21 WpPG selbst regelt neben der Fehlerhaftigkeit auch noch die **Kausalität** im Grundsatz (unten Rn 195–197). Desweiteren legt diese Grundnorm den **Anspruchsberechtigten** (Erwerber) und -gegner fest (Prospekturheber als Gesamtschuldner). Ein Gutteil der Regelung ist freilich aus dem Grundtatbestand ausgelagert und als „Haftungsausschlussgrund" ausgestaltet: Namentlich der sehr wichtige und umstrittene **Sorgfaltsmaßstab** ist in § 23 Abs. 1 WpPG nunmehr – wie vorher schon in der letzten Fassung von § 45 Abs. 1 BörsG – geregelt und zwar tendenziell in vereinfachter Form (nur noch grobe Fahrlässigkeit, näher unten Rn 197, 208–213). § 23 Abs. 2 WpPG enthält ansonsten einschränkende Regeln zur **Kausalität** und auch zum **Mitverschulden** (vergleichbar vorher § 45 Abs. 2 BörsG aF, näher unten Rn 216 f.), anders als im BörsG aF aber nicht mehr zur Verjährung (näher unten Rn 225).[537]

[537] Die Ersetzungsbefugnis nach altem Recht ist entfallen; dazu *Kort* AG 1999, 9 (11) und BankR-Hdb/*Grundmann* (1. Aufl. 1997) § 112 Rn 62, dann auch die Verjährungsregel in § 46 BörsG a.F. mit der Reform 2012 (jetzt Regelverjährung nach §§ 195–199 BGB).

Daher sind §§ 21 und 23 (II. und III.) fast gleichgewichtig, jedenfalls jedoch im Verbund zu betrachten.

b) Dogmatische Einordnung. Fragen der **dogmatischen Einordnung** sind bei der allgemein zivilrechtlichen Prospekthaftung, die im Gegensatz zur spezialgesetzlichen nicht tatbestandsmäßig ausgebildet vorliegt, eher geeignet, praktische Wirkungen zu zeitigen, und wurden für sie auch eingehender diskutiert. Die höchstrichterliche Rechtsprechung sieht in ihr einen Fall der Vertrauenshaftung,[538] während die hM in der wirtschaftsrechtlichen Literatur in ihr eine Haftung für die Verletzung einer deliktischen[539] – *Assmann* präzisiert: einer kapitalmarktrechtlichen –[540] Verhaltenspflicht sieht. Die dogmatische Festlegung hat jedoch häufig die Ergebnisfindung nicht wirklich geleitet, immer wieder hat jeder der Ansätze Ergebnisse zugelassen, die mit ihm eigentlich unvereinbar sind. So hat sich die Rechtsprechung anerkanntermaßen, als sie den Kreis der Haftenden auf Hintermänner ausdehnte, zwar auf das Institut der culpa in contrahendo berufen, die in ihm bis dato angelegten Grenzen jedoch ignoriert.[541] Umgekehrt konsentiert jedoch auch *Assmann*, dass demjenigen kein zivilrechtlicher Prospekthaftungsanspruch zustehe, der zwar vom Prospekt getäuscht worden ist, dem gegenüber also die kapitalmarktrechtliche Verhaltenspflicht verletzt wurde, der sich dadurch jedoch nicht zu einer Transaktion veranlasst gefühlt hat, sondern zur Unterlassung einer solchen.[542] Doch auch für die spezialgesetzliche Prospekthaftung ist diese – primär für die bürgerlichrechtliche Prospekthaftung – geführte Diskussion für die Auslegung einzelner Tatbestandsmerkmale von Bedeutung und wird dort wieder aufgegriffen. Die Frage geht dort dann dahin, ob Tatbestandsmerkmale eher als Interessenausgleich in einer individuellen Zweipersonenbeziehung auszulegen sind oder als Ordnung eines von vielen Personen in Anspruch genommenen Kapitalmarktes (vgl. etwa unten Rn 195). 187

538 BGH (Fn 300), BGHZ 71, 284; BGH (Fn 300), BGHZ 72, 382; BGH Urt. v. 6.10.1980 – II ZR 60/80, BGHZ 79, 337 (340–342); BGH Urt. v. 31.5.2011 – II ZR 141/09, BGHZ 190, 7 (Rz. 17 ff.) = WM 2011, 1273 = NJW 2011, 2719 (Telekom III); zustimmend in der Literatur etwa: *Canaris* Bankvertragsrecht, Rn 2292; GroßkommHGB/*Casper* § 161 Rn 178; *Mink*, Immobilienkapitalanlagen, 1988, S. 101; *Schwark* BB 1979, 897 (897–899, 900–902). Für die Börsenprospekthaftung ebenso: *Canaris* Bankvertragsrecht, Rn 2277; EBJS/*Groß* BankR IX Rn 742; speziell zum Telekom III-Urteil u.a. *Arbeitskreis zum „Deutsche Telekom III-Urteil" des BGH* ZBB 2011, 379 (Umsetzungsanleitungen für künftige Börsengänge); *Arnold/Aubel* ZGR 2012, 113; *Fleischer/Thaten* NZG 2011, 1081; *Krämer/Gillessen/Kiefner* CFL 2011, 328; *Leuschner* NJW 2011, 3275; *Maaß/Troidl* BB 2011, 2563; *Wackerbarth* WM 2011, 193; *Westermann/Paefgen* FS Hoffmann-Becking 2013, 1363; *Wink* AG 2011, 569; *Ziemons* GWR 2011, 404. Besonders weitgehend *Herresthal*: Obwohl der bisherige Hauptfall einer bürgerlichrechtlichen Prospekthaftung, diejenige im sog. grauen Kapitalmarkt, namentlich beim Vertrieb von Beteiligungen an Publikums-KGs, inzwischen auch noch in ein kapitalmarktrechtliches Spezialgesetz überführt wurde (§ 306 KAGB), spricht er weiter von einer „vor allem" bürgerlichrechtlichen Prospekthaftung: *Herresthal* Bankrechtstag 2015, 2016, S. 103 (Titel).

539 *v. Bar* ZGR 1983, 476 (501–512); *Deutsch* Deliktsrecht, 6. Aufl. 2014, Rn 335; *Wiedemann/Schmitz* ZGR 1980, 129 (143–145).

540 *Assmann* Prospekthaftung, S. 253 f., 273–309.

541 *Assmann*/Schütze 3. Aufl., 2007, Handbuch, § 6 Rn 33; und schon: *Coing* WM 1980, 206 (208, 211 f.); *Pleyer*, FS Stimpel 1985, 335 (344–351).

542 *Assmann*/Schütze 3. Aufl., 2007, Handbuch, § 5 Rn 89; zur Erklärung aus treuhandrechtlicher Sicht und unter dem Blickwinkel ökonomischer Theoriebildung *Grundmann* Treuhandvertrag, S. 503 f.

188 **2. Anspruchsberechtigte und -gegner (§ 21 Abs. 1, 2 WpPG). Anspruchsberechtigt** sind Ersterwerber, jedoch auch spätere Inhaber.[543] Seit 1998[544] kommt es nach § 21 Abs. 2 WpPG nicht mehr auf die fortbestehende Verfügungsbefugnis über das Wertpapier an.[545] Damit wurde dem Umstand Rechnung getragen, dass der Ersterwerber die Papiere häufig gerade bei sinkendem Kurs abstößt und der Schaden daher beim Erwerber und späteren Inhaber geringer ausfällt, der Haftende durch diese Anordnung also teilweise (ungerechtfertigt) entlastet wurde.[546] Mit anderen Worten: Während der Erwerber bei Altaktien, die nicht aufgrund dieses Prospekts platziert wurden, keinen Anspruch hat (unten Rn 214), ist bei jungen Stücken – wenn die sonstigen Prospekthaftungsvoraussetzungen in Erstinhaber und späterem Erwerber erfüllt sind, durchaus eine Prospekthaftung gegenüber beiden – aufgeteilt nach jeweiliger Schadenshöhe – denkbar.

189 Für den Prospekt haften nach § 21 Abs. 1 WpPG zwei Gruppen von Personen gesamtschuldnerisch: die **Urheber des Prospekts** (Nr. 2) sowie diejenigen, die (nach außen) **Verantwortung übernommen** haben (Nr. 1). Die wichtigsten Streitfragen hinsichtlich der Urheberschaft stellen sich in diesem Marktsegment, dem „weißen" Kapitalmarkt (vgl. Rn 5), für die Konsortialbanken regelmäßig nicht, sondern allenfalls für von ihnen eingeschaltete Experten, etwa Wirtschaftsprüfer (die, weil sie keines der beiden Kriterien erfüllen, einer Prospekthaftung nach WpPG grds. nicht unterliegen,[547] freilich einer Haftung nach § 311 Abs. 3 BGB potentiell durchaus, ebenso wie andere, die besonderes Vertrauen begründen):[548] Von den Konsortialbanken jedoch geht der Prospekt nicht nur häufig aus, d.h. sie

---

543 *Assmann*/Schütze Handbuch § 5 Rn 170; *Canaris* Bankvertragsrecht, Rn 2278; *Groß* Kapitalmarktrecht, § 21 WpPG Rn 70; *Habersack*/Mülbert/Schlitt Kapitalmarktinformation § 29 Rn 34; Holzborn/*Wackerbarth* §§ 21–23 Rn 56; *Hopt* Verantwortlichkeit, S. 74; dies hat für die neue Fassung erst recht zu gelten: *Kort* AG 1999, 9 (12 f.).

544 Damals wurde der frühere § 44 Abs. 2 BörsG a.F. eingeführt; vorher entfiel mit dem Wegfall der Inhaberschaft auch der einmal entstandene Anspruch: *Assmann*/Schütze, 2. Aufl., 1997, Handbuch, § 7 Rn 207; *Kümpel/Wittig/Oulds*, Rn 15.206; *Schwark*/Zimmer §§ 44, 45 BörsG Rn 38. Anders war dies bereits bei der zivilrechtlichen Prospekthaftung: *Hopt* Verantwortlichkeit, S. 74.

545 *Assmann*/Schütze Handbuch, § 5 Rn 162; *Ellenberger* Prospekthaftung, S. 61 f.; Holzborn/*Wackerbarth* §§ 21–23 Rn 109; *Kort* AG 1999, 9 (13); Vortmann/*Hauptmann* (Hrsg.) Prospekthaftung, § 3 Rn 89–91; *Sittmann* NJW 1998, 3761 (3762).

546 *Assmann* Prospekthaftung, S. 386; *Ellenberger* Prospekthaftung, S. 61 f.; Holzborn/*Wackerbarth* §§ 21–23 Rn 109; *Hopt* Verantwortlichkeit, S. 74; *Schwark*/Zimmer §§ 44, 45 BörsG Rn 38; *Kort* AG 1999, 9 (13); demgegenüber zuletzt zur alten Rechtslage OLG Frankfurt a. M. Urt. v. 17.12.1996 – 5 U 178/95, ZIP 1997, 107 (108) („Sachsenmilch").

547 Die Wirtschaftsprüfer haften nach §§ 21, 23 WpPG, anders als nach den Grundsätzen zur bürgerlichrechtlichen Prospekthaftung, grundsätzlich nicht: statt aller *Assmann*/Schütze Handbuch, § 5 Rn 158. Für die bürgerlichrechtliche Prospekthaftung (von Wirtschaftsprüfern) aus jüngerer Zeit durchaus weitgehend BGH Urt. v. 21.02.2013 – III ZR 139/12, WM 2013, 689 = NJW 2013, 1877.

548 Erstellen Wirtschaftsprüfer im Anwendungsbereich des WpPG ein Gutachten (etwa über Gewinnprognosen nach § 7 WpPG iVm Art. 3 und Anh. I Nr. 13.2 [Durchführungs-] VO (EG) Nr. 809/2004), das erkennbar (für den Abdruck im Prospekt vorgesehen ist und) Grundlage für Investmententscheidungen Dritter werden soll, so haften sie nach den Grundsätzen über den Vertrag mit Schutzwirkung für Dritte BGH Urt. v. 24.04.2014 – III ZR 156/13, WM 2014, 935 = NJW 2014, 2345 (Beginn der kenntnisabhängigen Verjährung dann nicht, sobald diese Rechtsanwendung dem Anleger bekannt wurde oder sich hätte aufdrängen müssen, sondern deren *Fehlerhaftigkeit*). Allgemeiner wird nach jüngerer Rechtsprechung die Inanspruchnahme gesteigerten Vertrauens nach den Gesamtumständen der Darstellung – wie namentlich in BGH Urt. v. 17.11.2011 – III ZR 103/10, BGHZ 191, 310 = WM 2012, 19 = NJW 2012, 758 („Rupert Scholz") (Lit. hierzu vgl. Fn 559) –

sind materiell die Urheber, vielmehr unterzeichnen regelmäßig alle Konsortialbanken den Prospekt.[549] Dass eine Konsortialbank die Prospektabfassung intensiv genug beeinflusst, um als Hintermann zu haften, ohne den Prospekt auch zu zeichnen, ist angesichts des Prestiges, das solch eine Zeichnung mit sich bringt, praktisch undenkbar. Die bloße Aufführung im Prospekt als eine der Konsortialbanken, die die Emission übernommen haben, wird im deutschen Recht von der wohl hM allerdings als haftungsbegründend angesehen, es sei denn, es wird nach außen hinreichend deutlich gemacht, dass es an der Mitverantwortung für den Prospekt fehlt, etwa beim bloßen sub-underwriter.[550] Dafür dass dieser Ausnahmefall klar gemacht wurde, auch vom Horizont der angesprochenen Anlegergruppe her, trägt die fragliche Bank die Beweislast. Fehlt es an einer Haftung wegen Unterzeichnung, muss der hinreichende Einfluss dargetan werden, der eine Haftung als Hintermann begründet.

Die Haftung der Konsortialbanken wirft – anders als diejenige des Emittenten – auch **190**
nicht die (inzwischen freilich ohnehin durch den EuGH entschiedenen) Streitfragen auf, die sich bei der Haftung des Emittenten auf Grund der **Kapitalerhaltungsregeln** ergeben, ob und inwieweit diese eine Prospekthaftung begrenzen.[551] Denn für Konsortialbanken han-

auch für den Bereich der spezialgesetzlichen Prospekthaftung als haftungsbegründend gesehen; vgl. *Groß* Kapitalmarktrecht, § 21 WpPG Rn 9.

549 Kümpel/Wittig/*Oulds*, Rn 15.209; vorsichtiger *Bosch* BuB 10/337 (dort ausführlich zur Bedeutung des Bezugsrechts, Rn 10/311 bis 10/314, und des Zeichnungsvertrags Rn 10/315).

550 RG Urt. v. 09.01.1929 – I 207.28-T, Bank-Archiv 1929/30, 79; *Assmann*/Schütze Handbuch, § 5 Rn 153; *Schwark*/Zimmer §§ 44, 45 BörsG Rn 10; implizit auch *Bosch* BuB 10/126, der auf Unterschrift abstellt; gegen letzteres überzeugend BGH (Fn 507), ZIP 1998, 1528; *Kort* AG 1999, 9 (11). Demgegenüber für (zivilrechtliche Prospekt-)Haftung der Bank allein auf Grund des Umstandes, dass sie die Anlage vermittelt hat, ohne den Prospekt unterzeichnet zu haben: *Canaris* Bankvertragsrecht, Rn 2295. Ebenfalls für eine Haftung aus der Sicht der internationalen Praxis: *Hopt* Verantwortlichkeit, S. 68 und 70. Die Beweislast dafür, dass die mangelnde Mitübernahme der Verantwortung hinreichend deutlich gemacht wurde, liegt nach allgemeinen Beweisgrundsätzen, aber auch speziell den Beweisgrundsätzen des Prospektrechts beim Institut (dem sub-underwriter). Ausf. zum Gesamtkomplex sub-underwriting: *Fredebeil* Aktienemission – Das underwriting agreement (der Übernahmevertrag) und seine spezifischen Klauseln, 2002.

551 Zu diesen: *Assmann*/Schütze Handbuch, § 5 Rn 153; *Kunz* Börsenprospekthaftung, S. 117–120. Der Emittent zählt jedenfalls stets zu den Urhebern: *Assmann* aaO[diese Fußnote]; *Kunz* aaO[diese Fußnote] S. 117; *Schwark*/Zimmer §§ 44, 45 BörsG Rn 9. Streitig war nur, ob die Prospekthaftung aufgrund von (ebenfalls zwingenden) Kapitalerhaltungsregeln entfällt oder einzuschränken ist. Dagegen inzwischen die ganz hM (Prospekthaftung als die jüngere und speziellere Regelung): *Krämer/Baudisch* WM 1998, 1161 (1162–1170); *Ellenberger* Prospekthaftung, S. 73–77; *Fredebeil* Aktienemission (vorige Fn), S. 106–225; EBJS/*Groß*, BankR IX Rn 743–749; *Keusch/Wankerl* BKR 2003, 744; monographisch vertieft (aus deutscher, kaum jedoch europarechtlicher Sicht) *Gebauer* Börsenprospekthaftung und Kapitalerhaltungsgrundsatz (Vorrang Prospekthaftung, außer bei Erwerb eigener Aktien); zunehmend auch die Rechtsprechung: früh bereits LG Frankfurt a.M. Urt. v. 7.10.1997 – 3/11 O 44/96, WM 1998, 1181; dann OLG Frankfurt a. M. Urt. v. 17.3.2005 – 1 U 149/04, ZIP 2005, 710 (711) (schon die alte Rechtsprechung offen lassend, die zwar bei Umsatzerwerb, nicht aber bei originärem Erwerb Prospekthaftung annahm); BGH Urt. v. 9.5.2005 – II ZR 287/02, BB 2005, 1644 (1646) (ganz der hM zuneigend). Da es sich um den Widerstreit zweier auf EG-Richtlinienrecht beruhender Institute handelt, ist die Frage seit 2013 im Sinne der hM entschieden durch EuGH Urt. v. 19.12.2013 – Rs. C-174/12 – *Hirmann/Immofinanz*, ABl.EU 2014 C 52 S. 9 = ECLI:EU:C:2013:856 = EuZW 2014, 223 =

delt es sich bei der Prospekthaftung um keinen Zahlungsfluss an ihre eigenen Aktionäre. Für das Verhältnis zu den Konsortialbanken (ebenfalls) nicht direkt relevant ist die spektakulärste Entscheidung aus den letzten Jahren zu Fragen des Ausgleichs zwischen den aus dem Prospekt Haftenden: Nach der Telekom III-Entscheidung des BGH haftet der Altaktionär wegen Einlagenrückgewähr nach § 57 Abs. 1 S. 1 AktG (und ggf. außerdem nach § 317 Abs. 1 AktG), wenn er sich von der (Tochter-)Gesellschaft bei Platzierung von (deren) Altaktien an Börsen oder im Wege des öffentlichen Angebots von der ihn treffenden Prospekthaftung freistellen lässt, selbst wenn die Fehler in dem Tatsachenkomplex auftraten, für den die (Tochter-)Gesellschaft beibringungspflichtig war.[552] Indirekt wirkt dieses Ergebnis freilich auf Konsortialbanken zurück, soweit sie sich – wie üblich – für den Fall der Unrichtigkeit der beigebrachten Tatsachen vom jeweils Beibringungsverantwortlichen Freistellung vom Schadensersatz ausbedingen und dieser Anspruch gegen die Konzernmutter (mangels hinreichender Mittel *und* mangels Anspruch gegen die Konzerntochter) nicht durchsetzbar ist.

191 Zur Abgrenzung sei kurz auf die Rolle der Kreditinstitute bei Emissionen **im „grauen" Kapitalmarkt** hingewiesen. Hier begleiten regelmäßig nicht Kreditinstitute oder Wertpapierdienstleister die Emission (vgl. Rn 5), sondern unterstützen sie allenfalls als Kreditgeber. Ihre Einbindung in dieser Funktion (auch verbunden mit erheblichen wirtschaftlichen Vorteilen) führt jedoch nicht zur Prospektverantwortlichkeit.[553]

3. Tatbestandsmerkmale (§ 21 Abs. 1 und 4 iVm § 23 WpPG)

192 a) **Vorspann: Erfasste Instrumente und Märkte (Abs. 1).** § 21 WpPG statuiert – wie § 22 WpPG – eine Prospekthaftung nur für Wertpapiere im kapitalmarktrechtlichen Sinne, grenzt also den **sachlichen Anwendungsbereich** entsprechend ein. Dabei handelt es sich jedoch inzwischen um einen Begriff, der den Anwendungsbereich im gesamten Europäischen Kapitalmarktrecht determiniert und daher als Allgemeiner Teil vorweg behandelt wurde (hierzu daher 5. Teil Rn 81–85). Gleiches gilt für die erfassten Märkte, nunmehr freilich zwischen § 21 WpPG, der die Prospekte erfasst, zu deren Erlass der Anbieter verpflichtet ist, weil er Zulassung zu einem organisierten Markt beantragt, und § 22 WpPG, der die Pflichtprospekte bei öffentlichem Angebot betrifft (zu diesen Marktumschreibungen oben 5. Teil Rn 67–69 und auch oben Rn 102), jedoch gänzlich parallel regelt (und nur anpasst, soweit rein faktisch eine Anpassung nötig ist, vgl. unten Rn 204 f.). In zwei weiteren Punkten klärt Abs. 1 den Anwendungsbereich: sachlich zunächst dahingehend, dass sich die Prospekthaftung zwar allein auf **junge Stücke** bezieht, die aufgrund dieses Prospekts platziert werden – dies legt § 23 Abs. 2 Nr.1 WpPG fest (unten Rn 214) –, dass dies freilich nicht gilt, wenn die Wertpapiere desselben Emittenten mit derselben Ausstattung nicht so

---

NZG 2014, 215 (noch für die ursprüngliche Fassung der EG-Kapital-Richtlinie, ausdrücklich aber auch bereits für die konsolidierte Fassung der EG-Kapital-Richtlinie 2009/101/EG und ausdrücklich auch gegen eine Begrenzung des Ersatzanspruches auf die Höhe des aktuellen Börsenkurses); zu dieser Entscheidung ausf. *Kalss* EuZW 2014, 227; *Seulen* EWiR 2014, 105; *Verse* EuZW 2014, 375; und sehr stark abschichtend schon vorab *Fleischer/Schneider/Thaten* NZG 2012, 801; sowie *Bayer* WM 2013, 679; *Ch. Weber* ZHR 176 (2012) 184.

[552] BGH (Fn 538), BGHZ 190, 7 (Rz. 13 ff. und 20 ff. bzw. [für § 317 AktG] Rz. 30 ff.) = WM 2011, 1273 = NJW 2011, 2719 (Telekom III); zur grundsätzlichen Einbeziehung von Konzernmüttern in den Kreis der Prospektveranlasser auch BGH (Fn 383), BGHZ 195, 1 = WM 2012, 2147 = NJW 2013, 539 (nur LS) (Rz. 35 ff.). Aus der Flut an Literatur vgl. Fn 383.

[553] BGH (Fn 387), WM 2014, 2075 = NZG 2014, 1384 (Rz. 107 ff.).

gekennzeichnet sind, das junge und alte Stücke voneinander unterschieden werden können. Fehlt es an solch einer Unterscheidbarkeit ist der sachliche Anwendungsbereich offen und erfasst **alle Stücke mit dieser Ausstattung** (§ 21 Abs. 1 S. 3).[554]

b) **Fehlerhaftigkeit von Prospekt und anderer Darstellung (Abs. 1 und 4).** Zentrale Tatbestandsmerkmale der Grundnorm des § 21 WpPG sind zugleich solche der Prospektpflicht oder betreffen deren Erfüllung. Dies ist so beim Merkmal des Wertpapiers (vorige Fn) und der Fehlerhaftigkeit (Unrichtigkeit oder Unvollständigkeit) der Angaben.[555] Schon der **Bezugspunkt** der Fehlerhaftigkeit ist facettenreich: Fehlerhaft muss ein **Zulassungsprospekt** sein (nächste Rn), ein Angebotsprospekt (§ 22 WpPG, vgl. dort), gleichgestellt ist jedoch auch jede (ungleich kürzere) **Darstellung, die bei Fehlen einer Prospektpflicht ersatzweise** gefordert wird (Abs. 4).[556] Durch diese Erweiterung in § 21 Abs. 4 WpPG (gleichlautend mit § 44 Abs. 4 BörsG a.F.), die auf das 3. Finanzmarktförderungsgesetz zurückgeht, wurde die Reichweite der Prospekthaftung abgerundet: Weil der Emittent auf Grund einer anderweitigen schriftlichen Darstellung von der Prospektpflicht befreit worden ist, unterliegt er auch hinsichtlich dieser Darstellung der Haftung. Hierdurch sollten mögliche Schutzlücken geschlossen werden.[557] Umgekehrt jedoch beschränkt die Rechtsprechung den Begriff des Prospekts – angesichts der Gesetzeslage zutreffend – auf den (Börsen-)Prospekt, der Grundlage der Zulassung ist, und schließt damit eine Prospekthaftung auf Grund eines vorher ergangenen Bezugsangebots aus.[558] **193**

Für die Prospekthaftung ist wichtig, dass nicht nur der **Prospekt** selbst, sondern auch jedes mit dem Prospekt zusammen vertriebene Schriftstück Grundlage der Prospekthaftung ist, weil (und soweit) es vom Publikum als gleichwertige Informationsgrundlage verstanden wird.[559] Umgekehrt wird die Haftung auf Fehlerhaftigkeit von **„wesentlichen Angaben“** eingeschränkt, also Angaben, die verständige Anleger bei ihrer Anlageentscheidung berücksichtigen würden.[560] Allerdings besteht neben Prospektpflicht und -haftung **194**

---

554 Zu Fragen der Abgrenzung (fehlende Unterscheidbarkeit auf „in sonstiger Weise“) *Groß* Kapitalmarktrecht, § 21 WpPG Rn 69; Holzborn/*Wackerbarth* §§ 21–23 Rn 55; *Klühs* Die Börsenprospekthaftung für „alte“ Stücke gemäß § 44 Abs. 1 S. 3 BörsG, BKR 2008, 154; vgl. zur alten Rechtslage *Grundmann/Selbherr* WM 1996, 985 (989–993).

555 Vgl. dazu daher ausführlicher bereits oben Fn 304.

556 Hierzu näher: *Assmann*/Schütze Handbuch § 5 Rn 130; *Denninger* Grenzüberschreitende Prospekthaftung, S. 57 f.; *Groß* Kapitalmarktrecht, § 21 WpPG Rn 24–29, 69; *Habersack*/Mülbert/Schlitt Kapitalmarktinformation § 29 Rn 11; Holzborn/*Wackerbarth* §§ 21–23 Rn 55.

557 *Kort* AG 1999, 9 (14); grundlegend hierfür *Assmann* Die Befreiung von der Pflicht zur Veröffentlichung eines Börsenzulassungsprospekts nach § 45 Nr. 1 BörsZulVO und die Prospekthaftung – eine Lücke im Anlegerschutz? WM 1996, 508.

558 BGH (Fn 377), NJW 1982, 2827 (2828); *Groß* Kapitalmarktrecht, § 25 WpPG Rn 4 f.; *Schwark*/Zimmer §§ 44, 45 BörsG Rn 17; kritisch zu diesem Urteil, soweit es auch einen Anspruch aus zivilrechtlicher Prospekthaftung verneint: *Assmann* Prospekthaftung, S. 388.

559 BGH (Fn 548), BGHZ 191, 310 = WM 2012, 19 = NJW 2012, 758 („Rupert Scholz“); dazu vgl. *Hellgardt* ZBB 2012, 73; *Klöhn* WM 2012, 97. Zur Frage, ob auch Produktinformationsblätter nach § 31 Abs. 3a WpHG hierher zählen vgl. *Schlee/Maywald* BKR 2012, 320.

560 Für diese Definition etwa: BGH (Fn 387), BGHZ 203, 1 = WM 2015, 22 (Tz. 74); Anmerkung von *Amort* Telekom-Prozess – Mammutverfahren vorläufig beendet NJW 2015, 1276; *Koch/Harnos* WuB 2015, 157 (159); ausführliche Diskussion des Beschlusses mit Bezugnahme auf das europäische Anlegerleitbild: *Möllers/Steinberger* Die BGH-Entscheidung zum Telekom-Prozess und das europäische Anlegerleitbild NZG 2015, 329 (331–333); BGH (Fn 383), WM 2012, 2147 (Tz. 18–25); Besprechungen von *Buck-Heeb* LMK 2013, 34172 *Voß* EWiR

kein weiteres Schuldverhältnis mit Prüfpflichten zwischen Emissionsbank und Anleger (oder gar Zweiterwerber), mit eigener Verjährung (Exklusivität des Prospekthaftungsregimes)[561] – jenseits klassischer Anspruchsgrundlagen wie § 826 BGB oder Vertrag (§ 25 Abs. 2 WpPG, unten Rn 234–236). Gegenstand einer eigenen Regelung ist die – in anderen Kontexten als Ingerenztatbestand zu lösende – Problematik und Pflicht, **nachträglich auftretende Fehler** zu berichtigen, die erhebliche Bedeutung erlangt hat.[562]

195 c) **Kausalität und Beweis, insbes. Anlagestimmung (Abs. 1).** Die haftungsbegründende Kausalität (vgl. nunmehr auch § 23 Abs. 2 WpPG, unten Rn 214–224) ist Gegenstand einiger Modifikationen gegenüber den allgemeinen Regeln. Der in § 23 Abs. 2 Nr. 1 WpPG geregelte „Haftungsausschluss" umschreibt zwar einen Ausschnitt aus der Kausalitätsproblematik durchaus so, wie es auch den allgemeinen Kausalitätsgrundsätzen entspräche: Ist die fehlende Kausalität zwischen Prospekt und Erwerb des Wertpapiers nachgewiesen, so entfällt der Anspruch (näher unten Rn 215). Die wichtigeren Kausalitätsfragen stehen jedoch im Zusammenhang bereits mit dem Grundtatbestand (§ 21 WpPG) und Einzelregeln darin: Dabei handhabt die hM Kausalitätsfragen nicht engherzig. Namentlich muss der Anleger den Prospekt nicht gelesen haben. Es genügt vielmehr, wenn er sich von einer durch diesen hervorgerufenen „Anlagestimmung" hat beeinflussen lassen.[563] Inzwischen ist diese Voraussetzung jedoch so ausgestaltet, dass von einer (widerleglichen) Kausalitätsvermutung, nicht mehr nur, wie bisher von einem prima-facie-Beweis, auszugehen ist.[564]

2013, 127; *Zech/Hanowski* Haftung für fehlerhaften Prospekt aus § 13 VerkProspG a.F. Maßgeblicher Empfängerhorizont bei der Beurteilung der Unrichtigkeit eines Prospekts NJW 2013, 510, die sich ausführlich mit dem maßgeblichen Empfängerhorizont auseinandersetzen; *Assmann*/Schütze Hdb Kapitalanlagerecht § 5 Rn 140–143; *Groß* Kapitalmarktrecht § 21 WpPG Rn 68 m.w.N.; *Habersack*/Mülbert/Schlitt Kapitalmarktinformation § 29 Rn 16 f.; Holzborn/*Wackerbarth* §§ 21–23 Rn 70.

561 Zur Exklusivität der Prospekthaftungsregeln in diesem Sinne (um nicht „die Vorgaben des Gesetzgebers zu den zeitlichen Grenzen der Geltendmachung ... [zu] unterlaufen"): BGH Urt. v. 15.7.2014 – XI ZR 100/13, WM 2014, 1624 = NJW 2014, 3362 (Rz 22 ff.).

562 Vgl. Rn 167 ff.

563 BGH Urt. v. 7.1.2008 – II ZR 229/05, BB 2008, 688 (691); BGH (Fn 383), NJW 1982, 2823 (2826); BGH (Fn 377), NJW 1982, 2827 (2828); RG Urt. v. 11.10.1912 – II 106/12, RGZ 80, 196 (204 f.); OLG Düsseldorf Urt. v. 5.4.1984 – 6 U 239/82, WM 1984, 586 (596); *Canaris* Bankvertragsrecht, Rn 2282; *Ellenberger* Prospekthaftung, S. 39; Vortmann/*Hauptmann* (Hrsg.) Prospekthaftung, § 3 Rn 122; *Hopt* Verantwortlichkeit, S. 85; *Schwark*/Zimmer §§ 44, 45 BörsG Rn 46; daran hatte insbesondere auch die Neufassung der §§ 45 f. BörsG 1998 nichts geändert: *Kort* AG 1999, 9 (11, 12 f.); *Sittmann* NJW 1998, 3761 (3762).

564 *Schwark*/Zimmer §§ 44, 45 BörsG Rn 38, 46; schon früher Andeutungen, dass widerlegliche Vermutung: BGH (Fn 377), NJW 1982, 2827 (2828); *Assmann* NJW 1991, 528 (531); *Canaris* Bankvertragsrecht, Rn 2282; *Kort* AG 1999, 9 (11, 12 f.); und wohl auch *Hopt* Verantwortlichkeit, S. 85 (mit rechtsvergleichenden Hinweisen S. 86 f.). Für den Bereich der zivilrechtlichen Prospekthaftung jetzt explizit für Vermutung (Beweislastumkehr) BGH Urt. v. 11.2.2014 – II ZR 273/12, WM 2014, 661 = NZM 2014, 840. De facto auch der BGH allgemeiner, soweit er das Vorliegen alternativer Entscheidungsmöglichkeiten nicht [mehr] als Grund dafür ansieht, den Grundsatz aufklärungsgerechten Verhaltens nicht anzuwenden: BGH Urt. v. 8.5.2012 – XI ZR 262/10, BGHZ 193, 159 (bes. 174–178); BGH Beschl. v. 1.4.2014 – XI ZR 171/12, BKR 2014, 295 (297) und BGH Beschl. v. 3.6.2014 – XI ZR 435/12, BKR 2014, 430 (432); dazu ausf. etwa *Möllers* NZG 2012, 1019; *Pielsticker* BKR 2013, 368; *Schwab* NJW 2012, 3274; und breit zur dogmatischen Konstruktion *Piekenbrock* WM 2012, 429. Zur

Diese Besserstellung des Anlegers ist damit zu erklären, dass der Gesetzgeber die Dauer der relevanten Anlagestimmung auf höchstens sechs Monate begrenzt hat (§ 21 Abs. 1 S. 1 WpPG), so einen Kernzeitraum definiert hat, wo die Anlegerstimmung tatsächlich i.d.R. ursächlich war[565] und zudem sogar dieser Zeitraum bei entsprechendem Nachweis bereits als früher endend eingestuft werden kann (etwa auf Grund von Kurseinbruch).[566] Zudem wurde die Möglichkeit eingeführt, durch Berichtigung einer Haftung die Grundlage zu entziehen (§ 23 Abs. 2 Nr. 4 WpPG, unten Rn 218). Die Berichtigung muss freilich klar und verständlich formuliert sein[567] und in den aufgezählten Instrumenten erfolgen (Fokussierung). Der Anleger hat jedoch immerhin die Bürde, sich nicht allein auf den Prospekt zu verlassen. Wird auf den Markt abgestellt, der auf solche Berichtigungen typischerweise reagiert („Anlagestimmung"), so ist dieser Ausschlussgrund konsequent.

Anders als die Verjährung (unten Rn 225) ist die hiervon zu unterscheidende **zeitliche Beschränkung der** haftungsrechtlich relevanten Wirkung des Prospekts (**„Anlagestimmung"**) ein Tatbestandsmerkmal – eine Beschränkung auf Geschäfte innerhalb der **ersten sechs Monate** seit der Einführung der Wertpapiere.[568] Diese zeitliche Beschränkung ist praktisch auch sicherlich nicht weniger wichtig als die Verjährung. Mit dieser Beschränkung soll Rechtssicherheit verbürgt werden – obwohl ganz ausnahmsweise ein Prospektfehler durchaus auch noch nach Ablauf dieser Frist Wirkung zeitigen kann. Der Fristbeginn ist das einzige Element des Grundtatbestandes aus dem gesamten Komplex Prospekthaftung, in dem die Normen für den börslichen Handel einerseits und öffentlich angebotene Wertpapiere und Vermögensanlagen andererseits (zwangsläufig) differieren, weil statt auf den Zulassungszeitpunkt (§ 21 Abs. 1 S. 1 WpPG) auf den des öffentlichen Angebots im Inland abgestellt wird (§ 22 Nr. 1 WpPG, § 20 Abs. 1 S. 1 VermAnlG). **196**

d) Weitere Kausalitätsfragen und Sorgfaltsanforderungen – Verweis (§ 23 WpPG). § 21 WpPG ist nach dem Gesagten zusammen mit § 23 WpPG zu lesen, soll das Bild der Tatbestandsvoraussetzungen vollständig sein. Dies gilt namentlich für die Fragen, die sich an das bisher zum Regelverstoß und zu einigen Kausalitätsfragen Gesagte anschließen: weitere Aspekte der **Kausalitätsfrage** (zu fehlender Relevanz des Prospekts für den Erwerb bzw. des Fehlers für die Kursbildung, § 23 Abs. 2 Nr. 1 und 2, unten Rn 215 f.); die Frage nach dem (Standard des) **Sorgfaltsverstoß**(es) (§ 23 Abs. 1 WpPG, unten Rn 208–213) und umgekehrt zum **Mitverschulden** (beschränkt auf positive Kenntnis der Fehlerhaftigkeit, § 23 Abs. 2 Nr. 3 WpPG, unten Rn 217). Die Berichtigung lässt entweder die Kausalität entfallen („Anlagestimmung") oder der Anleger muss sich jedenfalls Mitverschulden vorwerfen lassen (§ 23 Abs. 2 Nr. 4 WpPG, unten Rn 218–222), und § 23 Abs. 2 Nr 5 WpPG **be-** **197**

Möglichkeit, dass die Haftung dennoch mangels Schutzzweckzusammenhangs entfällt: *Canaris,* Bankvertragsrecht, Rn 2298 (im konkreten Fall jedoch nicht überzeugend).

565 Vgl. schon BGH (Fn 507), ZIP 1998, 1528 (noch regelmäßig höchstens 12 Monate); *Groß* Kapitalmarktrecht, § 21 WpPG Rn 70.

566 So überzeugend OLG Frankfurt a. M. Urt. v. 27.3.1996 – 21 U 92/95, WM 1996, 1216 (1219); und allgemeiner auch BGH (Fn 507), ZIP 1998, 1528 (1531); *Ellenberger* Prospekthaftung, S. 40; *Schwark*/Zimmer §§ 44, 45 BörsG Rn 38, 47.

567 Insbesondere muss der Hinweis auf vorangegangene Fehler explizit sein: vgl. LG Frankfurt (Fn 551), ZIP 1998, 641 (642); *Kort* AG 1999, 9 (14); *Schwark*/Zimmer §§ 44, 45 BörsG Rn 60. Näher zu dieser Möglichkeit unten Rn 218–222.

568 Bei Vermögensanlagen 2 Jahre, weil dort der Verkaufsprospekt noch eher die alleinige zentrale Informationsgrundlage und auch die typische Platzierungsphase länger; vgl. näher (auch in Gegenüberstellung) RegE BT-Drs 17/6051, S. 36, und Baumbach/Hopt/*Kumpan* § 20 VermAnlG Rn 1; BankR-Hdb/*Grundmann* § 112 Rn 49.

schränkt die Haftung für einen spezifischen Teil des Prospekts, die Zusammenfassung, in besonderer Weise (unten Rn 223 f.).

198 **4. Anspruchsinhalt (§ 21 Abs. 1 und 2 WpPG).** Der Schadensersatzanspruch geht grundsätzlich auf Wiederherstellung der Lage, die ohne Falschinformation bestanden hätte, also **bloße Erstattung** (kein Anspruch auf Erfüllung der im Prospekt begründeten Aussichten), umfasste jedoch ursprünglich gemäß § 252 BGB immerhin auch den entgangenen Gewinn.[569] Letzteres ist jedoch seit der ausdrücklichen Festschreibung des Erwerbspreises als Gegenstand des Anspruchs (§ 44 Abs. 1 S. 1 BörsG aF, jetzt § 21 Abs. 1 S. 1 WpPG) nicht mehr zu halten.[570]

199 Der **Erstattungsanspruch** selbst zielt auf Erstattung gegen Übertragung der Wertpapiere und ist in seiner Rechtsnatur umstritten, jedenfalls in wichtigen Punkten weicht die Regelung in der Tat von einer bereicherungs-, aber auch einer deliktsrechtlichen ab.[571] Namentlich in seinen **Komponenten**, aber auch für die drei zentralen (Anspruchssteller-)Konstellationen ist er näher umrissen: Der maßgebliche Preis ist der **niedrigere von zwei Preisen**, dem tatsächlichen Erwerbspreis und dem Ausgabepreis. Es soll also einerseits der Prospektverantwortliche höchstens mit der Erstattung des Ausgabepreises belastet werden, der Erwerber jedoch umgekehrt nicht bereichert werden, wenn er einen niedrigeren Erwerbspreis gezahlt hat.[572] Der Ausgabepreis kann festgelegt sein, hilfsweise gilt der erste nach Zulassung bzw. Einführung gebildete Börsen- oder Marktpreis[573] (Abs. 1 S. 2), bei Einführung bzw. Zulassung an mehreren organisierten Märkten der höchste (erste) Preis (ebenda a.E.). Hinzu kommen die üblichen **Erwerbskosten** (Abs. 1 S. 2).

200 Neben diese Grundkonstellation – der geschädigte Erwerber ist weiterhin Inhaber der Papiere – tritt als Alternative die **(Weiter-)Veräußerung**. Dass dadurch der Anspruch nicht entfällt, stellt Abs. 2 klar (weitere Inhaberschaft nicht [mehr] Anspruchsvoraussetzung). Für den **Veräußerer (Ersterwerber)** wird der Zustand hergestellt, dass er wieder – gegen Verlust der Wertpapiere – den vollen Erwerbspreis (freilich gedeckelt durch den Ausgabepreis) erstattet erhält, wenn auch aufgeteilt in Veräußerungserlös und Unterschiedsbetrag.[574] Hinzukommt wieder die Erstattung der üblichen Nebenkosten, nunmehr freilich von üblichen Erwerbs- *und* (Weiter-)Veräußerungskosten. Die Hauptkonstellation ist die, dass der Prospektfehler bekannt wird, ggf. auch nur gerüchtweise, der Preis absackt und

---

569 *Canaris* Bankvertragsrecht, Rn 2285; *Hopt* Verantwortlichkeit, S. 90; gesetzgeberisch offensichtlich bestätigt durch die im Text angesprochene Novellierung. Für die Erfüllung der aus dem Prospekt begründeten Aussichten hingegen: *Brondics/Mark* AG 1989, 339 (343); für die Rechtslage nach entsprechender Neufassung des BörsG vgl. *Kort* AG 1999, 9 (11).

570 *Assmann*/Schütze Handbuch, § 5 Rn 197–199; für Erstattung lediglich des Erwerbspreises schon früher: *Ellenberger* Prospekthaftung, S. 59 ff.; Vortmann/*Hauptmann* Prospekthaftung, § 3 Rn 110–118; *Kort* AG 1999, 9 (11).

571 Zu Fragen der Rechtsnatur und zum Vergleich zumindest mit Deliktsrecht vgl. etwa: *Engelhardt*, Vertragsabschlussschaden oder Differenzschaden bei der Haftung des Emittenten für fehlerhafte Kapitalmarktinformationen, BKR 2006, 443 (446).

572 Zu dieser Zielsetzung auch *Groß* Kapitalmarktrecht, § 21 WpPG Rn 86 f.; Kümpel/Wittig/*Oulds*, Rn 15.217, 15.220; *Buck-Heeb* Kapitalmarktrecht Rn 229.

573 Zur Festsetzung des Ausgabepreises und zu den Formen der Bildung des Börsen- oder Marktpreises vgl. näher Kümpel/Wittig/*Seiffert*, Rn 4.250–4.264, 4.298; Baumbach/Hopt/*Kumpan* § 24 BörsG Rn 2–7: *Groß* Kapitalmarktrecht, § 24 BörsG Rn 11–16.

574 Zu dieser Zusammensetzung näher Schäfer/*Hamann* §§ 44, 45 BörsG Rn 292–297; *Habersack*/Mülbert/Schlitt Kapitalmarktinformation § 29 Rn 47; *Rein* Die Prospektpflicht und Prospekthaftung bei Wertpapieremissionen, S. 245 f.

der Ersterwerber jetzt veräußert. Es entspricht dem Grundgedanken der bloßen Erstattung, dass umgekehrt Kursgewinne, die das Papier macht (etwa auch wegen allgemeinem Markttrend), aufgezehrt werden, also der Ersterwerber keinen Anspruch hat, wenn er noch zu einem höheren oder dem gleichen Preis weiterveräußern kann, selbst wenn er ohne den Prospektfehler einen deutlich höheren Preis erzielen könnte (Wertpapier sackt nach deutlicher Kurssteigerung bei Bekanntwerden des Prospektfehlers auf den Ursprungspreis ab).[575] Da der Prospektverantwortliche nur mit der Erstattung des Ausgabepreises belastet werden soll (vorige Rn), ist der Erstattungsanspruch eines **Zweiterwerbers**, der zwischenzeitlich zu hohem Kurs erwirbt, in besonderem Maß reduziert: Wird der Prospektfehler jetzt bekannt, sind erst die Verluste, die den Kurs bis unter den Ausgabepreis fallen lassen, erstattungsfähig.[576]

5. Prospekthaftung im grenzüberschreitenden Sachverhalt (§ 21 Abs. 3 WpPG). **201**
Die Frage nach dem **anwendbaren Recht** – namentlich der Anwendbarkeit des deutschen Rechts – ist für die spezialgesetzlichen Prospekthaftungsnormen nach der Novellierung 1998 weitgehend geklärt.[577] Es findet **allein das Recht des Börsensitzes bzw. Platzierungsmarktes** Anwendung. Die einschlägige Norm des § 21 Abs. 3 WpPG (bisher § 44 Abs. 3 BörsG aF) erklärt die Börsenzulassung im entsprechenden Land offensichtlich zur conditio sine qua non für die Anwendung des Rechts des entsprechenden Landes. In der Tat finden nach lange tradierter und heute wohl einhelliger Auffassung §§ 21 ff. WpPG (bisher §§ 44 ff. BörsG aF) auch auf den ausländischen Emittenten Anwendung, der an deutschen Börsen zugelassen wird; das entspricht heute gesetzgeberischer Anordnung auf EU-Ebene (Art. 4 Abs. 1 lit. h Rom-I-VO).[578] Freilich war § 46 Abs. 1 BörsG aF, der (bis 1998) die

---

[575] Ganz überwiegende Meinung, vgl. etwa *Mülbert/Steup* in: Habersack/Mülbert/Schlitt Unternehmensfinanzierung am Kapitalmarkt, § 41 Rn 24; *Baums* Haftung wegen Falschinformationen des Sekundärmarktes, ZHR 167 (2003) 139 (187).

[576] Ganz überwiegende Meinung, vgl. etwa *Fleischer/Kalss* Kapitalmarktrechtliche Schadensersatzhaftung und Kurseinbrüche an der Börse, AG 2002, 329 (335).

[577] Umfangreiche rechtsvergleichende Überblicke zum dann anwendbaren Recht bei: *Uhink* Internationale Prospekthaftung, S. 21–63 (Deutschland), S. 65–84 (England), S. 85–88 (Frankreich); *Denninger* Grenzüberschreitende Prospekthaftung und Internationales Privatrecht, S. 55–96 (Deutschland), S. 100–115 (England), S. 116–128 (Frankreich); sowie Länderberichte in: *Hopt/Voigt* (Hrsg.) Prospekt- und Kapitalmarktinformationshaftung S. 222–248 (Deutschland), S. 343–372 (Belgien), S. 408–414 (Dänemark), S. 453–494 (England), S. 582–593 (Finnland), S. 602–613 (Frankreich), S. 632–656 (Griechenland), S. 700–711 (Irland), S. 716–719 (Italien), S. 739–758 (Luxemburg), S. 782–798 (Niederlande), S. 828–849 (Österreich), S. 905–914 (Portugal), S. 938–941 (Schweden), S. 956–972 (Spanien), S. 1020–1054 (Schweiz), S. 1117–1131 (USA); grober Überblick auch bei *Veil* Europäisches Kapitalmarktrecht § 17 Rn 55–83; Kritik an (angeblich) weitergehender deutscher Haftung der Konsortialbanken in *Groß* Kapitalmarktrecht, § 5 WpPG Rn 8. Zum insoweit durchaus stilbildenden US-amerikanischen Recht: *Fredebeil* Aktienemissionen (Rn 293), S. 124–136; *Gerner-Beuerle* Die Haftung von Emissionskonsortien: eine rechtsvergleichende Untersuchung des deutschen und des US-amerikanischen Rechts, 2009, S. 507 ff. und *Hottenrott* Ausgesuchte Fragen des Rechts der Begebung von Globalanleihen durch deutsche Emittenten, 2002, S. 197–204.

[578] MünchKommBGB/*Martiny* Art. 4 Rom-I-VO Rn 155–168 (mwN); zunächst schon *Nußbaum* Kommentar zum Börsengesetz, 1910, § 46 BörsG Anm. IV b; dann allgemein durchgesetzt etwa durch: *Grundmann* RabelsZ 54 (1990), 283 (308 f.); *Hopt* Verantwortlichkeit, S. 121 f.; *Horn* Anleihen (Rn 59), S. 467 f.; *Köstlin* Anlegerschutz, S. 110 f.; *Staudinger/Magnus* Int. VertragsR I Art. 4 Rom I-VO Rn 510 f.

Anwendung der §§ 44, 55 BörsG (aF) nur bei Inlandsgeschäften vorsah, (unzutreffend) dahingehend verstanden worden, dass diese Normen auch bei der in der (jüngeren) Praxis üblichen Girosammelverwahrung im Ausland trotz Börsenzulassung in Deutschland unanwendbar seien.[579] Diese Regelung wurde 1998 gestrichen, so dass die genannte Grundsatzanknüpfung heute klargestellt ist.

202 Das Problem, das seitdem die Regelung in § 21 Abs. 3 WpPG (wie zwischen 1998 und 2012: § 44 Abs. 3 BörsG aF) anspricht, ist das der kumulierten Anwendung mehrerer Rechte nebeneinander (**Statutenkumulierung**). Das Problem der Anknüpfung der Prospekthaftung liegt darin, dass einerseits die Prospektpflicht auf Grund Zulassung zu einem Markt generell (Börsenzulassung) und unabhängig von einer konkreten Transaktion eingreift und sich daher auch (allein) nach dem Recht Börsenzulassung beurteilt, dass aber andererseits ohne konkrete Transaktion kein Haftungsfall entsteht. Implizit bestätigt die seit 1998 geltende und 2012 bestätigte Regelung die schon bis 1998 vordringende oder gar herrschende Meinung, dass eine Statutenkumulierung zwischen Börsenzulassungsstatut und Transaktionsstatut zu verhindern ist[580] und dass **primär die Zulassung, nicht die Transaktion**, entscheidet. In der Tat ist nur dies eine für alle Seiten vorhersehbare und damit planbare Anknüpfung. Die Prospekthaftung eines Landes kommt allein auf Grund Börsenzulassung in diesem Land zur Anwendung („auch"), nicht allein auf Grund Transaktionen oder Verwahrung in diesem Land. Allein bei **Doppelzulassung** („auch") entscheidet § 21 Abs. 3 WpPG (wie schon § 44 Abs. 3 BörsG aF) zwischen beiden Rechten für dasjenige, in dem die konkrete Transaktion stattfand. Und selbst diese Entscheidung gilt zunächst einmal nur zugunsten des deutschen Rechts, wobei eine Beschränkung hierauf (keine Kumulierung) und Ausdehnung zur allseitigen Kollisionsnorm sinnvoll erscheint. All dies hat für § 22 WpPG (vor 2012 § 13 VerkProspG aF) entsprechend zu gelten, der vollumfänglich auf diese Vorschriften verweist, oder für die parallel formulierten §§ 306 KAGB, 20 f. VermAnlG, wobei freilich in allen Fällen an die Stelle der Börsenzulassung das öffentliche Angebot (im Inland und/oder im Ausland) tritt. Diese Lösung wird heute auch für die allgemein zivilrechtliche Prospekthaftung bereits überwiegend befürwortet[581] und damit zugleich eine deliktische oder schuldvertragliche Anknüpfung abgelehnt.[582] Da sie

[579] Vgl. etwa LG Düsseldorf Urt. v. 13.02.1980 – 2 O 411/79, ZIP 1980, 188 (189); und für die lex lata auch: *Köstlin,* Anlegerschutz, S. 10; hiergegen insbesondere: *Canaris* Bankvertragsrecht, Rn 2283 (nachträgliche, dem Gesetzgeber nicht bekannte Lücke, die anlegerschutzfreundlich zu schließen ist); *Schwark* ZGR 1983, 162 (181 f.).

[580] Auch so konnte § 46 Abs. 1 BörsG aF verstanden werden und war dann auch zustimmungswürdig: *Grundmann* RabelsZ 54 (1990) 283 (308 f.); *Hopt,* Verantwortlichkeit, S. 121 f.

[581] Ausführlich: *Grundmann* RabelsZ 54 (1990), 283 (305–311); im Grundsatz auch: *Jenckel* Das Insiderproblem im Schnittpunkt von Gesellschafts- und Kapitalmarktrecht in materiell- und kollisionsrechtlicher Sicht, 1980, S. 154–159; und heute auch de lege lata: GroßkommAktG-*Assmann* Einleitung AktG, Rn 703; *Hopt* Verantwortlichkeit, S. 121, 123–125; *Kiel* Internationales Kapitalanlegerschutzrecht (Rn. 105), S. 254 f., 297 f.; differenzierend (unter Berücksichtigung der europäischen Notifikationslösung) *Kuntz* WM 2007, 43; aA, allerdings für den Insiderhandel, noch *Ebenroth/Wilken* Entwicklungstendenzen im deutschen Internationalen Gesellschaftsrecht Teil 2, JZ 1991, 1061 (1070); dagegen *Zimmer* Internationales Gesellschaftsrecht, 1996, S. 80–82.

[582] Für eine deliktische Anknüpfung – Anwendung sowohl des Rechts des Handlungs- als auch des Erfolgsortes – vor allem: *Köstlin* Anlegerschutz, S. 120–129; für Statutenkumulierung auch: *Canaris* FS Larenz 1983, S. 27 (109); *Zobl* SchwZW 1990, 129 (138 Rn. 78). Wenn man auf eine schuldvertragliche Anknüpfung abstellt, dann sicherlich allein auf die für die cic maßgebliche, heute also Art. 12 Rom-II-VO.

Statutenkumulationen vermeidet, führt sie für alle Anleger[583] und vor allem für alle Wettbewerber in einem Markt zu gleichen Bedingungen[584] – eine Überlegung, die die höchstrichterliche Rechtsprechung auch sonst in Wettbewerbssituationen zur ausschließlichen Anwendung des am betroffenen Markt geltenden Rechts veranlasste.[585] Dass diese Anknüpfung zwingend (unter Ausschluss einer Rechtswahlmöglichkeit) wirkt, ergibt sich wohl weiterhin aus § 25 Abs. 1 WpPG (und schon § 47 Abs. 1 BörsG aF).

Für die **internationale Zuständigkeit** hat der EuGH den hier entwickelten Leitgedan- **203**
ken dahingehend fruchtbar gemacht, dass er sowohl einen Vertrags- als auch einen Verbrauchergerichtsstand nach Art. 5 Abs. 1 lit. a bzw. Art. 15 Abs. 1 der („Brüssel-I") VO (EG) Nr. 44/2001 verneint und allein der Gerichtsstand am Ort des Eintritts des Schadenserfolgs nach Art. 5 Abs. 3 dieser Verordnung eröffnet sei.[586]

6. Paralleltatbestände im WpPG

a) Prospekte bei öffentlichem Angebot (§ 22 WpPG). Die lange Entwicklung des Pro- **204**
spektrechts hin zu einer Gleichstellung von Börsenzulassungsprospekten und Prospekten, die aufgrund öffentlichen Angebots erstellt und veröffentlicht werden, ist im Recht der Prospekthaftung gänzlich abgeschlossen: Materiell wird kein Unterschied zwischen beiden Prospektarten dadurch begründet, dass beide weiterhin in zwei unterschiedlichen Normen geregelt sind. Denn § 22 WpPG beschränkt sich darauf, die **Tatbestandsvoraussetzungen des § 21 WpPG** im Falle des öffentlichen Angebots **an die in zwei Punkten leicht modifizierte Faktenlage anzupassen:**[587] An die Stelle des Zulassungszeitpunkts tritt für die Sechsmonatsfrist (Anlagestimmung) der Zeitpunkt des öffentlichen Angebots (**Nr. 1**), was materiell einander entspricht, weil jeweils unmittelbar zuvor der Prospekt zu veröffentlichen ist und umgekehrt ab diesem Zeitpunkt die eigentliche Platzierung einsetzt oder einsetzen kann. Und bei Sitz des Emittenten im Ausland gilt, wenn die Papiere auch im Ausland angeboten werden, wieder das deutsche Recht nur, wenn zum allgemeinen Angebot im Inland auch bei der konkreten Transaktion ein Inlandsbezug der genannten Art hinzukommt (Nr. 2 und bereits oben Rn 102).

b) Freiwillig veröffentlichte Prospekte. Ein bisschen versteckt ist ein zweiter Fall, in **205**
dem § 21 WpPG ebenfalls zur Anwendung kommt, ggf. § 21 WpPG iVm § 22 WpPG: Dies sind diejenigen Fälle, in denen eine Emission von der Prospektpflicht freigestellt ist, jedoch für die erfassten Instrumente auf den erfassten Märkten erfolgt. Dies sind zum einen die in § 1 Abs. 1 Nr. 2–5 WpPG genannten Fälle, in denen § 1 Abs. 2 WpPG den freiwilligen Erlass eines Prospekts gestattet, um zugleich auch eine grenzüberschreitende Nutzung (Europäischer Pass) zu eröffnen, damit jedoch (weniger explizit) eine Prospekthaftung auszulösen.[588] Dies sind zum anderen die in § 3 und 4 WpPG genannten Fälle, in denen ohnehin

---

583 Zum Gebot gleichmäßiger Behandlung der Anleger auch aus kollisionsrechtlicher Sicht vgl. Nachweise oben Fn. 492.

584 *Grundmann* RabelsZ 54 (1990), 283 (305–308); *Hopt* Verantwortlichkeit, S. 121, 123.

585 So insbesondere im Recht des unlauteren Wettbewerbs: BGH Urt. v. 30.6.1961 – I ZR 39/60, BGHZ 35, 329 (334); und Urt. v. 20.12.1963 – Ib ZR 104/62, BGHZ 40, 391 (396).

586 EuGH Urt. v. 28.1.2015 – Rs. C-375/13 – *Kolassa/Barclay's*, ECLI:EU:C:2015:37 = ABl.EU 2015 C 107 S. 4 (LS) = NJW 2015, 1581; dazu etwa *Freitag* WM 2015, 1165; *Müller* EuZW 2015, 218; *Staudinger* IPRax 2016, 107; *Steinrötter* RIW 2015, 407.

587 Hierzu auch: *Groß* Kapitalmarktrecht, § 22 WpPG Rn 2; *Müller* § 22 Rn 2.

588 *Groß* Kapitalmarktrecht, § 1 WpPG Rn 9; *Mülbert/Steup* in: Habersack/Mülbert/Schlitt Unternehmensfinanzierung am Kapitalmarkt, § 41 Rn 24; vgl. auch bereits BGH (oben Rn 131), BGHZ 203, 1 = WM 2015, 22 = NJW 2015, 236 (Rz 71 f.) (Telekom III-Beschluss).

ausdrücklich nur von der Prospektpflicht befreit wird, nicht von der Anwendung der sonstigen Regeln des WpPG.[589]

206 III. § 23 WpPG: (Gesetzlicher) Haftungsausschluss

§ 23 Haftungsausschluss

(1) Nach den §§ 21 oder 22 kann nicht in Anspruch genommen werden, wer nachweist, dass er die Unrichtigkeit oder Unvollständigkeit der Angaben des Prospekts nicht gekannt hat und dass die Unkenntnis nicht auf grober Fahrlässigkeit beruht.

(2) Ein Anspruch nach den §§ 21 oder 22 besteht nicht, sofern

1. **die Wertpapiere nicht auf Grund des Prospekts erworben wurden,**
2. **der Sachverhalt, über den unrichtige oder unvollständige Angaben im Prospekt enthalten sind, nicht zu einer Minderung des Börsenpreises der Wertpapiere beigetragen hat,**
3. **der Erwerber die Unrichtigkeit oder Unvollständigkeit der Angaben des Prospekts bei dem Erwerb kannte,**
4. **vor dem Abschluss des Erwerbsgeschäfts im Rahmen des Jahresabschlusses oder Zwischenberichts des Emittenten, einer Veröffentlichung nach Artikel 17 der Verordnung (EU) Nr. 596/2014 des Europäischen Parlaments und des Rates vom 16. April 2014 über Marktmissbrauch (Marktmissbrauchsverordnung) und zur Aufhebung der Richtlinie 2003/6/EG des Europäischen Parlaments und des Rates und der Richtlinien 2003/124/EG, 2003/125/EG und 2004/72/EG der Kommission (ABl. L 173 vom 12.6.2014, S. 1) in der jeweils geltenden Fassung oder einer vergleichbaren Bekanntmachung eine deutlich gestaltete Berichtigung der unrichtigen oder unvollständigen Angaben im Inland veröffentlicht wurde oder**
5. **er sich ausschließlich auf Grund von Angaben in der Zusammenfassung oder einer Übersetzung ergibt, es sei denn, die Zusammenfassung ist irreführend, unrichtig oder widersprüchlich, wenn sie zusammen mit den anderen Teilen des Prospekts gelesen wird, oder sie enthält, wenn sie zusammen mit den anderen Teilen des Prospekts gelesen wird, nicht alle gemäß § 5 Absatz 2 Satz 1 in Verbindung mit Absatz 2a erforderlichen Schlüsselinformationen.**

207 In § 23 WpPG sind die wichtigsten „**Haftungsausschlüsse**" geregelt – was freilich untechnisch zu verstehen ist: Teils handelt es sich um das **Fehlen eines Tatbestandsmerkmals** – namentlich von Kausalitätsvoraussetzungen (nach Abs. 2 Nr. 1 und 2) –,[590] teils um das **Fehlen eines hinreichenden Sorgfaltsverstoßes** (Abs. 1), weil die Prospekthaftung traditionell als Sonderfall einer deliktischen Haftung[591] oder einer Haftung beim Vertragsschluss verstanden wird,[592] also auch nach allgemeiner Systematik (eine Form von) Verschulden

[589] Hierzu näher: *Holzborn/Mayston* in Holzborn § 3 Rn 10; *Groß* Kapitalmarktrecht, § 1 WpPG Rn 10

[590] Für diese Einordnung die ganz überwiegende Meinung, etwa Holzborn/*Wackerbarth* § 21–23 Rn 81 ff.; *Habersack*/Mülbert/Schlitt Kapitalmarktinformation § 29 Rn 48.

[591] Hierfür etwa *v. Bar* ZGR 1983, 476 (496 ff.); *Kiss* Die Haftung berufsmäßiger Sachkenner gegenüber Dritten, WM 1999, 117 (123); auch *Assmann* Prospekthaftung, S. 252 ff., 273 ff., *Hopt* FS 50 Jahre Bundesgerichtshof, 2000, S. 497 (498–502). Letzerere beide vor allem kapitalmarktrechtlich. Vgl. zur Einordnung als genuin kapitalmarktrechtlichem Haftungstatbestand oben Rn 187.

[592] In diesem Sinne namentlich *Canaris* Bankvertragsrecht, Rn 28; *ders.* Die Vertrauenshaftung im deutschen Privatrecht, 1971, bes. S. 232–236; *Schwark*/Zimmer §§ 44, 45

voraussetzt oder voraussetzen würde (§§ 280 oder 823 BGB), teils um das **Vorliegen eines Mitverschuldens** von solchem Ausmaß, dass die Haftung ganz entfällt (Abs. 2 Nr. 3 und 4, mit einer Modifikation der Mitverschuldensregel nach § 254 BGB).[593] Im Falle der **Haftung für fehlerhafte Zusammenfassung** (Abs. 2 Nr. 5) handelt es sich um einen Sonderhaftungstatbestand mit nochmals gesteigerter Anforderung an den Sorgfaltsverstoß, also einer Haftungsmilderung gegenüber dem (selbst bereits gegenüber dem allgemeinen Regime abgemilderten) allgemeinen Prospekthaftungsstandard.[594]

1. (Fehlender) Hinreichender Sorgfaltsverstoß (Abs. 1). Die spezialgesetzliche Prospekthaftung des deutschen Rechts greift – ganz im Gegensatz zu sonstigen Standards der Berufshaftung – erst bei grober Fahrlässigkeit ein (§ 23 Abs. 1 WpPG). Die Beschränkung auf grobe Fahrlässigkeit heißt man **überwiegend** gut. Teils begründet man dies wirtschaftlich und führt an, dass andernfalls die Belastung für die Emissionsbanken im internationalen Wettbewerb zu drückend würde und sie sich nicht mehr zur Emissionsbegleitung bereit finden könnten.[595] Dagegen spricht, dass bei einer Verschärfung der Prospekthaftung nur der international überwiegend geltende Standard erreicht würde[596] und außerdem alle Anbieter im deutschen Markt gleich betroffen wären.[597] Teils lehnt man sich in den Überlegungen stärker an dogmatische Kategorien an und versucht, die Haftungsmilderung von einem rein individualrechtlichen Verständnis der Prospektpflicht und -haftung her zu begründen: Sie sei noch heute damit zu rechtfertigen, dass ihr eine Öffnung des Anspruchs- **208**

BörsG Rn 48; Schäfer/*Hamann* §§ 44, 45 BörsG Rn 36; *Coing* WM 1980, 206 (211); zuletzt wieder *Herresthal* Bankrechtstag 2015, 2016, S. 103 (bes. 105–108).

593 Für diese Einordnung der beiden „Haftungsausschlussgründe" in § 23 Abs. 2 Nr. 3 und 4 WpPG: *Habersack*/Mülbert/Schlitt Kapitalmarktinformation § 29 Rn 38; wohl auch Holzborn/*Wackerbarth* § 21–23 Rn 100; Schäfer/*Hamann* §§ 44, 45 BörsG Rn 251; *Schwark*/Zimmer § 45 BörsG Rn 55. Hingegen für haftungsausschließenden Rechtsmissbrauch oder venire contra factum proprium: *Kort* AG 1999, 9 (14); *Assmann*/Schütze Handbuch des Kapitalanlagerechts, 2. Aufl. 1997, § 7 Rn 192. Für Zweifel bei Nr. 4 vgl. unten Rn 210 f.

594 Für eine Einordnung schlicht als Haftungsausschlusstatbestand hingegen: Schäfer/*Hamann* §§ 44, 45 BörsG Rn 280a; *Habersack*/Mülbert/Schlitt Kapitalmarktinformation § 29 Rn 49; *Schwark*/Zimmer § 45 BörsG Rn 63; *Groß* Kapitalmarktrecht, § 23 WpPG Rn 11.

595 So schon Bericht und Beschlüsse der Börsen-Enquête-Kommission, 1894, S. 100–109, bes. 103 f.; heute wohl noch *Kümpel/Wittig/Oulds*, Rn 15.213; gewichtige Gegenstimmen, etwa *Canaris* Bankvertragsrecht, Rn 2280; *Hopt* Verantwortlichkeit, Rn 79; und in der Tendenz *Schwark*/Zimmer §§ 44, 45 BörsG Rn 48. Dieses Argument ist schon in sehr vielen Fällen der Verschärfung von Sorgfaltsstandards angeführt worden, etwa gegen das Insiderhandelsverbot oder das Verbot, Geschäftschancen zu usurpieren, und hat sich nicht wirklich als stichhaltig erwiesen.

596 Rechtsvergleichend zum Sorgfaltsmaßstab bei Prospekthaftung: *Hopt* Verantwortlichkeit, S. 87; *Grundmann/Selbherr* WM 1996, 985 (986 f.); *Ekkenga* Anlegerschutz, 1998, S. 41–47; *Gerber* Prospekthaftung bei Wertpapieremissionen nach dem Dritten Finanzmarktförderungsgesetz, S. 57 ff., 75, 85; *Gerner-Beuerle* Haftung von Emissionskonsortien, S. 387 ff., 555 ff.; *Hopt/Rudolph/Baum* (Hrsg.) Börsenreform, bes. S. 860 ff.; und jüngst ausführlich *Uhink* Internationale Prospekthaftung, bes. S. 30 (für Deutschland), S. 73 (für England), S. 88 (für Frankreich).

597 Es kommen allein die Prospekthaftungsregeln des betroffenen Marktes zur Anwendung, dies auf alle Anbieter, vgl. Rn 69. Zu Recht weist *Hopt* Verantwortlichkeit, S. 88 darauf hin, dass verdeckte Kosten (in Form von Haftungsausschlüssen) auch ökonomisch wenig wünschenswert sind (und übrigens auch einen Bruch zum System der Dogmatik des deutschen Zivilrechts darstellen); vgl. dazu ausführlich *Grundmann* Treuhandvertrag, S. 200–211.

stellerkreises gegenüberstehe; seine fehlende individuelle Konkretisierbarkeit, dh sein Ausufern, rechtfertige eine Privilegierung des Haftenden.[598] Sieht man demgegenüber, dass mittels Prospektpflicht – nach den Präambeln der jeweiligen EG-Richtlinien – Märkte informiert werden sollen (und schärfere Sorgfaltsanforderungen insoweit als Anreiz zur Verbesserung wirken), so fällt das Urteil potentiell anders aus: Die Emissionsbank erhält für die Prospekterstellung eine Provision, die sich prozentual vom Umfang der Emission errechnet[599] und diese Provision zahlen letztlich die Anleger, die tatsächlich investieren. Für beruflich erbrachte entgeltliche[600] Leistungen wird im deutschen Recht sonst stets schon bei leichter Fahrlässigkeit gehaftet.[601] Ggf. sprechen auch europarechtliche Gründe dafür. Manches hiervon kann offen bleiben, denn de facto wird in der Tat ein strengerer Haftungsmaßstab angelegt:

209 Während teils für den **Maßstab des groben Verschuldens** auf die allgemeinen Regeln abgestellt wird, also darauf, ob auch die nächstliegenden Überlegungen nicht angestellt wurden und insofern die erforderliche Sorgfalt in besonderem Maße verletzt wurde,[602] scheint dies eher nicht die Rechtsprechungslinie: Vielmehr nähert sich der Maßstab in der Praxis der höchstrichterlichen Rechtsprechung demjenigen **der leichten Fahrlässigkeit** an.[603] Danach sollte jedenfalls ein Unterlassen von Pflichtangaben nach §§ 13 ff. BörsZulV aF und heute Prospekt-VO (vgl. Rn 39) ausreichen, gerade nach Aufgabe des Börslichkeitserfordernisses[604] – ein Standard, der angesichts der Vielzahl der Pflichtangaben keineswegs stets schon nahelegt, dass selbst die „nächstliegenden Überlegungen nicht angestellt wurden."

210 Die zentrale Frage stellt sich – unabhängig vom angewandten Sorgfaltsmaßstab – dahingehend, inwieweit sich die Emissionsbanken auf **Angaben** und **Prüfergebnisse Dritter** verlassen dürfen. Diese Frage stellt sich insbesondere mit Hinblick auf den Emittenten und auf unabhängige Pflichtprüfer. Für fehlerhafte Angaben, die vom Emittenten herrühren, haben die Emissionsbanken zwar nicht ohne eigenes Verschulden einzustehen, da sich das Anlegervertrauen jedoch vor allem auf sie bezieht, haben sie nach praktisch einhelliger

---

598 *Canaris* Bankvertragsrecht, Rn 2280.

599 Vgl. Fn 179.

600 Dies ist das entscheidende Kriterium: *Köndgen* Selbstbindung (oben Fn 4), S. 275–277, auch 359 f. et passim („Am Markt wird nichts verschenkt."); *ders.* AG 1983, 85 (95 f.). Vgl. auch *Grundmann* Treuhandvertrag, S. 503 f.

601 Die Kommentar- und Handbuchliteratur geht freilich weiterhin von grober Fahrlässigkeit als Sorgfaltsmaßstab aus: *Assmann*/Schütze Handbuch, § 5 Rn 180 ff.; *Carl*/*Machunsky* Wertpapier-Verkaufsprospekt, § 13 VerkProspG, Anm. B V; *Schwark*/Zimmer §§ 44, 45 BörsG Rn 48 ff.; Holzborn/*Wackerbarth* § 21–23 Rn 88–90a; *Müller* § 23 Rn 3; Kümpel/Wittig/*Oulds* Rn 15.213; *Habersack*/Mülbert/Schlitt Kapitalmarktinformation § 29 Rn 38.

602 RG (Fn 563), RGZ 80, 196 (200 f.); *Assmann*/Schütze Handbuch, § 5 Rn 181; *Canaris* Bankvertragsrecht, Rn 2280; *Schwark*/Zimmer §§ 44, 45 BörsG Rn 48.

603 BGH (Fn 507), ZIP 1998, 1528 (andauernde Aktualisierungspflicht jedenfalls bis Ende der Zeichnungsfrist); nicht unwahrscheinlich erscheint eine Annäherung an die Leitentscheidung zur Beratungspflicht: BGH Urt. v. 6.7.1993 – XI ZR 12/93, BGHZ 123, 126 (129 f.) = NJW 1993, 2433 (2433) (Nichtberücksichtigung ausländischer Wirtschaftspresse und von Rating); freilich Einschränkungen bei der geforderten Sorgfalt in BGH ZIP 1993, 337 (339) (Wissenszurechnung); OLG Frankfurt a. M. Urt. v. 17.3.1999 – 21 U 260/97, ZIP 1999, 1005 (1007) (bloße Plausibilitätskontrolle bei Unternehmensbericht); BGH Urt. v. 14.5.2013 – XI ZR 335/11, juris Rn 15.

604 LG Frankfurt (Fn 395), WM 1992, 1768 (1773); *Schwark*/Zimmer §§ 44, 45 BörsG Rn 48; sowie wohl BGH (Fn 507), ZIP 1998, 1528 (1530); auch *Canaris* Bankvertragsrecht, Rn 2280; *Frohne* Prospektpflicht, S. 53.

Meinung zumutbare Prüfungsanstrengungen zu unternehmen.[605] Dies umfasst, wenn nötig, auch die Einschaltung von Sachverständigen.[606]

Mit Hinblick auf die **Pflichtprüfer,** etwa auf Testate von Wirtschaftsprüfern nach §§ 316 ff. HGB, stehen sich zwei Argumente gegenüber. Die hM betont, dass es in einer arbeitsteiligen Gesellschaft zulässig sein muss, sich auf die Aussage derjenigen Stelle zu verlassen, die vom Gesetzgeber mit der Aufgabe betraut ist,[607] wenn dies offengelegt wird und zumal wenn diese andere Stelle einem strengen Überwachungs- und Sanktionsregime unterliegt. Eine (Nach-)Prüfungspflicht seitens der Emissionsbanken hat sich dann auf Plausibilitätskontrollen („Gesamtbildkontrolle") sowie Nachprüfungspflichten allein bei Bestehen von Verdachtsmomenten, namentlich von Interessenkonflikte und folglich von nicht hinreichend neutral-unvoreingenommener Weise, zu beschränken.[608] Freilich waren die Reformen des Abschlussprüfungsrechts – mit der Abschlussprüfer-Richtlinie – gerade auf eine Ausräumung der zentralen Interessenkonflikte ausgelegt, und müsste sich dann bei Einhaltung dieser Standards ein Verdachtsmoment (Interessenkonflikt) aus konkreten Tatsachen oder Hinweisen ergeben, nicht etwa daraus, dass nach dem gesetzlichen Modell eine Pflicht zur sog. externen Rotation nicht eingeführt wurde.[609] Die Gegenmeinung geht davon aus, dass die Abschlussprüfung nicht allein Anlegerinteressen diene, somit eine allein an ihren Interessen orientierte Information nochmals gesondert im Prospekt zu leisten sei und diese vollumfänglich in der Verantwortung der Prospektersteller liege.[610] Dem ist zweierlei entgegenzuhalten. Zum einen dient die Abschlussprüfung zweifelsohne jedenfalls auch Anlegerinteressen; eine Ausrichtung einer Informationspflicht an verschiedenen Interessen führt nun dazu, dass alle befriedigt sein müssen, weil ein Mehr an Information – 211

605 Etwa (jeweils mit Ausbildung von konkreten Fallgruppen): *Assmann*/Schütze Handbuch, § 5 Rn 183; *Hopt* Verantwortlichkeit, S. 97–100; in der Tendenz auch BGH (Fn 507), ZIP 1998, 1528.

606 *Hopt* Verantwortlichkeit, S. 99.

607 *Canaris* Bankvertragsrecht, R 2280a; Vortmann/*Hauptmann* (Hrsg.), Prospekthaftung, § 3 Rn 105; *Schwark*/Zimmer §§ 44, 45 BörsG Rn 50; ausführlich *Hopt* Verantwortlichkeit, S. 100–102 (auch mit rechtsvergleichenden Hinweisen); *Uhink* Internationale Prospekthaftung, S. 30 (Deutschland), S. 73–75 (England), S. 87 f. (Frankreich).

608 RG (Fn 563), RGZ 80, 196 (199 f.); OLG Frankfurt a. M. (Fn 603), ZIP 1999, 1005 (1007); *Canaris* Bankvertragsrecht, Rn 2280a; *Frohne,* Prospektpflicht, S. 65; Vortmann/*Hauptmann* (Hrsg.), Prospekthaftung, § 3 Rn 107; *Hopt* Verantwortlichkeit, S. 101 (etwa, wenn der Wirtschaftsprüfer erkennbar Interessenkonflikten unterlag); *Schwark*/Zimmer §§ 44, 45 BörsG Rn 52 (etwa auch, wenn bereits geraume Zeit seit dem Testat verstrichen ist); vgl. auch BGH (Fn 383), NJW 1982, 2823 (2825).

609 Richtlinie 2006/43/EG des Europäischen Parlamentes und des Rates vom 17.5.2006 über Abschlussprüfungen von Jahresabschlüssen und konsolidierten Abschlüssen zur Änderung der Richtlinien 78/660/EWG und 83/349/EWG des Rates und zur Aufhebung der Richtlinie 84/253/EWG des Rates, ABl. 2006 L 157/87(in Ersetzung von: Achte Richtlinie 84/253/EWG des Rates vom 10.4.1984 aufgrund von Artikel 54 Absatz 3 Buchstabe g des Vertrages über die Zulassung der mit der Pflichtprüfung der Rechnungslegungsunterlagen beauftragten Personen, ABl. 1984 L 126/20); vgl. namentlich ihre Art. 42 Abs. 2 und 3 RL 2006/43/EG. Zu dem genannten Regime ohne externer Rotation (kritisch): *Weber* AG 2005, 877 (bes. 879–881); mit Bezügen zu den USA: *Niehus* DB 2004, 885.

610 *Köndgen* AG 1983, 120 (127); in diese Richtung wohl auch *Pankoke* in Just/Voß/Ritz/Zeising §§ 44 BörsG, 13 VerkProspG Rn 23; *Assmann*, Die Prospekthaftung beruflicher Sachkenner de lege lata und de lege ferenda, AG 2004, 435 (436 f.); *Habersack*/Mülbert/Schlitt Kapitalmarktinformation § 29 Rn 31, die sich gegen eine „Sachkenner-Haftung" auch unter expliziter Aufführung des Abschlussprüfers aussprechen und damit die Verantwortung allein beim Prospektersteller belassen wollen.

etwa im Interesse der Anleger – die Gläubigerinteressen nicht verletzt. Zum anderen hat der Gesetzgeber selbst die Rechnungslegung als Teil des Prospekts vorgesehen (Ziff. 20.1. des Anh. I der Prospekt-VO, Rn 36), auch wenn sie einer Vielzahl von Interessen dienen soll. Der hM ist daher zu folgen. Freilich ist die Wertung m.E. nur auf diejenigen sachkundigen Dritten zu beziehen, deren Einschaltung gesetzlich vorgesehen ist.[611] Demgegenüber entlastet die Prospektprüfung durch die Aufsichtsstelle (früher: die Zulassungsstelle), die weniger weit reicht und nach dem Gesagten gerade keine materielle Richtigkeitskontrolle mit einschließt,[612] die Prospektersteller unstreitig nicht.[613]

212 Das Verschulden ist für **jede Konsortialbank gesondert** zu prüfen.[614] Aus der Anordnung der gesamtschuldnerischen Haftung ergibt sich nichts anderes, da § 425 BGB an sich noch keine Haftung nach § 278 BGB für Fehlverhalten anderer Gesamtschuldner begründet, sondern nur, wenn die Voraussetzungen des § 278 BGB im Verhältnis der Gesamtschuldner zueinander erfüllt sind.[615] Dies ist zwischen Konsortialbanken grds. nicht der Fall. Die Prüfungspflichten schuldet jede Konsortialbank selbst dem Markt. Der Sorgfaltsmaßstab ist für alle Unterzeichner des Prospekts zwar im Grundsatz gleich, selbst wenn im Innenverhältnis allein die Konsortialführung die Verantwortung zu übernehmen pflegt.[616] Und eine bloße Plausibilitätskontrolle genügt diesen Anforderungen nicht.[617] Beim Verschulden muss man jedoch nach allgemeinen Regeln die Zumutbarkeit von Prüfungsschritten prüfen. Insoweit ist eine Pflicht der gewöhnlichen Konsortialbanken, an den Emittenten selbst nochmals heranzutreten und so in dessen Augen die Kompetenz der Konsortialführung und damit auch des Konsortiums zu diskreditieren, in jedem Fall zu verneinen.[618]

213 Die **Beweislast** für das Verschulden und dafür, dass der Schaden des Anlegers auf der Fehlerhaftigkeit des Prospekts beruht, ist umgekehrt und trägt somit die jeweilige Konsortialbank (klarstellend im Sinne der schon lange hM[619] bereits § 45 Abs. 1, 2 BörsG aF und heute § 23 Abs. 1, 2 WpPG).

---

611 Vgl. *Hopt* Verantwortlichkeit, S. 103 f.; inzident auch *Habersack*/Mülbert/Schlitt Kapitalmarktinformation § 29 Rn 30.

612 Vgl. zum Prüfungsumfang – heute nicht mehr von der Zulassungsstelle, sondern der BaFin durchgeführt –: Assmann/Schütze/*v. Rosen* 3. Aufl. 2009, Handbuch, § 2 Rn 160 ff. und 187; und oben Rn 152.

613 LG Frankfurt (Fn 395), WM 1992, 1768 (1770 f.); OLG Frankfurt a. M. Urt. v. 1.2.1994 – 5 U 213/92, WM 1994, 291 (297); BGH (Fn 383), WM 2012, 2147; *Brondics*/*Mark* AG 1989, 339 (342); Vortmann/*Hauptmann* Prospekthaftung, § 3 Rn 103; *Schwark*/Zimmer §§ 44, 45 BörsG Rn 54.

614 *Assmann*/Schütze Handbuch, § 5 Rn 184; *Canaris* Bankvertragsrecht, Rn 2287; *Frohne* Prospektpflicht, S. 67; *Hopt* Verantwortlichkeit, S. 29, 56; *Habersack*/Mülbert/Schlitt Kapitalmarktinformation § 29 Rn 28. Gleiches gilt für die zivilrechtliche Prospekthaftung, vgl. BankR-Hdb/*Siol* § 45 Rn 60.

615 Zu den Konstellationen, in denen das zwischen Gesamtschuldnern ausnahmsweise der Fall sein kann, namentlich wenn nach außen nicht erkennbar ist, welcher der Gesamtschuldner für die Handlung verantwortlich ist, vgl. MünchKommBGB/*Bydlinski* § 425 Rn 17 f.

616 *Assmann*/Schütze Handbuch, § 5 Rn 184; *Schwark*/Zimmer §§ 44, 45 BörsG Rn 75; *Köndgen* AG 1983, 120 (127); Einzelheiten und IPMA-Mustertext bei *Bosch* BuB Rn 10/148–10/151, 10/253a (clause 9); einschränkend: *Hopt* Verantwortlichkeit, S. 57–59 (vgl. dazu sogleich im Text). Zum Regress vgl. oben Fn 178.

617 *Assmann*/Schütze Handbuch, § 5 Rn 184; *Hopt* Verantwortlichkeit, S. 58 f.; jedoch aA Vortmann/*Hauptmann* Prospekthaftung, § 3 Rn 108.

618 *Hopt* Verantwortlichkeit, S. 57.

619 Im Einzelnen *Canaris* Bankvertragsrecht, Rn 2281; *Hopt* Verantwortlichkeit, S. 91.

2. Beschränkung auf den Erwerb junger Stücke (Abs. 2 Nr. 1 iVm § 21 Abs. 1 S. 3 WpPG). Praktisch einschneidend bleibt die grundsätzliche Beschränkung der Haftung auf die Fälle, in denen der Anleger **junge Stücke** erworben hat (§ 21 Abs. 1 S. 3 i.Vm. § 23 Abs. 2 Nr. 1 WpPG).[620] Diese Einschränkung wird und wurde von Anbeginn damit begründet, dass der Prospekturheber andernfalls das Risiko von Haftungsansprüchen mit Hinblick auf einen Bestand von Stücken zu tragen hätte, der über denjenigen der konkreten Emission weit hinausgeht.[621] Teils wurde diese Sicht rechtspolitisch freilich auch kritisiert. Denn auch alle (alten) Stücke, die schon vor Prospekterlass zirkulierten, können unter dem Eindruck des Prospekts gehandelt werden.[622] Versteht man freilich die Prospekthaftung dahingehend, dass die Sanktionierung allein auf Unrichtigkeiten und Lücken im Prospekt als Primärmarktinformation, also als Information zum Zwecke der Platzierung (Emission), abzielt, so handelt es sich bei der Beschränkung der Haftung nach Abs. 2 Nr. 1 iVm § 21 Abs. 1 S. 3 WpPG auf junge Stücke konzeptionell um eine – ganz allgemeinen Grundsätzen entsprechende – Kausalitätsregel: **Alte Stücke** wurden **nachweislich nicht aufgrund dieses (fehlerhaften) Prospekts begeben.**[623] Konzeptionell gleicht also bei jungen Stücken die Prospekthaftung ohnehin nur den Mehrerlös aus, den der Emittent auf Grund der Fehler des Prospektes machte, und ist daher – nunmehr aus rechtspolitischer Sicht – auch besonders leicht zu erklären (vgl. bereits oben Rn 182). Umgekehrt führte diese Einschränkung bisher zu erheblichen Einbußen im Anlegerschutz, weil alte und junge Stücke für ihn nicht unterscheidbar sein mussten.[624] Darauf reagierte der Gesetzgeber mit der Novellierung von § 44 Abs. 1 Satz 3 BörsG aF (jetzt § 21 Abs. 1 S. 3 WpPG). Er fördert die (schon nach altem Recht propagierte) Lösung, nach alten und neuen Stücken zu unterscheiden und dann ggf. eine Beratungspflicht hinsichtlich der Unterschiede in der Prospekthaftung anzunehmen.[625] Transaktionen in alten Stücken haben so für den Erwerber stärker spekulativen Charakter, dies wird jedoch auch aufgedeckt und sich im Kurs der alten Stücke niederschlagen. Umgekehrt lösen dann Fehlinformationen nur Haftungsansprüche aus, wenn die Fehlinformation auch geeignet war, zu erhöhtem Eigenmittelzufluss beim Emittenten zu führen. Diese Lösung fördert der Gesetzgeber mit der Anordnung, dass der Emittent selbst zwischen Kennzeichnung und fehlender Kennzeichnung wählt und im zweiten Fall für Verluste aus Transaktionen im gesamten Bestand haftet (§ 21 Abs. 1 S. 3 WpPG, vorher § 44 Abs. 1 Satz 3 BörsG aF.).[626] 214

[620] Vgl. vor dem 1.6.2012 § 44 Abs. 1 Satz 3 iVm § 45 Abs. 2 Nr. 1 BörsG aF. bzw. nochmals vor deren Einführung § 46 Abs. 1 Alt. 1 BörsG aF.

[621] BGH (Fn 377), NJW 1982, 2827 (2828) (unter Hinweis auf die Gesetzgebungsmaterialien); BGH Urt. v. 11.11.1985 – II ZR 109/84, NJW1986, 837 (840); kritisch *Assmann* FS Kübler 1997, S. 317 (343 f.).

[622] Diese Kritik etwa bei *Hopt* Verantwortlichkeit, S. 72; *Sittmann* DB 1997, 1701 (1702). Grundlegend hierzu auch *Klühs* Die Börsenprospekthaftung für „alte" Stücke gemäß § 44 Abs.1 S. 3 BörsG, BKR 2008, 154.

[623] Solch ein Verständnis ist freilich nicht verbreitet, vielmehr wird i.d.R. unter Verweis auf die Gesetzesbegründung auf den Gesichtspunkt allzu großer Haftungsausweitung abgestellt, BT-Drs. 13/8933, S. 77 Holzborn/*Wackerbarth* § 21–23 Rn 55 (Begrenzung des Haftungsrisikos für den Emittenten und Beweismöglichkeit für den Anleger), ebenso *Schwark*/Zimmer §§ 44, 45 BörsG Rn 44; Groß Kapitalmarktrecht, § 21 WpPG Rn 69.

[624] Zu Lösungsvorschlägen (von Beweislastumkehr bis Aufklärungspflichten), mit denen diesem Dilemma begegnet werden sollte, vgl. BankR-Hdb/*Grundmann* (3. Aufl. 2007) § 112 Rn 63.

[625] Für die Kennzeichnungspflicht *vgl.* bereits *Grundmann/Selbherr* WM 1996, 985 (991 f.).

[626] *Kort* AG 1999, 9 (12); in der Tat sind dadurch die diesbezüglichen europarechtlichen Bedenken an der alten Regelung (*Grundmann/Selbherr* WM 1996, 985 [991 f.]) ausgeräumt.

215 Einen weiteren Ausschnitt aus dem Bereich Kausalitätsfragen regelt Abs. 2 Nr. 1, allerdings einen eher selbstverständlichen: Danach entfällt der Anspruch, wenn die **Anlageentscheidung nachweislich nicht auf den fehlerhaften Angaben** beruht, was vor allem dann dargetan ist, wenn der Anleger die Entscheidung **vor Prospekterlass** fällte.[627] Diese Fallkonstellation ist freilich seit Einführung des VerkProspG – mit der damals eingeführten Pflicht, den Prospekt vor Angebot gegenüber dem Anleger zu veröffentlichen – praktisch bedeutungslos und bleibt dies auch unter dem neu gefassten WpPG.

216 **3. Mangelnde Kursauswirkung/Kausalität (Abs. 2 Nr. 2).** Ebenfalls fehlt es an der Kausalität von Prospektfehlern oder -lücken, wenn sie keine Kursauswirkungen hatten; daher entfällt auch in diesem Fall der Anspruch (Abs. 2 S. 2). Wieder liegt freilich die Beweislast hierfür bei der Konsortialbank.[628] Der Anspruch zielt also nicht darauf, die Fehlerfreiheit der Bildung des Kaufentschlusses zu gewährleisten, sondern einen Schaden des Anlegers auszugleichen.[629]

217 **4. Mitverschulden (Abs. 2 Nr. 3).** Die Beachtlichkeit des **Mitverschuldens** regelte bereits § 45 Abs. 2 Nr. 3 BörsG aF und regelt heute § 23 Abs. 2 Nr. 3 WpPG mit kapitalmarktrechtlichen Besonderheiten: Der Anspruch entfällt (nur), wenn der Anleger die Fehlerhaftigkeit kannte. Darüber hinaus wurde bisher die Regel des § 254 BGB herangezogen, nach der der Anspruch jedoch nur teilweise entfällt.[630] Davon angesichts der kürzeren Frist nach § 21 Abs. 1 S. 1 WpPG abzuweichen, widerspräche dem in sonstigen Fällen kurzer Verjährung Üblichen. Allerdings hat der Anleger keine Nachprüfpflichten und ist daher Kennenmüssen nur bei offensichtlichen Fehlern zu bejahen und dies auch nur, soweit der Prospekturheber nicht vorsätzlich handelte.[631]

218 **5. Berichtigung in Jahres- oder Zwischenbericht oder Ad-hoc-Publizität (Abs. 2 Nr. 4).** Eine zweite Sonderregelung zum **„Mitverschulden“** findet sich in Abs. 2 Nr. 4, dieser zweite Ausschluss schließt daher zurecht an denjenigen in Abs. 2 Nr. 3 an, ist jedoch praktisch ungleich wichtiger – und ist doch von deutlich anderer Art, so sehr, dass selbst die Qualifikation als Mitverschuldensregel hinterfragt werden kann. In jedem Falle handelt es sich im Falle der Nr. 4 um **deutlich besser fokussierte Informationskanäle** (als in Nr. 3), ja überhaupt um explizit benannte Informationskanäle, von denen man – aus kapitalmarktrechtlich-normativer Sicht – erwartet, dass sie konsultiert werden. Diese Erwartung bildet die Grundlage der Regelung: Stellt man auf den individuellen Anleger ab, so kann die Konsultation dieser Kanäle als (verschuldensunabhängige) Obliegenheit verstanden werden:

[627] RG Urt. v. 19.10.1910 – I-556/09/8, LZ 1911, 155 f.; BGH (Fn 377), NJW 1982, 2827 (2828); *Canaris* Bankvertragsrecht, Rn 2282; *Hopt* Verantwortlichkeit, S. 85; *Schwark*/Zimmer §§ 44, 45 BörsG Rn 46 f.

[628] Vgl. etwa *Pankoke* in Just/Voß/Ritz/Zeising § 45 BörsG Rn 28.

[629] *Fleischer* AG 2002, 329 (330) (auch zur gegenläufigen höchstrichterlichen Rechtsprechung in der bürgerlichrechtlichen Prospekthaftung); *Schwark*/Zimmer §§ 44, 45 BörsG Rn 58.

[630] *Hopt* Verantwortlichkeit, S. 89; *Lehmann* WM 1985, 181 (184); *Schwark*/Zimmer §§ 44, 45 BörsG Rn 72. Das Reichsgericht nahm ein Mitverschulden schon bei zögerlicher Anmeldung des Anspruchs an: RG (Fn 563), RGZ 80, 196 (202 f.); tendenziell dagegen: *Schwark* aaO.[diese Fußnote]. Angesichts der Kürze der Fristen in §§ 44 Abs. 1 Satz 1 und 46 BörsG und heute § 21 Abs. 1 S. 1 WpPG ist dies kaum mehr aufrecht zu erhalten; *Kümpel/Wittig/Oulds*, Rn 15.225 will offenbar § 254 BGB gar nicht anwenden.

[631] *Assmann* Prospekthaftung, S. 365 f.; *Hopt* Verantwortlichkeit, S. 89; für zumindest so weitgehende Beschränkung auch *Kort* AG 1999, 9 (14).

Ist oder sind der oder die Prospektfehler bzw. Prospektlücke(n) auf diese in kapitalmarktrechtlicher Sicht übliche – und ausdrücklich so vorgesehene – Weise berichtigt bzw. geschlossen, so entfällt die Haftung ohne weitere Prüfung dessen, ob sie der Anleger konsultiert hat oder konsultieren konnte.[632] Wie die Registerpublizität die Grundlage für gutgläubigen Erwerb schafft, aber bei Berichtigung auch wieder entzieht, wäre dies auch im Verhältnis zwischen Prospekt und den genannten und ausdrücklich vorgesehenen Informations-Berichtigungskanälen zu sehen. Dennoch wären manche Härten durchaus nicht gänzlich zu vermeiden, insbesondere wäre aus dieser individualistischen Sicht auch das gänzliche Fehlen einer Schonfrist – etwa bei der Registerpublizität die ersten zwei Wochen nach Eintragung der Berichtigung (vgl. § 15 Abs. 2 S. 2 HGB) – bemerkenswert und an eine teleologische Reduktion von Abs. 2 Nr. 4 in gewissen Ausnahmefällen zu denken.

Anders stellt sich die Lage dar, wenn man in Abs. 2 Nr. 4 nur eine konsequente Fort- **219**
schreibung des Gedankens sieht, dass bei allen Kausalitätsüberlegungen zentral auf die **Anlegerstimmung** – und nicht so sehr auf die nachgewiesene Kausalität in der Willensbildung des einzelnen Anlegers – abzuheben ist (vgl. oben Rn 195): Es würde sich dann um eine Fortschreibung in die Zeit hinein handeln, in der eine Korrektur in kapitalmarktüblicher Weise vorgenommen wurde.[633] Denn bei (halb)starker Effizienz von Kapitalmärkten, muss (jedenfalls als normatives Leitbild) davon ausgegangen werden, dass die Ad-hoc-Publizität oder Zwischenberichte als öffentliche Information mit der dort enthaltenen Berichtigung die Kursauswirkungen von Fehlern bzw. Auslassungen vollständig neutralisieren – zumal es sich hierbei um eine besonders prominente Information handelt. Dann ist davon auszugehen, dass sich die „Anlagestimmung" nach der Berichtigung – durch gut sichtbare und als „dringlich" besonders ausgezeichnete Ad-hoc-Publizität bzw. durch Zwischenberichte, auf die Marktbeobachter aufmerksam „warten" – in der Tat sofort entsprechend ändert.

Insbesondere wenn man die Kritik an der Efficient Capital Market Hypothesis ernst **220**
nimmt, dass Grenzen der Informationsverarbeitungskapazität bestehen und daher nicht nötig alle öffentliche Information in gleicher Weise verarbeitet wird,[634] ist dann auch die Fokussierung auf die „richtigen" **Informationskanäle im Einzelnen** sehr wichtig. Es handelt sich um **folgende vier:** (i) den Jahresbericht (als die für alle Gesellschaften [nach Europäischem Recht: Kapitalgesellschaften] vorgesehene wichtigste periodische Informationsquelle),[635] (ii) den Zwischenbericht nach §§ 37v ff. WpHG (unten 5. Abschnitt), (iii) die Ad-hoc-Publizität (unten Rn 237–278); sowie (iv) jede „vergleichbare Bekanntmachung". Bei den drei erstgenannten Informationskanälen handelt es sich um die **drei wichtigsten Formen der sekundärmarktrechtlichen (Folge-)Publizität,** wobei der Jahresbericht zwar funktional mit zu dieser (Folge-)Publizität auch für Gesellschaften mit Kapitalmarktzugang zählt, rechtskonstruktiv jedoch deswegen nicht, weil er von allen Handels- und (in der EU) jedenfalls von allen Kapitalgesellschaften gefordert wird, nicht nur von denjenigen

---

632 Für solch eine individualistische Sicht, die tendenziell den Verfechtern einer c.i.c.- oder auch einer deliktischen Haftung (oben Fn 267 f.) näher steht, etwa: *Pankoke* in Just/Voß/Ritz/Zeising § 45 BörsG Rn 32.

633 Vergleichbar mit dieser Erklärung etwa: *Habersack*/Mülbert/Schlitt Kapitalmarktinformation § 29 Rn 16; *Groß* Kapitalmarktrecht, § 23 WpPG Rn 7.

634 Für solch eine Kritik Nachw oben Fn. 275 und die Überlegungen zu Anomalien in Kapitalmärkten und ihrer Funktionalität oben 5. Teil Rn 17.

635 Zu seiner Bedeutung im Informationsregime des Gesellschafts-, aber auch Kapitalmarktrechts vgl. nur (mit Zusammenfassung auch des Regimes): *Grundmann* Europäisches Gesellschaftsrecht, §§ 14, 17 und § 19 Rn 661–666, 679–682.

mit Kapitalmarktzugang. Der **vierte Kanal muss daher ähnlich prominent sein**, es muss sich daher m. E. um einen kapitalmarktrechtlich vorgesehenen Ersatzkanal handeln, damit die Kapitalmarktakteure und Informationsintermediäre in vergleichbare Weise „auf ihn gestoßen" werden.[636] Erst dann ist die Annahme gerechtfertigt, dass die Berichtigung wirklich sofort auch die Anlagestimmung hinreichend ändert, um auch den Kurs umfassend zu korrigieren. Im Zweifel ist davon auszugehen, dass ein anderer gewählter Kanal nicht gleichwertig ist. Dogmatisch könnte man mit fehlender „hinreichend deutlicher Gestaltung" argumentieren, teleologisch damit, dass in diesen Fällen die neue Information potentiell zwar teilweise, aber nicht vollständig in den Kurs Eingang fand, also der Anspruch auf Ausgleich wiederum ohnehin geringer ausfällt, also die teleologische Reduktion wiederum im Ergebnis nur teilweise „durchschlägt".

221 Zur Fokussierung auf deutlich sichtbare Informationskanäle kommen als **zweite (Querschnitts-)Voraussetzung**, dass die **Berichtigung** als solche **„deutlich gestaltet"** ist – wiederum um die sofortige Verarbeitung möglichst gut zu verbürgen. Die Berichtigung muss also als solche sofort erkennbar sein, am besten explizit so bezeichnet sein, möglichst unter Benennung auch der Fehlerquelle und -fundstelle selbst.[637] Dass es sich hierbei um eine (möglicherweise nicht adäquate) „Alles-oder-Nichts"-Rechtsfolge handelt, erscheint nur auf den ersten Blick so: Sollte die Berichtigung nicht hinreichend deutlich gestaltet, für einige Kapitalmarktteilnehmer aber bereits verständlich sein, wird sich nach Berichtigung der Kurs durchaus bereits teils – wenn auch vielleicht nicht hinreichend – in Richtung des (bei Eliminierung des Fehlers) adäquaten Wertes bewegen, folglich auch ein verbleibender Ausgleich(sanspruch) nicht mehr so hoch ausfallen. Zuletzt muss – im Sinne einer **weiteren (Querschnitts-)Voraussetzung** und wiederum um die Informationsverarbeitung zu erleichtern – die Berichtigung – wie der Prospekt selbst – **„im Inland"** erfolgen[638] (namentlich nach den Veröffentlichungsregeln in §§ 325 Abs. 1 Nr. 1, 340l Abs. 1 S. 1 HGB, Art. 17 Abs. 1 2. UAbs. S. 3 MAR und §§ 37v, 37w WpHG), d. h. dort, wo man eine Berichtigung „erwartet".

222 Da die Berichtigung erst ab ihrer Veröffentlichung Fehler oder Auslassungen als Haftungsgrundlage ausschließt, kann de facto auch die Wahl des „falschen" Berichtigungsinstruments haftungsbegründend wirken, namentlich wenn innerhalb der Gültigkeitszeitraums eines Prospekts nicht das **Instrument des Nachtrags** – mit Veröffentlichung – gewählt wurde, sondern das **eines Jahresberichts oder Zwischenberichts,** während umgekehrt die **Ad-hoc-Publizität** i. d. R. vergleichbar früh wirkt.

223 **6. (Fehlender) Hinreichender Verstoß bei Zusammenfassungen (Abs. 2 Nr. 5).** Einen Sonderfall bilden diejenigen Konstellationen, in denen **„Prospektfehler" aus (fehlenden) Angaben ausschließlich in der Zusammenfassung** hergeleitet werden. Findet sich ein Fehler oder eine Lücke auch im Vollprospekt, so bleibt es bei der bisher dargestellten Prospekthaftung. Könnte freilich aus dem Vollprospekt kein Anspruch aus Fehler- oder Lückenhaftigkeit hergeleitet werden, ist umgekehrt jedoch ein Fehler oder eine Lücke in der Zusam-

---

[636] Ebenso bzw. ähnlich: Schäfer/*Hamann* §§ 44, 45 BörsG Rn 270; wohl auch *Schwark*/Zimmer § 45 BörsG Rn 60 („wenn sie entweder den eben genannten Veröffentlichungsvorschriften oder den für den Prospekt geltenden Bestimmungen entspricht"); aA wohl *Pankoke* in Just/Voß/Ritz/Zeising § 45 BörsG Rn 34 („wenn sie ihrem Wirkungsgrad den gesetzlich vertypten Bekanntmachungsformen entspricht."). Als Beispiel nennen Kümpel/Wittig/*Ould* Rn 15.226 und *Sittmann* NZG 1998, 490 (493) das Einlegen einer Beilage in den Prospekt.

[637] Ähnlich: Schäfer/*Hamann* §§ 44, 45 BörsG Rn 271; *Schwark*/Zimmer § 45 BörsG Rn 60.

[638] Vgl. hierzu: Kümpel/Wittig/*Oulds*, Rn 15.226; *Schwark*/Zimmer § 45 BörsG Rn 60.3.

menfassung feststellbar – auch aufgrund der Übersetzung –, so greift § 23 Abs. 2 Nr. 5 WpPG.

Unter den Haftungsausschlussgründen ist diese Norm deswegen zurecht angeordnet, weil sie einerseits eine Prospekthaftung voraussetzt, für diese jedoch ohnehin die einschränkenden **Voraussetzungen einer Prospekthaftung** gelten (etwa grobe Fahrlässigkeit), den **Anspruch** andererseits jedoch darüber hinaus **nochmals erheblich einschränkt:**[639] Dass Zusammenfassungen Lücken aufweisen, ist selbstverständlich, deswegen sind allein Lücken bei Schlüsselinformationen überhaupt haftungsbegründend (zu deren Kreis oben Rn 118–120). Und selbst bei diesen wird eine Haftung nur vorgesehen, wenn die Lücke auch bestehen bleibt, wenn die Zusammenfassung „zusammen mit den anderen Teilen des Prospekts gelesen wird." Die gleiche Regelung findet sich für die Fehlerhaftigkeit, namentlich die Unrichtigkeit bzw. Irreführungseignung (zu diesen Formen von „Fehlerhaftigkeit" näher oben Rn 116, 193 f.) sowie die Widersprüchlichkeit. Die **Zusammenfassung muss** also **auch bei gemeinsamer Lektüre mit dem Vollprospekt noch fehlerhaft** erscheinen. Dies bedeutet, dass die Haftung sich auf den Fall der **Widersprüchlichkeit** konzentriert: Ist eine Angabe im Vollprospekt richtig und auch nicht irreführend, wird jedoch in der Zusammenfassung anders dargestellt und ist auch nicht mehr „auslegungsfähig" (was dann unter Rückgriff auf den Vollprospekt zu erfolgen hat), so besteht eine Haftung auch allein aufgrund der Zusammenfassung. Dabei wird für Widersprüchlichkeit nicht jede kleine Abweichung genügen, die Umstände (ggf. auch Intention) müssen der Abweichung ein hinreichendes Gewicht geben.[640] **224**

7. Exkurs: Verjährung (§§ 195–199 BGB). Die **Verjährung** ist für die spezialgesetzliche Prospekthaftung nicht mehr[641] gesondert geregelt, sondern richtet sich nach der Regelverjährung, §§ 195–199 BGB. Damit gelten vor allem die längeren Verjährungsfristen des allgemeinen Verjährungsrechts. Bei der Haftung für fehlende Prospekte (früher § 13a VerkProspG) hat sich dadurch jedoch auch der Verjährungsbeginn geändert: während früher gem. § 13a Abs. 5 VerkProspG abzustellen war auf den „Zeitpunkt, zu dem der Erwerber Kenntnis von der Pflicht, einen Verkaufsprospekt zu veröffentlichen, erlangt hat" – was eine rechtliche Würdigung der Umstände voraussetzte –, reicht heute, entsprechend allgemeinen Regeln, Kenntnis „von den den Anspruch begründenden Tatsachen" (§ 199 Abs. 1 Nr. 1 BGB), d.h. es ist unerheblich, ob der Gläubiger diese rechtlich zutreffend beurteilt.[642] Gleich gestellt ist grobfahrlässige Nichtkenntnis, die jedoch nicht anzunehmen ist, wenn der Anleger die Unrichtigkeit der Tatsachen aus einem Folgeprospekt hätte ermitteln können, diesen aber nicht gelesen hat; Anlegern wird also offenbar nicht der Vorwurf grober Fahrlässigkeit gemacht, wenn sie sich für ihre Information nur auf die Quellen stützen, die nach § 23 Abs. 2 Nr. 4 WpPG die herausgehobenen Berichtigungskanäle bilden.[643] Die Klageerhebung hemmt die Verjährung dann nicht nur für die in der Klageschrift gerügten Prospektfehler, sondern für alle prozessual (noch) rechtzeitig während des Verfahrens ein- **225**

---

[639] Zu dieser Konstruktion (Prospekthaftungsvoraussetzungen nötig, aber nochmals erheblich eingegrenzt): vgl. implizit *Groß* Kapitalmarktrecht, § 23 WpPG Rn 11 Rn 25.

[640] Im Grundsatz ähnlich zu den Haftungsvoraussetzungen: Holzborn/*Wackerbarth* §§ 21–23 Rn 103.

[641] Vgl. früher die §§ 46 BörsG a.F. und 13 VerkProspG a.F., die (in ihrer bis 31.5.2012 geltenden jüngsten Fassung) bereits – wie im allgemeinen Verjährungsrecht – unterteilten nach kenntnisabhängiger Verjährung (ein Jahr) und kenntnisunabhängiger (drei Jahre ab Veröffentlichung), in den Fristen jedoch erheblich vom allgemeinen Verjährungsrecht abwichen.

[642] *Leuering* NJW 2012, 1908.

[643] BGH Urt. v. 27.9.2011 – VI ZR 135/10, WM 2011, 2128 = NJW 2011, 3573.

geführten Prospektfehler – denn bei der Fehlerhaftigkeit des Prospekts handelt es sich um einen einheitlichen Lebenssachverhalt.[644] Praktisch jedoch sicherlich nicht weniger wichtig ist die von der Verjährung zu unterscheidende **zeitliche Beschränkung der** haftungsrechtlich relevanten Wirkung des Prospekts (**„Anlagestimmung"**) (vgl. oben Rn 195 f.)

226 **IV. § 24 WpPG: Haftung bei fehlendem Prospekt**

§ 24 Haftung bei fehlendem Prospekt

(1) Ist ein Prospekt entgegen § 3 Absatz 1 Satz 1 nicht veröffentlicht worden, kann der Erwerber von Wertpapieren von dem Emittenten und dem Anbieter als Gesamtschuldnern die Übernahme der Wertpapiere gegen Erstattung des Erwerbspreises, soweit dieser den ersten Erwerbspreis nicht überschreitet, und der mit dem Erwerb verbundenen üblichen Kosten verlangen, sofern das Erwerbsgeschäft vor Veröffentlichung eines Prospekts und innerhalb von sechs Monaten nach dem ersten öffentlichen Angebot im Inland abgeschlossen wurde. Auf den Erwerb von Wertpapieren desselben Emittenten, die von den in Satz 1 genannten Wertpapieren nicht nach Ausstattungsmerkmalen oder in sonstiger Weise unterschieden werden können, ist Satz 1 entsprechend anzuwenden.

(2) Ist der Erwerber nicht mehr Inhaber der Wertpapiere, so kann er die Zahlung des Unterschiedsbetrags zwischen dem Erwerbspreis und dem Veräußerungspreis der Wertpapiere sowie der mit dem Erwerb und der Veräußerung verbundenen üblichen Kosten verlangen. Absatz 1 Satz 1 gilt entsprechend.

(3) Werden Wertpapiere eines Emittenten mit Sitz im Ausland auch im Ausland öffentlich angeboten, besteht ein Anspruch nach Absatz 1 oder Absatz 2 nur, sofern die Wertpapiere auf Grund eines im Inland abgeschlossenen Geschäfts oder einer ganz oder teilweise im Inland erbrachten Wertpapierdienstleistung erworben wurden.

(4) Der Anspruch nach den Absätzen 1 bis 3 besteht nicht, sofern der Erwerber die Pflicht, einen Prospekt zu veröffentlichen, beim Erwerb kannte.

227 **1. Fehlen des Prospekts bei öffentlichem Angebot (Abs. 1 iVm § 3 Abs. 1 WpPG).** Nach den bisherigen Ausführungen sind die Prospekthaftung für Fehlerhaftigkeit des Zulassungsprospekts und für Fehlerhaftigkeit des Angebotsprospekts strikt parallel ausgestaltet – in den erfassten Instrumenten und Märkten, in den Tatbestandsmerkmalen (namentlich Fehlerhaftigkeit, Kausalität und zeitlicher Beschränkung), aber auch im internationalen Anwendungsbereich (alles § 21 WpPG und Verweis in § 22 WpPG, namentlich Rn 204) und in den – für beide Fälle gemeinsam gleichermaßen geregelten – Ausschlussgründen (§ 23 WpPG). Freilich kommt außerhalb des regulierten Marktes – also **beim Angebotsprospekt, nicht jedoch beim Zulassungsprospekt** – eine Haftung für den Fall hinzu, dass der Prospekt gänzlich fehlt (§§ 24 WpPG, 21 VermAnlG): für den börslichen Handel – und allgemeiner für den Zulassungsprospekt – wurde eine solche Norm für entbehrlich gehalten, da bei der Börsenzulassung bereits das Vorliegen eines Prospekts geprüft wird (§ 32 Abs. 3 Nr. 2 BörsG)[645] – und vergleichbar bei anderen Zulassungsformen. Diese **Regelung zum Fehlen** eines Prospekts beim öffentlichen Angebot ist nun selbst wiederum **streng parallel gestaltet zu § 21 WpPG** – in der Form, die ihm der Verweis in § 22 WpPG gibt – und

[644] BGH (Fn 387), BGHZ 203, 1 = WM 2015, 22 = NJW 2015, 236 (Rz. 143 ff.) (Telekom III-Beschluss).

[645] RegE BT-Drs 17/6051, S. 46 f.; m.w.N. *Leuering* NJW 2012, 1905 (1907) (kritisch: warum soll Börse nicht einmal irren?).

zwar in der Form, dass das Versäumnis, einen Angebotsprospekt zu erlassen, stets als grobfahrlässig eingestuft wird und Haftung deswegen stets bejaht wird, wenn die Tatbestandsmerkmale nach § 21 WpPG gegeben sind (nächste Rn) und nicht diejenigen Haftungsausschlussgründe eingreifen, die überhaupt auf den Fall eines gänzlich fehlenden Prospekts übertragbar und anwendbar erscheinen (unten Rn 231).

2. Parallele Tatbestandserfüllung (Abs. 1–3). In Abs. 1–3 wird zwar ein anderer Verstoß als Anknüpfungspunkt für die Prospekthaftung behandelt als in § 21 WpPG (in der Fassung, die ihm § 22 WpPG für Fälle eines öffentlichen Angebots gibt): Während Anknüpfungspunkt dort die Unrichtigkeit oder Lückenhaftigkeit (Fehlerhaftigkeit) des Prospekts den Anknüpfungspunkt bildet, ist dies hier das **gänzliche Fehlen eines Prospekts** trotz Bestehens einer Prospektpflicht nach § 3 Abs. 1 WpPG. Für jeden Erwerb nach einem – wenn auch verspäteten – Prospekterlass (mit Veröffentlichung) greift § 24 WpPG nicht mehr ein.[646] Alle anderen Tatbestandsmerkmale gestalten **Abs. 1–3 jedoch in strikter Parallelität zu § 21 WpPG** aus, so dass gänzlich auf die dortigen Ausführungen verwiesen werden kann: Das gilt natürlich für die erfassten Instrumente und Märkte (sachlicher Anwendungsbereich, Abs. 1 am Anfang, oben Rn 82–86). Dies gilt jedoch gleichermaßen hinsichtlich des Anspruchsinhalts (bloße Erstattung des niedrigeren von zwei Preisen, zzgl. der Erwerbsnebenkosten, vgl. Rn 199), die zeitliche Beschränkung auf die ersten sechs Monate (Anlagestimmung, vgl. Rn 196), die grundsätzliche Beschränkung auf den Erwerb junger Stücke (soweit gekennzeichnet, vgl. Rn. 214) (alles § 24 Abs. 1 WpPG). Dies gilt jedoch auch für das Regime bei Veräußerung des betroffenen Wertpapiers (Abs. 2 und § 21 Abs. Abs. 3 WpPG, oben Rn 200). 228

Einzig die Person der **Anspruchsgegner**, die gesamtschuldnerisch haften, war anders oder modifiziert zu bestimmen als in § 21 Abs. 1 S. 1 Nr. 1 und 2 WpPG (zur Bestimmung dort vgl. oben Rn 188–191): Verpflichtet sind der **Anbieter** – als der primär Prospektpflichtige nach und im selben Umfang wie in § 3 Abs. 1 WpPG (vgl. näher oben Rn 95) –, jedoch auch der **Emittent**, den demnach eine Ausfallhaftung dafür trifft, dass ein Anbieter seiner Wertpapiere auch tatsächlich einen Prospekt erstellt –[647] freilich wohl nur, wenn er vom öffentlichen Angebot wissen konnte (i.d.R. der Fall).[648] 229

3. Paralleles Fehlen von Haftungsausschlussgründen (Abs. 4). Die Regelung in Abs. 4 gestaltet diejenigen Haftungsausschlussgründe aus, die **§ 23 WpPG** vorsieht und die zugleich für das gänzliche Fehlen eines Prospekts trotz bestehender Prospektpflicht sinnvoll gefasst werden können.[649] Das ist bei einer **Reihe von Fällen nicht denkbar** und diese werden daher gar nicht erst aufgeführt: Fehlt der Prospekt gänzlich, so ist dieser Verstoß in der Auswirkung mit einem Fehler schlicht nicht vergleichbar, der so klein war, dass er den Kurs 230

---

646 Ebenso Holzborn/*Wackerbarth* § 23 Rn 6; vgl. auch *Groß* § 24 WpPG Rn 5.

647 Vgl. hierzu: Vgl. hierzu: *Klöhn* DB 2012, 1854 (1859), Baumbach/Hopt/*Kumpan* § 24 WpPG Rn 2; *Habersack*/Mülbert/Schlitt § 29 Rn 63; noch zur alten Rechtslage eingehend *Schäfer* ZGR 2006, 40 (57–60).

648 Enger, Haftung des Emittenten nur bei eigener Prospektpflicht *Klöhn* DB 2012, 1854 (1859); ebenso noch zur alten Rechtslage *Assmann*/Schlitt/von Kopp-Colomb § 13a VerkProspG Rn 12; Just/Voß/Ritz/Zeising/*Pankoke* § 13a VerkProspG Rn 8; *Schäfer* ZGR 2006, 40 (59 f.); OLG Dresden Urt. V. 23.12.2013 – 8 U 999/12, WM 2014, 687 (696); deutlicher und generell ausschließend bei personenverschiedenem Anbieter Holzborn/*Wackerbarth* § 23 Rn 9 (keine Haftung des Emittenten, wenn er nicht auch zugleich Anbieter der Wertpapiere ist, „da ihn Prospektpflicht nur im Falle des öffentlichen Angebots treffen kann").

649 Ähnlich für Konstruktion und Zielsetzung von § 24 Abs. 4 WpPG: Holzborn/*Wackerbarth* § 23 Rn 8.

nicht berührte (§ 23 Abs. 2 Nr. 2 WpPG) – jedenfalls wenn man (normativ gesehen) die Vermittlung von Kapitalmarktinformation und namentlich von Prospektinformation als Hauptvoraussetzung für funktionierende Kapitalmärkte sieht (oben Teil 5 Rn 14–16). Ebenfalls nicht denkbar ist eine Berichtigung (§ 23 Abs. 2 Nr. 4 WpPG) – es sei denn durch **nachträglichen Prospekterlass**, nach dem, auch wenn er verspätet erfolgte, § 24 WpPG nicht mehr eingreift (vorige Rn). Schließlich ist auch die Modifikation der Haftungsregeln für die Zusammenfassung (§ 23 Abs. 2 Nr. 5 WpPG) überflüssig, da ein fehlender Prospekt auch keine Zusammenfassung aufweist. Ebenfalls nicht wirklich übertragbar erscheint die Regelung in § 23 Abs. 1 Nr. 1 WpPG, auch wenn dies einer etwas ausführlicheren Erklärung bedarf als die anderen Fälle: Dieser Haftungsausschlussgrund beruht nach dem Gesagten auf der Überlegung, dass sich bei demjenigen, der vor Erlass eines Prospekts erwirbt, der Fehler nicht auf den Erwerbsentschluss ausgewirkt haben kann (oben Rn 214). Wenn freilich zum Zeitpunkt des Erwerbs noch gar kein Prospekt erlassen ist, stellt sich die Frage nach der Kausalität *dieser* Unterlassung für den Erwerbsentschluss gänzlich anders – und ebendies regelt Abs. 4 dann durchaus:

231 Umgekehrt beziehen Abs. 4 und § 24 WpPG allgemein zu zwei Haftungsausschlussgründen Stellung und gestalten sie für den Fall eines fehlenden Prospekts spezifisch aus: Einerseits ergibt sich aus dem Gesamtzuschnitt der Norm, dass der Gesetzgeber von **grober Fahrlässigkeit** ausgeht (entsprechend § 23 Abs. 1 WpPG), wenn der Anbieter und Emittent trotz Bestehen der Prospektpflicht nach § 3 Abs. 1 WpPG keinen Prospekt erlässt.[650] Zwar mag es in manchen Konstellationen schwierig sein festzustellen, ob ein Angebot öffentlich ist. Doch ist die Abgrenzung durch die Einrichtung von „safe harbors“ und Spezifizierung der Ausnahmen zum einen vereinfacht worden. Zum anderen geht der Gesetzgeber offenbar davon aus, dass der Anbieter bzw. Emittent in dieser Frage schlicht das Restrisiko trägt und im Zweifel, will er sich absichern, den Prospekt doch erlassen muss. Der Gesetzgeber statuiert gerade keine Parallelregelung zu § 23 Abs. 1 WpPG – etwa für entschuldbar oder nur leicht fahrlässig unterlassenen Prospekterlass. Am ausdrücklichsten schafft der Gesetzgeber in Abs. 4 einen parallelen Haftungsausschluss zu § 23 Abs. 2 Nr. 3 WpPG: Wie dort **wirkt Kenntnis des Geschädigten vom Verstoß des Schädigers haftungsausschließend.** Dennoch divergieren die Gründe und die Begründung für den Haftungsausschluss wertungsmäßig nicht unerheblich: Während beim fehlerhaften Prospekt der Anleger bei Kenntnis des Fehlers informiert in der Sache entscheiden kann – und daher der Haftungsausschluss auch von der ratio der Marktinformierung her erklärt werden kann –, entscheidet sich der Anleger bei Kenntnis der Prospektpflicht[651] dafür, auf jegliche Information zu verzichten. Bürgerlichrechtlich gesehen mag es rechtsmissbräuchlich sein (venire contra factum pro-

---

[650] Für eine Annahme „grober Fahrlässigkeit“ in diesem Falle auch OLG Dresden (Fn 648), WM 2014, 687 (697); zum Streit um das Erfordernis eines Verschuldens auch *Klöhn* DB 2012, 1854 (1856). Für die allgemeine Voraussetzung einer groben Fahrlässigkeit *Mülbert/Steup* in: Habersack/Mülbert/Schlitt Unternehmensfinanzierung am Kapitalmarkt, § 41 Rn 119; *Bongertz* Verschuldensunabhängige Haftung bei fehlendem Prospekt trotz Abstimmung mit der BaFin? – Zugleich eine Besprechung des Urteils des OLG München vom 2.11.2011 – 20 U 2289/11, BB 2012, 470 (474 f.); *Groß* Kapitalmarktrecht, § 24 WpPG Rn 41; Baumbach/Hopt/*Kumpan* § 24 WpPG Rn 2; für eine verschuldensunabhängige Haftung Holzborn/*Wackerbarth* § 23 Rn 10; *Klöhn* DB 2012, 1854 (1859); OLG München Urt. v. 2.11.2011 – 20 U 2289/11, EWiR 2012, 711.

[651] Kenntnis der Prospektpflicht, nicht nur der Umstände, die sie begründen, aber nicht notwendig positive Kenntnis davon, dass kein Prospekt erlassen/veröffentlicht wurde (was natürlich stets leicht zu eruieren ist, u.a. im ESMA-Register): Holzborn/*Wackerbarth* § 23 Rn 8; *Klöhn* DB 2012, 1854 (1857).

prium), sich später auf Fehlen des Prospektes zu berufen –[652] und daher wird der Haftungsausschluss statuiert. Von der Logik kapitalmarkteffizienter Regulierung her hätte als Anreiz für den Prospektpflichtigen allerdings durchaus auch nahegelegen, in solch einem Fall keinen Haftungsausschluss zu statuieren. Dieser Haftungsausschluss lässt zudem auch Anlegerkreise schutzlos, die sich – beispielsweise aus Überoptimismus –[653] darauf verlassen, dass ein Prospekt wohl schon veröffentlicht sei und andere ihn hinreichend lesen, um die richtige Preisbildung (Anlagestimmung) zu gewährleisten.

V. § 25 WpPG: Grenzen der Haftungsbeschränkung und konkurrierende Ansprüche 232

§ 25 Unwirksame Haftungsbeschränkung; sonstige Ansprüche

(1) Eine Vereinbarung, durch die Ansprüche nach §§ 21, 23 oder 24 im Voraus ermäßigt oder erlassen werden, ist unwirksam.

(2) Weitergehende Ansprüche, die nach den Vorschriften des bürgerlichen Rechts auf Grund von Verträgen oder unerlaubten Handlungen erhoben werden können, bleiben unberührt.

1. Grenzen der Haftungsbeschränkung (Abs. 1). Alle Ansprüche nach § 21–24 WpPG 233
sind umfassend zwingend und können **erst nach ihrem Entstehen Gegenstand eines Vergleichs** oder Verzichts werden, der den Anspruch mindert oder auch ganz ausschließt.[654] Dies gilt – obwohl nicht genannt – auch für den Anspruch nach § 22 WpPG, der als Anspruch nach § 21 WpPG konstruiert wird.[655]

2. Konkurrierende Ansprüche (Abs. 2)

a) **Anwendungsbereich der Konkurrenzregel.** Wenn § 25 Abs. 2 **Ansprüche nach den** 234
Vorschriften des bürgerlichen Rechts unberührt lässt, so ordnet sie dies selbstverständlich nur für den Anwendungsbereich des WpPG an. Mit anderen Worten: Sie lässt solche Ansprüche **unberührt für die Emission von Wertpapieren** mittels Zulassung zu einem **organisierten Markt oder mittels öffentlichen Angebots** (zu dem so umrissenen Anwendungsbereich der Prospektpflicht nach dem WpPG vgl. oben Rn 86 f.). Für alle anderen Instrumente oder Märkte muss diese Vorschrift eine vergleichbare Anordnung **nicht** treffen, kann es jedoch rechtskonstruktiv (mangels Eröffnung des Anwendungsbereiches) auch gar nicht. Folglich ist es zwar richtig, dass für andere Anlageformen oder Märkte eine **bürgerlichrechtliche Prospekthaftung** angeordnet werden kann und dies vom WpPG nicht ausgeschlossen wird, diese Rechtsfolge ordnet jedoch nicht § 25 Abs. 2 WpPG an,[656] desgleichen

---

[652] So etwa Heidel/*Chr. Becker* Aktienrecht § 24 Rn 19.

[653] Zu dieser Art kognitiver Verzerrung („bias") etwa *Veil* EuKapmR § 6 Rn 23; *Hacker* Verhaltensökonomik und Normativität. Die Grenzen des Informationsmodells im Privatrecht und seine Alternativen. Unveröffentlichte Doktorarbeit, 2017, Teil 1 A IV 1. a) 2) i) und ii); und Nachw. oben Fn 276.

[654] Dazu näher Baumbach/Hopt/*Kumpan* § 25 WpPG Rn 1; *Groß* Kapitalmarktrecht, § 25 WpPG Rn 2; Holzborn/*Wackerbarth* § 25 Rn 1; *Müller* WpPG § 25 Rn 2.

[655] Ebenso Holzborn/*Wackerbarth* § 25 Rn 2 sowie §§ 21–23 Rn 19 f.

[656] Dennoch teilweise extensive Diskussion der bürgerlichrechtlichen Prospekthaftung unter § 25 Abs. 2 WpPG, etwa Baumbach/Hopt/*Kumpan* § 25 WpPG Rn 4; *Groß* Kapitalmarktrecht, § 25 WpPG Rn 3–8; Holzborn/*Wackerbarth* § 25 Rn 2; *Keul/Erttmann* Inhalt und Reichweite zivilrechtlicher Prospekthaftung DB 2006, 1664; *Leuering* NJW 2012, 1905 (1906).

nicht, dass für andere Anlageformen oder Märkte eine spezialgesetzliche Prospekthaftung eingreifen kann. Dies bedeutet natürlich nicht, dass in diesen anderen Bereichen nicht Anleihen vom WpPG genommen werden können, etwa § 25 Abs. 1 WpPG auf die bürgerlichrechtliche Prospekthaftung außerhalb des Anwendungsbereichs des WpPG übertragen werden kann.[657] Gleichermaßen ist es nicht Gegenstand von § 25 Abs. 2 WpPG zu entscheiden, ob Grundsätze der zivilrechtlichen Prospekthaftung oder sonstige Arten der Haftungsbegründung auf die vielen Formen der **sekundärmarktrechtlichen Kapitalmarktinformation** – zeitlich nach dem Prospekterlass ansetzend – Anwendung finden, die nicht spezialgesetzlich geregelt sind (wie namentlich die Ad-hoc-Publizität in §§ 37b, 37c WpHG).

235 b) **Inhalt der Konkurrenzregel.** Im sachlichen Anwendungsbereich, für die Verletzung der Prospektpflicht nach dem WpPG, **kanalisiert** § 25 Abs. 2 WpPG dann **die neben §§ 21, 22 und 24 WpPG zulässigen Ansprüche.** Dies gilt ebenfalls für solche Informationsstücke, die keinen Prospekt iSd WpPG darstellen, aber diesem hinsichtlich der Prospekthaftung nach dem WpPG gleichgestellt werden: namentlich diejenigen Schriftstücke, die mit dem Prospekt vertrieben werden (vgl. oben Rn 193), sowie auch die Darstellungen, die in Ausnahmebereichen der Prospektpflicht statt des Prospekts zu erstellen sind (vgl. § 21 Abs. 4 WpPG).[658] Zugelassen werden neben den genannten Anspruchsgrundlagen im WpPG nur solche des bürgerlichen Rechts, die entweder als vertragsrechtlich oder als deliktsrechtlich zu qualifizieren sind.[659] Die Voraussetzungen dieser anderen Anspruchsgrundlagen müssen erfüllt sein, die Haftung ist freilich – anders als früher nach § 47 BörsG a.F. – nicht wiederum auf den prospektrechtlichen Haftungsstandard der groben Fahrlässigkeit beschränkt.[660]

236 Eigene **vertragsrechtliche Abreden** treffen Anbieter und/oder Emittenten mit dem Anleger i.d.R. nicht. Freilich wird ein quasivertraglicher Kontakt (§ 311 Abs. 3 BGB) etwa bei Organmitgliedern der Emittentin bejaht, die mit Anlegern in persönlichen Kontakt treten und in besonderem Maße um Vertrauen werben.[661] Umgekehrt jedoch zielte der Aus-

---

[657] Zwingenden Charakter nahmen für die allgemeine zivilrechtliche Prospekthaftung ieS etwa an: *Assmann*/Schütze Handbuch, § 5 Rn 26 ff.; *Assmann* Prospekthaftung, S. 368–371 (mwN auch zur Gegenmeinung); *Hopt*, Der Kapitalanlegerschutz im Recht der Banken – gesellschafts-, bank- und börsenrechtliche Anforderungen an das Beratungs- und Verwaltungsverhalten der Kreditinstitute, 1975, S. 522–526; *Köndgen* AG 1983, 85 (120, 130–132); *Graf v. Westphalen* DB 1983, 2745 (2749 f.) (für formularmäßige Abbedingung); heute *Herresthal* Bankrechtstag 2015, 2016, S. 103 (142–151); auch BGH Urt. v. 27.6.1984 – IVa ZR 231/82, WM 1984, 1075 (1077) (zumindest für nachträgliche formularmäßige Abbedingung) sowie (jedenfalls) gegen eine formularmäßige Abbedingung im Prospekt (§§ 307 Abs. 2, 309 Nr. 7 BGB): BGH Urt. v. 14.1.2002 – II ZR 40/00, WM 2002, 813 (818). Ein „Haftungsausschluss" aufgrund „Vertrauensverwahrung" wird bei der allgemeinen zivilrechtlichen Prospekthaftung im weiteren Sinne jedoch für möglich gehalten, vgl. *Assmann*/Schütze Handbuch, § 5 Rn 109.

[658] Ebenso Holzborn/*Wackerbarth* § 21.23 Rn 21–25; *Groß* Kapitalmarktrecht, § 21 WpPG Rn 26, § 25 WpPG Rn 4 f.

[659] Dazu näher *Groß* Kapitalmarktrecht § 25 WpPG Rn 9; Holzborn/*Wackerbarth* § 25 Rn 3 f.; *Longino*, Haftung des Emittenten für fehlerhafte Informationen, DStR 2008, 2068 (2069).

[660] Baumbach/Hopt/*Kumpan* § 25 WpPG Rn 2; *Groß* Kapitalmarktrecht, § 25 WpPG Rn 1; *Grunewald/Schlitt* § 12 II 2.; Holzborn/*Wackerbarth* § 25 Rn 4; *Leuering* NJW 2012, 1905 (1906).

[661] BGH Urt. v. 2.6.2008 – II ZR 210/06, WM 2008, 1545 (1546 f.); *Mülbert/Leuschner* JZ 2009, 158 (159 f.); Baumbach/Hopt/*Kumpan* § 25 WpPG Rn 2; *Groß* Kapitalmarktrecht § 25 WpPG Rn 9; Holzborn/*Wackerbarth* § 25 Rn 3; *Mülbert/Steup* in Habersack/Mülbert/Schlitt Unternehmensfinanzierung am Kapitalmarkt § 41 Rn 152; *Schmitt* DStR 2013, 1688 (1691).

schluss anderer Ansprüche als bürgerlichrechtlilcher „aus Vertrag" darauf ab, die Ausdehnung auf Prospekthaftungsansprüche ohne solches persönliches Vertrauensverhaltnis, die über die Jahrzehnte als „bürgerlichrechtliche Prospekthaftung" entwickelt wurde, im Anwendungsbereich des WpPG verlässlich abzuschneiden.[662] Ein **deliktsrechtlicher Anspruch** muss nach hM i.d.R. auf § 826 BGB gestützt werden, der vorsätzlich sittenwidrige Schädigung voraussetzt.[663] Denn die Vorschriften des WpPG werden nicht als Schutzgesetze iSv § 823 Abs. 2 BGB gesehen[664] und desgleichen sonstige Informationsinstrumente (des Sekundärmarktes), die zudem nicht als Prospekte einzustufen sind,[665] also ohnehin aus dem Anwendungsbereich des § 25 Abs. 2 WpPG herausfallen. Ob Ersteres mit der individuell-anlegerschützenden Zielsetzung der Allgemeinen EG-Prospekt-Richtlinie vereinbar und aufrecht zu erhalten ist, ist freilich fraglich.[666] Bei Erlass einer EU-Prospekt-Verordnung wird diese Frage in einem neuen Licht neue Diskussion entfachen. Vorsatz iSv § 826 BGB wird freilich bereits heute auch bei rücksichtsloser Leichtfertigkeit angenommen.[667]

G. Aufsicht und sonstige (Aufsichts-, Sanktions- und Schluss-)Bestimmungen (§§ 26–37 WpPG) (Überblick)

Übersicht

		Rn
I.	§§ 26, 27 WpPG: Befugnisse und Verschwiegenheit	237
II.	§§ 28, 28a, 29 WpPG: Zusammenarbeit zwischen Behörden, auch zur Durchsetzung von Folgepflichten	240
III.	§§ 30–31 WpPG: Bekanntmachung von Verstößen und sofortige Vollziehung	242
IV.	§§ 32–34 WpPG: Sonstige Regeln im Aufsichtsverhältnis	244
V.	§ 35 WpPG Bußgeldtatbestände	246
VI.	§§ 36, 37 WpPG: Übergangsbestimmungen	248

662 BT-Drucks. 13/8933, S. 54, 81; BGH (Fn 387), BGHZ 203, 1 = WM 2015, 22 = NJW 2015, 236 (Rz 71) (Telekom III-Beschluss); Just *Mülbert/Steup* in: Habersack/Mülbert/Schlitt Unternehmensfinanzierung am Kapitalmarkt, § 41 Rn 151; *Pankoke* in: Just/Voß/Ritz/Zeising § 47 Rn 5; *Schwark*/Zimmer, §§ 44, 45 BörsG Rn 79.

663 BGH Urt. v. 9.5.2005 – II ZR 287/02, WM 2005, 1358 (1359); *Möllers* BB 2005, 1637 (1640 f.); Holzborn/*Wackerbarth* § 25 Rn 4; MünchKomm BGB/*Wagner* § 826 Rn 7 und Rn 8–23 vertieft zum Tatbestandsmerkmal der Sittenwidrigkeit; Palandt/*Sprau* § 826 Rn 3–6.

664 Baumbach/Hopt/*Kumpan* § 25 WpPG Rn 2; *Groß* Kapitalmarktrecht, § 25 WpPG Rn 3; Holzborn/Wackerbarth § 25 Rn 4.

665 *Denninger* Grenzüberschreitende Prospekthaftung, S. 88; *Groß* Kapitalmarktrecht, § 25 WpPG Rn 9.

666 Zur europarechtlichen Kritik näher *Hellgardt* AG 2012, 154 (159–161).

667 BGH (Fn 552), WM 2005, 1358 (1359); Urt. v. 11.9.2012 –VI ZR 92/11, WM 2012, 2195 (2198), 1358 (1359); MünchKomm BGB/*Wagner* § 826 Rn 29–31 mit Aufbereitung der Kritik aus der Literatur an dieser Annahme; *Sack* Der subjektive Tatbestand des § 826 BGB, NJW 2006, 945 (948) nach dem die Leichtfertigkeit als Vermutung in Bezug auf den bedingten Vorsatz gesehen werden kann; Staudinger/*Oechsler* § 826 Rn 97 f.; ausführlich zu dieser Diskussion *Richter* Schadenszurechnung bei deliktischer Haftung für fehlerhafte Sekundärmarktinformation, 2012, S. 255–261.

237 I. §§ 26, 27 WpPG: Befugnisse und Verschwiegenheit

Abschnitt 7
Zuständige Behörde und Verfahren

§ 26 Befugnisse der Bundesanstalt

(1) Ist bei der Bundesanstalt ein Prospekt zur Billigung eingereicht worden, kann sie vom Anbieter oder Zulassungsantragsteller die Aufnahme zusätzlicher Angaben in den Prospekt verlangen, wenn dies zum Schutz des Publikums geboten erscheint.

(2) Die Bundesanstalt kann vom Emittenten, Anbieter oder Zulassungsantragsteller Auskünfte, die Vorlage von Unterlagen und die Überlassung von Kopien verlangen, soweit dies zur Überwachung der Einhaltung der Bestimmungen dieses Gesetzes erforderlich ist. Die Befugnis nach Satz 1 besteht auch gegenüber

1. einem mit dem Emittenten, dem Anbieter oder Zulassungsantragsteller verbundenen Unternehmen,
2. demjenigen, bei dem Tatsachen die Annahme rechtfertigen, dass er Anbieter im Sinne dieses Gesetzes ist.

Im Falle des Satzes 2 Nr. 2 dürfen Auskünfte, die Vorlage von Unterlagen und die Überlassung von Kopien nur insoweit verlangt werden, als sie für die Prüfung, ob es sich um einen Anbieter im Sinne dieses Gesetzes handelt, erforderlich sind.

(2a) Kommt ein Emittent, Anbieter oder Zulassungsantragsteller einem sofort vollziehbaren Verlangen nach Absatz 2 innerhalb angemessener Frist unberechtigt nicht oder trotz erneuter Aufforderung innerhalb angemessener Frist unberechtigt nicht oder nur unvollständig nach, kann die Bundesanstalt diesen Umstand auf ihrer Internetseite öffentlich bekannt machen, wenn Anhaltspunkte dafür vorliegen, dass entgegen § 3 dieses Gesetzes kein Prospekt veröffentlicht wurde oder entgegen § 13 dieses Gesetzes ein Prospekt veröffentlicht wird oder der Prospekt oder das Registrierungsformular nicht mehr nach § 9 dieses Gesetzes gültig ist. In dem Auskunfts- und Vorlegungsersuchen nach Absatz 2 ist auf die Befugnis nach Satz 1 hinzuweisen. Die Bekanntmachung darf nur diejenigen personenbezogenen Daten enthalten, die zur Identifizierung des Anbieters oder Emittenten erforderlich sind. Bei nicht bestandskräftigen Maßnahmen ist folgender Hinweis hinzuzufügen: „Diese Maßnahme ist noch nicht bestandskräftig." Wurde gegen die Maßnahme ein Rechtsmittel eingelegt, sind der Stand und der Ausgang des Rechtsmittelverfahrens bekannt zu machen. Die Bekanntmachung ist spätestens nach fünf Jahren zu löschen.

(2b) Die Bundesanstalt sieht von einer Bekanntmachung nach Absatz 2a ab, wenn die Bekanntmachung die Finanzmärkte der Bundesrepublik Deutschland oder eines oder mehrerer Staaten des Europäischen Wirtschaftsraums erheblich gefährden würde. Die Bundesanstalt kann von einer Bekanntmachung außerdem absehen, wenn eine Bekanntmachung nachteilige Auswirkungen auf die Durchführung strafrechtlicher, ordnungswidrigkeitenrechtlicher oder disziplinarischer Ermittlungen haben kann.

(3) Die Bundesanstalt kann von den Abschlussprüfern und Mitgliedern von Aufsichts- oder Geschäftsführungsorganen des Emittenten, des Anbieters oder Zulassungsantragstellers sowie von den mit der Platzierung des öffentlichen Angebots oder der Zulassung zum Handel beauftragten Instituten im Sinne des § 1 Abs. 1b des Kreditwesengesetzes oder einem nach § 53 Abs. 1 Satz 1 oder § 53b Abs. 1 Satz 1 des Kreditwesengesetzes tätigen Unternehmen Auskünfte, die Vorlage von Unterlagen und die Überlassung von Kopien verlangen, soweit dies zur Überwachung der Einhaltung der Bestimmungen dieses Gesetzes erforderlich ist.

(4) Die Bundesanstalt hat ein öffentliches Angebot zu untersagen, wenn entgegen § 3 kein Prospekt veröffentlicht wurde, entgegen § 13 ein Prospekt veröffentlicht wird, der Prospekt oder das Registrierungsformular nicht mehr nach § 9 gültig ist, die Billigung des Prospekts nicht durch eine Bescheinigung im Sinne des § 18 Abs. 1 nachgewiesen worden ist oder der Prospekt nicht der Sprachenregelung des § 19 genügt. Hat die Bundesanstalt Anhaltspunkte dafür, dass gegen eine oder mehrere der in Satz 1 genannten Bestimmungen verstoßen wurde, kann sie jeweils anordnen, dass ein öffentliches Angebot für höchstens zehn Tage auszusetzen ist. Die nach Satz 2 gesetzte Frist beginnt mit der Bekanntgabe der Entscheidung.

(5) Die Bundesanstalt kann der Geschäftsführung der Börse und der Zulassungsstelle Daten einschließlich personenbezogener Daten übermitteln, wenn Tatsachen den Verdacht begründen, dass gegen Bestimmungen dieses Gesetzes verstoßen worden ist und die Daten zur Erfüllung der in der Zuständigkeit der Geschäftsführung der Börse oder der Zulassungsstelle liegenden Aufgaben erforderlich sind.

(6) Der zur Erteilung einer Auskunft Verpflichtete kann die Auskunft auf solche Fragen verweigern, deren Beantwortung ihn selbst oder einen der in § 383 Abs. 1 Nr. 1 bis 3 der Zivilprozessordnung bezeichneten Angehörigen der Gefahr strafgerichtlicher Verfolgung oder eines Verfahrens nach dem Gesetz über Ordnungswidrigkeiten aussetzen würde. Der Verpflichtete ist über sein Recht zur Verweigerung der Auskunft zu belehren.

(7) Die Bundesanstalt darf personenbezogene Daten nur zur Erfüllung ihrer aufsichtlichen Aufgaben und für Zwecke der Zusammenarbeit nach Maßgabe des § 28 verwenden.

(8) Werden der Bundesanstalt bei einem Prospekt, auf Grund dessen Wertpapiere zum Handel an einem organisierten Markt zugelassen werden sollen, Umstände bekannt gegeben, auf Grund derer begründete Anhaltspunkte für die wesentliche inhaltliche Unrichtigkeit oder wesentliche inhaltliche Unvollständigkeit des Prospekts bestehen, die zu einer Übervorteilung des Publikums führen, stehen ihr die Befugnisse des Absatzes 2 zu. Die Bundesanstalt kann in den Fällen des Satzes 1 vom Anbieter verlangen, das öffentliche Angebot bis zur Klärung des Sachverhalts auszusetzen. Steht die inhaltliche Unrichtigkeit oder inhaltliche Unvollständigkeit des Prospekts fest, kann die Bundesanstalt die Billigung widerrufen und das öffentliche Angebot untersagen. Die Bundesanstalt kann nach Satz 1 erhobene Daten sowie Entscheidungen nach den Sätzen 2 und 3 der Geschäftsführung der Börse und inländischen sowie ausländischen Zulassungsstellen übermitteln, soweit diese Informationen zur Erfüllung deren Aufgaben erforderlich sind.

§ 27 Verschwiegenheitspflicht

(1) Die bei der Bundesanstalt Beschäftigten und die nach § 4 Abs. 3 des Finanzdienstleistungsaufsichtsgesetzes beauftragten Personen dürfen die ihnen bei ihrer Tätigkeit bekannt gewordenen Tatsachen, deren Geheimhaltung im Interesse eines nach diesem Gesetz Verpflichteten oder eines Dritten liegt, insbesondere Geschäfts- und Betriebsgeheimnisse sowie personenbezogene Daten, nicht unbefugt offenbaren oder verwerten, auch wenn sie nicht mehr im Dienst sind oder ihre Tätigkeit beendet ist. Dies gilt auch für andere Personen, die durch dienstliche Berichterstattung Kenntnis von den in Satz 1 bezeichneten Tatsachen erhalten. Ein unbefugtes Offenbaren oder Verwerten im Sinne des Satzes 1 liegt insbesondere nicht vor, wenn Tatsachen weitergegeben werden an

1. Strafverfolgungsbehörden oder für Straf- und Bußgeldsachen zuständige Gerichte,
2. kraft Gesetzes oder im öffentlichen Auftrag mit der Überwachung von Börsen oder anderen Märkten, an denen Finanzinstrumente gehandelt werden, des Handels mit Finanzinstrumenten oder Devisen, von Kreditinstituten, Finanzdienstleistungsinsti-

tuten, Investmentgesellschaften, Finanzunternehmen oder Versicherungsunternehmen betraute Stellen sowie von diesen beauftragte Personen,

3. **die Europäische Wertpapier- und Marktaufsichtsbehörde, die Europäische Aufsichtsbehörde für das Versicherungswesen und die betriebliche Altersversorgung, die Europäische Bankenaufsichtsbehörde, den Gemeinsamen Ausschuss der Europäischen Finanzaufsichtsbehörden, den Europäischen Ausschuss für Systemrisiken oder die Europäische Kommission,**

soweit diese Stellen die Informationen zur Erfüllung ihrer Aufgaben benötigen. Für die bei den in Satz 3 Nummer 1 und 2 genannten Stellen beschäftigten Personen sowie von diesen Stellen beauftragten Personen gilt die Verschwiegenheitspflicht nach Satz 1 entsprechend. Befindet sich eine in Satz 3 Nummer 1 oder 2 genannte Stelle in einem anderen Staat, so dürfen die Tatsachen nur weitergegeben werden, wenn die bei dieser Stelle beschäftigten und die von dieser Stelle beauftragten Personen einer dem Satz 1 entsprechenden Verschwiegenheitspflicht unterliegen.

(2) Die §§ 93, 97 und 105 Absatz 1, § 111 Absatz 5 in Verbindung mit § 105 Absatz 1 sowie § 116 Absatz 1 der Abgabenordnung gelten für die in Absatz 1 Satz 1 und 2 bezeichneten Personen nur, soweit die Finanzbehörden die Kenntnisse für die Durchführung eines Verfahrens wegen einer Steuerstraftat sowie eines damit zusammenhängenden Besteuerungsverfahrens benötigen. Die in Satz 1 genannten Vorschriften sind jedoch nicht anzuwenden, soweit Tatsachen betroffen sind,

1. **die den in Absatz 1 Satz 1 oder Satz 2 bezeichneten Personen durch eine Stelle eines anderen Staates im Sinne von Absatz 1 Satz 3 Nummer 2 oder durch von dieser Stelle beauftragte Personen mitgeteilt worden sind oder**
2. **von denen bei der Bundesanstalt beschäftigte Personen dadurch Kenntnis erlangen, dass sie an der Aufsicht über direkt von der Europäischen Zentralbank beaufsichtigte Institute mitwirken, insbesondere in gemeinsamen Aufsichtsteams nach Artikel 2 Nummer 6 der Verordnung (EU) Nr. 468/2014 der Europäischen Zentralbank vom 16. April 2014 zur Einrichtung eines Rahmenwerks für die Zusammenarbeit zwischen der Europäischen Zentralbank und den nationalen zuständigen Behörden und den nationalen benannten Behörden innerhalb des einheitlichen Aufsichtsmechanismus (SSM-Rahmenverordnung) (EZB/2014/17) (ABl. L 141 vom 14.5.2014, S. 1), und die nach den Regeln der Europäischen Zentralbank geheim sind.**

238 § 26 WpPG nennt – in Umsetzung von Art. 21 der allgemeinen Prospekt-Richtlinie (bes. Abs. 3) – die **Mindestbefugnisse**, wobei **weitere Befugnisse, die nur die EG-Richtlinie nennt** (etwa Aussetzung oder Einstellung der Notierung), im Wege der richtlinienkonformen Auslegung ebenfalls als Teil von § 26 WpPG zu verstehen sind – denn der deutsche Gesetzgeber sah sie in Generalklauseln oder anderen Normen mit umgesetzt (vgl. näher oben 1. Teil Rn 112 und am Ende dieser Rn). Einige Befugnisse sind nur klarstellend genannt, so schon die Anforderung „zusätzlicher Angaben" bzw. von „Unterlagen und ... Kopien" vom Prospektpflichtigen, soweit sie zum „Schutz des Publikums geboten" bzw. „erforderlich" sind (**Abs. 1 bzw. Abs. 2**). Denn die Prüfung der Einhaltung des § 7 WpPG (Mindestinhalte) obliegt der BaFin ohnehin. Eigenständige Bedeutung hat der Befugniskatalog erst gegenüber Dritten, namentlich **Abschlussprüfern**, von denen ebenfalls die notwendigen Auskünfte eingeholt werden dürfen (im einzelnen **Abs. 3**). Andere Befugnisse sind besonders weitgehend, auch Gegenstand der allgemeineren Kritik an der Breite der Befugnisse im Europäischen Kapitalmarktrecht, namentlich die öffentliche Bekanntmachung der Verstöße (**„naming and shaming", § 26 Abs. 2a und 2b WpPG**). Der „Biss" dieser Befugnis wird häufig als sehr groß angesehen, zumal Ausnahmen nur im öffentlichen – auch Strafverfolgungsinteresse – vorgesehen sind. Freilich ist ihre Ausübung – anders als in der MAR – ins Ermessen der BaFin gestellt, so dass bei der Ermessensausübung auch Emittenteninteressen berücksichtigt werden können, ja zu berücksichtigen sind. Abs. 2a, 2b betreffen freilich nur – noch anhaltende! – Verstöße gegen die Aufdeckungspflichten nach Abs. 2, noch weiter geht dann § 30 WpPG, der eine entsprechende Aufdeckung von materiellen Verstößen gegen prospektrechtliche Grundsätze vorsieht (vgl. unten Rn 243). Hier zeigt sich eine – allseits konstatierte – starke Fokussierung des Europäisierten Kapitalmarktrechts auf die verwaltungsmäßigen Sanktionen, die freilich im Falle des Prospektrechts in der starken zivilrechtlichen Sanktionierung durch eine Prospekthaftung (§§ 21 ff. WpPG) ihr Pendant findet. Für den Angebotsprospekt wird schließlich ausdrücklich angeordnet, dass bei Fehlen, Auslaufen der Gültigkeit oder anderen Grundlagenverstößen die Aussetzung des Angebots anzuordnen ist, mangels Heilung nach 10 Tagen das **Angebot zu untersagen** ist (jeweils gebundene Entscheidung, **Abs. 4**). Schließlich hat die BaFin – in Übereinstimmung mit der Richtlinie – alle Befugnisse auch beim **(Börsen-)Zulassungsprospekt**, obwohl insoweit die Zuständigkeit als eine subsidiäre ausgestaltet ist – wenn die erstzuständigen Börsenträger nicht hinreichend eingeschritten sind (vgl. Abs. 8 und schon Abs. 5), was dann nach dem Gesagten auch Anordnung einer Aussetzung oder Untersagung mit umfasst.

Umgekehrt sind auch die **Rechtsförmigkeitsgarantien** umfangreich ausgebildet, wobei **239** neben §§ 26 (Abs. 6 und 7) und 27 WpPG insoweit auch das allgemeine Verwaltungsrecht des Verwaltungsverfahrensgesetzes (Bund) subsidiär Anwendung findet. Zu den Verfahrensgarantien zählt ein Zeugnisverweigerungsrecht (§ 26 Abs. 6 WpPG). Mit Erlass der Allgemeinen EG-Prospekt-Richtlinie wurde umgekehrt auch klargestellt, dass erhobene Informationen einer strikten funktionalen Bindung (für die „aufsichtlichen Aufgaben", § 26 Abs. 7 WpPG) und einer **strengen funktionalen Geheimhaltungsgrenze** unterliegen (**§ 27 WpPG**) und nur zu Zwecken der finanzrechtlichen Aufsicht und strafrechtlichen Durchsetzung eingesetzt werden dürfen (Abs. 1) – auch von Mitarbeitern der Behörden und auch nach deren Ausscheiden. Auch die Weitergabe in Steuersachen ist grds. nur im Steuerstrafverfahren gestattet – mit Ausnahmen, wenn die Daten in der Finanz- und Institutsaufsicht erhoben und von dort weitergegeben wurden (Abs. 2).

II. §§ 28, 28a, 29 WpPG: Zusammenarbeit zwischen Behörden, auch zur Durchsetzung von Folgepflichten **240**

§ 28 Zusammenarbeit mit zuständigen Stellen in anderen Staaten des Europäischen Wirtschaftsraums

(1) Der Bundesanstalt obliegt die Zusammenarbeit mit den für die Überwachung öffentlicher Angebote oder die Zulassung von Wertpapieren an einem organisierten Markt zuständigen Stellen der Europäischen Union und der anderen Staaten des Europäischen Wirtschaftsraums. Die Bundesanstalt kann im Rahmen ihrer Zusammenarbeit zum Zweck der Überwachung der Einhaltung der Bestimmungen dieses Gesetzes und entsprechender Bestimmungen der in Satz 1 genannten Staaten von allen ihr nach dem Gesetz zustehenden Befugnissen Gebrauch machen, soweit dies geeignet und erforderlich ist, einem Ersuchen der in Satz 1 genannten Stellen nachzukommen.

(2) Auf Ersuchen der in Absatz 1 Satz 1 genannten zuständigen Stellen kann die Bundesanstalt Untersuchungen durchführen und Informationen übermitteln, soweit dies für die Überwachung von organisierten Märkten sowie von Emittenten, Anbietern oder Zulassungsantragstellern oder deren Abschlussprüfern oder Geschäftsführungs- und Aufsichtsorganen nach den Vorschriften dieses Gesetzes und entsprechenden Vorschriften der

in Absatz 1 genannten Staaten oder damit zusammenhängender Verwaltungs- oder Gerichtsverfahren erforderlich ist. Bei der Übermittlung von Informationen hat die Bundesanstalt den Empfänger darauf hinzuweisen, dass er unbeschadet seiner Verpflichtungen im Rahmen von Strafverfahren die übermittelten Informationen einschließlich personenbezogener Daten nur zur Erfüllung von Überwachungsaufgaben nach Satz 1 und für damit zusammenhängende Verwaltungs- und Gerichtsverfahren verwenden darf.

(3) Die Bundesanstalt kann eine Untersuchung oder die Übermittlung von Informationen verweigern, wenn

1. Hierdurch die Souveränität, die Sicherheit oder die öffentliche Ordnung der Bundesrepublik Deutschland beeinträchtigt werden könnte,
2. auf Grund desselben Sachverhalts gegen die betreffenden Personen bereits ein gerichtliches Verfahren eingeleitet worden oder eine unanfechtbare Entscheidung ergangen ist oder
3. die Untersuchung oder die Übermittlung von Informationen nach dem deutschen Recht nicht zulässig ist.

(4) Die Bundesanstalt kann die in Absatz 1 Satz 1 genannten zuständigen Stellen um die Durchführung von Untersuchungen und die Übermittlung von Informationen ersuchen, die für die Erfüllung ihrer Aufgaben nach den Vorschriften dieses Gesetzes erforderlich sind, insbesondere wenn für einen Emittenten mehrere Behörden des Herkunftsstaates zuständig sind, oder wenn die Aussetzung oder Untersagung des Handels bestimmter Wertpapiere verlangt wird, die in mehreren Staaten des Europäischen Wirtschaftsraums gehandelt werden. Werden der Bundesanstalt von einer Stelle eines anderen Staates des Europäischen Wirtschaftsraums Informationen mitgeteilt, so darf sie diese unbeschadet ihrer Verpflichtungen in strafrechtlichen Angelegenheiten, die Verstöße gegen Vorschriften dieses Gesetzes zum Gegenstand haben, nur zur Erfüllung von Überwachungsaufgaben nach Absatz 2 Satz 1 und für damit zusammenhängende Verwaltungs- und Gerichtsverfahren offenbaren oder verwerten. Eine anderweitige Verwendung der Informationen ist nur mit Zustimmung der übermittelnden Stelle zulässig. Die Bundesanstalt kann die Europäische Wertpapier- und Marktaufsichtsbehörde nach Maßgabe des Artikels 19 der Verordnung (EU) Nr. 1095/2010 des Europäischen Parlaments und des Rates vom 24. November 2010 zur Errichtung einer Europäischen Aufsichtsbehörde (Europäische Wertpapier- und Marktaufsichtsbehörde), zur Änderung des Beschlusses Nr. 716/2009/EG und zur Aufhebung des Beschlusses 2009/77/EG der Kommission (ABl. L 331 vom 15.12.2010, S. 84) um Hilfe ersuchen, wenn ein Ersuchen nach Satz 1 zurückgewiesen worden ist oder innerhalb einer angemessenen Frist zu keiner Reaktion geführt hat.

(5) Die Vorschriften des Wertpapierhandelsgesetzes über die Zusammenarbeit mit den entsprechenden zuständigen Stellen anderer Staaten sowie die Regelungen über die internationale Rechtshilfe in Strafsachen bleiben unberührt.

§ 28a Zusammenarbeit mit der Europäischen Wertpapier- und Marktaufsichtsbehörde

Die Bundesanstalt stellt der Europäischen Wertpapier- und Marktaufsichtsbehörde gemäß Artikel 35 der Verordnung (EU) Nr. 1095/2010 auf Verlangen unverzüglich alle für die Erfüllung ihrer Aufgaben erforderlichen Informationen zur Verfügung.

§ 29 Vorsichtsmaßnahmen

(1) Verstößt der Emittent, ein mit der Platzierung des öffentlichen Angebots beauftragtes Institut im Sinne des § 1 Abs. 1b des Kreditwesengesetzes oder ein mit der Platzierung beauftragtes nach § 53 Abs. 1 Satz 1, § 53b Abs. 1 oder 7 des Kreditwesengesetzes tätiges

Unternehmen gegen § 3 Absatz 1 oder 4, die §§ 7, 9, 14 bis 16, 18 oder 19 oder gegen Zulassungsfolgepflichten, übermittelt die Bundesanstalt diese Informationen der zuständigen Behörde des Herkunftsstaates und der Europäischen Wertpapier- und Marktaufsichtsbehörde. § 28 Abs. 3 bis 5 findet entsprechende Anwendung.

(2) Verstößt der Emittent, ein mit der Platzierung des öffentlichen Angebots beauftragtes Institut im Sinne des § 1 Abs. 1b des Kreditwesengesetzes oder ein mit der Platzierung beauftragtes nach § 53 Abs. 1 Satz 1 oder § 53b Abs. 1 Satz 1 des Kreditwesengesetzes tätiges Unternehmen trotz der von der zuständigen Behörde des Herkunftsstaates ergriffenen Maßnahmen oder weil Maßnahmen der Behörde des Herkunftsstaates unzweckmäßig sind, gegen die einschlägigen Rechts- oder Verwaltungsbestimmungen, so kann die Bundesanstalt nach vorheriger Unterrichtung der zuständigen Behörde des Herkunftsstaates und der Europäischen Wertpapier- und Marktaufsichtsbehörde alle für den Schutz des Publikums erforderlichen Maßnahmen ergreifen. Die Europäische Kommission und die Europäische Wertpapier- und Marktaufsichtsbehörde sind zum frühestmöglichen Zeitpunkt über derartige Maßnahmen zu unterrichten.

Die **Zusammenarbeit** – zwischen den nationalen Aufsichtsbehörden, jedoch vor allem auch unter der Koordination der ESMA – wurde an verschiedenen Einzelstellen der Kommentierung beleuchtet. Den dort beschriebenen Grundsätzen entspricht § **28 WpPG** für **Fragen der Prospektpflicht.** Und § **28a WpPG** verweist nur auf die dort bereits angesprochene Verordnung (EU) Nr. 1095/2010. In der Tendenz hat sich die Rolle der ESMA zunehmend zu der einer Standardsetzerin auch mit flächendeckenden Verwaltungsleitlinien entwickelt. Schon rein formal schließt § **29 WpPG** an § 28 WpPG an (auf dessen Regeln zum Informationsaustausch und sonstiger Zusammenarbeit er verweist). Kerngehalt der Regelung ist, dass auch bei Verstoß gegen **Folgepflichten** (zu deren Kreis oben 5. Teil Rn 61–65, 104) für Prospektfragen das Herkunftslandprinzip weiter Wirkung entfaltet: Die BaFin hat Verstöße gegen Folgepflichten der Behörde des Herkunftslandes des Prospekts zu melden (Abs. 1) und auf entsprechende Meldungen des Gastlandes zu reagieren (Abs. 2). Dafür ist die Befugnis denkbar weit und generalklauselartig ausgestaltet (alle „erforderlichen Maßnahmen") – als ultima ratio auch die Widerrufung der Billigung, wobei freilich jeweils die Behörde des Gastlandes jeweils zu unterrichten ist. **241**

III. §§ 30–31 WpPG: Bekanntmachung von Verstößen und sofortige Vollziehung **242**

§ 30 Bekanntmachung von Maßnahmen

Die Bundesanstalt kann unanfechtbare Maßnahmen, die sie wegen Verstößen gegen Verbote oder Gebote dieses Gesetzes getroffen hat, auf ihrer Internetseite öffentlich bekannt machen, soweit dies zur Beseitigung oder Verhinderung von Missständen geboten ist, es sei denn, diese Veröffentlichung würde die Finanzmärkte erheblich gefährden oder zu einem unverhältnismäßigen Schaden bei den Beteiligten führen.

§ 31 Sofortige Vollziehung

Keine aufschiebende Wirkung haben

1. **Widerspruch und Anfechtungsklage gegen Maßnahmen nach § 15 Abs. 6 und § 26 sowie**
2. **Widerspruch und Anfechtungsklage gegen die Androhung oder Festsetzung von Zwangsmitteln.**

243 Die Hauptregel zum **„naming and shaming"** findet sich in § 30 **WpPG** – in Umsetzung von Art. 25 Abs. 2 der allgemeinen EG-Prospekt-Richtlinie –, nunmehr zu den Verstößen gegen das materielle Prospektrecht. Anders als das „naming and shaming" bei Verstößen gegen Informations- und Herausgabepflichten gegenüber der BaFin (oben Rn 238), das als Beugemaßnahme konzipiert und nur für noch fortbestehende Weigerung vorgesehen ist, handelt es sich hier um eine **echte Verwaltungssanktion** – gerade auch für vergangene Verstöße. Entsprechend wird auch im deutschen Recht über den Wortlaut der Richtlinie hinaus – jedoch wohl im Einklang mit (und in Umsetzung eines) auch europarechtlich verankerten Verhältnismäßigkeitsgrundsatz(es) – gefordert, dass die veröffentlichte Sanktion entweder rechtskräftig verhängt sein muss oder aber die fehlende Rechtskraft ausdrücklich mit bekanntgemacht wird. Ob die Maßnahme ergriffen wird, steht auch hier im Ermessen der BaFin, doch sind die Ausnahmen selbst hier nun nicht nur auf das Gemeinwohl bezogen (Gefährdung der Stabilität der Finanzmärkte), sondern auch bei unverhältnismäßiger Schädigung des Emittenten gegeben. Neben diese Regel, die für die „Schärfe" der Durchsetzungsnahmen im Europäischen Kapitalmarktrecht steht, tritt eine Zweite, insoweit Vergleichbare: **§ 31 WpPG** ordnet die **sofortige Vollziehbarkeit praktisch aller Maßnahmen der BaFin** nach diesem Gesetz an: Keine aufschiebende Wirkung haben Widerspruch und Anfechtungsklage namentlich gegen die Ausübung des gesamten Befugniskatalogs nach § 26 WpPG und – gegenüber anderen als den Prospektpflichtigen – der Befugnisse im Hinblick auf Werbung, die nicht den (prospektbezogenen) Anforderungen des § 15 WpPG entspricht (dort Abs. 6), sowie schließlich – naheliegend – gegen die Androhung oder Festsetzung von Zwangsmitteln.

244 IV. §§ 32–34 WpPG: Sonstige Regeln im Aufsichtsverhältnis

Abschnitt 8
Sonstige Vorschriften

§ 32 Auskunftspflicht von Wertpapierdienstleistungsunternehmen

Vorbehaltlich der schriftlichen Einwilligung des jeweiligen Kunden haben Wertpapierdienstleistungsunternehmen im Sinne des § 2 Absatz 4 des Wertpapierhandelsgesetzes Emittenten oder Anbietern auf Anfrage unverzüglich ihre Einstufung dieses Kunden nach § 31a des Wertpapierhandelsgesetzes mitzuteilen.

§ 33 Gebühren und Auslagen

(1) Für individuell zurechenbare öffentliche Leistungen nach diesem Gesetz, nach den auf diesem Gesetz beruhenden Rechtsvorschriften und nach Rechtsakten der Europäischen Union kann die Bundesanstalt Gebühren und Auslagen erheben.

(2) Das Bundesministerium der Finanzen wird ermächtigt, durch Rechtsverordnung, die nicht der Zustimmung des Bundesrates bedarf, die gebührenpflichtigen Tatbestände und die Gebühren nach festen Sätzen oder als Rahmengebühren näher zu bestimmen. Die Gebührensätze und die Rahmengebühren sind so zu bemessen, dass zwischen der den Verwaltungsaufwand berücksichtigenden Höhe und der Bedeutung, dem wirtschaftlichen Wert oder dem sonstigen Nutzen der individuell zurechenbaren öffentlichen Leistung ein angemessenes Verhältnis besteht. Das Bundesministerium der Finanzen kann die Ermächtigung durch Rechtsverordnung auf die Bundesanstalt für Finanzdienstleistungsaufsicht übertragen.

§ 34 Benennungspflicht

Ist für einen Emittenten mit Sitz im Ausland gemäß § 2 Nr. 13 Buchstabe b oder c die Bundesanstalt zuständig, so hat er im Inland einen Bevollmächtigten zu benennen. § 15 Satz 2 und 3 des Verwaltungsverfahrensgesetzes gilt entsprechend.

Auskunftpflichten, Gebühren- und Auslagenregeln, aber auch die Bennenungspflicht sind unspektakulär und ebenfalls nicht Gegenstand einer ausführlicheren Kommentierung. **245**

V. § 35 WpPG: Bußgeldtatbestände **246**

§ 35 Bußgeldvorschriften

(1) Ordnungswidrig handelt, wer vorsätzlich oder leichtfertig

1. entgegen § 3 Absatz 1 ein Wertpapier anbietet,

2. entgegen § 8 Abs. 1 Satz 6 oder 7 den Emissionspreis oder das Emissionsvolumen nicht, nicht richtig, nicht in der vorgeschriebenen Weise oder nicht rechtzeitig veröffentlicht,

3. entgegen § 8 Abs. 1 Satz 9 den Emissionspreis oder das Emissionsvolumen nicht oder nicht rechtzeitig hinterlegt,

4. (weggefallen)

5. entgegen § 13 Abs. 1 Satz 1 einen Prospekt veröffentlicht,

6. entgegen § 14 Abs. 1 Satz 1, auch in Verbindung mit Satz 2, einen Prospekt nicht, nicht richtig, nicht vollständig, nicht in der vorgeschriebenen Weise oder nicht rechtzeitig veröffentlicht,

7. entgegen § 14 Abs. 3 eine Mitteilung nicht, nicht richtig, nicht vollständig, nicht in der vorgeschriebenen Weise oder nicht rechtzeitig macht,

7a. entgegen § 14 Absatz 4 Satz 2 eine Angabe nicht, nicht richtig, nicht vollständig oder nicht rechtzeitig macht,

8. entgegen § 14 Abs. 5 eine Papierversion des Prospekts nicht zur Verfügung stellt oder

9. entgegen § 16 Absatz 1 Satz 5 einen Nachtrag nicht, nicht richtig, nicht vollständig, nicht in der vorgeschriebenen Weise oder nicht rechtzeitig veröffentlicht.

(2) Ordnungswidrig handelt, wer vorsätzlich oder fahrlässig einer vollziehbaren Anordnung nach

1. § 15 Abs. 6 Satz 1 oder 2 oder § 26 Abs. 2 Satz 1 oder

2. § 26 Abs. 4 Satz 1 oder 2

zuwiderhandelt.

(3) Die Ordnungswidrigkeit kann in den Fällen des Absatzes 1 Nummer 1 und 5 und des Absatzes 2 Nummer 2 mit einer Geldbuße bis zu fünfhunderttausend Euro, in den Fällen des Absatzes 1 Nummer 6 mit einer Geldbuße bis zu einhunderttausend Euro und in den übrigen Fällen mit einer Geldbuße bis zu fünfzigtausend Euro geahndet werden.

(4) Verwaltungsbehörde im Sinne des § 36 Abs. 1 Nr. 1 des Gesetzes über Ordnungswidrigkeiten ist die Bundesanstalt.

Die Bußgeldregeln werden als relativ moderat empfunden, strafrechtliche Sanktionen fehlen ganz. Insbesondere die Wertung, dass Insiderhandel und Marktmanipulation als stärker gemeinschädigend eingestuft werden und strafbewehrt sind, ist bemerkenswert, jedoch relativ wenig diskutiert. Inhaltlich unterfällt die Ordnungswidrigkeitenregelung in **drei Bußgeldkategorien** (Abs. 3), die aus **zwei Gruppen von Verstößen** zusammengestellt **247** werden (Abs. 1 und Abs. 2): Die erste Gruppe von Verstößen betreffen **alle zentralen Pflichten**, die dem Prospektpflichtigen (oder Veranlasser der Werbung) **gesetzlich auferlegt** sind (Abs. 1), die zweite hingegen Pflichten, die die BaFin in Ausführung des WpPG auferlegt (Abs. 2). Die erstgenannte Gruppe ist insoweit hervorgehoben und „gewichtiger", als hier bereits leichtfertiger Verstoß – nicht erst Vorsatz – bußgeldbewehrt ist. Allerdings ist bei konkreter Anordnung durch die BaFin (Abs. 2) Vorsatz auch ohnehin leicht(er) zu beweisen. Die schwersten Verstöße (**1. Kategorie**, mit Bußgeldrahmen bis zu 500.000, €) bestehen in der Beanspruchung der erfassten Kapitalmärkte **ohne Prospekterstellung bzw. Durchlaufen der Billigungsprozedur**. Es handelt sich um zwei Tatbestände der ersten Gruppe. Hier wird der Anleger konkret gefährdet, ohne dass die Hauptzugangsvoraussetzung geschaffen ist (zertifizierte [!] breite Informationsvermittlung, vgl. oben 5. Teil Rn 27 und oben Rn 67). Auch beim dritten Fall handelt es sich materiell um das Fehlen eines Prospekts – gleichsam dem actus contrarius –, dass nämlich die Voraussetzungen für die Wirksamkeit des Prospekts entfallen sind und die BaFin dies festgestellt hat (§ 35 Abs. 2 Nr. 2 iVm § 26 Abs. 4 WpPG). Dieser Fall ist nur deswegen in die zweite Gruppe eingeordnet – dort bewusst dann unter einem gesonderten Punkt 2 –, weil aus Rechtssicherheitsgründen beim späteren Wegfall der Wirksamkeitsvoraussetzungen eine ausdrückliche Anordnung seitens der Aufsichtsbehörde vorgesehen werden sollte – gleichsam spiegelbildlich zur Billigung vor Marktbeanspruchung. Eine **zweite Kategorie** (bis zu 100.000,– €) – wiederum aus der ersten Gruppe (§ 35 Abs. 1 Nr. 6 WpPG) – betrifft diejenigen Fälle, in denen zwar der gebilligte Prospekt vorliegt, **mangels Veröffentlichung** jedoch das Hauptkommunikationsmittel ungenutzt blieb, so dass Anleger keinen oder allenfalls eingeschränkten Zugang zur Information haben (umgekehrt jedoch diese zumindest vorgelegt und verwaltungsmäßig geprüft – eingeschränkt geprüft – wurde und die Information ggf. doch auf anderem Weg die „Anlegerstimmung" beeinflusst). Die **dritte Kategorie** (bis zu 50.000,– €) umfasst **alle anderen** genannten Verstöße – gegen gesetzlich auferlegte Pflichten *oder* Anordnungen der BaFin (erste und zweite Gruppe), also namentlich solche, die den Prospekt weniger gut lesbar machen oder auch punktuell fehlerhaft. Freilich greifen hier potentiell Prospekthaftungsansprüche ein.

248 VI. §§ 36, 37 WpPG: Übergangsbestimmungen

§ 36 Übergangsbestimmungen

(1) Drittstaatemittenten, deren Wertpapiere bereits zum Handel an einem organisierten Markt zugelassen sind, können die Bundesanstalt als für sie zuständige Behörde im Sinne des § 2 Nr. 13 Buchstabe c wählen und haben dies der Bundesanstalt bis zum 31. Dezember 2005 mitzuteilen. Für Drittstaatemittenten, die bereits vor Inkrafttreten dieses Gesetzes im Inland Wertpapiere öffentlich angeboten oder für Wertpapiere einen Antrag auf Zulassung zum Handel an einem im Inland gelegenen organisierten Markt gestellt haben, ist die Bundesrepublik Deutschland Herkunftsstaat, vorausgesetzt es handelt sich um

a) das erste öffentliche Angebot von Wertpapieren in einem Staat des Europäischen Wirtschaftsraums nach dem 31. Dezember 2003 oder

b) den ersten Antrag auf Zulassung von Wertpapieren zum Handel an einem im Europäischen Wirtschaftsraum gelegenen organisierten Markt nach dem 31. Dezember 2003.

(1a) Für öffentliche Angebote, für die endgültige Bedingungen bereits vor dem 10. Juli 2015 bei der Bundesanstalt hinterlegt wurden, ist § 9 Absatz 2 dieses Gesetzes in seiner bis dahin geltenden Fassung weiter anzuwenden. Werden für Wertpapiere innerhalb eines

Zeitraums von drei Monaten ab dem 10. Juli 2015 bei der Bundesanstalt endgültige Bedingungen hinterlegt, die sich auf Basisprospekte beziehen, welche vor dem 10. Juli 2015 gebilligt wurden, dürfen diese Wertpapiere noch sechs Monate ab Hinterlegung der endgültigen Bedingungen auf der Grundlage dieses Basisprospekts öffentlich angeboten werden, sofern sich nicht aus § 9 Absatz 2 eine längere Gültigkeit ergibt.

(2) Wertpapiere, die bereits vor dem 1. Juli 2012 auf Grundlage eines von der Bundesanstalt vor diesem Datum gebilligten Basisprospekts und bei ihr dazu hinterlegter endgültiger Bedingungen in Anwendung des § 9 Absatz 5 in der bis zum 30. Juni 2012 geltenden Fassung öffentlich angeboten wurden, dürfen noch bis einschließlich 31. Dezember 2013 weiter öffentlich angeboten werden.

(3) Das jährliche Dokument nach § 10 dieses Gesetzes in der bis zum 30. Juni 2012 geltenden Fassung ist letztmalig für den Zeitraum des vor dem 1. Juli 2012 zu veröffentlichenden Jahresabschlusses zu erstellen, dem Publikum zur Verfügung zu stellen und bei der Bundesanstalt zu hinterlegen.

§ 37 Übergangsbestimmungen zur Aufhebung des Verkaufsprospektgesetzes

Für Ansprüche wegen fehlerhafter Prospekte, die nicht Grundlage für die Zulassung von Wertpapieren zum Handel an einer inländischen Börse sind und die vor dem 1. Juni 2012 im Inland veröffentlicht worden sind, sind das Verkaufsprospektgesetz und die §§ 44 bis 47 des Börsengesetzes jeweils in der bis zum 31. Mai 2012 geltenden Fassung weiterhin anzuwenden. Wurden Prospekte entgegen § 3 Absatz 1 Satz 1 nicht veröffentlicht, ist für daraus resultierende Ansprüche, die bis zum Ablauf des 31. Mai 2012 entstanden sind, das Verkaufsprospektgesetz in der bis zum 31. Mai 2012 geltenden Fassung weiterhin anzuwenden.

Das Übergangsrecht in §§ 36, 37 WpPG betrifft Drittstaatenemittenten für die Wahl **249**
ihrer zuständigen Behörde, die bis Ende 2005 zu treffen war (§ 36 Abs. 1 WpPG), und ansonsten nur punktuelle Materien, bei denen wiederum das alte Recht aufgrund des Zuschnitts der Materie weitgehend überholt sein dürfte: bei Regeln zur Gültigkeit (§ 36 Abs. 1a und 2 WpPG), weil die Gültigkeitsdauer auch nach altem Recht seit Juli 2015 bzw. gar 2012 idR abgelaufen sein wird; bei Regeln zur Gestaltung des Rechnungsabschlusses, weil diese letztmalig für den ersten, auf den Stichtag 31.5.2012 folgenden Rechnungsabschluss gelten sollten. Auch die Regeln zur Prospekthaftung nach der vor dem 31.5.2012 geltenden Fassung sind zwar in fast allen Punkten restriktiver als die heute Geltenden, entsprechende Ansprüche wären jedoch auch nach neuem Recht ohnehin grds. verjährt (drei Jahre, freilich ab Kenntnis und Kennenmüssen). Neben §§ 26 und 27 WpPG bleiben gemäß der Übergangsregelung in § 52 Abs. 8 BörsG für vor dem 1.6.2012 im Inland veröffentlichte Börsenzulassungsprospekte die früheren §§ 44–47 BörsG a.F. weiterhin anwendbar.

3. Abschnitt: Marktmissbrauchsregime (Insiderhandels- und -weitergabe- sowie Marktmanipulationsverbote), Ad-hoc-Publizität und Directors' Dealing (EU-VO 596/2014, „MAR")*

Schrifttum (zu Abschnitt 3 Allgemein MAR; vgl. bereits Teil 5 zum Investment Banking und Wertpapierhandelsrecht allgemein)

a) **Monographien, Sammelbände, Kommentare:** *Bingel* Rechtliche Grenzen der Kursstabilisierung nach Aktienplatzierungen, 2007; *de Boer* Neues Kapitalmarktrecht: Änderungen für Emittenten und Emissionsbanken, CB 2016, 147; *Hopt/Kumpan* § 107. Insider- und Ad-hoc-Publizitätsprobleme, in: Schimansky/Bunte/Lwoksi (Hrsg.), Bankrechtshandbuch, 4. Aufl. 2016/17 (im Erscheinen); *Moloney* EU Securities and Financial Markets Regulation, 3. Aufl. 2014; *Veil* (Hrsg.) Europäisches Kapitalmarktrecht, 2. Aufl. 2014; *Zetzsche* § 7 C. Marktintegrität/Marktmissbrauchsrecht, in: Gebauer/Teichmann (Hrsg.), Enzyklopädie Europarecht Bd. 6, 2016.

b) **Aufsätze und Beiträge:** *Bremer* Neues EU-Marktmissbrauchsrecht in Kraft getreten, NZG 2014, 816; *De Boer* Neues Kapitalmarktrecht: Änderungen für Emittenten und Emissionsbanken, CB 2016, 147; *Fey/Royé* Die neue EU-Marktmissbrauchsverordnung. Meldepflichten für Unternehmen und Organmitglieder, BOARD 2014, 252; *Fleischer/Schmolke* Finanzielle Anreize für Whistleblower im Europäischen Kapitalmarktrecht? Rechtspolitische Überlegungen zur Reform des Marktmissbrauchsregimes, NZG 2012, 361 = *dies.* Financial Incentives for Whistleblowers in European Capital Markets Law? Legal Policy Considerations on the Reform of the Market Abuse Regime, (2012) 9 European Company Law 250; *Graßl* Die neue Marktmissbrauchsverordnung der EU – Neuregelung des gesamten europäischen Marktmissbrauchsrechts, DB 2015, 2066; *Groß* Kursstabilisierung – zur Reichweite der Safe Harbour-Regeln der §§ 14 Abs. 2 und 20a Abs. 3 WpHG, Festschrift Bosch 2005, S. 49; *Hansen* MAD in a Hurry: The Swift and Promising Adoption of the EU Market Abuse Directive, (2004) 15 EBLR 183; *Kiesewetter/Parmentier* Verschärfung des Marktmissbrauchsrechts – ein Überblick über die neue EU-Verordnung über Insidergeschäfte und Marktmanipulation, BB 2013, 2371; *Klöhn* Ad-hoc-Publizität und Insiderverbot im neuen Marktmissbrauchsrecht, AG 2016, 423; *ders.* Wertpapierhandelsrecht diesseits und jenseits des Informationsparadigmas, ZHR 177 (2013) 349; *Koch* Neuerungen im Insiderrecht und der Ad-hoc-Publizität, DB 2005, 267; *Krause* Kapitalmarktrechtliche Compliance: neue Pflichten und drastisch verschärfte Sanktionen nach der EU-Marktmissbrauchsverordnung, CCZ 2014, 248; *Kumpan* Die neuen Regelungen zu Directors' Dealings in der Marktmissbrauchsverordnung AG 2016; 446; *Langenbucher* In Brüssel nichts Neues? – Der „verständige Anleger" in der Marktmissbrauchsverordnung, AG 2016, 417; *dies.* Zum Begriff der Insiderinformation nach dem Entwurf für eine Marktmissbrauchsverordnung, NZG 2013, 1402; *von der Linden* Das neue Marktmissbrauchsrecht im Überblick, DStR 2016, 1036; *Linnerz* Neuerungen durch die Marktmissbrauchsverordnung, AG 2015, R187; *Merkner/Sustmann* Reform des Marktmissbrauchsrecht – Die Vorschläge der Europäischen Kommission zur Verschärfung des Insiderrechts, AG 2012, 315; *Meyer* Neue Entwicklungen bei der Kursstabilisierung – Anwendungsfragen der Verordnung zur Konkretisierung des Verbotes der Kurs- und Marktpreismanipulation und der Durchführungsmaßnahmen zur Marktmissbrauchsrichtlinie, AG 2004, 289; *Parmentier* Die Verhandlung eines Rechtssetzungsvorschlags, BKR 2013, 133; *Poelzig* Durchsetzung und Sanktionierung des neuen Marktmissbrauchsrechts, NZG 2016, 492; *Rückert*, Entwurf einer Verordnung zur Kon-

* Diese Kommentierung stützt sich auf diejenige zum WpHG im von *Ebenroth/Boujong/Joost/Strohn* herausgegebenen Kommentar zum Handelsgesetzbuch (1. Aufl. 2001, 2. Aufl. 2009, 3. Aufl. 2015), dort BankR VI, namentlich den §§ 1 ff. (Anwendungsbereich), 12 ff. (Insiderverbote), § 15 (Ad-hoc-Publizität), § 20a (Marktmanipulation). Nach Überführung dieser Materien in die EU-Marktmissbrauchs-Verordnung wurde für die vorliegende Kommentierung die Reihenfolge der in der Verordnung verwendeten angepasst und umgestellt, die Kommentierung insgesamt erheblich erweitert, europäisiert und um weitere Materien in der EU-Marktmissbrauchs-Verordnung ergänzt. Der Autor dankt den Verlagen Vahlen und Beck für die Freigabe des Manuskripts für eine Fortentwicklung im Staub'schen Großkommentar.

kretisierung des Verbots der Kurs- und Marktpreismanipulation, BKR 2003, 647; *Rubner/Pospiech* EU-Marktmissbrauchsverordnung – das Ende des Freiverkehrs?, NJW-Spezial 2015, 591; *Seibt* Europäische Finanzmarktregulierung zu Insiderrecht und Ad-hoc- Publizität, ZHR 177 (2013), 388; *Seibt/Wollenschläger* Revision des Marktmissbrauchsrechts durch die Marktmissbrauchsverordnung und Richtlinie über strafrechtliche Sanktionen für Marktmanipulation, AG 2014, 593; *Siems* EU Market Abuse Directive: A case-based analysis, 2 Law and Financial Markets Review 39 (2008); *Siems/Nelemans* Reform of the EU Market Abuse Law: Revolution or Evolution? (2012) 19 The Maastricht Journal of European and Comparative Law 195; *Staikouras* The Conundrum of the Market Abuse Directive Preventative Measures for EU Financial Services' Integration: In Search of Equilibrium between Market Integrity Enhancement and Undue Regulatory Encumbrance, 35(4) Legal Issues of Economic Integration 351 (2008); *Stüber* Bekanntmachungen von durchgeführten Transaktionen im Rahmen von Mitarbeiterprogrammen nach der Safe Harbor-VO, ZIP 2015, 1374; *Tissen* Die Investorensuche im Lichte der EU-Marktmissbrauchsverordnung, NZG 2915, 1254; *Tountopoulos* Rückkaufprogramme und Safe-Harbour-Regelungen im Europäischen Kapitalmarktrecht, EWS 2002, 449; *Veil/Koch* Auf dem Weg zu einem europäischen Kapitalmarktrecht: die Vorschläge der Kommission zur Neuregelung des Marktmissbrauchs, WM 2011, 2297; *Veil/Walla* Die Reformen der Europäischen Kommission zum Marktmissbrauchs- und Transparenzregime – Regelungskonzeption, Aufsicht und Sanktionen, BB 2012, 1358; *Will/Pies* Insiderhandel und die Neuordnung der Kapitalmärkte – ein Beitrag zur Regulierungsdebatte in Europa, ORDO 2014, 159; *Zetzsche* Normaler Geschäftsgang und Verschwiegenheit als Kriterien für die Weitergabe transaktionsbezogener Insiderinformationen an Arbeitnehmer – Überlegungen zu Art. 10 I und 17 I der Marktmissbrauchsverordnung, NZG 2015, 817.

Vgl. auch **spezielle Literaturverzeichnisse unten** Rn 81 (Insiderrecht), 182 (Marktmanipulation), 237 (Ad-hoc-Publizität) und 279 (Directors' Dealing). **Ältere Literatur** vgl. auch Ebenroth/Boujong/Joost/Strohn/*Grundmann* HGB – Handelsgesetzbuch, Bd. 2 – Bankrecht VI (1. Aufl. 2001, 2. Aufl. 2009).

A. Einleitung zum (Europäisierten) Marktmissbrauchsregime: Regelungsziel und -entwicklung hin zur EU-Marktmissbrauchs-Verordnung („MAR")

Übersicht

	Rn
Verordnung (EU) Nr. 596/2014 („MAR"): Titel und Erwägungsgründe	250
I. Ausgangspunkt und Regelungsziele	251
1. Grundgesetz des Sekundärmarktes und Grundanlage	251
2. Vom Insiderverbot zum allgemeinen Schutz von Anlegervertrauen	255
3. Regulierungstheorie (mit Ökonomik) – mit Verweis	258
II. Regelungsentwicklung – Überblick	262
1. EG-Insiderhandels-Richtlinie und die Schaffung eines Wertpapierhandelsgesetzes	262
2. EG-Marktmissbrauchs-Richtlinie und systematische Ausweitung	263
3. Umfassende Europäisierung des Marktverhaltensrechts: EU-Marktmissbrauchs-Verordnung (Market Abuse Regulation, „MAR") – mit Ausführung durch das 1. FiMaNoG	265
III. Überblick zu den Regelungsmaterien der MAR	267

250 **Verordnung (EU Nr. 596/2014 des Europäischen Parlaments und des Rates**

vom 16. April 2014

über Marktmissbrauch (*Marktmissbrauchsverordnung*) und zur Aufhebung der Richtlinie 2003/6/EG des Europäischen Parlaments und des Rates und der Richtlinien 2003/124/EG, 2003/125/EG und 2004/72/EG der Kommission (Text von Bedeutung für den EWR)

Amtsblatt EU 2014 L 173/1

Das Europäische Parlament und der Rat der Europäischen Union –

gestützt auf den Vertrag über die Arbeitsweise der Europäischen Union, insbesondere auf Artikel 114,

auf Vorschlag der Europäischen Kommission,

nach Zuleitung des Entwurfs des Gesetzgebungsakts an die nationalen Parlamente,

nach Stellungnahme der Europäischen Zentralbank[668],

nach Stellungnahme des Europäischen Wirtschafts- und Sozialausschusses[669],

gemäß dem ordentlichen Gesetzgebungsverfahren[670],

in Erwägung nachstehender Gründe:

(1) Ein echter Binnenmarkt für Finanzdienstleistungen ist für das Wirtschaftswachstum und die Schaffung von Arbeitsplätzen in der Union von entscheidender Bedeutung.

(2) Ein integrierter, effizienter und transparenter Finanzmarkt setzt Marktintegrität voraus. Das reibungslose Funktionieren der Wertpapiermärkte und das Vertrauen der Öffentlichkeit in die Märkte sind Voraussetzungen für Wirtschaftswachstum und Wohlstand. Marktmissbrauch verletzt die Integrität der Finanzmärkte und untergräbt das Vertrauen der Öffentlichkeit in Wertpapiere und Derivate.

(3) Die Richtlinie 2003/6/EG des Europäischen Parlaments und des Rates[671] hat den Rechtsrahmen der Union zum Schutz der Marktintegrität vervollständigt und aktualisiert. Angesichts der rechtlichen, kommerziellen und technologischen Entwicklungen seit dem Inkrafttreten jener Richtlinie, die zu erheblichen Änderungen in der Finanzwelt geführt haben, sollte diese Richtlinie nun ersetzt werden. Ein neues Rechtsinstrument ist auch erforderlich, um für einheitliche Regeln, die Klarheit zentraler Begriffe und ein einheitliches Regelwerk im Einklang mit den Schlussfolgerungen des Berichts vom 25. Februar 2009 der Hochrangigen Gruppe für Fragen der Finanzaufsicht in der EU unter dem Vorsitz von Jacques de Larosière (im Folgenden „De-Larosière-Gruppe“) zu sorgen.

(4) Es muss ein einheitlicherer und stärkerer Rahmen geschaffen werden, um die Marktintegrität zu wahren, potenzieller Aufsichtsarbitrage vorzubeugen, Rechen-

[668] ABl. C 161 vom 7.6.2012, S. 3.

[669] ABl. C 181 vom 21.6.2012, S. 64.

[670] Standpunkt des Europäischen Parlaments vom 10. September 2013 (noch nicht im Amtsblatt veröffentlicht) und Beschluss des Rates vom 14. April 2014.

[671] Richtlinie 2003/6/EG des Europäischen Parlaments und des Rates vom 28. Januar 2003 über Insider-Geschäfte und Marktmanipulation (Marktmissbrauch) (Abl. L 96 vom 12.4.2003, S. 16).

schaftspflicht bei Manipulationsversuchen vorzusehen und den Marktteilnehmern mehr Rechtssicherheit und unkompliziertere Vorschriften zu bieten. Diese Verordnung zielt darauf ab, einen entscheidenden Beitrag zum reibungslosen Funktionieren des Binnenmarkts zu leisten und er sollte sich daher auf Artikel 114 des Vertrags über die Arbeitsweise der Europäischen Union (AEUV) gemäß der Auslegung in der ständigen Rechtsprechung des Gerichtshofs der Europäischen Union stützen.

(5) Um die noch bestehenden Handelshemmnisse und die aus den Unterschieden zwischen dem jeweiligen nationalen Recht resultierenden erheblichen Wettbewerbsverzerrungen zu beseitigen und dem Entstehen weiterer Handelshemmnisse und erheblicher Wettbewerbsverzerrungen vorzubeugen, muss eine Verordnung erlassen werden, durch die eine einheitlichere Auslegung des Regelwerks der Union zum Marktmissbrauch erreicht wird und in der in allen Mitgliedstaaten geltende Regeln klarer definiert sind. Indem den Vorschriften in Bezug auf Marktmissbrauch die Form einer Verordnung gegeben wird, ist deren unmittelbare Anwendbarkeit sichergestellt. Dadurch werden infolge der Umsetzung einer Richtlinie voneinander abweichende nationale Vorschriften verhindert, so dass einheitliche Bedingungen gewährleistet sind. Diese Verordnung wird zur Folge haben, dass in der gesamten Union alle natürlichen und juristischen Personen die gleichen Regeln zu befolgen haben. Eine Verordnung dürfte auch die rechtliche Komplexität und insbesondere für grenzüberschreitend tätige Gesellschaften die Compliance-Kosten reduzieren sowie zur Beseitigung von Wettbewerbsverzerrungen beitragen.

(6) Die Union und die Mitgliedstaaten werden in der Mitteilung der Kommission vom 25. Juni 2008 über einen „Small Business Act" für Europa dazu aufgerufen, Regeln mit Blick auf die Verringerung des Verwaltungsaufwands, eine Anpassung der Rechtsvorschriften an die Erfordernisse der auf Märkten für kleine und mittlere Unternehmen (KMU) tätigen Emittenten und die Erleichterung des Kapitalzugangs dieser Emittenten zu gestalten. Einige Bestimmungen der Richtlinie 2003/6/EG sind für die Emittenten, insbesondere jene, deren Finanzinstrumente zum Handel an KMU-Wachstumsmärkten zugelassen sind, mit einem Verwaltungsaufwand verbunden, der reduziert werden sollte.

(7) Marktmissbrauch ist ein Oberbegriff für unrechtmäßige Handlungen an den Finanzmärkten und sollte für die Zwecke dieser Verordnung Insidergeschäfte oder die unrechtmäßige Offenlegung von Insiderinformationen und Marktmanipulation umfassen. Solche Handlungen verhindern vollständige und ordnungsgemäße Markttransparenz, die eine Voraussetzung dafür ist, dass alle Wirtschaftsakteure an integrierten Finanzmärkten teilnehmen können.

(8) Der Geltungsbereich der Richtlinie 2003/6/EG konzentrierte sich auf Finanzinstrumente, die zum Handel auf einem geregelten Markt zugelassen sind oder für die ein Antrag auf Zulassung zum Handel auf einem solchen Markt gestellt wurde. In den letzten Jahren werden Finanzinstrumente jedoch zunehmend auf multilateralen Handelssystemen gehandelt. Daneben gibt es weitere Finanzinstrumente, die ausschließlich auf anderen Arten von organisierten Handelssystemen oder nur außerbörslich gehandelt werden. Deshalb sollte der Anwendungsbereich dieser Verordnung alle auf einem geregelten Markt, einem multilateralen oder organisierten Handelssystem gehandelten Finanzinstrumente ebenso einschließen wie jede andere Handlung oder Maßnahme, unabhängig davon, ob sie auf einem Handelsplatz durchgeführt wird, die sich auf ein solches Finanzinstrument auswirken kann. Im Fall bestimmter Arten von multilateralen Handelssystemen, die – wie geregelte

Märkte – dazu dienen, Unternehmen bei der Beschaffung von Eigenkapital zu unterstützen, gilt das Verbot des Marktmissbrauchs gleichermaßen, wenn ein Antrag auf Zulassung zum Handel auf einem solchen Markt gestellt wurde. Aus diesem Grund sollte sich der Anwendungsbereich dieser Verordnung auf Finanzinstrumente erstrecken, für die ein Antrag auf Zulassung zum Handel auf einem multilateralen Handelssystem gestellt worden ist. Dies dürfte den Anlegerschutz verbessern, die Integrität der Märkte wahren und gewährleisten, dass die Manipulation der Märkte für solche Instrumente klar verboten ist.

(9) Um für Transparenz zu sorgen, sollten die Betreiber eines geregelten Marktes, eines multilateralen oder eines organisierten Handelssystems ihrer zuständigen Behörde unverzüglich ausführliche Angaben zu den Finanzinstrumenten übermitteln, die sie zum Handel zugelassen haben, für die ein Antrag auf Zulassung zum Handel gestellt wurde oder die auf ihrem Handelsplatz gehandelt wurden. Bei Erlöschen der Zulassung eines Finanzinstruments sollte eine weitere Mitteilung ergehen. Solche Verpflichtungen sollten auch für Finanzinstrumente gelten, für die ein Antrag auf Zulassung zum Handel auf ihrem Handelsplatz gestellt wurde, sowie für Finanzinstrumente, die vor Inkrafttreten dieser Verordnung zum Handel zugelassen wurden. Diese Meldungen sollten von den zuständigen Behörden der Europäischen Wertpapier- und Marktaufsichtsbehörde (ESMA) übermittelt werden, und die ESMA sollte eine Liste aller übermittelten Finanzinstrumente veröffentlichen. Diese Verordnung gilt für entsprechende Finanzinstrumente unabhängig davon, ob sie in der von der ESMA veröffentlichten Liste aufgeführt sind.

(10) Es ist möglich, dass mit bestimmten Finanzinstrumenten, die nicht auf einem Handelsplatz gehandelt werden, Marktmissbrauch betrieben wird. Dazu gehören Finanzinstrumente, deren Kurs oder Wert von Finanzinstrumenten, die auf einem Handelsplatz gehandelt werden, abhängen oder sich auf diese auswirken oder deren Handel Auswirkungen auf den Kurs oder Wert anderer Finanzinstrumente hat, die auf einem Handelsplatz gehandelt werden. Zu den Beispielen, bei denen solche Instrumente zum Marktmissbrauch verwendet werden können, gehören Informationen in Bezug auf eine Aktie oder Schuldverschreibung, mit denen ein Derivat dieser Aktie oder Schuldverschreibung gekauft werden kann, oder ein Index, dessen Wert von dieser Aktie oder Schuldverschreibung abhängt. Wenn ein Finanzinstrument als Referenzkurs genutzt wird, kann mit einem außerbörslich gehandelten Derivat von manipulierten Kursen profitiert werden oder der Kurs eines Finanzinstruments, das auf einem Handelsplatz gehandelt wird, manipuliert werden. Ein weiteres Beispiel ist die geplante Ausgabe eines neuen Pakets von Wertpapieren, die an sich nicht in den Anwendungsbereich dieser Verordnung fallen, wobei jedoch der Handel mit diesen Wertpapieren den Kurs oder Wert bestehender notierter Wertpapiere beeinflussen könnte, die in den Anwendungsbereich dieser Verordnung fallen. Diese Verordnung deckt außerdem die Situation ab, dass der Kurs oder Wert eines auf einem Handelsplatz gehandelten Instruments von einem außerbörslich gehandelten Instrument abhängt. Derselbe Grundsatz sollte für Waren-Spot-Kontrakte gelten, deren Kurs auf dem eines Derivats beruht, und für den Kauf von Waren-Spot-Kontrakten mit einem Bezug zu Finanzinstrumenten.

(11) Der Handel mit eigenen Aktien im Rahmen von Rückkaufprogrammen und Maßnahmen zur Stabilisierung des Kurses von Finanzinstrumenten, für die die Ausnahmen nach dieser Verordnung nicht gelten, sollten nicht bereits als solcher als Marktmissbrauch gewertet werden.

(12) Der Handel mit Wertpapieren oder verbundenen Instrumenten zur Kursstabilisierung von Wertpapieren oder der Handel mit eigenen Aktien im Rahmen von Rückkaufprogrammen können aus wirtschaftlichen Gründen gerechtfertigt sein und sollten daher unter bestimmten Umständen vom Verbot des Marktmissbrauch befreit sein, sofern die Maßnahmen hinreichend transparent durchgeführt werden, das heißt, dass relevante Informationen zu der Kursstabilisierungsmaßnahme oder zu dem Rückkaufprogramm offengelegt werden.

(13) Die Mitgliedstaaten, die Mitglieder des Europäischen Systems der Zentralbanken, Ministerien und andere Einrichtungen und Zweckgesellschaften eines oder mehrerer Mitgliedstaaten und die Union und bestimmte andere öffentliche Stellen bzw. in ihrem Auftrag handelnde Personen sollten in ihrer Geld- und Wechselkurspolitik und ihrer Politik zur Staatsschuldenverwaltung nicht eingeschränkt werden, sofern sie dabei im öffentlichen Interesse und ausschließlich in Ausübung dieser Politik handeln. Ebenso wenig sollten die Union, Zweckgesellschaften eines oder mehrerer Mitgliedstaaten, die Europäische Investitionsbank, die Europäische Finanzstabilisierungsfazilität, der Europäische Stabilitätsmechanismus oder von mindestens zwei Mitgliedstaaten gegründete internationale Finanzinstitute darin eingeschränkt werden, Geschäfte abzuwickeln, Aufträge zu erteilen oder Handlungen vorzunehmen, die dazu dienen, finanzielle Mittel zu mobilisieren und ihre Mitglieder finanziell zu unterstützen. Eine solche Ausnahme aus dem Geltungsbereich dieser Verordnung kann im Einklang mit dieser Verordnung auf bestimmte öffentliche Stellen, die für die Staatsschuldenverwaltung zuständig oder daran beteiligt sind, und auf die Zentralbanken von Drittstaaten ausgeweitet werden. Gleichzeitig sollten sich die Ausnahmen für die Geld- und Wechselkurspolitik und die Staatsschuldenverwaltung jedoch nicht auf Fälle erstrecken, in denen diese Stellen an Geschäften, Aufträgen oder Handlungen beteiligt sind, die nicht der Umsetzung dieser politischen Strategien dienen, oder wenn Personen, die für eine dieser Stellen tätig sind, für eigene Rechnung Geschäfte tätigen, Aufträge erteilen oder Handlungen vornehmen.

(14) Verständige Investoren stützen ihre Anlageentscheidungen auf Informationen, die ihnen vorab zur Verfügung stehen (Ex-ante-Informationen). Die Prüfung der Frage, ob ein verständiger Investor einen bestimmten Sachverhalt oder ein bestimmtes Ereignis im Rahmen seiner Investitionsentscheidung wohl berücksichtigen würde, sollte folglich anhand der Ex-ante-Informationen erfolgen. Eine solche Prüfung sollte auch die voraussichtlichen Auswirkungen der Informationen in Betracht ziehen, insbesondere unter Berücksichtigung der Gesamttätigkeit des Emittenten, der Verlässlichkeit der Informationsquelle und sonstiger Marktvariablen, die das Finanzinstrument, die damit verbundenen Waren-Spot-Kontrakte oder die auf den Emissionszertifikaten beruhenden Auktionsobjekte unter den gegebenen Umständen beeinflussen dürften.

(15) Im Nachhinein vorliegende Informationen (Ex-post-Informationen) können zur Überprüfung der Annahme verwendet werden, dass die Ex-ante-Informationen kurserheblich waren, sollten allerdings nicht dazu verwendet werden, Maßnahmen gegen Personen zu ergreifen, die vernünftige Schlussfolgerungen aus den ihnen vorliegenden Ex-ante-Informationen gezogen hat.

(16) Betreffen Insiderinformationen einen Vorgang, der aus mehreren Schritten besteht, können alle Schritte des Vorgangs wie auch der gesamte Vorgang als Insiderinformationen gelten. Ein Zwischenschritt in einem zeitlich gestreckten Vorgang kann für sich genommen mehrere Umstände oder ein Ereignis darstellen,

die gegeben sind bzw. das eingetreten ist oder bezüglich deren/dessen auf der Grundlage einer Gesamtbewertung der zum relevanten Zeitpunkt vorhandenen Faktoren eine realistische Wahrscheinlichkeit besteht, dass sie/es entsteht/eintritt. Dieses Konzept sollte jedoch nicht so verstanden werden, dass demgemäß der Umfang der Auswirkungen dieser Reihe von Umständen oder des Ereignisses auf den Kurs der betreffenden Finanzinstrumente berücksichtigt werden muss. Ein Zwischenschritt sollte als Insiderinformation angesehen werden, wenn er für sich genommen den in dieser Verordnung festgelegten Kriterien für Insiderinformationen entspricht.

(17) Informationen in Zusammenhang mit einem Ereignis oder mehreren Umständen, das bzw. die ein Zwischenschritt in einem zeitlich gestreckten Vorgang ist, können sich beispielsweise auf den Stand von Vertragsverhandlungen, vorläufig in Vertragsverhandlungen vereinbarte Bedingungen, die Möglichkeit der Platzierung von Finanzinstrumenten, die Umstände, unter denen Finanzinstrumente vermarktet werden, vorläufige Bedingungen für die Platzierung von Finanzinstrumenten oder die Prüfung der Aufnahme eines Finanzinstruments in einen wichtigen Index oder die Streichung eines Finanzinstruments aus einem solchen Index beziehen.

(18) Die Rechtssicherheit für die Marktteilnehmer sollte durch eine genauere Bestimmung von zwei wesentlichen Merkmalen von Insiderinformationen erhöht werden, nämlich die präzise Natur dieser Informationen und die Frage, ob diese Informationen möglicherweise den Kurs der Finanzinstrumente, der damit verbundenen Waren-Spot-Kontrakte oder der auf den Emissionszertifikaten beruhenden Auktionsobjekte erheblich beeinflusst. Für Derivate, die Energiegroßhandelsprodukte sind, sollten insbesondere Informationen, die gemäß der Verordnung (EU) Nr. 1227/2011 des Europäischen Parlaments und des Rates[672] offengelegt werden müssen, als Insiderinformationen betrachtet werden.

(19) Diese Verordnung hat nicht zum Ziel, allgemeine Diskussionen zwischen Anteilseignern und der Unternehmensführung über die Geschäfts- und Marktentwicklungen, die einen Emittenten betreffen, zu verbieten. Solche Beziehungen sind von grundlegender Bedeutung für das effiziente Funktionieren der Märkte und sollten durch diese Verordnung nicht verboten werden.

(20) Die Spotmärkte und die zugehörigen Derivatemärkte sind in hohem Maße vernetzt und global, und Marktmissbrauch kann sowohl markt- als auch grenzüberschreitend erfolgen, was zu erheblichen Systemrisiken führen kann. Dies trifft auf Insidergeschäfte ebenso wie auf Marktmanipulation zu. Insbesondere können Insiderinformationen von einem Spotmarkt einer Person nützlich sein, die an einem Finanzmarkt handelt. Die Bestimmung des Begriffs „Insiderinformationen" in Bezug auf ein Warenderivat sollte besagen, dass es sich dabei um Informationen handelt, die sowohl der allgemeinen Bestimmung des Begriffs „Insiderinformationen" in Bezug auf die Finanzmärkte entsprechen und die im Einklang mit Rechts- und Verwaltungsvorschriften der Union oder der Mitgliedstaaten, Handelsregeln, Verträgen oder Regeln auf dem betreffenden Warenderivat- oder Spotmarkt offengelegt werden müssen. Wichtige Beispiele für solche Regeln sind beispielsweise die Verordnung (EU) Nr. 1227/2011 für den Energie-

[672] Verordnung (EU) Nr. 1227/2011 des Europäischen Parlaments und des Rates vom 25. Oktober 2011 über die Integrität und Transparenz des Energiegroßhandelsmarkts (ABl. L 326 vom 8.12.2011, S. 1).

markt und die Datenbank der Gemeinsamen Initiative: Daten aus dem Mineralölsektor (Joint Organisations Database Initiative – JODI) für Erdöl. Solche Informationen können als Grundlage für Entscheidungen von Marktteilnehmern dienen, Verträge über Warenderivate oder die damit verbundenen Waren-Spot-Kontrakte abzuschließen, und stellen daher Insiderinformationen dar, die offengelegt werden müssen, wenn davon auszugehen ist, dass sie einen erheblichen Einfluss auf die Kurse solcher Derivate oder damit verbundener Waren-Spot-Kontrakte haben.

Außerdem können sich Manipulationsstrategien auch über Spot- und Derivatemärkte hinaus erstrecken. Der Handel mit Finanzinstrumenten, darunter Warenderivate, kann zur Manipulation damit verbundener Waren-Spot-Kontrakte genutzt werden, und Waren-Spot-Kontrakte können zur Manipulation damit verbundener Finanzinstrumente genutzt werden. Das Verbot der Marktmanipulation sollte diese Wechselbeziehungen erfassen. Die Erweiterung des Anwendungsbereichs dieser Verordnung auf Handlungen, die nichts mit Finanzinstrumenten zu tun haben, beispielsweise Waren-Spot-Kontrakte, die lediglich den Spotmarkt berühren, ist jedoch nicht zweckmäßig oder praktikabel. Im speziellen Fall der Energiegroßhandelsprodukte sollten die zuständigen Behörden die Besonderheiten der Begriffsbestimmungen der Verordnung (EU) Nr. 1227/2011 berücksichtigen, wenn sie die Definitionen der Begriffe Insiderinformation, Insidergeschäfte und Marktmanipulation dieser Verordnung auf Finanzinstrumente anwenden, die sich auf Energiegroßhandelsprodukte beziehen.

(21) Gemäß der Richtlinie 2003/87/EG des Europäischen Parlaments und des Rates[673] sind die Kommission, die Mitgliedstaaten sowie andere offiziell beauftragte Stellen für die technische Ausgabe von Emissionszertifikaten, deren freie Zuweisung an berechtigte Wirtschaftszweige und neue Marktteilnehmer und allgemeiner gefasst für den Ausbau und die Umsetzung des klimaschutzpolitischen Rahmens der Union zuständig, der der Bereitstellung von Emissionszertifikaten für die Compliance-Käufer im Emissionshandelssystem (EU-ETS) der Union zugrunde liegt. Bei der Ausübung dieser Zuständigkeiten können diese öffentlichen Gremien Zugang zu nicht öffentlichen kurserheblichen Informationen erhalten und müssen gemäß der Richtlinie 2003/87/EG gegebenenfalls bestimmte Marktoperationen in Bezug auf Emissionszertifikate durchführen. Infolge der Einstufung von Emissionszertifikaten als Finanzinstrumente im Rahmen der Überarbeitung der Richtlinie 2004/39/EG des Europäischen Parlaments und des Rates[674] werden diese Instrumente künftig auch in den Geltungsbereich dieser Verordnung fallen.

Damit die Kommission, die Mitgliedstaaten und andere offiziell benannte Stellen auch künftig die Klimapolitik der Union ausarbeiten und durchführen können, sollte die Tätigkeit dieser öffentlichen Stellen, soweit sie im öffentlichen Interesse

---

[673] Richtlinie 2003/87/EG des Europäischen Parlaments und des Rates vom 13. Oktober 2003 über ein System für den Handel mit Treibhausgasemissionszertifikaten in der Gemeinschaft und zur Änderung der Richtlinie 96/61/EG des Rates (ABl. L 275 vom 25.10.2003, S. 32).

[674] Richtlinie 2004/39/EG des Europäischen Parlaments und des Rates vom 21. April 2004 über Märkte für Finanzinstrumente, zur Änderung der Richtlinien 85/611/EWG und 93/6/EWG des Rates und der Richtlinie 2000/12/EG des Europäischen Parlaments und des Rates und zur Aufhebung der Richtlinie 93/22/EWG des Rates (ABl. L 145 vom 30.4.2004).

und ausdrücklich zur Durchsetzung dieser Politik und im Zusammenhang mit Emissionszertifikaten erfolgt, von der Anwendung dieser Verordnung ausgenommen sein. Eine solche Ausnahme sollte keine negative Auswirkung auf die allgemeine Markttransparenz haben, da diese öffentlichen Stellen gesetzlichen Verpflichtungen unterliegen, wonach sie so zu arbeiten haben, dass eine ordnungsgemäße, gerechte und nichtdiskriminierende Offenlegung und der Zugang zu allen neuen kurserheblichen Entscheidungen, Entwicklungen und Daten gewährleistet wird. Ferner bestehen im Rahmen der Richtlinie 2003/87/EG und der aufgrund dieser Richtlinie getroffenen Umsetzungsmaßnahmen Regelungen, mit denen für eine gerechte und nichtdiskriminierende Offenlegung bestimmter kurserheblicher Informationen von Behörden gesorgt wird. Allerdings sollte die Ausnahme für öffentliche Stellen, die an der Umsetzung der Klimaschutzpolitik der Union beteiligt sind, nicht gelten, wenn diese öffentlichen Stellen an Handlungen oder Geschäften beteiligt sind, die nicht der Umsetzung der Klimaschutzpolitik der Union dienen, oder wenn Personen, die für eine dieser Stellen tätig sind, für eigene Rechnung handeln oder Geschäfte tätigen.

(22) Gemäß Artikel 43 AEUV und zur Durchführung gemäß dem AEUV geschlossener internationaler Übereinkünfte sind die Kommission, die Mitgliedstaaten und andere offiziell benannte Stellen unter anderem für die Durchführung der Gemeinsamen Agrarpolitik und der Gemeinsamen Fischereipolitik zuständig. Im Rahmen der Wahrnehmung dieser Pflichten führen die genannten öffentlichen Stellen Tätigkeiten aus und ergreifen Maßnahmen zur Verwaltung der Agrarmärkte und der Fischerei, einschließlich öffentlicher Interventionen, der Erhebung von Zusatzzöllen oder der Aussetzung von Einfuhrzöllen. Im Lichte des Anwendungsbereichs dieser Verordnung, die einige Bestimmungen enthält, die auch für Waren-Spot-Kontrakte gelten, die tatsächlich oder wahrscheinlich Auswirkungen auf Finanzinstrumente haben, sowie für Finanzinstrumente, deren Wert vom Wert von Waren-Spot-Kontrakten abhängt und die tatsächlich oder wahrscheinlich Auswirkungen auf Waren-Spot-Kontrakte haben, muss sichergestellt werden, dass die Tätigkeit der Kommission, der Mitgliedstaaten und anderer offiziell benannter Stellen zur Umsetzung der Gemeinsamen Agrarpolitik und der Gemeinsamen Fischereipolitik nicht eingeschränkt wird. Damit die Kommission, die Mitgliedstaaten und andere offiziell benannte Stellen auch künftig die Gemeinsame Agrarpolitik und die Gemeinsame Fischereipolitik der Union konzipieren und umsetzen können, sollten die im öffentlichen Interesse und ausschließlich in Ausübung dieser politischen Strategien ausgeübten Aktivitäten von der Anwendung dieser Verordnung ausgenommen werden. Eine solche Ausnahme sollte keine negative Auswirkung auf die allgemeine Markttransparenz haben, da diese öffentlichen Stellen gesetzlichen Verpflichtungen unterliegen, wonach sie so zu arbeiten haben, dass eine ordnungsgemäße, gerechte und nichtdiskriminierende Offenlegung und der Zugang zu allen neuen kurserheblichen Entscheidungen, Entwicklungen und Daten gewährleistet wird. Allerdings sollte die Ausnahme für öffentliche Stellen, die an der Umsetzung der Gemeinsamen Agrarpolitik und der Gemeinsamen Fischereipolitik der Union beteiligt sind, nicht gelten, wenn diese öffentlichen Stellen an Handlungen oder Geschäften beteiligt sind, die nicht der Umsetzung dieser gemeinsamen politischen Strategien der Union dienen, oder wenn Personen, die für eine dieser Stellen tätig sind, für eigene Rechnung handeln oder Geschäfte tätigen.

(23) Das wesentliche Merkmal von Insidergeschäften ist ein ungerechtfertigter Vorteil, der mittels Insiderinformationen zum Nachteil Dritter erzielt wird, die diese

Informationen nicht kennen, und infolgedessen in der Untergrabung der Integrität der Finanzmärkte und des Vertrauens der Investoren. Folglich sollte das Verbot von Insidergeschäften gelten, wenn eine Person im Besitz von Insiderinformationen dadurch einen ungerechtfertigten Vorteil aus dem mit Hilfe dieser Informationen erzielten Nutzen zieht, dass er aufgrund dieser Informationen Markttransaktionen durchführt, indem er für eigene Rechnung oder für Rechnung Dritter, sei es unmittelbar oder mittelbar, Finanzinstrumente, auf die sich diese Informationen beziehen, erwirbt oder veräußert bzw. zu erwerben oder zu veräußern versucht oder einen Auftrag zum Kauf bzw. Verkauf storniert oder ändert bzw. zu stornieren oder zu ändern versucht. Die Nutzung von Insiderinformationen kann auch im Handel mit Emissionszertifikaten und deren Derivaten und im Bieten auf den Versteigerungen von Emissionszertifikaten oder anderen darauf beruhenden Auktionsobjekten gemäß der Verordnung (EU) Nr. 1031/2010 der Kommission[675] bestehen

(24) Wenn eine juristische oder natürliche Personen im Besitz von Insiderinformationen für eigene Rechnung oder für Rechnung Dritter, sei es unmittelbar oder mittelbar, Finanzinstrumente, auf die sich diese Informationen beziehen, erwirbt oder veräußert bzw. zu erwerben oder zu veräußern versucht, sollte unterstellt werden, dass diese Person diese Informationen genutzt hat. Diese Annahme lässt die Verteidigungsrechte unberührt. Ob eine Person gegen das Verbot von Insidergeschäften verstoßen hat oder versucht hat, Insidergeschäfte durchzuführen, sollte im Hinblick auf den Zweck dieser Verordnung untersucht werden, der darin besteht, die Integrität des Finanzmarkts zu schützen und das Vertrauen der Investoren zu stärken, das wiederum auf der Gewissheit beruht, dass die Investoren gleichbehandelt und vor der missbräuchlichen Verwendung von Insiderinformationen geschützt werden

(25) Aufträge, die ausgelöst wurden, bevor eine Person Insiderinformationen besaß, sollten nicht als Insidergeschäfte betrachtet werden. Wenn jedoch eine Person in den Besitz von Insiderinformationen gelangt ist, sollte angenommen werden, dass alle nachfolgenden Änderungen, die im Zusammenhang mit diesen Informationen stehen, an den vor dem Erlangen des Besitzes an diesen Information ausgelösten Aufträgen, einschließlich der Stornierung oder Änderung eines Auftrags oder des Versuchs, einen Auftrag zu stornieren oder zu ändern, Insidergeschäfte sind. Diese Vermutung kann jedoch widerlegt werden, wenn die Person den Nachweis erbringt, dass sie die Insiderinformationen bei der Abwicklung des Geschäfts nicht genutzt hat.

(26) Die Nutzung von Insiderinformationen kann in dem Erwerb oder der Veräußerung eines Finanzinstruments oder eines auf Emissionszertifikaten beruhenden Auktionsobjekts oder in der Stornierung oder Änderung eines Auftrags oder dem Versuch, ein Finanzinstrument zu erwerben oder zu veräußern bzw. einen Auftrag zu stornieren oder zu ändern, bestehen, ausgeführt von einer Person, die weiß oder wissen müsste, dass die Informationen Insiderinformationen sind. Hier sollten die zuständigen Behörden von dem ausgehen, was eine normale, ver-

[675] Verordnung (EU) Nr. 1031/2010 der Kommission vom 12. November 2010 über den zeitlichen und administrativen Ablauf sowie sonstige Aspekte der Versteigerung von Treibhausgasemissionszertifikaten gemäß der Richtlinie 2003/87/EG des Europäischen Parlaments und des Rates über ein System für den Handel mit Treibhausgasemissionszertifikaten in der Gemeinschaft (Abl. L 302 vom 18.11.2010, S. 1).

nünftige Person unter den gegebenen Umständen wusste oder hätte wissen müssen.

(27) Diese Verordnung sollte entsprechend den von den Mitgliedstaaten ergriffenen Maßnahmen ausgelegt werden, die dem Schutz der Interessen der Inhaber übertragbarer Wertpapiere dienen, die Stimmrechte in einer Gesellschaft verleihen (oder solche Rechte durch Ausübung von Rechten oder Umwandlung verleihen können), wenn die Gesellschaft Gegenstand eines öffentlichen Übernahmeangebots oder eines anderen Vorschlags für einen Kontrollwechsel ist. Die Auslegung dieser Verordnung sollte im Einklang mit den Gesetzen, Rechts- und Verwaltungsvorschriften erfolgen, die in Bezug auf Übernahmeangebote, Zusammenschlüsse und andere Transaktionen erlassen wurden, die die Eigentumsverhältnisse oder die Kontrolle von Unternehmen betreffen und die durch die von den Mitgliedstaaten gemäß Artikel 4 der Richtlinie 2004/25/EG des Europäischen Parlaments und des Rates[676] benannten Aufsichtsbehörden reguliert werden.

(28) Analysen und Bewertungen, die aufgrund öffentlich verfügbarer Angaben erstellt wurden, sollten nicht als Insiderinformationen angesehen werden und die bloße Tatsache, dass Geschäfte auf der Grundlage von Analysen und Bewertungen getätigt werden, sollte daher nicht als Nutzung von Insiderinformationen gelten. Wird jedoch beispielsweise die Veröffentlichung oder Verbreitung der Informationen vom Markt routinemäßig erwartet und trägt diese Veröffentlichung und Verbreitung zur Preisbildung von Finanzinstrumenten bei oder enthält sie Ansichten eines anerkannten Marktkommentators oder einer Institution, die die Preise verbundener Finanzinstrumente beeinflussen können so können diese Informationen Insiderinformationen darstellen. Um festzustellen, ob sie auf der Grundlage von Insiderinformationen handeln würden, müssen die Marktteilnehmer deshalb berücksichtigen, in welchem Umfang die Informationen nichtöffentlich sind und welche Auswirkungen auf Finanzinstrumente möglich wären, wenn sie vor der Veröffentlichung oder Verbreitung handeln würden.

(29) Damit legitime Formen von Finanzaktivitäten nicht ungewollt verboten werden, insbesondere solche, in denen kein Marktmissbrauch vorliegt, ist es erforderlich, bestimmte legitime Handlungen anzuerkennen. Dazu kann beispielsweise gehören, die Rolle der Market-Maker anzuerkennen, wenn sie in ihrer legitimen Eigenschaft als Bereitsteller von Marktliquidität tätig sind.

(30) Beschränken sich Market-Maker oder Personen, die als Gegenparteien fungieren dürfen, auf die Ausübung ihrer legitimen Geschäftstätigkeit in Form des Erwerbs oder der Veräußerung von Finanzinstrumenten oder beschränken sich zur Ausführung von Aufträgen für Rechnung Dritter, die über Insiderinformationen verfügen, befugte Personen auf die pflichtgemäße Ausführung der Stornierung oder Änderung eines Auftrags, so sollte dies nicht als Nutzung von Insiderinformationen gelten. Der in dieser Verordnung vorgesehene Schutz für Market-Maker, für Stellen, die befugt sind, als Gegenpartei aufzutreten, und für Personen, die befugt sind, im Namen Dritter, die über Insiderinformationen verfügen, Aufträge auszuführen, erstreckt sich nicht auf Tätigkeiten, die gemäß dieser Verordnung eindeutig verboten sind, so unter anderem die gemeinhin als „Frontrunning" bekannte Praxis (Eigengeschäfte in Kenntnis von Kundenaufträgen). Haben juristische Personen alle geeigneten Maßnahmen ergriffen, um Marktmissbrauch zu

[676] Richtlinie 2004/25/EG des Europäischen Parlaments und des Rates vom 21. April 2004 betreffend Übernahmeangebote (ABl. L 142 vom 30.4.2004, S. 12).

verhindern, begehen jedoch dessen ungeachtet von ihnen beschäftigte natürliche Personen im Namen der juristischen Person Marktmissbrauch, so sollte dies nicht als ein Marktmissbrauch durch die juristische Person gelten. Ein weiteres Beispiel für eine Situation, in der nicht von der Nutzung von Insiderinformationen ausgegangen werden sollte, sind Geschäfte, die zur Erfüllung einer fällig gewordenen vorgelagerten Verpflichtung durchgeführt werden. Der Zugang zu Insiderinformationen über ein anderes Unternehmen und die Nutzung dieser Informationen bei einem öffentlichen Übernahmeangebot mit dem Ziel, die Kontrolle über dieses Unternehmen zu gewinnen oder einen Zusammenschluss mit ihm vorzuschlagen, sollten als solche nicht als Insidergeschäft gelten.

(31) Da dem Erwerb oder der Veräußerung von Finanzinstrumenten erforderlicherweise eine entsprechende Entscheidung der Person vorausgehen muss, die erwirbt bzw. veräußert, sollte die bloße Tatsache dieses Erwerbs oder dieser Veräußerung als solche nicht als Nutzung von Insiderinformationen gelten. Handlungen auf der Grundlage eigener Pläne und Handelsstrategien des Marktteilnehmers sollten nicht als Nutzung von Insiderinformationen gelten. Keine der betreffenden juristischen oder natürlichen Personen sollte aufgrund ihrer beruflichen Funktion geschützt werden, sondern nur dann, wenn sie in geeigneter und angemessener Weise handeln und sowohl die von ihnen zu erwartenden beruflichen Standards als auch die durch diese Verordnung festgelegten Normen, insbesondere zu Marktintegrität und Anlegerschutz, einhalten. Dessen ungeachtet könnte von einer Rechtsverletzung ausgegangen werden, wenn die zuständige Behörde feststellt, dass sich hinter den betreffenden Geschäften, Handelsaufträgen oder Handlungen ein rechtswidriger Grund verbirgt, oder dass die Person Insiderinformation verwendet hat.

(32) Marktsondierungen sind Interaktionen zwischen einem Verkäufer von Finanzinstrumenten und einem oder mehreren potenziellen Anlegern, die vor der Ankündigung eines Geschäfts erfolgen, um das Interesse potenzieller Anleger an einem möglichen Geschäft, seiner preislichen Gestaltung, seinem Umfang und seiner Struktur abzuschätzen. Marktsondierungen können eine Erst- oder Zweitplatzierung relevanter Wertpapiere umfassen und unterscheiden sich vom üblichen Handel. Sie sind ein ausgesprochen wertvolles Instrument zur Beurteilung der Meinung potenzieller Anleger, zur Intensivierung des Dialogs mit den Anteilseignern, zur Sicherstellung des reibungslosen Ablaufs der Geschäfte und zur Abstimmung der Ansichten von Emittenten, vorhandenen Anteilseignern und potenziellen neuen Anlegern. Marktsondierungen können insbesondere dann nützlich sein, wenn das Vertrauen in die Märkte geschwächt ist, wenn relevante Marktreferenzwerte fehlen oder wenn die Märkte Schwankungen unterworfen sind. Die Fähigkeit, Marktsondierungen durchzuführen, ist wichtig für das ordnungsgemäße Funktionieren der Finanzmärkte, und Marktsondierungen sollten als solche nicht als Marktmissbrauch gelten.

(33) Beispiele für Marktsondierungen sind unter anderem Situationen, in denen ein Unternehmen auf der Verkäuferseite Gespräche mit einem Emittenten über ein mögliches Geschäft führt und beschließt, das Interesse potenzieller Anleger abzuschätzen, um die Bedingungen festzulegen, unter denen das Geschäft zustande kommt; wenn ein Emittent beabsichtigt, die Begebung eines Schuldtitels oder eine zusätzliche Kapitalerhöhung anzukündigen, und sich das Unternehmen auf der Verkäuferseite an wichtige Investoren wendet und ihnen die vollständigen Geschäftsbedingungen mitteilt, um eine finanzielle Zusage für die Beteiligung an dem Geschäft zu erhalten; oder wenn die Verkäuferseite anstrebt, eine große

Menge von Wertpapieren im Auftrag eines Anlegers zu veräußern und das potenzielle Interesse anderer möglicher Anleger an diesen Wertpapieren abschätzen will.

(34) Die Durchführung von Marktsondierungen kann es erforderlich machen, potenziellen Anlegern gegenüber Insiderinformationen offenzulegen. Grundsätzlich ist die Möglichkeit, finanziell vom Handel auf der Grundlage von Insiderinformationen, die im Rahmen einer Marktsondierung weitergegeben wurden, zu profitieren, nur dann gegeben, wenn ein Markt für das Finanzinstrument, das Gegenstand der Marktsondierung ist, oder für ein verbundenes Finanzinstrument vorhanden ist. Aufgrund der Wahl des Zeitpunkts für solche Gespräche ist es möglich, dass dem potenziellen Anleger im Verlauf der Marktsondierung Insiderinformationen offengelegt werden, nachdem ein Finanzinstrument zum Handel auf einem geregelten Markt zugelassen oder auf einem multilateralen oder organisierten Handelssystem gehandelt wurde. Vor einer Marktsondierung sollte der offenlegende Marktteilnehmer beurteilen, ob es im Rahmen der Marktsondierung zur Offenlegung von Insiderinformationen kommen wird.

(35) Die Offenlegung von Insiderinformationen durch eine Person sollte als rechtmäßig betrachtet werden, wenn sie im Zuge der normalen Ausübung ihrer Arbeit oder ihres Berufes oder der normalen Erfüllung ihrer Aufgaben handelt. Wenn eine Marktsondierung die Offenlegung von Insiderinformationen einschließt, werden die Handlungen des offenlegenden Marktteilnehmers dann als im Zuge der normalen Ausübung seiner Arbeit, seines Berufs oder seiner Aufgaben getätigt angesehen, wenn er zum Zeitpunkt der Offenlegung die Person, der gegenüber die Offenlegung erfolgt, davon informiert und ihre Zustimmung dazu einholt, dass ihr Insiderinformationen übergeben werden, dass ihr durch die Bestimmungen dieser Verordnung beim Handel und beim Handeln auf der Grundlage dieser Informationen Beschränkungen auferlegt werden, dass angemessene Schritte unternommen werden müssen, um die fortbestehende Vertraulichkeit der Informationen zu wahren, und dass sie den offenlegenden Marktteilnehmer von der Identität sämtlicher natürlichen und juristischen Personen in Kenntnis setzen muss, denen gegenüber die Informationen im Verlauf der Erarbeitung einer Antwort auf die Marktsondierung offengelegt werden. Der offenlegende Marktteilnehmer sollte außerdem die Pflichten hinsichtlich der Führung und Vorhaltung von Aufzeichnungen über offengelegte Informationen erfüllen, die in technischen Regulierungsstandards ausführlich festzulegen sind. Von Marktteilnehmern, die bei der Durchführung einer Marktsondierung diese Verordnung nicht einhalten, sollte nicht angenommen werden, dass sie Insiderinformationen unrechtmäßig offenlegt haben, sie können jedoch nicht in den Genuss der Ausnahme kommen, die denjenigen gewährt wird, die diese Bestimmungen eingehalten haben. Ob sie gegen das Verbot einer unrechtmäßigen Offenlegung von Insiderinformationen verstoßen haben, sollte unter Berücksichtigung sämtlicher einschlägigen Bestimmungen dieser Verordnung untersucht werden, und alle offenlegenden Marktteilnehmer sollten verpflichtet sein, vor der Durchführung einer Marktsondierung ihre Beurteilung schriftlich niederzulegen, ob diese Marktsondierung die Offenlegung von Insiderinformationen einschließt.

(36) Im Gegenzug sollten potenzielle Anleger, die Gegenstand einer Marktsondierung sind, prüfen, ob die ihnen gegenüber offengelegten Informationen Insiderinformationen sind, wodurch sie daran gehindert würden, auf der Grundlage dieser Informationen Geschäfte zu tätigen oder diese Informationen weiter offenzulegen. Potenzielle Anleger unterliegen weiterhin den Vorschriften über Insiderge-

schäfte und die unrechtmäßige Offenlegung von Insiderinformationen gemäß dieser Verordnung. Zur Unterstützung potenzieller Anleger bei ihren Erwägungen und im Hinblick auf die Schritte, die sie unternehmen sollten, um nicht gegen diese Verordnung zu verstoßen, sollte die ESMA Leitlinien herausgeben.

(37) Die Verordnung (EU) Nr. 1031/2010 sieht für die Versteigerung von Emissionszertifikaten zwei parallele Regelungen in Bezug auf Marktmissbrauch vor. Da Emissionszertifikate als Finanzinstrumente eingestuft werden, sollte diese Verordnung allerdings ein einheitliches, für den gesamten Primär- und Sekundärmarkt für Emissionszertifikate gültiges Regelwerk in Bezug auf Marktmissbrauch darstellen. Die Verordnung sollte auch für Handlungen oder Geschäfte, darunter Gebote, bezüglich der Versteigerung von Emissionszertifikaten und anderen darauf beruhenden Auktionsobjekten auf einem als Auktionsplattform zugelassenen geregelten Marktgemäß der Verordnung (EU) Nr. 1031/2010 gelten, selbst, wenn die versteigerten Produkte keine Finanzinstrumente sind.

(38) In dieser Verordnung sollten Maßnahmen in Bezug auf Marktmissbrauch vorgesehen werden, die an neue Formen des Handels oder möglicherweise missbräuchliche neue Strategien angepasst werden können. Um dem Umstand Rechnung zu tragen, dass der Handel mit Finanzinstrumenten zunehmend automatisiert ist, ist es wünschenswert, dass in der Bestimmung des Begriffs Marktmanipulation Beispiele bestimmter missbräuchlicher Strategien angeführt werden, die im Zuge aller zur Verfügung stehenden Handelsmethoden – einschließlich des algorithmischen Handels und des Hochfrequenzhandels – angewandt werden können. Die dabei angeführten Beispiele sollen weder eine erschöpfende Aufzählung sein noch den Eindruck erwecken, dass dieselben Strategien, wenn sie mit anderen Mitteln verfolgt würden, nicht auch missbräuchlich wären.

(39) Dem Verbot des Marktmissbrauchs sollten auch die Personen unterliegen, die zusammenwirkend Marktmissbrauch begehen. Beispiele hierfür können unter anderem Makler sein, die eine Handelsstrategie entwickeln und empfehlen, die darauf ausgerichtet ist, Marktmissbrauch zu begehen; Personen, die eine Person, die über Insiderinformationen verfügt, dazu auffordern, diese Informationen unzulässig offenzulegen; oder Personen, die in Zusammenarbeit mit einem Börsenmakler Software zur Begünstigung von Marktmissbrauch entwickeln.

(40) Damit sowohl die juristische Person als auch jede natürliche Person, die an der Beschlussfassung der juristischen Person beteiligt ist, haftbar gemacht werden kann, ist es erforderlich, die unterschiedlichen nationalen rechtlichen Mechanismen in den Mitgliedstaaten anzuerkennen. Diese Mechanismen beziehen sich unmittelbar auf die Methoden der Haftbarmachung im nationalen Recht.

(41) Zur Ergänzung des Verbots der Marktmanipulation sollte diese Verordnung ein Verbot der versuchten Marktmanipulation enthalten. Da beide Aktivitäten gemäß dieser Verordnung verboten sind, sollte ein Versuch der Marktmanipulation von Handlungen unterschieden werden, bei denen davon auszugehen ist, dass sie zu Marktmanipulation führen. Ein solcher Versuch kann sich unter anderem auf Situationen erstrecken, in denen die Aktivität begonnen, aber nicht vollendet wird, beispielsweise aufgrund technischen Versagens oder eines Handelsauftrags, der nicht ausgeführt wird. Das Verbot der versuchten Marktmanipulation ist erforderlich, um die zuständigen Behörden in die Lage zu versetzen, entsprechende Versuche mit Sanktionen zu belegen.

(42) Unbeschadet des Zwecks dieser Verordnung und ihrer unmittelbar anwendbaren Bestimmungen könnte eine Person, die Geschäfte abschließt oder Kauf- bzw. Verkaufsaufträge ausführt, die so betrachtet werden können, dass sie den Tatbestand

einer Marktmanipulation erfüllen, geltend machen, dass sie legitime Gründe hatte, diese Geschäfte abzuschließen oder Aufträge auszuführen, und dass diese nicht gegen die zulässige Praxis auf dem betreffenden Markt verstoßen. Eine zulässige Marktpraxis kann nur von der zuständigen Stelle festgelegt werden, die für die Beaufsichtigung des betreffenden Marktes in Bezug auf Marktmissbrauch zuständig ist. Eine Praxis, die auf einem bestimmten Markt akzeptiert ist, kann auf anderen Märkten erst als zulässig betrachtet werden, nachdem sie von den für diese anderen Märkte zuständigen Behörden offiziell zugelassen worden ist. Dessen ungeachtet könnte von einer Rechtsverletzung ausgegangen werden, wenn die zuständige Behörde feststellt, dass sich hinter den betreffenden Geschäften oder Handelsaufträgen ein rechtswidriger Grund verbirgt.

(43) Daneben sollte in dieser Verordnung klargestellt werden, dass die Marktmanipulation oder der Versuch der Marktmanipulation hinsichtlich eines Finanzinstruments auch in der Form erfolgen kann, dass damit verbundene Finanzinstrumente wie Derivate verwendet werden, die an einem anderen Handelsplatz oder außerbörslich gehandelt werden.

(44) Der Preis vieler Finanzinstrumente wird durch Bezugnahme auf Referenzwerte festgesetzt. Eine tatsächliche oder versuchte Manipulation von Referenzwerten, einschließlich der Angebotssätze im Interbankengeschäft, kann das Marktvertrauen erheblich beeinträchtigen und zu beträchtlichen Verlusten für die Anleger wie auch zu realwirtschaftlichen Verzerrungen führen. Daher sind spezielle Vorschriften für Referenzwerte erforderlich, um die Integrität der Märkte zu wahren und sicherzustellen, dass die zuständigen Behörden ein klares Verbot der Manipulation von Referenzwerten durchsetzen können. Diese Vorschriften sollten für alle veröffentlichten Referenzwerte und auch für unentgeltliche oder gegen Entgelt über das Internet abrufbare Referenzwerte gelten, beispielsweise Referenzwerte für Kreditausfall-Swaps und Indizes von Indizes. Das allgemeine Verbot der Marktmanipulation sollte ergänzt werden durch ein Verbot der Manipulation des Referenzwerts selbst sowie der Übermittlung falscher oder irreführender Angaben, der Bereitstellung falscher oder irreführender Ausgangsdaten oder jeglicher sonstiger Handlungen, durch die die Berechnung eines Referenzwerts manipuliert wird, wobei die Bestimmung des Begriffs Berechnung weit gefasst ist, so dass sie sich auch auf die Entgegennahme und Bewertung sämtlicher Daten erstreckt, die in Zusammenhang mit der Berechnung des betreffenden Referenzwerts stehen und insbesondere getrimmte Daten einschließen, und auf vollständige algorithmische oder urteilsgestützte Referenzwert-Methoden oder auf Teile davon. Diese Vorschriften ergänzen die Vorschriften der Verordnung (EU) Nr. 1227/2011, die die vorsätzliche Übermittlung falscher Informationen an Unternehmen untersagt, die Preisbewertungen oder Marktberichte enthalten, mit der Folge, dass Marktteilnehmer, die aufgrund dieser Bewertungen und Berichte tätig werden, irregeführt werden.

(45) Um einheitliche Marktbedingungen für die in den Anwendungsbereich dieser Verordnung fallenden Handelsplätze und Handelssysteme zu gewährleisten, sollte jede Person, die geregelte Märkte, multilaterale und organisierte Handelssysteme betreibt, dazu verpflichtet werden, wirksame Maßnahmen, Systeme und Verfahren zur Vorbeugung gegen Marktmanipulations- und Marktmissbrauchspraktiken und zu deren Aufdeckung zu unterhalten und aufrechtzuerhalten.

(46) Manipulation oder versuchte Manipulation von Finanzinstrumenten kann auch im Erteilen von Aufträgen bestehen, die möglicherweise nicht ausgeführt werden. Ferner kann ein Finanzinstrument durch außerhalb des Handelsplatzes erfol-

gende Handlungen manipuliert werden. Personen, die gewerbsmäßig Geschäfte vermitteln oder ausführen, sollten dazu verpflichtet sein, wirksame Maßnahmen, Systeme und Verfahren zur Aufdeckung und Meldung verdächtiger Geschäfte zu unterhalten und aufrechtzuerhalten. Sie sollten außerdem außerhalb eines Handelsplatzes erfolgende verdächtige Aufträge und verdächtige Geschäfte melden.

(47) Manipulation oder versuchte Manipulation von Finanzinstrumenten kann auch in der Verbreitung falscher oder irreführender Informationen bestehen. Die Verbreitung falscher oder irreführender Informationen kann innerhalb relativ kurzer Zeit erhebliche Auswirkungen auf die Kurse von Finanzinstrumenten haben. Sie kann im Erfinden offensichtlich falscher Informationen, aber auch in der absichtlichen Unterschlagung wesentlicher Sachverhalte sowie in der wissentlichen Angabe unrichtiger Informationen bestehen. Diese Form der Marktmanipulation schadet den Anlegern in besonderer Weise, weil sie sie dazu veranlasst, ihre Anlageentscheidungen auf unrichtige oder verzerrte Informationen zu stützen. Sie schadet auch den Emittenten, da sie das Vertrauen in die sie betreffenden Informationen untergräbt. Ein Mangel an Marktvertrauen kann wiederum die Fähigkeit eines Emittenten beeinträchtigen, zur Finanzierung seiner Operationen neue Finanzinstrumente zu begeben oder sich bei anderen Marktteilnehmern Kredite zu beschaffen. Auf dem Markt verbreiten sich Informationen sehr schnell. Deshalb kann der Schaden für Anleger und Emittenten für einen relativ langen Zeitraum anhalten, bis die Informationen sich als falsch oder irreführend erweisen und vom Emittenten oder den Urhebern ihrer Verbreitung berichtigt werden können. Deshalb muss die Verbreitung von falschen oder irreführenden Informationen sowie Gerüchten und falschen oder irreführenden Nachrichten als Verstoß gegen diese Verordnung eingestuft werden. Es ist daher zweckmäßig, es den Akteuren der Finanzmärkte zu untersagen, Informationen, die im Widerspruch zu ihrer eigenen Meinung oder besserem Wissen stehen, deren Unrichtigkeit oder irreführender Charakter ihnen bekannt ist oder bekannt sein sollte, zum Schaden von Anlegern und Emittenten frei zu äußern.

(48) Da Websites, Blogs und soziale Medien immer stärker genutzt werden, ist es wichtig klarzustellen, dass die Verbreitung falscher oder irreführender Informationen über das Internet, einschließlich über Websites sozialer Medien oder anonyme Blogs, im Sinne dieser Verordnung als gleichwertig mit der Verbreitung über traditionellere Kommunikationskanäle betrachtet werden sollte.

(49) Die öffentliche Bekanntgabe von Insiderinformationen durch Emittenten ist von wesentlicher Bedeutung, um Insidergeschäften und der Irreführung von Anlegern vorzubeugen. Die Emittenten sollten daher verpflichtet werden, der Öffentlichkeit Insiderinformationen so bald wie möglich bekanntzugeben. Diese Verpflichtung kann jedoch unter besonderen Umständen den berechtigten Interessen des Emittenten abträglich sein. Unter solchen Umständen sollte eine aufgeschobene Offenlegung erlaubt sein, vorausgesetzt, eine Irreführung der Öffentlichkeit durch den Aufschub ist unwahrscheinlich und der Emittent kann die Geheimhaltung der Informationen gewährleisten. Der Emittent ist nur verpflichtet, Insiderinformationen offenzulegen, wenn er die Zulassung des Finanzinstruments zum Handel beantragt oder genehmigt hat.

(50) Für die Zwecke der Anwendung der Anforderungen betreffend der Offenlegung von Insiderinformationen und des Aufschubs dieser Offenlegung dieser Verordnung können sich die berechtigten Interessen insbesondere auf folgende nicht erschöpfende Fallbeispiele beziehen: a) laufende Verhandlungen oder damit verbundene Umstände, wenn das Ergebnis oder der normale Ablauf dieser Verhand-

lungen von der Veröffentlichung wahrscheinlich beeinträchtigt werden würden; insbesondere wenn die finanzielle Überlebensfähigkeit des Emittenten stark und unmittelbar gefährdet ist – auch wenn er noch nicht unter das geltende Insolvenzrecht fällt – kann die Bekanntgabe von Informationen für einen befristeten Zeitraum verzögert werden, sollte eine derartige Bekanntgabe die Interessen der vorhandenen und potenziellen Aktionäre erheblich gefährden, indem der Abschluss spezifischer Verhandlungen vereitelt werden würde, die eigentlich zur Gewährleistung einer langfristigen finanziellen Erholung des Emittenten gedacht sind; b) vom Geschäftsführungsorgan eines Emittenten getroffene Entscheidungen oder abgeschlossene Verträge, die der Zustimmung durch ein anderes Organ des Emittenten bedürfen, um wirksam zu werden, sofern die Struktur eines solchen Emittenten die Trennung zwischen diesen Organen vorsieht und eine Bekanntgabe der Informationen vor der Zustimmung zusammen mit der gleichzeitigen Ankündigung, dass die Zustimmung noch aussteht, die korrekte Bewertung der Informationen durch das Publikum gefährden würde.

(51) Daneben muss die Anforderung der Offenlegung von Insiderinformationen sich an die Teilnehmer am Markt für Emissionszertifikate richten. Um dem Markt eine nutzlose Berichterstattung zu ersparen und die Kosteneffizienz der vorgesehenen Maßnahme zu wahren, erscheint es erforderlich, die rechtlichen Auswirkungen dieser Anforderung nur auf diejenigen Betreiber im Rahmen des EU-EHS zu beschränken, von denen aufgrund ihrer Größe und Tätigkeit zu erwarten ist, dass sie den Preis von Emissionszertifikaten, darauf beruhenden Auktionsobjekten oder damit verbundenen derivativen Finanzinstrumenten und das Bieten in den Versteigerungen gemäß der Verordnung (EU) Nr. 1031/2010 erheblich beeinflussen können. Die Kommission sollte Maßnahmen in Form eines delegierten Rechtsakts erlassen, durch die ein Mindestschwellenwert für die Anwendung dieser Ausnahme festgelegt wird. Die offenzulegende Information sollte die physischen Aktivitäten der weitergebenden Partei und nicht deren eigene Pläne oder Strategien für den Handel von Emissionszertifikaten, darauf beruhenden Auktionsobjekten oder damit verbundenen derivativen Finanzinstrumenten betreffen. Soweit die Teilnehmer am Markt für Emissionszertifikate, insbesondere gemäß der Verordnung (EU) Nr. 1227/2011, bereits gleichwertige Anforderungen zur Offenlegung von Insiderinformationen erfüllen, sollte die Pflicht zur Offenlegung von Insiderinformationen in Bezug auf Emissionszertifikate nicht dazu führen, dass mehrfach obligatorische Meldungen mit im Wesentlichen gleichem Inhalt gemacht werden müssen. Da im Fall von Teilnehmern am Markt für Emissionszertifikate mit aggregierten Emissionen oder einer thermischen Nennleistung in Höhe oder unterhalb des festgelegten Schwellenwerts die Informationen über die physischen Aktivitäten dieser Teilnehmer als nicht maßgeblich für die Offenlegung betrachtet werden, sollte von diesen Informationen auch angenommen werden, dass sie keine erheblichen Auswirkungen auf die Preise der Emissionszertifikate und der darauf beruhenden Auktionsobjekte oder auf die damit verbundenen derivativen Finanzinstrumente haben. Für solche Teilnehmer am Markt für Emissionszertifikate sollte dessen ungeachtet in Bezug auf sämtliche anderen Insiderinformationen, zu denen sie Zugang haben, das Verbot von Insidergeschäften gelten.

(52) Um das öffentliche Interesse zu schützen, die Stabilität des Finanzsystems zu wahren und um beispielsweise zu verhindern, dass sich Liquiditätskrisen von Finanzinstituten aufgrund eines plötzlichen Abzugs von Mitteln zu Solvenzkrisen entwickeln, kann es unter besonderen Umständen angemessen sein, Kreditinsti-

tuten und Finanzinstituten einen Aufschub der Offenlegung systemrelevanter Insiderinformationen zu gestatten. Dies kann insbesondere für Informationen im Zusammenhang mit zeitweiligen Liquiditätsproblemen gelten, bei denen Zentralbankkredite, einschließlich Krisen-Liquiditätshilfe seitens einer Zentralbank, erforderlich sind und die Offenlegung der Informationen systemische Auswirkungen hätte. Die Gewährung des Aufschubs sollte daran geknüpft sein, dass der Emittent das Einverständnis der betreffenden zuständigen Behörde einholt und dass das weitere öffentliche und wirtschaftliche Interesse am Aufschub der Offenlegung gegenüber dem Interesse des Marktes am Erhalt der Informationen, die Gegenstand des Aufschubs sind, überwiegt.

(53) In Bezug auf Finanzinstitute, insbesondere solche, die Zentralbankkredite einschließlich Krisen-Liquiditätshilfe erhalten, sollte von der zuständigen Behörde, gegebenenfalls nach Anhörung der nationalen Zentralbank, der nationalen makroprudenziellen Behörde oder einer anderen relevanten nationalen Behörde geprüft werden, ob die Informationen systemrelevant sind und ob ein Aufschub der Offenlegung im öffentlichen Interesse liegt.

(54) Die Nutzung und die versuchte Nutzung von Insiderinformationen für den Handel für eigene oder für fremde Rechnung sollten eindeutig verboten werden. Die Nutzung von Insiderinformationen kann auch im Handel mit Emissionszertifikaten und deren Derivaten und im Bieten auf den Versteigerungen von Emissionszertifikaten oder anderen darauf beruhenden Auktionsobjekten gemäß der Verordnung (EU) Nr. 1031/2010 durch Personen bestehen, die die wissen oder wissen müssten, dass ihre Informationen Insiderinformationen sind. Informationen über die eigenen Handelspläne und -strategien des Marktteilnehmers sollten nicht als Insiderinformationen betrachtet werden, obwohl Informationen über die Handelspläne und -strategien Dritter Insiderinformationen sein können.

(55) Die Verpflichtung zur Offenlegung von Insiderinformationen kann für kleine und mittlere Unternehmen im Sinne der Richtlinie 2014/65/EU des Europäischen Parlaments und des Rates[677], deren Finanzinstrumente zum Handel an KMU-Wachstumsmärkten zugelassen sind, aufgrund der Kosten für die Sichtung der ihnen vorliegenden Informationen und die Rechtsberatung zur Erforderlichkeit und zum Zeitpunkt einer Offenlegung eine Belastung darstellen. Dennoch ist eine unverzügliche Offenlegung von Insiderinformationen wesentlich, um das Vertrauen der Anleger in diese Emittenten zu gewährleisten. Deshalb sollte die ESMA in der Lage sein, Leitlinien herauszugeben, die es den Emittenten erleichtern, ihrer Pflicht zur Offenlegung von Insiderinformationen ohne Beeinträchtigung des Anlegerschutzes nachzukommen.

(56) Insiderlisten sind für die Regulierungsbehörden bei der Untersuchung möglichen Marktmissbrauchs ein wichtiges Instrument, aber die zwischen den Mitgliedstaaten bestehenden Unterschiede in Bezug auf die darin aufzuführenden Daten verursachen den Emittenten unnötigen Verwaltungsaufwand. Zur Senkung dieser Kosten sollten daher die für Insiderlisten erforderlichen Datenfelder einheitlich sein. Personen auf Insiderlisten sollten über diesen Umstand und die damit verbundenen Auswirkungen gemäß dieser Verordnung und der Richtlinie 2014/

[677] Richtlinie 2014/65/EU des Europäischen Parlaments und des Rates vom 15. Mai 2014 über Märkte für Finanzinstrumente sowie zur Änderung der Richtlinien 2002/92/EU und 2011/67/EG (siehe Seite 349 dieses Amtsblatts).

57/EU des Europäischen Parlaments und des Rates[678] informiert werden. Die Pflicht zum Führen und regelmäßigen Aktualisieren von Insiderlisten verursacht insbesondere den Emittenten auf KMU-Wachstumsmärkten Verwaltungsaufwand. Da die zuständigen Behörden eine wirksame Beaufsichtigung in Bezug auf Marktmissbrauch ausüben können, ohne jederzeit über diese Listen für diese Emittenten zu verfügen, sollten sie zur Verringerung der durch diese Verordnung verursachten Verwaltungskosten von dieser Verpflichtung ausgenommen werden. Die betreffenden Emittenten sollten den zuständigen Behörden jedoch auf deren Ersuchen hin eine Insiderliste zur Verfügung stellen.

(57) Emittenten von Finanzinstrumenten oder in deren Auftrag oder auf deren Rechnung handelnde Personen müssen Listen der mit einem Arbeitsvertrag oder anderweitig für sie arbeitenden Personen erstellen, die Zugang zu Insiderinformationen mit direktem oder indirektem Bezug zum Emittenten haben, da eine solche Maßnahme ein wirksames Mittel zum Schutz der Integrität des Marktes ist. Anhand solcher Verzeichnisse können Emittenten oder die genannten Personen den Fluss von Insiderinformationen überwachen, und die Listen können somit dazu beitragen, dass den Geheimhaltungspflichten Genüge getan wird. Außerdem können diese Listen auch ein nützliches Instrument für die zuständigen Behörden sein, um Personen zu identifizieren, die Zugang zu Insiderinformationen haben, und um das Datum zu ermitteln, zu dem sie diesen Zugang erhalten haben. Der Zugang zu Insiderinformationen, die sich unmittelbar oder mittelbar auf den Emittenten beziehen, seitens Personen, die in einer solchen Liste aufgeführt sind, lässt die in dieser Verordnung festgelegten Verbote unberührt.

(58) Eine größere Transparenz der Eigengeschäfte von Personen, die auf Emittentenebene Führungsaufgaben wahrnehmen, und gegebenenfalls der in enger Beziehung zu ihnen stehenden Personen stellt eine Maßnahme zur Verhütung von Marktmissbrauch und insbesondere von Insidergeschäften dar. Die Bekanntgabe dieser Geschäfte zumindest auf individueller Basis kann auch eine höchst wertvolle Informationsquelle für Anleger darstellen. Es muss klargestellt werden, dass die Pflicht zur Bekanntgabe dieser Eigengeschäfte von Führungskräften auch das Verpfänden und Verleihen von Finanzinstrumenten einschließt, da das Verpfänden von Anteilen im Fall einer plötzlichen und unvorhergesehenen Veräußerung erhebliche und potenziell destabilisierende Auswirkungen auf das Unternehmen haben kann. Ohne Offenlegung würde auf dem Markt nicht bekannt werden, dass die Wahrscheinlichkeit zum Beispiel einer wesentlichen künftigen Änderung beim Anteilsbesitz, einer Zunahme des Angebots von Anteilen auf dem Markt oder des Verlusts von Stimmrechten in dem betreffenden Unternehmen gestiegen ist. Aus diesem Grund ist eine Bekanntgabe gemäß dieser Verordnung dann vorgeschrieben, wenn die Verpfändung der Wertpapiere im Rahmen eines umfangreicheren Geschäfts erfolgt, in dessen Rahmen die Führungskraft die Wertpapiere als Sicherheit verpfändet, um von einem Dritten einen Kredit zu erhalten. Außerdem ist vollständige und ordnungsgemäße Markttransparenz eine Voraussetzung für das Vertrauen der Marktteilnehmer und insbesondere der Anteilseigner eines Unternehmens. Es ist darüber hinaus erforderlich, klarzustellen, dass die Verpflichtung zur Bekanntgabe der Geschäfte der betreffenden Führungskräfte die

[678] Richtlinie 2014/57/EU des Europäischen Parlaments und des Rates vom 16. April 2014 über strafrechtliche Sanktionen bei Marktmissbrauch (Marktmissbrauchsrichtlinie) (siehe Seite 179 dieses Amtsblatts).

Bekanntgabe der Geschäfte von anderen Personen, die ein Ermessen für die Führungskraft ausüben, einschließt. Um ein angemessenes Gleichgewicht zwischen dem Grad der Transparenz und der Anzahl der Mitteilungen an die zuständigen Behörden und die Öffentlichkeit zu gewährleisten, sollten mit dieser Verordnung Schwellenwerte eingeführt werden, unterhalb welcher Geschäfte nicht mitteilungspflichtig sind.

(59) Die Meldung von Geschäften für eigene Rechnung, die von Personen, die Führungsaufgaben wahrnehmen, durchgeführt werden oder die von einer Person ausgeführt werden, die in enger Beziehung zu diesen steht, liefert nicht nur wertvolle Informationen für andere Marktteilnehmer, sondern bietet den zuständigen Behörden eine zusätzliche Möglichkeit zur Überwachung der Märkte. Die Verpflichtung zur Bekanntgabe von Geschäften lässt die in dieser Verordnung festgelegten Verbote unberührt.

(60) Die Bekanntgabe von Geschäften sollte gemäß der Bestimmungen über die Übermittlung personenbezogener Daten erfolgen, die in der Richtlinie 95/46/EG des Europäischen Parlaments und des Rates[679] niedergelegt sind.

(61) Personen, die Führungsaufgaben wahrnehmen, sollte es nicht gestattet sein, vor der Ankündigung eines Zwischenberichts oder eines Jahresabschlussberichts, zu deren Veröffentlichung der betreffende Emittent gemäß den Vorschriften für den Handelsplatz, auf dem die Anteile des Emittenten zum Handel zugelassen sind, oder gemäß nationalen Rechtsvorschriften verpflichtet ist, Handel zu treiben, es sei denn, es bestehen besondere und eingegrenzte Umstände, die die Erteilung einer Erlaubnis zum Handel durch die Emittenten an eine Person, die Führungsaufgaben wahrnimmt, rechtfertigen würden. Eine solche Erlaubnis des Emittenten lässt jedoch die in dieser Verordnung festgelegten Verbote unberührt.

(62) [nicht abgedruckt, (62) sowie (64-(69), (73) zu Aufsichtsbefugnissen und -zusammenarbeit, einschließlich Verhältnis zum nationalen Grundrechtsschutz und EU-Datenschutz sowie Veröffentlichung]

(63) Auch die Marktteilnehmer und alle Wirtschaftsakteure sollten einen Beitrag zur Marktintegrität leisten. In dieser Hinsicht sollte die Benennung einer einzigen zuständigen Behörde für Marktmissbrauch eine Zusammenarbeit mit Marktteilnehmern oder die Delegation von Aufgaben unter der Verantwortlichkeit der zuständigen Behörde an die Marktteilnehmer zu dem Zweck, die wirksame Überwachung der Einhaltung der Bestimmungen dieser Verordnung zu gewährleisten, nicht ausschließen. Wenn Personen, die Anlageempfehlungen oder andere Informationen, durch die eine Strategie für Investitionen in ein oder mehrere Finanzinstrumente empfohlen oder vorgeschlagen wird, erstellen oder weitergeben, auch für eigene Rechnung mit solchen Instrumenten handeln, sollten die zuständigen Behörden von solchen Personen unter anderem sämtliche Informationen verlangen oder anfordern können, die erforderlich sind, um festzustellen, ob die von der betreffenden Person erstellten oder weitergegebenen Informationen im Einklang mit dieser Verordnung stehen.

(64)–(71) [nicht abgedruckt, (62) sowie (64)-(71), (73) zu Aufsichtsbefugnissen und -zusammenarbeit, einschließlich Verhältnis zum nationalen Grundrechtsschutz und EU-Datenschutz sowie Veröffentlichung].

---

679 Richtlinie 95/46/EG des Europäischen Parlaments und des Rates vom 24. Oktober 1995 zum Schutz natürlicher Personen bei der Verarbeitung personenbezogener Daten und zum freien Datenverkehr (ABl. L. 281 vom 23.11.1995, S. 31).

(72) Obwohl es den Mitgliedstaaten vollkommen freisteht, für ein und dieselben Verstöße Vorschriften für verwaltungsrechtliche und strafrechtliche Sanktionen festzulegen, sollten die Mitgliedstaaten nicht verpflichtet sein, für die Verstöße gegen diese Verordnung, die bereits mit Wirkung vom 3. Juli 2016 Gegenstand ihres Strafrechts sind, Vorschriften für verwaltungsrechtliche Sanktionen festzulegen. In Übereinstimmung mit dem nationalen Recht sind die Mitgliedstaaten nicht verpflichtet, für ein und dasselbe Vergehen sowohl verwaltungsrechtliche als auch strafrechtliche Sanktionen zu verhängen, dies steht ihnen jedoch frei, wenn dies nach ihrem jeweiligen nationalen Recht zulässig ist. Die Aufrechterhaltung strafrechtlicher Sanktionen anstelle von verwaltungsrechtlichen Sanktionen für Verstöße gegen diese Verordnung oder gegen die Richtlinie 2014/57/EU sollte jedoch nicht die Möglichkeiten der zuständigen Behörden einschränken oder in anderer Weise beeinträchtigen, sich für die Zwecke dieser Verordnung rechtzeitig mit den zuständigen Behörden in anderen Mitgliedstaaten zusammenzuarbeiten und Zugang zu ihren Informationen zu erhalten und mit ihnen Informationen auszutauschen, und zwar auch dann, wenn die zuständigen Justizbehörden bereits mit der strafrechtlichen Verfolgung der betreffenden Verstöße befasst wurden.

(74) Informanten können den zuständigen Behörden neue Informationen zur Kenntnis bringen, die diese bei der Aufdeckung von Insidergeschäften und Marktmanipulation und der Verhängung von Sanktionen unterstützen. Bei Furcht vor Vergeltung oder beim Fehlen von Anreizen können Hinweise von Informanten jedoch unterbleiben. Die Meldung von Verstößen gegen diese Richtlinie ist erforderlich, damit die zuständigen Behörden Marktmissbrauch aufdecken und Sanktionen verhängen können. Maßnahmen in Bezug auf Mitteilungen von Informanten sind erforderlich, um die Aufdeckung von Marktmissbrauch zu erleichtern und den Schutz und die Einhaltung der Rechte des Informanten und der Person, gegen die sich die Vorwürfe richten, sicherzustellen. Deshalb sollte diese Verordnung sicherstellen, dass angemessene Vorkehrungen bestehen, um Informanten zur Unterrichtung der zuständigen Behörden über mögliche Verstöße gegen diese Verordnung zu befähigen und sie vor Vergeltungsmaßnahmen zu schützen. Die Mitgliedstaaten sollten finanzielle Anreize für Personen schaffen können, die relevante Informationen über potenzielle Verstöße gegen diese Verordnung liefern. Diese finanziellen Anreize sollten Informanten jedoch nur zugutekommen, wenn sie neue Informationen mitteilen, zu deren Meldung sie nicht ohnehin rechtsverpflichtet sind, und wenn diese Informationen zur Verhängung von Sanktionen wegen eines Verstoßes gegen diese Verordnung führen. Daneben sollten die Mitgliedstaaten sicherstellen, dass ihre Regelungen in Bezug auf Mitteilungen Informanten Mechanismen und Verfahren umfassen, die den Personen, gegen die sich die Vorwürfe richten, angemessenen Schutz bieten, insbesondere im Hinblick auf das Recht auf Schutz ihrer personenbezogenen Daten, das Recht auf Verteidigung und auf Anhörung vor dem Erlass sie betreffender Entscheidungen sowie gerichtliche Rechtsbehelfe gegen sie betreffende Entscheidungen.

(75) Da die Mitgliedstaaten Rechtsvorschriften zur Umsetzung der Richtlinie 2003/6/EG verabschiedet haben und da delegierte Rechtsakte, technische Regulierungsstandards und technische Durchführungsstandards in dieser Verordnung vorgesehen sind, die verabschiedet werden sollten, bevor der zur Einführung anstehende Rahmen sinnvoll angewandt werden kann, muss die Anwendung der materiellrechtlichen Bestimmungen dieser Verordnung für einen ausreichenden Zeitraum aufgeschoben werden.

(76) Um einen reibungslosen Übergang zur Anwendung dieser Verordnung zu erleichtern, kann die Marktpraxis, die vor dem Inkrafttreten dieser Verordnung bestand und von den zuständigen Behörden im Einklang mit der Verordnung (EG) Nr. 2273/2003 der Kommission[680] für die Zwecke von Artikel 1 Absatz 2 Buchstabe a der Richtlinie 2003/6/EG anerkannt wurde, weiter angewandt werden, bis die zuständige Behörde einen Beschluss gemäß dieser Verordnung über ihre Weiterführung gefasst hat, sofern die Marktpraxis der ESMA innerhalb eines vorgeschriebenen Zeitraums notifiziert wird.

(77) Diese Verordnung steht im Einklang mit den Grundrechten und Grundsätzen, die mit der Charta der Grundrechte der Europäischen Union (im Folgenden „Charta") anerkannt wurden. Diese Verordnung sollte daher im Einklang mit diesen Rechten und Grundsätzen ausgelegt und angewandt werden. Insbesondere, wenn sich diese Verordnung auf Vorschriften, durch die die Pressefreiheit und die freie Meinungsäußerung in anderen Medien geregelt werden, und auf die Vorschriften oder Regeln bezieht, die für den Journalistenberuf gelten, sollten diese Freiheiten so berücksichtigt werden, wie sie in der Union und in den Mitgliedstaaten garantiert sind und wie sie in Artikel 11 der Charta und in anderen einschlägigen Bestimmungen anerkannt werden.

(78) Um die Transparenz zu verbessern und besser über die Funktionsweise der Sanktionsregelungen zu informieren, sollten die zuständigen Behörden der ESMA jährlich anonymisierte und aggregierte Daten zur Verfügung stellen. Diese Daten sollten die Zahl von eröffneten Ermittlungen, die Zahl der anhängigen Fälle und die Zahl der im betreffenden Zeitraum abgeschlossenen Fälle enthalten.

(79) Die Verarbeitung personenbezogener Daten durch die ESMA im Rahmen dieser Verordnung und unter der Aufsicht der zuständigen Behörden der Mitgliedstaaten, insbesondere der von den Mitgliedstaaten benannten unabhängigen öffentlichen Stellen, unterliegt den Bestimmungen der Richtlinie 95/46/EG und der Verordnung (EG) Nr. 45/2001. Jeder Austausch und jede Übermittlung von Informationen durch die zuständigen Behörden sollte gemäß den Vorschriften für die Übermittlung personenbezogener Daten erfolgen, die in der Richtlinie 95/46/EG festgelegt sind. Jeder Austausch und jede Übermittlung von Informationen durch die ESMA sollte gemäß den Vorschriften für die Übermittlung personenbezogener Daten erfolgen, die in der Verordnung (EG) Nr. 45/2001 festgelegt sind.

(80) Diese Verordnung und die gemäß dieser Verordnung erlassenen delegierten Rechtsakte, Durchführungsrechtsakte technische Regulierungsstandards, technische Durchführungsstandards und Leitlinien berühren nicht die Anwendung der Wettbewerbsvorschriften der Union.

(81)-(85) [nicht abgedruckt: zur Delegation hinsichtlich des Erlasses von Durchführungsakten – technischer und regulatorischer Art].

(86) Da das Ziel dieser Verordnung, nämlich die Verhütung von Marktmissbrauch in Form von Insidergeschäften, unrechtmäßiger Offenlegung von Insiderinformationen und Marktmanipulation, von den Mitgliedstaaten nicht ausreichend erreicht werden kann, sondern vielmehr wegen ihres Umfangs und ihrer Wirkung auf Unionsebene besser zu verwirklichen ist, kann die Union im Einklang mit

680 Verordnung (EG) Nr. 2273/2003 der Kommission vom 22. Dezember 2003 zur Durchführung der Richtlinie 2003/6/EG des Europäischen Parlaments und des Rates – Ausnahmeregelungen für Rückkaufprogramme und Kursstabilisierungsmaßnahmen (ABl. L. 336 vom 23.12.2003, S. 33).

dem in Artikel 5 des Vertrags über die Europäische Union verankerten Subsidiaritätsprinzip tätig werden. Entsprechend dem in demselben Artikel genannten Grundsatz der Verhältnismäßigkeit geht diese Verordnung nicht über das für die Verwirklichung dieses Ziels erforderliche Maß hinaus.

(87) Da die Bestimmungen der Richtlinie 2003/6/EG nicht mehr relevant oder ausreichend sind, sollte diese mit Wirkung vom 3. Juli 2016 aufgehoben werden. Die Anforderungen und Verbote dieser Verordnung sind direkt verbunden mit jenen der Richtlinie 2014/65/EU und sollten daher ab dem Datum des Inkrafttretens jener Richtlinie in Kraft treten.

(88) Zur ordnungsgemäßen Anwendung dieser Verordnung ist es erforderlich, dass die Mitgliedstaaten bis zum 3. Juli 2016 alle erforderlichen Maßnahmen ergreifen, um sicherzustellen, dass ihr nationales Recht mit den Bestimmungen dieser Verordnung betreffend die zuständigen Behörden und deren Befugnisse, die Regelungen zu verwaltungsrechtlichen Sanktionen und anderen verwaltungsrechtlichen Maßnahmen, die Meldung von Verstößen und die Veröffentlichung von Entscheidungen übereinstimmt.

(89) Der Europäische Datenschutzbeauftragte hat seine Stellungnahme am 10. Februar 2012 vorgelegt[681]

Haben folgende Verordnung erlassen:[682]

I. Ausgangspunkt und Regelungsziele

251 **1. Grundgesetz des Sekundärmarktes und Grundanlage. Die EU-Marktmissbrauchs-Verordnung (Market Abuse Regulation, MAR),**[683] die (als EU-Verordnung) **seit 3. Juli 2016** unmittelbar, d.h. unabhängig von einer nationalen gesetzlichen Umsetzung, in der

[681] ABl. C 177 vom 20.6.2012, S. 1.

[682] Für Regelungstext selbst vgl. ab Rn 269 – **Unterabschnitt B. ff.**

[683] Verordnung (EU) Nr. 596/2014 des Europäischen Parlaments und des Rates vom 16. April 2014 über Marktmissbrauch (Marktmissbrauchsverordnung) und zur Aufhebung der Richtlinie 2003/6/EG des Europäisches Parlaments und des Rates und den Richtlinien 2003/124/EG, 2003/125/EG, und 2004/72/EG der Kommission, ABl.EU 2014 L 173/1; zeitgleich verabschiedet (umzusetzen bis 3.7.2016, Art. 13 der RL): Richtlinie 2014/57/EU des Europäischen Parlamentes und des Rates vom 16. April 2014 über strafrechtliche Sanktionen bei Marktmanipulation (Marktmissbrauchsrichtlinie), ABl.EU 2014 L 173/179. Zu den Entwürfen vgl.: Vorschlag vom 20.10.2011 für eine Verordnung des Europäischen Parlaments und des Rates über Insider-Geschäfte und Marktmanipulation (Marktmissbrauch), KOM(2011) 651 endg., dann Geänderter Vorschlag für eine Verordnung des Europäischen Parlaments und des Rates über Insider-Geschäfte und Marktmanipulation (Marktmissbrauch) vom 25.7.2012, KOM(2012) 421 endg.; sowie zeitgleich veröffentlichter Vorschlag vom 20.10.2011 für eine Richtlinie des Europäischen Parlaments und des Rates über strafrechtliche Sanktionen für Insider-Geschäfte und Marktmanipulation, KOM(2011) 654 endg., wiederum dann Geänderter Vorschlag für eine Richtlinie des Europäischen Parlaments und des Rates über strafrechtliche Sanktionen für Insider-Geschäfte und Marktmanipulation vom 25.7.2012, KOM(2012) 420 endg., Vgl. auch Folgenabschätzung zu beiden Vorschlägen, SEK(2011) 1218 endg. Erweiterung auf LIBOR/EURIBOR-Transaktionen vorgeschlagen erst im Änderungsvorschlag vom 25.7.2012, KOM(2012) 421 endg. zu den Stellungnahmen von EZB und Wirtschafts- und Sozialausschuss vgl. bereits Rn 1 und 2. Näher zum Vorschlag (vor allem der Verordnung) vgl. *Kiesewetter/Parmentier* BB 2013,

gesamten EU Anwendung findet (Art. 288 Abs. 2 AEUV, Teil 5 Rn 136), hat große Teile des (kapitalmarktbezogenen) Sekundärmarktrechts (Teil 5 Rn 62 f.) aus dem Wertpapierhandelsgesetz herausgelöst und auf die Europäische Ebene gehoben. Dies gilt vor allem für das Regime der Insiderverbote, der Marktmanipulationsverbote, der Ad-hoc-Publizität und der Registrierung von Insidern und Insidergeschäften („Directors' Dealing"). In diesen Bereichen wurden die Normen des WpHG aufgehoben, allein die aufsichtsrechtlichen Zuständigkeitsbestimmungen und die Sanktionsnormen verblieben im WpHG (sowie die auf die Sanktionsnormen verweisende jeweilige Verbotsnorm, die freilich nur dazu dient, als Anknüpfungspunkt für das deutsche Sanktionsregime diejenige in der MAR „aufzunehmen" und mit hinreichender Präzision für einen Bußgeld- oder Straftatbestand wiederzugeben, näher Teil 8 zu §§ 38 f. WpHG). Die MAR, in der sich mithin heute der Kern des materiellrechtlichen Marktverhaltensrechts findet, bildet daher – gemeinsam **mit dem WpHG – fortan das gemischt Europäisch-nationale „Grundgesetz des Sekundärmarktes"**.[684] Umgekehrt verbleibt im – für das deutsche Umsetzungsrecht weiterhin zentralen –[685] WpHG (neben dem eben genannten Ordnungswidrigkeiten- und Strafrecht) ein erheblicher Bestand an sekundärmarktrechtlichem Publizitätsrecht (unten Abschnitt 5), an Marktorganisationsrecht (unten Teil 7) und der Kern des Rechts der individuellen Kundenbeziehung (unten 8. Teil). Dabei ist, da auch weitere Materien zunehmend aus dem WpHG herausgelöst und in unmittelbar anwendbare EU-Verordnungen überführt werden (vor allem OTC-Derivate, Leerverkäufe, Benchmarks wie LIBOR, unten Abschnitt 4) und da zudem die wichtigsten weiteren Materien des WpHG praktisch flächendeckend der Umsetzung von EG/EU-Richtlinien dienen, namentlich von MiFID I und zukünftig MiFID II, die Europäische Ebene die klar bestimmende. Im Gehalt ist das „Grundgesetz" ein Europäisches und entsprechend auszulegen,[686] aber auch entsprechend darzustellen.

2371; *Krause* AG 2013, 309; *Parmentier* WM 2013, 970; *Seibt* ZHR 177 (2013) 388; *Veil/Koch* WM 2011, 2297; auch *Hellgardt* AG 2012, 154; zu den Rückwirkungen auf die Ad-hoc-Publizität *Koch* BB 2012, 1365. Zu den verabschiedeten Rechtsakten vgl. Schrifttum vor Art. 1 MAR.

684 Der Begriff „Grundgesetz" (des Sekundärmarktrechts) wurde vor allem von *Hopt* für das WpHG verwandt – durchaus naheliegend angesichts der Breite des Zugriffs (gesamtes Marktverhaltensrecht, aber auch der Kernbereich der Regeln zur individuellen Kundenbeziehung), aber auch auf Grund der Neuartigkeit des Gesamtzugriffs im Kapitalmarktrecht. Vgl. „Grundgesetz": so schon *Hopt* ZHR 159 (1995), 135 (135); ähnlich *Assmann*/Schneider WpHG Einl. Rn 11; aufgenommen auch international *Moloney* (2002) 3 EBOR 293 (304). Seitdem wurde der Begriff insgesamt fast schon inflationär verwandt, etwa Fuchs/*Fuchs* WpHG Einleitung Rn 4; *Buck-Heeb* Kapitalmarktrecht Rn 23; *Schwark*/Zimmer § 1 WpHG Rn 4; *Kübler/Assmann* Gesellschaftsrecht § 32 I; KölnKomm WpHG/*Hirte/Heinrich* Einleitung Rn 3. Nimmt man das gesamte Sekundärmarktrecht zusammen, mit seinen Marktverhaltensregeln, die ab Juni 2016 vor allem in der MAR zu finden sind, und seinen Regeln zur individuellen Kundenbeziehung, die weiterhin im WpHG zu finden sind (mit zusätzlich einigen allgemeinen Marktverhaltensregeln), so scheint der Begriff heute am treffendsten, wie im Text ausgeführt, für die (durchaus heterogene) Verbindung von MAR und WpHG.

685 Demgemäß auch seine Einstellung in die Gesetze zur „(Fort-)Entwicklung des Finanzplatzes Deutschland". Diesen Titel trägt ausdrücklich zwar erst das Dritte Finanzmarktförderungsgesetz, dem gleichen Ziel sollte jedoch schon das Zweite Finanzmarktförderungsgesetz dienen (mit dem WpHG als seinem Art. 1): BT-Drucks. 12/6679 S. 1, 33 f.; auch in jüngerer Zeit wieder Anlegerschutz- und Funktionsverbesserungsgesetz (AnSFuVG) vom 5.4.2011, BGBl. 2011 I, S. 538.

686 Vgl. näher oben Teil 1 Rn 43–48 und Teil 5 Rn 136–139.

252 Wie beim WpHG handelt es sich bei der **EU-Marktmissbrauchs-Verordnung um einen Sammelgesetzgebungsakt.** Zwar ist das WpHG noch breiter angelegt (gewesen), weil sich darin nicht nur die zentralen allgemeinen Marktverhaltensregeln (hier 6. Teil) finden/fanden, namentlich §§ 12 ff., 15, 20a WpHG a.F., die jetzt alle in die MAR übergegangen sind (Insider-, Ad-hoc-Publizitäts- und Marktmanipulationsverbote bzw. -gebote), sondern daneben auch: (i) Marktverhaltensregeln speziell für Emittenten (neben dem eben bereits genannten § 15 WpHG zur Ad-hoc-Publizität, vor allem §§ 21 ff. WpHG zur Beteiligungstransparenz und §§ 37v ff. WpHG zu den Finanz- und Zwischenberichtspflichten, unten Abschnitt 5); (ii) Vorgaben zum individuellen Kundenverhältnis, namentlich die Wohlverhaltensregeln der §§ 31 ff. WpHG (Gegenstand des 8. Teils); sowie (iii) sehr umfangreich auch Regeln zur Organisation der Wertpapierdienstleister und Marktbetreiber (namentlich §§ 33, 33a und 34 sowie §§ 31f bis 32d WpHG, Gegenstand des 7. Teils). Während also das WpHG alle drei Dimensionen sehr umfangreich regelt(e), die hier unterschieden werden, die Marktverhaltensregeln (Teil 6), die Organisationsregeln (Teil 7) und die individuellen Kundenregeln (Teil 8), mit der Ausgliederung heute freilich hiervon einen Gutteil des Regelungsbestandes (namentlich aus Teil 6) auch wieder verliert, handelt es sich bei der EU-Marktmissbrauchs-Verordnung um einen **auf die Marktverhaltensregeln zugeschnittenen Sammelgesetzgebungsakt,** der im Wesentlichen das **gesamte Regime zur Marktintegrität** sowie (einige) **Hauptstücke des (Markt-)Aufklärungs- und Informationsregimes** in sich integriert (zu diesen beiden Hauptstücken des Marktverhaltensrechts oben Teil 5 Rn 36–38, 105 f.).

253 Auch als solcher (engerer) Sammelgesetzgebungsakt hat die EU-Marktmissbrauchs-Verordnung freilich viele Gesetzgebungsgeschichten und viele Funktionalitäten und Ziele – für die Insiderhandels- und -weitergabeverbote, für die Marktmanipulationsverbote, für die Ad-hoc-Publizität und für das Directors' Dealing sowie für weitere Präventionsregeln, in allen Fällen eine Geschichte (verschiedener) EG-Richtlinien und ihrer Umsetzung in nationales Recht, in Deutschland in das WpHG, das solchermaßen zunehmend an Komplexität gewann, die mit der Neugliederung zum 3.6.2016 wieder etwas zurückgefahren werden konnte. In dieser Einleitung sind daher **zunächst nur Überblicke zu Entwicklung und Funktionalität** zu geben (unten II. bzw. 2.), die dann für die verschiedenen Regelungsmaterien – unterschiedlich umfangreich – wieder aufzugreifen sind.

254 In der **Gesamtgliederung** erscheint die EU-Marktmissbrauchs-Verordnung, wenn man sich zunächst auf ihre materiellrechtlichen Teile beschränkt (Art. 1–21 MAR), nicht nur wegen ihres engeren Zuschnitts „übersichtlicher“ als das WpHG, sondern auch in einem Kernpunkt überzeugender: Die Gliederung folgt der Logik, dass **zunächst die zentralen „primären“ Marktverhaltenspflichten** geregelt werden – die Insiderhandels- und -weitergabeverbote ebenso wie die Marktmanipulationsverbote (Art. 7 ff., 12 ff.) – und erst im Anschluss daran die Präventionsinstrumente, die der besseren Durchsetzung dieser „Primärverbote“ dienen: zuerst die allgemeine Präventionspflicht der Marktbetreiber, auf Verdachtsmomente zu reagieren (Art. 16 MAR); sodann die Pflicht der Emittenten, Insiderhandel und der unbefugten Weitergabe von Insiderinformationen dadurch vorzubeugen, dass sie die sie betreffenden Insiderinformationen unverzüglich veröffentlichen (Ad-hoc-Publizität, Art. 17 MAR); zuletzt eine Pflicht, Insider allgemein vorbeugend und Insidergeschäfte einzeln zu registrieren (Art. 18 f. MAR), um so die Nachverfolgung und Entdeckung von verbotenem Insiderhandel bei den sog. Primärinsidern zu erleichtern, also bei denjenigen Personen, die in besonderem Maße Gelegenheit zu (verbotenen) Geschäften auf der Grundlage von Insiderinformationen haben. Ist dieser Aufbau im Kern überzeugend, so bleibt freilich eine Hauptkritik am Gesamtzuschnitt, namentlich dass die Ad-hoc-Publizität allzu sehr auf den Aspekt der Prävention von Insiderhandel eingeengt wird, dass also

ihre weiteren, wohl noch wichtigeren Funktionen allzu sehr vernachlässigt werden (näher unten Rn 260).

2. Vom Insiderverbot zum allgemeinen Schutz von Anlegervertrauen. Wenn die Regulierungsgeschichte allgemein umrissen werden kann als eine Entwicklung ausgehend von einem eher punktuellen und auch noch nicht tief harmonisierten Verbot (1989) hin zu einer umfassenden Europäisierung in Breite und Tiefe der Vereinheitlichung (2014/16) (unten II.), so ist eine vergleichbare Evolution im Bereich des normativen Modells und damit der Zielsetzungen zu konstatieren. Wenn also der Prozess summarisch mit einem Übergang „vom (bloßen) Insiderverbot zum allgemeinen Schutz von Anlegervertrauen" umrissen wird, so ist damit die **zentrale Entwicklung sowohl im Regelungsbestand** (unten II.) **als auch in der Zielsetzung** und damit im Regulierungsansatz (unten 2.) angesprochen. **255**

Auf der einen Seite ist zwar m. E. die **EG-Insiderhandels-Richtlinie 1989** (unten Rn 262) aus verschiedenen Gründen als der **eigentliche Startschuss für ein Europäisches Kapitalmarktrecht** zu verstehen, viel mehr noch als die (zuvor verabschiedeten) EG-Börsenzulassungs-Richtlinie 1979 und die EG-Börsenprospekt-Richtlinie 1980 (oben Rn 70): Denn es handelt sich hier – gemeinsam mit der ersten EG-Prospekt-Richtlinie 1989 (ebenfalls oben Rn 71) – um die erste Richtlinie breit zu einem allgemeinen Kapitalmarktrecht, nicht nur Börsenrecht, sie stellt auch erstmals die so wichtige Zielsetzung der Marktintegrität ganz in den Mittelpunkt und – vor allem – erst mit dieser Richtlinie entschied sich der Streit, ob die Mitgliedstaaten einen allgemein kapitalmarktrechtlichen Ansatz auf Europäischer Ebene unterstützen wollten oder nicht: Erst mit der Verabschiedung dieser Richtlinie optierte schließlich auch Deutschland nach heftigem Widerstand dafür, ein breites Kapitalmarktrecht (auf Europäischer Ebene) mitzutragen – mit einer dramatischen Wende im April 1989.[687] Umgekehrt jedoch war die Richtlinie **noch sehr eng** gefasst – selbst das Insiderhandelsverbot wurde in der Folgezeit noch vielfach erweitert (vgl. unten Rn 81), und mit dem Marktmanipulationsverbot trat das zweite Kernstück eines Marktintegritätsrechts gar erst 2003 überhaupt erstmals hinzu – und war anfangs selbst die **Zielsetzung des Verbotes noch seltsam unklar:** In der Tat drehte sich der Streit um eine Verabschiedung der EG-Insiderhandels-Richtlinie nicht zuletzt um die Frage, warum Insiderhandel überhaupt als schädlich einzustufen und daher zu verbieten sei, ob es nicht vielmehr doch richtig sei, dass Insiderhandel keinem Marktteilnehmer wirklich schade, sicherlich nicht dem Transaktionspartner, der ja ohnehin gehandelt hätte und unter modernen Marktverhältnissen idR auch gar nicht konkret zugeordnet werden kann (Insider Dealing als sog. „victimless crime"), sondern vielleicht sogar als gutes Instrument zu sehen sei, um nicht-öffentliche Information in Märkte einzuspeisen (näher unten Rn 338). Die Unklarheiten hinsichtlich der Zielsetzung und Schutzrichtung eines Verbotes, die 1989 herrschten, können folgendermaßen zusammengefasst werden: Im Schrifttum – zunehmend auch im ökonomisch ausge- **256**

---

[687] Dazu *Assmann* AG 1994, 196 (199); *ders.* ZGR 1994, 494 (497 f.); *Paefgen* AG 1991, 380 (385 f.); noch Einigkeit in die entgegengesetzte Richtung suggerierend: *Arbeitsgemeinschaft der Deutschen Wertpapierbörsen,* Insider-Regeln, Jahresbericht 1987, S. 89. Näher zur bis dahin geltenden (lückenhaften) Regelung auf nur freiwilliger Basis und zu gescheiterten Gesetzgebungsinitiativen: *Assmann* AG 1994, 196 (197–200); *Caspari* ZGR 1994, 530 (531); *Pfister* ZGR 1981, 318 (328–331); *Grundmann* EG-Schuldvertragsrecht 4.21 Rn 3. Sobald der Widerstand aufgegeben war, war der deutsche Gesetzgeber freilich nicht zögerlich und ging im WpHG häufig über die Vorgaben der Richtlinie hinaus – auch und gerade auf Drängen des Bundesrats. Grundlegend für Deutschland ursprünglich *Hopt/Will* Europäisches Insiderrecht; *Pfister* ZGR 1981, 318; dann zur Verabschiedung *Hopt/Wymeersch* (Hrsg.), European Insider Dealing.

richteten Schrifttum –[688] wurde dem Bild von einem „victimless crime" vor allem mit dem Argument begegnet, dass zwar nicht der konkrete Geschädigte im Einzelfall festzustellen sei, wohl aber allgemein professionelle Intermediäre (vor allem Händler, Berater und Analysten) bei Zulassung von Insiderhandel die Gewinne, die Insider aus diesem erzielen, verlören, weil sie die fraglichen Informationen nicht mehr im Rahmen ihrer allgemeinen Analysetätigkeit als Erste in (vergütete) Analysen und Beratungsdienstleistungen einbringen könnten. Professionelle Marktteilnehmer müssten sich daher die Kosten ihrer Analysetätigkeit anders – in entsprechender Höhe – vergüten lassen, also einen Risikoaufschlag für Insiderhandel nehmen, da dieser ihnen einen Teil ihrer typischen „Vergütung" nehme, und dies verteuere insbesondere die Kapitalaufnahme für alle Emittenten. Letztere wären demnach die Hauptgeschädigten und durchaus real geschädigt. Demgegenüber begründete der Europäische Gesetzgeber das Verbot viel unbestimmter, allgemeiner mit der Überlegung, Insiderhandel untergrabe das Anlegervertrauen – was jedenfalls nicht nur auf die oben genannten professionellen Marktteilnehmer bezogen werden konnte, wohl noch nicht einmal auf diese primär, sondern ganz im Gegenteil vor allem auf die nicht-professionellen Marktteilnehmer, die Investoren (Privatanleger ebenso wie die beruflichen Anleger). Diese Begründung mag jedoch 1989 noch vage erschienen sein, sie wurde jedoch zur Zentralen über die letzten 25 Jahre und es ist nicht zu verkennen, dass die Entwicklungen in der globalen Finanzkrise jedenfalls die allgemeine Stoßrichtung durchaus bestätigt haben.[689]

257 Die **Entwicklung in den 25 Jahren** von der Verabschiedung der EG-Insider-Richtlinie zu derjenigen der EU-Marktmissbrauchs-Verordnung kann also **doppelt zusammengefasst** werden: auf der **Ebene der Regelungsentwicklung** als ein Prozess, der ausging von einem eher punktuellen und auch noch relativ eng gefassten Verbot eines „anstößigen" Marktverhaltens, in dem dieses dann aber ausgeweitet wurde hin zu einer systematischen Erfassung der zentralen Angriffe auf die Marktintegrität und zur breiten Ausbildung eines flankierenden allgemeinen (primär- und sekundärmarktrechtlichen) Informationsregimes, das u.a. auch die Marktintegrität unterstützen kann, und ein Prozess, der zugleich eine zunehmende Vertiefung der Europäisierung mit sich brachte (von der bloßen Richtlinienharmonisierung über die zunehmende Ausgestaltung durch Ausführungs-Richtlinien und

[688] Zuvor befürwortete jedenfalls in den USA das juristische Schrifttum ungleich stärker das dort im Jahre 1961 eingeführte Insiderhandelsverbot als das ökonomisch ausgerichtete Schrifttum, vgl. *Kraakman* in: Hopt/Wymeersch (Hrsg.) European Insider Dealing, The Legal Theory of Insider Trading Regulation in the United States 1991 S. 39 (40–42); m.w.N. vgl. BankR-Hdb/*Hopt/Kumpan* § 107 Rn 6 Rn 26; zu einer rechtsvergleichenden Untersuchung bzgl. Directors' Dealings vgl. *Osterloh* Directors' dealings in den USA und Deutschland – Ein Blick auf eine Regelung im Wandel. DAJV Newsletter 2/2008 S. 53–63. In Deutschland freilich war die Gegnerschaft gerade auch in der juristischen Literatur stark, vgl. vorige Fn, hier vor allem mit dem Argument, dass ein Insiderhandelsverbot nicht wichtig genug sei, um über eine (damals bereits bestehende) Selbstregulierung seitens der Marktbetreiber hinauszugehen. Zum hier skizzierten Begründungsansatz näher und mit ausf. Nachw. unten Rn 338.

[689] Zum Anlegervertrauen als zentralem Schutzgut gerade im Gefolge der Finanzkrise vgl. etwa *Heuer/Schütt* Auf dem Weg zu einer europäischen Kapitalmarktunion BKR 2016, 45 (46); *Poelzig* NZG 2016, 492 (501 f.); *Mülbert* Anlegerschutz und Finanzmarktregulierung – Grundlagen – ZHR 177 (2013) 160–211; *Holfter/Thiel* Finanzmarktkrise und Bankenaufsicht – 15. Rostocker Bankentag vom 12.11.2009 BKR 2010, 85 (86 f.); *Hopt* 50 Jahre Anlegerschutz und Kapitalmarktrecht: Rückblick und Ausblick WM 2009, 1873–1881; *Knops* Anlegerschutz im Anleihemarkt – insbesondere bei der Verbriefung von Kreditforderungen BB 2008, 2535 (2538 f.); BankR-Hdb/*Seiler/Kniehase* Vor § 104 Rn 89; und weiter oben bzw. unten Rn 257 und 489.

-Verordnungen [sog. Lamfalussy-Regelungsarchitektur, 5. Teil Rn 138] hin bis zum unmittelbar anwendbaren EU-Rechtsakt mit hoher Regelungsdichte und wiederum Ausführungsgesetzgebung). Auf der **Ebene der Zielsetzungen** (Regulierungstheorie / ökonomische Theoriebildung) ist parallel eine zunehmende Ausdifferenzierung zu konstatieren, vor allem jedoch auch, dass der Topos vom Anlegervertrauen, den der Europäische Gesetzgeber schon 1989 in den Mittelpunkt gerückt hatte, der aber zunächst eher vage, allgemein und undifferenziert erschien, jedenfalls seit den Entwicklungen in der globalen Finanzkrise eine Tragweite hat, die schwerlich zu bezweifeln ist. Die wichtigsten Zusammenhänge, noch sehr überblicksweise, sind Folgende, zunächst auf der Ebene der Regelungsziele:

3. **Regulierungstheorie (mit Ökonomik) – mit Verweis.** Die Regelungsgegenstände der **258**
EU-Marktmissbrauchs-Verordnung zielen **zu einem Gutteil unmittelbar auf Marktintegrität** ab: Dies gilt namentlich für die **Insiderhandels- und Marktmanipulationsverbote**, weil und indem sie Sondergewinnen vorbeugen sollen, die auf gezielter Nutzung solcher Informationsasymmetrien beruhen, die in anderen Marktteilnehmern entweder bewusst aufgebaut werden (direkte oder indirekte Irreführung/Täuschung, namentlich bei Marktmanipulation) oder die andere Marktteilnehmer realistischerweise nicht ausgleichen *können* (Insiderinformation). In beiden Fällen führt die Nutzung der Informationsasymmetrien zu adverser Selektion (Auswahl suboptimaler Angebote), ohne dass sie umgekehrt mit einer Anreizwirkung zur Schaffung solcher Information hinreichend gerechtfertigt werden könnte.[690] Im Kern können diese Verbote (kumulativ oder alternativ) entweder damit begründet werden, dass (i) solch ein Verhalten es dem fraglichen Anleger oder den Anlegern insgesamt unmöglich macht, *rational* die eigene Beeinträchtigung einzuschätzen und zu bepreisen und bei der Entscheidung zu berücksichtigen (adverse Selektion), und dass sie daher Handel unterlassen oder mit einem unrealistischen Risikoaufschlag belegen, oder aber auch damit, dass (ii) Anleger solche Risiken, insbesondere wenn sie sich in Skandalen materialisieren, wegen ihrer Sichtbarkeit in ihrer Tragweite überbewerten und sich entsprechend von einer Nutzung der Kapitalmärkte in überzogener Weise abschrecken lassen (*beschränkte Rationalität*) oder in anderer Weise auf der Grundlage kognitiver Verzerrungen allokationsineffiziente Entscheidungen treffen.[691] Dies freilich ist jeweils für verschiedene Anlegergruppen und Marktteilnehmer gesondert zu eruieren, wie bereits die Unterscheidung zwischen Schädigung von professionellen Intermediären (vor allem Händler, Berater und Analysten) und des allgemeinen Anlegervertrauens (beim Insiderhandelsverbot) belegt. Da der Eingriff jeweils unterschiedlich erfolgt, ist die Frage nach dem Schutzgut und den Schutzadressaten daher für jedes Verbot vertieft nochmals auszugreifen (vgl. unten Rn 337–339 und 434–437).

Der zweite Hauptregelungsbereich der EU-Marktmissbrauchs-Verordnung umfasst **259**
Pflichtenbündel, die der Europäische Gesetzgeber vor allem als **Präventionsregime gegen Insiderhandel bzw. Marktmanipulation** versteht. Man kann von den Insiderhandels- und Marktmanipulationsverboten als den Primärverboten sprechen, deren tatsächliche Durchsetzung durch ein facettenreiches Präventionsregime gefördert werden soll. Schon ein Teil der Insiderverbote betrifft Handlungen, die eher als Vorbereitungshandlungen denn als der schädigende Akt selbst zu qualifizieren sind, so etwa das Weitergabe-, das Tip- und das Anstiftungsverbot (Art. 8, 10, 14 MAR). Den eigentlichen Handel (Verkauf, Kauf oder Modifikation der Order), der die professionellen Intermediäre direkt schädigt oder allge-

690 Vgl. näher oben 5. Teil Rn 32.

691 Zu beiden Begründungslinien für Regulierung von Marktmissbrauch vgl. näher oben 5. Teil Rn 17.

meiner das Anlegervertrauen massiv beeinträchtigt, tätigt in diesen Fällen erst der Informations- oder Empfehlungsempfänger, der Sekundärinsider (Art. 8, 14 MAR). Da dieser freilich schwerer zu eruieren ist, soll bereits die Vorbereitungshandlung verboten werden.[692] Solchermaßen handelt es sich schon beim Weitergabe-, Tip- und Anstiftungsverbot – obwohl sie als Insiderverbote geregelt werden – konzeptionell um unmittelbar auf Vermeidung von Insiderhandel zugeschnittene Präventivmaßnahmen.[693] Vergleichbar direkt auf Prävention allein ausgerichtet sind Regeln, die Marktbetreiber zum Aufgreifen von Verdachtsfällen verpflichten, hier nun bezogen auf Insiderhandel ebenso wie auf Marktmanipulation (Art. 16 MAR). Die Zielsetzung dieser reinen Präventionsregeln leitet sich von der des Primärverbotes selbst ab (vorige Rn).

260 Unter den **Präventionsregeln** finden sich freilich **auch solche, die polyfunktional ausgestaltet sind** und bei denen sogar die anderen Funktionen als tendenziell vorrangig verstanden werden können (obwohl der Europäische Gesetzgeber diese Richtung jedenfalls nicht betont): Dies gilt bereits für die Melde- und Registrierungspflicht für Primärinsider und für die von ihnen getätigten Einzelgeschäfte („**Directors' Dealing,** Art. 18 f. MAR). Mit dieser Registrierungspflicht soll einerseits verbotenem Insiderhandel durch die wichtigsten Primärinsider vorgebeugt werden, indem jeder Handel mit Wertpapieren ihrer Gesellschaft unabhängig vom Vorliegen von Insiderinformationen registriert wird, um so bei denjenigen Personen, bei denen das Auftreten von Insiderinformationen am wahrscheinlichsten ist, die Entdeckungswahrscheinlichkeit (im Falle von vorliegender Insiderinformation) erheblich zu steigern und entsprechend **präventiv Anreize** zu setzen.[694] Andererseits freilich wird mit der Pflicht von Mitgliedern von Leitungsorgangen, alle Geschäfte in Wertpapieren ihrer Gesellschaft zu melden, auch eine Information befördert, die als Signal wirken kann: als Signal in der Frage, wie die Vorstände selbst die **Prosperität** ihrer Gesellschaft einschätzen – ein **Signal** freilich, dessen Verlässlichkeit äußerst umstritten ist.[695] Diese Funktion ordnet sich jedoch ein in die allgemeine Zielsetzung von Kapitalmarktrecht, Informationen von erheblicher Relevanz für die Bewertung von Emittenten und Anlagen allgemein zugänglich zu machen, eine Zielsetzung, die bereits im Ausgang vor allem die Prospektpflicht bei Marktzugang trägt ebenso wie die laufenden, teils periodisch zu erfüllenden Pflichten zu standardisierter Informierung (näher oben Rn 65–67).

261 Entsprechend ist auch die **Pflicht zur Ad-hoc-Publizität polyfunktional** zu verstehen: Der Europäische Gesetzgeber betont ausschließlich das Ziel, durch Aufdeckung von Insiderinformationen verbotenem **Insiderhandel vorzubeugen** (Erw.grund 49).[696] Dies ist

---

[692] *Sethe* Zur Verschärfung des insiderrechtlichen Weitergabeverbots ZBB 2006, 243–257; *Zetzsche* NZG 2015, 817 (817 f.): Assmann/Schütze/*Sethe* § 8 Rn 112–117 (Weitergabeverbot) 143 (Tippverbot); KölnKomm WpHG/*Klöhn* § 14 Rn 259; *Schwark/Kruse* in Schwark/Zimmer § 14 WpHG Rn 39.

[693] Ebenso KölnKomm WpHG/*Klöhn* Vor § 12–14 Rn 16 und § 14 Rn 258; *Schwark/Kruse* in Schwark/Zimmer § 14 WpHG Rn 39.

[694] Dazu KölnKomm WpHG/*Heinrich* § 15a Rn 3; *Zimmer/Osterloh* in Schwark/Zimmer § 15a WpHG Rn 8.

[695] Vgl. dazu Erwäg.grund 26; *Hagen-Eck/Wirsch* Gestaltung von Directors' Dealings und die Pflichten nach § 15a WpHG DB 2007, 504 (507); KölnKomm WpHG/*Heinrich* § 15a Rn 3.

[696] Zu dieser Zielsetzung vor allem *Klöhn* Der Aufschub der Ad-hoc-Publizität wegen überwiegender Geheimhaltungsinteressen des Emittenten gem. § 15 Abs. 3 WpHG, ZHR 178 (2014) 55 (64 ff.); *Seibt* Europäische Finanzmarktregulierung zu Insiderrecht und Ad hoc-Publizität ZHR 177 (2013) 388 (392–394); BankR-Hdb/*Hopt/Kumpan* § 107 Rn 133 m.w.N.; KölnKomm WpHG/*Klöhn* Vor § 15 Rn 39 und § 15 Rn 5; *Zimmer/Kruse* in Schwark/Zimmer § 15 WpHG Rn 8.

vor allem historisch zu erklären, weil Insiderhandel nach dem Gesagten in der Debatte um die Sinnhaftigkeit von Insiderhandelsverboten vor allem damit gerechtfertigt wurde, dass durch ihn die sensible Information in die Märkte eingefüttert würde, und weil mit der Statuierung einer Ad-hoc-Publizität demgegenüber zugleich ein alternativer, wohl gar schneller wirkender Weg zur Informierung bereitgestellt wird/wurde. Die Ad-hoc-Publizität kann jedoch auch von der allgemeinen Zielsetzung von Kapitalmarktrecht her verstanden werden, Informationen von erheblicher Relevanz für die Bewertung von Emittenten und Anlagen allgemein zugänglich zu machen: Dann wird betont, dass erhebliche kursrelevante, nicht öffentliche Informationen aufzudecken sind, um die **Allokationseffizienz von Kapitalmärkten zu befördern** und dies völlig unabhängig davon, ob (verbotener) Insiderhandel stattfindet oder auch nur zu befürchten ist.[697] In der Tat ist für das Vorliegen einer Ausnahme von der Ad-hoc-Publizitätspflicht zwar auch danach zu fragen, ob hinreichend gewährleistet ist, dass auch ohne Veröffentlichung (verbotener) Insiderhandel hinreichend wahrscheinlich ausgeschlossen werden kann (Art. 17 Abs. 4 lit. c MAR), genügt solch eine Wahrscheinlichkeit allein jedoch noch nicht: Um eine Ausnahme zu rechtfertigen, müssen erhebliche Nachteile für den Emittenten im Falle einer Veröffentlichung hinzukommen und die Gefahr einer Irreführung der Anleger gebannt sein (vgl. Art. 17 Abs. 4 lit. a) und b) MAR).

II. Regelungsentwicklung – Überblick

1. EG-Insiderhandels-Richtlinie und die Schaffung eines Wertpapierhandelsgesetzes. **262**
Die Geschichte des **Regelungsregimes zur Kapitalmarktintegrität**, das heute den Kern der EU-Marktmissbrauchs-Verordnung bildet, ist von Anfang an geprägt durch eine Europäische Grundlage, die ersten 25 Jahre im Zusammenspiel mit einem deutschen Umsetzungsgesetz, seit 3.6.2016 nur noch für die Zuständigkeitsregeln sowie das Straf- und Ordnungswidrigkeitenregime (vgl. oben Rn 2). Ausgangspunkt war die EG-Insiderhandels-Richtlinie von 1989,[698] mit der der Europäische Gesetzgeber ein über das reine Börsenrecht hinausgehendes allgemeines Kapitalmarktrecht für die Europäische Gemeinschaft/Union initiierte und die erst nach erheblichen Widerständen verabschiedet worden war (näher oben Rn 7). Diese – im Verbund mit zwei weiteren, dicht getakteten EG-Rechtsakten, der EG-Transparenz- und (in Teilen) der EG-Wertpapierdienstleistungs-Richtlinie –[699] wurde umgesetzt im Wertpapierhandelsgesetz (Art. 1 des Zweiten Finanzmarktförderungsgesetz).[700] Dieses Gesetz – nach dem Gesagten bald als das Grundgesetz

[697] Zu dieser Zielsetzung vor allem *Klöhn* ZHR 178 (2014) 55 (68); *Seibt* ZHR 177 (2013) 388 (392–394); BankR-Hdb/*Hopt/Kumpan* § 107 Rn 133; KölnKomm WpHG/*Klöhn* Vor § 15 Rn 63–68 und § 15 Rn 5,7; *Zimmer/Kruse* in Schwark/Zimmer § 15 WpHG Rn 7.

[698] Richtlinie 89/592/EWG des Rates vom 13.11.1989 zur Koordinierung der Vorschriften betreffend Insidergeschäfte, ABl.EG 1989 L 334/30; Vorschlag vom 1.6.2001, ABl.EG 2001 C 240E/265 = KOM(2001) 281 endg.; Stellungnahmen vom 14.3.2002 ABl.EG 2003 C 47E/511 (Europäisches Parlament); vom 17.1.2002 ABl.EG 2002 C 80/61 (Wirtschafts- und Sozialausschuss); vom 22.11.2001 ABl.EG 2002 C 24/8 (Europäische Zentralbank). Kurzkommentierung und Abdruck bei *Grundmann* EG-Schuldvertragsrecht 4.21.

[699] Nachw. zur EG-Transparenz-Richtlinie oben Rn 117; Richtlinie 93/22/EWG des Rates vom 10.5.1993 über Wertpapierdienstleistungen, ABl.EG 1993 L 141/27 – zu der Zweitgenannten und ihren Nachfolge-Richtlinien unten 8. Teil.

[700] Gesetz über den Wertpapierhandel (Wertpapierhandelsgesetz – WpHG), Art. 1 des Gesetzes über den Wertpapierhandel und zur Änderung börsenrechtlicher und wertpapier-

des Sekundärmarktes umschrieben – enthielt somit von Anfang an die Kernstücke des Marktintegritätsrechts (§ 12 ff. WpHG a.F.), des Sekundärmarktpublizitätsrechts (Ad-hoc-Publizität und Beteiligungstransparenz, § 15 WpHG a.F. bzw. §§ 21 ff. WpHG, unten Abschnitt 5) sowie auch des Rechts der individuellen Kundenbeziehung (§§ 31 ff. WpHG, unten Teil 8). Die damals geprägten Hauptbegriffe blieben – trotz vielfacher Ausweitung und Vertiefung – auch bis heute die Maßgeblichen und sind grds. auch weiter im Sinne der bereits damals Europäisch geprägten Auslegung zu verstehen, wenn auch fortentwickelt durch (EuGH-)Rechtsprechung und (europäisierte) Dogmatik (vgl. für die EG-Insiderhandels-Richtlinie mit ihrer besonders langen Geschichte näher unten Rn 330, für die EG-Wertpapierdienstleistungs-Richtlinie bzw. ihre Nachfolgerichtlinien MiFID I und II ist das selbstverständlich, vgl. 8. Teil). Das Gesetz wurde kontinuierlich in seiner Funktion als Hauptrechtsakt für den Sekundärmarkt fortentwickelt, auch schon, bevor die zweite EG-Richtliniengeneration eine neue Anpassung notwendig machte. Nach wichtigen Änderungen bereits vor der Jahrtausendwende[701] brachte vor allem das Vierte Finanzmarktförderungsgesetz 2002 nicht nur wichtige Änderungen im Bestand, sondern führte – in Vorwegnahme der EG-Marktmissbrauchs-Richtlinie von 2003 – bereits erstmals ein Marktmanipulationsverbot sowie eine Regelung zum Directors' Dealing ein, namentlich in Reaktion auf den breiten Vertrauensverlust der Anleger am Neuen Markt durch bestehende Informationsasymmetrien sowie der zu geringen praktischen Bedeutung des bestehenden Marktmanipulationstatbestandes nach § 88 BörsG.[702]

263 **2. EG-Marktmissbrauchs-Richtlinie und systematische Ausweitung.** Die zuletzt genannten Ausweitungen wurden auf Europäischer Ebene durch die **EG-Marktmissbrauchs-Richtlinie** (Market Abuse Directive, MAD I)[703] vorgenommen. Sie ersetzte 2003 die EG-

---

rechtlicher Vorschriften (Zweites Finanzmarktförderungsgesetz) vom 26. 7. 1994, BGBl. I S. 1749 idF des Gesetzes vom 9. 9. 1998, BGBl. I S. 2708, zuletzt geändert durch Gesetz vom 30.6.2016, BGBl. I S. 1514.

[701] Zu Änderungen schon in den 1990er Jahren vgl. Ebenroth/Boujong/Joost/*Grundmann* HGB 1. Aufl. 2001, BankR VI Rn 4 ff. (u. a. betreffend Sprachfragen bei Ad-hoc-Mitteilungen ausländischer Emittenten, stärkere Einbeziehung der Wertpapiernebendienstleistungen [danach weiter getrieben] und die Einführung der Vermögenstrennungspflicht in § 34 a WpHG und einer – inzwischen wieder aufgehobenen – Verjährungsregel in § 37a WpHG).

[702] *Park* Kapitalmarktstrafrechtliche Neuerungen des Vierten Finanzmarktförderungsgesetzes, BB 2003, 1513 (1513); *Altenhain* Die Neuregelungen der Marktpreismanipulation durch das Vierte Finanzmarktförderungsgesetz, BB 2002, 1874 (1875); *Fenchel* Das Vierte Finanzmarktförderungsgesetz – ein Überblick, DStR 2002, 1355 (1355, 1558 f.); *Fleischer* Das Vierte Finanzmarktförderungsgesetz, NJW 2002 2977 (2977); *Hutter/Leppert* Das 4. Finanzmarktförderungsgesetz aus Unternehmenssicht, NZG 2002, 649 (649, 655); Gesetz zur weiteren Fortentwicklung des Finanzplatzes Deutschland (Viertes Finanzmarktförderungsgesetz) vom 21.6.2002, BGBl. I S. 2010: vor allem – den heutigen Regelungsbereich der MAR betreffend – mit Änderungen bei der Ad-hoc-Publizität (u. a. Kennzahlen), mit der Einführung der Pflicht von (Primär-)Insidern ihre Geschäfte aufzudecken (§ 15a WpHG), des Marktmanipulationsverbotes (§§ 20a, 20b WpHG) und einer an der Prospekthaftung orientierten zivilrechtlichen Haftung im Bereich der Ad-hoc-Publizität (§§ 37b, 37c WpHG), sowie – Materien außerhalb der MAR betreffend – mit der Überführung des Rechts der Finanztermingeschäfte aus dem BörsG (§§ 37d bis 37g WpHG) und mit der Erstreckung der Wohlverhaltenspflichten auf Finanzanalysten (§§ 34b, 34c WpHG).

[703] Richtlinie 2003/6/EG des Europäischen Parlaments und des Rates vom 28.1.2003 über Insider-Geschäfte und Marktmanipulation (Marktmissbrauch), ABl. 2003 L 96/16 (nunmehr aufgehoben nach Art. 37 MAR); Vorschlag vom 30.5.2001, ABl.EG 2001 C

Insiderhandels-Richtlinie und bildet Teil der ersten großen Reformwelle – oder zweiten Richtliniengeneration, die auch die anderen genannten Teile erfasste (Beteiligungstransparenz, vor allem jedoch die Wertpapierdienstleistungen mit MiFID I). Neben dem genannten Ausbau hinsichtlich der Materien trat im Falle der EG-Marktmissbrauchs-Richtlinie zwar auch eine Vertiefung: Sekundärinsider wurden systematischer und weitergehend erfasst, bestimmte Tatbestandsmerkmale geklärt (Nutzung selbst geschaffener Informationen und gestreckte Sachverhalte) und ebenso Rechtsfertigungsgründe (Marktpraktiken). Grundstürzend verändert wurde die Struktur jedoch weder für das Insiderrecht noch für die Ad-hoc-Publizität.

Umgesetzt wurde die MAD I – obwohl bald auch durch eine Reform der EG-Wertpapierdienstleistungs-Richtlinie gefolgt –[704] unabhängig und zügig: Das **Anlegerschutzverbesserungsgesetz 2004**[705] musste in den Materien, die heute die MAR regelt (Insiderhandel, Marktmanipulation, Ad-hoc-Publizität, Directors' Dealing), aufgrund der weitgehenden Vorwegnahme dieses Reformschrittes im Vierten Finanzmarktförderungsgesetz (oben Rn 13) nur kleinere Korrekturen vornehmen. Von den **weiteren wichtigen Änderungsgesetzen zum WpHG** nach dem AnSVG und vor Verabschiedung der MAR betrifft ein signifikanter Schwerpunkt, die zunehmende Regulierung der vormals „grauen" Kapitalmärkte,[706] aber nur am Rande das hier kommentierte Marktverhaltensrecht. Dessen Kern betreffen demgegenüber folgende Novellen (sämtlich im Zeitraum zwischen 2011 und 264

240E/265 = KOM(2001) 281 endg.; Stellungnahmen: ABl.EG 2003 C 47E/511 (Europäisches Parlament); 2002 C 80/61 (Wirtschafts- und Sozialausschuss); 2002 C 24/8 (Europäische Zentralbank). Kurzkommentierung bei *Grundmann* European Company Law, § 23.

704 Richtlinie 2004/39/EG des Europäischen Parlaments und des Rates vom 21.4.2004 über Märkte für Finanzinstrumente, zur Änderung der Richtlinien 85/611/EWG und 93/6/EWG des Rates und der Richtlinie 2000/12/EG des Europäischen Parlaments und des Rates und zur Aufhebung der Richtlinie 93/22/EWG des Rates, ABl.EG 2004 L 145/1 und 2005 L 45/18; umgesetzt durch Gesetz zur Umsetzung der Richtlinie über Märkte für Finanzinstrumente (RiL 2004/39/EG) und der Durchführungsrichtlinie (RiL 2006/73/EG) der Kommission (Finanzmarkt-Richtlinie-Umsetzungsgesetz) vom 16.7.2007, BGBl. I, S. 1330: vor allem Erweiterung des Anwendungsbereichs (Anlageberatung und -vermittlung, Warenderivate, multilaterale Handelssysteme); Erfassung von Handelsplattformen und umfassende Neuformulierung der Wohlverhaltensregeln.

705 Gesetz zur Verbesserung des Anlegerschutzes (AnSVG) vom 28.10.2004, BGBl. I S. 2630: vor allem mit der Neustrukturierung des Rechts des Insiderhandels und der Anlehnung der Ad-hoc-Publizität an das Konzept der Insiderinformation, ansonsten vor allem mit Verfeinerungen der durch das Vierte Finanzmarktförderungsgesetz (Fn 35) eingeführten Instrumente (jetzt Insiderverzeichnis, § 15b WpHG, Anpassung der Regeln zur Marktmanipulation an die Marktmissbrauchs-Richtlinie, Erweiterung von § 34b WpHG). Sonstige, ungleich weniger bedeutsame Änderungen in der Zwischenzeit in BGBl. 2000 I S. 1857; 2001 I S. 2785; 2001 I S. 3822; 2002 I S. 1310 (integrierte Aufsicht durch die BaFin); 2002 I S. 2778; 2003 I S. 2304; 2003 I S. 2676; dazu etwa *Schwintek* Anlegerschutzverbesserungsgesetz; *Bürgers* BKR 2004, 424; *Diekmann/Sustmann* NZG 2004, 929; *Holzborn/Israel* WM 2004, 1948; *Spindler* NJW 2004, 3449.

706 Vgl. oben Rn 75. Beginnend mit dem Gesetz zur Novellierung des Finanzanlagenvermittler- und Vermögensanlagenrechts vom 6.12.2011, BGBl. I, S. 2481 – mit (teilweiser) Erstreckung des WpHG auf die „grauen" Kapitalmärkte (für geschlossene Fonds), dem ersten großen Regulierungsschritt in diesem Marktsegment; außerdem Novelle zur Regulierung unabhängiger Honorarberater im Honorarberatungsgesetz vom 15.7.2013 (vgl. unten Rn 541 Fn 1359), sowie das Kapitalanlagegesetzbuch (oben Rn 88 Fn 306) und das Kleinanlegerschutzgesetz: ausf. und für weitere solche Schritte oben Teil 5 Rn 77 f.

2013): Die Novelle zum **Hochfrequenzhandel**[707] erging unmittelbar zu Materien der MAD I und heute MAR, das **EMIR-Ausführungsgesetz** sowie das **Leerverkaufsgesetz**[708] betreffen immerhin zwei weiteren Zentralstücke des bankbezogenen Marktverhaltens- und -stabilitätsrechts, die bisher im Gefolge der Finanzkrise verabschiedet wurden, heute beide im Kern ebenfalls als EU-Verordnungen gefasst, dazu unten Abschnitt 4 unter A. und B.).[709]

Von den flankierenden Verordnungen in Deutschland waren materiellrechtlich wichtig für die Materien der MAR vor allem diejenigen zur Konkretisierung der Anzeigepflichten und des Verzeichnisses von Insidern (§§ 15a, 15b WpHG) und des Marktmanipulationsverbotes (§ 20a WpHG).[710] Wichtiger jedoch dauerhaft – teils inzwischen integriert in die MAR, teils weiterhin Teil der EU-Ausführungsgesetzgebung – sind die EG/EU-Ausführungs-Richtlinien zur MAD I.[711]

265 **3. Umfassende Europäisierung des Marktverhaltensrechts: EU-Marktmissbrauchs-Verordnung (Market Abuse Regulation, „MAR“) – mit Ausführung durch das 1.FiMaNoG.** Den Schlusspunkt der Entwicklung bildet die Verabschiedung der EU-Marktmissbrauchs-Verordnung (MAR). **Materiellrechtlich ging der Europäische Gesetzgeber 2014** über die EG-Marktmissbrauch-Richtlinie von 2003 (und Umsetzung in §§ 12 ff. WpHG) **vor allem in vier Punkten hinaus:** (i) Die erfassten Marktsegmente wurden ungleich breiter gefasst

---

707 Hochfrequenzhandelsgesetz vom 7.5.2013 (unten Rn 395); vorher schon BGBl. 2011 I, S. 1475 (Erstreckung der Marktmissbrauchsverbote auf Emissionshandel, heute ebenso der Zuschnitt in der MAR).

708 EMIR-Ausführungsgesetz vom 13.2.2013, BGBl. I S. 174; und schon im Jahr vor dem Einstieg in die Regulierung des „grauen“ Kapitalmarktes mit dem Finanzanlagenvermittler- und Vermögensanlagengesetz (oben Rn 78) Gesetz zur Vorbeugung gegen missbräuchliche Wertpapier- und Derivategeschäfte vom 21.7.2010, BGBl. 2010: I, S. 945 (Verbot von Leerverkäufen mit Ausnahmevorbehalt, inzwischen EU-VO, unten Abschnitt 4).

709 Außerdem schon in den Jahren vor allen bisher genannten Regelungsakten (als erste Regulierungswelle in der Finanzkrise), zunächst ebenfalls zum hier erörterten Marktverhaltensrecht, allerdings nicht dem bankbezogenen (Überblick unten Abschnitt 5): Ausführungsgesetz zur EU-Rating-Verordnung vom 14.6.2010, BGBl. 2010 I, S. 786; außerdem Anlegerschutz- und Funktionsverbesserungsgesetz (AnSFuVG)) vom 5.4.2011, BGBl. 2011 I, S. 538 (umfangreiche Anpassungen vor allem bei den Wohlverhaltensregeln [sowie Beteiligungstransparenz], vgl. ebenfalls unten Abschnitt 5 bzw. 8. Teil). Sonstige, für die hier kommentierten bankgeschäftlichen Regelungen weniger zentrale Änderungen bis dahin u.a. in BGBl. 2007 I, S. 3089 (Investmentfonds), 2008 I, S. 1666 (Risikobegrenzungsgesetz), 2009 I, 1102 (Bilanzrechtsmodernisierung), 2009 I, S. 1528 und 1682 (Vertiefung Einlagenentschädigungseinrichtungen nach Finanzkrise); 2009 I, S. 2512 (Schuldverschreibungsneuregelung mit Aufhebung § 37a WpHG); 2011 I, S. 1126 (Investmentfonds); auf die hier behandelten Materien bezogen allein und auch nur in indirekter Form: BGBl. 2011 I, S. 676 (Marktmissbrauch als Aufgreiftatbestand für das GwG).

710 WpAIV, BGBl. 2004 I S. 3376, geändert durch BGBl. 2007 I S. 10, BGBl. 2008 I S. 1666, BGBl. 2011 I S. 538, BGBl. 2012 I S. 121 und BGBl. 2012 I S. 1375; zum Teil auch weiter in Kraft nach § 15 Abs. 4 WpHG n.F.; MaKonV, BGBl. 2005 I S. 515, geändert durch BGBl. 2011 I S. 3044 und BGBl. 2013 I S. 1162.

711 Durchführungsrichtlinie 2003/124/EG vom 22. Dezember 2003, ABl.EU 2003 L 339/70; Durchführungsrichtlinie 2003/125/EG vom 22. Dezember 2003, ABl.EU 2003 L 339/73; Durchführungsrichtlinie 2004/72/EG vom 29. April 2004, ABl.EU 2004 L 162/70, sowie die Durchführungsverordnung (EG) Nr. 2273/2003 vom 22. Dezember 2003 für Rückkaufprogramme und Maßnahmen der Kursstabilisierung, ABl.EU 2003 L 336/33. Sämtliche Durchführungsakte in dieser Fn sind nun nach Art. 37 MAR aufgehoben.

(unter Einbeziehung der multilateralen Handelssysteme [MTF] und anderer neuer Arten von organisierten Handelssystemen [OTF])); (ii) ebenfalls ausgeweitet wurde der Kreis der erfassten Finanzinstrumente im Bereich Optionen und Warenderivate (Marktmissbrauch durch Warenderivate in Verbindung mit Waren-Spot-Kontrakten, durch algorithmischen Handel in Verbindung mit Hochfrequenzhandel) sowie durch Einbeziehung auch der Emissionszertifikate (vgl. bereits Rn 40); (iii) in den Verbotstatbestand wurden auch bereits Versuchshandlungen eingeschlossen. Hinzu kam (iv) eine erhebliche Stärkung der verwaltungsmäßigen Befugnisse, auch Sanktionsbefugnisse, erstmals flankiert (in der EU-Richtlinie) durch eine Mindestharmonisierung des Ordnungswidrigkeiten- und Strafrechts bei Insiderverstößen. Vor allem jedoch sollte (v.) mit der Wahl der Rechtsform der unmittelbar und mit Vorrang vor nationalem Recht geltenden/anwendbaren EU-Verordnung Problemen uneinheitlicher und schwierigerer Anwendung begegnet werden (vgl. Erw.gründe 4 und 5).

Ergänzt wird auch die MAR – vertiefend – durch **EU-Ausführungsgesetzgebung,** nun- **266**
mehr weit überwiegend in Verordnungsform (aufgelistet unten Rn 19). Außerdem ergänzt wird die MAR durch die **Deutsche Ausführungsgesetzgebung im Ersten Finanzmarktnovellierungsgesetz**[712] mit namentlich: (i) der Aufhebung der materiellrechtlichen Regeln zu den in der MAR geregelten Verboten und Geboten (Aufhebung der Gehalte der §§ 12–14, 15, 15a/b und 20a WpHG a.F. in Art. 1 Nr. 11–14 und 22 des Gesetzes); (ii) den neuen prozeduralen Ausführungsregeln in §§ 15, 16 WpHG n.F. zu den Modalitäten der Übermittlung von Insidern und Insidergeschäften (Directors' Dealing) und zu den Aufzeichnungspflichten, einschließlich Verordnungsermächtigungen (§ 15 Abs. 4 WpHG n.F.);[713] sowie (iii) mit den Regeln zu straf-, ordnungswidrigkeits- und zivilrechtlichen Sanktionen (§§ 15 Abs. 3, 37a, 37b, 38, 39 WpHG), Letztere namentlich bei Verstößen gegen Regeln zur Ad-hoc-Publizität und zum Directors' Dealing (zu diesen im Zusammenhang im 8. Teil zur individuellen Kundenbeziehung). Schließlich wird die MAR auch – erweiternd – ergänzt durch **zusätzliche (bankgeschäftsbezogene) Rechtsakte zum Marktverhaltens- und -stabilitätsrecht.** Die wichtigsten unter ihnen, die EMIR (zu OTC-Derivaten) und die EU-Leerverkaufs-VO sowie jüngst die EU-Benchmark-VO wurden inzwischen – wie die MAR – als EU-Verordnungen erlassen und werden im Anschluss an die MAR kommentiert (4. Abschnitt, zu vorangegangenen Regelungen im deutschen Recht zu diesen Bereichen vgl. bereits Rn 15).

III. Überblick zu den Regelungsmaterien der MAR

Die im Folgenden zu kommentierende **EU-Marktmissbrauchs-Verordnung** unterfällt – **267**
überblicksweise und sowohl in den Begründungserwägungen als auch im eigentlichen Regelungsteil – in **folgende Regelungsschwerpunkte:**

[712] Erstes Gesetz zur Novellierung von Finanzmarktvorschriften auf Grund europäischer Rechtsake (Erstes Finanzmarktnovellierungsgesetz – 1. FiMaNoG), BGBl. 2016 I, S. 1514, dazu BR-Drucks. 180/16 (Gesetzesbeschluss des Deutschen Bundestages); BT-Drucks. 18/8099, S. 6 ff. (Beschlussempfehlung Finanzausschuss).

[713] Diese betreffen großteils ebenfalls diese Meldemodalitäten, gehen aber über das Directors' Dealing hinaus und enthalten insbes. in Nr. 2 auch eine Ermächtigung zu *einem* materiellrechtlichen Tatbestandsmerkmal („berechtigtes Interesse" beim Aufschub von Ad-hoc-Publizität): dazu und zur Problematik der Ermächtigung näher *Klöhn* AG 2016, 423 (431 f.) und unten Rn 510.

1. **Allgemeines**, namentlich Gegenstand, Anwendungsbereich, Begriffsbestimmungen (Art. 1–3),[714] Meldepflichten der Marktbetreiber für erfasste Finanzinstrumente und Ausnahmen vom Anwendungsbereich (u.a. bei Kursstabilisierungen) (Art. 4–6)[715] (***Abschnitt 1 der VO***)
2. **Insiderhandels- und -weitergabeverbote** mit Definition von Insiderverboten, -handlungen, auch legitimen (Art. 7–9),[716] und Offenlegungsverboten, gelockert bei Marktsondierung (Art. 10, 11)[717] und schließlich dem eigentlichen Verbot (Art. 14)[718] (***Abschnitt 2 der VO** – erste Sequenz*)
3. **Marktmanipulationsverboten** mit Definition von Marktmanipulation, Beispielsfällen und Bedeutung von Marktpraktiken (Art. 11, 12, Anh I)[719] und schließlich dem eigentlichen Verbot (Art. 15)[720] (*Abschnitt 2 der VO – zweite Sequenz*)
4. **Präventionspflichten von *Marktbetreibern* gegen Insiderhandel und Marktmanipulation** mit spezifischen Organisationsregeln in Ergänzung zu MiFID II (Art. 16)[721] (*Abschnitt 2 der VO – dritte Sequenz*)
5. **Ad-hoc-Publizität als (*emittentenbezogenes*) Präventionsmittel zu Insiderhandel** mit Klärung der Aufdeckungspflichten, -verfahren und -ausnahmen (Art. 17)[722] (***Abschnitt 3 der VO** – erste Sequenz*)
6. **Insiderlisten und Directors' Dealing als (*insiderbezogenes*) Präventionsmittel zu Insiderhandel** mit Registrierungspflicht und Meldeflicht für alle Einzelgeschäfte (Art. 18, 19)[723] (*Abschnitt 3 der VO – zweite Sequenz*)
7. **Transparenzpflichten insbesondere für (öffentliche) Anlageempfehlungen und Medien** (Art. 20, 21)[724] (*Abschnitt 3 der VO – dritte Sequenz*)

268 Der Zusammenhang mit der **Durchführungsgesetzgebung** ergibt sich – ebenso wie der Ort der Kommentierung – für die im Folgenden schwerpunktmäßig kommentierten, **materiellrechtlich ausgerichteten Abschnitte 1–3** aus folgender Übersicht:

Artikel / Erwägungsgründe	Gegenstand	Abschnitt	Durchführungsgesetzgebung
Art. 1–3 Art. 4–6 (Erw.g. 8/10 und 9–13)	**Allgemeines** – Gegenstand, Anwendungsbereich, Begriffsbestimmungen – Meldepflichten der Marktbetreiber für erfasste Finanzinstrumente & Ausnahmen vom Anwendungsbereich (u.a. bei Kursstabilisierungen)	Abschn. 1 → **Rn 269–329**	– DelegierteVO (EU) 2016/522 vom 17.12.2015, ABl.EU Nr L 88/1; – DelegierteVO (EU) 2016/909 vom 1.3.2016, ABl.EU Nr L 153/13; – DelegierteVO (EU) 2016/1052 vom 8.3.2016, ABl.EU Nr L 173/34; – DurchführungsVO (EU) 2016/378 vom 11.3.2016, ABl.EU Nr L 72/1

[714] Erwägungsgründe 8 und 10.
[715] Erwägungsgründe 9–13.
[716] Erwägungsgründe 14–31.
[717] Erwägungsgründe 32–36.
[718] Erwägungsgründe 23–25, 54 sowie – mittelbar – die in Fn 717 Genannten.
[719] Erwägungsgründe 37–44.
[720] Erwägungsgründe 46–48 sowie – mittelbar – die in der vorigen Fn Genannten
[721] Erwägungsgrund 45.
[722] Erwägungsgründe 49–55.
[723] Erwägungsgründe 56–61.
[724] Erwägungsgrund 63.

Artikel / Erwägungs-gründe	Gegenstand	Abschnitt	Durchführungsgesetzgebung
Art. 7–9 Art. 10, 11 Art. 14 (Erw.g. 14–31 und 32–36 und 23–25, 54)	**Insiderhandels- und -weitergabeverbote** – Definition von Insider-informationen und -handlungen, auch legitimen – Offenlegungsverbote, insbes. bei Markt-sondierung – Verbot	Abschn. 2 (*erste Sequenz*) → **Rn 330–430**	– DurchführungsVO (EU) 2016/959 vom 17.5.2016, ABl.EU Nr L 160/23; – DelegierteVO (EU) 2016/960 vom 17.5.2016, ABl.EU Nr L 160/29
Art. 12, 13, Anh I Art. 15 (Erw.g. 37–44 und 46–48)	**Marktmanipulations-verbote** – Definition von Marktmanipulation, Beispielsfälle und Bedeutung von Markt-praktiken – Verbot	Abschn. 2 (*zweite Sequenz*) → **Rn 431–481**	– DelegierteVO (EU) 2016/522 vom 17.12.2015, ABl.EU Nr L 88/1; – DelegierteVO (EU) 2016/908 vom 26.2.2016, ABl.EU Nr. L 153/3
Art. 16 (Erw.g. 45)	**Prävention von Insider-handel & Markt-manipulation durch *Marktbetreiber*** – Spezifische Organisati-onsregeln in Ergänzung von MiFID II	Abschn. 2 (*dritte Sequenz*) → **Rn 482–485**	DelegierteVO (EU) 2016/957 vom 9.3.2016, ABl.EU Nr L 160/1
Art. 17 (Erw.g. 49–55)	**Ad-hoc-Publizität als *emittentenbezogene* Prävention von Insider-handel** – Aufdeckungspflichten von Insiderinformatio-nen, Aufdeckungsver-fahren und -ausnahmen	Abschn. 3 (*erste Sequenz*) → **Rn 486–527**	– DelegierteVO (EU) 2016/522 vom 17.12.2015, ABl.EU Nr L 88/1; – DurchführungsVO (EU) 2016/1055 vom 29.6.2016, ABl.EU Nr L 173/47
Art. 18, 19 (Erw.g. 56–61)	**Prävention *insider-bezogen* durch Insider-listen & Directors' Dealing** – mit Registrierungs-pflicht & Meldeflicht für alle Einzelgeschäfte	Abschn. 3 (*zweite Sequenz*) → **Rn 528–538**	– DurchführungsVO (EU) 2016/347 vom 10.3.2016, ABl.EU Nr L 65/49 sowie – DurchführungsVO (EU) 2016/523 vom 10.3.2016, ABl.EU Nr L 88/19; – DelegierteVO (EU) 2016/522 vom 17.12.2015, ABl.EU Nr L 88/1
Art. 20, 21 Erw.g. 63)	**Spezifische Transparenz-pflichten für (öffentliche) Anlageempfehlungen und Medien**	Abschn. 3 (*dritte Sequenz*) → **Rn 539–544**	DelegierteVO (EU) 2016/522 vom 17.12.2015, ABl.EU Nr L 88/1

B. Allgemeines: Gegenstand, Anwendungsbereich, Begriffe, Registrierung zugelassener Anlageinstrumente (Art. 1–6 MAR)

Übersicht

Rn

I. **Art. 1 MAR: Gegenstand und Ziele** 269
1. Gegenstand 270
2. Ziele – mit Verweis 272

II. **Art. 2, 3 MAR: Anwendungsbereich und Begriffsbestimmungen** 273
1. Sachlicher Anwendungsbereich: Finanzinstrumente und Märkte (Art. 2 Abs. 1 1. UAbs. iVm Art. 3 Abs. Nr. 1 und 6–8 MAR) 274
a) Überblick und Systematik 274
b) Finanzinstrumente (Art. 2 Abs. 1 1. UAbs. iVm Art. 3 Abs. 1 Nr. 1 MAR) 276
c) Marktbezug (Art. 2 Abs. 1 1. UAbs. iVm Art. 3 Abs. 1 Nr. 6–8 MAR) 287
2. Erweiterter sachlicher Anwendungsbereich: Emissionszertifikate, Waren-Spot-Kontrakte/Derivate und Referenzwertbeeinflussung (Art. 2 Abs. 1 2. UAbs. und Abs. 2 iVm Art. 3 Nr. 15, 19 MAR) 291
a) (Weitere) Emissionszertifikate (Art. 2 Abs. 1 2. UAbs. iVm Art. 3 Nr. 19 MAR) 291
b) Erstreckung der Marktmanipulationsverbote auf (weitere) Waren-Spot-Kontrakte/Derivate und Referenzwertbeeinflussung (Art. 2 Abs. 2 iVm Art. 3 Abs. 1 Nr. 15, 22, 29 MAR) 293
3. Räumlicher Anwendungsbereich und Irrelevanz des konkreten Handelsortes (Art. 2 Abs. 3 und 4 MAR) 296
a) Irrelevanz des konkreten Handelsortes (Abs. 3) 297
b) Räumlicher Anwendungsbereich (Abs. 4) 298
4. Sonstige Begriffsbestimmungen (Art. 3 Abs. 1 MAR) 303

Rn

a) Überblick und Verweise 303
b) Institute und Marktteilnehmer/Marktbetreiber (Nr. 2–5) 306
c) Zulässige Marktpraktiken und Rückkaufprogramme (Nr. 9, 17) . . 308
d) Sonstige Marktdefinitionen (Nr. 10 f.) 309
e) Sonstige Personen, insbes. Emittenten und Market-Maker (Nr. 13, 21, 25 f., 28, 30, 32) 310
f) Besondere Handlungsformen: Algorithmischer Handel, Hochfrequenzhandel, Beteiligungsaufbau, Empfehlungen (Nr. 18, 31, 33–35) 313

III. **Art. 4 MAR: Meldung/Register der zugelassenen Anlageinstrumente** 315

IV. **Art. 5 MAR: Ausnahmen für Rückkauf- und Stabilisierungsmaßnahmen** 318
1. Überblick und Struktur 319
2. Ausgenommene Rückkaufprogramme (Art. 5 Abs. 1–3 iVm Art. 3 Abs. 2 MAR) 320
a) Sachlicher Anwendungsbereich (Art. 5 Abs. 1 iVm Art. 3 Abs. 2 MAR) 320
b) Inhaltliche Anforderungen (Art. 5 Abs. 1–3 MAR) 322
3. Ausgenommene Stabilisierungsmaßnahmen (Art. 5 Abs. 4 und 5 iVm Art. 3 Abs. 2 MAR) 324
a) Sachlicher Anwendungsbereich (Art. 5 Abs. 4 iVm Art. 3 Abs. 2 MAR) 325
b) Inhaltliche Anforderungen (Art. 5 Abs. 4 und 5 MAR) 326

V. **Art. 6 MAR: Ausnahmen für wirtschafts- und umweltpolitische Maßnahmen** 328

I. Art. 1 MAR: Gegenstand und Ziele 269

Kapitel 1
Allgemeine Bestimmungen

Artikel 1
Gegenstand

Mit dieser Verordnung wird ein gemeinsamer Rechtsrahmen für Insidergeschäfte, die unrechtmäßige Offenlegung von Insiderinformationen und Marktmanipulation (Marktmissbrauch) sowie für Maßnahmen zur Verhinderung von Marktmissbrauch geschaffen, um die Integrität der Finanzmärkte in der Union sicherzustellen und den Anlegerschutz und das Vertrauen der Anleger in diese Märkte zu stärken.

1. Gegenstand. Art. 1 regelt zwar nach seiner amtlichen Überschrift (allein) den Gegenstand der Verordnung, erschöpft sich insoweit jedoch in einer **Aufzählung der Materien** (auch nur die Hauptregelungsbereiche): der Insiderhandelsverbote (Art. 7–9 und 14 MAR, „Insidergeschäfte"), der Insiderweitergabeverbote (Art. 10, 11 und 14 MAR, „unrechtmäßige Offenlegung") – alle im Verbund erörtert unten C. –, der Marktmanipulationsverbote (Art. 12, 13 und 15 MAR) – kommentiert unten D. – beide zusammengefasst unter dem Begriff des „Marktmissbrauchs",[725] sowie der „Maßnahmen zur Verhinderung von Marktmissbrauch". Letztere Umschreibung bezieht sich direkt auf diejenigen (Präventiv-)Maßnahmen und -Regeln, die eine Befolgung der genannten Primärverbote (Insiderhandels- und -weitergabe sowie Marktmanipulationsverbote) befördern sollen (Art. 16–19 MAR): der Pflicht von Marktbetreibern, Verdachtsfälle von Verstößen gegen alle genannten Verbote aufzuzeichnen und zu melden (Art. 16 MAR, kommentiert unten D. IV.); der Pflicht von Emittenten, die Insiderinformation zu veröffentlichen, um so möglichen Verstößen gegen die Insiderverbote die Grundlage zu entziehen (Art. 17 MAR, kommentiert unten E.); sowie der (insiderbezogenen) Pflicht (von Emittenten und Insidern), Primärinsider als die wichtigsten Träger der Insiderinformationen zu registrieren sowie auch jedes Einzelgeschäft, das diese tätigen – unabhängig davon, ob Insiderinformationen vorlagen (Art. 18, 19 MAR, überblicksweise kommentiert unten F.) – wiederum mit dem Ziel, möglichen Verstößen gegen die Insiderverbote entgegenzuwirken, indem die Aufdeckungswahrscheinlichkeit sichtbar erhöht und damit Primärinsider von Verstößen abgeschreckt werden. Der Sammelbegriff „Verhinderungsmaßnahmen" kann freilich auch auf die daran anschließenden Regeln zur Aufsicht, vor allem auch die Aufsichts- und Durchsetzungsbefugnisse, verstanden werden (dazu Überblick unten G.) – obwohl dann der Verweis unvollständig wäre, weil zu diesen Verhinderungsmaßnahmen im weiteren Sinne auch die Strafbewehrung zählen müsste, die freilich nicht die MAR, sondern die MAD II (CrimMAD) regelt. 270

Wenn für die aufgezählten (und auch die nicht explizit genannten) Materien ein **„gemeinsamer Rechtsrahmen"** geschaffen werden soll, so ist das zu beziehen auf dreierlei: Der Rechtsakt wirkt – als EU-Verordnung – jetzt unmittelbar im und mit Vorrang vor innerstaatlichem Recht in allen Bereichen (öffentliches, vor allem Aufsichtsrecht und Zivilrecht, Justiz und Verwaltung, grds. auch Strafrecht). Es handelt sich um einen „gemeinsamen 271

[725] Zu dieser Begriffsbildung, die vor allem auf die EG-Marktmissbrauchs-Richtlinie 2003 (oben Fn 703) zurückgeht, vgl. etwa *Ferrarini* The European Market Abuse Directive, CMLR 41 (2004), 711 (711–713); BankRHdb/*Seiler*/*Geier* Vor § 104 Rn 89; Grabitz/Hilf/*Ress*/*Ukrow* Art. 63 AEUV Rn 419–424.

Rahmen" auch deswegen, weil die Lamfalussy-Architektur der Ausführungsgesetzgebung Anwendung findet (oben Teil 5 Rn 138 und oben Rn 268). Schließlich kann der Begriff eines „gemeinsamen Rechtsrahmens" auch als treffende Umschreibung des Charakteristikums des Europäischen Finanzrechts, vor allem auch des Kapitalmarktrechts verstanden werden, dass Regulierung (mit Aufsicht und Durchsetzung) und reguliertes Straf- und Privatrecht, die Primäranforderungen an das Verhalten von Kapitalmarktteilnehmern, vor allem Banken, im Verbund geregelt werden.

272 **2. Ziele – mit Verweis.** Wichtiger jedoch als die Beschreibung des Gegenstandes ist – ohne in der Überschrift erwähnt zu werden – diejenige der Ziele im zweiten Satzteil. Diese wurden oben überblicksweise angesprochen (Rn 258) und werden für jedes Ver- oder Gebot nochmals spezifischer in den Blick genommen. Zu Art. 1 MAR ist nur zweierlei zu präzisieren: Die Aufzählung ist unvollständig oder jedenfalls missverständlich eng. Denn es wird allein auf zwei Ziele abgehoben – den **Anlegerschutz (einschließlich Anlegervertrauen)** und das Interesse an der **Integrität der Finanzmärkte** (näher zu beiden Zielen oben Rn 258 und etwa unten Rn 295–297, 337 ff., 434 ff. et passim). Dabei sind **weitere geschützte Interessen** zumindest nicht explizit, namentlich der Schutz auch derjenigen, die Marktfunktionen professionell unterstützen (etwa Market Makers), oder der Emittenten, die jedoch potentiell durchaus Schutzadressaten etwa der Insiderverbote sind (unten Rn 338). Zudem ist Art. 1 MAR im Zusammenspiel mit den Erwägungsgründen zu sehen. Namentlich das Interesse an der Integrität der Finanzmärkte wird dahingehend spezifiziert, dass Insiderhandel und Marktmanipulation, also alle von den Primärverboten erfassten Handlungen, „vollständige und ordnungsgemäße Markttransparenz" verhindern, die nötig sind, damit „alle Wirtschaftsakteure an integrierten Finanzmärkten teilnehmen können" (Erw.grund 7 S. 2). Vor allem die **Intransparenz der inkriminierten Handlungen** wird damit hervorgehoben,[726] was gerade für das Marktmanipulationsverbot und seine Systematisierung von besonderer Bedeutung ist.

273 II. Art. 2, 3 MAR: Anwendungsbereich und Begriffsbestimmungen

Artikel 2
Anwendungsbereich

(1) Diese Verordnung gilt für

a) Finanzinstrumente, die zum Handel auf einem geregelten Markt zugelassen sind oder für die ein Antrag auf Zulassung zum Handel auf einem geregelten Markt gestellt wurde;

b) Finanzinstrumente, die in einem multilateralen Handelssystem gehandelt werden, zum Handel in einem multilateralen Handelssystem zugelassen sind oder für die ein Antrag auf Zulassung zum Handel in einem multilateralen Handelssystem gestellt wurde;

c) Finanzinstrumente, die in einem organisierten Handelssystem gehandelt werden;

d) Finanzinstrumente, die nicht unter die Buchstaben a, b oder c fallen, deren Kurs oder Wert jedoch von dem Kurs oder Wert eines unter diesen Buchstaben genann-

[726] Zur Erhöhung von Transparenz als Kernrechtfertigung für ein Verbot von Insiderhandel (und Weitergabe ohne Veröffentlichung) sowie für ein Verbot von Marktmanipulation vgl. KölnKomm WpHG/*Klöhn* Vor §§ 12–14 Rn 16, 25–44 (Insiderhandel); KölnKomm WpHG/*Mock* § 20a Rn 17–19.

ten Finanzinstruments abhängt oder sich darauf auswirkt; sie umfassen Kreditausfall-Swaps oder Differenzkontrakte, sind jedoch nicht darauf beschränkt.

Diese Verordnung gilt außerdem für Handlungen und Geschäfte, darunter Gebote, bezüglich Versteigerungen von Treibhausgasemissionszertifikaten und anderen darauf beruhenden Auktionsobjekten auf einer als geregelten Markt zugelassenen Versteigerungsplattform gemäß der Verordnung (EU) Nr. 1031/2010, selbst wenn die versteigerten Produkte keine Finanzinstrumente sind. Sämtliche Vorschriften und Verbote dieser Verordnung in Bezug auf Handelsaufträge gelten unbeschadet etwaiger besonderer Bestimmungen zu den im Rahmen einer Versteigerung abgegebenen Geboten für diese Gebote.

(2) Die Artikel 12 und 15 gelten auch für

a) Waren-Spot-Kontrakte, die keine Energiegroßhandelsprodukte sind, bei denen die Transaktion, der Auftrag oder die Handlung eine Auswirkung auf den Kurs oder den Wert eines Finanzinstruments gemäß Absatz 1 hat;

b) Arten von Finanzinstrumenten, darunter Derivatekontrakte und derivative Finanzinstrumente für die Übertragung von Kreditrisiken, bei denen das Geschäft, der Auftrag, das Gebot oder das Verhalten eine Auswirkung auf den Kurs oder Wert eines Waren-Spot-Kontrakts hat oder voraussichtlich haben wird, dessen Kurs oder Wert vom Kurs oder Wert dieser Finanzinstrumente abhängen, und

c) Handlungen in Bezug auf Referenzwerte.

(3) Diese Verordnung gilt für alle Geschäfte, Aufträge und Handlungen, die eines der in den Absätzen 1 und 2 genannten Finanzinstrumente betreffen, unabhängig davon, ob ein solches Geschäft, ein solcher Auftrag oder eine solche Handlung auf einem Handelsplatz getätigt wurden.

(4) Die Verbote und Anforderungen dieser Verordnung gelten für Handlungen und Unterlassungen in der Union und in Drittländern in Bezug auf die in den Absätzen 1 und 2 genannten Instrumente.

Artikel 3
Begriffsbestimmungen

(1) Für die Zwecke dieser Verordnung gelten folgende Begriffsbestimmungen:

11. „Finanzinstrument" bezeichnet ein Finanzinstrument im Sinne von Artikel 4 Absatz 1 Nummer 15 der Richtlinie 2014/65/EU;
12. „Wertpapierfirma" bezeichnet eine Wertpapierfirma im Sinne von Artikel 4 Absatz 1 Nummer 1 der Richtlinie 2014/65/EU;
13. „Kreditinstitut" bezeichnet ein Kreditinstitut oder im Sinne des Artikels 4 Absatz 1 Nummer 1 der Verordnung (EU) Nr. 575/2013 des Europäischen Parlaments und des Rates[727];
14. „Finanzinstitut" bezeichnet ein Finanzinstitut im Sinne von Artikel 4 Absatz 1 Nummer 26 der Verordnung (EU) Nr. 575/2013;
15. „Marktteilnehmer" bezeichnet einen Marktteilnehmer im Sinne von Artikel 4 Absatz 1 Nummer 18 der Richtlinie 2014/65/EU;

[727] Verordnung (EU) Nr. 575/2013 des Europäischen Parlaments und des Rates vom 26. Juni 2013 über Aufsichtsanforderungen an Kreditinstitute und Wertpapierfirmen und zur Änderung der Verordnung (EU) Nr. 648/2012 (ABl. L 176 vom 27.6.2013, S. 1).

16. „geregelter Markt" bezeichnet einen geregelten Markt im Sinne von Artikel 4 Absatz 1 Nummer 21 der Richtlinie 2014/65/EU;
17. „multilaterales Handelssystem" bezeichnet ein multilaterales System in der Union im Sinne von Artikel 4 Absatz 1 Nummer 22 der Richtlinie 2014/65/EU;
18. „organisiertes Handelssystem" bezeichnet ein System oder eine Fazilität in der Union im Sinne von Artikel 4 Absatz 1 Nummer 23 der Richtlinie 2014/65/EU;
19. „zulässige Marktpraxis" bezeichnet eine bestimmte Marktpraxis, die von einer zuständigen Behörde gemäß Artikel 13 anerkannt wurde;
10. „Handelsplatz" bezeichnet einen Handelsplatz im Sinne von Artikel 4 Absatz 1 Nummer 24 der Verordnung Richtlinie 2014/65/EU;
11. „KMU-Wachstumsmarkt" bezeichnet einen KMU-Wachstumsmarkt im Sinne von Artikel 4 Absatz 1 Nummer 12 der Richtlinie 2014/65/EU;
12. „zuständige Behörde" bezeichnet eine gemäß Artikel 22 benannte zuständige Behörde, sofern nicht in dieser Verordnung etwas anderes bestimmt ist;
13. „Person" bezeichnet eine natürliche oder juristische Person;
14. „Ware" bezeichnet eine Ware im Sinne von Artikel 2 Nummer 1 der Verordnung (EG) Nr. 1287/2006 der Kommission[728];
15. „Waren-Spot-Kontrakt" bezeichnet einen Kontrakt über die Lieferung einer an einem Spotmarkt gehandelten Ware, die bei Abwicklung des Geschäfts unverzüglich geliefert wird, sowie einen Kontrakt über die Lieferung einer Ware, die kein Finanzinstrument ist, einschließlich physisch abzuwickelnde Terminkontrakte;
16. „Spotmarkt" bezeichnet einen Warenmarkt, an dem Waren gegen bar verkauft und bei Abwicklung des Geschäfts unverzüglich geliefert werden, und andere Märkte, die keine Finanzmärkte sind, beispielsweise Warenterminmärkte;
17. „Rückkaufprogramm" bezeichnet den Handel mit eigenen Aktien gemäß den Artikeln 21 bis 27 der Richtlinie 2012/30/EU des Europäischen Parlaments und des Rates[729];
18. „algorithmischer Handel" bezeichnet den algorithmischen Handel mit im Sinne von Artikel 4 Absatz 1 Nummer 39 der Richtlinie 2014/65/EU;
19. „Emissionszertifikat" bezeichnet ein Emissionszertifikat im Sinne von Anhang I Abschnitt C Nummer 11 der Richtlinie 2014/65/EU;
20. „Teilnehmer am Markt für Emissionszertifikate" bezeichnet eine Person, die Geschäfte einschließlich der Erteilung von Handelsaufträgen, mit Emissionszertifikaten und anderen darauf beruhenden Auktionsobjekten oder Derivaten betreibt, und die nicht unter die Ausnahme von Artikel 17 Absatz 2 Unterabsatz 2 fällt;
21. „Emittent" bezeichnet eine juristische Person des privaten oder öffentlichen Rechts, die Finanzinstrumente emittiert oder deren Emission vorschlägt, wobei der

728 Verordnung (EG) Nr. 1287/2006 der Kommission vom 10. August 2006 zur Durchführung der Richtlinie 2004/39/EG des Europäischen Parlaments und des Rates betreffend die Aufzeichnungspflichten für Wertpapierfirmen, die Meldung von Geschäften, die Markttransparenz, die Zulassung von Finanzinstrumenten zum Handel und bestimmte Begriffe im Sinne dieser Richtlinie (ABl. L 241 vom 2.9.2006, S. 1).

729 Richtlinie 2012/30/EU des Europäischen Parlaments und des Rates vom 25. Oktober 2012 zur Koordinierung der Schutzbestimmungen, die in den Mitgliedstaaten den Gesellschaften im Sinne des Artikels 54 Absatz 2 des Vertrags über die Arbeitsweise der Europäischen Union im Interesse der Gesellschafter sowie Dritter für die Gründung der Aktiengesellschaft sowie für die Erhaltung und Änderung ihres Kapitals vorgeschrieben sind, um diese Bestimmungen gleichwertig zu gestalten (ABl. L 315 vom 14.11.2012, S. 74).

Emittent im Fall von Hinterlegungsscheinen, die Finanzinstrumente repräsentieren, der Emittent des repräsentierten Finanzinstruments ist;

22. „Energiegroßhandelsprodukt" bezeichnet ein Energiegroßhandelsprodukt im Sinne von Artikel 2 Nummer 4 der Verordnung (EU) Nr. 1227/2011;
23. „nationale Regulierungsbehörde" bezeichnet eine nationale Regulierungsbehörde im Sinne von Artikel 2 Nummer 10 der Verordnung (EU) Nr. 1227/2011;
24. „Warenderivate" bezeichnet Warenderivate im Sinne von Artikel 2 Absatz 1 Nummer 30 der Verordnung (EU) Nr. 600/2014 des Europäischen Parlaments und des Rates[730];
25. eine „Person, die Führungsaufgaben wahrnimmt", bezeichnet eine Person innerhalb eines Emittenten, eines Teilnehmers am Markt für Emissionszertifikate oder eines anderen in Artikel 19 Absatz 10 genannten Unternehmens,
    a) die einem Verwaltungs-, Leitungs- oder Aufsichtsorgan dieses Unternehmens angehört oder
    b) die als höhere Führungskraft zwar keinem der unter Buchstabe a genannten Organe angehört, aber regelmäßig Zugang zu Insiderinformationen mit direktem oder indirektem Bezug zu diesem Unternehmen hat und befugt ist, unternehmerische Entscheidungen über zukünftige Entwicklungen und Geschäftsperspektiven dieses Unternehmens zu treffen;
26. „eng verbundene Person" bezeichnet
    a) den Ehepartner oder einen Partner dieser Person, der nach nationalem Recht einem Ehepartner gleichgestellt ist;
    b) ein unterhaltsberechtigtes Kind entsprechend dem nationalen Recht;
    c) einen Verwandten, der zum Zeitpunkt der Tätigung des betreffenden Geschäfts seit mindestens einem Jahr demselben Haushalt angehört oder
    d) eine juristische Person, Treuhand oder Personengesellschaft, deren Führungsaufgaben durch eine Person, die Führungsaufgaben wahrnimmt, oder eine in den Buchstaben a, b oder c genannte Person wahrgenommen werden, die direkt oder indirekt von einer solchen Person kontrolliert wird, die zugunsten einer solchen Person gegründet wurde oder deren wirtschaftliche Interessen weitgehend denen einer solchen Person entsprechen;
27. „Datenverkehrsaufzeichnungen" bezeichnet die Aufzeichnungen von Verkehrsdaten im Sinne von Artikel 2 Buchstabe b Unterabsatz 2 der Richtlinie 2002/58/EG des Europäischen Parlaments und des Rates[731];
28. „Person, die gewerbsmäßig Geschäfte vermittelt oder ausführt" bezeichnet eine Person, die gewerbsmäßig mit der Entgegennahme und Übermittlung von Aufträgen oder der Ausführung von Geschäften mit Finanzinstrumenten befasst ist;
29. „Referenzwert" bezeichnet einen Kurs, Index oder Wert, der der Öffentlichkeit zugänglich gemacht oder veröffentlicht wird und periodisch oder regelmäßig durch die Anwendung einer Formel auf den Wert eines oder mehrerer Basiswerte oder -preise, einschließlich geschätzter Preise, tatsächlicher oder geschätzter Zinssätze

[730] Verordnung (EU) Nr. 600/2014 des Europäischen Parlaments und des Rates vom 15. Mai 2014 über Märkte für Finanzinstrumente und zur Änderung der Verordnung (EU) Nr. 648/2012 (siehe Seite 84 dieses Amtsblatts).

[731] Richtlinie 2002/58/EG des Europäischen Parlaments und des Rates vom 12. Juli 2002 über die Verarbeitung personenbezogener Daten und den Schutz der Privatsphäre in der elektronischen Kommunikation (Datenschutzrichtlinie für elektronische Kommunikation) (ABl. L 201 vom 31.7.2002, S. 37).

oder sonstiger Werte, oder auf Erhebungsdaten ermittelt bzw. auf der Grundlage dieser Werte bestimmt wird und auf den bei der Festsetzung des für ein Finanzinstrument zu entrichtenden Betrags oder des Wertes eines Finanzinstruments Bezug genommen wird;

30. „Market-Maker" bezeichnet einen Market-Maker im Sinne von Artikel 4 Absatz 1 Nummer 7 der Richtlinie 2014/65/EU;
31. „Beteiligungsaufbau" bezeichnet den Erwerb von Anteilen an einem Unternehmen, durch den keine rechtliche oder regulatorische Verpflichtung entsteht, in Bezug auf das Unternehmen ein öffentliches Übernahmeangebot abzugeben;
32. „offenlegender Marktteilnehmer" bezeichnet eine natürliche oder juristische Person, die zu einer der Kategorien gemäß Artikel 11 Absatz 1 Buchstaben a bis d sowie Artikel 11 Absatz 2 gehört und im Zuge einer Marktsondierung Informationen offenlegt;
33. „Hochfrequenzhandel" bezeichnet die Methode des algorithmischen Hochfrequenzhandels im Sinne des Artikels 4 Absatz 1 Nummer 40 der Richtlinie 2014/65/EU;
34. „Empfehlung oder Vorschlag einer Anlagestrategie" bezeichnet
    i) eine von einem unabhängigen Analysten, einer Wertpapierfirma, einem Kreditinstitut oder einer sonstigen Person, deren Haupttätigkeit in der Erstellung von Anlageempfehlungen besteht, oder einer bei den genannten Einrichtungen im Rahmen eines Arbeitsvertrags oder anderweitig tätigen natürlichen Person erstellte Information, die direkt oder indirekt einen bestimmten Anlagevorschlag zu einem Finanzinstrument oder einem Emittenten darstellt;
    ii) eine von anderen als den in Ziffer i genannten Personen erstellte Information, die direkt eine bestimmte Anlageentscheidung zu einem Finanzinstrument vorschlägt;
35. „Anlageempfehlungen" bezeichnet Informationen mit expliziten oder impliziten Empfehlungen oder Vorschlägen zu Anlagestrategien in Bezug auf ein oder mehrere Finanzinstrumente oder Emittenten, die für Verbreitungskanäle oder die Öffentlichkeit vorgesehen sind, einschließlich einer Beurteilung des aktuellen oder künftigen Wertes oder Kurses solcher Instrumente.

(2) Für die Anwendung des Artikels 5 gelten folgende Begriffsbestimmungen

a) „Wertpapiere" bezeichnet:
   i) Aktien und andere Wertpapiere, die Aktien entsprechen;
   ii) Schuldverschreibungen und sonstige verbriefte Schuldtitel oder
   iii) verbriefte Schuldtitel, die in Aktien oder andere Wertpapiere, die Aktien entsprechen, umgewandelt bzw. gegen diese eingetauscht werden können.
b) „verbundene Instrumente" bezeichnet die nachstehend genannten Finanzinstrumente, selbst wenn sie nicht zum Handel auf einem Handelsplatz zugelassen sind, gehandelt werden oder für sie kein Antrag auf Zulassung zum Handel auf einem solchen Handelsplatz gestellt wurde:
   i) Verträge über bzw. Rechte auf Zeichnung, Kauf oder Verkauf von Wertpapieren,
   ii) Finanzderivate auf Wertpapiere,
   iii) bei wandel- oder austauschbaren Schuldtiteln die Wertpapiere, in die diese wandel- oder austauschbaren Titel umgewandelt bzw. gegen die sie eingetauscht werden können,
   iv) Instrumente, die vom Emittenten oder Garantiegeber der Wertpapiere ausgegeben werden bzw. besichert sind und deren Marktkurs den Kurs der Wertpapiere erheblich beeinflussen könnte oder umgekehrt,

v) in Fällen, in denen die Wertpapiere Aktien entsprechen, die von diesen vertretenen Aktien bzw. die von diesen vertretenen anderen Wertpapiere, die Aktien entsprechen;

c) „signifikantes Zeichnungsangebot" bezeichnet eine Erst- oder Zweitplatzierung von Wertpapieren, die sich sowohl hinsichtlich des Werts der angebotenen Wertpapiere als auch hinsichtlich der Verkaufsmethoden vom üblichen Handel unterscheidet;

d) „Kursstabilisierung" ist jeder Kauf bzw. jedes Angebot zum Kauf von Wertpapieren oder eine Transaktion mit vergleichbaren verbundenen Instrumenten, die ein Kreditinstitut oder eine Wertpapierfirma im Rahmen eines signifikanten Zeichnungsangebots für diese Wertpapiere mit dem alleinigen Ziel tätigen, den Marktkurs dieser Wertpapiere für einen im Voraus bestimmten Zeitraum zu stützen, wenn auf diese Wertpapiere Verkaufsdruck besteht.

1. Sachlicher Anwendungsbereich: Finanzinstrumente und Märkte (Art. 2 Abs. 1 1. UAbs. iVm Art. 3 Abs. 1 Nr. 1 und 6–8 MAR).

a) **Überblick und Systematik.** Zwei **Hauptelemente** umreißen den sachlichen Anwen- **274**
dungsbereich der Regulierung des Marktverhaltensrechts durch die MAR, jedenfalls **in der Ausgangsnorm in Art. 2 Abs. 1 1. UAbs. MAR.** Erfasst sind einerseits – wie im Europäischen Kapitalmarktrecht allgemeiner –[732] nur **Anlagen in Finanzinstrumenten** (Art. 2 Abs. 1 Nr. a) bis d) iVm Art. 3 Abs. 1 Nr. 1 MAR) (**dazu unten b)**). Notwendig ist außerdem der Bezug dieser Finanzinstrumente (Zulassung oder Handel) zu einem bestimmten – heute nicht mehr sehr eng eingegrenzten – **Marktsegment** (Art. 2 Abs. 1 Nr. a) bis c) iVm Art. 3 Abs. 1 Nr. 6–8 MAR) (**dazu unten c)**). Beim Marktsegment muss es sich zumindest um ein „multilaterales" oder „organisiertes" Handelssystem (Sekundärmarktsegment) handeln. Schon in der Ausgangsnorm ist der Bezug zum Marktsegment (in Art. 2 Abs. 1 1. UAbs. lit. d) MAR) insofern gelockert, als die MAR insgesamt auch dann noch Anwendung findet, wenn bei Derivaten nur der Basiswert (das sog. underlying), von dem die Wertentwicklung des Derivats abhängt, diesen Marktsegmentbezug aufweist, nicht jedoch der darauf aufbauende derivative Kontrakt. Um ein Finanzinstrument muss es sich jedoch auch bei Letzterem handeln (vgl. Wortlaut von lit. d)). Insgesamt ist demnach zwar der Anwendungsbereich des (Europäischen) Marktverhaltensrechts über die letzten Jahrzehnte ausgeweitet worden – mehr Marktsegmente wurden einbezogen –, der allgemeine Anwendungsbereich beschränkt sich jedoch immer noch auf **frei zirkulationsfähige Instrumente auf organisierten Sekundärmärkten.**

Bei den weiteren **Erweiterungen (unten 2.)** werden für bestimmte, gegenstandsmäßig **275**
„speziellere" Instrumente jeweils entweder beim Charakter als „Finanzinstrument" oder bei den erfassten Marktsegmenten Abstriche gemacht. Dabei erschließt dann Art. 2 Abs. 1 2. UAbs. MAR (für die Treibhausemissionszertifikate) den gesamten Anwendungsbereich, Art. 2 Abs. 2 MAR (für [weitere] Waren-Spot-Kontrakte und Handlungen in Bezug auf Referenzwerte) hingegen nur die Marktmanipulationsverbote. Erheblich sind die zuletzt ge-

[732] Zur (inneren) Systematik dieses durchaus bereits eingegrenzten Bereichs oben 5. Teil Rn 86–88; und etwa *Moloney* EU Securities and Financial Markets Regulation, S. 714 ff.; Veil/*Veil* EuKapmR § 8 Rn 1–3: engerer Anwendungsbereich – nur Wertpapiere, unten aa) – bei EG-Prospekt- und EG-Transparenz-Richtlinie und weiterer Anwendungsbereich – Finanzinstrumente, unten aa) bis dd), d.h. freilich auch keineswegs alle Anlageformen – bei allen anderen Pflichten. Zum zweitgenannten „weiteren" Anwendungsbereich und seiner Systematisierung (auch in Abgrenzung nach außen, d.h. zu den gar nicht erfassten Anlageformen) hier im Folgenden für die MAR.

nannten Erweiterungen freilich nur, soweit es sich bei diesen Instrumenten nicht ohnehin bereits um Finanzinstrumente mit dem spezifizierten Marktbezug nach Art. 2 Abs. 1 1. UAbs. MAR handelt.

276 b) **Finanzinstrumente (Art. 2 Abs. 1 1. UAbs. iVm Art. 3 Abs. 1 Nr. 1 MAR).** Das Konzept „Finanzinstrument“[733] wurde ursprünglich im Anlegerschutzverbesserungsgesetz 2004 (§ 2 Abs. 2b WpHG) in Umsetzung der MAD I (dort Art. 1 Nr. 3) im deutschen Recht eingeführt (mit Umsetzung der MiFID I durch das FRUG dann umgestellt auf Verweis auf die MiFID I). Es umfasst „Wertpapiere“ im kapitalmarktrechtlichen Sinne, geht jedoch über dieses Konzept nochmals hinaus. Schon 2004 entsprachen sich die Begrifflichkeiten, die nunmehr auch in Art. 4 Abs. 1 Nr. 15 iVm Anh I Abschnitt C MiFID II und – durch Verweis auf deren Gehalte – in Art. 3 Nr. 1 MAR übernommen wurden. Namentlich die ersten drei Kategorien sind im WpHG (a.F.), in der MAD I (dann MiFID I) und in der MAR (mit MiFID II) weitestgehend wörtlich, jedenfalls jedoch inhaltlich identisch umschrieben. Erst bei den Derivaten und einigen spezifischen Instrumenten brachte MAR punktuell Neuerungen (näher unten dd)). Im Einzelnen handelt es sich um folgende fünf Kategorien:

277 aa) **Die erste Kategorie – die Grundkategorie – wird in MiFID II (Verweis Art. 3 Nr. 1 MAR) zusammengefasst als „übertragbare Wertpapiere“ und umfasst Aktien, Schuldtitel und vergleichbare Wertpapiere (Anh I Abschnitt C Nr. (1) iVm Art. 4 Abs. 1 Nr. 44 lit. a) und b) MiFID II).** Da diese Kategorie den Anwendungsbereich aller zentralen Rechtsakte des Kernkapitalmarktrechts eröffnet, wurde sie bereits – gleichsam vor die Klammer gezogen, als „Allgemeiner Teil“ – erörtert (vgl. daher oben Teil 5 Rn 82–85).

278 bb) **Die zweite Kategorie umfasst die Geldmarktinstrumente (Art. 3 Nr. 1 MAR, in Verweis auf Art. 4 Nr. 15 iVm Anh. I C Nr. (2) iVm Art. 4 Abs. 1 Nr. 17 MiFID II).** Da allein die Zirkulationsfähigkeit den Leitgesichtspunkt bildet, wird die **Bandbreite möglicher Instrumente sehr groß:** Unerheblich ist insbesondere auch die Fristigkeit, auch (kurzfristige) Geldmarktinstrumente sind erfasst (erstmals Art. 1 Abs. 1 Nr. 5 WpDl-RL),[734] vor allem die sog. Euro-Notes mit den Certificates of Deposit („Einlagenzertifikaten“) bzw. den Commercial Papers (Erstere begeben von Kreditinstituten, Zweitere von sonstigen Emittenten).[735]

---

[733] Ausführlich *Haisch/Helios* Rechtshandbuch Finanzinstrumente, 2011; *Köhler* Die Zulässigkeit derivativer Finanzinstrumente in Unternehmen, Banken und Kommunen, 2012; *Lehmann* Finanzinstrumente, 2009; *Schaber* Handbuch strukturierte Finanzinstrumente, 2. Aufl. 2009; *Zerey* Finanzderivate Rechtshandbuch, 4. Aufl. 2016; *Brenncke* Der Zielmarkt eines Finanzinstruments nach der MiFID II, WM 2015, 1173; *Kuhn/Skirk* Die Prüfung von Finanzinstrumenten und Derivaten, WPg 2012, 1299; KölnKomm WpHG/*Roth* § 2 Rn 128–138.

[734] Geldmarktinstrumente müssen ebenfalls zirkulationsfähig sein; näher zu ihnen *Assmann*/Schneider § 2 WpHG Rn 35–37; KölnKomm WpHG/*Roth* § 2 Rn 70–72.

[735] Hierzu (und der üblichen Kombination mit Kreditzusage in den Note Issuance Facilities sowie auch zu den ebenfalls genannten Schatzanweisungen mit staatlichem Schuldner): *Ebenroth* FS Keller 1989, S. 391 (408–413); *Dempfle* Finanzinnovationen an den internationalen Geld- und Kapitalmärkten, 1988, S. 22–29; zur ganzen Bandbreite ausführlicher *Assmann*/Schneider § 2 Rn 35–37; *Binkowski/Beeck* Finanzinnovationen, 1995; *Brechmann* Strukturierte Produkte, 2000; *Eilenberger* (Hrsg.), Lexikon der Finanzinnovationen, 4. Aufl. 2014; *Goergen* Finanzinnovationen und Wertpapier-Design, 2000; *Hull* Options, futures and other derivatives, 9. Aufl. 2015; *Kniehase* Derivate auf eigene Aktien, 2005; *Kolb*

cc) **Die dritte Kategorie bilden Anteile an OGAW-Investmentfonds (Art. 3 Nr. 1 MAR, in Verweis auf Art. 4 Nr. 15 iVm Anh. I C Nr. (3) iVm Art. 4 Abs. 1 Nr. 28 MiFID II).** Dies sind (nur) diejenigen Kapitalanlagen, die nach dem Prinzip der Risikostreuung Anteile an einer Gesamtheit von Investitionsobjekten verbriefen (Investmentfonds im weiten Sinne), die zugleich die Voraussetzungen der sog. OGAW-Richtlinie erfüllen,[736] namentlich ein Rücknahmerecht gewähren (sog. offene Investmentfonds) und auch entsprechend reguliert sind.[737] Demgegenüber fallen hierunter nicht diejenigen (grds. riskanteren) Kapitalanlagen, die ebenfalls nach dem Prinzip der Risikostreuung Anteile an einer Gesamtheit von Investitionsobjekten verbriefen, jedoch **nicht** die strengeren Anforderungen der OGAW-Richtlinie erfüllen (**Alternative Investmentfonds**), sondern nur diejenigen der EU-AIF-Richtlinie[738] und für die regelmäßig keine organisierten Sekundärmärkte existieren.[739] Die Unterscheidung ist so allgemein anerkannt und scharf durchgeführt (vgl. etwa Art. 58 Abs. 4 lit. b) MiFID II), dass die Begrifflichkeit auch für die Bestimmung des Anwendungsbereichs als verbindlich zugrunde zu legen ist. Insbesondere die in Deutschland so wichtigen Publikums-Kommanditgesellschaften als Anlagevehikel sind nicht erfasst.[740] **279**

dd) In der **vierten Kategorie – der wohl variantenreichsten** – werden die **Derivate** erfasst (Art. 3 Nr. 1 MAR, in Verweis auf Art. 4 Nr. 15 iVm **Anh. I C Nr. (3) bis (10) MiFID II**). Die vierte Kategorie wird – anders als die anderen drei – im Anhang selbst näher ausdifferenziert (kein bloßer Verweis auf die Begriffsbestimmungen in Art. 4 Abs. 1 MiFID II). Alle Derivate – auch alle hier genannten – sind dadurch gekennzeichnet, dass der Wert des Derivats bestimmt wird durch den (Bezug zu einem) gewählten zugrundeliegenden Wert (Basiswert, „underlying"). Solche Preisabhängigkeit zeichnet vor allem die Geschäfte aus, die **für einen zukünftigen Termin** fest **abgeschlossen** werden (Fest- oder Termingeschäft, „future", womit jeweils die Kassageschäften ausgeschlossen sind, die innerhalb von zwei Tagen zu erfüllen sind)[741] oder für diesen Termin für eine Seite das Recht, nicht jedoch die **280**

Financial Derivatives, Cambridge 1996; *Möslein* (Hrsg.) Finanzinnovation; *ders.* ZBB 2013, 1; *Storck* Globale Drehscheibe Euromarkt, 3. Aufl. 2005, bes. 13–57; KölnKomm WpHG/*Roth* § 2 Rn 70; Kümpel/Wittig/*Oulds* Rn 14.54–14.57.

736 Richtlinie 2009/65/EU des Europäischen Parlaments und des Rates vom 13. Juli 2009 zur Koordinierung der Rechts- und Verwaltungsvorschriften betreffend bestimmte Organismen für gemeinsame Anlagen in Wertpapieren (OGAW) (Neufassung), ABl.EU 2009 L 302/32.

737 *Buck-Heeb* Kapitalmarktrecht Rn 933; Langenbucher/Bliesener/Spindler/*Jakovou* Kap. 39 Rn 16–18 und 205–207; *Schaffelhuber* in: Zerey (Hrsg.), Rechtshandbuch Finanzderivate, § 29 Rn 42–54.

738 Richtlinie 2011/61/EU des Europäischen Parlaments und des Rates vom 8. Juni 2011 über die Verwalter alternativer Investmentfonds und zur Änderung der Richtlinien 2003/41/EG und 2009/65/EG und der Verordnungen (EG) Nr. 1060/2009 und (EU) Nr. 1095/2010, ABl.EU 2011 L 174/1.

739 *Spindler/Tancredi* Die Richtlinie über Alternative Investmentfonds (AIFM-Richtlinie) Teil I, WM 2011, 1393 und Teil II, WM 2011, 1441; Langenbucher/Bliesener/Spindler/*Jakovou* Kap. 39 Rn 16–18, 210–217; *Schaffelhuber* in: Zerey (Hrsg.), Rechtshandbuch Finanzderivate, § 29 Rn 52.

740 *Geibel* Können eingetragenen Genossenschaften Investmentvermögen im Sinne des KAGB sein? WM 2015, 1649 (1651); *Geurts/Schubert* Folgen der Neudefinition geschlossener Fonds, WM 2014, 2154 (2155); *Niewerth/Rybarz* Änderungen der Rahmenbedingungen für Immobilienfonds – das AIFM-Umsetzungsgesetz und seine Folgen, WM 2013, 1154 (1155).

741 BankR-Hdb/*Seiler/Geier* Vor § 104 Rn 12–14; *Buck-Heeb* Kapitalmarktrecht Rn 83 f.; KölnKomm WpHG/*Heinrich* § 25a Rn 44; Langenbucher/Bliesener/Spindler/*Binder* Kap. 37 Rn 12, 22; *Schüwer* in: Zerey (Hrsg.), Rechtshandbuch Finanzderivate, § 1 Rn 4.

Pflicht (die Option) begründen, Durchführung eines bereits in den Konditionen vereinbarten Geschäfts zu fordern. Entscheidend ist daher die (i) **Art des Bezugs**, der (ii) **zugrunde liegende (Basis-)Wert** (oder Werte) sowie in den genannten MiFID II-Definitionen teils auch das (iii) **Marktsegment**, auf dem der ***Basiswert*** gehandelt wird. Letzteres ist, da MAR seine eigenen Regeln zum Marktsegment aufstellt (unten Rn yy-yy) im Zusammenspiel eher verwirrend, der Schwerpunkt liegt auf den ersten beiden Elementen (vgl. ab Rn 34). Klar ist jedoch: Heute kommt es für die Anwendung der MAR **bei allen *Derivaten* nicht darauf an, in welchem Marktsegment** sie gehandelt werden.[742]

281 Die Regelung in MAR und MiFID II baut auf der Entwicklung und erheblichen Erweiterung des Konzepts in den **früheren Rechtsetzungs- und Europäisierungsschritten auf:** § 2 Abs. 2 WpHG, der (trotz teilweiser Umgliederung) die Vorgaben der EG-Wertpapierdienstleistungs-Richtlinie, später Anh. I C Nr. 4–10 MiFID I inhaltlich identisch umsetzte, erfasste bereits seit 1995 alle **klassischen Derivate**, also Werte, die (möglicherweise auch nur mittelbar) von der Preisentwicklung eines Bezugswerts abhängig sind, wenn es sich bei dem **Bezugswert um Effekten („Wertpapiere") der genannten Art handelte (mit Geldmarktinstrumenten), um Zinssätze** oder sonstige Erträge, um Waren (Rohstoffe) oder Edelmetalle.[743] Hinzu kamen seit dem FRUG bzw. MiFID I allgemeine **wirtschaftliche Größen**, an denen handelbare Instrumente anknüpfen, insbesondere Klimavariablen, Emissionsrechte, jedoch – ganz offen, generalklauselartig – überhaupt volkswirtschaftliche Variablen.[744] Insbesondere waren auch die auf Waren bezogenen Derivate seit der MiFID I ebenfalls schon auf Europäischer Ebene einbezogen.[745]

282 Die Definition der erfassten **Bezugs- oder Derivateformen in MiFID II ist sehr breit**, im Wesentlichen ist sie – nach den genannten Erweiterungen schon im letzten Jahrzehnt – umfassend. Nach dem Gesagten ist der **Abschluss für einen zukünftigen Termin** das verbindende Element für alle Grundformen,[746] die in **Nr. (4) bis (7) und (10)** in eine weitgehend identische Aufzählung eingestellt werden:[747] Identisch aufgezählt sind die fünf Derivateformen Optionen, Futures, Forwards, Swaps und „andere" (d.h. vergleichbare) Derivatekontrakte, Unterschiede ergeben sich erst bei der Art des Marktbezugs, die für

742 *Fleischer* BKR 2006, 389 (392 f.); *Spindler/Kasten* WM 2006, 1749 (1751). Zur (teils) anderen Rechtslage früher vgl. Ebenroth/Boujong/Joost/*Grundmann* 1. Aufl. 2001, BankR VI Rn 43; vertieft zu Derivaten und Marktmissbrauchsregime vor allem *Alexander/Maly* 9 Law and Financial Markets Review 243 (2015).

743 Ausführlich *Assmann*/Schneider § 2 WpHG Rn 38–56; KölnKomm WpHG/*Roth* § 2 Rn 73–126.

744 Zu diesen Fällen vgl. KölnKomm WpHG/*Roth* § 2 Rn 85–115; BankR-Hdb/*Jahn* § 114 Rn 1. Zur Kritik an vergleichbaren Generalklauseln aus verfassungsrechtlichen Gründen (Bestimmtheitsgebot), insbesondere im Hinblick auf die Straf- bzw. Bußgeldbewehrung, vgl. unten 7. Teil (§ 38 WpHG).

745 Zu dieser Änderung – nur auf Europäischer Ebene – vgl. etwa *Fleischer* BKR 2006, 389 (392) (in Deutschland schon vorher § 2 Abs. 2 Nr. 4 WpHG).

746 *Hartenfels* Die Verordnung (EU) Nr. 648/2012 über OTC-Derivate, zentrale Gegenparteien und Transaktionsregister („EMIR"), ZHR 178 (2014), 173 (175); *Casper* Das neue Recht der Termingeschäfte, WM 2003, 161 (161); *Jander/Plecher* Risikomanagement bei Finanzderivaten, WiB 1995, 137 (138); Fuchs/*Fuchs* Vor §§ 37e, 37g WpHG Rn 18; Haisch/Helios/*Haisch* § 1 Rn 3; KölnKomm WpHG/*Roth* § 2 Rn 78. Erfasst sind insbes.: Call- und Put-Optionen, Optionsscheine, Finanzterminkontrakte (Terminkontrakte auf einen Aktien- oder Rentenindex) sowie Terminkontrakte, heute auch Zinsterminkontrakte. Speziell für Optionen aus Boniprogrammen vgl. Nachw. unten Rn 323 Fn 836.

747 Zum Bezug auf einen zukünftigen Termin auch im Falle von Nr. (8) und (9) sogleich noch im Text.

verschiedene Basiswerte leicht unterschiedlich ausgestaltet sind (dazu später). Die fünf Derivateformen sind Folgende: **Optionen** verbriefen für den Begünstigten das Recht, zu einem festen Termin in der Zukunft den fraglichen Basiswert zu einem festgelegten Preis zu kaufen oder zu verkaufen, wenn er von der Option bei Eintritt des Termins Gebrauch macht; der Verpflichtete (Stillhalter) erhält im Gegenzug Zahlung eines Optionspreises und verpflichtet sich hierfür, bei Ausübung der Option durch die andere Seite, das Austauschgeschäft zu erfüllen. Für den Fall der Ausübung der Option kann tatsächliche Lieferung oder bloße Verrechnung der Differenz („Barzahlung") vereinbart werden.[748] **Termingeschäfte** verbriefen für beide Seiten eine feste Verpflichtung, den Basiswert zu einem im Voraus festgelegten Preis zur Verfügung zu stellen bzw. den für diesen Zeitpunkt festgelegten Preis zu zahlen, wiederum je nach Vereinbarung durch tatsächliche Lieferung oder nur durch Differenzausgleich.[749] Dabei unterfallen Termingeschäfte in solche, die hoch standardisiert und zirkulationsfähig sind und an Börsen gehandelt werden – die sog. **(börslichen) Terminkontrakte oder „futures"** – und solche, bei denen dies nicht der Fall ist – die sog. **(sonstigen) Termingeschäfte oder „forwards"**.[750] Beide sind in MiFID II bzw. MAR als Finanzinstrumente erfasst (vgl. Aufzählungen in Nr. (4) bis (7) und (10)); der für die Eröffnung der MAR notwendige Marktbezug (unten Rn 287–291) ist bei den „futures" (ebenfalls) unproblematisch, bei den „forwards" hingegen zu prüfen. Die Vereinbarung kann so ausgestaltet sein, dass keine Seite Leistungen vor Termin zu erbringen oder abzusichern hat, etwa die zugesagten Basiswerte bereits im eigenen Portfolio zu halten hat.[751] Diese Ausgestaltung, insbesondere die Notwendigkeit von grundsätzlich nur geringem Kapitaleinsatz im Vergleich zur möglichen Rendite, ermöglichen eine erhebliche Hebelwirkung für den Kapitaleinsatz und begründen damit die besondere Spekulationseignung von Derivaten.[752] Es sind diese Elemente, die alle **„anderen Derivatekontrakte"** ebenfalls auszeichnen müssen, sollen sie nach Nr. (4) bis (7) und (10) ebenfalls erfasst sein, namentlich: die Verpflichtung erst für einen zukünftigen Termin, Wertermittlung durch Bezugnahme auf einen bestimmten Basiswert, aber auch die für Finanzinstrumente unverzichtbare Zirkulationsfähigkeit (Handelbarkeit durch Standardisierung, fälschungssichere Ausstattung und Gutglaubensschutz beim Transfer).[753] Auch die Swaps als die fünfte in Nr. (4) bis (7) und (10) durchgehend genannte Derivateform sind gekennzeichnet durch den Bezug auf einen zukünftigen Termin, teils freilich nicht eine erst zukünftige Verpflichtung: Beim Swap handelt es sich um einen Tausch zwischen den Partnern von Einkommensströmen aus je einer fest-

---

748 Zu diesen Elementen von Optionen näher Haisch/Helios/*Haisch* § 1 Rn 8; KölnKomm WpHG/*Roth* § 2 Rn 83, *Schüwer* in Zerey (Hrsg.) Rechtshandbuch Finanzderivate, § 1 Rn 8.

749 Zu diesen Elementen von Termingeschäften iwS. näher *Casper* WM 2003, 161 (162 f.); Haisch/Helios/*Haisch/Danz* § 5 Rn 10; *Schüwer* in: Zerey (Hrsg.), Rechtshandbuch Finanzderivate, § 1 Rn 4.

750 Zur Abgrenzung innerhalb der Termingeschäfte (iwS) zwischen „futures" und „forwards" näher Haisch/Helios/*Haisch* § 1 Rn 40–43; KölnKomm WpHG/*Heinrich* § 25a Rn 44; *Schüwer* in: Zerey (Hrsg.), Rechtshandbuch Finanzderivate, § 1 Rn 5, 6.

751 Vgl. KölnKomm WpHG/*Heinrich* § 25a Rn 44; Langenbucher/Bliesener/Spindler/*Binder* Kap. 37 Rn 22. Ebenso auch bei Optionen, vgl. etwa Langenbucher/Bliesener/Spindler/*Binder* Kap. 37 Rn 24–27; *Schüwer* in: Zerey (Hrsg.), Rechtshandbuch Finanzderivate, § 1 Rn 5 f. Für beides vgl. *Woywode* Die abkommensrechtliche Einordnung von Einkünften aus Forward-/Future- und Optionsverträgen, IStR 2006, 325.

752 Hierzu näher *Casper* WM 2003, 161 (163); *Melzer* Zum Begriff des Finanztermingeschäfts, BKR 2003, 366 (368 f.); Haisch/Helios/*Haisch/Danz* § 5 Rn 10; KölnKomm WpHG/*Roth* § 2 Rn 126; Langenbucher/Bliesener/Spindler/*Binder* Kap. 37 Rn 13, 20; *Lenenbach* Kapitalmarktrecht Rn 19.51.

753 Hierzu näher Haisch/Helios/*Haisch* § 1 Rn 66–69; KölnKomm WpHG/*Roth* § 2 Rn 106–115.

gelegten Quelle, etwa Zinscoupons je einer Anleihe, für einen festgelegten Zeitraum. Damit wird der Bezug zu einem zukünftigen Termin definiert. Nicht gemeint ist hingegen der Tausch der Einkommensquelle selbst per Kassageschäft.[754] Swaps können gleichermaßen der Absicherung von Risiken dienen (Hedging) wie spekulativen Zielen, und zählen zu den volumenstärksten Derivateformen, wobei eine deutliche Tendenz zum erstgenannten Einsatz jüngst unverkennbar erscheint.[755] Die wichtigsten Formen bilden der Zinsswap, mit dem vor allem Unternehmen ihre Zinsbelastungen tauschen und so ihre jeweiligen Vorteile bei Kreditaufnahme in unterschiedlichen Märkten gemeinsam nutzen, der Währungsswap, bei dem vergleichbare Vorteile bzgl. Währungen ausgenutzt werden,[756] der Swap von Waren, namentlich Rohöl, bzw. deren Preis über einen bestimmten Zeitraum, mit dem vor allem Preisentwicklungen auf den entsprechenden Warenmärkten abgesichert werden.[757]

283 In MiFID II werden die erfassten Derivate näher spezifiziert durch **Festlegung des Basiswertes**, auf den sie sich zu beziehen haben, teils aber auch durch die Marktsegmente (vgl. etwa Nr. (6), dazu sogleich). Der Kreis der möglichen Basiswerte ist sehr breit und teilt sich auf in **drei Kategorien:** Nach **Nr. (4)** werden als Basiswerte erfasst Wertpapiere (oben Rn 28 f.), **Währungen, Zinssätze** – gemeint sind solche, die für Märkte allgemein festgesetzt oder festgestellt werden, wie LIBOR oder EURIBOR –,[758] **Emissionszertifikate** (vgl.

---

[754] Zur näheren Ausgestaltung dieser Zukunftdimension beim Swap: *Kropf* Beratung durch Banken beim Abschluss von swap-Geschäften, ZIP 2013, 401 (401 f.); Haisch/Helios/*Haisch* § 1 Rn 47; *Schüwer* in: Zerey (Hrsg.), Rechtshandbuch Finanzderivate, § 1 Rn 4, 7.

[755] Zu den Einsatzformen: *Kropf* ZIP 2013, 401 (401 f.); Langenbucher/Bliesener/Spindler/*Binder* Kap. 37 Rn 28. Das Zahlenmaterial der Bank für Internationalen Zahlungsausgleich (BIZ) für die 1. Hälfte 2015 belegt – bereits vorher angedeutet –, dass insgesamt die Swap-Volumina deutlich abnehmen (10–20 % des Gesamtvolumens je nach Zahlen in einem Halbjahr), zugleich die über zentrale Gegenparteien „abgesicherten" Volumina prozentual steigen (von 29 % auf 31 % aller Transaktionen). Vgl. *Bank für International Settlement*, Statistical release OTC derivates statistics at the end-June 2015 – Monetary and Economic Department, Nov. 2015, S. 1 f. (erhältlich über http://www.bis.org/statistics/derstats.htm). Mit anderen Worten: Wenn aus realen Absicherungsbedürfnissen resultierende Kontrakte als relativ gleichbleibend angenommen werden, sank das Volumen der spekulativen Kontrakte in diesem Halbjahr um weit mehr als die auf das Gesamtvolumen bezogenen 10–20 % (leider keine – zugegebener sehr komplizierte – Aufteilung in der Statistik).

[756] Zu beiden Formen näher *Wenger/Bayer* Die erfolgskonforme Abbildung von Zins- und Währeungsswaps in der Handels- und Steuerbilanz, DStR 1995, 948; *Fülbier* Zivilrechtliche Einordnung von Zins- und Währungsswaps, ZIP 1990, 544; Haisch/Helios/*Haisch* § 1 Rn 49–53; Langenbucher/Bliesener/Spindler/*Binder* Kap. 37 Rn 28.

[757] Hierzu näher *Puderbach/Zenke* Der Handel mit Warenderivaten in Europa und Deutschland, BKR 2003, 360; BankR-Hdb/*Jahn* § 114 Rn 5–7. Zu weiteren Swap-Formen *Maulshagen* Rechtliche und bilanzielle Behandlung von Swapgeschäften, BB 2000, 243; *Stuhlmacher/Sessel-Zsebik* in: Zerey (Hrsg.), Rechtshandbuch Finanzderivate, § 11. Zu Swaps von Kreditrisiken noch unten Rn 284.

[758] Vgl. BankR-Hdb/*Jahn* § 114 Rn 3; *Clouth* in: Ellenberger/Schäfer/Clouth/Lang (Hrsg.), Praktikerhandbuch Wertpapier- und Derivategeschäft, 4. Aufl. 2011, Rn 1124; Schwark/Zimmer/*Kumpan* § 2 WpHG Rn 42; *Kübler* in: Zerey (Hrsg.), Rechtshandbuch Finanzderivate, § 35 Rn 28–31. Zum Libor (London Interbank Offered Rate) und Euribor (Euro Interbank Offered Rate) *Buck-Heeb* LIBOR- und EURIBOR-Manipulationen – Haftungsrechtliche Fragen, WM 2015, 157; *Bausch/Wittmann* Schadensersatzklagen vor deutschen Gerichten im Zusammenhang mit der Manipulation von Libor und Euribor, WM 2014, 494; *Weck* Die Manipulation des

unten Rn 38) und finanzielle **Indizes und Messgrößen, namentlich Aktienindizes** (Dax, Dow Jones, Eurostoxx etc.),[759] und alle anderen vergleichbaren Basiswerte, die sich durch marktweite Festlegung des Preises auszeichnen.[760] Für all diese – (großteils) klassischen – Basiswerte werden – für den *Anwendungsbereich von MiFID II* – auch keine Einschränkungen gemacht in der Frage, ob die Abrede in bar oder durch Lieferung zu erfüllen sei, und hinsichtlich der Marktsegmente, auf denen Basiswert bzw. Derivat gehandelt werden bzw. zu denen sie zugelassen sein müssen. Solch eine Einschränkung bei den Marktsegmenten ergibt sich für den *Anwendungsbereich der MAR* dann freilich hinsichtlich der Basiswerte (nicht Derivate) aus Art. 2 Abs. 1 1. UAbs. iVm Art. 3 Nr. 6–8 MAR (dazu unten Rn 287–290). Nach Nr. (5) bis (7) werden ebenfalls als Basiswerte erfasst Waren, genauer: die Preisentwicklung auf Waren- und Rohstoffmärkten, hier nun jedoch mit Binnendifferenzierungen, die vor allem für die MiFID II verständlich und für die MAR weniger wichtig sind: Soll bei Derivaten auf Waren eine Lieferung nicht verlangt werden können, also die Absicherung von Warenaustausch nicht im Vordergrund stehen (Nr. 5), erfolgt keine Einschränkung im Anwendungsbereich, sollen also die Pflichten nach MiFID II (namentlich Beratung), aber auch nach MAR (namentlich Marktverhalten), uneingeschränkt zur Anwendung kommen. Wiederum ergibt sich freilich für die MAR die Einschränkung hinsichtlich der erfassten Marktsegmente (für die Basiswerte, nicht die Derivate) nach Art. 2 Abs. 1 1. UAbs. iVm Art. 3 Nr. 6–8 MAR (dazu unten Rn 287–290). Vor allem für die MiFID II wichtig ist die Einschränkung im Anwendungsbereich (der Beratungspflichten), wenn der jeweilige Basiswert „Ware" (zu einem bestimmten Preis) nicht über organisierte oder multilaterale Handelsfazilitäten gehandelt wird, umgekehrt aber Lieferung nicht ausgeschlossen sein soll. Bei diesen potentiell auf echte Lieferung ausgerichteten, d.h. diese vom Design her der Absicherung dienenden Derivatekontrakten sollten, wenn die Waren außerhalb dieser organisierten Marktsegmente gehandelt werden, grds. keine Wohlverhaltenspflichten eingreifen.[761] Für die MAR ergibt sich diese Einschränkung parallel aber ohnehin bereits aus Art. 2 Abs. 1 1. UAbs. iVm Art. 3 Nr. 6–8 MAR. Nr. (6) und (7) führen also nicht in gleicher Form zu einer Einengung des Anwendungsbereiches bei den Marktverhaltenspflichten, weil diese allgemein, d.h. für alle Basiswerte, nur bei Derivatkontrakten eingreifen, die sich auf solche Basiswerte beziehen, die über organisierte bzw. multilaterale Handelsfazilitäten gehandelt werden (unten Rn 288). Nr. (10) schließlich erfasst als Basiswerte **Klimavariablen, Frachtsätze, Inflationsraten und andere offizielle Wirtschaftsstatistiken.** Zentral ist die marktweite Festlegung, bei den Statistiken ausdrücklich von of-

LIBOR als Referenzzinssatz in kommunalen Derivat-Geschäften – Teil 1, KommJur 2013, 247 und Teil 2, KommJur 2013, 281.

759 Vgl. näher zu Indizes und Messgrößen Fuchs/*Fuchs* § 2 WpHG Rn 55; Schwark/Zimmer/*Kumpan* § 2 WpHG Rn 43; *Kübler* in: Zerey (Hrsg.), Rechtshandbuch Finanzderivate, § 35 Rn 1–10.

760 Zur marktweiten Festlegung des Preises / Werts nach einem bestimmten, festgelegten Verfahren als dem Kerncharakteristikum vgl. näher *Seitz* Das neue Wertpapierprospektrecht – Auswirkungen auf die Emission von Schuldverschreibungen, AG 2005, 678 (679); BankR-Hdb/*Jahn* § 114 Rn 2, 7.

761 (Außerbörslich gehandelte) Forwards sind dabei aus Nr. (6) ganz ausgenommen und unterfallen nur Nr. (7). Zum Fehlen von Pflichten nach MiFID II bei Derivatkontrakten auf Waren, die durch Lieferung erfüllt werden können, wenn die Waren nicht auf organisierten Märkten gehandelt werden, näher *Stuhlmacher/Sessel-Zsebik* in: Zerey (Hrsg.), Rechtshandbuch Finanzderivate, § 11 Rn 7; a.A. *Geier/Schmitt* MiFID-Reform: der neue Anwendungsbereich der MiFID II und MiFIR, WM 2013, 915 (919 f.) für den Anwendungsbereich der MiFID II und MiFIR, wenn der Handel mit Warenderivaten nicht lediglich eine Nebentätigkeit der Bank darstellt.

fizieller Seite, bei den Inflationsraten ebenfalls (vgl. Wortlaut, „andere offizielle Statistiken"),[762] bei den anderen Größen jedenfalls nach einem Verfahren, das vergleichbare Verlässlichkeit verbürgt.[763] Die Stellung dieser Basiswerte am Schluss erklärt sich aus ihrer relativ jungen Geschichte (keine „klassischen" Basiswerte), zugleich schließt sich so die **Auffangklausel** in der zweiten Hälfte von Nr. (10) nahtlos an: Bei allen weiteren **möglichen Basiswerten** kommt es auf Vergleichbarkeit an, namentlich darauf, ob ein marktweit einheitliches und geregeltes Verfahren für die Preis- oder Wertfeststellung existiert, aber auch (ausdrücklich), ob die Zirkulationsfähigkeit gesichert ist, namentlich aufgrund existierender (organisierter) Sekundärmärkte (ausdrücklich als Kriterium genannt).[764]

284 Neben die in Nr. (4) bis (7) und (10) genannten fünf Derivatformen treten die **Derivate auf Kreditrisiken**, namentlich die diesbezüglichen „Swaps" (**Nr.** (8)), und die (sonstigen) **finanziellen Differenzgeschäfte (Nr. (9))**. Diese weiteren Kategorien wurden vor allem deswegen ausgebildet, weil die wirtschaftliche Wirkung unstreitig diejenige von Derivaten ist, hinsichtlich der rechtlichen Konstruktion jedoch Unsicherheit herrscht und die Erfassung solchermaßen durch ausdrückliche Nennung sichergestellt werden sollte. **Derivate auf Kreditrisiken (Nr. (8))** haben als Basiswert Kreditgeschäfte gleich welcher Form (Darlehen, Kredite, Anleihen), wobei jeweils ein Sicherungsgeber („protection seller") die Gefahr des Eintritts eines Kreditereignisses (Versäumnis, Insolvenz oder Neustrukturierung, vgl. Art. 216 Nr. 1a CRR) dem Sicherungsnehmer („protection buyer") abnimmt.[765] Dabei kann Basiswert der Kredit selbst sein (mit Ausfallrisiko), desgleichen jedoch ein Wertpapier, dessen Kurs von einem Ausfallrisiko beeinflusst wird (bis hin zum Totalausfall).[766] Der Zukunftsbezug wird bei den Derivaten auf Kreditrisiken nicht in Form der Festlegung eines bestimmten Termins, sondern eines Ereignisses hergestellt, wobei wieder Ausgestal-

---

[762] Zu diesem Kriterium und zu diesen Basiswerten näher Haisch/Helios/*Böhringer/Funck* § 13 Rn 234; *Kurz/Steck* in: Zerey (Hrsg.), Rechtshandbuch Finanzderivate, § 28 Rn 17 in Bezug auf Inflations-Swaps.

[763] Zu diesem Kriterium und zu diesen Basiswerten näher *Stuhlmacher/Sessel-Zsebik* in: Zerey (Hrsg.), Rechtshandbuch Finanzderivate, § 11 Rn 70–72.

[764] Zum Kriterium „Vergleichbarkeit" (Zirkulationsfähigkeit, Existenz von Sekundärmärkten) in dieser Auffangklausel näher Haisch/Helios/*Böhringer/Funck* § 13 Rn 60–63.

[765] Vgl. näher *Litten/Bell* Kreditderivate – Neue Dokumentations-Standards als Reaktion auf die globale Finanzmarktkrise, WM 2011, 1109 (1110–1111); *dies.,* Regulierung von Kreditderivaten im Angesicht der globalen Finanzmarktkrise, BKR 2011, 314 (314 f.); Haisch/Helios/*Haisch* § 1 Rn 57; *Schüwer* in Zerey (Hrsg.), Rechtshandbuch Finanzderivate, § 1 Rn 33–35. Dazu dass nach dem durchweg zugrunde gelegten ISDA Agreement die Feststellung, ob ein Kreditereignis eingetreten ist, jeweils nicht den Parteien, sondern einem unabhängigen Panel überantwortet wird: *Berge,* Schiedsgerichtsbarkeit und Bankgeschäft – Eine Zeitenwende, WM 2012, 1701 (1705); *Keller/Netzer* Finanzmarkt, Banken und Streitbeilegung – ein Fall für die Scheidsgerichtsbarkeit? BB 2013, 1347; *Schwarze* Reform der CDS Abwicklung durch Big Bang und Small Bang in 2009, BKR 2010, 42 (43). Zur Geschichte dieser – erst seit 1991 sich entwickelnden – Derivateform vgl. etwa *Litten/Bell* WM 2011, 1109; *dies.* BKR 2011, 314; *Brandt* Kreditderivate. Zentrale Aspekte innovativer Kapitalmarktprodukte, BKR 2002, 243; Haisch/Helios/*Haisch* § 1 Rn 57.

[766] Vgl. näher zu dieser Unterscheidung zwischen CDS/CDOs auf (direkte Kreditnehmer-)Adressrisiken und solchen auf Marktpreisrisiken, vgl. *Hartenfels* ZHR 178 (2014), 173 (175 f.); *Litten/Bell* WM 2011, 1109 (1110) und 314 (314 f.); *Wittinghofer* Fachbegriffe aus M&A und Corporate Finance. Credit Default Swaps als Instrument zur Absicherung von Kreditrisiken, NJW 2010, 1125; Haisch/Helios/*Haisch* § 1 Rn 57; *Schüwer* in: Zerey (Hrsg.), Rechtshandbuch Finanzderivate, § 1 Rn 33.

tungen als Festgeschäfte oder als Optionen möglich sind (vgl. Definition in § 2 Abs. 2 Nr. 4 WpHG). Die wichtigsten Formen (vgl. Art. 204 Nr. 1 CRR) sind: die Kreditversicherungen / **Credit Default Swaps (CDS)**, bei denen der Sicherungsgeber die Übernahme eines Kredit(portfolio)s bei Eintritt des Kreditereignisses zusagt, während bei den sog. **Credit Default Options (CDOs)** im Falle der Realisierung eines Kreditereignisses nur ein Barausgleich zugesagt wird;[767] die **Credit Linked Notes**, bei denen der Emittent einer (strukturierten) Schuldverschreibung von den Anleihegläubigern eine Credit Default Option für dasjenige Kreditbündel erhält, das er in der Schuldverschreibung verbrieft (Securitization) und veräußert, um so das wirtschaftliche Risiko aus diesen Krediten an die Anleihegläubiger weiterzugeben;[768] und die **Total Return Swaps**, bei denen Erträge aus je einer Vermögenseinheit gegeneinander zu einem bestimmten Termin getauscht werden, etwa Erträge von Aktien (Equity Swap), wobei sich jedenfalls in einem Ertrag auch ein Kreditrisiko niederschlagen muss.[769]

Unter **finanziellen Differenzgeschäften** („Contract for Difference", **Nr.** (9)) versteht **285** man diejenigen (spekulative oder Risiko-)Kontrakte, die zu einem zukünftigen Termin zu erfüllen sind, bei denen jedoch tatsächliche Lieferung ausdrücklich oder nach dem Verständnis der Parteien ausgeschlossen sein soll.[770] Vor allem weil sog. **Leerverkäufe** – Verkäufe von Basiswerten auf einen zukünftigen Termin, bei denen der Verkäufer den Basiswert nicht im Portfolio hat – nicht sicher als Termingeschäfte qualifiziert wurden, wohl aber als Differenzgeschäfte,[771] und weil ihre wirtschaftliche Funktion derjenigen von Termingeschäften unzweifelhaft vergleichbar ist, wurde die (Auffang-)Kategorie eröffnet (vgl.

---

[767] Vgl. näher zu den CDS *Luttermann* Kreditversicherung (Credit Default Swaps): Vertrag, Restrukturierung und Regulierung (Hedge-Fonds, Rating, Schattenbanken), RIW 2008, 737; *Reiner/Schacht* Credit Default Swaps und verbriefte Kreditforderungen in der Finanzmarktkrise – Bemerkungen zum Wesen verbindlicher und unverbindlichre Risikoverträge, WM 2010, 337 (Teil I) und 385- (Teil II); *Wittinghofer* NJW 2010, 1125; Haisch/Helios/*Haisch* § 1 Rn 59 f.; *Schüwer* in: Zerey (Hrsg.), Rechtshandbuch Finanzderivate, § 1 Rn 37 f. Zu den CDOs etwa Haisch/Helios/*Haisch* § 1 Rn 59 f. Zu den sog. „naked" (ungedeckten) CDS, die sich dadurch auszeichnen, dass der Sicherungsnehmer / buyer of protection die fraglichen Kreditaußenstände gar nicht hat und die insbesondere gegenüber ausfallgefährdeten Staaten eingesetzt werden/wurden („Wetten auf Staatspleiten"), vgl. *Litten/Bell* WM 2011, 1109 (1111); *Möllers/Christ/Harrer* Das neue Recht zur Regulierung ungedeckter Kreditderivate. Das Gesetz gegen missbräuchliche Wertpapier- und Derivategeschäfte versus europäische Regulierungsvorschläge, NZG 2010, 1124; *Müller/Sajnovits* Das künftige Regime für Leerverkäufe und bestimmte Aspekte von Credit Default Swaps nach der Veroordnung (EU) Nr. 236/2012, ZBB 2012, 266; und näher unten 4. Abschnitt: Regulierung, mit Ermächtigung der ESMA zu Verboten.

[768] Vgl. näher hierzu *Brandt* BKR 2002, 243 (244); *Litten/Bell* WM 2003, 1109 (1111); *Zahn/Lemke* Die Credit Linked Note – Anleihe mit integriertem Kreditderivat, WM 2002, 1536; Haisch/Helios/*Haisch* § 1 Rn 64 f.; *Schüwer* in: Zerey (Hrsg.), Rechtshandbuch Finanzderivate, § 1 Rn 39.

[769] Vgl. näher *Brandt* BKR 2002, 243 (244); Haisch/Helios/*Haisch* § 1 Rn 61–63; *Schüwer* in: Zerey (Hrsg.), Rechtshandbuch Finanzderivate, § 1 Rn 40; *Läger* in: Zerey (Hrsg.), Rechtshandbuch Finanzderivate, § 2 Rn 4.

[770] Vgl. näher Haisch/Helios/*Haisch* § 1 Rn 55 f.; *Assmann*/Schneider § 2 WpHG Rn 53; KölnKomm WpHG/*Roth* § 2 Rn 107; Schwark/Zimmer/*Kumpan* § 2 WpHG Rn 48.

[771] Vgl. etwa BGH Urt. v. 12.6.1978– II ZR 48/77, WM 1978, 1203 = NJW 1979, 488; näher KölnKomm WpHG/*Roth* § 2 Rn 120; a.A. *Wansleben/Weick-Ludewig* „Unvollkommene Deckung" von Leerverkäufen nach der VO (EU) Nr. 236/2012, ZBB 2015, 395 (401).

§ 2 Abs. 2 Nr. 3 WpHG).[772] Der Begriff ist freilich so weit, dass alle Optionen sowie Termingeschäfte (futures und forwards), bei denen Lieferung ausgeschlossen ist, auch darunter fielen.[773] Wichtige weitere finanzielle Differenzgeschäfte umfassen Termingeschäfte mit künstlichem Bezugsobjekt (z.B. Indizes, Virtuelle Fonds wie Währungskörbe oder „Baskets“) wie auch wohl das (echte) Day-Trading.[774]

286 ee) Die **fünfte Kategorie** bilden die **Emissionszertifikate**, die in den durch die **EG-Emissionshandels-Richtlinie** (2003/87/EG) geregelten Handel einbezogen sind (**Art. 3 Nr. 1 MAR, in Verweis auf Art. 4 Nr. 15 iVm Anh. I Abschnitt C Nr. (11)**).[775] Charakteristisch für diese ist, dass Emissionen durch die erfassten Unternehmen (in EU plus Liechtenstein, Norwegen und Island), die derzeit für ca. 45 % des Treibhausgasausstoßes stehen, nur gegen Abgabe von Emissionszertifikate zulässig sind (bei hohen Bußen im Verstoßfall). Diese Emissionszertifikate werden (nach zwei Pilotphasen) seit 2013 von der EU-Kommission verkauft, versteigert, teils unentgeltlich zugeteilt[776] sowie – hier wichtig – in einem Sekundärmarkt gehandelt, an dem freilich derzeit unvorhergesehen niedrige Preise erzielt werden und daher ein großer Überschuss herrscht.[777] Auch auf den Handel auf diesem Markt findet die MAR Anwendung.

287 c) **Marktbezug (Art. 2 Abs. 1 1. UAbs. iVm Art. 3 Abs. 1 Nr. 6–8 MAR).** Der Marktbezug wird in der MAR deutlich weitergefasst als noch in MAD I und dies bildet eine der

---

772 KölnKomm WpHG/*Roth* § 2 Rn 120. Näher zu den für die Entwicklung des deutschen Rechts zentralen Differenzgeschäften und dem sog. Differenzeinwand nach §§ 762, 764 BGB a.F., vgl. Teil 8 (§§ 37e und 37g WpHG). Zur Regulierung der Leerverkäufe – gemeinsam mit den sog. „naked“ (ungedeckten) CDS, vorige Rn – wiederum näher unten 4. Abschnitt (wiederum mit Ermächtigung der ESMA zu Verboten).

773 Ebenso Haisch/Helios/*Haisch* § 1 Rn 55; KölnKomm WpHG/*Roth* § 2 Rn 107; Schwark/Zimmer/*Kumpan* § 2 WpHG Rn 48.

774 Zu Ersterem MünchKommHGB/*Ekkenga* Bd. 6 Rn 60; zu Zweiterem und allgemeiner zu den Differenzgeschäften: Schwark/Zimmer/*Kumpan* § 2 WpHG Rn 48; sowie auch KölnKomm WpHG/*Roth* § 2 Rn 108.

775 Richtlinie 2003/87/EG des Europäischen Parlaments und des Rates vom 13. Oktober 2003 über ein System für den Handel mit Treibhausgasemissionszertifikaten in der Gemeinschaft und zur Änderung der Richtlinie 96/61/EG des Rates, ABl.EG 2003 L 275/32. In Deutschland bereits Gesetz zur Änderung des Einlagensicherungs- und Anlegerentschädigungsgesetzes und anderer Gesetze vom 25.6.2009, BGBl. 2009 I S. 1528, das die Emissionsberechtigungen (damals § 2 Abs. 4 Nr. 2 WpHG) im Hinblick auf bestehende Marktmissbrauchspotentiale auf den Energiemärkten einbezog: Assmann/Schneider/*Vogel* § 20a WpHG Rn 43b.

776 Zur Abdeckung durch das System, zu seinem Pilotcharakter (weltweit) und zur Zuteilung (in Phase I und II), vgl. *Stuhlmacher/Sessel-Zsebik* in: Zerey (Hrsg.), Rechtshandbuch Finanzderivate, § 11 Rn 40–42.

777 Näher zum Emissionshandel als solchem und seinen Regeln: *Jahn/Vornhagen* in: Zerey (Hrsg.), Rechtshandbuch Finanzderivate § 10 Rn 58–121. Zu Zahlen (Preisen und Volumina) zum EU-Emissionshandel vgl. auch: Evaluierung und Weiterentwicklung des EU-Emissionshandels (EU-ETS-5), Climate Change 16/2016 http://www.umweltbundesamt.de/sites/default/files/medien/378/publikationen/climate_change_16_2016_evaluierung_und_weiterentwicklung_des_eu-emissionshandels.pdf Zu Begründungen für den Überschuss (Erfolg bei der Entwicklung alternativer Energien?) und Auswirkungen desselben auch Diekmann DIW Wochenbericht Nr. 47/2012 vom 21. November 2012 https://www.diw.de/documents/publikationen/73/diw_01.c.411743.de/12-47-4.pdf („Die Ursachen liegen unter anderem in gesunkener Zertifikatsnachfrage als Folge des wirtschaftlichen Einbruchs nach 2008, aber zum Beispiel auch in beträchtlichen Gutschriften, die für Emissionsminderungen im Ausland anerkannt werden.“).

zentralen Verbreiterungen des Regimes. Was bisher nur für die Insiderverbote galt,[778] nach hM jedoch nicht für die Ad-hoc-Publizität,[779] also nicht für das wichtigste Präventionsinstrument und für die zentrale Quelle der Folgepublizität (oben Rn 254), und jedenfalls nach der MAD I auch nicht für die Marktmanipulation,[780] führte die MAR als allgemeinen und **einheitlichen Zuschnitt für den sachlich-marktlichen Anwendungsbereich** ein:

Nach **Art. 2 Abs. 1 lit. a) bis c) MAR** gelten die Verbote jetzt grundsätzlich **für alle organisierten Marktsegmente**, die einer speziellen Zulassung bedürfen und hoheitlich geregelt sind (lit. a)), ebenso wie für alle, die zwar als Marktsegment keiner Zulassung bedürfen, deren Betreiber jedoch allgemein solch einer Zulassung bedarf und die zudem ebenfalls hoheitlich geregelt sind (lit. c) und b)). Da diese Marktdefinition heute allgemein für die MAR gilt, diese hierbei auf die Marktdefinition in der MiFID II verweist und auch das Prospekt- und Prospekthaftungsregime inhaltlich identisch die maßgeblichen Märkte abgrenzt, wurden die Tatbestandsmerkmale und Zuschnitte – **im „Allgemeinen Teil" – vorab erörtert** (vgl. 5. Teil Rn 66–78). Zu erinnern ist daran, dass mit diesem Marktaus- **288**

---

[778] Die Insiderverbote erfassten schon bisher nach deutschem Recht auch diejenigen Anlageinstrumente, die (nur) in den sog. (börslichen, jedoch nicht überwachten) Freiverkehr eingeführt waren: vgl. statt aller BT-Drucks. 12/6679 S. 45; *Assmann* ZGR 1994, 494 (516); *ders.*/Schneider § 12 WpHG Rn 6 f.; ders./Schütze/*Sethe* § 8 Rn 19; *Caspari* ZGR 1994, 530 (534); *Claussen* DB 1994, 27 (30); *Hopt* ZGR 1991, 17 (41); *Peltzer* ZIP 1994, 746 (747). Vgl. auch OLG Karlsruhe Beschl, v. 4.2.2004 – 3 Ws 195/03, NZG 2004, 377. Begründet wurde dies damit, dass das Publikum nicht zwischen diesen Segmenten unterscheide und daher zwischen ihnen ein funktionaler Zusammenhang bestehe: BT-Drucks. 12/6679 S. 45; *Assmann* AG 1994, 237 (245); *ders.* ZGR 1994, 494 (516); *Caspari* ZGR 1994, 530 (534); *Peltzer* ZIP 1994, 746 (747). Ausgeklammert blieb – wie auch weiterhin unter der MAR – nur der außerbörsliche Telefonhandel: *Assmann* AG 1994, 237 (245); *Claussen* DB 1994, 27 (30); *Grundmann* ZfgKW 1992, 12 (15); *Hopt* ZGR 1991, 17 (41). Für die EU-Ebene, die Ins-RL und auch MAD I, war str., ob auch der Freiverkehr erfasst war: dagegen, da er nicht staatlich reglementiert war, sondern auf privatrechtlicher Ebene durch die sog. Freiverkehrsrichtlinien geregelt wurde: *Assmann* AG 1994, 237 (245); *Caspari* ZGR 1994, 530 (534); *Grundmann* Revue de la Banque 1995, 275 (276); aA. *Hopt* ZGR 1991, 17 (41); *Schödermeier/Wallach* EuZW 1990, 122 (124).

[779] Nach hM. sollte sich die Pflicht zur Ad-hoc-Publizität nur auf Finanzinstrumente beziehen, die zu einem organisierten Markt zugelassen waren (oder deren Zulassung beantragt war). Vgl. (weit überwiegend auf den Wortlaut der Norm gestützt) auf Grund des Wortlauts des § 15 WpHG aF: *Assmann* AG 1994, 196 (206); *Heinze* Primärmarkt S. 47–51; *v. Klitzing* Ad-hoc-Publizität S. 63–66; *Assmann*/Schneider § 15 WpHG Rn 46; KölnKomm WpHG/*Klöhn* § 15 Rn 49; auch BT-Drucks. 12/6679 S. 76. Demgegenüber schon für die alte Rechtslage für denjenigen Zuschnitt, den die MAR jetzt festgeschrieben hat: Ebenroth/Boujong/Joost /*Grundmann*, 1. Aufl. 2001, BankR VI Rn 125 (wenn Ad-hoc-Publizität als Präventionsinstrument für Insiderhandel konzipiert, Auslegung im Zweifel dahingehend, dass auch der Anwendungsbereich beider Regelungskomplexe gleich sein muss).

[780] Bisher fasste das deutsche Recht den Anwendungsbereich – zulässigerweise – weiter als die Richtlinie: Das Verbot erstreckte sich nicht nur auf Finanzinstrumente, die in einem organisierten (regulierten) Markt zugelassen wurden, sondern auch solche, die in den Freiverkehr einbezogen (nicht: zugelassen) sind (§ 20a Abs. 1 S. 2 Nr. 1 WpHG a.F.; vgl. demgegenüber Art. 9 1. UAbs. MAD I). Ausführlicher zum Ganzen: KölnKomm WpHG/*Mock/Stoll* § 20a Rn 37–44. Diese Erweiterung beruht offenbar auf einer bewussten Entscheidung des Gesetzgebers bei Erlass des Vierten Finanzmarktförderungsgesetzes: BT-Drucks. 15/3174 S. 33 (höhere Anfälligkeit im Freiverkehr, explizit allerdings nur in Bezug auf Insiderdelikte).

schnitt, namentlich mit der Ausbildung eines Auffangtatbestandes in lit. c) der Kreis der hoheitlich überwachten und geregelten Märkte in Finanzinstrumenten (oben 5. Teil Rn 67–69) erschöpfend erfasst werden sollte. Einzig **nicht erfasst** sind – für alle Instrumente in der MAR – die **Vermögensanlagen nach VermAnlG und KAGB**, weil sie nicht in börsliche oder organisierte Handelssysteme einbezogen sind.[781] Die Hauptunterscheidungen innerhalb der drei (allesamt erfassten) Marktsegmente gehen dahin, dass im geregelten Markt der Handelsplatz selbst – nicht nur sein Betreiber – einer Zulassung bedarf und solchermaßen ganz anders „verselbständigt" erscheint, und dass in allen Fällen nicht eine sächlich-organisatorische Ausstattung entscheidend ist, sondern das Regelwerk, das gleichsam die DNA des jeweiligen Marktes bildet. Dieses muss nach dem Gesagten im geregelten Markt und im multilateralen Handelssystem – nicht jedoch im organisierten Handelssystem – so ausgestattet sein, dass sich der Vertragsschluss ohne Ermessensentscheidung des Betreibers („nichtdiskretionär") aus dem Regelwerk ergibt (näher oben 5. Teil Rn 68 und 70).

289 Die drei Varianten (Art. 2 Abs. 1 lit. a) bis c) MAR) unterscheiden sich zudem darin, dass **teils auf die Zulassung bzw. den Antrag zur Zulassung abgestellt** wird, **teils auf den tatsächlichen Handel**. Diese Unterscheidung erklärt sich jedoch gerade nicht aus einer unterschiedlichen Zielrichtung heraus, im Gegenteil: Die Verbote sollen ab dem frühesten Zeitpunkt gelten, ab dem für die jeweiligen Instrumente Insiderinformationen geschaffen oder Kurse manipuliert werden können – und der Marktbezug zu einem Handelsplatz nach MAR und MiFID II ist, wenn es einer Zulassung des Finanzinstruments bedarf, bereits durch den Zulassungsantrag hergestellt,[782] andernfalls erstmals durch tatsächlichen Handel auf diesem Markt.[783]

290 Die Einführung/Zulassung auf einem dieser drei Handelsplätze wird **in Art. 2 Abs. 1 lit. d) MAR ergänzt:** Abzugrenzen ist diese Ergänzung zunächst von Art. 2 Abs. 3 MAR, der klarstellt, dass es bereits genügt, dass das fragliche Instrument *überhaupt* zu einem der drei genannten Marktsegmente (Handelsplätze) zugelassen wurde oder tatsächlich bereits dort gehandelt wird, während Ort und Art der *konkreten* Transaktion unerheblich sind.[784] Demgegenüber weitet Art. 2 Abs. 1 lit. d) MAR den Anwendungsbereich der Verbote in anderer Weise aus (**„rundet ihn ab"**), freilich wieder (allein) **im Hinblick auf die Notwendigkeit des marktlichen Bezuges.** Ein Finanzinstrument muss vorliegen – also alle instrumentsbezogenen Voraussetzungen –, während die marktbezogenen nicht erfüllt sein müssen (nur aus diesem Grunde dann kein Eingreifen von lit. a), b) und c)). Dies gilt freilich nur für solche Kontrakte, die entweder ein bereits nach lit. a), b) und c) erfasstes Finanzinstrument – typischerweise einen Basiswert, also ein Wertpapier – in seinem Wert beeinflussen (2. Variante) oder umgekehrt von ihm beeinflusst werden (1. Variante): Die Liste möglicher solcher Finanzinstrumente ist zwar als nicht abschließend formuliert, die genannten Beispiele (Kreditausfall-Swaps und Differenzkontrakte, vgl. oben Rn 284 und

---

781 Vgl. (eher implizit) *Assmann*/Schneider § 12 WpHG Rn 6.

782 Noch weiter ging bisher der deutsche Gesetzgeber. Es genügte schon die Ankündigung eines Zulassungsantrags – im Gegensatz zu Art. 2 Abs. 1 lit. a) MAR –: vgl. BT-Drucks. 15/3174 S. 33 (Anreizeffekt der Ankündigung, explizit aber wiederum nur bzgl. Insiderverbot). Diese Erweiterung, so konsequent sie erscheint, findet sich freilich nicht einmal in der MAR, so dass sie heute obsolet erscheint.

783 Vergleichbar die Erklärung bei *Krause* CCZ 2014, 248 (250); *Poelzig* NZG 2016, 761 (763); *Seibt*/*Wollenschläger* AG 2014, 593 (595 f.).

784 Denn es geht um die Marktintegrität auf diesen Handelsplätzen, die auch durch ein Ausweichen im konkreten Falle tangiert ist: vgl. näher unten Rn 297.

285) machen jedoch das Ziel deutlich: Die Marktintegrität des (primär) erfassten Handelsplatzes (nach lit. a) bis c)) wäre (nach Meinung des Europäischen Gesetzgebers) nicht zu erhalten, wenn Insiderhandel oder Marktmanipulation in den zwei genannten Fällen im Ergebnis sanktionsfrei blieben: In Variante 2 wird zur „Nutzung" des Vorteils oder des manipulierten Kurses zwar nicht das dort eingeführte Instrument eingesetzt, wohl aber ein anderes Instrument, so dass Nutzen und finanzielle Vorteile beim Täter vollumfänglich anfallen und umgekehrt auch der Schaden beim eigentlich geschützten Instrument und Handelsplatz vollumfänglich auftritt (Voraussetzung der Preisauswirkung im geschützten Handelsplatz). Es handelt sich also um einen klassischen Umgehungstatbestand.[785] Gerade Derivatekontrakte sind aufgrund ihrer Hebelwirkung geeignet, die Vorteile aus Insiderinformation oder Marktmanipulation in besonders hohem Maße zu eröffnen (vgl. näher oben Rn 282). In Variante 1 hingegen wird zwar die Preisauswirkung beim in den geschützten Handelsplatz eingeführten Instrument nicht vorausgesetzt, also auch kein monetärer Schaden bei einer Gegenpartei im geschützten Marktsegment. Wenn jedoch aus Insiderinformationen oder Manipulationshandlungen dem Täter (ohne Schaden im primär geschützten Handelsplatz) Vorteile erwachsen – und sei es nur zulasten solcher Transaktionspartner, mit denen er auf ungeschützten Märkten kontrahiert –, so wird offenbar zumindest ein Vertrauensverlust auch auf dem geschützten Handelsplatz befürchtet. Das Schutzziel ist demnach ein stärker diffuses und indirektes.[786]

2. Erweiterter sachlicher Anwendungsbereich: Emissionszertifikate, Waren-Spot-Kontrakte/Derivate und Referenzwertbeeinflussung (Art. 2 Abs. 1 2. UAbs. und Abs. 2 iVm Art. 3 Nr. 15, 19 MAR)

a) (Weitere) Emissionszertifikate (Art. 2 Abs. 1 2. UAbs. iVm Art. 3 Nr. 19 MAR). Die erste Erweiterung des sachlichen Anwendungsbereichs betrifft den speziellen Bereich der **Treibhausemissionszertifikate** und auch hier nur deren **erstmalige Versteigerung durch die Mitgliedstaaten.** Grundlage ist die EG-Emissionsrechte-Richtlinie von 2003 und die diesbezügliche EG-Ausführungsverordnung von 2010.[787] Nach Art. 10 Abs. 1 der *Richtlinie* (idF ab 2013) bildet die Versteigerung – abgesehen von einer unentgeltlichen Abgabe nach Art. 10a und 10c – die einzige Form der Zuteilung von Treibhausemissionszertifikaten durch die Mitgliedstaaten, womit hohe Markttransparenz gewährleistet werden soll. Als Versteigerungsobjekt kommen neben Termingeschäften, namentlich Futures und Forwards – also Finanzinstrumenten (oben Rn 280) –, **auch Zwei-Tage-Spot-Kontrakte** in Betracht (vgl. Art. 2 Abs. 1 Nr. 1–3 der Verordnung). Die Verbreiterung der Angebotsformen soll Mitgliedstaaten Flexibilität bei der Vermarktung geben (14. Erw.grund der Verordnung). Bei den Zwei-Tage-Spot-Kontrakten handelt es sich weder um Terminkontrakte (weil innerhalb von zwei Tagen zu erfüllen, Rn 280) noch um Geldmarktpapiere oder sons- **291**

---

785 Ebenso implizit *Zetzsche* Enzyklopädie Europarecht, Bd. 6 § 7 C Rn 9.

786 Vgl. auch die Erklärungen bei *Zetzsche* Enzyklopädie Europarecht, Bd. 6 § 7 C Rn 18 f.

787 Richtlinie 2003/87/EG des Europäischen Parlaments und des Rates vom 13. Oktober 2003 über ein System für den Handel mit Treibhausgasemissionszertifikaten in der Gemeinschaft und zur Änderung der Richtlinie 96/61/EG des Rates, ABl.EG 2003 L 275/32; Verordnung *(EU) Nr. 1031/2010* der Kommission vom 12. November 2010 über den zeitlichen und administrativen Ablauf sowie sonstige Aspekte der Versteigerung von Treibhausgasemissionszertifikaten gemäß der Richtlinie 2003/87/EG des Europäischen Parlaments und des Rates über ein System für den Handel mit Treibhausgasemissionszertifikaten in der Gemeinschaft, ABl.EG 2010 L 302/1.

tige Wertpapiere, wenn der Veräußerungskontrakt als solcher – im Gegensatz zum versteigerten Zertifikat – nicht als zirkulationsfähig ausgestaltet ist.[788] Die MAR soll jedoch bereits in dieser Zuteilungsphase für alle Transaktionsformen eingreifen, weil ja schon für die Zuteilung selbst – nicht erst für den Handel – ein organisierter Markt mit Markttransparenz geschaffen werden sollte. Die Erweiterung des Anwendungsbereichs auf Zwei-Tage-Spot-Kontrakte, die nicht zirkulationsfähig sind, und alle sonstigen denkbaren Zuteilungsformen, die nicht als Finanzinstrumente ausgestaltet sind, war dafür nötig.

292 Neben diesen Hauptgehalt von Art. 2 Abs. 1 2. UAbs. MAR treten zwei weitere: Klargestellt werden soll, dass schon **Gebote und alle sonstigen rechtsgeschäftlichen aber auch sonstigen Handlungen** – unabhängig von der Erfassung von Versuchshandlungen – sowohl den Insider- als auch den Marktmanipulationsverboten unterfallen sollen, also etwa Instruktionen an Intermediäre für die Abgabe von Geboten und Wissensbekundungen. Die Verbotstatbestände werden so weit in die Vorbereitungsphase erstreckt, nötig ist allein ein **Bezug zur Auktion.** In gewissen Fällen wird es sich hierbei um eine (zeitliche) Erweiterung des Anwendungsbereichs handeln. Klargestellt wird außerdem, dass alle Anforderung aus der **EU-Verordnung zu Auktionen zu Treibhausgasemissionszertifikaten neben** denjenigen aus der **MAR unverändert Anwendung** finden (Kumulation).

293 **b) Erstreckung der Marktmanipulationsverbote auf (weitere) Waren-Spot-Kontrakte/ Derivate und Referenzwertbeeinflussung (Art. 2 Abs. 2 iVm Art. 3 Abs. 1 Nr. 15, 22, 29 MAR).** Die zweite Erweiterung über den Kernanwendungsbereich hinaus (oben 2.) bezieht sich **allein auf das Marktmanipulationsverbot (Art. 12, 15 MAR)**: Wegen der Vernetzung verschiedener Marktsegmente ist eine Rückwirkung von Handlungen in bestimmten „anderen" Marktsegmenten auf die eigentlich geregelten Marktsegmente (Kernanwendungsbereich bezogen auf Finanzinstrument mit Handel auf organisierten Märkten, oben 2.) stets möglich. Der Ansatz der MAR besteht darin, **punktuell seinen Anwendungsbereich zu erweitern** und jedenfalls diejenigen „anderen" Märkte und Instrumente ebenfalls zu erfassen, bei denen solch eine **Fernwirkung** hinsichtlich der Marktmanipulation bereits bisher deutlich spürbar wurde bzw. bereits zu massiven Skandalen geführt hat:

294 Einerseits sind das die **Waren-Spot-Kontrakte, gehandelt auf den sog. Kassamärkten** (Art. 2 Abs. 2 lit. a) und b) MAR). Es geht hierbei um Kontrakte, die spätestens am zweiten Tage nach Abschluss zu erfüllen sind, durch Lieferung oder Barausgleich (oben Rn 291). Daher handelt es sich bei den Kontrakten auch nicht um Finanzinstrumente iSv Art. 2 Abs. 1 1. UAbs. MAR – im Gegensatz zu den Derivatekontrakten (oben Rn 291). Da sich Spot-Kontrakte angesichts der ungleich geringeren Hebelwirkung ungleich weniger zur Beeinflussung von Kursen von Wertpapieren eignen als Derivatekontrakte,[789] sollten die auch – anders als diese – nicht allgemein einbezogen werden. Die entsprechenden Märkte – Kassamärkte – sind auch von den Derivatemärkten institutionell geschieden, zugleich jedoch mit diesen potentiell immerhin so stark vernetzt, dass sich Kursentwicklungen von den einen auf die anderen übertragen (können).[790] Historisch die ersten und weiterhin die wichtigsten solchen Kassamärkte, bei denen dieses festgestellt wurde, sind diejenige auf

---

[788] So der Regelfall, vgl. *Zetzsche* Enzyklopädie Europarecht, Bd. 6 § 7 C Rn 21; *Fried* in: Zerey (Hrsg.), Rechtshandbuch Finanzderivate, § 21 Rn 28.

[789] KölnKomm WpHG/*Roth* § 2 Rn 123.

[790] *Wehner* Zur strafrechtlichen Verantwortlichkeit internationaler Ratingagenturen im Rahmen der europäischen Schuldenkrise, 2014, S. 177 f.; in Bezug auf die Kurseinwirkung: BankR-Hdb/*Seiler*/*Geier* Vor § 104 Rn 90 f.; a.A. Haisch/Helios/*Funck* § 12 Rn 284, es fehle per Definition an einer Hebelwirkung.

Waren, namentlich Rohstoffe.[791] In diesem Fall greifen – wenn auch stärker vermittelt und indirekt – die gleichen Gründe ein, die bei Derivatekontrakten für eine Einbeziehung (erhebliche Möglichkeit, dass manipulative Irreführung auch auf Kurse in anderen, aber vernetzten Märkten beeinflusst).[792] Entsprechend unterwirft lit a) Fälle, in denen **Waren-Spot-Kontrakte (Kassamärkte) solche Fernwirkung auf** Finanzinstrumente zeitigen (zunächst idR **Derivatekontrakte und Derivatemärkte**), dem Regime der MAR (mit Ausnahme der gesondert regulierten Energiegroßhandelsprodukte).[793] Und umgekehrt unterwirft lit b) dem Regime der MAR auch Fälle, in denen Handlungen – sehr weit verstanden – bezogen auf **Derivatekontrakte solche Fernwirkung auf Waren-Spot-Kontrakte (Kassamärkte)** zeitigen, weil diese in ihrem Kurs/Preis von demjenigen des Derivatekontrakts abhängen.[794] Auf eine Auswirkung auf dem Derivatemarkt wird hier nicht abgestellt. Da freilich Derivatekontrakte dem Marktmanipulationsverbot ohnehin unterfallen, also der diesbezüglichen Regulierung unterliegen, wiegt das Argument nur noch gering, dass mit dem begrenzten Zuschnitt des Anwendungsbereiches zugleich die Regulierung auf die für die Kapitalmarkteffizienz zentralen Fälle und Segmente konzentriert und die Überwachung entsprechend fokussiert werden sollte.

Andererseits zählen zu diesen punktuell zusätzlich erfassten „besonderen" Fällen die **Manipulationsmaßnahmen hinsichtlich Referenzwerten** (Art. 2 Abs. 2 lit. c) MAR), ohne dass die Manipulationseignung bzw. -absicht auf konkrete Finanzinstrumente, die auf organisierten Märkten gehandelt werden muss, nachgewiesen werden muss. **Referenzwerte** sind nach **Art. 3 Abs. 1 Nr. 29 MAR** solche Werte, mittels deren Preise oder Werte von oder für Finanzinstrumente, vor allem Derivatekontrakte, festgelegt werden und die selbst einerseits veröffentlicht oder der Öffentlichkeit in anderer Form zugänglich sind und andererseits periodisch neu festgesetzt werden, wobei ein voretabliertes Verfahren angewandt wird (hinsichtlich der Formel ebenso wie der Erhebung der Daten). Sie reklamieren daher **prozedurale Integrität** in der Festsetzung für sich und erwecken im Markt das **entsprechende Vertrauen**. Jeder Verstoß hiergegen ist geeignet, einerseits dieses allgemeine **295**

[791] BankR-Hdb/*Seiler/Geier* Vor § 104 Rn 90; KölnKomm WpHG/*Roth* § 2 Rn 123 und implizit *Ensthaler/Bock/Stübbe* Publizitätspflichten beim Handel von Energieprodukten an der EEX – Reichweite des geänderten § 15 WpHG, BB 2006, 733 (737).

[792] *Stuhlmacher/Sessel-Zsebik* in: Zerey (Hrsg.), Rechtshandbuch Finanzderivate, § 11 Rn 10.

[793] Vgl. hierzu *Ensthaler/Bock/Stübbe* BB 2006, 733 (737); *Funke* Notwendigkeit von Compliance durch REMIT, CCZ 2014, 43; *dies.* REMIT und EMIR – Eine Umgestaltung des OTC-Marktes für Energieprodukte steht bevor! WM 2012, 202; *dies./Neubauer* Reaktion auf die Finanzmarktkrise: REMIT und EMIT als neue Frühwarnsysteme für den Europäischen Energiemarkt, CCZ 2012, 6; *Konar* Energieregulierung auf Unionsebene – Die Rolle der Europäischen Kommission und ACER nach der REMIT-VO, ZNER 2015, 7; *Lüdermann/Konar* Die Überwachung von Stromgroßhandelsmarkt und Emissionshandelsmarkt, ZNER 2015, 81; *Ludwigs* in: Ruffert (Hrsg.) EnzEuR Sektoreales Wirtschaftsrecht § 5 Rn 14; *Stuhlmacher/Sessel-Zsebik* in: Zerey (Hrsg.), Rechtshandbuch Finanzderivate, § 11 Rn 64–80 Zur Regulierung der Energiegroßhandelsprodukte vgl. Art. 3 Abs. 1 Nr. 22 MAR und Verordnung (EU) Nr. 1227/2011 des Europäischen Parlaments und des Rates vom 25. Oktober 2011 über die Integrität und Transparenz des Energiegroßhandelsmarktes, ABl. 2011 L 326/1 (mit eigenem Manipulationsverbot in Art. 5); sowie Durchführungsverordnung (EU) Nr. 1348/2014 der Kommission vom 17. Dezember 2014 über die Datenmeldung gemäß Artikel 8 Absätze 2 und 6 der Verordnung (EU) Nr. 1227/2011 des Europäischen Parlaments und des Rates über die Integrität und Transparenz des Energiegroßhandelsmarkts, ABl.EU 2014 L 363/121.

[794] Vgl. hierzu Haisch/Helios/*Funck* § 12 Rn 282; BankR-Hdb/*Hopt/Kumpan* § 107 Rn 57.

Vertrauen und damit die Funktionsfähigkeit dieses Referenzwertes (und ggf. auch anderer Referenzwerte) zu zerstören, andererseits auch zwischen den Parteien Wert- und Preisfestsetzungen nach sich zu ziehen, die deren Risikokalkül und -vorhersage nicht gerecht werden.[795] Bekanntester Manipulationsskandal ist der LIBOR- und EURIBOR-Skandal, in dem in zahlreichen Fällen in konzertiertem Verhalten diese Referenzwerte über einen längeren Zeitraum gezielt herab- oder heraufgesetzt wurden, um einen eigenen Gewinn zu ermöglichen oder zu vergrößern und zudem durch eine gezielte Herabsetzung die Kreditwürdigkeit der Finanzbranche günstiger und so die Auswirkungen der „Finanzkrise" geringer erscheinen zu lassen.[796]

296 **3. Räumlicher Anwendungsbereich und Irrelevanz des konkreten Handelsortes (Art. 2 Abs. 3 und 4 MAR).** Art. 2 Abs. 3 und 4 MAR liegt ein gemeinsamer Gedanke zugrunde: **Zentraler für das Regulierungsanliegen** sind die **Verhältnisse auf dem eigentlich regulierten Markt** als die Verhältnisse auf dem Markt oder in der Transaktionsform, auf bzw. in der die konkrete Einzeltransaktion getätigt wird. In Abs. 3 werden daraus die m.E. überzeugenden Folgerungen für eine Präzisierung des sachlichen Anwendungsbereiches gezogen, in Abs. 4 für die kollisionsrechtliche Anknüpfung (d.h. für den räumlichen Anwendungsbereich).

297 **a) Irrelevanz des konkreten Handelsortes (Abs. 3).** Art. 2 Abs. 3 MAR stellt klar, dass der sachliche Anwendungsbereich, wie ihn Art. 2 Abs. 1 MAR umreißt, keine Einschränkung erfährt, wenn die konkrete Transaktion oder Handlung nicht auf dem Handelsplatz getätigt wurde bzw. stattgefunden hat, der solchermaßen einbezogen und reguliert ist. Dahinter steht der Gedanke, dass das Publikum einen Handelsplatz und das dort gehandelte Finanzinstrument nur dann als durch Regulierung abgesichert ansehen wird – etwa gegen Insiderhandel oder Marktmanipulation –, wenn die Verbote und Sanktionen nicht auf einfache Weise umgangen bzw. vermieden werden können. Es wird davon ausgegangen, dass der negative Effekt auf das Anlegervertrauen in den hochgradig abgesicherten Märkten allein schon eintritt, wenn Insiderhandel mit einem in diesen Märkten zugelassenen Instrument getrieben wird. Es ist daher weder nötig, dass das konkrete Geschäft in solch einem Segment getätigt wurde (die Zulassung reicht aus),[797] noch schadet es, wenn das Geschäft ohne Einschaltung eines Berufshändlers abgeschlossen wurde, etwa außerhalb der Börse als sog. Face-to-Face-Geschäft.[798] Dahinter steht von der Regulierungstheorie her der allgemeinere Gedanke, dass **Regulierung dort** anzusetzen hat, **wo die Interessen der Marktbeteiligten hauptsächlich aufeinander treffen.** Nur so kann ein Gütesiegel „Sicherheit durch Regulierung" für bestimmte Märkte und Handelsplätze und/oder Anlageinstrumente glaubhaft kreiert werden. Dieser Gedanke, das sog. Auswirkungsprinzip, ist noch breiter diskutiert und anerkannt im kollisionsrechtlichen Bereich:

---

795 Zum so umrissenen doppelten Schutzgut (Marktvertrauen und Individualschutz) vgl. etwa *Kübler* in: Zerey (Hrsg.), Rechtshandbuch Finanzderivate, § 35 Rn 1–10.

796 Zum LIBOR- und EURIBOR-Skandal näher *Buck-Heeb* WM 2015, 157; *Bausch/Wittmann* WM 2014, 494 (495); *Weck* KommJur 2013, 247 (251) und 281.

797 KOM(87) 111 endg., S. 6; *Hopt* ZGR 1991, 17 (41, 44 f.); *Assmann*/Schneider § 12 WpHG Rn 6 aE; krit. *Claussen* DB 1994, 27 (31): „im außerhalb der Börse stattfindenden Rentenhandel … Anwendung des Insiderrechts sachfremd".

798 In Deutschland so schon seit erstmaliger Umsetzung die Rechtslage: *Assmann* AG 1994, 237 (248); *ders.* ZGR 1994, 494 (522). Art. 2 Abs. 3 Ins-RL hätte bei kumulativem Vorliegen dieser beiden Umstände noch eine gegenteilige Regel gestattet.

b) Räumlicher Anwendungsbereich (Abs. 4). Art. 2 Abs. 4 MAR regelt – wie das WpHG bereits seit 2004 – explizit die **Frage nach seiner Anwendbarkeit im grenzüberschreitenden Fall,** was angesichts der Integration der nationalen Kapitalmärkte und noch vermehrt nach Einführung des Euro nahe lag. Dies geschieht zwar nur für den Anwendungsbereich der MAR, also namentlich die Insiderverbote, die Ad-hoc-Publizität, die Marktmanipulation, und die Präventionsregeln – dies ist freilich verallgemeinerungsfähig und § 1 Abs. 2 WpHG statuiert(e) gleiches für die Finanzanalyse sowie die Regeln zu Leerverkäufen.[799] Das WpHG ebenso wie Art. 4 Abs. 2 MAR regelt die Fragen einheitlich im Verhältnis zu Drittstaaten *und* zu anderen Mitgliedstaaten, obwohl im zweiten Bereich die Vorgaben grds. andere sind, namentlich wegen der Grundfreiheiten.[800] **298**

Die Frage nach dem anwendbaren Recht wurde besonders für den Insiderhandel und für die Ad-hoc-Publizität (sowie sonstige standardisierte Marktinformation) intensiv diskutiert. Sie ist beim **Insiderhandel** (und, ganz vergleichbar strukturiert, bei der **Marktmanipulation;** zu ihr auch noch unten Rn 431–485) auf Grund des **dreifachen Bezugs** besonders komplex: (i) Insiderhandel stellt, wo er ausdrücklich geregelt ist, eine unerlaubte oder strafbare Handlung dar. Gemäß Internationaldeliktsrechtlichen Anknüpfungsgrundsätzen wären die Regeln sowohl des Handlungs- als auch des Erfolgsortes anzuwenden[801] und für § 38 WpHG als Strafnorm §§ 7 ff. StGB heranzuziehen.[802] Insiderhandel beruht (ii) zudem meist auf Informationen, die aus dem Bereich des Emittenten stammen und die der Insider treuhänderisch für den Emittenten hält. Dies legt eine Anwendung des Gesellschaftsstatuts – als des Rechts, das die Verhältnisse des Emittenten regelt – nahe.[803] **299**

---

[799] Vgl. bereits Ebenroth/Boujong/Joost/Strohn/*Grundmann* 2. Aufl. 2009, BankR VI Rn 38–40. Dies sind in der Tat diejenigen Hauptmaterien, in denen der Pflichtige den geschädigten Marktteilnehmern nicht als Vertragspartner gegenüber steht – im Gegensatz zu Anlagevertrieb, -beratung und Finanzportfolioverwaltung (§ 31 WpHG / MiFID II). Zum räumlichen Anwendungsbereich des Regimes in diesem anderen Bereich vgl. unten 8 Teil.

[800] Zur Grundfreiheitenwirkung in diesem konkreten Kontext und zur Frage, ob sie eine differenzierende Sicht nicht auch unter der MAR fordern, dann unten Rn 302. Vgl. zum „kollisionsrechtlichen Gehalt" der Grundfreiheiten grundsätzlich: *Basedow* RabelsZ 59 (1995) 1; *Grundmann* Das Europäische Bankaufsichtsrecht wächst zum System – Wie weit reicht fortan die nationale Rechtsetzungsmacht?, 1990, S. 15–17, 30–32, 36–46; *ders.* RabelsZ 69 (2000) 457; *Roth* RabelsZ 55 (1991) 623; monographisch: *Brödermann/Iversen* Europäisches Gemeinschaftsrecht und Internationales Privatrecht, 1994; *Drasch* Das Herkunftslandprinzip im internationalen Privatrecht – Auswirkungen des europäischen Binnenmarktes auf Vertrags- und Wettbewerbsstatut, 1997; *Schilling* Binnenmarktkollisionsrecht, 2006.

[801] So *Ebenroth/Wilken* JZ 1991, 1061 (1070); *Köstlin* Anlegerschutz und Auslandsbeziehungen, S. 204; gegen Kumulierung jedoch schon: *Jenckel* Das Insiderproblem im Schnittpunkt von Gesellschafts- und Kapitalmarktrecht in materiell- und kollisionsrechtlicher Sicht, 1980, S. 154–159; *Pfister* ZGR 1981, 318 (332); heute die unten Fn 804 Genannten und *Weber* WM 2008, 1581. Heute müsste sich diese Meinung an den Vorgaben der diesbezüglichen Rom-II-Verordnung ausrichten, die nunmehr das Deliktskollisionsrecht regelt. Verordnung (EG) Nr. 864/2007 des Europäischen Parlaments und des Rates vom 11. Juli 2007 über das auf außervertragliche Schuldverhältnisse anwendbare Recht („Rom II"), ABl.EG 2007 L199/40. Art. 4 Abs. 1 der Verordnung erklärt grds. das Recht des Erfolgsorts für anwendbar. Das ist kapitalmarktrechtlich gedacht.

[802] Zum internationalen Anwendungsbereich des deutschen strafrechtlichen Verbots entsprechend diesen Regeln näher: *Peltzer* ZIP 1994, 746, 750; KölnKomm WpHG/*Altenhain* § 38 Rn 138–143.

[803] So in der Tat etwa *Großfeld* Internationales und europäisches Unternehmensrecht, 2. Aufl. 1995, S. 42; und (kumulierend neben dem Marktrecht) *Jenckel* (Fn 801) S. 147–162; *Pfister* ZGR 1981, 318 (333).

Entsprechendes gilt, wenn Marktmanipulation durch gesellschaftsrechtliche Stellung ermöglicht wird. Diese Sicht war jedoch schon mit der Ausgestaltung der Ins-RL (dann entsprechend der MAD I) unvereinbar, da zum einen die Insiderqualität unabhängig von einer treuhänderischen Beziehung zum Emittenten definiert wurde und zum anderen Art. 5 Ins-RL, dann Art. 10 MAD I, die Anwendung des Rechts des betroffenen Handlungsortes und Marktes anordnete, auch wenn es sich nicht um das Gesellschaftsstatut handelt. Eine (iii) dritte Sicht ist inzwischen wohl herrschend, Art. 2 Abs. 4 MAR ist letztlich nur unter Zugrundelegung dieser Meinung schlüssig zu erklären. Danach ist weder auf das Gesellschaftsstatut abzustellen noch eine deliktische Anknüpfung zu befürworten, sondern allein das Recht des betroffenen Marktes anzuwenden: Damit ist allein auf den Ort der Auswirkung des Handelns, nicht auch auf denjenigen der Handlung abzustellen.[804]

300 Heute betont Art. 2 Abs. 4 MAR in der Tat – marktrechtlich gedacht – allein den Auswirkungsaspekt. Für die **ausschließliche Anknüpfung an den betroffenen Markt** sprechen in der Tat die Anknüpfungsleitgesichtspunkte:[805] Einerseits ist die Steigerung der Markteffizienz ein wirtschaftspolitisches, im Allgemeininteresse stehendes Ziel, was eine Anknüpfung nach dem hierfür geltenden Art. 9 Rom-I-VO (früher Art. 7 EVÜ bzw. Art. 34 EGBGB) nahe legt; andererseits sind allein die Anleger im Auswirkungsmarkt betroffen – nicht am Handlungsort, wenn dort nicht auch Wirkungen eintraten – und verweist in diesem Falle auch Art. 6 Rom-I-VO (früher Art. 5 EVÜ, Art. 29 EGBGB) allein auf das Recht des betroffenen Marktes. Nur wenn allein das jeweilige Marktrecht regiert, kann die Regulierungsinstanz für diesen Markt das wirtschaftspolitisch gewünschte Maß an Regulierung verbürgen (keine Unter-, jedoch auch keine Überregulierung, gemessen an den Gesetzgeberzielen). Fraglich ist nur, welcher Markt der „betroffene" ist: Alle genannten Normen stellen den **Zulassungsmarkt** in den Vordergrund; der Markt, auf dem die konkrete Transaktion erfolgt, ist weniger wichtig – für die Ad-hoc-Publizität und die Finanzanalyse fehlt es an einer solchen Transaktion ohnehin. Wird an den Zulassungsmarkt angeknüpft, kann jeder regulierte Markt seine Qualität an Anlegerschutz entwickeln – etwa ein besonders sicherer US-amerikanischer oder deutscher geregelter Markt –, ohne dass das Recht des hierfür belanglosen jeweiligen Transaktionsmarkts den Ausschlag gibt. Auch ist so einem Ausweichen des Insiders auf weniger regulierte Transaktionsmärkte vorgebaut.

301 Problematisch erscheint diese Anknüpfung bei **Mehrfachzulassung** – auch hier bleibt die MAR nach dem Auswirkungsprinzip anwendbar, selbst wenn ein Drittlandrecht näher berührt ist –,[806] jedoch auch, wenn sich der Markt, wie bei **Computerbörsen**, vom

---

[804] Ausführlich: *Grundmann* RabelsZ 54 (1990) 283 (311–313); im Grundsatz schon *Jenckel* (Fn 801) S. 154–159; der Trend setzt sich durch: *Kiel* Internationales Kapitalanlegerschutzrecht, S. 203 f., 264–268, 290 f., 310; *Hopt* Die Verantwortlichkeit der Banken bei Emissionen, 1991, S. 121, 123–125; GroßkommAktG/*Assmann* Einl. Rn 703, 705–711; aA *Ebenroth/Wilken* JZ 1991, 1061 (1070); ausf. *Nietsch* Internationales Insiderrecht; vergleichbar für die Marktmanipulation: *Mayhew* (2006) 3 ECL 215 (217 f.) (mit Fallrecht dazu, dass konkreter Transaktionsort gleichgültig).

[805] Näher *Grundmann* RabelsZ 54 (1990) 283 (311–313); *Hopt* (Fn 137) S. 121, 123–126; *Kiel* (Fn 804) S. 203 f., 264–268, 290 f., 310.

[806] Für Markt der Transaktion (wenn zugleich Zulassung hier) etwa *Zimmer* Internationales Gesellschaftsrecht: Das Kollisionsrecht der Gesellschaften und sein Verhältnis zum internationalen Kapitalmarktrecht und zum internationalen Unternehmensrecht, 1996, S. 59–68, 234. Für Bestimmung eines Hauptzulassungsmarktes: *Zimmer* (diese Fn) S. 57 f., 60–68.

Territorium löst.[807] Wird jedoch auf die Zulassung abgestellt – nicht auf die konkrete Transaktion – und erstrecken sich Insiderverbote, Marktmanipulationsverbote und Ad-hoc-Publizität wie in der MAR nur auf Anlageinstrumente, die in regulierte und ähnliche[808] Märkte eingeführt sind, so erweist sich das Problem als Scheinproblem: Reguliert werden diese Märkte durch ein territorial umrissenes Recht (hier EU-Recht), es legt den Schutzstandard auf dem Markt fest. Daher ist zumindest dort, wo Insiderverbote, Marktmanipulationsverbote und Ad-hoc-Publizität nach Europäischem Recht (MAR) gelten, eine Lokalisierung unschwer möglich: Berufen ist das Recht, das den Zulassungsmarkt reguliert.

Gleiches durfte der Europäische Gesetzgeber auch für **Binnenmarkttransaktionen** an- **302**
ordnen, auch etwa im Hinblick auf die Sanktionen:[809] Bei Insiderhandel und Marktmanipulation handelt es sich nicht um Angebote, die durch Grundfreiheiten besonders geschützt werden müssten.[810] Und für die Ad-hoc-Publizität und die Finanzanalyse stellt sich die Frage nach einer Auswahl zwischen Zulassungsmarkt und Markt der konkreten Einzeltransaktion ohnehin nicht.

4. Sonstige Begriffsbestimmungen (Art. 3 Abs. 1 MAR). **303**

a) **Überblick und Verweise.** Art. 3 Abs. 1 MAR definiert – relativ gleichförmig, im Wesentlichen in der Abfolge des jeweiligen „Auftretens" des Begriffs und solchermaßen ohne inhaltliche Ordnung – knapp 40, mit Unterpunkten **an die 50 Begriffe.**[811] Im Folgenden werden die Wichtigsten unter ihnen aufgegriffen, soweit sie nicht – nochmals ungleich wichtiger – den Anwendungsbereich umreißen (vgl. bereits oben Art. 2 MAR) bzw. als eigene Tatbestände ausgestaltet werden:

---

807 Dazu *Bialluch* Systematische Internalisierung de lege lata, WM 2015, 2030 (2032); *Zimmer* (Fn 806) S. 55 f.

808 Ähnlich – in der Eindeutigkeit des Anknüpfungspunktes – sind auch multilaterale und organisierte Handelssysteme jedenfalls dann, wenn sie sich, wie der sog. Freiverkehr nach § 48 BörsG, auf eine räumlich-sächliche Ausstattung stützen (obwohl nach dem Gesagten nicht nötig, vgl. oben Teil 5 Rn 68). So wird der Freiverkehr in Börsenräumen, dh. wie ein Annex der geregelten Märkte abgewickelt. Vgl. dazu Fn 778 (auch umgekehrt zum Ausschluss etwa des bloßen Telefonhandels).

809 Zur grundsätzlichen Bindung auch des Europäischen (Sekundärrechts-)Gesetzgebers an die Vorgaben der Grundfreiheiten vgl. EuGH Urt. v. 20.04.1978 – verb. Rs. 80/77 und 81/77 (*Commissionaires Réunies und Fils de Henri Ramel*), Slg. 1978, 927 (944–947); EuGH Urt. v. 14.07.1998 – Rs. C-341/95 (*Bettati*), Slg. 1998, I-4355 (4380 f.);. *Usher* Common Organisations: No Escape From Fundamental Treaty Rules, (1978) 3 ELR 305 (308); *Mortelmans* The relationship between the Treaty rules and Community Measures for the Establishment and Functioning of the Internal Market – Towards a Concordance Rule, (2002) 39 CMLR 1303; *Oliver* La législation communautaire et sa conformité avec la libre circulation des marchandises, 1979 *CDE* 245; monographisch *Scheffer* Die Marktfreiheiten des EG-Vertrages als Ermessensgrenzen des Gemeinschaftsgesetzgebers, 1997; *Schwemer* Die Bindung des Gemeinschaftsgesetzgebers an die Grundfreiheiten, 1995.

810 Insiderhandel wird nicht als Leistung, sondern als unerlaubte Handlung oder Straftat qualifiziert und diese bilden auch nicht etwa, wie im Produkthaftungsrecht, zumindest den Nebenaspekt einer Leistung. Zudem überprüft der EuGH bei bloßen Vertriebsregeln divergierende nationale Regelungen weniger scharf; vgl., auch zur Begründung, Ebenroth/Boujong/Joost/Strohn/*Grundmann* vor § 343 HGB Rn 31. Zu dieser Begründung und weiteren Argumenten für eine Anwendung des Auswirkungsmarktprinzips (zugleich des Gastlandprinzips) *Grundmann* Europäisches Schuldvertragsrecht, 4.20 Rn 9, 4.21, Rn 8 f.

811 Art. 3 Abs. 2 MAR wird demgegenüber am sinnvollsten mit Art. 5 MAR behandelt, den allein er betrifft; vgl. unten Rn 320.

304 **Kernbegriffe** betrafen bereits den **Anwendungsbereich** und wurden dort behandelt: die **wichtigsten Anlageformen** (Nr. 1, 19 sowie auch Nr. 15, 22, oben Rn 27–37 bzw. 42–45, in diesem Zusammenhang auch Referenzwerte, Nr. 29, oben Rn 46) und die **wichtigsten Marktsegmente** (Nr. 6–8, oben Rn 38–41). Die Definition dieser beiden Elemente ist nicht nur für die Bestimmung des sachlichen Anwendungsbereichs konstituierend, sie spielte aus ebendiesem Grunde auch in der Gesetzgebungsentwicklung eine herausgehobene Rolle. Die Kernbegriffe – Finanzinstrumente und geregelter Markt – standen bereits im Mittelpunkt in Art. 1 Nr. 3 und 4 MAD I. Beide – der Kranz der Instrumente wie der Marktsegmente – wurden mit der MAR nochmals erheblich erweitert (oben Rn 27–41). Weitere – nunmehr die **inhaltliche Regulierung betreffende – Begriffe** werden in der MAR nicht mehr als „Begriffsbestimmungen" „versteckt", sondern bilden inzwischen zentrale Tatbestandsmerkmale bzw. eigene Tatbestandsnormen: Dies gilt namentlich für den Begriff der **Insiderinformation** (Art. 7 MAR, unten Rn 340–358) sowie den Begriff der **Marktmanipulation** Art. 12 MAR, unten Rn 438–468) (früher Art. 1 Nr. 1 bzw. 2 MAD I).

305 Die **im Folgenden aufgegriffenen Begriffsbestimmungen** können auch **inhaltlich geordnet werden**, in nur moderater Anlehnung an die nummerische Abfolge: Neben die – wichtigen – Verweisnormen zu den **zuständigen (nationalen) (Aufsichts- und Regulierungs-)Behörden (Nr. 12 und 23)**, die für Aufsichts- und Ausführungsregulierungsfragen zentral sind, treten vor allem fünf Gruppen:[812] zu den Instituten und sonstigen (professionellen) Marktteilnehmern (Marktbetreibern) (unten b), Rn 57 f.) und zu sonstigen **Personen/Marktteilnehmern** (unten e), Rn 61–63), zu Rechtfertigungsgründen („zulässige Marktpraktiken"), die freilich zu einem Großteil in Art. 5 MAR näher tatbestandsmäßig ausformuliert sind (unten c), Rn 59, und unten Art. 5 MAR, Rn 318–327), zu **weiteren Marktsegmenten** (unten d), Rn 60) und schließlich zu **besonderen Handlungsformen** wie etwa dem algorithmischen Handel, Beteiligungsaufbau und allgemeinen Empfehlungen (unten f), Rn 64 f.). In der Quintessenz betreffen die in Art. 3 Abs. 1 verbleibenden wichtigen Begriffsbestimmungen also Personen/Marktteilnehmer, Rechtfertigungsgründe, (weitere) Marktsegmente und besondere Handlungsformen:

306 b) **Institute und Marktteilnehmer/Marktbetreiber (Nr. 2–5). Nr. 2–4** listen die **drei großen Institutsgruppen** auf Europäischer Ebene auf, nach denen die zulässigen Geschäftstypen und – damit verbunden – Aufsichtsanforderungen abgeschichtet werden – selbstverständlich nicht gleichzusetzen mit den drei Institutsgruppen, die in Deutschland traditionell voneinander unterschieden werden, deren Einteilung jedoch heute nicht mehr solche regulatorische Bedeutung hat.[813] Dies sind: (i) die **Kreditinstitute (Nr. 3)**, in der CRR (VO 575/2013 – Teil 1 Rn 36 f.) schlicht „Institute" genannt, denen die Kreditgeschäfte und alle sonstigen Bankgeschäfte gestattet sind[814] und die vollumfänglich dem Aufsichtsregime der

---

812 Außer den im Folgenden aufgegriffenen Begriffen nur noch: Nr. 27 zu den „Datenverkehrsaufzeichnungen" bzw. einige Begriffe, die im Zusammenhang mit den schon näher erläuterten Begriffen stehen und dort mit berücksichtigt wurden: Nr. 14 und 16 im Zusammenhang mit den Waren-Spot-Kontrakten (oben Rn 293 f.), Nr. 20 im Zusammenhang mit den Emissionszertifikaten (oben Rn 286, 291), und umgekehrt Nr. 24 im Zusammenhang mit den Waren-Derivatekontrakten (oben Rn 294).

813 Zu diesen – Privatbanken, Sparkassen und Genossenschaftsbanken – oben Teil 1 Rn 17–21, auch dazu, dass die regulatorische Bedeutung der Unterscheidung weitestgehend entfallen ist.

814 Zu gewissen Beschränkungen aufgrund der Trennbanken- und Spartenseparierungsregeln auf deutscher bzw. europäischer Ebene vgl. oben Teil 1 Rn 24 f.

CRD IV und CRR unterworfen sind (Teil 1 Rn 36 ff.); (ii) die **Wertpapierfirmen oder -institute (Nr. 2)**, die ebenfalls der CRR und CRD IV unterfallen, jedoch mit Abstrichen, also einem weitgehend parallelen, in der Ausgestaltung jedoch erheblich weniger anforderungsintensiven Aufsichts-, nicht zuletzt Eigenmittelregime, und die die Zulassung zur Erbringung von Wertpapierdienstleistungen, nicht jedoch des Kreditgeschäfts haben;[815] und (iii) schließlich die **Finanzinstitute (Nr. 4)**, die direkt keines der genannten Bankgeschäfte betreiben (dürfen), also insbesondere auch nicht die Geschäfte für Kunden tätigen dürfen, für die die MAR einen Rahmen schafft, die jedoch (vor allem) Holdingfunktionen im Finanzdienstleistungssektor insgesamt ausüben dürfen, auch Eigenhandel (wobei sie insoweit keineswegs vom Anwendungsbereich der MAR ausgenommen sind) sowie – von den vorliegend kommentierten Bankgeschäften her gesehen – auch die reinen Zahlungsinstitute umfassen (dazu Teil 3 Rn 13).[816]

Außerdem definiert **Nr. 5 die Marktteilnehmer (gemeint sind: Marktbetreiber)**, unter **307**
Verweis auf Art. 4 Abs. 1 Nr. 18 MiFID II. In der deutschen Sprachfassung ist freilich (in der MAR) der falsche Begriff gewählt, was sowohl aus der Definition selbst (bereits in der deutschen Fassung der MiFID II) als auch aus der englischen Sprachfassung der MAR deutlich wird: Gemeint sind die geregelten Märkte selbst, genauer: ihre Betreiber (**Marktbetreiber**). Bei **geregelten Märkten** handelt es sich nach dem Gesagten um Märkte, die der Vermittlung von Kauf- und Verkaufsangeboten dienen, ggf. auch indirekt (durch Vermittlung zwischen anderen Fazilitäten zu diesem Zweck) und hoheitlich reguliert und überwacht sind (näher oben Teil 5 Rn 68).

c) **Zulässige Marktpraktiken und Rückkaufprogramme (Nr. 9, 17).** Mit zulässigen **308**
Marktpraktiken (Nr. 9) und Rückkaufprogrammen (Nr. 17) werden Handlungsformen definiert, die – im ersten Fall – vom Marktmanipulationsverbot des Art. 15 MAR bzw. – im zweiten Fall – **vom Insiderhandels- *und* vom Marktmanipulationsverbot** des Art. 14 *und* 15 MAR **ausgenommen** sind. Beide Handlungsformen werden jedoch – zusammen mit den in Art. 3 MAR nicht näher definierten Stabilisierungsmaßnahmen –[817] **in eigenen Tatbe-**

[815] Vgl. namentlich Art. 92 ff., bes. 95–98 CRR (Letztere nur für Wertpapierfirmen) und zur Ausgestaltung der Eigenmittelanforderungen etwa § 33 Abs. 1 Nr. 1 lit. a) bis c) sowie f) und g) KWG und *Luz* in: Luz/Neus/Schaber/Schneider/Wagner/Weber, KWG und CRR – Kommentar zu KWG, CRR, FKAG, SolvV, WuSolvV, GroMiKV, LiqV und weiteren aufsichtsrechtlichen Vorschriften, 3. Aufl. 2015, Art. 92, 93 CRR Rn 11, 13. Zur Abgrenzung der Kreditinstitute und der (auf Wertpapierdienstleistungen beschränkten) Wertpapierfirmen oder -dienstleister sowie zur Kurzbeschreibung der beiden Aufsichtsregime vgl. namentlich Teil 1 Rn 31–38. Näher zu Organisation von und organisatorischen Anforderungen an Kreditinstitute – namentlich als Wertpapierdienstleister – und an Wertpapierfirmen auch unten Teil 7.

[816] Zum Kreis der den Finanzinstituten eröffneten Geschäfte und dem auf sie anwendbaren Aufsichtsrecht vgl. näher Art. 4 Abs. 1 Nr. 26 CRR (und die dort in Bezug genommenen Rechtsakte bzw. -normen); sowie *Günther* Systemrelevanz von Finanzinstituten, WM 2010, 825; BankR-Hdb/*Kolassa* § 136 Rn 6 f.; *Weber/Seifert* in: Luz u.a. (Hrsg.) KWG und CRR Kommentar, Bd. 2, Art. 4 CRR Rn 21 f.; *Thiele* in: von der Groeben/Schwarze/Hatje (Hrsg.) EnzEuR Europäisches Unionsrecht, VO (EG) 139/2004 Art. 5 Rn 40.

[817] Bis Inkrafttreten der MAR gemeinsam mit den Rückkaufprogrammen geregelt: Verordnung (EG) Nr. 2273/2003 der Kommission vom 22. Dezember 2003 zur Durchführung der Richtlinie 2003/6/EG des Europäischen Parlaments und des Rates – Ausnahmeregelungen für Rückkaufprogramme und Kursstabilisierungsmaßnahmen, ABl.EG 2003 L 336/33. Diese Durchführungs-Verordnung zur MAD I wurde freilich – gemeinsam mit der MAD I – aufgehoben (Art. 37 MAR).

ständen näher ausgestaltet und sind daher besser dort zu erörtern: die „zulässigen Marktpraktiken" in Art. 13 MAR (unten Rn 469–481), also im Anschluss an die Tatbestandskonkretisierung der Marktmanipulation, die Rückkaufprogramme in Art. 5 Abs. 1–3 MAR (unten Rn 322 f.), unter den allgemeinen Regeln, weil sie beide Verbote betrifft. Trotz dieser eher „verstreuten" Regelung – in der Definitionsnorm ebenso wie im regelnden Teil – sind beide Handlungsformen (ja sogar alle drei, einschließlich der Stabilisierungsmaßnahmen) vergleichbar einzuordnen: als „Ausnahmen" oder auch als Rechtfertigungsgründe für grds. verbotene Handlungen. Die Definitionsnormen in Art. 3 MAR selbst präzisieren nur einen – allerdings selbstverständlichen – Punkt bereits vorab und über Art. 5 MAR hinaus: Rückkaufprogramme beziehen sich auf eigene Aktien im Sinne der (konsolidierten) EU-Kapital-Richtlinie 2012/30/EU.

309 d) **Sonstige Marktdefinitionen (Nr. 10 f.).** Neben die Definitionen in Art. 3 Abs. 1 Nr. 6–8 MAR treten zwei weitere Marktdefinitionen: Ein **Handelsplatz (Nr. 10)** stellt nach der Definition in Art. 4 Abs. 1 Nr. 24 MiFID II, auf die Nr. 10 verweist, jedes der drei Marksegmente dar, auf die auch bereits Art. 2 Abs. 1 1. UAbs. MAR abstellt, um den Anwendungsbereich zu umreißen: der geregelte Markt, das multilaterale Handelssystem und das organisierte Handelssystem (vgl. Art. 3 Abs. 1 Nr. 6–8 MAR) (vgl. daher näher oben Teil 5 Rn 66–71). Diese **Sammelbezeichnung für alle in der MAR maßgeblichen Marktsegmente** ist vielfach von Bedeutung: vor allem für die Regeln zum kollisionsrechtlichen Zusammenspiel der Rechtsordnungen bei Vorliegen verschiedener Anknüpfungspunkte (Art. 2 Abs. 3 und 4 MAR, oben Rn 47–53), gerade auch bei der Marktmanipulation (vgl. Erw.grund 10); für Zuständigkeiten von Marktbetreibern und für die Abgrenzung der Zuständigkeit von Marktbetreibern (etwa zur Entgegennahme oder Abgabe von Meldungen, aber auch zur Definition zulässiger Marktpraktiken, vgl. Art. 4, 5, 16, 17 Abs. 9, 19 Abs. 2 MAR); sowie schließlich zur Zuständigkeit der Aufsichtsbehörden und zur Zusammenarbeit zwischen ihnen (vgl. etwa Art. 25 Abs. 5 MAR). Ungleich weniger wichtig ist die Definition eines **KMU-Wachstumsmarktes** (nach **Nr. 11** iVm Art. 4 Abs. 1 Nr. 12 MiFID II). Wichtig ist die Definition vor allem für die Veröffentlichungsalternative, die in Art. 17 Abs. 9 MAR in solchen Märkten eröffnet wird (auf der Website des Handelsplatzes), und die geringere Aktualisierungspflicht bei Insiderlisten (Art. 18 Abs. 6 MAR), mit der KMU als Emittenten jeweils sollen Kosten sparen können.[818] Bei diesem speziellen Marktsegment handelt es sich nach Art. 4 Abs. 1 Nr. 12 MiFID II um ein multilaterales Handelssystem, zu dem überwiegend (> 50 %) KMU zugelassen sind (bei erstmaliger Registrierung), auf dem jedoch zugleich auch hinreichende Anforderungen hinsichtlich Informationsregime und Marktintegrität gewährleistet sind (vgl. Art. 33 MiFID II, bes. Abs. 3 und näher unten 7. Teil).

310 e) **Sonstige Personen, insbes. Emittenten und Market-Maker (Nr. 13, 21, 25 f., 28, 30, 32).** Neben die Begriffsbestimmungen zu den professionellen Intermediären (Kredit-, Wertpapier- und auch Finanzinstituten) und Marktbetreibern (oben b) Rn 306) treten eine

[818] Erw.gründe 55 und 56; *Klöhn* AG 2016, 423 (430); *Poelzig* NZG 2016, 761 (772); *Langenbucher* NZG 2013, 1402 (1405); *Veil/Koch* WM 2011, 2297 (2304); wobei *Zetzsche* Enzyklopädie Europarecht, Bd. 6, § 7 C Rn 245 eine wesentliche Kostensenkung für KMU-Wachstumsmärkte nicht erkennen kann, weil sich die Erleichterung nur auf den Veröffentlichungsweg erstrecke und daher die Verbreitungspflicht aus Art. 17 Abs. 1 MAR und die daran anknüpfenden Haftungsgefahren fortbestünden. Vgl. auch die längere Übergangszeit, die Art. 39 Abs. 4 2. UAbs. MAR festlegt.

Reihe von Begriffsbestimmungen zu sonstigen Personen, die erste nur klarstellend: Erfasst sind **natürliche und juristische Personen (Nr. 13)**, was dann in einer Reihe von Normen wieder aufgegriffen wird (etwa Art. 8 Abs. 5 MAR), und gewerbsmäßig Geschäfte betreibende Personen sind nicht allgemein erfasst, sondern – entsprechend der Umschreibung des sachlichen Anwendungsbereichs in Art. 2 Abs. 1 1. UAbs. MAR, oben Rn 27–37) – nur **hinsichtlich ihrer Geschäfte in Finanzinstrumenten (Nr. 28)**. Auch **Nr. 32 – offenlegender Marktteilnehmer im Rahmen von Marktsondierungen** nach Art. 11 MAR – ist im Wesentlichen tautologisch.

Die zweite Gruppe von Begriffsbestimmungen betrifft **persönliche Verhältnisse bestimmter Personen:** Das sind einerseits Personen mit **Führungsaufgaben (Nr. 25)**, was sowohl institutionell umschrieben wird (Mitgliedschaft in einem Leitungsorgan des Emittenten) also auch funktional (Personen mit regelmäßigem Bezug zu Insiderinformationen aufgrund beruflicher Stellung, die zugleich auch vergleichbare strategische Entscheidungsmacht wie Mitglieder des Leitungsorgans haben). Wichtig ist die Definition für die Meldepflicht aller Einzelgeschäfte in Wertpapieren des Emittenten und diesbezüglichen Finanzinstrumenten im Rahmen des Directors' Dealing (Art. 19 MAR). Eine vergleichbare, jedoch nicht vollständig synchrone Definition findet sich in Art. 8 Abs. 4 MAR, in dem die Beweislast für das Vorliegen und Nutzen von Insiderinformationen bei sog. Primärinsidern (vergleichbar Personen mit Führungsaufgaben) und bei Sekundärinsidern (ohne solche Aufgaben) diametral entgegengesetzt geregelt ist. Art. 8 Abs. 4 MAR erfasst Insider als Primärinsider insofern breiter, als es nur auf den regelmäßigen Zugang zu Insiderinformationen ankommt, nicht die Einflussmacht – verständlich, weil es bei Directors' Dealing um eine Präventivregel aufgrund typisierter Gefährlichkeit geht, beim Insiderhandel um die als schädlich eingestufte Handlung selbst.[819] Mit dieser Definition hängt diejenige in **Nr. 26 für die eng verbundenen Personen** direkt zusammen, weil diese zweite Definition allein dafür regulatorische Bedeutung hat, dass auch Geschäfte dieser Personen im Rahmen des Directors' Dealing zu melden sind (vgl. näher unten Rn 535). Der Kreis ist mit Ehegatten (auch gleichgeschlechtlichen u.ä.), unterhaltsberechtigten Kindern und dauerhaft (seit mindestens 1 Jahr) in den Haushalt aufgenommenen Verwandten klar und relativ eng umrissen, auch wenn man die Strohmanngesellschaften (lit. d) hinzunimmt. **311**

Die dritte Gruppe von Begriffsbestimmungen betrifft zentrale Kapitalmarktakteure – neben den Intermediären und Marktbetreibern: Dies sind zum einen die **Emittenten (Nr. 21)**. Hierbei handelt es sich zwar um einen – in der Verordnung 112 Mal benutzten – Schlüsselbegriff und wird dieser in der Definition auf Finanzinstrumente allgemein bezogen. Praktisch alle Normen und Regelungsinstitute meinen freilich den **Emittenten von Wertpapieren**, namentlich Aktien und Schuldverschreibungen, bzw. **Geldmarktpapieren**, ggf. auch OGAW-Anteilen. Namentlich geht es um die Mitglieder der Leitungsorgane des Emittenten (für die Definition von Primärinsidern und für das Directors' Dealing), besondere Regime bei Mitteilungen von Insiderinformationen (mit Marktsondierung) und die Ad-hoc-Publizität – alles Regeln, die sich nicht an die Gestalter von Derivatekontrakten richten. Vor diesem Hintergrund gesehen bezeichnet der Begriff des Emittenten i.Erg. die **312**

[819] Zu den Personen mit Führungsaufgaben – teils auch im Vergleich zu den Primärinsidern – vgl. etwa auch *Fey/Royé* BOARD 2014, 252 (252 f.); *Krause* CCZ 2014, 248 (257); *Kumpan* AG 2016, 446 (447–449); *Stüber* DStR 2016, 1221 (1222); *Veil/Koch* WM 2011, 2297 (2304); Fuchs/*Pfüller* § 15a WpHG Rn 51, 51a; KölnKomm WpHG/*Heinrich* § 15a Rn 36–41a.

aus dem Instrument verpflichtete Person (idR juristische Person). Für die Zertifikate wird ebendies auch klargestellt (die Verpflichtung trifft denjenigen, der sich in dem Rechtsverhältnis verpflichtet, für das das Zertifikat nur die Zirkulationsfähigkeit herstellt, nicht den Ersteller des Zertifikats). Der in diesem Sinne Verpflichtete ist es, der bei der (seltenen) Eigenemission die Finanzinstrumente emittiert, bei der (üblichen) Fremdemission[820] die Emission „vorschlägt", also ein Emissionskonsortium beauftragt. Zum anderen definiert Art. 3 MAR auch den Begriff des **Market-Maker (Nr. 30)** – dies unter Verweis auf Art. 4 Abs. 1 Nr. 7 MiFID II: Market Maker sind danach solche (Juristischen) Personen, die sich öffentlich bereit erklären, an einem bestimmten Handelsplatz bestimmte Wertpapiere und sonstige Finanzinstrumente zu einem veröffentlichten, jedoch in sehr kurzen Abständen wechselnden Kurs zu verkaufen, idR aus ihrem bestehenden Inventar, bzw. zu einem (niedrigeren) veröffentlichten Kurs zu kaufen.[821] Aus dem Unterschiedspreis zwischen Verkäufen und Käufen („Spread") resultiert der Gewinn, im Umfang des zeitgleichen An- und Verkaufs mit gesicherter Aussicht auf den Spread, bei Divergenzen selbstverständlich belastet mit dem Kursänderungsrisiko. Die Einschaltung von Market Maker – an Handelsplätzen, vor allem Börsen, in Frankfurt etwa Close Brothers Seydler als dem Volumenstärksten – schafft entsprechende Liquidität.[822]

313 **f) Besondere Handlungsformen: Algorithmischer Handel, Hochfrequenzhandel, Beteiligungsaufbau, Empfehlungen (Nr. 18, 31, 33–35).** Die Definitionsnormen zu besonderen Handlungsformen beziehen sich überwiegend auf ein einziges spezifisches Regime und werden daher besser mit diesem erörtert: So bilden **algorithmischer Handel (Nr. 18)** ebenso wie **Hochfrequenzhandel (Nr. 33)** – als der wichtigste Anwendungsfall algorithmischen Handels – Kategorien, die legislativ nur für das Marktmanipulationsverbot herangezogen werden und auch bisher praktisch ganz überwiegend in diesem Kontext diskutiert wurden.[823] Und auch der **Beteiligungsaufbau (Nr. 31)** – jeder Anteilskauf, der keine übernahmerechtliche Angebotspflicht auslöst – bildet nur eine Gegenausnahme zur safe-harbour-Regelung (oder Umkehr der Beweislast) bei bloßer planmäßiger Durchführung von Übernahmen (Art. 9 Abs. 4 MAR).

314 Auch **Anlagestrategien und Anlageempfehlungen (Nr. 34 f.)** werden in nur einer Norm besonders geregelt, Art. 20 MAR, und sollen daher dort – auch begrifflich – näher erörtert werden. Freilich wird insoweit in Anhang I lit. B deutlich, dass der Bezug zur Marktmanipulation auch hier die zentrale Frage bildet.

---

[820] Zu Eigen- und Fremdemission und der jeweiligen Üblichkeit vgl. oben Rn 17–21.

[821] Näher hierzu *Ludewig/Geilfus* EU-Leerverkaufsregulierung: ESMA-Guidelines bestimmen neuen Rahmen der Ausnahmeregelungen für Market-Maker und Primärhändler – Betrachtung unter besonderer Berücksichtigung der BaFin-Erklärung, dem Großteil der Regelungen nachzukommen (Partially-Comply-Erklärung), WM 2013, 1533; Fuchs/*Fuchs* § 2 WpHG Rn 86; KölnKomm WpHG/*Baum* § 2 Rn 157.

[822] Näher hierzu *Ludewig/Geilfus* (Rn 158) S. 1533 (1533 f.); Fuchs/*Fuchs* § 2 WpHG Rn 86.

[823] Zu Überlegungen. Hochfrequenzhandel auch insiderrechtlich zu erfassen, vgl. unten Rn 395, bes. Fn 1001 f.

III. Art. 4 MAR: Meldung/Register der zugelassenen Anlageinstrumente 315

Artikel 4
Meldungen und Liste der Finanzinstrumente

(1) Die Betreiber von geregelten Märkten sowie Wertpapierfirmen und Betreiber eines multilateralen oder organisierten Handelssystems melden der zuständigen Behörde des Handelsplatzes unverzüglich jedes Finanzinstrument, für das ein Antrag auf Zulassung zum Handel auf ihrem Handelsplatz gestellt wird, zum Handel zugelassen wird oder erstmalig gehandelt worden ist.

Sie informieren auch die zuständige Behörde des Handelsplatzes, wenn ein Finanzinstrument nicht mehr gehandelt wird oder seine Zulassung zum Handel erlischt, außer wenn das Datum, von dem an das betreffende Finanzinstrument nicht mehr gehandelt wird oder mit dem seine Zulassung zum Handel erlischt, bekannt ist und in der Meldung gemäß Unterabsatz 1 genannt wurde.

Die in diesem Absatz genannten Meldungen enthalten gegebenenfalls die Bezeichnungen und Kennung der betreffenden Finanzinstrumente sowie Datum und Uhrzeit des Antrags auf Zulassung zum Handel, Datum und Uhrzeit der Zulassung zum Handel sowie Datum und Uhrzeit des ersten Handelsabschlusses.

Die Marktbetreiber und die Wertpapierfirmen übermitteln der zuständigen Behörde des Handelsplatzes außerdem die in Unterabsatz 3 festgelegten Informationen zu den Finanzinstrumenten, für die ein Antrag auf Zulassung zum Handel auf ihrem Handelsplatz gestellt wurde bzw. die vor dem 2. Juli 2014 auf ihrem Handelsplatz zum Handel zugelassen waren und die an diesem Tag immer noch zum Handel zugelassen waren oder gehandelt haben.

(2) Die zuständigen Behörden des Handelsplatzes leiten die Meldungen, die sie gemäß Absatz 1 erhalten, unverzüglich an die ESMA weiter. Die ESMA veröffentlicht diese Meldungen sofort nach Erhalt in Form einer Liste auf ihrer Website. Die ESMA aktualisiert diese Liste unverzüglich bei Eingang einer Meldung von einer zuständigen Behörde des Handelsplatzes. Durch die Liste wird der Anwendungsbereich dieser Verordnung nicht eingeschränkt.

(3) Die Liste enthält folgende Informationen:

a) die Bezeichnungen und Kennung der Finanzinstrumente, für die die Zulassung zum Handel auf geregelten Märkten, multilateralen und organisierten Handelssystemen beantragt wurde, die dort zum Handel zugelassen wurden oder dort erstmalig gehandelt wurden;
b) Datum und Uhrzeit der Beantragung der Zulassung zum Handel, der Erteilung der Zulassung und des erstmaligen Handels;
c) ausführliche Informationen zu den Handelsplätzen, auf denen die Zulassung zum Handel für die Finanzinstrumente beantragt wurde, auf denen sie zum Handel zugelassen wurden oder auf denen sie erstmalig gehandelt wurden, und
d) Datum und Uhrzeit, zu dem/der der Handel mit dem Finanzinstrument eingestellt wird bzw. zu dem/der seine Zulassung zum Handel erlischt.

(4) Zur Sicherstellung der durchgehenden Harmonisierung dieses Artikels arbeitet die ESMA Entwürfe technischer Regulierungsstandards aus, um Folgendes festzulegen:

a) den Inhalt der Meldungen gemäß Absatz 1 und
b) die Art und Weise und die Bedingungen der Zusammenstellung, Veröffentlichung und Pflege der in Absatz 3 genannten Liste.

Die ESMA übermittelt der Kommission diese Entwürfe technischer Regulierungsstandards bis zum 3. Juli 2015.

Der Kommission wird die Befugnis übertragen, die in Unterabsatz 1 dieses Absatzes genannten technischen Regulierungsstandards nach Artikel 10 bis 14 der Verordnung (EU) Nr. 1095/2010 des Europäischen Parlaments und des Rates[824] zu erlassen.

(5) Zur Sicherstellung der durchgehenden Harmonisierung dieses Artikels arbeitet die ESMA Entwürfe technischer Durchführungsstandards aus, um den Zeitplan, das Format und Muster für die Übermittlung der Meldungen gemäß den Absätzen 1 und 2 festzulegen.

Die ESMA übermittelt der Kommission diese Entwürfe technischer Regulierungsstandards bis zum 3. Juli 2015.

Der Kommission wird die Befugnis übertragen, die in Unterabsatz 1 genannten technischen Durchführungsstandards nach Artikel 15 der Verordnung (EU) Nr. 1095/2010 zu erlassen.

316 Der Markttransparenz ebenso wie der Erleichterung der Aufsichtstätigkeit im Rahmen der MAR dient[825] die **EU-weit erstellte Liste der Finanzinstrumente, die in den (Kern-)Anwendungsbereich nach Art. 2 Abs. 1 1. UAbs. MAR fallen.**[826] Diese Zielsetzung ist unabhängig davon, dass diese Liste **nicht konstitutiv** ist (Art. 4 Abs. 2 S. 3 MAR), der Anwendungsbereich sich also für zivilrechtliche wie aufsichtsrechtliche Zwecke verbindlich allein nach den Kriterien des Art. 2 Abs. 1 MAR bestimmt (oben Rn 274–295). Die Einzelheiten regeln **Ausführungsvorschriften** nach Abs. 4 und 5 zu den Fragen und Inhalten der ersten Meldung (unten Rn 68) sowie solchen der Gestaltung der Liste, die die ESMA auf dieser Grundlage erstellt und veröffentlicht (unten Rn 68).[827]

317 Die Liste wird in einem **zweistufigen Verfahren** erstellt, aufgrund von zwei Meldungen: Verpflichtet für die **erste Meldung (Abs. 1 und 3)** sind die **Marktbetreiber** von Handelsplätzen iSv Art. 3 Abs. 1 Nr. 6–8 MAR. Die Meldung bezieht sich (1) auf alle Finanzinstrumente, die (seit Inkrafttreten der MAR, also dem 2.7.2014) neu eingeführt (tatsächlich gehandelt) oder zugelassen wurden oder für die ein Zulassungsantrag gestellt wurde, sowie (2) alle zum Zeitpunkt des Inkrafttretens bereits gehandelten oder zugelassenen Finanzinstrumente und zuletzt auch (3) auf die Beendigung des Handels bzw. der Zulassung solcher Finanzinstrumente (falls die Zulassung nicht ohnehin nur befristet erfolgte und dies bereits in der Mitteilung zu (1) mitgeteilt wurde) (vgl. insgesamt Abs. 1, 1. UAbs., 4. UAbs. bzw. 2. UAbs.). Verpflichtet scheinen auch alle Wertpapierfirmen. Formal könnte sich dies auf jede Tätigkeit beziehen, bei der sie davon Kenntnis erlangen, dass ein Instrument auf einem

[824] Verordnung (EU) Nr. 1095/2010 des Europäischen Parlaments und des Rates vom 24. November 2010 zur Errichtung einer Europäischen Aufsichtsbehörde (Europäische Wertpapier- und Marktaufsichtsbehörde), zur Änderung des Beschlusses Nr. 716/2009/EG und zur Aufhebung des Beschlusses 2009/77/EG der Kommission (ABl. L 331 vom 15.12.2010, S. 84).

[825] Zur doppelten Zielsetzung von Art. 4 MAR auch *Zetzsche* Enzyklopädie Europarecht, Bd. 6, § 7 C Rn 31.

[826] Die Norm bezieht sich auf Betreiber von Handelsplätzen. Daher können diejenigen Kontrakte nicht gemeint sein, die außerhalb dieser Handelsplätze gehandelt werden und nur wegen ihres funktionalen Konnexes zu bereits Art. 2 Abs. 1 1. UAbs. MAR unterfallenden Finanzinstrumenten einbezogen werden. Auch die Versteigerungen nach Art. 2 Abs. 1 2. UAbs. MAR sind von diesen Handelsplätzen unabhängige Veranstaltungen, so dass auch die dort versteigerten Treibhausgasemissionszertifikate nicht für die Liste nach Art. 4 MAR bestimmt sein können.

[827] Bisher ergangen sind folgende Ausführungsregelwerke: DurchführungsVO (EU) 2016/378 vom 11.3.2016, ABl.EU Nr L 72/1 und DurchführungsVO (EU) 2016/522 vom 17.12.2015, ABl.EU Nr L 88/1.

Handelsplatz gehandelt wird bzw. zugelassen wurde, also bei jeglichem Wertpapierhandel, in dem sie als bloßer Intermediär fungieren. Dies freilich hieße, den Wertpapierhandel übermäßig belasten. Daher kann diese Pflicht allenfalls dahingehend verstanden werden, dass Wertpapierfirmen auch zu melden haben, wenn sie zwar nicht Betreiber sind, ihnen jedoch aufgrund ihres Handels positiv bekannt wird, dass ein auf einem Handelsplatz gehandeltes bzw. zugelassenes Instrument in der ESMA-Liste nicht auftaucht. Die erste Meldung erfolgt **gegenüber** der zuständigen Aufsichtsbehörde des Handelsplatzes, idR *einer* nationalen Aufsichtsbehörde, in Deutschland der **BaFin**, und hat sowohl die Zeitpunkte (erstmaliger Handel bzw. erstmalige Zulassung) als auch die Instrumente genau zu bezeichnen (vgl. im einzelnen Abs. 3, im Kern bereits spezifiziert in Abs. 1 3. UAbs.).[828] Die **zweite Meldung (Abs. 2)** dient der europaweiten Veröffentlichung und damit Marktintegration. Dabei hat sowohl die nationale Behörde (allgemeiner: die Aufsichtsbehörde des fraglichen Handelsplatzes) die Meldung „unverzüglich" weiterzugeben als auch die ESMA die Liste „unverzüglich" zu aktualisieren – dies elektronisch und europaweit auf ihrer Website abrufbar.

IV. Art. 5 MAR: Ausnahmen für Rückkauf- und Stabilisierungsmaßnahmen 318

Artikel 5
Ausnahmen für Rückkaufprogramme und Stabilisierungsmaßnahmen

(1) Die in den Artikeln 14 und 15 dieser Verordnung festgeschriebenen Verbote gelten nicht für den Handel mit eigenen Aktien im Rahmen von Rückkaufprogrammen, wenn

a) die Einzelheiten des Programms vor dem Beginn des Handels vollständig offengelegt werden,

b) Abschlüsse der zuständigen Behörde des Handelsplatzes gemäß Absatz 3 als Teil des Rückkaufprogramms gemeldet und anschließend öffentlich bekanntgegeben werden,

c) in Bezug auf Kurs und Volumen angemessene Grenzen eingehalten werden und

d) er im Einklang mit den in Absatz 2 genannten Zielen und den in dem vorliegenden Artikel festgelegten Bedingungen und den in Absatz 6 genannten technischen Regulierungsstandards durchgeführt wird.

(2) Um in den Genuss der in Absatz 1 vorgesehenen Ausnahme zu gelangen, muss ein Rückkaufprogramm als seinen einzigen Zweck haben:

a) das Kapital eines Emittenten zu reduzieren,

b) die aus einem Schuldtitel entstehenden Verpflichtungen zu erfüllen, die in Beteiligungskapital umgewandelt werden können, oder

c) die aus einem Belegschaftsaktienprogramm oder anderen Formen der Zuteilung von Aktien an Mitarbeiter oder Angehörige der Verwaltungs-, Leitungs- oder Aufsichtsorgane des Emittenten oder einem verbundenen Unternehmen entstehenden Verpflichtungen zu erfüllen.

(3) Um in den Genuss der in Absatz 1 vorgesehenen Ausnahme zu gelangen, muss der Emittent der für den Handelsplatz, auf dem seine Aktien zum Handel zugelassen wurden bzw. gehandelt werden, zuständigen Behörde des Handelsplatzes jedes mit Rückkaufpro-

[828] Näher zum Inhalt der Meldung (und dann auch der bei der ESMA geführten Liste): *Zetzsche* Enzyklopädie Europarecht, Bd. 6, § 7 C Rn 31.

grammen zusammenhängende Geschäft, einschließlich der in Artikel 25 Absätze 1 und 2 und Artikel 26 Absätze 1, 2 und 3 der Verordnung (EU) Nr. 600/2014 genannten Informationen, melden.

(4) Die in den Artikeln 14 und 15 dieser Verordnung festgeschriebenen Verbote gelten nicht für den Handel mit Wertpapieren oder verbundenen Instrumenten zur Stabilisierung des Kurses von Wertpapieren, wenn

a) die Dauer der Stabilisierungsmaßnahme begrenzt ist,

b) relevante Informationen zur Stabilisierung offengelegt und der zuständigen Behörde des Handelsplatzes gemäß Absatz 5 gemeldet werden,

c) in Bezug auf den Kurs angemessene Grenzen eingehalten werden und

d) ein solcher Handel den Bedingungen für die Stabilisierung gemäß den technischen Regulierungsstandards gemäß Absatz 6 entspricht.

(5) Unbeschadet des Artikels 23 Absatz 1 teilen Emittenten, Bieter oder Unternehmen, die die Stabilisierungsmaßnahme durchführen, unabhängig davon, ob sie im Namen Ersterer handeln oder nicht, der zuständigen Behörde des Handelsplatzes spätestens am Ende des siebten Handelstags nach dem Tag der Ausführung dieser Maßnahmen die Einzelheiten sämtlicher Stabilisierungsmaßnahmen mit.

(6) Zur durchgängigen Harmonisierung dieses Artikels arbeitet die ESMA Entwürfe technischer Regulierungsstandards aus, in denen die bei den Rückkaufprogrammen und Stabilisierungsmaßnahmen nach Absatz 1 und 4 einzuhaltenden Bedingungen präzisiert werden, darunter Handelsbedingungen, Beschränkungen der Dauer und des Volumens, Bekanntgabe- und Meldepflichten sowie Kursbedingungen.

Die ESMA legt der Kommission diese Entwürfe technischer Regulierungsstandards bis zum 3. Juli 2015 vor.

Der Kommission wird die Befugnis übertragen, die in Unterabsatz 1 genannten technischen Regulierungsstandards nach Artikel 10 bis 14 der Verordnung (EU) Nr. 1095/2010 zu erlassen.

319 **1. Überblick und Struktur.** Der Handel mit eigenen Aktien im Rahmen von **Rückkaufprogrammen und Stabilisierungsmaßnahmen** war schon gem. § 14 Abs. 2 WpHG a.F. und § 20a Abs. 3 WpHG a.F. **von den Insiderhandels- und Marktmanipulationsverboten ausgenommen.** Die Vorschriften setzten Art. 8 MAD I um und verwiesen auf die einschlägige Durchführungsverordnung VO 2273/2003 (was wegen deren unmittelbarer Geltung nicht erforderlich gewesen wäre).[829] Es handelt sich materiell um die **wichtigste Safe harbour Bestimmung des Marktmissbrauchsrechts.** Diese Durchführungsverordnung wiederum differenzierte zwischen Rückkaufprogrammen und Stabilisierungsmaßnahmen (Art. 3 ff. [Kapitel II] und Art. 7 ff. [Kapitel III]). Nach ihrer Aufhebung durch Art. 37 MAR wurde der Gehalt dieser Durchführungsverordnung im Wesentlichen in die MAR überführt, also von einer Level 2-Gesetzgebung auf eine Level 1-Gesetzgebung angehoben. Die zweiteilige Ausnahme gilt im gleichen Umfang weiter, es wird wiederum – trotz der erheblichen

[829] Verordnung (EG) Nr. 2273/2003 der Kommission vom 22. Dezember 2003 zur Durchführung der Richtlinie 2003/6/EG des Europäischen Parlaments und des Rates – Ausnahmeregelungen für Rückkaufprogramme und Kursstabilisierungsmaßnahmen, ABl.EG 2003 L 336/33 (nun aufgehoben nach Art. 37 MAR); dazu allgemein: *Geber/zur Megede* BB 2005, 1861; *Leppert/Stürwald* ZBB 2004, 302; und Kommentierung KölnKomm WpHG/*Mock* § 20a Anh II; *Kümpel/Wittig/Oulds* Bankrecht, 14.323–14.330; speziell im Zusammenhang mit M&A-Transaktionen: *Widder* BB 2010, 515 (517 f.). Zu den Vorgängerregeln im autonomen deutschen Recht vgl. unten Rn 332.

Parallelen und Überschneidungen –[830] zwischen **Rückkaufprogrammen (Art. 5 Abs. 1–3 MAR, im Folgenden)** und Stabilisierungsmaßnahmen (Art. 5 Abs. 4 und 5 MAR, unten Rn 324–327) unterschieden. In allen Fällen gilt, dass **bei Nichteingreifen des Ausnahmetatbestandes** – etwa weil andere als die zugelassenen Zwecke verfolgt werden – keineswegs bereits dargetan ist, dass die Handlung den jeweiligen Verbotstatbestand erfüllt; vielmehr muss dieser dann eigens geprüft werden.[831] **Level 2-Gesetzgebung** ist inzwischen ergangen.[832] In diesem rein Europäischen Regelungsregime fallen Zweifelsfragen in die Kompetenz des EuGH.

2. Ausgenommene Rückkaufprogramme (Art. 5 Abs. 1–3 iVm Art. 3 Abs. 2 MAR). 320

a) Sachlicher Anwendungsbereich (Art. 5 Abs. 1 iVm Art. 3 Abs. 2 MAR). Eigenständig bestimmt ist in der neuen Regelung der sachliche Anwendungsbereich der Ausnahme: Erfasst sind nach Art. 3 Abs. 2 lit. a) und b) MAR **Wertpapiere** und die mit diesen **verbundenen Instrumente.** Wertpapiere müssen den in Art. 3 Abs. 1 Nr. 6–8 MAR genannten Marktbezug aufweisen (geregelter Markt oder multilaterales oder organisiertes Handelssystem, oben Teil 5 Rn 66–71) und daher insbes. auch „übertragbar"/zirkulationsfähig sein (oben Rn 274–286) – was zwar aus dem Wortlaut des lit. a) nicht klar hervorgeht (Übertragbarkeit hier nicht ausdrücklich betont), jedoch von Art. 2 Abs. 1 1. UAbs. iVm Art. 3 Abs. 1 Nr. 1 MAR vorausgesetzt wird (andernfalls wäre der Anwendungsbereich gar nicht eröffnet, vgl. oben Rn 274 f.), und was auch ein Umkehrschluss aus lit. b) (Eingangsformel) nahelegt (dieser Marktbezug *dort* gerade ausdrücklich nicht nötig). Und auch die „verbundenen Instrumente" (Zeichnungsrechte, Derivate, Zertifikate) sind definiert mit den Elementen, die aus den Regeln zum sachlichen Anwendungsbereich bekannt sind. Insbesondere ist auch dort, jedenfalls bei den Derivatekontrakten, der Bezug auf das Wertpapier maßgeblich und nicht die eigene Einführung in einen regulierten Handelsplatz (Art. 2 Abs. 1 1. UAbs. iVm Art. 3 Abs. 1 Nr. 1 MAR iVm Anh. I Abschnitt C MiFID II, oben Rn 276–286).

Transparenter gewesen wäre daher wohl eine Bestimmung des sachlichen Anwen- 321
dungsbereichs des Art. 5 MAR unter Verweis auf diese allgemeinen Regeln unter gleichzeitiger Hervorhebung derjenigen **beiden Elemente,** die in der Tat **charakterisierend speziell für Rückkaufprogramme** sind: Ein von den Verboten ausgenommenen Aktienrückkaufprogramm muss (wie schon nach Art. 2 Nr. 3 VO 2273/2003) den **Handel mit eigenen Aktien** zum Gegenstand haben – im Sinne von Art. 19 der sog. Kapital-Richtlinie (Richtlinie 77/91/EWG), heute Art. 21 der konsolidierten Richtlinie 2012/30/EU (nochmals modifiziert durch Richtlinie 2014/59/EU). Dabei sind die komplexen Anforderungen, die

[830] Für die vielen in beiden Zweigen der Ausnahme verwandten Tatbestandsmerkmale vgl. im Folgenden. Dennoch erscheint es nicht richtig, die Rückkaufprogramme als spezielleren Fall gegenüber den Stabilisierungsmaßnahmen zu sehen; so etwa Köln-Komm WpHG/*Mock* § 20a Anh II, Art. 3 Rn 2. Denn Rückkaufprogramme können auch ohne jegliches Stabilisierungsziel der Erfüllung von Verpflichtungen dienen, und nicht einmal beim Ziel, den Aktienbestand zu reduzieren, muss es sich um ein Stabilisierungsziel im klassischen Sinne handeln. Beide Zweige der Ausnahme stehen vielmehr zueinander wie zwei einander überschneidende Kreise mit einer erheblichen Schnittmenge.

[831] *Zetzsche* Enzyklopädie Europarecht, Bd. 6, § 7 C Rn 206.

[832] Delegierte Verordnung (EU) 2016/1052 der Kommission vom 8. März 2016 zur Ergänzung der Verordnung (EU) Nr. 596/2014 des Europäischen Parlaments und des Rates durch technische Regulierungsstandards für die auf Rückkaufprogramme und Stabilisierungsmaßnahmen anwendbaren Bedingungen, ABl.EU 2016 L 173/34.

die EU-Kapital-Richtlinie an den Erwerb eigener Aktien stellt,[833] zwar gesellschaftsrechtlich sanktioniert. Die MAR formuliert die inhaltlichen Anforderungen, die die Ausnahme von den Insiderhandels- und Marktmanipulationsverboten eröffnen, jedoch eigenständig (unten Rn 73). Außerdem charakteristisch ist das **Element der „Verbundenheit"** (Art. 3 Abs. 2 lit. b) MAR). Dabei ist nicht maßgeblich – jedenfalls nicht nur – die Abhängigkeit des Kurses des einen Instruments von demjenigen des anderen (vgl. dazu oben Rn 320), sondern das aus dem Instrument resultierende Recht, eigene Aktien tatsächlich zu erwerben, oder jedenfalls ein Bezug zu dem Erwerb eigener Aktien (zu den in Art. 5 Abs. 2 MAR vorausgesetzten Zielen).[834]

322 b) **Inhaltliche Anforderungen (Art. 5 Abs. 1–3 MAR).** Nach Art. 5 MAR unterfallen die inhaltlichen Anforderungen in prozedurale (Abs. 1 lit. a) und b) iVm Abs. 3) und in materielle (Abs. 1 lit. c) und d) iVm Abs. 2).[835] Zudem sind die Bedingungen der ausführenden Regeln in der Level 2-Gesetzgebung zu beachten (Abs. 1 lit. d)). **Prozedural** gefordert ist eine **ex ante** Aufdeckung der Einzelheiten des Programms (Abs. 1 lit. a)) und **ex post** die (5-jährige) Aufbewahrung und eine detaillierte, innerhalb eines Arbeitstages geschuldete Meldung nach Art. 25 bzw. 26 der Verordnung (EU) Nr. 600/2014 – mit anschließender Veröffentlichung (Abs. 1 lit. b iVm Abs. 3). Dies entspricht weitgehend Art. 4–6 VO 2273/2003, weswegen fraglich ist, ob nicht auch zumindest die (bisher explizit geforderte) Genehmigung durch die Hauptversammlung unverzichtbar ist. Zu begründen wäre dies damit, dass es sich gesellschaftsrechtlich bei einem Rückkaufprogramm **ohne Hauptversammlungsbeschluss** nach Europäischem Recht (Art. 21 Abs. 1 S. 2 lit. a) EU-Kapital-Richtlinie) um kein vom richtigen Organ beschlossenes Programm handelt.

323 Daneben treten **zwei materielle Anforderungen**. Die Verordnung sieht **drei zulässige Zwecke als abschließend** vor (Abs. 1 lit. d) iVm Abs. 2), namentlich die Herabsetzung des Grundkapitals (Erwerb eigener Aktien gem. § 71 Abs. 1 Nr. 6 oder Nr. 8 a.E. AktG) sowie die Erfüllung von Verpflichtungen aus Schuldverschreibungen (insbesondere Wandelanleihen, wohl auch Aktienanleihen) oder aus Belegschaftsaktienprogrammen, ähnlichen Formen der Mitarbeiterbeteiligung, aber auch Bonusprogrammen für Mitglieder der Leitungsorgane.[836] Von diesen Zielen muss nur eines verfolgt werden, es muss sich jedoch auch um

---

833 Dazu etwa *Grundmann* Europäisches Gesellschaftsrecht, Rn 347–353; *Oechsler* Das Finanzierungsverbot des § 71a Abs. 1 Satz 1 AktG bei Erwerb eigener Aktien – Schutzzweck und praktische Anwendung ZIP 2006 S. 1661–1666.

834 Assmann/Schneider/*Vogel* § 20a WpHG Rn 276; Habersack/Mülbert/Schlitt/*Haouche/Mülbert* § 27 Rn 80.

835 Im Einzelnen: *Bösch* Aktienrückkaufprogramme in Deutschland, 2014; *Siegmund* Aktienrückkaufprogramme als Substitut für Dividenden, 2015; *Grüger* Kurspflegemaßnahmen durch den Erwerb eigener Aktien – Verstoß gegen das Verbote der Marktmanipulation nach § 20a WpHG? BKR 2010, 221; *Leyendecker-Langner* (Un-)Zulässigkeit von Aktienrückkaufprogrammen bei öffentlichen Übernahmen, BB 2013, 2051; *Widder* Masterpläne, Aktienrückkaufprogramme und das Spector-Urteil des EuGH bei M&A-Transaktionen, BB 2010, 515; *Leppert/Stürwald* ZBB 2004, 302 (306–308); *Singhoff/Weber* AG 2005, 549 (556–562); KölnKomm WpHG/*Mock* § 20a Anh II, Art. 3 Rn 2–19.

836 Näher: *Sieg*, Renaissance der Mitarbeiter-Kapitalbeteiligung, NZA 2015, 784; *Grohmann/Reinhold* Steuerliche Behandlung von aktienbasierten (Management-)Vergütungsmodellen und Mitarbeiterbeteiligungsprogrammen, DStR-Beih 2014, 61; *Staake* Verfall von Aktienoptionen bei Mitarbeiterbeteiligungsprogrammen, NJW 2010, 3755; *Leppert/Stürwald* ZBB 2004, 302 (305 f.); *Singhof/Weber* AG 2005, 549 (555); speziell für Bonusprogramme ist – soweit nicht Art. 5 Abs. 1 eine Ausnahme trägt – die unmodifizierte Anwendbarkeit der Insiderverbote zwar zeitweise bestritten gewesen, inzwi-

das einzig intendierte Ziel handeln.[837] In den beiden zuletzt genannten Fällen bildet die rechtlich bindend eingegangene Verpflichtung den Rechtfertigungsgrund, da bei Eingehen der Verpflichtung die später hinzutretende Insiderinformation noch nicht bekannt war und auch eine später kursmanipulierende Handlung und Wirkung zu diesem Zeitpunkt fern liegt. Dass auch das Ziel, den Aktienbestand zu reduzieren, als Ausnahmegrund anerkannt wird, liegt an der breit anerkannten ökonomischen Begründung:[838] Zum einen signalisieren damit die Entscheidungsträger der Gesellschaft – mit ihrem typischerweise überlegenen Wissen –, dass sie die Gesellschaft für zu niedrig bewertet halten, mithin eine ihrer Meinung nach suboptimale Kapitalallokation. Zum anderen wird damit das Problem einer – auch zwischen den Aktionären – unterschiedlichen Bewertung und eine Entscheidung hierzu dem Marktmechanismus überantwortet, indem diejenigen, die die Aktie am niedrigsten bewerten, aufgefordert werden, ihren Anteil an den verbleibenden Aktionärskreis zu einem Preis zu überlassen, den dieser wiederum für geringer als den tatsächlichen Wert hält. Neben das Erfordernis einer definierten Zweckverfolgung tritt dasjenige, dass die **Maßnahme hinsichtlich Kurs und Volumen angemessen** sein muss (Abs. 1 lit. c). Mit dieser Voraussetzung soll ein Schutz der wichtigsten Interessen der verschiedenen Beteiligtengruppen sichergestellt werden, sie bildet auch den **Schwerpunkt der Level 2-Gesetzgebung:** Hier wird das Merkmal der Angemessenheit ausgefüllt einerseits durch eine Statuierung notwendiger Handelsbedingungen (Art. 3): hinsichtlich des benutzten Marktes (nur auf Handelsplätzen iSd Art. 3 Abs. 1 Nr. 6–8 MAR und außerhalb von Auktionen), um verlässliche Marktliquidität und Publizität für verkaufende ebenso wie verbleibende Aktionäre zu verbürgen, hinsichtlich des Preises (nicht über Marktpreis, Nr. 2) und des Volumens (nur 25 % vom gehandelten Tagesvolumen), um verbleibende Aktionäre zu schützen, aber auch, um ggf. doch vorhandene Insiderinformationen oder manipulative Elemente nur in beschränktem Maße zur Wirkung kommen zu lassen. Zudem werden starre Grenzen errichtet durch Handelsbeschränkungen (Art. 4) und zwar insbesondere dahingehend, dass ein Wiederverkauf und ein Kauf in Phasen, in denen die Ad-hoc-Publizität ausgesetzt ist, unterbleiben müssen (Nr. 1 und 3, außer bei vorher genau getakteten, sog. programmierten Rückkaufprogrammen) – wiederum mit dem Ziel, spezifische Situationen auszuschließen, die geeignet sind oder auch nur scheinen, Insiderinformationen oder manipulative Elemente mit besonderen Gewinn zu „nutzen".

3. Ausgenommene Stabilisierungsmaßnahmen (Art. 5 Abs. 4 und 5 iVm Art. 3 Abs. 2 **324**
MAR). Die zweite Ausnahme – für Stabilisierungsmaßnahmen – stützt sich auf das gleiche (rein) Europäische Regelungsregime, mit gleicher Regelungsentwicklung (oben Rn 70), wobei freilich ursprünglich der safe harbour für Kurspflegemaßnahmen zunächst durch die (deutsche) Verordnung zu Kurs- und Marktpreismanipulation[839] geschaffen wurde.

---

schen jedoch höchstrichterlich bestätigt: BGH Beschl. v. 27.1.2010 – 5 StR 224/09 NJW 2010, 882 = NZG 2010, 349 Anm. *Stoffers* 352 = ZIP 2010, 426, Anm. *Vogel* 370 = WM 2010, 399 = wistra 2010, 142 (Anm. *Gehrmann* 345); vorher bereits *Verstegen/Schulz* ZIP 2009, 110; *Widder* WM 2010, 1882; *Widder/Kocher* NZG 2009, 654.

837 *Zetzsche* Enzyklopädie Europarecht, Bd. 6, § 7 C Rn 209.

838 Grundlegend *Vermaelen* Common stock repurchases and market signaling – an empirical study, 9 Journal of Financial Economics 139 (bes. 154) (1981); auch *Bayer/Hoffmann/Weinmann* ZGR 2007, 457 (458 ff.). Zu beiden Begründungssträngen *Bezzenberger*, Erwerb eigener Aktien durch die AG, 2002, S. 63–67; Fuchs/*Fuchs* § 20a WpHG Rn 94; *Grundmann* Europäisches Gesellschaftsrecht, Rn 348; MünchKommAktG/ *Oechsler* § 71 Rn 1–12 mwN.

839 Verordnung zur Konkretisierung des Verbotes der Marktmanipulation vom 1.3.2005 (BGBl. I S. 515). Verordnung zur Konkretisierung des Verbotes der Kurs- und

Auch diese Maßnahmen sind gleichermaßen für das Insiderhandels- wie das Marktmanipulationsverbot problematisch und (nur) unter den spezifizierten Voraussetzungen von diesen Verboten ausgenommen.

325 a) **Sachlicher Anwendungsbereich (Art. 5 Abs. 4 iVm Art. 3 Abs. 2 MAR).** Auch diese Ausnahme bezieht sich auf **Wertpapiere und verbundene Instrumente** (Art. 3 Abs. 2 lit. a) und b) iVm Eingangsformel in Art. 5 Abs. 4 MAR) im oben erörterten Sinne (oben Rn 71). Freilich muss es sich hierbei in diesem Falle **nicht um eigene Aktien** handeln (vgl. Einleitungsformeln von Abs. 1 und Abs. 4). Dies ergibt sich vor allem auch aus dem Begriff der **Kursstabilisierung** und seiner Definition, mit dem der sachliche Anwendungsbereich der Ausnahme vorrangig abgesteckt wird: Art. 3 Abs. 2 lit. d) MAR (iVm lit. c) umreißt ihn – wie bisher Art. 2 Nr. 7 VO 2273/2003 – als Kauf(-angebot) von Wertpapierhäusern oder Kreditinstituten, das dem alleinigen Ziel dient, den Marktkurs dieser Papiere für einen bestimmten Zeitraum entgegen bestehendem Verkaufsdruck zu stützen, und das in einem bestimmten Kontext, nämlich **im Rahmen einer Erst- oder Zweitplatzierung** der Wertpapiere erfolgt, einem sog. signifikanten Zeichnungsangebot.[840] Signifikant ist ein Zeichnungsangebot dabei nach lit. c), wenn es sich vom Wert der angebotenen Wertpapiere als von den Verkaufsmethoden her als eine Erst- oder Zweitplatzierung, nicht als üblicher Handel darstellt. Solch eine „Platzierung" zeichnet sich insbesondere auch durch einen klar bezeichneten Startpunkt aus (vgl. Art. 5 der Durchführungsverordnung, oben Rn 70). Insbesondere der private Handel mit Wertpapierblöcken stellt von der Verkaufsmethode her kein solches signifikantes Zeichnungsangebot dar (keine Platzierungsmaßnahme).[841] Auf dem Hintergrund des allein zugelassenen Kursstabilisierungsziels bezeichnet **„verbundene Instrumente"** in diesem Kontext – etwas anders als für Art. 5 Abs. 1 MAR – nur solche, die entsprechend für eine Kursbeeinflussung eingesetzt werden (können), nicht nötig für den tatsächlichen Erwerb der fraglichen Aktien. Andere Zwecke als die Kurstützung gegen Verkaufsdruck darf die Maßnahme nicht verfolgen, soll die Safe-harbour-Regel eröffnet bleiben.[842]

Marktpreismanipulation (KuMaKV) vom 18.11.2003, BGBl. I S. 2300; zum Entwurf *Rückert/Kuhte* BKR 2003, 647. *Ekkenga* WM 2002, 317 ging von genereller Unzulässigkeit der Kurspflege aus, solange die Verordnung nicht erlassen war; dagegen wiederum Assmann/Schneider/*Vogel* WpHG § 20a Rn 265 ff. Schon §§ 4–11 KuMaKV sahen vor, dass Kurspflegemaßnahmen nur zeitlich begrenzt freigestellt sind, wenn sie zur Preisstützung vorgenommen werden, bei Aktien nicht zu einer Überschreitung des Emissionspreises führen, vor Beginn der Zeichnungsfrist öffentlich angekündigt werden und nach Ende des Stabilisierungszeitraumes über bestimmte Einzelheiten zu vorgenommenen Stabilisierungsmaßnahmen öffentlich berichtet wird.

840 *Fleischer* ZIP 2003, 2045; *Grüger* BKR 2007, 437; *Meyer* AG 2004, 289 (295 f.); *Vogel* WM 2003, 2437; nach vorherigem Rechtszustand war längerfristige Glättung zulässig, wohl schon damals nicht jedoch gegen den Markttrend, vgl. *Caspari* ZGR 1994, 530 (544); ähnlich: *Claussen* DB 1994, 27 (31); *Hopt* ZGR 1991, 17 (46); aA (erheblich weiter) damals *Assmann* AG 1994, 237 (246); *Heldmann* ZfgKW 1992, 480 (483). Noch immer lesenswert zur Erforderlichkeit von Kurspflegemaßnahmen im Börsensystem *Hopt* FS Heinsius 1991, S. 289 (290).

841 Vgl. *Leppert/Stürwald* ZBB 2004, 302 (310); Assmann/Schneider/*Vogel* § 20a WpHG Rn 268, 273; Fuchs/*Fleischer* § 20a WpHG Rn 109; KölnKomm WpHG/*Mock* § 20a Anh. II Art. 2 VO Rn 59; Habersack/Mülbert/Schlitt/*Singhof* § 22 Rn 13.

842 Wenn freilich andere Zwecke verfolgt werden, bedeutet dies wiederum nur, dass der Ausnahmetatbestand nicht eröffnet ist, nicht notwendig, dass die Verbotstatbestände erfüllt sind: *Zetzsche* Enzyklopädie Europarecht, Bd. 6, § 7 C Rn 206.

b) Inhaltliche Anforderungen (Art. 5 Abs. 4 und 5 MAR). Die Freistellung vom Insiderhandels- und Marktmanipulationsverbot steht außerdem wiederum unter verfahrensmäßigen und inhaltlichen Vorbehalten.[843] Wieder ist **prozedural** vorgesehen, dass sowohl **ex ante** jedenfalls der Rahmen bekanntgegeben wird (Abs. 4 lit. b), namentlich der Zeitraum, das zuständige Unternehmen, die Stabilisierungszielsetzung und auch, dass es gar nicht zur Stützung kommen muss (vgl. Art. 6 Nr. 1 der Durchführungs-Verordnung, Rn 70), als auch **ex post** dann alle Einzelheiten. Wichtig ist hier, dass schon innerhalb von sieben Arbeitstagen jede Stabilisierungsmaßnahme im Detail zu melden ist, gleichgültig auf welchem Marktsegment getätigt, aber auch, wie der Rahmen insgesamt ausgefüllt wurde (vgl. Abs. 4 lit. b iVm Abs. 5 und Art. 6 Nr. 2–4 der Durchführungs-Verordnung). Ziel ist es, durch akribische Publizität das Vertrauen der Anleger der Erhalt des Anlegervertrauens in die Marktintegrität zu erhalten (vgl. Erw.grund 8 der Durchführungsverordnung). **326**

Bei den **inhaltlichen Vorgaben** brachte das Europäische Regime eine deutliche Restriktion der zulässigen Stabilisierungsmaßnahmen mit sich: Während in den 1990er Jahren in Deutschland noch von einer grundsätzlichen Zulässigkeit ausgegangen wurde, auch bei Kurspflege „gegen den Markttrend", solange nicht irreführende Machenschaften, etwa Strohmanngeschäfte, hinzukamen,[844] zeichnet sich das Europäische Regime seit der Durchführungs-Verordnung 2273/2003/EG (oben Rn 70) und jetzt unter der MAR durch **drei strikte Grenzen** aus: Bereits mit der Regel zum Anwendungsbereich wird klargestellt, dass Stabilisierungsmaßnahmen ausschließlich während Phasen einer Erst- oder Zweitplatzierung freigestellt sind (Rn 76). Darüber hinaus ist der Stabilisierungszeitraum eng umrissen (vgl. Abs. 4 lit. a)), in Art. 5 der Durchführungs-Verordnung (Rn 70) auf 30 Kalendertage ab Platzierungsbeginn. Schließlich darf mit Stabilisierungsmaßnahmen auch nur ein „angemessener" Kurs gestützt werden (Abs. 4 lit. c), nach Art. 7 der Durchführungs-Verordnung jedenfalls kein höherer als der Emissionskurs. Der Kreis zulässiger Stabilisierungsmaßnahmen ist umgekehrt bewusst weit gezogen und umfasst neben dem Kauf der zu stabilisierenden Wertpapiere auch diesbezügliche Kaufangebote sowie Transaktionen in verbundenen Instrumenten (vgl. Art. 6 Abs. 4 Durchführungs-Verordnung).[845] Noch wichtiger erscheinen freilich zwei weitere „Erleichterungen": Während nach Art. 2 Nr. 1 und 2 der aufgehobenen Durchführungs-VO (EG) 2273/2003, nur Wertpapierdienstleistungsunternehmen als Akteure zugelassen waren, keine Stabilisierung durch den Emittenten selbst, ist nach Art. 6 Abs. 5 der aktuellen Durchführungsverordnung (EU) 2916/1052 die „handelnde Person" offen bestimmbar.[846] Noch wichtiger erscheint eine zweite Erweiterung im Zusammenhang mit dem Interesse, den (ja als Obergrenze vorgesehenen) Emissionskurs möglichst hoch ansetzen zu können. Hier scheint die Durchführungs-Verordnung eine Lösung kraft EU-Recht zuzulassen, deren Statthaftigkeit im deutschen Recht aus gesellschaftsrechtlicher Sicht umstritten ist: Im Bookbuilding-Verfahren wird der sog. Greenshoe eingesetzt, mit dem dem Bankenkonsortium bei Überzeichnung **327**

---

[843] Ausführlich zum Vorgängerregime, das Pate stand: *Geber/zur Megede* BB 2005, 1861 (1862–1864); *Leppert/Stürwald* ZBB 2004, 302 (310–314); *Meyer* AG 2004, 289 (296).

[844] *Assmann* ZGR 1994, 494 (518); *Bosch* BuB 10/342; *Hartwig-Jacob* Anleiheemission, S. 96–100; *Heldmann* ZfgKW 1992, 480 (483); schon gänzlich gegen die Zulassung einer Kurspflege gegen Markttrend *Caspari* ZGR 1994, 530 (544); ebenfalls einschränkend: *Claussen* DB 1994, 27 (31); *Hopt* ZGR 1991, 17 (46); auf die Gewünschtheit der Kurspflege nach dem Börsensystem abstellend: *Hopt* FS Heinsius 1991, 289 (290); aus jüngster Zeit Assmann/Schneider/*Vogel* WpHG § 20a Rn 265 ff.

[845] Kritisch: BR-Drucks. 639/03, S. 14; vgl. aber (zur insoweit inhaltsgleichen alten Durchführungs-Verordnung) Assmann/Schneider/*Vogel* § 20a WpHG Rn 276.

[846] Vgl. zum Hintergrund schon *Grüger* BKR 2010, 221 (227–230).

gestattet wird, über den (zur Erzielung guter Kurse knapper gehaltenen) Kapitalerhöhungsbeschluss hinaus Stücke zu platzieren, wenn die Nachfrage entsprechend ist.[847] Es handelt sich gleichsam um eine präventive Kursstützungsmaßnahme – durch Verknappung des Angebots, bei dem zugleich die Option erhalten bleibt, es nachträglich auszuweiten. Art. 8 der Durchführungs-Verordnung gestattet diese Maßnahme, wenn auch nur in Grenzen (bis zu 15 %). 10. Erw.grund kann dahin verstanden werden, dass nationales Recht diese Gestattung auch nicht beschneiden darf.

328 V. Art. 6 MAR: Ausnahmen für wirtschafts- und umweltpolitische Maßnahmen

Artikel 6
Ausnahme für Maßnahmen im Rahmen der Geldpolitik, der Staatsschuldenverwaltung und der Klimapolitik

(1) Diese Verordnung gilt nicht für Geschäfte, Aufträge oder Handlungen, die aus geld- oder wechselkurspolitischen Gründen oder im Rahmen der Staatsschuldenverwaltung von

a) einem Mitgliedstaat,
b) den Mitgliedern des Europäischen Systems der Zentralbanken,
c) einem Ministerium, einer anderen Einrichtung oder Zweckgesellschaft eines oder mehrerer Mitgliedstaaten oder einer in deren Auftrag handelnden Person sowie –
d) im Fall eines Mitgliedstaats mit der Form eines Bundesstaats – von einem Mitglied des Bundes getätigt werden.

(2) Diese Verordnung gilt nicht für solche Geschäfte, Aufträge oder Handlungen, die von der Kommission, einer anderen offiziell benannten Stelle oder einer anderen Person, die in deren Auftrag handelt, im Rahmen der Staatsschuldenverwaltung getätigt werden.

Diese Verordnung gilt nicht für Geschäfte, Aufträge oder Handlungen, die getätigt werden

a) von der Union,
b) einer Zweckgesellschaft eines oder mehrerer Mitgliedstaaten,
c) der Europäischen Investitionsbank,
d) der Europäischen Finanzstabilisierungsfazilität,
e) dem Europäischen Stabilitätsmechanismus,
f) einem internationalen Finanzinstitut, das zwei oder mehrere Mitgliedstaaten zu dem Zweck errichtet haben, Mittel zu mobilisieren und diejenigen seiner Mitglieder, die von schwerwiegenden Finanzierungsproblemen betroffen oder bedroht sind, finanziell zu unterstützen.

(3) Diese Verordnung gilt nicht für Tätigkeiten eines Mitgliedstaats, der Kommission oder einer anderen offiziell benannten Stelle oder einer in deren Auftrag handelnden Person, die Emissionszertifikate betreffen und im Rahmen der Klimapolitik der Union im Einklang mit der Richtlinie 2003/87/EG unternommen werden.

---

[847] Hierzu *Willamowski* Bookbuilding – die marktorientierte Emission von Aktien nach deutschem und U.S.-amerikanischem Recht, 2000, S. 94–97, 186–195; *Busch* AG 2002, 203; *Groß* ZIP 2002, 166.

(4) Diese Verordnung gilt nicht für Tätigkeiten eines Mitgliedstaats, der Kommission oder einer anderen offiziell benannten Stelle oder einer in deren Auftrag handelnden Person, die zur Umsetzung der Gemeinsamen Agrarpolitik der Union oder der Gemeinsamen Fischereipolitik der Union im Einklang mit angenommenen Rechtsakten oder gemäß dem AEUV geschlossenen internationalen Übereinkünften ausgeführt werden.

(5) Der Kommission wird die Befugnis übertragen, delegierte Rechtsakte gemäß Artikel 35 zu erlassen, um die in Ausnahme nach Absatz 1 auf bestimmte öffentliche Stellen und die Zentralbanken von Drittstaaten auszuweiten.

Dazu erstellt die Kommission bis zum 3. Januar 2016 einen Bericht, in dem beurteilt wird, wie öffentliche Einrichtungen, die für die Staatsschuldenverwaltung zuständig oder daran beteiligt sind, und die Zentralbanken von Drittstaaten international behandelt werden, und legt ihn dem Europäischen Parlament und dem Rat vor.

Der Bericht enthält eine vergleichende Untersuchung der Behandlung dieser Stellen und Zentralbanken im Rechtsrahmen von Drittstaaten sowie die Risikomanagementstandards, die für die von diesen Stellen und den Zentralbanken in diesen Rechtsordnungen getätigten Geschäfte gelten. Wenn das Fazit dieses Berichts – vor allem angesichts der vergleichenden Untersuchung – lautet, dass es erforderlich ist, die Zentralbanken dieser Drittstaaten im Hinblick auf ihre währungspolitischen Verpflichtungen von den in dieser Verordnung festgelegten Verpflichtungen und Verboten auszunehmen, weitet die Kommission die Ausnahme nach Absatz 1 auch auf die Zentralbanken dieser Drittstaaten aus.

(6) Der Kommission wird auch die Befugnis übertragen, gemäß Artikel 35 delegierte Rechtsakte zu erlassen, um die Ausnahmen gemäß Absatz 3 auf bestimmte benannte öffentliche Stellen von Drittstaaten auszuweiten, die ein Abkommen mit der Union im Sinne von Artikel 25 der Richtlinie 2003/87/EG geschlossen haben.

(7) Dieser Artikel gilt nicht für Personen, die im Rahmen eines Arbeitsvertrags oder anderweitig für die in diesem Artikel genannten Unternehmen tätig sind, wenn diese Personen unmittelbar oder mittelbar, für eigene Rechnung Geschäfte, Aufträge oder Handlungen tätigen.

Vom Anwendungsbereich der MAR ausgenommen ist die Erfüllung folgender klassisch-hoheitlicher – wirtschaftspolitischer – Aufgaben, deren Rechtmäßigkeitsvoraussetzungen allesamt gesondert und speziell geregelt sind: 1. Die **Geldpolitik und die Schuldenbewirtschaftung** der Mitgliedstaaten und der für sie auf **Bundesebene** handelnden Einrichtungen (Abs. 1); 2. die Geldpolitik und Schuldenbewirtschaftung der **EU** und der für sie handelnden speziellen Einrichtungen, Agenturen und Institutionen (Abs. 2);[848] 3. die hoheitlichen Maßnahmen von Mitgliedstaaten oder EU (EU-Kommission) im Rahmen des **Emissionsrechtehandels**, namentlich die erstmalige Versteigerung dieser Rechte (Abs. 3);[849] und 4. die hoheitlichen Maßnahmen, die im Rahmen der Gemeinsamen **Agrar-** **329**

[848] Hierzu etwa MünchKommBGB/*Grundmann* §§ 244, 245 Rn 33–81; *Herdegen* Internationales Wirtschaftsrecht, 10. Aufl. 2014 §§ 24–26; *Hufeld* in: Müller-Graff (Hrsg.), Europäisches Wirtschaftsordnungsrecht, 2015, § 22 sowie *Selmayr* in: Müller-Graff (ebenda), § 23; *Schlemmer-Schulte* in: Tietje (Hrsg.), Internationales Wirtschaftsrecht, 2. Aufl. 2015, § 9.

[849] Hierzu etwa *Frenzel* Emissionshandel, 2005; Santarius, Emissionsrechtehandel, 2002; *Epiney* Zur Entwicklung des Emissionshandels in der EU, ZUR 2010, 236; *Knopp/Hoffmann* Das Europäische Emissionsrechtehandelssystem im Kontext der projektbezogenen Mechanismen des Kyoto-Protokolls, EuZW 2005, 616; *Sommer* Die zivilrechtliche Ausgestaltung des Emissionsrechtehandels, WM 2006, 2029 und schon oben Rn 291.

und Fischereipolitik ergriffen werden (Abs. 4, vgl. Art. 38–44 AEUV). Freilich gilt die Ausnahme **nicht**, wenn Bedienstete der maßgeblichen Stellen mittelbar oder unmittelbar **für eigene Rechnung** agieren (Abs. 7)

C. Insiderhandels- und -weitergabeverbote (Art. 7–11, 14 MAR)

Schrifttum (Insiderrecht, Art. 5, 7–11, 14)

a) Monographien, Sammelbände, Kommentare: ; *Alexander* Insider Dealing and Money Laundering in the EU – Law and Regulation, 2007; *Assmann* Insiderüberwachung (§§ 12–14 WpHG), in Assmann/Schneider (Hrsg.) Wertpapierhandelsgesetz – Kommentar, 6. Aufl. 2012; *Avgouleas* The Mechanics and Regulation of Market Abuse – A Legal and Economic Analysis, 2005; *Baetge* (Hrsg.) Insiderrecht und Ad-hoc-Publizität – was bedeuten die neuen Regelungen für Unternehmenspublizität und Finanzanalyse?, 1995; *Bainbridge* Securities Law: Insider Trading, 1999; *ders.* Research Handbook on Insider Trading, 2013; *Claussen* Insiderhandelsverbot und Ad-hoc-Publizität – Praktikerhinweise und -empfehlungen für Emittenten, Anleger, Banken, Wertpapierdienstleister und ihre Berater, 1996; *Claussen/Schwark* (Hrsg.) Insiderrecht für Finanzanalysten, 1997; *Colussi* Kapitalmarktstrafrecht – Insiderhandel und Marktmanipulation – Einführung, Analyse, Ausblick, 2010; *Dickersbach* Das neue Insiderrecht der Bundesrepublik Deutschland vor dem Hintergrund des Europäischen Gemeinschaftsrechtes, 1996; *Dreyling/Schäfer* Insiderrecht und Ad-hoc-Publizität – Praxis und Entwicklungstendenzen, 2001; *Egan/Rushbrooke/Lockett* EC Financial Services Regulation, 1994; *Federlin* Informationsflüsse in der Aktiengesellschaft im Spannungsverhältnis zum kapitalmarktrechtlichen Verbot der unbefugten Weitergabe von Insidertatsachen, 2004; *Fischer* Insiderrecht und Kapitalmarktkommunikation – unter besonderer Berücksichtigung des Rechtsrahmens für Finanzanalysten, 2006; *Gaillard* (Hrsg.) Insider Trading – the Laws of Europe, the United States and Japan, 1992; *Hartmann* Juristische und ökonomische Regelungsprobleme des Insiderhandels – eine rechtsvergleichende Darstellung USA – Deutschland, 1999; *Hausmaninger* Insider Trading – eine systemvergleichende Untersuchung amerikanischer, europäischer und österreichischer Regelungen, 1997; *Hausmaninger/Kretschmer/Oppitz* Insiderrecht und Compliance – ein Leitfaden für die Praxis, 1995; *Hoffmann* Rechtliche Schranken interner Informationsflüsse in Kreditinstituten – vom internen Bankgeheimnis zu den Chinese Walls im Insiderrecht, 1998; BankR-Hdb/*Hopt/Kumpan* § 107; *Hopt/Will* Europäisches Insiderrecht – Einführende Untersuchung, ausgewählte Materialien, 1973; *Hopt/Wymeersch* (Hrsg.) European Insider Dealing – Law and Practice, 1991; *Kemnitz* Due Diligence und neues Insiderrecht – Die Problematik der Due Diligence vor außerbörslichen Paketerwerben unter besonderer Berücksichtigung der Auslegungsmethodik angeglichenen Rechts, 2007; *Kiel* Internationales Kapitalanlegerschutzrecht – zum Anwendungsbereich kapitalanlegerschützender Normen im deutschen, europäischen und US-amerikanischem Recht, 1994; *Klöhn* in: Hirte/Möllers (Hrsg.) Kölner Kommentar zum WpHG, 2. Aufl. 2014, Vor § 12 und §§ 12–14; *Köstlin* Anlegerschutz und Auslandsbeziehungen, 1985; *Krauel* Insiderhandel – eine ökonomisch-theoretische und rechtsvergleichende Untersuchung, 2000; *Lahmann* Insiderhandel – ökonomische Analyse eines ordnungspolitischen Dilemmas, 1994; *Loesche* Die Eignung zur erheblichen Kursbeeinflussung in den Insiderhandelsverboten des Wertpapierhandelsgesetzes, Diss. Gießen 1998; *Lutter/Bayer/Schmidt* Europäisches Unternehmens- und Kapitalmarktrecht, 5. Aufl. 2012; *Manne* Insider Trading and the Stock Market, 1966; *Mehringer* Das allgemeine kapitalmarktrechtliche Gleichbehandlungsprinzip, 2007; *Mennicke* Sanktionen gegen Insiderhandel – eine rechtsvergleichende Untersuchung unter Berücksichtigung des US-amerikanischen und britischen Rechts, 1996; *Nietsch* Internationales Insiderrecht – eine Untersuchung über die Anwendung des Insiderrechts auf Sachverhalte mit Auslandsberührung, 2004; *Pananis* Insidertatsache und Primärinsider – eine Untersuchung zu den Zentralbegriffen des § 13 Abs. 1 WpHG, 1998; *Park* (Hrsg.) Kapitalmarkt-Strafrecht, 3. Aufl. 2013; *Rider/Alexander/Linklater/Bazley* Market Abuse and Insider Trading, 2. Aufl. 2009; *Rothenhöfer* in: Kümpel/Wittig Bank- und Kapitalmarktrecht, 4. Aufl. 2011, Rn 3.451–3.577; *Sandow* Primär- und Sekundärinsider nach dem WpHG, 2001; *Schacht* Das Insiderhandelsverbot bei Öffentlichen Übernahmeangeboten – eine rechtsvergleichende Untersuchung zur Reichweite des Insiderhandelsverbots bei besonderen Mitteln der Kontrollerlangung über Aktiengesellschaften in den USA und Deutschland, 2002; *Schweizer* Insiderverbote – Interessenkonflikte und Compliance – Auswirkungen der Insiderregulierung auf deutsche Banken, 1996;

Schwintek Das Anlegerschutzverbesserungsgesetz, 2005; *Siebold* Das neue Insiderrecht – von der freiwilligen Selbstkontrolle zum internationalen Standard, 1994; *Soesters* Die Insiderhandelsverbote des Wertpapierhandelsgesetzes, 2002; *Tippach* Das Insider-Handelsverbot und die besonderen Rechtspflichten der Banken, 1995; *Weber K.-P.*, Insiderrecht und Kapitalmarktschutz – Haftungstheorien im US-amerikanischen, europäischen und deutschen Recht, 1999; *Weimer* Das Verbot des Insiderhandels in Deutschland und Großbritannien nach Umsetzung der EG-Richtlinie, 1998; *Wychodil* Die haftungsrechtliche Problematik der „Insiderinformation" im Rahmen der Effektenberatung durch Banken und Kreditinstitute, 1996; *Ziehl* Kapitalmarktprognosen und Insider-Trading, 2006.

b) Aufsätze und Beiträge: *Alcock* Five years of market abuse, (2007) 28 Company Lawyer 163; *Alexander/Maly* The new EU market abuse regime and the derivatives markets, 9 Law and Financial Markets Review 243 (2015); *Alvisi* Abusi di mercato e tutele civili, Contratto e impresa/Europa 2007, 181; *Arden* Spector Photo Group and the wider implications, ECFR 2010, 342; *Assmann* Das künftige deutsche Insiderrecht, AG 1994, 196 und 237; *ders.* Das neue deutsche Insiderrecht, ZGR 1994, 494; *ders.* Rechtsanwendungsprobleme des Insiderrechts, AG 1997, 50; *ders.* Insiderrecht und Kreditwirtschaft – Rechtsanwendungsprobleme des Insiderrechts in Bezug auf die Organisation und die Geschäfte von Kreditinstituten, WM 1996, 1337; *ders.* The Impact of Insider Trading Rules on Company Law, in: Hopt/Wymeersch (Hrsg.), Capital Markets and Company Law, 2003, S. 529; *Bank* Das Insiderhandelsverbot in M&A-Transaktionen, NZG 2012, 1337; *Barnes* Insider Dealing and Market Abuse: The UK's Record on Enforcement, 39(3) International Journal of Law, Crime and Justice, Fraud, Corruption and the Financial Crisis 174 (2011); *Betzer/Theissen* Insider Trading and Corporate Governance: The Case of Germany, (2009) 15 European Financial Management 402; *Beukelmann* Das Insiderstrafrecht, NJW-Spezial 2009, 216; *Bingel* Die „Insiderinformation" in zeitlich gestreckten Sachverhalten und die Folgen der jüngsten EuGH-Rechtsprechung für M&A-Transaktionen, AG 2012, 685; *Bolina* Market Manipulation and Insider Dealing in the New Market Abuse Directive (2003/6/EC), Euredia 2001/02, 555; *Brandi/Süßmann* Neue Insiderregeln und Ad-hoc-Publizität – Folgen für Ablauf und Gestaltung von M&A-Transaktionen, AG 2004, 642; *Brandstetter* Der „Insider-Straftatbestand" – in der Praxis ein Papiertiger, ecolex 1998, 803; *Bremer* Neues EU-Marktmissbrauchsrecht in Kraft getreten, NZG 2014, 816; *Buck-Heeb* Insiderwissen, Interessenkonflikte und Chinese Walls bei Banken. Zur rechtlichen Wirkung von Vertraulichkeitsbereichen, FS Hopt 2010, S. 1647; *Bussian* Die Verwendung von Insiderinformationen, WM 2011, 8; *Cahn* Grenzen des Markt- und Anlegerschutzes durch das WpHG, ZHR 162 (1998), 1; *ders.* Das neue Insiderrecht, Der Konzern 2005, 5; *Cascante/Bingel* Insiderhandel – in Zukunft leichter nachweisbar? Die Auslegung des Insiderrechts durch den EuGH und die Folgen für die M&A-Praxis, NZG 2010, 161; *Caspari* Die geplante Insiderregelung in der Praxis, ZGR 1994, 530; *Casper* Information und Vertraulichkeit im Vorfeld von Unternehmensübernahmen, in: Kämmer/Veil (Hrsg.), Übernahme- und Kapitalmarktrecht in der Reformdiskussion, 2013, S. 203; *Clark* Insider Trading and Financial Economics: Where Do We Go from Here, 16 Stan. JL Bus. & Fin. 43 (2010); *Claussen* Neues zur kommenden Insidergesetzgebung, ZBB 1992, 73 und 267; *ders.* Das neue Insiderrecht, DB 1994, 27; *ders.* Das Wertpapierhandelsgesetz und die Wertpapieranalysten – ein offenes Feld, AG 1997, 306; *ders./Florian* Der Emittentenleitfaden, AG 2005, 745; *Cloppenburg/Kruse* Die Weitergabe von Insiderinformationen an und durch Journalisten, WM 2007, 1109; *Cohen/Malloy/Pomorski* Decoding inside information, 67 The Journal of Finance 1009 (2012); *Cramer* Strafrechtliche Probleme des Insiderhandelsverbots, insbesondere Beihilfe zur fremden Insider-Straftat, AG 1997, 59; *Crisci* Regulations on Insider Trading – administrative profiles – notes on the EC Directive and on comparative law, Riv.dir.europ. 1995, 529; *Davies* The European Community's Directive on Insider Dealing – from Company Law to Securities Markets Regulation?, Oxford Journal of Legal Studies 1991, 92; *Diekmann/Sustmann* Gesetz zur Verbesserung des Anlegerschutzes (Anlegerschutzverbesserungsgesetz – AnSVG), NZG 2004, 929; *Diez/Fürhoff* Die geplante europäische Marktmissbrauchsrichtlinie, AG 2002, 604; *Dingeldey* Die Verpflichtung der Banken zur Weitergabe von Insiderinformationen, DB 1982, 685; *Di Noia/Gargantini* Issuers at midstream: Disclosure of multistage events in the current and in the proposed EU market abuse regime, ECFR 2012, 484; *Dorn* The metamorphosis of insider trading in the face of regulatory enforcement, 19 Journal of Financial Regulation and Compliance 75 (2011); *Dreyling* Die Umsetzung der Marktmissbrauchs-Richtlinie über Insider-Geschäfte und Marktmanipulation, Der Konzern 2005, 1; *Van Dyck* The Review of the Market Abuse Regime in Europe, 2010, http://papers.ssrn.com/sol3/papers.cfm?abstract_id=1558342; *Edwards* The Insider Dealing Directive and its Implementation in the United Kingdom, 3 Maastricht Journal of European and Comparative Law 287

(1996); *Eichelberger* Scalping – Ein Insiderdelikt?, WM 2003, 2121; *Eisele* Insiderrecht und Compliance, WM 1993, 1021; *Engel* Das neue deutsche Insiderrecht, JA 1996, 510; *Engelen* Structural Problems in the Design of Market Abuse Regulations in the EU, 19 Journal of Interdisciplinary Economics 57 (2007); *Frh. v. Falkenhausen/Widder* Die befugte Weitergabe von Insiderinformationen nach dem AnSVG, BB 2005, 225; *Fenn/McGuire/Prentice* Information Imbalances and the Securities Markets, in: Hopt/Wymeersch (Hrsg.), European Insider Dealing, S. 3; *Ferrarini* The European Market Abuse Directive, (2004) 41 CMLR 711; *Fleischer/Schmolke* Gerüchte im Kapitalmarktrecht, AG 2007, 841; *Forst* Ist der Hochfrequenzhandel in der Europäischen Gemeinschaft gestattet?, BKR 2009, 454; *Geber/zur Megede* Aktienrückkauf – Theorie und Kapitalmarktpraxis unter Beachtung der safe-harbour-Verordnung (EG Nr. 2273/2003), BB 2005, 1861; *Götz* Die unbefugte Weitergabe von Insidertatsachen, DB 1995, 1949; *Gong/Liu* Inside Trading, Public Disclosure and Imperfect Competition, 24 International Review of Economics & Finance 200 (2012); *Graßl* Die neue Marktmissbrauchsverordnung der EU – Neuregelung des gesamten europäischen Marktmissbrauchsrechts, DB 2015, 2066; *Grechenig* Schadensersatz bei Verletzung von § 14 WpHG – Insiderhandel bei positiver und negativer Information, ZBB 2010, 232; *Grundmann* Deutsches „Anlegerschutzrecht" in internationalen Sachverhalten – vom internationalen Schuld- und Gesellschaftsrecht zum internationalen Marktrecht, RabelsZ 54 (1990), 283; *ders.* The prohibition of Insider Dealing in the German Securities Exchange Act (WPHG), Revue de la Banque 1995, 275; *W. Grundmann* Neuregelung des Insiderhandels-Verbots in Deutschland, ZfgKW 1992, 12; *Grundmann-van de Krol* Insider Trading and Market Abuse: a New Community Legal Framework, (2005) 2 ECL 3; *Grunewald* Neue Regeln zum Insiderhandel, ZBB 1990, 128; *Hammen* Pakethandel und Insiderverbot, WM 2004, 1753; *Hansen* ‚Gossip Boys': Insider Trading and Regulatory Ambiguity, 21 Journal of Financial Crime 29 (2013); *ders.* Insider Dealing Defined: The EU Court's Decision in Spector Photo Group, (2010) 7 ECL 98; *Hasselbach* Die Weitergabe von Insiderinformationen bei M&A-Transaktionen mit börsennotierten Aktiengesellschaften – Unter Berücksichtigung des Gesetzes zur Verbesserung des Anlegerschutzes vom 28.10.2004, NZG 2004, 1087; *Hausmaninger* Der Anpassungsbedarf durch die europarechtliche Regelung des Insidergeschäfts, in: Koppensteiner (Hrsg.) Österreichisches und europäisches Wirtschaftsprivatrecht, Teil 4: Börsen- und Kapitalmarktrecht, 1996, S. 261; *ders.* Pro: „Entkriminalisierung" des Insiderrechts, ÖBA 2003, 637; *Heisterkamp* Über Insider und Outsider – das neue deutsche Insiderrecht im europäischen Vergleich, DZWiR 1994, 517; *Heldmann* Neues und altes Insiderrecht, ZfgKW 1992, 480; *ders.* Das deutsche Insider-Gesetz ad portas, ZRP 1990, 393; *Hellgardt* Europarechtliche Vorgaben für die Kapitalmarktinformationshaftung de lege lata und nach Inkrafttreten der Marktmissbrauchsverordnung, AG 2012, 154; *ders.* The Notion of inside information in the Market Abuse Directive: Geltl, (2013) 50 CMLR 861; *Hitzer* Zum Begriff der Insiderinformation, NZG 2012, 860; *Holzborn/Israel* Das Anlegerschutzverbesserungsgesetz, WM 2004, 1948; *Hopt* Rechtsprobleme des europäischen und deutschen Insiderrechts, BFuP 1994, 85; *ders.* Europäisches und deutsches Insiderrecht, ZGR 1991, 17; *ders.* Grundsatz- und Praxisprobleme nach dem Wertpapierhandelsgesetz – insbesondere Insidergeschäfte und Ad-hoc-Publizität, ZHR 159 (1995), 135; *ders.* Insiderwissen und Interessenkonflikte im europäischen und deutschen Bankrecht, FS Heinsius 1991, S. 289; *ders.* Auf dem Weg zum deutschen Insidergesetz – die Vorüberlegungen vom Herbst 1992, FS Beusch 1993, S. 393; *ders.* Zum neuen Wertpapierhandelsgesetz, WM-Festgabe Hellner 1994, S. 29; *ders.* The European Insider Dealing Directive, CMLR 27 (1990) 51; *ders.* Wie sinnvoll sind rechtliche Regelungen über Insidergeschäfte? Ökonomische und rechtliche Überlegungen zum europäischen und deutschen Insiderrecht, in: Baetge (Hrsg.) Insiderrecht und Ad-hoc-Publizität – was bedeuten die neuen Regelungen für Unternehmenspublizität und Finanzanalyse?, 1995, S. 1; *ders.* Conflict of Interest, Secrecy and Insider Information of Directors, A Comparative Analysis, (2013) 10 ECFR 167; *Hübscher* Die Umsetzung der Regelung der Insider-Geschäfte in deutsches Recht, in: Büschgen/Schneider (Hrsg.) Der europäische Binnenmarkt 1992 – Auswirkungen für die deutsche Finanzwirtschaft, 1990, S. 329; *Ilberg/Neises* Die Richtlinienvorschläge der EU-Kommission zum „Einheitlichen Europäischen Prospekt" und zum „Marktmissbrauch" aus der Sicht der Praxis, WM 2002, 635; *Immenga* Das neue Insiderrecht im Wertpapierhandelsgesetz, ZBB 1995, 197; *Jaskulka* Angemessenheit und Grenzen börslicher Mistrade-Regeln in Zeiten des Hochfrequenzhandels am Beispiel der Eurex Deutschland, WM 2012, 1708; *ders.* Das deutsche Hochfrequenzhandelsgesetz – eine Herausforderung für Handelsteilnehmer, Börsen und Multilaterale Handelssysteme (MTF), BKR 2013, 221; *Junge* Die neuen Insiderregeln und ihre Durchsetzung, FS Raisch 1995, S. 223; *Kaiser* Die Sanktionierung von Insiderverstößen und das Problem der Kursmanipulation, WM 1997, 1557; *Kasiske*

Marktmissbräuchliche Strategien im Hochfrequenzhandel, WM 2014, 1933; *ders.* Compliance-Risiken beim Wertpapierhandel in Dark Pools, BKR 2015, 454; *Kiesewetter/Parmentier* Verschärfung des Marktmissbrauchsrechts – ein Überblick über die neue EU-Verordnung über Insidergeschäfte und Marktmanipulation, BB 2013, 2371; *Kirchner* Zur zentralen Rolle der zivilrechtlichen Sanktionen im Recht des Insiderhandels, FS Kitagawa 1992, S. 665; *Klöhn* Das deutsche und europäische Insiderrecht nach dem Geltl-Urteil des EuGH, ZIP 2012, 1885; *ders.* Wertpapierhandelsrecht diesseits und jenseits des Informationsparadigmas – am Beispiel des „verständigen Anlegers" im Sinne des deutschen und europäischen Insiderrechts, ZHR 177 (2013), 349; *ders.* Ad-hoc-Publizität und Insiderverbot im neuen Marktmissbrauchsrecht, AG 2016, 423; *ders.* „Selbst geschaffene innere Tatsachen", Scalping und Stakebuilding im neuen Marktmissbrauchsrecht, ZIP-Beil. 22/2016, 44; *ders.* Der „gestreckte Geschehensablauf" vor dem EuGH, NZG 2011, 166; *ders.* Inside Information without an Incentive to Trade? What's at Stake in ‚Lafonta v AMF,' 10 Capital Markets Law Journal 162 (2015); *ders.* The European Insider Trading Regulation after Spector Photo Group, (2010) 7 ECFR 347; *Kobbach* Regulierung des algorithmischen Handels durch das neue Hochfrequenzhandelsgesetz: Praktische Auswirkungen und offene rechtliche Fragen, BKR 2013, 233; *Koch* Neuerungen im Insiderrecht und der Ad-hoc-Publizität, DB 2005, 267; *Kocher* Ad-hoc-Publizität und Insiderhandel bei börsennotierten Anleihen, WM 2013, 1305; *Kraakman* The Legal Theory of Insider Trading Regulation in the United States, in: Hopt/Wymeersch (Hrsg.) European Insider Dealing, S. 39; *Krause* Kapitalmarktrechtliche Compliance: neue Pflichten und drastisch verschärfte Sanktionen nach der EU-Marktmissbrauchsverordnung, CCZ 2014, 248; *Krause/Brellochs* Insiderrecht und Ad-hoc-Publizität bei M&A- und Kapitalmarkttransaktionen im europäischen Rechtsvergleich – ein Beitrag zum Begriff der Insiderinformation im kommenden EU-Marktmissbrauchsrecht, AG 2013, 309; *dies.* Insider trading and the disclosure of inside Information after *Geltl v Daimler* – A comparative analysis of the ECJ decision in the *Geltl v Daimler* case with a view to the future European Market Abuse Regulation, 8 Capital Markets Law Journal 283 (2013); *Kümpel* Zum Begriff der Insidertatsache, WM 1994, 2137; *Langenbucher* Zum Begriff der Insiderinformation nach dem Entwurf für eine Marktmissbrauchsverordnung, NZG 2013, 1401; *dies.* In Brüssel nichts Neues? – Der „verständige Anleger" in der Marktmissbrauchsverordnung, AG 2016, 417; *dies.* The ‚use or possession' debate revisited – Spector Photo Group and insider trading in Europe, (2010) 5 CMLJ 452; *Langenbucher/Brenner/Gellings* Zur Nutzung von Insiderinformationen nach der Marktmissbrauchsrichtlinie, BKR 2010, 133; *Lenenbach* Scalping: Insiderdelikt oder Kursmanipulation, ZIP 2003, 243; *Leppert/Stürwald* Die insiderrechtlichen Regelungen des Vorschlags für eine Marktmissbrauchsrichtlinie und der Stand der Umsetzung im deutschen Wertpapierhandelsrecht, ZBB 2002, 90; *dies.* Aktienrückkauf und Kursstabilisierung – Die Safe-Harbour-Regelungen der Verordnung (EG) Nr. 2273/2003 und der KuMaKV, ZBB 2004, 302; *von der Linden* Das neue Marktmissbrauchsrecht im Überblick, DStR 2016, 1036; *Linnerz* Neuerungen durch die Marktmissbrauchsverordnung, AG 2015, R187; *Loesche* Die Erheblichkeit der Kursbeeinflussung in den Insiderhandelsverboten des Wertpapierhandelsgesetzes, WM 1998, 1849; *Loesche/Eichner/Stute* Die Berechnung von Erheblichkeitsgrenzen in den Insiderhandelsverboten des WpHG, AG 1999, 308; *Mattig* Kurze Leitungswege für den Handel in Milli- und Mikrosekunden – Zu den latenzminimierenden Infrastrukturen an Börsen und multilateralen Handelsystemen, WM 2014, 1940; *Mayhew/Anderson* Whither Market Abuse (in a more principles-based regulatory world), (2007) 22 J.I.B.L.R. 515; *Mennicke* Ad-hoc-Publizität bei gestreckten Entscheidungsprozessen und die Notwendigkeit einer Befreiungsentscheidung des Emittenten, NZG 2009, 1059; *Merkner* Insiderrecht und Ad-hoc-Publizität, NZG 2005, 729; *Merkner/Sustmann* Insiderrecht und Ad-Hoc-Publizität – Das Anlegerschutzverbesserungsgesetz „in der Fassung durch den Emittentenleitfaden der BaFin", NZG 2005, 729; *dies.* Reform des Marktmissbrauchsrecht – Die Vorschläge der Europäischen Kommission zur Verschärfung des Insiderrechts, AG 2012, 315; *Meyer* Neue Entwicklungen bei der Kurstabilisierung, AG 2004, 289; *Meyer/Kiesewetter* Rechtliche Rahmenbedingungen des Beteiligungsaufbaus im Vorfeld von Unternehmensübernahmen, WM 2009, 340; *Moalem/Hansen* Insider Dealing and Parity of Information – Is ‚Georgakis' Still Valid? (2008) 19 EBLR 949; *Mock* Gestreckte Verfahrensabläufe im Europäischen Insiderrecht, ZBB 2012, 286; *Möllers* Die Neuregelung des Verbots der Kurs- und Marktpreismanipulation im Vierten Finanzmarktförderungsgesetz, WM 2002, 309; *ders.* Insiderinformation und Befreiung von der Ad-hoc-Publizität nach § 15 Abs. 3 WpHG, WM 2005, 1393; *ders.* Wechsel von Organmitgliedern und „key playern": Kursbeeinflussungspotential und Pflicht zur Ad-hoc-Publizität, NZG 2005, 459; *Möllers/Seidenschwann* Anlegerfreundliche Auslegung des Insiderrechts durch den EuGH – das Ende der Daimler/Schrempp-Odyssee in Luxemburg, NJW 2012, 2762; *Mühlbauer* Zur Einordung des „Scalping" durch Anlageberater als Insiderhandel nach dem WpHG, wistra 2003, 169; *Nietsch* Die Verwendung der Insiderinformation – eine Standortbestimmung zwischen Insiderfundamentalismus und Marktrealismus, ZHR 174 (2010), 556; *Öberg* Is It ‚Essential' to Imprison Insider Dealers to Enforce Insider Dealing Laws? 14 Journal of Corporate Law Studies 111 (2014); *Ott/Schäfer* Ökonomische Auswirkungen der EG-Insider-Regulierung in Deutschland, ZBB 1991, 226; *Paefgen* Insiderhandel im Spannungsverhältnis zwischen gemeinschaftsrechtlicher Integration und nationalstaatlicher Regulation – e pluribus unum, AG 1991, 380; *Pananis* Zur Abgrenzung von Insidertatsache und ad-hoc-publizitätspflichtigem Sachverhalt bei mehrstufigen Entscheidungsprozessen, WM 1997, 460; *Parmentier* Insiderinformaton nach dem EuGH und vor der Vereinheitlichung, WM 2013, 970; *dies.* Die Verhandlung eines Rechtssetzungsvorschlags, BKR 2013, 133; *Pfister* Stand der Insiderdiskussion, ZGR 1981, 318; *Peltzer* Die neue Insiderregelung im Entwurf des Zweiten Finanzmarktförderungsgesetzes, ZIP 1994, 746; *Pingel* The EC Directive of 1989, in: Gaillard (Hrsg.) Insider Trading – the Laws of Europe, the United States and Japan, 1992, S. 5; *Poelzig* Die Neuregelung der Offenlegungsvorschriften durch die Marktmissbrauchsverordnung, NZG 2016, 761; *ders.* Insider- und Marktmanipulationsverbot im neuen Marktmissbrauchsrecht, NZG 2016, 528; *Renz/Leibold* Die neuen strafrechtlichen Sanktionsregelungen im Kapitalmarktrecht, CCZ 2016, 157; *Reynolds/Rutter* Market Abuse – A Pan-European Approach, 12 Journal of Financial Regulation and Compliance 306 (2004); *Rodewald/Tüxen* Neuregelung des Insiderrechts nach dem Anlegerschutzverbesserungsgesetz (AnSVG), BB 2004, 2249; *Rubner/Pospiech* EU-Marktmissbrauchsverordnung – das Ende des Freiverkehrs?, NJW-Spezial 2015, 591; *Rudolph* Ökonomische Theorie und Insiderrecht, FS Moxter 1994, S. 1333; *Ruiz* European Community Directive on Insider Dealing – a Model für Effective Enforcement of Prohibitions on Insider Trading in International Securities Markets, Columbia Journal of Transnational Law 1995, 216; *Schaeken Willemaers* Les opérations d'initiés en droit européen: état de la question et perspectives d'avenir, Revue Trimestrielle de Droit Financier 2 (2013) 33; *Schall* Insiderinformation und zivilrechtliche Aufklärungspflicht – das Leitbild des Individualvertrags als neue Perspektive, JZ 2010, 352; *Schleifer/Kliemt* Einschränkung betriebsverfassungsrechtlicher Unterrichtungspflichten durch Insiderrecht?, DB 1995, 2214; *Schmidt* Insider Regulation and Economic Theory, in: Hopt/Wymeersch (Hrsg.), European Insider Dealing, S. 21; *D. Schneider* Wider Insiderhandelsverbot und die Informationseffizienz des Kapitalmarkts, DB 1993, 1429; *I. Schneider* Unternehmenserwerb mit Informationen aus einer Due Diligence kein strafbarer Insiderhandel, DB 2005, 2678; *ders.* Due Diligence und Insiderhandel – gestaltet die Marktmissbrauchsrichtlinie das M&A Geschäft neu?, FS Säcker 2006, 317; *S. Schneider* Selbstbefreiung von der Pflicht zur Ad-hoc-Publizität, BB 2005, 897; *ders.* Die Weitergabe von Insiderinformationen – Zum normativen Verhältnis der verschiedenen Formen der Informationsweitergabe, NZG 2005, 702; *U. H. Schneider* Die Weitergabe von Insiderinformationen im Konzern, FS Wiedemann 2002, S. 1255; *Schneider/Burgard* Scalping als Insiderstraftat – ein Beitrag zur Abgrenzung von erlaubten und unerlaubten Verhaltensweisen am Kapitalmarkt, ZIP 1999, 381; *Schneider/Singhof* Die Weitergabe von Insidertatsachen in der konzernfreien Aktiengesellschaft, insbesondere im Rahmen der Hauptversammlung und an einzelne Aktionäre – ein Beitrag zum Verhältnis von Gesellschaftsrecht und Kapitalmarktrecht, FS Kraft 1998, S. 585; *Schödermeier/Wallach* Die Insider-Richtlinie der Europäischen Gemeinschaft, EuZW 1990, 122; *Schröder* Strafbares Insiderhandeln von Organvertretern einer AG nach geltendem und neuem Recht, NJW 1994, 2879; *ders.* Strafrechtliche Risiken für den investigativen Journalismus? – Die Meinungs- und Pressefreiheit und das Wertpapierhandelsgesetz, NJW 2009, 465; *Schultheiß* Die Neuerungen im Hochfrequenzhandel, WM 2013, 596; *Schwark* Ad hoc-Publizität und Insiderrecht bei mehrstufigen Unternehmensentscheidungen, FS Bezzenberger 2000, S. 771; *Seibt* Europäische Finanzmarktregulierung zu Insiderrecht und Ad-hoc- Publizität, ZHR 177 (2013), 388; *Seibt/Wollenschläger* Revision des Marktmissbrauchsrechts durch die Marktmissbrauchsverordnung und Richtlinie über strafrechtliche Sanktionen für Marktmanipulation, AG 2014, 593; *Sethe* Die Verschärfung des insiderrechtlichen Weitergabeverbots, ZBB 2006, 243; *Singhof* Zur Weitergabe von Insiderinformationen im Unterordnungskonzern, ZGR 2001, 146; *Singhof/Weber* Neue kapitalmarktrechtliche Rahmenbedingungen für den Erwerb eigener Aktien, AG 2005, 549; *Söhner* Insiderhandel und Marktmanipulation durch Geheimdienste – Informationen in Zeiten von PRISM und ihre Nutzung, KJ 2015, 56; *Spindler* Kapitalmarktreform in Permanenz – Das Anlegerschutzverbesserungsgesetz, NJW 2004, 3449; *Staikouras* Four Years of MADness? – The New Market Abuse Prohibition Revisited: Integrated Implementation Through the Lens of a Critical, Comparative Analysis, (2008) 19 EBLR, 775; *ders.* Dismantling the EU Insider Dealing Regime: The Supreme Court of Greece's Muddled Interpretation of ‚Inside Information', 9 Law and Financial Markets Review 210 (2015); *Streißle* Insiderrechtliche Aspekte von Pflichtangeboten, BKR 2003, 788; *Stüber* Bekanntmachungen von durchgeführten Transaktionen im Rahmen von Mitarbeiterprogrammen nach der Safe Harbor-VO, ZIP 2015, 1374; *Sturm* Die kapitalmarktrechtlichen Grenzen journalistischer Arbeit, ZBB 2010, 20; *Süßmann* Die befugte Weitergabe von Insidertatsachen, AG 1999, 162; *Teigelack* Insiderhandel und Marktmanipulation im Kommissionsentwurf einer Marktmissbrauchsverordnung, BB 2012, 1361; *ders./Dolff* Kapitalmarktrechtliche Sanktionen nach dem Regierungsentwurf eines Ersten Finanzmarktnovellierungsgesetzes – 1. FimanoG, BB 2016, 387; *Tissen* Die Investorensuche im Lichte der EU-Marktmissbrauchsverordnung, NZG 2015, 1254; *Tippach* Marktdaten im künftigen Insiderrecht?, WM 1993, 1269; *Veil* Weitergabe von Informationen durch den Aufsichtsrat an Aktionäre und Dritte – ein Lehrstück zum Verhältnis zwischen Gesellschafts- und Kapitalmarktrecht, ZHR 172 (2008) 239; *ders.* Europäisches Insiderrecht 2.0 – Konzeption und Grundsatzfragen der Reform durch MAR und CRIM-MAD, ZBB 2015, 85; *Veil/Koch* Auf dem Weg zu einem Europäischen Kapitalmarktrecht – die Vorschläge der Kommission zur Neuregelung des Marktmissbrauchs, WM 2011, 2297; *Verstegen/Schulz* Auslegungsfragen des Insiderhandelsverbots gem. § 14 Abs. 1 Nr. 1 WpHG bei der Teilnahme an Aktienoptionsprogrammen, ZIP 2009, 110; *Viciano-Gofferje/Cascante* Neues aus Brüssel zum Insiderrecht – die Marktmissbrauchsverordnung, Untersuchung der Vorschläge der Kommission zur Reform des Insiderhandelsverbots, insbesondere im Hinblick auf für M&A-Transaktionen relevante Sachverhalte, NZG 2012, 968; *Weimann,* Insiderrechtliche Aspekte des Anteilserwerbs, DStR 1998, 1556; *Widder* Insiderrisiken und Insider-Compliance bei Aktienoptionsprogrammen für Führungskräfte, WM 2010, 1882; *ders./Kocher* Die Zeichnung junger Aktien und das Insiderhandelsverbot, NZG 2009, 654; *Wielhouwer* When Is Public Enforcement of Insider Trading Regulations Effective? 34 International Review of Law and Economics 52 (2013); *Wilken/Hagemann* Compliance-Verstöße und Insiderrecht, BB 2016, 67; *Will/Pies* Insiderhandel und die Neuordnung der Kapitalmärkte – ein Beitrag zur Regulierungsdebatte in Europa, ORDO 65 (2014), 159; *Wymeersch* The Insider Trading Prohibition in the EC Member States – a Comparative Overview, in: Hopt/Wymeersch (Hrsg.) European Insider Dealing, S. 65; *Ziemons* Neuerungen im Insiderrecht und bei der Ad-hoc-Publizität durch die Marktmissbrauchsrichtlinie und das Gesetz zur Verbesserung des Anlegerschutzes, NZG 2004, 537; *Zetzsche* Normaler Geschäftsgang und Verschwiegenheit als Kriterien für die Weitergabe transaktionsbezogener Insiderinformationen an Arbeitnehmer – Überlegungen zu Art. 10 I und 17 I der Marktmissbrauchsverordnung, NZG 2015, 817; *ders.* Insider-Information beim verdeckten Beteiligungsaufbau („Anschleichen") mittels Total Return Swaps? Zur Einordnung von EuGH, Urt. v. 11.3.2015 – Rs. C-628/13, AG 2015, 388 – „Lafonta/AFM", AG 2015, 381; *Zumbansen/Lachner* Die Geheimhaltungspflicht des Vorstands bei der Due Diligence: Neubewertung im globalisierten Geschäftsverkehr, ZvglRWiss 105 (2006), 1.

Vgl. auch **allgemeines Literaturverzeichnis oben** vor Rn 250. **Ältere Literatur** vgl. auch Ebenroth/Boujong/Joost/Strohn/*Grundmann* HGB – Handelsgesetzbuch, Bd. 2 – Bankrecht VI (1. Aufl. 2001, 2. Aufl. 2009).

Übersicht

Rn

I. Insiderhandels- und -weitergabeverbote: Herkunft, System, Ziele (mit Ökonomik) . 330
1. Herkunft . . . 330
2. System der Verbote und Prävention . . 333
a) Insiderverbote und Marktmanipulationsverbote (Art. 7–15 MAR) . 333
b) Verbote (Art. 7–15 MAR) und Präventionspflichten (Art. 16–19 MAR) . . . 336
3. Ziele (mit ökonomischer Theorie) . . . 337

II. Art. 7 MAR: Insiderinformation . . . 340
1. Insiderinformation als Grundlage und Ausgangspunkt der Regelung . . . 341
2. Vierstufiger Grundtatbestand (Abs. 1 lit. a)) . . . 343
a) Präzise Information (Abs. 1 lit. a) iVm Abs. 2 und 3) . . . 344
b) Nicht-öffentliche Information (Abs. 1 lit. a)) . . . 347
c) Emittenten- oder Anlagebezug (Abs. 1 lit. a) und d)) . . . 351
d) Erhebliche Kursrelevanz (Abs. 1 lit. a) und Abs. 4) . . . 353
3. Beispielskatalog zu Emittentenbezug und erheblicher Kursrelevanz . . . 356
4. Adaption des Grundtatbestandes auf Warenderivate und Emissionszertifikate (Abs. 1 lit. b) und c)) . . . 357
a) Warenderivate (Abs. 1 lit. b) iVm Abs. 5) . . . 357
b) Emissionszertifikate (Abs. 1 lit. c) iVm Abs. 4 2. UAbs.) . . . 358

Rn

III. **Art. 8 und 14 MAR: Insidergeschäfte – Grundtatbestand und Verbot** 359
1. Überblick und Verbot (Art. 8 und 14 MAR) 360
a) Gesamtgefüge 360
b) Die drei Verbote in ihrer Abstufung 364
2. Insiderinstrumente (Art. 8 Abs. 1 MAR) 366
3. Insider (Art. 8 Abs. 4 und 5 MAR) . . . 369
a) Primärinsider (Abs. 4 S. 1 und 5) . . 370
b) Sekundärinsider (Abs. 4 S. 2 und 5) 376
c) Juristische und natürliche Personen (Abs. 5) 378
4. Insiderhandlungen (Art. 8 Abs. 1–3 MAR) 379
a) Alt. 1: Insiderhandel ieS (Abs. 1) . . 380
b) Alt. 2: Insiderweitergabeverbot (Art. 10 MAR) – Verweis 385
c) Alt. 3: Insiderempfehlung und -anstiftung (Abs. 2) 386
d) Alt. 4: Eingehen auf Insiderempfehlung und -anstiftung: Sekundärer Insiderhandel ieS (Abs. 3) 388
5. Querschnitt: Bankgeschäfte und Insiderverbote 389
a) Ausgangspunkt und Organisation . 389
b) Orderausführung und Erfüllung eigener Verpflichtungen 392
c) Beratung 393
d) Eigenhandel, inbes. Hochfrequenzhandel 395
e) Kontrolltransaktionen (insbes. Pakethandel und Übernahmen) . . . 396

IV. **Art. 9 MAR: Gestattungen – Legitime Handlungen** 399
1. Adäquate Organisationsvorkehrungen (Abs. 1) 401
a) Organisationspflichten und gesetzliche Vermutung 401
b) Compliancegerechte Ausgestaltung der Organisation (insbes. Vertraulichkeitsbereiche) 404
2. Kursschaffende und -beeinflussende Berufe sowie Ausführung von Kundenorder (Abs. 2) 408
a) Kursschaffende und -beeinflussende Berufe (lit. a)) 409
b) Ausführung von Kundenorder (lit. b)) 410
3. Erfüllung bestehender Verpflichtungen (Abs. 3) 411
4. Übernahmen und Unternehmenszusammenschlüsse (Abs. 4) 412
5. Umsetzung eigener Planungen/ Entschlüsse (Abs. 5) 414
6. Allgemeine Rechtswidrigkeitsausnahme (Abs. 6) 415

V. **Art. 10, 11 MAR: Befugte und unbefugte Offenlegung** 416
1. Beschränktes Offenlegungsverbot (Art. 10 MAR) 417
a) Tatbestand des Verbots 417
b) Befugte Weitergabe an/durch Banken und Kapitalmarktkommunikationsmittel 420
2. Sonderregime für Marktsondierungen (Art. 11 MAR) 425
a) Fall der befugten Weitergabe – Gesamtstruktur (Abs. 4 und 9–11) 425
b) Marktsondierungen (Abs. 1 und 2) 426
c) Prozedurale Primäranforderungen (Abs. 3 und 5) 428
d) Weitere Vorgaben (Abs. 6–8) 430

I. Insiderhandels- und -weitergabeverbote: Herkunft, System, Ziele (mit Ökonomik)

330 **1. Herkunft.** Das Insiderrecht trat mit den sonstigen Teilen des WpHG zum 1.1.1995 in Kraft[850] – als einer seiner drei Hauptteile und in Umsetzung der **EG-Insiderhandels-Richtlinie (1989)**, die **2003 in die sog. EG-Marktmissbrauchs-Richtlinie** (Market Abuse Directive, MAD oder MAD I) überführt wurde.[851] Zu dieser, die erstmals neben den Insiderverboten auch die Marktmanipulationsverbote regelte, ergingen die oben genannten Ausführungsrechtsakte (meist Richtlinien, vgl. oben Rn 268), die weitestgehend auch beide Verbotskategorien zum Gegenstand haben und die, obwohl nach Art. 37 MAR au-

[850] Zum Gesetz und der Umsetzungsgeschichte vgl. bereits oben Rn 262 und ausf. (freilich nur für die weiterhin im WpHG verbliebenen) Teile 7 und 8.

[851] Nachw. zur EG-Insiderhandels-Richtlinie (89/592/EWG) oben Rn 262 Fn 698, zur EG-Marktmissbrauchs-Richtlinie (2003/6/EG) oben Rn 263 Fn 703.

ßer Kraft getreten, auch das neue Regime weiter beeinflussen: Denn die EG-Marktmissbrauchs-Richtlinie von 2003 wurde wiederum abgelöst durch die hier kommentierte **EU-Marktmissbrauchs-Verordnung von 2014 (Market Abuse Regulation, MAR)** mit flankierender EU-Richtlinie zum gleichen Gegenstand.[852] In Kraft getreten sind diese am 2.7.2014. Dabei regelt die EU-Marktmissbrauchs-Verordnung (MAR) – neben zahlreichen anderen Materien – alle Insidertatbestände und das eigentliche Verbot in Art. 7–11 und 14 MAR, während die flankierende (mindestharmonisierende) **EU-Richtlinie** Vorgaben macht für die ordnungswidrigkeits- und strafrechtlichen **Sanktionen für Marktmissbrauch (MAD II oder CrimMAD)**. Alle materiell-rechtlichen Vorschriften gelten seit 3.7.2016 unmittelbar (Art. 39 Abs. 2 MAR),[853] zu diesem Zeitpunkt war auch die EU-Marktmissbrauch-Richtlinie umzusetzen.[854]

Trotz des Wechsels der Rechtsform **gründet auch die EU-Marktmissbrauchs-*Verordnung*** in den meisten Tatbestandsmerkmalen noch in dem Regime, das ursprünglich mit der **EG-Insider-*Richtlinie*** konzipiert wurde – wobei gerade die Konkretisierungsschritte in der deutschen Praxis auch erhebliches Gehör fanden.[855] Da auch für diese Rechtsakte bereits der Grundsatz der europaeinheitlichen Auslegung galt[856] und gerade für die EG-Insiderhandels- und die EG-Marktmissbrauchs-Richtlinie die gebotene richtlinienkonforme Auslegung de facto einer unmittelbaren Anwendung mit Vorrang vor nationalem Recht gleichkam,[857] ist das in den letzten 25 Jahren erarbeitete **Verständnis der Tatbestandsmerkmale** **331**

852 Nachw. zur EU-Marktmissbrauchs-Verordnung (596/2014/EU) und zur EU-Marktmissbrauchs-Richtlinie (2014/57/EU) oben Rn 251 Fn 683.

853 Sofort in Kraft getreten sind demgegenüber die Kompetenznormen, die den Erlass der Ausführungsregeln (während der Übergangsfrist) gestatte(te)n. Für die bereits ergangenen Ausführungsregelwerke vgl. Übersicht in Rn 268.

854 Erstes Gesetz zur Novellierung von Finanzmarktvorschriften auf Grund europäischer Rechtsake (Erstes Finanzmarktnovellierungsgesetz – 1. FiMaNoG), BGBl. I 2016, S. 1514, dort Art. 1 Nr. 36 und 37; dazu BR-Drucks. 180/16 (Gesetzesbeschluss des Deutschen Bundestages); BT-Drucks. 18/8099 (Beschlussempfehlung Finanzausschuss).

855 Für den Übergang von der EG-Insiderhandels- zur EG-Marktmissbrauchs-Richtlinie (MAD I) bis hin zur MAR vergleichbar *Tissen* NZG 2015, 1254 (1254) (unter besonderem Hinweis auf die prägende Wirkung gerade der deutschen Praxis und begleitenden Durchführungsregeln (einschließlich Emittenteleitfaden); und für den Übergang zur MAR etwa *Klöhn* AG 2016, 423 (426–428); *Veil/Koch* WM 2011, 2297 (2300).

856 Vgl. allgemein *Grundmann* Europäisches Gesellschaftsrecht, Rn 102–104; bestätigt konkret für die EG-Insiderhandels- bzw. die EG-Marktmissbrauchs-Richtlinie durch BankR-Hdb/*Hopt/Kumpan* § 107 Rn 7; Fuchs/*Mennicke* Vor §§ 12–14 WpHG Rn 146 f.

857 Der Vorrang von EG-Richtlinien vor nationalem Recht ist unbestritten. Vgl. *Auer* Neues zum Umfang und Grenzen der richtlinienkonformen Auslegung, NJW 2007 1106; Grabitz/Hilf/*Nettesheim* Art. 288 AEUV Rn 133; Groeben/Schwarze/Hatje/Geismann Art. 288 AEUV Rn 4–9, 55. Will der nationale Gesetzgeber die Richtlinie korrekt umsetzen, ist nationales Recht auch trotz Abweichungen in Wortlaut, Systematik oder Entstehungsgeschichte in gänzlicher Übereinstimmung mit der EG-Richtlinie auszulegen: vgl. allgemein zur Zulässigkeit der richtlinienkonformen Auslegung allein schon unter dieser Voraussetzung: EuGH Urt. v. 10.4.1984 – Rs. 14/83 – *von Colson und Kamann* Slg. 1984, 1891 (1909) = NJW 1984, 2021; Urt. v. 10.4.1984 – Rs. 79/83 – *Harz* Slg. 1984, 1921 (1942) (jeweils implizit); ähnlich auch: EuGH Urt. v. 22.11.2005 – Rs. C-144/04 – *Mangold* Slg. 2005, I-9981 = NJW 2005, 3695; EuGH Urt. v. 4.7.2006 – Rs. C-212/04 – *Konstantinos Adeneler* Slg. 2006, I-6057 = NJW 2006, 2465, Tz. 108–111; sehr deutlich inzwischen BGH Urt. v. 26.11.2008 – VIII ZR 200/05 = NJW 2009, 427 (Tz. 25) sowie BGH Urt. v. 21.12.2011 – VIII ZR 70/08 = NJW 2012,

weiterhin maßgeblich, soweit es dem Ziel europaeinheitlicher Auslegung verpflichtet war und die MAR diese Tatbestandsmerkmale übernahm[858] – was nach dem Gesagten ganz überwiegend geschah. Dabei können auch die Ergebnisse aus den Diskussionen zu den nationalen Umsetzungsgesetzen als Erkenntnisquellen herangezogen werden, soweit sie am Leitgesichtspunkt einer richtlinienkonformen Auslegung des nationalen Rechts und der hierin zu findenden Paralleltatbestände ausgerichtet waren.[859] Aus dem deutschen Schrifttum sind daher, weil das Umsetzungsgesetz von 1995 vor allem idF des letzten Entwurfs[860] sehr eingehend diskutiert wurde, gerade diese Stellungnahmen noch wichtig.[861]

332 In den **25 Jahren** seit Erlass der Ins-RL bis zur Verabschiedung der MAR sind speziell für das Insiderrecht **nur wenige grundlegende Entwicklungsschritte** zu konstatieren: Die Insiderhandels-Richtlinie (Ins-RL), dann Marktmissbrauchs-Richtlinie (MAD I) wurde durch §§ 12 bis 16b, 38 f. WpHG in deutsches Recht umgesetzt, wobei mit der MAD I 2003 nicht nur ein zweiter Verbotstatbestand – derjenige der Marktmanipulation – neben die Insiderverbote trat, sondern auch das zweite speziell auf den Insiderhandel ausgerichtete Präventionsregime eingefügt wurde: die Regelung zu Directors' Dealing (nachdem die Ad-hoc-Publizität bereits 1995 ins WpHG eingeführt wurde). Für all diese Abschnitte sind daher die Grundsätze zur Auslegung von EG/EU-Richtlinien und von Umsetzungsgesetzen bedeutsam.[862] Außerdem folgte das WpHG – anders als andere Umsetzungsakte – auch in der Gliederung sehr weitgehend der jeweiligen Richtlinienvorgabe: Auf die Definition des Kreises der Instrumente, auf die sich die Verbote bezogen (Art. 1 Nr. 2 Ins-RL bzw. Nr. 3 MAD I; § 12 WpHG), und der Insiderinformationen (Art. 1 Nr. 1 Ins-RL und MAD I; § 13 WpHG) baute jeweils das Verbot auf (Art. 2 bis 4 Ins-RL und MAD I, § 14 WpHG), in der europäischen Vorgabe noch immer flankiert durch Passagen, in denen der Kreis der Verbotsadressaten umrissen wurde (Art. 2 Abs. 1, Art. 4 Ins-RL und MAD I); es folgten jeweils die Regeln zur Ad-hoc-Publizität (Art. 7 Ins-RL, Art. 6 MAD I, § 15 WpHG) und – erst durch MAD I eingefügt – zum Directors' Dealing (Art. 6 Abs. 3 3. UAbs. und Abs. 4

1073 (Tz. 34); zur dogmatischen Herleitung und Begründung ausführlich, mit Hinweisen auf die zunehmende Verschärfung der Rspr. und mwN *Grundmann* ZEuP 1996, 399 (419–423); in der Tendenz vergleichbar *Riesenhuber/Domröse* RIW 2005, 47 (48–52); ihnen folgend etwa BAG Urt. v. 26.4.2006 – 7 AZR 500/04, DB 2006, 1734; *W.-H. Roth/Jopen* in: Riesenhuber (Hrsg.), Europäische Methodenlehre, 3. Aufl. 2015, S. 263 (282–286); und konkret für EG-Insiderhandels- und EG-Marktmissbrauchs-Richtlinie Fuchs/*Mennicke* Vor §§ 12–14 WpHG Rn 147.

[858] Ebenso *Krause* CCZ 2014 248 (249); BankR-Hdb/*Hopt/Kumpan* § 107 Rn 9.

[859] Zur Umsetzung in den anderen Mitgliedstaaten: *Gaillard* (Hrsg.) Insider Trading – the Laws of Europe, the United States and Japan, Deventer/Boston 1992 (alle 15 damaligen Mitgliedstaaten); *Wegen/Assmann* (Hrsg.) Insider Trading in Western Europe – Current Status, London 1994; *Krause/Brellochs* Insiderrecht und Ad-hoc-Publizität bei M&A- und Kapitalmarkttransaktionen im europäischen Rechtsvergleich, AG 2013, 309 (Großbritannien, Niederlande, Frankreich, Italien); *Stamp/Welsh* International Insider Dealing, Surrey 2005 (Frankreich, Großbritannien, Italien, Niederlande, Spanien); *Wymeersch* The Insider Trading Prohibition in the EC Member States – a Comparative Overview in: *Hopt/Wymeersch* (Hrsg.) European Insider Dealing, S. 65.

[860] BT-Drucks. 12/6679. Die verabschiedete Fassung ist im Abschn. zum Insiderrecht identisch geblieben und wurde erst auf Grund der Änderungen durch die Marktmissbrauchs-Richtlinie, vor allem die Gleichbehandlung aller Insider, mit dem Anlegerschutzverbesserungsgesetz 2004 nochmals umfangreicher überarbeitet.

[861] Grundlegend für die vor der Verabschiedung der Richtlinie liegende Zeit sind in Deutschland *Hopt/Will* Europäisches Insiderrecht; *Pfister* ZGR 1981, 318.

[862] Dazu näher oben 1. Teil Rn 44 und 5. Teil Rn 136.

MAD I, § 15a, 15b WpHG).[863] Diese **Gliederung wurde auch in der MAR** weit überwiegend beibehalten – mit der einen wichtigen Ausnahme, dass jetzt *beide* Primärverbote nach vorne gerückt wurden und daher das Marktmanipulationsverbot nicht mehr auf Ad-hoc-Publizität und Directors' Dealing folgt, sondern ihnen vorangeht (vgl. dazu bereits Rn 254). So ist die MAR für den am WpHG geschulten Blick leicht nachvollziehbar, allerdings angereichert mit Zusatznormen, namentlich zur näheren Ausgestaltung der erlaubten Handlungen. Unter der MAR ist auch nicht mehr erheblich, dass deutsches Recht zeitweise über die Europäischen Vorgaben hinausging,[864] teils auch potentiell dahinter zurückblieb.[865]

2. System der Verbote und Prävention.

a) **Insiderverbote und Marktmanipulationsverbote (Art. 7–15 MAR). Kapitel** 2 der Verordnung bildet das Herzstück und regelt **zwei Tatbestände**, die die **Primärverbote** umreißen: zunächst die Insiderverbote (Art. 7–11, 14 MAR, Kommentierung hier unter C.), dann die Marktmanipulationsverbote (Art. 12, 13, 15 MAR, Kommentierung dann unter D.). Beide Verbote erscheinen solchermaßen miteinander **verschränkt, aber auch parallel,** das Insiderverbot stärker aufgegliedert: jeweils mit den Verboten selbst am Ende (Art. 14 MAR für die Insiderverbote, Art. 15 MAR für die Marktmanipulationsverbote), dem jeweiligen Tatbestand am Anfang, gefolgt dann jeweils von den Rechtfertigungsgründen, den sog. erlaubten Handlungen (für den Insiderhandel Art. 7 f. bzw. 9 MAR, für die Marktmanipulation Art. 12 bzw. 13 MAR). Mit anderen Worten: Tatbestand und Verbot sind voneinander jeweils in der Artikelfolge getrennt. Das Insiderhandelsregime ist dann nochmals stärker aufgegliedert, zunächst deswegen, weil der Grundtatbestand selbst bereits auf zwei Normen aufgeteilt wird (Art. 7 und 8 MAR), sodann auch deswegen, weil eine der verbotenen Handlungen, die Weitergabe von Insiderinformationen, nochmals gesondert ausgebildet wird und dies auch im Hinblick auf eine Sondersituation (Art. 10 und 11 MAR). **333**

Die **Struktur der Insiderverbote in der MAR** erscheint damit ähnlich, aber doch auch modifiziert im Vergleich zu denjenigen in den Vorgängerrechtsakten (teils klärend, teils eher erklärungsbedürftig), insgesamt jedenfalls deutlich stärker ausdifferenziert als in diesen: Den **Grundtatbestand regeln Art. 7–9 MAR**. Zunächst wird die **Insiderinformation** mit ihren vier Elementen näher umrissen (**Art. 7 MAR**), erst dann das Konvolut der **334**

---

863 Näher zur Regelungsgeschichte und zum Vorpreschen des deutschen Gesetzgebers bereits im Jahre 2002 unten Rn 530. Dort auch zur Ausführungs-Richtlinie 2004/72/EG und zu den damit zusammenhängende Meldepflichten nach §§ 16–16b WpHG.

864 Nach Art. 6 Ins-RL zulässig. Strenger war deutsches Recht vor allem mit der Einbeziehung des Freiverkehrs und der weiten Definition des Sekundärinsiders (Wissen muss nicht von einem Primärinsider stammen). Beides entspricht heute der Regelung in der MAR, Zweiteres auch schon seit 2003 der Regelung in Art. 4 MAD I.

865 Überwiegend sind die Punkte jedoch streitig und konnten auch bisher bereits im Wege der Auslegung, auch der richtlinienkonformen, bereinigt werden: Der Tatsachenbegriff, den das WpHG ursprünglich verwendete, umfasste nicht alle „präzisen Informationen" (etwa Prognosen von Vorstandsmitgliedern); später verwandte das WpHG jedoch ebenfalls bereits den offeneren Begriff (dazu Rn 344). Fraglich erscheinen/erschienen folgende Mehrheitsmeinungen in Deutschland: Öffentlichkeit wird bisher schon bei Erreichung sog. Bereichsöffentlichkeit angenommen (dazu Rn 348); evtl. zu eng war auch der Ausschluss des Freiverkehrs im Rahmen von § 15 WpHG, der unter MAR sicherlich nicht weitergilt (dazu Rn 288). Potentiell zu eng ist es auch, auf Schwellenwerte bei Ermittlung des Kursbeeinflussungspotentials abzustellen (dazu Rn 354).

sonstigen Tatbestandsmerkmale (Insiderinstrumente, erfasste Märkte und Personen, Handlungsformen, alles **Art. 8 MAR**). Diese Ausbildung einer gesonderten Regel für die Insiderinformation ist zweifach zu erklären: regelungstechnisch damit, dass dieses Tatbestandsmerkmal – weitgehend isoliert – den Kern weiterer wichtiger Ver- und Gebote bildet: für das Weitergabeverbot (Art. 10, 11 MAR) und für das Melde- und Veröffentlichungsgebot (Ad-hoc-Publizität, Art. 17 MAR); aber auch teleologisch damit, dass sich an der Definition der Insiderinformation – sehr viel mehr als an den anderen Tatbestandsmerkmalen – die Kernfrage entscheidet, wie viel Nutzung von (typischerweise selbst geschaffenen) Informationen zulässig sein soll und damit wie hoch der damit verbundene Innovationsanreiz ausfallen soll, und ab welchem Grad umgekehrt das Gegeninteresse an Anlegervertrauen und Marktintegrität überwiegt (im Einzelnen unten Rn 337–339). Die Definition der Insiderinformation bildet solchermaßen die eigentliche Gretchenfrage des Insiderhandelsregimes. Im Anschluss an diese beiden Normen zum Tatbestand regelt **Art. 9 MAR** – nunmehr ungleich ausführlicher als bisher, aber im Rückgriff auf bisherige Dogmatik und Ausführungsgesetzgebung – die **„legitimen Handlungen"**, die teils als echte Ausnahmen oder Klarstellungen, teils als (aufgrund überwiegender Gegeninteressen) gerechtfertigte Handlungen zu verstehen sind (näher unten Rn 400).

335 Dieser „Grundtatbestand" gibt freilich nicht den gesamten Kreis der Insiderverbote wieder, wie er schon in der EG-Insiderhandels-Richtlinie 1989 niedergelegt war und danach noch etwas ausdifferenziert wurde. Dieser **Gesamtbestand umfasst:** (i) die eigene Nutzung von Insiderinformation durch den Insider, die sog. Handelsverbote ieS, wobei die eigene Nutzung durch Sekundärinsider erst schrittweise gänzlich gleichgestellt wurde (ursprünglich: Verkauf und Ankauf, in der MAR erweitert um Versuch und auch Stornierung von Ordern); (ii) und (iii) Weitergaben, direkt und indirekt (Weitergabeverbot ieS und Empfehlungs- oder Tippverbot), wobei die indirekte Weitergabe der Insiderinformation durch Empfehlung oder gar Anstiftung immer noch in Art. 8 gemeinsam mit den Handelsverboten geregelt ist, die **direkte Weitergabe** hingegen nicht: Sie wurde abgespalten und **ausgelagert** in eine eigene Norm (Art. 10 MAR), vor allem weil Qualifikationen nötig waren für Marktsondierungen (Art. 11 MAR). Solchermaßen findet sich das Verbot der direkten Weitergabe weiter hinten eingestellt als das Verbot der indirekten Weitergabe. Wer also den Weg der Insiderinformation vom Primärinsider zum Sekundärinsider bis hin zur Ausnutzung durch Letzteren nachverfolgt, wird erst auf Art. 8 MAR verwiesen für das Handelsverbot gegenüber dem Primärinsider (Abs. 1 iVm Abs. 4 S. 2), dann, wenn dieser einen anderen einschaltet, für die Weitergabe auf Art. 10 MAR, um zuletzt – für den Handel des Sekundärinsiders – wieder zu Art. 8 MAR (diesmal Abs. 1 iVm Abs. 4 S. 2) zurückzukehren. Vereint findet man dann alle drei Formen – **Handelsverbote, direkte Weitergabeverbote und indirekte Weitergabeverbote (Empfehlungs- oder Tippverbote) – in Art. 14 MAR** und zwar in Nr. 1, 3 bzw. 2.

336 b) **Verbote (Art. 7–15 MAR) und Präventionspflichten (Art. 16–19 MAR).** Neben den **beiden Primärverboten** als dem Herzstück der Verordnung – den Insiderverboten (Art. 7–11, 14 MAR, Kommentierung hier unter C.) und den Marktmanipulationsverboten (Art. 12, 13, 15 MAR, Kommentierung dann unter D.) – regelt das **2. Kapitel** auch bereits eine erste Präventivmaßnahme (Meldepflichten der Marktbetreiber bei näher spezifiziertem Verdacht, Art. 16 MAR. Kommentierung annexweise ebenfalls unter D.). Systematisch ordnet sich diese Präventivregel bereits ins **3. Kapitel** ein und hätte daher wohl besser dort eingestellt werden können: Denn dieses Kapitel hat dann weitere Regelungsinstrumente zum Gegenstand, die ebenfalls als **Präventivmaßnahmen** zur Zurückdrängung von Insiderhandel fungieren: die Ad-hoc-Publizität (Art. 17 MAR, Kommentierung unten E.) und die Regelung des Directors' Dealing (Art. 18, 19 MAR, Kommentierung unten F.), deren Funktionalität jedoch auch noch breiter gesehen werden kann oder muss (vgl. oben Rn 260 f. und unten Rn 490 bzw. 531). Die Ausbildung einer ganzen Reihe von präventiv wirkenden Regelungsinstrumenten – für den Insiderhandel drei (Art. 16–19 MAR), für die Marktmanipulation immerhin auch eines (Art. 16 MAR) – belegt die Zentralität und Wichtigkeit der Primärverbote für das Ziel der Marktintegrität. Einzig die Ad-hoc-Publizität wäre unbestritten auch von der Zielsetzung der informationellen Unterfütterung von Kapitalmarkteffizienz her zu rechtfertigen und zwar als wirklich zentrale Informationsnorm, d.h. unabhängig von der Sinnhaftigkeit der Primärverbote (vgl. oben Rn 261 und unten Rn 338 bzw. 490).

3. Ziele (mit ökonomischer Theorie). Schützen wollen Art. 7–10, und 14 MAR (wie bisher §§ 12 bis 14 WpHG a.F.) – sehr generell gesagt, so wie es die Ins-RL in ihrem 3.–6. Erw.grund, dann MAD I in ihrem 1. und 2. Erw.grund und heute die MAR in Erw.grund 2, 7 und 23 beschreibt – die **Funktionsfähigkeit des Marktes**, genauer: der Kapitalmärkte der EU und des EWR, dies **indem einer Enttäuschung des Anlegervertrauens vorgebaut wird**; Schutzobjekt sind also jedenfalls weniger die Treubindungen gegenüber demjenigen, aus dessen Bereich die Information stammt.[866] **337**

Heute regelt MAR das Insiderhandelsverbot als die Kernregel, die Ad-hoc-Publizität vor allem als Präventivmaßnahme, um Insiderhandel vorzubeugen. Aus informationsökonomischer Sicht erscheint das Verhältnis umgekehrt: Wird eine Ad-hoc-Publizität von allen Seiten als effizienzfördernd angesehen und nur über Maß und Notwendigkeit einer zwingenden Regel gestritten (vgl. unten Rn 492), so gilt Gleiches nicht auch für Insiderhandelsverbote. Zwar wird ebenfalls vorausgesetzt, dass mit Aufdeckung kursrelevanter Umstände die Allokationseffizienz steige. Doch wird oder wurde daraus für den Insiderhandel teils gefolgert, dass er gesamtwirtschaftlich zu Effizienzgewinnen, teils, dass er zu Effizienzverlusten führe. Kaum ein anderes Verbot des deutschen, Europäischen und US-amerikanischen Kapitalmarktrechts wurde in der ökonomischen und juristischen Theorie ähnlich intensiv diskutiert.[867] **Gegner eines Verbots** argumentieren:[868] Insiderhandel lasse die wertvolle geheime Information in den Markt einsickern und sorge so für dessen optimale Information (Marktinformierungsargument); Insider wüssten die Information am besten zu bewerten, daher am besten zu nutzen (highest value user) und könnten auf Grund der erzielten Gewinne Lohnerwartungen in einem Maße senken, das Gesellschaft und Anteilseigner überkompensiere (Lohnsenkungsargument); und der Kompensationsanreiz motiviere Geschäftsleiter, die wichtigsten möglichen Insider, „gute“ In- **338**

---

866 Assmann/Schütze/*Sethe* § 12 Rn 6; *Assmann* AG 1994, 196 (202); *ders.* ZGR 1994, 494 (499). Vgl. zu den verschiedenen Modellen im Folgenden.

867 Zusammenfassung des ökonomischen Theorienstreits zum Insiderhandelsverbot aus deutscher Sicht und bezogen auf die Richtlinie bzw. das deutsche Gesetz vor allem bei: einerseits *Assmann* AG 1994, 196 (201–204); *Grunewald* ZBB 1990, 128 (128–131); *Hopt* ZGR 1991, 17 (22–29); *Kirchner* FS Kitigawa 1992, S. 665 (672–677); *Ott/Schäfer* ZBB 1991, 226 (228–235); *Paefgen* AG 1991, 380 (387 f.); andererseits *Schneider* DB 1993, 1429. Jüngere Überblicke: EBJS/*Grundmann* BankR VI Rn 29, 30; KölnKomm WpHG/*Klöhn* Vor § 12 Rn 72–143; monographisch juristische und ökonomische Sicht breit verbindend *Krauel* Insiderhandel.

868 Grundlegend *Manne* Insider Trading and the Stock Market, 1966, S. 76–91, 111–158 et passim; sowie *Carlton/Fischel* 35 Stan. L.Rev. 857 (866–872) (1983); *Ruder* 59 N. W. U. L. Rev. 185 (210–212) (1964/65); vorsichtig auch *Fenn/McGuire/Prentice* in: Hopt/Wymeersch (Hrsg.), European Insider Dealing, S. 3 (6); dazu *Lahmann* Insiderhandel – ökonomische Analyse eines ordnungspolitischen Dilemmas, 1994, S. 109 f., 112–116, 117 f.; *Krauel* Insiderhandel, S. 20–41.

formation zu generieren – zum Wohl der Unternehmung (Anreizargument). Schon hier ist freilich einzuwenden, dass etwa im Wege von Put-Optionen, negative Entwicklung ähnlich umfassend zum Insiderhandel ausgenutzt werden können. **Befürworter eines Verbots** fanden sich demgegenüber früher zunächst fast nur auf juristischer Seite, zunehmend später auch auf ökonomischer. Nicht notwendig werden alle angeführten Argumente gänzlich verworfen, es werden jedoch überwiegende Nachteile gesehen: Freigabe von Insiderhandel senke die Anlagebereitschaft, weil das Vertrauen der Anleger, die systematisch auf der Verliererseite stehen,[869] sinke.[870] Der Geschäftsleiter, der Insiderhandel betreiben dürfe, macht nicht offen ausgehandelte Gewinne, was – in der ökonomischen Theorie grundsätzlich unstreitig – eine effiziente Allokation der Mittel unmöglich macht (Auswahl des preisgünstigsten Managers).[871] Informationsflüsse im Leitungsorgan werden potentiell gedrosselt, um als erster (höhere) Insidergewinne abzuschöpfen. Der zentrale Effizienznachteil liegt wohl darin, dass die Kapitalaufbringungskosten des Emittenten steigen; denn wenn Insider gewinnen (ihr Anlegerrisiko zT abwälzen), so zunächst zu Lasten ihrer Transaktionspartner, der Intermediäre, die wiederum diese Verluste in ihre Preise einrechnen müssen.[872] Emittenten in Staaten mit geringer Insiderhandelsaktivität genießen – bezogen auf dieses Kostenelement – Vorteile. Der **Gesetzgeber** hat sich – für Auslegungsfragen entscheidend – **für die zweitgenannte Sicht entschieden,** so das ökonomische Ziel spezifiziert und die zulässigen Effizienzargumente vorgegeben. Die Informationsinfiltration konnte durch Ad-hoc-Publizität (effizienter) verbürgt werden, das Anreiz-, vor allem jedoch das Lohnsenkungsargument wurden (als Fiktion) verworfen, die Förderung des Vertrauens der Anlegergemeinschaft in den Vordergrund gerückt. Gerade der deutsche Gesetzgeber bewertete und bewertet bei der Ausgestaltung der jeweiligen Sanktionen die Gefahren, die vom Insiderhandel ausgehen (Vertrauensschwund), sogar als noch gravierender denn diejenigen geringerer Marktinformierung (Effizienzeinbußen bei der Mittelallokation).[873]

---

869 *Rudolph* FS Moxter 1994, S. 1333 (1342 f., 1346, 1348); *Schmidt* Insider Regulation and Economic Theory, in: Hopt/Wymeersch (Hrsg.), European Insider Trading, S. 21 (23 ff., 26 ff.) (Anleger bzw. Intermediäre).

870 Im Insiderrecht etwa: *Amihud/Mendelson* 17 Financial Management 5 (11) (1988) (Vertrauensschwund bei den Händlern); *Fenn/McGuire/Prentice* in: Hopt/Wymeersch (Hrsg.) European Insider Dealing, S. 3 (8); *Nietsch* ZHR 174 (2010) 556 (589); *Schmidt* Insider Regulation and Economic Theory, in: Hopt/Wymeersch (Hrsg.) European Insider Trading, S. 21 (24 ff., 26 ff.); vgl. auch *Krauel* Insiderhandel, S. 58. Für eine parallele Argumentation in anderen kapitalmarkt- und gesellschaftsrechtlichen Konstellationen vgl. Nachw. bei *Grundmann* RabelsZ 66 (1997), 423 (436 f.).

871 Zur ökonomischen und juristischen Theorie der versteckten Gewinne vgl. nur *Grundmann* Treuhandvertrag S. 200–211. Gegen versteckte Gewinne sprechen sich in diesem Bereich etwa aus: *Clark* Corporate Law, Boston 1986, S. 273–275; *Easterbrook* 1981 Supreme Court Review 309 (bes. 332 ff.); *Kraakman* The Legal Theory of Insider Trading Regulation in the United States, in: Hopt/Wymeersch (Hrsg.) European Insider Dealing, S. 39 (52–54); *Krauel* Insiderhandel, S. 47, 53, 58 („Allokationseffizienz des Kapitalmarktes gestört").

872 Grundlegend: *Schmidt* in: Hopt/Wymeersch (Hrsg.) European Insider Dealing, S. 21 (28 ff.); ähnlich *Rudolph* FS Moxter 1994, S. 1333, 1345–1349; dazu auch *Krauel* Insiderhandel, S. 56 f.

873 Dies ergibt sich wohl aus dem Maß der Sanktionen in § 38 WpHG einerseits (alle bezogen allein auf Verstöße gegen Insiderverbote [sowie Marktmanipulationsverbote]) und § 39 WpHG andererseits (Verstöße gegen die Informationsgebote in Art. 1 MAR und §§ 31 ff. WpHG nur bußgeldbewehrt); vgl. dort. Für die Richtlinie(n): namentlich 24. Erwägungsgrund Marktmissbrauchs-RL; *Amihud/Mendelsohn* 17 Fin.Mgmt. 5, 11 (1988); *Fenn/McGuire/Prentice* in: Hopt/Wymeersch (Hrsg.) European Insider Dealing, S. 3 (8) und *Schmidt*

Gerade hier zeigt sich, dass neben die klassische **Annahme von grundsätzlich rationalem, gewinnmaximierendem Verhalten** der Marktteilnehmer, zumindest des Großteils unter ihnen,[874] im Europäischen Kapitalmarktrecht auch neuere Modelle treten. Stehen Erhaltung und Förderung des **Vertrauens der Anleger** im Vordergrund, so liegen dem Modelle zugrunde, die Aspekte der Rationalität und Gewinnmaximierung bei der Anlegerentscheidung zwar nicht notwendig negieren, jedoch relativieren. **Beschränkt rationales Verhalten** (bounded rationality) wird in Kapitalmärkten konstatiert, nach der Minimierung möglicher negativer Auswirkungen gestrebt.[875] Immerhin spiegeln sich auch relevante Informationen offensichtlich nicht – empirisch vielfach konstatiert – vollständig im Börsenkurs wieder. Umgekehrt ist die Bewertung von Wirtschaftskrisen, gerade Börsenkrisen als Vertrauensproblem kaum zweifelhaft. **339**

II. Art. 7 MAR: Insiderinformation **340**

Kapitel 2
Insiderinformationen, Insidergeschäfte, unrechtmäßige Offenlegung von Insiderinformationen und Marktmanipulation

Artikel 7
Insiderinformationen

(1) Für die Zwecke dieser Verordnung umfasst der Begriff „Insiderinformationen“ folgende Arten von Informationen:

a) nicht öffentlich bekannte präzise Informationen, die direkt oder indirekt einen oder mehrere Emittenten oder ein oder mehrere Finanzinstrumente betreffen und die, wenn sie öffentlich bekannt würden, geeignet wären, den Kurs dieser Finanzinstrumente oder den Kurs damit verbundener derivativer Finanzinstrumente erheblich zu beeinflussen;

b) in Bezug auf Warenderivate nicht öffentlich bekannte präzise Informationen, die direkt oder indirekt ein oder mehrere Derivate dieser Art oder direkt damit verbun-

---

ebenda S. 21 (24 f. und 26 f.). Wohl weniger wichtig, dass der Insider typischerweise die Information aus einer treuhänderischen Beziehung erlangt, mit anderen Worten: die Wegnahme von Geschäftsgeheimnissen ist nicht Hauptaspekt des Verbots: vgl. Ansatz bei *Assmann AG* 1994, 196, (202); Überblick zu denverschiedenen Theorien bei *Kraakman* in: Hopt/Wymeersch (Hrsg.), European Insider Dealing, S. 39; *K.-P. Weber* Insiderrecht und Kapitalmarktschutz – Haftungstheorien.

[874] *S. Weber* Kapitalmarktrecht S. 384 f.; Vertrauensschutz und das Eingehen auf Irrationalitäten als gänzlich gleichgewichtig betonend demgegenüber etwa *Avgouleas* The Mechanics and Regulation of Market Abuse, passim.

[875] Zu beschränkter Rationalität und Kapitalmarktrecht vgl. Überblicke bei: *Avgouleas* The Mechanics and Regulation of Market Abuse; *Klöhn* Kapitalmarkt, Spekulation und Behavioral Finance, 2006; *ders.* Der Beitrag der Verhaltensökonomik zum Kapitalmarktrecht, in: *Fleischer/Zimmer* (Hrsg.), Beitrag der Verhaltensökonomie (Behavioral Economics) zum Handels- und Wirtschaftsrecht, ZHR-Beiheft 75, 2011, 83; *Schmies* Behavioral Finance und Finanzmarktregulierung, in: *Engel u.a.* (Hrsg.) Recht und Verhalten, 2007, 165; speziell zum hier zentralen Informationsmodell (und seinen mit Verhaltensanomalien zu begründenden Grenzen) *Koch* BKR 2012, 487.

dene Waren-Spot-Kontrakte betreffen und die, wenn sie öffentlich bekannt würden, geeignet wären, den Kurs dieser Derivate oder damit verbundener Waren-Spot-Kontrakte erheblich zu beeinflussen, und bei denen es sich um solche Informationen handelt, die nach Rechts- und Verwaltungsvorschriften der Union oder der Mitgliedstaaten, Handelsregeln, Verträgen, Praktiken oder Regeln auf dem betreffenden Warenderivate- oder Spotmarkt offengelegt werden müssen bzw. deren Offenlegung nach vernünftigem Ermessen erwartet werden kann;

c) in Bezug auf Emissionszertifikate oder darauf beruhende Auktionsobjekte nicht öffentlich bekannte präzise Informationen, die direkt oder indirekt ein oder mehrere Finanzinstrumente dieser Art betreffen und die, wenn sie öffentlich bekannt würden, geeignet wären, den Kurs dieser Finanzinstrumente oder damit verbundener derivativer Finanzinstrumente erheblich zu beeinflussen;

d) für Personen, die mit der Ausführung von Aufträgen in Bezug auf Finanzinstrumente beauftragt sind, bezeichnet der Begriff auch Informationen, die von einem Kunden mitgeteilt wurden und sich auf die noch nicht ausgeführten Aufträge des Kunden in Bezug auf Finanzinstrumente beziehen, die präzise sind, direkt oder indirekt einen oder mehrere Emittenten oder ein oder mehrere Finanzinstrumente betreffen und die, wenn sie öffentlich bekannt würden, geeignet wären, den Kurs dieser Finanzinstrumente, damit verbundener Waren-Spot-Kontrakte oder zugehöriger derivativer Finanzinstrumente erheblich zu beeinflussen.

(2) Für die Zwecke des Absatzes 1 sind Informationen dann als präzise anzusehen, wenn damit eine Reihe von Umständen gemeint ist, die bereits gegeben sind oder bei denen man vernünftigerweise erwarten kann, dass sie in Zukunft gegeben sein werden, oder ein Ereignis, das bereits eingetreten ist oder von den vernünftigerweise erwarten kann, dass es in Zukunft eintreten wird, und diese Informationen darüber hinaus spezifisch genug sind, um einen Schluss auf die mögliche Auswirkung dieser Reihe von Umständen oder dieses Ereignisses auf die Kurse der Finanzinstrumente oder des damit verbundenen derivativen Finanzinstruments, der damit verbundenen Waren-Spot-Kontrakte oder der auf den Emissionszertifikaten beruhenden Auktionsobjekte zuzulassen. So können im Fall eines zeitlich gestreckten Vorgangs, der einen bestimmten Umstand oder ein bestimmtes Ereignis herbeiführen soll oder hervorbringt, dieser betreffende zukünftige Umstand bzw. das betreffende zukünftige Ereignis und auch die Zwischenschritte in diesem Vorgang, die mit der Herbeiführung oder Hervorbringung dieses zukünftigen Umstandes oder Ereignisses verbunden sind, in dieser Hinsicht als präzise Information betrachtet werden.

(3) Ein Zwischenschritt in einem gestreckten Vorgang wird als eine Insiderinformation betrachtet, falls er für sich genommen die Kriterien für Insiderinformationen gemäß diesem Artikel erfüllt.

(4) Für die Zwecke des Absatzes 1 ist sind unter „Informationen, die, wenn sie öffentlich bekannt würden, geeignet wären, den Kurs von Finanzinstrumenten, derivativen Finanzinstrumenten, damit verbundenen Waren-Spot-Kontrakten oder auf Emissionszertifikaten beruhenden Auktionsobjekten spürbar zu beeinflussen“ Informationen zu verstehen, die ein verständiger Anleger wahrscheinlich als Teil der Grundlage seiner Anlageentscheidungen nutzen würde.

Im Fall von Teilnehmern am Markt für Emissionszertifikate mit aggregierten Emissionen oder einer thermischen Nennleistung in Höhe oder unterhalb des gemäß Artikel 17 Absatz 2 Unterabsatz 2 festgelegten Schwellenwerts wird von den Informationen über die physischen Aktivitäten dieser Teilnehmer angenommen, dass sie keine erheblichen Auswirkungen auf die Preise der Emissionszertifikate und der auf diesen beruhenden Auktionsobjekte oder auf damit verbundene Finanzinstrumente haben.

(5) Die ESMA gibt Leitlinien für die Erstellung einer nicht erschöpfenden indikativen Liste von Informationen gemäß Absatz 1 Buchstabe b heraus, deren Offenlegung nach vernünftigem Ermessen erwartet werden kann oder die nach Rechts- und Verwaltungsvorschriften des Unionsrechts oder des nationalen Rechts, Handelsregeln, Verträgen, Praktiken oder Regeln auf den in Absatz 1 Buchstabe b genannten betreffenden Warenderivate- oder Spotmärkten offengelegt werden müssen. Die ESMA trägt den Besonderheiten dieser Märkte gebührend Rechnung.

1. Insiderinformation als Grundlage und Ausgangspunkt der Regelung. Während der Anwendungsbereich des Art. 2 Abs. 1 iVm Art. 8 MAR auch weiter gezogen werden könnte, da Insiderwissen auch andere Anlagen betreffen und auch hier negativ bewertet werden kann, ist die Grenzziehung nach Art. 7 MAR **zwischen Insiderinformation und öffentlicher, unschädlicher Information** unumgänglich. Informationspositionen, die sich für Insiderhandel eignen, entstehen meist aus öffentlicher Information und werden wieder zu solcher. Soll der **Wertschöpfungsprozess** möglich bleiben, aus öffentlicher Information durch Analyse oder Fällung von Entscheidungen werthaltigere, nicht öffentliche zu machen, so muss deren Nutzung durch den Verantwortlichen erlaubt sein.[876] Eine Abgrenzung wird nötig zwischen dem solchermaßen Berechtigten und Insidern, etwa wenn der Berechtigte Helfer einschaltet. Umgekehrt darf Insiderinformation nicht geheim bleiben, sollen Märkte funktionieren; effiziente Mittelallokation setzt voraus, dass Kurse die öffentlich gemachte Insiderinformation reflektieren.[877] Der Handel muss baldestmöglich wieder einsetzen können. Der Zeitraum, in dem Insiderinformation als solche behandelt wird, darf nicht zu weit nach vorne und – unabhängig vom Beschleunigungsinstrument Ad-hoc-Publizität – nicht zu weit nach hinten ausgedehnt werden. **341**

Da demnach die **Insiderinformation das Zentralkonzept** darstellt (und dies unabhängig davon, dass ja auch Art. 10 und 17 MAR noch an dieses anknüpfen), ist es auch sinnvoll, dass die Regel nicht mehr mit „Insider" überschrieben wird (wie ursprünglich die Vorgängervorschrift in § 13 WpHG a.F.), sondern mit „Insiderinformation". Zugleich ist mit dieser Neubenennung auch die am tiefsten greifende Neuerung angesprochen, die die MAD I und das AnSVG in der Regelungsentwicklung brachten: Es wird für die Anwendbarkeit der Insiderverbote nicht mehr zwischen Primär- und Sekundär-Insider unterschieden, während vorher allein das Handelsverbot beide erfasste, nicht auch das – vor allem präventiv wirkende – Weitergabe- und Tippverbot, das erst seit 2004 allgemein gilt; damit wird die Abgrenzung zwischen beiden Formen weitgehend obsolet (mit Ausnahme der Beweislast in Fragen der Kenntnis vom Insidercharakter der Information, vgl. näher unten Rn 383).[878] **342**

---

876 So ausdrücklich seinerzeit der 13. und 11. Erw.grund Ins-RL; ähnlich dann Erw.gründe 16 und 17 MAD I und jetzt Erw.gründe 28 und 30 a.E. MAR; *Assmann* AG 1994, 237 (244); *Claussen* ZBB 1992, 267 (272 f.); *Grundmann* Revue de la Banque 1995, 275 (276); *Hopt* ZGR 1991, 17 (33); *ders.* FS Heinsius 1991, S. 289 (289).

877 *Rudolph* FS Moxter 1994, S. 1333 (1342).

878 Wobei freilich umgekehrt § 15a WpHG, heute Art. 18, 19 MAR, eingeführt wurde für einen Kernbestand von Primärinsidern mit typischerweise besonders gutem Zugang zur Information und mit ihm eine zusätzliche Präventionsregel eingeführt wurde, nach der diese jegliches Geschäft in Insiderpapieren – auch ohne Insiderinformation – aufzudecken haben (bereits 2002, zwei Jahre später noch ergänzt durch die Pflicht, diesen Kernbestand in einem Insiderverzeichnis aufzuführen; § 15b WpHG). Beide Normen betreffen Organe des Emittenten, damit nicht primär Banken und Bankgeschäfte, und werden daher nur überblicksweise kommentiert, unten Rn 528–538. Zur Unterscheidung zwischen Primär- und Sekundärinsidern in § 38 WpHG vgl. dort (Teil 8); Abgrenzung heute in Art. 8 Abs. 4 MAR.

343 **2. Vierstufiger Grundtatbestand (Abs. 1 lit. a)).** Der Kreis der relevanten Informationen (Abs. 1 lit. a, bisher § 13 Abs. 1 WpHG a.F. und Art. 1 Nr. 1 Ins-RL/MAD I) wird durch die genannten **vier Elemente** umrissen: „präzise" Information, fehlende Öffentlichkeit, Relevanz für das Anlageinstrument (ggf. vermittelt über den Emittenten) und erhebliches Kursbeeinflussungspotenzial. Das erste und vierte Element **können einander beeinflussen:** Die Ziele der Richtlinie legen es nahe, eine präzise Information umso eher anzunehmen, je höher das Kursbeeinflussungspotential ist.[879]

344 **a) Präzise Information (Abs. 1 lit. a) iVm Abs. 2 und 3).** Zentral geht es bei diesem Tatbestandsteil um **Sicherheit und Unsicherheit** der Information – und als Gegenstück dazu: des Wissens. Mit dem Erfordernis der präzisen Information wurden ursprünglich bloße **Börsengerüchte, -spekulationen und Werturteile** ausgegrenzt.[880] Soweit jedoch Gerüchte und Spekulationen für eine unbestätigte Tatsache stehen und hinreichend Verbreitung erfahren, um kursrelevant zu werden, können sie nicht von vornherein ausgeschlossen werden.[881] Die engere Sicht war maßgeblich vom ursprünglichen Wortlaut des § 13 WpHG getragen, der eine „Tatsache" forderte, freilich später – im Einklang mit dem Wortlaut der Ins-RL und der MAD I – geändert wurde, um ebenfalls nur noch eine „präzise Information" vorzusehen (und schon vorher in diesem Sinne richtlinienkonform hätte ausgelegt werden müssen). Nötig ist ein hinreichender Grad an objektiver Zuverlässigkeit der Aussage. Erst **rein subjektive** – nicht durch konkrete Vorgänge unterlegte – Gerüchte scheiden aus. Wertungen von Autorität sind ebenfalls durchaus einzubeziehen, so die Aussage eines Vorstandsmitglieds, der Umsatz werde steigen.[882] Auch Ratings und rechtliche Bewertungen können daher Insidertatsachen darstellen.[883] Unstreitig ist jedenfalls das Wissen darum, dass eine Wertung abgegeben werden wird (ein Tipp in einem Börsenblatt), (Insider-) Wissen.[884] Schon das **Wissen über den möglichen Eintritt einer Tatsache** genügt, wenn auch ein Abschlag beim Kursbeeinflussungspotenzial in Höhe der Ausbleibenswahrscheinlichkeit zu machen ist; dies stellt heute Abs. 2 S. 1 ausdrücklich klar, war freilich im

---

879 *Heinze* Primärmarkt S. 281–285, 289–295; *Krause/Brellochs* AG 2013, 309 (311–315) bezeichnen dies als Kernfunktion der Insiderverbote; BankR-Hdb/*Hopt/Kumpan* § 107 Rn 43; Fuchs/*Mennicke/Jakocou* § 13 Rn 18c; und *Zetzsche* Enzyklopädie Europarecht, Bd. 6, § 7 C Rn 109 spricht von erheblicher Differenzierungskraft; und unten Rn 353.

880 *Claussen* DB 1994, 27 (30) (allerdings noch vom Begriff der „Tatsache" her argumentierend); *Hopt* ZGR 1991, 17 (30); vgl. ausf. *Fleischer/Schmolke* AG 2007, 841; ferner *Brandi/Süßmann* AG 2004, 642 (642 f.); *Pingel* EC Directive, S. 5, 7 f.; vgl. auch BT-Drucks. 12/6679 S. 46. Zu möglichen Erweiterungen mit der MAR vgl. Vorschlag vom 20.10.2011 für eine EU-Verordnung Marktmissbrauch, KOM(2011) 651 endg.; vgl. (kritisch) *Veil/Koch* WM 2011, 2297 (2300).

881 Grundlegend *Fleischer/Schmolke* AG 2007, 841 (bes. 842 f.); VGH Kassel Beschl. v. 16.3.1998 – 8 TZ 98(98), AG 1998, 436; heute KölnKomm WpHG/*Klöhn* § 13 Rn 52–58.

882 *Claussen* DB 1994, 27 (30); *Happ* JZ 1994, 240 (242); aA *Assmann*/Schneider § 13 WpHG Rn 13 f., der, wertungsmäßig kaum haltbar, differenziert zwischen (Prognose-) Aussage des Vorstandsmitglieds (keine Tatsache) und Mitteilung, dass die Aussage gemacht wurde (Tatsache); dagegen überzeugend *Cahn* ZHR 162 (1998), 1 (12–14).

883 Für Ratings: *Stemper* WM 2011, 1740 (1742 f.); *Spindler* NJW 2004, 3449 (3450); KölnKomm WpHG/*Klöhn* § 13 Rn 71–73; für rechtliche Bewertungen: BaFin (Hrsg.), Emittentenleitfaden der Bundesanstalt für Finanzdienstleistungsaufsicht, Fassung vom 22.7.2013, III.2.1.1 (keine Neufassung für MAR bisher, etwa auf der Grundlage EU-weiter Praxis; als Meinung, die EU-weit erhebliches Gewicht hat, weiter relevant); *Schulz* NZG 2010, 41 (bes. 45 f.).

884 *Assmann* AG 1994, 237 (241); *ders.* ZGR 1994, 494 (510); *Hopt* ZGR 1991, 17 (34 f.); *ders.* FS Beusch 1993, S. 393 (410).

Wortlaut des § 13 WpHG a.F. bereits hinreichend deutlich angelegt (wie auch bereits in Abs. 1 lit. a)).[885] Insgesamt ist jedoch eine zunehmende Überformung der ursprünglich restriktiveren hM in Deutschland durch eine Europäisch geprägte Auslegung zu konstatieren – wobei die Anpassung im ursprünglich divergierenden Wortlaut hierzu beitrug.

Eine präzise Information ist **bei gestreckten Tatbeständen** – vor allem Entscheidungen, die die Zustimmung mehrerer Organe voraussetzen – nicht erst bei Vorliegen aller Zustimmungsakte zu bejahen, sondern kann bei **jedem Zwischenschritt von hinreichendem Gewicht** angenommen werden. Dem folgte – nach unterschiedlichen Stellungnahmen in der obergerichtlichen Rechtsprechung – auch der BGH und – nach Vorlage durch den BGH – auch der EuGH, genauer: ob in einem Zwischenschritt, etwa dem Vorstandsbeschluss, bereits selbst ein hinreichend sicheres Ereignis liegen könnte oder aber ob auf die Vollendung des Tatbestandes abzustellen und dessen Wahrscheinlichkeit maßgeblich ist.[886] Heute wird ebendies durch **Abs. 2 S. 2 und Abs. 3** klargestellt. Hintergrund war der Rücktritt von Jürgen Schrempp als Vorstandsvorsitzender der DaimlerChrysler AG, für den jedenfalls die Zwischenschritte persönlicher Beschluss, informelle Gespräche mit dem Aufsichtsratsvorsitzenden, geheime Diskussion mit anderen Mitgliedern von Vorstand und Aufsichtsrat und Beschluss des Präsidialausschusses des Aufsichtsrates unterschieden werden können – **345**

885 *Grunewald* ZBB 1990, 128 (128–132); *Siebold* Insiderrecht, S. 108; *Assmann*/Schneider § 13 WpHG Rn 19–21; KölnKomm WpHG/*Klöhn* § 13 Rn 75–120; Kümpel/Wittig/*Rothenhöfer* Rn 3.483–3.487; Zum Zusammenhang zwischen Wahrscheinlichkeit des Eintritts und Kursbeeinflussungspotential näher unten Rn 353–355.

886 Insiderinformation bei jedem maßgeblichen Schritt, insbesondere schon bei Vorstandsbeschluss, bejahend EuGH Urt. v. 28.6.2012 – Rs. C-19/11 (*Geltl/Daimler – Schrempp*) ECLI:EU:C:2012:397 = NJW 2012, 2787 = EuZW 2012, 708 = BKR 2012, 338 (Tz. 31 ff.) (jeder Zwischenschritt), 56 (bei hinreichender Wahrscheinlichkeit auch zukünftiges Ereignis); Anm. etwa *Bingel* AG 2012, 685; *Heider/Hirte* GWR 2012, 429; *Hitzen* NZG 2012, 860; *Ihrig/Kranz* BB 2013, 451; *Klöhn* ZIP 2012, 1885; *Kocher/Widder* BB 2012, 2837; OLG Frankfurt/M. Beschl. v. 12.2.2009 – 2 Sa-OWi 514/08, NZG 2009, 391 (391 f.) = ZIP 2009, 563 (daher auch mehrfach neue Insiderinformation denkbar), Anm. *Widder* EWiR § 15 WpHG 1/09 und *Wiechers* GWR 2009, 278025; Endentscheidung BGH Urt. v. 23.4.2013 – II ZB 07/09, WM 2013, 1171 = ZBB 2013, 260, Anm. *Mennicke* aaO 244; sowie *Brellochs* ZIP 2013, 1170; *Ihrig/Kranz* AG 2013, 515; *Herfs* DB 2013, 1650; *Seibt* EWiR § 13 WpHG 1/13; breiter *Ekkenga* NZG 2013, 1081; *CESR* Market Abuse Directive Level 3 – second set of CESR guidance and information on the common operation of the Directive to the market CESR/06–562 b. sub 1.6; BaFin, Emittentenleitfaden 2013 (Fn 883), unter III.2.1.1.1 und IV.2.2.7 (beide inzwischen nicht mehr „verbindlch", nur noch „persuasive"); bereits *Burgard* ZHR 62 (1998), 51 (60, 63); *Pananis* WM 1997, 460 (462); *Gehrt* Ad-hoc-Publizität, S. 125; heute *Klöhn* NZG 2011, 166 (169–171); *Mennicke* NZG 2009, 1059 (1060); *Möllers* WM 2005, 1393 (1398 f.); *Möllers/Faber* LMK 2011, 314275; aA noch OLG Stuttgart Beschl. v. 15.2.2007 – 901 Kap 1/06, NZG 2007, 352 (erst Aufsichtsratsbeschluss selbst sei Insiderinformation); dann, nach Rückverweisung durch den BGH, schon etwas offener OLG Stuttgart Beschl. v. 22.4.2009 – 20 Kap 1/08, NZG 2009, 624 (629 f.) = ZIP 2009, 962 (schon Beschlussfassung des Präsidialausschusses des Aufsichtsrates eine Insiderinformation); Anm. *Nikoleyczik* GWR 2009, 281246; zur Abgrenzung gegen Gerüchte BT-Drucks. 15/3174, 34. Frage dem EuGH vorgelegt durch BGH Beschl. v. 22.11.2010 – II ZR 7/09 NJW 2011, 309 = ZIP 2011, 72 = EWiR § 13 WpHG 1/11 (*Maier-Reimer/Seulen*); Anm. etwa *Klöhn* NZG 2011, 166; *Kollmorgen/Steinhardt* BB 2011, 527; *Möllers/Faber* LMK 2011, 314275; *Widder* GWR 2011, 313074. Zu Ad-hoc-Publizität (Art. 17 MAR, bisher § 15 WpHG a.F.), wo dies ursprünglich überwiegend anders gesehen wurde, auch noch unten Rn 512.

alle im konkreten Falle auch im Hinblick auf eine mögliche Veröffentlichungspflicht nach Art. 17 MAR (damals § 15 WpHG) und Schadensersatz nach §§ 37b, 37c WpHG bzw. Bußgeldsanktionen.

346 Überholt (wenn überhaupt je zutreffend) ist die Auslegung in einer zweiten wichtigen Abgrenzungsfrage, namentlich dass eine „Tatsache“ oder „Information“ nur vorläge, wenn sie „**Drittbezug**“ hat, wie es der BGH vorschlägt[887] – und das ist wichtig vor allem im Zusammenhang mit dem **Phänomen des Scalping** (unten Rn 467). Information ist gleichzusetzen mit „wissenswertem Umstand“, wie Art. 7 Abs. 4 1. UAbs. MAR klarstellt (und vorher schon § 13 Abs. 1 S. 2 WpHG a.F.), indem er maßgeblich darauf abstellt, was denn der vernünftige Anleger für wissenswert gehalten hätte. Dieses Merkmal und das Merkmal der „erheblichen Kursbeeinflussungseignung“ (unten Rn 102 f.) umreißen in ihrer Kumulation die „Insiderinformation“ auch hinreichend, um dem Bestimmtheitsgrundsatz in Strafsachen zu genügen. Wissenswert können nicht nur äußere Umstände (mit „Drittbezug“) sein, sondern auch innere. Der Tatvorwurf ist freilich nicht, dass der Täter seinen inneren Entschluss nicht aufgedeckt hat zu handeln (darauf stellen der BGH und die ihm heute in Deutschland folgende hM irrtümlich ab), sondern, dass er nicht aufgedeckt hat, dass er handelt in dem Wissen, den Kurs dieses Finanzinstruments zu beeinflussen. Natürlich ist es für den vernünftigen Anleger relevant, ob ein Analyst eine Empfehlung abgibt (breit gestreut über die Medien oder gegenüber einem Großanleger) aus freier Überzeugung oder aber, weil er sich mit dem entsprechenden Wertpapier eingedeckt hat und auf Kursgewinne hofft. Daher ist das **Scalping** – das Handeln des Analysten in entsprechenden Finanzinstrumenten in dem Wissen darum, dass er nach solchem Handel eine Empfehlung zu davon beeinflussten Finanzinstrumenten abgeben wird, die auch geeignet ist, Gehör zu finden – nicht nur als Marktmanipulation (unten Rn 467), sondern **auch als Insiderhandel zu qualifizieren.**[888] Satz 3 des 28. Erw.grundes qualifiziert das Wissen um Analysen, die wenn sie veröffentlicht werden, den Kurs erheblich beeinflussen, ausdrücklich als Insiderinformation – und am Vorliegen der anderen Tatbestandselemente kann ohnehin kein Zweifel bestehen. Insiderinformationen sind nach Art. 2 Abs. 2 MAR auch „Umstände ..., die bereits gegeben sind oder bei denen man vernünftigerweise erwarten kann, dass sie in Zukunft gegeben sein werden.“ Solch ein zu erwartender Umstand ist die sogar konkret geplante Abgabe einer befürwortenden Anlageempfehlung sicherlich! Beim Scalping handelt der Empfehlende also offenbar im Wissen um solch einen Umstand. Und Erw.grund 28 qualifiziert zwar die Analysen und Bewertungen, auch und gerade wenn sie aus öffentlich zugänglichen Informationen erarbeitet wird, zwar für sich genommen nicht als Insiderinformation (S. 1), ausdrücklich jedoch die darauf gestützte und nach außen gehende Anlageempfehlung („Ansichten eines anerkannten Marktkommentators“) – und das Wissen darum, dass eine solche ergehen wird – durchaus (S. 2). Für die vom BGH „logisch erschlossene“ zusätzliche (implizite) Tatbestandsvoraussetzung eines Drittbezugs ist im System der MAR kein Raum. Es handelt sich um eine gegen Wortlaut und Telos der MAR ver-

---

[887] BGH Urt. v. 6.11.2003 – 1 StR 24/03, BGHSt 48, 373 = NJW 2004, 302, 303 (allerdings noch für die alte Rechtslage, unter der im deutschen Recht begrifflich auf eine „Tatsache“ abgestellt wurde). Vgl. *Holzborn/Israel* WM 2004, 1948 (1951); *Spindler* NJW 2004, 3449 (3450 f.); zur Frage innere und äußere Tatsache/Information (letztere mit „Drittbezug“): *Cahn* Der Konzern 2005, 6; *Koch* DB 2005, 268.

[888] Wie hier Fuchs/*Mennicke/Jakovou* § 13 Rn 59 m.w.N.; Fuchs/*Mennicke* § 14 Rn 160–162 m.w.N.; und schon Ebenroth/Boujong/Joost/Strohn/*Grundmann* 2. Aufl. 2009, BankR VI Rn 87; a.A. statt aller *Klöhn* AG 2016 423 (426); *ders.* ZIP 2016 Beil zu Heft 22 44 (46); KölnKomm WpHG/*Klöhn* § 13 Rn 17.

stoßende Verengung. Die BGH-Meinung erscheint durch die Europäische Entwicklung korrigiert. Jedenfalls müsste der BGH die Frage dem EuGH vorlegen.

b) Nicht-öffentliche Information (Abs. 1 lit. a)). Öffentlich ist eine Information, wenn die Öffentlichkeit die **Möglichkeit zur Kenntnisnahme** hat.[889] Daher bleibt das Zusammensuchen und Analysieren öffentlicher Informationen frei (Satz 1 des 28. Erw.grund MAR, vorher schon 13. Erw.grund Ins-RL, explizit § 13 Abs. 2 WpHG a.F.) – unabdingbar für die Funktionsfähigkeit von Kapitalmärkten. Es darf freilich ausschließlich öffentliche Information verwendet werden. Umgekehrt sind nicht nur als vertraulich eingestufte Informationen nicht-öffentlich iSd. Insiderverbote.[890] Auch ist eine Information, die zwar gerüchteweise im Markt „erahnt" wird, jedoch noch nicht als konkrete Information bekannt ist, noch nicht öffentlich.[891] **347**

Noch immer nicht abschließend geklärt ist die Frage, wie groß der Kreis der Personen sein muss, der Zugang zur Information hat. Genügt Veröffentlichung über ein Informationssystem, das unter den unmittelbaren Marktteilnehmern (institutionellen und professionellen Anlegern) verbreitet ist (sog. **Bereichsöffentlichkeit**) oder muss die Information dem breiten Anlegerpublikum zugänglich sein? Der deutsche Gesetzgeber fordert in seiner – die Gerichte nicht bindenden –[892] Begründung nur Bereichsöffentlichkeit.[893] Dem folgt die hM im deutschen Recht und inzwischen die höchstrichterliche Rechtsprechung.[894] Denn dann sei die Information bereits in den Preis eingeflossen und das Übervorteilungsrisiko ausgeräumt („Windschattenargument"). Hat diese Einpreisung stattgefunden, fehlt es in der Tat bereits aus einem anderen Grunde ab diesem Zeitpunkt an einer Insiderinformation, nämlich weil das erhebliche Kursbeeinflussungspotential entfallen ist. Solange dies freilich (noch) nicht der Fall ist, stellt sich die Frage, ob mit der hM das Vertrauen breiter Anlegerkreise – dessen Förderung der deutsche und der Europäische Gesetzgeber als zentrales Ziel vorgaben – gefestigt wird. Schädlich unter diesem Aspekt ist wohl nicht nur die strukturelle Bevorzugung von Insidern, sondern auch – wenn auch nur während sehr kurzer Zeiträume – von professionellen Anlegerkreisen gegenüber nichtprofessionellen. Auch der 24. Erw.grund MAD I – mit seinem Verdikt gegen „selektive Weitergabe", mit der potentiell „das Vertrauen der Anleger in die Integrität der Finanzmärkte schwindet" – legt das sehr **348**

---

[889] *Hopt* ZGR 1991, 17 (30 f.); *Pingel* EC Directive, S. 5, 6 f.; Assmann/Schütze/*Sethe* § 8 Rn 55.

[890] BT-Drucks. 12/6679 S. 46; *Assmann* AG 1994, 237 (241); *Hopt* ZGR 1991, 17 (29). Umgekehrt sind in den Anfangsjahren Geheimnisschutzvorschriften im deutschen Recht als partielle Insiderhandelsverbote interpretiert worden: *v. Stebut* Geheimnisschutz und Verschwiegenheitspflicht im Aktienrecht, 1972, S. 77–79.

[891] BGH (Fn 836), NJW 2010, 882 (882) = NZG 2010, 349; *Klöhn* DB 2010, 769 (769); ausf. *Fleischer/Schmolke* AG 2007, 841; freilich kann ein Gerücht, wenn es so ernst genommen wird, dass es eingepreist wird, der Information die erhebliche Kursrelevanz nehmen.

[892] *Assmann* ZGR 1994, 494 (511); *Happ* JZ 1994, 240 (243).

[893] BT-Drucks. 12/6679 S. 46; ähnlich – der inzwischen nicht mehr verbindliche – § 5 WpAIV a.F. (nur Nr. 1 stets durchgängig verpflichtend und auch vorrangig). Zum vom deutschen Gesetzgeber verworfenen Begriff breiterer Öffentlichkeit und zu den Gründen, die für das gewählte Kriterium sprechen: *Assmann* AG 1994, 237 (241 f.); *ders.* ZGR 1994, 494 (511); vgl. auch *Hopt* ZGR 1991, 17 (29 f.) Vgl. auch OLG München NZG 2002, 1107 (1107 f.).

[894] BGH (Fn 836) NJW 2010, 882 (882) = NZG 2010, 349 (implizit); *Assmann* AG 1994, 237 (241 f.); *Assmann*/Schneider § 13 WpHG Rn 34 ff.; *Caspari* ZGR 1994, 530 (539); *Claussen/Florian* AG 2005, 745 (749); *Happ* JZ 1994, 240 (243); *Klöhn* DB 2010, 769 (769 f.); *Kümpel* WM 1994, 2137 (2138); *Peltzer* ZIP 1994, 746 (749); *S. Schneider* BB 2005, 897 (899); (Ansätze zu) Gegenstimmen vorige Fn.

nahe (in der MAR diese Passage freilich nicht übernommen). Theoretisch gewendet: Müssten manche Marktkreise oder eine Marktseite Aufwendungen für den Abbau von Informationsasymmetrien tätigen, die, bezogen auf die Zahl der Transaktionen, für sie prohibitiv hoch sind, so muss Informationsasymmetrien gegengesteuert werden.[895] Dies bedeutet, dass Medien gewählt werden müssen, die auch Kleinanlegern ohne großen Kostenaufwand zugänglich sind, früher: entsprechend verbreitete Printmedien.[896] Heute ist das auch unschwer möglich, denn es steht das Internet zur Verfügung.[897] Durch seine Nutzung wird sogar ein ungewünschter Zeitraum bis zur Veröffentlichung vermieden, insbesondere entsteht auch nicht der schädliche Eindruck von Ungleichbehandlung. Die nur der Bereichsöffentlichkeit bekannte Information bleibt daher Insiderinformation, bis die Information in der Tat eingepreist ist – jedenfalls wäre die Frage dem EuGH vorzulegen.[898] Da diese Auslegung den Wortlautrahmen nicht sprengt, gilt sie trotz Analogieverbot auch für §§ 38 f. WpHG.

349 Umgekehrt wird teils angezweifelt, ob eine **allgemeine Veröffentlichung** in der **Regionalpresse** (oder ähnlich abgelegenen allgemein zugänglichen Medien), die nicht einmal notwendig auch die Bereichsöffentlichkeit erreicht, die Öffentlichkeit herstellt – oder gar umgekehrt eine unbefugte Weitergabe iSv. Art. 10 MAR (bisher § 14 Abs. 1 Nr. 2 WpHG a.F.) darstellt.[899] Da vorhersehbar keine Chancengleichheit hergestellt wird, sind diese Zweifel durchaus angebracht, selbst wenn keine Umgehungsabsicht – etwa durch bewusst regionale Veröffentlichung seitens des Insiders – zu konstatieren ist.

350 Auch nach hM fehlt es schon an der Bereichsöffentlichkeit, wenn nicht der ganze Bereich Kenntnis nehmen konnte, etwa bei Mitteilung auf einer **Pressekonferenz** (auf Grund des beschränkten Platzangebots).[900] **Eine (kurze) Reaktionszeit** zu fordern,[901] bedeutet,

---

[895] Für zentrale Regeln zu Informationsasymmetrien, etwa die AGB-Kontrolle, heute unstr., vgl. *Adams* BB 1989, 781 (787); *v. Hoyningen-Huene* Die Inhaltskontrolle nach § 9 AGB-Gesetz – ein Kommentar, 1991, Rn 19 f.; *Köndgen* NJW 1989, 943 (946 f.); *Koller* FS Steindorff 1990, S. 667 (669 f.); und aus ökonomischer Sicht: *Schäfer/Ott* Lehrbuch der ökonomischen Analyse des Zivilrechts, 5. Aufl. 2012, S. 557–559.

[896] Ebenso *Assmann* AG 1994, 237 (252); *Heidemaier* AG 1992, 110 (112); *Hopt* ZHR 159 (1995), 135 (153 f.); *ders.* ZGR 1997, 1 (24); *Heinze* Primärmarkt, S. 296.

[897] *Heinze* Primärmarkt, S. 300; *Wittich* in: Gerke (Hrsg.), Börse der Zukunft, 1997, S. 123 (124). Etwa *http://www.vwd.de* oder *http://www.dgap.de*. Sogar bei Internetveröffentlichung auf der Homepage des Emittenten wurde teils Öffentlichkeit angezweifelt, weil die Bereichsöffentlichkeit dadurch nicht notwendig erreicht werde: vgl. etwa *Assmann*/Schneider § 13 WpHG Rn 39; Fuchs/*Mennicke/Jakow* § 13 WpHG Rn 93. Dies ist mit Art. 17 Abs. 1 2. UAbs. S. 3 MAR, der eine Veröffentlichung jedenfalls *auch* auf der Internetseite des Emittenten vorsieht, wohl nicht (mehr) vereinbar. Vgl. auch am Ende der Rn.

[898] Mögliche Einbußen im (europarechtlich geforderten!) Anlegervertrauen kritisiert auch *Lücker* Der Straftatbestand des Mißbrauchs von Insiderinformationen, S. 58 ff.; auch *J. Hartmann* Juristische und ökonomische Regelungsprobleme, S. 207 f.

[899] Die Öffentlichkeit ist durch solche Medien hergestellt nach *Eichele* Finanzanlaysten und Wirtschaftsjournalisten als Primärinsider, WM 1997, 501 (508 f.); aA. *Cloppenburg/Kruse* WM 2007, 1109 (1113); *Schneider* NZG 2005, 702 (706); BankR-Hdb/*Hopt/Kumpan* § 107 Rn 53; Fuchs/*Mennicke/Jakovou* § 13 Rn 101; *Schwark/Kruse* in Schwark/Zimmer § 13 WpHG Rn 30.

[900] *Assmann* AG 1994, 237 (242); dazu auch *Claussen* DB 1994, 27 (29); wohl selbst bei Übertragung im Internet: vgl. *Claussen/Florian* AG 2005, 745 (749). Gleiches gilt bei Hauptversammlungen und Gerichtsverhandlungen: *Assmann* ZGR 1994, 494 (512); BaFin, Emittentenleitfaden 2013 (Fn 883), III.2.1.2 und IV.2.2.12.

[901] *Claussen* ZBB 1992, 267 (276); *Hopt* ZGR 1991, 17 (29); *Hausmaninger* in: Koppensteiner (Hrsg.) Wirtschaftsrecht IV, S. 261 (302); aA *Schödermeier/Wallach* EuZW 1990, 122 (123).

dem Insider ein (kaum tragbares) Subsumtionsrisiko aufzubürden. Dass andernfalls „Insiderhandel" (genauer: informationell noch immer bevorzugter Handel) in einem kurzen Zeitfenster legal ist, ist bei Insiderinformationen von geringerer Bedeutung, da sich regelmäßig ein solches gar nicht auftun sollte, soweit die Information – wie meist – zugleich auch der Ad-hoc-Publizität unterliegt (emittentenbezogene Daten, nicht reine Marktdaten). Denn dann muss die Veröffentlichung nach Art. 17 Abs. 1 MAR erfolgen und ist daher vorher Zeit für eine Kursaussetzung – auf allen erfassten Handelsplätzen, heute einschließlich dem sog. Freiverkehr. Strafrechtlich kann Handel innerhalb der Reaktionszeit sicherlich nicht belangt werden – der engere Wortlaut von Art. 7 MAR (und bisher WpHG und Ins-RL/MAD I) gibt dies vor (Analogieverbot).

c) **Emittenten- oder Anlagebezug (Abs. 1 lit. a) und d))**. Nötig ist ein Bezug zum Emittenten oder zum Anlageinstrument – vor allem letzterem, weil illegaler Profit aus Ausschlägen seines Kurses unterbunden werden soll. **Emittentenbezogene Informationen** wären unerheblich, wären sie nicht zugleich auf das Anlageinstrument bezogen, weil der Emittent Bezugspunkt des gezeichneten Rechts ist. **351**

Informationen zum Anlageinstrument können unternehmensinterne, jedoch, wie im Beispiel des Wissens um den bevorstehenden Tipp in einem Börsenblatt, auch unternehmensexterne sein.[902] Nach allgM werden auch sog. **Marktdaten** erfasst,[903] dh. Informationen, die den Markt des Insiderpapiers bzw. seines Emittenten oder die Rahmenbedingungen dieses Marktes betreffen, sich dadurch jedoch mittelbar auch auf das Instrument, evtl. noch vermittelt durch den Emittenten selbst auswirken. Hierher zählt das Wissen, dass eine andere Gesellschaft ein **Übernahmeangebot** plant,[904] sowie das Wissen um eine Kursaussetzung und die vorzeitige Kündigung einer Schuldverschreibung.[905] Ausdrücklich **verweist lit. d) heute darauf**, dass es sich beim Wissen um die Orderlage um eine Insiderinformation handelt (so schon bisher § 13 Abs. 1 S. 4 Nr. 1 WpHG a.F., Art. 1 Nr. 1 3. UAbs. MAD I). Das hat – entgegen dem engeren Wortlaut – nicht einmal nur für Personen zu gelten, die Aufträge ausführen. Die Formulierung belegt auch, dass – selbstverständlich – alle sonstigen Voraussetzungen für das Vorliegen einer Insiderinformation zu prüfen sind (nichtöffentlich, kurserheblich). Insiderhandel bildet daher auch das sog. **Front-Running,**[906] der Handel im Wissen darum, dass man für einen Kunden eine größere Order ausführen wird. Dieser Fall ist auch nicht durch Art. 9 Abs. 5 und den 31. **352**

---

902 *Hopt* ZGR 1991, 17 (31); *Pingel* EC Directive, S. 5, 9.

903 Schon Begr. des Richtlinienvorschlages zur Ins-RL in KOM (87) 111 endg., S. 5; *Grundmann* Revue de la Banque 1995, 275 (276) (mwN); *Hopt* ZGR 1991, 17 (31); *Pingel* EC Directive, S. 5, 9; ausführlich dazu: *Tippach* WM 1993, 1269; zu Recht betont *Kraakman* in: Hopt/Wymeersch (Hrsg.) European Insider Dealing, S. 39 (39), dass bei diesem Typ Informationen die ökonomische Effizienzanalyse gar noch eindeutiger für ein Verbot spricht als bei den Emittentendaten, die vor allem den Organinsidern zugänglich werden.

904 BT-Drucks. 15/3174 S. 35; vgl. auch *Bürgers* BKR 2004, 424 (426); kritisch: *Spindler* NJW 2004, 3449 (3451); zur Rechtslage vor Verabschiedung der EG-Übernahme-Richtlinie: *Assmann* AG 1994, 237 (240).

905 BT-Drucks. 12/6679 S. 46; *Caspari* ZGR 1994, 530 (540).

906 30. Erw.grund MAR; BT-Drucks. 15/3174 S. 34; BGH (Fn 887), NJW 2004, 302 (303) (obiter dictum); dazu: *Cahn* Der Konzern 2005, 6; *Koch* DB 2005, 268; vorher bereits *Caspari* ZGR 1994, 530 (540); *Claussen* DB 1994, 27 (28 f.); *Kümpel* WM 1993, 2025 (2027 f.); *Spindler* NJW 2004, 3349 (3451); *Peltzer* ZIP 1994, 746 (749); *Ziemons* NZG 2004, 537 (538); *Assmann*/Schneider § 13 WpHG Rn 72; ausführlich: *Hopt* FS Heinsius 1991, S. 289 (294–296). Zum gleichzeitigen Verstoß gegen § 31 Abs. 1 Nr. 2 WpHG unten 8. Teil.

Erw.grund MAR freigestellt (ursprünglich schon im 11. Erw.grund Ins-RL), nach dem die Durchführung einer Entscheidung durch den Entscheidungsträger nicht unter das Insiderhandelsverbot fiel. Voraussetzung war, dass das Wissen um die Entscheidung die einzige Insiderinformation ist, während beim Front-Running das Wissen um die Orderlage oder die kommende Veröffentlichung als weitere Information(en) hinzukommen. Nicht so klar angesprochen ist der Handel in dem Wissen darum, dass man einen Tipp abgeben und Gehör finden wird (**Scalping**). Auch dieses Wissen ist nicht öffentlich, potentiell erheblich kursbeeinflussend und durchaus eine „präzise Information" iSd. Richtlinie. Der BGH erfasst das Scalping dennoch nur über § 20a WpHG (vgl. näher oben Rn 346 und unten Rn 467).

353 **d) Erhebliche Kursrelevanz (Abs. 1 lit. a) und Abs. 4).** Letztlich sind alle Informationen, die einen oder mehrere Emittenten mittelbar tangieren, auch politische, mögliche Insiderinformationen; die **einzige Einschränkung** liegt in der Voraussetzung einer beträchtlichen Kursrelevanz.[907] Umgekehrt hat sich die Meinung nicht durchsetzen können und ist auch teleologisch *nicht* zu rechtfertigen, dass auch bei erheblicher Kursrelevanz Informationen, die eine *Vielzahl* von Wertpapieren betreffen, *nicht* als Insiderinformationen zu qualifizieren sein sollen.[908] Dies beträfe etwa den (noch geheim gehaltenen, überraschenden) Beschluss der EU-Kommission, ein Massenkartell mit einer überaus hohen Geldbuße zu belegen, aufgrund dessen ein Kommissionsmitglied Put-Optionen für Anteile eines Kartellmitglieds erwirbt. Ohne die Eingrenzung auf erheblich kursrelevante Informationen wäre Organmitgliedern, Kreditinstituten oder Börsenmaklern de facto jeder Handel unmöglich.[909] Auch der Hochfrequenzhandel entgeht auf Grund dieses Tatbestandsmerkmals idR den Insiderverboten, soweit er nicht allgemein untersagt wird.[910] Festzustellen ist die Beträchtlichkeit durch objektives **Ex-ante-Urteil,**[911] genauer: Im Nachhinein ist nach-

---

[907] *Assmann* AG 1994, 237 (243); *ders.* ZGR 1994, 494 (513 f.); *Holzborn/Israel* WM 2004, 1948 (1951); ähnlich *Hopt* BFuP 1994, 85 (90); *ders.* ZGR 1991, 17 (31 f.) (vgl. aber auch 39); *Spindler* NJW 2004, 3349 (3451); monographisch *Loesche* Die Eignung zur erheblichen Kursbeeinflussung in den Insiderhandelsverboten des Wertpapierhandelsgesetzes, 1998. Zum deutschen strafrechtlichen Bestimmtheitsgebot in diesem Zusammenhang: *Peltzer* ZIP 1994, 746 (749). Zur gespaltenen Auslegung (strafrechtlich/zivilrechtlich), die dieses nahelegt: *Cahn* ZHR 162 (1998), 1 (bes. 4–11).

[908] *Tippach* WM 1993, 1269 (1271 f. und 1273 f.) (von Bezug zu „mehreren Wertpapieren" nur zu sprechen, wenn enger Kreis von Wertpapieren gemeint); monographisch wiederum *Loesche* Die Eignung zur erheblichen Kursbeeinflussung in den Insiderhandelsverboten des Wertpapierhandelsgesetzes, 1998.

[909] BT-Drucks. 12/6679 S. 46 f.; *Caspari* ZGR 1994, 530 (540).

[910] Vgl. näher *Forst* BKR 2009, 454 (454 f.); *Jaskulka* BKR 2013, 221; *Kasiske* WM 2014, 1933; *ders.* BKR 2015, 454; *Kobbach* BKR 2013, 233; *Mattig* WM 2014, 1940; *Schultheiß* WM 2013, 596. Zwar Einsicht in Handelsbücher Millisekunden vor deren Bekanntgabe, aber idR keine erhebliche Kursrelevanz. Zur insiderrechtlichen Problematik von Hochfrequenzhandel näher noch unten Rn 395; und zur inzwischen dichten Regulierung von Hochfrequenzhandel mit verschiedenen weiteren Instrumenten unten Rn 454–456 und 464–466; zu Korrekturmöglichkeiten beim einzelnen Geschäft mittels (öffentlich- bzw. privatrechtlicher) sog. Mistrade-Regeln *Jaskulla* WM 2012, 1708 (bes. für Eurex).

[911] BGH (Fn 836) NJW 2010, 882 (882 f.) = NZG 2010, 349; BGH Urt. v. 13.12.2011 – XI ZR 51/10, WM 2012, 303 (308) = NJW 2012, 1800 (IKB); *Coffey/Somnier* (2003) 18 JIBLR 370 (373); *Assmann*/Schneider § 13 Rn 55 f., 26; *Assmann* AG 1994, 237 (243 f.); *ders.* ZGR 1994, 494 (514); *Claussen/Florian* AG 2005, 745 (750); *Hopt* ZGR 1991, 17 (32); *Klöhn* DB 2010, 769 (770); *Kümpel* WM 1994, 2137 (2140).

zuprüfen, ob ex ante bestimmte Gründe objektiv dagegen sprachen, dass der nachher festgestellte Ausschlag erfolgen würde, und umgekehrt.[912] Art. 7 Abs. 4 1. UAbs. MAR bestätigt heute diese etablierte Grundlinie (näher unten Rn 355). Grundsätzlich irrelevant ist daher auch, ob der Kursausschlag später tatsächlich erfolgt, doch ergibt sich aus einem solchen bzw. seinem Fehlen die Vermutung für die Eignung ex ante.[913] Ist der **Eintritt der kursbeeinflussenden Tatsache („präzisen Information") nicht sicher,** ist das Kursbeeinflussungspotenzial unter proportionalem Abschlag für die Ausbleibenswahrscheinlichkeit zu errechnen. Dass auch wahrscheinliche zukünftige Ereignisse Insiderinformationen bilden können, stellt Art. 7 Abs. 2 S. 1 MAR (bisher schon § 13 Abs. 1 S. 3 WpHG a.F.) klar. Leider blieb jedoch auf Grund der EuGH-Rechtsprechung in Sachen *Geltl* fraglich, ob überwiegende Wahrscheinlichkeit zu fordern ist, oder nicht doch jede Wahrscheinlichkeit genügt, wenn trotz entsprechend höherem (Un-)Wahrscheinlichkeitsabschlag dennoch ein erhebliches Kursbeeinflussungspotential resultiert – während umgekehrt dagegen angeführt wird, dass im zweiten Fall die Gefahr der Verwirrung von Marktteilnehmern zu groß sei.[914] Ein „verständiger Anleger" (Abs. 4 1. UAbs.), namentlich einer, der sein Portfolio entsprechend diversifiziert, würde wohl auch bei relativ geringerer Wahrscheinlichkeit – beispielsweise 20–30 % – exorbitant große Gewinn- oder Verlustchancen berücksichtigen (ein beschränkt rational handelnder Anleger aufgrund der Überschätzung geringere Wahrscheinlichkeiten wohl sogar noch mehr).[915] Letzteres wäre ein konsistentes Wertungssys-

---

912 *Assmann* AG 1994, 237 (244); *ders.* ZGR 1994, 494 (514 f.).

913 BGH (Fn 836) NJW 2010, 882 (882 f.) = NZG 2010, 349; BGH (Fn 911), WM 2012, 303 (308); *Claussen* ZBB 1992, 267 (277); *Klöhn* DB 2010, 769 (770); *Assmann*/Schneider § 13 WpHG Rn 63.

914 Unklar EuGH (Fn 886) (*Geltl/Daimler – Schrempp*), NJW 2012, 2787 = EuZW 2012, 708 = BKR 2012, 338, Tz. 56 („dass tatsächlich [?] erwartet werden kann, dass sie [die erwarteten Tatsachen etc.] in Zukunft ... eintreten werden"; krit. etwa *Weber* NJW 2013, 275, 279; selbst keine überwiegende Wahrscheinlichkeit mehr fordernd der Vorlagebeschluss: BGH (Fn 886), NJW 2011, 309. Wie hier: *Heinze* Primärmarkt, S. 281–285, 289–295. So auch die in den USA höchstrichterlich vertretene probability-magnitude-theory (Faktor zwischen, je ex ante betrachtet, Eintrittswahrscheinlichkeit und bei Eintritt zu erwartender Höhe des Kursausschlags): SEC v. Texas Gulf Sulphur Co., 401 F. 2 d 833, 849 (2 d Cir. 1968); Basic, Inc. v. Levinson, 485 U. S. 224, 232, 238 (1988); zu diesem Test *Fleischer* NZG 2007, 401 (405 f.); *Harbarth* ZIP 2005, 1898 (1901); *Krause/Brellochs* AG 2013 309 (313–314); *Langenbucher* NZG 2013 1401 (1403); *Veil* ZBB 2014 85 (90 f.); *Gehrt* Ad-hoc-Publizität, 104–108; jedenfalls über 50 %-ige Eintrittswahrscheinlichkeit vorausgesetzt etwa von: BankR-Hdb/*Hopt/Kumpan* § 107 Rn 45; Fuchs/*Mennicke/Jakovou* § 13 WpHG Rn 123, 136–138; *Schwark/Kruse* in Schwark/Zimmer § 13 WpHG Rn 11 f.; OLG Stuttgart Beschl. v. 22.4.2009 – 901 Kap 1/06, NZG 2007, 352 (358) (sogar „deutlich mehr als bloß überwiegende[r] Wahrscheinlichkeit"); wohl auch OLG Stuttgart Beschl. v. 22.4.2009, NZG 2009, 624 = ZIP 2009, 962; implizit auch OLG Düsseldorf Urt. v. 19.6.2009 – I-22 U 2/09, 22 U 2/09, WM 2009, 1655; dagegen zutreffend BGH, Beschl. v. 25.2.2008 – II ZB 9/07, NZG 2008, 300 (302) = ZIP 2008, 639 (bewusst offen gelassen, ob 50 % oder mehr zu fordern, 50 % aber jedenfalls hinreichend); *Klöhn* NZG 2011, 166 (167–169); *ders.* AG 2016 248 (251); *Poelzig* NZG 2016 528 (532); *Seibt/Wollenschläger* AG 2014 593 (596 f.) (näher insbesondere auch zum Marktverwirrungsargument, evtl. deswegen Wahrscheinlichkeiten unter 1 % ausblenden); *Möllers* LMK 2011, 314275.

915 Zur Verzerrung (bias) durch Überschätzung geringer Wahrscheinlichkeiten, namentlich bei hohen Gewinn- und Verlustmöglichkeiten, vgl. etwa *Kahneman/Tversky* 47 Econometrica 263 (281) (1979); *Camerer/Kunreuther* 8 J. Pol. Ana. & M'gmt 565 (571 f.) (1989); *Bardolo/Gennaioli/Shleifer* 127 The

tem. Im Falle von Derivaten ist – wie der Wortlaut von Abs. 1 lit. a nahelegt – ein erhebliches Kursbeeinflussungspotential entweder beim Derivat *oder* beim zugrunde liegenden Finanzinstrument hinreichend.[916] Ebenfalls nicht notwendig ist es, dass schon feststeht, **in welche Richtung die erhebliche Kursbeeinflussung** zu erwarten ist, solange eine erhebliche Kursbeeinflussung zu erwarten ist.[917]

354 Nach diesem Procedere ist zu ermitteln, ob die zu erwartenden Kursausschläge eine bestimmte **Schwelle** überschritten.[918] Streitig ist jedoch deren Höhe. Der EuGH hat solche Fragen schon autonom – tendenziell also auch rechtsvergleichend – ausgelegt.[919] Das gilt für die MAR in Zukunft erst recht. In Deutschland sprach sich die hM gegen jede starre Grenze aus,[920] die in der Tat rechtsvergleichende Ausblicke praktisch ausschließt. Allenfalls als Indikatoren können sie herangezogen werden. Hierfür können an den deutschen – und anderern – Börsen ohnehin eingeführte Bezeichnungsgrenzen fruchtbar gemacht werden: Die hM in Deutschland nahm zunächst Erheblichkeit an, wenn eine Minus- oder Plusankündigung erfolgen muss (bei zu erwartendem Kursausschlag von 1,5 % bei festverzinslichen Werten, 5 % bei Aktien);[921] zunehmend wird die Volatilität eines jeden Wertes einzeln zugrunde gelegt und werden Kursausschläge für erheblich gehalten, die deutlich über den bei diesem Wert üblichen liegen (subjektive Methode).[922] Letzteres ist nicht nur

---

Quarterly Journal of Economics 1243 (1244 f.) (2012); und in den juristischen Kontext übertragen in *Krause/Brellochs* AG 2013, 309 (313–315); *Langenbucher* AG 2016, 417 (419–422); Fuchs/*Mennicke/Jakovou* § 13 WpHG Rn 139–142; *Hacker* Verhaltensökonomik und Normativität. Die Grenzen des Informationsmodells im Privatrecht und seine Alternativen, 2016 im Erscheinen Erster Teil § 3c I.1.

916 So bereits (wenn auch ausdrücklich nur für Warenderivate), BaFin, Emittentenleitfaden 2013 (Fn 883), III.2.1.5.

917 EuGH Urt. v. 11.3.2015 – Rs. C-628/13 (*Lafonta/AFM*), ECLI:EU:C:2015:162 = ZIP 2015, 627 = EuZW 2015, 387; dazu vor allem *Klöhn* NZG 2015, 809; *Zetzsche* AG 2015, 381 (speziell zum Aspekt des „Anschleichens“ beim Beteiligungsaufbau).

918 Die wichtigsten verschiedenen Methoden beim Erheblichkeitsurteil aufschlüsselnd: *Claussen* ZBB 1992, 267 (277–279); Fuchs/*Mennicke/Jakovou* § 13 WpHG Rn 151–165; KölnKomm WpHG/*Klöhn* § 13 Rn 95 ff.; *Schäfer*/Hamann § 13 WpHG Rn 53–58; vgl. auch *Claussen/Florian* AG 2005, 745 (750). Zur Ermittlung des erheblichen Kursbeeinflussungspotentials speziell bei Anleihen etwa *Kocher* WM 2013, 1305.

919 Ebenso *Heinze* Primärmarkt, S. 298; genereller: *Roth* Generalklauseln im Europäischen Privatrecht – zur Rollenverteilung zwischen Gerichtshof und Mitgliedstaaten bei ihrer Konkretisierung, FS Drobnig 1998, S. 135.

920 BGH (Fn 836) NJW 2010, 882 (882) = NZG 2010, 349 (350) = ZIP 2010, 426 (427); ebenso bereits *Claussen/Florian* AG 2005, 745 (750); *Möllers* WM 2005, 1393 (1395); *Assmann*/Schneider § 13 WpHG Rn 65 (mwN in Fn 1); und schon, teils auf älterer Textrundlage: *Happ* JZ 1994, 240 (243); *Kümpel* WM 1994, 2137 (2140 f.); *Peltzer* ZIP 1994, 746 (749).

921 BT-Drucks. 12/6679 S. 47; *Assmann* AG 1994, 237 (244); *ders.* ZGR 1994, 494 (515); *Caspari* ZGR 1994, 530 (540 f.); dazu auch *Vaupel* WM 1999, 521. Zu den Voraussetzungen einer Minus- oder Plusankündigung: § 8 der Bedingungen für Geschäfte an der Frankfurter Wertpapierbörse, abrufbar unter *www.deutsche-boerse.com* (Info-Center); und etwa *Caspari* aaO; *Assmann*/Schneider § 13 WpHG Rn 62 f.; Fuchs/*Mennicke/Jakovou* § 13 WpHG Rn 152. Demgegenüber für Doppelplus- bzw. -minusankündigung: *Claussen* DB 1994, 27 (30) (jedoch bei Derivaten wegen des Hebeleffekts stets Erheblichkeit annehmend); noch strenger *ders.* ZBB 1992, 267 (278 f.).

922 *Pellens/Fülbier* in: Baetge (Hrsg.), Insiderrecht, 23, 28 f.; ausführlich *Diehl/Loistl/Rehkugler* Effiziente Kapitalmarktkommunikation, 1998, S. 175–215; vgl. auch *v. Klitzing* Ad-hoc-Publizität, S. 141–146; grundsätzlich *Assmann*/Schneider § 13 WpHG Rn 64; Fuchs/*Mennicke/Jakovou* § 13 Rn 146–165, besonders zur Kritik

inhaltlich überzeugender und vermeidet eine starre Grenzziehung, sondern entspricht auch wiederum besser der gesetzgeberischen Präzisierung, dass Informationen erfasst sein sollen, die der verständige Anleger berücksichtigt hätte (Abs. 4 1. UAbs. MAR, schon bisher § 13 Abs. 1 S. 2 WpHG a.F.). Erheblich kursrelevant ist also die für dieses Papier „aus der Reihe fallende" Information.

Den **Standard des „verständigen Anlegers"** für die Beurteilung der Kurserheblichkeit hat auf der hier maßgeblichen Europäischen Ebene ursprünglich der EuGH in Sachen *Geltl* – in Anlehnung an den Standard des vernünftigen Verbrauchers – eingeführt,[923] und darauf bezieht sich **Absatz 4 (1. UAbs.)** (bisher § 13 Abs. 1 S. 2 WpHG a.F.). Aus diesem Standard heraus wurden bereits zentrale Streitfragen entschieden (oben Rn 353, 354). Namentlich bestätigt er auch, dass entscheidend ist, welche Information ein Anleger ex ante für solchermaßen relevant gehalten hätte.[924] **355**

3. Beispielskatalog zu Emittentenbezug und erheblicher Kursrelevanz. Hilfreich, wenn auch nicht abschließend, ist auch heute noch der Kanon an Umständen, die die BaFin für regelmäßig emittentenbezogen und kurserheblich hielt. Diese Umstände bilden demnach idR Insiderinformationen, solange sie nicht öffentlich sind. Es handelt sich um praktisch alle Grundlagenmaßnahmen und solche Ereignisse, die erhebliche Risiken begründen, ungewöhnliche Änderungen bei den Kernspielern (einschließlich Abschlussprüfern und Arbeitnehmerschaft insgesamt) bringen, wichtige aktienbezogene Änderungen (Notierung, Rückkaufprogramme u. a.) und bereits realisierte besondere wirtschaftliche Einbußen/Zuwächse.[925] **356**

4. Adaption des Grundtatbestandes auf Warenderivate und Emissionszertifikate (Abs. 1 lit. b) und c))

a) **Warenderivate (Abs. 1 lit. b) iVm Abs. 5).** Art. 7 Abs. 1 lit. b) MAR unterstellt Warenderivate einschließlich Edelmetallderivaten (wie bisher § 13 Abs. 1 S. 4 Nr. 2 WpHG a.F.) einem Sonderregime. Dabei ist die Norm unnötig kompliziert formuliert, denn der **Insidercharakter der Information muss nach den allgemeinen Regeln** festgestellt werden (ausdrücklich 20. Erw.grund) –[926] wenn auch ggf. vermittelt über verbundene Derivate oder Waren-Spotkontrakte (vgl. nochmals oben Rn 293–295). Der eigentliche Normgehalt liegt darin, dass solchermaßen als Insiderinformation zu qualifizierende Informationen die Insiderverbote bei diesen Warenderivaten auch nur auslösen, wenn **zusätzlich die Veröffentlichung entsprechender Informationen gängiger Marktpraxis entspricht,** d.h. von den dort geltenden Marktregeln und -praktiken gefordert wird, und deshalb von den Marktteilnehmern erwartet werden darf. Es handelt sich also um eine Einschränkung der Anwendbarkeit der Verbote. Grund hierfür ist, dass es sich um sehr spezifisch zugeschnittene Märkte handelt, deren Besonderheiten hinreichend berücksichtigt werden sollten (vgl. **357**

Rn 153–155; beachtlich der finanzmathematisch unterlegte Ansatz bei *Loesche/Eichner/Stute* AG 1999, 308.

923 EuGH (Fn 886) (*Geltl/Daimler – Schrempp*), NJW 2012, 2787.

924 Vgl. ausf. zu diesem Standard und seinen Ausprägungen: *Klöhn* ZHR 177 (2013), 349; *ders.*, ZIP 2012, 1885; sowie *Langenbucher* AG 2016, 417; aber auch *Moloney* EU Securities and Financial Markets Regulation, S. 774 f.

925 BaFin, Emittentenleitfaden 2013 (Fn 883), III.2.1.4 und IV.2.2.4; vgl. auch Abdruck unten Fn 1259; näher: *Claussen/Florian* AG 2005, 745 (750).

926 Daher ist selbstverständlich auch Kurserheblichkeit erforderlich, vgl. *Assmann*/Schneider § 13 WpHG Rn 73; KölnKomm WpHG/*Klöhn* § 13 Rn 286–290; *Schwintek* Anlegerschutzverbesserungsgesetz, S. 24.

Abs. 5 S. 2 und 20. Erw.grund). Erw.grund 20 benennt beispielhaft solche Marktordnungen (im Mineralölsektor). Den Bedenken, die sich aus Rechtssicherheitsüberlegungen und – für die strafrechtlichen Sanktionen – aus dem Analogieverbot ergeben, wird dadurch begegnet, dass ESMA eine Liste dieser Marktpraktiken erstellt (Abs. 5).[927] Dass diese nicht erschöpfend und nur indikativ ist, sollte angesichts dieses Hintergrundes nur für die aufsichtsrechtlichen Befugnisse und allenfalls zivilrechtlichen, jedenfalls nicht die strafrechtlichen Sanktionen gelten.[928]

358 b) **Emissionszertifikate (Abs. 1 lit. c) iVm Abs. 4 2. UAbs.).** Für Emissionszertifikate wird die Definition der Insiderinformationen auch auf diejenigen Kontrakte bezogen, die bei Auktionen von Emissionszertifikaten angeboten werden (vgl. oben Rn 292). Außerdem findet sich wieder die Regel, dass es genügt, Kurserheblichkeit (und die sonstigen Voraussetzungen) nur entweder für die Emissionszertifikate bzw. Kontrakte oder für Derivate festzustellen, um das Verbot auszulösen (vgl. bereits Rn 354). Auch die Einschränkung in Abs. 4 2. UAbs. – oder jedenfalls Vermutung – ist in der Zielrichtung ähnlich zu verstehen wie diejenige in Abs. 1 lit. b) für die Warenderivate: Marktgepflogenheiten – oder in spezifischen Märkten als irrelevant eingestufte Werte unterhalb einer bestimmten Schwelle – sollen auch für die Insiderverbote grds. den Ausschlag geben.[929]

359 III. Art. 8 und 14: Insidergeschäfte – Grundtatbestand und Verbot

Artikel 8
Insidergeschäfte

(1) Für die Zwecke dieser Verordnung liegt ein Insidergeschäft vor, wenn eine Person über Insiderinformationen verfügt und unter Nutzung derselben für eigene oder fremde Rechnung direkt oder indirekt Finanzinstrumente, auf die sich die Informationen beziehen, erwirbt oder veräußert. Die Nutzung von Insiderinformationen in Form der Stornierung oder Änderung eines Auftrags in Bezug auf ein Finanzinstrument, auf das sich die Informationen beziehen, gilt auch als Insidergeschäft, wenn der Auftrag vor Erlangen der Insiderinformationen erteilt wurde. In Bezug auf Versteigerungen von Emissionszertifikaten oder anderen darauf beruhenden Auktionsobjekten gemäß der Verordnung (EU) Nr. 1031/2010 schließt die Nutzung von Insiderinformationen auch die Übermittlung, Änderung oder Zurücknahme eines Gebots durch eine Person für eigene Rechnung oder für Rechnung eines Dritten ein.

---

927 ESMA, Final Report-Draft technical Standards on the Market Abuse Regulation, S. 30–33 und S. 257–273: https://www.esma.europa.eu/sites/default/files/library/2015/11/2015-esma-1455_-_final_rport_mar_ts.pdf. Zu diesen *Buck-Heeb* Kapitalmarktrecht, Rn 557; *Poelzig* NZG 2016, 528 (536).

928 Ebenso *Becker* ESMA Leitlinien „Vergütungsgrundsätze und -verfahren (MiFID)" und BT 8 der MaComp – neue Vergütungsvorgaben für Wertpapierdienstleistungsunternehmen, BKR 2014, 151 (152 f.); *Hitzer/Hauser* ESMA – Ein Statusbericht, BKR 2015, 52 (55); *Poelzig* NZG 2016, 528 (529); *Walla* Die Europäische Wertpapier- und Marktaufsichtsbehörde (ESMA) als Akteur bei der Regulierung der Kapitalmärkte Europas – Grundlagen, erste Erfahrungen und Ausblick, BKR 2012, 265 (267) sieht jedoch auch die Möglichkeit, zur Begründung oder Verneinung eines Fahrlässigkeitsvorwurfs diese auch in Strafverfahren als *soft law* heranzuziehen.

929 Vgl. zum Gesamtbereich und den Hintergründen näher BankR-Hdb/*Hopt/Kumpan* § 107 Rn 58.

(2) Für die Zwecke dieser Verordnung liegt eine Empfehlung zum Tätigen von Insidergeschäften oder die Anstiftung Dritter hierzu vor, wenn eine Person über Insiderinformationen verfügt und

a) auf der Grundlage dieser Informationen Dritten empfiehlt, Finanzinstrumente, auf die sich die Informationen beziehen, zu erwerben oder zu veräußern, oder sie dazu anstiftet, einen solchen Erwerb oder eine solche Veräußerung vorzunehmen, oder
b) auf der Grundlage dieser Informationen Dritten empfiehlt, einen Auftrag, der ein Finanzinstrument betrifft, auf das sich die Informationen beziehen, zu stornieren oder zu ändern, oder sie dazu anstiftet, eine solche Stornierung oder Änderung vorzunehmen.

(3) Die Nutzung von Empfehlungen oder Anstiftungen gemäß Absatz 2 erfüllt den Tatbestand des Insidergeschäfts im Sinne dieses Artikels, wenn die Person, die die Empfehlung nutzt oder der Anstiftung folgt, weiß oder wissen sollte, dass diese auf Insiderinformationen beruht.

(4) Dieser Artikel gilt für jede Person, die über Insiderinformationen verfügt, weil sie

a) dem Verwaltungs-, Leitungs- oder Aufsichtsorgan des Emittenten oder des Teilnehmers am Markt für Emissionszertifikate angehört;
b) am Kapital des Emittenten oder des Teilnehmers am Markt für Emissionszertifikate beteiligt ist;
c) aufgrund der Ausübung einer Arbeit oder eines Berufs oder der Erfüllung von Aufgaben Zugang zu den betreffenden Informationen hat oder
d) an kriminellen Handlungen beteiligt ist.

Dieser Artikel gilt auch für jede Person, die Insiderinformationen unter anderen Umständen als nach Unterabsatz 1 besitzt und weiß oder wissen müsste, dass es sich dabei um Insiderinformationen handelt.

(5) Handelt es sich bei der in diesem Artikel genannten Person um eine juristische Person, so gilt dieser Artikel nach Maßgabe des nationalen Rechts auch für die natürlichen Personen, die an dem Beschluss, den Erwerb, die Veräußerung, die Stornierung oder Änderung eines Auftrags für Rechnung der betreffenden juristischen Person zu tätigen, beteiligt sind oder diesen beeinflussen.

Artikel 14
Verbot von Insidergeschäften und unrechtmäßiger Offenlegung von Insiderinformationen

Folgende Handlungen sind verboten:

a) das Tätigen von Insidergeschäften und der Versuch hierzu,
b) Dritten zu empfehlen, Insidergeschäfte zu tätigen, oder Dritte anzustiften, Insidergeschäfte zu tätigen, oder
c) die unrechtmäßige Offenlegung von Insiderinformationen.

1. Überblick und Verbot (Art. 8 und 14 MAR).

a) **Gesamtgefüge.** Verständlich ist die Struktur der Insiderverbote aus dem eigentlichen Verbot in Art. 14 MAR heraus, die Verbotstatbestände dieser Norm freilich werden erst durch die anderen Normen hinreichend ausgestaltet, namentlich Art. 8 und 10 f. MAR. In anderen Worten: **Art. 8 und 10 f. MAR bilden die Tatbestände aus**, auf deren Grundlage **360**

Art. 14 MAR die Rechtsfolgen ausspricht – auch diese nur rudimentär, im Sinne eines Verbots, nicht jedoch hinsichtlich der Sanktionen selbst.[930] Und auch Art. 8 sowie Art. 10 f. MAR gestalten die Tatbestandsmerkmale nur zum Teil aus: Das Kernelement der Insiderinformation wird ausgegliedert und bereits vorab geregelt (Art. 7 MAR), und auch das Merkmal „Insiderinstrument" (mit seinem notwendigem Marktbezug) wird definiert bereits in Art. 2 Abs. 1 und Art. 3 MAR beim sachlichen Anwendungsbereich und den Begriffsbestimmungen. Bei Art. 14 MAR handelt es sich gleichsam um eine Verweisungsnorm und „Weggabelung" – freilich ganz zum Schluss der Regelung zum Insiderrecht. Dennoch ist von dieser Norm auszugehen, da sie die Aufteilung der Tatbestände „leitet".

361 **Folgende Verbote spricht Art. 14 MAR aus:**

1. den Handel auf der Grundlage von Insiderinformation, gleichgültig wie der Handelnde die Information erhalten hat (Primär- und Sekundärinsider gleichermaßen);
2. die Empfehlung von oder Anstiftung zu (Insider-)Handel, primär durch Primärinsider, jedoch wiederum nicht auf diese beschränkt; und
3. die unrechtmäßige Offenlegung (Weitergabe) von Insiderinformationen.

Von diesen Verboten werden **zwei (Nr. 1 und 2) in Art. 8 MAR ausgestaltet, eines (Nr. 3) in Art. 10 MAR** – und diese Abfolge in den Einzelnormen erklärt auch die Abfolge in Art. 14 MAR. Denn aus den genannten Gründen (oben Rn 334) wurde das Weitergabeverbot zwar nach hinten gerückt, es ist jedoch historisch und auch von der praktischen Bedeutung her ungleich wichtiger als das Empfehlung- („Tipp-") und Anstiftungsverbot.[931] Mit der MAR wurde auch das ursprüngliche Tippverbot (Empfehlungsverbot) erstreckt auf die Anstiftung, wobei diese als eine besonders intensive Form der Empfehlung verstanden werden kann oder auch gesondert, dann jedoch sicherlich eng verwandt mit der Empfehlung.[932] In den Rechtsfolgen werden sie jedenfalls gleichbehandelt. Nicht gefordert wird vom Insider – sondern nur vom Emittenten nach Art. 17 MAR – eine Aufdeckung in Form von Veröffentlichung. Er muss sich nur der drei genannten Handlungen enthalten. Prägnant wird formuliert: „disclose or abstain".

---

930 Namentlich: Führt Verstoß zur Nichtigkeit (oder jedenfalls zur fehlenden Klagbarkeit), zum Schadensersatz, zur Strafbarkeit oder Ahndung mit Bußgeldern? Zu diesen Fragen im Zusammenhang im 8. Teil bei §§ 38 f. WpHG.

931 In der Ins-RL war der Sekundärinsider nur dem Insiderhandelsverbot unterworfen, nicht dem Weitergabe- und Tippverbot. Vgl. dazu noch: *Grundmann* Europäisches Schuldvertragsrecht, 1999, Nr. 4.21 Rn 23; BankR-Hdb/*Hopt/Kumpan* § 107 Rn 12, 169; Fuchs/*Mennicke* Vor § 12–14 WpHG Rn 67 und § 14 WpHG Rn 2, 6; *Zetzsche* Enzyklopädie Europarecht, Bd. 6, § 7 C Rn 89. Bei der Weitergabe dürfte es sich nicht nur um die häufiger zu findende der beiden Handlungsformen handeln. Sie strahlt auch weiter aus, weil die Bedeutung der Empfehlung (ohne Weitergabe der Information) vom Vertrauen in den Empfehlenden herrührt, die Bedeutung der weitergebenen Information auf dieser selbst beruht, diese sich also eher „verselbständigen" kann. Auch ist die Weitergabe – weil sie teils auch wichtig und wirtschaftlich sinnvoll ist – ungleich komplexer in der rechtspolitischen Bewertung und deswegen zurecht auch ungleich komplexer geregelt, auch mit Art. 11 MAR.

932 Überwiegend wird davon ausgegangen, dass „Anstiften" nicht nötig im strafrechtlichen Sinne zu verstehen sei, sondern im Sinne des alten Tatbestandmerkmals des „Verleitens" und die Empfehlung nur eine Variante desselben darstelle, wenn auch die Wichtigste: KölnKomm WpHG/*Klöhn* § 14 Rn 483; BankR-Hdb/*Hopt/Kumpan* § 107 Rn 74; *Buck-Heeb* Kapitalmarktrecht Rn 342. Die Übersetzung sei hier ungenau: vgl. BankR-Hdb/*Hopt/Kumpan* § 107 Rn 74; Klöhn AG 2016 423 (424); *Poelzig* NZG 2016 528 (533).

In Art. 14 MAR stehen die drei Verbote auf einer Stufe, wird jedoch zugleich auch eine (aus den Einzeltatbeständen noch deutlicher erkennbare und vom Gefährdungsgrad her auch naheliegende) **signifikante Hierarchie** angedeutet: Nur für das Handelsverbot (Nr. 1) wird das Verbot und die Strafbarkeit auch für den Versuch ausgesprochen. Dies ist auch verständlich, denn die eigentliche Schädigung der Marktgegenseite, vor allem der professionellen Marktteilnehmer und Intermediäre, geht allein vom Insider*handel* aus, während die anderen Handlungsformen nur unterstützend wirken: vorbereitend, teils die Aufdeckung erschwerend und damit das lucrum für die Insider besser schützend, teils einfach nur die Normüberschreitung anstoßend. Das bedeutet freilich nicht, dass diese anderen Handlungsformen nicht bereits selbständig – allein durch die Weitergabe oder Empfehlung – ebenfalls ein Schutzgut verletzen können: Sie können – wegen ihrer auf verbotenen Insiderhandel ausgerichteten Zielorientierung oder allein schon wegen des Anscheins solch einer Orientierung – bereits das Anleger- und Marktvertrauen erschüttern.[933] Außerdem machen sie eine Primärschädigung durch Insiderhandel wahrscheinlicher, weil die Insiderinformation oder jedenfalls der in ihr liegende Trend (bei der Empfehlung) breiter gestreut wird. **362**

Zwei weitere **Unterscheidungen** sind vorab zu betonen: **Art. 14 MAR** spricht das Verbot direkt nur aus für die **Aufsicht und für mögliche zivilrechtliche Sanktionen.** Demgegenüber wurde die **strafrechtliche Sanktionierung** Gegenstand eines bloßen Harmonisierungsaktes – der **Marktmissbrauchs-Richtlinie 2014/57/EU** (oben Rn 2, 21, 81) –, dies vor allem deswegen, weil so das nationale Recht den Tatbestand in allen Teilen so umreißen kann, dass er dem jeweiligen (nationalen) Bestimmheitsgebot und Analogieverbot gerecht wird. Diese Sanktionierung wird mit §§ 38 f. WpHG wieder aufgegriffen (unten Teil 8). Ein Kennzeichen der MAR – insbesondere von Art. 8 und 14 MAR – und schon vorher der MAD I sowie des WpHG seit dem AnsVG 2004 ist die grundsätzliche **Gleichstellung von Primär- und Sekundärinsider.** Grundsätzlich gelten die Verbotstatbestände einheitlich, gleichgültig ob der Pflichtige die Insiderinformation auf Grund seiner Aufgabe / seines Berufs u.ä. erhalten hat (Primärinsider, unten Rn 370–375) oder auf anderem Wege, vor allem von Primärinsidern (Sekundärinsider, unten Rn 376 f.). Die Gleichstellung von Primär- und Sekundärinsider ist freilich nicht umfassend: Zentral ist die Unterscheidung immer noch in der divergierenden Beweislast bei der Frage, ob der Insidercharakter der Information bekannt war und ausgenutzt wurde (vgl. Art. 8 Abs. 4 1. Und 2. UAbs. MAR). Durchaus nicht unerheblich kann sie auch im Strafrecht sein (vgl. §§ 38 f. WpHG, 8. Teil). **363**

b) **Die drei Verbote in ihrer Abstufung.** Das eigentliche Verbot enthält Art. 14 lit. a) iVm Art. 8 MAR (früher § 14 Abs. 1 Nr. 1 WpHG a.F., Art. 2 und 4 Ins-RL/MAD I). Erfasst werden sollte zuvörderst die unmittelbare **Verletzungshandlung,** die die professionelle Marktgegenseite schädigt und das Vertrauen in die Kapitalmärkte direkt erschüttert: der Handel unter Verwendung von Insiderwissen (Kauf und Verkauf). Da es sich um die unmittelbare Verletzungshandlung handelt, wurde von Anfang an jeder Insider erfasst, auch der Sekundärinsider. Unerheblich war also stets, ob der Handelnde in einer besonderen Pflichtenlage stand. Das Bestehen eines Informationsvorsprunges, den die andere Marktseite nicht abbauen kann, begründet allein bereits das Verbot.[934] **364**

---

933 Zu den verschiedenen Schutzgütern und ihrer jeweiligen Bedeutung vgl. näher oben Rn 337–339.

934 Dies gilt uneingeschränkt für positives Tun auch von Personen, die nur irgendwie Zugang zur Information erlangten; Einschränkungen (in der europarechtlichen Vorgabe) sind längst entfallen, vgl. unten Rn 381. Für die fehlende Strafbarkeit des Unterlassens unten Rn 382. Zu den verschiedenen Theorien (Treupflichtverstoß; Informationsdiebstahl; Informationsasymmetrie), mit denen Insiderhandelsverbote zu erklären sind, auch für das

365 Erfasst werden sodann typische **Gefährdungstatbestände** (Art. 14 lit. b) und c) iVm Art. 8 bzw. 10 f. MAR; früher § 14 Abs. 1 Nr. 2 und 3 WpHG a.F., Art. 3 und 4 MAD I), die Weitergabe der Information ebenso wie der bloße Tipp (auf der Grundlage, jedoch ohne Weitergabe der Information). Weitergabe- und Tippverbot wirken präventiv im Vorfeld des eigentlich schädlichen Insiderhandels. Die Gefährdungstatbestände waren in der Ins-RL (und im WpHG bis 2004) auf die typischen Fälle begrenzt, dass ein Primärinsider handelt. Zu diesem Mittel zu greifen, hat dieser in der Tat ungleich mehr Anlass, weil er sich typischerweise in exponierterer Stellung befindet und daher der Nachweis der Verwertung (Insiderhandel) in eigener Person bei ihm leichter gelingt – zumal er seit 2002/04 einer Registrierungspflicht als Insider und bald danach auch all seiner Einzelgeschäfte in Wertpapieren seiner Gesellschaft etc. (und sonstigen darauf bezogenen Finanzinstrumenten) unterworfen wurde („Directors' Dealing", unten Rn 529–538). Beim Sekundärinsider tatsächlich begnügte sich der Gesetzgeber hingegen mit dem Handelsverbot, weil bei ihm das zusätzliche Gefährdungspotential geringer ist: Nur auf der ersten Stufe, beim Primärinsider, kann die Entdeckungswahrscheinlichkeit durch „Weiterschieben" signifikant gesenkt werden und macht es daher Sinn, hierfür einen Preis zu zahlen: durch Verzicht auf den Insiderhandel in eigener Person, dh entweder durch Verzicht auf eigenen Gewinn oder durch Inkaufnahme von Überwachungs- und Entdeckungskosten, verursacht durch die Einschaltung einer weiteren Person. Dennoch hat die MAD I (und entsprechend § 14 WpHG seit 2004) und heute die MAR auch den Gefährdungstatbestand auf Sekundärinsider erstreckt, um eine potentiell verbleibende Sanktionslücke zu schließen.

366 **2. Insiderinstrumente (Art. 8 Abs. 1 MAR).** In der MAR findet sich die Definition der Insiderinstrumente nicht mehr gesondert, sondern in den **Regeln zum sachlichen Anwendungsbereich und zu den Begriffsbestimmungen (Art. 2 Abs. 1 und Art. 3 Abs. 1 Nr. 1 und 6–8 MAR)** – und Großteils zählen diese, die selbst auf MiFID II verweisen, heute sogar zum „Allgemeinen Teil" des Europäischen Kapitalmarktrechts (vgl. daher oben 5. Teil Rn 55–91 und oben Rn 274–290). Das war bisher anders. Im WpHG stand die Definition der Insiderinstrumente am Kopf der Regelung, im Insiderrecht selbst (§ 12 WpHG a.F.). Damit wurde bereits die Reihenfolge in der Art. 1 Ins-RL bzw. Art. 1 MAD I umgedreht, wo zuerst die Insiderinformationen und dann (nach der Marktmanipulation) die Insiderinstrumente (auch dort schon unter den Begriffsbestimmungen) und in Art. 2 f. MAD I die verbotenen Handlungen abgehandelt wurden. In Art. 7 ff., namentlich Art. 8 MAR, erfolgt die Definition der Insiderinstrumente nun nach dem Gesagten eher „en passant", im Teil zum Anwendungsbereich und zu den Begriffsbestimmungen, während alle anderen Elemente in den regelnden Teil gerückt sind, die Insiderinformation an den Kopf (Art. 7 MAR, dort dann auch zum Bezug der Insiderinformation auf das Insiderinstrument, vgl. oben Rn 341–358). Diese Reihenfolge und Verteilung hat, obwohl sie auch der angloamerikanisch-EU-rechtlichen Regelungstechnik mit umfangreichen Begriffsdefinitionen geschuldet sind, durchaus ihre innere Logik: Während es bei der Definition der Insiderinformation zentral um das rechte Verhältnis zwischen Innovationsfreiheit und Anreizen zur Informationsschaffung einerseits und Schutz des Marktvertrauens andererseits geht (Rn 339), entscheidet die Definition der Insiderinstrumente nur darüber, wie weitreichend ein – grds. als sinnvoll eingestufter – Schutzansatz die Anlageformen und Marktsegmente erreichen soll – also eine eher pragmatische Frage nach Regulierungsaufwand und -ertrag.

367 Obwohl es sich um eine eher pragmatisch zu beantwortende Frage handelt, sind mehr oder weniger viele Anlageinstrumente zu erfassen, je nachdem, **wie das Schutzziel definiert**

Europäische/deutsche Recht erhellend: *Kraakman* Legal Theory, in: Hopt/Wymeersch (Hrsg.) European Insider Dealing, S. 39.

wird. Stellt man vorrangig darauf ab, dass der Handel unter Ausnutzung von Insiderinformation unfair ist („Roulette“, bei dem einer die Zahl vorher kennt),[935] müsste der sachliche Anwendungsbereich alle Anlageformen umfassen – auch außerhalb börslicher und organisierter Märkte, insbesondere im sog. grauen Kapitalmarkt (vgl. 5. Teil Rn 77 f.). Die Europäische Regulierung (und auch weiterhin WpHG und KAGB) beschränken den Anwendungsbereich jedoch – offensichtlich enger – auf Effekten und diesbezügliche Derivate (und ähnlich breit zirkulierende Instrumente) und dies auch nur bei Einbeziehung in ein zumindest multilaterales oder organisiertes Handelssystem (auf Europäischer Ebene vor Verabschiedung der MAR gar nur: in den amtlichen börslichen Handel und ab MAD I in einen geregelten Markt). Die Zielsetzung war eine andere, wie Erwägungsgründe 3–6 Ins-RL und dann die Erwägungsgründe 1. und 2. MAD I auch klarstellten: Angestrebt waren **effiziente** (und integrierte) Kapitalmärkte, genauer: **Sekundärmärkte.** Das hat sich auch unter MAR nicht geändert, obwohl der Kreis dieser Märkte jetzt so breit wie möglich definiert ist. Hierfür sollen Handlungen unterbunden werden, die das Anlegervertrauen erheblich erschüttern. Bei der Grenzziehung war daher zu fragen, für welche Kapitalanlagen Sekundärmärkte existieren, denen Vertrauenskrisen schaden könnten, für die Europäische Vorgabe zusätzlich, ob in solch einem Sekundärmarkt („potentiell“) **auch grenzüberschreitend nennenswerte Aktivitäten** zu erwarten sind. Die Eingrenzung ist insoweit also auch Ausfluss des Subsidiaritätsprinzips in Art. 5 Abs. 3 EUV, bei freilich zunehmend weiterer Ausdehnung des Europäischen Anwendungsbereichs (und jetzt auch noch einer Ausgestaltung als EU-Verordnung).

Zumindest für das EU-Recht ist daher die **Ausgrenzung der Instrumente der grauen Kapitalmärkte zwingend**, da sie primär nach Steuergesichtspunkten gestaltet sind[936] und daher mangels (Einkommens-)Steuerrechtsharmonisierung grenzüberschreitende Sekundärmarktaktivitäten minimal bleiben müssen. Umgekehrt sind mit MAR – anders als bisher unter der Ins-RL und MAD I – **alle organisierten Handelssysteme einbezogen**. Für sie wird davon ausgegangen, dass Vertrauenseinbrüche bestehende oder potentielle (grenzüberschreitende) Sekundärmarktaktivitäten hinreichend stark tangieren und dies schon dann, wenn das Instrument in einen entsprechenden Markt einbezogen wurde und daher überhaupt auf einem solchen gehandelt wird – nicht notwendig die konkrete Transaktion dort stattgefunden hat (Art. 2 Abs. 3 MAR). Aufgabe der Definition der Insiderinstrumente ist demnach die Abgrenzung derjenigen Instrumente und Transaktionen, die vertrauensanfällig sind, von den anderen. **368**

3. Insider (Art. 8 Abs. 4 und 5 MAR). Die verbotenen Handlungen umreißen Abs. 1–3 ohne (expliziten) Rekurs auf die Figur des Primär- und Sekundärinsiders. Handlungen nehmen freilich Personen vor, und implizit liegen die genannten Rollen durchaus auch der Regelung in Abs. 1–3 zugrunde. Vor allem jedoch: Obwohl es ein Charakteristikum der MAR – wie schon bisher der MAD I – bildet, dass **Primär- und Sekundärinsider grds. um-** **369**

[935] So *Stützel* Aktienrechtsreform und Konzentration, in: Arndt (Hrsg.), Die Konzentration in der Wirtschaft, 1960, S. 907 (952), der Insiderhandel mit Roulette vergleicht, bei dem ein Spieler noch setzen darf, wenn die Kugel bereits gefallen ist. Umgekehrt die berühmte Charakterisierung als „victimless crime“ bei *Manne* Insider Trading and Property Rights in New Information, 4 Cato J. 933 (937) (1984); vgl. oben Rn 337 f.

[936] Dazu und zur Auswirkung auf den Zuschnitt des Europäischen Kapitalmarktrechts *Grundmann* ZSR 115 nF (1996), 103 (127–129); *Heinze* Primärmarkt, S. 355–357. Etwas anders: hier kein Strafschutzbedürfnis, das über die allgemeinen Strafvorschriften (insbesondere §§ 263 ff. StGB) hinausgeht Assmann/Schneider/*Vogel* § 20a WpHG Rn 37; KölnKomm WpHG/*Mock/Stoll* § 20a Rn 141; *Ziouvas* ZGR 2003, 113 (125).

fassend und gleich erfasst werden, werden doch die Verbote im Ergebnis **für beide Gruppen unterschiedlich scharf** ausgestaltet, vor allem hinsichtlich der Beweislast (vgl. unten Rn 383). Die Zuordnung ist damit praktisch von erheblicher Bedeutung.

370 a) **Primärinsider (Abs. 4 S. 1 und 5).** Für die **Unterscheidung zwischen Primär- und Sekundärinsider** kann auf die intensive Diskussion zurückgegriffen werden, die ursprünglich zu Art. 2 Abs. 1 Ins-RL (Rn 363) geführt wurde, als die Unterscheidung noch über Anwendbarkeit oder Nichtanwendbarkeit einiger Verbote entschied: Primärinsider ist, wer die Merkmale des **Art. 6 Abs. 4 S. 1 lit. a) bis d) MAR** erfüllt (in Deutschland zuletzt noch von § 13 Abs. 1 Nr. 1–3 WpHG aF), Sekundärinsider jede sonstige Person im Besitz von Insiderinformation, wenn zusätzlich Vorsatz oder ein erheblicher Sorgfaltsverstoß vorliegt (**Art. 6 Abs. 4 S. 2 MAR**, unten b)). Dabei sind beim Primärinsider **vier Gruppen** zu unterscheiden:

371 Primärinsider sind zunächst **Organmitglieder des Emittenten** oder Teilnehmers am Markt für Emissionszertifikate (**lit. a)**). Darunter fallen zwar – über den Wortlaut der MAR hinausgehend –[937] wohl auch Mitglieder eines Organs in einem verbundenen Unternehmen (iSv. § 15 AktG) und – wie das deutsche Recht bisher klarstellte – unzweifelhaft auch persönlich haftende Gesellschafter einer Personengesellschaft.[938] Auch Mitglieder eines freiwillig eingerichteten Organs sind erfasst;[939] bei bloß beratenden Beiräten ist strittig, ob sie Primärinsider nach Buchst. a) oder c) sind.[940] Trotz redaktioneller Ungenauigkeiten[941] ist jedoch unstreitig, dass Organmitglieder einer Gesellschaft, die ein Übernahmeangebot abgibt, nicht unter Buchst. a), sondern allenfalls unter Buchst. c) fallen.[942]

372 Primärinsider sind sodann **Anteilseigner des Emittenten** oder Teilnehmers am Markt für Emissionszertifikate (**lit. b)**), die Höhe der Beteiligung ist irrelevant.[943] Das eigentliche Eingrenzungskriterium liegt darin, dass das Anteilseigentum für die Erlangung der Insiderinformation kausal werden muss.[944] Kleinaktionäre sind hierdurch regelmäßig entlastet.[945]

373 Eine offene Primärinsiderkategorie enthält **Buchst. c) (kleine Generalklausel)**, unter die die nach Buchst. a) und b) erfassten Personen ebenfalls zu subsumieren wären. Vorausgesetzt wird, dass die Information auf Grund einer berufs-, arbeits- oder aufgabenbedingt

---

937 *Assmann* AG 1994, 237 (238); *ders.* ZGR 1994, 494 (505). Auch Art. 3 Abs. 1 Nr. 21 MAR ist nicht hinreichend breit.

938 BT-Drucks. 12/6679 S. 46; *Assmann* AG 1994, 237 (238); *ders.* ZGR 1994, 494 (504 f.); *Claussen* DB 1994, 27 (27); *Hopt* ZGR 1991, 17 (36).

939 *Assmann* AG 1994, 237 (238); *Hopt* ZGR 1991, 17 (36).

940 Bedingt für das Erste eher *Hopt* ZGR 1991, 17 (36); für das Zweite *Assmann* AG 1994, 237 (238 f.); *ders.* ZGR 1994, 494 (505).

941 Vgl. *Peltzer* ZIP 1994, 746 (748); demgegenüber gerade auf den Wortlaut abstellend: *Assmann* ZGR 1994, 494 (505).

942 Ebenso wohl *Zetzsche* Enzyklopädie Europarecht, Bd. 6, § 7 C Rn 127 (hier nicht nur Emittentensphäre erfasst, sondern etwa auch Marktintermediäre).

943 BT-Drucks. 12/6679 S. 46; *Assmann* AG 1994, 237 (238 f.); *Caspari* ZGR 1994, 530 (537); *Claussen* DB 1994, 27 (27) (krit.); *Grunewald* ZBB 1990, 128 (131 f.); *Hopt* ZGR 1991, 17 (36); *Peltzer* ZIP 1994, 746 (748); für eine Mindestgrenze von 5 % die Schutzvereinigung für Wertpapierbesitz (vgl. ZIP 1994, 747 [748 Fn 28]; DB 1994, 27 [27 Fn 10]); sehr krit. auch *Claussen* ZBB 1992, 267 (270); *Hübscher* in: Büschgen/Schneider (Hrsg.), Der europäische Binnenmarkt 1992, S. 329 (334 f.).

944 BT-Drucks. 12/6679 S. 46; *Assmann* AG 1994, 237 (239); *Caspari* ZGR 1994, 530 (537); *Claussen* DB 1994, 27 (27).

945 Insiderinformationen sind jedoch diejenigen, die er auf der Hauptversammlung auf Grund des Auskunftsrechts (§ 131 AktG) erhält: *Caspari* ZGR 1994, 530 (537); *Kümpel* WM 1993, 2137 (2138).

eröffneten Zugangsmöglichkeit erworben wurde – nicht notwendig regelmäßig,[946] auf Grund vertraglicher Beziehung[947] oder sonstigen Näheverhältnisses.[948] Daher sind sowohl unternehmensinterne Personen (etwa Angestellte des Emittenten) als auch unternehmensexterne erfasst (etwa Abschlussprüfer, Politiker oder Beamte von Aufsichtsbehörden). Auch der Wirtschaftsjournalist, der beim Interview Insiderinformation erhält, ist (Primär-)Insider.[949] Weil Insiderrecht Sondervorteile auf Grund von Informationsasymmetrien verhindern soll, liegt jedoch in der Veröffentlichung solcher Informationen keine unbefugte Weitergabe iSv. Art. 10 MAR (bisher § 14 Abs. 1 Nr. 2 WpHG a.F.; Art. 3 lit. a) MAD I).[950] Primärinsider nach lit. c) sind unstreitig auch Anwälte, Berater etc.,[951] nicht der häufig beispielshaft genannte Taxifahrer, der eine Information aufschnappt, oder Psychiater.[952]

Nötig ist nur ein **innerer Zusammenhang** zwischen den beruflichen oder sonstigen Aufgaben und der Informationserlangung, dh. dass die fragliche Person „aufgrund der Ausübung … Zugang hat“ und nicht nur gelegentlich.[953] Das potentiell enger zu verstehende Merkmal eines **„bestimmungsgemäßen“** Zugangs (§ 38 Abs. 1 Nr. 2 Buchst. c WpHG a.F.)[954] hat der deutsche Gesetzgeber aufgegeben – so dass es auch für das Strafrecht allein bei der Europäischen Begriffsbestimmung bleibt. **374**

Primärinsider ist zuletzt auch, wer an „kriminellen Handlungen beteiligt ist“ und deswegen über die Information verfügt (**Buchst. d**). Diese Gruppe wurde seit 2003 (MAD I) erfasst, weil im Umfeld mit dem Terrorakt vom 11.9.2001 Insiderhandel durch Terroristen vermutet wurde (Information zu bevorstehender Terrortat als Insiderinformation);[955] der Wortlaut erfasst jedoch ebenfalls den noch näher liegenden Fall, dass die Beschaffung der Information kriminell war.[956] Für die Insiderverbote (in der MAD I und MAR) erscheint die Ausweitung überflüssig, da auch die Definition des Sekundärinsiders ausgedehnt wurde (und beide Fälle heute erfasst, vgl. unten Rn 376) und in der Folge der Sekundärinsider heute den gleichen Verboten unterfällt, soweit nur von einem „Kennenmüssen“ auszugehen ist (was bei solchen Straftaten durchweg der Fall sein wird). Soweit freilich das nationale Strafrecht – wie bisher auch das deutsche Recht in §§ 38 f. WpHG a.F. – an die Unterscheidung zwischen Primär- und Sekundärinsider eine Differenzierung der Sanktionsgrade knüpft, ergibt die Ausweitung in Buchst. d) durchaus Sinn, wenn man strafbare Informationsbeschaffung und -nutzung ebenfalls als besonders verwerflich herausstellen will. **375**

[946] Dazu *Assmann* AG 1994, 237 (239 f.); *Hopt* ZGR 1991, 17 (37).
[947] *Assmann* AG 1994, 237 (239).
[948] *Hopt* ZGR 1991, 17 (38).
[949] *Caspari* ZGR 1994, 530 (538) (auch rechtsvergleichend); *Hopt* ZGR 1991, 17 (38). Entspr. für Finanzanalysten, die Schlüsse nicht nur aus öffentlich zugänglichen Informationen ziehen (vgl. § 13 Abs. 2 WpHG a.F.): *Claussen* ZBB 1992, 267 (272); *Hopt* ZGR 1991, 17 (34); *Peltzer* ZIP 1994, 746 (748).
[950] *Cloppenburg/Kruse* WM 2007, 1109 (1115); *Caspari* ZGR 1994, 530 (538); *Ekkenga* Kapitalmarktrechtliche Aspekte der „Investor Relations“, NZG 2001, 1 (4 f.); *Süßmann* AG 1999, 162 (166 f.); Fuchs/*Mennicke* § 14 Rn 202, 266.
[951] *Assmann* AG 1994, 237 (239); *Hopt* ZGR 1991, 17 (37).
[952] *Assmann* AG 1994, 237, 239 (240 f.); *Claussen* DB 1994, 27 (28).
[953] *Grundmann* JZ 1996, 274 (285); auch *Hopt* ZGR 1991, 17 (37).
[954] Mit dem Begriff „bestimmungsgemäß“ sollte wohl nicht etwa nur das Vorangegangene („auf Grund seines …“) erläutert werden: *Claussen* DB 1994, 27 (28, Fn 11). Ausgeblendet erschien auch die Information, die eine Person aufgrund Versagens des Systems (etwa einer chinese wall) erhielt.
[955] *Leppert/Stürwald* ZBB 2002, 90 (92).
[956] Vgl. 14. Erw.grund MAD I.

376 b) **Sekundärinsider (Abs. 4 S. 2 und 5).** Als Sekundärinsider umschreibt Abs. 4 S. 2 **alle Personen, die Insiderinformation haben, soweit sie nicht als Primärinsider** zu qualifizieren sind. Die Art, wie sie die Information erhalten haben, ist unerheblich. Insbesondere muss sie ihnen nicht (mehr) von einem Primärinsider eingeräumt worden sein.[957] Den Normalfall bildet freilich genau dieser: Dann spielt der Primärinsider den aktiv-gebenden Teil, der Sekundärinsider den passiv-empfangenen. Anders als beim Primärinsider genügt freilich der bloße Besitz von Insiderinformation nicht dafür, dass sich der Sekundärinsider den Insiderverboten ausgesetzt sieht. Vielmehr muss ihm nachgewiesen werden, dass er **weiß (dolus directus) oder wissen müsste,** dass es sich um Insiderinformationen handelt. Soll die Freiheit des Wertpapierhandels bei anderen Personen als den (tatbestands- und zahlenmäßig klar umrissenen) Primärinsidern nicht allzu sehr eingeschränkt sein, wird man mehr als bloße einfache Fahrlässigkeit zu fordern haben.[958] Wichtig sind vor allem typisierte Elemente, bei denen sich die besondere Wichtigkeit auch dem außenstehenden verständigen Anleger aufdrängt.[959] Dogmatisch ist diese zusätzliche Voraussetzung, die in Abs. 4 S. 1 fehlt, dahingehend zu präzisieren, dass beim Primärinsider, wenn er sich im Besitz einer Insiderinformation befindet, vermutet wird, dass er auch um deren Charakter als Insiderinformation weiß (oder wissen müsste), beim Sekundärinsider die Beweislast hingegen die umgekehrte ist.[960]

377 Die **Verbote, denen der Sekundärinsider unterliegt** sind dann nicht ganz einfach zuzuordnen und hier bereits kurz vorzustellen, namentlich: (i) das Verbot, selbst Insiderhandel auf der Grundlage einer (typischerweise weitergegebenen) Insiderinformation zu betreiben (Art. 8 Abs. 1 MAR), (ii) das Verbot, selbst auf der Grundlage von Insiderinformationen Empfehlungen zum Insiderhandel zu geben oder dazu anzustiften (Art. 8 Abs. 2 MAR), (iii) das Verbot, selbst Insiderhandel auf der Grundlage einer bloßen Empfehlung oder Anstiftung zu betreiben (Art. 8 Abs. 3 MAR) oder (iv) eine Insiderinformation unbefugt weiterzugeben (Art. 10 MAR). Nicht verboten scheint demgegenüber die Abgabe einer Empfehlung zu sein, wenn der Sekundärinsider selbst keine Insiderinformation, sondern nur eine Empfehlung erhalten hat (vgl. Abs. 2).[961] Vom Wortlaut her scheint diese Rechtsfolge eindeutig, zu rechtfertigen ist sie vielleicht damit, dass solch eine Empfehlung (aus so unberufenem Grunde) idR nicht mehr ernst genommen wird.

378 c) **Juristische und natürliche Personen (Abs. 5).** Auch die **natürlichen Personen,** die Insiderinformationen auf diesem Wege erhalten und für ihre Gesellschaft verwerten, sind **selbst als Primärinsider** oder – eher theoretisch – Sekundärinsider zu qualifizieren. Das gilt etwa für die Angestellten von Wirtschaftsprüfergesellschaften (oben Rn 373). Dabei müssen diese Personen den jeweiligen Insiderhandel nur „beeinflussen“, also keineswegs etwa Organstellung oder auch nur leitende Stellung haben.[962] Beteiligt an dem Beschluss sind

---

957 *Buck-Heeb* Kapitalmarktrecht Rn 313; BankR-Hdb/*Hopt/Kumpan* § 107 Rn 132.

958 BankR-Hdb/*Hopt/Kumpan* § 107 Rn 132; *Zetzsche* Enzyklopädie Europarecht, Bd. 6, § 7 C Rn 125 (weitere subjektive Voraussetzungen neben Kenntnis notwendig).

959 *Buck-Heeb* Kapitalmarktrecht Rn 313; BankR-HdB/*Hopt/Kumpan* § 107 Rn 68; *Zetzsche* Enzyklopädie Europarecht, Bd. 6, § 7 C Rn 131; vgl. etwa Aufzählung im Emittentenleitfaden unten Fn 1259.

960 *Buck-Heeb* Kapitalmarktrecht Rn 315; BankR-Hdb/*Hopt/Kumpan* § 107 Rn 68; *Zetzsche* Enzyklopädie Europarecht, Bd. 6, § 7 C Rn 129.

961 *Buck-Heeb* Kapitalmarktrecht Rn 316; BankR-Hdb/*Hopt/Kumpan* § 107 Rn 132 (allerdings auch solche Personen erfasst, die die Insider*informationen* erst über meherere Zwischenglieder erfahren haben).

962 Ebenso *Zetzsche* Enzyklopädie Europarecht, Bd. 6, § 7 C Rn 133.

diese Personen, wenn sie ihn unterstützt haben.[963] Insgesamt ist Art. 8 Abs. 5 MAR freilich überwiegend klarstellender Natur.[964] Denn im genannten Fall erhalten diese Personen selbst die Information zumindest berufsbedingt, und das Handelsverbot gilt nach Art. 8 Abs. 1 MAR auch für ein Handeln für fremde Rechnung. Daher ist es auch unschädlich, dass nur der Insiderhandel genannt ist. Auch dem Empfehlungs- Anstiftungs- und Weitergabeverbot unterliegen die genannten natürlichen Personen (regelmäßig sogar als Primärinsider). Aus dieser „Auslassung" erklärt sich auch der eigentliche Gehalt der Anordnung: Solche natürliche Personen werden von den Verboten bereits erfasst, wenn sie nur einen Tatbeitrag erbringen, nicht nur, wenn sie alleinige Tatherrschaft haben –[965] ein Szenario, das bei Kauf oder Verkaufsentscheidungen nicht unüblich ist, bei Empfehlung und Weitergabe, die eher individuell erfolgen, hingegen durchaus.

4. Insiderhandlungen (Art. 8 Abs. 1–3 MAR). Bei den Insiderverboten – und den Handlungsumschreibungen – handelt es sich um ein dreiteiliges oder – nach der Systematik von Art. 8 MAR – gar ein **vierteiliges Verbot**. Dieses ist freilich aus den genannten Gründen (oben Rn 334) **auf Art. 8 und Art. 10 aufgeteilt**: (i) das Verbot an den Primärinsider und den Sekundärinsider, Insiderhandel zu betreiben (Art. 8 Abs. 1 MAR, unten a)); (ii) das Verbot an den Primärinsider, potentiell aber auch den Sekundärinsider, Insiderinformationen unbefugt weiterzugeben (Art. 10, unten b)); (iii) das Verbot an den Primärinsider, potentiell aber auch den Sekundärinsider, auf der Grundlage von Insiderinformationen Empfehlungen zum Insiderhandel abzugeben oder dazu anzustiften (Art. 8 Abs. 2 MAR, unten c)); das Verbot an Sekundärinsider, potentiell Tertiärinsider etc., auf der Grundlage von bloßer Empfehlung bzw. Anstiftung Insiderhandel zu betreiben (Art. 8 Abs. 1 und 3 MAR, unten d)). **379**

a) **Alt. 1: Insiderhandel ieS (Abs. 1).** Dem **Handelsverbot** ieS (oder **Verwertungsverbot**) unterlagen **Primär- und Sekundärinsider** schon von Anfang an gleichermaßen. Zunächst ist daran zu erinnern, dass der Insider*handel* das einzige Verbot bildet, das auch **bereits für den Versuch** ausgesprochen (Art. 14 Nr. 1 MAR) und – nach Maßgabe des nationalen Rechts – unter Strafsanktion gestellt wird (näher § 38 WpHG, unten 8. Teil). **Zwei Fragegruppen** stellen sich zu diesem Tatbestand: nach den Formen von Handel, d.h. nach den erfassten Transaktions*formen*, und nach dem Kriterium des „Nutzens" von Insiderinformationen, also nach den zulässigen Transaktions*zielen*. **380**

aa) **Handel** besteht im Kauf ebenso wie im Verkauf, dies in dem breitest denkbaren wirtschaftlich-funktionalen Sinne. Gleichgültig ist, ob die Transaktion **für eigene oder fremde Rechnung** erfolgte.[966] Gleichgültig ist auch, ob die Transaktion **direkt oder indirekt** erfolgt, so dass Insider derartige Geschäfte weder selbst noch durch einen Dritten als Strohmann tätigen dürfen.[967] Unschädlich ist demgegenüber die bloße Ausführung eines Geschäfts, zu dem man sich verpflichtet hatte (Art. 9 Abs. 3 lit. b MAR, unten Rn 411). Dem Handel gleichgestellt sind zudem alle **wirtschaftlich vergleichbaren Handlungsfor-** **381**

---

963 Durch Ja-Stimme, ggf. auch Enthaltung, nicht nötig die ausschlaggebende Stimme, vgl. *Zetzsche* Enzyklopädie Europarecht, Bd. 6 § 7 C Rn 133 f.

964 Sehr krit. *Zetzsche* Enzyklopädie Europarecht, Bd. 6, § 7 C Rn 134 (Bedeutung von Art. 8 Abs. 4 und 5 MAR obskur und streitträchtig).

965 Implizit *Zetzsche* Enzyklopädie Europarecht, Bd. 6, § 7 C Rn 133.

966 BankR-Hdb/*Hopt/Kumpan* § 107 Rn 63; Fuchs/*Mennicke* § 14 WpHG Rn 39 f.; *Zetzsche* Enzyklopädie Europarecht, Bd. 6, § 7 C Rn 136. Bereits früh *Caspari* ZGR 1994, 530 (541).

967 Näher hierzu *Zetzsche* Enzyklopädie Europarecht, Bd. 6, § 7 C Rn 137.

men, mit denen ebenfalls die Insiderinformation zur Erzielung eines Sondervorteils genutzt wird und dieser Sondervorteil in einem Transaktionsgewinn besteht: Solchermaßen gleichartig sind die Änderung und Stornierung einer Order nach Kenntnisnahme von der Insiderinformation (S. 2) – auch ganz der zivilrechtlichen Qualifikation als neue Kauf- oder Verkaufsorder folgend –,[968] aber auch die Abgabe eines Gebots bei einer Auktion (S. 3, als bedingtes Kaufangebot).[969] In allen Fällen steht also das wirtschaftliche Ergebnis im Vordergrund – der **Sondergewinn aus einer getätigten oder angestrebten Transaktion** – und wird dies auf die in verschiedenen Konstellationen und Märkten zu findenden Handlungsformen angepasst.

382 Nach hM ist der Tatbestand hingegen nicht erfüllt bei **Unterlassen** jeglicher Transaktion, auch wenn Insiderwissen ursächlich wurde.[970] Es geht hier nicht etwa um Erwerb oder Veräußerung durch Unterlassen. Jedenfalls strafrechtliche Sanktionen würden daher gegen das Analogieverbot verstoßen. Jedoch auch für eine Analogie fehlt es an der Vergleichbarkeit der Interessenlage. Denn das Unterlassen wirkt ungleich weniger vertrauenserschütternd als das Tun, weil der Insider nicht hervortritt, sondern in der untätigen Masse bleibt. Weniger fassbar ist daher auch die Schädigung des Berechtigten, etwa des Emittenten – gänzlich unabhängig davon, dass etwa eine Ermittlung mit statistischen Methoden ausscheidet. Dogmatisch ist die „Freiheit zum Unterlassen" auch aus einem argumentum e contrario aus Art. 8 Abs. 1 S. 2 MAR (Stornierung oder Änderung einer Order) herzuleiten. Der actus contrarius ist in einem Fall erfasst, namentlich, wenn er nach außen hervortritt – was den Umkehrschluss zulässt für den actus contrarius, der nicht nach außen hervortritt.

383 bb) Die Transaktion muss nach Art. 8 Abs. 1 MAR **unter „Nutzung" einer Insiderinformation** erfolgen. In der Ins-RL hieß es „Ausnutzung", in MAD I bereits „Nutzung", nach dem Wortlaut der deutschen Norm idF des AnSVG 2004 unter „Verwendung" derselben. Mit dieser Umschreibung sollten Beweisprobleme – insbesondere bei der Kausalität – verringert werden.[971] Notwendig ist auch heute im Ausgangspunkt, dass der Insider **Kenntnis vom Insidercharakter** der Information hatte (genauer sogleich) und dass diese Kenntnis kausal für die Transaktion wurde.[972] Der Insider muss die Information also

---

[968] Näher hierzu *Kiesewetter/Parmentier* BB 2013, 2371 (2373); Fuchs/*Mennicke* Vor §§ 12–14 WpHG Rn 52a; *Zetzsche* Enzyklopädie Europarecht, Bd. 6, § 7 C Rn 140.

[969] Näher hierzu vgl. den Wortlaut von Art. 8 Abs. 1 S. 3 MAR, so auch BankR-Hdb/*Hopt/Kumpan* § 107 Rn 63.

[970] *Assmann* AG 1994, 237 (246 f.); *ders.* ZGR 1994, 494 (519); *Eisele* WM 1993, 1021 (1021); *Hopt* ZGR 1991, 17 (45) und FS Heinsius 1991, S. 289 (293) (allerdings bei Kreditinstituten bankaufsichtsrechtliche Konsequenzen); *Peltzer* ZIP 1994, 746 (750); *Schröder* NJW 1994, 2879 (2880) (sogar Gegenorder straffrei, dies freilich heute durch Art. 8 Abs. 1 S. 2 MAR geändert); *Buck-Heeb* Kapitalmarktrecht Rn 323 (gelte freilich nicht für Art. 8 Abs. 1 MAR uneingeschränkt); BankR-Hdb/*Hopt/Kumpan* § 107 Rn 67; KölnKomm WpHG/*Klöhn* § 14 Rn 107 und Rn 49–62 (ausführlich zur rechtspolitischen Diskussion); aA *Claussen* ZBB 1992, 267 (281); *ders.* DB 1994, 27 (31); *Weber* Das neue deutsche Insiderrecht, BB 1995, 157 (166); auch Fuchs/*Mennicke* § 14 Rn 34–36 (*unechtes* Unterlassungsdelikt möglich).

[971] Vgl. nur BGH (Fn 836) NJW 2010, 882 (882) = NZG 2010, 349 (dort auch Wartefrist zur Optionsausübung gerade abgelaufen); *Klöhn* DB 2010, 769 (770 f.); und entsprechend für die MAD I der EuGH in *Spector Photo Group* (unten Fn 978).

[972] *Assmann* AG 1994, 237 (246); *ders.* ZGR 1994, 494 (517); *Hopt* ZGR 1991, 17 (42). Das Kausalitätserfordernis wird nicht gesondert formuliert, ist jedoch unschwer in den Begriff des „Nutzens", „Ausnutzens" oder auch des „Verwendens" hineinzulesen. Für das Kausalitätserfordernis (schon für den

zweckgerichtet zur **Erlangung eines wirtschaftlichen Sondervorteils** eingesetzt haben, der als Verstoß gegen die Chancengleichheit am Kapitalmarkt missbilligt wird.[973] Deswegen wird solch ein Sondervorteil bei Kenntnis beider Seiten von der Insiderinformation im Face-to-Face-Geschäft verneint, etwa beim Pakethandel,[974] wohl aber nicht bei (einseitiger) Rechteausübung wie bei Mitarbeiteroptionsrechten.[975] Kenntnis muss sich dabei auf die fehlende Öffentlichkeit beziehen, der Insider kann sich nicht darauf berufen, er habe das erhebliche Kursauswirkungspotential nicht erkannt.[976] „Ausnutzen" – wie in der Ins-RL – wurde stets so verstanden, dass der Insider Kenntnis vom Insidercharakter der Information haben musste und diese Information außerdem kausal für die Transaktion wurde.[977] Der Vorsatz, einen Sondervorteil aus der Insiderinformation zu erzielen, war unerlässlich. Der Übergang zum Tatbestandsmerkmal des bloßen „Verwendens" – bzw. in der MAD I des bloßen „Nutzens" – sollte freilich nach dem Gesagten Verbotslücken schließen, war also als Ausweitung gedacht. Denn nach dem Gesagten ist **Kenntnis beim Primärinsider zu vermuten** (Art. 8 Abs. 4 S. 2 MAR e contrario), beim Sekundärinsider immerhin bei Kennenmüssen zu bejahen (Art. 8 Abs. 4 S. 2 MAR). Liegt nach diesen Kriterien „Kenntnis" des Charakters als Insiderinformation vor und auch ein Sondervorteil aus dem Handel, ist von einem hinreichenden „Nutzen" bzw. „Verwenden" auszugehen. In der Tat präzisierte der EuGH für die Fassung in der MAD I („Nutzen") das Zusammenspiel der Elemente dahingehend, dass bei jeder Transaktion, bei der sich die handelnde Person (als Primärinsider) im Besitz von Insiderinformation befindet, (widerleglich) vermutet wird, dass sie diese auch „genutzt" hat (iSv Art. 2 Abs. 1 der Richtlinie), Kenntnis wird also vermutet.[978] Hinreichend ist dabei, dass die Kenntnis der Insidertatsache **mitursächlich** wurde, also den

---

Begriff des „Nutzens"): BaFin, Emittentenleitfaden 2013 (Fn 883), III.2.2.1.2 und III.2.2.1.3; *Brandi/Süßmann* AG 2004, 642 (643); *Bürgers,* BKR 2004, 424 (425); *Diekmann/Sustmann* NZG 2004, 929 (931); *Langenbucher* (2010) 5 CMLJ 452 (467 f.); *Nietsch* ZHR 174 (2010), 556 (571 f.); *Spindler* NJW 2004, 3449 (3451); in Deutschland weiterhin deutlich hM: *Bank* NZG 2012, 1337 (1337 f.); BankR-Hdb/*Hopt/Kumpan* § 107 Rn 69; Fuchs/*Mennicke* § 14 Rn 52, 52a; *Zetzsche* Enzyklopädie Europarecht, Bd. 6, § 7 C Rn 141, 143.

973 Zentral sowohl für den EuGH im *Spector Photo-Group*-Urteil NV (unten Fn 978), Slg. 2009 I, 12073 = ABl. 2010 C 51/6 als auch vor allem für BGH (Fn 834) NJW 2010, 882 (883 ff.) = NZG 2010, 349, gerade auch für die Festsetzung der Höhe des Verfalls nach § 73 StGB; dazu etwa *Klöhn* DB 2010, 769 (770 f.); vorher bereits *Assmann* AG 1994, 237 (246); *Grundmann* Revue de la Banque 1995, 275 (277); *Hopt* ZGR 1991, 17 (42); gleichen Informationszugang zu Recht als eine der beiden Hauptsäulen des Kapitalmarktrechts hervorhebend *M. Weber* NJW 2011, 273 (282).

974 Ausdrücklich für solch eine Ausnahme auch der EuGH, Urt. v. 10.5.2007, Rs. C-391/04 *Georgakis* Slg. 2007 I-3741 = ABl. 2007 C 140/2; *Bussian* WM 2011, 8 (11 f.); Köln-Komm WpHG/*Klöhn* § 14 Rn 190–192; und auch nach der EuGH-Entscheidung in Sachen *Spector Photo Group* ausf. (und wohl unstr.): *Bank* NZG 2012, 1337 (1337–1339); sowie *Kiesewetter/Parmentier* BB 2013, 2371 (2373 f.); *Widder* BB 2010, 515 (516).

975 Für die Ausübung von Mitarbeiteroptionsrechten: *Verstegen/Schulz* ZIP 2009, 110 (113); *Widder* WM 2010, 1882 (1887); anders noch *Widder/Kocher* NZG 2009, 654.

976 BGH (Fn 910), WM 2012, 303 (308)

977 *Assmann* AG 1994, 237 (246); *Hopt* ZGR 1991, 17 (42).

978 EuGH Urt. v. 23.12.2009 Rs. C-45/08 *Spector Photo Group NV*, Slg. 2009 I, 12073 = *ABl. 2010 C 51/6*; Anm. dazu etwa: *Arden* ECFR 2010, 342; *Böse*, (2011) 48 CMLR 189; *Flick/Lorenz* RIW 2010, 381; *Forst* EWiR Art. 2 RL 2003/6/EG 1/10; *Hansen* ECL 2010, 98; *Klöhn* ECFR 2010, 347; *Nietsch* ZHR 174 (2010) 556; *Opitz* BKR 2010, 71; *Widder* BB 2010, 515; *Schulz* ZIP 2010, 609; zum Schlussantrag der Generalanwältin *Kokott* etwa *Cascante/Bingel* AG 2009, 894.

Entschluss beförderte, nicht notwendig der ausschließliche Beweggrund war.[979] Die Verwirklichung des objektiven Tatbestandes eines Kaufs oder Verkaufs bei Besitz von Insiderinformation sollte also im Ausgangspunkt genügen, um diese (Mit-)Kausalität zu belegen. Wie jede Vermutung ist freilich auch diese widerleglich, insbesondere wenn die handelnde Person beweist, dass sie sich des Insidercharakters der Information nicht bewusst war, etwa weil sie diese für bereits veröffentlicht hielt, oder aber, wenn sie beweist, dass sie die Transaktion in jedem Falle getätigt hätte oder als Marktmacher tätigte, ohne Sondervorteile zu erzielen.[980] Denn auch heute genügt Handeln im Besitz von Insiderinformation allein – gleichgültig ob der Insidercharakter bekannt sein konnte – nicht.[981] Unter dieser Maßgabe ist auch beim Sekundärinsider die Verwendung von Insiderwissen einschränkungslos erfasst. Eine Verbotslücke besteht für diesen erst in den Fällen, in denen er – ohne Wissen der zugrundeliegenden Information – einen Tipp eines Primärinsiders weitergibt bzw. in denen er sich an vermeintliche (Primär-)Insidergeschäfte „anhängt".[982]

384 **Wichtige Einzelfälle**, in denen im Kern das Tatbestandsmerkmal des „Nutzens" von Insiderinformation in Frage steht, werden in Art. 9 MAR aufgegriffen, indem sie als **legitime Handlungen** qualifiziert und damit gerechtfertigt werden.[983] Die MAD I hatte sie noch in den Erwägungsgründen angesprochen (mit gleichem Ergebnis). Die allermeisten Fälle der solchermaßen als legitim qualifizierten Handlungsformen beziehen sich auf das Tatbestandsmerkmal des „Nutzens" von Insiderinformationen. Dies gilt namentlich für Geschäfte, die der Ausführung von (Kunden-)Order dienen oder von Market-Makers im Rahmen ihrer beruflichen Aufgabe getätigt werden (Art. 9 Abs. 2 MAR, früher schon 18. Erw.grund MAD I, unten Rn 408–410) und für den eigenen Entschluss, eine Order zu tätigen, die Kurse bewegen könnte (Art. 9 Abs. 5 MAR, früher schon 30. Erw.grund MAD I, unten Rn 414). Auch im zweiten Fall handelt es sich durchaus um eine Insiderinformation – weshalb bei Kenntnis hiervon ein Dritter mit eigenem Handel etwa strafbares Frontrunning begeht. Diese Information wird jedoch vom Entschlussträger selbst nicht unbefugt genutzt. Vergleichbar strukturiert ist der Fall, dass im Rahmen eines Übernahmeversuches Insiderinformation auftaucht (wie meist) und der Übernahmeversuch planmäßig fortgesetzt wird (ggf. auch keine Kausalität, vgl. Art. 9 Abs. 4 MAR, früher schon 29. Erw.grund MAD I, unten Rn 412 f.). Schließlich ist auch die Durchführung von Insiderhandel mit dem Ziel, eine bestehende Verbindlichkeit zu erfüllen, in diesem Sinne zu verstehen, jeden-

---

[979] Vgl. nur BGH (Fn 836) NJW 2010, 882 (882) = NZG 2010, 349; BT-Drucks. 15/3174, S. 34; *Nietsch* ZHR 174 (2010) 556 (580–582); *Verstegen/Schulz* ZIP 2009, 110 (114); *Widder* WM 2010, 1882 (1886) (auch nach dem EuGH-Urteil in Sachen *Spector Photo Group*).

[980] Etwa BGH (Fn 836) NJW 2010, 882 (883) = NZG 2010, 349; *Bussian* WM 2011, 8 (11); oder etwa (regelmäßig) die Ausübung von Optionsrechten bei positiven Nachrichten, vgl. zu Kausalitätsfragen und -wahrscheinlichkeiten hier: *Verstegen/Schulz* ZIP 2009, 110 (113–116); *Widder* WM 2010, 1882 (1886–1888 sowie 1888–1890) (bei Kanalisierung durch Vorgabe von Zeitfenstern); allgemein zur Widerlegung der Vermutung: *Bussian* WM 2011, 8 (bes. 11).

[981] *Cahn* Der Konzern 2005, 9; *Fromm-Russenschuck/Banerjea* BB 2004, 2426; hingegen für Maßgeblichkeit jeder Fahrlässigkeit offenbar *Dier/Fürhoff* AG 2002, 604 (607); *Leppert/Stürwald* ZBB 2002, 90 (93) (für Sekundärinsider).

[982] *Assmann* AG 1994, 237 (241); *Wymeersch* in: Hopt/Wymeersch (Hrsg.), European Insider Dealing, 65 (88) bzw. *Hopt* ZGR 1991, 17 (49); zweifelnd *Cahn* ZHR 162 (1998) 1 (44): Schon die Tatsache, dass ein Tipp gegeben wurde, ist eine nicht öffentliche, präzise Information (auch ohne die dem Tipp zugrunde liegende Information).

[983] Alphabetischer Überblick bei *Schäfer*/Hamann § 14 WpHG Rn 40–95.

falls in der angegebenen beschränkten Konstellation (vgl. Art. 9 Abs. 3 MAR, früher schon 30. Erw.grund MAD I, unten Rn 411).

b) **Alt. 2: Insiderweitergabeverbot ieS (Art. 10 MAR) – Verweis.** Neben dem Verbot für den Insiderhandel selbst, den es zu unterbinden gilt, stellt MAR – wie zuvor die Ins-RL und MAD I (sowie § 14 WpHG) – **zwei weitere Verbote** auf, die beide **als Präventivmaßnahmen** zu verstehen sind: Sowohl die Weitergabe von Insiderinformationen wie auch die Empfehlung erhöhen die Wahrscheinlichkeit, dass es zu Insiderhandel kommt und dem soll durch das **Weitergabe- und Empfehlungsverbot** entgegengewirkt werden; sie selbst führen – solange es nicht zu Insiderhandel kommt – noch zu keinem Verlust bei der typischer Weise betroffenen Marktgegenseite, den diese einpreist (vgl. oben Rn 348). Zieht man freilich den Gesichtspunkt einer Erschütterung des allgemeinen Anlegervertrauens als Begründung heran (vgl. oben Rn 367), ist es schon bei diesen Vorbereitungshandlungen denkbar, dass sie das Schutzgut selbst beeinträchtigen. Beide Vorbereitungshandlung waren vor Erlass der MAR jeweils zusammen geregelt und auch zusammen gesehen worden (in der Ins-RL, in MAD I und in § 14 WpHG). Das enge Band zwischen diesen beiden „Gefährdungstatbeständen" zeigt sich auch daran, dass die Rechtfertigungsgründe (vgl. unten Art. 9 MAR) für sie weitgehend vergleichbar eingreifen (vgl. etwa Rn 402). Wenn beide Tatbestände heute aus regelungstechnischen Gründen auseinander gerissen erscheinen – Art. 10 MAR wurde nach hinten gerückt, um die ausführliche Modifikation in Fällen von Marktsondierung in Art. 11 MAR unmittelbar anschließen zu können –, so sollte darüber das enge innere Band zwischen beiden bei der Erörterung der Fragen nicht aus den Augen verloren werden. Das Empfehlungsverbot ist sogar eher nachrangig, weil es nur die Lücke schließt, die entsteht, wenn die Insiderinformation selbst nicht weitergegeben wird, jedoch einem Dritten eine vergleichbare Nutzungsmöglichkeit eingeräumt wird wie durch Weitergabe. Dennoch wird das Empfehlungsverbot vorher – in Art. 8 Abs. 2 MAR – geregelt (dazu sogleich). Das **Weitergabeverbot (Art. 10 MAR)** wird demgegenüber – der gesetzlichen Abfolge entsprechend – erst nach den Ausführungen zur möglichen Rechtfertigung von Insiderhandel (Art. 9 MAR) erörtert (**Verweis**, unten Rn 399–415). **385**

c) **Alt. 3: Insiderempfehlung und -anstiftung (Abs. 2).** Das Weitergabe- und Tippverbot (§ 14 Abs. 1 Nr. 2 und 3 WpHG) gilt seit 2004 für den **Primärinsider** und den **Sekundärinsider** gleichermaßen.[984] Durch das **Empfehlungsverbot** wurde eine Verbots- und Strafbarkeitslücke geschlossen, die dadurch entsteht, dass der bloße Tipp (ohne Mitteilung der zugrundeliegenden Insiderinformation) weder den Tatbestand des Weitergabeverbots erfüllt, noch die Insidereigenschaft des Empfängers begründet (dazu gleich unten d)). Die Empfehlung zielt auf dieselben Handlungsformen, die für das Handelsverbot erörtert wurden: Die Empfehlung zum Kauf, Verkauf (lit. a)), zur Gegenorder, sei es als Stornierung oder Änderung (lit. b)), oder zum Gebot bei einer Auktion sind alle erfasst – selbst die Spezifikation „direkt oder indirekt" bzw. „für eigene oder fremde Rechnung" gilt auch hier, obwohl der Gesetzgeber sie (als allzu gestelzt und unwahrscheinlich) nicht nochmals ausbuchstabiert hat. Entsprechend dem zum Insiderhandel ieS (Art. 8 Abs. 1 MAR, oben Rn 133) Gesagten bleibt deswegen umgekehrt der Tipp, eine Transaktion zu unterlassen, straffrei – es sei denn hierin liegt zugleich der Tipp, gegenläufige Transaktionen zu tätigen. **386**

---

[984] Schon für das WpHG aF hatte dies der Bundesrat gefordert: BT-Drucks. 12/6679 S. 94. Zur diesbezüglichen Diskussion im Finanzausschuss: *Peltzer* ZIP 1994, 746, 748. Teils wurde eine Strafbarkeit (entgegen der Gesetzgeberwertung!) über Institute wie die Beihilfe konstruiert: Vgl. *Assmann* AG 1994, 237, 248; *ders.* ZGR 1994, 494, 521 f.; *Kümpel* Bank- und Kapitalmarktrecht, 3. Aufl. 2004, Rn 16.148 f.

387 Der Tatbestand spezifiziert, dass **Anstiften der Empfehlung gleichgestellt** ist. Gleichgültig ist, ob es sich um eine intensivere Form der Empfehlung handelt (Empfehlung und Aufforderung) oder um ein aliud.[985] Die Abgrenzung muss aufgrund der Gleichstellung nicht geleistet werden – wie umgekehrt regelmäßig auch nicht zwischen Weitergabe und Empfehlung, wo die Übergänge ebenfalls fließend sein können. Anstiften und Empfehlen erfolgt jeweils ohne Weitergabe der Insiderinformation selbst, gleichzeitig jedoch seitens einer „Person[, die] über Insiderinformationen verfügt." Daher **kann der Sekundärinsider,** der nur angestiftet wird bzw. eine Empfehlung erhält, nicht jedoch die Insiderinformation selbst, selbst **nicht wiederum anstiften oder empfehlen** iSv Abs. 2.[986]

388 d) **Alt. 4: Eingehen auf Insiderempfehlung- und -anstiftung: Sekundärer Insiderhandel ieS (Abs. 3).** Auch mit Abs. 2 wird eine Verbots- und Strafbarkeitslücke geschlossen: Der Tatbestand betrifft Insidergeschäfte – also Insiderhandel ieS (vgl. Abs. 1) –, die ein Sekundärinsider tätigt. Tätigt er sie auf der Grundlage von (ggf. weitergegebener) Insiderinformation, so sind, da Abs. 1 nicht zwischen Primär- und Sekundärinsider unterscheidet, alle Tatbestandsvoraussetzungen von Abs. 1 erfüllt, liegt also bereits verbotener Insiderhandel nach diesem Absatz vor. Abs. 3 greift dann jedoch in den Fällen ein, in denen der Sekundärinsider die Insiderinformation selbst nicht erhielt, sondern nur eine Empfehlung oder angestiftet wurde. Damit ist der Streit überholt, ob der Sekundärinsider, wenn er auf Empfehlung oder Anstiftung eingeht, jedenfalls Beihilfe zu verbotener und strafbarer Empfehlung seitens des Primärinsiders begeht. Mit der Neufassung ist dieser Streit obsolet, weil ein eigenständiger Verbotstatbestand geschaffen wurde. Um den – alle Verbote verbindenden – Bezug zur Insiderinformation herzustellen, wird freilich gefordert, dass der Sekundärinsider Empfehlung und/oder Anstiftung als solche erkennt oder erkennen musste, die nur abgegeben wurde, weil dahinter eine (wenn auch nicht mitaufgedeckte) Insiderinformation stand.

5. Querschnitt: Bankgeschäfte und Insiderverbote.

389 a) **Ausgangspunkt und Organisation.** Sonderprobleme werfen Insiderverbote – hier nicht nur das Handels- sondern auch das Weitergabe- und Tippverbot – vor allem bei Universalbanken auf.[987] **Kaum ein Insiderhandel** im Rechtssinne – in Finanzinstrumenten auf organisierten und regulierten Sekundärmärkten (oben Rn 287–290 und 367 f.)! – ist denkbar **ohne Einschaltung von Kreditinstituten** oder Wertpapierfirmen. Zwar werden sie häufig unwissend sein, die Orderausführung, Beratung oder Begleitung einer großen Transaktion, etwa Übernahme, liegt jedoch regelmäßig in ihren Händen. Zugleich sind Empfehlung und Informationsweitergabe integraler Teil, ja sogar Rechtfertigung für das Investmentbanking. In diesem Sinne ist **Insiderrecht – alle drei Verbote – durch und durch Bankrecht,** auch wenn sich die Verbote im konkreten Fall häufig vorrangig an andere Marktbeteiligte richten mögen.

---

985 Für die verschiedenen Meinungen hierzu vgl. Nachw. oben Fn 932.

986 Vgl. hierzu Nachw. oben Fn 962.

987 Vgl. dazu *Assmann* AG 1994, 237 (253–255); *ders.*/Schneider § 14 WpHG Rn 93, 106–113; *von de Boer* Neues Kapitalmarktrecht: Änderungen für Emittenten und Emissionsbanken, CB 2016, 992; BankR-Hdb/*Hopt*/*Kumpan* § 107 Rn 186–190; *Grundmann* Revue de la Banque 1995, 275 (278); *Hopt* FS Heinsius 1991, S. 289 (289–307); *ders.* in: Hopt/Wymeersch (Hrsg.) European Insider Dealing, S. 219; *Heldmann* ZRP 1990, 393 (394 f.); Kümpel/Wittig/*Rothenhöfer* Rn 3.515 ff.; *Schwark*/*Kruse* in Schwark/Zimmer § 14 WpGH Rn 83–89a. Daher für ein bankenspezifisches Insiderrecht: *Grundmann* ZfgKW 1992, 12 (15); monographisch zu den Bankpflichten: *Tippach* Insider-Handelsverbot; *Wychodil* „Insiderinformation" im Rahmen der Effektenberatung.

Obwohl solchermaßen Insiderrecht und -transaktionen durchweg *allgemein* mit Bankrecht und Bankinterventionen verbunden sind, gibt es doch **Schwerpunktbereiche**, in denen das Bankenengagement besonders signifikant erscheint, die besonders zentrale Bedeutung im Investment Banking haben und in denen die **insiderrechtlichen Fragestellungen besonders (bank-)*spezifisch* ausgebildet** sind. Wichtige unter diesen sollen im Folgenden kurz aufgelistet und angesprochen werden. Dabei werden von Konstellation zu Konstellation unterschiedliche Verbote und unterschiedliche Tatbestandsmerkmale in jeweils eigener Weise in den Vordergrund treten – es handelt sich also um *Querschnitte* durch das gesamte Insiderrecht, manchmal eher zum Weitergabe- oder Empfehlungsverbot, andere Male zum Handelsverbot, manchmal eher zum Charakter als Insiderinformation, andere Male zur Frage der legitimen Nutzung. Da demnach die gesamte Kommentierung eine zum Insiderrecht im Bankgeschäft ist, ist der hier ausgegrenzte Sonderpunkt zu den „**Querschnitten**“ auch nicht zuletzt als bloßer Wegweiser zu verstehen, fußend in der Gesamtkommentierung und primär auf andere Teile der Kommentierung verweisend. Dies gilt umso mehr, als **heute viele zentrale dieser besonders bankspezifischen Konstellationen** nicht mehr nur im Insiderrecht gesondert diskutiert werden und der Gesetzgeber auch – wie namentlich noch in Ins-RL und MAD I – in Erwägungsgründen Auslegungsleitlinien gibt, sondern mit MAR jetzt echte Tatbestände ausgebildet wurden, namentlich gesetzlich niedergelegte Rechtfertigungsgründe: Letztlich ist, *jede* der „**legitimen Handlungen“ nach Art. 9 MAR** (Abs. 1–5) diesem „bankspezifischen“ Bereich zuzuordnen, wird aber auch eigenständig kommentiert (unten IV.). Im Folgenden sind also die Ausführungen hier zum Bankgeschäft („Querschnitte“) jeweils im Zusammenhang vor allem mit der Kommentierung des jeweils einschlägigen Absatzes in Art. 9 MAR zu sehen. **390**

Im Ausgangspunkt ist – unabhängig von einzelnen Transaktions- und Handlungsformen – ein zentrales und zugleich **allgemeines Charakteristikum insiderrechtlicher Anforderung speziell an Kreditinstitute** und Wertpapierfirmen hervorzuheben: Bei Banken setzen die Schutzkonzepte gegen Insiderverstöße besonders früh an und werden – **querschnitthaft – Anforderungen an die Organisation**, die Insiderverstößen vorbeugen, besonders spezifisch ausgestaltet, ungleich intensiver als im allgemeinen Gesellschafts- und Unternehmensrecht. Namentlich Art. 9 Abs. 1 MAR zeigt – durch Aufzeigen eines „Legitimitätshafens“ – dass das Bankgeschäft (dort etwa der Eigenhandel der Banken) aus insiderrechtlichen Gründen praktisch nicht betrieben werden kann, wenn nicht solche organisatorischen Vorkehrungen getroffen worden sind (vgl. dazu dann im Einzelnen unten Rn 401–407). Diese organisatorischen Anforderungen – etwa die Einrichtung von „chinese walls“ oder einer spezifisch hierauf zugeschnittenen Compliance-Organisation greifen ein vor jeder Einzeltransaktion, ähnlich wie im Bereich der Interessenkonflikte (Art. 9 Abs. 3, 16 Abs. 3, 23 MiFID II, § 33 Abs. 1 Nr. 1 und 3 WpHG). **391**

b) **Orderausführung und Erfüllung eigener Verpflichtungen.** In der ersten Fallgruppe hat das Institut **keinen Gestaltungsspielraum.** Dies – in Verbindung mit der Funktion, die Kreditinstitute und Wertpapierfirmen als Intermediären zugedacht ist – wurde schon früh als Ausnahme- oder Rechtfertigungsgrund herausgestellt und erklärt heute, warum in Art. 9 Abs. 2 und 3 MAR für diese Fälle Ausnahmetatbestände geschaffen wurden (näher unten Rn 408–411). Unstreitig war seit Einführung der Insiderverbote, dass es an einem Verwenden des Wissens fehlt, wenn **nur eine Kundenorder befolgt** wird.[988] Umgekehrt ist **392**

[988] So – entsprechend dem 18. Erwägungsgrund der MAD I –: BT-Drucks. 12/6679 S. 47; *Assmann* AG 1994, 237 (246 und 254); *ders.* ZGR 1994, 494 (518 f.); *Caspari* ZGR 1994, 530 (543); *Hopt* ZGR 1991, 17 (46); *ders.* FS Heinsius 1991, S. 289 (298 f.)

es dem Institut jedoch untersagt, den Auftraggeber, der selbst Insiderwissen hat, wissentlich bei der Order zu unterstützen.[989] Maßgeblich ist in diesen Fällen also die Information des Kunden. Zudem wird keine unbefugte Nutzung von Insiderwissen darin gesehen, dass das Institut Finanzinstrumente, vor allem Wertpapiere, erwirbt, um eine **Verpflichtung zu erfüllen**, die vor Erwerb der Insiderposition eingegangen wurde. Das gilt namentlich – wieder zentrale Funktion von Kreditinstituten und Wertpapierfirmen – wenn sie als **Stillhalter bei Derivaten** fungieren, die u.a. dazu eingesetzt werden (können), um entsprechende Risikopositionen von Kunden zu decken (hedgen).[990] Strukturell sind diese Fälle alle durch das Fehlen eines Gestaltungsspielraums gekennzeichnet. Die Ausführung von Kundenordern kann sogar in manchen Konstellationen zugleich auch unter die Fallgruppe „vorbestehende Verpflichtung“ fallen. Sie ist jedoch auch freigestellt, wenn das Kreditinstitut die Order zu einem Zeitpunkt erhält, da es die Insiderinformation bereits hat und auch nicht (etwa aufgrund eines Vermögenbetreuungsvertrages) rechtlich verpflichtet ist, die Kundenorder zur Ausführung anzunehmen. Dennoch ist es ihre Funktion, für Marktteilnehmer allgemein als Intermediär für die Ausführung von Kundenordern bereitzustehen.

393 c) **Beratung.** Verfügt das Institut hingegen über **Gestaltungsspielräume**, ist auf sein Insiderwissen abzustellen. Das WpHG schuf eine ganz neue Rechtslage, da die Kreditinstitute (und Wertpapierfirmen) bis 1995 keinen Insiderverboten unterworfen waren und folglich auf Grund ihrer Interessenwahrungspflicht wohl sogar verpflichtet waren, Insidertipps an ihre Kunden weiterzugeben.[991] Gerade bei den Universalbanken zeitigte speziell auch die Insiderregelung Wirkungen in der Unternehmensorganisation (Stichwort: Compliance und Chinese Walls).[992] Es handelt sich – wegen der für diesen Bereich charakteristischen Gestaltungsfreiheit – um den einzigen der hier näher erörterten banken*spezifischen* Teilbereiche, in dem **Art. 9 MAR auch keinen spezifischen Ausnahmetatbestand** oder Rechtfertigungsgrund ausbildet und sei es auch nur für einen gewissen Ausschnitt an Handlungen.

394 Streitig ist vor allem, inwieweit Insiderwissen in die **Beratung** einfließen darf. Gab der Kunde einen generellen **Auftrag zur interessenwahrenden Order**, hat das Institut, das sich im Besitz von Insiderwissen befindet, den Auftrag an einen unwissenden Dritten abzuge-

---

[989] Beihilfe zum Insiderdelikt: *Assmann* AG 1994, 237 (254); *Caspari* ZGR 1994, 530 (543); wohl auch BT-Drucks. 12/6679 S. 47; einschränkend (nur bei überhöhten Provisionen): *Hopt* FS Heinsius 1991, S. 289 (299); aA *Heldmann* ZfgKW 1992, 480 (483).

[990] Zu den Konstellationen, in denen Kreditinstitute und Wertpapierfirmen typischerweise solche Verpflichtungen eingehen, vgl. etwa *Kiesewetter/Parmentier* BB 2013, 2371 (2374); *Seibt/Wollenschläger* AG 2014, 593 (597 f.); *Viciano-Gofferje/Cascante* NZG 2012, 968 (975). Zur Ausnahme nach Art. 9 Abs. 3 MAR unten Rn 411.

[991] *Hopt* FS Heinsius, 1991, S. 289 (299 f.).

[992] Dazu *Assmann* AG 1994, 237 (255–258); BankR-Hdb/*Faust* § 109 Rn 57–62; *Buck-Heeb* FS Hopt 2010, 1647; *Dies.*, Informationsorganisation im Kapitalmarktrecht. Compliance zwischen Informationsmanagement und Wissensorganisationspflichten, CCZ 2009, 18; *Claussen* DB 1994, 27 (28); *Eisele* WM 1993, 1021 (bes. 1023–1026); Fuchs/*Mennicke* § 14 WpHG Rn 246–251; *Gebauer/Niermann* § 48 Compliance-Organisation in der Banken- und Wertpapierdienstleistungsbranche, in: *Hauschka* (Hrsg.) Corporate Compliance, 3. Aufl. 2016; *Gorman* Are Chinese Walls the best solution to the problems of insider trading and conflicts of interest in broker-dealers? 2 Fordham Journal of Corporate & Financial Law 475 (2004); *Hopt* FS Heinsius 1991, S. 289 (319–321); *Lehar/Randl* Chinese Walls in German Banks, 10 Review of Finance 301 (2006); *Lorenz* Insider-Compliance für Rechtsanwälte, NJW 2009, 1254; *Wilken/Hagemann* BB 2016, 67; und monographisch *Schweizer* Insiderverbote – Interessenkonflikte und Compliance; sowie unten Rn 404–407.

ben.[993] Wenn die organisatorischen Vorkehrungen effizient sind (unten Rn 401–403), wird freilich der Berater das Insiderwissen gar nicht erhalten und das Geschäft deswegen nach Art. 9 Abs. 1 MAR freigestellt sein. Hier zeigt sich die breite – allgemein bankgeschäftliche – Wirkung organisatorischer Vorkehrungen deutlich. Ist **individuelle Beratung gewünscht** und geschuldet (mit anschließender Kundenentscheidung), so stellt sich die Frage nach verbotenem Insiderhandel (für fremde Rechnung) oder Weitergabe- oder Tippverbot wiederum erst, wenn die organisatorischen Vorkehrungen den Transfer der Information zum konkreten Berater oder – bei allgemeinen Beratungsstrategien – zu seiner Abteilung nicht verhindert haben. In diesem Fall darf unstreitig die Insiderinformation nicht in die Beratung einfließen, und die Vermutung nach Art. 9 Abs. 1 MAR geht dann auch dahin, dass das Insiderwissen für die konkrete Beratung kausal wurde.[994] Schwieriger zu beantworten ist die Frage, wie alternativ zu verfahren ist: Da die Interessenwahrungspflicht umgekehrt gebietet, das beste Anlageangebot zu empfehlen, muss, jedenfalls wenn das vom Insiderwissen betroffene in den Kreis der potentiell besten Angebote zählt, die Beratung wiederum abgelehnt und an einen Dritten verwiesen werden[995] und dies zudem in einer Form, die nicht die Zielrichtung des Insiderwissens (und noch besser: nicht einmal die Existenz von Insiderwissen) erahnen lässt.[996] Besonders problematisch sieht man schließlich auch das **Verhältnis zwischen Insiderverbot und Aufklärungs- und Warnpflichten.** Hier geht es ganz und gar um das Weitergabe- und Tippverbot, das später aufzugreifen ist (unten Rn 420–424).

d) **Eigenhandel, insbes. Hochfrequenzhandel.** Neben ihrer Intermediärstätigkeit für **395**
Anleger – namentlich Beratung, Orderausführung und Portfolioverwaltung (oben b) und c)) – bildet der Eigenhandel das zweite Standbein des Effektengeschäfts der Kreditinstitute und Wertpapierfirmen.[997] Für diesen gilt das Insiderhandelsverbot grds. unmodifiziert. Kreditinstitute und Wertpapierfirmen agieren hier im **gleichen Regelungsrahmen wie alle sonstigen Marktteilnehmer.** Angesichts möglicher Transaktionsvolumina, aber auch Signalwirkung ihrer Handelstätigkeit ist freilich für Kreditinstitutionen und Wertpapierfirmen die Ausnahme / Klarstellung nach Art. 9 Abs. 5 MAR häufiger von Belang als für die meisten sonstigen Marktteilnehmer – vergleichbar jedoch mit sonstigen professionellen Marktteilnehmern mit Analyseabteilung und großen Investitionsvolumina. Denn Art. 9 Abs. 5 MAR ist nur für diejenigen Transaktionen im Eigenhandel von Belang, in denen die Handelsaktivität des Kreditinstituts oder der Wertpapierfirma geeignet ist, Kurse erheblich zu beeinflussen (näher unten Rn 414). Freilich sind zentrale – vielleicht die wichtigsten – insiderrechtlichen Fragen durch diese Ausnahme noch nicht präkludiert: Verwandte das

---

993 BT-Drucks. 12/6679 S. 47; *Assmann* AG 1994, 237 (254); *Caspari* ZGR 1994, 530 (543). *Hopt* FS Heinsius 1991, S. 289 (290), geht (für das Eigengeschäft) sehr weitgehend davon aus, dass es am Ausnutzen (und wohl auch heute am „Verwenden" / „Nutzen") fehle, wenn die Kaufentscheidung auch unabhängig, auf Grund sonstiger Analyseergebnisse gefallen wäre. Strenger (Insiderverbote generell vorrangig): *Assmann*/Schneider § 14 WpHG Rn 110 f.; KölnKomm WpHG/*Klöhn* § 14 Rn 119.

994 Näher hierzu BankR-Hdb/*Hopt/Kumpan* § 107 Rn 188; Fuchs/*Mennicke* § 14 WpHG Rn 331–339.

995 Näher hierzu BankR-Hdb/*Hopt/Kumpan* § 107 Rn 188; Fuchs/*Mennicke* § 14 WpHG Rn 147, 339.

996 Näher hierzu Fuchs/*Mennicke* § 14 WpHG Rn 147.

997 Zu Zahlen http://www.bundesbank.de/Redaktion/DE/Standardartikel/Bundesbank/Forschungszentrum/2016_03_research_brief.html; http://www.faz.net/aktuell/finanzen/aktien/folgen-der-finanzkrise-banken-reden-ihren-eigenhandel-klein-1909586.html.

Kreditinstitut oder die Wertpapierfirma, als sie zum fraglichen Entschluss kam, Insiderinformation? Und wie gut muss sie ihren Entschluss, wenn einmal getroffen und erheblich kursrelevant, vertraulich halten.[998] Für den Handelsbereich, der seit ca. 2009 den überwiegenden und heute den deutlich dominanten Teil des Eigenhandels der Kreditinstitute und Wertpapierfirmen bildet, den **Hochfrequenzhandel**,[999] stellt sich die Lage besonders dar: Der fragliche Algorithmus, der Kauf- und Verkaufsorder in großer Zahl automatisiert auslöst, beruht auf einer Auswertung des Handelsbuches der Marktbetreiber in Echtzeit, auf dessen Bewegungen in Millisekunden automatisiert (entsprechend dem Algorithmus) reagiert wird. „Time is of the essence", und daher wird auch um die Plätze (räumlich) möglichst nahe bei den Servern der Handelssysteme gekämpft. Dass das (elektronische) Handelsbuch den Teilnehmern am Hochfrequenzhandel (gegen Bezahlung) offengelegt werden darf, widerspricht zwar im Grundsatz dem Prinzip eines (auch faktisch) diskriminierungsfreien Zugangs zu Kapitalmarktinformationen, ist aber angesichts der Zulassung von (diskriminierungsfreien) Vergütungsabreden in Art. 32 lit. c) (sowie Art. 29 Abs. 1 und 2) der EU-Verordnung (EG) Nr. 1287/2006 (§§ 30 Abs. 1 BörsG, 31g und 32a WpHG) heute nicht ernsthaft bestritten.[1000] Umgekehrt sind mit Informationen aus dem Handelsbuch zwar vorab (in Millisekunden) durchaus (kleinste) Margen zu erzielen, in aller Regel jedoch weit unter der Schwelle des erheblichen Kursbeeinflussungspotentials,[1001] was jedoch beim sog. electronic frontrunning anders sein kann, wenn extrem große Aufträge aufgegeben oder aber in eher illiquide Instrumente investiert wird. Ein lukratives Geschäft wird der Hochfrequenzhandel allein aufgrund der enormen Transaktionszahlen. Eine zentrale Problematik für die Marktbetreiber stellt sich freilich dahingehend, wie sie sicherstellen, dass in Fällen, in denen ausnahmsweise das Handelsbuch doch Transaktionen aufzeigt, die erhebliches Kursbeeinflussungspotential haben, keine Weitergabe erfolgt – die unter Art. 10 MAR fiele.[1002]

396 e) **Kontrolltransaktionen (insbes. Pakethandel und Übernahmen).** Pakethandel und Übernahmen als die beiden wichtigsten Maßnahmen zum Erwerb von Kontrolle über ein (anderes) Unternehmen werden von Kreditinstituten und Wertpapierfirmen **regelmäßig begleitet.** Um diese Rolle – nicht den praktisch ungleich weniger wichtigen Kontrollerwerb durch Banken selbst – geht es im Investment Banking vorrangig, wobei angesichts der in diesen Fällen sehr breit angeforderten Beratung durch die Banken diese ohnehin die Sicht des Kontrollerwerbers mit einnehmen. Insiderrechtlich werfen die **beiden Grundformen** signifikant unterschiedliche Probleme auf: einerseits der Pakethandel (Unternehmenserwerb,

[998] Vgl. hierzu Fuchs/*Mennicke* § 14 Rn 147; näher wiederum auch unten Rn 414.

[999] Zu Zahlen http://www.heise.de/tp/artikel/38/38220/1.html; http://www.finance-magazin.de/maerkte-wirtschaft/kapitalmarkt/fuenf-antworten-zum-hochfrequenzhandel-in-deutschland-1342129; http://www.tagesanzeiger.ch/wirtschaft/geld/Risiko-Hochfrequenzhandel/story/17059994; http://www.boerse.de/grundlagen/hochfrequenzhandel/grafik; http://www.eurexchange.com/blob/426058/d66b6713e508ca546b5f2785386c958c/data/presentation_hft_media_workshop_chi_nyc_en.pdf; vgl. auch *Kasiske* WM 2014, 1933 (1933).

[1000] Näher hierzu. *Forst* BKR 2009, 454 (454); *Kasiske* WM 2014, 1933 (1937–1939).

[1001] *Forst* BKR 2009, 454 (454); *Kasiske* WM 2014, 1933 (1937–1939) (auch zu den Ausnahmen, namentlich dem sog. electronic frontrunnig, aber auch dem „Erahnen" der Aufträge anderer („Pinging"), das jedoch mangels Verstoß gegen den diskriminierungsfreien Informationszugang wohl keine Insiderinformation darstellt).

[1002] *Kasiske* WM 2014, 1933 (1938 f.) (anders nur, wenn alle gleiche Zugangschance haben, etwa bei Einschätzen der Reaktion anderer beim sog. „pinging"); implizit (e contrario) auch *Forst* BKR 2009, 454 (454 f.); *Jaskulka* BKR 2013, 221.

auch teilweiser, durch „privaten" Anteilskauf / share deal)[1003] und andererseits die Unternehmensübernahme durch Angebot zum Aufkauf der Anteile am Kapitalmarkt nach dem WpÜG, diese nochmals faktisch unterschieden in die freundliche und die feindliche Übernahme. Gemeinsam für beide Formen ist noch die Regel, die einen entscheidenden Schritt vom Insiderhandelsverbot **freistellt: die Umsetzung des einmal gefällten Entschlusses, ein Angebot abzugeben** – gegenüber dem Paketverkäufer oder gegenüber dem Kapitalmarkt (Art. 9 Abs. 5 MAR, näher unten Rn 165)[1004] –, beides idR kursrelevante, nichtöffentliche Informationen, deren Verwendung freilich, soll die Transaktion überhaupt möglich bleiben, freigestellt werden muss. Dies umfasst freilich nicht die Schritte mit, die getan werden, um zu diesem Entschluss zu gelangen, und vermittelt auch nicht das Recht, die Information, dass dieser Entschluss stattgefunden hat, weiterzugeben, und auch nicht Dritten das Recht, solch eine Information zu nutzen. Dritte, die vom Bieterentschluss im Rahmen ihrer (beruflichen) Aufgabenerfüllung erfahren – Banken, Anwälte, auch Organmitglieder der Zielgesellschaft –, sind Primärinsider.[1005] Ansonsten jedoch sind Pakethandel und Übernahme durch deutlich verschiedene Umfelder gekennzeichnet: Während die **Übernahme durch ein streng prozeduralisiertes Verfahren gekennzeichnet** ist, das in Abschnitt 6 mit seinen Beratungs- und insiderrechtlichen Problemen ausführlich aufgegriffen wird, und (auch als Folge hiervon) durch eine zusätzliche Freistellung (Art. 9 Abs. 4 MAR, unten Rn 163 f.), wird der **Pakethandel ohne solches Verfahren** durchgeführt und auch ohne weitere Freistellung.

Im Falle eines (privaten) **Pakethandels**[1006] – auf den freilich bei Vorliegen der Voraussetzungen des § 35 Abs. 2 iVm § 29 Abs. 2 WpÜG ein öffentliches Übernahmeangebot folgen muss –[1007] besteht zunächst Einigkeit, dass das Face-to-Face-Geschäft zwischen den beiden Parteien, wenn beide die Insiderinformation(en) kennen, (mangels privilegiertem Zugang zu Insiderinformationen) keinen Insiderhandel darstellt, dies jedoch nicht gilt, **397**

[1003] Zu dieser Form, einem Verkauf face-to-face großer Anteilsblöcke, die unterschiedlich weitgehenden bis zu beherrschendem Einfluss vermitteln oder auch zum Vollerwerb führen: Fuchs/*Mennicke* § 14 Rn 298–330.

[1004] Auch bereits Erw.grund 29 und 30 MAD I und speziell für Pakethandel und Übernahmesituationen bereits BT-Drucks. 12/6679 S. 47 sowie ansatzweise BT-Drucks. 15/3174, S. 34; *Assmann* AG 1994, 237 (246 und 252 f.); *ders.*/Schneider § 14 WpHG Rn 31; *Brandi/Süßmann* AG 2004, 642 (644); *Caspari* ZGR 1994, 530 (542); *Claussen* DB 94, 27 (30); *Hopt* ZGR 1991, 17 (33, 37); *Pingel* EC Directive, S. 5, 9; ausführlich: *Hopt* FS Heinsius 1991, S. 289 (311–314); heute etwa *Lebherz* WM 2010, 154; *Meyer/Kiesewetter* WM 2009, 340 – beide auch dazu, dass für außenstehende Dritte die Information selbstverständlich Insiderinformation ist, und ausf. dazu, wann im Vorfeld Insiderinformationen „befugt" zwischen den Transaktionspartnern weitergegeben werden dürfen.

[1005] *Assmann* AG 1994, 237 (253); *ders.* ZGR 2002, 697 (704); *ders.*/Schneider § 14 WpHG Rn 145; *Tippach* Insider-Handelsverbot S. 164; fraglich bei Organmitgliedern der Zielgesellschaft, vorsichtig: *Hopt* ZGR 1991, 17 (32 f.) (mit Darstellung der insoweit verwirrenden Gesetzgebungsgeschichte auf EU-Ebene). Heute sind diese Streitfragen – auf Grund der Gleichstellung von Primär- und Sekundärinsider – theoretischer Natur, soweit die Differenzierung nicht noch im Rahmen von §§ 38 f. WpHG fortbesteht.

[1006] Vgl. hierzu besonders *Kemnitz* Due Diligence; *Brandi/Süßmann* AG 2004, 642; *Hammen* WM 2004, 1753; *Hasselbach* NZG 2004, 1087; *Krause* AG 2013, 309; sowie *Kiesewetter/Parmentier* BB 2013, 2371 (2373 f.); BankR-Hdb/*Hopt/Kumpan* § 107 Rn 100.

[1007] Im Wesentlichen, wenn in einer Gesellschaft, deren Anteile in den Handel eines (öffentlichen und organisierten) Handelsplatzes eingeführt sind (oben 5. Teil Rn 66–71), der Erwerber die Schwelle von 30 % des stimmberechtigten Kapitals überschreitet. Näher unten Rn 398.

wenn Insiderinformationen nicht beiden Seiten vorliegen.[1008] Da diese Grundsätze auf einem Tatbestandsausschluss in den Fällen beruhen, in denen die Beteiligten alle Zugang zur Insiderinformation haben, gelten sie bei Pakethandel, aber auch beim Beteiligungsaufbau (Stake Building), dem Erwerb bedeutender Aktienpakete unterhalb der Angebotsschwelle (Art. 3 Abs. 1 Nr. 31 MAR):[1009] Daher liegt der zentrale insiderrechtliche Problembereich des Pakethandels in der dem Handel notwendig vorausgehenden due diligence vor einer freundlichen Übernahme und beim (einverständlichen) Kauf nach einem Masterplan anders, namentlich, wenn die zutage geförderten Insiderinformationen zwar (nun) dem Käufer, nicht jedoch allen auf Verkäuferseite maßgeblichen Beteiligten bekannt sind, namentlich nicht Aktionären. Während teils auch insoweit auf den genannten Erwägungsgrund verwiesen wird und insbesondere betont wird, effizienzsteigernde Übernahmen sollten nicht behindert werden,[1010] versteht die Gegenmeinung den Erwägungsgrund eng (nur Durchführung des eigenen geheimen Entschlusses ist freigestellt) und verweist vor allem auf die größere Preiseffizienz durch Anwendung von Insiderverboten.[1011] Selbst wenn das Gebot ohnehin bereits über derzeitigem Kurs liegt, würde Aktionären doch ein Teil des vollen angenommenen Wertes des Unternehmens vorenthalten und ist grds. der Weg über vorzeitige Ad-hoc-Publikation der erheblich kursrelevanten Tatsachen vorzugswürdig (allenfalls mit Ausnahmen, soweit dies Unternehmenswerte zerstört). Aus diesem Grund gewährt jetzt Art. 9 Abs. 4 MAR die Ausnahme nur, wenn bei Entscheidung über das Angebot allen Entscheidungsträgern, gerade auch den Aktionären, die Insiderinformationen aufgedeckt wurden (vgl. 1. UAbs. a.E.). Dies wird man nicht nur als maßgeblich für die Gewährung der Ausnahme zu sehen haben, sondern auch als eine Entscheidung über den genannten Streit, so dass umgekehrt – und entgegen dem sonst bei Nichteingreifen von Ausnahmen Geltenden (oben Rn 361 und unten Rn 488) – mit Fehlen der Aufdeckung zugleich zwingend auch der Verstoß gegen das Insiderhandelsverbot dargetan ist.

398 Im Falle eines (öffentlichen) **Übernahmeangebots**[1012] finden sich gänzlich andere Rahmenbedingungen. Der Bieter hat eine vollständige Angebotsunterlage zu unterbreiten, in

[1008] Für den Grundsatz vgl. Nachw. oben Fn 974; für das Zweite etwa *Bank* NZG 2012, 1337 (1338 f.); *Kiesewetter/Parmentier* BB 2013, 2371 (2373 f.); *Renz/Leibold* CCZ 2016, 157 (162); *Seibt/Wollenschläger* AG 2014, 593 (598); *Viciano-Gofferje/Cascante* NZG 2012, 968 (975 f.); *Widder/Kocher* AG 2009, 654 (658); BankR-Hdb/*Hopt/Kumpan* § 107 Rn 96; Fuchs/*Mennicke* § 14 WpHG Rn 61; KölnKomm WpHG/*Klöhn* § 14 Rn 190.

[1009] *Graßl* DB 2015, 2066 (2067); *Kiesewetter/Parmentier* BB 2013, 2371 (2373 f.); *Krause* CCZ 2014, 248 (251); *Seibt/Wollenschläger* AG 2014, 593 (597); *Viciano-Gofferje/Cascante* NZG 2012, 968 (969); BankR-Hdb/*Hopt/Kumpan* § 107 Rn 100. Die Gegenausnahme in Art. 9 Abs. 4 2. UAbs. MAR greift nicht ein, sie bezieht sich nur auf die Ausnahme bei Übernahmen und ist damit zu begründen, dass beim Beteiligungsaufbau nicht die gleiche strenge Prozedur eingehalten wird.

[1010] Assmann/Pötzsch/Schneider/*Krause/Pötzsch* WpÜG, § 35 Rn 239; *Cascante/Bingel* AG 2009, 894 (901); *Meyer/Kiesewetter* WM 2009, 340 (341); in der Tendenz auch EuGH *Spector Photo-Group* (Fn 978), Slg. 2009, I-12073 (Tz. 59); jedenfalls wenn die Due Diligence nur der exakten Preisfestsetzung (nicht dem Kaufentschluss an sich) dient: ausf. *Bank* NZG 2012, 1337 (1339–1341) (freilich auch auf die extensiv mögliche Nutzung der Ad-hoc-Publizität verweisend).

[1011] BaFin, Emittentenleitfaden 2013 (Fn 883), III.2.2.1.4.3; *Bachmann* ZHR 172 (2008), 597 (628); *Nietsch* ZHR 174 (2010) 556 (587–589).

[1012] Vgl. hierzu besonders *Schacht* Insiderhandelsverbot bei Öffentlichen Übernahmeangeboten; *Brandi/Süßmann* AG 2004, 642; *Hasselbach* NZG 2004, 1087; *Krause* AG 2013, 309; *Streißle* BKR 2003, 788; *Viciano-Gofferje/Cascante* NZG 2012, 986. Ausführlich unten Abschnitt 6 und Rn 505.

der er den Plan der Integration von Bieter- und Zielgesellschaft aufzudecken hat und alle angebotsrelevanten Umstände (§ 11 WpÜG; näher Rn 412 f.). Das umfasst idR auch die wichtigsten Insiderinformationen. Zu dieser Angebotsunterlage hat der Vorstand der Zielgesellschaft umfassend Stellung zu nehmen (§ 27 WpÜG, Rn 505), wodurch idR weitere Insiderinformationen aufgedeckt werden. Bei feindlicher Übernahme werden aus der Zielgesellschaft regelmäßig auch keine weiteren nichtöffentlichen Informationen an den Bieter transferiert. Übernahmeangebote bilden dennoch traditionell ein Hauptszenario der Nutzung von Insiderwissen, in den USA erging für sie gar ein gesonderter insiderrechtlicher Rechtsakt.[1013] Freigestellt sind – soweit der Bieter handeln darf – auch Dritte, die (beim Warehousing, beim parallelen, jedoch nicht rechtsverbindlich koordinierten Aufkauf der Zielgesellschaft) als Helfer mitwirken, soweit sie keine Sondervorteile erzielen.[1014] Problematischer ist demgegenüber die Verwendung von nichtöffentlicher Information, soweit sie für den Entschluss zu bieten (mit-)kausal wurde. Während bei der feindlichen Übernahme der Bieter idR keine solche Information erhalten haben wird, stellen sich bei der due Diligence vor einer freundlichen Übernahme vergleichbare Probleme wie beim Angebot im Rahmen des Pakethandels.[1015] Für alle Übernahmeformen gilt, dass Insiderverbote bei dem öffentlichen Angebot regelmäßig vorausgehenden Beteiligungsaufbau uneingeschränkt gelten, also nur der eigene Entschluss, eine Beteiligung aufzubauen, nach Art. 9 Abs. 5 MAR freigestellt ist, nicht all die Informationen, die diesen Beschluss befördern.[1016]

IV. Art. 9 MAR: Gestattungen – Legitime Handlungen **399**

Artikel 9
Legitime Handlungen

(1) Für die Zwecke der Artikel 8 und 14 wird aufgrund der bloßen Tatsache, dass eine juristische Person im Besitz von Insiderinformationen ist oder war, nicht angenommen, dass sie diese Informationen genutzt und daher auf der Grundlage eines Erwerbs oder einer Veräußerung Insidergeschäfte getätigt hat, wenn diese juristische Person

a) zuvor angemessene und wirksame interne Regelungen und Verfahren eingeführt, umgesetzt und aufrechterhalten hat, durch die wirksam sichergestellt wird, dass weder die natürliche Person, die in ihrem Auftrag den Beschluss gefasst hat, Finanzinstrumente zu erwerben oder zu veräußern, auf die sich die Informationen beziehen, noch irgendeine andere natürliche Person, die diesen Beschluss in irgendeiner Weise beeinflusst haben könnte, im Besitz der Insiderinformationen gewesen ist, und

b) die natürliche Person, die im Auftrag der juristischen Person Finanzinstrumente, auf die sich die Informationen beziehen, erworben oder veräußert hat, nicht auffor-

[1013] Vgl. insgesamt: *Davies, Kraakman* bzw. *Wymeersch* in: Hopt/Wymeersch (Hrsg.) European Insider Dealing, S. 243 (243) bzw. 39 (44) bzw. 65 (80); *King/Roell* 3 Economic Policy 165 (179 f.) (1988).

[1014] *Assmann* AG 1994, 237 (253); *Brandi/Süßmann* AG 2004, 642 (645); *Grundmann* Revue de la Banque 1995, 275 (277); aA. *Hopt* FS Heinsius, 1991, S. 289 (297 f.); einschränkend (nur bei gemeinschaftlichem Handel iSd. § 2 Abs. 5 WpÜG): *Assmann/Schneider* § 14 WpHG Rn 147; ausf. *Schwark/Kruse* in Schwark/Zimmer § 14 WpHG Rn 57–59.

[1015] BankR-Hdb/*Hopt/Kumpan* § 107 Rn 146.

[1016] *Kiesewetter/Parmentier* BB 2013, 2371 (2373 f.); *Renz/Leibold* CCZ 2016, 157 (162); *Seibt/Wollenschläger* AG 2014, 593 (598); *Zetzsche* Enzyklopädie Europarecht, Bd. 6, § 7 C Rn 155.

dert, ihr keine Empfehlungen gegeben, sie nicht angestiftet oder anderweitig beeinflusst hat.

(2) Für die Zwecke der Artikel 8 und 14 wird aufgrund der bloßen Tatsache, dass eine Person im Besitz von Insiderinformationen ist, nicht angenommen, dass sie diese Informationen genutzt und daher auf der Grundlage eines Erwerbs oder einer Veräußerung Insidergeschäfte getätigt hat, wenn diese Person

a) ein Market-Maker für die Finanzinstrumente ist, auf die sich diese Informationen beziehen, oder eine Person, die als Gegenpartei für die Finanzinstrumente zugelassen ist, auf die sich diese Informationen beziehen, und wenn der Erwerb oder die Veräußerung von Finanzinstrumenten, auf die sich diese Informationen beziehen, rechtmäßig im Zuge der normalen Ausübung ihrer Funktion als Market-Maker oder Gegenpartei für das betreffende Finanzinstrument erfolgt, oder
b) wenn diese Person zur Ausführung von Aufträgen für Dritte zugelassen ist und der Erwerb oder die Veräußerung von Finanzinstrumenten, auf die sich der Auftrag bezieht, dazu dient, einen solchen Auftrag rechtmäßig im Zuge der normalen Ausübung der Beschäftigung des Berufs oder der Aufgaben dieser Person auszuführen.

(3) Für die Zwecke der Artikel 8 und 14 wird aufgrund der bloßen Tatsache, dass eine Person im Besitz von Insiderinformationen ist, nicht angenommen, dass sie diese Informationen genutzt und daher auf der Grundlage eines Erwerbs oder einer Veräußerung Insidergeschäfte getätigt hat, wenn diese Person ein Geschäft zum Erwerb oder zur Veräußerung von Finanzinstrumenten tätigt, das, in gutem Glauben und nicht zur Umgehung des Verbots von Insidergeschäften, durchgeführt wird, um einer fällig gewordenen Verpflichtung nachzukommen, und wenn

a) die betreffende Verpflichtung auf der Erteilung eines Auftrags oder dem Abschluss einer Vereinbarung aus der Zeit vor dem Erhalt der Insiderinformationen beruht oder
b) das Geschäft der Erfüllung einer rechtlichen Verpflichtung oder Regulierungsauflage dient, die vor dem Erhalt der Insiderinformationen entstanden ist.

(4) Für die Zwecke des Artikels 8 und 14 wird aufgrund der bloßen Tatsache, dass eine Person Insiderinformationen besitzt, nicht angenommen, dass sie diese Informationen genutzt und daher Insidergeschäfte getätigt hat, wenn sie diese Insiderinformation im Zuge der Übernahme eines Unternehmens oder eines Unternehmenszusammenschlusses auf der Grundlage eines öffentlichen Angebots erworben hat und diese Insiderinformationen ausschließlich nutzt, um den Unternehmenszusammenschluss oder die Übernahme auf der Grundlage eines öffentlichen Angebots weiterzuführen, unter der Voraussetzung, dass zum Zeitpunkt der Genehmigung des Unternehmenszusammenschlusses oder der Annahme des Angebotes durch die Anteilseigner des betreffenden Unternehmens sämtliche Insiderinformationen öffentlich gemacht worden sind oder auf andere Weise ihren Charakter als Insiderinformationen verloren haben.

Dieser Absatz gilt nicht für den Beteiligungsaufbau.

(5) Für die Zwecke der Artikel 8 und 14 stellt die bloße Tatsache, dass eine Person ihr Wissen darüber, dass sie beschlossen hat, Finanzinstrumente zu erwerben oder zu veräußern, beim Erwerb oder der Veräußerung dieser Finanzinstrumente nutzt, an sich noch keine Nutzung von Insiderinformationen dar.

(6) Unbeschadet der Absätze 1 bis 5 des vorliegenden Artikels kann es als Verstoß gegen das Verbot von Insidergeschäften gemäß Artikel 14 betrachtet werden, wenn die zuständige Behörde feststellt, dass sich hinter den betreffenden Handelsaufträgen, Geschäften oder Handlungen ein rechtswidriger Grund verbirgt.

Schon die Ins-RL und MAD I – Letztere etwa in Erwägungsgründen 18 und 30 – gaben **Interpretationshilfen**, welche Handlungen zwar in Insiderinformationen fußen, **für das Funktionieren effizienter Kapitalmärkte jedoch nützlich** oder gar unverzichtbar sind und daher zugelassen sein sollen. Jeweils wird Insiderinformation zum Handel genutzt (teils auch weitergegeben), dennoch soll das Verhalten erlaubt sein. Ganz überwiegend bezieht sich dies auf Handeln von Intermediären in ihren zentralen Funktionen oder auf Kerninstitute eines anreizsteuernden Kapitalmarktrechts. Art. 9 MAR nimmt die Konstellationen weit überwiegend auf – weswegen die alten Erwägungsgründe der MAD I noch Interpretationshilfe geben –, gestaltet die Erwägungen jedoch nunmehr als **echte Tatbestände** aus, als sog. „legitime Handlungen", die teils als echte Ausnahmen oder Klarstellungen zu verstehen sind, teils (angesichts der überwiegenden Gegeninteressen) als gerechtfertigte Handlungen. Die Verschiedenheit dieser (dogmatischen) Konstruktion kommt (jedenfalls andeutungsweise) auch in der – offenen – Begrifflichkeit zum Ausdruck („legitime Handlungen"). Bisher wurde von „erlaubten" oder „gestatteten" Handlungen gesprochen.[1017] Verbindend zwischen den Ausnahmen ist, dass sie sich ausschließlich **auf Insiderhandel („Insidergeschäfte"), nicht Empfehlung oder Weitergabe, beziehen** und hier namentlich auf das (allein für den Insiderhandel wichtige Element des „Nutzens" der Insiderinformation). Dies zeigt sich am Zuschnitt der einzelnen Ausnahmen: **400**

1. Adäquate Organisationsvorkehrungen (Abs. 1).

a) **Organisationspflichten und gesetzliche Vermutung.** Der erste Ausnahmebereich bzw. Rechtfertigungsgrund ist ungewöhnlich, im Rahmen der Bankenregulierung freilich hat er durchaus Tradition. Dieser Ausnahmebereich bzw. Rechtfertigungsgrund ist allgemein formuliert, gilt also auch für juristische Personen, die keine Kreditinstitute oder Wertpapierfirmen sind, ja sogar solche, die keine Finanzdienstleistungen anbieten.[1018] Es handelt sich – ungewöhnlich für Art. 9 MAR – nicht einfach um einen Ausnahmebereich bzw. Rechtsfertigungsgrund bei nachgewiesenem Einsatz von Insiderinformationen, sondern in der Sache ganz im Gegenteil zunächst einmal um eine **Vermutung – *für* ein (unbefugtes) Nutzen** von Insiderinformation: dies in allen Fällen, in denen **juristische Personen keine hinreichenden organisatorischen Vorkehrungen für die Isolierung von Insiderinformationen** treffen. Diese Vermutung haben Juristische Personen durch solche Vorkehrungen auszuräumen, können sie freilich auch – wenn solche Vorkehrungen fehlen oder unzureichend sind – im konkreten Einzelfall positiv widerlegen.[1019] **401**

Die genannte Vermutung (für einen Verstoß) gilt dem Wortlaut nach **nur für den Insiderhandel, nicht die sonstigen Verbote** und auch nicht das Marktmanipulationsverbot. Dies liegt auch nahe, weil (neben dem Nachweis, dass die Juristische Person im Besitz der Insiderinformation war) allein beim Insiderhandel zum Nachweis der getätigten Transaktion noch das Kriterium des (unbefugten) Nutzens kommen muss, namentlich dass die Transaktion überhaupt auf Einsatz von Insiderinformation beruhte, während, wenn die Weitergabe oder Empfehlung nachgewiesen ist, auch der Einsatz der Insiderinformation **402**

1017 Zur Begrifflichkeit und/oder dogmatischen Konstruktion näher *Krause* CCZ 2014, 248 (253); *von der Linden* DStR 2016, 1036 (1038); *Renz/Leibold* CCZ 2016, 157 (161); *Seibt/Wollenschläger* AG 2014, 593 (597); *Veil* ZBB 2014, 85 (92); BankR-Hdb/*Hopt/Kumpan* § 107 Rn 78.

1018 *Zetzsche* Enzyklopädie Europarecht, Bd. 6, § 7 C Rn 150.

1019 Näher *Krause* CCZ 2014, 248 (253); *von der Linden* DStR 2016, 1036 (1038); implizit BankR-Hdb/*Hopt/Kumpan* § 107 Rn 78 f.

belegt ist und dies allein schon den Verstoß begründet, und weil bei der Marktmanipulation Manipulationsabsicht bzw. -eignung ebenfalls positiv zu beweisen sind.[1020] Der Ausnahmebereich soll also das – vor allem durch die EuGH-Entscheidung in Sachen *Spector Photo* offengelassene – Problem regeln, dass **in einer Juristischen Person Insiderinformation vorhanden** sein kann, von der **jedoch unklar ist, ob ein Entscheidungsträger an anderer Stelle** im Unternehmen (der „Juristischen Person") sie ebenfalls hatte. Bei Vorliegen hinreichender organisatorischer Vorkehrungen soll jetzt eine *gegenläufige* Vermutung gelten, bei deren Fehlen jedoch eine Vermutung *für* solch einen unternehmensinternen Transfer und späteren Einsatz bestehen.

403 Die Anordnung – oder auch **Obliegenheit – eines Systems organisatorischer Vorkehrungen** greift ein **älteres Regime in der Bankenregulierung**, namentlich im Bereich des Wertpapierhandels, auf, das auf die Ausräumung von Interessenkonflikten ausgerichtet ist (Art. 9 Abs. 3, 16 Abs. 3, 23 MiFID II, § 33 Abs. 1 Nr. 1 und 3 WpHG),[1021] jedoch für die Frage der Isolierung von Insiderinformationen ebenfalls geeignet ist – so dass aus Art. 9 Abs. 1 MAR keine weiteren regulatorische Belastungen für Kreditinstitute und Wertpapierfirmen resultieren.

404 **b) Compliancegerechte Ausgestaltung der Organisation (insbes. Vertraulichkeitsbereiche).** Die Vorkehrungen haben in zweierlei zu bestehen: aus Maßnahmen, die den **(ungerechtfertigten) Transfer vom Besitzer der Insiderinformation zu anderen Entscheidungsträgern verhindern (lit. a))** sowie – eigentlich selbstverständlich – aus einer strikten Unterlassung von positiv-fördernden Maßnahmen, die (ggf. auch nur indirekt) zur Nutzung der Insiderinformation anregen („beeinflussen", lit. b)).[1022] Das Schwergewicht liegt auf Ersterem, wobei nach dem Gesagten freilich auf Strukturen zurückgegriffen werden kann, die bereits im MiFID-Regime angelegt sind: Obwohl mit MAD I die Einrichtung einer Compliance-Organisation auch gesetzlich vorgeschrieben war (Art. 13 Abs. 2 MiFID I, Art. 6 Durchführungs-RL 2006/73/EG)[1023] und dies mit Art. 9 Abs. 1 MAR auf den Bereich des Insiderhandels erstreckt wird,[1024] war und bleibt **die konkrete Ausgestaltung**

[1020] Vgl. auch (teils ähnliche) Erklärungen zum Zuschnitt der Vermutung bzw. ihrer Ausräumung bei *von der Linden* DStR 2016, 1036 (1038); *Zetzsche* Enzyklopädie Europarecht, Bd. 6, § 7 C Rn 150.

[1021] Hierzu etwa *Grundmann/Hacker* Conflicts of Interest – Theory and the Regime of MiFID I and II, in: Busch/Ferrarini (Hrsg.) European Capital Market Regulation – MiFID II, 2016 (im Erscheinen); *Ferrarini* Contract Standards and the Markets in Financial Instruments Directive (MiFID): An Assessment of the Lamfalussy Regulatory Architecture, 1 ERCL 19 (33–35 und 37–39) (2005); *Enriques* Conflicts of Interest in Investment Services: The Price and Uncertain Impact of MiFID's Regulatory Framework, in: Ferrarini/Wymeersch (Hrsg.) Investor Protection in Europe. Corporate Law Making, the MiFID and beyond, 2006, S. 321 (329–331); *Kumpan/Leyens* Conflicts of Interest of Financial Intermediaries – Towards a Global Common Core in Conflicts of Interest Regulation ECFR 72 (85–92) (2008); auch *Kumpan* Der Interessenkonflikt im deutschen Privatrecht, 2014, S. 119–121 und 314–320; und unten 7. Teil § 33 WpHG. Zu vergleichbaren organisatorischen Vorkehrungen auch im Bereich der Marktmanipulation vgl. unten Rn 482–485.

[1022] Das können freilich auch entsprechend ausgestaltete Vergütungssysteme sein.

[1023] Ebenso schon vorher (unstreitig): BT-Drucks. 12/7918 S. 105; Assmann/Schneider/*Koller* 4. Aufl. 2006, § 33 WpHG Rn 34.

[1024] Speziell zur Compliance aus Insideraspekten heraus *Schweizer* Insiderverbote – Interessenkonflikte und Compliance und die oben Fn 992 Genannten.

weiterhin dem **einzelnen Unternehmen überantwortet.**[2025] Die Pflicht ist generalklauselmäßig offen formuliert.[2026] Ebenfalls **vorgegeben** sind die **wichtigsten Ziele,** im Bereich MiFID die Minimierung von Interessenkonflikten (vgl. zitierte Normen),[1027] im Bereich der MAR die Vermeidung von Transfers von Insiderinformationen im Unternehmen und der anschließenden (unbefugten) Nutzung von Insiderinformationen. Jede Compliance-Organisation hat primär das Ziel, dem Missbrauch von Informationen (aus dem Kundenkontakt) vorzubeugen (allenfalls peripher auch Missbrauch von Entscheidungsmacht). Verhindert werden soll die Nutzung von Information für Eigengeschäfte, aber auch für Kunden, etwa bei der Beratung. Das Interesse an Marktintegrität geht vor. Letztlich soll schon jeder (schädliche!) Verdacht ausgeräumt werden. Dadurch sollen Anleger und Märkte geschützt werden, aus Sicht der Unternehmen zugleich auch diese und ihre Mitarbeiter vor dem Risiko der Verstoßfolgen; dieses Risiko wird für so erheblich gehalten, dass die Vermeidungskosten durch Compliance („Normerfüllung“) typischerweise darunter liegen[1028] und der Anreiz besteht, möglichst effiziente, auf die jeweilige Organisation zugeschnittene Compliance-Systeme zu schaffen.

Prozeduralisiert werden müssen die Vorgaben, da einerseits das Effektengeschäft so stark Massencharakter hat, dass sich eine individuelle Lösung jeweils ad hoc verbietet, und da es andererseits (auch deswegen) so zahlreiche Möglichkeiten bietet, unerkannt Eigeninteressen einfließen zu lassen.[1029] Damit einher geht eine Strukturierung in **drei Hauptmittel – mit Bündelung bei der Compliance-Stelle:**[1030] So wird (i) der Informationsfluss kontrolliert durch **Bildung sog. Vertraulichkeitsbereiche**, zwischen denen Informationen nicht oder nur nach neutraler Kontrollentscheidung zirkulieren dürfen. Sodann werden (ii) einige Geschäfte, bei denen der Verdacht von Verstößen besonders groß ist und systematisch aufkommt, **punktuell verboten.** Insgesamt wird (iii) ein **Compliance-Klima** aufge- **405**

[1025] BankR-Hdb/*Faust* § 109 Rn 128 ff.; *Marbeiter* Risikoorientierte Ausgestaltung der Compliance-Organisation in: Brinkmann u. a. (Hrsg.), Compliance – Konsequenzen aus der MiFID, 2008, Rn 56; *Spindler/Kasten* AG 2006, 785 (786); konkretisierend heute **vgl. MaComp (Rn. 511) BT1 und Lit. a.a.O.**

[1026] Zu Spezifikationen durch den (deutschen) Verordnungsgeber im Bereich MiFID: § 12 bes. Abs. 3–5 WpDVerOV.

[1027] Kümpel/Wittig/*Rothenhöfer* Rn 3.370; *Spindler/Kasten* AG 2006, 785 (790).

[1028] *Assmann* AG 1994, 237 (256); *Weiss* Die Bank 1993, 136 (137 und 139); BankR-Hdb/*Faust* § 109 Rn 4 f; vgl. auch *Marbeiter* Die Compliance-Organisation – Mehrwert im Spannungsfeld zwischen Aufsichtsrecht und Gewinnmaximierung, in: *Renz/Hense* (Hrsg.) Wertpapier-Compliance in der Praxis, 2010, S. 93 (bes. 106–108: Mehrwert durch Compliance).

[1029] *Weiss* Die Bank 1993, 136 (136 f.); BankR-Hdb/*Faust* § 109 Rn 6.

[1030] Mit Unabhängigkeit von den Geschäftsabteilungen, jedoch auch von der klassischen Revisionsabteilung: *Hausmaninger* ÖBA 1993, 847 (855 f.) (auch zur hierfür sinnvollen hohen Ansiedlung in der Unternehmenshierarchie); *Gebauer/Niermann* (Fn 992) Rn 393; *Schlicht* BKR 2006, 469 (470). Bei ihr allein dürfen die Informationen zusammenkommen, sie schaut also in die verschiedenen Vertraulichkeitsbereiche hinein: Ihr melden die Mitarbeiter der Abteilungen sensible Information, zusätzlich berichten lokale Compliance-Beauftragte der einzelnen Abteilungen an sie (und die jeweilige Spitze der Abteilung). Die Compliancestelle beobachtet und unterbindet die Informationsflüsse, die ungewollt zwischen den Vertraulichkeitsbereichen fortbestehen, definiert sie teils generell neu, öffnet jedoch auch nötigenfalls im Einzelfall die Mauer zwischen den Vertraulichkeitsbereichen, vgl. *Schlicht* BKR 2006, 469 (472); BankR-Hdb/*Faust* § 109 Rn 141–148. Sie ist zuständig für Ausnahmegenehmigungen und für die Aufdeckung von Verstößen.

baut, in dem zum einen Kenntnisse des regulatorischen Rahmens gefördert werden (klare Leitlinien) und zum anderen die Compliance-Stelle als Berater, jedoch auch Autorität erlebt wird.

406 Definiert werden **Vertraulichkeitsbereiche** dahingehend, dass nicht-öffentliche Informationen von bestimmten Abteilungen nicht in andere zirkulieren dürfen und dass beide Abteilungen voneinander unabhängig entscheiden. Es werden sog. Chinese Walls errichtet:[1031] durch gegenseitige Zugangssperren; wenn möglich auch durch räumliche Trennung; durch Einweisung der Mitarbeiter in Sinn und Ausgestaltung dieser Mauern; durch Beobachtung der Informationsverbreitungswege. Die Hauptentscheidung betrifft den jeweiligen Zuschnitt, welche Abteilungen von welchen abgeschottet werden: typischerweise jedenfalls die Kredit- und Emissionsabteilung von der Anlageabteilung und diese nochmals vom Fonds-Management und der Vermögensverwaltung.[1032] Die Feinabgrenzung – durch zusätzliche Weitergabebeschränkung („Secondary Chinese Wall") oder Öffnung im Einzelfall („Wall Crossing") – erfolgt durch Ad-hoc-Entscheidungen. Maßgeblich ist das Kriterium der Unabdingbarkeit („need-to-know").[1033] Bei Insiderinformation, sind Unabdingbarkeit und Befugtheit des Nutzens synonym. Zwei Arten von Listen (mit Beispielsfällen) helfen die Vertraulichkeitsbereiche getrennt zu halten: die **Watch-List,**[1034] die Informationsarten aufzählt, die der Mitarbeiter, der sie erhält, und der lokale Compliance-Beauftragte (vertraulich!) der Compliance-Stelle mitzuteilen haben – vor allem (nicht-öffentliche) Informationen, die auf Grund ihrer Werthaltigkeit Anreize bieten könnten, Marktintegritätsregeln zu missachten, deren Werthaltigkeit jedoch nicht notwendig bereits die Schwelle des erheblichen Kursbeeinflussungspotentials erreicht. Daneben tritt die **Restricted List (Stopp-Liste)**, in der die Compliance-Stelle den Mitarbeitern diejenigen Werte bekannt gibt, zu der das Unternehmen besonders wichtige Information hat (regelmäßig erst, wenn der Wert ohnehin bereits „im Gerede" ist, um die Stopp-Liste nicht zur Tipp-Liste werden zu lassen).[1035] In diesen Werten sind Eigengeschäfte des Unternehmens, Mitarbeitergeschäfte und Empfehlungen verboten. Erlaubt bleibt die vom Kunden aktiv gewünschte Orderausführung („unsolicited orders") (vgl. oben Rn 392 und unten Rn 410), desgleichen, solange er durch funktionierende Chinese Walls abgeschottet ist, der Handel durch Fondsmanager und Vermögensverwalter, die ja agieren müssen.

[1031] *McVea* Financial Conglomerates and the Chinese Wall – Regulating Conflict of Interest, 1993, S. 122–234; *Buck-Heeb* FS Hopt 2010, 1647; *dies.* CCZ 2009, 18 (23 f.); *Hopt* FS Heinsius 1991, 289 (320); BankR-HdB/*Faust* § 109 Rn 135a-159; Fuchs/*Fuchs* § 33 WpHG Rn 107–111; KölnKomm WpHG/*Meyer/Paetzel/Will* § 33 Rn 174 ff.; ausführlich *Lösler* Compliance im Wertpapierdienstleistungskonzern, 2003, S. 73–92.

[1032] *Buck-Heeb* CCZ 2009, 18 *Claussen* DB 1994, 27 (28); *Eisele* WM 1993, 1021 (1024 f.) Kümpel/Wittig/*Rothenhöfer* Rn 3.339; *Lösler* Compliance (Rn 363), S. 79–84; BankR-Hdb/*Faust* § 109 Rn 135 ff.; Fuchs/*Fuchs* § 33 WpHG Rn 108; KölnKomm WpHG/*Meyer/Paetzel/Will* § 33 Rn 174 ff.

[1033] *Eisele* WM 1993, 1021 (1024 f.); Fuchs/*Mennicke* § 14 WpHG Rn 245, 343; Fuchs/*Fuchs* § 33 WpHG Rn 112 f.; KölnKomm WpHG/*Meyer/Paetzel/Will* § 33 Rn 177.

[1034] Zu ihr Assmann/Schneider/*Koller* § 33 WpHG Rn 65–67; BankR-Hdb/*Faust* § 109 Rn 149 -151; Kümpel/Wittig/*Rothenhöfer* Rn 3.360–3.362; KölnKomm WpHG/*Möllers* § 33 Rn 181 f.; *Lösler* Compliance (Rn 363), S. 85 f.

[1035] Dazu einerseits BankR-Hdb/*Eisele/Faust* § 109 Rn 151–154; andererseits Assmann/Schneider/*Koller* § 33 WpHG Rn 68–70; Kümpel/Wittig/*Rothenhöfer* Rn 3.363–3.369; KölnKomm WpHG/*Meyer/Paetzel/Will* § 33 Rn 183 f.; *Lösler* Compliance (Rn 363), S. 86 f.; Stop-Listen unterliegen zudem einem Weitergabeverbot (nach außen).

Nur punktuell wird dieses Instrumentarium ergänzt durch **Verbote von Geschäften, bei denen Verstöße besonders naheliegen**, und Gebote. Typisch sind die Verbote: von Order und Gegenorder am selben Tage („Über-Nacht-Prinzip");[1036] von Gegengeschäften zu solchen, die der Mitarbeiter für Unternehmen oder Kunden tätigte (außer zu Festpreisen);[1037] einer Teilnahme an Eigengeschäften Dritter;[1038] sowie einiger Geschäfte von Mitarbeitern mit besonders sensibler Information;[1039] außerdem im Zusammenhang mit spezifischen Ereignissen wie Eigenemissionen, Übernahmen uä.[1040] Die Compliance-Stelle kann zudem ad hoc Mitarbeitergeschäfte verbieten bzw. stornieren.[1041] Zentral ist das Gebot, eigene Konten und Bestände nur beim eigenen Unternehmen zu halten, bei fremden nur mit Zustimmung der Compliance-Stelle und unter steter Meldung der Transaktionen.[1042] Aus denselben Gründen bedürfen außerbörsliche Geschäfte in zu Börsen zugelassenen Werten regelmäßig der Zustimmung.[1043] **407**

2. **Kursschaffende und -beeinflussende Berufe sowie Ausführung von Kundenorder (Abs. 2)**. In Abs. 2 werden zwei Ausnahmen, die strukturell vergleichbar sind, gebündelt. Jeweils ist es das Ziel, eine in Kapitalmärkten **institutionalisierte Funktion** nicht dadurch zu entwerten, dass dem Funktionsträger ein Ermessen bei der Einzeltransaktion eingeräumt wird. Um dies auch dem Marktteilnehmer gegenüber zu verbürgen, darf davon auch keine Ausnahme gemacht werden, wenn dieser Funktionsträger Insiderinformationen hat. Denn diese Sonderkenntnis wird – da der **Funktionsträger keinen Entscheidungsspielraum** hat – auch nicht kausal für die Transaktion.[1044] Diese Ausnahmen betreffen in dem einen Fall Funktionsträger in Kapitalmarktsegmenten (lit. a)), in dem anderen Kreditinstitute und Wertpapierfirmen als die gesetzlich vorgesehenen Intermediäre bei der Orderausführung bei Finanzinstrumenten, die auf (organisierten) Handelsplätzen zugelassen bzw. eingeführt sind (lit. b)). **408**

a) **Kursschaffende und -beeinflussende Berufe (lit. a))**. Berufe, die bestimmungsgemäß Kurse schaffen und beeinflussen (Abs. 2 lit. a)), haben häufig Informationsvorsprünge. Sie sprach schon der 12. Erwägungsgrund MAD I an. In Deutschland, wo traditionell das Auktionsprinzip vorherrscht,[1045] ist das **Marketmaking** von geringerer Bedeutung. Bei ge- **409**

1036 *Hausmaninger* ÖBA 1993, 847 (853); BankR-Hdb*Faust* § 109 Rn. 134; wohl aA. *Kümpel* Bank- und Kapitalmarktrecht, 3. Aufl. 2004, Rn 16.718.

1037 BankR-Hdb*Faust* § 109 Rn 133; Kümpel/Wittig/ Kümpel/Wittig/*Rothenhöfer* Rn. 3.418; KölnKomm WpHG/*Meyer/Paetzel* § 33b Rn 39 f.

1038 BankR-Hdb/*Faust* § 109 Rn 133; Kümpel/Wittig/*Rothenhöfer* Rn 3.418.

1039 BankR-Hdb/*Faust* § 109 Rn 187 (etwa Handelsverbote bei Eigenemissionen für Mitarbeiter der Regelpublizität).

1040 Vgl. im einzelnen BankR-Hdb/*Faust* § 109 Rn 153; sowie *Kümpel* Bank- und Kapitalmarktrecht, 3. Aufl. 2004, Rn 16.728–16.730.

1041 BankR-Hdb/*Faust* § 109 Rn 150; KölnKomm WpHG/*Meyer/Paetzel* § 33b Rn 39 f.

1042 Kümpel/Wittig/*Rothenhöfer* Rn 3.422; hierfür wird vor allem auf BT 2.4 MaComp verwiesen: vgl. etwa Schwark/Zimmer/*Fett* § 33b WphG Rn 21–23.

1043 Kümpel/Wittig/*Rothenhöfer* Rn 3.418.

1044 Zu dieser Zielsetzung – in beiden Varianten von Abs. 2 – vgl. etwa BankR-Hdb/*Hopt/Kumpan* § 107 Rn 83; *Zetzsche* Enzyklopädie Europarecht, Bd. 6, § 7 C Rn 152.

1045 *Caspari* ZGR 1994, 530 (544) (anders an der Deutschen Terminbörse im Optionshandel); teils auch im elektronischen Handel: Schwark/Zimmer/*Beck* 3. Aufl. 2004, § 25 BörsG Rn 32; jedoch Wahlfreiheit der selbstverwalteten Börse, *ebda.* Rn 17; vgl. auch Kümpel/Wittig/*R. Müller* Rn 15.88; Langenbucher/Bliesener/Spindler/*Groß* Kap. 40 Rn 52; aus der betriebswirtschaftlichen Literatur zum Auktionsmechanismus: *Grill/Perczynski* Wirtschaftslehre des Kreditwesens, 44. Aufl. 2010, S. 272, 277–279; *Becker/Peppmeier* Bankbetriebslehre, 8. Aufl. 2011, S. 189 f.

wöhnlichem Ablauf wird es auch bei Vorliegen von Insiderinformation für zulässig gehalten.[1046] Auch **Kursmakler** „nutzen" oder „verwenden", wenn sie keine Sonderskonti nehmen, Insiderwissen nicht.[1047] Gleiches gilt, wo **zentrale Gegenparteien** vergleichbare Aufgaben übernehmen und Marktteilnehmern gegenüber verpflichtet sind, als Vertragspartner zu den festgelegten Konditionen zur Verfügung zu stehen. Dies ist namentlich bei **OTC-Transaktionen** heute der Fall.[1048]

410 b) **Ausführung von Kundenorder (lit. b)).** Unstreitig fehlt es an einem Verwenden des Wissens, wenn nur eine Kundenorder befolgt wird.[1049] Dies gilt freilich nur „im Zuge der normalen Ausübung". Dieser Vorbehalt deutet an, dass es sich um **reine Ausführung** handeln muss. Insbesondere hat die Ausnahme keine Auswirkung auf die vorangegangene Beratung (dazu oben Rn 393), bezieht sie sich also de facto nur auf Aufträge **„execution only"**, einschließlich automatisierter Abwicklung im professionellen Bereich. Umgekehrt wird selbst diese „rein mechanische" Abwicklung unter den Vorbehalt gestellt, dass der Auftrag „rechtmäßig" ausgeführt werde. Damit ist u.a. festgeschrieben, was schon nach altem Recht überwiegend konstatiert wurde: Dem Institut ist es auch untersagt, den Auftraggeber, der selbst Insiderwissen hat, wissentlich bei der Order zu unterstützen (**keine Beihilfe zu kundenseitigem Insiderverstoß**).[1050]

411 **3. Erfüllung bestehender Verpflichtungen (Abs. 3).** Auch Abs. 3 ist allgemein formuliert, gilt also auch für Unternehmen außerhalb des Finanzdienstleistungssektors, entfaltet jedoch besondere Wirkung für Kreditinstitute und Wertpapierfirmen. Die Ausnahme ist eng mit derjenigen nach Abs. 2 verbunden. Wiederum ist die Grundidee, dass der fragliche Akteur aufgrund seiner Funktion im Markt (so Abs. 2 und Abs. 3 lit. a)) oder aufgrund rechtlicher Bindung (so Abs. 3 lit. b)), wenn er diese Funktion ordnungsgemäß ausfüllt bzw. die Verpflichtung achtet, keinen Ermessensspielraum bei der Durchführung des Handels hat. Es muss sich um **fällige Verpflichtungen** handeln (Einleitungssatz a.E.) und die **Grundlage** für diese muss **vor Erwerb der Insiderinformation gelegt** worden sein (lit. a) und lit. b) gleichermaßen).[1051] Legt man Rechtstreue der Marktteilnehmer zugrunde, ist in diesem Fall der Erwerb der Insiderinformation dann nicht kausal geworden für die Ausführung, und aus diesem Grunde bezieht sich diese Ausnahme auch wieder nur auf Handel, nicht sonstige Insiderverbote.[1052] Handelt es sich um eine **Verpflichtung aus einem Auftrag** (lit. a)), so muss auch dieser bereits abgeschlossen worden sein, bevor der Beauftragte die Insiderinformation erwarb – um jeden Zweifel auszuschließen. In diesem Fall zeigt sich das

---

1046 *Caspari* ZGR 1994, 530 (544); *Assmann/Schneider* § 14 WpHG Rn 34; *Schwark/Kruse* in Schwark/Zimmer § 14 WpHG Rn 21; auf die „normalen" Fälle des Marketmaking stellt schon der 12. Erw.grund der Ins-RL ab; hingegen pauschal für Zulässigkeit: BT-Drucks. 12/6679 S. 47; *Assmann* ZGR 1994, 494 (518); *Hopt* ZGR 1991, 17 (46); und ausführlich: *Hopt* FS Heinsius 1991, S. 289 (290 f.).

1047 Schon 12. Erw.grund der Ins-RL; BT-Drucks. 12/6679 S. 47; *Caspari* ZGR 1994, 530 (545).

1048 Näher hierzu unten 6. Teil 4. Abschnitt.

1049 So – entsprechend dem 18. Erwägungsgrund der MAD I –: BT-Drucks. 12/6679 S. 47; *Assmann* AG 1994, 237 (246 und 254); *ders.* ZGR 1994, 494 (518 f.); *Caspari* ZGR 1994, 530 (543); *Hopt* ZGR 1991, 17 (46); *ders.* FS Heinsius 1991, S. 289 (298 f.).

1050 Beihilfe zum Insiderdelikt: *Assmann* AG 1994, 237 (254); *Caspari* ZGR 1994, 530 (543); wohl auch BT-Drucks. 12/6679 S. 47; einschränkend (nur bei überhöhten Provisionen): *Hopt* FS Heinsius 1991, S. 289 (299); aA *Heldmann* ZfgKW 1992, 480 (483).

1051 BankR-Hdb/*Hopt/Kumpan* § 107 Rn 86; *Zetzsche* Enzyklopädie Europarecht, Bd. 6, § 7 C Rn 153.

1052 Näher hierzu *Zetzsche* Enzyklopädie Europarecht, Bd. 6, § 7 C Rn 153.

Zusammenspiel zwischen den Kernkriterien „Gestaltungsspielraum" (oder Fehlen desselben) und Kapitalmarktfunktion besonders plastisch an folgender „Erweiterung": Wenn der Beauftragte hingegen „zur Ausführung von Aufträgen für Dritte" zugelassen ist (nach Art. 5 Abs. 1 MiFID II, § 2 Abs. 3 Nr. 1–4 WpHG iVm § 1 Abs. 1a Nr. 1–4 iVm § 32 Abs. 1 KWG sind das bei Wertpapierhandel nur Kreditinstitute oder Wertpapierfirmen), ist er für die kapitalmarktrechtlich zentrale Intermediärsfunktion berufen. Daher eröffnet in diesem Fall Abs. 2 lit. b) die Ausnahme für alle Aufträge – unabhängig davon, ob sie vor oder nach Erwerb der Insiderinformation angenommen wurden (vgl. näher oben Rn 392–394). Handelt es sich umkehrt um eine **eigene Verpflichtung** (lit. b)), so kann diese aus Vertrag (oder sonstigem privatrechtlichen Rechtsgrund) oder aber aus Regulierung resultieren. Im Investment Banking bildet den sicherlich wichtigsten Anwendungsfall die Stillhalterposition oder feste Verpflichtung aus Derivaten, aber auch sonstiger Eigenhandel (bei anderen als Derivaten freilich mit dem sehr engen Zeitfenster von 2 Tagen bis zur Erfüllung, in das dann auch der Erwerb der Insiderinformation fallen muss). Entsprechend dem allgemeinen Zuschnitt der Ausnahme gilt die Ausnahme auch, wenn die Kundenseite in der Stillhalterposition oder festen Verpflichtung aus Derivaten ist.

4. Übernahmen und Unternehmenszusammenschlüsse (Abs. 4). Pakethandel und **412**
Übernahme als die beiden großen Formen des Erwerbs von Unternehmenskontrolle profitieren beide gleichermaßen von der **Freistellung nach Abs. 5** für die Frage, ob der einmal getroffene Entschluss (auch wenn erheblich kursrelevant) überhaupt durchgeführt werden darf (unten Rn 164). Doch nur für die **Übernahme** tritt daneben eine **zweite Freistellung in Abs. 4**, die auf der stringenten Prozeduralisierung aufbaut, die das WpÜG (und die EG-Übernahme-Richtlinie) für die Übernahme (nicht jedoch den Pakethandel) mit sich bringt, In diesem Verfahren wird jede Fortsetzung des Verfahrens freigestellt – genauer: eine Vermutung ausgesprochen, dass die Insiderinformation nicht (aus)genutzt wurde, namentlich Sondervorteile genommen wurden –,[1053] dies unter zwei Voraussetzungen: Die Insiderinformation darf erst **auf der Grundlage eines bereits abgegebenen öffentlichen Übernahmeangebot** erworben worden sein. Nicht gemeint ist also die Phase, die ein Übernahmeangebot vorbereitet.[1054] Klarstellend wird daher auch der bloße Beteiligungsaufbau ausgeschlossen (2. UAbs.), dh. jeder Anteilsankauf, der gerade noch keine Angebotspflicht ausgelöst hat (Art. 3 Abs. 1 Nr. 31 MAR).[1055] In der Phase, in der das Übernahmeangebot abgegeben ist, sind die Rahmenbedingungen schon deswegen gänzlich andere, weil nicht nur der Bieter (für den Abs. 4 Erleichterungen bringt) umfangreich Aufklärung über sein Angebot geleistet hat, sondern weil er an das Angebot gebunden ist. Die zweite Voraussetzung geht dahin, dass alle **Insiderinformationen öffentlich gemacht** sind (oder sonst ihren Insidercharakter verloren haben) **in dem Zeitpunkt, da die Anteilseigener das Angebot annehmen.** Mit anderen Worten: Die Gefahr, dass der Bieter einen Sondervorteil aus der In-

[1053] Zur dogmatischen Konstruktion von Abs. 4: *Renz/Leibold* CCZ 2016, 157 (162); BankR-Hdb/*Hopt/Kumpan* § 107 Rn 87; *Zetzsche* Enzyklopädie Europarecht, Bd. 6, § 7 C Rn 154.

[1054] *Krause* CCZ 2014, 248 (252); BankR-Hdb/*Hopt/Kumpan* § 107 Rn 88; *Zetzsche* Enzyklopädie Europarecht, Bd. 6, § 7 C Rn 154.

[1055] Schon bisher wurde davon ausgegangen, dass jedenfalls bei Beteiligungsaufbau, der nicht nach §§ 21 ff. WpHG ordnungsgemäß gemeldet und veröffentlicht wird, eine Rechtfertigung mit dem Argument ausgeschlossen ist, der weitere Aufbau hätte unabhängig von der Einweihung in die Insiderinformation ohnehin stattgefunden: vgl. *Caspari* ZGR 1994, 530 (542 f.); *Hopt* ZGR 1991, 17 (33); ausf. *Meyer/Kiesewetter* WM 2009, 340 (341–349); und speziell für die USA *Kraakman* in: Hopt/Wymeersch (Hrsg.) European Insider Dealing, S. 39 (46).

siderinformation ziehen kann, soll durch umfassende Aufklärung der Entscheidungsträger auf der Marktgegenseite minimiert werden. Auf diese Weise wird dem Bieter eine Flexibilität während des Bieterprozesses gegeben, die angesichts der Vielgestaltigkeit der Entwicklungsmöglichkeiten in einem Bieterprozess wichtig ist, bei uneingeschränkter Anwendung des Insiderrechts jedoch fehlen würde. Umgekehrt wird jedoch die Hauptgefahr von Insiderhandel – die Realisierung von Sondervorteilen – zumindest stark reduziert.[1056]

413 Innerhalb dieses Rahmens sind die konkreten Fragen zu beantworten: Bleibt das Angebot bei Erwerb der Insiderinformation gänzlich unverändert, so liegt schon gar kein relevanter Handelsakt vor (oben Rn 398). Die Ausnahme bezieht sich also primär auf die Fälle, in denen es sinnvoll erscheint, das **Angebot auszuweiten**. Dann wird vermutet, dass dennoch nur die Gesamtstrategie (Grundsatzentscheidung) modifiziert weiterverfolgt wird.[1057] Da der Bieter grds. an das Angebot gebunden ist, die Anteilseigner hingegen noch frei sind (bzw. ein Teil von ihnen), wird so Waffengleichheit in puncto Strategieanpassungen verbürgt. Umgekehrt wird man jedoch zu fordern haben, dass bei Ausweitung oder sonstiger Anpassung des Angebots die **Anteilseigner, die noch nicht zugestimmt haben**, von der Insiderinformation ebenfalls **in Kenntnis gesetzt** werden.[1058]

414 5. **Umsetzung eigener Planungen/Entschlüsse** (**Abs. 5**). Wie die meisten Ausnahmen bezieht sich auch Abs. 5 auf Handelsaktivitäten aller Marktteilnehmer, nicht nur von Kreditinstituten und Wertpapierfirmen. Bezogen ist die Ausnahme auf den **Entschluss, Wertpapiere oder Finanzinstrumente zu erwerben**, nicht etwa die Grundlage dieses Entschlusses – die Informationen, die den Marktteilnehmer dazu veranlasst haben, diesen Entschluss zu fassen, und die unabhängig auf ihre Relevanz aus insiderrechtlicher Sicht zu untersuchen sind.[1059] Der Entschluss hingegen ist – für den Marktteilnehmer, der ihn getroffen hat – ausgenommen vom insiderrechtlichen Handelsverbot und dies auch und gerade, wenn dieser Entschluss **erhebliches Kursbeeinflussungspotential** hat. Dies kann etwa wegen des Umfangs der Order der Fall sein, aber auch wegen ihrer Signalwirkung (berühmter Analyst).[1060] Ziel der Ausnahme ist es, solch signifikante Transaktionen überhaupt weiterhin zu erlauben, die andernfalls stets auf der Grundlage von Insiderinformation erfolgen würden und damit verboten wären. Dies ist umso wichtiger als diese Transaktionen **für Kapitalmärkte von zentraler Bedeutung** sind oder sein können – wegen ihrer Signalwirkung für eine effizientere Allokation, aber auch wegen des Disziplinierungspotentials, das sie für Leitungsorgane der Emittenten entfalten.[1061] Für nicht in diesem Sinne signifikante, nicht kursrelevante Transaktionen wäre Abs. 5 gar nicht nötig. Einen zentralen Sonderfall des Abs. 5 bildet umgekehrt Abs. 4 zu den Übernahmen. Schon der Umstand, dass allein Handelsaktivitäten freigestellt sind, belegt zugleich, dass allein der eigene Entschluss zum Handel freigestellt ist – schon die **Weitergabe dieser Information**, etwa an befreundete Investo-

---

[1056] Zum rechtspolitischen Abwägungsprozess, der die Ausnahme trägt, auch *Renz/Leibold* CCZ 2016, 157 (162); *Seibt/Wollenschläger* AG 2014, 593 (598); BankR-Hdb/*Hopt/Kumpan* § 107 Rn 78; Fuchs/*Mennicke* Vor §§ 12–14 WpHG Rn 117 und § 14 Rn 336.

[1057] So schon *Assmann* AG 1994, 237 (253); *Hopt* FS Heinsius, 1991, S. 289 (296); heute etwa *Viciano-Gofferje/Cascante* NZG 2012, 968 (976 f.).

[1058] Zum rechtspolitischen Abwägungsprozess, der die Ausnahme insoweit trägt, auch BankR-Hdb/*Hopt/Kumpan* § 107 Rn 88; *Zetzsche* Enzyklopädie Europarecht, Bd. 6, § 7 C Rn 154, Rn 1305.

[1059] *Krause* CCZ 2014, 248 (252); BankR-Hdb/*Hopt/Kumpan* § 107 Rn 93 f.; *Zetzsche* Enzyklopädie Europarecht, Bd. 6, § 7 C Rn 154.

[1060] BankR-Hdb/*Hopt/Kumpan* § 107 Rn 94.

[1061] Näher hierzu oben 5. Teil Rn 29–35.

ren, **nicht mehr**.[1062] Und auch das Wissen Dritter um diesen Entschluss – und die Nutzung dieses Wissens – sind nicht mehr freigestellt.[1063]

6. Allgemeine Rechtswidrigkeitsausnahme (Abs. 6). In Abs. 6 wird nochmals – mehr **klarstellend** als eigenständig regelnd – darauf hingewiesen, dass die Ausnahmebereiche bzw. Rechtsfertigungsgründe vor allem damit begründet sind, dass sie – oder die meisten von ihnen – **Notwendigkeiten eines funktionierenden Kapitalmarktsystems aufgreifen.** Werden bei dieser Gelegenheit Handlungen getätigt, die nicht dieser Funktionalität dienen, sondern dem eigenen oder fremden Sondervorteilen, so sind eigentlich schon die jeweiligen Ausnahmebereiche bzw. Rechtfertigungsgründe nicht eröffnet bzw. tatbestandlich erfüllt. Abs. 6 stellt das jedoch nochmals ausdrücklich klar.[1064] Das ist für manche von ihnen – namentlich Market-Maker, Orderausführung, aber auch Fortführung von Übernahmen (Abs. 2 und 4) – wichtiger als für andere – etwa die Organisationsanforderungen nach Abs. 1. **415**

V. Art. 10, 11 MAR: Befugte und unbefugte Offenlegung **416**

Artikel 10
Unrechtmäßige Offenlegung von Insiderinformationen

(1) Für die Zwecke dieser Verordnung liegt eine unrechtmäßige Offenlegung von Insiderinformationen vor, wenn eine Person, die über Insiderinformationen verfügt und diese Informationen gegenüber einer anderen Person offenlegt, es sei denn, die Offenlegung geschieht im Zuge der normalen Ausübung einer Beschäftigung oder eines Berufs oder der normalen Erfüllung von Aufgaben.

Dieser Absatz gilt für alle natürlichen oder juristischen Personen in den Situationen oder unter den Umständen gemäß Artikel 8 Absatz 4.

(2) Für die Zwecke dieser Verordnung gilt die Weitergabe von Empfehlungen oder das Anstiften anderer, nachdem man selbst angestiftet wurde, gemäß Artikel 8 Absatz 2 als unrechtmäßige Offenlegung von Insiderinformationen gemäß diesem Artikel, wenn die Person, die die Empfehlung weitergibt oder andere anstiftet, nachdem sie selbst angestiftet wurde, weiß oder wissen sollte, dass die Empfehlung bzw. Anstiftung auf Insiderinformationen beruht.

Artikel 11
Marktsondierungen

(1) Eine Marktsondierung besteht in der Übermittlung von Informationen vor der Ankündigung eines Geschäfts an einen oder mehrere potenzielle Anleger, um das Interesse von potenziellen Anlegern an einem möglichen Geschäft und dessen Bedingungen wie seinem Umfang und seiner preislichen Gestaltung abzuschätzen durch

---

1062 BankR-Hdb/*Hopt/Kumpan* § 107 Rn 91.

1063 BankR-Hdb/*Hopt/Kumpan* § 107 Rn 91.

1064 Zum bloß klarstellenden Charakter des Absatzes (Sondervorteile nicht gedeckt) auch etwa BankR-Hdb/*Hopt/Kumpan* § 107 Rn 103. Weitere Erklärungen bei *Assmann/Schneider* § 14 WpHG Rn 65–70; KölnKomm WpHG/*Klöhn* Rn 275–285; *Schwark/Kruse* in Schwark/Zimmer § 14 WpHG Rn 41–44; *Zetzsche* Enzyklopädie Europarecht, Bd. 6, § 7 C Rn 156.

a) den Emittenten;
b) einen Zweitanbieter eines Finanzinstruments, der das betreffende Finanzinstrument in einer Menge oder mit einem Wert anbietet, aufgrund derer bzw. dessen sich das Geschäft vom üblichen Handel unterscheidet, wobei es außerdem auf einer Verkaufsmethode beruht, die auf der Vorabbewertung des potenziellen Interesses möglicher Anleger beruht;
c) einen Teilnehmer am Markt für Emissionszertifikate oder
d) einen Dritten, der im Auftrag oder für Rechnung einer der unter Buchstabe a, b oder c genannten Personen agiert.

(2) Unbeschadet des Artikels 23 Absatz 3 stellt auch die Offenlegung von Insiderinformationen durch eine Person, die beabsichtigt, ein Übernahmeangebot für die Anteile eines Unternehmens oder für einen Unternehmenszusammenschluss an Dritte zu richten, die Anspruch auf die Anteile des Unternehmens haben, einem Marktsondierung dar, wenn
a) die Informationen erforderlich sind, um den Dritten, die Anspruch auf die Unternehmensanteile haben, zu ermöglichen, sich über ihre Bereitschaft, ihre Unternehmensanteile anzubieten, eine Meinung zu bilden, und
b) die Bereitschaft der Dritten, die Anspruch auf die Unternehmensanteile haben, ihre Unternehmensanteile anzubieten, nach vernünftigem Ermessen für den Beschluss, das Angebot für die Übernahme oder den Unternehmenszusammenschluss abzugeben, erforderlich ist.

(3) Ein offenlegender Marktteilnehmer berücksichtigt vor der Durchführung einer Marktsondierung insbesondere, ob die Marktsondierung die Offenlegung von Insiderinformationen umfasst. Der offenlegende Marktteilnehmer führt schriftliche Aufzeichnungen über seine Schlussfolgerung und über ihre Gründe. Er legt diese schriftlichen Aufzeichnungen der zuständigen Behörde auf deren Ersuchen hin vor. Dieser Verpflichtung gilt für jede Offenlegung von Informationen im Verlauf der Marktsondierung. Der offenlegende Marktteilnehmer aktualisiert die schriftlichen Aufzeichnungen gemäß diesem Absatz entsprechend.

(4) Für die Zwecke des Artikels 10 Absatz 1 wird eine Offenlegung von Insiderinformationen, die im Verlauf einer Marktsondierung vorgenommen wurde, so betrachtet, dass sie im Zuge der normalen Ausübung der Beschäftigung oder des Berufs oder der normalen Erfüllung der Aufgaben einer Person vorgenommen wurde, wenn der offenlegende Marktteilnehmer die Verpflichtungen gemäß den Absätzen 3 und 5 dieses Artikels erfüllt.

(5) Für die Zwecke des Absatzes 4 muss der offenlegende Marktteilnehmer vor der Offenlegung:
a) die Zustimmung der Person einholen, die die Marktsondierung erhält, dass sie Insiderinformationen erhält;
b) die Person, die die Marktsondierung erhält, davon in Kenntnis setzen, dass ihr die Nutzung und der Versuch der Nutzung dieser Informationen in Form des Erwerbs oder der Veräußerung von Finanzinstrumenten, auf die sich diese Informationen beziehen, ob direkt oder indirekt, für eigene Rechnung oder für die Rechnung Dritter, untersagt sind;
c) die Person, die die Marktsondierung erhält, davon in Kenntnis setzen, dass ihr die Nutzung und der Versuch der Nutzung in Form der Stornierung oder Änderung eines bereits erteilten Auftrags in Bezug auf ein Finanzinstrument, auf das sich diese Informationen beziehen, untersagt sind, und
d) die Person, die die Marktsondierung erhält, davon in Kenntnis setzten, dass sie sich mit der Zustimmung, die Informationen zu erhalten, auch verpflichtet ist, die Vertraulichkeit der Informationen zu wahren.

Der offenlegende Marktteilnehmer muss Aufzeichnungen über sämtliche Informationen erstellen und führen, die der Person, die die Marktsondierung erhält, übermittelt wurden, einschließlich der Informationen, die gemäß Unterabsatz 1 Buchstabe a bis d übermittelt wurden, sowie über die Identität der potenziellen Anleger, gegenüber denen die Informationen offengelegt wurden, einschließlich unter anderem der juristischen und natürlichen Personen, die im Auftrag des potenziellen Anleger handeln, und des Datums und der Uhrzeit einer jeden Offenlegung. Der offenlegende Marktteilnehmer muss der zuständigen Behörde diese Aufzeichnungen auf deren Ersuchen zur Verfügung stellen.

(6) Wenn im Zuge einer Marktsondierung Informationen offengelegt wurden und nach Einschätzung des offenlegenden Marktteilnehmers ihre Eigenschaft als Insiderinformationen verlieren, setzt dieser den Empfänger so rasch wie möglich davon in Kenntnis.

Der offenlegende Marktteilnehmer führt Aufzeichnungen über die Informationen, die er im Einklang mit diesem Absatz übermittelt hat, und stellt diese Aufzeichnungen der zuständigen Behörde auf deren Ersuchen zur Verfügung.

(7) Unbeschadet der Bestimmungen dieses Artikels nimmt die Person, die die Marktsondierung erhält, selbst die Einschätzung vor, ob sie im Besitz von Insiderinformationen ist und wenn sie nicht mehr im Besitz von Insiderinformationen ist.

(8) Die Aufzeichnungen gemäß diesem Artikel werden von dem offenlegenden Marktteilnehmer mindestens fünf Jahre lang aufbewahrt.

(9) Um die durchgehende Harmonisierung dieses Artikels sicherzustellen, arbeitet die ESMA Entwürfe technischer Regulierungsstandards aus, um angemessene Regelungen, Verfahren und Aufzeichnungsanforderungen festzulegen, mittels derer Personen die Anforderungen der Absätze 4, 5, 6 und 8 einhalten können.

Die ESMA legt der Kommission diese Entwürfe technischer Regulierungsstandards bis zum 3. Juli 2015 vor.

Der Kommission wird die Befugnis übertragen, die in Unterabsatz 1 genannten technischen Regulierungsstandards nach Artikel 10 bis 14 der Verordnung (EU) Nr. 1095/2010 zu erlassen.

(10) Um die durchgehende Harmonisierung dieses Artikels sicherzustellen, arbeitet die ESMA Entwürfe technischer Durchführungsstandards aus, in denen festgelegt wird, welche Systeme und Mitteilungsmuster zur Einhaltung der Vorschriften der Absätze 4, 5, 6 und 8 zu nutzen sind, insbesondere das genaue Format der Aufzeichnungen nach den Absätzen 4 bis 8 und die technischen Mittel für eine angemessene Übermittlung der Informationen gemäß Absatz 6 an die Person, die die Marktsondierung erhält.

Die ESMA legt der Kommission diese Entwürfe technischer Durchführungsstandards bis zum 3. Juli 2015 vor.

Der Kommission wird die Befugnis übertragen, die in Unterabsatz 1 genannten technischen Durchführungsstandards nach Artikel 15 der Verordnung (EU) Nr. 1095/2010 zu erlassen.

(11) Die ESMA gibt für die Personen, die die Marktsondierung erhalten, gemäß Artikel 16 der Verordnung (EU) Nr. 1095/2010 Leitlinien zu Folgendem heraus:

a) den Faktoren, die diese Personen berücksichtigen müssen, wenn ihnen gegenüber als Bestandteil der Marktsondierung Informationen offengelegt werden, damit sie beurteilen können, ob diese Informationen Insiderinformationen sind;
b) den Schritten, die diese Personen unternehmen müssen, wenn ihnen gegenüber Insiderinformationen offengelegt wurden, um die Artikel 8 und 10 dieser Verordnung einzuhalten, und

c) **den Aufzeichnungen, die diese Personen führen sollten, um nachzuweisen, dass sie die Artikel 8 und 10 dieser Verordnung eingehalten haben.**

1. Beschränktes Offenlegungsverbot (Art. 10 MAR)

417 a) **Tatbestand des Verbots.** Art. 10 MAR regelt das dritte Insiderverbot, das Weitergabeverbot – abgetrennt von Art. 8 MAR, daher etwas unübersichtlich und jedenfalls im Hinblick auf das Empfehlungsverbot auch nicht ganz glücklich, weil beide faktisch und rechtlich ähnlich strukturiert sind und die Grenzen zwischen Weitergabe und Empfehlung auch fließend sein können. Die **Struktur des Tatbestands** selbst ist einfach, vorausgesetzt werden drei, bei Sekundärinsidern **vier Elemente:** (i) der Besitz von Insiderwissen (Art. 7 MAR), (ii) die Offenlegung und – im Falle, es handelt sich nicht um einen Primärinsider – auch noch (iii) der Nachweis, dass der Insider den Insidercharakter der Information zumindest hätte kennen müssen (Abs. 1 2. UAbs. und Abs. 2). Hinzukommen muss, dass (iv) die Weitergabe nicht „unbefugt" ist, namentlich dass sie nicht im Rahmen normaler Berufs-, Beschäftigungs- oder Aufgabenfunktionalität erfolgt (dazu unten b)).

418 Während die Insiderinformation in Art. 7 MAR spezifiziert ist und damit auch der Besitz derselben (namentlich auch im Rahmen von Unternehmen) (vgl. Rn 341–356), ergeben sich aus Art. 10 MAR die Anhaltspunkte zum **Konzept „Offenlegung"** – oder Weitergabe – und zum anzulegenden Sorgfaltsmaßstab (nächste Rn). Offengelegt wird die Insiderinformation, indem sie einem anderen zugänglich gemacht wird. Nicht gesichert ist, ob **bloßer Zugang genügt**, auch wenn der andere gar nicht Kenntnis nimmt.[1065] Jedenfalls muss der andere ihren Charakter als Insiderinformation nicht erkennen.[1066] Für Letzteres spricht der Charakter des Weitergabeverbots als einer Vorsorgemaßnahme gegen die (gefährdende) Verbreitung. Dieses Argument spricht auch für ein bloßes Zugangserfordernis. Fraglich ist außerdem, **ob vorsätzliche Weitergabe** gefordert werden muss. Der Normtext stellt nur auf das Faktum der Weitergabe ab – ohne zu spezifizieren, ob es sich um eine vorsätzliche, fahrlässige oder gar schuldlose Weitergabe handeln soll. Gerade unter der neuen Fassung wird man beim Primärinsider hier Organisationspflichten annehmen müssen. Wer die Information generiert, hat auch eine Verkehrssicherungspflicht, so dass er jedenfalls den Zugang Unbefugter möglichst gut – und sicherlich, wenn er ihn erkennt oder erkennen müsste – unterbinden muss.[1067] Allein dies ist stimmig mit der Wertung aus Art. 9 Abs. 1 MAR. Zudem wird selbst beim Sekundärinsider Vorsatz beim so wichtigen Tatbestandsmerkmal wie dem Wissen um den Insidercharakter der Information nicht gefordert.

419 Für den **Sekundärinsider** stellt Art. 10 Abs. 1 2. UAbs. MAR – wie in Art. 8 Abs. 4 MAR – darauf ab, ob dieser **hätte wissen müssen**, dass es sich bei der von ihm weitergegebenen Information um eine mit Insidercharakter handelt. Art. 10 Abs. 2 MAR erstreckt diese Regel auf **Kaskaden einer Weitergabe** bzw. – so hier der Wortlaut – von Empfehlungen und Anstiftungen. Insgesamt kann dem der allgemeine Rechtsgrundsatz entnommen werden, dass selbst ferner stehende Personen – Sekundär-, Tertiärinsider (oder Angestiftete) etc. – in

[1065] So aber *Buck-Heeb* Kapitalmarktrecht Rn 297.

[1066] *Assmann* AG 1994, 237 (247); *Krause* CCZ 2014, 248 (253); BankR-Hdb/*Hopt/Kumpan* § 107 Rn 103; *Zetzsche* Enzyklopädie Europarecht, Bd. 6, § 7 C Rn 158; *Edwards* (1996) 3 Maastricht Journal of European and Comparative Law, 287 (307). Für Sekundärinsider ergibt sich dies ziemlich deutlich bereits aus Art. 8 Abs. 4 2. UAbs. MAR (schon bei Erkennbarkeit ist er Sekundärinsider), für Primärinsider muss der entsprechende Schluss gezogen werden.

[1067] So grundsätzlich: BaFin, Emittentenleitfaden 2013 (Fn 883), III.2.2.2.1; *Burgard* ZHR 62 (1998), 51 (80); BankR-Hdb/*Hopt/Kumpan* § 107 Rn 57; *Zetzsche* NZG 2015, 817 (817 f.) aA *Cahn* ZHR 162 (1998), 1 (27) (kein Ingerenztatbestand).

Kapitalmarktkontexten hinreichende Überlegungen anzustellen haben, ob es sich nicht um Insiderinformationen handelt.

b) **Befugte Weitergabe an/durch Banken und Kapitalmarktkommunikationsmittel.** **420**
Der Schwerpunkt der Weitergabeproblematik liegt schon herkömmlich beim Merkmal der Unbefugtheit. Die Richtlinie umschreibt dies mit der durchaus hilfreichen Formel, dass die Weitergabe außerhalb eines ***„normalen"*** **Rahmens der „Ausübung einer Beschäftigung, eines Berufs oder der ... Aufgabenerfüllung"** erfolgt sein müsste. Die deutsche Umsetzung hatte noch von *„befugter* Ausübung ..." gesprochen und so deutlicher hervorgehoben, dass es sich um einen **normativen Standard** handeln muss, nicht schlicht das „Übliche".[1068] Zulässig ist die Weitergabe (nur), wenn sie für gesetzlich geforderte oder ordnungsgemäße Aufgabenerfüllung – auch unter Berücksichtigung der Sensibilität der Information – wirklich unerlässlich ist und auch eng mit ihr verknüpft ist.[1069] Alternativ dürfte befugt auch jede Weitergabe sein, die der Information ihren Geheimniswert nimmt und so die Gefährdung ausräumt und damit die Ziele des Verbotes gar überobligationsmäßig fördert – allerdings nur, wenn die Aufdeckung allgemein zugänglich erfolgt. In zentralen Fällen handelt es sich dabei zugleich ohnehin auch um befugte Berufsausübung: So ist die (breite) Veröffentlichung durch Journalisten daher nie unbefugt (zu Zweifeln bei regionaler Veröffentlichung schon Rn 348). Hingegen ist die Weitergabe an sie problematischer geworden (dazu sogleich). Anders als beim Insiderhandelsverbot wurde in den Erwägungsgründen der MAD I, hier dem 14., für das Weitergabe- und Tippverbot nur ein recht unproblematischer Fall herausgegriffen: die Weitergabe an die Aufsichtsbehörde, der zudem gar nicht beispielhaft ist, weil die Information in diesem Fall Insiderinformation bleibt. Angewandt auf die **für das Investment Banking und Kapitalmarktrecht herausragenden Fälle** bedeuten diese Grundsätze Folgendes:

aa) Bei **Universalbanken** wirft auch das Weitergabeverbot Fragen besonders im Spannungsverhältnis zwischen Insiderverbot und **Aufklärungs- und Warnpflichten** auf.[1070] Im Ausgangspunkt ist an die Trennung der Vertraulichkeitsbereiche innerhalb der Institute zu **421**

[1068] Ebenso etwa *Falkenhausen/Widder* BB 2005, 225 (226–228); *Götz* DB 1995, 1949; *Süßmann* AG 1999, 162 (163 f.); Fuchs/*Mennicke* § 14 WpHG Rn 196–222; KölnKomm WpHG/*Klöhn* § 14 Rn 286–352. Dieses Merkmal ist Tatbestandsmerkmal, nicht nur Unrechtsmerkmal: *Caspari* ZGR 1994, 530 (545); Kümpel/Wittig/*Rothenhöfer* Rn 3.552. Zur Gegenüberstellung „normal" bzw. „unbefugt" schon breiter *Grundmann* JZ 1996, 274 (285 f.).

[1069] Allgemein dazu *Kiesewetter/Parmentier* BB 2013, 2371 (2373); *Zetzsche* NZG 2015, 817; *Assmann*/Schneider § 14 WpHG Rn 80–88; BankR-Hdb/*Hopt/Kumpan* § 107 Rn 107; KölnKomm WpHG/*Klöhn* § 14 Rn 348–353; von grundsätzlicher Unbefugtheit ausgehend Fuchs/*Mennicke* § 14 WpHG Rn 263. Diese Abwägung betonend (im konkreten Fall Befugnis verneinend): EuGH Urt. v. 22.11.2005 Rs. 384/02 *Knud Grøngaard u.a.*, Slg. 2005, I-9939 (Arbeitnehmervertreter im Aufsichtsrat reichte Information an Gewerkschaftskollegen weiter); *Mayhew* (2006) 3 ECL 215 (217); aA für Lagebesprechung zwischen Aufsichtsrats- und Gewerkschaftsmitglied: Oberster Dänischer Gerichtshof Urt. v. 14.5.2009 – 219/2008, ZIP 2009, 1526 (Anm. *Widder* EWiR Art. 3 RL 89/592/EWG 1/09); allgemeiner *Assmann* AG 1994, 237 (247); *Gaillard/Pingel* (1990) 26 RTDE 329 (345); auch *Grundmann* JZ 1996, 274 (285 f.).

[1070] Vgl. zu diesem Komplex: *Assmann* AG 1994, 237 (254 f.); *Dingeldey* DB 1982, 685; *Hopt* FS Heinsius 1991, S. 289 (300–303); *ders.* in: Hopt/Wymeersch (Hrsg.) European Insider Dealing, S. 219 (bes. 229–231) (in GB und Frankreich schon von Anfang an eher Vorrang des Insiderverbotes); weitere Lit. genereller zu den Insiderverboten bei Universalbanken vgl. oben Rn 393.

erinnern. Zu Recht wird betont, dass – wegen der Strafbarkeit einerseits und des Schadensersatzrisikos andererseits – die Abgrenzung im Rahmen der Aufklärungs- und Warnpflichten für die Banken leicht handhabbar sein muss.[1071] Daher muss das Institut die Insidertatsache geheim halten und unter Berufung darauf **ausdrücklich Rat, Aufklärung und Warnung verweigern dürfen.**[1072] Denn nach dem System von Art. 7 ff. MAR (bisher §§ 12 ff. WpHG a.F.) wäre allein die Herstellung *zumindest* von Bereichsöffentlichkeit rechtmäßig; (schon) diese liegt jedoch weit jenseits der routinemäßig möglichen Maßnahmen, die als Beratungsleistung geschuldet sind. Ausgeschlossen ist es, unter Berufung auf den Standard des „Normalen" insiderrechtliche Standards gegenüber den Beratungspflichten zurückstehen zu lassen: Im System des deutschen und Europäischen Privat- und Wirtschaftsrechts stehen privatrechtliche Pflichtenlagen unter dem Vorbehalt wirtschaftsrechtlicher gegenläufiger Regulierung. In einer Hinsicht geht allerdings die Pflicht zur Aufklärung unstreitig vor: Insiderwissen wird nicht ausgenutzt oder unbefugt weitergegeben, wenn das Institut Insiderwissen in einen **Verkaufsprospekt** einfließen lässt.[1073] Es hat so zu verfahren, weil dies prospektrechtlich nicht nur zulässig, sondern sogar geschuldet ist. Demnach schulden Universalbanken Warnung und Offenlegung nur bei Einschaltung in die Publizitätsverpflichtungen des Emittenten (oder Insiders), andernfalls nur Ablehnung der Beratung und kein eigenes warnendes Tätigwerden.

422 bb) Bei **Medien, vor allem Journalisten und Finanzanalysten** ist zunächst geklärt, dass auch insiderrechtlich das Grundrecht (hier EU-Grundrecht) der Meinungs- und vor allem Pressefreiheit (Art. 11 Grundrechte-Charta) gebührend zu berücksichtigen ist (ausdrücklich heute Art. 21 MAR).[1074] Die Finanzanalysten haben sogar ein eigenes, selbst tragendes Regelungsregime erhalten (Art. 20 MAR, vgl. zu ihnen dort). Daher ist bei diesen Berufen, die für das Funktionieren der Kapitalmärkte ebenfalls zentral sind, jedenfalls unstreitig. dass sie das **Weitergabeverbot jedenfalls durch breite Veröffentlichung nicht verletzen.**[1075] Vergleichbar ist das auch bei **Ratingagenturen.**[1076]

423 Nach einhelliger Auffassung fallen sie alle zwar unter den Auffangtatbestand der Primärinsiderdefinition, d.h. dass etwa der **Journalist** die Information, auch die investigativ ermittelte, „auf Grund seines Berufs" iSv Art. 8 Abs. 4 1. UAbs. MAR erlangt. Zugleich je-

---

[1071] *Assmann* AG 1994, 237 (255).

[1072] *Assmann* AG 1994, 237 (255); *Claussen* Insiderhandelsverbot und Ad hoc-Publizität, Rn 78 f.; *Siebold* Insiderrecht S. 150; *Assmann*/Schneider § 14 WpHG Rn 108; BankR-Hdb/*Hopt/Kumpan* § 107 Rn 188; Fuchs/*Mennicke* § 14 Rn 336, 339; *Schwark/Kruse* in Schwark/Zimmer § 14 WpHG Rn 89; ausdrücklich dagegen: *Hopt* ZGR 1991, 17 (47).

[1073] *Assmann* AG 1994, 237 (254); *ders.*/Schneider Rn 108; *Hopt* ZGR 1991, 17 (70); Fuchs/*Mennicke* § 14 Rn 344; differenzierend (wenn Insidertatsache erhalten bleibt, Pflicht, Prospektverantwortung abzulehnen): *Schwark/Kruse* in Schwark/Zimmer § 14 WpHG Rn 89a; zur Mitwirkung der Banken an einer Prospektherausgabe vgl. BankR-Hdb/*Hopt/Kumpan* § 107 Rn 187.

[1074] Zu Insiderrecht und Meinungs- und Pressefreiheit: *Schröder* NJW 2009, 465; Fuchs/*Fuchs* WpHG § 38 Rn 53; *Jahn* Entwertung der Medien durch das Kapitalmarktstrafrecht, in: Schröder/Sethe (Hrsg.) Kapitalmarktrecht und Pressefreiheit, 2011, S. 31; BankR-Hdb/*Hopt/Kumpan* § 107 Rn 109.

[1075] Hierzu ausf., insbesondere auch zu den teils geäußerten (i.Erg aber grds. unbegründeten) Zweifeln bei Veröffentlichung in der Regionalpresse: *Schröder* NJW 2009, 465 (466 f.); *Sturm* ZBB 2010, 20 (27–31); BankR-Hdb/*Hopt/Kumpan* § 107 Rn 110; Fuchs/*Mennicke* § 14 Rn 270–273; vgl. auch Richtlinie 7.4 des Deutschen Presserats (Pressekodex) idF v. 3.12.2008, abrufbar unter http://www.presserat.de/pressekodex/pressekodex/#panel-ziffer_7____trennung_von_werbung_und_redaktion

[1076] *Stemper* WM 2011, 1740 (1743 f.).

doch gestattet Art. 10 die für die **Berufsausübung unverzichtbare Weitergabe**, jedenfalls durch Veröffentlichung ieS. Dies bestätigt Art. 21 MAR für Journalisten nochmals besonders. Jede andere Weitergabe, Empfehlung oder Nutzung – auf nicht gleichermaßen **breit öffentlichen Kanälen** – verstößt hingegen gegen Art. 8 MAR.[1077] Sie ist für Journalismus nicht unverzichtbar. Art. 21 lit. a MAR bestätigt dies, dürfte jedoch sogar noch weiter gehen: Fallen Sondervorteile beim Betroffenen (etwa Journalisten) oder einer ihm eng verbundenen Person an, so ist *jede* Weitergabe verboten: bei selektiver Weitergabe ist dies regelmäßig der Fall, abgesehen davon, dass sie für Journalismus regelmäßig nicht unverzichtbar ist. Doch selbst die breite Veröffentlichung erscheint nach Art. 21 lit. a) MAR nicht mehr legitim, wenn Sondervorteile (etwa durch Scalping-Techniken) anfallen.[1078] Eine Ausnahme vom Verbot selektiver Weitergabe besteht hier nur für die (unerlässliche) interne redaktionelle Diskussion, jedenfalls mit dem Chefredakteur, ansonsten im engen Rahmen der „Unerlässlichkeit" auch mit anderen Kollegen („Redaktionskonferenz") oder auch Rechtsberatern, wobei bei der Bestimmung der „Unerlässlichkeit" wiederum dem Grundrecht der Pressefreiheit Rechnung zu tragen ist.[1079]

Umstritten ist umgekehrt die **Weitergabe an Medien (Journalisten, und gerade auch** **424**
Analysten, unten Art. 20 MAR). Da es sich um einen Gefährdungstatbestand handelt und jede Streuung des Wissens ohne Herstellung von Öffentlichkeit die Gefahr mehrt, handeln zumindest Personen, denen eine Veröffentlichung nach Art. 17 MAR (bisher § 15 WpHG a.F.) offensteht, bei Weitergabe an Journalisten stets unbefugt. Anders ist dies bei Personen, die nicht die Veröffentlichungsmöglichkeit nach Art. 17 MAR haben und den Journalisten speziell zur Herstellung von Öffentlichkeit einschalten,[1080] jedenfalls wenn die Gefahr, dass ein anderer Insider handelt, ex ante gesehen größer erscheint als die, dass der Journalist nicht sofort Öffentlichkeit herstellt. Im Sinne der passiven Pressefreiheit (Notwendigkeit informiert zu werden) ist auch bei der *Weitergabe an Medien* die institutionelle Garantie im fraglichen Grundrecht gebührend zu berücksichtigen, obwohl dies im Wortlaut des Art. 21 MAR nicht zum Ausdruck kommt.[1081] Ansonsten ist, da es sich beim Weitergabeverbot um einen Gefährdungstatbestand handelt, ein strenger Maßstab anzulegen: Befugt ist nur die Weitergabe, die unerlässlich ist. Unbefugt ist daher die bis 1995 übliche Weitergabe an Journalisten mit Sperrfrist oder ohne Publikationsabsicht.[1082] Im ähnlich

---

[1077] Dazu *Klöhn* WM 2010, 1869; *ders.* Grenzen des insiderrechtlichen Verbots selektiver Informationsweitergabe an professionelle Marktteilnehmer – Vermeidungsstrategien und ihre Behandlung im Lichte rechtsvergleichender Erfahrung –, FS Schneider 2011, 633. Bei Ratings ist insbesondere deren selektive (Vorab-)Weitergabe an einige Adressaten verboten und in der Euroschuldenkrise in Bezug auf Spanien massiv vermutet worden, vgl. *Stemper* WM 2011, 1740 (1744).

[1078] Ebenso: *Süßmann* AG 1999, 162 (166); Fuchs/*Mennicke* § 14 Rn 266; *Zetzsche* Enzyklopädie Europarecht, Bd. 6, § 7 C Rn 244.

[1079] Ausf. hierzu – und auch zum Maßstab der Unerlässlichkeit, den der EuGH in der Entscheidung EuGH *Knud Grøngaard u.a.* (Fn 1069) entwickelt hat – *Schröder* NJW 2009, 465 (467 f.); *Sturm* ZBB 2010, 20 (31 f.) (selbst relativ restriktiv); bei Ratings wird die Weitergabe an den Emittenten selbst (zur Einholung dessen Stellungnahme) als „befugt" gesehen: *Stemper* WM 2011, 1740 (1743 f.).

[1080] KölnKomm WpHG/*Altenhain* § 38 Rn 70; wohl auch *Sturm* ZBB 2010, 20 (27); aA (allgemein unbefugt) Assmann/Schneider/*Vogel* § 38 Rn 31.

[1081] Ebenso BankR-Hdb/*Hopt/Kumpan* § 107 Rn 109; KölnKomm WpHG/*Klöhn* § 14 Rn 445; *Zetzsche* Enzyklopädie Europarecht, Bd. 6, § 7 C Rn 244.

[1082] *Assmann* ZGR 1994, 494 (519 f.); *Kümpel* Bank- und Kapitalmarktrecht, 3. Aufl. 2004, Rn 16.196 f.; allgemeiner *Sturm* ZBB 2010, 20 (26); zweifelnd auch *Hopt* ZGR 1991, 17 (47). Unsicherheit zeigt sich etwa auch im Diskussionsbericht in ZGR 1994, 547 (549 f.).

gelagerten Fall einer **Weitergabe an Ratingagenturen** wird man die Weitergabe streng zu diesem Zweck als „befugt" einzustufen haben, soweit für ein korrektes Rating erheblich und Veröffentlichung des Rating auch angestrebt.[1083]

2. Sonderregime für Marktsondierungen (Art. 11 MAR).

425 a) **Fall der befugten Weitergabe – Gesamtstruktur (Abs. 4 und 9–11).** Marktsondierungen waren – trotz ihrer unbestreitbaren Bedeutung – bis zum Erlass der MAR in Deutschland weder Gegenstand von gesetztem Aufsichtsrecht noch von Verwaltungspraxis und -leitlinien. Die Grundsätze sind somit ohne Vorbild in der Gesetzgebung, folgen aber einem in der Praxis bereits angewandten Modell des sog. *Wall Crossing*.[1084] Hinter der Regelung steht das Interesse an Vertraulichkeit bei (i) der Suche nach neuen Investoren im Rahmen von Platzierungsaktivitäten (Abs. 1) bzw. (ii) der Suche nach verkaufswilligen Aktionären im Rahmen von Übernahmen (Abs. 2), das jedoch an insiderrechtliche Grenzen stößt. Aufgrund des Volumens, das in engem Zeitraum platziert oder akquiriert werden muss, wäre sonst für den Sondierenden der jeweilige Markt sehr eng und illiquide – dem soll durch diese Art der Verbreiterung entgegengewirkt werden (32. Erw.grund).[1085] Die Lösung ist eine vor allem **prozedurale: Unter den in Abs. 3 und 5 spezifizierten strengen Kautelen** zu Aufklärung, Vertraulichkeitsbindung und Aufzeichnungspflichten wird die **Weitergabe von Insiderinformation als befugt qualifiziert (Abs. 4)** – gleichsam wie die Weitergabe innerhalb eines Unternehmens (daher „Wall Crossing"), etwa eines Kreditinstituts nach dem Grundsatz der Unerlässlichkeit.[1086] Freilich ist streitig, ob zusätzlich zu den Kriterien, die Abs. 3 und 5 (und zudem Abs. 1 und 2) aufstellen, stets auch noch die Unerlässlichkeit im Sinne der EuGH Rechtsprechung zu prüfen ist.[1087] Direkt stellt Art. 11 MAR nur vom Insiderweitergabeverbot frei, im Normalfall („als solche") werden die hier beschriebenen Sondierungen jedoch auch vom Vorwurf der Marktmanipulation freigestellt (32. Erw.grund). Daher unterfällt das Regime in die Regeln zur Einschränkung des Anwendungsbereichs – der legitimen Konstellationen einer Suche nach Investoren bzw. Übernahmebereitschaft (Abs. 1 und 2, unten Rn 177) und die Spezifizierung der prozeduralen Kautelen, an deren Erfüllung die Rechtsfertigungswirkung geknüpft ist (Abs. 3 und 5, unten Rn 178). Den Rest der Regelung bilden flankierende Anforderungen, deren Einhaltung jedoch nur aufsichtsrechtlich Bedeutung hat (Abs. 6–8, unten Rn 179) und die – gerade wegen der Neuheit des Re-

---

1083 Vgl. CESR, Technical advice to the European Commission on possible measures concerning CRAs, Rn 124; *Stemper* WM 2011, 1740 (1741 f.) (soweit Emittent dies entscheidet, nicht einzelne Mitarbeiter unauthorisiert).

1084 Zum Fehlen bisheriger Gesetzgebung *Tissen* NZG 2015, 1254 (1254). Zu Erfahrungen in anderen EU-Mitgliedstaaten; *Varottil* Due Diligence in Share Acquisitions: Navigating the Insider Trading Regime, Journal of Business Law 2016 (im Erscheinen) (speziell zu UK); *Kumpan/Leyens*, Conflicts of Interest of Financial Intermediaries, ECFR 2008, 72 (86 f.). Zu den Praxisvorbildern *Fleischer/Bedkowski* DB 2009, 2195 (2195 f.); Habersack/Mülbert/Schlitt/*Lösler* § 2 Rn 130, 136; *Seibt/Wollenschläger* AG 2014, 593 (598).

1085 Näher zur Interessenlage und den Konstellationen auch *Seibt/Wollenschläger* AG 2014, 593 (598); *Zetzsche* Enzyklopädie Europarecht, Bd. 6, § 7 Rn 236.

1086 Grundlegend zu diesem Grundsatz EuGH (Fn 1069) *Knud Grøngaard u.a.*, Slg. 2005, I-9939; *Tissen* NZG 2015, 1254 (1255). Vgl. zu dieser Kanalisierung einer Weitergabe von Insiderinformationen auch innerhalb von Unternehmen bereits oben Rn 406.

1087 So etwa *Moloney* EU Securities and Financial Markets Regulation, S. 725 f. (ggf. leicht abgemildert durch MAR): *Kiesewetter/Parmentier* BB 2013, 2371 (2373); *Teigelack* BB 2012, 1361 (1362); wohl auch *Veil/Koch* WM 2011, 2297 (2300); aA. (Anforderungen des Art. 11 MAR gestalten Unerlässlichkeitskriterium abschließend aus) Assmann/Schütze/*Sethe* § 8 Rn 128;

gimes besonders wichtigen und umfangreichen – Delegationsregeln für Durchführungsrechtsakte und Interpretationshilfen (Abs. 9–11).[1088]

b) Marktsondierungen (Abs. 1 und 2). Marktsondierungen werden definiert als **„Übermittlung von Informationen"** – Insiderinformationen oder anderen – **„vor der Ankündigung eines Geschäfts"** in zwei spezifisch umrissenen Konstellationen (Abs. 1 und 2). Dabei ist die Übermittlung von Informationen deswegen breit angesprochen, weil es eine zentrale Aufgabe der vorgeschriebenen Prozedur ist, dass alle Betroffenen sich Klarheit dazu verschaffen, ob es sich jeweils um eine Insiderinformation handelt oder nicht, und weil typischerweise beide Typen von Informationen im Gespräch sind. Dabei ist – wenn sie entsprechende Kurserheblichkeit hat – schon die Information, dass der Ankündigende die **Intention hat, ein Geschäft (erheblicher Größenordnung) zu tätigen, eine Insiderinformation** – nicht für ihn selbst, wohl aber für die Empfänger (vgl. oben Rn 419). Es ist auch vielleicht die wichtigste Insiderinformation, die aufgedeckt wird,[1089] jedenfalls die einzige, die zwangsläufig aufgedeckt wird. Sonstige sensible Informationen aus dem Unternehmen, die noch nicht veröffentlicht sind (vor allem nach Art. 17 MAR), können zwar auch Gegenstand der Prozedur sein, doch keinesfalls notwendig oder auch nur üblicherweise. **Einzige Zielsetzung** der Sondierung[1090] muss sein, das **„potenzielle Interesse"** des Anlegers bzw. des abgabebereiten Aktionärs zu eruieren und zwar nach dem „ob" und den Bedingungen, namentlich Umfang und Preis. **426**

Die **beiden privilegierten Konstellationen** sind die (vertrauliche) Suche nach Investoren (in **Vorbereitung einer Platzierung von Effekten, Abs. 1**) und die (vertrauliche) Suche nach abgabewilligen Aktionären (im Rahmen einer Übernahme, Abs. 2). Im ersten Fall werden einbezogen die Emittenten des Finanzinstruments sowie Zweitanbieter, die nicht den üblichen Handel in den Finanzinstrumenten betreiben, sondern genuine Platzierungstätigkeit, was sich aus dem Umfang des Angebots, vor allem jedoch aus der Verkaufsmethode ergibt, die auf eine Vorabeinschätzung zugeschnitten ist. Das berechtigte Interesse an solch einer Vorabeinschätzung wird in diesem Fall unterstellt und nicht eigens gefordert. Anders ist dies bei der Sondierung vor einem **Übernahmeangebot (nach WpÜG) (Abs. 2)**, die nur möglich sein soll, wenn sie unverzichtbar ist, um dieses überhaupt sinnvoll abgeben zu können, namentlich wenn zwei Voraussetzungen zusammenkommen: die Aktionäre können sich anders nicht hinreichend fundiert ihre Meinung bilden *und* ihr Wille, ihre Aktien **427**

Tissen NZG 2015, 1254 (1255 f.); *Zetzsche* Enzyklopädie Europarecht, Bd. 6, § 7 Rn 236.

1088 Bisher wurden folgende Durchführungsakte erlassen: Durchführungsverordnung (EU) 2016/959 der Kommission vom 17. Mai 2016 zur Festlegung technischer Durchführungsstandards für Marktsondierungen in Bezug auf die von offenlegenden Marktteilnehmern zu nutzenden Systeme und Mitteilungsmuster und das Format der Aufzeichnungen gemäß Verordnung (EU) Nr. 596/2014 des Europäischen Parlaments und des Rates, ABl.EU Nr. L 160 v. 17.6.2016, S. 23; Delegierte Verordnung (EU) 2016/960 der Kommission vom 17. Mai 2016 zur Ergänzung der Verordnung (EU) Nr. 596/2014 des Europäischen Parlaments und des Rates durch technische Regulierungsstandards für angemessene Regelungen, Systeme und Verfahren für offenlegende Marktteilnehmer bei der Durchführung von Marktsondierungen, ABl.EU L 160 v. 17.6.2016, S. 29.

1089 *Tissen* NZG 2015, 1254 (1255).

1090 Diese Beschränkung der Zielsetzung wird zwar in Art. 11 MAR weniger deutlich betont als etwa in Art. 5 MAR, entspricht jedoch einerseits der Struktur von Ausnahmeregeln in MAR und entspricht auch andererseits besser dem Unerlässlichkeitskriterium, das der EuGH seinen Entscheidungen zur Weitergabe von Insiderinformation zugrunde legt. Ebenso *Renz/Leibold* CCZ 2016, 157 (163); *Seibt/Wollenschläger* AG 2014, 593 (599); *Zetzsche* Enzyklopädie Europarecht, Bd. 6, § 7 C Rn 168, 210–213.

anzubieten, kann nicht hinreichend eruiert werden. In der zweiten Konstellationen werden die Unerlässlichkeitskriterien der EuGH-Rechtsprechung sicherlich erfüllt, so dass es auf den oben genannten Streit zur Natur der Ausnahme nicht ankommt, in der ersten ist das fraglich und müsste bei Initiierung der Prozedur die Frage der Unerlässlichkeit gesondert gestellt und dies dokumentiert werden.

428 c) **Prozedurale Primäranforderungen (Abs. 3 und 5).** Die Rechtfertigungswirkung tritt ein, wenn die Anforderungen an eine **prozeduralisierte Eigeneinschätzung (Abs. 3)** ebenso erfüllt werden wie diejenigen an die Information und Inpflichtnahme des Informationsempfängers (Abs. 5). Die Eigeneinschätzung umfasst:[1091] die eigene Einstufung der Information als Insiderinformation oder nicht (S. 1), die (mit Begründung der Einordnung) aufgezeichnet (S. 2) und für die zuständige Behörde zur Verfügung gehalten werden muss (S. 3). Diese Pflichten gelten kontinuierlich für jede Informationsweitergabe im Rahmen der Sondierung (S. 4, mit schriftlicher Aktualisierungspflicht, S. 5). Die unzutreffende Einordnung als Insiderinformation ist unschädlich, wohl sogar im (quasivertraglichen) Verhältnis zum Empfänger, der hier aufgefordert ist, selbst die Einschätzung vorzunehmen, Abs. 7), die unzutreffende Einordnung als sonstige Information hingegen m.E. nicht: Dem Sondierenden wird zwar eine Prozedur zur Weitergabe von Insiderinformationen an die Hand gegeben, die Rechtfertigungswirkung ist jedoch an die auch inhaltlich korrekte Durchführung der Prozedur geknüpft.[1092] Zwar bedeutet dies, dass der Initiator der Marktsondierung ein gewisses Beurteilungsrisiko trägt, doch ist das nicht ungewöhnlich: Das Insiderrecht stellt auch sonst den Weitergebenden von Fehleinschätzungen nicht frei, sogar Sekundärinsider, die idR. weniger professionell sind (namentlich mit dem Kriterium des Kennenmüssens), und zudem ist die wichtigste weitergegebene Information (über den Entschluss, eine bestimmte Anzahl von Finanzinstrumenten zu platzieren oder ein Übernahmeangebot anzustreben) als Insiderinformation anerkannt. Auch kann im Zweifel die Information als Insiderinformation eingestuft werden.

429 Die auf die Eigeneinschätzungen folgende **Information und Inpflichtnahme des Informationsempfängers (Abs. 5)** umfasst:[1093] vorab die Pflicht, vor Beginn der Marktsondierungsprozedur beim Empfänger die Zustimmung zur Initiierung dieser Prozedur und vor allem zur Übertragung von Insiderinformationen einzuholen (lit. a)), weil dieser damit seiner Handelsfreiheit beraubt wird; sodann die vollständige Unterrichtung über das Insiderhandelsverbot (lit. b)), einschließlich der Erstreckung des Insiderhandelsverbots auf die Auftragsstornierung (lit. c)), weil dieses ab Erhalt der Information auf den Empfänger Anwendung findet und der Erhöhung der Gefahr durch Weitergabe der Insiderinformation jedenfalls durch Bewusstmachung entgegengewirkt werden soll;[1094] zuletzt der ausdrückliche Hinweis darauf, dass der Empfänger die Information – weil sie Insiderinformation ist – selbst als Sekundärinsider auch nicht weitergeben darf (Art 10 MAR), sondern auf die Vertraulichkeit aktiv zu achten hat. Über all dies sind Aufzeichnungen zu führen und zwar – um die Verantwortlichkeiten zu klären – präzise und zeitgenau (Abs. 5 a.E.).

[1091] Näher zu den Anforderungen nach Abs. 3: *Seibt/Wollenschläger* AG 2014, 593 (598); *Tissen* NZG 2015, 1254 (1256); *Zetzsche* Enzyklopädie Europarecht, Bd. 6, § 7 Rn 236.

[1092] Ebenso *Zetzsche* Enzyklopädie Europarecht, Bd. 6, § 7 Rn 236.

[1093] Näher zu den Anforderungen nach Abs. 5: *Seibt/Wollenschläger* AG 2014, 593 (598 f.) (keine Obergrenze bei der Investorenzahl); *Tissen* NZG 2015, 1254 (1256 f.); *Zetzsche* Enzyklopädie Europarecht, Bd. 6, § 7 Rn 236.

[1094] Lit. b) und c) sind – insbes. hinsichtlich Versuchsstrafbarkeit und Handlungsformen – gänzlich parallel zu Art. 8 und 14 MAR ausgestaltet.

d) Weitere Vorgaben (Abs. 6–8). Abätze 6–8 enthalten weitere Anforderungen, die zwar aufsichtsrechtlich durchgesetzt werden können, deren Verletzung die Rechtfertigungswirkung freilich nicht in Frage stellt (Abs. 4 e contrario):[1095] Der **Aufdeckende** hat dem Empfänger auch mitzuteilen, wenn (nach seiner Meinung) eine übermittelte Information den Charakter als Insiderinformation verliert, um so den Empfänger nicht übermäßig mit der Bindungswirkung nach Abs. 4 (oben Rn 349) zu belasten (sog. „Cleansing“, Abs. 6) – eine Pflicht, die vor allem den Empfänger schützen soll und daher im Verhältnis zu ihm m. E. auch als (quasi)vertragsrechtlich zu qualifizieren und entsprechend sanktioniert ist. Der Aufdeckende hat alle genannten Aufzeichnungen fünf Jahre aufzubewahren (Abs. 8). Umgekehrt soll der **Empfänger** selbst eine (formalisierte) Einschätzung vornehmen, bei welchen Informationen er sich im Besitz von Insiderinformationen befindet, bei welchen nicht (Abs. 7). Damit wird das allseitige Bewusstsein für die insiderrechtliche Lage und Brisanz gestärkt und ggf. sogar durch Diskussion zwischen Aufdeckendem und Empfänger noch besser abgeklärt.[1096] 430

D. Marktmanipulationsverbote (Art. 12, 13, 15, Anh I MAR) und Präventionspflichten betreffend *Marktbetreiber und Wertpapierfirmen (Art. 16 MAR)*

Schrifttum (Marktmanipulationsregime, Art. 5, 12–13, 15)

a) Monographien, Sammelbände, Kommentare: *Arlt* Der strafrechtliche Anlegerschutz vor Kursmanipulation, 2004; *Avgouleas* The Mechanics and Regulation of Market Abuse – A Legal and Economic Analysis, 2005; *Bösch* Die Kurspflege bei Wertpapieren, 1959; *Colussi* Kapitalmarktstrafrecht – Insiderhandel und Marktmanipulation – Einführung, Analyse, Ausblick, 2010; *Eichelberger* Das Verbot der Marktmanipulation (§ 20a WpHG), 2006; *Lenzen* Unerlaubte Eingriffe in die Börsenkursbildung, 2000; *Maile* Der Straftatbestand der Kurs- und Marktpreismanipulation nach dem Wertpapierhandelsgesetz, 2006; *Meißner* Die Stabilisierung und Pflege von Aktienkursen im Kapitalmarkt- und Aktienrecht, 2005; *Mock/Stoll* Überwachung des Verbots der Kurs- und Marktpreismanipulation, in Hirte/Möllers (Hrsg.) Kölner Kommentar zum WpHG, 2. Aufl. 2014, § 20a (mit Anh); *Papachristou* Die strafrechtliche Behandlung von Börsen- und Marktpreismanipulationen, 2006; *Rider/Alexander/Linklater/Bazley* Market Abuse and Insider Trading, 2. Aufl. 2009; *Schönhöft* Die Strafbarkeit der Marktmanipulation gemäß § 20a WpHG: strafrechtlicher Schutz des Kapitalmarkts vor Marktmanipulationen durch das Anlegerschutzverbesserungsgesetz (AnSVG), 2006; *Schönwälder* Grund und Grenzen einer strafrechtlichen Regulierung der Marktmanipulation – Analyse unter besonderer Würdigung der Börsen- oder Marktpreiseinwirkung, 2011; *Schröder* Straf- und Bußgeldtatbestände im BörsG und WpHG, in Achenbach/Ransiek (Hrsg.), Handbuch Wirtschaftsstrafrecht, 3. Aufl. 2015, 1134; *Trüstedt* Das Verbot von Börsenkursmanipulationen, 2004; *Vogel* Überwachung des Verbots der Marktmanipulation (§ 20a WpHG), in Assmann/Schneider (Hrsg.), Wertpapierhandelsgesetz – Kommentar, 6. Aufl. 2012; *Waschkeit* Marktmanipulation am Kapitalmarkt, 2007; *Worms* Kapitalanlagegeschäfte als Gegenstände des Strafrechts und des Rechts der Ordnugswidrigkeiten – Verleitung zu Börsenspekulationsgeschäften (§ 9) und dem Verbot der Marktmanipulation (§ 10), in Assmann/Schütze (Hrsg.) Handbuch des Kapitalanlagerechts, 4. Aufl. 2015.

b) Aufsätze und Beiträge: *Alcock* Five years of market abuse, (2007) 28 Company Lawyer 163; *Alexander/Maly* The new EU market abuse regime and the derivatives markets, 9 Law and Financial Markets Review 243 (2015); *Allen/Gale* Stock-Price Manipulation, The Review of Financial Studies 5

[1095] Selbstverständlich für Abs. 7, der sich an den Empfänger richtet, aber so auch für Abs. 6 und 8 etwa *Zetzsche* Enzyklopädie Europarecht, Bd. 6, § 7 C Rn 230.

[1096] Zu dieser Empfängerpflicht vgl. etwa *Tissen* NZG 2015, 1254 (1257); *Zetzsche* Enzyklopädie Europarecht, Bd. 6, § 7 C Rn 230.

(1992), 503; *Altendorfer* Kursmanipulation am Wertpapiermarkt: Ein rechtsvergleichender Blick auf den Sanktionsbereich, in: Aicher/Kalss/Oppitz (Hrsg.) Grundfragen des neuen Börsenrechts, 1998, S. 207; *Altenhain* Die Neuregelung der Marktpreismanipulation durch das Vierte Finanzmarktförderungsgesetz, BB 2002, 1874; *Assmann,* Übernahmeangebote im Gefüge des Kapitalmarktrechts, insbesondere im Lichte des Insiderrechts, der Ad hoc-Publizität und des Manipulationsverbots, ZGR 2002, 697; *Austin* Unusual Trade or Market Manipulation? How Market Abuse Is Detected by Securities Regulators, Trading Venues and Self-Regulatory Organizations, (2015) 1 Oxford Journal of Financial Regulation 1; *Band/Hopper* Market Abuse – a developing Jurisprudence, J.I.B.L.R. (2007) 231; *Barnert* Deliktischer Schadensersatz bei Kursmanipulation de lege lata und de lege ferenda, WM 2002, 1478; *Barnes* Insider Dealing and Market Abuse: The UK's Record on Enforcement, 39(3) International Journal of Law, Crime and Justice, Fraud, Corruption and the Financial Crisis 174 (2011); *Bator* Marktmanipulation im Entwurf zum Finanzmarktnovellierungsgesetz – unionsrechtskonform?, BKR 2016, 1; *Bisson/Kunz* Die Kurs- und Marktpreismanipulation nach In-Kraft-Treten des Gesetzes zur Verbesserung des Anlegerschutzes vom 28.10.2003 und der Verordnung zur Konkretisierung des Verbots der Marktmanipulation vom 1.3.2005, BKR 2005, 185; *Bolina* Market Manipulation and Insider Dealing in the New Market Abuse Directive (2003/6/EC), Euredia 2001/02, 555; *Brammsen* Marktmanipulation (§ 38 Abs. 2 WpHG) „über die Bande" – das perfekte „Delikt"? WM 2012, 2134; *Bremer* Neues EU-Marktmissbrauchsrecht in Kraft getreten, NZG 2014, 816; *Brutti* La Manipolazione Degli Indici Finanziari: Un Illecito in Cerca Di Identità (Manipulation of Financial Indices: A Wrongful Act in Search for Identity), La Nuova Giurisprudenza Civile Commentata, 2013, 302; *Bueren* Kopplung und Kursstabillisierung bei Neuemission zwischen Kapitalmarkt- und Kartellrecht, WM 2013, 585; *Cumming/Groh/Johan* Same Rules, Different Enforcement: Market Abuse in Europe, 2016, http://papers.ssrn.com/abstract=2399064; *Dreyling* Die Umsetzung der Marktmissbrauchs-Richtlinie über Insider-Geschäfte und Marktmanipulation, Der Konzern 2005, 1; *van Dyck* The Review of the Market Abuse Regime in Europe, 2010, http://papers.ssrn.com/sol3/papers.cfm?abstract_id=1558342; *Eichelberger* Zur Verfassungsmäßigkeit von § 20 a WpHG, ZBB 2004, 296; *ders.* Manipulation ohne Absicht? Die subjektive Komponente bei dem Verbot der Marktmanipulation (§ 20 a WpHG), WM 2007, 2046; *Ekkenga* Kurspflege und Kursmanipulation nach geltendem und künftigem Recht, WM 2002, 317; *ders.* Fragen der deliktischen Haftungsbegründung bei Kursmanipulationen und Insidergeschäften, ZIP 2004, 781; *Engelen* Structural Problems in the Design of Market Abuse Regulations in the EU, 19 Journal of Interdisciplinary Economics 57 (2007); *Fleischer* Das Vierte Finanzmarktförderungsgesetz, NJW 2002, 2977; *ders.* Empfiehlt es sich, im Interesse des Anlegerschutzes und zur Förderung des Finanzplatzes Deutschland das Kapitalmarkt- und Börsenrecht neu zu regeln?, Gutachten F für den 64. DJT; *ders.* Statthaftigkeit und Grenzen der Kursstabilisierung, ZIP 2003, 2045; *ders.* Scalping zwischen Insiderdelikt und Kursmanipulation, DB 2004, 51; *ders.* Stock-Spams – Anlegerschutz und Marktmanipulation, ZBB 2008, 137; *Fleischer/Bueren* Die Libor-Manipulation zwischen Kapitalmarkt- und Kartellrecht, DB 2012, 2561; *dies.* Cornering zwischen Kapitalmarkt- und Kartellrecht, ZIP 2013, 1253; *Fleischer/Schmolke* Gerüchte im Kapitalmarktrecht, AG 2007, 841; *Forst* Ist der Hochfrequenzhandel in der Europäischen Gemeinschaft gestattet?, BKR 2009, 454; *Gargantini* Public Enforcement of Market Abuse Bans. The ECtHR Grande Stevens Decision, 1 Journal of Financial Regulation 149 (2015); *Geber/Megede* Aktienrückkauf – Theorie und Kapitalmarktpraxis unter Beachtung der „Safe-harbor-Verordnung", BB 2005, 186; *Gehrmann* Anmerkungen zum strafbewehrten Verbot der handelsgestützten Marktmanipulation, WM 2016, 542; *Graßl* Die neue Marktmissbrauchsverordnung der EU – Neuregelung des gesamten europäischen Marktmissbrauchsrechts, DB 2015, 2066; *Grüger* Kurspflegemaßnahmen durch Banken – Zulässige Marktpraxis oder Verstoß gegen das Verbot der Marktmanipulation nach § 20a Abs. 1 WpHG?, BKR 2007, 437; *ders.* Verstoß gegen Lock-up-Vereinbarungen – sanktionslose Veräußerung (Versilbern) des Aktienbesitzes durch Aktionäre entgegen einer Stillhaltevereinbarung, BKR 2008, 101; *ders.* Kurspflegemaßnahmen durch den Erwerb eigener Aktien – Verstoß gegen das Verbot der Marktmanipulation nach § 20a WpHG?, BKR 2010, 221; *ders.* Veräußerung von Aktien entgegen einer Lock-up-Vereinbarung – Bedeutung und Funktion von Lock-up-Vereinbarungen sowie Konsequenzen des Verstoßes gegen Lock-up-Vereinbarungen, WM 2010, 247; *Haynes* The burden of proof in market abuse cases, 20(4) Journal of Financial Crime 365 (2013); *Hellgardt* Fehlerhafte Ad-hoc-Publizität als strafbare Marktmanipulation, ZIP 2005, 2000; *Herlin-Karnell* White-collar crime and European financial crises: getting tough on EU market abuse, (2012) 37 ELR 481; *Kasiske* Marktmissbräuchliche Strategien im Hochfrequenzhandel WM 2014, 1933; *Kert* Vorschläge für neue EU-Instrumente zur (strafrechtlichen) Bekämpfung von Insiderhandel und Marktmanipulation, NZWiSt 2013, 252; *Kiefner/Happ* Zulässigkeit von Standstill und Lock-up Agreements bei der Aktiengesellschaft, ZIP 2015, 1811; *Kiesewetter/Parmentier* Verschärfung des Marktmissbrauchsrechts – ein Überblick über die neue EU-Verordnung über Insidergeschäfte und Marktmanipulation, BB 2013, 2371; *Klöhn* Marktmanipulation auch bei kurzfristiger Kursbeeinflussung – das „IMC Securities“- Urteil des EuGH, NZG 2011, 934; *Knauth* Kapitalanlagebetrug und Börsendelikte im zweiten Gesetz zur Bekämpfung der Wirtschaftskriminalität, NJW 1987, 28; *ders./Käsler* § 20 a WpHG und die Verordnung zur Konkretisierung des Marktmanipulationsverbots (MaKonV), WM 2006, 1041; *Kobbach* Regulierung des algorithmischen Handels durch das neue Hochfrequenzhandelsgesetz: Praktische Auswirkungen und offene rechtliche Fragen, BKR 2013, 233; *Krämer/Hess* Zulässigkeit und Grenzen der Kursstabilisierung bei Aktienplazierungen, The International Lawyer, FS Döser 1999, S. 171; *Krause* Kapitalmarktrechtliche Compliance: neue Pflichten und drastisch verschärfte Sanktionen nach der EU-Marktmissbrauchsverordnung, CCZ 2014, 248; *Kudlich* Zur Frage des erforderlichen Einwirkungserfolgs bei handelsgestützten Marktpreismanipulationen wistra 2011, 361; *ders.* Börsen-Gurus zwischen Zölibat und Strafbarkeit – Scalping als Straftat? JR 2004, 191; *Kutzner* Das Verbot der Kurs- und Marktpreismanipulation nach § 20 a WpHG – Modernes Strafrecht?, WM 2005, 1401; *Langenbucher* In Brüssel nichts Neues? – Der „verständige Anleger“ in der Marktmissbrauchsverordnung, AG 2016, 417; *Ledgerwood* Triggers and Targets: The Anatomy of Market Manipulation, 2011 http://papers.ssrn.com/sol3/papers.cfm?abstract_id=1893225; *Ledgerwood/Harris* Comparison of Anti-Manipulation Rules in US and EU Electricity and Natural Gas Markets: A Proposal for a Common Standard, 33 Energy LJ 1 (2012); *Lenenbach* Scalping: Insiderdelikt oder Kursmanipulation?, ZIP 2003, 243; *Lenzen* Das neue Recht der Kursmanipulation, ZBB 2002, 279; *dies.* Reform des Rechts zur Verhinderung der Börsenkursmanipulation, WM 2000, 1131; *Leppert/Stürwald* Aktienrückkauf und Kursstabilisierung – Die Safe-Harbour-Regelungen der Verordnung (EG) Nr. 2273/2003 und der KuMaKV, ZBB 2004, 302; *von der Linden* Das neue Marktmissbrauchsrecht im Überblick, DStR 2016, 1036; *Mayhew* Market Abuse: Developing a Law for Europe, (2006) 3 ECL 215; *Mayhew/Anderson* Whither Market Abuse (in a more principles-based regulatory world), (2007) 22 J.I.B.L.R. 515; *Meyer* Neue Entwicklungen bei der Kursstabilisierung, AG 2004, 289; *Möllers* Die Neuregelung des Verbots der Kurs- und Marktpreismanipulation im Vierten Finanzmarktförderungsgesetz, WM 2002, 309; *Otto* Die strafrechtliche Erfassung von Marktmanipulationen im Wertpapierhandel, wistra 2011, 401; *Parmentier* Die Verhandlung eines Rechtssetzungsvorschlags, BKR 2013, 133; *Pfüller/Anders* Die Verordnung zur Konkretisierung des Verbotes der Kurs- und Marktpreismanipulation nach § 20 a WpHG, WM 2003, 2445; *Poelzig* Insider- und Marktmanipulationsverbot im neuen Marktmissbrauchsrecht, NZG 2016, 528; *Putniņš* Market Manipulation: A Survey, 26 Journal of Economic Surveys 952 (2012); *Renz/Leibold* Die neuen strafrechtlichen Sanktionsregelungen im Kapitalmarktrecht, CCZ 2016, 157; *Reynolds/Rutter* Market Abuse – A Pan-European Approach, 12 Journal of Financial Regulation and Compliance 306 (2004); *Schäfer* Zulässigkeit und Grenzen der Kurspflege, WM 1999, 1345; *ders.* Marktpflege im Primär- und Sekundärmarkt und das Recht zur Verhinderung von Börsenkursmanipulationen, in Schwintowski (Hrsg.) Entwicklungen im deutschen und europäischen Wirtschaftsrecht (Immenga-Symposium), 2001, 63; *Scheible/Kaufmann* Marktpreismanipulation im Rechtsvergleich zwischen Deutschland und den USA, NZWiSt 2014, 166; *Schmolke* Das Verbot der Marktmanipulation nach dem neuen Marktmissbrauchsregime. Ziele, Kennzeichen und Problemlagen der Neuregelung in Art. 12 f., 15 MAR, AG 2016, 434; *ders.* Private Enforcement und institutionelle Balance. Verlangt das Effektivitätsgebot des Art. 4 III EUV eine Schadensersatzhaftung bei Verstoß gegen Art. 15 MAR?, NZG 2016, 721; *Schröder* Strafrechtliche Risiken für den investigativen Journalismus? – Die Meinungs- und Pressefreiheit und das Wertpapierhandelsgesetz, NJW 2009, 465; *Schultheiß* Die Neuerungen im Hochfrequenzhandel, WM 2013, 596; *Schwark* Kurs- und Marktpreismanipulation, FS Kümpel 2003, S. 485; *Schwartz* Exclusion par manipulation des marchés de permis d'émission, Recherches économiques de Louvain 73 (2007) 95; *Seibt/Wollenschläger* Revision des Marktmissbrauchsrechts durch die Marktmissbrauchsverordnung und Richtlinie über strafrechtliche Sanktionen für Marktmanipulation, AG 2014, 593; *Söhner* Insiderhandel und Marktmanipulation durch Geheimdienste – Informationen in Zeiten von PRISM und ihre Nutzung, KJ 2015, 56; *Sorgenfrei* Zum Verbot der Kurs- oder Marktpreismanipulation nach dem 4. Finanzmarktförderungsgesetz, wistra 2002, 321; *Staikouras* Four Years of MADness? – The New Market Abuse Prohibition Revisited: Integrated Implementation Through the Lens of a Critical, Comparative Analysis, (2008) EBLR, 775; *Stemper* Marktmissbrauch durch Ratingagenturen?, WM 2011, 1740; *Streinz/Ohler*

§ 20 a WpHG in rechtsstaatlicher Perspektive – europa- und verfassungsrechtliche Anforderungen an das Verbot von Kurs- und Marktpreismanipulationen, WM 2004, 1309; *Stüber* Bekanntmachungen von durchgeführten Transaktionen im Rahmen von Mitarbeiterprogrammen nach der Safe Harbor-VO, ZIP 2015, 1374; *Sturm* Die kapitalmarktrechtlichen Grenzen journalistischer Arbeit, ZBB 2010, 20; *Teigelack* Insiderhandel und Marktmanipulation im Kommissionsentwurf einer Marktmissbrauchsverordnung, BB 2012, 1361; *ders./Dolff* Kapitalmarktrechtliche Sanktionen nach dem Regierungsentwurf eines Ersten Finanzmarktnovellierungsgesetzes – 1. FimanoG, BB 2016, 387; *Thel* Regulation of Manipulation under Section 10(b): Security Prices and the Text of the Securities Exchange Act of 1934, Columb. Bus. L. Rev. 1988, 359; *Tissen* Die Investorensuche im Lichte der EU-Marktmissbrauchsverordnung, NZG 2015, 1254; *Tountopoulos* Market Abuse and Private Enforcement, (2014) 11 ECFR 297; *Tripmaker* Der subjektive Tatbestand des Kursbetrugs, wistra 2002, 288; *Trüg* Ist der Leerverkauf von Wertpapieren strafbar?, NJW 2009, 3202; *ders.* Neue Konturen der Rechtsprechung zur strafbaren Marktmanipulation, NJW 2014, 1346; *Trüg* Gebotene Bestimmtheit und Taterfolg der strafbaren Marktmanipulation, NZG 2016, 820; *ders.* Umfang und Grenzen des Scalping als strafbare Marktmanipulation, NStZ 2014, 558; *Varnholt* Kursmanipulation: Eine Typologie aus finanzmarkttheoretischer Sicht, Finanzmarkt und Portfolio Management 7 (1993), 459; *Veil/Koch* Auf dem Weg zu einem Europäischen Kapitalmarktrecht – die Vorschläge der Kommission zur Neuregelung des Marktmissbrauchs, WM 2011, 2297; *Ventoruzzo* When Market Abuse Rules Violate Human Rights: Grande Stevens v. Italy and the Different Approaches to Double Jeopardy in Europe and the US, (2015) 16 EBOR 145; *Vogel* Kurspflege: Zulässige Kurs- und Marktpreisstabilisierung oder straf– bzw. ahndbare Kurs- und Marktpreismanipulation?, WM 2003, 2437; *ders.* Scalping als Kurs- und Marktpreismanipulation, NStZ 2004, 252; *M. Weber* Kursmanipulationen am Wertpapiermarkt, NZG 2000, 113; *ders.* Konkretisierung des Verbotes der Kurs- und Marktpreismanipulation, NZG 2004, 23; *Weishaar/Woerdman* Auctioning EU ETS Allowances: An Assessment of Market Manipulation from the Perspective of Law and Economics, 3 Climate Law 247 (2012); *Ziouvas* Vom Börsen- zum Kapitalmarktstrafrecht? Zur Strafschutzbedürftigkeit des außerbörslichen Kapitalmarktes auf der Grundlage der Neuregelung des Kursmanipulationsverbots, wistra 2003, 13; *ders.* Das neue Recht gegen Kurs- und Marktpreismanipulation im 4. Finanzmarktförderungsgesetz, ZGR 2003, 113.

Vgl. auch **allgemeines Literaturverzeichnis oben** vor Rn 520. **Ältere Literatur** vgl. auch Ebenroth/Boujong/Joost/Strohn/*Grundmann* HGB – Handelsgesetzbuch, Bd. 2 – Bankrecht VI (1. Aufl. 2001, 2. Aufl. 2009).

Übersicht

Rn

I. **Marktmanipulationsverbote: Herkunft und Ziele (mit Ökonomik)** 431
   1. Herkunft 431
   2. Ziele (mit ökonomischer Theorie) . . . 434

II. **Art. 12, 15, Anh. I MAR: Manipulationstatbestände und Verbote** 438
   1. Überblick und Verbot (Art. 15 MAR) . 439
   2. Anwendungsbereich (Art. 12 iVm Art. 3 MAR) 440
      a) Erfasste „Vermögenswerte" 441
      b) Normadressaten (persönlicher und räumlicher Anwendungsbereich) (u.a Art. 12 Abs. 4 MAR) 443
   3. Objektiver Tatbestand der Kurs- und Marktpreismanipulation (Art. 12 Abs. 1 und 3 MAR) 444
      a) Manipulation durch (unterlassene) Information (Abs. 1 lit. c), d)) 445
      b) Manipulation durch Handelsaktivität (Geschäfte oder Aufträge) (Abs. 1 lit. b) und Abs. 3, 4 / Anh. I B) 454
      c) Manipulation durch sonstige Täuschungshandlungen) (Abs. 1 lit. a) und Abs. 3, 4 / Anh. I A) . . . 457
   4. Vorsatzerfordernis 459
   5. Regelbeispiele (Art. 12 Abs. 2 MAR) . 460
      a) Sicherung von marktbeherrschender Stellung (lit. a)) 461
      b) Ausnutzung von Stop-Orders (zu Handelsbeginn/-schluss) (lit. b)) . . 463
      c) Ausnutzung von Massenaufträgen, namentlich im algorithmischen und Hochfrequenzhandel (lit. c)) 464
      d) Ausnutzung eigener Empfehlungen (insbes. Scalping) (lit. d)) 467
      e) Handelsgestützte Beeinflussung des Auktionsclearingpreises bei Emissionszertifikaten (lit. e)) 468

III. **Art. 13 MAR: Gestattungen – Zulässige Marktpraktiken** 469
   1. Zulässige Marktpraktiken – Prozeduraler Rahmen für die *nationalen* Marktpraktiken (Abs. 2 bis 11) 470

Rn
a) Nationale Festsetzung zulässiger Praktiken und Wirkung (Abs. 2) . . 470
b) Kooperative Festsetzungsprozedur – mit Europäischem Konfliktlösungsmechanismus (Abs. 3–6 und 8–11) . 473
2. Zulässige Marktpraktiken – Materielle Kriterien (Abs. 1 und 2 iVm Abs. 7) . . 475
3. Verhältnis zu „safe harbours" nach Art. 5 MAR 478
4. Verhältnis zur Privilegierung des Journalismus nach Art. 21 MAR 481
IV. **Art. 16 MAR: Präventionspflichten betreffend *Marktbetreiber* und *Wertpapierfirmen*** 482

I. Marktmanipulationsverbote: Herkunft und Ziele (mit Ökonomik)

1. Herkunft. Ein Marktmanipulationsverbot wurde Anfang der 2000er Jahre – auf Europäischer wie deutscher Ebene – mit vergleichbarem Anwendungsbereich und auch mit **ähnlicher Zielsetzung wie die Insiderverbote** eingeführt, nach diesen als das **zweite Kernstück des Marktintegritätsrechts** – parallel zu einer moderaten Fortentwicklung auch des Insiderrechts (vgl. oben Rn 332). Den Anfang machte der deutsche Gesetzgeber mit dem **Vierten Finanzmarktförderungsgesetz** vom Juni 2002 (oben Rn 13), während der Diskussion der **EG-Marktmissbrauchs-Richtlinie (MAD I)**, und mit einem Verbot von ähnlichem Zuschnitt wie das wenig später in der EG-Richtlinie verabschiedete Marktmanipulationsverbot. Seit Erlass der MAD I stellte der (hierfür nur peripher angepasste) § 20a WpHG dann den Umsetzungsakt zu Art. 5 MAD I dar. Zielsetzung und Konzeption von Richtlinienregel und Umsetzung entsprachen sich. Insbesondere enthielten beide Rechtsakte (im Gegensatz zu ihren rechtsvergleichenden Vorläufern)[1097] eine Definition des Begriffs der Marktmanipulation, die überdies ganz ähnlich strukturiert war (dazu sogleich noch als Hintergrund für die heutige Regelung). Die Reichweite des Verbotstatbestands bedurfte allerdings auf Grund der Innovationskraft der Kapitalmarktteilnehmer fortlaufender Konkretisierung. Europäischer und deutscher Gesetzgeber haben deshalb (wiederum im Gleichlauf) Exekutivorganen weitreichende Befugnisse zum **Erlass weiterer Durchführungsrechtsakte** eingeräumt. Auf dieser Grundlage erließ die Kommission in Zusammenarbeit mit dem *Committee of European Securities Regulators* (*CESR*) (heute European Securities and Markets Authority, ESMA) die sog. EG-Marktmissbrauchs-Definitions-RL,[1098] die EG-Anlageempfehlungs-RL,[1099] die EG-Marktpraxis-RL[1100] und die **431**

1097 Näher insbesondere zum Fehlen einer Definition im US-amerikanischen Kapitalmarktrecht: *Avgouleas,* The Mechanics and Regulation of Market Abuse, 105 f. („serious breakthrough"); zum Vergleich mit den USA wieder *Scheible/Kauffmann* NZWiSt 2014, 166.

1098 Richtlinie 2003/124/EG der Kommission vom 22.12.2003 zur Durchführung der Richtlinie 2003/6/EG des Europäischen Parlaments und des Rates betreffend die Begriffsbestimmung und die Veröffentlichung von Insider-Informationen und die Begriffsbestimmung der Marktmanipulation, ABl.EG 2003 L 339/70; aufgehoben nach Art. 37 MAR zum 3.7.2016.

1099 Richtlinie 2003/125/EG der Kommission vom 22.12.2003 zur Durchführung der Richtlinie 2003/6/EG des Europäischen Parlaments und des Rates in Bezug auf die sachgerechte Darbietung von Anlageempfehlungen und die Offenlegung von Interessenkonflikten, ABl.EG 2003 L 339/73; aufgehoben nach Art. 37 MAR zum 3.7.2016.

1100 Richtlinie 2004/72/EG der Kommission vom 29.4.2004 zur Durchführung der Richtlinie 2003/6/EG des Europäischen Parlaments und des Rates – Zulässige Marktpraktiken, Definition von Insider-Informationen in Bezug auf Warenderivate, Erstellung von Insider-Verzeichnissen, Meldung von Eigengeschäften und Meldung verdächtiger Transaktionen, ABl.EG 2004 L 162/70; aufgehoben nach Art. 37 MAR zum 3.7.2016.

EG-Durchführungs-VO (EG) 2273/2003 zu Rückkauf- und Stabilisierungsmaßnahmen,[1101] das Bundesministerium der Finanzen folgte mit der sog. Marktmanipulations-Konkretisierungsverordnung (MaKonV),[1102] die in der Sache und meist selbst in der Diktion den europäischen Vorgaben folgte.

432 Heute sind diese Regelwerke abgelöst durch Art. 12 f. und 15 MAR (Aufhebung durch Art. 37 MAR). In Kraft getreten ist diese Verordnung – gemeinsam mit einer flankierenden Richtlinie zu den strafrechtlichen Sanktionen (nächste Rn) – am 2.7.2014.[1103] Alle materiell-rechtlichen Vorschriften gelten seit 3.7.2016 unmittelbar (Art. 39 Abs. 2 MAR), zu diesem Zeitpunkt war auch die EU-Marktmissbrauch-Richtlinie (MAD II oder Crim-MAD) umzusetzen (näher, auch zum Umsetzungsgesetz, oben Rn 81). Für sie sind bereits Durchführungs-Rechtsakte zu zentralen Fragen ergangen, namentlich den Indikatoren von Marktmanipulation, Schwellenwerten und Aufschub von Offenlegung und Handel während desselben sowie zu Stabilisierungs- und Rückkaufprogrammen und zulässigen Marktpraktiken.[1104] In allen zentralen Punkten entsprechen auch Art. 12 f. und 15 MAR dem damals gefundenen Konzept (und wieder fanden gerade die Konkretisierungsschritte in der deutschen Praxis auch erhebliches Gehör).[1105] Allerdings wurden zahlreiche Auslegungsregeln oder Verfeinerungen, die zunächst in den Erwägungsgründe zur MAD I und in den genannten Durchführungsrechtsakten zu finden waren, in den regelnden Teil der neuen Verordnung integriert. Der **regelnde Teil wurde ungleich reicher ausdifferenziert, gleichsam „kodifiziert"**. Alle vier genannten Durchführungsrechtsakte auf EG-

---

1101 Verordnung (EG) Nr. 2273/2003 der Kommission vom 22.12.2003 zur Durchführung der Richtlinie 2003/6/EG des Europäischen Parlaments und des Rates – Ausnahmeregelungen für Rückkaufprogramme und Kursstabilisierungsmaßnahmen, ABl.EG 2003 L 336/33.

1102 Verordnung zur Konkretisierung des Verbots der Marktmanipulation vom 1.3.2005, BGBl. 2005 I S. 515; geändert durch BGBl. 2011 I S. 3044 und zuletzt durch BGBl. 2013 I S. 1162; außer Kraft durch MAR zum 3.7.2016 und Aufhebung des § 20a WpHG durch das 1. FiMaNoG, BGBl. 2016 Teil I Nr. 31 S. 1519, vgl. *Poelzig* NZG 2016, 528 (530); *Buck-Heeb* Kapitalmarktrecht Rn 549, KölnKomm WpHG/*Mock* § 20a Rn 26, 1. FiMaMoG. Abdruck und Kommentierung der MaKonV etwa bei KölnKomm WpHG/*Stoll* Anh zu § 20 a (dort auch jeweils zum Einklang mit den europäischen Vorgaben); vgl. außerdem zu den europäischen Bezügen BR-Drucks. 18/05, S. 10.

1103 Nachw. zur EU-Marktmissbrauchs-Verordnung (596/2014/EU) und zur EU-Marktmissbrauchs-Richtlinie (2014/57/EU) oben Rn 251 Fn 683.

1104 Delegierte Verordnung (EU) 2016/522 der Kommission vom 17. Dezember 2015 zur Ergänzung der Verordnung (EU) Nr. 596/2014 des Europäischen Parlaments und des Rates im Hinblick auf eine Ausnahme für bestimmte öffentliche Stellen und Zentralbanken von Drittstaaten, die Indikatoren für Marktmanipulation, die Schwellenwerte für die Offenlegung, die zuständige Behörde, der ein Aufschub zu melden ist, die Erlaubnis zum Handel während eines geschlossenen Zeitraums und die Arten meldepflichtiger Eigengeschäfte von Führungskräften, ABl.EU 2016 L 88/1; Delegierte Verordnung (EU) 2016/1052 der Kommission vom 8. März 2016 zur Ergänzung der Verordnung (EU) Nr. 596/2014 des Europäischen Parlaments und des Rates durch technische Regulierungsstandards für die auf Rückkaufprogramme und Stabilisierungsmaßnahmen anwendbaren Bedingungen, ABl.EU 2016 L 173/34; Delegierte Verordnung (EU) 2016/908 der Kommission vom 26. Februar 2016 zur Ergänzung der Verordnung (EU) Nr. 596/2014 des Europäischen Parlaments und des Rates durch technische Regulierungsstandards für die Kriterien, das Verfahren und die Anforderungen für die Festlegung einer zulässigen Marktpraxis und die Anforderungen an ihrer Beibehaltung, Beendigung oder Änderung der Bedingungen für ihre Zulässigkeit, ABl.EU 2016 L 153/3.

1105 *Tissen* NZG 2015, 1254 (1254).

Ebene (Rn 425–428) wurden in diesem Zuge aufgehoben (Art. 37 MAR), ebenso die MaKonV.[1106] Insbesondere wurde die Definition des Marktmissbrauchs von einer bloßen Begriffsbestimmung zu einem Kernkonzept des Tatbestandes von Art. 12 MAR fortentwickelt, wurde in diesem eine umfangreiche Liste von Regelbeispielen ausgewiesen (Art. 12 Abs. 2 MAR) und wurden die Verbotsausnahmen oder gerechtfertigten Handlungsformen ebenfalls tatbestandlich spezifiziert, dies sogar in zwei Normen, Art. 13 MAR und hinsichtlich der Rückkauf- und Stabilisierungsprogramme – für Insider- und Manipulationsverbote gemeinsam im Allgemeinen Teil – in Art. 5 MAR. Zugleich wurde auch auf die Marktmanipulationsskandale (LIBOR und EURIBOR) reagiert, wobei die wohl noch wichtigere, strukturelle Reaktion erst 2016 mit der Benchmark-Verordnung erfolgte (unten Abschnitt 4), und mit der Wahl des Instruments einer EU-Verordnung für eine auch im innerstaatlichen Verkehr europaeinheitlich unmittelbare Anwendung optiert. Trotz dieser verstärkten Einheitlichkeit in der Anwendung ist angesichts der Offenheit der Tatbestandsmerkmale weiterhin der Rechtsvergleich[1107] auch in der konkreten Anwendung als Auslegungshilfe von Bedeutung.

Auf **Ebene der Sanktionen** bestand von Anfang an formal weniger Gleichlauf, weil **433**
das europäische Recht Durchsetzungsfragen – wie üblich – weitgehend ins Ermessen der Mitgliedstaaten stellte: Art. 14 MAD I verpflichtete lediglich zu geeigneten Verwaltungsmaßnahmen, enthielt sich jedoch (teils explizit) jeglicher Vorgaben zu straf- oder zivilrechtlichen Sanktionen.[1108] Die mitgliedstaatlichen Sanktionsregeln müssen lediglich (aber immerhin) dem allgemeinen europäischen Effektivitätsgrundsatz genügen.[1109] Auch unter der MAR blieben die **zivilrechtlichen Sanktionen** – und selbst die Frage, ob solche überhaupt begründet sind – **ganz ungeregelt**, und nach dem Gesagten auch die **strafrechtlichen Sanktionen ausgelagert** in einen (bloß harmonisierenden) eigenen Rechtssetzungsakt (vorige Rn). Wie für das Insiderrecht werden diese Frage anhand von § 38 WpHG erörtert, als Teil und als Annex zur individuellen Kundenbeziehung (unten 8. Teil).

2. Ziele (mit ökonomischer Theorie). Auch für die Marktmanipulationsverbote sind **434**
Effizienzfragen die zentralen,[1110] und wiederum treten die **beiden Hauptstränge** hervor, die für die Insiderverbote als rechtfertigend hervorgehoben wurden: Auch die Marktmanipulationsverbote können primär als Förderung einer effizienten rationalen Mittelallokation

---

1106 *Poelzig* NZG 2016, 528 (530); *Buck-Heeb* Kapitalmarktrecht Rn 549, KölnKomm WpHG/*Mock* § 20a Rn 26; 1. FiMaNoG, BGBl. 2016 I, S. 1519.

1107 *Altendorfer* Kursmanipulation am Wertpapiermarkt: Ein rechtsvergleichender Blick auf den Sanktionsbereich, in: Aicher/Kalss/Oppitz (Hrsg.) Grundfragen des neuen Börsenrechts, 1998, 207; KölnKomm WpHG/*Mock* § 20a Rn 59–69; auch *Scheible/Kauffmann* NZWiSt 2014, 166 (USA); vgl. auch *Schmolke* AG 2016, 434 (438 f.) (Art. 12, 15 MAR werden sich einer national „eingefärbten" Auslegung entziehen, der nationale „Figurenschatz" kann nicht mehr unbefangen herangezogen werden, systematische Argumente stünden gar nicht mehr zur Verfügung).

1108 Assmann/Schneider/*Vogel* Vor § 20 a WpHG Rn 14; KölnKomm WpHG/*Mock* § 20a Rn 34.

1109 Vgl. Art. 14 Abs. 1 S. 2 MAD I („wirksam, verhältnismäßig und abschreckend", direkt bezogen dort auf die Verwaltungsmaßnahmen); nähere Nachw. Dies gilt jedoch allgemein, also auch für straf- und zivilrechtliche Sanktionen: vgl. EuGH Urt. v. 21.9.1989 – Rs. 68/88 (*Kommission/Griechenland*), Slg. 1989, 2965 (2985); Urt. v. 10.7.1990 – Rs. C-326/88 (*Hansen*) Slg. 1990, I-2911 (2935); für weitere Einzelheiten etwa *Riesenhuber* Europäisches Vertragsrecht, 2. Aufl. 2006, Rn 220–225.

1110 Zur Marktmanipulation vgl. grundlegend *Avgouleas* The Mechanics and Regulation of Market Abuse – A Legal and Economic Analysis, Oxford 2005, S. 3–235.

verstanden werden, durchaus jedoch auch (und vom Europäischen Gesetzgeber wohl gar vorrangig) als vorbeugende Maßnahme gegenüber Irrationalitäten und Vertrauensverlust. Insgesamt ist jedoch die ökonomische Theoriebildung im Bereich der Marktmanipulationsverbote weniger ausdifferenziert als im Bereich der Insiderverbote, wichtiger (auch in der ökonomischen Diskussion) erscheint die konzeptionelle Durchdringung und Strukturierung des Verbots (dazu noch unten Rn 439).

435 Den einen Ausgangspunkt bildet: Das Verbot der Kurs- und Marktpreismanipulation dient der **Wahrung der Zuverlässigkeit und Wahrheit der Preisbildung** an Börsen und organisierten Märkten.[1111] Preise und Kurse sind die wichtigsten allgemeinen Signale für Werthaltigkeit einer Anlage (namentlich Rendite im Verhältnis zum Risiko). Nach der in der Ökonomik noch immer überwiegend verteidigten, jedenfalls jedoch auch ersichtlich vom Europäischen Gesetzgeber im Kapitalmarktrecht zugrunde gelegten Efficient Capital Market Hypothesis (Rn 67) reflektieren Kurse und Preise alle öffentlich zugänglichen Informationen über die Werthaltigkeit der Anlage. Sie bilden somit den zentralen Indikator für Anlageentscheidungen. Mit ihnen wird auch die Bedeutung völlig heterogener neuer Entwicklungen gemessen und dies in einer Form, dass sie miteinander vergleichbar erscheinen. Kurs- und Marktpreismanipulationen konterkarieren diese zentrale Funktion von Preisen und Kursen, indem sie falsche oder irreführende Informationen (oder sonstige Signale) verbreiten.[1112]

436 Kurs- und Marktpreismanipulationen können jedoch auch – allgemeiner – das **Vertrauen der Anleger** in die Integrität des Marktes beeinträchtigen. Der Europäische Gesetzgeber hebt hierauf bei Marktintegritätsregeln zentral ab (für den Marktmissbrauch und die Marktmanipulation der 2. und 44. Erw.grund der MAR). Vertrauensverlust kann – über die gestörte effiziente Mittelallokation (vorige Rn) hinaus – Anleger ganz von Investitionen in Kapitalmärkten abschrecken oder – wenn sie risikoavers reagieren bzw. das Maß der Manipulationen nicht einschätzen können – veranlassen überproportionale Risikoaufschläge zu verlangen.[1113] All dies kann die effizienteste Mischung zwischen Bankkrediten und Kapitalmarktmitteln, auch zwischen Fremd- und Eigenkapital in Unternehmen behindern. Beide Begründungsstränge tragen also die Überlegung, dass ein Verbot der Kurs- und Marktpreismanipulation die institutionelle **Funktionsfähigkeit der Wertpapiermärkte sichert (Funktionsschutz).**

[1111] Vgl. BT-Drucks. 14/8017 S. 176; *Renz/Leibold* CCZ 2016, 157 (165); *Buck-Heeb* Kapitalmarktrecht Rn 528; Fuchs/*Fleischer* Vor § 20a WpHG Rn 1; KölnKomm WpHG/*Mock* Rn 17; *Zetzsche* Enzyklopädie Europarecht, Bd. 6, § 7 C Rn 49.

[1112] Näher zu diesem Begründungsstrang speziell für Marktmanipulationsverbote aus der Sicht der ökonomischen Theoriebildung etwa *Gastineau/Jarrow* July/August 1991 Financial Analysts Journal 40; *Avgouleas* The Mechanics and Regulation of Market Abuse, S. 211–215; *Alexander* in: Caprio (Hrsg.), Handbook of Safeguarding Global Financial Stability, 2012, S. 381 (382); und in den juristischen Kontext übertragen etwa bei *Gehrmann* WM 2016, 542 (543, 545); *Poelzig* NZG 2016, 528 (536); *Moloney* EU Securities and Financial Markets Regulation, S. 741; KölnKomm WpHG/*Stoll* § 20a Rn 172, 200; *Zetzsche* Enzyklopädie Europarecht, Bd. 6, § 7 C Rn 50 f.; vgl. auch *Jarrow* 29 Journal of Financial and Quantitative Analysis 241 (250) (1994).

[1113] Zu diesen Gefahren aus der Sicht der ökonomischen Theoriebildung etwa *Avgouleas* The Mechanics and Regulation of Market Abuse – A Legal and Economic Analysis, Oxford 2005, S. 213; *Alexander* in: Caprio (Hrsg.), Handbook of Safeguarding Global Financial Stability, 2012, S. 381 (382); und in den juristischen Kontext übertragen etwa bei Fuchs/*Fleischer* Vor § 20a WpHG Rn 9–12; *Moloney* EU Securities and Financial Markets Regulation, S. 704 f.; KölnKomm WpHG/*Mock* § 20a Rn 5–20; *Zetzsche* Enzyklopädie Europarecht, Bd. 6, § 7 C Rn 50 f.

Mangels gesetzgeberischer Klarstellung ist allerdings umstritten, ob das Verbot der Kurs- und Marktpreismanipulation darüber hinaus auch den **Schutz des individuellen Anlegers**, genauer: den Schutz seines Vermögens, bezweckt.[1114] Ein entsprechender Schutzzweck hätte Einfluss auf die teleologische Auslegung der Norm (insbesondere bei der Beurteilung der Erheblichkeit), wäre aber vor allem Grundvoraussetzung für **potenzielle Schadensersatzansprüche** im Rahmen von § 823 Abs. 2 BGB.[1115] Nach praktisch einhelliger Meinung beschränkte sich der Schutzzweck von § 88 BörsG aF, der Vorgängerregelung des § 20a WpHG, ausschließlich auf den Funktionsschutz; der Schutz individueller Vermögensinteressen hingegen galt allenfalls als (mittelbarer) Rechtsreflex.[1116] Der Schutzcharakter der Regelung könnte sich indes bereits als Folge ihrer Einfügung in das WpHG geändert haben, und zwar vor allem wegen des dann veränderten gesetzessystematischen Zusammenhangs.[1117] Vor allem jedoch traten seit der Reformbewegung Anfang der 2000er Jahre in ganz anderem Maße Anlegerschutzerwägungen in der Vordergrund und dies seitens des deutschen Gesetzgebers (bei der Schaffung und Reform des § 20a WpHG durch das Vierte Finanzmarktförderungsgesetz und das Anlegerschutzverbesserungsgesetz),[1118] vor allem jedoch und in tendenziell noch stärkerem Maße (als der hervorragende Gesichtspunkt!) seitens des Europäischen Gesetzgebers, zuerst durch die entsprechende Hervorhebung im 12. und 15. Erwägungsgrund der MAD I, heute durch die Hervorhebung in den oben zitierten Erwägungsgründen der MAR (zur Relevanz vgl. Rn 272, 400). Letzte Sicherheit in dieser Frage wird jedoch erst eine Vorlage an den EuGH bringen können. 437

1114 Für Individualschutz: *Altenhain* BB 2002, 1874 (1875) = NJW 2004, 2664 (2665); *Ekkenga* ZIP 2004, 781; *Henze* FS Schwark, S. 425 (429); *Leisch* ZIP 2004, 1573 (1578); *Lenzen* ZBB 2002, 279 (284); *Möllers* ZBB 2003, 390 (400), KölnKomm WpHG/*Mock* § 20a Rn 473–488, differenzierend: Assmann/Schneider/*Vogel* § 20a WpHG Rn 26–31; ablehnend: *Barnert* WM 2002, 1473 (1483); *Groß* WM 2002, 477 (484); *Kort* AG 2005, 21 (23); *Maier-Reimer/Weberling* WM 2002, 1857 (1864); *Rützel* AG 2003, 69 (79); *Schuster* ZHR 167 (2003), 193 (215); *Schmolke* NZG 2016, 721; *ders.* AG 2016, 434 (439 f., 445); *Schwark*/Zimmer § 20a WpHG Rn 7; *Schwark* FS Kümpel 2003, S. 485 (498 f.); *Spindler* WM 2004, 2089 (2091 f.).

1115 Gegen Schutzgesetzcharakter: BGH Urt. v. 19.7.2004 – II ZR 218/03, BGHZ 160, 134 (139 ff.) = NJW 2004, 2264 (2265); BGH (Fn 911), WM 2012, 303 = NJW 2012, 1800 (IKB); BVerfG Beschl. v. 24.9.2002 – 2 BvR 742/02, ZIP 2002, 1986 (1986 f.); näher Assmann/Schütze/*Worms* § 10 Rn 77; Assmann/Schneider/*Vogel* § 20 a WpHG Rn 27–31 (selbst differenzierend); aA. wie hier etwa *Hellgardt* AG 2012, 154 (160 f.).

1116 Vgl. nur *Groß* WM 2002, 477 (484); *Schwark* (2. Aufl.) § 88 BörsG Rn 1 sowie aus der Rspr. OLG München Urt. v. 1.10.2002 – 30 U 855/01, NJW 2003, 144; Schutzcharakter offen gelassen von OLG München Urt. v. 14.5.2002 – 30 U 1021/01, ZIP 2002, 1727; aA. LG Augsburg Urt. v. 24.9.2001 – 3 O 4995/00, NJW-RR 2001, 1705.

1117 Zu diesen Überlegungen KölnKomm WpHG/*Mock* § 20a Rn 476; deutlich skeptischer: Assmann/Schneider/*Vogel* § 20a WpHG aA. Rn 31; *Schwark*/Zimmer § 20a WpHG Rn 7; ablehnend BGH (Fn 1115), BGHZ 160, 134 (139 f.) = NJW 2004, 2664 (2665) (Infomatec).

1118 BT-Drucks. 14/8017 S. 62 f.; BT-Drucks. 15/3174 S. 26. Vgl. auch KölnKomm WpHG/*Mock* § 20a Rn 476; Assmann/Schneider/*Vogel* § 20a WpHG Rn 30.

438 **II. Art. 12, 15, Anh. I MAR: Manipulationstatbestände und Verbote**

Artikel 12
Marktmanipulation

(1) Für die Zwecke dieser Verordnung umfasst der Begriff „Marktmanipulation" folgende Handlungen:

a) Abschluss eines Geschäfts, Erteilung eines Handelsauftrags sowie jede andere Handlung, die
   i) falsche oder irreführende Signale hinsichtlich des Angebots, der Nachfrage oder des Preises eines Finanzinstruments, eines damit verbundenen Waren-Spot-Kontrakts oder eines auf Emissionszertifikaten beruhenden Auktionsobjekts gibt oder bei der dies wahrscheinlich ist, oder
   ii) ein anormales oder künstliches Kursniveau eines oder mehrerer Finanzinstrumente, eines damit verbundenen WarenSpotKontrakts oder eines auf Emissionszertifikaten beruhenden Auktionsobjekts sichert oder bei der dies wahrscheinlich ist; es sei denn, die Person, die ein Geschäft abschließt, einen Handelsauftrag erteilt oder eine andere Handlung vornimmt, nach, dass das Geschäft, der Auftrag oder die Handlung legitime Gründe hat und im Einklang mit der zulässigen Marktpraxis gemäß Artikel 13 steht.

b) Abschluss eines Geschäfts, Erteilung eines Handelsauftrags und jegliche sonstige Tätigkeit oder Handlung an Finanzmärkten, die unter Vorspiegelung falscher Tatsachen oder unter Verwendung sonstiger Kunstgriffe oder Formen der Täuschung den Kurs eines oder mehrerer Finanzinstrumente, eines damit verbundenen Waren-Spot-Kontrakts oder eines auf Emissionszertifikaten beruhenden Auktionsobjekts beeinflusst oder hierzu geeignet ist;

c) Verbreitung von Informationen über die Medien einschließlich des Internets oder auf anderem Wege, die falsche oder irreführende Signale hinsichtlich des Angebots oder des Kurses eines Finanzinstruments, eines damit verbundenen Waren-Spot-Kontrakts oder eines auf Emissionszertifikaten beruhenden Auktionsobjekts oder der Nachfrage danach geben oder bei denen dies wahrscheinlich ist oder ein anormales oder künstliches Kursniveau eines oder mehrerer Finanzinstrumente, eines damit verbundenen Waren-Spot-Kontrakts oder eines auf Emissionszertifikaten beruhenden Auktionsobjekts herbeiführen oder bei denen dies wahrscheinlich ist, einschließlich der Verbreitung von Gerüchten, wenn die Person, die diese Informationen verbreitet hat, wusste oder hätte wissen müssen, dass sie falsch oder irreführend waren;

d) Übermittlung falscher oder irreführender Angaben oder Bereitstellung falscher oder irreführender Ausgangsdaten bezüglich eines Referenzwerts, wenn die Person, die die Informationen übermittelt oder die Ausgangsdaten bereitgestellt hat, wusste oder hätte wissen müssen, dass sie falsch oder irreführend waren, oder sonstige Handlungen, durch die die Berechnung eines Referenzwerts manipuliert wird.

(2) Als Marktmanipulation gelten unter anderem die folgenden Handlungen:

a) Sicherung einer marktbeherrschenden Stellung in Bezug auf das Angebot eines Finanzinstruments. damit verbundener Waren-Spot-Kontrakte oder eines auf Emissionszertifikaten beruhenden Auktionsobjekts oder die Nachfrage danach durch eine Person oder mehrere in Absprache handelnde Personen mit der tatsächlichen oder wahrscheinlichen Folge einer unmittelbaren oder mittelbaren Festsetzung des Kaufs- oder Verkaufspreises oder anderen unlauteren Handelsbedingungen führt oder hierzu geeignet ist;

b) Kauf oder Verkauf von Finanzinstrumenten bei Handelsbeginn oder bei Handelsschluss an einem Handelsplatz mit der tatsächlichen oder wahrscheinlichen Folge, dass Anleger, die aufgrund der angezeigten Kurse, einschließlich der Eröffnungs- und Schlusskurse, tätig werden, irregeführt werden;
c) die Erteilung von Kauf- oder Verkaufsaufträgen an einen Handelsplatz, einschließlich deren Stornierung oder Änderung, mittels aller zur Verfügung stehenden Handelsmethoden, auch in elektronischer Form, beispielsweise durch algorithmische und Hochfrequenzhandelsstrategien, die eine der in Absatz 1 Buchstabe a oder b genannten Auswirkungen hat, indem sie
   i) das Funktionieren des Handelssystems des Handelsplatzes tatsächlich oder wahrscheinlich stört oder verzögert,
   ii) Dritten die Ermittlung echter Kauf- oder Verkaufsaufträge im Handelssystem des Handelsplatzes tatsächlich oder wahrscheinlich erschwert, auch durch das Einstellen von Kauf- oder Verkaufsaufträgen, die zur Überfrachtung oder Beeinträchtigung des Orderbuchs führen, oder
   iii) tatsächlich oder wahrscheinlich ein falsches oder irreführendes Signal hinsichtlich des Angebots eines Finanzinstruments oder der Nachfrage danach oder seines Preises setzt, insbesondere durch das Einstellen von Kauf- oder Verkaufsaufträgen zur Auslösung oder Verstärkung eines Trends;
d) Ausnutzung eines gelegentlichen oder regelmäßigen Zugangs zu den traditionellen oder elektronischen Medien durch Abgabe einer Stellungnahme zu einem Finanzinstrument, einem damit verbundenen Waren-Spot-Kontrakt oder einem auf Emissionszertifikaten beruhenden Auktionsobjekt (oder indirekt zu dessen Emittenten), wobei zuvor Positionen bei diesem Finanzinstrument, einem damit verbundenen Waren-Spot-Kontrakt oder einem auf Emissionszertifikaten beruhenden Auktionsobjekt eingegangen wurden und anschließend Nutzen aus den Auswirkungen der Stellungnahme auf den Kurs dieses Finanzinstruments, eines damit verbundenen Waren-Spot-Kontrakts oder eines auf Emissionszertifikaten beruhenden Auktionsobjekts gezogen wird, ohne dass der Öffentlichkeit gleichzeitig dieser Interessenkonflikt ordnungsgemäß und wirksam mitgeteilt wird;
e) Kauf oder Verkauf von Emissionszertifikaten oder deren Derivaten auf dem Sekundärmarkt vor der Versteigerung gemäß der Verordnung (EU) Nr. 1031/2010 mit der Folge, dass der Auktionsclearingpreis für die Auktionsobjekte auf anormaler oder künstlicher Höhe festgesetzt wird oder dass Bieter, die auf den Versteigerungen bieten, irregeführt werden.

(3) Für die Anwendung von Absatz 1 Buchstaben a und b und unbeschadet der in Absatz 2 aufgeführten Formen von Handlungen enthält Anhang I eine nicht erschöpfende Aufzählung von Indikatoren in Bezug auf die Vorspiegelung falscher Tatsachen oder sonstige Kunstgriffe oder Formen der Täuschung und eine nicht erschöpfende Aufzählung von Indikatoren in Bezug auf falsche oder irreführende Signale und die Sicherung des Herbeiführung bestimmter Kurse.

(4) Handelt es sich bei der in diesem Artikel genannten Person um eine juristische Person, so gilt dieser Artikel nach Maßgabe des nationalen Rechts auch für die natürlichen Personen, die an dem Beschluss, Tätigkeiten für Rechnung der betreffenden juristischen Person auszuführen, beteiligt sind.

(5) Der Kommission wird die Befugnis übertragen, gemäß Artikel 35 zur Präzisierung der in Anhang I festgelegten Indikatoren delegierte Rechtsakte zu erlassen, um deren Elemente zu klären und den technischen Entwicklungen auf den Finanzmärkten Rechnung zu tragen.

Artikel 15
Verbot der Marktmanipulation

Marktmanipulation und der Versuch hierzu sind verboten.

Vgl. auch Anh I unten Rn 545.

439 **1. Überblick und Verbot (Art. 15 MAR).** Das Marktmanipulationsverbot in Art. 12, 13 und 15 MAR ist nicht nur in den frühen 2000er Jahren flankierend zu den Insiderverboten hinzugekommen und bildet mit diesem seitdem den Kern desjenigen Teils des Marktverhaltensrechts, das zentral auf die Marktintegrität ausgerichtet ist. Das Verbot ist auch heute in der MAR – fast noch mehr als ursprünglich in der MAD I – **parallel zu den Insiderverboten** aufgebaut – dies mit **drei Teilen:** mit (i) der Definition des (wiederum selbst dreiteiligen) **Manipulationstatbestandes** (mit besonderem Augenmerk auf dem auch hier umstrittenen und teils unklaren Vorsatzerfordernis, Art. 12 Abs. 1 MAR) und einigen Spezifikationen, hier nun als Regelbeispielen (Art. 12 Abs. 2 und auch Anh. I MAR); sodann (ii) mit einer Norm zu den **erlaubten Handlungen** (Art. 13 MAR), mit der freilich dieselben weniger ausdifferenziert werden als vielmehr eine Prozedur etabliert wird, nach der (regionale) Marktpraktiken als rechtfertigend anerkannt werden können (Verweis auf die jeweilige Marktethik), und mit (iii) dem **Verbot selbst** (Art. 15 MAR). Der materielle Gehalt dieser Norm erschöpft sich darin, auch den **Versuch** dem Verbot zu unterstellen und unter Strafe zu stellen, dies hier **für jede Form der Marktmanipulation.** Ansonsten ist das Verbot in diesem Fall noch kürzer als in Art. 14 MAR: Es werden nicht einmal mehr die einzelnen Verbote zumindest aufgezählt (so Art. 14 MAR), sondern es wird umfassend auf Art. 12 f. MAR verwiesen. Daher bezieht sich der Kommentar auch nur auf Art. 12 und 13 MAR, nicht weiter auf Art. 15 MAR. Vergleichbar ist auch die Art, wie Fragen des Anwendungsbereiches behandelt werden:

440 **2. Anwendungsbereich (Art. 12 iVm Art. 3 MAR).** Auch Fragen des Anwendungsbereichs werden ähnlich behandelt wie bei den Insiderverboten: durch eine **Integration gewisser Prinzipien in die Verbotstatbestände** selbst, vor allem jedoch durch **Verweis auf den Allgemeinen Teil der Verordnung** (teils sogleich der Allgemeine Teil des gesamten Europäischen Kapitalmarktrechts). Dies sind namentlich die Regeln zu den Manipulationsinstrumenten (Finanzinstrumente und verbundene Instrumente) und zu den geschützten Märkten (Handelsplätzen iSv Art. 3 Abs. 1 Nr. 10 MAR iVm Art. 4 Abs. 1 NR. 24 MiFID II), also die Bestimmung des Anwendungsbereichs durch einen Verweis vor allem auf Art. 2 Abs. 1 1. UAbs. iVm Art. 3 Abs. 1 Nr. 1 und 6–8 MAR (5. Teil Rn 66–71 und 82 f. und oben Rn 274–290). Es werden also keine eigenen Definitionsnormen mehr speziell dem Recht der Manipulationsverbote vorangeschickt.

441 **a) Erfasste „Vermögenswerte".** Der sachliche Anwendungsbereich des Kurs- und Marktpreismanipulationsverbotes entspricht heute ganz dem der MAR insgesamt (bisher § 20a Abs. 1 S. 2 WpHG a.F.) und bezieht sich auf die in Art. 3 Abs. 1 Nr. 1 genannten **Finanzinstrumente,** die bestimmten Anforderungen genügen (bes. Zirkulationsfähigkeit) und die Wertpapiere (Aktien, Anleihen u.ä.), Geldmarktpapiere und OGAW-Anteile sowie Derivate umfassen, erstreckt sich jedoch **auch auf Waren**[1119] **und ausländische Zahlungs-**

[1119] Waren im kapitalmarktrechtlichen Sinne sind zum börsen- oder marktmäßigen Handel geeignete bewegliche Gegenstände einschließlich Edelmetalle: Assmann/Schütze/*Worms* § 10 Rn 79; *Schwark*/Zimmer 20a WpHG Rn 9.

mittel[1120]/[1121] sowie auch auf **Emissionsberechtigungen** (so schon seit 2009 § 20 Abs. 4 WpHG a.F.) sowie in der MAR gesamtwirtschaftliche Messgrößen (vgl. zu allem 5. Teil Rn 79–91 und oben Rn 276–286). Es handelt sich also um den oben erläuterten breiten Kranz an Instrumenten, es bleibt jedoch beim Prinzip der Einzelaufzählung. Gerade für die Marktmanipulations- und auch die Insiderverbote war ein vorher bestehender Auffangtatbestand wegen der Straf- und Bußgeldbewehrung in Deutschland auf verfassungsrechtliche Kritik gestoßen (Bestimmtheitsgebot).[1122]

Die Finanzinstrumente müssen zudem an **Handelsplätzen** handelbar sein, d.h. in geregelten Märkten, multilateralen oder organisierten Handelssystemen (vgl. näher 5. Teil Rn 66–71). Dies bedeutet die größte Ausdehnung im sachlichen Anwendungsbereich, die MAR mit sich brachte (bisher nur amtlicher Handel an Börsen, geregelten Märkten bzw. dem börslichen Freiverkehr, vgl. §§ 33, 48 BörsG, bzw. vergleichbaren Märkte im Ausland). Gerade für die Manipulationsverbote ist die zeitliche Ausdehnung wichtig, die wie schon nach bisherigem Recht vorgenommen wird, nun auf EU-Ebene: Um auch den gleichermaßen problematischen Marktmanipulationen bei Neuemissionen wirksam vorzubeugen, greift der Verbotstatbestand bereits ein, sobald ein Antrag auf Zulassung oder Einbeziehung lediglich gestellt ist (nach bisherigem deutschen Recht sogar: nur öffentlich angekündigt ist).[1123] Solange die betreffenden Finanzinstrumente eine dieser Anforderungen erfüllen, unterliegen nach Art. 2 Abs. 3 MAR jeweils auch außerbörslich vorgenommene Manipulationshandlungen dem Verbotstatbestand, weil auch sie die Funktionsfähigkeit der Wertpapiermärkte beeinträchtigen können.[1124] **442**

b) Normadressaten (persönlicher und räumlicher Anwendungsbereich) (u.a. Art. 12 Abs. 4 MAR). **Normadressat** des Verbots der Kurs- und Marktpreismanipulation ist grundsätzlich **jedermann**, soweit die Nichtachtung einer Informationspflicht gleichgestellt wird (vgl. unten Rn 445–453), nur der Informationsverpflichtete.[1125] Obwohl juristische Personen nicht Adressaten strafrechtlicher (wohl aber aufsichts- und zivilrechtlicher) Sanktionen sein können,[1126] richtet sich das Verbot auch gegen sie. Einige der Verbotstatbestände können ohnehin nur von ihnen verwirklicht werden (etwa: Handel in eigenen Aktien).[1127] Für die Organmitglieder und Mitarbeiter von Emittenten trifft Abs. 4 eine vergleichbare Regel wie Art. 8 Abs. 4 MAR für die Insiderverbote (vgl. daher oben **443**

1120 Ausländische Zahlungsmittel sind in Übereinstimmung mit der Legaldefinition in § 51 Abs. 2 BörsG neben ausländischen Geldsorten, Papiergeld, Banknoten („Devisen") auch Auszahlungen, Anweisungen und Schecks: Assmann/Schneider/*Vogel* § 20a WpHG Rn 43c; KölnKomm WpHG/*Mock* § 20a Rn 434.

1121 Diese beiden Kategorien wurden – nach dem Vorbild der deutschen Regelung – vor allem deshalb einbezogen, weil sie als sog. Underlying für Waren- und Devisenderivate geeignete Manipulationsobjekte sein können: BT-Drucks. 14/8017 S. 89; kritisch: *Eichelberger* Marktmanipulation S. 217.

1122 Assmann/Schneider/*Vogel* § 20a WpHG Rn 34; vgl. auch oben Rn 346.

1123 Assmann/Schneider/*Vogel* § 20a WpHG Rn 39; *Ziouvas* ZGR 2003, 113 (123).

1124 BT-Drucks. 14/8017, S. 89; *Schwark*/Zimmer § 20a WpHG Rn 11; KölnKomm WpHG/*Mock* § 20a Rn 142.

1125 Ausdrücklich solch eine Gleichstellung bisher in § 20a Abs. 1 Nr. 1 Alt. 2 WpHG a.F. Strafrechtlich insoweit als Sonderpflichtdelikt zu qualifizieren: Assmann/Schneider/*Vogel* § 20a WpHG Rn 55; vgl. auch KölnKomm WpHG/*Mock* § 20a Rn 123.

1126 *Seibt/Wollenschläger* AG 2014, 593 (606); *Teigelack/Dolff* BB 2016, 387 (391); *Buck-Heeb* Kapitalmarktrecht Rn 566; *Zetsche* in: Enzyklopädie Europarecht, Bd. 6, § 7 Rn 82.

1127 Assmann/Schneider/*Vogel* § 20a WpHG Rn 54; KölnKomm WpHG/*Mock* § 20a Rn 124.

Rn 369–375). Neben diesen kommen als Normadressaten jedoch auch institutionelle sowie private Anleger in Betracht, sowie Wertpapierdienstleister, Börsenhandelsteilnehmer aller Art, externe Analysten und Experten und auch Journalisten, letztere allerdings nur unter den Einschränkungen des Art. 21 MAR.[1128] In **räumlicher Hinsicht** gilt ebenfalls Vergleichbares wie bei den Insiderverboten: Die Norm ist nicht auf Sachverhalte beschränkt, bei denen sowohl Handlungs- als auch Erfolgsort in der EU bzw. – für deutsches Strafrecht – im Inland belegen sind. Das Verbot gilt stattdessen – allein unter der Voraussetzung, dass das Instrument in einer der genannten Formen in ein erfasstes Marktsegment in einem Mitgliedstaat einbezogen wurde – unabhängig vom Handlungsort, so dass beispielsweise auch Manipulationshandlungen an US-amerikanischen Börsen erfasst sein können, soweit die jeweiligen Finanzinstrumente auch in der EU gehandelt werden und (auch) der Kurs oder Marktpreis in der EU von der Manipulation betroffen ist (etwa beabsichtigt ist).[1129] Das entspricht dem Marktanknüpfungsprinzip im Internationalen Kapitalmarktrecht (vgl. allgemeiner oben Rn 289 f.).

444 **3. Objektiver Tatbestand der Kurs- und Marktpreismanipulation (Art. 12 Abs. 1 und 3 MAR).** Um die äußerst vielfältige und dynamische Praxis von Marktmanipulationen definitorisch zu fassen, rekurriert der Verbotstatbestand auf eine **Systematisierung**, die in der ökonomischen Literatur entwickelt wurde, und unterscheidet **informations-, handels- und handlungsgestützte Marktmanipulationen** (information, trade bzw. action based).[1130] Diese Reihenfolge wird zwar in der Verordnung umgekehrt: Hier werden erst im dritten Fall (erfasst von Art. 12 Abs. 1 lit. c MAR, früher § 20a Abs. 1 S. 1 Nr. 1 WpHG a.F.) Kurse bzw. Marktpreise durch Verbreitung unrichtiger oder irreführender Informationen beeinflusst, im zweiten (Art. 12 Abs. 1 lit. b) MAR, früher Nr. 2 WpHG a.F.) durch – effektive oder fiktive – Handelsaktivitäten, und im ersten (Art. 12 Abs. 1 lit. a) MAR, früher Nr. 3 WpHG a.F., zugleich Auffangtatbestand) durch jegliche andere Aktivitäten, die den inneren Wert des Finanzinstruments in irgendeiner anderen Weise betreffen. Dennoch überzeugt die in der ökonomischen Literatur entwickelte Ordnung mehr und ist daher Art. 12 Abs. 1 MAR – wie etwa § 138 BGB – sinnvollerweise **von hinten nach vorne zu lesen** (also in der Reihenfolge, in der die Tatbestände bisher in § 20a Abs. 1 WpHG a.F. aufgeführt waren). Denn alle drei Tatbestände verbindet im Kern die Unrichtigkeit der vermittelten Information, und diese **Information wird zunehmend verwässert und indirekt in lit. b) und lit. a)**. Sie ist direkt und unmittelbar angesprochen nur in lit. c) (und für einen Sonderfall in lit. d)) („Verbreitung von Informationen", informationsbasierte Manipulation). Sie wird schon nur noch indirekt vermittelt, als Signal, dieses jedoch hervorgerufen noch durch eine „Handlung an Finanzmärkten" in lit. b) (handelsbasierte Manipulation). Und schließlich wird die Information ebenfalls indirekt vermittelt, als Signal, nunmehr hervor-

---

[1128] Ausführlichere Übersicht über mögliche Normadressaten bei Assmann/Schneider/*Vogel* § 20a WpHG Rn 56. Näher zur Ausnahmeregelung für Journalisten: ebda. Rn 422; KölnKomm WpHG/*Mock* § 20a Rn 444–462; *Spindler* NZG 2004, 1138 (1139 f.) (Ausfluss der Pressefreiheit); und ausf. *Schröder* NJW 2009, 465 (468 f.); *Sturm* ZBB 2010, 20 (32–34); und unten Rn 543 f.

[1129] Näher (auch zur umgekehrten Konstellation): Assmann/Schneider/*Vogel* § 20a WpHG Rn 45–52.

[1130] Grundlegend *Allen/Gale* Review of Financial Studies 5 (2002), 503; vertieft bei *Varnholt* Finanzmarkt und Portfolio Management 1993, 459 (461 ff.); vgl. auch *Fleischer* DJT F 120; *Lenzen* Börsenkursbildung S. 33 f. sowie Assmann/Schneider/*Vogel* vor § 20a WpHG Rn 33–41; zu den Entdeckungsmethoden ausf. *Austin* (2015) 1 Oxford Journal of Financial Regulation 1.

gerufen durch (irgendeine) „Handlung" in **lit. a)** (**handlungsbasierte Manipulation**). Dieser ist sinnvollerweise zuletzt zu prüfen, zumal es sich hier auch um einen **Auffangtatbestand** handelt. Die geringere Schärfe in der tatbestandlichen Durchformung in lit. b) und noch verstärkt in lit. a) wird auch an dem Umstand offenbar, dass diese beiden subsidiären Formen der Tatbestandverwirklichung durch eigene Kriterienkataloge in Anh. I zu präzisieren waren, für lit. a) nochmals deutlich länger (Anh. I A) als für lit. b) (Anh. I B).

a) **Manipulation durch (unterlassene) Information (Abs. 1 lit. c), d))**. In Art. 12 Abs. 1 lit. c) MAR (bisher § 20a Abs. 1 S. 1 Nr. 1 WpHG a.F.) ist der Grundtatbestand zu sehen. Hier geht es um informationsgestützte Manipulation, also um irreführungsgeeignetes kommunikatives **Tun oder Unterlassen.** Unzweifelhaft auch unter MAR verboten ist die Irreführung durch **Tun** (bisher § 20a Abs. 1 S. 1 Nr. 1 *1. Alt.* WpHG a.F.), namentlich das Verbreiten unrichtiger oder irreführender Informationen (in § 20a WpHG „Machen ... von Angaben") über Umstände, die für die Bewertung eines Finanzinstruments (bzw. einer Ware oder eines ausländischen Zahlungsmittels) erheblich sind, sofern diese Angaben geeignet sind, auf den Börsen- oder Marktpreis eines dieser Vermögenswerte einzuwirken. Mit § 20a Abs. 1 Nr. 1 *2. Alt.* WpHG a.F. war dem gleichgestellt das Verschweigen solcher Umstände (**Unterlassen**) – es wurde also der aktiven Kundgabe gleichgestellt –, freilich nur, soweit eine Rechtspflicht zur Offenbarung besteht. Eine solche Gleichstellungsregel fehlt zwar in **Art. 12 Abs. 1 lit. c) MAR**. Da freilich andere nationale Markmanipulationsregime ebenfalls das Unterlassen dem Tun gleichstellen, wenn eine Rechtspflicht zur Veröffentlichung besteht,[1131] ist wohl auch Art. 12 Abs. 1 lit. c) MAR in diesem Sinne zu verstehen. **445**

Bei der **Marktmanipulation durch ein Tun** gehen die Kernfragen dahin, wie der Informationsbegriff zu verstehen ist, namentlich wann Informationen unrichtig bzw. irreführend sind und welche Anforderungen an das „Verbreiten" zu stellen sind. Der Begriff der **Information** ist grds. derselbe **wie im Bereich der Insiderverbote** (vgl. Kommentierung zu Art. 7 MAR), geht also unzweifelhaft über denjenigen der nachprüfbaren Tatsache hinaus und erfasst auch Prognosen und Bewertungen (ebenso bisher der Begriff der „Angabe", § 20a Abs. 1 S. 1 Nr. 1 WpHG a.F., in Anlehnung an § 264a StGB). Umstritten war im deutschen Recht, ob Angaben einen Tatsachenkern enthalten müssen oder ob auch reine **Werturteile** vom Verbotstatbestand erfasst sind.[1132] Zwingend ist heute ein Verständnis, das der Parallelität zu den Insiderverboten gerecht wird: Danach sind einbezogen jedenfalls präzise Informationen (etwa Prognosen von Vorstandsmitgliedern), also auch Werturteile. Anders als bisher sind auch **Gerüchte** nicht ganz ausgeschlossen (letzter Halbsatz). Jedoch sind solche ohne identifizierbaren Wahrheitskern jedenfalls nicht falsifizierbar (lit. c) letzter Halbsatz 1. Alt.) und in der Regel auch nicht irreführend (lit c) letzter Halbsatz 2. Alt.), weil sich verständige Anleger bei Investitionsentscheidungen nicht von Gerüchten ohne **446**

1131 So Irland: S.I. No. 342/2005 - Market Abuse (Directive 2003/6/Ec) Regulations 2005, Part 1, § 1(2), unter „act"; United Kingdom: Financial Services and Markets Act 2000, § 118(10); wohl auch Malta: Prevention of Financial Markets Abuse Act 2005, § 22(6). Demgegenüber jedenfalls nicht explizit in diesem Sinne die romanischen Länder.

1132 Tatsachenkern erforderlich: *Schwark*/Zimmer § 20a WpHG Rn 13, 15; *Möller* WM 2002, 309 (312); *Schönhöft* Marktmanipulation S. 56 f.; *M. Weber* NZG 2000, 113 (114); auch reine Werturteile: Assmann/Schneider/*Vogel* § 20a WpHG Rn 70; Assmann/Schütze/*Worms* § 9 Rn 106; KölnKomm WpHG/*Stoll* § 20a Rn 174 f.; *Lenzen* Börsenkursbildung S. 234; vgl. auch BGH Urt. v. 12.7.1982 – II ZR 175/81, NJW 1982, 2823 (2826) = WM 1982, 862 (865) (Prospekthaftung); für das Rating: *Stemper* WM 2011, 1740 (1744 f.) (selbst freilich die größere Bedeutung der Insiderhandelsverbote und die große Bedeutung der Präventivge- und -verbote in der EU-Rating-VO betonend).

jeglichen erkennbaren Tatsachenkern beeinflussen lassen.[1133] Ein Vorbehalt ist bei der Nutzung von Erkenntnissen zur Insiderinformation (Art. 7 MAR) auch für den Informationsbegriff bei der Marktmanipulation freilich schon im Ausgangspunkt zu machen: Dort wird ausdrücklich eine „präzise" Information verlangt und muss diese auch erhebliches Kursbeeinflussungspotential haben. Beides ist beim Konzept von „Information" im Rahmen des Marktmanipulationsverbots nicht der Fall. Es wird nur Irreführungspotential verlangt. Dennoch nähern sich beide Begriffe deswegen sehr an, weil die Einbeziehung jeglicher – auch gänzlich unpräziser – Information den Tatbestand ausufern lassen würde und weil bei vager, unpräziser Information auch das Irreführungspotential kaum einmal zu belegen sein wird, und weil umgekehrt für das Irreführungspotential, auch wenn eine Parallelregel zu Art. 7 Abs. 1 1. UAbs. MAR („verständiger Anleger") fehlt, es dennoch sich geradezu aufdrängt, diesen Standard auch im Rahmen des Marktmanipulationsverbots heranzuziehen (nächste Rn).[1134]

447 **Unrichtig** sind Informationen, die (eindeutig) nicht der Wahrheit entsprechen, also mehr als nur unvertretbar sind, sondern vielmehr nicht vorhandene Umstände als vorhanden oder umgekehrt vorhandene Umstände als nicht vorhanden darstellen.[1135] Unvertretbare und selbst unvollständige Angaben können jedoch **irreführend** sein, wenn sie „zwar inhaltlich richtig sind, jedoch auf Grund ihrer Darstellung beim Empfänger der Information eine falsche Vorstellung über den geschilderten Sachverhalt nahe legen".[1136] Die Qualifikation einer Angabe als irreführend hängt maßgeblich vom Empfängerhorizont ab, auf den abgestellt wird. In Anlehnung an die EuGH-Rechtsprechung zum unlauteren Wettbewerb[1137] liegt die Heranziehung der Formel des „durchschnittlich informierten, aufmerksamen und verständigen Durchschnittsanlegers" nahe, so dass die Irreführung lediglich flüchtiger Informationsempfänger nicht genügt.[1138] Die abschließende Passage (wie schon Art. 1 Nr. 2 lit. c) MAD I) stellt freilich klar, dass die Person, die die Information verbreitet, die Fehlerhaftigkeit oder den irreführenden Charakter gekannt haben muss oder hätte kennen müssen.

1133 Ausführlich, *Langenbucher* AG 2016, 417 (421); *Buck-Heeb* Kapitalmarktrecht Rn 525; KölnKomm WpHG/*Stoll* § 20a Rn 171, 174, 242; freilich etwas enger *Schwark*/Zimmer § 20a WpHG Rn 13, 15; vgl. außerdem BT-Drucks. 14/8017 S. 90; hingegen Fuchs/*Fleischer* § 20a WpHG Rn 17; Just/Voß/Ritz/Becker/*de Schmidt* § 20a Rn 72 f., („Guru-Effekt" zu befürchten); und breitere Übersicht bei *Fleischer/Schmolke* AG 2007, 841 (bes. 852 f.).

1134 Zur Gegenüberstellung der Konzepte von Information im Insider- und im Marktmanipulationsrecht vgl. auch *Langenbucher* NZG 2013, 1401; *Buck-Heeb* Kapitalmarktrecht, Rn 528.

1135 Assmann/Schneider/*Vogel* § 20a WpHG Rn 60; KölnKomm WpHG/*Stoll* § 20a Rn 180; *Schwark*/Zimmer § 20a WpHG Rn 15.

1136 BT-Drucks. 15/3174, S. 37; vgl. auch Assmann/Schütze/*Worms* § 10 Rn 88; *Bisson/Kunz* BKR 2005, 186 (187).

1137 Grundlegend: EuGH Urt. v. 16.7.1998 – Rs. C-210/96 (*Gut Springenheide und Tusky* – „6-Korn-Eier"), Slg. 1998, I-4657, Rn 37; danach wurde die Formulierung stereotyp verwendet, s. etwa EuGH, Urt. v. 28.1.1999 – Rs. C-303/97 *(Sektkellerei Kessler)*, Slg. 1999, I- 513, Rn 36; EuGH, Urt. v. 22.6.1999 – Rs. C-342/97 (*Lloyd Schuhfabrik Meyer*), Slg. 1999, I-3819, Rn 26; EuGH, Urt. v. 13.1.2000 – Rs. C-220/98 (*Estée Lauder* – „Liftingcreme"), Slg. 2000, I-117, Rn 27; EuGH, Urt. v. 4.4.2000 – Rs. C-465/98 *(Darbo)*, Slg. 2000, I-2297, Rn 20.

1138 Ebenso *Langenbucher* AG 2016, 417 (420–422); Assmann/Schneider/*Vogel* § 20a WpHG Rn 62; Fuchs/*Fleischer* § 20a WpHG Rn 26; ähnlich wohl auch KölnKomm WpHG/*Stoll* § 20a Rn 182.

Für das **„Verbreiten"** von Informationen ist eine (normativ zurechenbare) Kundgabe erforderlich. Gleichgültig ist der Verbreitungsweg („über die Medien oder auf anderem Wege"). Kundgabe bedeutet Zugang, dh. Kenntnisnahmemöglichkeit bei mindestens einer Person.[1139] Tatsächlicher Kenntnisnahme bedarf es nicht; ebenso wenig müssen die Angaben an eine breite Öffentlichkeit gerichtet sein.[1140] **448**

Soll Verschweigen bewertungsrelevanter Umstände gleichgestellt werden, so sicherlich nur, soweit eine **Rechtspflicht zur Offenlegung** besteht (echtes Unterlassungsdelikt). Die Pflicht zur Offenlegung muss auf Grund einer gesetzlichen (nicht nur vertraglichen) Regelung bestehen, insbesondere – aber nicht nur[1141] – auf Grund von gesellschafts- und kapitalmarktrechtlichen Publizitätspflichten (Beispiele: Zwischenberichterstattung, Ad-hoc-Publizität, Prospektpflicht, Bilanz- und Registerpublizität).[1142] Die Offenlegungspflicht muss zur Tatzeit bestehen, kann also auch erst nach dem Marktmanipulationsverbot erlassen worden sein – denn dann wird das Schweigen als irreführendes/falsches Signal verstanden.[1143] **„Verschweigen"** erfordert andererseits nicht notwendig das völlige Unterlassen jeglicher Veröffentlichung, sondern kann bereits bei unvollständiger, verspäteter oder nicht umfassender Veröffentlichung vorliegen. Hier bereitet die Abgrenzung teils Schwierigkeiten, weil nicht jeder Verfahrensverstoß strafbewehrt sein kann und weil die Veröffentlichungszeitpunkte ihrerseits teils umstritten sind (insbesondere bei mehrstufigen Unternehmensentscheidungen).[1144] Diese Anforderungen hängen letztlich vom spezifischen Schutzzweck der einzelnen Offenlegungspflicht ab; die Relevanz der Abgrenzung wird allerdings dadurch erheblich gemindert, dass die verschwiegenen Umstände dem Erheblichkeitskriterium genügen müssen. **449**

1139 Assmann/Schneider/*Vogel* § 20a WpHG Rn 65 f.; insoweit auch: *Schwark*/Zimmer § 20a WpHG Rn 28.

1140 Assmann/Schneider/*Vogel* § 20a WpHG Rn 65; Assmann/Schütze/*Worms* § 10 Rn 86 f.; *Trüstedt* Das Verbot von Börsenkursmanipulationen, S. 88; enger (zumindest Öffentlichkeitswirksamkeit): *Schwark*/Zimmer § 20a WpHG Rn 28; KölnKomm WpHG/*Stoll* § 20a Rn 176.

1141 Ausreichen sollte jedenfalls bereits ein „bloß faktischer Schutzreflex zugunsten der Anleger bzw. Kapitalmärkte", vgl. Assmann/Schneider/*Vogel* § 20a WpHG Rn 108; *Schlüchter* Zweites Gesetz zur Bekämpfung der Wirtschaftskriminalität, 1987, S. 145; noch weiter: Assmann/Schütze/*Worms* § 10 Rn 90 f.; KölnKomm WpHG/*Stoll* § 20a Rn 186; *Eichelberger* Marktmanipulation S. 270 f.; *Schönhöft* Marktmanipulation S. 88 f.

1142 Für ausführlichere Auflistungen vgl. Assmann/Schneider/*Vogel* § 20a WpHG Rn 110; KölnKomm WpHG/*Stoll* § 20a Rn 193 sowie (teils überholt): *Schlüchter* (vorige Fn) S. 143 ff. Zu weiteren Abgrenzungsfragen überblicksweise KölnKomm WpHG/*Stoll* § 20a Rn 185 (Richterrecht und Wohlverhaltensregeln nicht ausreichend, wohl aber unmittelbar geltendes EU-Recht).

1143 Zu allgemeinen verfassungsrechtlichen Anforderungen an dynamische Verweisungen, wie sie hier de facto befürwortet wird: *Moll* Europäisches Strafrecht durch nationale Blankettstrafgesetzgebung, 1998, S. 63 ff.

1144 Näher: BGH (Fn 911), WM 2012, 303–311; Anm. *Bachmann* JZ 2012, 578; *Eichelberger* VuR 2012, 148; *Hannich* Quo vadis, Kapitalmarktinformationshaftung? Folgt aufgrund des IKB-Urteils nun doch die Implementierung des KapInHaG? WM 2013, 449; *Schmolke* Die Haftung für fehlerhafte Sekundärmarktinformation nach dem „IKB"-Urteil des BGH ZBB 2012, 165; *Wagner*/*Kremer* Die Haftung für fehlerhafte Kapitalmarktinformationen: Zur IKB-Entscheidung des BGH WM 2012, 831; Assmann/Schneider/*Vogel* § 20a WpHG Rn 101 f.; KölnKomm WpHG/*Stoll* § 20a Rn 190–192; insbesondere zur Problematik mehrstufiger Unternehmensentscheidungen: *Schwark*/Zimmer § 20a WpHG Rn 30 f.; *Zetzsche* Insider-Information beim verdeckten Beteiligungsaufbau („Anschleichen") mittels Total Return Swaps – Zur Einordnung von EuGH, Urt. v. 11.3.2015 – Rs. C-628/13 AG 2015, 388 – „Lafonta/AFM", AG 2015, 381.

450 Die unrichtigen, irreführenden oder pflichtwidrig verschwiegenen Umstände müssen – alternativ – entweder **Angebot, Nachfrage oder Kurs eines der erfassten Instrumente betreffen** oder wahrscheinlich betreffen (lit. c) 1. Alt.) oder aber (wahrscheinlich) geeignet sein, ein anormales oder künstliches Kursniveau herbeizuführen (lit. c) 2. Alt., hierzu nächste Rn). Für das erstgenannte Kriterium wurde bisher im deutschen Recht zusammenfassend von Umständen gesprochen, die für die Bewertung des Finanzinstruments, der Ware oder des ausländischen Zahlungsmittels erheblich sind – konkretisiert in § 2 MaKonV (mit einem Katalog zwingender [Abs. 3] und potentieller Anwendungsfälle [Abs. 4]).[1145] Diese Konkretisierung ist weiter als Leitlinie hilfreich, denn in Angebot und Nachfrage sowie dem daraus resultierenden Kurs spiegelt sich die Bewertung der erfassten Instrumente. Jeweils ist hierbei nach der Verkehrsauffassung zu beurteilen: Entscheidend ist, ob die betreffende Information aus ex-ante-Sicht Einfluss auf die Investitionsentscheidung eines verständigen Anlegers mit durchschnittlicher Börsenkenntnis nehmen wird (egal, ob im positiven oder im negativen Sinne).[1146] Weil Angebot und Nachfrage die Kurse bestimmen und hierüber irreführende Signale vorausgesetzt werden, liegt es nahe, vergleichbare Überlegungen anzustellen wie bei der Bestimmung der erheblichen Kurserheblichkeit iRv. Art 7 MAR.[1147]

451 Alternativ müssen die unrichtigen, irreführenden oder pflichtwidrig verschwiegenen Umstände **geeignet** sein oder wahrscheinlich geeignet sein, ein abnormales oder künstliches Kursniveau herbeizuführen (nach § 20a WpHG „auf den Börsen- oder Marktpreis des Vermögenswertes einzuwirken"). Gegenstand der Einwirkung müssen entweder der inländische Börsen- oder Marktpreis oder der Preis an einem organisierten Markt im EU- bzw. EWR-Raum sein. Tatsächliche Beeinflussung ist nicht erforderlich, stattdessen genügt Einwirkungseignung, die im Rahmen einer objektiv-nachträglich überprüften (ex ante) Prognose festzustellen ist und ein Wahrscheinlichkeitsurteil voraussetzt. Unklar ist der erforderliche Wahrscheinlichkeitsgrad.[1148] Weil die Preisbildung an Märkten jedoch letztlich von Investitionsentscheidung und Bewertung der Anleger abhängt, hat das Kriterium wohl keine eigenständige Bedeutung.[1149]

452 Eine Sonderrolle bei informationsbasierten Manipulationen spielen **Journalisten**. Bei ihnen ist das Grundrecht der Pressefreiheit (Art. 11 Grundrechte-Charta) gebührend zu berücksichtigen, freilich nur, soweit sie journalistisch – also informationsbasiert – agieren.

1145 Ausführliche Kommentierung bei: Assmann/Schneider/*Vogel* § 20a WpHG Rn 81–97; Assmann/Schütze/*Worms* § 10 Rn 92–99; KölnKomm WpHG/*Stoll* § 20a Rn 196–199 sowie § 20 a Anh I – § 2 MaKonV.

1146 Verboten daher sowohl „Hochreden" wie auch „Herunterreden": Just/Voß/Ritz/Becker/*de Schmidt* § 20a WpHG Rn 72; *Schwark*/Zimmer § 20a WpHG Rn 19, 27; ähnlich Assmann/Schütze/*Worms* § 10 Rn 90.

1147 Assmann/Schneider/*Vogel* § 20a WpHG Rn 83; Assmann/Schütze/*Worms* § 10 Rn 92; *Schwark*/Zimmer § 20a WpHG Rn 27; KölnKomm WpHG/*Stoll* § 20a Anh I – § 2 MaKonV, Rn 8.

1148 Näher: Assmann/Schneider/*Vogel* § 20a WpHG Rn 122; Assmann/Schütze/*Worms* § 10 Rn 92; KölnKomm WpHG/*Stoll* § 20a Rn 203; *Eichelberger* Marktmanipulation S. 280. Vergleichbare Überlegungen wie bei der Probability-Magnitude Formel sind anzustellen, vgl. Rn 353.

1149 Ebenso *Altenhain* BB 2002, 1874 (1877 und 1879) (faktisch bedeutungslos); KölnKomm WpHG/*Stoll* § 20a Rn 200; *Schwark*/Zimmer § 20a WpHG Rn 27; *Schönhöft* Marktmanipulation S. 81; aA. offenbar *Sorgenfrei* wistra 2002, 321 (324) (vgl. jedoch auch S. 327). Vgl. auch BT-Drucks. 14/8017 S. 80 („Preisbeeinflussung").

Auch wird die Privilegierung auf eine (nationale) Marktpraxis gestützt, die nach Art. 13 MAR rechtfertigende Wirkung entfaltet (vgl. daher unten Rn 470–474).

Aufgrund des LIBOR/EURIBOR-Skandals wurde ein Sonderverbot eingeführt, das jedoch zu den informationsbasierten Täuschungsmaßnahmen zählt:[1150] Jede falsche oder irreführende **Erhebung oder Einfütterung von Ausgangsdaten bei der Erstellung von Referenzwerten** wird an sich bereits als Marktmanipulation qualifiziert **(lit. d)**).[1151] Eine Eignung, dass sich dies auf Kurse auswirkt, muss – wegen der direkten und marktweitmassenhaften Wirkung von Referenzwerten (oben Rn 295) – nicht mehr gesondert geprüft werden.[1152] Die subjektiven Voraussetzungen an den Täter – Kenntnis oder Kennmüssen hinsichtlich Irreführung/Unrichtigkeit – sind die gleichen wie für lit. c) (oben Rn 447). **453**

b) Manipulation durch Handelsaktivität (Geschäfte oder Aufträge) (Abs. 1 lit. b) und Abs. 3, 4 / Anh. I B). Das Verbot einer Manipulation durch Handelsaktivität wurde zuerst auf Europäischer Ebene eingeführt (Art. 1 Nr. 2a MAD I), so dass es im deutschen Recht auch (erst) mit dem AnsVG 2004 in Umsetzung dieser Vorgabe übernommen wurde. Hierbei geht es um **handelsgestützte Marktmanipulation** durch Transaktionen, die dem Markt falsche oder irreführende Signale zu geben oder ein künstliches Preisniveau herbeizuführen geeignet sind. Zu präzisieren sind vor allem der Kreis der erfassten Transaktionen und der Eignungstatbestand. Dies geschieht auch durch die beiden im **Anh I B genannten Kriterien**, die auf die enge Verbindung von Handelstätigkeit und Informationsverbreitung abstellen. **454**

Anknüpfungspunkt ist die **Vornahme von Geschäften** oder die **Erteilung von Kauf- oder Verkaufsaufträgen.** Erfasst werden sollen hiermit also insbesondere auch manipulative effektive Geschäfte. Unter „Geschäft" sind Finanzinstrument-Transaktionen aller Art zu verstehen, neben Erwerb (Kauf) und Veräußerung etwa auch Sicherungszession und -übereignung, Treuhandschaft oder Verpfändung. Vollrechtserwerb ist ebenso wenig erforderlich wie Handeln in eigenem Namen.[1153] Diese Breite wird in der MAR durch die Auffangformel „jegliche sonstige Tätigkeit oder Handlung" besonders unterstrichen. Notwendig ist allein, dass sie „an Finanzmärkten" erfolgt, also dass es diese Handlung an Finanzmärkten ist – nicht ein anderer Umstand –, die das irreführende Signal aussendet (vgl. demgegenüber etwa unten zum Scalping Rn 467). Kauf- und Verkaufsaufträge („Handelsaufträge") bilden die wichtigste Fallgruppe entsprechender Geschäfte. Auch diese Begriffe sind wiederum untechnisch zu verstehen (Effektenorder, auch Kommissionsgeschäfte).[1154] Wie der Begriff des „Handelsauftrags" waren schon (noch in § 20a WpHG a.F.) die Begriffe „Vornahme" bzw. „Erteilung" nicht streng nach rechtlichen, sondern auch nach **455**

1150 *Kert* NZWiSt 2013, 2552 (2256); *Renz/Leibold* CCZ 2016, 157 (165 f.); *Seibt/Wollenschläger* AG 2014, 593 (602); wobei nach *Schmolke* AG 2016, 434 (441 f.) auch „sonstige Handlungen" grds. erfasst sind, denn eine Behandlung ausschließlich als Sonderform der informationsgestützten Manipulation sei manchmal zu kurz gegriffen; widersprüchlich *Zetzsche* Enzyklopädie Europarecht, Bd. 6, § 7 C Rn 65, 78–80; ausführlich dazu *Moloney* EU Securities and Financial Markets Regulation, S. 744–750.

1151 *Parmentier* BKR 20013, 133 (137); *Poelzig* NZG 2016, 528 (536), *Renz/Leibold* CCZ 2016, 157 (166); *Buck-Heeb* Kapitalmarktrecht, Rn 556; *Moloney* EU Securities and Financial Markets Regulation, S. 746 f.; *Zetzsche* Enzyklopädie Europarecht, Bd. 6, § 7 C Rn 78, 80.

1152 *Kert* NZWiSt 2013, 252 (256 f.); Just/Voß/Ritz/Becker/*de Schmidt* § 20a WpHG Rn 397; *Zetzsche* Enzyklopädie Europarecht, Bd. 6, § 7 C Rn 80.

1153 Assmann/Schneider/*Vogel* § 20a WpHG Rn 145; KölnKomm WpHG/*Stoll* § 20a Rn 219.

1154 Assmann/Schneider/*Vogel* § 20a WpHG Rn 147; KölnKomm WpHG/*Stoll* § 20a Rn 219.

wirtschaftlichen Kriterien zu beurteilen, so dass beispielsweise auch Scheingeschäfte dem Tatbestand unterfallen können.[1155] Auch hierbei handelt es sich wohl schon um einen „Handelsauftrag", jedenfalls jedoch auf eine auf den Finanzmarkt bezogene Tätigkeit. Weil die Vorschrift europaeinheitlich auszulegen ist und dafür für alle Sachenrechtssysteme passgenau, ist die Differenzierung zwischen Vornahme und Erteilung im Hinblick auf das geforderte Abwicklungsstadium unerheblich.[1156] Ausreichend ist stattdessen regelmäßig der Geschäftsabschluss (Verpflichtungsgeschäft), nicht die effektive Ausführung, wenn vom Verpflichtungsgeschäft bereits die zur Tatbestandserfüllung nötigen Signale ausgehen.[1157] Anders als bei der informationsgestützten Manipulation kann reines Unterlassen (hier: von Transaktionen) keine handelsgestützte Manipulation begründen.[1158]

456 Die eigentliche Schwierigkeit liegt indes in der Unterscheidung zulässiger und unzulässiger Transaktionen, die wiederum mit Hilfe eines Eignungsmerkmals erfolgt, hier nun mit zwei Tatbestandsmerkmalen (und dem Wortlaut nach ohne einen zusätzlichen „Filter" der Erheblichkeit). Mit dem ersten Merkmal wird auf die Quelle der Manipulation abgestellt, namentlich **falsche oder irreführende Signale,** die geeignet sind den Börsen- bzw. Marktpreis (Kurs) zu beeinflussen. Diese Fassung in der MAR verlangt „Vorspiegelung falscher Tatsachen ... oder Formen der Täuschung" und kommt so § 20a Abs. 1 Nr. 1 WpHG a.F. wieder näher (als das für MAD I der Fall zu sein schien), wo zumindest „vollendete" Signalwirkung vorausgesetzt war (ohne Signal ist Preiseinwirkung undenkbar).[1159] Um dem Tatbestand überhaupt Konturen zu verleihen, wird man zumindest den erforderlichen Wahrscheinlichkeitsgrad hoch anzusetzen haben, indem beispielsweise darauf abgestellt wird, ob eine Berücksichtigung durch einen verständigen Anleger plausibel erscheint – dann liegt für ihn tatsächlich eine „Täuschung" vor, aber auch nur dann.[1160] Denn das Kriterium der bloßen Signal*eignung*, das in Art. 1 Nr. 2 MAD I nicht einmal von einer Erheblichkeitsschwelle flankiert war, wurde zu Recht als uferlos kritisiert: Letztlich wäre jede Kapitalmarkttransaktion geeignet, Signale an andere Marktteilnehmer zu senden und „wahre" Signale können kaum sinnvoll von falschen oder irreführenden unterschieden werden.[1161] Zur solchermaßen – für den verständigen Investor – vollendeten Täuschung muss die **Eignung treten, den Kurs zu beeinflussen.** Dieses Kriterium ersetzt das des „künstlichen Preisniveaus" in MAD I, das als Kriterium wenig trennscharf war, weil ein

---

[1155] Näher: Assmann/Schneider/*Vogel* § 20a WpHG Rn 146; umgekehrt freilich gerade auch nur tatsächlich durchgeführte Geschäfte (ohne Rechtsgrund, als bloße „Handlungen"), vgl. etwa *Grüger* WM 2010, 247 (250) (mit Gesetzesgeschichte).

[1156] Art. 12 Abs. 1 lit. b) MAR verbietet abstrakt „Geschäfte oder Handelsaufträge" und spricht erst im Rahmen der Ausnahmeregelung des Art. 13 MAR von deren Abschluss bzw. Erteilung, vgl. KölnKomm WpHG/*Stoll* § 20a Rn 220.

[1157] KölnKomm WpHG/*Stoll* § 20a Rn 220 f.; Assmann/Schneider/*Vogel* § 20a WpHG Rn 146.

[1158] *Buck-Heeb* Kapitalmarktrecht, Rn 551; KölnKomm WpHG/*Mock* § 20a Rn 170.

[1159] Demgegenüber wurde für MAD I diskutiert, ob nicht auch bereits „mögliche" Signalwirkung ausreichte. BT-Drucks. 14/8017, S. 88; *Grüger* WM 2010, 247 (250); Assmann/Schneider/*Vogel* § 20a Rn 150; prägnanter Überblick über wichtige Beispielsfälle („advancing the bid", „circular/pool trading", mit denen gute Kursentwicklung in öffentlichkeitswirksamen Medien oder aktiver Handel vorgetäuscht werden) bei *Brammsen* WM 2012, 2134 (2137 f.).

[1160] Ähnlich *Bisson/Kunz* BKR 2005, 186 (187) (aus Praxissicht Angleichung zu erwarten); ausufernd KölnKomm WpHG/*Stoll* § 20a Rn 223 f.

[1161] Assmann/Schneider/*Vogel* § 20a WpHG Rn 150 (Tatbestand „viel zu unbestimmt und viel zu weit geraten und grenzt teilweise ans Unsinnige"); KölnKomm WpHG/*Stoll* § 20a Rn 225 („Konturenlosigkeit").

„wahrer“ Preis (iustum pretium) nicht existiert[1162] (und Erheblichkeit wiederum keine Rolle spielte).[1163] Hilfreich für eine Konkretisierung ist auch weiterhin § 3 MaKonV (mit der Unterscheidung nach Indizien ohne Vermutungswirkung, den sog. „Anzeichen“, Abs. 1, und „zwingenden“ Beispielen, Abs. 2,[1164] jeweils nicht abschließend).[1165] Erfasst ist etwa diejenige Form des Hochfrequenzhandels, aber auch sonstigen Handels, bei denen Aufträge sofort wieder annulliert werden, um dann erst nach Marktreaktion – insbesondere solche, die durch Überquerung typischer oder vermuteter Limits ausgelöst werden – die Folgeaufträge abzugeben (heute Regelbeispiel nach Abs. 2 lit. c) MAR, unten Rn 464–466), aber auch die künstliche Verknappung des Angebots (heute Regelbeispiel nach Abs. 2 lit. a) MAR, unten Rn 461 f.).[1166] Es genügt also (auch nach der EuGH-Rechtsprechung in Sachen *IMC Securities*, wenn der Kursausschlag nur ganze kurze Zeit – eine Sekunde oder weniger – vorlag, was gerade für den Hochfrequenzhandel eine „Ewigkeit“ bedeuten kann; vgl. näher oben Rn 146 und unten Rn 217). Auch der Verstoß gegen (nach § 7 WpPG iVm Anh III Ziffer 7.3 der VO Nr. 809/2004 zwingend zu veröffentlichenden) Lock-up-Vereinbarungen, in denen Altaktionäre ein Halten ihrer Aktien für einen bestimmten Zeitraum nach Emission neuer Stücke zusagen, dürfte den Tatbestand erfüllen.[1167] Die verbleibende tatbestandliche Unbestimmtheit wird durch die Auflistung von Regelbeispielen – die meisten aus dem Bereich der handelsgestützten Irreführung (Abs. 2, unten Rn 460–468) – sowie den (tatbestandseinschränkenden) Ausnahmetatbestand „erlaubter Marktpraktiken“ (Art. 13 MAR) weiter reduziert (unten Rn 469–481).

c) **Manipulation durch sonstige Täuschungshandlungen (Abs. 1 lit. a) und Abs. 3, 4 / Anh I A).** Neben die Verbote informations- und handelsgestützter Manipulation stellt der Europäische Gesetzgeber mit der MAR (wie schon bisher in § 20a Abs. 1 S. 1 Nr. 3 WpHG a.F.) das **Verbot sonstiger Täuschungshandlungen, die geeignet sind, auf den Börsen- oder Marktpreis einzuwirken (lit. a))**. Dieses Verbot, mit dem ursprünglich zuerst der deutsche Gesetzgeber über das Verbot für handelsgestützte Manipulationen hinausging, bildet einen Auffangtatbestand, der nicht nur handlungsgestützte, sondern auch informations- und **457**

[1162] Assmann/Schneider/*Vogel* Rn 151. Teils wird (etwas zirkulär) mit dem Ergebnis eines unbeeinflussten Marktgeschehens verglichen: KölnKomm WpHG/*Stoll* § 20a Rn 226 (selbst kritisch); *Schönhöft* Marktmanipulation S. 111, teils (ohne Anhaltspunkt im Wortlaut von MAD I, aber auch von MAR) auf Preisbeeinflussungsabsicht abgestellt *Eichelberger* Marktmanipulation S. 295 f.

[1163] BR-Drucks. 18/05, S. 13 („ohne dass diese Einwirkung erheblich sein müsste“); ausf. zum Einwirkungserfolg *Kudlich* wistra 2011, 361.

[1164] Ausführliche Kommentierung bei: Assmann/Schneider/*Vogel* § 20a WpHG Rn 153–167a; Assmann/Schütze/*Worms* § 10 Rn 102–116; KölnKomm WpHG/*Stoll* § 20a Rn 228–231 sowie § 20a Anh I – § 3 MaKonV.

[1165] Assmann/Schneider/*Vogel* § 20a WpHG Rn 154, 164. Die Beispiele sind freilich teils generalklauselartig formuliert: KölnKomm WpHG/*Stoll* § 20a Rn 231.

[1166] Zum Ersten („Pump and Dump“), vgl. etwa *Brammsen* WM 2012, 2134 (2138). Für den Hochfrequenzhandel: *Forst* BKR 2009, 454 (455 f.) (ggf. auch außerhalb dieser spezifischen Konstellation lit. b) generell wegen der negativen Marktstrukturauswirkungen verletzt, wenn Hochfrequenzhandel über die Hälfte des Markttransaktionsvolumens ausmacht; heute so schwerlich haltbar); vergleichbar für Handel und Gegenhandel mit einem hohen Anteil am Gesamttagesumsatz: OLG Stuttgart Urt. v. 4.10.2011 – 2 Ss 65/11, NJW 2011, 3667. Zur künstlichen Verknappung („Cornering the Market“) auch etwa *Brammsen* aaO; *Fleischer/Bueren* ZIP 2013, 1253 (zugleich zu Verbindungslinien zum Kartellrecht).

[1167] *Grüger* WM 2010, 247 (249–251); umgekehrt nicht die Befolgung solcher – ausdrücklich – legaler Vereinbarungen.

handelsgestützte Manipulationsformen verbietet, die von lit. c) bzw. b) nicht erfasst sind.[1168] Sperrwirkung entfalten die beiden spezifischeren Tatbestände nur, soweit sie Manipulationshandlungen zwar erfassen, aber auf Grund spezifischer Voraussetzungen nicht verbieten (etwa zulässige Marktpraktiken, fehlende Erheblichkeit oder Eignung).[1169] Die Konkretisierung geschieht auch durch die sieben im **Anh I A genannten Kriterien**, die vor allem auf vier Kriterien zu reduzieren sind: den übermäßigen Anteil am gehandelten Tagesvolumen (lit. a)), die besonders hohe Kursauswirkung (lit. b)) bzw. den Anschein, dass das Geschäft tatsächlich nicht gewollt war, mit abrupten Umkehrbewegungen (lit. c), d), e), f)) und schließlich die Nutzung der Zeitpunkte, zu denen Referenzkurse uä. geändert werden (lit. g)).

458 Der Begriff einer **„jeden anderen Handlung" auch jenseits der Finanzmärkte** ist denkbar weit – wie schon in § 20a WpHG a.F. derjenigen der „sonstigen Täuschungshandlung", weswegen dieser durch Verordnung konkretisiert wurde und zwar durch eine allgemeine Definition, sowie Indizien und zwingende Beispiele (§ 4 Abs. 1, 2 bzw. 3).[1170] Dies wird auf **zwei Konstellationen** bezogen: Wesentlich ist in der ersten, dass die fragliche Handlung **objektiv zur Täuschung (Irreführung) geeignet** sein muss oder dies jedenfalls wahrscheinlich ist, was in Anlehnung an die EuGH-Rechtsprechung zum unlauteren Wettbewerb wiederum aus Perspektive eines verständigen, durchschnittlich erfahrenen und vorsichtigen Anlegers zu beurteilen ist.[1171] Die Täuschungshandlung muss nicht in einer Erklärung bestehen, sondern kann auch durch tatsächliches Handeln (nach der MaKonV sogar durch Unterlassen)[1172] erfolgen, etwa durch Markttransaktionen oder auch durch Veränderung des inneren Werts eines Finanzinstruments. Letzteres wird oft als realitätsfern abgetan,[1173] kann aber beispielsweise im Zusammenhang mit Übernahmeabwehrmaßnahmen, etwa dem Verkauf der „Kronjuwelen" durch den Vorstand der Zielgesellschaft, durchaus relevant werden (sog. Crown-jewels-defense).[1174] Dies betrifft die zweite Konstellation, nach der auch die **Sicherung** – oder eine wahrscheinliche Sicherung – **eines anormalen oder künstlichen Kursniveaus** als Marktmanipulation qualifiziert wird. Die beiden wohl wichtigsten Fälle, die jedenfalls auch der Kategorie der „sonstigen Täuschungshandlungen" zuzurechnen sind, bilden Regelbeispiele und sind dort wiederaufzugreifen: die **Ausnutzung von „marktbeherrschenden Stellungen"** und vor allem das sog. **Scalping** (Abs. 2 lit. a) bzw. d), unten Rn 461 und 467). Gerade das erste Regelbeispiel il-

1168 Assmann/Schneider/*Vogel* § 20a WpHG Rn 209.

1169 Ähnlich: KölnKomm WpHG/*Stoll* § 20a Rn 231; *Eichelberger* Marktmanipulation S. 319 f.; *Schönhöft* Marktmanipulation S. 142 und 145; wohl auch BR-Drucks. 18/05 S. 19.

1170 Ausführliche Kommentierung bei: Assmann/Schneider/*Vogel* § 20a WpHG Rn 224–238; Assmann/Schütze/*Worms* § 10 Rn 117–130; KölnKomm WpHG/*Stoll* § 20a Rn 237–239 sowie § 20a Anh I – § 4 MaKonV.

1171 Vgl. dazu bereits oben Rn 446 f. Ähnlich: Assmann/Schneider/*Vogel* § 20a WpHG Rn 211.

1172 Kritisch zur (pauschalen) Ausweitung durch den Verordnungsgeber: Assmann/Schneider/*Vogel* § 20a WpHG Rn 212 und 226.

1173 *Altenhain* BB 2002, 1874 (1877); Assmann/Schneider/*Vogel* Vor § 20a Rn 38; Assmann/Schütze/*Worms* § 10 Rn 86; *Fleischer* DJT S. F 119 f.; differenzierter *Lenzen* Börsenkursbildung S. 242, alle unter Berufung auf einen eher kuriosen US-amerikanischen Fall (Vergiftung der Erzeugnisse eines Pharmakonzerns und Veröffentlichung der „Gefahr"), dargestellt bei *Thel* Columb. Bus. L. Rev. 359 (389) (1988).

1174 Dazu (und auch allgemein zum weitgehend ungeklärten Spannungsverhältnis zwischen Marktmanipulation und Übernahmeabwehr): *Möslein* Grenzen unternehmerischer Leitungsmacht im marktoffenen Verband, 2007, S. 315 f. und 361–364.

lustriert durchaus, was – bei aller Kritik an dem Konzept (oben Rn 451) – mit dem Begriff eines anormalen oder künstlichen Kursniveaus gemeint sein kann.

4. Vorsatzerfordernis. In keiner Tatbestandsvariante verlangt die geltende Fassung des Art. 12 MAR (und ähnlich vorher § 20a Abs. 1 S. 1 WpHG a.F.) subjektive Preisbeeinflussungsabsicht, die sich in der Vergangenheit als schwer nachweisbar herausstellte (und im Europäischen Recht seit Einführung des Verbots nie gefordert wurde).[1175] Auch für die zivil- und aufsichtsrechtlichen Sanktionsfolgen – soweit also nicht auf die Straftat- und Ordnungswidrigkeitentatbestände der § 38 Abs. 2 und § 39 Abs. 1 Nr. 1 und 2, Abs. 2 Nr. 11 WpHG in Bezug genommen wird und deshalb ohnehin § 15 StGB bzw. § 10 OWiG Anwendung finden – wurde bisher im deutschen ein **eigenständiges kapitalmarktrechtliches Vorsatzerfordernis** angenommen.[1176] Für ausreichend gehalten wurde Eventualvorsatz, bezogen auf sämtliche Tatbestandsmerkmale, also bei lit. c) beispielsweise auf Unrichtigkeit oder Irreführungseignung der Angaben sowie auf Preisbeeinflussungseignung („anormales oder künstliches Kursniveau").[1177] Da der Standard in MAR freilich immer wieder der des **„Wissens" oder „Wissenmüssens"** ist – so auch in besagtem lit. c) jedenfalls für die Unrichtigkeit oder das Irreführungspotential (vgl. lit. c) a.E.) –, dürfte diese Position überholt sein: Während beim dolus eventualis zum *positiven Wissen* um die Möglichkeit des Eintritts dieser Kriterien, hinzukommen muss, dass die fragliche Person dennoch handelt und den Eintritt „in Kauf nimmt", will die Verordnung auch denjenigen Täter erfassen, der schlicht unwissend, aber leichtfertig handelte, und wohl auch denjenigen der leichtfertig wissend handelte, der darauf vertraute es „werde schon alles gut gehen". Es erscheint überzeugender, diesen Standard auch für diejenigen Tatbestandsmerkmale heranzuziehen, für die er nicht ausdrücklich aufgeführt ist und für die ein Sorgfaltsmaßstab nicht spezifiziert wird.[1178] **459**

5. Regelbeispiele (Art. 12 Abs. 2 MAR). Unter Übernahme der drei Regelbeispiele, die bereits MAD I in Art. 1 Nr. 2 aufführte (in Art. 12 Abs. 2 MAR sind dies lit. a), b) und d)), und unter Hinzufügung zweier weiterer Regelbeispiele (Art. 12 Abs. 2 lit. c) und e) MAR) versucht der Gesetzgeber der MAR dem Tatbestand der Marktmanipulation weiter Konturen zu verleihen. Während das neue Regelbeispiel zu Massenaufträgen insbesondere im Hochfrequenzhandel (lit. c)) in der Tat die wohl gewichtigste Fortentwicklung in der Praxis seit der Verabschiedung der MAD I in den frühen 2000er Jahren bildet, wird mit dem Regelbeispiel zum Emissionszertifikatehandel (lit. e)) wird das Verbot einer handelsgestützten Manipulation nur auf diesen Spezialbereich adaptiert. **460**

1175 KölnKomm WpHG/*Stoll* § 20a Rn 246; *Tripmaker* wistra 2002, 288 (291); *Lenzen* ZBB 2002, 279 (283); *Möller* WM 2002, 309 (316).

1176 *Bolina* Euredia 2001/02, 555 (569); *Dier/Fürhoff* AG 2002, 604 (608); KölnKomm WpHG/*Stoll* § 20a Rn 247; ähnlich Assmann/Schneider/*Vogel* § 20a WpHG Rn 3, 126; *Eichelberger* Marktmanipulation S. 320; in diesem Sinne auch der Großteil der Aufsichtsbehörden in Europa im Citicorp Fall August 2004, dazu näher *Mayhew* (2006) 3 ECL 215 (216); ausf. *Eichelberger* WM 2007, 2046; für rein objektive Sicht hingegen: *v. Ilberg/Neises* WM 2002, 635 (647).

1177 Näher Assmann/Schneider/*Vogel* § 20a WpHG Rn 126–130; KölnKomm WpHG/*Mock/Stoll* § 20a Rn 249–252 (jeweils auch zur Möglichkeit, vom Vorsatz der Unrichtigkeit auf Kenntnis der Erheblichkeit zu schließen).

1178 Ebenso *Kert* NZWiST 2013, 252 (256); *Poelzig* NZG 2016, 528 (536); *Schmolke* AG 2016, 434 (442 f.), die beide einen Vorsatz nach der MAR als nicht gefordert sehen.

461 a) **Sicherung von marktbeherrschender Stellung (lit. a)).** Die Sicherung einer marktbeherrschenden Stellung (lit. a)) hat bereits der Europäische Gesetzgeber von 2004 aufgeführt, obwohl der Fall, der in Deutschland diese Konstellation bis in die Tagespresse brachte und besonders anschaulich macht, erst im Herbst 2008 zu Tage trat: Damals führte die Porsche AG den free float der VW-Aktie (den im Streubesitz befindlichen Aktienbestand) durch Sicherung von Optionen auf 31 % von 37 % auf 6 % zurück, was (vor allem gefördert durch vorangegangene Leerverkäufe im Umfang von 13 %) ein fulminanten Kursanstieg der Aktie (auf zeitweise über 1.000,– €) zur Folge hatte.[1179] Gerade dieser Fall zeigt: Zwar wird zurecht betont, dass hier zentral eine (auch) **kartellrechtliche Frage** behandelt wird,[1180] zugleich jedoch wird mit so gelagerten Fällen auch das Vertrauen in die Erfüllung von Pflichten aus Kapitalmarktinstrumenten, namentlich Derivaten, empfindlich gestört. Der faktische Ausfall dieser Verpflichtungen birgt potentiell ähnliche Ansteckungsrisiken wie der Ausfall von Kapitalmarktakteuren, etwa Kreditinstituten und Wertpapierfirmen – die Norm ist daher auch auf **spezifisch kapitalmarktrechtliche Schutzziele** ausgerichtet, wenn durch Verknappung des Angebots Marktintegrität oder -stabilität gefährdet werden.

462 Nach dem Wortlaut der Norm ist Grundlage des Regelbeispiels **die Sicherung einer marktbeherrschenden Stellung** – wobei der englische Wortlaut „to secure" klar macht, dass damit **auch der Erwerb** einer solchen gemeint ist –[1181] und zwar entweder durch eine Person oder durch mehrere, die konzertiert handeln („in Absprache", genauer, weniger fordernd: „in collaboration"). Dies wird als zu breit kritisiert, teils wird versucht, den Tatbestand teleologisch zu reduzieren.[1182] Zur marktbeherrschenden Stellung muss jedoch – wie schon nach der Vorgängervorschrift in MAD I – eine **Element der Unlauterkeit** hinzukommen. Dies ergibt sich daraus, dass „andere *unlautere* Handelsbedingungen" der „Festsetzung des Ankaufs- oder Verkaufspreises" gleichgestellt werden: Gerade im englischen Text ist klar, dass das „fixing of prices" eine der „unfair trading conditions" sei und das Tatbestandsmerkmal entsprechend auszulegen ist: Wird also durch den Aufbau einer marktbeherrschenden Stellung zwar das Angebot verknappt, dies aber – wie bei öffentlichen Übernahmen – transparent, so wird dadurch zwar ebenfalls der Preis beeinflusst, jedoch nicht in unlauterer Weise. Es muss das Element der Ausnutzung einer informationellen Unterlegenheit des Marktes hinzukommen – die Porsche AG deckte damals den Optionskauf nicht auf (musste das allerdings auch nicht), und nur deswegen wurden die Leerverkäufe überhaupt erst getätigt.

1179 Zu diesem Fall vgl. LG Stuttgart Urt. v. 17.3.2014 – 28 O 183/13, ZIP 2014, 726; OLG Stuttgart v. 26.3.2015 – 2 U 102/14, WM 2015, 875 mit Anm. *Fuchs/Ossendot* EWiR 2015, 569 (allerdings Marktmanipulation verneinend); zur juristischen Aufarbeitung der Übernahmeschlacht VW/Porsche Gesamtüberblick bei: *Möllers* NZG 2014, 361; sowie *Schwintowski* Asymmetrische Kapitalmarktinformationen als Gegenstand des Kartell- und Wettbewerbsrechts, WuW 2015, 834, *ders.* Die Zurechnung des Wissens von Mitgliedern des Aufsichtsrats in einem oder mehreren Unternehmen, ZIP 2015, 617 und schon oben 5. Teil Rn 73.

1180 *Fleischer/Bueren* ZIP 2013, 1253 (1256); *Maume* Staatliche Rechtsdurchsetzung im deutschen Kapitalmarktrecht. eine kritische Bestandsaufnahme, ZHR 180 (2016), 358 (389 f.); *Möllers* NZG 2014, 361 (365 f.); *Schwintowski* WuW 2015, 834 (834 f.); Veil/*Teigelack* EuKapmR § 14 Rn 39; allg. KölnKomm WpHG/*Mock* § 20a Rn 89.

1181 Ebenso *Schwintowski* WuW 2015, 834 (840 f.); Just/Voß/Ritz/Becker/*de Schmidt* § 20a WpHG Rn 384.

1182 Etwa *Fleischer/Bueren* ZIP 2013, 1253 (1256); Veil/*Teigelack* EuKapmR § 14 Rn 40.

b) **Ausnutzung von Stop-Orders (zu Handelsbeginn/-schluss) (lit. b)).** Einfach strukturiert ist das zweite Regelbeispiel, sowohl hinsichtlich der erfassten Situation, als auch hinsichtlich des Unrechtgehalts. Kurse zu Handelsbeginn oder Handelsschluss sind beliebte Referenzkurse, auf die sich Order anderer Marktteilnehmer beziehen, die automatisch ausgelöst werden, wenn eine gewisse Schwelle erreicht ist.[1183] Wer **Aufträge bei Handelsschluss oder -beginn** abgibt, begeht, wenn es zumindest wahrscheinlich ist, dass dadurch solche Schwellen erreicht werden und entsprechend Aufträge anderer ausgelöst werden (sog. *marking the close*), dann Marktmanipulation, wenn es zugleich wahrscheinlich ist, dass er **andere Marktteilnehmer durch seine Aufträge irreführt.** Zweiteres ist dann der Fall, wenn er deren Order auslöst, obwohl er selbst gar nicht vom intrinsischen Wert des Finanzinstruments überzeugt ist. Denn die Einrichtung eines Auftragsautomismus seitens der anderen Anleger beruht auf der Annahme, dass der Markt das Instrument als so *werthaltig* einschätzt, dass er es über eine bestimmte Tagesschluss- oder –anfangsschwelle treibt (oder umgekehrt beim Verkauf). Ist dies jedoch nicht der Fall, ist die Gefahr erheblich, dass die Kursentwicklung nicht nachhaltig ist. **463**

c) **Ausnutzung von Massenaufträgen, namentlich im algorithmischen und Hochfrequenzhandel (lit. c)).** Bei lit. c) handelt es sich um das einzige Regelbeispiel von (großem) Gewicht, das in der MAR seit der Verabschiedung der MAD I neu hinzugekommen ist[1184] – naheliegend angesichts des enormen Aufschwungs, den die hier spezifizierte Handelsform genommen hat (zu Zahlen vgl. oben Rn 146). Das Regelbeispiel betrifft Begehungsformen durch Massenaufträge, vor allem im **Hochfrequenzhandel, der heute vor allem in zwei Formen reguliert wird:** durch zeitweise Verbote[1185] und durch Inkriminierung bestimmter Ausführungsformen als Marktmanipulation.[1186] Hochfrequenzhandel ist definiert in Art. 3 Abs. 1 Nr. 33 MAR iVm Art. 4 Abs. 1 Nr. 40 MiFID II als derjenige algorithmische Handel, in dem Netzwerklatenzzeiten minimiert werden, Order und Stornierungen massenhaft erfolgen und hierbei keinerlei menschliche Intervention mehr stattfindet, und algorithmischer Handel in Art. 3 Abs. 1 Nr. 18 MAR iVm Art. 4 Abs. 1 Nr. 39 MiFID II als ein Handel, in dem ein Computeralgorithmus aufgrund ihm zugehender Daten nicht nur über den Transfer der Daten, sondern über die Ordererteilung selbst (Preis, Zeitpunkt, Umfang etc.) selbstständig entscheidet, allenfalls mit eingeschränkter menschlicher Beteiligung **464**

1183 Ausf. *Brammsen* WM 2012, 2134 (2139); *Klöhn* NZG 2011, 934 (934 f.); *Tountopoulos* WM 2013, 351; sowie KölnKomm WpHG/*Stoll* § 20a Anh I § 3 MAKonV Rn 36; Veil/*Teigelack* EuKapmR § 14 Rn 42.

1184 *Kiesewetter/Parmentier* BB 2013, 2371 (2375); *Poelzig* NZG 2016, 528 (536); *Moloney* EU Securities and Financial Markets Regulation, S. 744; Just/Voß/Ritz/Becker/*de Schmidt* § 20a WpHG Rn 386; ausf. zu den gewählten Strategien und Mechanismen: *Ledgerwood* http://papers.ssrn.com/sol3/papers.cfm?abstract_id=1893225. Demgegenüber erscheint – der ebenfalls neue – lit. e) vor allem als ein Versuch von Grenzbereinigung, vgl. unten Rn 468.

1185 *Parmentier* BKR 2013, 133 (137 f.); *Kiesewetter/Parmentier* BB 2013, 2371 (2375); *Poelzig* NZG 2016, 528 (536); *Renz/Leibold* CCZ 2016, 157 (167).

1186 Zur (eher seltenen) Erfassung auch als Insiderhandel oben Rn 395. Zu den weiteren Regulierungsformen (namentlich (Erlaubnispflicht nach 1 Abs. 1a S. 2 Nr. 4 KWG, Pflicht zur Kennzeichnung und höheren preislichen Belastung der Transaktionen nach §§ 16 Abs. 2 Nr. 3 und 17 Abs. 4 S. 1 BörsG sowie Pflichten der Börsenträger nach §§ 24 Abs. 2a und 26, 26b BörsG, für ordnungsgemäße Preisbildung und angemessene Order-Transaktionen-Verhältnisse und Mindestpreisänderungsgrößen zu sorgen, sowie weitere Vorkehrungen und Befugnisse, all dies grds. auch bei multilateralen Handelssystemen, § 31f WpHG) vgl. Überblicke bei *Kobbach* BKR 2013, 233; *Schultheiß* WM 2013, 596; vgl. auch vorige Fn.

(beim Hochfrequenzhandel: keiner). Das **Regelbeispiel in lit. c) unterfällt in drei Begehungsformen** (vgl. Rn 216, 217). In allen drei Formen ist – obwohl der Hochfrequenzhandel nur als eine mögliche Handelsform genannt wird und massenhafte Auftragsvergabe nicht als Tatbestandsvoraussetzung genannt wird – die vorausgesetzte Wirkung tatsächlich davon abhängig, dass Aufträge massenweise, vor allem im Rahmen des Hochfrequenzhandels, vergeben wurden.

465 Auf Letzteren sind die ersten **beiden genannten Begehungsformen (Nr. i) und** ii)) speziell zugeschnitten: Hier wird die Behinderung des – durchaus technisch gemeinten – Funktionierens des Handelssystems (Nr. i)), aber auch der Datenverarbeitung bei den Wettbewerbern (Nr. ii)) für unzulässig erklärt. Da es im Hochfrequenzhandel auf Millisekunden ankommt, um die eher marginalen Gewinne aus der elektronischen Auswertung der Handelsbücher, häufig im Wege der Arbitrage, nutzen zu können, wird versucht, **Rechner durch Überforderung ihrer Arbeitskapazitäten zu verlangsamen** und **Verarbeitungskapazitäten bei Wettbewerbern zu überlasten**. Die hierfür eingesetzten Techniken beruhen auf Auslösung von massenhaften Aufträgen, die unmittelbar danach wieder storniert werden – was beides verarbeitet werden muss, ggf. auch kurzfristig falsche Signale aussendet (dazu noch nächste Rn). Eine Irreführung ist jedoch bei diesen beiden Begehungsformen überflüssig, notwendig ist allein die „tatsächliche Störung oder Verzögerung" – in beide genannten Richtungen. Man spricht insoweit von spoofing und quote stuffing und layering – beruhend auf einem „spam and cancel"[1187] – einer Form des unlauteren **Behinderungswettbewerbs**. Die – mit dem Brexit ggf. wieder wahrscheinlicher gewordene – Einführung einer (selbst relativ niedrigen) Finanztransaktionssteuer würde dem Hochfrequenzhandel, jedenfalls in dieser Form, wohl weitgehend die Grundlage entziehen.[1188]

466 Variantenreich ist die **dritte genannte Begehungsform (lit. iii))**. Im bekanntesten Fall – dem *IMC Securities* Fall – zeigt sich deutlich, dass es um Massenaufträge gehen muss.[1189] Beim „gunning the stops" wird versucht, bei anderen Marktteilnehmern die Schwellen zu erahnen (evtl. gar in Erfahrung zu bringen), zu denen gewisse größere Verkaufsorder (etwa Stop-Loss-Order) automatisiert ausgelöst werden, und diese durch eigene Order tatsächlich auszulösen (durch eine substantielle Kauf- und eine diese bedienende Verkaufsorder unterhalb der angenommenen Schwelle, so dass sich der Kurs in Richtung und über die Schwelle bewegt). Der Täter kann sich dann zum niedrigeren Kurs eindecken, der, weil dem inneren Wert nicht entsprechend, auch schnell wieder steigt – hier innerhalb weniger als einer Sekunde. Der EuGH hielt Marktmanipulation für gegeben – gleichgültig in welche Richtung sich der Kurs bewegt, in welchem Umfang und für welchen Zeitraum – und entsprechend sind die Voraussetzungen der dritten Begehungsform (Nr. iii)) gegeben: das (auch nur **wahrscheinlich) irreführende Signal**, hier das Signal, der *Markt* bewerte das Instrument so niedrig, dass ein Abstoßen sinnvoll erscheint. Das Regelbeispiel wird – innerhalb des Regelbeispiels – um ein weiteres konkretisiert: Ein (wahrscheinlich) irreführendes Signal ist insbesondere anzunehmen, **wenn ein Trend ausgelöst oder verstärkt werden soll**, also ein Trend, der sich nach dem inneren Wert und Marktgeschehen so nicht ergäbe. Das klassische Beispiel hierfür bilden die „**improper matched orders**" oder auch „circular or-

[1187] *Kasiske* WM 2014, 1933 (1935 f.); *ders.* BKR 2015, 454 (456 f.); *Teigelack* BB 2012, 1361, (1364 f.); *Schmolke* AG 2016, 434 (435).

[1188] *Kasiske* WM 2014, 1933 (1940): „Möglicherweise hat der Hochfrequenzhandel daher seine beste Zeit bereits hinter sich."

[1189] EuGH Urt. v. 7.7.2011 – Rs. C-445/09 (*IMC Securities*), Slg. 2011, I-5917–5933 = WM 2011, 1694 (1696); BKR 2011, 422 = EuZW 2011, 715; *Klöhn* NZG 2011, 934; *Gehrmann* WM 2016, 542 (543).

ders", bei denen Käufer und Verkäufer gegenseitig einander entsprechende Order abgeben, tatsächlich aber gar nicht liefern, so aber den Anschein von Handelsaktivitäten erzeugen, was für illiquide Instrumente deren allgemeinen Handel anregen soll.[1190] Auch **Leerverkäufe**, die grundsätzlich nicht manipulativ sein müssen, können in vergleichbarer Weise eingesetzt werden.[1191]

d) Ausnutzung eigener Empfehlungen (insbes. Scalping) (lit. d)). Eine sowohl informations- als auch handlungsgestützte Praxis, die umgekehrt in Rechtsprechung, Verfolgungspraxis und Literatur besonders intensiv diskutiert wurde, hat lit. d) zum Gegenstand, das sog. **Scalping.** Es handelt sich um die öffentliche Empfehlung eines zuvor auf eigene Rechnung gekauften Wertpapiers, das dann anschließend zu einem Kurs, der infolge der Empfehlung gestiegen ist, gewinnbringend verkauft wird. Dabei ist das Medium der Empfehlung gleichgültig (Zugang „regelmäßig oder gelegentlich", „traditionell oder elektronisch"), es muss jedoch ein Medium benutzt werden (keine persönliche Einzelempfehlung), was umgekehrt freilich auch für die gewollte Wirkung unverzichtbar ist: Typischerweise handelt es sich um massenhafte Mitteilung, etwa Spammails, zu einem häufig eher illiquiden Instrument (signifikantere Wirkung).[1192] Lehrbuchbeispiel sind Empfehlungen durch Journalisten. Mit der BGH-Rechtsprechung ist dies als Kurs- oder Marktmanipulation zu qualifizieren, darüber hinaus außerdem als Insiderhandel:[1193] Erfüllt die Tathandlung nicht bereits Art. 12 Abs. 1 lit. c) MAR (**Empfehlung widerspricht objektiver Bewertung** des Papiers), so ist Art. 12 Abs. 1 lit. a) MAR einschlägig (bisher § 20a Abs. 1 S. 1 Nr. 3 WpHG a.F. iVm. § 4 Abs. 3 Nr. 2 MaKonV), soweit das **potentielle Eigeninteresse nicht** – konkret, nicht nur als abstrakte Möglichkeit – **offengelegt** wird.[1194] Mustergültig wird gerade in lit. d) (a.E.) der zuletzt genannte – und zugleich der wirklich zentrale – Unrechtsgehalt herausgearbeitet. Unter dieser Voraussetzung ist die Empfehlung selbst – unabhängig von ihrer inhaltlichen Vertretbarkeit – zur Irreführung geeignet, weil sie nämlich mit einiger Wahrscheinlichkeit von verständigen Anlegern anders aufgefasst würde, wenn diese um den Interessenkonflikt wüssten. Freilich wurde teils angezweifelt, dass gleiches auch gelten muss, wenn die – inhaltlich für richtig gehaltene – Empfehlung sich auf ein 467

[1190] *Trueg* NJW 2014, 1346; *Gehrmann* WM 2016 542 (543 f.).

[1191] Vgl. *Trueg* NJW 2009, 3202 (2305 f.); BGH Urt. 27.11.2013 – 3 StR 5/13, NJW 2014, 1399 (1400).

[1192] *Fleischer* ZBB 2008, 137 (137–144); *Teigelack* Finanzanalysen und Behavioural Finance, 2009, S. 282 f.; zum Schwerpunkt in der Bafin-Aufklärungsarbeit vgl. Jahresberichte 2008 S. 161–164, 2009 S. 185–188, 2010 S. 200–205, 2011 S. 204–210, 2012 S. 182–189, 2013 S. 167–171, 2014 S. 217–221, 2015 S. 231–235.

[1193] Zu beidem: BGH (Fn 887), BGHSt 48, 373 = NJW 2004, 302 (selbst Insiderhandel ablehnend; ausf. auch zu dem Bedenken, der Unwertgehalt des Tatbestands sei [im Gesetz] zu wenig konturiert und daher jedenfalls die Strafandrohung verfassungswidrig); zuvor LG Stuttgart Urt. v. 30.8.2002 – 6 Kls 150 Js 77452/00, ZIP 2003, 259; vgl. außerdem LG Frankfurt a. M. Beschl. v. 9.11.1999 – 5/2 Kls 92 Js 231402/98 (P 2/98), NJW 2000, 301 und OLG Frankfurt a. M. Beschl. v. 15.3.2000 – 1 Ws 22/00, NJW 2001, 982; jüngere Rechtsprechungsbeispiele etwa bei *Brammsen* WM 2012, 2134 (2138). Zu den – spätestens mit Einstellung in lit. d) ausgeräumten – verfassungsrechtlichen Bedenken vgl. Nachw. bei KölnKomm WpHG/*Altenhain* § 38 Rn 24. Zur Abgrenzung gegenüber Insiderverbot (das die heute hM für nicht einschlägig hält) ausf. auch *Fleischer* DB 2004, 51 (54); *Lenenbach* ZIP 2003, 243; *Vogel* NStZ 2004, 252; vgl. bereits oben Rn 346.

[1194] Vgl. nur OLG München Beschl. v. 3.3.2011 – 2 Ws 87/11, NZG 2011, 1228; *Fleischer* DB 2004, 51 (54); *Lenenbach* ZIP 2003, 243; *M. Weber* NZG 2000, 113; *ders.* NStZ 2004, 252.

Wertpapier bezieht, zur Ausnutzung des Kursausschlags beim Wertpapier jedoch ein Derivatgeschäft in Form eines „Contract for Difference" getätigt wird.[1195] Auch diese Bedenken sind jedenfalls seit Ausformulierung als Regelbeispiel in lit. d) nicht mehr aufrechtzuerhalten: Zwar muss die Stellungnahme (in der Presse) „zu einem Finanzinstrument" abgegeben werden, die vorangegangene Eindeckungshandlung muss aber nur „Positionen bei diesem Finanzinstrument" begründet haben – was auch bei Derivaten der Fall ist. Zudem muss Nutzen aus der Kursänderung des Finanzinstruments gezogen werden, auch dies ist bei Derivaten der Fall, sogar in besonders hohem Maße. Dass der verurteilte Unrechtsgehalt ebenfalls vorliegt (teleologische Sicht), steht außer Zweifel.

468 e) **Handelsgestützte Beeinflussung des Auktionsclearingpreises bei Emissionszertifikaten (lit. e)).** Das letzte Regelbeispiel – neben demjenigen zu Massenaufträgen und Hochfrequenzhandel das einzige, das MAD I noch nicht kannte – ist auf einen spezifischen Markt und eine spezifische Konstellation zugeschnitten. Mit ihm soll den funktionalen Bezügen und Interdependenzen zwischen Sekundärmarkt in Emissionszertifikaten (Zertifikatehandel) und Primärmarkt (Auktion, vgl. oben Rn 358) Rechnung getragen werden und für beide ein kohärentes Marktmissbrauchsregime etabliert werden (37. Erw.grund). Tathandlung ist der Handel in Emissionszertifikaten oder deren Derivaten, der entweder Bieter irreführt – ein klassisches Marktintegritätsziel – oder aber zu einem anormalen oder künstlichen Niveau von Auktionsclearingpreisen führt – wobei bei Letzterem durchaus daran gedacht werden kann, dass schon Preise, mit denen die klimapolitische Anreizwirkung verfehlt wird, solchermaßen verstanden werden können, dann eher ein klimapolitisches Ziel.[1196]

469 III. Art. 13 MAR: Gestattungen – Zulässige Marktpraktiken

Artikel 13
Zulässige Marktpraxis

(1) Das Verbot gemäß Artikel 15 gilt nicht für die in Artikel 12 Absatz 1 Buchstabe a genannten Handlungen, wenn die Person, die ein Geschäft abschließt, einen Handelsauftrag erteilt oder eine andere Handlung vornimmt, nachweist, dass das Geschäft, der Auftrag oder die Handlung legitime Gründe hat und im Einklang mit der zulässigen Marktpraxis gemäß diesem Artikel steht.

(2) Eine zuständige Behörden kann eine zulässige Marktpraxis festlegen, wobei folgende Kriterien berücksichtigt werden:
a) ob die Marktpraxis einen erheblichen Grad an Markttransparenz gewährt;
b) ob durch die Marktpraxis das Funktionieren der Marktkräfte und das richtige Zusammenspiel von Angebot und Nachfrage in hohem Grade gewährleistet werden;
c) ob die Marktpraxis sich positiv auf Marktliquidität und -effizienz auswirkt;
d) ob die Marktpraxis dem Handelsmechanismus des betreffenden Marktes Rechnung trägt und es den Marktteilnehmern erlaubt, angemessen und rechtzeitig auf die durch die Marktpraxis entstehende neue Marktsituation zu reagieren;

1195 *Otto* wistra 2011, 401.

1196 Vgl. zu diesen Tatbestandsmerkmalen ebenfalls *Renz/Leibold* CCZ 2016, 157 (167); Just/Voß/Ritz/Becker/*de Schmidt* § 20a WpHG Rn 388.

e) ob die Marktpraxis keine Risiken für die Integrität direkt oder indirekt verbundener, geregelter oder nicht geregelter Märkte für das betreffende Finanzinstrument innerhalb der Union schafft;
f) das Ergebnis der Ermittlungen der zuständigen Behörden bzw. anderer Behörden zu der entsprechenden Marktpraxis, insbesondere ob eine Verletzung der Marktmissbrauchsbestimmungen oder der geltenden Verhaltensregeln festgestellt wurde, unabhängig davon, ob auf dem betreffenden Markt oder auf anderen direkt oder indirekt verbundenen Märkten in der Union, und
g) die Strukturmerkmale des betreffenden Marktes, u.a., ob es sich um einen geregelten Markt handelt, welche Finanzinstrumente gehandelt werden, welche Marktteilnehmer vertreten sind und welcher Anteil am Handel auf dem betreffenden Markt auf Privatanleger entfällt.

Eine Marktpraxis, die von einer zuständigen Behörde auf einem bestimmten Markt als zulässige Marktpraxis festgelegt wurde, wird nicht als zulässig auf anderen Märkten betrachtet, wenn sie nicht von den für diese anderen Märkte zuständigen Behörden gemäß diesem Artikel anerkannt worden ist.

(3) Vor der Festlegung einer zulässigen Markpraxis gemäß Absatz 2 informiert die zuständige Behörden die ESMA und die anderen zuständigen Behörden über ihre Absicht, eine zulässige Marktpraxis festzulegen, und legt Einzelheiten der Bewertung vor, die im Einklang mit den Kriterien in Absatz 2 vorgenommen wurde. Diese Information erfolgt mindestens drei Monate vor der beabsichtigten Einführung der zulässigen Marktpraxis.

(4) Innerhalb von zwei Monaten nach Erhalt der Information gibt die ESMA gegenüber der mitteilenden zuständigen Behörde eine Stellungnahme ab, in der sie bewertet, ob die zulässige Marktpraxis mit Absatz 2 und den gemäß Absatz 7 angenommenen technischen Regulierungsstandards vereinbar ist. Die ESMA prüft ebenfalls, ob das Vertrauen in den Finanzmarkt der Union durch die Festlegung der zulässigen Marktpraxis gefährdet würde. Die Stellungnahme wird auf der Website der ESMA veröffentlicht.

(5) Legt eine zuständige Behörde eine Marktpraxis fest, die einer gemäß Absatz 4 durch die ESMA abgegebenen Stellungnahme zuwiderläuft, veröffentlicht sie auf ihrer Website innerhalb von 24 Stunden nach der Festlegung der zulässigen Marktpraxis eine Bekanntmachung, in der sie die Gründe für ihr Vorgehen vollständig darlegt und auch darauf eingeht, warum die zulässige Marktpraxis keine Gefahr für das Vertrauen in den Markt darstellt.

(6) Ist eine zuständige Behörde der Ansicht, dass eine andere zuständige Behörde eine zulässige Marktpraxis festgelegt hat, die die in Absatz 2 verankerten Kriterien nicht erfüllt, unterstützt die ESMA die betreffenden Behörden im Einklang mit ihren Befugnissen gemäß Artikel 19 der Verordnung (EU) Nr. 1095/2010 dabei, zu einer Einigung zu gelangen.

Erzielen die betreffenden zuständigen Behörden keine Einigung, so kann die ESMA gemäß Artikel 19 Absatz 3 der Verordnung (EU) Nr. 1095/2010 einen Beschluss fassen.

(7) Um eine durchgängige Harmonisierung dieses Artikels sicherzustellen, arbeitet die ESMA Entwürfe technischer Regulierungsstandards aus, in denen die Kriterien, das Verfahren und die Anforderungen für die Festlegung einer zulässigen Marktpraxis gemäß den Absätzen 2, 3 und 4 sowie für die Anforderungen an ihre Beibehaltung, Beendigung oder Änderung der Bedingungen für ihre Zulässigkeit festgelegt werden.

Die ESMA legt der Kommission bis zum 3. Juli 2015 diese Entwürfe technischer Regulierungsstandards vor.

Der Kommission wird die Befugnis übertragen, die in Unterabsatz 1 genannten technischen Regulierungsstandards nach Artikel 10 bis 14 der Verordnung (EU) Nr. 1095/2010 zu erlassen.

(8) Die zuständigen Behörden überprüfen regelmäßig und mindestens alle zwei Jahre die von ihnen festgelegte zulässige Marktpraxis und berücksichtigen dabei insbesondere wesentliche Änderungen im Umfeld des betreffenden Marktes, d.h. beispielsweise geänderte Handelsregeln oder Änderungen an den Infrastrukturen des Marktes, um zu entscheiden, ob diese Praxis beibehalten wird, beendet wird oder ob die Bedingungen für ihre Zulässigkeit geändert werden soll.

(9) Die ESMA veröffentlicht auf ihrer Website die zulässige Marktpraxis in Form einer Liste der zulässigen Handlungen und gibt an, in welchen Mitgliedstaaten sie anwendbar ist.

(10) Die ESMA überwacht die Anwendung der zulässigen Marktpraxis und legt der Kommission jährlich einen Bericht über deren Anwendung auf den betreffenden Märkten vor.

(11) Die zuständigen Behörden übermitteln der ESMA die zulässige Marktpraxis, die sie vor dem 2. Juli 2014 festgelegt hat, innerhalb von drei Monaten nach dem Inkrafttreten der in Absatz 7 genannten technischen Regulierungsstandards durch die Kommission.

Die in Unterabsatz 1 dieses Absatzes genannte zulässige Marktpraxis gilt in dem betreffenden Mitgliedstaat weiter, bis die zuständige Behörde auf der Grundlage der Stellungnahme der ESMA gemäß Absatz 4 einen Beschluss hinsichtlich ihrer Weiterführung gefasst hat.

1. Zulässige Marktpraktiken – Prozeduraler Rahmen für die *nationalen* Marktpraktiken (Abs. 2 bis 11)

470 **a) Nationale Festsetzung zulässiger Praktiken und Wirkung (Abs. 2).** Grundsätzlich haben die Ausnahmeregelungen angesichts der Weite der positiven Tatbestandsmerkmale besondere Bedeutung. Art. 13 MAR regelt jedoch nicht so sehr selbst diejenigen (potentiell marktmanipulativen) Handlungen, die als zulässige Marktpraxis zu sehen sind. Das ist zu einem Gutteil ohnehin schon die (vorrangige) Aufgabe von Art. 5 MAR. Zudem regelt Art. 13 MAR, der **neben Art. 5 MAR tritt** (oben Rn 319–327 und unten Rn 478), nur eine (zusätzliche) **Prozedur zur Festsetzung** von Marktpraktiken, die als nicht manipulativ gelten, genauer: als zulässig und damit gerechtfertigt.[1197]

471 Diese prozedurale Rahmenordnung enthält zudem die **wichtigste Ausnahme von der flächendeckend vollvereinheitlichenden Wirkung der MAR:** Verwiesen wird auf die Anerkennung der (im dortigen Markt zu findenden) Marktpraxis durch die nationale Aufsichtsbehörde – zwar mit manchen Eckpunkten, die zu beachten sind (Abs. 2 1. UAbs. lit. a) bis g), unten Rn 473), aber doch als Marktpraxis kraft **nationaler Festsetzung (Abs. 2 1. UAbs.** Einleitungssatz) und nur **für den jeweiligen nationalen Markt:** In anderen nationalen Märkten wirkt die Marktpraxis nicht ohne Anerkennung der dort zuständigen Behörde (Abs. 2 2. UAbs. 2).

472 Für **Deutschland** erscheint **das Bedürfnis eher begrenzt.** Bis zur Verabschiedung der MAR hatte die BaFin als zuständige Behörde noch keine solche Marktpraxis zugelassen.[1198] Im Gespräch waren Rückkaufprogramme, bei denen der Bedarf durch Verabschie-

---

[1197] Zur rechtsdogmatischen Konstruktion vgl. ebenfalls *Zetzsche* Enzyklopädie Europarecht, Bd. 6, § 7 C Rn 70 f.

[1198] Vgl. *Gehrmann* WM 2016, 542 (543); *Graßl* DB 2015, 2066 (2071); *Kert* NZWiSt 2013, 252 (256); *Krause* CCZ 2014, 148

dung von Art. 5 MAR als echter safe-harbour-Regelung erschöpft ist, und lock-up-Vereinbarungen,[1199] die als Marktschutzvereinbarungen durch den Europäischen Gesetzgeber freilich ohnehin – zumindest indirekt – anerkannt sind (vgl. Anh III Ziffer 7 der Verordnung) und die daher wohl jedenfalls im Normalfall nicht als marktmanipulative Praxis gesehen werden können.[1200]

b) **Kooperative Festsetzungsprozedur – mit Europäischem Konfliktlösungsmechanismus (Abs. 3–6 und 8–11).** Hintergrund für die ganze Prozedur, in der die **nationale Behörde die aktive Rolle übernimmt,** jedoch gewissen prozeduralen Kautelen durch ESMA und andere Aufsichtsbehörden unterworfen wird, ist, dass **materielle Leitlinien durchaus festgesetzt wurden** (Abs. 2 1. UAbs. iVm den technischen Standards nach Abs. 7, dazu unten 2.),[1201] jedoch keine verbindliche Überprüfung auf EU-Ebene. Ausgangspunkt der **Festsetzungsprozedur (Abs. 3–6 und 10–11)** ist daher zunächst eine Ankündigung der jeweiligen nationalen Behörde, dass sie eine zulässige Marktpraxis festsetzen will, mit der Begründung, warum sie die materiellen Leitlinien hinreichend achtet – mindestens drei Monate vor Einführung (Abs. 3). Diese wird gefolgt – innerhalb von zwei Monaten – durch eine bloße (auf der ESMA-Website veröffentlichte) „Stellungnahme" seitens der ESMA zur Frage, ob die Leitlinien eingehalten wurden und ob das Vertrauen in den Finanzmarkt der Union gefährdet erscheint Abs. 4). Dennoch kann die nationale Behörde die fragliche Marktpraxis als zulässig deklarieren, muss dann jedoch ihre Gründe darlegen und warum sie eine Gefahr für das Anlegervertrauen in den Finanzmarkt der Union als nicht gegeben ansieht (Abs. 5). Nur wenn auch eine andere nationale Aufsichtsbehörde die negative Bewertung der ESMA teilt, sind zunächst Einigungsverhandlungen zu führen und kann – mangels Einigung – dann doch die ESMA einen bindenden Beschluss fassen (Abs. 6). Bereits vor Verabschiedung der MAR am 2.7.2014 verabschiedete Marktpraktiken – in Deutschland keine (oben Rn 472) – bleiben zwar zunächst bestehen, müssen jedoch dann das Verfahren nach Abs. 4 (vgl. oben) durchlaufen (Abs. 11). Das ganze Verfahren überwacht die ESMA (Abs. 10). **473**

Alle zugelassenen Marktpraktiken **veröffentlicht die ESMA auf ihrer Website (Abs. 9)** – einschließlich betroffenem Mitgliedstaat –, um möglichst europaweit Transparenz zu verbürgen.[1202] Die nationalen Behörden **überprüfen periodisch,** mindestens jedes zweite Jahr, ihre Festsetzungen auf ihre Stimmigkeit mit ggf. geänderten Umständen (Abs. 8). **474**

2. **Zulässige Marktpraktiken – Materielle Kriterien (Abs. 1 und 2 iVm Abs. 7). Art. 13 Abs. 1 MAR** statuiert eine **Ausnahme vom Verbot der handlungsgestützten Manipulation gem. Art. 12 Abs. 1 lit. a) MAR,** soweit die betreffende Handlung mit zulässiger Markt- **475**

(258); *von der Linden* DStR 2016, 1036 (1040); zu zulässigen Marktpraktiken in andere Mitgliedstaaten vgl. KölnKomm WpHG/*Mock* § 20a Rn 191–301.

1199 Vgl. *Graßl* DB 2015, 2066 (2071); *Kiesewetter/Parmentier* BB 2013, 2371 (2375). Zu ihnen schon oben Rn 456.

1200 Vgl. zu diesen *Bueren* WM 2013, 585 (593 f.); *Grüger* BKR 2008, 101; *Grüger* WM 2010, 247; *Kiefner/Happ* ZIP 2015, 1811.

1201 Bisher erlassen: Delegierte Verordnung (EU) 2016/908 der Kommission vom 26. Februar 2016 zur Ergänzung der technischen Regulierungsstandards für die Kriterien, das Verfahren und die Anforderungen für die Festlegung einer zulässigen Marktpraxis und die Anforderungen an ihre Beibehaltung, Beendigung und Änderung der Bedingungen für ihre Zulässigkeit, ABl.EU 2016 L 153/3.

1202 Vgl. https://www.esma.europa.eu/regulation/trading/market-abuse zuletzt abgerufen am 6. August 2016.

praxis vereinbar ist und durch legitime Gründe gerechtfertigt werden kann. Da es sich um einen Auffangtatbestand handelt, dürften auch die handelsbedingten Manipulationen freistellungsfähig sein (Art. 12 Abs. 1 lit. b) MAR).

476 **Zulässige Marktpraktiken** werden durch zweierlei Kriterien bestimmt. Zum einen ist die Perspektive der Marktteilnehmer relevant, weil die Handlung den Gepflogenheiten entsprechen muss, die auf dem jeweiligen Markt nach vernünftigem Ermessen erwartet werden können. Sie muss insofern objektiv einer – auch neuen – Übung entsprechen, die von verständigen Marktteilnehmern subjektiv für üblich und angemessen gehalten wird.[1203] Das beinhaltet einen **normativen Standard**; bloße Verbreitung einer bestimmten Praxis genügt nicht.[1204] Dies wird durch die einzelnen Kriterien, die nach Abs. 2 1. UAbs. zu „berücksichtigen" sind, hinreichend deutlich. Bei den sieben Kriterien handelt es sich offensichtlich um ein bewegliches System, wobei wohl keines der Kriterien gänzlich fehlen soll, jedoch nur die Gesamtsicht eine normativ-positive Aussage tragen muss und die schwächere Ausbildung der einen durch eine stärkere der anderen kompensiert werden kann. Dass es sich grds. um rechtlich bindende Kriterien handelt, erscheint – obwohl keine justizförmige Überprüfung ausgebildet wurde – unabweisbar. Zum anderen werden zulässige Marktpraktiken durch ein formelles Kriterium definiert, weil die (grundsätzlich konstitutive) Anerkennung nach dem oben beschriebenen Verfahren vorausgesetzt wird. Ob beide Kriterien wirklich kumulativ vorliegen müssen, ist fraglich. Wer sich im Rahmen einer **formell von der BaFin anerkannten Praxis** verhält, muss sich nämlich auf **Vertrauensschutz** berufen können, auch wenn sein Verhalten nicht den materiellen Erwartungen vernünftiger Marktteilnehmer entspricht. Formelle Anerkennung schafft deshalb einen „safe harbour".[1205] Umgekehrt ist jedoch eine Marktpraxis **nicht alleine deshalb unzulässig, weil** sie zuvor **nicht ausdrücklich anerkannt** wurde (so ausdrücklich § 20a Abs. 2 S. 3 WpHG a.F): Handlungen können selbst ohne formelle Anerkennung zulässig sein, solange sie nur materiell-rechtlich unbedenklich sind.

477 Art. 13 Abs. 1 MAR verlangt (wie bisher § 20a Abs. 2 S. 1 WpHG a.F.) außerdem eine Rechtfertigung durch **legitime Gründe.** Nach den Gesetzesmaterialien zu § 20a WpHG reichte es aus, dass keine Preisbeeinflussungs- oder Betrugsabsicht feststellbar war.[1206] Unter dem Europäischen Regime ist das Konzept jedoch wohl stärker funktional zu verstehen – zumal Preisbeeinflussungs*absicht* als Tatbestandsmerkmal allgemein durch Preisbeeinflussungseignung abgelöst wurde. Zwar können Gründe nicht bereits illegitim iSv. Art. 13 Abs. 1 MAR sein, wenn ihnen die Rechtsordnung anderweitig misstraut (Geldwäsche, Steuerhinterziehung), wohl aber, wenn sie **anerkannten Grundsätzen des Kapitalmarktes** (Mechanismen, Funktionsbedingungen oder Marktintegrität) widersprechen.[1207] Beispielsweise können Maßnahmen, die eine Abwehr feindlicher Bieter bezwecken, durchaus illegitim sein, selbst wenn sie nicht (primär) den Kurs der Aktie beeinflussen sollen.[1208] Anders als bei den Kriterien nach Abs. 2, bei deren Nichtvorliegen zwar die Festsetzung als zulässige Marktpraxis unterbleiben muss, der Marktteilnehmer sich jedoch auf die formale Festsetzung dennoch berufen kann (Vertrauensschutz), handelt es sich bei Prüfung legiti-

---

1203 Assmann/Schneider/*Vogel* § 20a WpHG Rn 176; KölnKomm WpHG/*Mock* § 20a Rn 263.

1204 Vgl. Assmann/Schneider/*Vogel* § 20a WpHG Rn 176.

1205 So auch Assmann/Schneider/*Vogel* § 20a WpHG Rn 175; zum Begriff sogleich Rn 478.

1206 BT-Drucks. 15/3174 S. 37 (betrügerische oder manipulative Absicht).

1207 So auch Assmann/Schneider/*Vogel* § 20a WpHG Rn 177; ähnlich KölnKomm WpHG/*Mock* § 20a Rn 271–273.

1208 Vgl. *Möslein* Grenzen unternehmerischer Leitungsmacht im marktoffenen Verband, 2007, S. 361–364.

mer Gründe um eine gesonderte – **unabhängig vom Vorliegen einer formelle Festsetzung als zulässige Marktpraxis.**

3. Verhältnis zu „safe harbours" nach Art. 5 MAR. Zulässige Marktpraktiken, aber auch allgemeiner die Verbotsgrenzen für den Vorwurf von Marktmanipulation haben auch neben den „safe harbours" nach Art. 5 MAR ihre Bedeutung. Marktverhalten innerhalb des safe harbour ist jedenfalls erlaubt (**Sperrwirkung**), Marktverhalten außerhalb des safe harbour jedoch nicht unbedingt verboten (**ohne abschließenden Charakter**).[1209] **478**

Für die **Rückkaufprogramme** als dem ersten der beiden von Art. 5 MAR direkt geregelten Bereiche (ohne Verweis auf nationale Festsetzungen) bedeutet dies konkret: Zuerst sind die Voraussetzungen des Art. 5 Abs. 1–3 MAR zu prüfen (bedingungslose Freistellung), für dessen Eingreifen ist freilich nach dem Gesagten eine zentrale Voraussetzung, dass allein die dort aufgelisteten Ziele verfolgt werden (oben Rn 322 f.). Handel mit eigenen Aktien zu anderen Zwecken ist also selbst dann nicht automatisch vom Verbotstatbestand freigestellt, wenn diese Zwecke explizit vom Aktien- oder Kapitalmarktrecht zugelassen sind (vgl. etwa § 71 Abs. 1 Nr. 1, 7 und 8 AktG bzw. § 33 Abs. 2 WpÜG).[1210] Solche Handelsaktivität ist freilich umgekehrt auch nicht notwendig verbotswidrig. **479**

Für die **Kursstabilisierung** als den zweiten der von Art. 5 MAR direkt geregelten Bereiche gilt Vergleichbares. Wieder sind die Gründe für die bedingungslose Freistellung eng umrissen – hinsichtlich der Fokussierung auf die zugelassenen Ziele befristeter Preisstützung bei Erst- und Zweiplatzierungen (30 Tage),[1211] hinsichtlich der zugelassenen Stabilisierungsakteure freilich nicht mehr so eng wie vor Verabschiedung der MAR.[1212] Jede andere Stabilisierungsmaßnahme ist wiederum zwar nicht freigestellt, jedoch potentiell nach allgemeinen Grundsätzen zulässig (oben Rn 476).[1213] **480**

4. Verhältnis zur Privilegierung des Journalismus nach Art. 21 MAR. In Übereinstimmung mit Art. 21 MAR (bisher Art. 1 Nr. 2 lit. c MAD I) gilt außerdem ein milderes Regime für Journalisten, um deren wichtige **Informationsfunktion** nicht zu beeinträchtigen und der – inzwischen auch Europäisch verfassten – **Pressefreiheit** (Art. 11 Grundrechte-Charta) Rechnung zu tragen.[1214] Soweit der Journalist kein eigenes wirtschaftliches Interesse för- **481**

[1209] Ausdrücklich Erw.grund 11 MAR und bisher schon Erw.gründe 2 und 3 der (inzwischen nach Art. 37 MAR außer Kraft getretenen) Durchführungs-VO (EG) 2273/2003 sowie BR-Drucks. 639/03. Vgl. auch Assmann/Schneider/*Vogel* Rn 245.

[1210] Assmann/Schneider/*Vogel* § 20a WpHG Rn 252.

[1211] Ziel ist es, für einen nur sehr begrenzten Zeitraum der hohen Volatilität entgegenzuwirken. Zum wirtschaftlichen Hintergrund (sog. „flipping"): Assmann/Schneider/*Vogel* § 20a Rn 267; KölnKomm WpHG/*Mock* § 20a Rn 339–341. Insbesondere die Dauerstützung, evtl. gar gegen den Markttrend, scheidet danach aus: Assmann/Schneider/*Vogel* § 20a WpHG Rn 274 f.; KölnKomm WpHG/*Mock* § 20a Rn 338; ausf. *Fleischer* ZIP 2003, 2045 (2051 f.); *Grüger* BKR 2007, 437 (442 f.); *Meyer* AG 2004, 289 (293); *Vogel* WM 2003, 2437 (2440 f.).

[1212] Nach der aktuellen Durchführungs-Verordnung können Stabilisierungsmaßnahmen – anders als nach der Vorgängerregelung – nicht nur Wertpapierfirmen durchführen, vgl. oben Rn 327. Vgl. zum Hintergrund schon *Grüger* BKR 2010, 221 (227–230).

[1213] Hier bleibt insbesondere die allgemeinere Diskussion zur Kursstabilisierung relevant; dazu und insbesondere zu der Frage, welche Zielsetzungen zulässig und inwieweit dann die jeweiligen Börsenregeln grds. maßgeblich sind: schon oben Rn 325; *Fleischer* ZIP 2003, 2045; *Grüger* BKR 2007, 437; *Meyer* AG 2004, 289; *Vogel* WM 2003, 2437; *Meißner* Stabilisierung und Pflege; allgemeiner *Trüstedt* Verbot von Börsenkursmanipulationen; *Lenzen* Eingriffe in die Börsenkursbildung.

[1214] *Schröder* NJW 2009, 465 (465 f.); *Sturm* ZBB 2010, 20 (29 f.).

dert (auch indirekt), sind seine Handlungen primär an den – grds. nationalen – berufsständigen Rechts- und Ethikmaßstäben zu messen, die in Deutschland vorsehen, dass angemessen der Wahrheitsgehalt zu überprüfen ist, dann jedoch nur bewusst wahrheitswidrige oder irreführende Berichtserstattung untersagt ist. Mit Niederlegung der Ethikmaßstäbe wird zwar ebenfalls eine objektivierte Prozedur durchlaufen, die die Konturen der Privilegierung absteckt. Sie ist jedoch nicht an den Vorgaben von Art. 13 MAR zu messen und hat einen gänzlich anderen Rahmen. Im Ergebnis freilich wird auch hier ein Bereich geschaffen, der einem safe harbour gleicht – wiederum auch mit einer Grenze (nicht ganz unähnlich den „legitimen Gründen" in Art. 13 Abs. 1 MAR): Die Schwelle, ab der journalistische Information und Tätigkeit nach Art. 21 lit. b) MAR **nicht mehr privilegiert** ist, liegt bei der Irreführungs*absicht* hinsichtlich Nachfrage oder Kurs. Als Handeln mit Irreführungsabsicht und zudem im Eigeninteresse liegt beim Journalisten vor allem das Scalping nahe.[1215]

482 IV. Art. 16 MAR: Präventionspflichten betreffend *Marktbetreiber und Wertpapierfirmen*

Artikel 16
Vorbeugung und Aufdeckung von Marktmissbrauch

(1) Betreiber von Märkten und Wertpapierfirmen, die einen Handelsplatz betreiben, haben gemäß Artikel 31 und 54 der Richtlinie 2014/65/EU wirksame Regelungen, Systeme und Verfahren zur Vorbeugung und Aufdeckung von Insidergeschäften, Marktmissbrauch versuchten Insidergeschäften und versuchtem Marktmissbrauch zu schaffen und aufrechtzuerhalten.

Eine in Unterabsatz 1 genannte Personen meldet Aufträge und Geschäfte, einschließlich deren Stornierung oder Änderung, die Insidergeschäfte, Marktmanipulationen oder versuchte Insidergeschäfte oder versuchte Marktmanipulationen sein könnten, unverzüglich der zuständigen Behörde des Handelsplatzes.

(2) Wer gewerbsmäßig Geschäfte vermittelt oder ausführt, muss wirksame Regelungen, Systeme und Verfahren zur Aufdeckung und Meldung von verdächtigen Aufträgen und Geschäften schaffen und aufrechterhalten. Wann immer die betreffende Person den begründeten Verdacht hat, dass ein Auftrag oder ein Geschäft in Bezug auf ein Finanzinstrument – wobei es unerheblich ist, ob dieser bzw. dieses auf einem Handelsplatz oder anderweitig erteilt oder ausgeführt wurde – Insiderhandel oder Marktmanipulation oder den Versuch hierzu darstellt, so unterrichtet sie unverzüglich die zuständige Behörde nach Absatz 3.1

(3) Unbeschadet des Artikels 22 gelten für die Meldungen von Personen, die beruflich Geschäfte mit Finanzinstrumenten erteilen oder ausführen, die Vorschriften des Mitgliedstaats, in dem sie zugelassen sind oder in dem sie ihre Hauptniederlassung haben oder, bei Zweigniederlassungen, die Vorschriften des Mitgliedstaats ihrer Zweigniederlassung. Die Meldung erfolgt bei der zuständigen Behörde dieses Mitgliedstaats.

[1215] *Schröder* NJW 2009, 465 (468 f.); *Sturm* ZBB 2010, 20 (32–34); zu den Ethikmaßstäben vgl. insbesondere Ziffer 2 Pressekodex des Deutschen Presserats idF v. 3.12.2008 (sorgfältige Prüfung des Wahrheitsgehalts sowie wahrheitsgetreue Wiedergabe von Informationen, unbestätigte Meldungen, Gerüchte und Vermutungen sind als solche erkennbar zu machen), abrufbar unter www.presserat.de; für die Qualifikation von Scalping als Marktmanipulation (und ggf. Insiderhandel) vgl. oben Rn 467 und 346.

(4) Die zuständigen Behörden nach Absatz 3, denen verdächtige Aufträge und Geschäfte gemeldet werden, teilen dies unverzüglich den für die betreffenden Handelsplätze zuständigen Behörden mit.

(5) Um eine durchgehende Harmonisierung dieses Artikels zu gewährleisten, arbeitet die ESMA Entwürfe technischer Regulierungsstandards aus, um Folgendes festzulegen:

a) angemessene Regelungen, Systeme und Verfahren für die Einhaltung der Vorschriften in den Absätzen 1 und 2 durch Personen und

b) die von Personen zur Einhaltung der Vorschriften in den Absätzen 1 und 2 zu nutzenden Mitteilungsmuster.

Die ESMA legt der Kommission diese Entwürfe technischer Regulierungsstandards bis zum 3. Juli 2016 vor.

Der Kommission wird die Befugnis übertragen, die in Unterabsatz 1 genannten technischen Regulierungsstandards nach Artikel 10 bis 14 der Verordnung (EU) Nr. 1095/2010 zu erlassen.

Art. 31 MiFID II bzw. Art. 54 MiFID II sehen für multilaterale und organisierte Handelssysteme bzw. für geregelte Märkte, d.h. **für alle von MAR erfassten Handelsplätze, mehrere Präventionspflichten** vor, mit denen **Betreiber dieser Handelsplätze** Verstößen gegen die Insiderverbote bzw. die Marktmanipulationsverbote (Art. 14, 15 MAR) vorbeugen sollen: (i) die Pflicht, ihre innere Organisation so zu gestalten, dass sie Systeme aufweist, die Verdachtsfälle für solche Verstöße zutage fördern (jeweils Abs. 1); (ii) die Pflicht „unverzüglich“ Meldung zu erstatten und zwar der „zuständigen Behörde“, die den Verdacht prüft und, wenn sie selbst von einem Verstoß überzeugt ist, wiederum die ESMA unterrichtet (jeweils Abs. 2), aber auch – wenn verschieden – (iii) der Behörde, die die entsprechenden Straftaten verfolgt (jeweils Abs. 3). Die Pflichten treffen den rechtlich verantwortlichen Betreiber. Diese Verpflichtung ist im deutschen Recht in **§ 31f Abs. 1 Nr. 3 WpHG und § 7 Abs. 5 und § 5 Abs. 7 BörsG** umgesetzt. **483**

Auf diese **Pflichtenlage von Marktbetreibern verweist Art. 16 Abs. 1 MAR nur.** Freilich ist die Meldepflicht damit europaeinheitlich (und unmittelbar anwendbar) verankert. Auch wird (nochmals) klargestellt, dass diese Pflicht sich auf alle Handlungsformen bezieht, auch die (mit MAR neu hinzugekommene) Stornierung oder Änderung einer Order, auch den bloßen Versuch. Der Schwerpunkt der Regelung liegt in den **Organisationspflichten** von Marktbetreibern. Diese – namentlich die genannten Regelungen im WpHG und BörsG – sind Gegenstand des 7. Teils. Als Mindestanforderung wird gesehen, dass die Preise und Preisentwicklungen im System beobachtet werden und Auffälligkeiten näher untersucht, außerdem die Verhaltensweisen der Marktteilnehmer, aber auch im Marktumfeld.[1216] **484**

Die **inhaltlich grds. gleiche Pflicht** erlegt denjenigen auf, die gewerbsmäßig Geschäfte vermitteln oder ausführen„ – d.h. denjenigen, die Wertpapierdienstleistungen erbringen (§ 2 Abs, 3 Nr. 1 und 4 WpHG), also **Wertpapierfirmen und Kreditinstituten**, die in diesem Sinne bei allen von ihnen für Kunden getätigten Transaktionen als “watch-dogs„ fungieren. Damit wird nicht nur die „Gesamtverantwortung“ der Banken – neben den Marktbetreibern – für einen gegen Insider- und Marktmanipulation geschützten Markt begründet, sondern das Präventionsregime wird in zwei Richtungen abgerundet: Zum einen haben die Intermediäre den direkten Kundenkontakt, was die Perspektive auf eigene Verdachtsmo- **485**

1216 Fuchs/*Fuchs* § 31f WpHG Rn 7; *Schwark*/Zimmer § 31 f. WpHG Rn 24.

mente – aus der transaktionsbezogenen Beziehung – eröffnet. Zum anderen werden auf diese Weise auch diejenigen Transaktionen dieser Form der systematischen **Prävention unterworfen, die außerhalb von Handelsplätzen stattfinden**, also etwa in einer OTC-Transaktion, die aber nach Art. 2 Abs. 3 MAR den Insider- und Marktmanipulationsverboten unterfallen, weil die fraglichen Finanzinstrumente allgemein an Handelsplätzen iSv. MAR zugelassen sind oder gehandelt werden (für die Wichtigkeit dieser Abrundung für einen funktional durchgängigen Schutz der Marktintegrität vgl. oben Rn 288–290). **Abs. 3–5 betreffen Zuständigkeit und Zusammenarbeit** sowie die Ermächtigung zu **Durchführungsgesetzgebung.**[1217] Das Regelungsumfeld des Art. 16 MAR rundet schließlich die zuständigkeits- und befugnisklärende Norm des § 10 WpHG ab.

E. Art. 17 MAR: Präventionspflichten betreffend *Emittenten:* Ad-hoc-Publizität

Schrifttum (zu Ad-hoc-Publizität)

a) **Monographien, Sammelbände, Kommentare:** *Assmann* Ad-hoc-Publizität (§ 15 WpHG), in Assmann/Schneider (Hrsg.) Wertpapierhandelsgesetz – Kommentar, 6. Aufl. 2012; *Baetge* (Hrsg.) Insiderrecht und Ad-hoc-Publizität – was bedeuten die neuen Regelungen für Unternehmenspublizität und Finanzanalyse?, 1995; *Büche* Die Pflicht zur Ad-hoc-Publizität als Baustein eines integeren Finanzmarkts – die Vorgaben der Marktmissbrauchs-Richtlinie und ihre Umsetzung in § 15 WpHG, 2005; *Claussen* Insiderhandelsverbot und Ad hoc-Publizität – Praktikerhinweise und -empfehlungen für Emittenten, Anleger, Banken, Wertpapierdienstleister und ihre Berater, 1996; *Dreyling/Schäfer* Insiderrecht und Ad-hoc-Publizität – Praxis und Entwicklungstendenzen, 2001; *Fülbier* Regulierung der Ad-hoc-Publizität – ein Beitrag zur ökonomischen Analyse des Rechts, 1998; *Fürhoff* Kapitalmarktrechtliche Ad hoc-Publizität zur Vermeidung von Insiderkriminalität, 2000; *Gehrt* Die neue Ad-hoc-Publizität nach § 15 Wertpapierhandelsgesetz – eine kritische Betrachtung im Vergleich zur französischen und anglo-amerikanischen Regelung, 1997; BankR-HdB/*Hopt/Kumpan* § 107; *v. Klitzing* Die Ad-hoc-Publizität – zwischen europäischer Vorgabe und nationaler Umsetzung und zwischen Kapitalmarktrecht und Gesellschaftsrecht, 1999; *Klöhn* Veröffentlichung und Mitteilung von Insiderinformationen (§ 15 WpHG), in: Hirte/Möllers (Hrsg.) Kölner Kommentar zum WpHG, 2. Aufl. 2014; *Leis/Nowak* Ad-hoc-Publizität nach § 15 WpHG, 2001; *Leisch* Haftung von Vorständen gegenüber Anlegern wegen fehlerhafter Ad-hoc-Meldungen nach § 826 BGB, 2000; *Möllers/Rotter* (Hrsg.) Ad-hoc-Publizität – Handbuch der Rechte und Pflichten von börsennotierten Unternehmen und Kapitalanlegern, 2003; *Mülbert/Steup* § 41: Haftung für fehlerhafte Kapitalmarktinformation, in: Habersack/Mülbert/Schlitt (Hrsg.) Handbuch der Kapitalmarktinformation, 3. Aufl. 2013; *Sangiovanni* Die Ad-hoc-Publizität im deutschen und italienischen Recht, 2003; *Steinhauer* Insiderhandelsverbot und Ad-hoc-Publizität, 1999; *Struck* Ad-hoc-Publizitätspflicht zum Schutz der Anleger vor vermögensschädigendem Wertpapierhandel, 2003; *Waldhausen* Die ad-hoc-publizitätspflichtige Tatsache – eine Untersuchung zu § 15 Abs. 1 Satz 1 WpHG unter Berücksichtigung der Ad-hoc-Publizität im Vereinigten Königreich, 2001.

b) **Aufsätze und Beiträge:** *Bachmann* Ad-hoc-Publizität nach „Geltl", BB 2012, 2206; *Bayer* Emittentenhaftung versus Kapitalmarkthaftung, WM 2013, 961; *v. Bernuth/Kremer* Schadensersatz wegen fehlerhafter Kapitalmarktinformation für Investoren in Aktienderivate, BB 2013, 2186; *Brandi/Süßmann* Neue Insiderregeln und Ad-hoc-Publizität – Folgen für Ablauf und Gestaltung von M&A-Trans-

[1217] Ergangen ist bisher Delegierte Verordnung (EU) 2016/957 der Kommission vom 9. März 2016 zur Ergänzung der Verordnung (EU) Nr. 596/2014 des Europäischen Parlaments und des Rates im Hinblick auf technische Regulierungsstandards für die geeigneten Regelungen, Systeme und Verfahren sowie Mitteilungsmuster zur Vorbeugung, Aufdeckung und Meldung von Missbrauchspraktiken oder verdächtigen Aufträgen oder Geschäften, ABl.EU 2016 L 160/1.

aktionen, AG 2004, 642; *Bremer* Neues EU-Marktmissbrauchsrecht in Kraft getreten, NZG 2014, 816; *Burgard* Ad-hoc-Publizität bei gestreckten Sachverhalten und mehrstufigen Entscheidungsprozessen, ZHR 162 (1998), 51; *Buttlar* Neue Entwicklungen in der Ad-hoc-Publizität – vom Vierten Finanzmarktförderungsgesetz zur Marktmissbrauchsrichtlinie, WM 2003, 901; *Cahn* Entscheidungen des Bundesaufsichtsamtes für den Wertpapierhandel nach § 15 Abs. 1 S. 2 WpHG, WM 1998, 272; *De Jong* Can Fluctuations in Prices or Volumes of a Security Trigger a Duty for Listed Companies to Disclose Inside Information? (2016) 17 EBOR (im Erscheinen); *Di Noia/Gargantini* Issuers at midstream: Disclosure of multistage events in the current and in the proposed EU market abuse regime, ECFR 2012, 484; *di Noia /Milic/Spatola* Issuers obligations under the new Market Abuse Regulation and the proposed ESMA guideline regime – a brief overview, ZBB 2014, 96; *Fey/Royé* Die neue EU-Marktmissbrauchsverordnung. Meldepflichten für Unternehmen und Organmitglieder, BOARD 2014, 252; *Fleischer* Der Inhalt des Schadensersatzanspruchs wegen unwahrer oder unterlassener unverzüglicher Ad-hoc-Mitteilungen, BB 2002, 1869; *ders.* Gesundheitsprobleme eines Vorstandsmitglieds im Lichte des Aktien- und Kapitalmarktrechts, NZG 2010, 561; *Forst* Die ad-hoc-pflichtige Massenentlassung, DB 2009, 607; *Fürhoff* Neuregelung der Ad-hoc-Publizitätspflicht auf europäischer Ebene – Auswirkungen auf § 15 WpHG und systematische Einordnung, AG 2003, 80; *ders./Wölk* Aktuelle Fragen zur Ad hoc-Publizität, WM 1997, 449; *Gilotta* Disclosure in Securities Markets and the Firm's Need for Confidentiality – Theoretical Framework and Regulatory Analysis, (2012) 13 EBOR 45; *Götze* Ad-hoc-Publizitätspflicht bei Zulassung einer Due Diligence durch AG-Vorstand?, BB 1998, 2326; *Gong/Liu* Inside Trading, Public Disclosure and Imperfect Competition, 24 International Review of Economics & Finance 200 (2012); *Graßl* Die neue Marktmissbrauchsverordnung der EU – Neuregelung des gesamten europäischen Marktmissbrauchsrechts, DB 2015, 2066; *Grimme/v. Butlar* Neue Entwicklungen in der Ad-hoc-Publizität – vom Vierten Finanzmarktförderungsgesetz zur Marktmissbrauchsrichtlinie, WM 2003, 901; *Groß* Haftung für fehlerhafte oder fehlende Regel- oder Ad-hoc-Publizität, WM 2002, 477; *Hannich* Quo vadis, Kapitalmarktinformationshaftung? Folgt aufgrund des IKB-Urteils nun doch die Implementierung des KapInHaG?, WM 2013, 449; *Hansen/Moalem* The MAD Disclosure Regime and the Twofold Notion of Inside Information: The Available Solution, 4 Capital Markets Law Journal 323 (2009); *Harbarth* Ad-hoc-Publizität beim Unternehmenskauf, ZIP 2005, 1898; *Heider/Hirte* Ad hoc-Publizität bei zeitlich gestreckten Vorgängen, GWR 2012, 429; *Hirte* Die Ad-hoc-Publizität im System des Aktien- und Börsenrechts, in: Bankrechtstag 1995, 1996, S. 47; *Hopt* Grundsatz- und Praxisprobleme nach dem Wertpapierhandelsgesetz – insbesondere Insidergeschäfte und Ad-hoc-Publizität, ZHR 159 (1995), 135; *Ihrig/Kranz* EuGH-Entscheidung Geltl/Daimler: „Selbstbefreiung" von der Ad-hoc-Publizitätspflicht – Offene Streitfragen im Umgang mit § 15 Abs. 3 WpHG, BB 2013, 451; *Klöhn* Die Regelung selektiver Informationsweitergabe gem. § 15 Abs. 1 Satz 4 u. 5 WpHG – eine Belastungsprobe, WM 2010, 1869; *ders.* Der Aufschub der Ad-hoc-Publizität wegen überwiegender Geheimhaltungsinteressen des Emittenten (§ 15 Abs. 3 WpHG), ZHR 178 (2014), 55; *ders.* Ad-hoc-Publizität und Insiderverbot im neuen Marktmissbrauchsrecht, AG 2016, 423; *ders.* Der „gestreckte Geschehensablauf" vor dem EuGH, NZG 2011, 166; *ders.* „Überholende Kausalverläufe" und Haftung wegen fehlerhafter Ad-hoc-Publizität, FS Köndgen 2016, S. 311; *P. Koch* Die Ad-hoc-Publizität nach dem Kommissionsentwurf einer Marktmissbrauchsverordnung, BB 2012, 1365; *S. Koch* Neuerungen im Insiderrecht und der Ad-hoc-Publizität, DB 2005, 267; *Kocher* Ad-hoc-Publizität in Unternehmenskrise und Insolvenz, NZI 2010, 925; *ders.* Ad-hoc-Publizität und Insiderhandel bei börsennotierten Anleihen, WM 2013, 1305; *Kocher/Schneider* Zuständigkeitsfragen im Rahmen der Ad-hoc-Publizität, ZIP 2013, 1607; *Köndgen* Die Ad hoc-Publizität als Prüfstein informationsrechtlicher Prinzipien, FS Druey 2002, S. 791; *Krämer/Kiefner* Ad-hoc-Publizität nach dem Final Report der ESMA Praxisfragen und weiterer Korrekturbedarf, AG 2016, 621; *Krause* Ad-hoc-Publizität und haftungsrechtlicher Anlegerschutz, ZGR 2002, 799; *Kümpel* Aktuelle Fragen der Ad-hoc-Publizität, AG 1997, 66; *Latui* Disclosure of inside information and Troubled Financial Institutions: A Critical Analysis of Member State Practice, 5 Law and Financial Markets Review 62 (2011); *Lebherz* Publizitätspflichten bei der Übernahme börsennotierter Unternehmen, WM 2010, 154; *Leppert/Stürwald* Die insiderrechtlichen Regelungen des Vorschlags für eine Marktmissbrauchsrichtlinie und der Stand der Umsetzung im deutschen Wertpapierhandelsrecht, ZBB 2002, 90; *Letzel* Ad-hoc-Publizität: Änderungen durch das 4. Finanzmarktförderungsgesetz, WM 2003, 1757; *Leuering* Die Ad-hoc-Pflicht auf Grund der Weitergabe von Insiderinformationen (§ 15 I 3 WpHG), NZG 2005, 12; *Mennicke* Ad-hoc-Publizität bei gestreckten Entscheidungsprozessen und die Notwendigkeit einer Befreiungsentscheidung des Emittenten, NZG 2009, 1059; *Merkner/Sustmann* Insiderrecht und Ad-Hoc-Publizität – Das Anlegerschutzverbesserungsgesetz „in der Fassung durch den Emittentenleitfaden der BaFin", NZG 2005, 729; *Möllers* Insiderinformation und Befreiung von der Ad-hoc-Publizität nach § 15 Abs. 3 WpHG, WM 2005, 1393; *ders.* Wechsel von Organmitgliedern und „key playern": Kursbeeinflussungspotential und Pflicht zur Ad-hoc-Publizität, NZG 2005, 459; *ders.* Zur „Unverzüglichkeit" einer Ad-hoc-Mitteilung im Kontext nationaler und europäischer Dogmatik, FS Horn 2006, S. 473; *Nietsch* Schadensersatzhaftung wegen Verstoßes gegen Ad-hoc-Publizitätspflichten nach dem Anlegerschutzverbesserungsgesetz, BB 2005, 785; *Pananis* Zur Abgrenzung von Insidertatsache und ad-hoc-publizitätspflichtigem Sachverhalt bei mehrstufigen Entscheidungsprozessen, WM 1997, 460; *Pattberg/Bredol* Der Vorgang der Selbstbefreiung von der Ad-hoc-Publizitätspflicht, NZG 2013, 87; *Poelzig* Die Neuregelung der Offenlegungsvorschriften durch die Marktmissbrauchsverordnung, NZG 2016, 761; *Rieckers* Haftung des Vorstands für fehlerhafte Ad-hoc-Meldungen de lege lata und de lege ferenda, BB 2002, 1213; *Rubner/Pospiech* EU-Marktmissbrauchsverordnung – das Ende des Freiverkehrs?, NJW-Spezial 2015, 591; *Schall* Insiderinformation und zivilrechtliche Aufklärungspflicht – das Leitbild des Individualvertrags als neue Perspektive, JZ 2010, 352; *Schander/Lucas* Die Ad-hoc-Publizität im Rahmen von Übernahmevorhaben – Anmerkungen zu § 15 Abs. 1 WpHG, DB 1997, 2109; *S. Schneider* Selbstbefreiung von der Pflicht zurAd-hoc-Publizität, BB 2005, 897; *U. H. Schneider/Gilfrich* Die Entscheidung des Emittenten über die Befreiung von der Ad-hoc-Publizitätspflicht, BB 2007, 53; *Schulz* Unwirksame Sacheinlagevereinbarungen bei börsennotierten Aktiengesellschaften, NZG 2010, 41; *Seibt* Europäische Finanzmarktregulierung zu Insiderrecht und Ad-hoc- Publizität, ZHR 177 (2013), 388; *Simon* Die neue Ad-hoc-Publizität, Der Konzern 2005, 13; *Tollkühn* Die Ad-hoc-Publizität nach dem Anlegerschutzverbesserungsgesetz, ZIP 2004, 2215; *Vaupel* Zum Tatbestandsmerkmal der erheblichen Kursbeeinflussung bei der Ad-hoc-Publizität, WM 1999, 521; *Veil/Koch* Auf dem Weg zu einem Europäischen Kapitalmarktrecht – die Vorschläge der Kommission zur Neuregelung des Marktmissbrauchs, WM 2011, 2297; *Veith* Die Befreiung von der Ad-hoc-Publizitätspflicht nach § 15 III WpHG, NZG 2005, 254; *C. Weber* Kapitalmarktinformationshaftung und gesellschaftsrechtliche Kapitalbindung – ein einheitliches Problem mit rechtsformübergreifender Lösung?, ZHR 176 (2012) 184; *Widder* Befreiung von der Ad-hoc-Publizität ohne Selbstbefreiungsbeschluss?, BB 2009, 967; *Wittich* Erfahrungen mit der Ad-hoc-Publizität in Deutschland, AG 1997, 1; *Wölk* Ad-hoc-Publizität – Erfahrungen aus der Sicht des Bundesaufsichtsamtes für Wertpapierhandel, AG 1997, 73; *Zetzsche* Normaler Geschäftsgang und Verschwiegenheit als Kriterien für die Weitergabe transaktionsbezogener Insiderinformationen an Arbeitnehmer – Überlegungen zu Art. 10 I und 17 I der Marktmissbrauchsverordnung, NZG 2015, 817; *Ziemons* Neuerungen im Insiderrecht und bei der Ad-hoc-Publizität durch die Marktmissbrauchsrichtlinie und das Gesetz zur Verbesserung des Anlegerschutzes, NZG 2004, 537; *Zimmer* Die Selbstbefreiung – Achillesferse der Ad-hoc-Publizität?, FS Schwark 2009, S. 669.

Vgl. auch **allgemeines Literaturverzeichnis oben** vor Rn 250 sowie vor Rn 330 (**Insiderhandel**). **Ältere Literatur** vgl. auch Ebenroth/Boujong/Joost/Strohn/*Grundmann* HGB – Handelsgesetzbuch, Bd. 2 – Bankrecht VI (1. Aufl. 2001, 2. Aufl. 2009).

Kapitel 3
Offenlegungsvorschriften

486

Artikel 17
Veröffentlichung von Insiderinformationen

(1) Emittenten geben der Öffentlichkeit Insiderinformationen, die unmittelbar diesen Emittenten betreffen, so bald wie möglich bekannt.

Die Emittenten stellen sicher, dass die Insiderinformationen in einer Art und Weise veröffentlicht werden, die es der Öffentlichkeit ermöglicht, schnell auf sie zuzugreifen, falls vorhanden, und sie vollständig, korrekt und rechtzeitig zu bewerten, und dass sie in dem amtlich bestellten System gemäß Artikel 21 der Richtlinie 2004/109/EG des Europäischen

Parlaments und des Rates[1218] veröffentlicht werden. Die Emittenten dürfen die Veröffentlichung von Insiderinformationen nicht mit der Vermarktung ihrer Tätigkeiten verbinden. Die Emittenten veröffentlichen alle Insiderinformationen, die sie der Öffentlichkeit mitteilen müssen, auf ihrer Website und zeigen sie dort während eines Zeitraums von mindestens fünf Jahren an.

Dieser Artikel gilt für Emittenten, die für ihre Finanzinstrumente eine Zulassung zum Handel an einem geregelten Markt in einem Mitgliedstaat beantragt oder erhalten haben, bzw. im Falle von Instrumenten, die nur auf einem multilateralen oder organisierten Handelssystem gehandelt werden, für Emittenten, die für ihre Finanzinstrumente eine Zulassung zum Handel auf einem multilateralen oder organisierten Handelssystem in einem Mitgliedstaat erhalten haben oder die für ihre Finanzinstrumente eine Zulassung zum Handel auf einem multilateralen Handelssystem in einem Mitgliedstaat beantragt haben.

(2) Jeder Teilnehmer am Markt für Emissionszertifikate gibt Insiderinformationen in Bezug auf ihm gehörende Emissionszertifikate für seine Geschäftstätigkeit, darunter Luftverkehr gemäß Anhang I der Richtlinie 2003/87/EG und Anlagen im Sinne von Artikel 3 Buchstabe e jener Richtlinie, die der betreffende Marktteilnehmer, dessen Mutterunternehmen oder ein verbundenes Unternehmen besitzt oder kontrolliert und für dessen betriebliche Angelegenheiten der Marktteilnehmer, dessen Mutterunternehmen oder ein verbundenes Unternehmen vollständig oder teilweise verantwortlich ist, öffentlich, wirksam und rechtzeitig bekannt. In Bezug auf Anlagen umfasst diese Offenlegung die für deren Kapazität und Nutzung erheblichen Informationen, darunter die geplante oder ungeplante Nichtverfügbarkeit dieser Anlagen.

Unterabsatz 1 gilt nicht für Teilnehmer am Markt für Emissionszertifikate, wenn die Emissionen der Anlagen oder Luftverkehrstätigkeiten in ihrem Besitz, unter ihrer Kontrolle oder ihrer Verantwortlichkeit im Vorjahr eine bestimmte Kohlendioxidäquivalent-Mindestschwelle nicht überschritten haben und, sofern dort eine Verbrennung erfolgt, deren thermische Nennleistung eine bestimmte Mindestschwelle nicht überschreitet.

Der Kommission wird die Befugnis übertragen, gemäß Artikel 35 zur Anwendung der im Unterabsatz 2 dieses Absatzes vorgesehenen Ausnahme delegierte Rechtsakte zur Festlegung einer Kohlendioxidäquivalent-Mindestschwelle und einer Mindestschwelle für die thermische Nennleistung zu erlassen.

(3) Der Kommission wird die Befugnis übertragen, delegierte Rechtsakte gemäß Artikel 35 zur Festlegung der zuständigen Behörde für die Mitteilungen gemäß den Absätzen 4 und 5 des vorliegenden Artikels zu erlassen.

(4) Ein Emittent oder ein Teilnehmer am Markt für Emissionszertifikate, kann auf eigene Verantwortung die Offenlegung von Insiderinformationen für die Öffentlichkeit aufschieben, sofern sämtliche nachfolgenden Bedingungen erfüllt sind:

a) die unverzügliche Offenlegung wäre geeignet die berechtigten Interessen des Emittenten oder Teilnehmers am Markt für Emissionszertifikate zu beeinträchtigen,
b) die Aufschiebung der Offenlegung wäre nicht geeignet, die Öffentlichkeit irrezuführen,

[1218] Richtlinie 2004/109/EG des Europäischen Parlaments und des Rates vom 15. Dezember 2004 zur Harmonisierung der Transparenzanforderungen in Bezug auf Informationen über Emittenten, deren Wertpapiere zum Handel auf einem geregelten Markt zugelassen sind, und zur Änderung der Richtlinie 2001/34/EG (ABl. L 390 vom 31.12.2004, S. 38).

c) der Emittent oder Teilnehmer am Markt für Emissionszertifikate kann die Geheimhaltung dieser Informationen sicherstellen.

Im Falle eines zeitlich gestreckten Vorgangs, der aus mehreren Schritten besteht und einen bestimmten Umstand oder ein bestimmtes Ereignis herbeiführen soll oder hervorbringt, kann ein Emittent oder Teilnehmer am Markt für Emissionszertifikate auf eigene Verantwortung die Offenlegung von Insiderinformationen zu diesem Vorgang vorbehaltlich des Unterabsatzes 1 Buchstaben a, b und c aufschieben.

Hat ein Emittent oder ein Teilnehmer am Markt für Emissionszertifikate die Offenlegung von Insiderinformationen nach diesem Absatz aufgeschoben, so informiert er die gemäß Absatz 3 festgelegte zuständige Behörde unmittelbar nach der Offenlegung der Informationen über den Aufschub der Offenlegung und erläutert schriftlich, inwieweit die in diesem Absatz festgelegten Bedingungen erfüllt waren. Alternativ können Mitgliedstaaten festlegen, dass die Aufzeichnung einer solchen Erläuterung nur auf Ersuchen der gemäß Absatz 3 festgelegten zuständigen Behörde übermittelt werden muss.

(5) Zur Wahrung der Stabilität des Finanzsystems kann ein Emittent, bei dem es sich um ein Kreditinstitut oder ein Finanzinstitut handelt, auf eigene Verantwortung die Offenlegung von Insiderinformationen, einschließlich Informationen im Zusammenhang mit einem zeitweiligen Liquiditätsproblem und insbesondere in Bezug auf den Bedarf an zeitweiliger Liquiditätshilfe seitens einer Zentralbank oder eines letztinstanzlichen Kreditgebers, aufschieben, sofern sämtliche nachfolgenden Bedingungen erfüllt sind:

a) die Offenlegung der Insiderinformationen birgt das Risiko, dass die finanzielle Stabilität des Emittenten und des Finanzsystems untergraben wird;
b) der Aufschub der Veröffentlichung liegt im öffentlichen Interesse;
c) die Geheimhaltung der betreffenden Informationen kann gewährleistet werden, und
d) die gemäß Absatz 3 festgelegte zuständige Behörde hat dem Aufschub auf der Grundlage zugestimmt, dass die Bedingungen gemäß Buchstaben a, b, und c erfüllt sind.

(6) Für die Zwecke des Absatzes 5 Buchstaben a bis d setzt der Emittent die gemäß Absatz 3 festgelegte zuständige Behörde von seiner Absicht in Kenntnis, die Offenlegung der Insiderinformationen aufzuschieben, und legt Nachweise vor, dass die Voraussetzungen gemäß Absatz 5 Buchstaben a, b, und c vorliegen. Die gemäß Absatz 3 festgelegte zuständige Behörde hört gegebenenfalls die nationale Zentralbank oder, falls eingerichtet, die makroprudenzielle Behörde oder andernfalls die folgenden Stellen an:

a) falls es sich bei dem Emittenten um ein Kreditinstitut oder eine Wertpapierfirma handelt, die gemäß Artikel 133 Absatz 1 der Richtlinie 2013/36/EU des Europäischen Parlaments und des Rates[1219] benannte Behörde;
b) in anderen als den in Buchstabe a genannten Fällen jede andere für die Aufsicht über den Emittenten zuständige nationale Behörde.

Die gemäß Absatz 3 festgelegte zuständige Behörde stellt sicher, dass der Aufschub für die Offenlegung von Insiderinformationen nur für den im öffentlichen Interesse erforderlichen Zeitraum gewährt wird. Die gemäß Absatz 3 festgelegte zuständige Behörde bewertet mindestens wöchentlich, ob die Voraussetzungen gemäß Absatz 5 Buchstaben a, b und c noch vorliegen.

1219 Richtlinie 2013/36/EU des Europäischen Parlaments und des Rates vom 26. Juni 2013 über den Zugang zur Tätigkeit von Kreditinstituten und die Beaufsichtigung von Kreditinstituten und Wertpapierfirmen, zur Änderung der Richtlinie 2002/87/EG und zur Aufhebung der Richtlinien 2006/48/EG und 2006/49/EG (ABl. L 176 vom 27.6.2013, S. 338).

Wenn die gemäß Absatz 3 festgelegte zuständige Behörde dem Aufschub der Veröffentlichung von Insiderinformationen nicht zustimmt, muss der Emittent die Insiderinformationen unverzüglich offenlegen.

Dieser Absatz gilt für Fälle, in denen der Emittent nicht beschließt, die Offenlegung von Insiderinformationen gemäß Absatz 4 aufzuschieben.

Verweise in diesem Absatz auf die gemäß Absatz 3 festgelegte zuständige Behörde in diesem Absatz lassen die Befugnis der zuständigen Behörde, ihre Aufgaben gemäß Artikel 23 Absatz 1 wahrzunehmen, unberührt.

(7) Wenn die Offenlegung von Insiderinformationen gemäß Absatz 4 oder 5 aufgeschoben wurde und die Vertraulichkeit der dieser Insiderinformationen nicht mehr gewährleistet ist, muss der Emittent die Öffentlichkeit so schnell wie möglich über diese Informationen informieren.

Dieser Absatz schließt Sachverhalte ein, bei denen ein Gerücht auf eine Insiderinformation Bezug nimmt, die gemäß Absatz 4 oder 5 nicht offengelegt wurden, wenn dieses Gerücht ausreichend präzise ist, dass zu vermuten ist, dass die Vertraulichkeit dieser Information nicht mehr gewährleistet ist.

(8) Legt ein Emittent oder ein Teilnehmer am Markt für Emissionszertifikate oder eine in ihrem Auftrag oder für ihre Rechnung handelnde Person im Zuge der normalen Ausübung ihrer Arbeit oder ihres Berufs oder der normalen Erfüllung ihrer Aufgaben gemäß Artikel 10 Absatz 1 Insiderinformationen gegenüber einem Dritten offen, so veröffentlicht er diese Informationen vollständig und wirksam, und zwar zeitgleich bei absichtlicher Offenlegung und unverzüglich im Fall einer nicht absichtlichen Offenlegung. Dieser Absatz gilt nicht, wenn die die Informationen erhaltende Person zur Verschwiegenheit verpflichtet ist, unabhängig davon, ob sich diese Verpflichtung aus Rechts- oder Verwaltungsvorschriften, einer Satzung oder einem Vertrag ergibt.

(9) Insiderinformationen in Bezug auf Emittenten, deren Finanzinstrumente zum Handel an einem KMU-Wachstumsmarkt zugelassen sind, können auf der Website des Handelsplatzes anstatt der Website des Emittenten angezeigt werden, falls der Handelsplatz sich für die Bereitstellung dieser Möglichkeit für Emittenten auf jenem Markt entscheidet.

(10) Um einheitliche Bedingungen für die Anwendung dieses Artikels sicherzustellen, arbeitet die ESMA Entwürfe technischer Durchführungsstandards zur Festlegung

a) der technischen Mittel für die angemessene Bekanntgabe von Insiderinformationen gemäß den Absätzen 1, 2, 8 und 9 und
b) der technischen Mittel für den Aufschub der Bekanntgabe von Insiderinformationen gemäß den Absätzen 4 und 5 aus.

Die ESMA legt der Kommission diese Entwürfe technischer Durchführungsstandards bis zum 3. Juli 2016. vor.

Der Kommission wird die Befugnis übertragen, die in Unterabsatz 1 genannten technischen Durchführungsstandards nach Artikel 15 der Verordnung (EU) Nr. 1095/2010 zu erlassen.

(11) Die ESMA gibt Leitlinien für die Erstellung einer nicht abschließenden indikativen Liste der in Absatz 4 Buchstabe a genannten berechtigten Interessen des Emittenten und von Fällen heraus, in denen die Aufschiebung der Offenlegung von Insiderinformationen gemäß Absatz 4 Buchstabe b geeignet ist, die Öffentlichkeit irrezuführen.

Übersicht

Rn

I. Ad-hoc-Publizität: Herkunft und Ziele (mit Ökonomik) . . . 487
1. Herkunft . . . 487
2. Ziele (mit Bezügen zu Insiderhandel und Anlegerschutz und ökonomischer Theorie) . . . 488
a) Verdichtung der Kapitalmarktinformierung und Prävention von Insiderhandel – auch zugunsten individueller Anleger . . . 488
b) Ökonomische Theorie von Informationseffizienz und Anlegerschutz . . . 490

II. Anwendungsbereich (sachlich, persönlich, räumlich) (Abs. 1 3. UAbs.) . . . 491
1. Erfasste Instrumente und Märkte . . . 491
2. Normadressat (persönlicher und räumlicher Anwendungsbereich) . . . 493

III. Tatbestand der Ad-hoc-Publizität (Abs. 1 1. UAbs.) . . . 494
1. Veröffentlichungspflicht für jede Insiderinformation, jedoch mit Modifikationen . . . 494
2. Unmittelbarer Emittentenbezug und Auswirkung auf ihn . . . 496
a) Emittentenbezug – engere Eingrenzung als bei der Insiderinformation . . . 496
b) Eintritt der Entwicklung im Tätigkeitsbereich des Emittenten („unmittelbarer“ Bezug) . . . 498
c) Faustformel . . . 502
3. Mögliche Einschränkung auf Grund des Unverzüglichkeitskriteriums – vor allem gestreckte Tatbestände . . . 503
4. Tatbestandsverwirklichung beim Derivat und/oder beim Basiswert? . . . 504

IV. Zentrale Einzelfälle . . . 505
1. Übernahmeaktivitäten . . . 505
2. Konzernsachverhalte . . . 506

Rn

V. Sonderregelung für Emissionszertifikate (Abs. 2) . . . 507

VI. Aufschub der Ad-hoc-Publizität (Abs. 3–8, 11) . . . 508
1. Voraussetzungen und Kriterien (Abs. 4, 11) . . . 509
2. Einzelfälle und Ausnahmecharakter . . . 511
3. Zusätzliches alternatives Befreiungsregime für Kreditinstitute (Abs. 5, 6) . . . 513
4. Wiederaufleben der Veröffentlichungspflicht bei Wegfall der Vertraulichkeit und Weiterleitung an einzelne Dritte (Abs. 7 und 8) . . . 515

VII. Veröffentlichungs-, Berichtigungs- und Meldepflichten (Abs. 1 UAbs. 2, Abs. 9–10) . . . 517
1. Veröffentlichungspflicht und -verfahren (Abs. 1 UAbs. 2, Abs. 9) . . . 517
a) Form und Klarheit der Veröffentlichung (mit Erleichterungen im KMU-Wachstumsmarkt nach Abs. 9) . . . 517
b) Zeitpunkt . . . 520
2. Negativer Tatbestand: Veröffentlichungsverbote, Nachträge und Berichtigungen . . . 521
a) Veröffentlichungsverbote . . . 521
b) Nachträge und Berichtigungen . . . 523
3. Meldepflichten (Abs. 4 UAbs. 3 sowie § 15 Abs. 1 WpHG nF) . . . 524
a) Meldepflichten bei Aufschub (Abs. 4 UAbs. 3) . . . 524
b) Meldepflichten zur Veröffentlichung (Abs. 1 iVm § 15 Abs. 1 WpHG nF) . . . 526

VIII. Sanktionen – Verweis . . . 527

I. Ad-hoc-Publizität: Herkunft und Ziele (mit Ökonomik)

487 **1. Herkunft.** Eine Pflicht des Emittenten, in seinem Tätigkeitsbereich eintretende beträchtlich kursrelevante Tatsachen unverzüglich zu veröffentlichen, enthielt bereits die Börsenzulassungs-Richtlinie.[1220] Mit Art. 7 Ins-RL und dann Art. 6 MAD I wurde der Anwendungsbereich dieser Vorschrift bereits erheblich **ausgeweitet**[1221] und etablierte das

[1220] Schema C Nr. 5 Buchst. a der Richtlinie des Rates 79/279 vom 5.3.1979 zur Koordinierung der Bedingungen für die Zulassung von Wertpapieren zur amtlichen Notierung an einer Wertpapierbörse, ABl.EG 1979 L 66/21.

[1221] Zum dahinter stehenden ökonomischen Modell und Nachw. zum Europäischen Rechtsakt oben Rn 337 f. bzw. 488 bzw. 490.

2014 von der MAR übernommene System: Die Pflicht traf seit MAD I auch den Emittenten von Schuldverschreibungen oder bei Derivaten und nicht mehr nur für amtlich notierte Werte; seither genügte die Einführung in einen regelmäßig stattfindenden Markt, der staatlich reglementiert und überwacht sowie der Öffentlichkeit direkt oder indirekt zugänglich ist. Entsprechend wurde in Deutschland die börsenrechtliche Regel (§ 44 a BörsG aF) durch eine allgemein kapitalmarktrechtliche ersetzt (§ 15 WpHG aF). Art. 2 Abs. 1 iVm Art. 3 Abs. 1 Nr. 6–8 MAR brachte dann auch für die Veröffentlichungspflicht nach Art. 17 MAR in puncto Märkte eine entscheidende Ausweitung: Seit Juni 2016 gilt diese in allen geregelten Märkten, multilateralen und organisierten Handelssystemen (näher Teil 5 Rn 66–71).[1222] Ebenfalls bereits mit den Weiterungsschritten von MAD I wurde außerdem die **Veröffentlichungspflicht** selbst **intensiviert**[1223] – primär durch Verschärfung der Sanktionen[1224] und Einführung von staatlicher Überwachung, in Deutschland zuerst durch das BAWe, dann und auch heute noch durch die BaFin (§ 15 Abs. 3–5 und 7 WpHG aF, Art. 22 S. 1 MAR, § 15 Abs. 1, 2 und 4 S. 2 WpHG nF). Konzeptionell soll die Ad-hoc-Publizität von Anbeginn an als außerperiodische anlassbezogene Informationspflicht die Zeiträume zwischen Quartals-, Halbjahres- und Jahresfinanzberichts- bzw. -abschlussberichterstattung ausfüllen. Sie tritt als Auffangregel für diese Zwischenräume neben einige ad hoc zu veröffentlichende Umstände, die tatbestandlich ausformuliert sind, namentlich die Beteiligungstransparenz.[1225] Heute übersteigt die Bedeutung der Ad-hoc-Publizität diejenige

1222 *Rubner/Pospiech* NJW-Spezial 2015, 591; sowie BankR-Hdb/*Hopt/Kumpan* § 107 Rn 10, 137; *Klöhn* AG 2016, 423 (426); *Poelzig* NZG 2016, 761 (763); ebenso aus der ex-ante-Sicht: Just/Voß/Ritz/Becker WpHG § 15 Rn. 41 sowie Einleitung Rn 113. Gerade in diesem Punkt ist freilich wichtig, dass umgekehrt für KMU (deren Anteile überproportional auf den neu einbezogenen Marktsegmenten gehandelt werden) die Veröffentlichungspflicht durch die MAR auch vereinfacht wurde (summarische Darstellung, unten Rn 517–519), außerdem für den Kreditsektor die Ausnahme von der Veröffentlichungspflicht mit Meldung an die Aufsichtsbehörde (vgl. 17 Abs. 4 MAR, bisher § 15 Abs. 3 WpHG aF) ergänzt wurde um einen zweiten Tatbestand, in dem die Behörde aus überwiegenden Marktstabilitätsinteressen den Aufschub gestatten können soll (Art. 17 Abs. 5 MAR, unten Rn 513 f.).

1223 Durch Ersetzung des § 44a BörsG, der wenig zur Kenntnis genommen worden war (*Happ* JZ 1994, 240 [241]; *Hopt* ZGR 1991, 17 [50]), sollte dieser „aktiviert“ werden: BT-Drucks. 12/6679 S. 35.

1224 Das Bußgeld wurde im Zuge der MAD I-Umsetzung verfünffacht. Zu den nochmaligen Verschärfungen, die die MAR brachte vgl. *Seibt/Wollenschläger* AG 2015, 593 (602 f.); *Krause* CCZ 2014, 248 (258 f.). Zu den ordnungswidrigkeitsrechtlichen Sanktionen vgl. näher unten 8. Teil (§ 39 WpHG), dort auch zu den zivilrechtlichen Ansprüchen.

1225 Traditionell ungleich verbreiteter im U. S.-amerikanischen Kapitalmarktrecht: Vgl. sec. 13 (a) (1) Securities Exchange Act 1934 iVm. Rule 13a – 11 (verfügbar sind die US-amerikanischen securities regulations in konsolidierter Fassung unter http://www.sec.gov/about/laws/sea34.pdf). Ausformulierte Informationspflichten, die die periodischen Berichtspflichten ergänzen sollen, gründen sich in sec. 13 (a) (1) SEA 1934 und betrafen schon seit Jahrzehnten: Erwerb und Veräußerung bedeutsamer Vermögensgegenstände, Jahresabschluss von erworbenen oder verkauften Unternehmen, Insolvenzanträge des Emittenten, Rücktritt von Mitgliedern des Board of Directors, Veränderungen in der Unternehmenskontrolle, Wechsel des Geschäftsjahres des Unternehmens und Wechsel des Wirtschaftsprüfers (vollständige Liste [form 8-K] erhältlich unter http://www.sec.gov/about/forms/form8-K.pdf). Für sonstige Ereignisse gibt es eine Öffnungsklausel: Einzelheiten bei *Gehrt* Ad-hoc-Publizität, 101–103. Daneben besteht eine, in der Regel durch das jeweilige Börsenreglement oder das federal securities law näher ausdifferenzierte Ad-hoc-Publizitätspflicht, die sich auf sog. „material“ informations erstreckt. Sie ist bedeutender und den europäischen Regeln

der periodischen unterjährigen Informationspflicht – nachdem sie seit den Boom-Jahren 1999–2001 selbst boomte.[1226] Die Konzepte sind trotz aller Erweiterungen des sachlichen Anwendungsbereichs im Kern die gleichen geblieben,[1227] daher sind auch die älteren ausführlichen rechtsvergleichenden Werke für die Auslegung noch immer hilfreich.[1228]

488 **2. Ziele (mit Bezügen zu Insiderhandel und Anlegerschutz und ökonomischer Theorie)**

a) **Verdichtung der Kapitalmarktinformierung und Prävention von Insiderhandel – auch zugunsten individueller Anleger.** Nach dem Konzept des Europäischen Gesetzgebers (seit der Ins-RL) besteht ein **zweifacher Bezug:** Einerseits wird die Ausnutzung von Insiderwissen umso weiter zurückgedrängt, je schneller die zugrunde liegenden Informationsasymmetrien eliminiert werden. Umgehende Publikation trocknet also Insiderhandel tendenziell aus.[1229] Ad-hoc-Publizität fördert die Effizienz der Insiderhandelsverbote. Allerdings wird dem Insider nur ein Unterlassen („abstain") abverlangt, dem Emittenten hingegen positives Tun, das zudem Vermögen, das er durch Investition schuf, mindern kann (etwa den Geheimniswert von Erfindungen). Nicht jede Insiderinformation muss daher der Ad-hoc-Publizität unterliegen. Umgekehrt erfüllt die Ad-hoc-Publizität eine Funktion, die von den Befürwortern der Freigabe von Insiderhandel als bedeutsam angeführt wird: Die Informationsinfiltrationsfunktion von Insiderhandel wird ersetzt, gute Ad-hoc-Publizität ist insoweit sogar noch effizienter.[1230]

489 Entschieden ist inzwischen der Streit, ob allein der **Schutz** der Kapitalmärkte oder **auch der individuellen Anleger** bezweckt ist (wichtig für privatrechtliche Ansprüche), noch nicht

---

besser vergleichbar. Auch auf erheblich kursrelevante Gerüchte ist zu reagieren (durch Bestätigung oder Richtigstellung): *Gehrt* Ad-hoc-Publizität, S. 197; *Gruson/Wiegmann* Die Ad-hoc-Publizitätspflicht nach amerikanischem Recht und die Auslegung von § 15 WpHG, AG 1995, 173 (175); KölnKomm WpHG/*Klöhn* Vor § 15 Rn 7.

1226 1999–2001 stieg die Zahl der Ad-hoc-Mitteilungen von 3.417 auf 5.693 im Jahre 2000 und 5.421 im Jahre 2001: *Bundesaufsichtsamt für den Wertpapierhandel,* Statistik 2001, 5. Thematisch waren die Meldungen weit gestreut, vgl. ausführlich (mit Grafik) *Wölk,* AG 1997, 73 (76); Grafiken aus *Bundesaufsichtsamt für den Wertpapierhandel,* Jahresbericht 1996, 25; Jahresbericht 1997, 25, 26. In den Jahren 2006–2010 sank die Zahl der Ad-hoc-Mitteilungen hingegen stetig, von 3.516 im Jahre 2006 auf 2.207 im Jahre 2010, vgl. BaFin Jahresbericht 2010, S. 206. Diese rückläufige Entwicklung setzte sich in den Jahren 2011 mit 2.002 Ad-hoc-Mitteilungen bis 2015 mit 1.434 Ad-hoc-Mitteilungen fort, vgl. Grafik aus BaFin Jahresbericht 2015, S. 237. Für 2016 jedoch erwartet die BaFin aufgrund der Ausweitung auf Emittenten an MTFs gem. Art. 17 Abs. 1 S. 5 MAR eine erhebliche Steigerung der Ad-hoc-Mitteilungen, vgl. BaFin Jahresbericht 2015, S. 236.

1227 *Graßl* DB 2015, 2066 (2069).

1228 *Gehrt* Ad-hoc-Publizität (Frankreich, USA); *Sangiovanni* Ad-hoc-Publizität (Italien); *Waldhausen* Ad-hoc-publizitätspflichtige Tatsache (USA, Vereinigtes Königreich).

1229 BT-Drucks. 12/7918 S. 102; *Hopt* ZHR 159 (1995), 135, 147; heute 49. Erw.grund MAR. Das Zeitfenster für einen Handel von Insidern auf der Grundlage dieser Informationen soll so weit wie möglich geschlossen werden: etwa *Fürhoff* AG 2003, 80 (83); *Grimme/v. Buttlar* WM 2003, 901, (906); zur dennoch verbleibenden Bedeutung auch der Insiderverbote: *Hopt* aaO; *Ransiek* DZWiR 1995, 53 (58); unten Rn 508–516.

1230 BT-Drucks. 12/7918 S. 96, 102; *Hopt* ZHR 159 (1995), 135 (147); *Kümpel* AG 1997, 66 (66); vgl. auch Just/Voß/Ritz/Becker WpHG § 15 Rn 41; Ebenroth/Boujong/Joost/Strohn/*Grundmann* BankR Rn VI 28; sowie, stärker ökonomisch-theoretisch: *V. Fischer* Ad-hoc disclosure – a law and economics approach, 2006; *Bank/Baumann/Financ* Market efficiency und ad hoc information – evidence from Germany, Financial Markets and Portfolio Management 2015, 173.

zweifelsfrei hingegen, ob **auch spezifisch der Kleinanleger** geschützt sein soll (wichtig für das Maß der herzustellenden Öffentlichkeit, nur Bereichsöffentlichkeit oder breite Öffentlichkeit). Das Europäische Recht entscheidet beide Fragen im Sinne des weitergehenden Schutzes. Denn in der Ins-RL und unter MAD I war das einzige konkreter vorgegebene Mittel zur Erreichung der Richtlinienziele dahingehend formuliert, dass – undifferenziert – Vertrauen *der* Anleger (vgl. 12. Erwägungsgrund MAD I) zu fördern und zu erhalten sei. Erw.grund 2 der MAR ist komplexer, da ein „integrierter, effizienter und transparenter Finanzmarkt als Hauptziel ausgegeben wird, also ein makroökonomisches Ziel, als Mittel dahin jedoch – und damit auch als Hauptziel der MAR – die „Marktintegrität“, mit der das „Vertrauen *der* Öffentlichkeit“ erhalten werden. Im Ergebnis bleibt das Anlegervertrauen die zentrale Rechtfertigung, wird nur jetzt ebenfalls in Beziehung gesetzt zu anderen kapitalmarktrechtlichen Zielen. Marktmissbrauch – also der Gegenstand der MAR – wird gar als Gefahr allein für „Integrität der Finanzmärkte“ und „Vertrauen der Öffentlichkeit“ verstanden (genauso dann speziell für Insiderverbote Erw.grund 23 f. und für die Ad-hoc-Publizität Erw.grund 55). Der deutsche Gesetzgeber zog mit der Einführung einer Haftung, die an derjenigen für fehlerhafte Prospekte orientiert ist, schon im AnSVG (bei Umsetzung der MAD I) jedenfalls in der erstgenannten Frage nach (§§ 37b, 37c WpHG).

b) Ökonomische Theorie von Informationseffizienz und Anlegerschutz. Aus ökono- **490**
mischer Sicht bildet die flächendeckende Veröffentlichung standardisierter (wesentlicher) Information den Ausgangspunkt. Ziel des hierher zählenden Art. 17 MAR ist eine **Effizienzsteigerung auf den Informationsmärkten.** Diese sind von Kapitalmärkten zu unterscheiden (Doppelmarktthese); die Effizienz von Informationsmärkten wirkt sich jedoch auf diejenige von Kapitalmärkten aus, wenn auch auf Grund von Irrationalitäten nicht vollumfänglich.[1231] Informierung über wesentliche Ereignisse fördert somit – möglicherweise nicht ganz proportional – vor allem die **Allokationseffizienz auf Kapitalmärkten.**[1232] Für die Ad-hoc-Publizität bedeutet dies: Die kostengünstigste Lösung bei Informationsakquisitions- und auch -verarbeitungsaufwendungen ist typischerweise die standardisierte

[1231] *Gilson/Kraakman* 70 Va. L. Rev. 549 (1984); aufbauend auf *Fama* 25 J. Fin. 383 (1970) (sog. Efficient Capital Market Hypothesis); dann etwa *Fenn/McGuire/Prentice* in: Hopt/Wymeersch (Hrsg.) European Insider Dealing, S. 3 (5); *Fishman/Hagerty* 44 J. Fin. 633 (1989); *Trigo Trinidade* ERPL/REDC 2000, 281 (284 und 287); *Malkiel* The Efficient Market Hypothesis and its Critics, 17 Journal of Economic Perspectives 59 (2003); *Moloney* EU Securities and Financial Markets Regulation, S. 57 f.; aus Sicht nach der Finanzkrise *Coffee* in: Ferran/Moloney/Hill/Coffee (Hrsg.) The Regulatory Aftermath of the Global Financial Crisis, 2. Aufl. 2013, S. 301; *Gilson/Kraakman* Market efficiency after the financial crisis – it's still a matter of information costs, 100 Va. L. Rev. 31 (2014); zur ökonomischen Theorie auch prägnanter Überblick bei: *Wiegel* Die Prospektrichtlinie und Prospektverordnung – eine dogmatische, ökonomische und rechtsvergleichende Analyse, 2008, S. 19–81; guter Überblick über die Literatur bei: *Miller* Essential papers on the economics of securities law, 2016 (erscheint bei Elgar), 1 (7–9); und oben 5. Teil Rn 14–17.

[1232] In der Marktinformierung wird weit überwiegend das zentrale Mittel zur Förderung schnellstmöglicher effizienter Mittelallokation gesehen: etwa *Creaven* 60 Fordham Law Review 285, 299 (1992); *Grundmann* ZSR 115 nF (1996), 103 (114–120); *Hopt* ZHR 140 (1976), 201 und 141 (1977), 389 (411–416); *Moloney* EU Securities and Financial Markets Regulation, S. 57 f.; *Page/Ferguson* Investor Protection, 1992, S. 46 f.; sowie *Wiegel* Prospektrichtlinie (Rn 570), S. 36–41 (auch zu Problemen des sog. home bias), 44–46 (mit Kurzüberblick über empirische Studien); guter Überblick über die Literatur bei: *Miller* Essential papers on the economics of securities law, 2016 (erscheint bei Elgar), 1 (4–7).

Aufbereitung durch den Informationserzeuger. Verbunden mit effektiven Sanktionen, die Betrug zurückdrängen, ist diese Lösung typischerweise auch kostengünstiger bei den Verifizierungsaufwendungen[1233] als Lösungen, die der Marktgegenseite die Initiative überlassen. In der Tat überlässt es dieses Modell zwar nicht mehr dem Markt (Aushandlungsmechanismus), zum optimalen Maß an Informationspreisgabe zu finden. Dass erheblich kursrelevante Information (Art. 17 Abs. 1 1. UAbs. iVm Art. 7 Abs. 1 lit. a) MAR) dazu gehört, ist aber angesichts der offensichtlichen Relevanz der Information ohnehin vorgegeben. Auch ist die Effizienz von Informationsmärkten, in die nicht mit Informationsgeboten regulierend eingegriffen wurde, für die Ad-hoc-Publizität empirisch eher widerlegt.[1234] Ineffizienz (wegen Marktversagen) liegt auch theoretisch nahe: Bei guten Informationen bestehen noch Anreize zur freiwilligen Publikation,[1235] da die Kurssteigerung den Verantwortlichen über Boni zugutekommt (schon insoweit mag jedoch Insiderhandel, also zeitweise Informationszurückhaltung, lukrativer sein). Bei schlechten Nachrichten fehlt es umgekehrt wohl eher an Anreizen für eine Publikation.[1236] Zudem ist der Vergleich von Veröffentlichungen verschiedener Emittenten ungleich schwerer, wenn ein einheitliches Maß fehlt; eine Tendenz zum Market for Lemons ist unverkennbar.[1237]

II. Anwendungsbereich (sachlich, persönlich, räumlich) (Abs. 1 3. UAbs.)

491 **1. Erfasste Instrumente und Märkte.** Art. 17 Abs. 1 MAR erfasst nur Finanzinstrumente iSv. Art. 3 Abs. 1 Nr. 1 MAR iVm. Art. 4 Abs. 1 Nr. 15 und Anh I C MiFID II (vgl. Abs. 1 UAbs. 3). Einbezogen sind daher Anteilspapiere und Schuldverschreibungen sowie vergleichbare Rechte, Geldmarktpapiere sowie Derivate (vgl. dort), wobei freilich bei den Derivaten zu berücksichtigen ist, dass die zu veröffentlichenden Informationen sich „un-

1233 Zu diesen drei in der Informationsökonomik als zentral diskutierten Kostenposten: *Gilson/Kraakman* 70 Va. L. Rev. 549 (bes. 598–601) (1984); auch *Fenn/McGuire/Prentice* in: Hopt/Wymeersch (Hrsg.), European Insider Dealing, S. 3 (5).

1234 Vgl. (insbes. auch zu den gegenläufigen Studien von *Benston* und *Stigler*): *Seligman* The SEC and the Future of Finance, 1985, S. 206–213; auch *Heinze* Primärmarkt, S. 274 f., zurückhaltender und zum Teil auch den gegenläufigen Studien folgend *Moloney* EU Securities and Financial Markets Regulation, S. 55, 701, 735.

1235 Dazu *Posner/Scott*, Economics of Corporation Law and Securities Regulation, 1980, S. 316; *Georgakopoulos* 16 Int. Rev. L. Econ. 417 (1996); *Holland* 3 Europ. J. L. Econ. 221 (1996); grundlegend für die dahinter stehende sog. signaling-Theorie: *Spence* Market Signalling – Information Transfer in Hiring and Related Screening Processes, 1974.

1236 Dazu *Mendelson* 1 J. Comp. Corp. L. & Sec. Reg. 49 (55) (1978); *Seligman* (Fn 1234) S. 202 ff.; auch *Moloney* EU Securities and Financial Markets Regulation, S. 54–59; *Seligman* The Historical Need for a Mandatory Disclosure System, 9 J.Corp.L. 1 (1979); *Wiegel* Prospektrichtlinie (Rn 570), S. 57–78; aA vgl. *Georgakopoulos* und *Holland* (beide vorige Fn). Zum ebenfalls zentralen negativen Anreiz, der sich daraus ergibt, dass Publizität auch Konkurrenzunternehmen Informationen verschafft: *Coffee* 70 Va. L. Rev. 717 (721) (1984); *Easterbrook/Fischel* 70 Va. L. Rev. 669 (bes. 685 ff., 696 ff.) (1984); breite Kritik: *Shleifer* Inefficient Markets, 2000.

1237 Vgl. nur *Akerlof* The Market for „Lemons": Quality Uncertainty and the Market Mechanism, 84 Q.J.Econ. (1970), 488 (1970); knapper Überblick hierzu und zur Stellung in der Entwicklung der Informationsökonomik bei *Grundmann* in: Grundmann/Micklitz/Renner, Privatrechtstheorie, 2015, S. 968–984; dann *Emons* Warranties, Moral Hazard, and the Lemons Problem, 46 Journal of Economic Theory 16 (1988); *Merkt* Unternehmenspublizität – Offenlegung von Unternehmensdaten als Korrelat der Marktteilnahme, 2001, S. 207–228.

mittelbar“ auf diese beziehen müssen, also nur auf diese, nicht das zugrunde liegende Papier/Instrument (sonst Veröffentlichungspflicht des Emittenten von letzteren).

Die Wertpapiere müssen zudem auf **Handelsplätzen** zugelassen sein bzw. in sie eingeführt, d.h. auf **geregelten Märkten bzw. multilateralen oder organisierten Handelssystemen.** Dies bildet – auf Europäischer Ebene – eine der wichtigsten Neuerungen, die MAR brachte – die Erweiterung über die börslichen Märkte hinaus (vgl. näher 5. Teil Rn 66–71 und oben Rn 38–41). Ob **nach deutschem Recht der breitere Anwendungsbereich schon vor Verabschiedung der MAR** auch für die Ad-hoc-Publizität galt, war umstritten. Eine Mindermeinung postulierte ebendies unter Hinweis auf das europarechtlich verankerte Konsistenzprinzip (gleicher Anwendungsbereich wie das Insiderhandelsverbot, weil Präventionsmittel), weil der deutsche Gesetzgeber das Insiderverbote für den breiteren Anwendungsbereich umgesetzt hatte[1238] (vgl. oben Rn 368), insbes. auch für den **Freiverkehr.**[1239] **492**

2. Normadressat (persönlicher und räumlicher Anwendungsbereich). Normadressat ist der **Emittent** der Finanzinstrumente,[1240] **unabhängig vom Sitz,** allein auf Grund der Zulassung der von ihm emittierten Effekten zum **Handel an einem Handelsplatz in der EU** (Art. 17 Abs. 1 3. UAbs. MAR). Diese Norm geht – wie schon Art. 6 MAD I – von einer Verantwortung **auch für** die Entwicklung der diesbezüglichen **Derivate** aus, indem sie sich auf Finanzinstrumente (Wert- und Geldmarktpapiere sowie Derivate) bezieht. Daher ist eine Pflicht zur Ad-hoc-Publizität auch zu bejahen, wenn die Effekte zum Handel an einer inländischen Börse zugelassen sind und eine emittentenbezogene Tatsache erhebliches Kursbeeinflussungspotential allein für Derivate hat, wenn diese ebenfalls auf einem Handelsplatz zugelassen oder eingeführt sind. Anders als im Rahmen von Art. 7–15 MAR genügt eine Zulassung allein des Basiswerts (underlying) nicht (vgl. Art. 17 Abs. 1 3. UAbs. MAR). **493**

III. Tatbestand der Ad-hoc-Publizität (Abs. 1 1. UAbs.)

1. Veröffentlichungspflicht für jede Insiderinformation, jedoch mit Modifikationen. Die Ad-hoc-Publizität soll nach dem Gesagten als Präventionsregel (auch) die Insiderverbote flankieren. Daher stimmten schon nach der ursprünglichen Fassung des WpHG und nach der Ins-RL die publizitätspflichtige Information und die Insiderinformation tatbe- **494**

1238 Für den Einschluss des Freiverkehrs auch im Hinblick auf die Ad-hoc-Publizität (offenbar auf der Grundlage der Richtlinie): *Claussen* ZBB 1992, 267 (279 f.); Ebenroth/Boujong/Joost/*Grundmann* 1. Aufl. 1997, BankR Rn VI 124 („Zweifel“ dann in der 2. Aufl. 2009, Rn 124); *Hopt* ZGR 1991, 17 (50 und 41); zumindest de lege ferenda *Gehrt* Ad-hoc-Publizität S. 117–119; *Hirte* Bankrechtstag 1995, 47 (50); *Schödermeier/Wallach* EuZW 1990, 122 (124); *Weber* NJW 1994, 2849 (2852); aA auf Grund des Wortlauts des § 15 WpHG aF: *Assmann* AG 1994, 196 (206); *Heinze* Primärmarkt, S. 47–51; *v. Klitzing* Ad-hoc-Publizität S. 63–66; *Assmann*/Schneider § 15 WpHG Rn 46; KölnKomm WpHG/*Klöhn* § 15 Rn 49; auch BT-Drucks. 12/6679 S. 76.

1239 Der deutsche Gesetzgeber schloss den Freiverkehr freilich bewusst aus (vgl. Definition des Inlandsemittenten in § 2 Abs. 7 WpHG aF., auf die § 15 WpHG aF Bezug nahm). Er fürchtete, andernfalls würde dieses Marktsegment ausgetrocknet und vor allem von ausländischen Emittenten gemieden: BT-Drucks. 12/7918 S. 76.

1240 In der Insolvenz grds. der Insolvenzverwalter, jedenfalls für massebezogene Informationen, etwa zu Entwicklungen bei Sanierung und Verwertung, der Vorstand noch für rein gesellschaftsrechtliche Vorgänge: vgl. etwa *v. Buttlar* BB 2010, 1355 (1356 f.); *Kocher/Widder* NZI 2010, 925 (930–932).

standlich weitgehend überein, nach zutreffender Auffassung nur nicht bei dem einen von vier Elementen, bei dem auch heute noch Unterschiede festzustellen sind: bei der Frage, wie eng der Bezug der Information zum Emittenten sein muss. **Gleich auszulegen** waren demgegenüber seit der ursprünglichen Fassung des WpHG die Elemente **„präzise Information"** (damals im WpHG noch „Tatsache"),[1241] die **„nicht öffentlich"** ist und **„erhebliches Kursbeeinflussungspotential"** hat (vgl. Art. 7 MAR, oben Rn 343–356). Dabei wird nach dem IKB-Urteil, das unmittelbar die Ad-hoc-Publizität betrifft, die Publizitätspflicht auch dadurch verletzt, dass eine freiwillige fehlerhafte Sekundärmarktinformation veröffentlicht wird, wenn damit zugleich eine ad-hoc-publizitätspflichtige Aufklärung über den tatsächlichen Tatbestand (Engagement in US-Subprimepapieren) unterlassen wird.[1242] Unterschiede bestanden nur insofern, als die Information nicht nur allgemein Emittentenbezug aufweisen musste, sondern in seinem Tätigkeitsbereich eingetreten sein musste. Nachdem in Art. 6 Abs. 1 MAD I und § 15 Abs. 1 S. 1 WpHG aF direkt auf den Begriff der „Insiderinformation" abgestellt wird, war diese Auffassung bereits umfassend bestätigt und unanzweifelbar. Zumindest alle Insiderinformationen,[1243] die **im Tätigkeitsbereich des Emittenten** eintreten, sind unverzüglich allgemein zugänglich zu machen. Das gilt unter der MAR unverändert fort. Umgekehrt wird in der MAR – ebenso wie bereits unter der MAD I – explizit in diesem einen Punkt ein Unterschied zum Insiderverbot beibehalten, als diesem jede Insiderinformation unterliegt, die Publizitätspflicht hingegen nur für solche Insiderinformationen, die „unmittelbar diesen Emittenten betreffen" (Art. 17 Abs. 1 1. UAbs. MAR und schon Art. 6 Abs. 1 1. UAbs. MAD I). Und Letzteres „übersetzte" § 15 Abs. 1 S. 2 WpHG aF jedenfalls für den Regelfall damit, dass die Information im Tätigkeitsbereich des Emittenten eingetreten sein muss.

495 Neben diese offensichtliche Abweichung beim Emittentenbezug treten jedoch zwei weitere Ansatzpunkte dafür, dass nicht jede Information, auf deren Grundlage ein Handeln verboten ist, auch bereits veröffentlicht werden muss: Die Veröffentlichung muss nur unverzüglich erfolgen, also ohne schuldhaftes Zögern; und nicht so klar (wie beim Insiderhandel) ist auch die Frage zu behandeln, wie bei Derivaten zu verfahren ist, wenn Zulassung auf einem Handelsplatz iSv. MAR und/oder Kurserheblichkeit nur bei dem einen Instrument, nicht aber dem anderen zu bejahen sind.

2. Unmittelbarer Emittentenbezug und Auswirkung auf ihn.

496 **a) Emittentenbezug – engere Eingrenzung als bei der Insiderinformation.** Der Emittentenbezug, ohne den es schon an der Insiderinformation fehlt, wird im Rahmen der Ad-hoc-Publizität weiter **qualifiziert:** Die Information muss „unmittelbar diesen Emittenten betref-

---

[1241] Für die gleiche Auslegung (trotz divergierendem Wortlaut) schon damals im Wege der richtlinienkonformen Auslegung („Tatsache" als „präzise Information" zu verstehen) namentlich Ebenroth/Boujong/Joost/*Grundmann* 1. Aufl. 2001, Rn BankR VI 128–130; *Grundmann* JZ 1996, 274 (285).

[1242] BGH (Fn 911), WM 2012, 303; dazu ausf. *Hannich* WM 2013, 449.

[1243] Hier gilt insbesondere das oben zur breiten Öffentlichkeit und zur Bereichsöffentlichkeit Gesagte ebenfalls, ebenso das zur Zusammenführung (ausschließlich) aus öffentlicher Information Ausgeführte (28. Erw.grund MAR). Für das Sammeln öffentlicher Information schon bisher etwa *Gehrt* Ad-hoc-Publizität, S. 130. Für eine Pflicht zur Herstellung breiter Öffentlichkeit (str.) entsprechend der englische und französisch-romanische Wortlaut („public knowledge", „du domaine public" u. ä.) schon bisher *Assmann* AG 1994, 237 (252); *ders.* ZGR 1994, 494 (527 f. Fn 130); *Hausmaninger* in: Koppensteiner (Hrsg.), Wirtschaftsrecht IV, S. 261 (303–305).

fen" (Art. 17 Abs. 1 1. UAbs. MAR) oder – wie es § 15 WpHG aF in Umsetzung der wortgleichen Formel in MAD I formulierte – „im Tätigkeitsbereich des Emittenten" eintreten. Sicher ist, dass mit dieser unterschiedlichen Formulierung in Art. 7 MAR und Art. 17 Abs. 1 UAbs. 1 MAR (bisher § 13 Abs. 1 S. 1 WpHG aF und § 15 Abs. 1 S. 1 WpHG aF) in der Tat ein inhaltlicher Unterschied intendiert war und ist.[1244]

Gesichert ist auch die **Zielrichtung** der Abweichung, durch die der **Anwendungsbereich** der Ad-hoc-Publizität **enger** gezogen wird: Während Insidern stets zugemutet werden kann, die Nutzung erheblich kursrelevanter Information zu unterlassen (unabhängig von ihrer Herkunft), würden Emittenten, die allein wegen dieses Kursbeeinflussungspotenzials Veröffentlichungspflichten unterlägen, potenziell zu Pressehäusern für alle Vorfälle dieser Welt (mit Sanktionsfolgen schon bei leichtfertiger Unkenntnis). In Übereinstimmung mit der Dogmatik sonstiger Aufklärungspflichten sollte jedenfalls keine unbegrenzte Informationseruierungspflicht (für nicht präsentes Wissen) statuiert werden,[1245] darüber hinaus wegen Aufbereitungs- und Veröffentlichungskosten jedoch offenbar auch keine unbegrenzte Pflicht, präsentes Wissen weiterzugeben.[1246] Überwiegend wird darauf abgestellt, dass der Emittent Tatsachen außerhalb seines Tätigkeitsbereichs (häufig) gar nicht kennen kann und muss.[1247] Mindestens ebenso wichtig erscheint, dass sie dem Anleger ebenso zugänglich sind, häufig gleich kostengünstig. 497

b) Eintritt der Entwicklung im Tätigkeitsbereich des Emittenten („unmittelbarer" Bezug). Bis zur Neufassung durch das Gesetz zur Verbesserung des Anlegerschutzes (AnSVG vom 30.10.2004, BGBl. I 2004, S. 2630) war der Emittentenbezug doppelt umschrieben. Nötig war eine Auswirkung auf die Vermögens-, Ertrags- oder Finanzlage oder allgemeiner auf den Geschäftsverlauf[1248] sowie der Eintritt im Tätigkeitsbereich des Emittenten. Seitdem ist nicht nur die erste – handfestere – Umschreibung entfallen. Vielmehr wurde auch das zweite Merkmal – auf Europäischer Ebene, auch in der MAR – noch einmal weniger konturiert gefasst, wenn (nur) gefordert wird, dass die Information den Emittenten „unmittelbar" betrifft. Immerhin wird man mit § 15 Abs. 1 S. 2 WpHG aF sagen können, dass das Merkmal „Eintritt im Tätigkeitsbereich des Emittenten" weiterhin ein zentrales Regelbeispiel bildet.[1249] 498

Klar scheint im Ausgangspunkt, dass **Marktdaten** gerade **nicht** publikationspflichtig seien, insbesondere nicht Wirtschaftskrisen, die das Geschäft des Emittenten betreffen.[1250] 499

[1244] Der Vorschlag zur MAD I, nach dem dieser Unterschied eingeebnet werden sollte (ABl.EG 2001 C 240/265, Art. 6 Abs. 1), ist bewusst verworfen worden, um die Emittenten nicht mit einer allzu einschneidenden Publizitätspflicht zu belasten (vgl. nächste Rn). Vgl. zu dieser Gesetzgebungsgeschichte: *Weber* EuZW 2002, 43, 45; *Ziemons* NZG 2004, 537 (541).

[1245] Allgemein: *Breidenbach* Die Voraussetzungen von Informationspflichten beim Vertragsschluss, 1989, S. 83–91; und oben 2. Teil Rn 33–35. Speziell für die Ad-hoc-Publizität: *Wölk* AG 1997, 73, (77); *Gehrt* Ad-hoc-Publizität S. 137–139; Assmann/Schneider/*Kümpel* § 15 WpHG (3. Aufl.) Rn 40, 40a, 41.

[1246] Letzteres ist weniger selbstverständlich: vgl. oben Teil 2 Rn 33–35 und unten Rn 509–512.

[1247] *Arbeitskreis der Deutsche Börse AG* WM 1994, 2038 (2044); *Kümpel* AG 1997, 66 (67).

[1248] Dazu Ebenroth/Boujong/Joost/*Grundmann* 1. Aufl. 2001, BankR Rn VI 137–140.

[1249] Ebenso BankR-Hdb/*Hopt/Kumpan* § 107 Rn 10, 140 m.w.N.; Fuchs/*Pfüller* WpHG § 15 Rn 161; Just/Voß/Ritz/Becker WpHG § 15 Rn 57; *Buck-Heeb* Kapitalmarktrecht Rn 388.

[1250] Vgl. nur *Assmann* ZGR 1994, 494 (513 f.); *Kümpel* WM 1994, 2137 (2139); auch BaFin, Emittentenleitfaden 2013 (Fn 882), IV.2.2.2.

Die Abgrenzung erscheint jedoch noch immer nicht geklärt.[1251] Teils wird eine Eingrenzung auf das operative Geschäft vorgeschlagen, teils gefordert, dass der Emittent Einfluss nehmen konnte oder dass die Entwicklung gezielt und individuell vor allem den fraglichen Emittenten betrifft. Jedenfalls sind präzise Informationen mit erheblichem Kursbeeinflussungspotential, die bei verbundenen Unternehmen, etwa Zweckgesellschaften eintreten, ebenfalls zum Tätigkeitsbereich des Emittenten zu zählen.[1252]

500 Nahe liegt es darüber hinaus (trotz Streichung der entsprechenden Passage), bei Fragen der „Vermögens-, Ertrags- oder Finanzlage oder des allgemeinen Geschäftsverlaufs" den unmittelbaren Bezug zum Emittenten grds. zu bejahen, weil die so umrissene Position nach der englischen und der französischen Fassung der Ins-RL als Ausfüllung des allgemeinen Merkmals des unmittelbaren Emittentenbezugs (Eintritt in seinem Tätigkeitsbereich) intendiert waren.[1253] Gemeint sind mit dieser Umschreibung die Posten, die bilanzrechtlich als Aktiva und Passiva erscheinen, aber auch Werte und Risiken, die nicht zu aktivieren/passivieren sind und auch die Ertragslage.[1254] Der Geschäftsverlauf betrifft auch prospektiv, nicht nur retrospektiv den Emittenten unmittelbar. Auch die Eignerstruktur hat unmittelbaren Emittentenbezug,[1255] teils wurde sie bisher unter den Begriff der Finanzlage subsumiert. Für solch ein Verständnis spricht: Da über die Vermögenslage („Assets" and „Liabilities", Soll und Haben) und den Geschäftsverlauf ohnehin im Jahresbericht informiert werden muss und entsprechende Aufzeichnungen daher sofort nötig sind, handelt es sich um präsentes Wissen. Die Aufbereitungskosten müssen ohnehin aufgebracht werden. Mit anderen Worten: was ohnehin *periodisch* – wenn auch später – veröffentlicht werden

---

[1251] Zum folgenden etwa *Assmann*/Schneider § 15 WpHG Rn 55–72; BankR-Hdb/*Hopt*/*Kumpan* § 107 Rn 140–142; *Gehrt* Ad-hoc-Publizität, S. 138–140; *v. Klitzing* Ad-hoc-Publizität, S. 102–105; *Zimmer*/*Kruse* in Schwark/Zimmer § 15 WpHG Rn 33–48; ausf. zu Über-/Unterschreitung von Schwellenwerten, die typischerweise vielfach Angebote auslösen, als Ad-hoc-publizitätspflichtige Tatsache: *De Jong* (2016) 17 EBOR (im Erscheinen);

[1252] BGH (Fn 911), WM 2012, 303 (303 und 308).

[1253] „… any major new developments in its sphere of activity which … may, by virtue of their effect on its assets and liabilities or financial position or on the general course of its business, lead to …"; „… faits nouveaux importants survenus dans sa sphère d'activité qui ne sont pas du domaine public et qui sont susceptibles, en raison de leur incidence sur sa situation patrimoniale ou financière ou la marche générale de ses affaires, de provoquer …". Art. 6 Abs. 2 Ins-RL iVm Anlage C Nr. 5a) Börsenzulassung-RL (79/279/EWG).

[1254] *Gehrt* Ad-hoc-Publizität, S. 144; Assmann/Schneider/*Kümpel* § 15 WpHG Rn 59 (3. Aufl., mit Hinweis auf entsprechenden Gesetzgeberwillen).

[1255] Für Veröffentlichungspflicht die ganz h.M.: *Caspari* in: Baetge (Hrsg.), Insiderrecht, S. 65 (71); *Gehrt* Ad-hoc-Publizität, S. 140; BaFin (Hrsg.), Emittentenleitfaden 2013 (Fn 883), IV.2.2.2; aA noch BAWe/Deutsche Börse AG (Hrsg.), Insiderhandelsverbote und Ad hoc-Publizität nach dem Wertpapierhandelsgesetz – Erläuterungen und Empfehlungen zur Behandlung kursbeeinflussender Tatsachen gemäß §§ 12 ff. Wertpapierhandelsgesetz, 2. Aufl. 1998, S. 35. Die h.M. erschien besonders wichtig, so lange der sachliche Anwendungsbereich der §§ 21 ff. WpHG enger war (etwa: nur im amtlichen Handel anwendbar) als der der Ad-hoc-Publizität. Mit § 21 Abs. 1 WpHG nF jedoch findet die Beteiligungstransparenz auf alle Emittenten mit Anteilen in organisierten Märkten (§ Abs. 5 WpHG) Anwendung, da dessen Kriterien denen in Art. 3 Abs. 1 Nr. 6–8 MAR jedenfalls im Grundsatz entsprechen. Auch unter diesen Umständen werden §§ 21 ff. WpHG überwiegend nicht als lex specialis gegenüber § 15 WpHG aF., heute Art. 17 MAR gesehen, der in der Tat immerhin Zeitlücken schließen kann: vgl. zur Konkurrenz Assmann/*Schneider* Vor § 21 Rn 56 ff.; auch BaFin (Hrsg.); Emittentenleitfaden 2013 (Fn 883), IV.2.2.9.

müsste, hat stets den hinreichenden Emittentenbezug.[1256] Nicht zu fordern ist unter dem Unmittelbarkeitsbegriff etwa Rechtswirksamkeit oder Unumkehrbarkeit des Ereignisses.[1257] Ernsthafte Zweifel an der Beständigkeit der Entwicklung sind allenfalls für Art. 16 Abs. 3–7 MAR relevant.

Auch bei Zugrundelegung dieser Sicht begründet allein der Umstand, dass ein anderer Informationen zu Vermögens-, Ertrags- oder Finanzlage oder allgemeinem Geschäftsverlauf veröffentlicht, wenn nicht der Emittent ohnehin insoweit publikationspflichtig ist, **keine Pflicht zu Gegendarstellung** oder Dementi.[1258] Umgekehrt ist eine Publikationspflicht zu bejahen, sobald die Krise im Ergebnis Wirkungen gezeitigt hat.[1259] Wieder stellt sich im Kern die Frage, ob Entwicklungen, die bereits erhebliche Kursrelevanz haben, unveröffentlicht bleiben sollen, obwohl sie vom Emittenten konkret genug gefasst werden können (und später gefasst werden müssen). **501**

c) **Faustformel.** Der notwendige Emittentenbezug ist demnach – weitergehend wird das Ziel des Anlegerschutzes durch Emittenteninteressen nicht zurückgedrängt – jedenfalls dann gegeben, wenn dieser die Information für seinen nächsten Jahresbericht ohnehin verarbeiten müsste. Einen Leitfaden, der die Fälle auflistet, in denen alle Tatbestandsvoraussetzungen typischerweise erfüllt sind, gab die BaFin heraus;[1260] er begründete freilich **502**

1256 Gerade auch § 21 ff. WpHG, vgl. vorige Fn.

1257 So etwa im Anfangsstadium der Regelung *Happ/Semler* ZGR 1998, 116 (118); *Kiem/Kotthoff* DB 1995, 1999 (2001); eingeschränkt auch *Kümpel* WM 1994, 2137 (2141) (gezielte, prompte Gegenmaßnahmen lassen die „Veränderung" als nicht geschehen erscheinen; der entsprechende Effekt solcher Gegenmaßnahmen kann auch abgewartet werden); aA. die ganz h.M. heute, aber auch schon damals, etwa *Burgard* ZHR 162 (1998), 51 (68); *Wölk* AG 1997, 73 (78); *Gehrt* Ad-hoc-Publizität, S. 125; BankR-Hdb/*Hopt/Kumpan* § 107 Rn 146 (bspw. in Übernahmesituationen).

1258 BankR-Hdb/*Hopt/Kumpan* § 107 Rn 157.

1259 *Wittich* AG 1997, 1 (3); *Gehrt* Ad-hoc-Publizität, S. 138.

1260 Schon BAWe/Deutsche Börse AG WM 1994, 2038; dann: BaFin, Emittentenleitfaden 2013 (Fn 883), IV.2.2.4. Die Bekanntmachung der BaFin nennt:
- Veräußerung von Kerngeschäftsfeldern, Rückzug aus oder Aufnahme von neuen Kerngeschäftsfeldern,
- Verschmelzungsverträge, Eingliederungen, Ausgliederungen, Umwandlungen, Spaltungen sowie andere wesentliche Strukturmaßnahmen,
- Beherrschungs- und/oder Gewinnabführungsverträge,
- Erwerb oder Veräußerung von wesentlichen Beteiligungen,
- Übernahme- und Abfindungs-/Kaufangebote,
- Kapitalmaßnahmen (inkl. Kapitalberichtigung),
- wesentliche Änderung der Ergebnisse der Jahresabschlüsse oder Zwischenberichte gegenüber früheren Ergebnissen oder Marktprognosen,
- wesentliche Änderung des Dividendensatzes,
- bevorstehende Zahlungseinstellung/Überschuldung, Verlust nach § 92 AktG/kurzfristige Kündigung wesentlicher Kreditlinien,
- Verdacht auf Bilanzmanipulation, Ankündigung der Verweigerung des Jahresabschlusstestats durch den Wirtschaftsprüfer,
- erhebliche außerordentliche Aufwendungen (zB. nach Großschäden oder Aufdeckung krimineller Machenschaften) oder erhebliche außerordentliche Erträge,
- Ausfall wesentlicher Schuldner,
- Abschluss, Änderung oder Kündigung besonders bedeutender Vertragsverhältnisse (einschließlich Kooperationsabkommen),
- Restrukturierungsmaßnahmen mit erheblichen Auswirkungen auf die künftige Geschäftstätigkeit,
- bedeutende Erfindungen, Erteilung bedeutender Patente und Gewährung wichtiger (aktiver/passiver) Lizenzen,

schon unter § 15 WpHG aF in keine der beiden Richtungen eine rechtlich relevante Vermutung.[1261]

503 **3. Mögliche Einschränkung auf Grund des Unverzüglichkeitskriteriums – vor allem gestreckte Tatbestände.** Schon früher galten, selbst wenn auf den Begriff „Tatsache" abgestellt wurde, Ereignisse als einbeziehungsfähig, deren Eintritt noch nicht feststand.[1262] Um eine „präzise" (wissenswerte) Information – wie in MAD I und MAR gefordert – handelt es sich allemal (explizit 16. Erw.grund MAR). Wichtig ist diese Frage vor allem bei sog. **gestreckten Tatbeständen,** namentlich Maßnahmen, die der Zustimmung des Vorstandes und des Aufsichtsrates bedürfen. Hier wurde früher eine Publikation erst nach endgültiger Entscheidungsfindung für ausreichend gehalten.[1263] Die Insiderverbote griffen demgegenüber auch schon nach früher hM sofort ein, nach der ersten Entscheidung.[1264] Der Aufschub der Publizitätspflicht wurde begründet mit dem Interesse daran, dass die Entscheidung nicht erschwert und das Publikum nicht verwirrt werden soll. Textlich verankert kann diese Überlegung in Art. 17 Abs. 1 UAbs. 1 MAR deswegen, weil die Bekanntgabe nur „so bald wie möglich" (nach § 15 WpHG aF „unverzüglich") zu erfolgen hat. Dennoch sprechen die besseren Gründe, jedenfalls seitdem die Aufschubentscheidung nach Art. 17

- maßgebliche Produkthaftungs- oder Umweltschadensfälle,
- Rechtsstreitigkeiten von besonderer Bedeutung,
- überraschende Veränderungen in Schlüsselpositionen des Unternehmens (zB. Vorstandsvorsitzender, Aufsichtsratsvorsitzender, überraschender Ausstieg des Unternehmensgründers),
- überraschender Wechsel des Wirtschaftsprüfers,
- Antrag des Emittenten auf Widerruf der Zulassung zum organisierten Markt, wenn nicht noch an einem anderen inländischen organisierten Markt eine Zulassung aufrecht erhalten wird,
- Lohnsenkungen oder Lohnerhöhungen, die nur den Emittenten betreffen,
- Beschlussfassung des Vorstandes, von der Ermächtigung der Hauptversammlung zur Durchführung eines Rückkaufprogramms Gebrauch zu machen.
- Hinweis: Diese Beispiele sind nicht abschließend. Es können auf Grund der konkreten Umstände des Einzelfalls auch weitere Sachverhalte veröffentlichungspflichtig sein.

Zu Massenentlassungen vgl. etwa *Forst* DB 2009, 607; auch *ders.* NZA 2009, 294. Zu einigen der genannten Tatsachen näher: *Kocher/Widder*NZI 2010, 925 (926–928) (Sanierungen) oder *Möllers* NZG 2005, 459; *Fleischer* NZG 2010, 561 (566–568) (Gesundheitsprobleme mit möglichem Ausscheiden).

1261 BaFin, Emittentenleitfaden 2013 (Fn 883), I; allgemein: *Merkner/Sustmann* NZG 2005, 729 (730); zurecht auch bereits für die alte Wortlautfassung: *Gehrt* Ad-hoc-Publizität S. 145.

1262 *Gehrt* Ad-hoc-Publizität, S. 125 f.; *Heinze* Primärmarkt, S. 287–289; aA *Pananis* WM 1997, 460 (462) (freilich noch zur seit 2004 überholten Wortlautfassung im deutschen Recht [„Tatsache" statt „präzise Information"]).

1263 Ausführlich *Pananis* WM 1997, 460 (bes. 462); auch *Burgard* ZHR 62 (1998) 51 (60 und 63); *Gehrt* Ad-hoc-Publizität, S. 125; *Hopt* ZHR 159 (1995) 135 (152) (eine „Tatsache" iSd. Publizitätspflicht liege bei der ersten Entscheidung noch nicht vor); für die einverständliche Abberufung eines Vorstandsmitglieds auch unter der (noch) heute geltenden Gesetzesformulierung, in der ja nur „präzise Information" gefordert wird (erst Aufsichtsratsbeschluss eine solche): OLG Stuttgart Beschl. v. 15.2.2007 – 901 Kap 1/06, NZG 2007, 352.

1264 Insiderinformation schon bei Vorstandsbeschluss bejahend *Burgard* ZHR 162 (1998) 51 (60 und 63); *Gehrt* Ad-hoc-Publizität, 125–127; *Pananis* WM 1997, 460 (461). Zur Problematik speziell unter Art. 6 MAD I, der insoweit Art. 17 Abs. 1 MAR entspricht: *Fürhoff* AG 2003, 80 (84 f.); *Grimme/v. Buttlar* WM 2003, 901 (906); *Leppert/Stürwald* ZBB 2002, 90 (94 f.); vgl. bereits oben Rn 344 f.

Abs. 3–7 MAR nicht mehr der Genehmigung bedarf, dafür, die sedes materiae dort zu sehen. In der Tat hat der EuGH auf Vorlage des BGH ein Vorliegen einer Insidertatsache für jeden Teilakt für möglich gehalten und für jeden Teilakt eine Überprüfung der Kurserheblichkeit angefordert (EuGH in Sachen *Schrempp*, oben Rn 96, explizit heute Erw.gründe 16 und 17 MAR). Der Begriff der Insiderinformation ist also identisch zu verstehen, auch für die gestreckten Tatbestände.

4. Tatbestandsverwirklichung beim Derivat und/oder beim Basiswert? Der Anwendungsbereich der MAR ist – namentlich für die Insiderverbote und die Veröffentlichungspflicht nach Art. 17 MAR – schon eröffnet, wenn das Wertpapier zu einem Handelsplatz (geregelter Markt, multilaterales oder organisiertes Handelssystem) zugelassen ist oder auf ihm eingeführt ist, das in seinem Wert von ihm abhängige Derivat hingegen nicht (näher oben Rn 287–290). Nach Art. 17 Abs. 1 1. UAbs. MAR müssen Emittenten nur sie „unmittelbar" betreffende Insiderinformationen bekannt geben. Daher stellt sich die Frage, ob Publizitätspflichten auch entstehen, wenn eine Information nur für das Derivat erhebliche Kursauswirkungen verspricht, obwohl sie sich unmittelbar auf das zugrunde liegende Papier beziehen oder obwohl nur dieses zu einem Handelsplatz zugelassen oder auf ihm eingeführt wurde. Dafür könnte sprechen, dass das Unmittelbarkeitskriterium doch vor allem eine Publizitätspflicht für Ereignisse ausschließen soll, die Märkte allgemeiner betreffen. Freilich müssen dem Emittenten des Basiswertes die Derivate nicht bekannt sein, jedenfalls konzipiert und emittiert er sie nicht. Es würde eine erhebliche Belastung bedeuten, auch Informationen, die sich auf den Kurs des Basiswertes nicht erheblich auswirken, noch auf ihre Kursrelevanz hinsichtlich aller Derivate zu überprüfen. Das Derivat hat jedoch solch konkreten Bezug zum jeweiligen Papier, dass eine Publikationspflicht des Emittenten des Derivats nicht überzogen erscheint.[1265] **504**

IV. Zentrale Einzelfälle

1. Übernahmeaktivitäten. Problematisch wurde das Merkmal des Emittentenbezugs und auch die Streckung des Tatbestandes vor allem bei **Übernahmeaktivitäten** und in Konzernsachverhalten, auch schon unter der schärfer umrissenen ursprünglichen Fassung. Gerade hier erlaubt die geltende Fassung auch potentiell mehr Flexibilität. Die freundliche Übernahme erfolgt mit Wissen und Billigung der Zielgesellschaft, so dass diese Informationen über eine potentiell erheblich veränderte Inhaberstruktur jedenfalls Bezug zu den von ihr emittierten Papieren hat (insoweit jedoch daneben §§ 21 ff. WpHG), darüber hinaus jedoch auf die Gestaltung des gesamten Unternehmens (etwa Synergien, Zusammenlegung der Verwaltung, Arbeitnehmerschaft). Für die Zielgesellschaft begründet dieser Umstand daher die Pflichten nach Art. 17 MAR.[1266] Die Bietergesellschaft unterliegt, ob- **505**

1265 Allgemeiner zu den Kriterien der Unmittelbarkeit des Emittentenbezugs etwa KölnKommWpHG/*Klöhn* § 15 Rn 64 ff.

1266 *Hopt* ZHR 159 (1995), 135 (153 Fn 75); *Schander/Lucas* DB 1997, 2109 (2112); freilich fällt noch nicht „in den Bereich" der Zielgesellschaft der von der Bietergesellschaft gestellte Antrag auf Befreiung von der Angebotspflicht: OLG Schleswig Urt. v. 16.12.2004 – 5 U 50/04, AG 2005, 212, 213 (Mobilcom) (rkr.). Anders als Verschmelzungen bilden die freundlichen Übernahmeangebote trotz Kooperation typischerweise keinen gestreckten Sachverhalt in dem Sinne, dass nach Satzung oder Gesetz erst die Zustimmung mehrerer Organe, insbesondere auch des Aufsichtsrats, abgewartet werden muss. Dazu oben/unten Rn 503, 512.

wohl ebenfalls „unmittelbar" betroffen, solch einer Pflicht nur, wenn das Angebot – in der Praxis weniger durchgehend der Fall – geeignet ist, auch den Kurs der von ihr emittierten Effekten erheblich zu beeinflussen.[1267] Letzteres gilt auch für feindliche Übernahmen, bei denen umgekehrt die Zielgesellschaft die Information typischerweise nicht als „neue" (noch nicht öffentliche) erhält und daher (auch bei erheblichem Kursbeeinflussungspotential) ebenfalls keiner Pflicht zur Ad-hoc-Publizität unterliegt.[1268]

506 **2. Konzernsachverhalte.** In Konzernsachverhalten ist zwar auf einer ersten Stufe unstreitig zwischen den rechtlich selbstständigen Gesellschaften zu unterscheiden: Einer Adhoc-Publizitätspflicht kann nur diejenige Gesellschaft unterliegen, die Effekten in geregelten Märkten emittiert hat, auf deren Kurse sich die Information erheblich auswirken kann.[1269] Insoweit sind die Tatbestandsmerkmale in Richtlinie und Gesetz gezielt definitorisch scharf umrissen. Anders ist dies auf einer zweiten Stufe, auf der sich die Frage stellt, ob die Information „unmittelbar" Emittentenbezug hat. Angesichts der erleichterten Beschaffbarkeit der Information, die meist sogar für die betroffene Gesellschaft präsentes Wissen darstellt, ist davon auszugehen, dass auch Informationen aus verbundenen Gesellschaften in den eigenen Tätigkeitsbereich fallen und jedenfalls die anderen „unmittelbar" betreffen. Dies ist sicherlich so, wenn Ereignisse in der beherrschten Gesellschaft eintreten und den Kurs der Effekten der herrschenden Gesellschaft, die ja auch einen Konzernabschluss erstellen muss, erheblich beeinflussen.[1270] Die Gesellschaften im Konzern werden jedoch auch nicht zu stark belastet, wenn man Gleiches im umgekehrten Fall annimmt.[1271]

507 V. Sonderregelung für Emissionszertifikate (Abs. 2)

Für Unternehmen des Luftverkehrs oder mit ortsfesten Anlagen des Energiesektors, der Metallindustrie, der mineralverarbeitenden oder der Zellstoffindustrie (Art. 3 lit. e und Anh I der Richtlinie 2003/87/EG), die einen Treibhausausstoß über einem bestimmten Schwellenwert haben, der durch delegierten Rechtsakt präzisiert wurde (vgl. Abs. 2 UAbs. 2 und 3),[1272] ordnet Abs. 2 (1. UAbs.) eine gesonderte, **spezifisch auf den Emissionshandel bezo-**

[1267] *Schander/Lucas* DB 1997, 2109 (2112); aA *Happ/Semler* ZGR 1998, 116 (118); *Handelsrechtsausschuss DAV* AG 1997, 559 (567).

[1268] Ganz hM: BaFin, Emittentenleitfaden 2013 (Fn 883), IV.2.2.14; *Handelsrechtsausschuss DAV* AG 1997, 559 (567); *Fürhoff/Wölk* WM 1997, 449 (452); *Schander/Lucas* DB 1997, 2109 (2112). Freilich wird überwiegend auch damit argumentiert, es fehle an einem Ereignis „im eigenen Tätigkeitsbereich" – zu Unrecht, vgl. oben Rn 398 und das zur freundlichen Übernahme Gesagte; gegen diese Sicht auch *Happ/Semler* ZGR 1998, 116 (140); mit dem AnSVG – und der mit der MAR bereits inhaltsgleichen MAD I – sollte ebendiese Position festgeschrieben werden: BankR-Hdb/*Hopt/Kumpan* § 107 Rn 146.

[1269] *Cahn* ZHR 162 (1998), 1 (31); *Hausmaninger* in: Koppensteiner (Hrsg.), Wirtschaftsrecht IV, S. 261, 346; *Hopt* ZHR 159 (1995), 135 (151); *Wölk* AG 1997, 73 (77).

[1270] So (bei Vorliegen der Konzernsachverhalte der §§ 294 ff. AktG): *Götz* DB 1995, 1949 (1952); *Peltzer* ZIP 1994, 746 (750); *Wölk* AG 1997, 73 (77); *Gehrt* Ad-hoc-Publizität, S. 142.

[1271] *Cahn* ZHR 162 (1998), 1 (31); ebenso *Assmann*/Schneider § 15 Rn 72; Fuchs/*Pfüller* § 15 WpHG Rn 209, anders dagegen *Zimmer/Kruse* in Schwark/Zimmer § 15 WpHG Rn 48.

[1272] Vgl. Art. 5 der Delegierten Verordnung (EU) 2016/522 der Kommission vom 17. Dezember 2015 zur Ergänzung der Verordnung (EU) Nr. 596/2014 des Europäischen Parlaments und des Rates im Hinblick auf eine Ausnahme für bestimmte öffentliche Stellen und Zentralbanken von Drittstaaten, die Indikatoren für Marktmanipulation, die Schwellenwerte für die Offenlegung, die

gene Publikationspflicht an: Insiderinformationen, d.h. präzise, nichtöffentliche Informationen, sind zu veröffentlichen „in Bezug auf ihm gehörende Emissionszertifikate für seine Geschäftstätigkeit". Klar ist, dass die Geschäftstätigkeit, genauer: die **Anlagen für diese Geschäftstätigkeit konzernweit erfasst** werden und alle diejeni- gen umfasst, die der Teilnehmer am Emissionshandel selbst oder ein Mutterunternehmen oder ein verbundenes Unternehmen (wohl iSv Art. 41 Abs. 1 EG-Konzernbilanz-Richtlinie 83/349/EWG) besitzt oder kontrolliert und dass diese Unternehmen auch jeweils für die betrieblichen Angelegenheiten „vollständig oder teilweise verantwortlich" sein müssen (konzernweit erfasste Verfügungsmacht und Organisationshoheit über entsprechend emittierende Anlagen). Klar ist auch, dass eine **„öffentliche, wirksame und rechtzeitige Bekanntmachung"** geschuldet ist. Nicht gänzlich klar ist hingegen das Ziel und – in der Folge – auch der **genaue Zuschnitt der zu veröffentlichenden Insiderinformationen.** Ausgangspunkt ist insoweit, dass offenbar Kern der Veröffentlichung die „für deren Kapazität und Nutzung erheblichen Informationen" sind und insbesondere „die geplante und nichtgeplante Nichtverfügbarkeit dieser Anlagen" (1. UAbs. S. 2). Das legt es nahe, dass „präzise und nichtöffentliche Information" nicht solche mit Kurserheblichkeit für den Emittenten selbst sind, wenn sie keine Relevanz für den Emissionszertifikatehandel haben, sondern solche mit „Erheblichkeit für den Bedarf an Emissionszertifikaten". Diese letztgenannte Erheblichkeit ist es, bei der die Wahrscheinlichkeit hoch ist, dass sie den Emissionshandel insgesamt beeinflusst. Die Kurserheblichkeit für den Emittenten selbst ist – selbstverständlich, aber auch nur – relevant, wenn dieser selbst die Voraussetzungen für die allgemeine Ad-hoc-Publizitätspflicht erfüllt, namentlich er Emittent von Finanzinstrumenten ist, die an Handelsplätze iSv. Art. 3 Ab. 1 Nr. 6–8 MAR gehandelt werden, und nicht nur „Teilnehmer am Markt für Emissionszertifikate".

VI. Aufschub der Ad-hoc-Publizität (Abs. 3–8, 11)

Erhebliche Bedeutung hat das **allgemeine Regime zum Aufschub der Ad-hoc-Publizität** (unten 1. und 2.). Dies zeigt sich nicht zuletzt daran, dass **Durchführungsgesetzgebung** vorgesehen ist, um die Kriterien für den Aufschub nach Abs. 4 lit. a) und lit. b) näher zu spezifizieren (Abs. 11) –[1273] selbst für die Definition des Tatbestandes der Ad-hoc-Publizität fehlt es an solch einer Delegation. Neben diese delegierte Gesetzgebung treten zwei weitere Typen von Durchführungsgesetzgebung: der Rechtsakt, mit dem die zuständige Behörde für die Entgegennahme der Meldung über die Inanspruchnahme eines Aufschubes festgelegt wird (Abs. 3), und der Durchführungsakt nach Abs. 10 zu technischen Fragen der Durchführung der Meldung (Abs. 10 lit. b)).[1274] Neben das allgemeine Regime des Auf- **508**

---

zuständige Behörde, der ein Aufschub zu melden ist, die Erlaubnis zum Handel während eines geschlossenen Zeitraums und die Arten meldepflichtiger Eigengeschäfte von Führungskräften, ABl.EU 2016 L 88/1. Näher zum Kreis der Unternehmen bereits in den Leitlinien der ESMA: ESMA, Final Report – ESMA's technical advice on possible delegated acts concerning the Market Abuse Regulation vom 3.2.2015 (ESMA/2015/224), S. 25 ff. [https://www.esma.europa.eu/sites/default/files/library/2015/11/2015–224.pdf]; vgl. auch Hinweis bei *Poelzig* NZG 2016, 761 (763 sowie Fn. 27).

1273 Ergangen sind hierzu die Leitlinien der ESMA: ESMA, Final Report – Draft technical standards on the Market Abuse Regulation vom 28.9.2015, http://www.esma.europa.eu/sites/default/files/library/2015/11/2015-esma-1455_-_final_report_mar_ts.pdf.

1274 Ergangen ist bisher die Delegierte Verordnung (EU) 2016/1055 der Kommission vom 29. Juni 2016 zur Festlegung technischer Durchführungsstandards hinsichtlich der technischen Mittel für die angemessene Bekanntgabe von Insiderinformationen und für den Aufschub der Bekanntgabe

schubes nach Abs. 4 tritt ein **Spezifisches für Kreditinstitute nach Abs. 5 und 6,** in dem aus Stabilitätserwägungen zusätzliche Aufschubrechtfertigungsgründe hergeleitet werden (unten 3.). Unberührt bleibt in beiden Aufschubregimen die **„eigene Verantwortung" des Emittenten,** mit anderen Worten: Bei Fehleinschätzung der Aufschubvoraussetzungen ist er der Ad-hoc-Publizitätspflicht nicht gerecht geworden – mit den entsprechenden Haftungsfolgen (in deutschen Recht nach §§ 37b, 37c WpHG).[1275]

509 **1. Voraussetzungen und Kriterien (Abs. 4, 11).** Obwohl der befürchtete Run auf die Freistellung ausgeblieben ist,[1276] trat 2003/04 an die Stelle der immer noch als zu zeitaufwändig empfundenen Freistellung auf Antrag hin die Befreiung ex lege – deren Aufschub – mit bloßer Mitteilungspflicht (§ 15 Abs. 3 WpHG aF, mit Spezifizierung von Regelbeispielen in § 6 WpAIV). Dieses Regime liegt auch Art. 17 Abs. 3–5 MAR zugrunde. Die Befreiung tritt **ex lege** ein, unklar ist jedoch, ob sie einer bewussten Entscheidung des Emittenten bedarf – und wenn ja, durch welches Organ.[1277] Auch aus diesem Grund – namentlich um dem Emittenten sichere Leitlinien an die Hand zu geben, wann der Aufschub gestattet ist – war die genannte Durchführungsgesetzgebung wichtig (vorige Rn).

510 Nach MAR – wie schon seit der Neufassung von Richtlinie und deutschem Gesetz 2004 – genügt für die Befreiung nicht mehr die mögliche Schädigung der **Interessen des Emittenten,** sondern kommt es zusätzlich, wie schon vor 2004 teils in die Texte hineingelesen, **kumulativ auf die Befriedigung zweier Arten von Anlegerinteressen an.**[1278] Auf Sei-

---

von Insiderinformationen gemäß Verordnung (EU) Nr. 596/2014 des Europäischen Parlaments und des Rates, ABl.EU 2016 L 173/47.

[1275] Ebenso Fuchs/*Pfüller* § 15 WpHG Rn 503; vgl. auch BankR-Hdb/*Hopt/Kumpan* § 107 Rn 161, insbes. Rn. 720 dort, mit Hinweis auf das Problem der Eigenverantwortlichkeit des Emittenten für die Aufschiebung trotz einer ggf. bestehenden (fehlerhaften) Zustimmung durch die Aufsichtsbehörde sowie *Buck-Heeb* Kapitalmarktrecht Rn 422, 425 ff. Näher zu den Haftungsfolgen unten §§ 37b, 37c WpHG im 8. Teil.

[1276] BaFin, Jahresbericht 2003, S. 195 (2002: 26 Anträge, 2003 nur 16). Seit Wegfall des Antragserfordernisses zwar erheblicher, doch nicht exzessiver Anstieg der Fälle, vgl. BaFin, Jahresbericht 2006, S. 176 (180 Selbstbefreiungen im Jahr 2006). In den Jahren 2009 und 2010 betrug die Anzahl der Befreiungen 236 bzw. 177, vgl. BaFin, Jahresbericht 2010, S. 206, und 2015 324, vgl. BaFin, Jahresbericht 2015, S. 237.

[1277] Verneinend OLG Stuttgart Beschl. v. 22.4.2009, NZG 2009, 624 = ZIP 2009, 962; Anm. *Rothenfußer (Nikoleyczik* EWiR § 15 WpHG 2/09; *Klöhn* ZHR 178 (2014), 55 (95 ff.); *Ihrig/Kranz* BB 2013, 451 (452 ff.) (trotzdem auch zur Frage der Zuständigkeit); *Zimmer* FS Schwark 2009, S. 669 (671) (bei zugleich breiter Meldepflicht an BaFin); bejahend BankR-Hdb/*Hopt/Kumpan* § 107 Rn 151 (m.w.N. speziell zur Zuständigkeit des Aufsichtsrats Rn. 661); *Seibt/Wollenschläger* AG 2014, 593 (600); Fuchs/*Pfüller* § 15 WpHG Rn 418 ff. (zur Zuständigkeit Rn 425 ff.); *Buck-Heeb* Kapitalmarktrecht Rn 407; *Kuthe* ZIP 2004, 883 (885); *Mennicke* NZG 2009, 1059 (1060 f.) (auch zur Frage der Zuständigkeit, aaO 1061–1063: Vorstand mit Delegationsmöglichkeit); *Schneider* BB 2005, 897 (900) (zumindest konkludente Entscheidung fordernd); *Schneider/Gilfrich* BB 2007, 54 (55); *Veith* NZG 2005, 254 (254); ausf. *Widder* BB 2009, 967; jedenfalls aus Vorsichtgesichtspunkten *Lebherz* WM 2010, 154 (158); und implizit auch OLG Frankfurt/M. Beschl. v. 12.2.2009 – 2 Ss-OWi 514/08, NZG 2009, 391 (392).

[1278] Ausf. für die Rechtslage nach der EuGH-Entscheidung in Sachen *Schrempp* (oben Fn 886): *Pattberg/Bredol* NZG 2013, 87; So für den ursprünglichen Rechtszustand bereits *Fürhoff/Wölk* WM 1997, 449 (458); *Hausmaninger* in: Koppensteiner (Hrsg.), Wirtschaftsrecht IV, S. 261 (344); *Hopt* ZHR 159 (1995), 135 (157); *Claussen* Insiderhandelsverbot und Ad hoc-Publizität, Rn 126 (sogar grundsätzlicher Vorrang der Anlegerinteressen); *Gehrt* Ad-hoc-Publizität, S. 166. Hingegen für Maßgeblichkeit

ten des Emittenten reicht die Eignung zur Schädigung aus (Abs. 4 lit. a)).[1279] Umgekehrt war nach dem Gesagten freilich schon unter der Ins-RL der Schutz der Anlegerinteressen (und auf diesem Wege auch der Effizienz der Kapitalmärkte) Primärziel der gesamten Regelung, was auch im WpHG in seiner damaligen Fassung im Wege der richtlinienkonformen Auslegung den Ausschlag zu geben hatte. Heute bringt MAR – wie auch schon MAD I und das WpHG idF des AnSVG seit 2004 – dieses Primat des Anlegerschutzes explizit zum Ausdruck: Die beiden genannten Arten von Anlegerinteressen müssen befriedigt werden, nur dann können Emittenteninteressen überhaupt eine Befreiung rechtfertigen. Konkret bedeutet dies: **Irreführung der Öffentlichkeit muss ausgeschlossen** sein (Abs. 4 lit. b)), **Vertraulichkeit gewährleistet** (Abs. 4 lit. c)), also jede konkrete Gefahr von Insiderhandel ebenfalls ausgeschlossen sein. Eine Befreiung ist demnach ausgeschlossen, wenn sich (etwa anhand von auffälligen Kursausschlägen) zeigt, dass Insidergeschäfte in erheblichem Ausmaße getätigt werden.[1280] Immerhin macht sich der um das Leck wissende Emittent selbst eines Verstoßes gegen Insiderverbote schuldig.[1281]

2. Einzelfälle und Ausnahmecharakter. Sind die beiden Arten von Anlegerinteressen **511**
befriedigt, sind die Emittenteninteressen zu wägen und Berechtigung ebenso wie Erforderlichkeit zu prüfen. Sowohl bei negativen als auch bei positiven Informationen kann ein Freistellungsinteresse bestehen. Die wohl wichtigsten Regelfälle – neben denen, die regelbeispielhaft in § 6 S. 2 WpAIV genannt wurden (laufende Verhandlungen und gestreckte Tatbestände, vgl. oben Rn 503 und nächste Rn) – bilden die **Sanierungsfälle**, weil hier einer Run-Gefahr vorzubeugen ist[1282] – gerade dieses wohl ein Ziel, das auch im Anlegerinteresse liegt. In der Tat ist eine Befreiung vor allem anzunehmen bei der Sanierung, in der ein Sanierungsplan aufgestellt ist und die nötige Zustimmung noch aussteht.[1283] Eine Geheimhaltung rechtfertigen positive Informationen demgegenüber seltener, grundsätzlich nicht in Übernahmekonstellationen,[1284] eher schon **Unternehmensgeheimnisse,** insbesondere wenn wichtige Wettbewerber (mangels Zulassung bzw. Einbeziehung in Handelsplätze iSv Art. 3 Abs. 1 Nr. 6–8 MAR) den Pflichten nach Art. 17 MAR nicht unterliegen und solchermaßen bei gleichartigen Informationen der Wettbewerb verzerrt wird.[1285]

---

allein der Emittenteninteressen: *Assmann* AG 1994, 196 (206); *ders.* ZGR 1994, 494 (528) (jeweils für die noch weniger eindeutige Ins-RL). Nach ursprünglicher Rechtslage für eine gebundene Entscheidung zugunsten des Emittenten: *Fürhoff/Wölk* WM 1997, 449 (459); *Gehrt* Ad-hoc-Publizität, S. 167; aA *Cahn* WM 1998, 272 (273).

1279 *Pfitzer/Streib* BB 1995, 1947 (1949); *Heinze* Primärmarkt, S. 301 f.; zur teils sehr weit reichenden Ausdehnung der Staatenpraxis bei Unternehmen in der Krise: *Latui* 5 Law and Financial Markets Review 62 (2011).

1280 So unter der seit MAD I strengeren Fassung *S. Schneider* BB 2005, 897 (899 f.); *Veith* NZG 2005, 254 (256 f.); ausf. *Möllers* WM 2005, 1393; jedoch teils auch so schon unter der Fassung vor MAD I / AnSVG, etwa *Kiem/Kotthoff* DB 1995, 1999 (2002); *Gehrt* Ad-hoc-Publizität, S. 169.

1281 Nachw. oben Rn 508.

1282 *Pellens/Fülbier* DB 1994, 1381 (1383); ausf. hierzu *Kocher/Widder* NZI 2010, 925 (928–930).

1283 Vgl. (allerdings kein Befreiungsautomatismus zu bejahen): BaFin, Emittentenleitfaden 2013 (Fn 883), IV.3; *Wittich* AG 1997, 1, 4; *Gehrt* Ad-hoc-Publizität, S. 166; BankR-Hdb/*Hopt/Kumpan* § 107 Rn 159.

1284 *V. Klitzing* Ad-hoc-Publizität, S. 170. Jedenfalls für die Zielgesellschaft als Emittent: Just/Voß/Ritz/Becker WpHG § 15 Rn 121; KölnKommWpHG/*Klöhn* § 15 Rn 64 ff.; wohl auch *Buck-Heeb* Kapitalmarktrecht Rn 413, 415; a.A. wohl Fuchs/*Pfüller* § 15 WpHG Rn 447 ff.

1285 BankR-Hdb/*Hopt/Kumpan* § 107 Rn 155; BaFin, Emittentenleitfaden 2013 (Fn 883), IV.3.1 (insbesondere Neuentwicklung von Produkten, Patenten, Erfindungen etc. mit erheblichem Kursbeeinflussungspotential); *Claussen/Loistl* Das neue Kapitalmarktrecht in Frage und Antwort, 1995, S. 28.

512 Da die Anlegerinteressen unter der geltenden Fassung der Ad-hoc-Publizität expliziter in den Vordergrund gerückt werden als ursprünglich, gilt heute grundsätzlich, dass die Befreiung **Ausnahmecharakter** hat.[1286] Auch zeitlich erstreckt sich die Befreiung – wegen der Maßgeblichkeit der Anlegerinteressen – auf das **knappestmögliche Maß.**[1287] Freilich ist eine Gruppe von Ausnahmen großzügiger zu behandeln, diejenige bei **gestreckten Tatbeständen,** bei denen die grundsätzliche Publizitätspflicht nach dem Gesagten stark vorverlagert wurde: Hier gelten zwar grds. die Kriterien von Abs. 4 lit. a) bis c) ebenfalls (S. 2), S. 2 geht jedoch ersichtlich davon aus, dass – wenn Vertraulichkeit gewahrt wird – die Abwägung zwischen Emittenteninteresse und dem Interesse an der Vorbeugung einer Anlegerirreführung im Regelfall dahin geht, dass das Zweitere unerheblich sei im Vergleich zum Ersteren (Abs. 4 UAbs. 2; also **grundsätzlich Aufschub zulässig,** wenn kein Insiderhandel stattfindet).[1288]

513 3. **Zusätzliches alternatives Befreiungsregime für Kreditinstitute (Abs. 5, 6).** Ein zweites Befreiungsregime stellt Abs. 5 Kredit- und Finanzinstituten (vgl. oben Rn 306) zur Verfügung – neben demjenigen nach Abs. 4 und völlig unabhängig von diesem, so dass **Kredit- und Finanzinstitute zwischen beiden wählen können** (vgl. Abs. 6 UAbs. 4).[1289] Das Regime nach Abs. 5 eröffnet insbesondere weitere Gründe für den Aufschub, die Prozedur ist jedoch mit dem behördlichen Zustimmungsvorbehalt weniger autonom. Die Struktur der **(drei) Voraussetzungen für einen Aufschub** in diesem zweiten Regime ist zwar mit derjenigen nach Abs. 4 **vergleichbar, doch auf liquiditätsbedingte Instabilitätslagen zugeschnitten** (und entsprechend adaptiert): Wieder ist unverzichtbar, dass Vertraulichkeit gewährleistet ist (kein Insiderhandel, vgl. lit. c)), bleibt es also solchermaßen bei einem Vorrang des kapitalmarktrechtlichen Kernziels (keine Sondervorteile aus Insiderinformationen). Allerdings wird das zweite Anlegerschutzziel – keine Irreführungsgefahr – ersetzt durch das Ziel, dass die Maßnahme „im öffentlichen Interesse“ liege. Dies bedeutet zum einen, dass das Ziel des Erhalts an Irreführungsfreiheit (als des Schutzniveaus, das die MAR ohnehin vorgibt) allein nicht hinreicht. Vielmehr muss – positiv – ein öffentliches Interesse am Aufschub hinzukommen (lit. b)). Zum anderen bedeutet der Austausch des Schutzziels jedoch auch, dass das Ziel des Erhalts der Irreführungsfreiheit nicht mehr absolut zu setzen ist, sondern in einer Gesamtbewertung des „öffentlichen Interesses“ einzugehen hat, vor allem mit dem Ziel am Erhalt der Stabilität des Instituts und des Finanzsystems, ggf. auch Letzteres in der Gesamtbewertung in diesem Einzelfall höher gewichtet werden mag.[1290] Um-

1286 Etwa *BAWe/Deutsche Börse AG* (Hrsg.) Insiderhandelsverbote und Ad-hoc-Publizität nach dem Wertpapierhandelsgesetz, 2. Aufl. 1998, S. 46; *Kümpel* AG 1997, 66 (71); *Claussen*Insiderhandelsverbot und Ad hoc-Publizität, Rn 126.

1287 Etwa *BAWe/Deutsche Börse AG* (Hrsg.), Insiderhandelsverbote und Ad-hoc-Publizität nach dem Wertpapierhandelsgesetz – Erläuterungen und Empfehlungen zur Behandlung kursbeeinflussender Tatsachen gemäß §§ 12 ff. Wertpapierhandelsgesetz, 2. Aufl. 1998, S. 47, 53; *Dreyling* Bankrechtstag 1995, 159 (160 f.); *Fürhoff/Wölk* WM 1997, 449 (457); zur unverzüglichen Nachholpflicht bei Wegfall der Voraussetzungen: Buck-Heeb Kapitalmarktrecht Rn 408; Fuchs/*Pfüller* § 15 WpHG Rn 494.

1288 Vgl. auch *Zetzsche* Enzyklopädie Europarecht, Bd. 6 § 7 C Rn 183; BankR-Hdb/*Hopt/Kumpan* § 107 Rn 151; Fuchs/*Pfüller* § 15 WpHG Rn 414, 472; und (wegen der besonderen Konstellation) in der Tendenz schon BaFin, Emittentenleitfaden 2013 (Fn 883), IV.3.1; BankR-Hdb/*Hopt/Kumpan* § 107 Rn 151.

1289 Vgl. auch BankR-Hdb/*Hopt/Kumpan* § 107 Rn 163.

1290 Zu dieser Gesamtabwägung und den in sie eingehenden Kriterien auch *Zetzsche* Enzyklopädie Europarecht, Bd. 6, § 7 C Rn 185; *Poelzig* NZG 2016, 761 (765); vgl. auch *Klöhn* AG 2016, 423 (432).

gekehrt kann wohl – angesichts der Wichtigkeit von Vertrauen in Kapitalmärkte – nicht etwa von einem generellen Übergewicht des Stabilitätsziels ausgegangen werden.[1291] Die dritte Voraussetzung ist eine, die im Emittenteninteresse, im öffentlichen Interesse, potentiell auch im Anlegerinteresse liegt, wobei das öffentliche Interesse besonders prominent erscheint:[1292] Eine Veröffentlichung gefährdet potentiell die finanzielle Stabilität des Emittenten *und* des Finanzsystems (lit. a)). Offenbar soll dieser Aufschub – der über Abs. 4 hinausgeht – nicht wiederum vor allem im Emittenteninteresse gewährt werden, sondern zwar auch im Emittenteninteresse, aber nur weil und soweit dessen finanzielle Schieflage auch das Finanzsystem an sich gefährdet.[1293] Da das Ziel zudem dahin geht, die „Stabilität" des Instituts nicht zu untergraben, d.h. zu *erhalten*, dürften auch nur Situationen von Illiquidität, nicht von Insolvenz einen Aufschub rechtfertigen können.[1294] Zwar werden diese Situationen nur als Regelbeispiele genannt („insbesondere"), doch werden sie sehr genau beschrieben und sind auch die Tatbestandsvoraussetzungen für den Aufschub ganz auf diese Situationen zugeschnitten. Weitere Situationen müssen daher jedenfalls sehr gut vergleichbar sein.

Anders als nach Abs. 4 entscheidet der Emittent nicht autonom, sondern bedarf der Zustimmung der nach Abs. 3 bestimmten **zuständigen Behörde (lit. d)**.[1295] Ein **Melde- und Überprüfungsverfahren (Abs. 6)**, in dem stabilitäts- und kapitalmarktrechtliche Schutzinteressen auch institutionell möglichst gut in Ausgleich gebracht werden sollen (vgl. S. 2), geht der Zustimmung voran und schließt sich während der Dauer des Aufschubs an: Insbesondere sind die Voraussetzungen des Aufschubs in diesem Verfahren wöchentlich zu prüfen (S. 4) und wird ausdrücklich festgeschrieben, dass der Aufschub – so an sich ja ohnehin der allgemeine Standard – nur für den knappest möglichen Zeitraum aufrecht erhalten werden darf (S. 3). Abschließend wird klargestellt, dass **ohne Zustimmung der zuständigen Behörde jeglicher Aufschub ausscheidet**, also der Emittent auch nicht etwa auf eigene Verantwortung die Bekanntgabe dennoch aufschieben kann (vgl. 3. UAbs.). **514**

4. Wiederaufleben der Veröffentlichungspflicht bei Wegfall der Vertraulichkeit und Weiterleitung an einzelne Dritte (Abs. 7 und 8). Die Veröffentlichungspflicht nach Art. 17 Abs. 7 MAR (bisher § 15 Abs. 1 S. 4 und 5 WpHG aF) scheint zu derjenigen nach Art. 17 Abs. 1 (1. und 2. UAbs.) MAR (bisher § 15 Abs. 1 S. 1 WpHG aF) hinzuzukommen. Doch sind und waren die allein erfassten Insiderinformationen bereits nach den zweitgenannten Normen veröffentlichungspflichtig. Daher hat **Art. 16 Abs. 7 MAR nur klarstellende Bedeutung zu den Aufschubregeln** in Abs. 4 und 5, auf die ja auch Bezug genommen wird.[1296] Zugleich gewährt **Abs. 8 eine „Gegenausnahme"**, wenn trotz Weitergabe an Dritte die Vertraulichkeit – wegen der besonderen Inpflichtnahme und Verlässlichkeit des Dritten – dennoch gewährleistet erscheint. **515**

Inhaltlich geht es in der Tat darum, (allein im Hinblick auf Insiderinformationen) **Chancengleichheit herzustellen**. Daher wird bei Wegfall der Vertraulichkeit eine sofor- **516**

[1291] Vgl. BankR-Hdb/*Hopt/Kumpan* § 107 Rn 163.

[1292] Nur auf das öffentliche Interesse heben ab: BankR-Hdb/*Hopt/Kumpan* § 107 Rn 163.

[1293] Ebenso Fuchs/*Pfüller* § 15 WpHG Rn 432.

[1294] Ebenso *Zetzsche* Enzyklopädie Europarecht, Bd. 6, § 7 C Rn 185; *Klöhn* AG 2016, (Rn. 92).

[1295] Näher hierzu BankR-Hdb/*Hopt/Kumpan* § 107 Rn 164; *Zetzsche* Enzyklopädie Europarecht, Bd. 6, § 7 C Rn 186; Fuchs/*Pfüller* § 15 WpHG Rn 432 (Rn. 751 f.).

[1296] Ausf. *Leuering* NZG 2005, 12; *Zimmer/Kruse* in Schwark/Zimmer, § 15 WpHG Rn 81 (§ 15 Abs. 1 S. 4 WpHG aF systematisch als Verschärfung der Nachholpflicht in § 15 Abs. 3 S. 2 WpHG aF zu verstehen).

tige **Veröffentlichungspflicht angeordnet** (**Abs. 7 UAbs. 1**) und dies auch dahingehend konkretisiert, dass schon das Aufkommen von Gerüchten die Vertraulichkeit aufhebt, wenn sie nicht ganz vage sind (Abs. 7 UAbs. 2) – weil daraus auf ein Fluktuieren der Insiderinformation hinreichend wahrscheinlich geschlossen werden kann.[1297] Von diesem Wiederaufleben der Veröffentlichungspflicht wird eine „**Gegenausnahme**" in Form von dennoch gewährtem Aufschub vom Publikationsgebot und damit verbundenen Verbot einer Weitergabe in anderer Form nur gewährt, wenn auf Grund rechtlicher Maßgaben – zusätzlich zu den Befreiungsvoraussetzungen nach Abs. 4 und 5 – auch noch gewährleistet ist, dass die Vorabinformation nur bestimmten **besonders verpflichteten Berufsträgern** gegenüber möglich ist, bei denen besonders verbürgt ist, dass sie sie nicht für Wettbewerbsvorteile gegenüber anderen Anlegern nutzen (**Abs. 8**). Mit anderen Worten: Wird eine Insiderinformation nicht weitergegeben, trägt Abs. 4 bzw. 5 allein die Befreiung; wird hingegen eine Insiderinformation an einzelne Dritte weitergegeben, muss – neben den Voraussetzungen in Abs. 4, 5 – noch hinzu kommen, dass der Dritte zur Vertraulichkeit kraft Gesetzes verpflichtet ist (Rechtsanwälte, Steuerberater, BaFin, Bankgeheimnis) oder kraft vertraglicher (Neben-)Pflicht. Unzulässig erscheint unter diesen Umständen die Vorabveröffentlichung in einer Pressekonferenz oder anderen Zeitungen und schon die Preisgabe an Journalisten (mit oder ohne Sperrvermerk).[1298] Die Freistellung muss, soll der intendierte Interessenschutz gegenüber den genannten Berufsgruppen verbürgt werden, für alle Aufdeckungspflichten (außer gegenüber der Bundesanstalt) gelten, etwa auch gegenüber der Geschäftsführung der Börsen.[1299]

VII. Veröffentlichungs-, Berichtigungs- und Meldepflichten (Abs. 1 UAbs. 2, Abs. 9–10)

1. Veröffentlichungspflicht und -verfahren (Abs. 1 UAbs. 2, Abs. 9).

517 **a) Form und Klarheit der Veröffentlichung (mit Erleichterungen im KMU-Wachstumsmarkt nach Abs. 9).** Die Form der Veröffentlichung war bisher nur rudimentär vorgeben.[1300] Gerade dies ist ein Punkt, der sich mit MAR nicht unerheblich ändert – abgesehen davon, dass wiederum auch delegierte Rechtssetzung auf EU-Ebene vorgesehen ist (Abs. 10).[1301]

[1297] Näher hierzu BankR-Hdb/*Hopt/Kumpan* § 107 Rn 165; *Zetzsche* Enzyklopädie Europarecht, Bd. 6, § 7 C Rn 188; *Klöhn* AG 2016, 423 (431).

[1298] *BaFin*, Emittentenleitfaden 2013 (Fn 883), IV.5.2.2; *Schleifer/Kliemt* DB 1995, 2214 (2217 f.); vgl bereits oben Rn 424.

[1299] *Assmann*/Schneider § 15 WpHG Rn 82; und wohl implizit BT-Drucks. 12/7918 S. 101; aA. (jedenfalls für die ursprüngliche Fassung, die noch Genehmigung voraussetzte): *Hopt* ZHR 159 (1995), 135 (153).

[1300] Vgl. Art. 2 Abs. 1 der Richtlinie 2003/124/EG der Kommission vom 22. Dezember 2003 zur Durchführung der Richtlinie 2003/6/EG des Europäischen Parlaments und des Rates betreffend die Begriffsbestimmung und die Veröffentlichung von Insider-Informationen und die Begriffsbestimmung der Marktmanipulation, ABl.EG 2003 L 339/70 – zum 3.7.2016 aufgehoben nach Art. 37 MAR (schnelle, nicht irreführende Zugangsmöglichkeiten für das Publikum; auch Verbot der Verquickung mit werbenden Informationen, wie jetzt in Art. 17 Abs. 1 UAbs. 2 S. 2 MAR), näher *Ziemons* NZG 2004, 537 (542). Noch karger zuvor Schema C Nr. 5 Buchst. a iVm. Art. 17 BörsZul-RL, wo nur ein „Medium mit Verbreitung im gesamten Mitgliedstaat" gefordert wurde.

[1301] Ergangen sind bisher die Delegierte Verordnung (EU) 2016/1055 der Kommission vom 29. Juni 2016 zur Festlegung technischer Durchführungsstandards hinsichtlich

Die deutsche Rechtssetzung regelt die Frage nach der Sprache und nach dem Medium. Ausländischen Emittenten ist eine Veröffentlichung **in Englisch** gestattet, was auch die Ziele der Ad-hoc-Publizität befördert, da solchermaßen die Übersetzungszeit entfällt (§ 3b Abs. 2 WpAIV). Die Befugnis zu dieser Regel gibt Art. 20 Abs. 1 der EG-Transparenz-Richtlinie 2004/109/EG (iVm § 15 Abs. 4 Nr. 1 WpHG nF). Bedürfnissen der Praxis entspricht es, dass – in Übereinstimmung mit Art. 21 der EG-Transparenz-Richtlinie 2004/109/EG (Art. 17 Abs. 1 UAbs. 2 MAR) – nur noch die Veröffentlichung über ein **elektronisch betriebenes Informationssystem** vorgeschrieben und möglich ist.[1302] Die Erfüllung durch Dritte (vor allem durch die DGAP)[1303] ist möglich, verantwortlich bleibt jedoch bis zur tatsächlichen Erfüllung weiter der Emittent.[1304] Hinzu tritt die Veröffentlichung (für mindestens fünf Jahre) auf der **Website des Emittenten** selbst (UAbs. 2 S. 3), die in KMU-Wachstumsmärkten durch eine auf der Website der Handelsplattform ersetzt werden kann (Abs. 9). Der deutsche Gesetzgeber stellt noch heute klar, dass auch Verstöße gegen die Veröffentlichungspflicht nicht anders als sonstige Verstöße gegen das Ad-hoc-Publizitäts-Regime behandelt werden und dem allgemeinen Sanktionensystem unterfallen, im Zivilrecht §§ 37b, 37c WpHG (oder nach allgemeinen Rechtsgrundlagen) (§ 15 Abs. 3 WpHG nF, dazu unten 8. Teil bei §§ 37b, 37c WpHG).

Diese **strenge Kanalisierung der Publikation** (über bestimmte Medien) hat die Kehrseite, dass andere, weniger weitreichende Formen der Publikation unzulässig und als Weitergabe iSv. Art. 14 lit. c) MAR verboten (und strafbar) sind.[1305] Neue, erheblich kursrelevante Informationen, die in der Hauptversammlung preisgegeben werden (etwa nach § 131 AktG), müssen zeitgleich (über Börsenticker in der Versammlung) nach den Vorschriften des Art. 17 Abs. 1 MAR veröffentlicht werden.[1306] **Erst nach der Veröffentlichung** können wei- **518**

---

der technischen Mittel für die angemessene Bekanntgabe von Insiderinformationen und für den Aufschub der Bekanntgabe von Insiderinformationen gemäß Verordnung (EU) Nr. 596/2014 des Europäischen Parlaments und des Rates, ABl.EU 2016 L 173/47; und die Delegierte Verordnung (EU) 2016/522 der Kommission zur Ergänzung der Verordnung (EU) Nr. 596/2014 des Europäischen Parlaments und des Rates im Hinblick auf eine Ausnahme für bestimmte öffentliche Stellen und Zentralbanken von Drittstaaten, die Indikatoren für Marktmanipulation, die Schwellenwerte für die Offenlegung, die zuständige Behörde, der ein Aufschub zu melden ist, die Erlaubnis zum Handel während eines geschlossenen Zeitraums und die Arten meldepflichtiger Eigengeschäfte von Führungskräften, ABl.EU 2016 88/1; sowie die Leitlinien der ESMA: ESMA, Final Report – Draft technical standards on the Market Abuse Regulation vom 28. September 2015, http://www.esma.europa.eu/sites/default/files/library/2015/11/2015-esma-1455_-_final_report_mar_ts.pdf.

1302 Art. 5 Abs. 1 Nr. 1 WpAIV. Zur vorherigen Rechtslage *Fürhoff/Wölk* WM 1997, 449 (459); *Pellens/Fülbier* in: Baetge (Hrsg.), Insiderrecht, S. 23 (37). Schon vorher ca. 95 % aller Veröffentlichungen nach § 15 WpHG: *Wittich* AG 1997, 1, 3.

1303 Zu ihr ausführlich *Diehl/Loistl/Rehkugler* Effiziente Kapitalmarktkommunikation, 1998, S. 146–148; vgl. auch *Geibel/Schäfer* in Schäfer/Hamann § 15 Rn 178; MünchKommAktG/*Wackerbarth* § 10 WpÜG Rn 64 f.; vgl. auch bisher *Wittich* AG 1997, 1 (5) und auch AG 1995, R 457 (458) (Eurolist Message Transfer System).

1304 *Hopt* ZHR 159 (1995), 135 (152).

1305 So bisher im deutschen Recht ausdrücklich § 15 Abs. 5 S. 1 WpHG aF; und etwa für die Weitergabe an Journalisten mit Sperrvermerk schon vor längerer Zeit: *Assmann* AG 1994, 237 (247); *ders.* ZGR 1994, 494 (519 f.); wohl auch *Hopt* ZGR 1991, 17 (47). Näher oben Rn 385.

1306 *Hopt* ZHR 159 (1995), 135, 157; *Claussen/Loistl* (Fn 625) S. 22; vgl. auch *Gehrt* Ad-hoc-Publizität, S. 177–179. Unhaltbar ist es, vom Vorrang des (älteren und nicht auf Unionsrecht beruhenden) § 131 AktG auszugehen: *Schäfer*/Hamann § 14 WpHG Rn 83; ausführlich zum Spannungsverhältnis *Schneider/Singhof* FS Kraft 1998, S. 585.

tere Formen der Mitteilung eröffnet sein, nach deutschem Recht zwingend eine (dauerhafte) Speicherung auch ins **Unternehmensregister** (§ 15 Abs. 1 WpHG nF).

519 Besonderes Gewicht legt Art. 17 Abs. 1 UAbs. 2 MAR auf die Vorgaben zur **Klarheit der Mitteilung** – insbesondere ihrer Zielsetzung: Die gewählte Veröffentlichungsform muss nicht nur „*der* Öffentlichkeit" den „schnellen Zugriff" erlauben, den Art. 21 Abs. 1 Transparenz-Richtlinie 2004/109/EG zudem als „diskriminierungsfrei" vorgibt (bereits vorige Rn), sondern „*der* Öffentlichkeit" eine „vollständige, korrekte und rechtzeitige" Bewertung ermöglicht. Diese Formulierung spricht zum einen dafür, dass nicht nur Teile der Öffentlichkeit als Maßstab genommen werden dürfen – was dagegen spricht, dass bloße Bereichsöffentlichkeit genügt (oben Rn 489). Diese Formulierung spricht hinsichtlich des Empfängerhorizontes und der Art der Darbietung dafür, dass wiederum auf den verständigen Anleger abzustellen und dessen Informationsbedürfnis abzustellen ist, zugleich jedoch, wo möglich, typische Beschränkungen der Verarbeitungsmöglichkeiten – etwa bei Privatanlegern – zu berücksichtigen sind. In der Tendenz ist daher neben ein Prinzip der Vollständigkeit der Darbietung kurserheblicher nichtöffentlicher Informationen eines der **möglichst prägnanten Darstellung** getreten, das Redundanzen grds. verbietet.[1307] Zu den Grundsätzen von Transparenz und Klarheit zählt auch der, dass – wie allgemeiner im Europäischen Kaitalmarktrecht – **jegliche Vermischung mit vermarktungsbezogenen Angaben** (namentlich Werbung) **verboten** ist (Art. 17 Abs. 1 UAbs. 2 S. 2 MAR).[1308]

520 b) **Zeitpunkt.** Die Veröffentlichung muss **„so bald wie möglich"** erfolgen (Art. 17 Abs. 1 UAbs. 1 MAR). Mit dieser Generalklausel, die sich bereits in Art. 6 Abs. 1 MAD I fand (im deutschen Recht übersetzt mit „unverzüglich"), kann den gesellschaftsrechtlichen Besonderheiten im jeweiligen Mitgliedstaat Rechnung getragen werden.[1309] Wiederum wird in Kauf genommen, dass nicht jede Insiderinformation (sofort) durch Ad-hoc-Publizität entschärft wird. Das verbliebene Restrisiko erschien rechtspolitisch besser tragbar als eine überzogene Belastung des Emittenten mit einer Ad-hoc-Publizität, die jede Insiderinformation erfasst. Freilich wird nach dem Gesagten die Problematik, dass insbesondere Strukturmaßnahmen und wichtige strategische Entscheidungen die **mehraktige Zustimmung** zweier Organe voraussetzen, nicht (mehr) über das „Unverzüglichkeitskriterium" gelöst, sondern in diesen Fällen grds. von einer Aufschubmöglichkeit nach 17 Abs. 3 MAR ausgegangen wird.[1310] Der Vorteil dieser Lösung liegt u.a. auch darin, dass hierbei eine Veröffentlichung unverzüglich nachzuholen ist, sobald Anzeichen für Insideraktivitäten erkennbar sind.[1311]

[1307] In diesem Sinne grds. auch Fuchs/*Pfüller* § 15 WpHG Rn 337; bereits zur alten unveränderten Rechtslage die Vorgaben der BaFin: BaFin Emittentenleitfaden 2013 (Fn 883), S. 63; ebenso Just/Voß/Ritz/Becker WpHG § 15 Rn 647 („Knappheitsgebot").

[1308] Ebenso *Kiesewetter/Parmentier* BB 2013, 2371 (2375).

[1309] AA. (eine objektive Sicht propagierend und objektiv schnellstmögliche Veröffentlichung fordernd): *Hausmaninger* in: Koppensteiner (Hrsg.), Wirtschaftsrecht IV, S. 261 (342 f.).

[1310] Früher noch davon ausgehend, dass Unverzüglichkeit gewahrt, wenn erst der abschließende Beschluss des Aufsichtsrats veröffentlicht wird: *Cahn* ZHR 162 (1998), 1 (22–24); *Happ* JZ 1994, 240 (242 f.); *Hopt* ZHR 159 (1995), 135 (152); *Peltzer* ZIP 1994, 746 (750); *Becker* Wertpapierhandelsgesetz S. 80. Demgegenüber schon damals (häufig mit dem Argument, dass idR der Aufsichtsrat ja doch zustimme) *Burgard* ZHR 162 (1998), 51, (56); *Happ/Semler* ZGR 1998, 116 (132); *Pananis* WM 1997, 460 (460); *Handelsrechtsausschuss DAV* AG 1997, 559 (563); vgl. in diesem zweiten Sinne außerdem die Nachw. nächste Fn.

[1311] Schon von Anfang an daher allein die Aufschubmöglichkeit heranziehend: So *Burgard* ZHR 162 (1998), 51 (92) bzw. *Kiem/Kotthoff* DB 1995, 1999 (2003); *Schleifer/Kliemt* DB 1995, 2214, (2217)

2. Negativer Tatbestand: Veröffentlichungsverbote, Nachträge und Berichtigungen

a) **Veröffentlichungsverbote.** Als Ausfluss des Transparenzgebotes können Veröffentlichungsverbote eingreifen: Während Informationen, die den Tatbestand des Art. 17 Abs. 1 MAR erfüllen, veröffentlicht werden müssen, besteht die Kehrseite der Medaille darin, dass solche Informationen, die den Tatbestand des Art. 17 Abs. 1 MAR nicht erfüllen (**unwichtige Informationen**), nicht veröffentlicht werden müssen. Es stellt sich jedoch die weitergehende Frage, ob sie **überhaupt veröffentlicht werden *dürfen*** – oder eine Veröffentlichung dieser Informationen nicht vielmehr gegen Transparenzüberlegungen verstößt. § 15 Abs. 2 S. 1 WpHG aF statuierte in dieser Frage in der Tat ein Veröffentlichungs*verbot* und zwar auch in den Fällen, in denen diese – unwichtigen – Informationen mit Insiderinformationen verbunden wurden, jedenfalls wenn es sich *offensichtlich* selbst um keine Insiderinformation handelte.[1312] Schon nach damals hM konnte dies freilich nur gelten, wenn die (isoliert unwichtige) Information nicht inhaltlich nötig war, um die Insiderinformation richtig darzustellen.[1313] Art. 17 Abs. 1 UAbs. 2 MAR stellt gleiches nicht explizit klar, fordert nach dem Gesagten jedoch, dass die Information so aufzubereiten ist, dass die Öffentlichkeit die Information „korrekt und rechtzeitig" bewerten kann. Daraus kann jedenfalls grds. ein Verbot von „information overkill" abgeleitet werden, einer (exzessiven) Bepackung mit unwichtiger Information, da die Informationsverarbeitung jedenfalls verlangsamt und bei Teilen der Öffentlichkeit auch verschlechtert wird (dann noch verstärkt bloße selektive Verarbeitung der Information, ggf. auch gerade der weniger wichtigen Information).[1314] Zwar kann es bei *jeder* unwichtigen Information zu solch einer Verzerrung kommen und spricht dies dafür, dass auch nach MAR ein allgemeines Verbot jedenfalls bei Offensichtlichkeit gilt. Diese Herleitung ist jedoch zweifelsohne weniger rechtssicher als das explizite Verbot nach alter Rechtslage. **521**

Ein spezielles Veröffentlichungsverbot nach altem Recht betraf zwar meist kurserhebliche Punkte, begegnet freilich ebenfalls der Gefahr von Intransparenz: Nicht veröffentlicht werden durften auch **Kennzahlen,** die im Geschäftsverkehr unüblich sind oder bei denen der Vergleich mit zuletzt genutzten Kennzahlen nicht ermöglicht wurde (Abs. 1 S. 6 aF). Grund hierfür war, dass in Anlehnung an bilanzrechtlich geforderte Zwischensummen („Kennzahlen"), etwa Gewinn vor Steuern, ähnlich wirkende, aber unübliche oder intransparente, gewählt wurden und dies auch noch über die Jahre verschieden. Dabei war Transparenz wichtiger als eine (gewisse) Verbreitung, wie die Gesetzesbegründung für einen Begriff wie „Gewinn vor Steuern *und Zinsen*" deutlich machte,[1315] weil Zinsen bilanzrechtlich zu den typischen Verbindlichkeiten zählen. Auch für die – sicherlich zentrale – Verwendung von Kennzahlen und die Bewertung ihrer rechtlichen Zulässigkeit ist unter MAR das Kriterium maßgeblich, inwieweit deren Verwendung „der Öffentlichkeit" eine „korrekte und rechtzeitige Bewertung" ermöglicht – oder umgekehrt: gerade erschwert – wird. **522**

[1312] *Zimmer/Kruse* in Schwark/Zimmer § 15 WpHG Rn 107.

[1313] Fuchs/*Pfüller* § 15 WpHG Rn 327. Halbe Wahrheit ist auch nicht die Wahrheit, oben 2. Teil Rn 26 und auch oben Rn 447.

[1314] Zu den wichtigsten Verzerrungen, die in Teilen der Öffentlichkeit solche Strategien nahelegen (Informationsüberlastung und selektive Informationsverarbeitung), vgl. etwa *Eppler/Mangis* 20 Information Society 325 (2004); *Jackson/Farzaneh* 32 International Journal of Information Management 523 (2012); *Ford/Schmitt/Schlechtman/Hults/Doherty* 43 Organizational Behavior and Human Decision Processes 75 (99) (1989); *Bettman/Luce/Payne* 25 Journal of Consumer Research 187 (188) (1998).

[1315] BR-Drucks. 936/01 S. 243.

523 b) **Nachträge und Berichtigungen.** Bei neuen Entwicklungen, die den Gegenstand früherer Publikationen betreffen, ist **keine Aktualisierungspflicht** vorgesehen, es sei denn die Neuentwicklung erfüllt selbst wieder den Tatbestand des Art. 17 Abs. 1 MAR, bildet also selbst eine (kurserhebliche, präzise und nicht öffentliche) Information (vgl. auch schon bisher § 4 Abs. 2 WpAIV).[1316] War die Information schon bei Publikation fehlerhaft wiedergegeben, ist demgegenüber die **Berichtigung** wohl auch unter MAR nicht erst bei Erreichung der genannten Erheblichkeitsschwelle geschuldet, sondern **stets** (nach altem Recht explizit § 15 Abs. 2 S. 2 WpHG aF) – sogar, wenn die publizierte Information gar nicht die Tatbestandsvoraussetzungen des Abs. 1 erfüllte (vgl. auch schon bisher § 4 Abs. 3 WpAIV).[1317] Dies wird man – auch ohne explizite Regel – im Rahmen der MAR aus Grundsätzen der Ingerenz ableiten können.[1318] Der Emittent ist also (dauerhaft) Garant für jede erfolgte Publikation, Abgrenzungsschwierigkeiten werden so vermieden.

3. Meldepflichten (Abs. 4 UAbs. 3 sowie § 15 Abs. 1 WpHG nF).

524 a) **Meldepflichten bei Aufschub (Abs. 4 UAbs. 3).** Meldepflichten (im Aufsichtssystem) bestehen nach Europäischem Recht allein gegenüber der **BAFin** und **nur für den Aufschub der Ad-hoc-Publizität** (Abs. 4 UAbs. 3;[1319] Deutschland hat vom Wahlrecht nach S. 3 nicht Gebrauch gemacht; das spezielle Melde- und Zustimmungssystem nach Abs. 6 gilt nur für die zusätzliche Aufschubmöglichkeit für Kreditinstitute nach Abs. 5, vgl. daher oben Rn 306). Die **Gründe**, die den Aufschub rechtfertigen, sind in dieser Meldung anzugeben (S. 2). Diese ist abzugeben, sobald die Veröffentlichung nachgeholt worden ist.[1320]

525 Dieses Regime schließt eine **Kursaussetzung** auch seit Inkrafttreten der MAR nicht aus.[1321] Sie erfolgt zum Schutz der Anleger und/oder des Systems, um überlegte Reaktionen zu ermöglichen.[1322] Sie ist daher auf einen kurzen Zeitraum, regelmäßig ein bis ein-

---

1316 *Grimme/v. Butlar* WM 2003, 901 (904); *Assmann*/Schneider § 15 WpHG Rn 183 f.

1317 Hierzu KölnKomm WpHG/*Klöhn* § 15 Rn 401–414.

1318 Tendenziell wie hier *Buck-Heeb* Kapitalmarktrecht Rn 394; BankR-Hdb/*Hopt/Kumpan* § 107 Rn 140.

1319 Durchführungsgesetzgebung auf EU-Ebene: Art. 6 der Delegierten Verordnung (EU) 2016/522 der Kommission vom 17. Dezember 2015 (Fn 1300) sowie Art. 4 und 5 der Delegierten Verordnung (EU) 2016/1055 der Kommission vom 8. März 2016 für die Einzelheiten zu den Standards für die technische Durchführung der Mitteilungen der aufgeschobenen Offenlegung von Insiderinformationen und der Absicht, die Offenlegung von Insiderinformationen aufzuschieben. § 15 Abs. 4 Nr. 3 WpHG sieht weitere in Deutschland vor, was allenfalls gelten kann, wo die Durchführungsgesetzgebung auf EU-Ebene die Ausfüllung dem nationalen Recht überlässt.

1320 Früher statuierte § 15 Abs. 4 WpHG aF – strenger –, dass die Meldung vorweg erfolgen muss, um beiden Stellen Reaktionszeit zu geben (vgl. für die entsprechende Initiative des Bundesrats und Begründung: BT-Drucks. 12/6679 S. 94 und 101). Dazu rechtsvergleichend *Hausmaninger* in: Koppensteiner (Hrsg.), Wirtschaftsrecht IV, S. 261, 348 f. Die BaFin, Emittentenleitfaden 2013 (Fn 883) gab dafür einen Richtwert von 30 Minuten vor, IV.5.1. An der Frankfurter Börse 20–30 Minuten vorweg, vgl. Leitfaden, abgedruckt in WM 1994, 2038 (2046). Ausnahmen (zeitgleiche Meldung) waren allerdings für Auslandsemittenten zugelassen (seit dem 3. Finanzmarktförderungsgesetz), dazu: BT-Drucks. 13/8933 S. 60; *BaFin* Emittentenleitfaden (Fn 883), IV.6.3.

1321 Ebenso Vgl. *Buck-Heeb* Kapitalmarktrecht Rn 474. Eigentlich diente die in der letzten Fn genannte Pflicht zur Vorabmeldung an BaFin und Marktbetreiber dem Ziel, solche Kursaussetzungen sinnvoll (rechtzeitig) durchführen zu können (vgl. § 15 Abs. 4 S. 3 WpHG aF). In der Tat kam es hierzu stark gehäuft sofort nach Einführung dieses Regimes: vgl. Süddeutsche Zeitung vom 21.12.1994 S. 25.

1322 *Assmann*/Schneider § 15 WpHG Rn 254; Schwark/Zimmer/*Beck* § 25 BörsG Rn 5 f.

einhalb Stunden, zu beschränken.[1323] Bei Veröffentlichung außerhalb der Börsenzeiten, die freilich nur zulässig ist, wenn dem Unverzüglichkeitserfordernis genügt ist (kein Warten bis Börsenschluss), ist sie dementsprechend nicht angezeigt und nicht tunlich.[1324] Sie führt – anders als das trading halt, die Bedenkzeit, in der der Marktbetreiber über die Kursaussetzung entscheidet – zum Erlöschen der Aufträge,[1325] jedoch nicht zu einem Handelsverbot außerhalb des börslichen Marktes.[1326]

b) **Meldepflichten zur Veröffentlichung (Abs. 1 iVm § 15 Abs. 1 WpHG nF).** Der deutsche Gesetzgeber hält – über das Europäische Regime hinausgehend – an einer Meldepficht auch für die Ad-hoc-Publizität selbst (Art. 17 Abs. 1 MAR) fest. Meldepflichten bestehen insoweit gegenüber der **BAFin und den Marktbetreibern,** die die Wertpapiere bzw. Derivate zugelassen haben (§ 15 Abs. 1 WpHG nF). Diese Erweiterung wird man, da sie sich auf die Ausgestaltung vor allem des Aufsichtsregimes bezieht, für zulässig halten können.[1327] Zudem ist die Mitteilung dem Unternehmensregister zur Speicherung zu übermitteln. **526**

VIII. Sanktionen – Verweis **527**

Die zivilrechtlichen Sanktionen sind gesondert geregelt in §§ 37b und 37c WpHG (vgl. Teil 8), die Ordnungswidrigkeiten in § 39 WpHG (vgl. Teil 8).

F. Präventionspflichten betreffend *Insider: Directors' Dealing (Art. 18, 19 MAR) und Sonderregeln zu Anlageempfehlungen, Statistiken und Medien (Art. 20, 21 MAR)*

Schrifttum (zu Directors' Dealing, Art. 18–19)

a) **Monographien, Sammelbände, Kommentare:** *Heidorn/Meyer/Pietrowiak* Performance-Effekte nach Directors' Dealings in Deutschland, Italien und den Niederlanden, Arbeitsberichte der Hochschule für Bankwirtschaft No. 57 (2004); *Osterloh* Directors' Dealing, 2009.

b) **Aufsätze und Beiträge:** *Ajlouni/Toms* Signalling characteristics and information content of directors' dealings on the London Stock Exchange, 1 Journal of Risk and Governance 1 (2008); *Bednarz* Pflichten des Emittenten bei einer unterlassenen Mitteilung von Directors' Dealings, AG 2005, 835; *Bode* Die Anwendung von § 15a WpHG bei Geschäften innerhalb eines Konzerns, AG 2008, 648; *v. Buttlar* Directors' Dealings – Änderungsbedarf aufgrund der Marktmissbrauchsrichtlinie, BB 2003, 2133; *Dardas/Güttler* Are directors' dealing informative? Evidence from European stock markets, Financial markets and portfolio management 2011, 111; *Dickgiesser/Kaserer* Market Efficiency Reloaded: Why Insider Trades Do Not Reveal Exploitable Information, (2010) 11 German Economic Review 302; *Engelhart* Meldepflichtige und meldefreie Geschäftsarten bei Directors' Dealing (§ 15a WpHG), AG 2009, 856; *Erkens* Directors' Dealings nach neuem WpHG, Der Konzern 2005, 29; *Fey/Roye* Die neue EU-Marktmissbrauchsverordnung. Meldepflichten für Unternehmen und Organmitglieder, BOARD 2014, 252; *Fida/Steindl* Directors' Dealings – der sachliche Anwendungsbereich, WBl. 2005, 306; *Findeisen* Kapitalmarktrechtliche Publizitätspflichten des Vorstands AG 2010, R209; *Fleischer* Directors' Dealings, ZIP 2002, 1217; *ders.* Organpublizität im Aktien-, Bilanz- und Kapitalmarktrecht, NZG 2006, 561; *Graßl* Die neue Marktmissbrauchsverordnung der EU, DB 2015, 2066; *Hagen-Eck/Wirsch* Gestaltung von Directors' Dealings und die Pflichten nach § 15a WpHG – einschließlich der gesteigerten Anforderungen nach dem Transparenzrichtlinie-Umsetzungs-

---

[1323] *Groß* Kapitalmarktrecht § 25 BörsG Rn 7; sowie *Schwarze* in: Baetge (Hrsg.), Insiderrecht, S. 97 (105).

[1324] *BaFin* Emittentenleitfaden 2013 (Fn 883), VI.6; *Kümpel* AG 1997, 66 (72).

[1325] BT-Drucks. 13/3084 S. 28; BankR-Hdb/*Seiler/Geier* § 104 Rn 86.

[1326] Schwark/Zimmer/*Beck* § 25 BörsG Rn 12.

[1327] Ebenso Fuchs/*Pfüller* WpHG § 15 Rn 522 f.

gesetz (TUG), DB 2007, 504; *Kiesewetter/Parmentier* Verschärfung des Marktmissbrauchsrechts – ein Überblick über die neue EU-Verordnung über Insidergeschäfte und Marktmanipulation, BB 2013, 2371; *King/Schmidt/Stehle* Do Insiders and Their Imitators Trade Profitably? Index-Specific Evidence from Germany, Index-Specific Evidence from Germany, 2015, http://papers.ssrn.com/sol3/papers.cfm?abstract_id=2620169; *Kirschhöfer* Führung von Insiderverzeichnissen bei Emittenten und externen Dienstleistern, Der Konzern 2005, 22; *Kraack* Directors' Dealing bei Erwerbs- und Übernahmeangeboten, AG 2016, 57; *Krause* Kapitalmarktrechtliche Compliance: neue Pflichten und drastisch verschärfte Sanktionen nach der EU-Marktmissbrauchsverordnung, CCZ 2014, 248; *Kumpan* Die neuen Regelungen zu Directors' Dealings in der Marktmissbrauchsverordnung, AG 2016, 446; *Moodley/Muller/Ward* Directors' Dealings as an Investment Strategy, 40 Studies in Economics and Econometrics 105 (2016); *von der Linden* Das neue Marktmissbrauchsrecht im Überblick, DStR 2016, 1036; *Linnerz* Neuerungen durch die Marktmissbrauchsverordnung, AG 2015, R 187; *Lührs/Korff* Der Zeitpunkt für das Führen von Insiderverzeichnissen, ZIP 2008, 2159; *Pluskat* Die durch das Anlegerschutzverbesserungsgesetz geänderte Regelung der Directors' Dealings vor dem Hintergrund der Richtlinie zur Durchführung der Marktmissbrauchsrichtlinie, BKR 2004, 467; *dies.* Die Neuregelung des Directors' Dealing in der Fassung des Anlegerschutzverbesserungsgesetzes, DB 2005, 1097; *Poelzig* Die Neuregelung der Offenlegungsvorschriften durch die Marktmissbrauchsverordnung, NZG 2016, 761; *Renz/Leibold* Die neuen strafrechtlichen Sanktionsregelungen im Kapitalmarktrecht, CCZ 2016, 157; *Rubner/Pospiech* Verschärfte Regeln für Directors' Dealings, NJW-Spezial 2015, 719; *dies.* Die EU-Marktmissbrauchsverordnung – verschärfte Anforderungen an die kapitalmarktrechtliche Compliance auch für den Freiverkehr, GWR 2016, 228; *Schneider/Buttlar* Die Führung von Insider-Verzeichnissen: Neue Compliance-Pflichten für Emittenten, ZIP 2004, 1621; *Schuster* Kapitalmarktrechtliche Verhaltenspflichten von Organmitgliedern am Beispiel des § 15a WpHG, ZHR 167 (2003), 193; *Seibt/Wollenschläger* Revision des Marktmissbrauchsrechts durch die Marktmissbrauchsverordnung und Richtlinie über strafrechtliche Sanktionen für Marktmanipulation, AG 2014, 593; *Stüber* Directors' Dealings nach der Marktmissbrauchsverordnung, DStR 2016, 1221; *Veil/Koch* Auf dem Weg zu einen Europäischen Kapitalmarktrecht: die Vorschläge der Kommission zur Neuregelung des Marktmissbrauchs, WM 2011, 2297.

Vgl. auch **allgemeines Literaturverzeichnis oben** vor Rn 520.

Übersicht

	Rn
I. **Art. 18 und 19 MAR: Insiderlisten und Registrierung sowie Meldung der Einzelgeschäfte von Führungskräften (Überblick)**	528
1. Regelungsumfeld und -ziel	529
2. Grundgerüst des Regimes	532
3. Zentrale Einzelfragen	534
II. **Art. 20 MAR: Sorgfaltspflichten bei (öffentlichen) Anlageempfehlungen und Statistiken**	539
1. Öffentliche Empfehlungen, insbes. Anlagestrategien (Abs. 1)	540
2. Öffentliche Statistiken und Prognosen (Abs. 2)	542
III. **Art. 21 MAR: Privilegierung von Medien**	543

528
I. Art. 18 und 19 MAR: Insiderlisten und Registrierung sowie Meldung der Einzelgeschäfte von Führungskräften (Überblick)

Artikel 18
Insiderlisten

(1) Emittenten oder alle in ihrem Auftrag oder für ihre Rechnung handelnden Personen sind verpflichtet,

a) eine Liste aller Personen aufzustellen, die Zugang zu Insiderinformationen haben, wenn diese Personen für sie auf Grundlage eines Arbeitsvertrags oder anderweitig Aufgaben wahrnehmen, durch die diese Zugang zu Insiderinformationen haben, wie Berater, Buchhalter oder Ratingagenturen (im Folgenden „Insiderliste"),

b) die Insiderliste im Einklang mit Absatz 4 rasch zu aktualisieren sowie
c) der zuständigen Behörde die Insiderliste auf deren Ersuchen möglichst rasch zur Verfügung zu stellen.

(2) Emittenten oder alle in ihrem Auftrag oder für ihre Rechnung handelnden Personen treffen alle erforderlichen Vorkehrungen, um dafür zu sorgen, dass alle auf der Insiderliste erfassten Personen die aus den Rechts- und Verwaltungsvorschriften erwachsenden Pflichten schriftlich anerkennen und sich der Sanktionen bewusst sind, die bei Insidergeschäften, unrechtmäßiger Offenlegung von Insiderinformationen Anwendung finden.

Übernimmt eine andere Person im Auftrag oder für die Rechnung des Emittenten die Erstellung und Aktualisierung der Insiderliste, so ist der Emittent auch weiterhin voll verantwortlich dafür, dass die Verpflichtungen dieses Artikels eingehalten werden. Der Emittent behält das Recht, die Insiderliste einzusehen.

(3) Die Insiderliste umfasst mindestens
a) die Identität aller Personen, die Zugang zu Insiderinformationen haben,
b) den Grund der Aufnahme in die Insiderliste,
c) das Datum, an dem diese Person Zugang zu Insiderinformationen erlangt hat sowie die entsprechende Uhrzeit und
d) das Datum der Erstellung der Insiderliste.

(4) Emittenten oder jede in ihrem Namen bzw. für ihre Rechnung handelnde Person aktualisiert die Insiderliste unter Nennung des Datums der Aktualisierung unverzüglich, wenn
a) sich der Grund für die Erfassung bereits erfasster Personen auf der Insiderliste ändert,
b) eine neue Person Zugang zu Insiderinformationen erlangt hat und daher in die Insiderliste aufgenommen werden muss und
c) eine Person keinen Zugang zu Insiderinformationen mehr hat.

Bei jeder Aktualisierung sind Datum und Uhrzeit der Änderung anzugeben, durch die die Aktualisierung erforderlich wurde.

(5) Emittenten oder jede in ihrem Namen bzw. für ihre Rechnung handelnde Person bewahrt die Insiderliste für einen Zeitraum von mindestens fünf Jahren nach der Erstellung oder Aktualisierung auf.

(6) Emittenten, deren Finanzinstrumente zum Handel an KMU-Wachstumsmärkten zugelassen sind, sind von der Pflicht zur Erstellung einer Insiderliste befreit, wenn die folgenden Bedingungen erfüllt sind:
a) Der Emittent ergreift alle erforderlichen Vorkehrungen, damit alle Personen, die Zugang zu Insiderinformationen haben, die aus den Rechts- und Verwaltungsvorschriften erwachsenden Pflichten anerkennen und sich der Sanktionen bewusst sind, die bei Insidergeschäften und unrechtmäßiger Offenlegung von Insiderinformationen und Marktmanipulation zur Anwendung kommen, und
b) der Emittent ist in der Lage, der zuständigen Behörde auf Anfrage die in diesem Artikel genannte Insiderliste bereitzustellen.

(7) Dieser Artikel gilt für Emittenten, die für ihre Finanzinstrumente eine Zulassung zum Handel an einem geregelten Markt in einem Mitgliedstaat beantragt oder erhalten haben, bzw. im Falle eines Instruments, das nur auf einem multilateralen oder organisierten Handelssystem gehandelt wird, eine Zulassung zum Handel auf einem multilateralen oder organisierten Handelssystem in einem Mitgliedstaat erhalten haben oder für ihre Finanzinstrumente eine Zulassung zum Handel auf einem multilateralen Handelssystem in einem Mitgliedstaat beantragt haben.

(8) Die Absätze 1 bis 5 gelten auch für

a) Teilnehmer am Markt für Emissionszertifikate, betreffend Insiderinformationen in Bezug auf Emissionszertifikate im Rahmen von physischen Aktivitäten dieses Teilnehmers am Markt für Emissionszertifikate;
b) alle Versteigerungsplattformen, Versteigerer und die Auktionsaufsicht bezüglich Versteigerungen von Emissionszertifikaten und anderen darauf beruhenden Auktionsobjekten, die gemäß der Verordnung (EU) Nr. 1031/2010 abgehalten werden.

(9) Um einheitliche Bedingungen für die Anwendung dieses Artikels sicherzustellen, arbeitet die ESMA Entwürfe technischer Durchführungsstandards zur Festlegung des genauen Formats der Insiderlisten und des Formats für deren Aktualisierungen gemäß diesem Artikel aus.

Die ESMA legt der Kommission diese Entwürfe technischer Durchführungsstandards bis zum 3. Juli 2016. vor.

Der Kommission wird die Befugnis übertragen, die in Unterabsatz 1 genannten technischen Durchführungsstandards nach Artikel 15 der Verordnung (EU) Nr. 1095/2010 zu erlassen.

Artikel 19
Eigengeschäfte von Führungskräften

(1) Personen, die Führungsaufgaben wahrnehmen, sowie in enger Beziehung zu ihnen stehende Personen melden dem Emittenten oder dem Teilnehmer am Markt für Emissionszertifikate und der in Absatz 2 Unterabsatz 2 genannten zuständigen Behörde

a) in Bezug auf Emittenten jedes Eigengeschäft mit Anteilen oder Schuldtiteln dieses Emittenten oder damit verbundenen Derivaten oder anderen damit verbundenen Finanzinstrumenten;
b) in Bezug auf Teilnehmer am Markt für Emissionszertifikate jedes Eigengeschäft mit Emissionszertifikaten, darauf beruhenden Auktionsobjekten oder deren damit verbundenen Derivaten.

Diese Meldungen sind unverzüglich und spätestens drei Geschäftstage nach dem Datum des Geschäft vorzunehmen.

Unterabsatz 1 gilt ab dem Zeitpunkt, an dem der sich aus den Geschäften ergebende Gesamtbetrag den in Absatz 8 beziehungsweise 9 genannten Schwellenwert innerhalb eines Kalenderjahrs erreicht hat.

(2) Zum Zweck von Absatz 1 und unbeschadet des Rechts der Mitgliedstaaten, über die in diesem Artikel genannten hinausgehende Meldepflichten festzulegen, müssen alle Eigengeschäfte von in Absatz 1 genannten Personen zuständigen Behörden von diesen Personen gemeldet werden.

Für diese Meldungen gelten für die in Absatz 1 genannten Personen die Vorschriften des Mitgliedstaats, in dem der Emittent oder Teilnehmer am Markt für Emissionszertifikate registriert ist. Die Meldungen sind innerhalb von drei Arbeitstagen nach dem Datum des Geschäfts bei der zuständigen Behörde dieses Mitgliedstaats vorzunehmen. Ist der Emittent nicht in einem Mitgliedstaat registriert, erfolgt diese Meldung bei der zuständigen Behörde des Herkunftsmitgliedstaats im Einklang mit Artikel 2 Absatz 1 Buchstabe i der Richtlinie 2004/109/EG, oder, wenn eine solche Behörde nicht besteht, der zuständigen Behörde des Handelsplatzes.

(3) Der Emittent oder Teilnehmer am Markt für Emissionszertifikate stellt sicher, dass die Informationen, die im Einklang mit Absatz 1 gemeldet werden, unverzüglich und spätestens drei Geschäftstage nach dem Geschäft so veröffentlicht werden, dass diese Informationen schnell und nichtdiskriminierend im Einklang mit den in Artikel 17 Absatz 10 Buchstabe a genannten Standards zugänglich sind.

Der Emittent oder Teilnehmer am Markt für Emissionszertifikate greift auf Medien zurück, bei denen vernünftigerweise davon ausgegangen werden kann, dass sie die Informationen tatsächlich an die Öffentlichkeit in der gesamten Union weiterleiten, und gegebenenfalls ist das in Artikel 21 der Richtlinie 2004/109/EG amtlich bestellte System zu nutzen.

Das nationale Recht kann abweichend davon auch bestimmen, dass eine zuständige Behörde die Informationen selbst veröffentlichen kann.

(4) Dieser Artikel gilt für Emittenten die
a) für ihre Finanzinstrumente eine Zulassung zum Handel an einem geregelten Markt beantragt oder erhalten haben, bzw.
b) im Falle von Instrumenten, die nur auf einem multilateralen oder organisierten Handelssystem gehandelt werden, für Emittenten, die eine Zulassung zum Handel auf einem multilateralen oder organisierten Handelssystem erhalten haben oder die für ihre Finanzinstrumente eine Zulassung zum Handel auf einem multilateralen Handelssystem beantragt haben.

(5) Die Emittenten und Teilnehmer am Markt für Emissionszertifikate setzen die Personen, die Führungsaufgaben wahrnehmen, von ihren Verpflichtungen im Rahmen dieses Artikels schriftlich in Kenntnis. Die Emittenten und Teilnehmer am Markt für Emissionszertifikate erstellen eine Liste der Personen, die Führungsaufgaben wahrnehmen, sowie der Personen, die zu diesen in enger Beziehung stehen.

Personen, die Führungsaufgaben wahrnehmen, setzen die zu ihnen in enger Beziehung stehenden Personen schriftlich von deren Verpflichtungen im Rahmen dieses Artikels in Kenntnis und bewahren eine Kopie dieses Dokuments auf.

(6) Die Meldung von Geschäften nach Absatz 1 muss folgende Angaben enthalten:
a) Name der Person;
b) Grund der Meldung;
c) Bezeichnung des betreffenden Emittenten oder Teilnehmers am Markt für Emissionszertifikate;
d) Beschreibung und Kennung des Finanzinstruments;
e) Art des Geschäfts bzw. der Geschäfte (d.h. Erwerb oder Veräußerung), einschließlich der Angabe, ob ein Zusammenhang mit der Teilnahme an Belegschaftsaktienprogrammen oder mit den konkreten Beispielen gemäß Absatz 7 besteht;
f) Datum und Ort des Geschäfts bzw. der Geschäfte und
g) Kurs und Volumen des Geschäfts bzw. der Geschäfte. Bei einer Verpfändung, deren Konditionen eine Wertänderung bedingen, sollten dieser Umstand und der Wert zum Zeitpunkt der Verpfändung offengelegt werden.

(7) Zu den für die Zwecke von Absatz 1 zu meldenden Geschäften gehören auch:
a) das Verpfänden oder Verleihen von Finanzinstrumenten durch oder im Auftrag einer der in Absatz 1 genannten Person, die Führungsaufgaben wahrnimmt, oder einer mit dieser enge verbundenen Person;
b) von Personen, die gewerbsmäßig Geschäfte vermitteln oder ausführen, oder einer anderen Person im Auftrag einer der in Absatz 1 genannten Personen, die Führungsaufgaben wahrnehmen oder mit zu solchen Personen enger verbunden ist, unternommene Geschäfte, auch wenn dabei ein Ermessen ausgeübt wird;

c) Geschäfte im Sinne der Richtlinie 2009/138/EG des Europäischen Parlaments und des Rates[1328], die im Rahmen einer Lebensversicherung getätigt werden, wenn
   i) der Versicherungsnehmer eine in Absatz 1 genannte Person ist, die Führungsaufgaben wahrnimmt, oder eine Person, die mit einer solchen Person eng verbunden ist,
   ii) der Versicherungsnehmer das Investitionsrisiko trägt und
   iii) der Versicherungsnehmer über die Befugnis oder das Ermessen verfügt, Investitionsentscheidungen in Bezug auf spezifische Instrumente im Rahmen dieser Lebensversicherung zu treffen oder Geschäfte in Bezug auf spezifische Instrumente für diese Lebensversicherung auszuführen.

Für die Zwecke von Buchstabe a muss eine Verpfändung von Wertpapieren oder eine ähnliche Sicherung von Finanzinstrumenten im Zusammenhang mit der Hinterlegung der Finanzinstrumente in ein Depotkonto nicht gemeldet werden, sofern und solange eine derartige Verpfändung oder andere Sicherung dazu dient, eine spezifische Kreditfazilität zu sichern.

Sofern der Versicherungsnehmer eines Versicherungsvertrags gemäß diesem Absatz verpflichtet ist, Geschäfte zu melden, obliegt dem Versicherungsunternehmen keine Verpflichtung, eine Meldung vorzunehmen.

(8) Absatz 1 gilt für Geschäfte, die getätigt werden, nachdem innerhalb eines Kalenderjahrs ein Gesamtvolumen von 5 000 EUR erreicht worden ist. Der Schwellenwert von 5 000 EUR errechnet sich aus der Addition aller in Absatz 1 genannten Geschäfte ohne Netting.

(9) Eine zuständige Behörde kann beschließen, den in Absatz 8 genannten Schwellenwert auf 20 000 EUR anzuheben, und sie setzt die ESMA von ihrer Entscheidung, einen höheren Schwellenwert anzunehmen, und der Begründung für ihre Entscheidung unter besonderer Bezugnahme auf die Marktbedingungen in Kenntnis, bevor sie diesen Schwellenwert anwendet. Die ESMA veröffentlicht auf ihrer Website die Liste der Schwellenwerte, die gemäß diesem Artikel anwendbar sind, sowie die von den zuständigen Behörden vorgelegten Begründungen für diese Schwellenwerte.

(10) Dieser Artikel gilt auch für Geschäfte von Personen, die, die bei Versteigerungsplattformen, Versteigerern und der Auktionsaufsicht, die an Auktionen gemäß der Verordnung (EU) Nr. 1031/2010 beteiligt sind, Führungsaufgaben wahrnehmen, sowie für Personen, die zu solchen Personen in enger Beziehung stehen, soweit ihre Geschäfte Emissionszertifikate, deren Derivative und darauf beruhende Auktionsprodukte umfassen. Diese Personen teilen ihre Geschäfte je nach Einschlägigkeit den Versteigerungsplattformen, den Versteigerern und der Auktionsaufsicht mit, sowie der zuständigen Behörde, bei welcher die Versteigerungsplattform, der Versteigerer und die Auktionsaufsicht gegebenenfalls registriert sind. Die entsprechend übermittelte Information wird von der Versteigerungsplattform, den Versteigerern, der Auktionsaufsicht oder der zuständigen Behörde gemäß Absatz 3 veröffentlicht.

(11) Unbeschadet der Artikel 14 und 15 darf eine Person, die bei einem Emittenten Führungsaufgaben wahrnimmt, weder direkt noch indirekt Eigengeschäfte oder Geschäfte für Dritte im Zusammenhang mit den Anteilen oder Schuldtiteln des Emittenten oder mit Derivaten oder anderen mit diesen in Zusammenhang stehenden Finanzinstrumenten wäh-

[1328] Richtlinie 2009/138/EG des Europäischen Parlaments und des Rates vom 25. November 2009 betreffend die Aufnahme und Ausübung der Versicherungs- und der Rückversicherungstätigkeit (Solvabilität II) (ABl. L 335 vom 17.12.2009, S. 1).

rend eines geschlossenen Zeitraums von 30 Kalendertagen vor Ankündigung eines Zwischenberichts oder eines Jahresabschlussberichts tätigen, zu deren Veröffentlichung der Emittent verpflichtet ist:

a) gemäß den Vorschriften des Handelsplatzes, auf dem die Anteile des Emittenten zum Handel zugelassen sind, oder
b) gemäß nationalem Recht.

(12) Unbeschadet der Artikel 14 und 15 darf ein Emittent einer Person, die Führungsaufgaben bei ihr wahrnimmt, erlauben Eigengeschäfte oder Geschäfte für Dritte während eines geschlossenen Zeitraums gemäß Absatz 11 vorzunehmen, vorausgesetzt, dass diese Geschäfte entweder

a) im Einzelfall aufgrund außergewöhnlicher Umstände, wie beispielsweise schwerwiegende finanzielle Schwierigkeiten, die den unverzüglichen Verkauf von Anteilen erforderlich machen, oder
b) durch die Merkmale des betreffenden Geschäfts für Handel bedingt sind, die im Rahmen von Belegschaftsaktien oder einem Arbeitnehmersparplan, von Pflichtaktien oder von Bezugsberechtigungen auf Aktien oder Geschäfte getätigt werden, wenn sich die nutzbringende Beteiligung an dem einschlägigen Wertpapier nicht ändert.

(13) Die Kommission wird ermächtigt, delegierte Rechtsakte nach Artikel 35 zu erlassen, in denen festgelegt wird, unter welchen Umständen der Handel während eines geschlossenen Zeitraums durch den Emittenten gemäß Absatz 12 erlaubt werden kann, einschließlich der Umstände, die als außergewöhnlich zu betrachten wären, und der Arten von Geschäften, die eine Erlaubnis zum Handel rechtfertigen würden.

(14) Der Kommission wird die Befugnis übertragen, gemäß Artikel 35 in Bezug auf die Festlegung der Arten von Geschäften, welche die in Absatz 1 genannte Anforderung auslösen, delegierte Rechtsakte zu erlassen.

(15) Damit Absatz 1 einheitlich angewendet wird, arbeitet die ESMA Entwürfe technischer Durchführungsstandards in Bezug auf das Format und ein Muster aus, in dem die in Absatz 1 genannten Informationen gemeldet und veröffentlicht werden müssen.

Die ESMA legt der Kommission bis zum 3. Juli 2015 diese Entwürfe technischer Durchführungsstandards vor.

Der Kommission wird die Befugnis übertragen, die in Unterabsatz 1 genannten technischen Durchführungsstandards nach Artikel 15 der Verordnung (EU) Nr. 1095/2010 zu erlassen.

1. **Regelungsumfeld und -ziel.** Die Regelung des Directors' Dealing hat zum Gegenstand **Aufzeichnungs-, Melde- und Veröffentlichungspflichten von Geschäften von Personen mit Führungsaufgaben** in Wertpapieren dieses Emittenten oder damit verbundenen Finanzinstrumenten, gekoppelt mit temporären Handelsverboten während insiderinformationell besonders sensiblen Perioden (Art. 19 MAR). Weniger weit reicht die zu dieser Kernregel hinzukommende Pflicht, auch sonstige Personen, die vom Emittenten aufgabenbedingt Zugang zu Insiderinformationen erhalten, in Insiderlisten zu erfassen (Art. 18 MAR, nicht mehr Directors' Dealing im engen Sinne). Die Regelung des Directors' Dealing gehört zu denjenigen kapitalmarktrechtlichen Regimen der Folgepublizität, die sich ganz vorrangig an den Emittenten und dessen Personal richten (**Emittentenkapitalmarktrecht**)[1329] und de- **529**

[1329] Zum Konzept Emittentenkapitalmarktrecht und Bankenkapitalmarktrecht (als Hauptgegenstand eines Investment Banking) oben 5. Teil Rn 41–46. Zu Folgepublizität und Kapitalmarktrecht oben 5. Teil Rn 28 und 109–121 sowie unten 5. Abschnitt.

ren Erfüllung typischerweise auch nicht von Kreditinstituten oder Wertpapierfirmen begleitet wird (Investment Banking). Und selbst im Emittentenkapitalmarktrecht zählt dieses Regime zu den „Spätankömmlingen“ und erscheint auch vom Gewicht her eher flankierend als zentral –[1330] gerade im Vergleich zur Ad-hoc-Publizität (oben Rn 486–527), jedoch auch im Vergleich zur periodischen Folgepublizität (unten 6. Teil 5. Abschnitt). Daher wird es hier **nur überblicksweise erörtert.**

530 In Deutschland wurde die erste Rumpfregelung (nur Directors' Dealing) 2002 verabschiedet,[1331] also deutlich nach Insiderrecht und Ad-hoc-Publizität (oben Rn 262–264), jedoch etwas früher als auf Europäischer Ebene: Hier wurde die Regelung, die sich heute in Art. 18, 19 MAR findet, mit **MAD I im Jahre 2003 eingeführt**, namentlich deren Art. 6 Abs. 3 UAbs, 3 und Abs. 4, deren Vorgaben in der Durchführungs-Richtlinie 2004/72/EG ausgestaltet wurden.[1332] Das damals etablierte System, das in Deutschland im AnSVG umgesetzt wurde (dann §§ 15a, 15b WpHG aF),[1333] musste zwar 2007 nochmals angepasst werden auf die Neuerungen durch EG-Transparenz-Richtlinie, die für die disparaten Melde- und Veröffentlichungspflichten im EG-Kapitalmarktrecht ein weitgehend einheitliches System einführte.[1334] Das damals etablierte Regime **entspricht jedoch in fast allen**

[1330] Dazu im Folgenden. Anders tendenziell etwa Veil/*Veil* EuKapmR, § 21 Rn 29 („wichtiger Baustein im europäischen Kapitalmarktrecht“).

[1331] Gesetz zur weiteren Fortentwicklung des Finanzplatzes Deutschland (Viertes Finanzmarktförderungsgesetz) vom 21.6.2002, BGBl. I S. 2010: mit der Einführung der Pflicht von (Primär-)Insidern, ihre Geschäfte aufzudecken (damals § 15a WpHG).

[1332] Richtlinie 2004/72/EG der Kommission vom 29. April 2004 zur Durchführung der Richtlinie 2003/6/EG des Europäischen Parlaments und des Rates – Zulässige Marktpraktiken, Definition von Insider-Informationen in Bezug auf Warenderivate, Erstellung von Insider-Verzeichnissen, Meldung von Eigengeschäften und Meldung verdächtiger Transaktionen (…), ABl.EU 2004 L 162/70; zum 3. Juli 2016 nach Art. 37 MAR aufgehoben; ausf Kommentierung etwa in KölnKomm WpHG/*Heinrich* § 15b Rn 3–11a.

[1333] Gesetz zur Verbesserung des Anlegerschutzes (AnSVG) vom 28.10.2004, BGBl. I S. 2630: u.a. mit Einrichtung eines Insiderverzeichnis, § 15b WpHG aF; ergänzt durch Verordnung zur Konkretisierung von Anzeige-, Mitteilungs- und Veröffentlichungspflichten sowie der Pflicht zur Führung von Insiderverzeichnissen nach dem Wertpapierhandelsgesetz (Wertpapierhandelsanzeige- und Insiderverzeichnisverordnung – WpAIV) vom 13.12.2004, BGBl. 2004 I, S. 3376; eine baldige „Nachbesserung“ wurde für nötig befunden und durchgeführt im Gesetz zur Neuregelung des Pfandbriefrechts vom 19. Juli 2005, BGBl. 2005 I, S. 1373 (Art. 10a: Zweifelsfragen sowohl im sachlichen und persönlichen Anwendungsbereich des § 15a WpHG als auch in der Auslegung der einzelnen Tatbestandsmerkmale); zuletzt geändert durch Art. 3 des Gesetzes zur Umsetzung der RL 2010/73/EU und zur Änderung des BörsenG vom 26.6.2012, BGBl. 2012 I, S. 1375.

[1334] Richtlinie 2004/109/EG des Europäischen Parlaments und des Rates vom 15. Dezember 2004 zur Harmonisierung der Transparenzanforderungen in Bezug auf Informationen über Emittenten deren Wertpapiere zum Handel auf einem geregelten Markt zugelassen sind, und zur Änderung der Richtlinie 2001/34/EG, ABl EU 2004 L 390/38; Umsetzung durch das Gesetz zur Umsetzung der Richtlinie 2004/109/EG des Europäischen Parlaments und des Rates vom 15. Dezember 2004 zur Harmonisierung der Transparenzanforderungen in Bezug auf Informationen über Emittenten, deren Wertpapiere zum Handel auf einem geregelten Markt zugelassen sind, und zur Änderung der Richtlinie 2001/34/EG (Transparenzrichtlinie-Umsetzungsgesetz – TUG) vom 5. Januar 2007, BGBl. 2007 I, S. 10. Der Gesetzgeber hat dabei die Veröffentlichungspflicht des § 15a Abs. 4 WpHG aF komplett neu gefasst, vom Meldetatbestand des § 15a Abs. 1 WpHG entkoppelt und eine Meldepflicht an das Unternehmensregister eingeführt.

Punkten demjenigen in Art. 18, 19 MAR, die sowohl MAD I als auch die Durchführungs-Richtlinie 2004/72/EG mit Wirkung vom 3.6.2016 ablösten (Art. 37 MAR). Abgesehen davon, dass es sich seitdem um unmittelbar in den Mitgliedstaaten anwendbares EU-Recht handelt und auch eine viel dichtere Regelung auf die Level-1-Ebene gehoben wurde (mit vielen Spezifikationen, die sich ursprünglich in der Durchführungs-Richtlinie fanden), haben sich nicht viele, jedoch auch nicht gänzlich unbedeutende Punkte geändert: Die Mitteilungspflicht wurde von fünf auf drei Tage reduziert, wichtiger ist das Handelsverbot von 30 Tagen vor den Berichtszeitpunkten (unten Rn 538), die Erweiterung des Kreises der erfassten Geschäfte (unten Rn 537),[1335] aber durchaus auch die Ausweitung des Regimes auch auf den Freiverkehr.[1336] Zum **Regelungsumfeld** der Aufzeichnungs-, Melde- und Veröffentlichungspflichten der genannten Geschäfte von Personen mit Führungsaufgaben sowie sonstiger aufgabenbedingt vom Emittenten informierten Personen nach Art. 18, 19 MAR zählen in Deutschland – seit Umsetzung von MAD I – **zwei weitere Regime von Aufzeichnungs- bzw. Meldepflichten:** Aufzeichnungspflichten seitens der Wertpapierfirmen hinsichtlich der wichtigsten Verbindungsdaten ihrer Kunden im Wertpapierhandel (§ 16 WpHG)[1337] und ein Eingriffs- und Melderegime bei der Aufsichtsbehörde, der BaFin, hinsichtlich der Geschäfte ihrer Mitarbeiter (§ 16a WpHG): Hier wird zwischen Mitarbeitern unterschieden, die bestimmungsmäßig Zugang zu Insiderinformationen erhalten (dann Pflicht zur unaufgeforderten Anzeige aller Geschäfte), und solchen, bei denen das nicht der Fall ist (dann Fragerechte der Behörde).[1338]

Angestrebt wird mit dem Regime zum Directors' Dealing primär eine **Prävention des Insiderhandels.** Die Erfassung aller Geschäfte – mit oder ohne Insiderinformation – bezogen auf die Wertpapiere des Emittenten – direkt oder indirekt – seitens derjenigen Gruppe von Primärinsidern, die typischerweise als Erste Zugang zu Insiderinformationen hat, setzt diese zentrale Insidergruppe einem hohen Entdeckungsrisiko aus.[1339] Dies gilt vor allem für Art. 19 MAR, während Art. 18 MAR bereits auf Bewusstmachung zielt, auf Seiten des Emittenten sowie des Primärinsiders, der jedenfalls listenmäßig erfasst wird, belehrt und ausdrücklich auf die Einhaltung der Insiderverbote verpflichtet wird.[1340] In der Tat liegt es nahe, dass besonders bei der Insidergruppe mit Führungsaufgaben und Einzelmeldepflichten (Art. 19 MAR) Insiderhandel weitgehend zurückgedrängt wird. Zudem werden auch die naheliegenden Umgehungsmöglichkeiten erfasst – Handel über nahe Angehörige oder 531

[1335] Vor allem Verkürzung der Frist und Einführung der Handelsverbote betonend: *Kumpan* AG 2016, 446 (446 f.) (näher auch sonst zur Regulierungsgeschichte); Veil/*Veil* EuKapmR, § 21 Rn 7. *Poelzig* NZG 2016, 761 (767) nennt primär die Erweiterung des Kreises der erfassten Geschäfte und das Handelsverbot.

[1336] *Graßl* DB 2015, 2066 (2069).

[1337] Hierzu *Dreyling* Die Umsetzung der Marktmissbrauchs-Richtlinie über Insider-Geschäfte und Marktmanipulation, Der Konzern 2005, 1; *Heidelbach/Preuße* Die Anwendung des neuen europäischen Prospektregimes in der Praxis – ausgewählte Probleme, BKR 2012, 397 (402–404); *Seibt/Cziupka* Rechtspflichten und Best Practices für Vorstands- und Aufsichtsratshandeln bei der Kapitalmarktrecht-Compliance, AG 2015, 93; vgl. auch die Kommentierung bei Fuchs/*Schlette/Bouchon* § 16 WpHG und KölnKomm WpHG/*Eufinger* § 16 WpHG.

[1338] Hierzu *Claussen/Florian* Der Emittentenleitfaden, AG 2005, 745 (764); vgl. auch die Kommentierung bei Fuchs/*Schlette/Bouchon* § 16a WpHG und KölnKomm WpHG/*Eufinger* § 16a WpHG.

[1339] 57 f. Erw.grund MAR; sowie *Fleischer* ZIP 2002, 1217 (1220); *Kumpan* AG 2016, 446 (448); *Poelzig* NZG 2016, 761 (767); Veil/*Veil* EuKapmR, § 21 Rn 2 und 29.

[1340] Wohl ebenfalls 57. Erw.grund MAR; sowie *Graßl* DB 2015, 2066 (2069); *Seibt/Wollenschläger* AG 2014, 593 (601).

Strohmannfirmen –, es bleibt jedoch mit den Weitergabemöglichkeiten und einem Handel über unbekannte oder nicht erfasste Strohleute durchaus ein Weg, wie die benannten Primärinsider die Sondervorteile aus Insiderinformationen erzielen können. Die Regelung erschwert also bei dieser zentralen Insidergruppe den Insiderhandel zwar, kann ihn jedoch nicht gänzlich unterbinden (anders als etwa breite Veröffentlichung ab dem Zeitpunkt derselben). Außerdem wird in der Veröffentlichung der Insidergeschäfte der genannten Gruppe von Primärinsidern ein **wichtiges Signal an den Kapitalmarkt** gesehen, wie diese zentralen Entscheidungsträger des Emittenten selbst Wert und Chancen der Finanzinstrumente und des Emittenten einschätzen, etwa dass sie selbst den Wert höher ansetzen.[1341] Die Wirksamkeit solch eines Mechanismus ist umstritten, theoretisch und empirisch. Die empirischen Studien deuten teils auf eine moderat bessere Rendite hin, die diese Insider im Vergleich zum Marktdurchschnitt erzielen können, teils negieren sie auch diese.[1342] Die Höhe der Rendite muss nicht mit (dennoch getätigtem) Insiderhandel erklärt werden, sondern sie kann auch resultieren aus intimerer Kenntnis des Unternehmens als bei professionellen Beobachtern von außen. In diesem Fall wären die Effizienzüberlegungen ähnliche wie etwa bei der Zulassung von Aktienrückkaufprogrammen (oben Rn 320–323), und würde man dieses (etwas) überlegene Wissen in die Preise eingespeist sehen wollen. Dennoch sind die Zweifel, ob überhaupt bessere Renditen erzielt werden (überlegende Information), die Zweifel, ob nicht ein gewisser Teil hiervon auch auf Insiderhandel zurückzuführen sein könnte (teilweise Ineffizienz der Präventionsmaßnahme), und auch die Frage so gewichtig, ob die überlegene Kenntnis des Vorstands nicht am besten allein durch Rückkaufprogramme genutzt werden sollte (mit Anfall der „Gewinne" bei den Aktionären), dass man das Präventionsziel als das wohl gewichtigere einzustufen hat: Wichtig ist in der Tat, dass in der Zulassung von eigenem Handel in Titeln des Emittenten bei gleichzeitiger Aufdeckungsverpflichtung offenbar auch die Kombination von Zielen gesehen wird: einerseits glaubt man so, Insiderhandel hinreichend vorbeugen zu können, umgekehrt einen Anreiz zu guter Unternehmensführung zu geben.[1343] Wäre Letzteres nicht der Fall, läge als Alternative das vollständige Verbot eines Handels in den Titeln des Emittenten nahe.

532 2. **Grundgerüst des Regimes.** Für das Grundgerüst des Regimes ist nach Verpflichteten bzw. Betroffenen und Pflichten zu unterscheiden. Auf einer **ersten Stufe** ist der Kreis der Betroffenen breit, dies gilt für zwei Pflichten: Die (i) **Basispflicht** ist die **der erfassten Emittenten, Listen der insiderrechtlich besonders betroffenen Personen zu erstellen**, also Klarheit zu schaffen – wohl für sich, für Behörden und die betroffenen Personen. Diese Pflicht ist auch die am breitesten angelegte, denn sie bezieht sich gleichermaßen auf „Directors" – Personen mit Führungsaufgaben und mit ihnen in enger Beziehung stehende Personen (Art. 19 Abs. 1 und 5 MAR) – wie auf solche Personen, die aufgabenbedingt – durch An-

---

[1341] Offenbar auch dies nach 58. Erw.grund MAR; sowie *Fey/Royé* BOARD 2014, 252 (252); *Kumpan* AG 2016, 446 (448); *Engelhart* AG 2009, 856 (857); *Poelzig* NZG 2016, 761 (767); Veil/*Veil* EuKapmR, § 21 Rn 2–4; *Zimmer/Osterloh* in: Schwark/Zimmer § 15a WpPG Rn 15; besonders betont auch vom Deutschen Aktieninstitut (bei gleichzeitiger Kritik der Ausnahme in Form temporärer Handelsverbote): Deutsches Aktieninstitut, Directors' Dealings – Eine juristische und empirische Analyse des Handels von Organmitgliedern mit Aktien des eigenen Unternehmens, 2002, S. 9 ff.

[1342] Vgl. dagegen *Dickgiesser/Kaserer* (2010) 11 German Economic Review 302; eher dafür *Moodley/Muller/Ward* 40 Studies in Economics and Econometrics 105 (2016); und differenzierend (speziell auf der Grundlage der Märkte in Deutschland) *King/Schmidt/Stehle* http://papers.ssrn.com/sol3/papers.cfm?abstract_id=2620169;

[1343] Ebenso *Fleischer* ZIP 2002, 1217 (1228); *Veil* ZBB 2014, 85 (96).

stellung oder Einschaltung – vom Emittenten Insiderinformationen erhalten (Art. 18 Abs. 1 und 3–6 MAR). Mit dieser Basispflicht geht einher – mit dem gleichen breiten Anwendungsbereich – (ii) eine **Pflicht des Emittenten, diese Personen über die insiderrechtlichen Verbote und Verantwortlichkeiten aufzuklären** und auf die Einhaltung der Insiderverbote zu verpflichten (Art. 18 Abs. 2 MAR sowie Art. 19 Abs. 5 MAR), im Falle von „Directors“ zusätzlich aufzuklären über die Pflichten, die nunmehr den „Directors“ auferlegt werden (wobei diese selbst dann die zu ihnen in enger Beziehung stehenden Personen zu informieren und verpflichten haben [Art. 19 Abs. 5 UAbs. 2 MAR]). Dieses betrifft dann bereits die zweite Stufe:

Auf einer **zweiten Stufe**, auf der **nur noch „Directors“** – Personen mit Führungsaufga- **533**
ben und ihnen eng verbundene Personen (Art. 19 Abs. 1 und 5 MAR) – erfasst sind, wird nicht mehr nur der Insider als solcher erfasst, sondern geht es um die **detaillierte Meldung und Veröffentlichung der getätigten Einzelgeschäfte in Titeln des Emittenten** – gleichgültig ob mit privilegierter Information oder ohne (Letzteres sogar der angenommene Regelfall). Diese Aufdeckung erfolgt in zwei Schritten: Zunächst sind (iii) **„Directors“ verpflichtet, alle Geschäfte zeitnah dem Emittenten zu melden** (Art. 19 Abs. 1–2 und 6–8 MAR), sodann (iv) **Emittenten, diese Meldungen zu veröffentlichen** und für die zuständigen Behörden bereitzuhalten (Art. 19 Abs. 3 MAR). Hinzukommt zuletzt, (v) **die Pflicht der Directors, sich zeitweise jeglichen Handels in Titeln des Emittenten zu enthalten**, namentlich im Zeitraum von 30 Tagen vor Bekanntgabe von (veröffentlichungspflichtigen) Jahres- und Zwischenberichten, die solchermaßen als insiderinformationell besonders sensibel qualifiziert werden (Art. 19 Abs. 11–12 MAR).

3. **Zentrale Einzelfragen.** Im Rahmen des genannten Grundgerüstes stellen sich eine **534**
Reihe von **Einzelfragen, die wichtigsten** betreffen den Anwendungsbereich (erfasste Emittenten, Instrumente und Geschäfte), die Listenerstellung (mit Verpflichtungseinholung) einerseits, den konkreten Melde- und Veröffentlichungsablauf der Einzelgeschäfte andererseits (mit Schwellen), und schließlich das absolute Handelsverbot – alle nochmals feiner ausgeführt in der Durchführungsgesetzgebung auf EU-Ebene, zu der beide Artikel umfangreich ermächtigen (Art. 18 Abs. 9 und 19 Abs. 13–15 MAR).[1344]

Der **Anwendungsbereich (sachlich, persönlich, räumlich)** ist hinsichtlich der **erfassten** **535**
Märkte und Instrumente eng an den allgemeinen Anwendungsbereich nach Art. 3 Abs. 1

[1344] Bisher ergangen sind Delegierte Verordnung (EU) 2016/522 der Kommission vom 17. Dezember 2015 zur Ergänzung der Verordnung (EU) Nr. 596/2014 des Europäischen Parlaments und des Rates im Hinblick auf eine Ausnahme für bestimmte öffentliche Stellen und Zentralbanken von Drittstaaten, die Indikatoren für Marktmanipulation, die Schwellenwerte für die Offenlegung, die zuständige Behörde, der ein Aufschub zu melden ist, die Erlaubnis zum Handel während eines geschlossenen Zeitraums und die Arten meldepflichtiger Eigengeschäfte von Führungskräften, ABl.EU 2016 L 88/1; Durchführungsverordnung (EU) 2016/523 der Kommission vom 10. März 2016 zur Festlegung technischer Durchführungsstandards im Hinblick auf das Format und die Vorlage für die Meldung und öffentliche Bekanntgabe der Eigengeschäfte von Führungskräften gemäß Verordnung (EU) Nr. 596/2014 des Europäischen Parlaments und des Rates, ABl.EU 2016 L 88/19; Durchführungsverordnung (EU) 2016/347 der Kommission vom 10. März 2016 zur Festlegung technischer Durchführungsstandards im Hinblick auf das genaue Format der Insiderlisten und für die Aktualisierung von Insiderlisten gemäß der Verordnung (EU) Nr. 596/2014 des Europäischen Parlaments und des Rates, ABl.EU 2016 L 65/49. Ergänzend sind Rechtsverordnungen des Bundesfinanzministeriums vorgesehen, vgl. § 15 Abs. 4 Nr. 3 und 4 WpHG nF.

Nr. 1 und 6–8 MAR angelehnt.[1345] Allerdings ist dieser leicht eingeengt, weil nur Emittenten erfasst werden, die Zulassung zu den erfassten Marktsegmenten (Handelsplätzen) aktiv beantragt haben (keine Einbeziehung allein aufgrund tatsächlichen Handels, vgl. Art. 18 Abs. 7 und 19 Abs. 4 MAR), und dies auch im Hinblick auf Emissionszertifikate (nur auf Auktionsplattformen und bei physischen Tätigkeiten am Markt selbst, vgl. Art. 18 Abs. 8 MAR, vgl. darüber hinaus die Erstreckung des Directors' Dealing-Regimes auf Mitarbeiter der Versteigerungsplattformen Art. 19 Abs. 10 MAR). Bei den **erfassten Personen** bezieht sich die Regel auf die Emittenten, jedoch gleichermaßen auf beauftragte Personen – wobei dann die Letztverantwortung dennoch beim Emittenten verbleibt (Art. 18 Abs. 1 und Abs. 2 UAbs. 2, Letzteres nicht ausdrücklich, jedoch ebenso anzunehmen in der Parallelnorm in Art. 19 Abs. 5 MAR). Und der räumliche Anwendungsbereich richtet sich wieder nach dem kapitalmarktrechtlichen Auswirkungsprinzip, so dass die Regel **alle in der EU zugelassenen Instrumente** erfasst (unabhängig vom Sitz des Emittenten, vgl. Art. 18 Abs. 7 und 19 Abs. 2 und 4 MAR).[1346]

536 Die **Listenerstellung mit Verpflichtungseinholung (Art. 18 Abs. 1 und 3–6 sowie Art. 19 Abs. 5 MAR)** ist ausführlicher für die Primärinsider geregelt, die nur aufgrund ihrer Aufgabe – nicht als Führungskräfte – vom Emittenten Insiderinformationen erhalten. Dies erklärt sich damit, dass diese Primärinsider weniger intensiven Kontakt mit dem Emittenten haben, die solide Pflichtenlage also stärker betont und ausdifferenziert werden musste. Das bedeutet umgekehrt freilich nicht, dass analoge Emittentenverpflichtungen nicht grds. auch bei Führungskräften anzunehmen wären: Die Emittenten müssen in der Liste alle Primärinsider, die von ihnen kraft Aufgabe Insiderinformationen erhalten, aufnehmen, sie der Behörde „möglichst rasch zur Verfügung stellen" und sie aktualisieren „unverzüglich" bei jedem Abgang (kein Zugang zu Insiderinformationen mehr), Zugang (entsprechend) und bei jeder (iSv. Abs. 3) relevanten Modifikation bei verbleibenden Listeneinträgen (vgl. Art. 18 Abs. 1 und 4 MAR, nur die Listenerstellungspflicht in Art. 19 Abs. 5 MAR). Wichtig ist, dass die Liste nicht nur die Person (mit Grund des Kontakts) auszuweisen hat, sondern auch den Zeitpunkt der Erlangung von Insiderinformationen (Art. 18 Abs. 3 MAR). Sie muss mindestens 5 Jahre aufbewahrt werden (Art. 18 Abs. 5 MAR). Emittenten auf KMU-Wachtstumsmärkten müssen nur die Verpflichtung der betroffenen Personen sicherstellen und die eigene Fähigkeit herstellen, die entsprechende Liste bei Bedarf schnell bereitzustellen (Art. 18 Abs. 6 MAR).

537 Der **Melde- und Veröffentlichungsablauf der Einzelgeschäfte (Art. 19 Abs. 1–3 und 6–9 MAR)**[1347] ist umfangreich geregelt: mit **Meldung jedes Einzelgeschäfts durch die betroffene Führungskraft** – „unverzüglich", spätestens innerhalb von drei Geschäftstagen –

1345 Vgl. oben Teil 5 Rn 55–91. Ausführlicher zu den recht komplexen Regeln zum persönlichen Anwendungsbereich *Kumpan* AG 2016, 446 (448–451); *Stüber* DStR 2016, 1221 (1222) Veil/*Veil* EuKapmR, § 21 Rn 12–14.

1346 Art. 19 Abs. 2 und 4 MAR sind komplexer strukturiert. Ausgangspunkt ist die Behörde, der die Führungskräfte Meldung nach Art. 19 Abs. 2 UAbs. 2 MAR zu erstatten haben: Dies sind sämtlich Behörden in der EU (auch der Herkunftsmitgliedstaat nach Art. 2 Abs. 1 lit. i EG-Transparenz-RL [2004/109/EG] ist immer ein EU-Mitgliedstaat [auch bei Drittstaatemittenten!]). Diese Führungskräfte hat ihr jeweiliger Emittent (also durchaus auch einer, der in einem Drittstaat registriert ist) nach Abs. 5 zu unterrichten und zu verpflichten, dh. aufgrund der Zulassung (oder eines Zulassungsantrags) zu einem Handelsplatz in der EU. Dazu näher *Kumpan* AG 2016, 446 (451 f.); *Poelzig* NZG 2016, 761 (762 f.); *Stüber* DStR 2016, 1221 (1222).

1347 Zu den Melde- und Veröffentlichungspflichten näher: *Kumpan* AG 2016, 446 (455 f.); *Stüber* DStR 2016, 1221 (1224 f.).

gegenüber dem Emittenten *und* an die zuständigen Behörden (Abs. 1) im jeweiligen Mitgliedstaat, wobei hier grds. innerhalb der EU das Herkunftslandprinzip gilt (näher Abs. 2). Es schließt sich an – ebenfalls „unverzüglich", spätestens innerhalb von drei Geschäftstagen – die **Veröffentlichung durch den Emittenten** und zwar in „nichtdiskrimierender" Form, bei der von einer EU-weiten Zugänglichkeit auszugehen ist (Abs. 3).[1348] Sowohl der Inhalt der Meldungen als auch der (breit gezogene) Kreis der erfassten Geschäfte werden detailliert vorgegeben, mit deutlichen Erweiterungen zum bisherigen Bestand (Abs. 6 bzw. 7).[1349] Freilich bleibt es weiter dabei, dass der erlangte Aktienbestand nicht offengelegt werden muss.[1350] In Deutschland kommt die Meldung ans Unternehmensregister nach § 15 Abs. 2 WpHG nF hinzu, deren Inhalt und Sprache durch Rechtsverordnung des Bundesfinanzministeriums nach § 15 Abs. 4 Nr. 1 WpHG nF spezifiziert werden kann.[1351] Mit den Melde- und Veröffentlichungspflichten werden Führungskräfte und ihre Emittenten erst ab Erreichung einer Schwelle von 5.000,– € Gesamtwert aller Einzelgeschäfte im Kalenderjahr (ohne Netting) belastet, die Mitgliedstaaten auf bis zu 20.000,– € anheben können (Art. 19 Abs. 8 und 9 MAR).[1352]

Schließlich gilt ein **absolutes Handelsverbot (Art. 19 Abs. 11–12 MAR)** (sog. „closed period")[1353] – auch für in enger Beziehung stehende Personen, ja sogar weitergehend für jeden Eigen- und Dritt-Handel „direkt oder indirekt" – innerhalb einer 30-Tages-Frist vor (Ankündigung der) Veröffentlichung eines Jahres- oder Zwischenberichts, soweit dieser nach den Regeln des Zulassungs-Handelsplatzes oder nach nationalem Recht veröffentlichungspflichtig ist. Hier wird von einem so sehr insiderinformationsgeneigten Ereignis ausgegangen, dass die Gefahr von Insiderhandel eine gesteigerte ist und die Abwägung zwischen den Interessen an Anreizen für die Führungskraft und den Interessen an Marktintegrität deswegen jetzt allein zugunsten Letzterer ausfällt: Dies lässt daher ein absolutes Handelsverbot gerechtfertigt erscheinen (Abs. 11)[1354] – mit ganz engen Ausnahmen (Abs. 12), die entweder **538**

[1348] Näher zu diesen Kriterien der Veröffentlichung und den damit verfolgten Zielsetzungen, auch im Kontext der allgemeineren Kapitalmarktrechtsziele, *Poelzig* NZG 2016, 761 (769).

[1349] Näher zum Kreis der erfassten Geschäfte: *BaFin*, Emittentenleitfaden 2013 (Fn 883), VI.6 (83 ff.); Veil/*Veil* EuKapmR, § 21 Rn 15–17; *Kumpan* AG 2016, 446 (451–454); *Poelzig* NZG 2016, 761 (768); *Stüber* DStR 2016, 1221 (1222–1224), *Seibt/Wollenschläger* AG 2014, 593 (601 f.); auch *Fey/Royé* BOARD 2014, 252 (252) (Erstreckung auch auf nicht selbst initiierte Sachverhalte, etwa Zuteilungen, betonend).

[1350] Außer in einem ggf. zu veröffentlichenden Prospekt (nach Anh. I Nr. 18.1. Verordnung (EG) Nr. 809/2004) und darüber hinaus nach nationalem Recht: Veil/*Veil* EuKapmR, § 21 Rn 8, 9 und unten 5. Abschnitt.

[1351] Vgl. hierzu https://www.bafin.de/DE/Aufsicht/BoersenMaerkte/Transparenzpflichten/DirectorsDealings/directorsdealings_node.html.

[1352] Übersicht über diese Entscheidungen (nicht in Deutschland) auf https://www.esma.europa.eu/sites/default/files/library/2015/11/2015-224.pdf und bei *Zetzsche* Enzyklopädie Europarecht, Bd. 6 § 7 C Rn 200. Für solch eine Schwellenerhöhung die meisten Stimmen in Deutschland, etwa *Kumpan* AG 2016, 446 (454 f.) (auch genauer für die Bestimmung der Schwelle), dagegen und wohl überhaupt gegen ein Optionsrecht (aus Einheitlichkeitsgründen) *Veil* ZBB 2014, 85 (94).

[1353] Ausführlicher hierzu *Kumpan* AG 2016, 446 (456–458); *Poelzig* NZG 2016, 761 (769–771); *Stüber* DStR 2016, 1221 (1226 f.); *Veil* ZBB 2014, 85 (94–97); *Graßl* DB 2015, 2066 (2070), *Seibt/Wollenschläger* AG 2014, 593 (602); *Krause* CCZ 2014, 248 (257).

[1354] Ebenso *Kumpan* AG 2016, 446 (456); *Poelzig* NZG 2016, 761 (769) (unter Hinweis auf wechselhafte Geschichte seit Skandalen um den Neuen Markt und kurze rechtsvergleichenden Ausblicken); *Stüber* DStR 2016, 1221 (1226); früh *Fleischer* ZIP 2002, 1217 (1228); kritisch *Veil* ZBB 2014, 85 (96).

für die Führungskraft „existentiell" erscheinen (lit. a)) oder in denen die Gefahr einer Nutzung von Insiderinformationen strukturell ausgeräumt erscheint (lit. b)).

539 II. Art. 20 MAR: Sorgfaltspflichten bei (öffentlichen) Anlageempfehlungen und Statistiken

Artikel 20
Anlageempfehlungen und Statistik

(1) Personen, die Anlageempfehlungen oder andere Informationen, durch die eine Anlagestrategie empfohlen oder vorgeschlagen wird, erstellen oder verbreiten, tragen in angemessener Weise dafür Sorge, dass die Informationen objektiv dargestellt und ihre Interessen oder Interessenkonflikte hinsichtlich der Finanzinstrumente, auf die diese Informationen sich beziehen, offengelegt werden.

(2) Öffentliche Stellen, die Statistiken oder Prognosen verbreiten, welche die Finanzmärkte erheblich beeinflussen könnten, haben dies auf objektive und transparente Weise zu tun.

(3) Um eine durchgehende Harmonisierung dieses Artikels sicherzustellen, arbeitet die ESMA Entwürfe technischer Durchführungsstandards aus, um die technischen Modalitäten für die in Absatz 1 genannten Personengruppen, für die objektive Darstellung von Anlageempfehlungen oder anderen Informationen mit Empfehlungen oder Vorschlägen zu Anlagestrategien sowie für die Offenlegung bestimmter Interessen oder Anzeichen für Interessenkonflikte festzulegen.

Die ESMA legt der Kommission bis zum 3. Juli 2015 diese Entwürfe technischer Regulierungsstandards vor.

Der Kommission wird die Befugnis übertragen, die in Unterabsatz 1 genannten technischen Regulierungsstandards nach Artikel 10 bis 14 der Verordnung (EU) Nr. 1095/2010 zu erlassen.

Die in den in Absatz 3 genannten technischen Regulierungsstandards niedergelegten technischen Modalitäten finden keine Anwendung auf Journalisten, die einer gleichwertigen angemessenen Regelung – einschließlich einer gleichwertigen angemessenen Selbstregulierung – in den Mitgliedstaaten unterliegen, sofern mit einer solchen Regelung eine ähnliche Wirkung erzielt wird wie mit den technischen Modalitäten. Die Mitgliedstaaten teilen den Wortlaut dieser gleichwertigen angemessenen Regelung der Kommission mit.

540 **1. Öffentliche Empfehlungen, insbes. Anlagestrategien (Abs. 1).** Art. 20 Abs. 1 MAR **regelt öffentliche Empfehlungen zu Anlagestrategien.** Diese beruhen auf **Analysen.** Diese selbst stellen, soweit sie vollständig aus öffentlich zugänglicher Information entwickelt werden, **keine Insiderinformation** dar (28. Erw.grund) – unverzichtbar, um die entsprechenden Anreize zu dieser für die Kapitalmarktfunktionen zentrale Art der Informationsgenerierung zu erhalten (ebenso schon 31. Erw.grund MAD I, näher bereits oben Rn 344–346). Die darauf aufbauende **Empfehlung** selbst kann zwar **durchaus eine Insiderinformation** darstellen, wenn es um das Faktum geht, dass sie ausgesprochen wird (28 Erw.grund S. 2 und 3, oben Rn 344–346). All dies bildet freilich nicht den Gegenstand der vorliegenden Norm: **Art. 20 Abs. 1 MAR regelt vielmehr die Sorgfaltstandards,** die für die Öffentlichmachung **solcher Empfehlungen** gelten. Er regelt sie freilich nicht im individuellen Kundenverhältnis – das ist die Aufgabe von MiFID II und § 31 WpHG. In Art. 20

Abs. 1 MAR stehen „Anlageempfehlung" und „andere Information, durch die eine Anlagestrategie empfohlen wird" offenbar als gleichwertig nebenander, das Erste als eine besondere – die zentrale – Form des Zweiten. Daher sind die Definitionnormen des Art. 3 Abs. 1 Nr. 34 und 35 MAR als kumulativ heranzuziehen:[1355] Gemeint sind folglich insgesamt die Informationsweitergaben zu einem (oder mehreren) Finanzinstrument(en) oder Emittenten seitens eines „unabhängigen Analysten, einer Wertpapierfirma, eines Kreditinstituts oder einer sonstigen Person, deren Haupttätigkeit in der Erstellung von Anlageempfehlungen" besteht (Nr. 34 lit. i)), also eines **professionellen, auf die Bewertung von Finanzinstrumenten spezialisierten Informationsintermediärs**, und zwar über **„Verbreitungskanäle oder [für] die Öffentlichkeit"** (Nr. 35). Die Anlageempfehlung ist also auf professionelle Qualität und Breitenwirkung zugeschnitten (trotz der Erweiterung in Nr 34 lit. ii) auf jede Person, die „direkt eine bestimmte Anlageentscheidung ... vorschlägt.") – was ihre zentrale Funktionalität in Kapitalmärkten erklärt. Es handelt sich also um die einzige Regel in der MAR, die **nicht primär dem Zweig der Marktintegrität** im Sekundärmarktrecht zuzurechnen ist, sondern dem **Zweig der Publizität** (oben 5. Teil Rn 48 f.).

Den eigentlichen **Gegenstand von Art. 20 Abs. 1 MAR** bilden die **anzulegenden Sorgfaltsstandards**. Angesichts der Zentralität der Funktion, der zu erwartenden Breitenwirkung und Professionalität ist es nicht überraschend, dass sie hoch anzusetzen sind: sicherlich ist umfassende Professionalität zu fordern (Sorgfalt eines Spezialisten auf diesem Feld). Und zudem sind die Funktionalität und Breitenwirkung, namentlich die Auswirkungen zu bedenken.[1356] Daher sind insbesondere auch an die Risikodarstellung ähnliche Anforderungen wie etwa beim Prospekt zu stellen (oben Rn 114–117). Eine zentrale Klarstellung liegt darin, dass neben die Sorgfaltsanforderungen ein unverbrüchliches Gebot der **Aufdeckung aller Interessenskonflikte** tritt – so dass Verhalten, wie es vielfach seitens der „Big Three" Ratingagenturen in der Entstehung der Finanzkrise zu bobachten war, als klarer Verstoß zu bewerten wäre. Interessenkonflikte sind dabei breit zu verstehen, wie auch der Zusatz deutlich macht, dass auch „ihre Interessen" aufzudecken seien – weswegen sicherlich alle Formen von Provisionen und Auftragsverhältnissen aufzudecken sind.[1357] Selbst wenn keine „Interessen oder Interessenkonflikte" vorliegen, gilt **(zusätzlich) ein Standard „objektiver Darstellung"**. Durchführungsrechtssetzung (Art. 20 Abs. 3 MAR) spezifiziert die genannten Standards[1358] (wobei für Journalisten insoweit die nationalen Ethikstan- **541**

[1355] Die Voraussetzungen des Nr 35 („Anlageempfehlungen") müssen in Nr. 34 ebenfalls gegeben sein, weil bei allen genannten Personen nach Nr. 34 die „Erstellung von Anlageempfehlungen" gefordert wird. Da Art. 20 Abs. 1 MAR direkt die „Empfehlung oder [den] Vorschlag einer Anlagestrategie" (Nr. 34) regelt, müssen auch die Voraussetzungen des Nr. 34 gegeben sein. Wie hier (kumulative Anwendung aller Voraussetzungen) *Poelzig* NZG 2016, 761 (771); *Zetzsche* Enzyklopädie Europarecht, Bd. 6, § 7 C Rn 243.

[1356] Zu den Sorgfaltsstandards näher *Kiesewetter/Parmentier* BB 2013, 2371 (2377); *Krause* CCZ 2014, 248 (258); *Poelzig* NZG 2016, 761 (762); krit. bzgl. der Konkretisierung durch technische Durchführungsstandards der ESMA vgl. Veil/Koch WM 2011, 2297 (2304 f.); *Zetzsche/Preiner* Enzyklopädie Europarecht, Bd. 6, § 7 B Rn 191.

[1357] Zum Regime der Interessenkonflikte näher *Krause* CCZ 2014, 248 (258); *Poelzig* NZG 2016, 761 (762).

[1358] Namentlich Delegierte Verordnung (EU) 2016/958 der Kommission vom 9. März 2016 zur Ergänzung der Verordnung (EU) Nr. 596/2014 des Europäischen Parlaments und des Rates im Hinblick auf die technischen Regulierungsstandards für die technischen Modalitäten für die objektive Darstellung von Anlageempfehlungen oder anderen Informationen mit Empfehlungen oder Vorschlägen zu Anlagestrategien sowie für die Offenlegung bestimmter Interessen oder Anzeichen für Interessenkonflikte,

dards gelten (soweit „angemessen und gleichwertig"), vgl. Art. 20 Abs. 3 UAbs. 4 MAR). Freilich regelt Art. 20 Abs. 1 MAR allein den Sorgfaltsmaßstab **nicht die Haftungsgrundlagen**, die sich weiter aus nationalem Recht ergeben (freilich unter Berücksichtigung des EU-rechtlichen Prinzips abschreckender, effizienter und nicht diskriminierender Sanktionierung, näher oben 5. Teil Rn 141–143).[1359]

542 **2. Öffentliche Statistiken und Prognosen (Abs. 2).** Abs. 2 zu den öffentlichen Statistiken und Prognosen hat weitgehend die gleiche Zielrichtung und Struktur wie Abs. 1 (auch im Hinblick auf Durchführungsrechtssetzung und Privilegierung von Journalisten). Öffentliche **Stellen** sind solche **mit Öffentlichkeitswirksamkeit**, nicht notwendig staatlich eingerichtet (wie sich schon am – andernfalls überflüssigen – Privileg für Journalisten zeigt). Statistiken und Prognosen dieser Stellen (mit erheblichem Finanzmarktbeeinflussungspotential) sind „auf objektive und transparente Weise" zu verbreiten. Dieser **(wiederum hohe und professionelle) Sorgfaltsstandard** enthält zwar nicht explizit die Vorgabe zu den Interessenkonflikten – jedoch nur, weil diese hier wenig verbreitet erscheinen –, ist jedoch (ansonsten) vergleichbar dem in Abs. 1 verwandten.

543 III. Art. 21 MAR: Privilegierung von Medien

Artikel 21
Weitergabe oder Verbreitung von Informationen in den Medien

Werden für journalistische Zwecke oder andere Ausdrucksformen in den Medien Informationen offengelegt oder verbreitet oder Empfehlungen gegeben oder verbreitet, sind bei der Beurteilung dieser Offenlegung und Verbreitung von Informationen für den Zweck von Artikel 10, Artikel 12 Absatz 1 Buchstabe c und Artikel 20 die Regeln der Pressefreiheit und der Freiheit der Meinungsäußerung in anderen Medien sowie der journalistischen Berufs- und Standesregeln zu berücksichtigen, es sei denn,

a) **den betreffenden Personen oder mit diesen Personen in enger Beziehung stehenden Personen erwächst unmittelbar oder mittelbar ein Vorteil oder Gewinn aus der Offenlegung oder Verbreitung der betreffenden Information, oder**
b) **die Weitergabe oder Verbreitung erfolgt in der Absicht, den Markt in Bezug auf das Angebot von Finanzinstrumenten, die Nachfrage danach oder ihren Kurs irrezuführen.**

544 Die Norm regelt die Weitergabe von Insiderinformationen und die Frage der Marktmanipulation durch irreführende Information nicht selbständig, sondern **trägt nur ein Wertungselement**, hierzu zugleich jedoch eine strikte Schranke, **für diese – andernorts zu findende – Regelung bei:** Die Pressefreiheit ist zu berücksichtigen – eine erweiterte Freiheit beim journalistischen Informationstransfer rechtfertigend –, umgekehrt erklärt lit. a) die Weitergabe von Insiderinformationen jedenfalls dann für rechtswidrig (starre Schranke), wenn daraus Sondervorteile gezogen werden, und lit. b) die (irreführende) Information dann, wenn die Irreführung der eigentliche Zweck der Handlung (d.h. beabsichtigt) ist. All

ABl.EU 2016 L 160/15. Umgekehrt wurde die Durchführungs-Richtlinie 2003/125/EG zur MAD I durch Art. 37 MAR aufgehoben.

[1359] Zur Haftung nach nationalem Recht vgl. *Herresthal* Die vertraglichen Folgen der Honoraranlageberatung nach dem WpHG, WM 2014, 773 (774 ff.); KölnKomm WpHG/*Möllers* §§ 36c, 36d Rn 57 i.V.m. § 31 Rn 445–451.

dies wurde bei der Regelung selbst berücksichtigt (für die Weitergabe von Insiderinformationen vgl. oben Rn 385; für die Marktmanipulation durch irreführende Information vgl. oben Rn 446 f. und 454–456). Vergleichbares gilt für die journalistische Verwendung von Analyseergebnissen (Art. 20 MAR, dort Rn 540–542).

G. Aufsicht, Delegierte Rechtsakte und Schlussbestimmungen (Art. 22–39 MAR – Überblick)

Kapitel 4 ESMA und zuständige Behörden 545

Artikel 22 Zuständige Behörden

Unbeschadet der Zuständigkeiten der Justizbehörden benennen die Mitgliedstaaten eine einzige Behörde, die für die Zwecke dieser Verordnung zuständig ist. Die Mitgliedstaaten setzen die Kommission, die ESMA und die anderen zuständigen Behörden der anderen Mitgliedstaaten entsprechend in Kenntnis. Die zuständige Behörde gewährleistet die Anwendung der Bestimmungen dieser Verordnung in ihrem Hoheitsgebiet, auf alle in ihrem Hoheitsgebiet ausgeführten Handlungen und auf im Ausland ausgeführte Handlungen in Bezug auf Instrumente, die zum Handel an einem geregelten Markt zugelassen sind, für die eine Zulassung zum Handel auf einem solchen Markt beantragt wurde, die auf einer Versteigerungsplattform versteigert wurden oder die auf einem in ihrem Hoheitsgebiet betriebenen multilateralen oder organisierten Handelssystem gehandelt werden oder für die eine Zulassung zum Handel auf einem multilateralen Handelssystem in ihrem Hoheitsgebiet beantragt wurde.

Artikel 23 Befugnisse der zuständigen Behörden

(1) Die zuständigen Behörde nehmen ihre Aufgaben und Befugnisse wahlweise folgendermaßen wahr:

a) unmittelbar,
b) in Zusammenarbeit mit anderen Behörden oder den Marktteilnehmern,
c) indem sie als verantwortliche Behörde Aufgaben auf andere Behörden oder Marktteilnehmer übertragen,
d) durch Antrag bei den zuständigen Justizbehörden.

(2) Zur Wahrnehmung ihrer Aufgaben gemäß dieser Verordnung müssen die zuständigen Behörden nach nationalem Recht zumindest über die folgenden Aufsichts- und Ermittlungsbefugnisse verfügen:

a) Zugang zu jedweden Unterlagen und Daten in jeder Form zu haben und Kopien von ihnen zu erhalten oder anzufertigen;
b) von jeder Person, auch von solchen, die nacheinander an der Übermittlung von Aufträgen oder an der Ausführung der betreffenden Tätigkeiten beteiligt sind, sowie von deren Auftraggebern Auskünfte zu verlangen oder zu fordern und erforderlichenfalls zum Erhalt von Informationen eine Person vorzuladen und zu befragen;

c) in Bezug auf Warenderivate Informationen in genormten Formaten von Teilnehmern der entsprechenden Spotmärkte anzufordern, Meldungen über Geschäfte zu erhalten und direkt auf die Systeme der Händler zuzugreifen;
d) an anderen Orten als den privaten Wohnräumen natürlicher Personen Prüfungen und Ermittlungen vor Ort durchzuführen;
e) vorbehaltlich des Unterabsatzes 2 die Räumlichkeiten natürlicher und juristischer Personen zu betreten und Dokumente um Daten in jeder Form zu beschlagnahmen, wenn der begründete Verdacht besteht, dass Dokumente oder Daten, die sich auf den Gegenstand der Überprüfung oder Ermittlung beziehen, für den Nachweis von Insidergeschäften oder Marktmanipulation unter Verstoß gegen diese Verordnung relevant sein können;
f) eine Sache zwecks strafrechtlicher Verfolgung weiter zu verweisen;
g) bestehende Aufzeichnungen von Telefongesprächen oder elektronischen Mitteilungen oder Datenverkehrsaufzeichnungen im Besitz von Wertpapierfirmen, Kreditinstituten oder Finanzinstituten anzufordern;
h) bestehende Datenverkehrsaufzeichnungen im Besitz einer Telekommunikationsgesellschaft anzufordern, wenn der begründete Verdacht eines Verstoßes besteht und wenn diese Aufzeichnungen für die Untersuchung eines Verstoßes gegen Artikel 14 Buchstaben a oder b oder Artikel 15 relevant sein können, soweit dies nach nationalem Recht zulässig ist;
i) das Einfrieren oder die Beschlagnahme von Vermögenswerten oder beides zu beantragen;
j) den Handel mit den betreffenden Finanzinstrumenten auszusetzen;
k) die vorübergehende Einstellung von Handlungen zu verlangen, die gemäß der Auffassung der zuständigen Behörde gegen dieser Verordnung verstoßen;
l) ein vorübergehendes Verbot der Ausübung der Berufstätigkeit zu verhängen und
m) alle erforderlichen Maßnahmen zu ergreifen, damit die Öffentlichkeit ordnungsgemäß informiert wird, unter anderem durch die Richtigstellung falscher oder irreführender offengelegter Informationen, einschließlich der Verpflichtung von Emittenten oder anderen Personen, die falsche oder irreführende Informationen verbreitet haben, eine Berichtigung zu veröffentlichen.

Falls gemäß dem nationalen Recht eine vorherige Genehmigung der zuständigen Justizbehörde des betreffenden Mitgliedstaats erforderlich ist, um Räumlichkeiten von den in Unterabsatz 1 Buchstabe e genannten natürlichen oder juristischen Personen zu betreten, wird von der in Unterabsatz 1 Buchstabe e genannten Befugnis erst nach Einholung dieser vorherigen Genehmigung Gebrauch gemacht.

(3) Die Mitgliedstaaten stellen durch geeignete Maßnahmen sicher, dass die zuständigen Behörden alle zur Wahrnehmung ihrer Aufgaben erforderlichen Aufsichts- und Ermittlungsbefugnisse haben.

Diese Verordnung lässt Gesetze sowie Rechts- und Verwaltungsvorschriften, die in Bezug auf Übernahmeangebote, Zusammenschlüsse und andere Transaktionen erlassen werden, die die Eigentumsverhältnisse oder die Kontrolle von Unternehmen betreffen und die durch die von den Mitgliedstaaten gemäß Artikel 4 der Richtlinie 2004/25/EG des Europäischen Parlaments und des Rates benannten Aufsichtsbehörden reguliert werden und zusätzlich zu den Anforderungen dieser Verordnung weitere Anforderungen auferlegen, unberührt.

(4) Wenn eine Person der zuständigen Behörde im Einklang mit dieser Verordnung Informationen meldet, gilt das nicht als Verstoß gegen eine etwaige vertraglich oder durch

Rechts- oder Verwaltungsvorschriften geregelte Einschränkung der Offenlegung von Informationen und hat keine diesbezügliche Haftung der Person, die die Meldung erstattet hat, zur Folge.

Artikel 24
Zusammenarbeit mit der ESMA

(1) Die zuständigen Behörden arbeiten gemäß der Verordnung (EU) Nr. 1095/2010 für die Zwecke dieser Verordnung mit der ESMA zusammen.

(2) Die zuständigen Behörden stellen der ESMA gemäß Artikel 35 der Verordnung (EU) Nr. 1095/2010 unverzüglich alle für die Erfüllung ihrer Aufgaben erforderlichen Informationen zur Verfügung.

(3) Um einheitliche Bedingungen für die Anwendung dieses Artikels sicherzustellen, arbeitet die ESMA Entwürfe technischer Durchführungsstandards zur Festlegung der Verfahren und Formen des Informationsaustauschs gemäß Absatz 2 aus.

Die ESMA legt der Kommission bis zum 3. Juli 2016. diese Entwürfe technischer Durchführungsstandards vor.

Der Kommission wird die Befugnis übertragen, die in Unterabsatz 1 genannten technischen Durchführungsstandards nach Artikel 15 der Verordnung (EU) Nr. 1095/2010 zu erlassen.

Artikel 25
Verpflichtung zur Zusammenarbeit

(1) Die zuständigen Behörden arbeiten in dem für die Zwecke dieser Verordnung erforderlichen Umfang untereinander und mit der ESMA zusammen, sofern nicht eine der in Absatz 2 genannten Ausnahmen anwendbar ist. Die zuständigen Behörden leisten den zuständigen Behörden anderer Mitgliedstaaten und der ESMA Amtshilfe. Insbesondere tauschen sie unverzüglich Informationen aus und kooperieren bei Ermittlungen sowie Überwachungs- und Durchsetzungsmaßnahmen.

Die Pflicht zur Zusammenarbeit und Amtshilfe nach Maßgabe von Unterabsatz 1 gilt auch gegenüber der Kommission im Hinblick auf den Austausch von Informationen über Waren, bei denen es sich um landwirtschaftliche Produkte nach Anhang I AEUV handelt.

Die zuständigen Behörden und die ESMA arbeiten im Einklang mit der Verordnung (EU) Nr. 1095/2010 und insbesondere deren Artikel 35 zusammen.

Haben die Mitgliedstaaten beschlossen, im Einklang mit Artikel 30 Absatz 1 Unterabsatz 2 strafrechtliche Sanktionen für die dort genannten Verstöße gegen die Bestimmungen dieser Verordnung niederzulegen, so sorgen sie dafür, dass angemessene Vorkehrungen bestehen, damit die zuständigen Behörden über die erforderlichen Befugnisse verfügen, um mit den zuständigen Justizbehörden ihres Zuständigkeitsbereichs Kontakt aufnehmen zu können, um bestimmte Informationen in Bezug auf strafrechtliche Ermittlungen oder Verfahren zu erhalten, die aufgrund möglicher Verstöße gegen diese Verordnung eingeleitet wurden, und stellen anderen zuständigen Behörden und der ESMA dasselbe bereit, um ihrer Verpflichtung nachzukommen, für die Zwecke dieser Verordnung miteinander sowie mit der ESMA zu kooperieren.

(2) Eine zuständige Behörde kann es nur unter den folgenden außergewöhnlichen Umständen ablehnen, der Anforderung von Informationen oder der Anfrage in Bezug auf die Zusammenarbeit bei einer Ermittlung zu entsprechen,

a) wenn die Weitergabe der relevanten Informationen die Sicherheit des ersuchten Mitgliedstaats beeinträchtigen könnte, insbesondere die Bekämpfung von Terrorismus und anderen schwerwiegenden Straftaten;
b) wenn ein Stattgeben dazu geeignet wäre, ihre eigene Untersuchung, ihre eigenen Durchsetzungsmaßnahmen oder gegebenenfalls eine strafrechtliche Ermittlung zu beeinträchtigen;
c) wenn aufgrund derselben Tat und gegen dieselben Personen bereits ein Verfahren vor einem Gericht des ersuchten Mitgliedstaats anhängig ist oder
d) wenn gegen diese Personen aufgrund derselben Tat bereits ein rechtskräftiges Urteil in dem ersuchten Mitgliedstaat ergangen ist.

(3) Die zuständigen Behörden und die ESMA arbeiten mit der durch die Verordnung (EG) Nr. 713/2009 des Europäischen Parlaments und des Rates[1360] gegründeten Agentur für die Zusammenarbeit der Energieregulierungsbehörden (ACER) und den nationalen Regulierungsbehörden der Mitgliedstaaten zusammen, damit der Durchsetzung der einschlägigen Vorschriften ein koordiniertes Konzept zugrunde liegt, soweit Geschäfte, Handelsaufträge oder andere Maßnahmen oder Handlungen sich auf ein oder mehrere unter diese Verordnung fallende Finanzinstrumente sowie auf ein oder mehrere unter Artikel 3, 4 und 5 der Verordnung (EU) Nr. 1227/2011 fallende Energiegroßhandelsprodukte beziehen. Die zuständigen Behörden berücksichtigen die Besonderheiten der Begriffsbestimmungen in Artikel 2 der Verordnung (EU) Nr. 1227/2011 und die Bestimmungen der Artikel 3, 4 und 5 der Verordnung (EU) Nr. 1227/2011, wenn sie Artikel 7, 8 und 12 dieser Verordnung auf Finanzinstrumente anwenden, die sich auf Energiegroßhandelsprodukte beziehen.

(4) Die zuständigen Behörden übermitteln auf Ersuchen unverzüglich alle Informationen, die zu dem in Absatz 1 genannten Zweck erforderlich sind.

(5) Ist eine zuständige Behörde überzeugt, dass im Hoheitsgebiet eines anderen Mitgliedstaats gegen diese Verordnung verstoßende Handlungen erfolgen oder erfolgt sind oder dass Finanzinstrumente, die auf einem Handelsplatz in einem anderen Mitgliedstaat gehandelt werden, von derartigen Handlungen betroffen sind, so teilt sie dies der zuständigen Behörde des anderen Mitgliedstaats und der ESMA bzw. im Falle von Energiegroßhandelsprodukten der ACER so konkret wie möglich mit. Die zuständigen Behörden der verschiedenen beteiligten Mitgliedstaaten hören einander und die ESMA bzw. im Falle von Energiegroßhandelsprodukten die ACER in Bezug auf angemessene zu treffende Maßnahmen an und unterrichten einander über wesentliche zwischenzeitlich eingetretene Entwicklungen. Sie koordinieren ihre Maßnahmen, um etwaige Doppelarbeit und Überschneidungen bei der Anwendung von verwaltungsrechtlichen Sanktionen und anderen verwaltungsrechtlichen Maßnahmen auf grenzüberschreitende Fälle gemäß Artikel 30 und 31 zu vermeiden und leisten einander bei der Durchsetzung ihrer Entscheidungen Amtshilfe.

(6) Die zuständige Behörde eines Mitgliedstaats kann im Hinblick auf Prüfungen oder Ermittlungen vor Ort die Amtshilfe der zuständigen Behörde eines anderen Mitgliedstaats beantragen.

[1360] Verordnung (EG) Nr. 713/2009 des Europäischen Parlaments und des Rates vom 13. Juli 2009 zur Gründung einer Agentur für die Zusammenarbeit der Energieregulierungsbehörden (ABl. L 211 vom 14.8.2009, S. 1).

Eine beantragende zuständige Behörde kann die ESMA von jedem Antrag nach Unterabsatz 1 in Kenntnis setzen. Im Falle grenzüberschreitender Ermittlungen oder Überprüfungen koordiniert die ESMA auf Ersuchen einer der zuständigen Behörden die Ermittlung oder Überprüfung.

Erhält eine zuständige Behörde einen Antrag einer zuständigen Behörde eines anderen Mitgliedstaats auf Durchführung von Überprüfungen vor Ort oder Ermittlungen, hat sie folgende Möglichkeiten:
a) Sie führt die Überprüfung oder Ermittlung vor Ort selbst durch;
b) sie gestattet der antragstellenden zuständigen Behörde, sich an der Überprüfung oder Ermittlung vor Ort zu beteiligen;
c) sie gestattet der antragstellenden zuständigen Behörde, die Überprüfung oder Ermittlung vor Ort selbst durchzuführen;
d) sie beauftragt Rechnungsprüfer oder Sachverständige mit der Durchführung der Überprüfung oder Ermittlung vor Ort;
e) sie teilt sich bestimmte mit der Wahrnehmung der Aufsichtstätigkeiten zusammenhängende Aufgaben mit den anderen zuständigen Behörden.

Die zuständigen Behörden können auch mit den zuständigen Behörden anderer Mitgliedstaaten bei der Einziehung von finanziellen Sanktionen zusammenarbeiten.

(7) Unbeschadet des Artikels 258 AEUV kann eine zuständige Behörde, deren Informations- oder Amtshilfeersuchen gemäß Absatz 1, 3, 4 und 5 nicht innerhalb einer angemessenen Frist Folge geleistet wird oder deren Informations- oder Amtshilfeersuchen abgelehnt wurde, die ESMA mit dieser Ablehnung oder Nichtfolgeleistung innerhalb einer angemessenen Frist befassen.

In diesen Fällen kann die ESMA – unbeschadet der Möglichkeit ihres Tätigwerdens gemäß Artikel 17 der Verordnung (EU) Nr. 1095/2010 – gemäß Artikel 19 der Verordnung (EU) Nr. 1095/2010 tätig werden.

(8) Die zuständigen Behörden arbeiten bei dem begründeten Verdacht, dass Handlungen, die unter Verstoß gegen diese Verordnung Insidergeschäfte, unrechtmäßige Offenlegung von Informationen oder Marktmanipulation darstellen, erfolgen oder erfolgt sind, mit den für die entsprechenden Spotmärkte jeweils zuständigen Regulierungsbehörden ihres Landes und von Drittstaaten zusammen und tauschen Informationen mit diesen aus. Diese Zusammenarbeit muss einen konsolidierten Überblick über die Finanz- und Spotmärkte sowie die Aufdeckung marktübergreifenden und grenzüberschreitenden Marktmissbrauchs und die Verhängung entsprechender Sanktionen gewährleisten.

In Bezug auf Emissionszertifikate sind die Zusammenarbeit und der Informationsaustausch gemäß Unterabsatz 1 auch mit folgenden Stellen zu gewährleisten:
a) der Auktionsaufsicht in Bezug auf Versteigerungen von Treibhausgasemissionszertifikaten und anderen darauf beruhenden Auktionsobjekten gemäß der Verordnung (EU) Nr. 1031/2010 und
b) zuständigen Behörden, Registerführern, einschließlich des Zentralverwalters, und anderen mit der Überwachung der Einhaltung gemäß der Richtlinie 2003/87/EG beauftragten öffentlichen Stellen.

Die ESMA unterstützt und koordiniert die Zusammenarbeit und den Informationsaustausch zwischen den zuständigen Behörden und den zuständigen Behörden und Regulierungsbehörden in anderen Mitgliedstaaten und Drittländern. Die zuständigen Behörden treffen nach Möglichkeit gemäß Artikel 26 Kooperationsvereinbarungen mit den für die betreffenden Spotmärkte zuständigen Regulierungsbehörden von Drittländern.

(9) Um einheitliche Bedingungen für die Anwendung dieses Artikels sicherzustellen, arbeitet die ESMA Entwürfe technischer Durchführungsstandards zur Festlegung der Verfahren und Formen des Informationsaustauschs und der Amtshilfe gemäß diesem Artikel aus.

Die ESMA legt der Kommission bis zum 3. Juli 2016 diese Entwürfe technischer Durchführungsstandards vor.

Der Kommission wird die Befugnis übertragen, die in Unterabsatz 1 genannten technischen Durchführungsstandards nach Artikel 15 der Verordnung (EU) Nr. 1095/2010 zu erlassen.

Artikel 26
Zusammenarbeit mit Drittstaaten

(1) Die zuständigen Behörden der Mitgliedstaaten treffen erforderlichenfalls mit den Aufsichtsbehörden von Drittstaaten Kooperationsvereinbarungen über den Informationsaustausch mit Aufsichtsbehörden in Drittländern und die Durchsetzung von Verpflichtungen, die sich aus dieser Verordnung in Drittstaaten ergeben. Diese Kooperationsvereinbarungen stellen zumindest einen wirksamen Informationsaustausch sicher, der den zuständigen Behörden die Wahrnehmung ihrer Aufgaben im Rahmen dieser Verordnung ermöglicht.

Schlägt eine zuständige Behörde den Abschluss einer derartigen Vereinbarung vor, setzt sie die ESMA und die anderen zuständigen Behörden in Kenntnis.

(2) Die ESMA unterstützt und koordiniert nach Möglichkeit die Ausarbeitung von Kooperationsvereinbarungen zwischen den zuständigen Behörden und den jeweils zuständigen Aufsichtsbehörden von Drittstaaten.

Um einheitliche Bedingungen für die Anwendung dieses Artikels sicherzustellen, arbeitet die ESMA Entwürfe technischer Regulierungsstandards mit einem Muster für Kooperationsvereinbarungen aus, das die zuständigen Behörden der Mitgliedstaaten nach Möglichkeit verwenden.

Die ESMA legt der Kommission bis zum 3. Juli 2015. diese Entwürfe technischer Regulierungsstandards vor.

Der Kommission wird die Befugnis übertragen, die in Unterabsatz 2 genannten technischen Regulierungsstandards nach Artikel 10 bis 14 der Verordnung (EU) Nr. 1095/2010 zu erlassen.

Die ESMA erleichtert und koordiniert nach Möglichkeit auch den Informationsaustausch zwischen den zuständigen Behörden bei Informationen von Aufsichtsbehörden aus Drittländern, die für das Ergreifen von Maßnahmen nach Artikel 30 und 31 von Belang sein können.

(3) Die zuständigen Behörden treffen Kooperationsvereinbarungen über den Informationsaustausch mit den Aufsichtsbehörden von Drittländern nur, wenn die Garantien zum Schutz des Berufsgeheimnisses in Bezug auf die offengelegten Informationen jenen nach Artikel 27 mindestens gleichwertig sind. Ein derartiger Informationsaustausch muss der Wahrnehmung der Aufgaben dieser zuständigen Behörden dienen.

Artikel 27
Berufsgeheimnis

(1) Vertrauliche Informationen, die gemäß dieser Verordnung empfangen, ausgetauscht oder übermittelt werden, unterliegen den Vorschriften der Absätze 2 und 3 zum Berufsgeheimnis.

(2) Alle im Rahmen dieser Verordnung zwischen zuständigen Behörden ausgetauschten Informationen, die Geschäfts- oder Betriebsbedingungen und andere wirtschaftliche oder persönliche Angelegenheiten betreffen, gelten als vertraulich und unterliegen den Anforderungen des Berufsgeheimnisses, es sein denn, ihre Weitergabe wird von den zuständigen Behörden zum Zeitpunkt der Übermittlung für zulässig erklärt oder ist für Gerichtsverfahren erforderlich.

(3) Alle Personen, die eine Tätigkeit bei der zuständigen Behörde oder bei einer Behörde oder einem Marktteilnehmer, an die bzw. den die zuständige Behörde ihre Befugnisse delegiert hat, ausüben oder ausgeübt haben, einschließlich der unter Anweisung der zuständigen Behörde tätigen Prüfer und Sachverständigen, sind zur Wahrung des Berufsgeheimnisses verpflichtet. Die unter das Berufsgeheimnis fallenden Informationen dürfen keiner anderen Person oder Behörde bekannt gegeben werden, es sei denn, dies geschieht aufgrund einer Rechtsvorschrift der Union oder eines Mitgliedstaats.

Artikel 28
Datenschutz

In Bezug auf die Verarbeitung personenbezogener Daten im Rahmen dieser Verordnung führen die zuständigen Behörden ihre Aufgaben im Sinne dieser Verordnung im Einklang mit den nationalen Rechts- und Verwaltungsvorschriften zur Umsetzung der Richtlinie 95/46/EG aus. In Bezug auf die Verarbeitung personenbezogener Daten durch die ESMA im Rahmen dieser Verordnung beachtet die ESMA die Bestimmungen der Verordnung (EG) Nr. 45/2001.

Personenbezogene Daten werden nicht länger als fünf Jahre gespeichert.

Artikel 29
Übermittlung personenbezogener Daten in Drittstaaten

(1) Die zuständige Behörde eines Mitgliedstaats darf personenbezogene Daten nur im Einzelfall in Drittstaaten übermitteln, wobei die Anforderungen der Richtlinie 95/46/EG erfüllt sein müssen. Die zuständige Behörde muss sicherstellen, dass die Übermittlung für die Zwecke dieser Verordnung erforderlich ist und der Drittstaat die Daten nicht in einen weiteren Drittstaat übermittelt, außer wenn dies ausdrücklich schriftlich genehmigt wurde und die von der zuständigen Behörde des Mitgliedstaats festgelegten Bedingungen erfüllt sind.

(2) Die zuständige Behörde eines Mitgliedstaats legt die von einer zuständigen Aufsichtsbehörde eines anderen Mitgliedstaats übermittelten personenbezogenen Daten nur dann einer zuständigen Behörde eines Drittstaats offen, wenn sie die ausdrückliche Zustimmung der zuständigen Behörde erhalten hat, von der die Daten stammen, und die Da-

ten gegebenenfalls nur zu den Zwecken offengelegt werden, für die die zuständige Behörde ihre Zustimmung erteilt hat.

(3) Sieht eine Kooperationsvereinbarung den Austausch personenbezogener Daten vor, so sind die nationalen Rechts- und Verwaltungsvorschriften zur Umsetzung der Richtlinie 95/46/EG einzuhalten.

Kapitel 5
Verwaltungsrechtliche Maßnahmen und Sanktionen

Artikel 30
Verwaltungsrechtliche Sanktionen und andere verwaltungsrechtliche Maßnahmen

(1) Unbeschadet strafrechtlicher Sanktionen und unbeschadet der Aufsichtsbefugnisse der zuständigen Behörden nach Artikel 23 übertragen die Mitgliedstaaten im Einklang mit nationalem Recht den zuständigen Behörden die Befugnis, angemessene verwaltungsrechtliche Sanktionen und andere verwaltungsrechtliche Maßnahmen in Bezug auf mindestens die folgenden Verstöße zu ergreifen:

a) Verstöße gegen Artikel 14 und 15, Artikel 16 Absätze 1 und 2, Artikel 17 Absätze 1, 2, 4, 5 und 8, Artikel 18 Absätze 1 bis 6, Artikel 19 Absätze 1, 2, 3, 5, 6, 7 und 11 und Artikel 20 Absatz 1 und

b) Verweigerung der Zusammenarbeit mit einer Ermittlung oder einer Prüfung oder einer in Artikel 23 Absatz 2 genannten Anfrage.

Die Mitgliedstaaten können beschließen, keine Regelungen für die in Unterabsatz 1 genannten verwaltungsrechtlichen Sanktionen festzulegen, sofern die in Unterabsatz 1 Buchstaben a oder b genannten Verstöße bis zum 3. Juli 2016. gemäß dem nationalen Recht bereits strafrechtlichen Sanktionen unterliegen. Beschließen sie dies, so melden die Mitgliedstaaten der Kommission und der ESMA die entsprechenden Bestimmungen ihres Strafrechts in ihren Einzelheiten.

Die Mitgliedstaaten unterrichten die Kommission und die ESMA detailliert über die in den Unterabsätzen 1 und 2 genannten Vorschriften bis zum 3. Juli 2016. Sie melden der Kommission und der ESMA unverzüglich spätere Änderungen dieser Vorschriften.

(2) Die Mitgliedstaaten stellen sicher, dass die zuständigen Behörden im Einklang mit dem nationalen Recht über die Befugnis verfügen, im Falle von Verstößen gemäß Absatz 1 Unterabsatz 1 Buchstabe a mindestens die folgenden verwaltungsrechtliche Sanktionen zu verhängen und die folgenden verwaltungsrechtlichen Maßnahmen zu ergreifen:

a) eine Anordnung, wonach die für den Verstoß verantwortliche Person die Verhaltensweise einzustellen und von einer Wiederholung abzusehen hat;

b) den Einzug der infolge des Verstoßes erzielten Gewinne oder der vermiedenen Verluste, sofern diese sich beziffern lassen;

c) eine öffentliche Warnung betreffend die für den Verstoß verantwortliche Person und die Art des Verstoßes;

d) den Entzug oder die Aussetzung der Zulassung einer Wertpapierfirma;

e) ein vorübergehendes Verbot für Personen, die in einer Wertpapierfirma Führungsaufgaben wahrnehmen, oder für jedwede andere für den Verstoß verantwortliche natürliche Person, in Wertpapierfirmen Führungsaufgaben wahrzunehmen;

f) bei wiederholten Verstößen gegen Artikel 14 oder 15 ein dauerhaftes Verbot für Personen, die in einer Wertpapierfirma Führungsaufgaben wahrnehmen, oder eine andere verantwortliche natürliche Person, in Wertpapierfirmen Führungsaufgaben wahrzunehmen;
g) ein vorübergehendes Verbot für Personen, die in einer Wertpapierfirma Führungsaufgaben wahrnehmen, oder eine andere verantwortliche natürliche Person, Eigengeschäfte zu tätigen;
h) maximale verwaltungsrechtliche finanzielle Sanktionen, die mindestens bis zur dreifachen Höhe der durch die Verstöße erzielten Gewinne oder vermiedenen Verluste gehen können, sofern diese sich beziffern lassen;
i) im Falle einer natürlichen Person maximale verwaltungsrechtliche finanzielle Sanktionen von mindestens
   i) bei Verstößen gegen Artikel 14 und 15 5 000 000 EUR bzw. in den Mitgliedstaaten, deren Währung nicht der Euro nicht ist, Sanktionen in entsprechender Höhe in der Landeswährung am 2. Juli 2014;
   ii) bei Verstößen gegen Artikel 16 und 17 1 000 000 EUR bzw. in den Mitgliedstaaten, deren Währung nicht der Euro ist, Sanktionen in entsprechender Höhe in der Landeswährung am 2. Juli 2014 und
   iii) bei Verstößen gegen Artikel 18, 19 und 20 500 000 EUR bzw. in den Mitgliedstaaten, deren Währung nicht der Euro ist, Sanktionen in entsprechender Höhe in der Landeswährung am 2. Juli 2014 und
j) im Falle einer juristischen Person maximale verwaltungsrechtliche finanzielle Sanktionen von mindestens
   i) bei Verstößen gegen Artikel 14 und 1 515 000 000 EUR oder 15 % des jährlichen Gesamtumsatzes der juristischen Person entsprechend dem letzten verfügbaren durch das Leitungsorgan genehmigten Abschluss bzw. in den Mitgliedstaaten, deren Währung nicht der Euro ist, in entsprechender Höhe in der Landeswährung am 2. Juli 2014;
   ii) bei Verstößen gegen die Artikel 16 und 17 2 500 000 EUR oder 2 % des jährlichen Gesamtumsatzes des Unternehmens entsprechend dem letzten verfügbaren durch das Leitungsorgan genehmigten Abschluss bzw. in den Mitgliedstaaten, deren Währung nicht der Euro ist, in entsprechender Höhe in der Landeswährung am 2. Juli 2014 und
   iii) bei Verstößen gegen Artikel 18, 19 und 20 1 000 000 EUR bzw. in den Mitgliedstaaten, deren Währung nicht der Euro ist, in entsprechender Höhe in der Landeswährung am 2. Juli 2014.

Verweise auf die zuständige Behörde in diesem Absatz lassen die Befugnis der zuständigen Behörde, ihre Aufgaben gemäß Artikel 23 Absatz 1 wahrzunehmen, unberührt.

Falls es sich bei der juristischen Person um eine Muttergesellschaft oder eine Tochtergesellschaft handelt, die einen konsolidierten Abschluss gemäß der Richtlinie 2013/34/EU des Europäischen Parlaments und des Rates[1361] aufzustellen hat, bezeichnet „jährlicher Gesamtumsatz" für die Zwecke des Unterabsatz 1 Buchstabe j Ziffern i und ii den jährli-

[1361] Richtlinie 2013/34/EU des Europäischen Parlaments und des Rates vom 26. Juni 2013 über den Jahresabschluss, den konsolidierten Abschluss und damit verbundene Berichte von Unternehmen bestimmter Rechtsformen und zur Änderung der Richtlinie 2006/43/EG des Europäischen Parlaments und des Rates und zur Aufhebung der Richtlinien 78/660/EWG und 83/349/EWG des Rates (ABl. L 182 vom 29.6.2013, S. 19).

chen Gesamtumsatz oder die entsprechende Einkunftsart gemäß den einschlägigen Rechnungslegungsrichtlinien – Richtlinie 86/635/EWG des Rates[1362] in Bezug auf Banken, Richtlinie 91/674/EWG des Rates[1363] in Bezug auf Versicherungsunternehmen –, der bzw. die im letzten verfügbaren durch das Leitungsorgan genehmigten konsolidierten Abschluss der Muttergesellschaft an der Spitze ausgewiesen ist.

(3) Die Mitgliedstaaten können den zuständigen Behörden neben den in Absatz 2 aufgeführten Befugnissen weitere Befugnisse übertragen und höhere Sanktionen als die in jenem Absatz genannten verhängen.

Artikel 31
Wahrnehmung der Aufsichtsbefugnisse und Verhängung von Sanktionen

(1) Die Mitgliedstaaten stellen sicher, dass die zuständigen Behörden bei der Bestimmung der Art und der Höhe der verwaltungsrechtlichen Sanktionen alle relevanten Umstände berücksichtigen, darunter gegebenenfalls

a) die Schwere und Dauer des Verstoßes;
b) der Grad an Verantwortung der für den Verstoß verantwortlichen Person;
c) die Finanzkraft der für den Verstoß verantwortlichen Person, wie sie sich zum Beispiel aus dem Gesamtumsatz einer juristischen Person oder den Jahreseinkünften einer natürlichen Person ablesen lässt;
d) die Höhe der von der für den Verstoß verantwortlichen Person erzielten Gewinne oder vermiedenen Verluste, sofern diese sich beziffern lassen;
e) das Ausmaß der Zusammenarbeit der für den Verstoß verantwortlichen Person mit der zuständigen Behörde, unbeschadet des Erfordernisses, die erzielten Gewinne oder vermiedenen Verluste dieser Person einzuziehen;
f) frühere Verstöße der für den Verstoß verantwortlichen Person und
g) die Maßnahmen, die von der für den Verstoß verantwortlichen Person ergriffen wurden, um zu verhindern, dass sich der Verstoß wiederholt.

(2) Bei der Ausübung ihrer Befugnisse zur Verhängung von verwaltungsrechtlichen Sanktionen oder anderen verwaltungsrechtlichen Maßnahmen nach Artikel 30 arbeiten die zuständigen Behörden eng zusammen, um sicherzustellen, dass die Ausführung ihrer Aufsichts- und Ermittlungsbefugnisse sowie die verwaltungsrechtlichen Sanktionen, die sie verhängen und die anderen verwaltungsrechtlichen Maßnahmen, die sie treffen, wirksam und angemessen im Rahmen dieser Verordnung sind. Sie koordinieren ihre Maßnahmen im Einklang mit Artikel 25, um etwaige Doppelarbeit und Überschneidungen bei der Ausübung ihrer Aufsichts- und Ermittlungsbefugnissen sowie bei der Verhängung von verwaltungsrechtlichen Sanktionen auf grenzüberschreitende Fälle zu vermeiden.

[1362] Richtlinie 86/635/EWG des Rates vom 8. Dezember 1986 über den Jahresabschluss und den konsolidierten Abschluss von Banken und anderen Finanzinstituten (ABl. L 372 vom 31.12.1986, S. 1).

[1363] Richtlinie 91/674/EWG des Rates vom 19. Dezember 1991 über den Jahresabschluss und den konsolidierten Abschluss von Versicherungsunternehmen (ABl. L 374 vom 31.12.1991, S. 7).

Artikel 32
Meldung von Verstößen

(1) Die Mitgliedstaaten sorgen dafür, dass die zuständigen Behörden wirksame Mechanismen schaffen, um die Meldung tatsächlicher oder möglicher Verstöße gegen diese Verordnung zu ermöglichen.

(2) Die in Absatz 1 genannten Mechanismen umfassen mindestens Folgendes:

a) spezielle Verfahren für die Entgegennahme der Meldungen über Verstöße und deren Nachverfolgung, einschließlich der Einrichtung sicherer Kommunikationskanäle für derartige Meldungen;
b) einen angemessenen Schutz von Personen, die im Rahmen ihrer Erwerbstätigkeit auf der Grundlage eines Arbeitsvertrags beschäftigt sind, die Verstöße melden oder denen Verstöße zur Last gelegt werden, vor Vergeltungsmaßnahmen, Diskriminierung oder anderen Arten ungerechter Behandlung und
c) den Schutz personenbezogener Daten sowohl der Person, die den Verstoß meldet, als auch der natürlichen Person, die den Verstoß mutmaßlich begangen hat, einschließlich Schutz in Bezug auf die Wahrung der Vertraulichkeit ihrer Identität während aller Phasen des Verfahrens, und zwar unbeschadet der Tatsache, ob die Offenlegung von Informationen nach dem nationalen Recht im Rahmen der Ermittlungen oder des darauf folgenden Gerichtsverfahrens erforderlich sind.

(3) Die Mitgliedstaaten verpflichten Arbeitgeber, die in Bereichen tätig sind, die durch Finanzdienstleistungsregulierung geregelt werden, angemessene interne Verfahren einzurichten, über die ihre Mitarbeiter Verstöße gegen diese Verordnung melden können.

(4) Im Einklang mit nationalem Recht können die Mitgliedstaaten finanzielle Anreize für Personen, die relevante Informationen über mögliche Verstöße gegen diese Verordnung bereitstellen, unter der Voraussetzung gewähren, dass diese Personen nicht bereits zuvor anderen gesetzlichen oder vertraglichen Verpflichtungen zur Meldung solcher Informationen unterliegen, sowie unter der Voraussetzung, dass die Informationen neu sind und dass sie zur Verhängung einer verwaltungsrechtlichen oder einer strafrechtlichen Sanktion oder einer anderen verwaltungsrechtlichen Maßnahme für einen Verstoß gegen diese Verordnung führen.

(5) Die Kommission erlässt Durchführungsrechtsakte zur Festlegung der in Absatz 1 genannten Verfahren, einschließlich zur Meldung und Nachverfolgung von Meldungen und der Maßnahmen zum Schutz von Personen, die auf der Grundlage eines Arbeitsvertrags tätig sind, sowie Maßnahmen zum Schutz personenbezogener Daten. Diese Durchführungsrechtsakte werden gemäß dem in Artikel 36 Absatz 2 genannten Prüfverfahren erlassen.

Artikel 33
Informationsaustausch mit der ESMA

(1) Die zuständigen Behörden stellen der ESMA jährlich aggregierte Informationen zu allen gemäß den Artikeln 30, 31 und 32 von den zuständigen Behörden verhängten verwaltungsrechtlichen Sanktionen, und anderen verwaltungsrechtlichen Maßnahmen bereit. Die ESMA veröffentlicht diese Informationen in einem Jahresbericht. Die zuständigen Behörden stellen der ESMA jährlich darüber hinaus anonymisierte, aggregierte Daten über alle Verwaltungsermittlungen, die im Rahmen jener Artikel erfolgen, bereit.

(2) Haben die Mitgliedstaaten beschlossen, im Einklang mit Artikel 30 Absatz 1 Unterabsatz 2 strafrechtliche Sanktionen für die dort genannten Verstöße festzulegen, so stellen ihre zuständigen Behörden jährlich der ESMA anonymisierte, aggregierte Daten zu allen von den Justizbehörden geführten strafrechtlichen Ermittlungen und gemäß den Artikeln 30, 31 und 32 verhängten strafrechtlichen Sanktionen bereit. Die ESMA veröffentlicht die Daten zu den verhängten strafrechtlichen Sanktionen in einem Jahresbericht.

(3) Hat die zuständige Behörde verwaltungsrechtliche Sanktionen, strafrechtliche Sanktionen oder andere verwaltungsrechtliche Maßnahmen öffentlich bekanntgegeben, meldet sie diese zugleich der ESMA.

(4) Wenn eine veröffentlichte verwaltungsrechtliche Sanktion, strafrechtliche Sanktion oder andere verwaltungsrechtliche Maßnahme eine Wertpapierfirma betrifft, die gemäß der Richtlinie 2014/65/EU zugelassen ist, vermerkt die ESMA die veröffentlichte Sanktion oder Maßnahme im Register der Wertpapierfirmen, das gemäß Artikel 5 Absatz 3 der genannten Richtlinie erstellt worden ist.

(5) Um einheitliche Bedingungen für die Anwendung dieses Artikels sicherzustellen, arbeitet die ESMA Entwürfe technischer Durchführungsstandards zur Festlegung der Verfahren und Formen des Informationsaustauschs gemäß diesem Artikel aus

Die ESMA legt diese Entwürfe technischer Durchführungsstandards der Kommission bis zum 3. Juli 2016 vor.

Der Kommission wird die Befugnis übertragen, die in Unterabsatz 1 genannten technischen Durchführungsstandards nach Artikel 15 der Verordnung (EU) Nr. 1095/2010 zu erlassen.

Artikel 34
Veröffentlichung von Entscheidungen

(1) Vorbehaltlich des Unterabsatzes 3 veröffentlichen die zuständigen Behörden jede Entscheidung über die Verhängung einer verwaltungsrechtlichen Sanktion oder verwaltungsrechtlichen Maßnahme in Bezug auf einen Verstoß gegen diese Verordnung auf ihrer offiziellen Website unverzüglich nachdem die von der Entscheidung betroffene Person darüber informiert wurde. Dabei werden mindestens Art und Charakter des Verstoßes und die Identität der verantwortlichen Personen bekanntgemacht.

Unterabsatz 1 gilt nicht für Entscheidungen, mit denen Maßnahmen mit Ermittlungscharakter verhängt werden.

Ist jedoch eine zuständige Behörde der Ansicht, dass die Bekanntmachung der Identität einer von der Entscheidung betroffenen juristischen Personen oder der personenbezogenen Daten einer natürlichen Personen einer einzelfallbezogenen Bewertung der Verhältnismäßigkeit dieser Daten zufolge unverhältnismäßig wäre, oder würde die Bekanntmachung laufende Ermittlungen oder die Stabilität der Finanzmärkte gefährden, so handeln die zuständigen Behörden wie folgt:

a) Sie schieben die Veröffentlichung der Entscheidung auf, bis die Gründe für das Aufschieben weggefallen sind;
b) sie veröffentlichen die Entscheidung im Einklang mit dem nationalen Recht in anonymer Fassung, wenn diese anonyme Fassung einen wirksamen Schutz der betreffenden personenbezogenen Daten gewährleistet;

c) sie machen die Entscheidung nicht bekannt, wenn die zuständige Behörde der Auffassung ist, dass eine Veröffentlichung gemäß den Buchstaben a und b nicht ausreichend ist, um sicherzustellen, dass
   i) die Stabilität der Finanzmärkte nicht gefährdet würde, oder
   ii) die Verhältnismäßigkeit der Bekanntmachung derartiger Entscheidungen in Bezug auf unerhebliche Maßnahmen gewahrt bliebe.

Trifft eine zuständige Behörde die Entscheidung, die Entscheidung in anonymer Fassung gemäß Unterabsatz 3 Buchstabe b zu veröffentlichen, so kann sie die Veröffentlichung der einschlägigen Daten um einen angemessenen Zeitraum aufschieben, wenn vorhersehbar ist, dass die Gründe für die anonyme Veröffentlichung innerhalb dieses Zeitraums entfallen werden.

(2) Werden gegen die Entscheidung bei den nationalen Justiz-, Verwaltungs- oder sonstigen Behörden Rechtsbehelfe eingelegt, so machen die zuständigen Behörden auch diesen Sachverhalt und alle weiteren Informationen über das Ergebnis des Rechtsbehelfsverfahrens unverzüglich auf ihrer Website bekannt. Ferner wird jede Entscheidung, mit der eine mit Rechtsbehelfen angegriffene Entscheidung aufgehoben wird, ebenfalls bekanntgemacht.

(3) Die zuständigen Behörden stellen sicher, dass jede veröffentlichte Entscheidung im Einklang mit diesem Artikel vom Zeitpunkt ihrer Veröffentlichung an während eines Zeitraums von mindestens fünf Jahren auf ihrer Website zugänglich bleibt. Enthält die Bekanntmachung personenbezogene Daten, so bleiben diese so lange auf der Website der zuständigen Behörde einsehbar, wie dies nach den geltenden Datenschutzbestimmungen erforderlich ist.

Kapitel 6
Delegierte Rechtsakte und Durchführungsakte

Artikel 35
Ausübung der Befugnisübertragung

(1) Die Befugnis zum Erlass delegierter Rechtsakte wird der Kommission unter den Bedingungen dieses Artikels übertragen.

(2) Die Befugnis zum Erlass delegierter Rechtsakte gemäß Artikel 6 Absätze 5 und 6, Artikel 12 Absatz 5, Artikel 17 Absatz 2 Unterabsatz 3, Artikel 17 Absatz 3 und Artikel 19 Absätze 13 und 14 wird der Kommission auf unbestimmte Zeit ab dem 2. Juli 2014 übertragen.

(3) Die Befugnisübertragung gemäß Artikel 6 Absätze 5 und 6, Artikel 12 Absatz 5, Artikel 17 Absatz 2 Unterabsatz 3, Artikel 17 Absatz 3 und Artikel 19 Absätze 13 und 14 kann vom Europäischen Parlament oder vom Rat jederzeit widerrufen werden. Der Beschluss über den Widerruf beendet die Übertragung der darin genannten Befugnisse. Er wird am Tag nach seiner Veröffentlichung im Amtsblatt der Europäischen Union oder zu einem in dem Beschluss angegebenen späteren Zeitpunkt wirksam. Die Gültigkeit von delegierten Rechtsakten, die bereits in Kraft sind, wird davon nicht berührt.

(4) Sobald die Kommission einen delegierten Rechtsakt erlässt, übermittelt sie diesen gleichzeitig dem Europäischen Parlament und dem Rat.

(5) Ein delegierter Rechtsakt, der gemäß Artikel 6 Absätze 5 und 6, Artikel 12 Absatz 5, Artikel 17 Absatz 2 Unterabsatz 3, Artikel 17 Absatz 3 oder Artikel 19 Absätze 13

oder 14 erlassen wurde, tritt nur in Kraft, wenn das Europäische Parlament und der Rat binnen drei Monaten nach seiner Übermittlung keine Einwände gegen ihn erheben oder wenn sowohl das Europäische Parlament als auch der Rat der Kommission vor Ablauf dieser Frist mitgeteilt haben, dass sie keine Einwände erheben werden. Dieser Zeitraum wird auf Initiative des Europäischen Parlaments oder des Rates um drei Monate verlängert.

Artikel 36
Ausschussverfahren

(1) Die Kommission wird von dem gemäß dem Beschluss 2001/528/EG der Kommission[1364] eingesetzten Europäischen Wertpapierausschuss unterstützt. Dieser Ausschuss ist ein Ausschuss im Sinne der Verordnung (EU) Nr. 182/2011.

(2) Wird auf diesen Absatz Bezug genommen, so gilt Artikel 5 der Verordnung (EU) Nr. 182/2011.

Kapitel 7
Schlussbestimmungen

Artikel 37
Aufhebung der Richtlinie 2003/6/EG und ihrer Durchführungsmaßnahmen

Die Richtlinie 2003/6/EG und die Richtlinien 2004/72/EG[1365], 2003/125/EG[1366] und 2003/124/EG[1367] der Kommission sowie die Verordnung (EG) Nr. 2273/2003[1368] der Kommission werden mit Wirkung vom 3. Juli 2016 aufgehoben. Bezugnahmen auf die Richtlinie 2003/6/EG gelten als Bezugnahmen auf diese Verordnung und sind nach Maßgabe der Entsprechungstabelle in Anhang II dieser Verordnung zu lesen.

1364 Beschluss 2001/528/EG der Kommission vom 6. Juni 2001 zur Einsetzung des Europäischen Wertpapierausschusses (ABl. L 191 vom 13.7.2001, S. 45).

1365 Richtlinie 2004/72/EG der Kommission vom 29. April 2004 zur Durchführung der Richtlinie 2003/6/EG des Europäischen Parlaments und des Rates – Zulässige Marktpraktiken, Definition von Insider-Informationen in Bezug auf Warenderivate, Erstellung von Insider-Verzeichnissen, Meldung von Eigengeschäften und Meldung verdächtiger Transaktionen (ABl. L 162 vom 30.4.2004, S. 70).

1366 Richtlinie 2003/125/EG der Kommission vom 22. Dezember 2003 zur Durchführung der Richtlinie 2003/6/EG des Europäischen Parlaments und des Rates in Bezug auf die sachgerechte Darbietung von Anlageempfehlungen und die Offenlegung von Interessenkonflikten (ABl. L 339 vom 24.12.2003, S. 73).

1367 Richtlinie 2003/124/EG der Kommission vom 22. Dezember 2003 zur Durchführung der Richtlinie 2003/6/EG des Europäischen Parlaments und des Rates betreffend die Begriffsbestimmung und die Veröffentlichung von Insider-Informationen und die Begriffsbestimmung der Marktmanipulation (ABl. L 339 vom 24.12.2003, S. 70).

1368 Verordnung (EG) Nr. 2273/2003 der Kommission vom 22. Dezember 2003 zur Durchführung der Richtlinie 2003/6/EG des Europäischen Parlaments und des Rates – Ausnahmeregelungen für Rückkaufprogramme und Kursstabilisierungsmaßnahmen (ABl. L 336 vom 23.12.2003, S. 33).

Artikel 38
Bericht

Die Kommission erstattet dem Europäischen Parlament und dem Rat bis zum 3. Juli 2019 Bericht über die Anwendung dieser Verordnung und gegebenenfalls über die Erforderlichkeit einer Überarbeitung, einschließlich in Bezug

a) auf die Angemessenheit, gemeinsame Bestimmungen darüber einzuführen, dass alle Mitgliedstaaten verwaltungsrechtliche Sanktionen für Insidergeschäfte und Marktmanipulation festlegen müssen,
b) darauf, ob die Bestimmung des Begriffs Insiderinformationen dahingehend ausreichend ist, dass sie alle Informationen abdeckt, die für die zuständigen Behörden relevant sind, um wirksam gegen Marktmissbrauch vorzugehen,
c) auf die Angemessenheit der Bedingungen, unter denen das Handelsverbot gemäß Artikel 19 Absatz 11 verhängt wird, hinsichtlich der Frage, ob das Verbot auch auf andere Umstände anwendbar sein sollte,
d) auf die Bewertung der Möglichkeit der Schaffung eines EU-Rahmens für die marktübergreifende Aufsicht über die Orderbücher in Bezug auf Marktmissbrauch, einschließlich Empfehlungen für einen solchen Rahmen, und
e) auf den Umfangs der Anwendung der Referenzwert-Bestimmungen.

Im Hinblick auf Buchstabe a führt die ESMA eine Bestandsaufnahme der Anwendung verwaltungsrechtlicher Sanktionen durch sowie bei Mitgliedstaaten, die beschlossen haben, im Einklang mit Artikel 30 Absatz 1 strafrechtliche Sanktionen für in diesem Artikel niedergelegte Verstöße gegen diese Verordnung festzulegen, eine Bestandsaufnahme der Anwendung dieser strafrechtlichen Sanktionen in den Mitgliedstaaten. Diese Bestandsaufnahme umfasst auch Daten, die gemäß Artikel 33 Absätze 1 und 2 bereitgestellt werden.

Artikel 39
Inkrafttreten und Geltung

(1) Diese Verordnung tritt am zwanzigsten Tag nach ihrer Veröffentlichung im Amtsblatt der Europäischen Union in Kraft.

(2) Sie gilt ab dem 3. Juli 2016 mit Ausnahme von Artikel 4 Absätze 4 und 5, Artikel 5 Absatz 6, Artikel 6 Absätze 5 und 6, Artikel 7 Absatz 5, Artikel 11 Absätze 9, 10 und 11, Artikel 12 Absatz 5, Artikel 13Absätze 7 und 11, Artikel 16 Absatz 5, Artikel 17 Absatz 2 Unterabsatz 3, Artikel 17 Absätze 3, 10 und 11, Artikel 18 Absatz 9, Artikel 19 Absätze 13, 14 und 15, Artikel 20 Absatz 3, Artikel 24 Absatz 3, Artikel 25 Absatz 9, Artikel 26 Absatz 2 Unterabsätze 2, 3 und 4, Artikel 32 Absatz 5 und Artikel 33 Absatz 5, die ab dem 2. Juli 2014 gelten.

(3) Die Mitgliedstaaten setzen Artikel 22, Artikel 23 und Artikel 30, Artikel 31 Absatz 1, Artikel 32 und Artikel 34 bis zum 3. Juli 2016 in nationales Recht um.

(4) Verweisungen in dieser Verordnung auf die Richtlinie 2014/65/EU und die Verordnung (EU) Nr. 600/2014 gelten vor dem 3. Januar 2017 als Verweisungen auf die Richtlinie 2004/39/EG und sind nach Maßgabe der Entsprechungstabelle in Anhang IV der Richtlinie 2014/65/EU zu lesen, sofern diese Entsprechungstabelle Vorschriften enthält, die auf die Richtlinie 2004/39/EG verweisen.

Sofern in den Vorschriften dieser Verordnung organisierte Handelssysteme, KMU-Wachstumsmärkte, Emissionszertifikate oder darauf beruhende Auktionsprodukte genannt werden, gelten diese Vorschriften bis zum 3. Januar 2017 nicht für organisierte Handelssysteme, KMU-Wachstumsmärkte, Emissionszertifikate oder darauf beruhende Auktionsprodukte.

Diese Verordnung ist in allen ihren Teilen verbindlich und gilt unmittelbar in jedem Mitgliedstaat.

Geschehen zu Straßburg am 16. April 2014.

Anhang I

A. Indikatoren für manipulatives Handeln durch Aussenden falscher oder irreführender Signale und durch Herbeiführen bestimmter Kurse

Für die Zwecke der Anwendung von Artikel 12 Absatz 1 Buchstabe a dieser Verordnung und unbeschadet der Handlungen, die in Absatz 2 des genannten Artikels aufgeführt sind, werden die nachfolgend in nicht erschöpfender Aufzählung genannten Indikatoren, die für sich genommen nicht unbedingt als Marktmanipulation anzusehen sind, berücksichtigt, wenn Marktteilnehmer oder die zuständigen Behörden Geschäfte oder Handelsaufträge prüfen:

a) der Umfang, in dem erteilte Handelsaufträge oder abgewickelte Geschäfte einen bedeutenden Teil des Tagesvolumens der Transaktionen mit dem entsprechenden Finanzinstrument, einem damit verbundenen Waren-Spot-Kontrakt oder einem auf Emissionszertifikaten beruhenden Auktionsobjekt ausmachen, vor allem dann, wenn diese Tätigkeiten zu einer erheblichen Veränderung des Kurses führen;

b) der Umfang, in dem erteilte Handelsaufträge oder abgewickelte Geschäfte von Personen die bedeutende Kauf- oder Verkaufspositionen in Bezug auf ein Finanzinstrument, einen damit verbundenen Waren-Spot-Kontrakt oder ein auf Emissionszertifikaten beruhendes Auktionsobjekt innehaben, zu wesentlichen Änderungen des Kurses dieses Finanzinstruments, damit verbundenen Waren-Spot-Kontrakts oder auf Emissionszertifikaten beruhenden Auktionsobjekts führen;

c) der Umstand, ob getätigte Geschäfte nicht zu einer Änderung des wirtschaftlichen Eigentums eines Finanzinstruments, eines damit verbundenen Waren-Spot-Kontrakts oder eines auf Emissionszertifikaten beruhenden Auktionsobjekts führen;

d) der Umfang, in dem erteilte Handelsaufträge oder abgewickelte Geschäfte oder stornierte Aufträge Umkehrungen von Positionen innerhalb eines kurzen Zeitraums beinhalten und einen beträchtlichen Teil des Tagesvolumens der Transaktionen mit dem entsprechenden Finanzinstrument, einem damit verbundenen Waren-Spot-Kontrakt oder einem auf Emissionszertifikaten beruhenden Auktionsobjekt ausmachen und mit einer erheblichen Veränderung des Kurses eines Finanzinstruments, eines damit verbundenen Waren-Spot-Kontrakts oder eines auf Emissionszertifikaten beruhenden Auktionsobjekts in Verbindung stehen könnten;

e) der Umfang, in dem erteilte Handelsaufträge oder abgewickelte Geschäfte durch ihre Häufung innerhalb eines kurzen Abschnitts des Handelstages eine Kursveränderung bewirken, auf die einen gegenläufige Preisänderung folgt;

f) der Umfang, in dem erteilte Handelsaufträge die Darstellung der besten Geld- oder Briefkurse eines Finanzinstruments, eines damit verbundenen Waren-Spot-Kontrakts oder eines auf Emissionszertifikaten beruhenden Auktionsobjekts verändern oder allgemeiner die den Marktteilnehmern verfügbare Darstellung des Orderbuchs verändern und vor ihrer eigentlichen Abwicklung annulliert werden, und

g) der Umfang, in dem Geschäfte genau oder ungefähr zu einem Zeitpunkt in Auftrag gegeben oder abgewickelt werden, zu dem die Referenzkurse, die Abrechnungskurse und die Bewertungen berechnet werden, und dies zu Kursveränderungen führt, die sich auf diese Kurse und Bewertungen auswirken.

B. Indikatoren für manipulatives Handeln durch Vorspiegelung falscher Tatsachen sowie durch sonstige Kunstgriffe oder Formen der Täuschung

Für die Zwecke der Anwendung von Artikel 12 Absatz 1 Buchstabe b dieser Verordnung und unbeschadet der Handlungen, die in Absatz 2 des genannten Artikels aufgeführt sind, werden die nachfolgend in nicht erschöpfender Aufzählung genannten Indikatoren, die für sich genommen nicht unbedingt als Marktmanipulation anzusehen sind, berücksichtigt, wenn Marktteilnehmer oder die zuständigen Behörden Geschäfte oder Handelsaufträge prüfen:

a) ob von bestimmten Personen erteilte Handelsaufträge oder ausgeführte Geschäfte vorab oder im Nachhinein von der Verbreitung falscher oder irreführender Informationen durch dieselben oder in enger Beziehung zu ihnen stehenden Personen begleitet wurden und

b) ob Geschäfte von Personen in Auftrag gegeben bzw. ausgeführt werden, bevor oder nachdem diese Personen oder in enger Beziehung zu ihnen stehende Personen unrichtige oder verzerrte oder nachweislich von materiellen Interessen beeinflusste Anlageempfehlungen erstellt oder weitergegeben haben.

Übersicht

	Rn
I. Art. 22–34 MAR: Aufsicht (Überblick)	546
II. Art. 35–39 MAR: Delegierte Rechtsakte und Schlussbestimmungen (Überblick)	548

I. Art. 22–34 MAR: Aufsicht (Überblick)

Ausgangspunkt des institutionellen Arrangements der Aufsicht (Kapitel 4: Art. 22–29 **546**
MAR) ist die **Konzentration der nationalen Kompetenz auf nur *eine* Behörde** und dies für alle Aufsichtsfragen nach der MAR, über alle Personen, Handelsplätze und auch Instrumente (einschließlich etwa der Emissionszertifikate) (Art. 22 MAR). Diese Konzentration bildet eine der zentralen Entwicklungen im Europäischen Recht der Kapitalmarktaufsicht seit den 1990er Jahren.[1369] Sie bedeutet auch **eher Letztverantworlichkeit, als ein Verbot der Ausdifferenzierung**, die vielmehr durch Zusammenarbeit mit anderen Fachbehörden, durch Delegation und insbesondere durch Zusammenarbeit mit den Justizbehörden durchaus gewährleistet werden kann (Art. 23 Abs. 1 MAR). Letztere ist für die Straf- und Ordnungswidrigkeitenverfolgung – als die zentralen Sanktionsformen für alle Ver- und Gebote in der MAR – auch gänzlich unverzichtbar. Entsprechend zugeschnitten sind auch die **Mindestbefugnisse**, die die zuständige Behörde kraft (unmittelbar anwendbarem) EU-Recht jedenfalls haben muss (vgl. Art. 23 Abs. 2 MAR). Die Regelung der Mindestbefugnisse wird

[1369] Zum schrittweisen Übergang von einer zersplitterten Aufsichtslandschaft (mit in Deutschland phasenweise noch fünf verschiedenen Aufsichtsbehörden im Kapitalmarktrecht) zum Konzentrationsprinzip vgl. etwa Ebenroth/Boujong/Joost/Strohn/*Groß* Kapitalmarktrecht Rn IX 63 ff.; Fuchs/*Fuchs* WpHG Rn. 9 f.; KölnKomm WpHG/*Hirte/Heinrich* Einleitung Rn 85.

dann in Kapitel 5 zum Aufsichtsvollzug aufgenommen und weiter ausdifferenziert. Für den Bereich der Marktmanipulation – nach der gegebenen Begründung jedoch offenbar auch darüber hinaus – ergibt sich aus dem Grundsatz des „ne bis in idem" in der EMRK (Art. 4 des Protokolls Nr. 7), dass Verwaltungsbußgelder und Kriminalstrafen nicht nebeneinander verhängt werden dürfen.[1370] Für das institutionelle Arrangement sind zwei weitere Eckpfeiler zu nennen: Zum einen sind das die **Geheimnis- und Datenschutzregeln**, die jede Übermittlung an die Behörde als rechtmäßig qualifizieren (Art. 23 Abs. 4 MAR: keine unbefugte Weitergabe von Insiderinformationen) und die erhaltenen und erhobenen Daten einem Berufsgeheimnis und dem Datenschutzrecht unterwerfen (Art. 27–29 MAR).[1371] Zum anderen sind Eckpfeiler des institutionellen Gerüsts gleichfalls die Regeln zur **Zusammenarbeit** mit der ESMA, der nationalen Behörden untereinander und mit Behörden von Drittstaaten (Art. 24–26 MAR), wobei die ESMA aufgrund der Koordinierungs- und Eingriffsbefugnisse zwar nicht als die primär zuständige Aufsichtsbehörde erscheint, aber doch eine weitereichende Letztverantwortung und teils auch Letztentscheidungsmacht auf sich vereint.[1372]

547 Kapitel 5 (Art. 30–34 MAR) regelt den **Vollzug selbst der Aufsicht**, mit Sanktionen, die hinreichend abschreckend wirken sollen, um die Durchsetzung der Ver- und Gebote der MAR im Regelfall zu gewährleisten, namentlich: mit **Verwaltungssanktionen** (die neben die Strafsanktionen treten), die u.a. auch einen (ggf. temporären) Zulassungsentzug und finanzielle Verwaltungssanktionen bis zum Dreifachen des Gewinns umfassen und – je nach Verstoß – bis zu 500.000, € (Directors' Dealing), 1 Mio. € (Ad-hoc-Publizität und Art. 16 MAR) bzw. 5 Mio. € (Insider- und Marktmanipulationsverbote) gehen können (Art. 30 MAR);[1373] mit einer Ausdifferenzierung des Verfahrens, vor allem der Kriterien zur Verhängung und Höhe dieser Sanktionen (Art. 31 MAR); mit Regeln zum Schutz von Personen, die Verstöße melden (Art. 32 MAR) und zum intensiven Informationsaustausch mit der ESMA (Art. 33 MAR). Wohl am intensivsten diskutiert wurde die Regel zum „Naming and Shaming", die Veröffentlichung von Verstößen nach Art. 34 MAR.[1374]

II. Art. 35–39 MAR: Delegierte Rechtsakte und Schlussbestimmungen (Überblick)

548 Die Regeln zu den **Durchführungsrechtsakten auf EU-Ebene („delegierte Rechtsakte")** (Art. 35 und 36 MAR) folgen der sog. Lamfalussy-Regelungsarchitektur (5. Teil Rn 138) und installieren die EU-Kommission als Rechtssetzer, wobei ESMA (nach Beschluss 2001/528/EG der Kommission noch CESR) vorbereitend tätig wird. Die für die einzelnen

---

[1370] EGMR Urt. v. 4.3.2014 Rs. 18640/10, 18647/10, 18663/10, 18668/10 und 18698/10 (*Grande Stevens ./. Italien*), ECLI:CE:ECHR:2014:0304JUD00186401-0 = NJOZ 2015, 712; dazu etwa *Gargantini* 1 Journal of Financial Regulation 149 (2015); *Ventoruzzo* (2015) 16 EBOR 145.

[1371] Zum Informationsregime (mit Datenschutz und Berufsgeheimnis) vgl etwa *Zetzsche* Enzyklopädie Europarecht, Bd. 6, § 7 Rn 38.

[1372] Zum Regime der Zusammenarbeit näher *Hitzer/Hauser* ESMA – Ein Statusbericht, BKR 2015, 52; *Zetzsche* Enzyklopädie Europarecht, Bd. 6, § 7 Rn 38; *Buck-Heeb* Kapitalmarktrecht Rn 1030 ff.; KölnKomm WpHG/*Hirte/Heinrich* Einleitung Rn 92a ff.

[1373] Näher zum Sanktionsregime (einschließlich der „treble damages") etwa *Krause* CCZ 2014, 248 (258 f.); *von der Linden* DStR 2016, 1036 (1041).

[1374] Näher zu Art. 34 MAR etwa *Buck-Heeb* Kapitalmarktrecht Rn 1005; *Seibt/Wollenschläger* AG 2014, 593 (605).

Materien ergangenen Durchführungsrechtsakte ergeben sich aus der Kommentierung dieser Materien oben.

Von den **Schlussbestimmungen** (Art. 37–39 MAR) sind zentral diejenigen über die **Aufhebung von MAD I samt der ihre ergangenen Durchführungsrechtsakte** (Art. 37 MAR), das meiste jedoch inhaltlich aufgenommen in der MAR selbst, und über das **Inkrafttreten der materiellrechtlichen Normen der MAR zum 3.7.2016** (Art. 39 MAR). **549**

Register

Die fetten Seitenzahlen verweisen auf die Teile der Kommentierung, die mageren Zahlen verweisen auf die Randnummern

A

Abschlussprüfer 5 51
Ad-hoc-Publizität 5 34, 6 487 ff.
  Adressat 6 493
  Allokationseffizienz 6 261, 6 490
  Anwendungsbereich 6 493
  Aufschub 6 508 ff.
    Einzelfälle 6 511
    gestreckte Tatbestände 6 512
    Kreditinstitute 6 513
    Meldepflichten 6 524 f.
    Sanierungsfälle 6 511
    Unternehmensgeheimnisse 6 511
    Voraussetzungen 6 509 f.
    Wiederaufleben der Veröffentlichungspflicht 6 515 f.
  Basiswert 6 504
  Berichtigungen 6 523
  Derivate 6 493, 6 504
  Einschränkung 6 503
  Emissionszertifikate 6 507
  Emittentenbezug 6 496 ff.
  Finanzinstrumente 6 491
  Gegendarstellung 6 501
  gestreckte Tatbestände 6 503
  Haftungsausschluss 6 222
  Handelsplatz 6 492
  Herkunft 6 487
  Informationseffizienz 6 490
  Insiderhandelsprävention 6 489
  Insiderinformationen 6 494
  Kanalisierung der Publikation 6 518
  Klarheit 6 519
  Kleinanlegerschutz 6 489
  Konzernsachverhalte 6 506
  Marktdaten 6 499
  Marktmissbrauchsregime 6 261
  Meldepflichten 6 524 ff.
  Nachtrag 6 169, 6 523
  Sanktionen 6 527
  Sprache 6 517
  Tatbestand 6 494 ff.
  Übernahmeaktivitäten 6 505
  Veröffentlichung 6 517 ff.
  Veröffentlichungsverbote 6 521 f.
  Website 6 517
  Wertpapiere 6 491
  Zeitpunkt 6 520
  Ziele 6 488 ff.
Adressatenhorizont 6 116
agency costs 5 13
Agrarpolitik 6 329
Aktien 6 9, *s.a.* Wertpapiere
algorithmischer Handel 6 313
Allokation 5 8
Allokationseffizienz
  Ad-hoc-Publizität 6 261, 6 490
  Publizitätspflichten 5 34 f.
Alternative Investmentfonds 6 279
Anbieter
  Prospektpflicht 6 100
  Wertpapierprospektgesetz 6 95
Angebotsprogramme
  Basisprospekt 6 125
  Wertpapierprospektgesetz 6 92
Anlageempfehlungen 6 540 ff.
  Begriff 6 540
  EU-Marktmissbrauchs-Verordnung 6 314
  Insiderinformationen 6 540
  Interessenskonflikte 6 541
  Ratingangenturen 6 541
  Sorgfaltsstandard 6 541
Anlageinstrumente 5 79 ff.
  Ausgestaltung 5 79
  Finanzinstrumente 5 86 ff., *s.a. dort*
  nicht standardisierte Instrumente 5 90
  OTC-Transaktionen 5 90 f.
  sonstige 5 89 ff.
  Wertpapiere 5 81 ff., *s.a. dort*
Anlagestimmung 6 196
Anleger
  Aktienemission 6 49
  Anleiheemission 6 50 ff., *s.a. dort*
  Konsortium 6 49, 6 49 ff.
  qualifizierte 6 106

Sonderrechtsverhältnisse 6 49 ff.
Anlegerschutz 6 272
Anlegerschutzverbesserungsgesetz 5 120, 6 264
Anleiheemission 6 50 ff.
Absicherung der Anleihe 6 59
AGB-Kontrolle 6 52
Collective Action Clause 6 61
Einbeziehungskontrolle 6 52
Gleichbehandlungsgrundsatz 6 50
Inhaltskontrolle 6 53
internationale 6 54
Platzierung 6 10
Rechtswahlklausel 6 54
Restrukturierungsregime 6 60
skripturrechtliche Vorgaben 6 51
Sonderrechtsverhältnisse 6 59
Anomalien
Kapitalmärkte 5 17
Publizitätspflichten 5 35
Anreizgestaltung 5 24
Anwendungsbereich 5 143
Ad-hoc-Publizität 6 493
Auslegungs- und Anwendungsfragen 5 143
Directors' Dealing 6 535
EU-Marktmissbrauchs-Verordnung 6 274 ff.
Marktmanipulationsverbot 6 440 ff.
Prospekthaftung 6 192
Prospektpflicht 6 102
Rückkaufprogramme 6 320
Stabilisierungsmaßnahmen 6 325
Wertpapierprospektgesetz 6 81 ff.
Aufsichtsagenturen 5 93 ff.
Auslegungs- und Anwendungsfragen
Anwendungsbereich 5 143
effet utile 5 140
Europäische Auslegung 5 136 ff.
Europäisches Einheitsrecht 5 136
gespaltene Auslegung 5 139
Grundfreiheiten 5 136
Lamfalussy-Reglungsarchitektur 5 138
Regulierung und Privatrecht 5 141 f.
Richtlinienrecht 5 137
Rule Book 5 138
Auswirkungsprinzip 5 39

B
BaFin 5 94
Billigung 6 154
Finanzinstrumente, Liste der 6 317
Hinterlegung 6 159
Prospekthaftung 6 238
Rechtsförmigkeitsgarantien 6 239
sofortige Vollziehbarkeit 6 243
Veröffentlichung 6 159
Zusammenarbeit 6 241
Banken 5 43 ff.
Absatzvertrag 6 57
Arten 5 43
befugte Weitergabe 6 420 f.
Beratung 6 393
Eigenhandel 6 395
Emissionsgeschäft 6 3 ff.
Erfüllung eigener Verpflichtungen 6 392
Finanzanalyse 5 46
Finanzinstitute 5 44
Gramm-Leach-Bliley-Act 5 45
Hauptgeschäfte 5 46
Hochfrequenzhandel 6 395
Informationsverarbeitung 5 26
Insiderverbot 6 389 ff.
Investment Banking *s. dort*
Kapitalmarktintermediär 5 18
Konsortium 6 27 ff.
Kontrolltransaktionen 6 396
Kreditinstitute 5 44
Marktbetreiber 5 46
Orderausführung 6 392
Pakethandel 6 397
Sorgfaltsverstoß 6 212
Trennbankensystem 5 45
Übernahmeangebot 6 398
Universalbanken 5 45
Volcker Rule 5 45
Wertpapierfirma 5 44
Wertpapiernebendienstleistungen 5 46
Basisprospekt 6 124 ff.
Angebotsprogramm 6 125
endgültige Bedingungen 6 128
Gültigkeit 6 141
Inhalt 6 126
Nachtrag 6 127
Serie von Angeboten 6 125
wiederholte Emission 6 125
Basiswert
Ad-hoc-Publizität 6 504
Begriff 6 283
Derivate 6 283
befugte Weitergabe 6 420 ff.
Behavioral Finance
Europäisches Recht 5 122
Kapitalmärkte 5 17
Regelungsrahmen 5 32

Behörden 6 96
Bekanntmachung der Billigung 6 154
Berater
Insiderverbot 6 393
Kapitalmarktakteure 5 52 ff.
Bereichsöffentlichkeit 6 348
Berufe, kursschaffende und -beeinflussende 6 409
Best Effort 6 18
Beteiligungsaufbau 6 313
Beweislast
Prospekthaftung 6 195
Sorgfaltsverstoß 6 213
BGB-Gesellschaft 6 34
biases 6 69
Billigung 6 151 ff.
BaFin 6 154
Bearbeitungsfrist 6 153
Bekanntmachung 6 154
ESMA 6 154
Funktion 6 151
grenzüberschreitender Sachverhalt 6 154
mehrere Prospektdokumente 6 149
Mitteilung 6 153
Nachtrag 6 170
Prüfungsinhalt 6 152
Vollständigkeit 6 152
Book Building-Verfahren 6 19 f.
Börsen
Börsenrechts-Richtlinie 5 57
Kapitalmärkte 5 55
OTC-Transaktionen 5 55
Over-the-Counter-Handel 5 55
Regelungsrahmen 5 56
Börseneinführungspflicht 6 32
Börsenrechts-Richtlinie 5 57
Bußgeld 6 247

C
Collective Action Clause 6 61
Compliance 6 404 ff.
Berufe, kursschaffende und -beeinflussende 6 409
Hauptmittel 6 405
Kursmakler 6 409
Orderausführung 6 410
OTC-Transaktionen 6 409
Restricted List 6 406
Vertraulichkeitsbereiche 6 405 f.
Watch-List 6 406
Computerbörsen 6 301
Corporate Governance 5 41
Governanceanreiz 5 8
Credit Default Options 6 284
Credit Default Swaps 6 284
CrimMAD 5 139
CRR-Kreditinstitute 6 94
CSDR 5 38

D
Daueremissionen 6 92
Derivate
Ad-hoc-Publizität 6 493, 6 504
Basiswert 6 283
Credit Default Options 6 284
Credit Default Swaps 6 284
Differenzgeschäfte 6 285
Finanzinstrumente 6 280 ff.
Kreditrisiken 6 284
Leerverkäufe 6 285
Märkte 5 72 f.
MiFID II 6 282
Optionen 6 282
Swaps 6 282
Termingeschäfte 6 282
Derivatemärkte 5 72 f.
Differenzgeschäfte 6 285
Directors' Dealing 5 52, 6 529 ff.
„Directors"pflichten 6 533
Anwendungsbereich 6 535
Basispflicht 6 532
Betroffene 6 532 f.
Handelsverbot 6 538
Insiderhandel 6 531
Listenerstellung 6 536
MAD I 6 530
Marktmissbrauchsregime 6 260
Regelungsumfeld 6 530
Regelungsziel 6 529
Veröffentlichungsablauf 6 537
Doppelzulassung 6 202
Drei Phasen Kapitalmarktrecht 5 101 ff.

E
Effekten *s.a.* Wertpapiere
CSDR (EU-VO Nr. 909/2014) 5 38
Platzierung 6 8
effet utile 5 140
Efficient Capital Market Hypothesis 5 16
EG-Börsen-Richtlinie 5 113
EG-Finanzinstrumente-Richtlinie 5 116
EG-Finanzmarkt-Richtlinie II 5 130
EG-Insiderhandels-Richtlinie 5 106, 6 256
Insiderverbot 6 330
Marktmissbrauchsregime 6 262
EG-Marktmissbrauchs-Richtlinie 5 114

Anlegerschutzverbesserungsgesetz 6 264
Aufsicht 6 546 f.
delegierte Rechtsakte 6 548
Insiderverbot 6 330
Marktmanipulationsverbot 6 330, 6 431
Marktmissbrauchsregime 6 263
EG-Prospekt-Richtlinie
Prospekthaftung 6 74
Prospektrecht 6 72
EG-Transparenz-Richtlinie 5 110, 5 117
EG-Transparenz-Richtlinie, Novellierung der 5 128
EG-Übernahme-Richtlinie 5 110, 5 118, 5 120
EG-Wertpapierdienstleistungs-Richtlinie 5 107
EG-Wertpapierprospekt-Richtlinie 5 105, 5 115
EG-Wertpapierprospekt-Richtlinie, Novellierung der 5 128
Eintragung 6 170
EMIR 5 125, 5 131
EMIR-Ausführungsgesetz 6 264
Emission
Anteile 6 29
Emissionsgeschäft 6 1 ff., *s.a. dort*
Kapitalerhöhung 6 29
Konsortium 6 23 ff., *s.a. dort*
Platzierung 6 8 ff., *s.a. dort*
Prospektpflicht 6 63
Schuldtitel 6 27
wiederholte 6 125
zivilrechtliche Organisation 6 23 ff.
Emissionsgeschäft 5 27, 6 1 ff.
Bankgeschäft 6 3 ff.
Begriff 6 2
Emissionsbegriff 6 6
Finanzinstrumente 6 6
Kreditinstitute 6 3
Rechtsbeziehungen 6 2
Übernahmerisiko 6 3 ff.
Wertpapier 6 2
Wertpapiere 6 6
Wertpapierfirma 6 5
Ziel 6 1
Emissionskonsortialvertrag
anwendbares Recht 6 36
BGB-Gesellschaft 6 34
gemeinsamer Zweck 6 34
Gesellschaftsvertrag 6 34
internationales Recht 6 36
Konsortialführerin 6 36
Rechtswahlklausel 6 36
Typendehnung 6 35
Typenmischung 6 35
Emissionsrechtehandel 6 329
Emissionszertifikate
Ad-hoc-Publizität 6 507
EU-Marktmissbrauchs-Verordnung 6 291
Insiderinformationen 6 358
Marktmanipulation 6 468
Emittent
Ad-hoc-Publizität 6 496 ff.
Anleger 6 49 ff.
Aufwendungsersatz 6 33
Drittstaat 6 178
EU-Marktmissbrauchs-Verordnung 6 309
Insiderinformationen 6 351
Konsortium 6 23 ff.
Lieferpflicht 6 28, 6 31
Marktmanipulationsverbot 6 487 ff., *s.a.* Ad-hoc-Publizität
Prospekt 6 115
Regressansprüche 6 33
Vergütung 6 31
Wertpapierprospektgesetz 6 94
endgültige Bedingungen 6 128
Erstattungsanspruch 6 198 f.
ESMA 5 95 f.
Aufgaben 5 96
Billigung 6 154
Finanzinstrumente, Liste der 6 317
Marktpraktiken, zulässige 6 474
Prospekthaftung 6 241
Zusammenarbeit 6 241
EU-Benchmark-Verordnung 5 125
EU-Leerverkaufs-Verordnung 5 125, 5 131
EU-Marktmissbrauchs-Verordnung
Agrarpolitik 6 329
algorithmischer Handel 6 313
Anlageempfehlungen 6 314
Anlegerschutz 6 272
Anwendungsbereich, erweiterter sachlicher 6 291 ff.
Anwendungsbereich, räumlicher 6 296 ff.
Anwendungsbereich, sachlicher 6 274 ff.
Ausführungsgesetzgebung 6 266, 6 268
Ausnahmen 6 319 ff., 6 329
Beteiligungsaufbau 6 313
Emissionsrechtehandel 6 329
Emissionszertifikate 6 291
Emittent 6 312
Face-to-face-Geschäft 6 297
Finanzinstitute 6 306

Finanzinstrumente 6 274, 6 276 ff., *s.a. dort*
Finanzinstrumente, Liste der 6 316 f.
Fischereipolitik 6 329
Gegenstand 6 270
Geldpolitik 6 329
gemeinsamer Rechtsrahmen 6 271
geregelte Märkte 6 307
grenzüberschreitender Sachverhalt 6 298
Gründe 6 250
Grundgesetz des Sekundärmarktes 6 251
Handelsort 6 297
Handelsplatz 6 309
Hochfrequenzhandel 6 313
Inhalt 6 252
Insiderverbot 6 330 ff., *s.a. dort*
Kassamärkte 6 294
KMU-Wachstumsmarkt 6 309
Kreditinstitute 6 306
Market Maker 6 312
Marktbetreiber 6 307
Marktbezug 6 287 ff., *s.a. dort*
Marktintegrität 6 272
Marktmanipulationsverbot 6 330 ff., *s.a. dort*
Marktpraktiken 6 308
Marktsegmente 6 309
Marktteilnehmer 6 307
Marktverhaltenspflichten 6 254
Personen 6 310
Personen mit Führungsaufgaben 6 311
Referenzwertbeeinflussung 6 293 f.
Regelungsmaterien 6 267
Regelungsrahmen 5 97
Regulierungstheorie 6 258
Rückkaufprogramme 6 308, 6 319 ff., *s.a. dort*
Sammelgesetzgebungsakt 6 252
Schuldenbewirtschaftung 6 329
Stabilisierungsmaßnahmen 6 324 ff., *s.a. dort*
Waren-Spot-Kontrakte 6 293 f.
Wertpapierfirma 6 306
Ziele 6 272

EU-OTC-Handels-Verordnung 5 125, 5 131
EU-Prospekt-Verordnung 6 129
EU-Verordnung zu Zentralverwahrern 5 131
EU-VO Nr. 909/2014 5 38
Euromarkt 6 16
Euronotes 6 11
Europäischer Pass 6 173

Europäisches Recht
allgemeine Prospektpflicht 5 105
Auslegungs- und Anwendungsfragen 5 135 ff., *s.a. dort*
Behavioral Finance 5 122
CrimMAD 5 139
Drei Phasen Kapitalmarktrecht 5 101 ff.
EG-Börsen-Richtlinie 5 113
EG-Finanzinstrumente-Richtlinie 5 116
EG-Finanzmarkt-Richtlinie II 5 130
EG-Insiderhandels-Richtlinie 5 106
EG-Marktmissbrauchs-Richtlinie 5 114
EG-Transparenz-Richtlinie 5 110, 5 117
EG-Transparenz-Richtlinie, Novellierung der 5 128
EG-Übernahme-Richtlinie 5 110, 5 118, 5 120
EG-Wertpapierdienstleistungs-Richtlinie 5 107
EG-Wertpapierprospekt-Richtlinie 5 105, 5 115
EG-Wertpapierprospekt-Richtlinie, Novellierung der 5 128
EMIR 5 131
Erste Regelungsgeneration 5 101 ff.
EU-Benchmark-Verordnung 5 125, 5 132
EU-Leerverkaufs-Verordnung 5 125
EU-OTC-Handels-Verordnung 5 125, 5 131
EU-Verordnung zu Zentralverwahrern 5 131
flächendeckendes Kapitalmarktrecht 5 111 f.
Folgepublizität 5 106
Gesamtarchitektur 5 121
Inducements 5 131
Kick-Back-Zahlungen 5 130
MAD I 5 110, 5 114
MiFID I 5 110, 5 116
MiFID II 5 130
PRIIP-Verordnung 5 131
Reform der Basisrechtsakte 5 123, 5 129
Reformwelle, erste 5 109 ff.
Reformwelle, zweite 5 122 ff.
Regelungsrahmen 5 97 ff.
Richtlinien-Stränge 5 99
Richtliniengeneration, dritte 5 122 ff.
Richtliniengeneration, erste 5 104 ff.
Richtliniengeneration, zweite 5 109 ff.
Schattenbankensektor 5 124
Überblick 5 100

F
Face-to-face-Geschäft 6 297
Fahrlässigkeit 6 208
Fehlerhaftigkeit
Prospekt 6 116
Prospekthaftung 6 186, 6 193 f.
Finanzanalyse 5 46
Finanzanalysten 5 48
Regulierung 5 49
Finanzinstitute 5 44
EU-Marktmissbrauchs-Verordnung 6 306
Finanzinstrumente 5 86 ff.
Ad-hoc-Publizität 6 491
Alternative Investmentfonds 6 279
Derivate 6 280 ff., *s.a. dort*
Emissionsgeschäft 6 6
EU-Marktmissbrauchs-Verordnung 6 274, 6 276 ff.
Geldmarktinstrumente 6 278
Grundkategorie 6 277
Kategorien 5 86
Liste der 6 316 f.
Marktmanipulationsverbot 6 441
Marktverhaltensrecht 5 88
OGAW-Investmentfonds 6 279
übertragbare Wertpapiere 6 277
Wertpapierprospektgesetz 6 82 ff.
Finanzmarkt-Richtlinie-Umsetzungsgesetz 5 120
Finanzmarktförderungsgesetz, viertes 5 119
Finanzmarktnovellierungsgesetz 5 133
Firm Commitment 6 18
Fischereipolitik 6 329
Floating Rate Notes 6 11
Folgepublizität 5 106
forwards 6 282
Fristentransformation 5 21
Front-Running 6 352
Funktions- und Individualschutz 5 31
futures 6 282

G
Gatekeeper 5 47, 5 52 ff.
Billigung 6 151
Geld- und Derivatemärkte 5 72 f.
Geldpolitik 6 329
Genussscheine 5 85
geregelter Markt 5 67 ff., 6 307
Kriterien 5 68
organisierter Markt 5 67
Gleichbehandlungsgrundsatz 6 50
Governanceanreiz 5 8
Gramm-Leach-Bliley-Act 5 45
graue Kapitalmärkte 5 77 f.
Prospekthaftung 6 76 ff.
Prospektpflicht 6 64
Greenshoe 6 327
grenzüberschreitender Sachverhalt
Billigung 6 154
Binnenmarkttransaktionen 6 301
Computerbörsen 6 301
EU-Marktmissbrauchs-Verordnung 6 298
Insiderhandel 6 299
Konsortium 6 24
Mehrfachzulassung 6 301
Prospekt 6 122
Gross Domestic Product 5 10
Grundfreiheiten 5 136
Grundgesetz des Sekundärmarktes 6 251

H
Haftungsausschluss 6 207 ff.
Ad-hoc-Publizität 6 222
Berichtigung 6 221
fehlender Prospekt 6 230 f.
fehlender Sorgfaltsverstoß 6 208, *s.a.* Sorgfaltsverstoß
Informationskanäle 6 218 ff.
junge Stücke 6 214
mangelnde Kursauswirkung 6 216
mehrere Prospektdokumente 6 223 f.
Mitverschulden 6 217 ff.
nachträglicher Prospekterlass 6 230
Publizität 6 220
Haftungsbeschränkung 6 233
Handelsort 6 297
Handelsplatz 5 56 ff.
Ad-hoc-Publizität 6 492
EU-Marktmissbrauchs-Verordnung 6 309
Marktmanipulationsverbot 6 442, 6 483
Präventionspflichten 6 483
Herkunftsstaatsprinzip 6 173
Hinterlegung 6 156 ff.
BaFin 6 159
mehrere Prospektdokumente 6 159
Prospekt 6 135
zeitliche Abfolge 6 157
Hochfrequenzhandel
EU-Marktmissbrauchs-Verordnung 6 313
Insiderverbot 6 395
Marktmanipulation 6 464 ff.
Marktmissbrauchsregime 6 264

I

Incoming 6 174
Inducements 5 130
information overload 6 69
Informationseffizienz 6 490
Informationsfunktion der Kapitalmärkte 5 14 ff.
Informationskanäle 6 218 ff.
Informationsverarbeitung
Banken 5 26
Emissionsgeschäft 5 27
Investment Banking 5 20, 5 23, 5 26 ff.
Primärmarkt 5 27
Publizitätspflichten *s. dort*
Sekundärmarkt 5 28
Wertpapierhandel 5 28
Informationsverbreiterung 5 14
Insider 6 369 ff.
Anteilseigner des Emittenten 6 372
innerer Zusammenhang 6 374
kriminelle Handlungen 6 375
natürliche Personen 6 378
Organmitglieder des Emittenten 6 371
Primärinsider 6 363, 6 370 ff.
Sekundärinsider 6 363, 6 376
Insidergeschäfte 6 360 ff.
Insiderhandel 6 380 ff., *s.a.* Insiderhandlungen, *s.a.* Insiderverbot
Ad-hoc-Publizität 6 489
Directors' Dealing 6 531
sekundärer 6 488
Insiderhandlungen 6 379 ff.
Empfehlungsverbot 6 386
Insiderhandel 6 380 ff.
Insiderhandel, sekundärer 6 388
Insiderweitergabeverbot 6 385
legitime Handlungen 6 384
Mitursächlichkeit 6 383
Nutzung einer Insiderinformation 6 383
Insiderinformationen 6 341 ff.
Ad-hoc-Publizität 6 494
Anlageempfehlungen 6 540
Beispiele 6 356
Bereichsöffentlichkeit 6 348
Drittbezug 6 346
Emissionszertifikate 6 358
Emittentenbezug 6 351
Front-Running 6 352
Grundtatbestand 6 343 ff.
Kursrelevanz 6 353 ff.
Marktdaten 6 352
Möglichkeit zur Kenntnisnahme 6 347
nicht-öffentliche Information 6 347 ff.
Offenlegungsverbot 6 417 ff., *s.a. dort*
präzise Information 6 344 ff.
Pressekonferenz 6 350
Regionalpresse 6 349
Scalping 6 346, 6 352
Übernahmeangebot 6 352
Warenderivate 6 357
Insiderverbot
Ad-hoc-Publizität 6 261
Anlageempfehlungen 6 540 ff., *s.a. dort*
Ausnahme, allgemeine 6 415
Ausnahmen 6 400 ff.
Banken 6 389 ff.
Beratung 6 393
Binnenmarkttransaktionen 6 301
Compliance 6 404 ff., *s.a. dort*
Computerbörsen 6 301
Directors' Dealing *s. dort*
EG-Insiderhandels-Richtlinie 6 330
EG-Marktmissbrauchs-Richtlinie 6 330
Eigenhandel 6 395
Erfüllung bestehender Verpflichtungen 6 411
Erfüllung eigener Verpflichtungen 6 392
Gefährdungstatbestände 6 365
Gesamtbestand 6 335
Gleichstellung 6 363
grenzüberschreitender Sachverhalt 6 299
Hierarchie 6 362
Hochfrequenzhandel 6 395
Insider 6 369 ff., *s.a. dort*
Insidergeschäfte 6 360 ff., *s.a.* Insiderhandlungen
Insiderhandlungen 6 379 ff., *s.a. dort*
Insiderinformationen 6 341 ff., *s.a. dort*
Insiderinstrumente 6 366 ff.
Kontrolltransaktionen 6 396
legitime Handlungen 6 400 ff.
Marktverhaltenspflichten 6 255 ff.
Medien 6 544
Mehrfachzulassung 6 301
Offenlegungsverbot 6 417 ff.
Orderausführung 6 392
Organisationspflichten 6 401 ff., *s.a. dort*
Pakethandel 6 397
Präventivmaßnahmen 6 336
Primärinsider 6 363
Regulierungstheorie 6 258
Sekundärinsider 6 363
Struktur in MAR 6 334
Übernahmeangebot 6 398
Übernahmen 6 412 f.

Umsetzung eigener Planungen 6 414
Verletzungshandlung 6 364
Ziele 6 337 ff.
Zusammenschlüsse 6 412 f.
institutionelle Anleger 5 52
Investment Banking
Anreizgestaltung 5 24
Banken 5 43 ff., *s.a dort*
Begriff 5 2
Fristentransformation 5 21
funktionale Betrachtungsweise 5 6
Funktionen 5 18 ff.
Informationsverarbeitung 5 20, 5 23, 5 26 ff., *s.a. dort*
Kapitalmarktakteure 5 41 ff., *s.a. dort*
Kapitalmärkte 5 7 ff., *s.a. dort*
Kapitalmarktintermediär 5 18
Liquiditätstransformation 5 21
Losgrößentransformation 5 21
Marktschaffung 5 24
Rechtsrahmen 5 3
Regelungsrahmen 5 29 ff., *s.a. dort*
Risikotransformation 5 21
Systemstabilität 5 25
Transaktionsabwicklung 5 20, 5 22
Transaktionskostensenkung 5 25
Transformationsleistung 5 20 f.
und Kapitalmarktrecht 5 1

J
Journalisten
Kapitalmarktakteure 5 52
Marktmanipulation 6 452
Marktpraktiken, zulässige 6 481
junge Stücke
Haftungsausschluss 6 214
Prospekthaftung 6 192

K
Kapitalmarktakteure 5 41 ff.
Abschlussprüfer 5 51
Banken 5 43 ff., *s.a. dort*
Berater 5 52 ff.
Directors' Dealing 5 52
Finanzanalysten 5 48
Gatekeeper 5 47, 5 52 ff.
Informationsintermediäre 5 42
institutionelle Anleger 5 52
Journalisten 5 52
öffentliche Statistiken 5 53 f.
Ratingagenturen 5 50
Signalgeber 5 52 ff.
wirtschaftliche Referenzwerte 5 53
Kapitalmärkte 5 7 ff.
agency costs 5 13
Allokation 5 8
alternative 5 77 f.
Anlageinstrumente 5 79 ff., *s.a. dort*
Anomalien 5 17
Aufsichtsagenturen 5 93 ff.
BaFin 5 94
Behavioral Finance 5 17
Börsen 5 55
Börsenrechts-Richtlinie 5 57
Effekten *s.* Wertpapiere
Efficient Capital Market Hypothesis 5 16
ESMA 5 95 f.
funktionale Unterscheidung 5 65
Funktionen 5 8 ff.
Geld- und Derivatemärkte 5 72 f.
gemischte Rechtsakte 5 62
geregelter Markt 5 67 ff., *s.a. dort*
Governanceanreiz 5 8
graue 5 77 f.
Gross Domestic Product 5 10
Handelsplatz 5 56 ff.
Informationsfunktion 5 14 ff.
Informationsverbreiterung 5 14
Investment Banking 5 7 ff., *s.a. dort*
Kapitalmarktakteure 5 41 ff., *s.a. dort*
Kernkapitalmarkt 5 66
Legal Origin(s) Theorie 5 10
Liquiditätsschaffung 5 9
multilaterale Handelssysteme 5 70
organisierter Markt 5 67
organisiertes Handelssystem 5 71
OTC-Transaktionen 5 55
Over-the-Counter-Handel 5 55
Primärmarkt 5 60 ff., *s.a. dort*
primärmarktinduziertes Sekundärmarktrecht 5 63
Prospect Theory 5 17
Regelungsinstrumente 5 92
Regulierungs- und Aufsichtsagenturen 5 93 ff.
europäische Ebene 5 95 f.
nationale Ebene 5 93 f.
Risikodiversifikation 5 8
Sekundärmarkt 5 62, *s.a. dort*
sonstige 5 74 ff.
Systemstabilität 5 12
Transaktionskosten 5 13
und Kreditfinanzierung 5 7
Verbindunglinien 5 64
volkswirtschaftliche Entwicklung 5 10
Zirkulationsmärkte 5 9

Kapitalmarktintermediär 5 18
Kapitalmarktrecht *s.a.* Regelungsrahmen
Drei Phasen 5 101 ff.
Europäisches Recht 5 97 ff., *s.a. dort*
Prospektpflicht 6 63, 6 63 ff., *s.a. dort*
Prospektrecht 6 71
Kassamärkte 6 294
Kausalität 6 186, 6 195
Kernkapitalmarkt 5 66
Kick-Back-Zahlungen 5 130
Klarheit
Ad-hoc-Publizität 6 519
Prospekt 6 117
Werbung 6 163
Kleinstemissionen 6 108
KMU-Wachstumsmarkt 6 309
Konnex 5 31
Konsortialführerin
Emissionskonsortialvertrag 6 36
Fehlverhalten 6 43
Haftung 6 43
Spezialaufgaben 6 37
Konsortium 6 23 ff.
Absatzvertrag 6 57
Abwicklung 6 48
Aktienrecht 6 58
Anleger 6 49 ff.
Auflösung 6 48
Ausfallhaftung 6 47
Börseneinführungspflicht 6 32
Emission von Anteilen 6 29
Emission von Schuldtiteln 6 27
Emissionskonsortialvertrag 6 34 ff., *s.a. dort*
Emittent 6 23 ff., *s.a. dort*
Entscheidungsrechte 6 42
gemeinsame Funktionen 6 39
gemeinschaftliche Risikoübernahme 6 40
Gleichbehandlungsgrundsatz 6 50
grenzüberschreitender Sachverhalt 6 24
Haftung 6 43
Hauptfunktion 6 40
Innenbeziehungen 6 34 ff.
Konsortialbanken 6 27 ff.
Konsortialführerin 6 24
Konsortialführung 6 37 f., *s.a. dort*
Krisenklausel 6 26
Kurspflegemaßnahmen 6 32
Pflichten 6 27 ff., 6 32
Platzierung 6 22
Platzierungspflicht 6 30, 6 41
Quote 6 44 ff.
Rechtsbeziehungen 6 23 ff.
Sonderrechtsverhältnisse 6 56 ff.
Sozialansprüche 6 46
Übernahmevertrag 6 24
Vermögensverhältnisse 6 44
Vertragsnatur 6 25
Vertretungsrechte 6 42
Zahlungspflicht 6 30
Konzernsachverhalte 6 506
Kreditderivate 6 11, *s.a.* Derivate
Kreditinstitute 5 44
Aufschub der Ad-hoc-Publizität 6 513
Emissionsgeschäft 6 3
EU-Marktmissbrauchs-Verordnung 6 306
Konsortium 6 18
Kreditrisiken 6 284
Krisenklausel 6 26
Kursmakler 6 409
Kurspflegemaßnahmen 6 32
Kursrelevanz 6 353 ff.

L

Lamfalussy-Reglungsarchitektur
Auslegungs- und Anwendungsfragen 5 138
Regelungsrahmen 5 99, 5 114
Leerverkäufe
Derivate 6 285
Leerverkaufsgesetz 6 264
Marktmanipulation 6 466
Legal Origin(s) Theorie 5 10
Level 2-Gesetzgebung 6 323
Liquiditätsschaffung 5 9
Liquiditätstransformation 5 21
Losgrößentransformation 5 21

M

MAD I 5 110, 5 114, 6 263, *s.a.* EG-Marktmissbrauchs-Richtlinie
Directors' Dealing 6 530
magisches Viereck 6 115
MAR 5 97, *s.* EU-Marktmissbrauchs-Verordnung
Market Abuse Directive *s.* MAD I
Market Abuse Regulation *s.* EU-Marktmissbrauchs-Verordnung
Market Maker 6 312
Marktbetreiber
Banken 5 46
EU-Marktmissbrauchs-Verordnung 6 307
Finanzinstrumente, Liste der 6 317

Marktmanipulationsverbot 6 484
Präventionspflichten 6 484
Marktbezug
EU-Marktmissbrauchs-Verordnung 6 287 ff.
Marktsegmente 6 288
Zulassung 6 289
Marktdaten
Ad-hoc-Publizität 6 499
Insiderinformationen 6 352
Marktinanspruchnahme 6 13 ff.
Marktintegrität
EU-Marktmissbrauchs-Verordnung 6 272
Marktmissbrauchsregime 6 262
Regelungsrahmen 5 37
Marktmanipulation 6 444 ff.
Arten 6 444
Auffangtatbestand 6 444
durch Handelsaktivität 6 454 ff.
durch Information 6 445 ff.
Geignetheit 6 451
Instrumente 6 450
Irreführung 6 447
Journalisten 6 452
Referenzwerte 6 453
Tun 6 446
Unrichtigkeit 6 447
Unterlassen 6 445, 6 449
Verbreiten 6 448
Verschweigen 6 449
durch sonstige Täuschungshandlungen 6 457 f.
eigene Empfehlungen 6 467
Emissionszertifikate 6 468
Gerüchte 6 446
Hochfrequenzhandel 6 464 ff.
Journalisten 6 452
Leerverkäufe 6 466
Massenaufträge 6 464 ff.
Referenzwerte 6 453
Regelbeispiele 6 460 ff.
Scalping 6 467
Sicherung marktbeherrschender Stellung 6 461 f.
Stop-Orders 6 463
Tatbestand 6 444
Vorsatz 6 459
Werturteile 6 446
Marktmanipulationsverbot
Adressat 6 443
Anwendungsbereich 6 440
Anwendungsbereich, räumlicher 6 443
EG-Marktmissbrauchs-Richtlinie 6 330, 6 431
Emittent 6 487 ff., *s.a.* Ad-hoc-Publizität
Finanzinstrumente 6 441
Funktionsschutz 6 436
Handelsplatz 6 442, 6 483
Herkunft 6 431
Marktbetreiber 6 484
Marktmanipulation 6 444 ff., *s.a. dort*
Marktpraktiken, zulässige 6 470 ff., *s.a. dort*
Präventionspflichten 6 483 ff.
Sanktionen 6 433
Schadensersatz 6 437
Überblick 6 439
Vermögenswerte 6 441
Versuch 6 439
Wertpapierfirma 6 485
Ziele 6 337 ff., 6 434 ff.
Marktmissbrauchsregime
Ad-hoc-Publizität 6 261
Anlegerschutzverbesserungsgesetz 6 264
Aufsicht 6 546 f.
Ausführungsgesetzgebung 6 268
Directors' Dealing 6 260
EG-Insiderhandels-Richtlinie 6 262
EG-Marktmissbrauchs-Richtlinie 6 263
EMIR-Ausführungsgesetz 6 264
Entwicklung 6 257
EU-Marktmissbrauchs-Verordnung 6 250 ff., *s.a. dort*
Hochfrequenzhandel 6 264
Insiderverbot 6 255 ff., 6 330 ff., *s.a. dort*
Leerverkaufsgesetz 6 264
Marktintegrität 6 262
Marktmanipulationsverbot 6 330 ff., *s.a. dort*
Präventionsregime 6 259 f.
Marktpraktiken 6 308
Marktpraktiken, zulässige 6 470 ff.
ESMA 6 474
Journalisten 6 481
kooperative Festsetzungsprozedur 6 473
legitime Gründe 6 477
materielle Kriterien 6 475 ff.
nationale Festsetzung 6 470 ff.
normativer Standard 6 476
Pressefreiheit 6 481
Rückkaufprogramme 6 479
safe harbour 6 478 ff.
Stabilisierungsmaßnahmen 6 480
Marktschaffung 5 24

Marktsegmente
EU-Marktmissbrauchs-Verordnung 6 288, 6 309
Platzierung 6 15
Prospekthaftung 6 185
Marktsondierungen 6 425 ff.
Begriff 6 426
Information 6 429
Inpflichtnahme des Informationsempfängers 6 429
prozeduralisierte Eigeneinschätzung 6 428
Rechtfertigungswirkungsanforderungen 6 428 ff.
Übernahmeangebot 6 427
Wall Crossing 6 425
Marktstabilität 5 38
Marktteilnehmer 6 307
Marktverhaltenspflichten
EU-Marktmissbrauchs-Verordnung 6 254
Insiderverbot 6 255 ff.
Marktverhaltensrecht *s.a.* Marktmissbrauchsregime
Finanzinstrumente 5 88
Marktversagen 5 30 ff.
Medien *s.a.* Journalisten
Insiderverbot 6 544
Offenlegungsverbot 6 422 ff.
mehrere Prospektdokumente 6 144 ff.
aktuellste Angaben 6 145
Anerkennungsregel 6 144
Anforderungen 6 146
Aufteilungsmöglichkeit 6 146
Fortschreibung 6 148
Gültigkeit 6 142, 6 149
Haftungsausschluss 6 223 f.
Hinterlegung 6 159
Veröffentlichung 6 159
Vervollständigung 6 147
Verweis 6 144
Mehrerlös 6 183
MiFID I 5 110, 5 116
MiFID II 5 130
Basiswert 6 283
Derivate 6 282
Mitverschulden 6 217 ff.
multilaterale Handelssysteme 5 70

N
Nachtrag 6 167 ff.
Ad-hoc-Publizität 6 169, 6 523
Adressat 6 168
Billigung 6 170
Eintragung 6 170
Gründe 6 167
Innenverhältnis 6 168
Korrektur 6 169
maßgeblicher Zeitraum 6 167
öffentliches Angebot 6 167
Veröffentlichung 6 170
Widerruf 6 171
Ziele 6 167
naming and shaming 6 238, 6 243
Neuer Markt 6 15
nicht-öffentliche Information 6 347 ff.

O
Obligationen 6 10
Offenlegungsverbot 6 417 ff.
Banken 6 420 f.
befugte Weitergabe 6 420 ff.
Marktsondierungen 6 425 ff., *s.a. dort*
Medien 6 422 ff.
Offenlegung 6 418
Ratingagenturen 6 422
Sekundärinsider 6 419
Tatbestand 6 417
Vorsatz 6 418
öffentliche Statistiken 5 53 f.
öffentliches Angebot
Mitarbeiterbeteiligung 6 110
Nachtrag 6 167
Prospekthaftung 6 204
Prospektpflichtsausnahmen 6 110
Wertpapierprospektgesetz 6 87
öffentliches Interesse 6 136
OGAW-Investmentfonds 6 279
Optionen 5 85
Begriff 6 282
Orderausführung
Compliance 6 410
Insiderverbot 6 392
organisierter Markt 5 67
organisiertes Handelssystem 5 71
OTC-Transaktionen 5 55, 5 75 f.
Anlageinstrumente 5 90 f.
Begriff 5 75
black holes 5 76
Börsen 5 55
Compliance 6 409
Regulierung 5 76
Outgoing 6 174

P

Pakethandel 6 397

Personen

EU-Marktmissbrauchs-Verordnung 6 310

Insider 6 378

mit Führungsaufgaben 6 311, *s.a.* Directors' Dealing

Pflichtprüfer 6 211

Platzierung

Aktien 6 9

Anleihen 6 10

Best Effort 6 18

Book Building-Verfahren 6 19 f.

Dualität der klassischen Formen 6 20

Effekte 6 8

Eigenemission 6 17

Euromarkt 6 16

Euronotes 6 11

Firm Commitment 6 18

Floating Rate Notes 6 11

Fremdemission 6 18

Konsortium 6 18, 6 22

Kreditderivate 6 11

Marktinanspruchnahme 6 13 ff.

Marktsegmente 6 15

Neuer Markt 6 15

Obligationen 6 10

öffentliches Angebot 6 13

Papiere des Fremdkapitals 6 21

Platzierungsfrist 6 180

Platzierungskraft 6 20

Risikotragungskapazität 6 20

Strukturierung 6 17 ff.

Zertifikate 6 12

Platzierungspflicht 6 30, 6 41

Präventionspflichten

Handelsplatz 6 483

Marktbetreiber 6 485

Wertpapierfirma 6 485

präzise Information 6 344 ff.

Pressefreiheit 6 481

Pressekonferenz 6 350

PRIIP-Verordnung 5 131

Primärmarkt 5 60 ff.

Begriff 5 60

funktionale Unterscheidung 5 65

Informationsverarbeitung 5 27

Zulassung 5 60

Prospect Theory 5 17

Prospekt 6 113 ff.

Adressatenhorizont 6 116

Anlageinstrument 6 115

Basisprospekt 6 124 ff., *s.a. dort*

Billigung 6 151 ff., *s.a. dort*

Drittstaatsemittenten 6 178

Einzeldokumente 6 124

Emissionspreis 6 132

Emittent 6 115

endgültige Bedingungen 6 128

Erstellungsdatum 6 121

EU-Prospekt-Verordnung 6 129

Europäischer Pass 6 173

EWR-Staaten als Garantiegeber 6 138

Fehlerhaftigkeit 6 116, 6 186, *s.a.* Prospekthaftung

formale Angaben 6 121

Gliederung 6 130

grenzüberschreitender Sachverhalt 6 122

Grundprinzipien 6 114

Gültigkeit 6 140

Gültigkeit bei mehreren Einzeldokumenten 6 142

Haftungsregelung 6 119

Hauptprospektgehalte 6 131

Herkunftsstaatsprinzip 6 173

Hinterlegung 6 156 ff., *s.a. dort*

Hinterlegungspflicht 6 135

Incoming 6 174

Inhalt 6 114, 6 120

Klarheit 6 117

magisches Viereck 6 115

mehrere Prospektdokumente 6 144 ff., *s.a. dort*

Mindestinhalte 6 129

Nachtrag 6 167 ff., *s.a. dort*

Nichtaufnahme 6 132 ff.

öffentliches Interesse 6 136

Outgoing 6 174

Prospekteid 6 121

Prospektpflicht *s. dort*

Prospektvollständigkeit 6 129

Registrierungsformular 6 131

Richtigkeit 6 116

Risiken 6 116

Risikobetonung 6 115

Schlüsselinformationen 6 120

Serie von Angeboten 6 125

Sprache 6 176

unangemessene Angaben 6 137

Verantwortungsübernahme 6 121

Veröffentlichung 6 156 ff., *s.a. dort*

Vollständigkeit 6 116, 6 129

Warnhinweise 6 120

Werbung *s.a. dort*

Wertpapierbeschreibung 6 131

Widerruf 6 134
Zusammenfassung 6 118
Prospekteid 6 121
Prospekthaftung 6 74 ff.
Anlagestimmung 6 196
Anspruchsberechtigte 6 188
Anspruchsgegner 6 189
Anspruchsinhalt 6 198 ff.
Anwendungsbereich 6 192
Aufsichtsbehörden 6 241
BaFin 6 238
Beweis 6 195
bürgerlichrechtliche 6 76
Bußgeld 6 247
deliktsrechtlicher Anspruch 6 236
dogmatische Einordnung 6 187
Doppelzulassung 6 202
EG-Prospekt-Richtlinie 6 74
Eilmaßnahmen 6 243
erfasste Instrumente 6 192
Erstattungsanspruch 6 198 f.
ESMA 6 241
Europäisches Recht 6 179 ff.
fehlender Prospekt 6 227 ff.
Fehlerhaftigkeit 6 186, 6 193 f.
freiwillig veröffentlichte Prospekte 6 205
Gesetzgebung 6 78, 6 179 ff.
grauer Kapitalmarkt 6 76 ff., 6 191
grenzüberschreitender Sachverhalt 6 122, 6 201
Haftungsausschluss 6 207 ff., *s.a. dort*
Haftungsbeschränkung 6 233
Haftungsgrundlage 6 77 f.
internationale Zuständigkeit 6 203
junge Stücke 6 192
Kausalität 6 186, 6 195
konkurrierende Ansprüche 6 234 ff.
Marktsegmente 6 185
Mehrerlös 6 183
naming and shaming 6 238, 6 243
öffentliches Angebot 6 204
Platzierungsfrist 6 180
Platzierungsmarkt 6 201
Rechtsförmigkeitsgarantien 6 239
Rechtsprechung 6 77
Sorgfaltsverstoß 6 181, 6 197
Statutenkumulierung 6 202
Tatbestandsmerkmale 6 186
Urheber 6 189
Veräußerung 6 200
Verjährung 6 180, 6 225
vertragsrechtliche Abreden 6 236
wesentliche Angaben 6 194
zeitliche Beschränkung 6 196
Zielsetzung 6 181 ff.
zweispuriges Haftungsregime 6 74
Prospektpflicht 6 63 ff., 6 100 ff.
Adressat 6 100
Anbieter 6 100
Begründung 6 100
biases 6 69
Europäische Rechtsentwicklung 6 66
europäisierte 6 84
grauer Kapitalmarkt 6 64
grenzüberschreitender Sachverhalt 6 122
Grundlage 6 113
hohe Anlagebeträge 6 106
information overload 6 69
institutionenökonomisches Modell 6 67
Kleinstemissionen 6 108
privater Anlegerkreis 6 107
Prospekt 6 113 ff., *s.a. dort*
Prospektpflichtsausnahmen 6 104 ff., *s.a. dort*
qualifizierte Anleger 6 106
räumlicher Anwendungsbereich 6 102
Signaling 6 69
Werbung 6 162 ff., *s.a. dort*
Wertpapierprospektgesetz 6 95
wesentliche Information 6 164
Zulassungsantragssteller 6 100
Prospektpflichtsausnahmen 6 104 ff.
Grundstruktur 6 104
hohe Anlagebeträge 6 106
Kleinstemissionen 6 108
öffentliches Angebot 6 110
privater Anlegerkreis 6 107
qualifizierte Anleger 6 106
safe harbour 6 104
weiteres Angebot 6 109
Weiterverkauf 6 105
Zulassungsantrag 6 111
Prospektrecht
börsenrechtliche Vorgeschichte 6 70
EG-Emissions-Richtlinie 6 71
EG-Prospekt-Richtlinie 6 71 f.
Kapitalmarktrecht 6 71
Prospekthaftung 6 74 ff., *s.a. dort*
Prospektpflicht 6 63 ff., *s.a. dort*
Wertpapierprospektgesetz 6 72, 6 80 ff., *s.a. dort*
Publizitätspflichten
Ad-hoc-Publizität 5 34
Allokationseffizienz 5 34 f.
Anomalien 5 35
Beteiligungstransparenz 5 34

Primärmarkt 5 33
Regelungsrahmen 5 33
Sekundärmarkt 5 34
Signalling 5 33

R

Ratingagenturen
Anlageempfehlungen 6 541
Kapitalmarktakteure 5 50
Offenlegungsverbot 6 422
Rechtsförmigkeitsgarantien 6 239
Rechtswahlklausel
Anleiheemission 6 54
Emissionskonsortialvertrag 6 36
Referenzwerte
EU-Marktmissbrauchs-Verordnung 6 293 f.
Kapitalmarktakteure 5 53
Marktmanipulation 6 453
Regelungsrahmen
Adressaten 5 32
Anlegerschutzverbesserungsgesetz 5 120
Ausgestaltungsrichtungen 5 29
Auslegungs- und Anwendungsfragen 5 135 ff., *s.a. dort*
Auswirkungsprinzip 5 39
Behavioral Finance 5 32
Börsen 5 56
EU-Marktmissbrauchs-Verordnung 5 97
Europäisches Recht 5 97 ff., *s.a. dort*
Finanzmarkt-Richtlinie-Umsetzungsgesetz 5 120
Finanzmarktförderungsgesetz, viertes 5 119
Finanzmarktnovellierungsgesetz 5 133
Funktions- und Individualschutz 5 31
Informationsgebote 5 31
internationales Umfeld 5 39
Investment Banking 5 29 ff.
Konnex 5 31
Lamfalussy-Reglungsarchitektur 5 99, 5 114
MAR 5 97
Marktintegrität 5 37
Marktstabilität 5 38
Marktversagen 5 30 ff.
Optimieren der Informationsfunktion 5 33 ff.
Optimieren von Kapitalmarktfunktionen 5 31
Publizitätspflichten 5 33, *s.a. dort*
Richtlinien-Stränge 5 99
Signalling 5 31, 5 33
Standardisierung 5 36
Transaktionskostensenkung 5 36
Transparenzrichtlinie-Umsetzungsgesetz 5 120
Überblick 5 100
Wertpapier-Verkaufsprospektgesetz 5 108
Wertpapierprospektgesetz 5 120
Regionalpresse 6 349
Registrierungsformular 6 131
Regulierungs- und Aufsichtsagenturen 5 93 ff.
Restricted List 6 406
Richtigkeit des Prospekts 6 116
Richtlinien *s.* Europäisches Recht
Risiken 6 116
Risikobetonung 6 115
Risikodiversifikation 5 8
Risikotransformation 5 21
Rückkaufprogramme 6 319 ff.
Anforderungen 6 322 f.
Anwendungsbereich 6 320
EU-Marktmissbrauchs-Verordnung 6 308
Handel mit eigenen Aktien 6 321
Level 2-Gesetzgebung 6 323
safe harbour 6 319
Verbundenheit 6 321
Wertpapiere 6 320
Rule Book 5 138

S

safe harbour
Marktpraktiken, zulässige 6 478 ff.
Prospektpflichtsausnahmen 6 104
Rückkaufprogramme 6 319, *s. dort*
Sanktionen
Ad-hoc-Publizität 6 527
Marktmanipulationsverbot 6 433
Scalping 6 346, 6 352
Marktmanipulation 6 467
Schadensersatz bei Marktmanipulation 6 437
Schattenbankensektor 5 124
Schlüsselinformationen
Prospekt 6 120
Wertpapierprospektgesetz 6 98
Schuldenbewirtschaftung 6 329
Sekundärmarkt
Begriff 5 62
funktionale Unterscheidung 5 65
Grundgesetz 6 251
Informationsverarbeitung 5 28

Insiderinstrumente 6 367
Publizitätspflichten 5 34
Signalgeber 5 52 ff.
Signalling 5 31
Prospektpflicht 6 69
Regelungsrahmen 5 33
Sonderrechtsverhältnisse
Anleger 6 49 ff.
Anleiheemission 6 59
Konsortium 6 56 ff.
Sorgfaltsverstoß
Angaben Dritter 6 210
Beweislast 6 213
Fahrlässigkeit 6 208
fehlender 6 208
Konsortialbank 6 212
Pflichtprüfer 6 211
Prospekthaftung 6 181, 6 197
Verschulden 6 209, 6 212
Sprache
Ad-hoc-Publizität 6 517
Prospekt 6 176
Staaten 6 96
Stabilisierungsmaßnahmen 6 324 ff.
Anforderungen 6 326 f.
Anwendungsbereich 6 325
Greenshoe 6 327
Grenzen 6 327
Wertpapiere 6 325
Statutenkumulierung 6 202
Stop-Orders 6 463
Swaps 6 282
Systemstabilität
Investment Banking 5 25
Kapitalmärkte 5 12

T
Termingeschäfte 6 282
Transaktionsabwicklung 5 20, 5 22
Transaktionskosten 5 13
Transaktionskostensenkung
Investment Banking 5 25
Regelungsrahmen 5 36
Transformationsleistung 5 20 f.
Transparenzrichtlinie-Umsetzungsgesetz 5 120
Trennbankensystem 5 45

U
Übernahmeangebot 6 398
Ad-hoc-Publizität 6 505
Insiderinformationen 6 352
Marktsondierungen 6 427
Übernahmen 6 412 f.
Übernahmerisiko 6 3 ff.
Universalbanken 5 45

V
Verjährung der Prospekthaftung 6 180, 6 225
Veröffentlichung 6 156 ff.
Ad-hoc-Publizität 6 517 ff.
BaFin 6 159
Bereitstellung 6 158
Form 6 158
mehrere Prospektdokumente 6 159
Nachtrag 6 170
Zeitpunkt 6 157
Veröffentlichungsverbote 6 521 f.
Verschulden 6 209, 6 212
Volcker Rule 5 45
Vollständigkeit
Billigung 6 152
Prospekt 6 116, 6 129
Vorsatz
Marktmanipulation 6 459
Offenlegungsverbot 6 418

W
Wall Crossing 6 425
Waren-Spot-Kontrakte 6 293 f.
Warenderivate 6 357
Warnhinweise 6 120
Watch-List 6 406
Werbung
Aussetzung 6 165
Klarheit 6 163
Prospektpflicht 6 162 ff.
Übereinstimmungsgebot 6 163
Wertpapier-Verkaufsprospektgesetz 5 108
Wertpapierbeschreibung 6 131
Wertpapiere 5 81 ff.
Abgrenzung 5 83
Ad-hoc-Publizität 6 491
Begriff 5 82
Emissionsgeschäft 6 2, 6 6
Genussscheine 5 85
Gruppen 5 84
Mischformen 5 85
Optionen 5 85
Rückkaufprogramme 6 320
Stabilisierungsmaßnahmen 6 325
übertragbare 5 84, 6 277
Wertpapierprospektgesetz 6 83
Zertifikate 5 85

Wertpapierfirma 5 44
Emissionsgeschäft 6 5
EU-Marktmissbrauchs-Verordnung 6 306
Marktmanipulationsverbot 6 485
Präventionspflichten 6 485
Wertpapierhandel 5 28
Wertpapiernebendienstleistungen 5 46
Wertpapierprospektgesetz 5 120, 6 80 ff.
Anbieter 6 95
Angebotsprogramme 6 92
Anwendungsbereich 6 81 ff.
Anwendungsbereichsausnahmen 6 89 ff.
Behörden 6 96
CRR-Kreditinstitute 6 94
Daueremissionen 6 92
Emittent 6 94
Finanzinstrumente 6 82
Finanzinstrumente, zirkulationsfähige 6 84
Gegenstand 6 80
Märkte 6 82, 6 86
Marktteilnehmer mit besonderen Merkmalen 6 93
öffentliches Angebot 6 87
Prospekt 6 113 ff., *s.a. dort*
Prospektpflicht 6 95, 6 100 ff., *s.a. dort*
Prospektrecht 6 72
Schlüsselinformationen 6 98
Staaten 6 96
Wertpapiere 6 83
Widerruf
Nachtrag 6 171
Prospekt 6 134

Z

Zertifikate 5 85
Platzierung 6 12
Zirkulationsmärkte 5 9
Zulassung 6 289
Zusammenschlüsse 6 412 f.

www.ingramcontent.com/pod-product-compliance
Lightning Source LLC
LaVergne TN
LVHW081355011026
849161LV00013BA/2823